KRÖNERS TASCHENAUSGABE BD. 486

LEXIKON DER PHILOSOPHISCHEN WERKE

herausgegeben von

FRANCO VOLPI
und JULIAN NIDA-RÜMELIN

Redaktionell verantwortliche Mitherausgeber

MARIA KOETTNITZ und HARRY OLECHNOWITZ

ALFRED KRÖNER VERLAG

Lexikon der philosophischen Werke

Herausgegeben von Franco Volpi
und Julian Nida-Rümelin
Redaktionell verantwortliche Mitherausgeber
Maria Koettnitz und Harry Olechnowitz
Stuttgart: Kröner 1988
(Kröners Taschenausgabe; Bd. 486)
ISBN 3-520-48601-6

Gesamtherstellung: Friedrich Pustet, Regensburg

INHALT

VERZEICHNIS DER MITARBEITER

Armin Adam, M. A., München
Prof. Dr. Karl Albert, Wuppertal
Dr. Gunnar Andersson, Trier
PD Dr. Eberhard Avé-Lallemant, München
Dr. Guido de Baere, Nijmegen/Niederlande
Prof. Dr. Horst Baier, Konstanz
Prof. Dr. Karl Graf Ballestrem, Eichstätt
Dr. Ralf Bambach, Hamburg
Dr. Elisabeth Baumgartner
PD Dr. Wilhelm Baumgartner, Würzburg
Prof. Dr. Jan P. Beckmann, Hagen
Dr. Rudolf Behrens, Würzburg
Dr. Wolfgang Benkewitz, München
Prof. Dr. Robert Bernasconi, Colchester/Großbritannien
Prof. Dr. Rudolf Bernet, Leuven/Belgien
Prof. Dr. Mauricio Beuchot, Mexico, D. F.
Dr. Raimund Bezold, Würzburg
Prof. Dr. Volker Bialas, München
Prof. Dr. Dr. h. c. Winfried Böhm, Würzburg
Prof. Dr. Günther Böhme, Frankfurt
Prof. Dr. Emilio Bonfatti, Padua
Klemens Bossong, M. A., Regensburg
Werner Brecht, M. A., München
Elke Brendel, M. A., Frankfurt
Leo Brux, München
Prof. Dr. Wilhelm Büttemeyer, Oldenburg
Maria Burger, Berlin
Dr. Franz-Peter Burkard, Würzburg
Dr. Hubertus Busche, Bonn
Prof. Dr. Rafael Capurro, Stuttgart
Dr. Massimo de Carolis, Neapel
Christine Chwaszcza, M. A., München
Dr. Antonio Da Re, Padua
Luc Deitz, Konstanz
Ed Dellian, Übersee-Chiemsee
Dr. Horst Denzer, Augsburg
Daniel Diermeier, Ottobrunn
Dr. Steffen Dietzsch, Berlin/DDR
Fernando Dominguez y Reboiras, Freiburg i. Br.
Dr. Willi Donner, Salzburg
Dr. Mechthild Dreyer, Berlin
Prof. Dr. Leo J. Elders, Kerkrade/Niederlande
Prof. Dr. István Fehér, Budapest
Prof. Dr. Manfred S. Frings, Chicago

Dr. Herbert Frohnhofen, München
Dr. Franz Josef Fuchs, München
Dr. Gerhard Fuchs, München
Prof. Dr. Hanna-Barbara Gerl, Bayreuth
Ulrike Haas-Spohn, M. A., München
Prof. Dr. Klaus Hammacher, Aachen
Prof. Dr. Klaus Hedwig, Kerkrade/Niederlande
Thomas Herfurth, Tübingen
Dr. Martin Hielscher, Hamburg
Dr. Carl-Hellmut Hoefer, Frankfurt
Dr. Hans-Joachim Höhn, Frankfurt
PD Dr. Vittorio Hösle, Regensburg
Dr. Günter Hoffmann-Loerzer, München
Prof. Dr. Helmut Holzhey, Zürich
Dr. Axel Honneth, Frankfurt
Prof. Dr. Brigitte Hoppe, München
Prof. Dr. Gottfried Hornig, Bochum
Prof. Dr. Don A. Howard, Boston
Dr. Bernhard Irrgang, München
Dr. Elenor Jain, Wuppertal
PD Dr. Jörg Jantzen, München
Dr. Norbert Jaron, Bergisch-Gladbach
Dr. Christoph Jermann, Neapel
Prof. Dr. Dietmar Kamper, Berlin
Prof. Dr. Peter Kampits, Wien
PD Dr. Lucian Kern, Pullach
Brigitte Kible, Tübingen
Dr. Peter Kiwitz, Bochum
Dr. Jörg Klawitter, Würzburg
PD Dr. Hartmut Kliemt, Frankfurt
Dr. Anton Friedrich Koch, München
Johann S. Koch, M. A., Krottenmühl
Dr. Arnold Köpcke-Duttler, Kist
Prof. Dr. Ulrich Köpf, Tübingen
Maria Koettnitz, M. A., Dortmund
Dr. Helmut Kohlenberger, Freilassing
Dr. Clemens Kopp, Köln
Dr. Gerhard Krämling, Erlangen-Nürnberg
Prof. Dr. Fritz Krafft, Mainz
Frank-Lothar Kroll, M. A., Bonn
Dr. Karl Leidlmair, Innsbruck
Dr. Peter Lempert, Bergisch-Gladbach
Dr. Maria Lieber, Padua
Dr. Jutta Linder, Padua
Dr. Fulvio Longato, Triest
Dr. Konrad Lotter, Erdweg-Kleinberghofen
Prof. Dr. Günther Maluschke, Tübingen
Dr. Reinhard Margreiter, Imst
Dr. Karl-Peter Markl †
Dr. David J. Marshall, München

Dr. Ullrich Melle, Leuven/Belgien
Günter Metz, Zellingen
Dr. Wilhelm Metz, Siegen
Dr. Egbert Meyer, Köln
Prof. Dr. Burkhard Mojsisch, Bochum
Joerg Monar, M. A., Stuttgart
Dr. Giampiero Moretti, Rom
Claudia Moser, Mainz
Olaf Müller, Tübingen
Petra Nagelschmidt, München
Dr. Thomas Neumann, Würzburg
Dr. Julian Nida-Rümelin, München
Martine Nida-Rümelin, Dipl.-Psych., München
PD Dr. Friedrich Niewöhner, Wolfenbüttel
Dr. Udo Nimsdorf, München
Dr. Heribert M. Nobis, München
Prof. Dr. Peter J. Opitz, München
Claus Ortner, M. A., München
Ruth Otte, Dipl.-Päd., Padua
Prof. Dr. Henning Ottmann, Augsburg
Dr. Klaus Pähler, Trier
Dr. Gerda Pagel, Würzburg
Dietmar von der Pfordten, München
Dr. Olaf Pluta, Bochum
Prof. Dr. Heinz Rausch, Nürnberg
Prof. Dr. Josef Reiter, Mainz
Prof. Dr. Friedo Ricken, München
Dr. Wolfgang Riedel, Berlin
Prof. Dr. Wolfgang Röd, Innsbruck
Hans Rott, M. A., München
PD Dr. Enno Rudolph, Heidelberg
Dr. Michael Rupp, München
Dr. Erwin Schadel, Bamberg
Kurt Schanné, M. A., Frankfurt
Dr. Susanne Schauf, Stuttgart
PD Dr. Herbert Scheit, Siegertsbrunn
Prof. Dr. Ivo Schneider, München
Dr. Otto Schönberger, Gerbrunn
Dr. Rolf Schönberger, München
Prof. Dr. Alfred Schöpf, Würzburg
Oliver R. Scholz, Bielefeld
Dr. Venanz Schubert, München
Klaus Schütze, M. A., München
PD Dr. Richard Schwaderer, Würzburg
Dr. Walter Schweidler, München
Bernhard Seibt, Haar
PD Dr. Walter Seitter, Wien
Dr. Günter Seubold, Würzburg
Dr. Geo Siegwart, Essen
Prof. Dr. Heinrich Simon, Berlin/DDR

Dr. Volker Spierling, Tübingen
Prof. Dr. Wolfgang Spohn, Regensburg
Keith Taylor, Coventry/Großbritannien
Dr. Bettina Trefz, München
PD Dr. Elmar Treptow, München
Ulrich Unnerstall, Tübingen
Prof. Dr. Franco Volpi, Padua
Dr. Lothar Waas, Eichstätt
Dr. Peter Walter, Tübingen
Christian Wannenmacher, München
Prof. Dr. Wolfgang Welsch, Berlin
Dr. Peter Welsen, Regensburg
Reinhard Wesel, M. A., München
Dr. habil. Karl-Heinrich Wiederkehr, Hamburg
Friedrich Wilckens, München
Hannes Wittig, München

VORWORT

Lexika zur Philosophie richten ihr Augenmerk im allgemeinen auf Personen und Begriffe. Diese Orientierung gründet in einer langen und bewährten Tradition, die mit der wissenschaftlichen Erforschung der Philosophiegeschichte begonnen und sich mit der Entstehung der literarischen Gattung philosophischer Wörterbücher etabliert hat. Ursprüngliche Quelle der Philosophie sind jedoch die Werke der Philosophen. So nimmt dieses Lexikon – als erstes in deutscher Sprache – die philosophischen Werke selbst zum Gegenstand.

Das *Lexikon der philosophischen Werke* soll den philosophisch Interessierten – Lesenden, Studierenden und Lehrenden – über die bekanntesten und wirkungsgeschichtlich bedeutendsten Werke der Philosophie und ihrer Grenzgebiete von der Antike bis zur Gegenwart Auskunft geben. 1147 philosophische Hauptwerke von 538 Denkern werden durch Kurzbeschreibungen von Inhalt und Wirkungsgeschichte dargestellt. Bei der Auswahl wurde ein möglichst vollständiges, repräsentatives Gesamtbild der philosophiegeschichtlich wichtigen Werke angestrebt. Das Schwergewicht liegt dabei auf der abendländischen bzw. westlichen Philosophie, da eine vertretbare Erfassung von Werken aus anderen Denktraditionen innerhalb des Umfangs und Rahmens dieses Projekts nicht möglich war. Aus anderen Traditionen wurden Werke dann berücksichtigt, wenn sie auf die Entwicklung der abendländischen Philosophie einen nachhaltigen Einfluß hatten – wie etwa manche philosophischen Texte der arabischen und jüdischen Literatur des Mittelalters, die in lateinischer Übersetzung nicht selten auf die abendländische Denktradition in höherem Maße als auf die eigene gewirkt haben. Aufgenommen wurden auch anonym erschienene Schriften und Werke weniger bekannter Verfasser, soweit sie philosophiegeschichtlich bedeutsam sind. Da über die bleibende Bedeutung zeitgenössischer Werke schon wegen des fehlenden historischen Abstands und der daraus entstehenden Vergrößerungseffekte und Zerrperspektiven oft schwer zu urteilen ist, wurde unter den Werken der Gegenwartsphilosophie eine besonders strenge Auswahl getroffen, die dennoch die Vielfalt der heute vorherrschenden Forschungsrichtungen und Denkansätze repräsentativ zu berücksichtigen und so dem bestehenden Informationsbedürfnis nachzukommen hofft.

Das Lexikon kann und soll selbstverständlich nicht die Lektüre der Schriften der Philosophen ersetzen, sondern vielmehr gerade dazu motivieren: es soll eine erste Orientierung vor der eigenen Lektüre bieten, zuverlässige Informationen über Titel, Inhalt, wichtigste Ausgaben und Sekundärliteratur geben und so als Anregung und Geleit zur direkten Auseinandersetzung mit den Schriften der Philosophen dienen. Einen besonderen bibliographischen Informationswert dürften die Artikelköpfe enthalten: angegeben werden darin mit den originalsprachigen Titeln (bei fremdsprachigen nebst Übersetzung) Ort und Jahr des Erstdrucks bzw. der Erstausgabe sowie gegebenenfalls das Erscheinungsjahr der ersten deutschen Übersetzung. Damit werden die wesentlichen Grundinformationen vermittelt für die Einordnung eines Werkes in die Philosophiegeschichte sowie die Geschichte des Buches überhaupt.

Für die Abfassung der Artikel wurden Autoren gewonnen, die in besonderer Weise mit den betreffenden Werken bzw. Philosophen vertraut sind, in vielen Fällen – wie ein Blick ins Mitarbeiterverzeichnis zeigt – renommierte Fachspezialisten. Angesichts der Vielzahl und der Individualität sowohl der behandelten Werke wie auch der für ihr Thema eigens ausgewiesenen Mitarbeiter erschien eine strikte Vereinheitlichung von Stil und Darstellungsweise weder möglich noch wünschenswert. Wenn das gesteckte Ziel, auf knappem Raum einen informativen Überblick zu den wichtigsten philosophischen Primärquellen zu geben, erreicht wurde, so haben wir dafür in erster Linie allen Mitarbeitern zu danken.

Sowohl die Idee als auch die formale und inhaltliche Konzeption des Werkes wurden von Maria Koettnitz und Harry Olechnowitz entwikkelt.

Dem Verlag und insbesondere Frau Imma Klemm gilt unser Dank für die große Mühe, die auf die Vorbereitung und die Verwirklichung des Werkes verwendet wurde. Sollte der Benutzer trotz aller aufgewendeten Sorgfalt Fehler, Lücken oder Ungenauigkeiten bemerken, so sei er herzlich darum gebeten, entsprechende Korrekturvorschläge oder Ergänzungswünsche im Hinblick auf künftige Auflagen an den Verlag zu richten.

Die Philosophie bedarf einer mannigfaltigen und lebhaften Diskussion – es war unser Ziel, mit einem handlichen und erschwinglichen Lexikon dazu beizutragen. Angesichts des alexandrinischen Eifers, mit dem heute oft nur noch an Sekundärliteratur gearbeitet wird, soll das *Lexikon der philosophischen Werke* auch einen Beitrag dazu leisten, die Aufmerksamkeit auf die Primärquellen zurückzulenken.

Die Herausgeber

BENUTZERHINWEISE

1. Anordnung der Artikel und Register

Die Werke werden grundsätzlich unter dem *Originaltitel* angeführt. Maßgeblich ist dabei der Titel der ersten gedruckten Ausgabe. Wenn keine gedruckte Originalausgabe vorliegt, gilt entweder der vom Autor verwendete Titel oder der in verschiedenen Handschriften am besten überlieferte Titel oder der wissenschaftlich autorisierte Titel.
Die Artikel sind in alphabetischer Reihenfolge nach Werktiteln geordnet. Bei der alphabetischen Einordnung gilt der fettgedruckte Titel als ein Wort in normaler Buchstabenfolge, wobei voranstehende bestimmte oder unbestimmte Artikel unberücksichtigt bleiben. Bei gleichlautenden Titeln richtet sich die alphabetische Ordnung nach den Autorennamen.
Falls man ein Werk im Lexikonteil nicht findet, empfiehlt sich die Benutzung des *Philosophen-Registers*. Es ist alphabetisch nach Philosophennamen geordnet und führt sämtliche im Lexikon vertretenen Werke jeweils unter dem Autor an. Es verzeichnet bei fremdsprachigen Titeln die deutschen Übersetzungen. Darüber hinaus enthält es Titelverweise, wenn Werke unter verschiedenen Titeln überliefert sind oder wenn etwa Teile von Werken unter ihrem eigenen Titel bekannt geworden sind. Anonyma sind unter »anonym« eingeordnet, Sammeleditionen (z. B. »Die Fragmente der Vorsokratiker«) unter den Namen der Herausgeber.

2. Aufbau der Artikel

Der *Artikelkopf* führt zunächst Titel und Untertitel des Werks an, dann bei fremdsprachigen Titeln in Klammern die Sprache, in der das Werk verfaßt wurde, und eine wörtliche deutsche Übersetzung des Titels. Bei griechischen und arabischen Werken, die häufig unter ihrem lateinischen Titel zitiert wurden oder werden, wird auch die lateinische Form angegeben. Es folgen der Name des Autors, das Entstehungsjahr oder der -zeitraum, sofern er vom Datum der Erstausgabe oder des Erstdrucks erheblich abweicht, und Jahr und Ort der Erstausgabe (EA). Ist das Werk zuerst in einer Zeitschrift oder in einem Sammelwerk erschienen, steht statt des Kürzels EA für Erstausgabe das Kürzel ED für Erstdruck mit den entsprechenden Angaben zu der Zeitschrift bzw. dem Sammelband. Die Abkürzung ED steht außerdem für die erste Druckausgabe von Werken, die schon vor der Zeit des Buchdrucks in Handschriften verbreitet waren. – Bei fremdsprachigen Werken wird schließlich noch das Erscheinungsjahr der deutschen Erstausgabe und gegebenenfalls der deutsche Titel (sofern er von dem angegebenen wörtlichen Übersetzungstitel abweicht) angeführt.
Der *Hauptteil* des Artikels umreißt zunächst einleitend das philosophische Thema und die Zielsetzung des Werks. Es folgt eine Wiedergabe

der wichtigsten Gedankengänge des Werks, die auch dessen Aufbau verdeutlichen soll. Den Abschluß bilden in der Regel zusammenfassende Hinweise zur Wirkung des Werks.
Der *bibliographische Artikelanhang* führt Werkausgaben sowie Übersetzungen und Sekundärliteratur an. Bereits im Artikelkopf enthaltene Angaben von Ausgaben und Übersetzungen werden nicht wiederholt. Bei den Ausgaben wird bei mit dem Stichwort übereinstimmendem Titel nur das Erscheinungsjahr oder das Jahr des Nachdrucks (Repr.) und gegebenenfalls der Herausgeber oder Übersetzer angeführt.

3. Typographisches

In *Kursivschrift* sind Werktitel gedruckt. *Doppelte Anführungszeichen* stehen bei Überschriften, etwa von Kapiteln, Teilen oder Büchern eines Werks, außerdem bei längeren wörtlichen Zitaten. In *einfache Anführungszeichen* sind im Sinne des betreffenden Philosophen verwendete Begriffe und Formulierungen gesetzt. *Verweispfeile* finden sich generell bei der Nennung von philosophischen Werken, zu denen das Lexikon einen eigenen Artikel enthält.

4. Umschrift

Griechische Buchstaben werden nach der sog. Klassischen Transkription in lateinischen Buchstaben wiedergegeben. Dabei bleiben Akzente unberücksichtigt. Eta und Omega sind durch Längenzeichen markiert (ē, ō).

5. Abkürzungen

Vgl. Allgemeines Abkürzungsverzeichnis, Zeitschriftenabkürzungsverzeichnis. Im Interesse eines möglichst ungestörten Leseflusses wurde im Hauptteil der Artikel weitgehend auf nicht unmittelbar zu erschließende Abkürzungen verzichtet. Die im Allgemeinen- und im Zeitschriftenabkürzungsverzeichnis aufgeführten Kurzformen erscheinen überwiegend ausschließlich im Artikelkopf und im bibliographischen Artikelanhang.

ALLGEMEINES ABKÜRZUNGSVERZEICHNIS

Abh.	Abhandlung
arab.	arabisch
Aufl.	Auflage
Ausg.	Ausgabe
B.	Buch
Bd.	Band
Bde.	Bände
Bibl.	Bibliographie
dän.	dänisch
dt.	deutsch
EA	Erstausgabe
ED	Erstdruck
Ed.	Edition
eigentl.	eigentlich
engl.	englisch
entst.	entstanden
erw.	erweitert
ff.	und folgende
frz.	französisch
gest.	gestorben
gr.	griechisch
hg. von	herausgegeben von
Hg.	Herausgeber
Hl.	Heilige (Schrift)
it.	italienisch
Jh.	Jahrhundert
Kap.	Kapitel
lat.	lateinisch
Nachdr.	Nachdruck
PhB	Philosophische Bibliothek Meiner
Pseud.	Pseudonym
Repr.	Reprint
RUB	Reclams Universalbibliothek
russ.	russisch
span.	spanisch
stw	Suhrkamp Taschenbuch Wissenschaft
u. d. T.	unter dem Titel
übers./Übers.	übersetzt/Übersetzer
unvollst.	unvollständig
verb.	verbesserte
veränd.	veränderte

ZEITSCHRIFTENABKÜRZUNGSVERZEICHNIS

Ann. Sci.	Annals of Science. A Quarterly Review of the History of Science and Technology since the Renaissance (London)
Arch. francis. histor.	Archivum franciscanum historicum (Florenz)
Arch. Gesch. Philos.	Archiv für Geschichte der Philosophie (Berlin)
Arch. hist. doctr. litt. moyen-âge	Archives d'histoires doctrinale et littéraire du moyen-âge (Paris)
Arch. Hist. Ex. Sci.	Archive for the History of Exact Sciences (Berlin)
Arch. Rechts- u. Sozialphilos.	Archiv für Rechts- und Sozialphilosophie (Berlin)
Arch. Sozialwiss. u. Sozialpol.	Archiv für Sozialwissenschaften und Sozialpolitik (Berlin)
Beitr. Gesch. Philos. MA	Beiträge zur Geschichte der Philosophie des Mittelalters (Münster)
Beitr. Gesch. Philos. Theol. MA	Beiträge zur Geschichte und Theologie des Mittelalters (= späterer Titel der Beitr. Gesch. Philos. MA; Münster)
Bibl. d'Hum. et Renaiss.	Bibliotheque d'humanisme et renaissance (Genf)
Bl. dt. Philos.	Blätter für deutsche Philosophie (Berlin)
Byzant. Z.	Byzantinische Zeitschrift (Leipzig)
Dt. Vierteljahress. Literaturwiss. Geistesgesch.	Deutsche Vierteljahresschrift für Literaturwissenschaft und Geistesgeschichte (Stuttgart)
Evangel. Erz.	Der evangelische Erzieher (Frankfurt)
F. Gesch. Phil. u. Päd.	Forschungen zur Geschichte der Philosophie und Pädagogik (Leipzig)
Franciscan Stud.	Franciscan Studies (St. Bonaventure)
Franziskan. Studien	Franziskanische Studien (Münster)
Freibg. Z. Philos. Theol.	Freiburger Zeitschrift für Philosophie und Theologie (Freiburg/Schweiz)
Hist. Jb.	Historisches Jahrbuch (Münster/München/Freiburg i. Br.)
Hist. Pol. Thought	History of Political Thought (Exeter)
J. Med. Ren. Stud.	Journal of Medieval and Renaissance Studies (Durham N. C.)
J. Theol. St.	The Journal of Theological Studies (London)

Kant-St.	Kant-Studien (Berlin)
Paulys Realencycl. d. class. Altertumswiss.	Paulys Realencyclopädie der classischen Altertumswissenschaft (Stuttgart)
Philos. Jb.	Philosophisches Jahrbuch (Münster)
Philos. Nat.	Philosophia Naturalis (Meisenheim am Glan)
Philos. Phenom. Res.	Philosophy and Phenomenological Research (Buffalo)
Philos. Rdsch.	Philosophische Rundschau (Heidelberg/Tübingen)
Rev. ét. grec.	Revue des études grecques (Paris)
Rev. étud. juiv.	Revue d'études juives (Paris)
Rev. int. philos.	Revue internationale de philosophie (Brüssel)
Rev. moyen-âge lat.	Revue du moyen-âge latin (Lyon/Straßburg)
Rev. philos.	Revue philosophique de Louvain (Louvain)
Rev. philos. France étrang.	Revue philosophique de la France et de l'étranger (Paris)
Rev. quest. sci.	Revues des questions scientifiques (Louvain)
Riv. filos. neo-scolastica	Rivista di filosofia neo-scolastica (Mailand)
Stud. Leibn.	Studia Leibnitiana (Wiesbaden)
Vierteljahresz. wiss. Philos. u. Soziol.	Vierteljahreszeitschrift für wissenschaftliche Philosophie und Soziologie (Leipzig)
Vierteljahresz. Wissenschaftl. Päd.	Vierteljahreszeitschrift für Wissenschaftliche Pädagogik (Münster)
Zeitschr. f. Kath. Theol.	Zeitschrift für Katholische Theologie (Innsbruck)
Z. gesamte Staatswiss.	Zeitschrift für die gesamte Staatswissenschaft (Tübingen)
Z. philos. Forsch.	Zeitschrift für philosophische Forschung (Meisenheim am Glan)
Z. Sozialf.	Zeitschrift für Sozialforschung (Leipzig)

Abhandlung über den Ursprung der Sprache, Johann Gottfried Herder; EA Berlin 1772, ²1789.

Die von der Berliner Akademie für das Jahr 1770 gestellte Preisfrage nach dem Ursprung der Sprache gab Herder Anlaß, seine sprachphilosoph. Überlegungen zusammenzufassen und systemat. darzustellen. Zur Zielscheibe seiner Kritik macht er in dieser Preisschrift sowohl die – vor allem von Süßmilch propagierte – theolog.-orthodoxe These vom Ursprung der Sprache durch göttlichen Unterricht als auch die rationalist. Lehre der Aufklärer von der Institution der Sprache durch einen Gesellschaftsvertrag, wobei er sich in beiden Fällen gegen die unhistor. Auffassung der Sprache als eines von vornherein voll ausgebildeten Systems richtet. Zugleich wendet sich Herder aber auch gegen die sensualist. Theorie Condillacs und erklärt seinerseits die Sprache als ein allmählich heranreifendes Produkt der sich fortentwickelnden menschlichen Vernunft. Ausgehend von der Beobachtung, daß sich die Sprache im Gang der Geschichte von einer ursprünglich bildhaft-konkreten zu einer zunehmend abstrakteren Ausdrucksform entwickelt habe, begreift Herder in Übereinstimmung mit Hamann die Poesie eben nicht als eine Errungenschaft der Zivilisation, sondern vielmehr – und dies war vor allem für Goethe richtungsweisend – als die Muttersprache der Völker. Mit seiner histor. Analyse, welche die Entstehung der Nationalsprachen aus den jeweils verschiedenen klimat., geograph. und sozialen Gegebenheiten eines Volkes ableitet und dabei dennoch jede einzelne als Teil eines progressiven Ganzen, als besondere Spielart einer allgemeinen Sprachentwicklung betrachtet, hat Herder den Grundstein zur modernen Sprachphilosophie gelegt.

Ausg.: Sämtliche Werke, hg. von B. Suphan, Bd. V, 1891 (Repr. 1967). – Hg. von H. D. Irmscher, 1979 (RUB 8729).
Lit.: W. Pross, J. G. Herder: ›Abhandlung über den Ursprung der Sprache‹, 1977.

J. Linder

Abhandlung über die Evidenz in metaphysischen Wissenschaften, Moses Mendelssohn; EA Berlin 1764.

Entstanden ist diese Schrift als Antwort auf die von der Berliner Akademie für das Jahr 1763 gestellte Preisfrage nach der Evidenz der metaphys. im Vergleich zu den mathemat. Wahrheiten. Von vornherein hält Mendelssohn – und damit bewegt er sich noch ganz auf dem Boden der Leibniz-Wolffschen Schulphilosophie – an der Überzeugung von der Übertragbarkeit der mathemat. Beweisführung auf das Gebiet der Metaphysik fest. Die metaphys. Wahrheiten sind – so seine These – von derselben ›Gewißheit‹ wie die geometr., allerdings von geringerer ›Faßlichkeit‹. Streng unterscheidet er zwischen theoret. und praktischer Überzeugung, zwischen deutlicher Erkenntnis des Wahren mittels der Vernunft und undeutlicher Erkenntnis des Guten kraft der Empfindung und versucht, die Wolff-Baumgartensche Vernunftethik mit der Hutchesonschen Lehre vom ›moral sense‹ in Einklang zu bringen. Von der Berliner Akademie wurde Mendelssohn der erste Preis zuerkannt, wohingegen der Mitbewerber Kant das Accessit erhielt.

Ausg.: Gesammelte Schriften, Bd. II, 1931 (Repr. 1972).
Lit.: A. ALTMANN, M. Mendelssohns Frühschriften zur Metaphysik, 1969.

J. LINDER

Die Absichten der Philosophen (Al-Gazzālī) → Maqāsid al-falāsifah

Academici libri quattuor (lat.; *Die akademischen Bücher*), Marcus Tullius CICERO, entst. etwa 46 v. Chr.; ED Rom 1471; dt. 1789 (unvollst.), 1874 Lehre der Akademie.

Diese einzigartige Quelle für die Übersetzung griechischer Begriffe der Erkenntnistheorie (z. B. katalepsis/perceptio) ist nur in Teilen erhalten. Cicero will aufzeigen, »welche Art des Philosophierens er am wenigsten anmaßend und am meisten beständig und ausgewählt (elegans) findet«. Er vertritt dabei elegant und geistreich die Position der skeptischen Akademie und übt die epochē in bezug auf die Gewinnung gesicherter Erkenntnis. Ein Teil der älteren Ausgabe (academici priores) ist unter dem Titel »Lucullus« in das Corpus der philosoph. Schriften gelangt und blieb erhalten. Dadurch besitzen wir eine zusammenhängende Entwicklungsgeschichte der Akademie bis etwa 130 v. Chr.; bemerkenswert ist die darin vertretene Meinung, die Akademie und der Peripatos, d. h. die von Platon bzw. Aristoteles gegründeten Schulen seien zwei in der Sache übereinstimmende und nur in den Begriffen differierende Philosophien.

Ausg.: Lat., 1961.
Lit.: A. M. IOPPOLO, Doxa ed Epoché in Arcesilao, in: Elenchos V (1984).

M. RUPP

L'action. Essai d'une critique de la vie et d'une science de la pratique (frz.; *Das Handeln.* Versuch einer Kritik des Lebens und einer Wissenschaft der Praktik), Maurice BLONDEL; EA Paris 1893; dt. 1965.

Blondels auf dem geistigen Nährboden eines religiös gebundenen Pragmatismus stehendes Hauptwerk ist von der Opposition gegen die exaktwissenschaftliche Vernunft und der Zuwendung zu einer theist. Metaphysik durchzogen. Blondel sucht eine Universalwissenschaft der Aktion zu entwickeln, deren Gegenstand die menschliche Grundwirklichkeit des praktischen Tuns ist. Demzufolge entfaltet er das Phänomen der Handlung auf den Stufen der Sinneserkenntnis, der wissenschaftlichen Erkenntnis, des subjektiven Bewußtseins menschlichen Tuns und menschlicher Freiheit, des Widerhalls unseres Tuns in der eigenen Leiblichkeit, der Sozialformen der Gesellschaft, der Äußerungen des Aberglaubens und der Schwelle zum Übernatürlichen. Im Verlauf dessen entdeckt Blondel den für den Menschen unlösbaren Konflikt des Ineinanderverwobenseins von Immanenz und Transzendenz: Der Mensch ist allein das, was er im Leben handelnd aus sich macht, erfährt jedoch bei der Zielverwirklichung seines faktischen Wollens immer aufs Neue seine eigene Endlichkeit. Als Hoffnung erweist sich das in der konkreten Aktion stets mitbeinhaltete

Transzendente. Dadurch wird ein Zugang zu Gott eröffnet, kraft dessen Willen unser Handeln vollkommen werden kann. – Lange vor Husserl und Heidegger ist Blondels Werk method. geprägt von sorgfältiger phänomenolog. Analyse und nimmt durch den großangelegten Versuch, Sein und Freiheit in eine Einheit zu bringen, Probleme wie Lösungswege der Existenzphilosophie vorweg.

Lit.: H. DUMÉRY, La philosophie de l'action. Essai sur l'intellectualisme blondélien, 1948. – U. HOMMES, Transzendenz und Personalität. Zum Begriff der Action bei M. Blondel, 1972. – R. VIRGOULAY/C. TROISFONTAINES, M. Blondel, Bibliographie analytique et critique, Bd. I u. II, 1975/76. – A. E. VAN HOOF, Die Vollendung des Menschen. Die Idee des Glaubensaktes und ihre philosophische Begründung im Frühwerk M. Blondels, 1983.

J. KLAWITTER

Adventures of Ideas (engl.; *Abenteuer der Ideen*), Alfred North WIHTEHEAD; EA Cambridge 1933; dt. 1971.

Whitehead betrachtet das Werk als Teil einer sich mit → *Science and the Modern World* und → *Process and Reality* ergänzenden Darstellung seines philosoph. Systems. Dabei hat es vor allem einführenden Charakter. Sein Titel bezieht sich auf zwei große Bereiche geistiger Tätigkeit. Im 1. Teil untersucht Whitehead die praktische Wirksamkeit von Philosophie anhand histor. Beispiele für Entwicklung und Einfluß von Ideen – wie ›Gleichheit‹, ›Humanität‹ und ›Freiheit‹ –, die das Menschheitsbild als Ganzes zum Gegenstand haben. Als beständiges Korrektiv der partikulären Vorstellungen, die unser Handeln bestimmen und ordnen, entfalten diese Ideen eine notwendige zivilisator. Wirkung. Im 2. Teil diskutiert Whitehead ausführlich die verschiedenen Auffassungen vom Charakter der Naturgesetze. Ihre positivist. Deutung als Beschreibung oder aber als bloße Konvention hält er für nicht vereinbar mit der wissenschaftlichen Praxis. Als Gesetze einer eigentlich passiven Materie, der die wirkenden Kräfte auferlegt sind, bilden sie dagegen die Grundlage der Newtonschen Physik und des mechanist. Weltbildes. Die Interpretation der Naturgesetze, als den durch sie beschriebenen Gegenständen immanent, ist die kosmolog. Grundlage von Whiteheads System. Wissenschaft beschreibt danach die wirksamen Kräfte einer wesentlich prozessualen, auf Kreativität hin orientierten Natur, deren Evolution zu immer umfassenderer Ordnung sie mitzuvollziehen hat.

Ausg.: Engl., 1967. – Dt., von E. BUBSER, 1971.

Lit.: JOHNSON, A. N. Whitehead's Philosophy of Civilisation, 1958.

O. MÜLLER

Aenesidemus oder über die Fundamente der von dem Herrn Professor Reinhold in Jena gelieferten Elementar-Philosophie, nebst einer Verteidigung des Skeptizismus gegen die Anmaßungen der Vernunftkritik, Gottlob Ernst SCHULZE; EA Helmstedt 1792.

Die anonym und in Form eines Briefwechsels zwischen Hermias und Änesidemus verfaßte Schrift enthält eine ausführliche Kritik an Reinholds Elementarphilosophie und Kants Transzendentalphilosophie vom Standpunkt alter und neuer Skepsis aus. Der von Schulze vertretene Skeptizismus versteht sich jedoch »nicht als Produkt einer Verzweiflung der Vernunft an ihren eigenen Kräften«, sondern, geleitet vom Glauben an die andauernde Perfektibilität derselben, als method. Nachprüfen der Stichhaltigkeit bisheriger philosoph. Systeme. In diesem Sinne sucht Schulze die Selbstverwicklung des Kritizismus und dessen Deutung durch Reinhold darin zu zeigen, daß die jeweiligen Ergebnisse ihrem eigenen Anliegen zuwiderlaufen. Gegen Reinhold macht er geltend, daß der ›Satz des Bewußtseins‹ vom Widerspruchsprinzip abhänge und folglich nicht absolut und überdies auch nicht durchgängig bestimmt sei. Reinhold und Kant wird weiter ein ontolog. Fehlschluß unterstellt, nämlich aus der subjektiven Denknotwendigkeit die objektive Seinsnotwendigkeit erschlossen zu haben, so etwa aus der vorgestellten Beschaffenheit eines Dinges die reale Beschaffenheit desselben, bzw. aus der Notwendigkeit von synthet. Urteilen a priori die Wirklichkeit eines reinen Verstandesvermögens. Darin erweist sich für Schulze ein unberechtigter Gebrauch des Kausalitätsprinzips, das er ganz im Sinne Humes deutet. Ebenso verfänglich scheint ihm die Anwendung der Kategorie der Ursache auf das Ding an sich, gleich ob letzteres als das Affizierende der Sinne (Reinhold) oder als das Gemüt, das transzendentale Subjekt (Kant) verstanden werde. Sind äußere und innere Dinge an sich unerkennbar, so kann man nicht wissen, ob sie Erkenntnisursache sind oder nicht. Sind sie aber auch bloß denkbar, so fällt der Kritizismus in die dogmat. Metaphysik zurück. Aus diesen Inkonsequenzen bestätigt sich für Schulze die These Humes, daß das Bewußtsein nur seine Vorstellungen kennt, aber aus diesen keine sichere Grundlage für eine Erfahrungswissenschaft gewinnen kann. – Das Werk stand sowohl bei den Zeitgenossen als auch im Deutschen Idealismus im Mittelpunkt der Diskussion um Kants Philosophie und wirkte u. a. auf Schopenhauer und den Neukantianismus der Marburger Schule (Cohen).

Ausg.: Repr. 1911.
Lit.: V. Verra, Dopo Kant. Il criticismo nell'età preromantica, 1957.

F. Longato

Aesthetica (lat.; *Ästhetik*), Alexander Gottlieb Baumgarten; EA Frankfurt a.O. 1750–1758 (2 Bde.).

Die unvollendet gebliebene ästhet. und erkenntniskrit. Schrift gab der Ästhetik als selbständiger philosoph. Disziplin ihren Namen. – Das Werk ist nach dem Vorbild von Chr. Wolffs latein. Logik in einen theoret. und einen praktischen Teil gegliedert. Der Aufbau der »Theoretischen Ästhetik« folgt der in der Rhetorik geläufigen Dreiteilung: 1. Heuristik (inventio); 2. Methodologie (dispositio); 3. Semiotik (elocutio). Von Baumgarten fragmentar. ausgeführt ist nur die Heuristik. Baumgarten definiert Ästhetik als ›Wissenschaft der sinnlichen Erkenntnis‹. Der Terminus ›sinnlich‹ (›sensitiv‹) bezeichnet in der aus Leibniz' Perzeptionenlehre hervorgegangenen ›empir. Psychologie‹ des 18. Jh.s Vorstellungen, die nicht ›distinkt‹ (›deutlich‹) – d.h. begrifflich analysierbar –, aber gleichwohl ›klar‹ – d.h. von anderen unterscheidbar – sind. Deutliche Vorstellungen werden vom ›oberen Erkenntnisvermögen‹ (Verstand, Vernunft) gebildet, das gemäß dem rationalist. Erkenntnismodell der Wolff-Schule allein sichere Wahrheiten bietet und in der Logik einen zuverlässigen method. Führer besitzt. Baumgartens Ästhetik will für die sensitiven Vorstellungen des ›unteren Erkenntnisvermögens‹ eine der Logik, ihrer ›älteren Schwester‹, komplementäre Methodik liefern. Baumgarten nennt die Ästhetik deshalb auch ›Logik der unteren Erkenntnisvermögen‹. Inbegriff der unteren Erkenntnisvermögen ist das ›analogon rationis‹ als Prinzip der sinnlichen Verknüpfung von Vorstellungen. Wie die Vernunft auf begriffliche Weise, so vergegenwärtigt sich ihr Analogon auf sinnliche Weise die Welt (›nexus rerum‹) als Vollkommenheit. Die Vollkommenheit der sinnlichen Erkenntnis selbst wird als Schönheit bezeichnet. Obgleich Baumgarten Schönheit nicht primär Gegenständen, sondern der Art, wie sie erkannt werden, zuschreibt, bleibt die Rückbindung an den metaphys. Vollkommenheitsbegriff stets erhalten. Durch diese Rückbindung gewinnt der Aspekt der Wahrheit sensitiver Vorstellungen zentrale Bedeutung. Aus einer Kritik der mathemat.-logischen Erkenntnismethode, deren abstrahierende Begriffsbildung um deutlicher Allgemeinbegriffe willen von der Merkmalsfülle der Einzeldinge absehen muß, entwickelt Baumgarten Ästhetik als eigenständige Erkenntnisart, welche die Defizite der logischen Erkenntnis kompensiert, indem sie einen Gegenstand in der ›extensiven Klarheit‹ und materialen Fülle seiner Merkmale zur Vorstellung bringt. Logik und Ästhetik erbringen eine je eigene ›subjektive Wahrheit‹, sind aber beide auf die ›objektive, transzendentale metaphys. Wahrheit‹ als Bezugspunkt ausgerichtet. Diese höchste Wahrheit von materialer und formaler Vollkommenheit kann dem Menschen infolge seiner Endlichkeit nie ganz zuteil werden: die formale Vollkommenheit deutlicher Allgemeinbegriffe wird durch eine Einbuße an materialer Vollkommenheit erkauft; dominiert die materiale Vollkommenheit des ästhet. Erkennens, so geht dies zu Lasten der formalen Vollkommenheit. Deshalb gewähren weder Logik noch Ästhetik allein Zugang zur metaphys. Wahrheit. Nur die Mischform der ›ästhetikolog. Erkenntnis‹, die formale und materiale Ansprüche in ein balanciertes Verhältnis setzt, kann dem endlichen Menschen ein minderes Äquivalent der metaphys. Wahrheit zugänglich machen. – Baumgartens Rechtfertigung des sinnlichen Erkennens wurde durch seinen Schüler G. F. Meier rasch populär und prägte das Ideal des ästhet. ausgebildeten Weltweisen in der 2. Hälfte des 18. Jh.s.

Ausg.: Repr. 1961. – A. G. BAUMGARTEN, Theoretische Ästhetik. Die grundlegenden Abschnitte aus der ›Aesthetica‹ (1750/58), übers. und hg. von H. R. SCHWEIZER, 1983 (PhB 355).

Lit.: U. FRANKE, Kunst als Erkenntnis. Die Rolle der Sinnlichkeit in der Ästhetik des A. G. Baumgarten, 1972. – H. R. SCHWEIZER, Ästhetik als Philosophie der sinnlichen Erkenntnis. Eine Interpretation der ›Aesthetica‹ A. G. Baumgartens mit teilweiser Wiedergabe des latein. Textes und deutscher Übersetzung, 1973.

R. BEZOLD

Aesthetica in nuce. Eine Rhapsodie in Kabbalistischer Prose, Johann Georg HAMANN; ED (in: Kreuzzüge des Philologen) o. O. (Königsberg) 1762 (anonym).
Hamanns Streitschrift gegen die rationalist. Bibelhermeneutik (J. D. Michaelis) stellt den Entwurf einer theolog. begründeten Ästhetik dar, wobei wie bei

Baumgarten (→*Aesthetica*) nicht nur die Lehre vom Schönen, sondern auch die von der gegenüber den höheren Verstandeskräften aufgewerteten sinnlichen Erkenntnis (gnoseologia inferior) gemeint ist. – Hamann geht davon aus, daß Gottes Offenbarungswerk zu den Sinnen, nicht zur Vernunft, spreche. Adäquat ausgelegt würden daher Bibel und Buch der Natur nicht durch ›Abstractionen‹ der Ratio, sondern durch das ursprünglichere Vermögen bild- und gleichnishafter Auffassung, durch die ›Muttersprache des menschlichen Geschlechts‹, die ›Poesie‹. Diese habe als ›Nachahmung‹ Gottes durch sein ›Ebenbild‹, den Menschen, zugleich heilsgeschichtliche Funktion: der Dichter sei, so er sich nur vom Licht Christi leiten lasse, berufen, die durch den Sündenfall verwirrte Ursprache der Offenbarung, die ›Turbatverse‹ der Schöpfungspoesie, wieder ›ins Geschick zu bringen‹. – Die Schrift beeinflußte Herder und durch ihn die deutsche Spätaufklärung.

Ausg.: Denkwürdigkeiten. Aesthetica in nuce, ²1983 (RUB 926).
Lit.: H.-M. Lumpp, Philologia crucis, 1970. – S.-A. Jørgensen, J. G. Hamann, 1976.

W. Riedel

Ästhetik des Häßlichen, Karl Rosenkranz; EA Königsberg 1853.

In seiner im Kontext der Diskussion um Hegels Ästhetik und insbes. um dessen Bewertung der romant. Kunstform verfaßten Schrift behandelt Rosenkranz, einer der bedeutendsten Vertreter der Hegelschule, das vielfältige Phänomen des Häßlichen in der Kunst- und Kulturwelt. Im Unterschied zu Ch. H. Weisse, Fr. Th. Vischer, A. Ruge und K. Fischer wird dem Häßlichen als dem Gegenteil des Schönen die Vermittlungsfunktion zwischen dem Schönen und dem Komischen zugewiesen. Die Grundthese des Werkes lautet, daß das Häßliche, indem es aus dem Schönen hervorgeht, mit ihm prinzipiell zu versöhnen sei. Dadurch erweist sich die dem Schönen wesentliche Harmonie nicht als etwas Statisches, sondern als die sich in und durch Kollision und Dissonanz stets wiederherstellende Einheit, deren Kraft »um so gewaltiger erscheint, je größer die Disharmonie ist, über welche sie triumphiert«. Die Erscheinungsweisen des Häßlichen – belegt durch zahlreiche Beispiele aus der Literatur, aber auch aus den sozialen Verhältnissen der Zeit – ordnet Rosenkranz nach einem triadischen Schema im Sinne Hegels, von dessen Dialektik er allerdings zugunsten der genet., d. h. analyt.-deskriptiven, Methode abweicht. Nach einer einleitenden Erörterung des Negativen überhaupt und des Häßlichen im Bereich der Natur, des Geistes und der Kunst wird zunächst die Formlosigkeit als Amorphie, Asymmetrie und Disharmonie, dann die Inkorrektheit in den besonderen Stilarten und in den einzelnen Künsten und schließlich die Defiguration oder Verbildung abgehandelt. Diese gliedert sich ferner in die verschiedensten Modulationen des Gemeinen und Widrigen und in die Karikatur als Übergang zum Komischen, das die Relativität und Nichtigkeit des durch Selbstübertreibung lächerlich gewordenen Häßlichen dem Schönen gegenüber erkennen läßt. – Das Werk beeinflußte u. a. Nietzsche und erfährt in jüngster Zeit eine Reaktualisierung in der Debatte über die Pathologien der Moderne.

Ausg.: Repr. (mit Vorwort von W. Henckmann) 1973.
Lit.: K. Lotter, Der Begriff des Häßlichen in der Ästhetik. Zur Ideologiekritik der Ästhetik des Hegelianismus, 1974.

F. Longato

Ästhetik des reinen Gefühls, Hermann Cohen; EA Berlin 1912.

Unter Verwendung einer überreichen Materialfülle verbindet das Werk systemat. und histor. Analysen zur philosoph. Ästhetik mit Kunstkritik im Stil temperamentvoller Essayistik. – Obwohl als 3. Teil von Cohens »System der Philosophie« konzipiert und der → *Logik der reinen Erkenntnis* sowie der → *Ethik des reinen Willens* beigeordnet, verbleibt die Ästhetik nicht konsequent im Rahmen der systemat. Vorgabe. Die für Logik und Ethik konstitutive transzendentale Methode erscheint in modifizierter Form: wurden zuvor die ›reinen‹ Bedingungen des Gegenstandsbereichs einer philosoph. Disziplin aus den sich mit ihm beschäftigenden positiven Wissenschaften gewonnen – die Bedingungen der ›reinen Erkenntnis‹ aus den mathemat. Naturwissenschaften, diejenigen des ›reinen Willens‹ aus der Rechtswissenschaft –, so wendet sich die Ästhetik unter Umgehung der Kunstwissenschaft gleichsam unmittelbar den Werken der Kunst zu. ›Transzendental‹ bleibt das Vorgehen insofern, als die objektiven Bedingungen der Schönheit eines Werkes in den apriori gegebenen ›Gesetzlichkeiten des reinen Gefühls‹ gesucht werden. ›Reines‹, d. h. objektiviertes Gefühl, ermöglicht nach Cohen die Einigkeit im Urteil der Kunstschaffenden und Kunstrezipierenden und soll zum untrüglichen Maßstab der Kunstkritik werden. Rezeption wird als aktives Nachvollziehen verstanden. Das Ästhetische selbst, das Kunstwerk, wird definiert als Produkt einer ›Richtung des Bewußtseins‹, welche die anderen ›Richtungen‹ des theoret. und praktischen Verhaltens (Wissenschaft und Sittlichkeit) vereinigend überformt und ›als ein neues Objekt das Schöne hervorbringt‹. – Die Ästhetik Cohens war trotz ihres eminent subjektiven Stils die maßgebende Kunstphilosophie der »Marburger Schule« des Neukantianismus; W. Kinkel, P. Natorp und N. Hartmann setzten sich mit ihr auseinander.

Ausg.: Werke, hg. unter Leitung von H. Holzhey, 16 Bde., Bd. VIII u. IX., 1982.
Lit.: W. Kinkel, H. Cohen. Eine Einführung in sein Werk, 1924. – W. Sturmfels, Grundprobleme der Ästhetik, 1959.

Th. Herfurth

Ästhetik oder Wissenschaft des Schönen, Friedrich Theodor Vischer; EA Reutlingen/Leipzig 1846–1857.

In seinem systemat. Hauptwerk versucht Vischer eine metaphys. Begründung des Schönen, das als Mittel zur Harmonisierung bzw. Idealisierung der heil-, sinn- und vernunftlos scheinenden Wirklichkeit gepriesen wird. Die ›absolute Idee‹ der Schönheit und ihre jeweiligen Realisierungsformen in Kunst und Natur heben alle ›alltäglichen‹ Zufälle und Widersprüche durch Anbindung an eine ›höhere Notwendigkeit‹ auf und führen so zur Versöhnung zwischen ›Mensch‹ und ›Welt‹. – Vischer, der – nach eigenem Bekunden – die idealist. Ästhetik Hegels ›fortsetzen‹, ›ergänzen‹ und ›zu Ende denken‹ wollte, hat mit seinem stark von Schelling beeinflußten Werk die wohl bedeutendste und umfangreichste philosoph. Schönheitslehre in der Geschichte der nachhegelschen Ästhetik vorgelegt. Während die offizielle Schulphilosophie sein Gedankengebäude weithin kritisch beurteilte, wurde es für viele Dichter, bildende Künstler und Komponisten des 19. Jh.s wegweisend.

Ausg.: Hg. v. R. Vischer, 1922/23 (Repr. 1975).

Lit.: W. Oelmüller, F. Th. Vischer und das Problem der nachhegelschen Ästhetik, 1959. – W. Göbel, F. Th. Vischer. Grundzüge seiner Metaphysik und Ästhetik, 1983. – F.-L. Kroll, Das Ornament in der Kunsttheorie des 19. Jahrhunderts, 1986.

F.-L. Kroll

Ästhetische Theorie, Theodor W. Adorno; EA Frankfurt a. M. 1970.

Adornos letztes Werk zeigt in der seit Auschwitz unübersehbaren Krisis der Kunst und der Ohnmacht des Schönen nicht allein die Unabgerundetheit des Kunstwerks, den Bruch ästhet. Ganzheit, sondern die Krisis des unwahren Ganzen: der Rationalität der Naturbeherrschung, der Logizität des industrialisierten Lebens, der manipulativen Züge der Kulturindustrie. Nicht entronnen dem Zwang der gesellschaftlichen Verhältnisse, hat die Kunst teil an Unterdrückung und Verdinglichung, wie sie diesen zugleich emphat. widerspricht in der Sympathie mit den Erniedrigten. Ihre Klage um die Opfer des zivilisator. Prozesses flieht nicht die Gewalt der Geschichte, die Zerstörungsmacht von Technik und Industrielandschaft. Kunst fügt sich nicht mehr dem Richtspruch über die Häßlichkeit; dem Schein jedes Harmonismus widerstehend, ihre Aporien aushaltend, transzendiert ihre Wahrheit den Trug des Wohlgefälligen, der Stofflichkeit, des herrischen Könnens des Genies. Unbehagen an dem Erhabenen, Erschrecken über die empir. Ohnmacht des Geistes lassen an die Stelle der ästhet. Harmonie eine verletzliche Balance treten, in der das Desperate und Widersprechende überleben. Diese Ästhetik orientiert sich nicht an geschichtsloser Reinheit des Naturschönen; vielmehr ist in ihr Dissonanz die Wahrheit über Harmonie. In der Unbotmäßigkeit gegenüber klassizist. Versöhnung scheint das Ungenügen der Kunst an sich selber auf, das von jeher zugleich ihren Anspruch auf Wahrheit provoziert. Im Zeitalter des unbegreifbaren Grauens gibt eine nicht-fabrikative Kunst einen erinnernden Sinn für Zartheit, für die Vergeblichkeit und Notwendigkeit unruhiger Versöhnung. Anders als affirmative Abbildlichkeit vergißt sie in relativer Autonomie nicht das Leid der Menschen und der Natur. Dieser Gedanke der Kunst als Gedächtnis des akkumulierten Leidens ist noch heute unaufgebbar.

Ausg.: Gesammelte Schriften, Bd. VII, hg. von G. Adorno/R. Tiedemann, ²1972.

Lit.: H. L. Arnold (Hg.), Th. W. Adorno, 1977. – B. Lindner/W. M. Lüdke (Hg.), Materialien zur ästhet. Theorie Th. W. Adornos, 1980.

A. Köpcke-Duttler/G. Metz

Afsluttende uvidenskabelig Efterskrift til de philosophiske Smuler. Mimisk- pathetisk- dialektisk Sammenskrift. Existentielt Indlaeg (dän.; *Abschließende unwissenschaftliche Nachschrift zu den Philosophischen Brocken*. Mimisch-pathetisch-dialektische Schrift. Existentielle Einlage), Sören Kierkegaard; EA Kopenhagen 1846 (unter dem Pseud. Johannes Climacus); dt. 1910 Philosophische Brocken. Abschließende unwissenschaftliche Nachschrift.

Ausgehend von der Frage: »Wie komme ich (als existierendes Subjekt) in ein Verhältnis zum Christentum?« entwickelt Kierkegaard seinen Wahrheits- und Existenzbegriff. Zugleich stellt das Werk eine großangelegte Kritik an Hegel und seiner Schule dar. – Die Bemühungen, die Wahrheit des Christentums objektiv darzustellen – mit Hilfe der histor. Forschung und Bibelkritik oder innerhalb der spekulativen Philosophie – weist Kierkegaard als für den Glaubenden belanglos zurück. Das eigentliche Problem betrifft die subjektive Aneignung der Wahrheit. Hier ist der einzelne »unendlich persönlich in einer auf seine ewige Seligkeit gerichteten Leidenschaft an seinem Verhältnis zu dieser Wahrheit interessiert«. Dem objektiven Denken wird das Subjekt gleichgültig und damit die Sache, denn diese hat nur Bedeutung in bezug auf ein Subjekt. Der Verobjektivierung steht entgegen, daß jeder Denkende zugleich ein existierender Denker ist und als solcher an seine Existenz gebunden: »Die einzige Wirklichkeit, um die ein Existierender nicht bloß weiß, ist seine eigene Wirklichkeit, daß er da ist, und diese Wirklichkeit ist sein absolutes Interesse.« Nur in der Existenz gibt es Ernst der Entscheidung, Werden, Geschichtlichkeit. Der Weg zur Wahrheit ist so die leidenschaftliche Vertiefung in die Innerlichkeit, und daher gilt der Satz: »Die Subjektivität ist die Wahrheit.« Aber dabei stellt der einzelne zugleich fest, daß er sich auf einer höheren Ebene durch die Sünde in Unwahrheit befindet, die nur durch den Glauben und die Erlösung zu überwinden ist. Pathet. verhält sich der Existierende zu seiner ewigen Seligkeit als dem absoluten Ziel, das seine eigene Wirklichkeit umgestaltet. Zeichen für das Religiöse ist das Leiden, weil im Fortschreiten der Innerlichkeit die Unmittelbarkeit im Verhältnis zur äußeren Wirklichkeit abstirbt, an deren Endlichkeit der Mensch doch gebunden bleibt. Rückblickend auf die Existenzstadien – vgl. *Entweder-Oder (→ Enten-Eller), Stadien auf dem Lebensweg (→ Stadier paa Livets Vei)* – differenziert Kierkegaard diese nochmals, indem er die Zwischenbestimmungen Ironie und Humor einführt sowie das Religiöse selbst aufspaltet: Religiosität A (der Immanenz) ist gekennzeichnet durch das Bemühen, in der Dialektik der Verinnerlichung selbst das Gottesverhältnis zu finden, weil das Ewige ›ubique et nusquam‹ sein kann. Religiosität B (das Christliche) ist bestimmt durch das Paradox: daß das Ewige in der Zeit geworden ist (der Gott Mensch geworden ist) und sich somit das zeitliche Individuum nicht zu etwas Ewigem verhält, sondern zu dem Ewigen in der Zeit, und es zu ihm daher nicht aus eigener Kraft gelangt, sondern nur indem der Gott das Verhältnis in der Zeit stiftet. – Kierkegaard hat das Existenzbewußtsein der Gegenwart begründet und geprägt, wobei aber in der Existenzphilosophie sein theolog. Ausgangs- und Zielpunkt weitgehend aufgegeben wurde. Am stärksten hat wohl K. Jaspers Gedanken Kierkegaards in seiner ›Existenzerhellung‹ verarbeitet, während bei Heidegger, Sartre und Camus die kritische Distanz deutlich wird.

Ausg.: Dt., von H. M. Junghans, 1982.

Lit.: H. Vetter, Stadien der Existenz, 1979. – Materialien zur Philosophie S. Kierkegaards, hg. und eingel. von M. Theunissen und W. Greve, 1979.

F.-P. Burkard

Against Method. Outline of an Anarchistic Theory of Knowledge (engl.; *Wider den Methodenzwang.* Skizze einer anarchist. Erkenntnistheorie), Paul Feyerabend; EA London 1975; dt. 1976.

Das wissenschaftstheoret. Hauptwerk des ehemaligen Popper-Schülers entwickelt auf der Grundlage histor. Fallstudien eine Erkenntnistheorie, die zwar am Begriff des wissenschaftlichen Fortschritts festhält, aber jede Methodenlehre ablehnt. Der einzige Grundsatz, der den Fortschritt nicht behindert, lautet: »Anything goes« – mach, was du willst. – Die Auseinandersetzung mit method. Regeln unterschiedlicher Provenienz (Carnaps Induktivismus, Poppers Fallibilismus und Lakatos' Theorie der Forschungsprogramme) stützt sich auf eine detailgenaue Analyse der Theorien- und Methodenkonkurrenz zwischen Copernicanismus und Galilei. Es ergeben sich als wichtigste methodolog. Schlußfolgerungen: Die Unterscheidung zwischen Beobachtungssprache und theoret. Sprache kann ebenso wie die zwischen Entdeckungs- und Begründungskontext nicht aufrechterhalten werden; Theorien sind niemals endgültig falsifiziert, da die widerlegenden ›Tatsachen‹ jeweils auf älteren Theorien beruhen; der wissenschaftliche Fortschritt ist nicht Folge eines rationalen Diskurses, sondern Ergebnis irrationaler Momente (geschickter Überredungsmethoden usw.). Feyerabend kommt zu dem Schluß, die Wissenschaft sei dem »Mythos viel näher, als eine wissenschaftliche Philosophie zugeben möchte«, und daher sei es eine Forderung der Menschlichkeit, den Einfluß und die Macht der Wissenschaft als einer besonders aggressiven und dogmat. Ideologie in Staat und Gesellschaft zu begrenzen. – Das Werk markiert zum einen in besonders drastischer Weise die Tendenz zur Selbstauflösung der Popper-Schule in der Wissenschaftstheorie, ist zum anderen aber auch eloquentes Dokument einer seit Mitte der 70er Jahre zunehmenden generellen Rationalitäts- und Wissenschaftsskepsis.

Lit.: G. Radnitzky/G. Andersson (Hg.), Progress and Rationality in Science, 1978.

J. Nida-Rümelin

Alciphron: or, the Minute Philosopher. In seven dialogues. Containing an apology for the Christian religion, against those, who are called Free-thinkers. (engl.; *Alciphron: oder, der kleine Philosoph.* In sieben Dialogen. Enthaltend eine Apologie der christlichen Religion gegen die sogenannten Freidenker), George Berkeley; EA London 1732; dt. 1737 Alciphron ou le petit Philosophe. Das ist: Schutz-Schrift für die Wahrheit der christlichen Religion, wider die so genannten starcken Geister in sieben Gesprächen verfasset.

Zwei Jahre bevor Berkeley Bischof von Cloyne wurde, veröffentlichte er dieses fiktive moral- und religionsphilosoph. Streitgespräch, worin die Traditionalisten trotz der Vielzahl der Bekenntnisse das Christentum gegen Freidenker in Schutz nehmen. – Gegen die Behauptung des freidenker. Alciphron (starker Geist), die Religion sei nur polit. motivierter Priesterbetrug, hält sein Widerpart Euphranor (der freundlich Gesinnte) im 1. Dialog ihre Nützlichkeit und Notwendigkeit für die Moral. Im 2. Dialog versucht Euphranor mit aristotel. Argumenten die These von der Nützlichkeit privater Laster (Mandeville) zu entkräften, während im 3. Dialog ein ›moral sense‹ für die Schönheit der Tugend (Shaftesbury) in Abrede gestellt und auf jenseitigen Sanktionen als Motiv beharrt wird. Im 4. Dialog läßt Berkeley einen Analogiebeweis für das Dasein Gottes formulieren: Genauso wie wir Fremdseel. nur über Wirkungen erschließen, offenbart sich Gottes Zeichensprache bei der Wahrnehmung der Natur. In den übrigen Dialogen betonen die Verteidiger der Religion, daß die Vielzahl der Bekenntnisse diese nicht alle gleichermaßen entwertet (auch wenn sie sich widersprechen) und daß der Unglaube nur ein Zeichen von Bequemlichkeit und Vorurteil unserer endlichen Vernunft angesichts der Übervernünftigkeit der Offenbarung ist. Entgegen allen Zweifeln geht von den Wirkungen echter Gläubigkeit eine Wahrscheinlichkeit und praktische Gewißheit aus, die als Basis für Religion bereits ausreicht. Schließlich führt Berkeley zur Verteidigung des Glaubens auch den spezif. Gebrauch der Sprache an, die uns ebensowenig erlaubt, eine abstrakte Idee der Zahl zu bilden wie die Begriffe der Religion vollständig zu klären. – Es scheint, als habe Hume aus den gleichen Argumentationsgängen die spiegelverkehrten Schlußfolgerungen gezogen, während Wittgenstein besonders von der sprachphilosoph. Rechtfertigung der Religion fasziniert war.

Ausg.: Dt., von L. Raab/F. Raab, 1915 (PhB 156).
Lit.: G. S. Hall, The Genetic View of Berkeley's Religious Motivation, in: Journal of Religious Psychology 4 (1912). – P. A. I. Hedenius, Sensationalism and Theology in Berkeley's Philosophy, 1936. – P. J. Olscamp, The Moral Philosophy of G. Berkeley, 1970. – D. Berman, Cognitive Theology and Emotive Mysteries in Berkeley's Alciphron, in: Proc. of the Royal Irish Academy, Abteilung C, Bd. LXXXI, 1981.

Ch. Wannenmacher

Alētheia (gr.; *Von der Wahrheit*), Antiphon der Sophist, Fragmente, entst. im späten 5. Jh. v. Chr.; ED Rom 1513 (lat.), Paris 1575 (gr., in: Oratorum veterum orationes, hg. von H. Stephanus). Die zum Teil erst zu Beginn des 20. Jh.s entdeckten Texte beziehen sich u. a. auf kosmolog. und mathemat. Probleme, doch vor allem gesellschaftskrit. auf ethische und polit. Fragen. – Der sophist. Gegensatz zwischen positivem Recht und Naturrecht ist äußerst scharf formuliert: der Nomos, das Herkommen bzw. die willkürliche Konvention, kann ungestraft verletzt werden, nicht aber die Physis, das unbedingt und allgemein verbindliche natürliche Recht, was Antiphon als logische, nicht als ethische Folgerung versteht. Die meisten menschlichen Gesetze widersprechen der Physis, soziale Unterschiede bestehen allein aufgrund des gesetzten Rechts, nicht von Natur aus. Die Lehre von der natürlichen Gleichheit der Menschen wird ausdrücklich belegt mit der kosmopolit. Feststellung, daß Griechen und Barbaren gleichartig veranlagt sind. – Stärker als z. B. die Überlegungen zur Quadratur des Kreises trugen die gesellschaftstheoret. Thesen zur

Wirkung der Schrift in der sophist. Aufklärung bei.

Ausg.: Die Fragmente der Vorsokratiker, hg. von H. DIELS/W. KRANZ, Bd. II, ^{6}1952 (Repr. 1985). – Ein neues Fragment ist ediert in: The Oxyrhynehus Papyri, Bd. LII, hg. von M. S. FUNGNI, 1984.

Lit.: F. ALTHEIM, Staat und Individuum bei Antiphon dem Sophisten, in: Klio 20 (1926). – E. BIGNONE, Antifonte oratore e Antifonte sofista, 1974. – M. NILL, Morality and Self-Interest in Protagoras, Antiphon and Democritus, 1985. – F. DECLEVA CAIZII, »Hysteron poteron«. La nature et la loi selon Antiphon et Platon, in: Revue de métaphysigne et de morale 91 (1986).

R. WESEL

Alētheia (gr.; *Wahrheit*), PROTAGORAS; entst. vermutlich in der Mitte des 5. Jh. v. Chr.; ED Bonn 1845 (in: J. Frei, Quaestiones protagoreae; vervollständigt von O. Weber, Quaestiones protagoreae, Marburg 1850).

Nach den wenigen erhaltenen antiken Zeugnissen zu urteilen, entwickelte Protagoras in dem verlorengegangenen Werk, das vermutlich mit einer ihm gleichfalls zugeschriebenen Schrift unter dem Titel *Kataballontes* (i.e. *logoi*; »Niederwerfende Reden«) identisch ist, die Grundzüge seiner sophist. Erkenntnistheorie. – Am Anfang des Werkes soll der berühmte Satz des Protagoras gestanden haben: »Aller Dinge Maß ist (je)der Mensch, der seienden, daß (wie) sie sind, der nichtseienden, daß (wie) sie nicht sind« (Platon, *Theaitetos* 151 E). Die korrekte Auslegung des Satzes ist umstritten: Bereits in der Antike stand die relativist. Interpretation Platons (jede Erscheinung ist jeweils für ein bestimmtes Subjekt wahr) der subjektivist. Interpretation des Sextus Empiricus (jede Erscheinung ist wahr) gegenüber. Die Konsequenz beider Auslegungen aber ist, daß es für den Menschen nach der Lehre des Protagoras keinen Zugang zu absoluter Erkenntis gibt und auch entgegengesetzte Auffassungen über denselben Sachverhalt wahr sein können (vgl. → *Antilogiai*). – Die Schrift ist zu den Hauptwerken der griechischen Sophistik zu rechnen und war von begrenztem Einfluß auf die Entwicklung des antiken Skeptizismus. Ihre Aussagen wurden von Platon einer scharfen Kritik unterzogen (→ *Protagoras* und → *Theaitetos*).

Ausg.: Gr./Dt., H. DIELS (Hg.), Die Fragmente der Vorsokratiker, Bd. II, 1903. – Gr./It., M. UNTERSTEINER (Hg.), Sofisti, Testimonianze e frammenti, 1949–1962 (4 Bde.), Bd. IV (1949). – Dt., W. CAPELLE, Die Vorsokratiker, ^{8}1973.

Lit.: A. NEUMANN, Die Problematik des Homo-Mensura-Satzes, in: Classical Philology 33 (1938). – A. LEVI, Studies on Protagoras. The Man-Measure-Principle. Its Meaning and Applications, in: Mind 195 (1940). – E. BUX, Protagoras-Studien, 1947. – A. CAPIZZI, Protagora. Le testimonianze e i frammenti, 1955 (mit Ausg. der Testimonien und Fragmenten, gr./it.). – M. EMSBACH, Sophistik als Aufklärung. Untersuchungen zu Protagoras, 1980.

J. MONAR

Allgemeine Erkenntnistheorie, Moritz SCHLICK; EA Berlin 1918.

Der Begründer des Wiener Kreises behandelt in seinem Hauptwerk neben erkenntnistheoret. Fragen Thesen zur Sprachphilosophie, zur Realismusdebatte und zum Geist-Körper-Problem. – In der in drei Teile gegliederten Schrift wird zunächst der Erkenntnisbegriff analysiert (1. Teil), anschließend werden die Konsequenzen dieser Analyse diskutiert (2. Teil) und schließlich wird untersucht, welche Gegenstände als wirklich zu betrachten sind (3. Teil). Ausgehend von Beispielen aus Alltag (Erkennen eines Hundes als Hund) und Wissenschaft (Erkennen von Licht als einem physikal. Phänomen, das gewissen Wellengesetzen gehorcht), vertritt Schlick die These, daß jedes Erkennen ein Wiederfinden ein und desselben Gegenstandes in verschiedenen Beziehungen ist. Urteile bezeichnen derartige Beziehungen (›bezeichnen‹ in dem Sinne, in dem Namen Personen bezeichnen). Begriffe erhalten ihre Bedeutung durch ihre Stellung innerhalb des jeweiligen Urteilssystems (Schlick beruft sich hier auf Hilberts implizite Definitionen). Zugleich leisten Begriffe Zusammenfassungen von Wahrnehmungselementen zu Einheiten. Durch solche Zusammenfassungen entstehen z. B. die Begriffe konkreter Gegenstände, die in seiner Sicht (im Unterschied zu positivist. Vorgängern) nicht bloß Hilfsbegriffe sind; er verteidigt im Gegenteil den Gedanken objektiv existierender ›Dinge an sich‹ im Sinne wahrnehmungsmäßig nicht unmittelbar gegebener Gegenstände. Wahrheit wird als Eindeutigkeit der Zuordnung von Urteilen und Tatsachen definiert. Ziel der Erkenntnis ist nach Schlick eine möglichst einfache eindeutige Zuordnung, die mit möglichst wenigen Grundbegriffen auskommt. Der Wunsch, durch Erkenntnis ein darüber hinausgehendes ›innigeres‹ Verhältnis zur Welt zu erreichen, ginge auf eine Verwechslung von Kennen und Erkennen zurück, welche Schlick u. a. den Mystikern und Phänomenologen unterstellt. Bekannt im Sinne Schlicks ist nur das Eigenpsychische. Im strengsten Sinne bekannt ist uns das eigene Ich, welches dadurch jedoch nicht schon erkannt wird. Der Autor unterscheidet ›reine Begriffe‹ von deren anschaulicher Bedeutung. Raum und Zeit sind als ›reine Begriffe‹ durchaus zur Beschreibung der objektiven Welt geeignet; nur in ihrer anschaulichen Bedeutung sind sie subjektiv (Kritik an Kant). Eine Verwechslung von anschaulichem und begrifflichem Raum ist seiner Auffassung nach Ursache für die Entstehung des psychophys. Problems. Tatsächlich habe man es mit zwei Begriffssystemen (einem psycholog. und einem physikal.) zu tun, die sich auf ein und dieselbe Wirklichkeit beziehen. Jede Erkenntnis ist nach Schlick entweder aus konventionellen Festsetzungen deduktiv gewonnene Begriffserkenntnis oder auf Beobachtung beruhende Wirklichkeitserkenntnis (Grundthese des Empirismus). – In der modernen, insbes. der sog. analyt. Philosophie findet bis heute eine lebhafte Auseinandersetzung mit den von Schlick entscheidend beeinflußten Grundthesen des Wiener Kreises statt.

Lit.: H. Feigl, M. Schlick, in: Erkenntnis 7 (1937/38). – M. Cambula, Il significato della conoscènza. Saggio sulla ›Allgemeine Erkenntnistheorie‹ di M. Schlick, 1980.

M. Nida-Rümelin

Allgemeine Metaphysik, nebst den Anfängen der philosophischen Naturlehre, Johann Friedrich Herbart; EA Königsberg 1828/29, (2 Bde.).

Durch Umdeutung des Kantschen Dings an sich im Sinne einer an Leibniz orientierten Monadenlehre versucht Herbart mit seinem philosoph. Hauptwerk einen ›kritischen Realismus‹ metaphys. zu begründen. – Nach einem histor.-analyt. I. Buch wird im zweiten, systemat. Teil des Werkes die Metaphysik als ›Lehre von der Begreiflichkeit der Erfahrung‹ durch ›logische Bearbeitung der Begriffe‹ definiert. Nach der »Methodologie« bildet das Denken, ausgehend vom ›Gegebenen‹, zunächst ›Erfahrungsbegriffe‹. Die zwischen ihnen auftretenden Widersprüche müssen durch ›Ergänzungsbegriffe‹ behoben werden, welche durch die ›Methode der Beziehung‹ gefunden werden können. Die vier Widersprüche der Erfahrung (Problem der Inhärenz, der Veränderung, der Materie und des Ich) bilden die themat. Schwerpunkte für den weiteren Aufbau des Werkes. In der »Ontologie« ermittelt Herbart den zentralen Ergänzungsbegriff, das ›Reale‹: da man bei der begrifflichen Erfassung der Erfahrungsgegenstände auf Widerstände stößt – der Einheit des Dinges steht die Vielheit seiner Eigenschaften gegenüber (Inhärenzproblem) – muß das Ding als bloß erscheinend gedacht werden. Doch Herbart nimmt den Schein als objektiven: ›wieviel Schein, soviel Hindeutung aufs Sein‹. Sein muß vorausgesetzt werden, da sonst nichts erscheinen könnte. Das Sein ist ›absolute Position‹, die wir bei der Empfindung des Gegebenen immer schon vollziehen. Der Erscheinung des Dinges muß mithin notwendig ein zugrundeliegendes Sein hinzugedacht werden, wenn die Einheit der Erfahrungsbegriffe nicht gefährdet werden soll. Dies Sein ist als Mehrheit ›einfacher Wesen‹ anzusetzen; sie werden ›Reale‹ genannt. Jedes ›Reale‹ hat seine besondere Qualität, die es gegen ›Störungen‹ durch innere Kräfte (›Selbsterhaltungen‹) bewahrt. Das ›Zusammen‹ und ›Nichtzusammen‹, der ›Realen‹ soll sowohl die Vielheit der Eigenschaften als auch die Veränderungen des Erfahrungsgegenstandes erklären. Die »Synechologie« (Lehre vom Stetigen) entwickelt die Grundlagen der Mathematik, der Naturphilosophie und des Materiebegriffs. In der »Eidologie« (Lehre von den Bildern bzw. Vorstellungen) werden die Widersprüche im Begriff des Ich behandelt und einer Lösung zugeführt, indem die ›Seele‹ als ›Reale‹ zum Mittelpunkt wechselnder Vorstellungskomplexe wird. Die »Umrisse der Naturphilosophie« beschließen das Werk, das primär die Funktion hatte, der Psychologie und Pädagogik Herbarts ein systemat. Fundament nachzuliefern.

Ausg.: Sämtliche Werke, hg. von K. Kehrbach/O. Flügel/T. Fritzsch, 19 Bde., Bd. VII u. VIII, 1887–1912 (Repr. 1964).

Lit.: G. Hartenstein, Die Probleme und Grundlagen der ›Allgemeinen Metaphysik‹, 1836. – J. Müller, Herbarts Lehre vom Sein, 1933. – F. Träger, Herbarts realistisches Denken. Ein Abriß, 1982.

Th. Herfurth

Allgemeine Naturgeschichte und Theorie des Himmels oder Versuch von der Verfassung und dem mechanischen Ursprunge des ganzen Weltgebäudes, nach Newtonischen Grundsätzen abgehandelt, Immanuel Kant; EA Königsberg/Leipzig 1755.

In dieser Schrift will Kant den mechan. Ursprung des ganzen Weltgebäudes auf der Grundlage der allgemeinen Bewegungsgesetze Newtons nachweisen. – Im 1. Teil entwickelt er eine Art naturwissenschaftlicher Kosmologie, indem er die Planetenbahnen durch die mechan. Kräfte der Anziehung und Abstoßung und insgesamt die »systematische Verfassung« der Fixsternsysteme bzw. »der ganzen Schöpfung« (AA I 237) nach mechan. Grundsätzen erklärt. Der 2. Teil stellt die Theorie eines rein mechan. Ursprungs der Welt dar. Dieser Theorie gemäß entwickeln die

Sonnensysteme sich aus heißen gasigen Nebeln, wobei sich durch Kontraktion ein kühler Außenring bildet, auf welchem die Planeten kondensieren, während die innere Region der heißen Wolke die Sonne bildet. Diese mechanist. Kosmogonie wurde von Laplace weiterentwickelt und ist als Kant-Laplacesche Theorie in die Geschichte der Naturwissenschaft eingegangen. Der 3. Teil handelt von der Bewohntheit bzw. Bewohnbarkeit verschiedener Planeten. Kant war der Meinung, diese mechanist. Theorie müsse nicht zur Gottesleugnung führen, vielmehr sei »ein Gott eben deswegen, weil die Natur auch selbst im Chaos nicht anders als regelmäßig und ordentlich verfahren kann«. Mit dieser These einer Harmonie mechan. Gesetzmäßigkeit und göttlichem Ursprung steht der frühe Kant noch in der Nachfolge von Leibniz; er befindet sich noch im Bannkreis des physikotheolog. Gottesbeweises, der aus den Qualitäten der Schöpfung auf den Schöpfer schließt.

Ausg.: Gesammelte Schriften (Akademie-Ausgabe), Bd. I, 1902 (Repr. 1968).
Lit.: E. Adickes, Kant als Naturforscher, 1924. – J. Vuillemin, Physique et métaphysique kantiennes, 1955.

G. Maluschke

Allgemeine Pädagogik aus dem Zweck der Erziehung abgeleitet, Johann Friedrich Herbart; EA Göttingen 1806.

Durch Verknüpfung ethischer Zielsetzungen mit den Ergebnissen seiner Psychologie gelingt Herbart der Entwurf zu einem umfassenden systemat. Erziehungsprogramm. – Zweck der Erziehung ist die ›Charakterstärke der Sittlichkeit‹. Als Vorbereitung dient die ›Regierung der Kinder‹, die deren ungestümen Willen zügeln und eine äußere Ordnung schaffen soll. Sie bildet den Rahmen der ›eigentlichen Erziehung‹, die aus ›Zucht‹ und ›Unterricht‹ besteht. Wirkt die ›Zucht‹ in Situationen des täglichen Lebens durch Belohnung und Strafe, so versucht der ›Unterricht‹ – das Zentrum der Erziehung – den richtigen Zusammenhang der Vorstellungen und die Erweiterung des ›Gedankenkreises‹ zu erreichen. Ziel ist jedoch nicht Wissen um seiner selbst willen, sondern eine ›gleichschwebende Vielseitigkeit des Interesses‹: der Schüler soll für alle Themen offen werden, an keines sich aber ganz verlieren. Unterschieden werden sechs Klassen des Interesses: dem ›empir.‹, das auf Einzelnes gerichtet ist, entspricht ein ›sympathet.‹ hinsichtlich des Einzelmenschen; dem ›spekulativen‹, das den Zusammenhängen nachgeht, korrespondiert ein ›soziales‹; dem ›ästhet.‹, das sich auf ganzheitliche Eindrücke bezieht, steht das ›religiöse‹ an der Gesamtsituation der Menschheit gegenüber. Der didakt. Gegenstand soll in vier Stufen (›Formalstufen‹) vermittelt werden, die Herbart jedoch undogmat. angewandt wissen möchte. Übergreifend sind die Kategorien der ›Vertiefung‹ und ›Besinnung‹; intensive Hingabe an das Einzelproblem wechselt mit dem Versuch, Distanz zu gewinnen: die ›ruhende Vertiefung‹ erzeugt ›Klarheit‹ der Details (1. Stufe); die ›fortschreitende Vertiefung‹ weckt ›Assoziationen‹ (2. Stufe); durch ›ruhende Besinnung‹ findet der Gegenstand seinen objektiven Ort im ›System‹ (3. Stufe); bei ›fortschreitender Besinnung‹ erlaubt die ›Methode‹ ein selbständiges Anwenden des Gelernten (4. Stufe). Die systemat. geordneten Vorstellungen wirken schließlich mit den aus der Ethik abgeleiteten ›praktischen Ideen‹ (innere Freiheit, Vollkommenheit, Wohlwollen, Recht, Billigkeit) zusammen, um die Bildung eines gefestigten Charakters zu erreichen. Dieser findet seine reifste Form in der Fähigkeit zur ›Selbstnötigung‹, nachdem die Stadien der ›sittlichen Beurteilung‹, der ›Wärme‹ und der ›Entschließung‹ durchlaufen worden sind. Charakterbildung heißt mithin nicht Entfaltung von Individualität – die es freilich zu berücksichtigen gilt –, sondern sittliche Festigung des Willens und Entwicklung allgemeiner Menschlichkeit. Gegen das rousseausche Prinzip des Wachsenlassens wird die Bedeutung der von außen wirkenden Wert- und Vorstellungswelten betont. – Nach heftiger Kritik seitens der Reformpädagogen (Gaudig u. a.), die weniger Herbart als die Herbartianer und deren pädagog. Formalismus traf, ist seit 1945 eine positive Rückbesinnung auf Herbart selbst zu bemerken (H. Nohl, W. Asmus u. a.).

Ausg.: Hg. von H. HOLSTEIN, ^{6}1983.
Lit.: H. NOHL, Die Pädagogik Herbarts, 1952. – E. E. GEISSLER, Herbarts Lehre vom erziehenden Unterricht, 1970. – J. BLAß, Pädagog. Theoriebildung bei J. F. Herbart, 1972. – M. KLAFKOWSKI, Die philosoph. Grundlegung des erziehenden Unterrichts bei Herbart, 1982. – G. BUCK, Herbarts Grundlegung der Pädagogik, 1985.

TH. HERFURTH

Allgemeine Psychopathologie. Ein Leitfaden für Studierende, Ärzte und Psychologen, Karl JASPERS; EA Berlin 1913.

Das Werk gilt als der erste Versuch einer systemat. methodolog. Grundlegung der Psychiatrie. – Verstehen und Erklären sind die beiden wissenschaftlichen Methoden, die zur Erforschung seelischer Zusammenhänge angewandt werden können. Sie ergänzen sich und treffen je nur für einen spezif. Bereich zu. Erklären bezieht sich auf außerbewußte, objektive Kausalzusammenhänge. Verstehen dagegen ist als statisches (phänomenolog.) Verstehen die Vergegenwärtigung seelischer, vom Patienten bewußt erlebter, Einzelzustände, deren Beschreiben und Unterscheiden. Genet. Verstehen meint das Hineinversetzen in die Evidenz, mit der Seelisches mit Seelischem verknüpft ist und auseinander hervorgeht. Die Betrachtung der Gesamtheit des Seelenlebens schließlich liefert den Horizont, vor dem sich der Zusammenhalt der psychischen Einzelelemente im Blick auf das Ganze des Menschen ergibt. Seinen method. Ansatz verdeutlicht Japsers mit einer Fülle anschaulichen Erkenntnismaterials. – Das Werk setzte die Bemühungen um eine wissenschaftliche Fundierung der Psychiatrie in Gang. Es beeinflußte die sog. Heidelberger Schule und insbes. K. Schneider, der Jaspers' Ansatz weiterentwickelte.

Lit.: W. SCHMITT, Die Psychopathologie von K. Jaspers in der modernen Psychiatrie, in: Die Psychologie des 20. Jhs., Bd. X, hg. U. H. PETERS, 1980.

F.-P. BURKARD

Allgemeine Theorie der schönen Künste, Johann Georg SULZER; EA Leipzig 1771–1774 (2 Bde.).

Das Handbuch der Aufklärungsästhetik stellt eine psycholog. fundierte Kunsttheorie dar. – Das Werk ist kein systemat. Theorieentwurf, sondern besteht aus alphabet. geordneten Lexikonartikeln von ›A‹ (Ton in der Musik) bis ›Zwischenzeit‹ in der dramat.

Dichtung. Der Gedankengang zur ästhet. Theorie ist nicht zusammenhängend ausgeführt. Ästhetik wird als Wissenschaft definiert, welche die allgemeine Theorie und die speziellen Regeln der schönen Künste aus der Natur des ›Geschmacks‹ herleitet. Geschmack ist neben Vernunft und sittlichem Gefühl ein eigenständiges drittes Seelenvermögen, das den Menschen zu angenehmen und unangenehmen Empfindungen befähigt. Empfindungen sind innerseel. Vorgänge: »Die Seele erkennt außer sich und empfindet in sich.« Was ohne Nutzinteresse beim ›bloßen Anschauen‹ durch seine Form eine angenehme Empfindung hervorruft, ist schön und gefällt, »wenn man gleich nicht weiß, was es ist, noch wozu es dienen soll«. Naturnachahmung ist nicht Bestimmung der Kunst, sondern bloße Ausführungsregel. Entscheidend für Schönheit ist die Wirkung auf den Betrachter. Um Schönheit nicht zur Sache subjektiver Willkür zu machen, verbindet Sulzer die psycholog. Erklärung des Schönen mit der traditionellen Definition (›undeutlich erkannte Vollkommenheit‹) in der Wolffschen Schulphilosophie. Schön ist demnach eine ›bloß in ihrer Wirkung empfundene‹ Vollkommenheit. Daneben betont Sulzer in aufklärer.-pädagog. Manier die Aufgabe der Kunst, »ein lebhaftes Gefühl für das Schöne und Gute und eine starke Abneigung gegen das Häßliche und Böse« zu erwecken. – Das Nachschlagewerk erlebte in kurzer Zeit zahlreiche Nachdrucke und mehrere Neuauflagen und wurde zum ›Hausbuch‹ der Kunstinteressierten im späten 18. Jh.

Ausg. Repr. (1792–1799; 4 Bde.) hg. u. eingeleitet von G. Tonelli, 1967–1970.

Lit.: A. Tumarkin, Der Ästhetiker J. G. Sulzer, 1933. – A. Nivelle, Sulzer als Neuerer, in: Festschrift B. Markwardt, 1960.

R. Bezold

Alphabeticum (anonym) → Apophtegmata patrum

Also sprach Zarathustra. Ein Buch für Alle und Keinen, Friedrich Nietzsche; EA Chemnitz 1883 (1. und 2. Teil), Chemnitz 1884 (3. Teil), Leipzig 1885 (4. Teil).

Nietzsche nennt diese philosoph. Dichtung die ›Vorhalle‹ seiner Philosophie und stellt sie rückblickend in →*Ecce homo* (1888/1908) als besonderen Höhepunkt seines Schaffens heraus. Sie besteht aus einzelnen ›Reden‹ Zarathustras, die von einem mytholog. Erzählrahmen zusammengehalten werden, und weist einen ungewöhnlichen, innovativen Sprachstil auf, der Nietzsche als Meister und Erneuerer der deutschen Sprache berühmt machte. Die durchweg pathosgetragenen Reden sind ironischer, polem., aber auch hymnischer und meditativer Natur und knüpfen in Paraphrase und Antithese an Luthers Bibelsprache an. Sie enthalten eine Fülle kürzester, pointierter Aphorismen und schwelgen in Gleichnissen, Bildern, Sprachspielen u. a. rhetor. Figuren. Gelegentlich geht Nietzsche auch formal in den Dithyrambus über. Die oft als verschwommen beklagten inhaltlichen Leitbegriffe (Wille zur Macht, Übermensch, ewige Wiederkehr des Gleichen) gewinnen deutliche Konturen, wenn man das Werk in den Kontext der anderen Schriften Nietzsches stellt, die als Ergänzung und Erläuterung zum Verständnis unentbehrlich sind. Zarathustras

Grunderlebnis ist sein Ungenügen an der Selbstbescheidung, Engherzigkeit und Kleinheit des gegenwärtigen Menschen, die sich vor allem in der Gleichheits- und Mitleidsmoral des Christentums äußern. Diese verschließt die Augen vor dem seiner Meinung nach herben Tatsachencharakter der Welt, den Nietzsche als »Wille zur Macht – und nichts außerdem« bestimmt. Um den ›höheren Menschen‹ und zuletzt den ›Übermenschen‹, in den Nietzsche sein Ideal des vollkommen entfalteten und ungehemmt starken Menschen projiziert, möglich zu machen, bedarf es einer ›Umwertung der Werte‹. Gut und Böse sollen so umgewertet werden, daß ›Gut‹ all das heißt, was das starke, ungehemmte, glückliche Leben ermöglicht und bejaht. Prüfstein für die Stärke eines menschlichen Geistes ist der Gedanke der ewigen Wiederkehr, den Nietzsche als große Intuition erlebt, den er aber bereits aus griechischen Quellen kennt. Er ist »die höchste Formel der Bejahung, die überhaupt erreicht werden kann«. Den schwachen Menschen muß er freilich in nihilist. Verzweiflung stürzen. Gerade das aber ist seine Funktion: die Scheidung ›niederen‹ und ›höheren Lebens‹ und die Ermöglichung einer neuen, lebensbejahenden Moral. Über diese Grundgedanken hinaus und mit ihnen verknüpft enthält das Werk noch zahlreiche zeit-, kultur- und institutionskrit. Gedanken. Nietzsche wählt den Namen des persischen Religionsstifters, da dieser eine dualist. Weltkonzeption und eine Essentialisierung von Gut und Böse begründet habe und, um dem eigenen Wahrheitsideal zu folgen, auch als erster die Umwertung predigen müsse. In Nietzsches mytholog. Erzählung lebt dieser Zarathustra meditierend in der Einsamkeit der Berge, steigt aber mehrmals ›zu den Menschen hinab‹ und versucht dort, seine Weisheit zu lehren und ›Jünger‹ um sich zu sammeln. – Mit seiner philosoph. Dichtung wirkte Nietzsche vor allem in der ersten Rezeptionsphase seiner Philosophie (um 1900); das Werk beeinflußte u. a. die Literaturströmungen des Symbolismus und Expressionismus.

Ausg.: Sämtliche Werke (Kritische Studienausgabe), Bd. IV, 1980.

Lit.: G. Naumann, Zarathustra-Kommentar, 4 Teile, 1899–1901. – E. Fink, Nietzsches Philosophie, ³1973. – A. Bennholdt-Thomsen, Nietzsches ›Also sprach Zarathustra‹ als literar. Phänomen, 1974.

R. Margreiter

Der alte und der neue Glaube. Ein Bekenntnis, David Friedrich Strauss; EA Leipzig 1872.

Das letzte Werk von Strauss ist – nach den verheißungsvollen Anfängen dieses Denkers – ein Dokument der Resignation. Die weltanschaulichen und polit. Umbrüche der Zeit zwischen der 48er Revolution und der Gründung des deutschen Kaiserreichs, philosoph. insbes. der Niedergang des Hegelianismus und die Heraufkunft anderer Lehren (Neukantianismus, Darwinismus), erschienen ihm problemat. und verleiteten ihn zu einer opportunist. Haltung gegenüber den gängigen philosoph. und polit. Themen und Thesen seiner Zeit. – In der Schrift werden vier Fragen behandelt: 1) Sind wir noch Christen? 2) Haben wir noch Religion? 3) Wie begreifen wir die Welt? 4) Wie ordnen wir unser Leben? Während die erste Frage verneint wird (bei deren Behandlung übernimmt Strauss in einer Kurzfassung die Ergebnisse seiner *Christlichen Glaubenslehre* von 1840), beantwortet er die zweite positiv im Sinne eines kraftlosen Pantheismus. Bei der Beantwortung der dritten Frage referiert er Ergebnisse der modernen Naturwissenschaft, insbes. verweist er auf die zukünftige Bedeutung der sich eben entwickelnden Evolutionstheorien; hierbei gleitet Strauss – seinem Hegelianismus zum Trotz – unversehens in einen platten Naturalismus ab. In der Antwort auf die vierte Frage werden theoret. und praktische Probleme der Sittlichkeit, Moral und Sozialethik behandelt: Moralprinzipien, Staatsformen, Ehe und Ehescheidung, Probleme sozialer Klassen, die Arbeiterfrage und die Sozialdemokratie, Staat und Kirche sowie die Todesstrafe. Bei diesen praktischen Problemen zeigt sich der ehemals kraftvolle Kulturkritiker Strauss als begriffsloser Konservativer, voller biedermeierlichem Ressentiment. – Die Bedeutung dieser Schrift liegt nicht zuletzt darin, daß sie zum kritischen Gegenstand einer Jugendschrift Nietzsches wurde; in der ersten seiner → *Unzeitgemäßen Betrachtungen* zeigte Nietzsche gerade an diesem Text die Symptomatik deutsch-gründerzeitlicher Philisterei auf. Das Buch erlebte binnen Jahresfrist drei Auflagen.

St. Dietzsch

The Analysis of Matter (engl.: *Die Analyse der Materie*), Bertrand Russell; EA London 1927; dt. 1929 Philosophie der Materie.

Das Werk, das die mittlere Periode der philosoph. Theoriebildung Russells abschließt und das im Titel wie in der Hauptthese (neutraler Monismus) an → *The Analysis of Mind* anknüpft, versucht, die Physik erkenntnistheoret. und ontolog. zu fundieren. Im 1. von drei Teilen rekapituliert Russell unter dem Gesichtspunkt der logisch-mathemat. Struktur die seinerzeit fortgeschrittensten physikal. Theorien (Atom-, Quanten- und Relativitätstheorie). Bei aller Uneindeutigkeit für metaphys. Hypothesenbildung und aller Vorläufigkeit der betrachteten Theorien wird deutlich, daß die Physik wesentlich abstrakt ist und die innere Natur ihrer Gegenstände (Elektronen, Protonen, Raumzeitpunkte) unbestimmt läßt. Konkretion wie auch empir. Bestätigung gewinnt sie, wie Teil 2 lehrt, letztendlich durch Wahrnehmungsdaten (percepts). Deren Status ist im Rahmen der Kausaltheorie der Wahrnehmung insofern problemat., als diese besagt, daß die konkreten wahrnehmbaren Phänomene ›im‹ Beobachter (und die physischen Gegenstände aus solchen Phänomenen nur erschlossen) sind. Russell löst das Problem, indem er die gewöhnliche Ding-Ontologie zugunsten einer tieferliegenden Ereignis-Ontologie aufgibt. Die Wahrnehmungsdaten sind diejenigen unter den basalen Ereignissen, die wir ›konkret‹ erkennen, die aber wie alle anderen Ereignisse ihren Platz in der Welt der Physik haben. Wie die physikal. Welt unter diesen Bedingungen aufgebaut ist, klärt der 3. Teil im Rahmen einer hypothet. – weder idealist. oder materialist. noch dualist. – Metaphysik. Russell nennt sie ›neutralen Monismus‹. Sie erlaubt es, Raumzeitpunkte aus einander überlagernden endlichen Ereignissen zu konstruieren und auch Elektronen und Protonen als Ereignisgruppen aufzufassen. Ihr theoret. Nachkomme ist die von W. Sellars vertretene reine Prozeß-Ontologie.

A. F. Koch

The Analysis of Mind (engl.; *Die Analyse des Geistes*), Bertrand Russell; EA London 1921; dt. 1927.

Nach dem Rekonstruktionsversuch der Mathematik aus reiner Logik (→ *Principia Mathematica*) und, programmat., der Physik mit Hilfe der Logik aus Sinnesdaten (→ *Our Knowledge of the External World*) versucht Russell, wiederum programmat., den Geist logisch aus Empfindungen zu konstruieren, die selber weder geistig noch materiell sind. Dazu beruft er sich auf Methoden und Argumente aus der amerikan. psycholog. (J. B. Watson) und philosoph. Literatur (W. James, E. B. Holt, R. B. Perry). In 15 Vorlesungen werden wesentliche Aspekte des Psychischen (Begehren, Gefühl, Wahrnehmung, Erinnerung, Denken, Überzeugungen, Affekte, Wille) behaviorist. Analysetechniken unterworfen. Russells Hauptthese ist die des (von James übernommenen) neutralen Monismus. Sie besagt, daß das Physische und das Psychische abgeleitete, aus einem neutralen Grundstoff konstruierte Wirklichkeitsbereiche sind. Die Differenz der Bereiche erklärt Russell aus den verschiedenen Hinsichten, nach denen Physik und Psychologie die neutralen Grundentitäten gruppieren. Irreduzible Objektgerichtetheit (Intentionalität) wird als Merkmal des Psychischen verworfen. Dem dient u. a. eine sehr einfache Bedeutungstheorie (10. Vorlesung), die eine behaviorist. Erklärung des Fassens abstrakter Vorstellungen ermöglicht (11. Vorlesung). Als wichtigste Charakteristika des Geistes werden am Ende Perspektivität (Subjektivität) und mnemische (erinnerungsvermittelte) Verursachung festgehalten. – Russells Analyse der Materie folgte 1927 (→ *The Analysis of Matter*).

A. F. Koch

Analytika hystera (gr.; lat.: *Analytica posteriora*; *Die Zweite Analytik*), Aristoteles, entst. 4. Jh. v. Chr.; ED Neapel o. J. (1473–78; lat., hg. von S. Riessinger); Venedig 1495 (gr., Bd. I der Gesamtausgabe von Aldus Manutius); dt. 1840.

Aristoteles' *Zweite Analytik* behandelt die wissenschaftliche Erkenntnis und ihre Prinzipien. »Aller Unterricht und jedes Erkennen geschieht aus einer schon vorhandenen Erkenntnis« (Buch I/Kap. 1), d.h. die Grundprinzipien der Erkenntnis müssen aufgedeckt werden, damit ein deduktiv-wissenschaftliches Wissen möglich wird. Das Werk ist wie folgt eingeteilt: Buch I/Kap. 1–6 untersuchen die Bedingungen der wissenschaftlichen Erkenntnis, die die Prämissen der Beweise erfüllen müssen. Eine wissenschaftliche Konklusion folgt nur aus Prämissen, die »wahre, erste, unmittelbare, bekanntere, frühere und ursächliche sind«. Buch I/Kap. 7–34 enthalten eine Reihe Bemerkungen zu den Eigenschaften der Beweisführung; auch werden Irrtum und Unwissenheit behandelt. Buch II untersucht die Elemente der Beweisführung und die Weise, wie wir sie erkennen. Aristoteles macht den wichtigen Unterschied zwischen der Frage, ob etwas ist, und der Frage, was es ist, ferner unterscheidet er das für uns Bekanntere und das an sich Bekanntere. Von großer Bedeutung sind auch seine Ausführungen über die Definitionen. Das Schlußkapitel enthält einen großartigen Überblick über die Entstehung des Wissens aus der Sinneswahrnehmung: zuerst bildet sich eine Erinnerung, dann die Erfahrung (die Fixierung des Allgemeinen), die dann zur technischen und wissenschaftlichen Erkenntnis führt. – Das Werk enthält einen großen Reichtum an wichtigen Einsichten und ist (trotz der teilweise schwierigen Darstellungsform) für die Wissenschaftslehre im Abendland von grundlegender Bedeutung gewesen.

Ausg.: Gr. , Aristotelis Opera, Bd. I, hg. von I. Bekker, ^{2}1960, 71–100. – Th. Waitz, Aristotelis Organon, I, II, 1844–46. – W. D. Ross, Aristotle's Prior and Posterior Analytics, 1949. – Gr./Dt., hg. von H. Seidl, 1984. – Dt., E. Rolfes, Aristoteles Lehre vom Beweis oder Zweite Analytik, 1922 (Repr. 1976; PhB 11).

L. J. Elders

Analytika protera (gr.; lat.: *Analytica priora*; *Die Erste Analytik*), Aristoteles, entst. 4. Jh. v. Chr.; ED Venedig 1481 (lat., hg. von Ph. Petri); Venedig 1495 (gr., Bd. I der Gesamtausgabe von Aldus Manutius); dt. 1836/37.

Wie der Titel andeutet, handelt es sich um eine Analyse des wissenschaftlichen Schlußverfahrens. Als Syllogismus ist das wissenschaftliche Verfahren dasselbe wie der dialekt. Syllogismus, aber es geht von Prämissen aus, die einen evident gegebenen Seinsinhalt ausweisen und deshalb sichere Schlußfolgerungen ermöglichen. Die Termini des Syllogismus (Ober-, Unter-, Mittelbegriff werden präzisiert. Durch die Verwendung von Buchstaben als Symbolen für die Variablen ermöglicht Aristoteles eine formale Logik. Ferner unterscheidet er je nach der Stellung des Mittelbegriffs drei Figuren des wissenschaftlichen Syllogismus und deren Modi. Im 2. Teil des I. Buches (Kap. 27–30) werden Regeln angegeben, die zur Auffindung der Prämissen in den verschiedenen Schlußverfahren führen. Kap. 32–45 zeigen, wie die Syllogismen in den drei Figuren formalisiert werden. Im II. Buch werden die Eigenschaften der Syllogismen besprochen (Kap. 1–15), wie auch die Schwierigkeiten, die auftreten können. – Der Text ist stellenweise in einer gedrängten Sprache verfaßt, wie es der formalen Logik entspricht. Es ist die große Leistung des Aristoteles, die Logik als eine Neuschöpfung ausgearbeitet und ihr ein hohes Niveau der Vollkommenheit gegeben zu haben. Das Werk war mehr als 2000 Jahre Grundlage und Modell der Logik. Wenn nach Aristoteles die formale Logik auch weiterentwickelt wurde, so bleibt diese Schrift doch die Grundlage sämtlicher logischer Studien. Die vollendete Form der aristotel. *Analytiken* ist umso bemerkenswerter, als die Schrift wohl aus der Zeit seines ersten Aufenthaltes in der Akademie stammt. Gegen den mitunter erhobenen Einwand, daß niemand so denkt, wie es die Syllogistik erfordert, und daß aus dem Schlußverfahren nichts Neues hervorgeht, läßt sich erwidern, daß die Syllogistik nicht so sehr beabsichtigt, Neues zu bieten, als vielmehr der Erkenntnis Sicherheit zu geben. Sie ist nicht ›ars inveniendi‹, sondern ›ars demonstrandi‹.

Ausg.: Gr., Aristotelis Opera, Bd. I, hg. von I. Bekker, ^{2}1960, 24–70. – Th. Waitz, Ari-

stotelis Organon, I u. II, 1844–1846. – W. D. Ross, Aristotle s Prior and Posterior Analytics, 1949. – Dt. von E. Rolfes, 1922 (Repr. 1975; PhB 10).
Lit.: H. Maier, Die aristotel. Syllogistik, I–III, 1896–1900. – G. Patzig, Die aristotel. Syllogistik: Logisch-philolog. Untersuchungen über das Buch A der Ersten Analytiken, [3]1969.

L. J. Elders

Anamnesis. Zur Theorie der Geschichte und Politik, Eric Voegelin; EA München 1966.
Im Zentrum der Aufsatzsammlung steht die Einsicht, daß die Probleme menschlicher Ordnung in Gesellschaft und Geschichte der Ordnung des Bewußtseins entspringen und daß deshalb eine Philosophie des Bewußtseins das Kernstück einer Philosophie der Politik bilden muß. – Insbes. der 3. und letzte Teil des Werks, dem ein 1965 vor der Deutschen Vereinigung für Politische Wissenschaft gehaltenes Referat mit dem Titel »Was ist politische Realität?« zugrunde liegt, greift diese Kernthese unter dem Titel »Die Ordnung des Bewußtseins« auf und entwickelt die Grundelemente einer Theorie des Bewußtseins. Danach ist eine ›Theorie‹ des Bewußtseins, die gültige Aussagen betreffend einer vorgegebenen Struktur macht, nicht möglich, da das menschliche Bewußtsein nicht ein festes Objekt ist, das von außen beschrieben werden kann, »sondern eine Erfahrung des Partizipierens am Seinsgrund, deren Logos nur durch meditative Exegese ihrer selbst zur Klarheit gebracht werden kann«. Bezugnehmend auf diese Einsicht beleuchten die in diesem Band zusammengestellten Studien die Hauptphasen des meditativen Prozesses, in dessen Verlauf Voegelin seine Bewußtseinsphilosophie entwikkelte. Von besonderer Bedeutung sind dabei einige bis dahin unveröffentlichten Studien aus dem Jahre 1943, in denen Voegelin der ›kritische Durchbruch‹ zu seinem eigenen philosoph. Ansatz gelang. Sie schufen die theoret. Voraussetzung und den Grundstein der Theorie der Politik, die Voegelin ein Jahrzehnt später in → *The New Science of Politics* und in → *Order and History* entwickelte.
Lit.: P. J. Opitz/G. Sebba (Hg.), The Philosophy of Order, 1981.

P. J. Opitz

Anarchismus und Sozialismus (Plenachov) → Anarchizm i socializm

Anarchizm i socializm (russ.; *Anarchismus und Sozialismus*), Georgij W. Plechanov; EA Petersburg (o. J.); 1896/97 (frz.); dt. 1911.
Die Schrift formuliert philosoph. und polit. Kritik am Anarchismus, der es mit seiner ›Propaganda der Tat‹ den bürgerlichen Regierungen nach Plechanov ermöglichte, die revolutionäre Aktion der Arbeiterbewegung um die Jahrhundertwende zu kriminalisieren. Ihr Hauptvorwurf ist der des Utopismus. Während Marx und Engels den Französ. Materialismus und utopischen Sozialismus aufgehoben, die Utopie durch die Entdeckung der ökonom. und geschichtlichen Bewegungsgesetze zur Wissenschaft fortentwickelt haben, sind die Anarchisten ›Utopisten des Verfalls‹. Sie entwerfen aus abstrakten Prinzipien vollkommene soziale Organisationen, ohne über deren praktische Verwirklichung klare Vorstellungen zu besitzen. Stirner leitet aus dem Prinzip des ›Ich‹ den ›Verein der Egoisten‹, eine Utopie empörter Kleinbür-

ger ab. Proudhon will mit Hilfe des ›Vertrags‹ das Lohnsystem abschaffen, indem er die Proletarier in selbständige Kleinproduzenten verwandelt. Bakunin und seine Epigonen (Grave, Kropotkin usw.) lehnen jede Form der Politik ab. Im Namen der Revolution dient der Anarchismus der Reaktion; im Namen der Moral billigt er die Unmoral; im Namen der individuellen Freiheit verletzt er willkürlich die Rechte der Mitmenschen. Die Broschüre wurde auf Engels' Betreiben von Eleonore Marx ins Englische übersetzt.

K. LOTTER

Anarchy, State, and Utopia (engl.; *Anarchie, Staat und Utopie*), Robert NOZICK; EA New York o. J. (1974); dt. 1976.

In Auseinandersetzung mit dem libertären Anarchismus sucht Nozick eine Antwort auf die Frage, warum es unter individuell-rational handelnden Individuen überhaupt einen Staat geben sollte. Um den Anarchismus zu widerlegen, wird der bestmögliche staatsfreie Zustand angenommen, der im wesentlichen dem Lockeschen Naturzustand entspricht. Nozick zeigt auf, daß aus diesem Zustand heraus ein Staat entstehen würde, wenn man die naturrechtliche und individuelle Vertragsfreiheit nicht einschränkt. Da der Anarchist jedoch jede Einschränkung dieser Vertragsfreiheit ablehnt, ist seine Position ad absurdum geführt. Im 2. Teil versucht Nozick zu zeigen, daß man über den im 1. Teil gerechtfertigten Minimalstaat nicht hinausgehen kann, ohne das Naturrecht zu verletzen. R. Nozick, neben J. Rawls und J. M. Buchanan einer der drei sog. ›new contractarians‹, hat mit diesem Werk nachhaltigen Einfluß auf die jüngere polit. Philosophie genommen.

Lit.: Arizona Law Revue 19 (1977), H. 1 (Symposium). – J. PAUL (Hg.), Reading Nozick, 1981.

H. KLIEMT

L'ancien régime et la révolution (frz.; *Der alte Staat und die Revolution*), Alexis de TOCQUEVILLE; EA Paris 1856; dt. 1857 Das alte Staatswesen und die Revolution.

Diese Studie vergleichender polit. Soziologie über die Französ. Revolution versucht zu erklären, wie der neue Staat aus dem Ancien régime des 18. Jh.s hervorgehen konnte. – Aufgrund einer sorgfältigen Rekonstruktion der institutionellen und ökonom. Struktur sowie der kulturellen Befindlichkeit der alten Staatsverfassung wird aufgezeigt, daß der Keim der Revolution schon in der – gegen die alte aristokrat. Ordnung personaler Beziehungen und Verantwortlichkeiten gerichteten – Zentralisation der französ. Monarchie des 18. Jh.s angelegt war. Die Ursprünge der Revolution reichen tief in die Geschichte des alten Staates hinein, und die Gefahr eines neuartigen, die polit. Freiheit und Vielgestaltigkeit auslöschenden demokrat. oder caesar. Absolutismus entspricht einer histor. Tendenz der Nivellierung. – Das Werk hatte, wie → *De la démocratie en Amérique,* sofort großen Erfolg und beeinflußt bis heute, teilweise vermittelt über bedeutende Kulturhistoriker und Philosophen wie Mill, Croce, Burckhardt und Dilthey, die geschichtswissenschaftliche, aber auch die philosoph. und polit. Diskussion um die Französ. Revolution.

Ausg.: Oeuvres complètes, Bd. II, 1952 (Ergänzung um einen 2., fragmentar. Teil, 1953). – Dt., hg. von J. P. Mayer, o. J. (1959).
Lit.: R. Herr, Tocqueville and the Old Regime, 1962. – I. Geiss (Hg.), Tocqueville und das Zeitalter der Revolution, 1972.

J. Nida-Rümelin

Anlage zur Architectonic, oder Theorie des Einfachen und des Ersten in der philosophischen und mathematischen Erkenntniß, Johann Heinrich Lambert, entst. Dezember 1763 bis September 1764; EA Riga 1771 (2 Bde.).

Das zweite, prima facie der Metaphysik zuzuschlagende Hauptwerk Lamberts bildet mit dem Werk → *Neues Organon*, das ein Instrumentarium vor allem für die wissenschaftliche Erkenntnis bereitstellt, eine Zweck-Mittel-Einheit. – Der 1. Teil, »Allgemeine Anlage zur Grundlehre«, faßt zunächst Hauptergebnisse des *Neuen Organon* zusammen, um sodann die ›Architectonic‹ bzw. Metaphysik programmat. grundzulegen und disziplinär zu organisieren. Teildisziplinen sind u. a. die Ontologie oder Theorie eines Dings überhaupt, die Systematologie oder Theorie des Systems, die Chronometrie oder Theorie von der Ausmessung der Zeit. Während im 2. und im 3. Teil, »Das Ideale der Grundlehre« und »Das Reale der Grundlehre«, noch am ehesten zeitübliche Themen der metaphysica generalis zur Sprache kommen, entwickelt Lambert im 4. Teil, »Das Allgemeine der Größe«, eine allgemeine Mathesis, indem er alles ›Gedenkbare in Absicht auf die Größe‹ betrachtet. – Aus heutiger Sicht verdient das Werk in wenigstens zweifacher Hinsicht Beachtung: Die wissenschaftsphilosoph. orientierte Lektüre entdeckt sowohl theoret. und praktische Beiträge zum method. Aufbau der Wissenschaften wie auch zu deren struktureller Analyse; die sprachphilosoph. ambitionierte Lesart sieht in dem Werk ein sprachkrit. zustandegekommenes ›ontolog. Lexicon‹.

Ausg.: Philosophische Schriften, Bd. III u. IV, hg. von H. W. Arndt, 1965.
Lit.: H. W. Arndt, Einleitung, in: Philosophische Schriften, Bd. III, 1965.

G. Siegwart

Anthropologie für Aerzte und Weltweise, Ernst Platner; EA Leipzig 1772.

Bedeutendes Werk der deutschen Spätaufklärung, das die Anthropologie als Wissenschaft von der Einheit des Menschen, von »Körper und Seele in ihren gegenseitigen Verhältnissen, Einschränkungen und Beziehungen« bestimmt und im Sinne der zeitgenöss. Schule der ›philosoph. Ärzte‹ als antidualist. Synthese von Physiologie und Psychologie etabliert. Unter Verzicht auf metaphys. Erklärungen des leib-seelischen Zusammenhangs (Okkasionalismus, Harmonia praestabilita) nimmt Platner einen wechselseitigen ›reellen Einfluß‹ (influxus physicus) der heterogenen Substanzen an, durch den die empir. evidente Interaktion von Psyche und Soma auf natürliche Weise hergestellt werde. Platners Ansatz, vom Menschen als Naturwesen, als tierischem Körper, auszugehen und seine geistigen Vermögen wie Gedächtnis, Vernunft oder Genie stets ›am Leitfaden des Leibes‹ zu entwickeln, war trotz der Kritik Kants (→ *Anthropologie in pragmatischer Hinsicht*) zukunftsweisend. Mit dem Lehrbuch dieses Medizinerphilosophen und seiner Wirkung auf Herder, Schiller, Moritz u. a. beginnt im deutschen Sprachraum eine Denktradition, die bis zur ›Philosoph. Anthropologie‹ des 20. Jh.s führt.

Lit.: M. LINDEN, Untersuchungen zum Anthropologiebegriff des 18. Jh., 1976. – W. RIEDEL, Die Anthropologie des jungen Schiller, 1985.

W. RIEDEL

Anthropologie in pragmatischer Hinsicht abgefaßt, Immanuel KANT; EA Königsberg 1798, ²1800 (verb.).

Das Werk, das auf eine bis in die vorkrit. Phase von Kants Philosophie hineinreichende und bis zum Ende seiner Lehrtätigkeit andauernde Vorlesungstätigkeit über dieses Thema zurückgeht, erschien als letzte von ihm selbst herausgegebene Schrift. – Während Kants Transzendentalphilosophie Vernunfterkenntnis aus Begriffen ist, ist die Anthropologie eine auf die allgemeine Lebenserfahrung gegründete, durchaus populäre Wissenschaft. Die »pragmatische Hinsicht«, in der Kant seine Schrift abgefaßt hat, grenzt die Thematik ein und gibt das Erkenntnisziel an. Diese Anthropologie fragt nicht – wie die physiolog. – »was die Natur aus dem Menschen macht«; sie fragt, »was er als freihandelndes Wesen aus sich selbst macht, oder machen kann und soll« (AA VII 119). Der Mensch wird hier Gegenstand einer Untersuchung, sofern er Subjekt ist, das sich selber Zwecke setzt, nach diesen handelt und in seinem Handeln seine Fähigkeit zur Selbstgestaltung verwirklicht. Da der Mensch als freihandelndes Wesen empir. nicht bestimmbar ist, kann Kants Anthropologie nicht bei der Selbst- und Fremdbeobachtung stehen bleiben, sondern sie muß zugleich offen sein für die Perspektive jener Vernunftreflexion, aufgrund deren der Mensch als zwecksetzendes Wesen sich im Hinblick auf die von ihm geglaubten oder postulierten letzten Zwecke im Dasein orientiert. Entsprechend sind die physiolog. Beschreibungen, die Kant durchführt, vor allem darauf bezogen, den körperlichen Zustand des Menschen in seiner funktionellen Zuordnung auf die Vernunftnatur des Menschen deutlich zu machen. Viele der in der modernen Anthropologie diskutierten Themen sind vorweggenommen: die mangelhafte biolog. Ausgestaltung des Menschen, der aufrechte Gang, die zur Arbeit geschickte Hand. Kant erörtert die Weltoffenheit des Menschen, seine Erziehungsbedürftigkeit, sein lebenslanges Lernen und die Notwendigkeit der Daseinsbewältigung durch Arbeit. Die Triebnatur des Menschen wird von ihm als Movens der Kulturentwicklung begriffen. Kants Anthropologie besteht aus zwei Teilen: der sehr umfänglichen »Didaktik«, die aus drei Büchern besteht, und deren Ziel es ist, den Einzelnen zu befähigen, sich richtig zu verstehen und sich entsprechend im Leben zu orientieren; und der »Charakteristik«, die den menschlichen Charakter untersucht unter den Aspekten von Naturell, Temperament, Denkungsart, Physiognomik, Geschlecht, Volk und Rasse. – Im Schlußabschnitt »Vom Charakter der Gattung« klingen Themen aus den Schriften → *Idee zu einer allgemeinen Geschichte in weltbürgerlicher Absicht* und → *Zum ewigen Frieden* an.

Ausg.: Gesammelte Schriften (Akademie-Ausgabe), Bd. VII, 1907 (Repr. 1968).

Lit.: G. GERLAND, I. Kant, seine geograph. und anthropolog. Arbeiten, in: Kant-Studien 10 (1905). – D. JULIA, La question de l'homme et le fondement de la philosophie. Reflexion sur la philosophie pratique de Kant et la philosophie spéculative de Fichte, 1964.

G. MALUSCHKE

Anthropologie structurale (frz.; *Strukturale Anthropologie*), Claude LÉVI-STRAUSS, EA Paris 1958; dt. 1967

Dieses Buch stellt den ersten und wohl gewichtigsten Band einer Reihe von Aufsatzsammlungen dar, in denen Lévi-Strauss vor allem solche Beiträge veröffentlicht hat, die method. und theoret. Problemen seiner anthropolog. Forschungsarbeiten gewidmet sind. – Erst nachdem Lévi-Strauss den Rahmen einer an M. Mauss orientierten Theorie der Reziprozität verlassen hat, übernimmt die Sprache für ihn die method. Schlüsselstellung, die sie in seinen ethnograph. Untersuchungen zur Mythenbildung der indian. Völker später innehat. In den hier versammelten Aufsätzen wird dieser Übergang zu einer nach dem Vorbild der strukturalist. Sprachwissenschaft aufgebauten Ethnologie begründet: da die Sprache die Aufbaugesetze enthalten soll, nach denen alle kulturellen Gebilde des sozialen Lebens konstruiert sind, kann die ethnolog. Analyse von archaischen Verwandtschaftssystemen und Mythen nach dem Vorbild der Semiologie verfahren; die verschiedenen Kultursphären werden dann als Zeichensysteme interpretiert, deren innere Struktur jeweils durch die unbewußte Tätigkeit eines menschlichen Geistes gestiftet sein soll, der nach der von de Saussure analysierten Logik einer fortgesetzten Oppositionsbildung arbeitet. In das ethnolog. Interpretationsverfahren, das mit dieser Überlegung begründet wird, gewährt der Aufsatzband anhand einiger ausgewählter Beispiele einen ersten Einblick. – Das Werk stellt eine Art Gründungsdokument der strukturalist. Ethnologie dar; als ein solches nimmt es auch in der heutigen Diskussion noch eine zentrale Stellung ein.

Lit.: S. CLARKE, The Foundations of Structuralism, 1981.

A. HONNETH

Anti-Lucretius, sive de Deo et natura libri novem (lat.; *Anti-Lucrez oder neun Bücher über Gott und die Natur*), Melchior Cardinal de POLIGNAC; EA Paris 1745; dt. 1760.

In seiner antimaterialist. Streitschrift versucht Polignac, vor dem fiktiven Leser Quintius das epikureische Denksystem des römischen Dichters Lucrez mit metaphys. und physikal. Argumenten zu widerlegen. – Epikurs Morallehre treibe den Sittenverfall, dem nur die Religion entgegenwirken könne, voran (1. Kap.), seine Physik, der Materialismus (2. Kap.), sei ebenso unhaltbar wie die Lehre von den Atomen (3. Kap.) und der Bewegung (4. Kap.). Die menschliche Seele (5. Kap.), die Ordnung im Tierreich (6. Kap.) und die Erneuerung der Arten, die göttlichen Gesetzen unterliegt (7. Kap.), sind für Polignac ebenso untrüglicher Gottesbeweis wie die Gesetze der Astronomie (8. Kap.) und andere Naturerscheinungen, denen das unvollendet gebliebene 9. Kap. gewidmet sein sollte. – Der Angriff auf Lucrez, den er als Dichter ebenso schätzt wie er ihn als Philosophen ablehnt, richtete sich mittelbar auf zeitgenöss. Materialisten, vor allem auf P. Bayle.

Lit.: P. PAUL, Le cardinal M. de Polignac, 1923.

S. SCHAUF

Der Antichrist. Fluch auf das Christentum, Friedrich NIETZSCHE, entst. 1888; EA Leipzig 1895.

Die religionskritisch-philosoph. Streitschrift war zuerst als Teil von Nietzsches geplantem Hauptwerk gedacht, wurde aber dann als selbständiges Werk noch vom Autor zur Veröffentlichung vorgesehen. In diesem Werk erreicht der apodikt., euphor. und schneidende Stil des späten Nietzsche mit seinen zunehmend patholog. Zügen seinen Höhepunkt. Die Schrift hat weitgehend den Charakter eines Pamphlets und verzichtet auf eine argumentative Fundierung der vorgebrachten Thesen. Deren Akzeptanz ist an die Voraussetzungen von Nietzsches Moralkritik, seiner décadence-Theorie und seiner ›Züchtungslehre‹ geknüpft, die einen ›höherwertigeren, lebenswürdigeren, zukunftsgewisseren‹ Menschentyp schaffen will. Nietzsche beginnt mit der aus seiner ›Umwertung der Werte‹ gefolgerten Neubestimmung von Gut und Böse, dergemäß alles gut sei, ›was das Gefühl der Macht erhöht‹, und schlecht alles, ›was aus der Schwäche stammt‹. Das Christentum habe ›die Partei alles Schwachen, Niedrigen, Mißratenen genommen‹ und mit seiner Mitleidsmoral ›ein Ideal aus dem Widerspruch gegen die Erhaltungs-Instinkte des starken Lebens gemacht‹. Dabei sei ›Gott zum Widerspruch des Lebens abgeartet, statt dessen Verklärung und ewiges Ja zu sein‹. Mit den Begriffen Gott, Seele, Sünde, Erlösung usw. projiziere das Christentum eine ›reine Fiktions-Welt‹, der in der Realität nichts entspreche. Alle diese Begriffe seien vom Priester erfunden worden, der als ›Verneiner, Verleumder, Vergifter des Lebens von Beruf‹ seine Herrschaft über kranke Herdenmenschen ausübe. Er bekämpfe Wissenschaft und selbständiges Denken und schüre das Ressentiment der Schwachen gegen das starke, vornehme und geglückte Leben. Die Schrift enthält eine Reihe von (z. T. klischeehaften) kultur- und religionsgeschichtlichen Überlegungen und entwickelt eine Theorie des Christentums, wonach dieses eine Kopie des Judentums ist und dessen ›Instinkt-Haß gegen die Realität‹ teilt. Im genuinen Ansatz sei es freilich ein zwar ebenfalls décadence-motivierter, aber anti-institutioneller und anti-dogmat. ›Aufstand gegen die jüdische Kirche‹ gewesen. In seiner ›Psychologie des Erlösers‹ skizziert Nietzsche eine Gestalt Christi, die jenseits aller Wunder und Dogmen einen reinen Praktiker der Liebe darstellt, dessen Himmelreich ein ›Zustand des Herzens‹ ist. Erst Paulus habe mit ›rabbinerhafter Frechheit‹ diesen ›ursprünglichen Ansatz zu einer buddhist. Friedensbewegung‹ ins Gegenteil verkehrt und eine von Ressentiment und Machtgier bestimmte Kirche geschaffen. Nietzsche geißelt nicht nur deren Sinnenfeindlichkeit, sondern auch ihre (angebliche) Alleinschuld am Untergang des (kritiklos verherrlichten) Imperium Romanum. Das Christentum habe Europa ›um die Ernte der antiken Kultur gebracht‹ und sei Keimzelle der Französ. Revolution und der modernen Emanzipationsbewegungen. Das von Demokraten und Sozialisten verfochtene Gleichheitsideal, das Nietzsche vehement ablehnt, sei letztlich ›christliches Dynamit‹.

Ausg.: Sämtliche Werke (Kritische Studienausgabe), Bd. VI, 1980.
Lit.: E. Benz, Nietzsches Ideen zur Geschichte des Christentums und der Kirche, 1956. – K. Jaspers, Nietzsche und das Christentum, 1962. – J. Figl, Dialektik der Gewalt. Nietzsches hermeneut. Religionsphilosophie, 1984.

R. Margreiter

Antilogiai (gr.; *Widerreden*), Protagoras; entst. vermutlich in der Mitte des 5. Jh. v. Chr.
Die erkenntnistheoret. bedeutsame Schrift ist zwar nur dem Titel nach gesichert, doch einzelne Zeugnisse antiker Autoren (insbes. des Sextos Empirikos und des Diogenes Laërtios) erlauben die Annahme, daß Protagoras darin auf der Grundlage einer relativist. Wahrheitstheorie Grundsätze der Rhetorik entwickelt hat (s. a. → *Alētheia*). – Wahr im Sinne von ›unverborgen‹ kann nur ein dem Menschen Erscheinendes sein. Gibt es aber keine Wahrheit jenseits der Erscheinungshaftigkeit der Dinge, so ist jede Wahrheit als eine relative zu verstehen, die ebenso notwendig auf einen Menschen bezogen ist, wie jede Erscheinung auf einen Wahrnehmenden. Folglich können im Rahmen einer rhetor. Auseinandersetzung auch entgegengesetzte Aussagen wahr sein, denn verschiedenen Menschen können die Dinge auch verschieden erscheinen. – Der relativist. Wahrheitsbegriff des Werkes stellt einen Grundgedanken der griechischen Sophistik dar und hat Platon zu fundamentaler Kritik herausgefordert (→ *Protagoras*).

Ausg.: Gr./Dt., H. Diels (Hg.), Die Fragmente der Vorsokratiker, Bd. II, 1903. – Gr./It., M. Untersteiner (Hg.), Sofisti, Testimonianze e frammenti, 1949–1962 (4 Bde.), Bd. IV (1949). – Dt., in: W. Capelle, Die Vorsokratiker, [8]1973.
Lit.: M. Untersteiner, Studi sulla sophistica. Le Antilogie di Protagora, in: Antiquitas 2–5 (1947–1950). – A. Capizzi, Protagora. Le testimonianze e i frammenti, 1955 (mit Ausg. der Testimonien und Fragmenten, gr./it.). – E. Heitsch, Ein Buchtitel des Protagoras, in: Hermes. Z. Klass. Philol., 97 (1969). – M. Emsbach, Sophistik als Aufklärung. Untersuchungen zu Protagoras, 1980.

J. Monar

Die Anweisung zum seligen Leben oder auch die Religionslehre, Johann Gottlieb Fichte; EA Berlin 1806.
In elf Vorlesungen charakterisiert Fichte in allgemeinverständlicher Form das Wesen der Religion gemäß den Prinzipien seiner Wissenschaftslehre. – Religion wird von vornherein auf engste Weise mit Philosophie verbunden: Die Wahrheit, um die es allem Wissen letztlich geht, ist zu finden in dem einzigen wahrhaftigen Leben, das identisch ist mit der Liebe. Erkennen und Handeln fallen im seligen Leben zusammen, dessen Inhalt die Liebe und dessen Form die Reflexion ist. Sein Element ist der Gedanke; nur durch ihn kann das wahre Leben und damit das einzige wirkliche Sein vom scheinbaren Leben gelöst und dieses seiner Nichtigkeit überführt werden. Das Leben, in welchem philosoph. Erkenntnis und liebendes Tun ineinanderfallen, ist unmittelbare Schau Gottes, ist also selbst göttliches Dasein. In ihm zeigt sich das göttliche Sein, das nach Fichte absolute Einheit ist, aber uns, wie wir zunächst einmal sind, nur als gespaltenes erscheinen und nur im Weg aus der Spaltung zurück zur Einheit für uns da sein kann. Auf diesem Weg, den Fichte ausdrücklich als Einkehr in Gott versteht und für dessen Ver-

stehen er sich wesentlich an das Johannes-Evangelium anlehnt, unterscheidet er fünf Standpunkte: den der Sinnlichkeit, der seine Liebe auf die äußeren Gegenstände richtet; den der Rechtlichkeit, der die Welt als geordnetes System und das Wesen des Menschen als freie, durch Sittengesetz und allgemeine Rechtlichkeit konstituierte Person betrachtet; den der ›wahren und höheren Sittlichkeit‹, auf dem das Gesetz nicht als Ordnungsmacht des Gegebenen, sondern als schöpfer. Prinzip, als Idee aufgefaßt und die Welt nach seinem Zweck gedeutet wird; den der Religion, von dem aus klar wird, daß allein Gott ist und außer ihm nichts und daß, was in uns lebt, eben Gott ist; schließlich aber den der Wissenschaft, der dem religiösen nichts mehr hinzufügt, sondern nur noch dasjenige, woran jener in der Form des Glaubens gebunden ist, auf die Ebene des absolut gewissen Schauens erhebt. Im religiösen Menschen sind alle diese Standpunkte vereinigt und das Leben der Liebe zur überfließenden Macht geworden.

Ausg.: J. G. Fichte's Sämmtliche Werke, Bd. V, hg. von I. H. Fichte, 1845 (Repr. 1965).
Lit.: W. Ritzel, Fichtes Religionsphilosophie, 1956.

W. Schweidler

Aphorismen zur Lebensweisheit (Schopenhauer) → Parerga und Paralipomena

Apologeticum (lat.; *Apologie*), Tertullian, entst. 197; EA Venedig 1483; dt. 1837.
In dieser an die Provinzstatthalter des Römerreiches gerichteten und deshalb stark jurist. geprägten Verteidigungsschrift des Christentums steht die Darlegung des christlichen Glaubens und Lebens gegenüber der Abweisung der nichtchristlichen religiösen Vorstellungen und Praktiken deutlich im Vordergrund. Das Verfahren des Staates gegen die Christen spreche allen römischen Rechtsgrundsätzen Hohn, behauptet und belegt der Autor zunächst (Kap. 1–6), bevor er sich sowohl den sog. ›geheimen Verbrechen‹ der Christen (Kindermord, Blutschande) (Kap. 7–9) als auch den Vorwürfen der Mißachtung römischer Religion und des Kaiserkultes (Kap. 10–45) zuwendet; letzteres begründet er mit dem Festhalten der Christen am Monotheismus. Abschließend betont Tertullian, daß das Christentum nicht als eine Art Philosophie, sondern als von Gott geoffenbarte Wahrheit aufzufassen sei (Kap. 46–50). Vor allem wegen ihrer eingehenden rechtlichen Beurteilung der Christenverfolgungen ist die Schrift weithin verbreitet und bekannt geblieben.

Ausg.: Lat./Dt., von C. Becker, ^{2}1965.
Lit.: C. Becker, Tertullians Apologeticum, 1954.

H. Frohnhofen

Apologia (griech.; *Apologie*), Aristides von Athen, entst. vermutlich etwa 125 n. Chr.; EA Cambridge 1891; dt. 1892 Die Apologie des Aristides.
Die älteste erhaltene christliche Verteidigungsschrift gegen den römischen Staat bekämpft anhand des Kriteriums eines ewigen und ungeschaffenen Gottes (Kap. 1) im einzelnen die Religionen der ›Barbaren‹ (Chaldäer), Griechen und Juden (Kap. 1–14), während sie allein das Bekenntnis der Christen als die wahre Religion anerkennt (Kap. 15–17). Die weder inhaltlich noch stilist. hochstehende Schrift gewinnt einzig in

ihrer abschließenden begeisternden Darstellung des sittlichen Lebens der Christen beachtliches Niveau.

Ausg.: Dt., von K. Julius, 1913. – Hg. von E. J. Goodspeed, Die ältesten Apologeten, 1914 (Repr. 1984).
Lit.: B. Altaner, Aristides von Athen: Reallex. für Antike u. Christentum, Bd. I (1950) 652ff.

H. Frohnhofen

Apologia (gr.; *Apologie*), Flavius Justinus, entst. um 155; EA Paris 1551; dt. 1871.

Die beiden von Justinus unter diesem Titel an Kaiser Antoninus Pius (138–161) gerichteten Verteidigungsschriften des Christentums gegen den römischen Staat wurden zeitweise fälschlich als ein einziges Werk betrachtet. Die erste umfangreichere, wohl in Rom verfaßte Apologie gehört zu den bedeutendsten ihrer Art und enthält im Anschluß an die Forderung nach vorurteilsloser Behandlung der Christen (Kap. 1–3) sowohl Beschwerden über das unbillige Verfahren der Behörden gegenüber ihnen (Kap. 4–12) als auch eine breite Darlegung der christlichen Lehre (Kap. 13–60) und ihrer diffamierten Kultgebräuche (Kap. 61–67). Die zweite Apologie geht von einer jüngst erlebten Hinrichtung dreier Christen allein aufgrund ihres Bekenntnisses in Rom aus (Kap. 1–3). Justinus führt Argumente für den christlichen Glauben an (Kap. 4–13) und bittet den Kaiser abschließend, ein gerechteres Urteil über die Christen zu finden (Kap. 14–15).

Ausg.: G. Rauschen, Frühchristliche Apologeten, 1932. – E. J. Goodspeed, Die ältesten Apologeten, 1914 (Repr. 1984).
Lit.: P. P. Pang, Justini martyris conceptus apologeticus de christianismo, 1966. – E. F. Osborn, Justin Martyr, 1973.

H. Frohnhofen

Apologia pro Galileo, mathematico florentino, ubi disquirsitur, utrum ratio philosophandi, quam Galileus celebrat, faveat sacris scripturis an adversetur (lat.; *Verteidigungsschrift für Galilei,* den Florentiner Mathematiker, in der untersucht wird, ob die von Galilei gepriesene philosophische Methode den heiligen Schriften Beifall zollt oder ihnen zuwiderläuft), Tommaso Campanella; EA Frankfurt a. M. 1622.

Selbst der Verfolgung durch die Inquisition ausgesetzt, unternimmt Campanella mit dieser 1616 im Gefängnis verfaßten Streitschrift den Versuch, die Lehre des ebenfalls verfolgten Galilei zu verteidigen. Die Apologia ist kein im strengen Sinn wissenschaftliches Werk, sondern ein Traktat, der sowohl Campanellas als auch Galileis Wissenschaftsauffassung ins rechte Licht setzen soll. Dabei steht nicht die Erörterung einzelner Argumente und Thesen Galileis im Vordergrund, sondern der Nachweis der Berechtigung einer Philosophie, die sich von der aristotel.-scholast. Tradition des Mittelalters löst. Campanella setzt sich für die Freiheit des Denkens ein; er räumt ein, daß sich Galilei in vieler Hinsicht irren mag, jedoch reiche das nicht aus, um ihn als Häretiker zu verurteilen. Trotz offensichtlicher Differenzen in der Wissenschaftsauffassung Campanellas und Galileis, sind sich beide in dem Bestreben einig, eine ›Neue‹ Wissenschaft zu begründen, die sich der Natur ohne den Umweg über die kanon. Schriften nähert. Campanella versucht nachzuweisen, daß das Studium der Natur auch für den Theologen notwendig ist, daß die Uneinigkeit unter den Philosophen zur Anerkennung des Grundsatzes ›in dubiis pro libertate‹ verpflichtet, da die hl. Schriften die Natur und die himmlischen Phänomene nicht erschöpfend erklären wollen, daß ein Verbot des Studiums bestimmter Philosophen dem Geist des Christentums widerspricht und daß es schließlich notwendig ist, zwischen Irrtum und Häresie zu unterscheiden. Die als ›modern‹ zu bezeichnende Idee der Freiheit des Denkens beeindruckte die Inquisition wenig. Um ihr zu entgehen, distanzierte sich Campanella später von seiner Streitschrift und den Theorien Galileis.

Ausg.: Lat./It., von L. FIRPO, 1969.
Lit.: B. M. BONANSEA, T. Campanella, Renaissance Pioneer of Modern Thought, 1969.

G. FUCHS

Apologia Sōkratus (gr.; *Die Verteidigung des Sokrates*), PLATON, entst. nach 399 v. Chr.; ED Venedig 1513 (lat., hg. von Musuros); dt. 1739 Socrates Schutz-Rede.

In der Form der attischen Gerichtsrede ist die *Apologie* die von Platon literar. frei gestaltete Verteidigung des Sokrates gegen die Anklage (399 v. Chr.), die Jugend zu verderben und neue Götter in den Staat einzuführen. Die drei Reden sind Austrag des Konflikts zwischem dem Staat und der von Sokrates exemplar. verkörperten philosoph. Existenz. Die erste Rede ist (die neben einer → *Phaidōn*-Stelle einzigartige) ›Selbstdarstellung‹ Sokrates', in der er sich von Naturspekulation wie von Sophistik abgrenzt und seine Lebensführung als Selbsterforschung (»ein Leben, das sich ihr entzieht, ist nicht lebenswert«, 31a) darlegt. Sie mündet in das ›Wissen des Nichtwissens‹, das zunächst Kritik an der ›normalen‹ Zielbestimmung menschlicher Praxis ist: Rhetoren und Dichter, Politiker und Handwerker halten der sokrat. Befragung (die die *Apologie* beispielhaft vorführt) nicht stand und vermögen individuelles wie polit. Tun nicht ethisch zu begründen. Befragung wie Selbstprüfung wurzeln sokrat. indessen in der ›Sorge um die Seele‹ und in der Sorge um das ihr wahrhaft ›Gute‹. Das Wissen des Nichtwissens ist darum nicht leer, sondern Entwurf eines nicht-äußerlichen Lebensziels und -grunds. Das delphische Orakel, das Sokrates zum ›Weisesten‹ erklärt, legitimiert ihn ebenso wie sein daimonion, das ihn noch im Prozeß bei sich selbst bleiben läßt. Es ist diese Legitimation (des ›Gewissens‹ oder der unbedingten Ausrichtung darauf, daß ›die Seele sich auf's beste befinde‹), die Sokrates in der zweiten Rede nach dem Schuldspruch die Speisung im Prytaneion (die höchste athenische Ehrung!) als Strafe beantragen läßt und die ihn nach der Verhängung der Todesstrafe den Tod annehmen läßt in der Gewißheit des einen Richtigen, »daß es für den guten Mann kein Übel gibt weder im Leben noch im Tode, noch daß je von den Göttern seine Angelegenheiten mißachtet werden«. – Als Mahnung zur Philosophie (Protreptik) wie auch als Ausdruck des Trostes der Philosophie hat die *Apologie* dem abendländ. Denken das Motiv humaner Selbstbesinnung grundlegend vorgegeben. Kierkegaard und Nietzsche haben sich eindringlich damit auseinandergesetzt.

Ausg.: Platonis opera, hg. von H. STEPHANUS, Bd. I, 1578, 17–42. – Euthyphro; Apology of Socrates; Crito, hg. mit Erl. von J. BURNET, 1924 (Repr. 1977). – Gr./Dt., Studien-

ausgabe, Bd. II, 1973. – Gr./Dt., hg. von M. FUHRMANN, 1986 (RUB 8315).
Lit.: H. KUHN, Sokrates, ²1959. – Th. MEYER, Platons Apologie, 1962. – E. WOLFF, Platons Apologie, ²1970. – L. NOUSSAN-LETTRY, Spekulatives Denken in Platons Frühschriften, 1974. – Th. G. WEST, Plato's Apology od Socrates 1979.

J. JANTZEN

Apomnēmoneumata Sōkratus (gr.; lat.: *Memorabilia; Erinnerungen an Sokrates*), XENOPHON, entst. um 370/60 v. Chr.; EA Florenz 1516; dt. 1693. Der Kern wahrer und nutzenreicher Welt-Weisheit von Xenophon in Beschreibung der merkwürdigen Dinge des Sokrates vorgestellt.

Xenophon faßte Gespräche mit Sokrates, Belehrungen und Episoden zu einem Lehrbuch der praktischen Moral zusammen, das von der Intention motiviert ist, die Ungerechtigkeit von Sokrates' Verurteilung zu zeigen. – Nach einem wohl älteren Entwurf zur Verteidigung des Sokrates (I. Buch, Kap. 1 u. 2) folgt die einigermaßen systemat. Behandlung von vier Themenkreisen: Selbstbeherrschung und Bedürfnislosigkeit (I. Buch), Liebe und Freundschaft (II. Buch; enthält auch die Szene »Herakles am Scheideweg« von Prodikos), militär. und polit. Tüchtigkeit (III. Buch) sowie Bildung und Erziehung (IV. Buch). Der Schluß mit seinem Lob des Sokrates greift auf die Apologie zu Beginn des Werkes zurück. Die Gespräche entnahm Xenophon z. T. der älteren Sokratesinterpretation, den Schriften des Antisthenes und Platon, was Anlaß zu einer Auslegung des Werkes als einer bloßen Reproduktion der nachsokrat. Literatur gegeben hat. Doch ist anzunehmen, daß Xenophon von seinen eigenen Erinnerungen an den Meister ausging und in diesem Sinne ein selbständiger Sokratiker war. Allerdings hat er die Überzeugung des Sokrates, daß der Suchende feste begriffliche Normen und Grundlagen sittlichen Handelns finden werde, in die Verkündigung einer mehr bürgerlichen Moral mit festen Dogmen verwandelt. Dessenungeachtet wird gelegentlich die Ansicht vertreten, Xenophon sei wegen der Nüchternheit und Sachlichkeit seiner Darstellung der einzig vertrauenswürdige Gewährsmann für Sokrates.

Ausg.: Dt., von R. PREISWERK, 1953; von J. IRMSCHER, 1955. – Hg. von E. G. MARCHAND, 1956.
Lit.: O. GIGON, Kommentar zum I. Buch von Xenophons Memorabilien, 1953. – Ders., Kommentar zum II. Buch ..., 1956.

O. SCHÖNBERGER

Apophtegmata patrum (lat.; *Weisung der Väter*), ANONYM; entst. Ende des 5. Jh.; EA Paris 1677.

Diese auch *Gērontikon, Patērikon* oder *Alphabeticum* genannte Sammlung von Aussprüchen ist die bedeutendste Quelle von Einsichten und Weisheiten früher ägypt. Anachoreten, welche seit dem Ende des 3. Jh. unter der geistlichen Führung etwa eines Antonios (* 251/2) in verschiedenen Wüstengebieten südöstlich von Alexandreia ein besonderes Leben in der Nachfolge Jesu Christi suchten. Schon zu Lebzeiten der Wüstenväter gingen ihre aus dem Augenblick entstandenen Weisungen von Mund zu Mund; später wurden sie gesammelt, in verschiedener Weise – alphabet. nach den Väternamen oder systemat. nach Themenbereichen – geordnet und in eine Reihe von Sprachen übersetzt. Während die *Philokalia* eine Anleitung für diejenigen bieten, die nach höherer

Vollkommenheit streben, legen die *Apophtegmata* das Fundament für ein gottgefälliges Leben und lehren die Gesinnung, welche das christliche Leben in allen seinen Formen auch außerhalb des Mönchtums durchdringen muß. Außerdem verraten sie eine tiefe Kenntnis des menschlichen Herzens und des irdischen Lebens und lassen deutlich das Prinzip der geistlichen Vaterschaft erkennen; sie stellen eine der reichsten Lebensanweisungen zum Evangelium dar, die in der langen Geschichte der christlichen, insbes. monast. Spiritualität entstanden sind, hatten bedeutenden Einfluß auch auf das Mönchtum des latein. Westens und werden noch heute den Mönchsnovizen in der Ostkirche als eines der ersten Bücher in die Hand gegeben.

Ausg.: Dt., von B. Miller, 1965.
Lit.: W. Bousset, Apophtegmata, 1922. – J.-Cl. Guy, Recherches sur la tradition grecque des ›Apophtegmata Patrum‹, [2]1984.

H. Frohnhofen

Appearance and Reality. A Metaphysical Essay (engl.; *Erscheinung und Wirklichkeit*. Ein metaphysischer Versuch), Francis Herbert Bradley; EA London 1893; dt. 1928.

Bradleys metaphys. Hauptwerk ist von der Grundintention getragen, die Welt als ein Ganzes, als die ›Realität‹, philosoph. zu begreifen. Hauptergebnis der im I. Buch (»Appearance«) durchgeführten Analysen ist die kritische Feststellung, daß die Begriffe, mit denen wir gemeinhin die Welt zu erfassen suchen (wie Raum und Zeit, Bewegung, Kausalität, Ding, Ich), sich nicht als letzte Prinzipien für das philosoph. Verständnis der Welt eignen. Denn Begreifen ist immer ›Begreifen von‹ und impliziert eine Relation, die nicht in einer Einheit aufgelöst werden kann und die zu Selbstwidersprüchen führt. Ist diese ›Relationalität‹ eine conditio sine qua non des Denkens, so können Begriffe immer nur Erscheinungen erfassen. Im II. Buch (»Reality«) zeigt Bradley, in welcher Weise die Erscheinungen, die ja existieren, zur Realität gehören. Die Realität integriert und harmonisiert alle Erscheinungen als eine allumfassende Erfahrung. Alle Erscheinungen sind dann mehr oder weniger real, je nachdem, ob sie dem sich in der Realität verkörpernden Kriterium konsistenter Allumfassendheit mehr oder weniger entsprechen. Die Hauptthesen der Abhandlung sind vor allem im Kap. 15 enthalten. Unsere Urteile qualifizieren die Realität mit Ideen – Adjektiven, deren Inhalt (›what‹) unter Absehung von ihrer Existenz als psychische Ereignisse (ihrem ›that‹) gebraucht wird. Die Tranzendierung dieser Idealität in sein einziges von ihm konsistent zu denkendes ›Anderes‹ – die Realität – ist dem Denken als Denken nicht möglich. So ist das Resultat von Bradleys Untersuchung eher skeptisch: wir wissen zwar, daß die Realität alle Erscheinungen in einer Transzendenz der vom Denken vorgenommenen Trennung von Inhalt und Existenz des Vorliegenden vereint, wir wissen aber nicht, wie dies geschieht. In einem der 2. Auflage beigefügten »Appendix« und »Explanatory Notes« geht Bradley auf spezif. Probleme seiner metaphys. Erkenntnistheorie ein. – Der zunächst wirkungsreiche Ansatz Bradleys verlor durch den Neuen Realismus unter Moore und Russell in England an Bedeutung. In den USA vertritt B.

Blanshard eine Bradley nahestehende Position.

Ausg.: Repr. (1893) 1969.
Lit.: R. Wollheim, F. H. Bradley, 1969. – A. Manser, Bradleys Logic, 1983. – A. Manser/G. Stock (Hg.), The Philosophy of F. H. Bradley, 1984.

C. Moser

Die apriorischen Grundlagen des bürgerlichen Rechtes, Adolf Reinach; EA Halle 1913.

Ziel dieses Hauptwerkes des früh im Ersten Weltkrieg gefallenen Philosophen ist die Herausarbeitung der Konturen einer aprior. Rechtslehre auf der Basis der reinen Phänomenologie, und die Bestimmung ihres Verhältnisses zum positiven Recht. Ausgehend von Grundlagen des bürgerlichen Rechtes wird für die gesamte Rechtslehre nachgewiesen, daß die rechtlichen Begriffe, welche in das positive Recht eingehen, von diesem nicht erzeugt, sondern vielmehr vorgefunden werden. Rechtliche Gebilde wie Anspruch, Verbindlichkeit oder Eigentum haben ein von positiven Rechtssetzungen unabhängiges Sein, das von dem physischer und psychischer Gebilde abweicht, aber sich auch von dem idealer Gegenstände durch seine Zeitlichkeit unterscheidet. Von den entsprechenden Sachverhalten gelten aprior. Sätze, in denen synthet. Urteile a priori im Sinne Kants zu sehen sind, nicht anders als in den Sätzen der reinen Naturwissenschaft und Mathematik. Alle positiv rechtlichen Sätze dagegen gründen in Bestimmungen. Letztere sind phänomenolog. als soziale Akte zu verstehen. Die hier grundlegende Phänomenologie der sozialen Akte (Versprechen, Bitte, Befehl, Bestimmung usw.) wird von Reinach eingeführt und anschaulich entfaltet. Die Sollensbestimmungen des positiven Rechtes können nicht in Widerspruch zu den Seinsgesetzen der aprior. Rechtslehre treten, wohl aber von ihnen abweichen, wenn entsprechende Motive etwa der Sittlichkeit oder objektiven Zweckmäßigkeit vorliegen. Dafür gelten wiederum Maßstäbe des richtigen Rechtes, wie sie im Naturrecht intendiert werden. Sie sind jedoch nicht aus der empir. Natur zu begründen. Das positive Recht erweist sich so als auf zwei vorgegebene Bereiche bezogen, ohne seine Selbständigkeit zu verlieren.

Ausg.: Sämtliche Werke, 1988.
Lit.: J. Seifert (Hg.), Aletheia III, Philosophy of Law, 1983.

E. Avé-Lallemant

Arbeit am Mythos, Hans Blumenberg; Frankfurt a. M. 1979.

Der Fokus der philosoph.-mytholog. Studie ist die durch keinen Fortschritt des Logos ans Ende zu bringende Macht des Mythos. – Der Mythos als primäre Rationalisierung bearbeitet und depotenziert die allmächtig und erschrekkend andrängende Wirklichkeit durch Namengebung und Schaffung einer Welt abgestufter Bedeutsamkeit. In narrativem Vorgehen erzeugt er, wie z. B. Homers Göttergeschichten zeigen, ein heiteres, integratives Klima der Fraglosigkeit, wogegen etwa das christliche Dogma – auch das philosoph. – den Logos bis zum Prinzipiellen vorantreibt und so Konflikte schafft. Im Zentrum des Mythos, der sich durch geschichtliche Rezeption und Selektion an sich selbst abarbeitet, steht die Teilung der absoluten göttlichen Gewalt: nemo contra deum nisi deus ipse (gegen einen Gott nur ein Gott). So bewahrt der

Mythos den Menschen vor der Vernichtung durch das Absolute. Blumenberg veranschaulicht die mythische Gewaltenteilung anhand der Metamorphosen der Prometheus-Metapher von Hesiod bis Kafka mit besonderer Berücksichtigung der Goetheschen Selbst- und Napoleondeutung. – Blumenbergs ästhetisierend-funktionalist. Mythos-Interpretation zeigt erste Wirkungen zunächst in der literaturwissenschaftlichen Forschung.

Lit.: J. Villwock, Mythos und Rhetorik, in: Philos. Rdsch. 32 (1985).

K. Schanné

Arcana coelestia, quae in Scriptura Sacra, seu Verbo Domini sunt, detecta: hic primum quae in Genesi (et Exodo) una cum mirabilibus quae visa sunt in Mundo Spirituum et in Coelo Angelorum (lat.; *Himmlische Geheimnisse*, welche in der Heiligen Schrift oder in dem Worte des Herren enthalten, und nun enthüllt sind), Emanuel Swedenborg; EA London 1749–1756 (anonym); dt. 1842–1870.

Der theolog.-philosoph. Abhandlung ist im Gesamtwerk Swedenborgs eine zentrale Bedeutung zuzuschreiben, sowohl ihres Umfangs wegen als auch deshalb, weil sie Swedenborgs vollständigste Darstellung seiner Theorie der Bibelexegese enthält. Seinen von Philon, Origenes und generell vom Neoplatonismus beeinflußten Kommentar wichtiger Teile des Alten Testaments (vor allem Genesis, Exodus, Buch der Propheten, Buch der Könige und Buch der Psalmen) und des Neuen Testaments (Evangelien) stützt Swedenborg auf die Grundunterscheidung zwischen dem äußerlichen, geschichtlichen Buchstabensinn der Schrift und dem eigentlichen profunden inneren Sinn, der unveränderliche, überzeitliche Geltung hat. Diese Unterscheidung steht in Analogie zu seiner Differenzierung zwischen homo externus und homo internus, zwischen Natur und Geist im Menschen (die Vernunft des homo rationalis schwankt zwischen den zwei möglichen Extremen, zu denen sie sich jeweils wenden kann). – Das Werk erfreute sich einer breiten Beachtung; es beeinflußte Saint-Martin und Oetinger (der Swedenborg zahlreiche Predigten und Schriften zueignete), wurde von Goethe gelesen (der Swedenborg zu seinem ›heimlichen Lieben‹ zählte), und sogar Kant – wenn auch mit einem Verriß – schenkte dem Werk Beachtung. Auch bei Schelling, Baader und Hegel lassen sich in unterschiedlicher Form Spuren der Swedenborg-Lektüre erkennen.

Ausg.: Repr. (1866–1869) 1975.
Lit.: E. Benz, Swedenborg in Deutschland, 1947.

G. Moretti

Aristoteles und Phyllis, anonym, entst. im 13. Jh.; ED 1785 (in: C. H. Myller, Sammlung deutscher Gedichte aus dem 12., 13. und 14. Jh., Bd. III).

Das zuerst in Indien (Pañcatantra) nachweisbare Motiv des Weisen, der, auf allen Vieren kriechend, ein Weib auf sich reiten läßt, gelangte durch arabische Vermittlung ins Abendland, wo die Übertragung auf Aristoteles als den Weisen par excellence stattfand. Der alemann. Schwank erzählt, wie das schöne Hoffräulein Phyllis Aristoteles' Zögling Alexander vom Studium fernhält, worüber sich der Philosoph bei dessen Vater, König Philipp, beschwert.

Dieser verbietet seinem Sohn den Umgang mit der Schönen, die sich hierfür an Aristoteles rächt, indem sie ihn verliebt macht und auf seinem Rücken durch den Garten reitend zum Gespött des Hofes werden läßt. Der beschämte Philosoph zieht sich daraufhin zurück und schreibt ein Buch über Weiberlist. – Die Geschichte reiht sich in die lange Liste der Exempla für die verderbliche Macht der Frau ein, angesichts derer der Weise zum Toren wird (vgl. z. B. Samson und Dalila, David und Bathseba) und erfreute sich in der mittelalterlichen Kunst größter Beliebtheit.

Ausg.: W. SIMON u. a. (Hg.), Neues Gesamtabenteuer ..., Bd. I, ²1967.
Lit.: W. STAMMLER, Art. ›Aristoteles‹, in: Reallexikon zur deutschen Kunstgeschichte, Bd. I (hg. von O. SCHMITT), 1937. – H. ROSENFELD, Art. ›Aristoteles und Phyllis‹, in: Die deutsche Literatur des Mittelalters. Verfasserlexikon, Bd. I (hg. von K. RUH u. a.), ²1978.

L. DEITZ

Ars generalis ultima (lat.; *Die letzte ›Fassung‹ der allgemeinen Kunst*), Raimundus LULLUS, entst. 1303–1308; EA Venedig 1480.

Lull verfolgt in seiner *Ars* bzw. Kunst der Wahrheitsfindung die Grundabsicht, einsichtigen Ungläubigen die christlichen Dogmen zu beweisen. Entsprechend will er nur von solchen Begriffen ausgehen, die von Christen, Juden und Moslems gleichermaßen durch Vernunft akzeptiert werden können. Als Ausgangspunkt jeder Denkbemühung setzt er die von allen drei Religionen anerkannten wesentlichen Eigenschaften Gottes. In der ›letzten Fassung‹ der *Ars* werden neun göttliche ›dignitates‹ aufgezählt, die die Funktion wissenschaftlicher Prinzipien haben: Güte, Größe, Ewigkeit, Macht, Weisheit, Wille, Tugend, Wahrheit und Herrlichkeit. Zu diesen absoluten Prinzipien kommen neun relative Prinzipien hinzu: Differenz, Übereinstimmung und Gegenwart; Anfang, Mitte und Ende; Größersein, Gleichheit und Kleinersein. Der Kosmos wird hierarchisch in neun Stufen nach dem jeweiligen Anteil an der ontolg. Fülle der göttlichen ›dignitates‹ unterteilt: Gott (der Beste, der Größte usw.), Engel, Himmel, Mensch, Vorstellungskraft, Tiere, Pflanzen, Elemente und die aus Elementen zusammengesetzten Dinge. Das moralische Handeln, zu dem innerhalb der Hierarchie der Wesen nur der Mensch fähig ist, wird durch zweimal neun Prinzipien, einen Tugend- und einen Lasterkatalog, in die *Ars* einbezogen. Da die ›Lullsche Kunst‹ vor allem eine ars inveniendi ist, folgt schließlich ein Katalog von neun Fragen, von denen jede dem Denken einen bestimmten Realitätsbereich öffnet. Lull gibt dem in dieser Kunst geschulten ›artista‹ ein vollkommenes, in sich geschlossenes Denksystem an die Hand, für dessen Darstellung er ein besonderes Verfahren entwickelt: Die Prinzipien werden durch Zeichen, Figuren und andere graphische Mittel chiffriert. Die Darstellung dieser Zeichen und ihrer Bedeutung ist das Alphabet (A–K) der *Ars*. Diese Buchstabenreihe ist die Grundlage für vier Figuren, durch deren Drehung die für Lull typische Kombinatorik entsteht. Die innere und äußere Dynamik alles Seienden, d. h. der dynamisch verstandenen ›dignitates‹ und deren Wirkung in allen Dingen, erfaßt Lull durch die sog. Korrelativenlehre: Das ›principium‹ verlangt ein ›principiatum‹ und ein ›principiare‹, d. i. die Tätigkeit, die beide verbindet. Durch diese ›correlativa‹ erreicht das artistische Verfahren seine vollkommene Prägung und erlaubt eine vernünftige Erklärung der Dreifaltigkeitslehre. Die ›ars lulliana‹ sucht die ganze Wirklichkeit von der absoluten, alle Vorstellungen und Denkmöglichkeiten transzendierenden Vollkommenheit Gottes her zu verstehen. – Die erste Fassung der *Ars* schrieb Lull um 1274 auf arab., dann auf katalan. und latein. Um die Lektüre dieser verschlüsselten Kunst zu erleichtern, hat Lull seine *Ars* immer wieder umgeformt, ihre Figuren vereinfacht und ihre Kombinatorik erweitert und präzisiert. In der *Ars generalis ultima* findet diese Entwicklung ein Ende. Sie ist die letzte Bearbeitung und das Ergebnis eines vierzigjährigen Denkprozesses. Die Lullrezeption hat sich deshalb an diese endgültige Fassung gehalten. Die Geschichte der Verbreitung, Aufnahme und Ablehnung der *Ars* ist identisch mit der Geschichte des Lullismus, der vor allem zwischen Renaissance und Aufklärung eine wichtige Rolle gespielt hat (Nikolaus von Kues, Agrippa, Bruno, Kircher und Leibniz u. a.).

Ausg.: Lat., hg. von A. Madre, 1986.
Lit.: E. W. Platzeck, R. Lull. Sein Leben – seine Werke. Die Grundlagen seines Denkens (Prinzipienlehre), 2 Bde., 1962. – M. D. Johnston, The Spiritual Logic of R. Lull, 1987.

F. Dominguez y Reboiras

Art as Experience (engl.; *Kunst als Erfahrung*, John Dewey, EA New York 1934; dt. 1980.

Der für Deweys Philosophie zentrale Begriff der Erfahrung bildet auch den Kern seiner Auffassung von Kunst und Kunstverständnis. – Zwar hat nach Dewey die Kunst ihren Ursprung in der alltäglichen Erfahrung, aber das rein kontemplative Kunstverständnis der Neuzeit hat sie zu einem idealisierten, überhöhten und damit lebensfremden Sonderbereich gemacht. Das Kernproblem ist daher die Wiederherstellung einer ›Kontinuität‹ zwischen Kunst und gewöhnlichem Leben. Der Zweck der Kunst besteht darin, das unmittelbare Daseinsgefühl zu steigern und die Bedeutung der alltäglichen Lebensprozesse zu erhöhen. Im Kunstwerk bilden nämlich Erleben und Handeln, Inhalt und Form, inneres Empfinden und äußere Darstellung eine Einheit. Es ist somit der konkrete Beweis dafür, daß der Mensch fähig ist, ein Ganzes zu sein, und somit die höchste Leistung des menschlichen Geistes. Die ästhet. Erfahrung ist Erfahrung in ihrer reinsten Form. In ihr wird eine Vielheit von Bedeutungen und Materialien, die selbst nicht ästhet. Natur sind, zu einer organ. ›Vollendung‹ gebracht. Insofern hat jedes Denken und Handeln (auch Wissenschaft und Politik) ästhet. Charakter, wenn es ihm gelingt, Widerstände und Spannungen in einen ganzheitlichen Bewegungsrhythmus zu überführen. Kunst ist aber auch die wirksamste Weise der Kommunikation. Sie vereint nicht nur Mensch und Natur, sondern macht im Kunstwerk als dem vollendeten Ausdruck eines erfüllten Gemeinschaftslebens bewußt, daß die Menschen untereinander eine Einheit bilden. – Wer Dewey nur in der popularisierten Version des Pragmatismus mit einer Überbetonung des Instrumentell-Praktischen kannte, war überrascht, welch zentrale Rolle er dem Ästhetischen in seiner naturalist. Philosophie zuwies.

H. Scheit

Artis magnae, sive de regulis algebraicis liber unus (lat.; *Ein Buch von der großen Kunst oder von den algebraischen Regeln*), Geronimo (Girolamo) Cardano; EA Nürnberg 1545.
Dieses Werk über Algebra referiert den mathemat. Wissensstand der Renaissance und führt weiter zu eigenen Ergebnissen. So entwickelt Cardano als erster den Begriff der mathemat. Wahrscheinlichkeit (welcher bisher nur in der Logik/Dialektik Anwendung gefunden hatte) und beschreibt den Zusammenhang von Wurzeln und Koeffizienten algebraischer Gleichungen. Ferner wiederholt er die Lösung für Gleichungen 3. Grades (1535 durch S. del Ferro und N. Tartaglia entdeckt) und für Gleichungen 4. Grades (durch L. Ferrari entdeckt). Grundsätzlich ist ihm die Mathematik, weit hinausreichend über die Physik, als Lehre von der reinen Zahl und Wissenschaft von der geistigen Struktur des Wirklichen bedeutsam. Wissenschaftsgeschichtlich spielte das Werk eine wesentliche Rolle für die Entwicklung der modernen Algebra.

Ausg.: Opera Omnia, Bd. IV, 1663 (Repr. 1966).
Lit.: M. Fierz, G. Cardano (1501–1576). Arzt, Naturphilosoph, Mathematiker, Astronom und Traumdeuter, 1977.

H.-B. Gerl

Aspects of Scientific Explanation and Other Essays in the Philosophy of Science (engl.; *Aspekte wissenschaftlicher Erklärung* und andere Aufsätze zur Wissenschaftsphilosophie), Carl G. Hempel; EA New York/London 1965; dt. 1977 (nur Titelaufsatz).
In den in diesem Band zusammengestellten wissenschaftstheoret. Aufsätzen, zwischen 1942 und 1964 geschrieben, versucht Hempel, Struktur und Kennzeichen wissenschaftlicher Erklärungen möglichst allgemein und präzise zu analysieren. Im Titelaufsatz erläutert er zunächst das berühmt gewordene, allseits fast zu unkritisch akzeptierte Hempel-Oppenheim-Schema der deduktiv-nomolog. Erklärung, wonach eine Erklärung gerade in der deduktiven Ableitung der zu erklärenden Einzeltatsache aus wahren empir. Gesetzen und anderen Einzeltatsachen besteht. Dieses Schema gilt nur für determinist. arbeitende Wissenschaften. Da aber auch statist. arbeitende Wissenschaften, z. B. alle Sozialwissenschaften, Erklärungen geben, widmet sich Hempel dann intensiv dem wesentlich problematischeren Begriff der statist. Erklärung. Nach der Diskussion einiger abgeschwächter und spezieller Erklärungsformen wendet er sich schließlich der gerade für die Philosophie und die Humanwissenschaften relevanten Frage nach der Erklärung menschlicher Handlungen mittels ihrer Gründe zu – u. a. mit dem Ziel, die allgemeine Anwendbarkeit seiner Erklärungstheorie und so in gewissem Sinn die methodolog. Einheit der Wissenschaften zu demonstrieren. – Die aktuelle Forschung hat das Gedankengut Hempels teils weiterentwickelt, teils revidiert, läßt sich aber ohne die Kenntnis seines Werkes nicht verstehen.

Lit.: W. Stegmüller, Probleme und Resultate der Wissenschaftstheorie und Analytischen Philosophie, Bd. I, Erklärung – Begründung – Kausalität, ²1983.

W. Spohn

Astronomia nova, Aitiologētos, seu physica coelestis, tradita commentariis de motibus stellae Martis. Ex observationibus G. V. Tychonis Brahe (lat.; *Neue*

Astronomie oder Physik des Himmels, überliefert in den Abhandlungen über die Bewegungen des Sterns Mars nach den Beobachtungen des Tycho Brahe). Johannes KEPLER; EA Prag 1609; dt. 1929 Neue Astronomie.

In seinem astronom. Hauptwerk setzt sich Kepler auf der empir. Grundlage von genauen Mars- und Sonnenbeobachtungen des dänischen Astronomen Tycho Brahe mit den Planetentheorien von Ptolemäus, Copernicus und Brahe auseinander und begründet, indem er sich neue physikal. und method. Prinzipien seiner Zeit zunutze macht, eine neue Theorie der Planetenbewegung mit dem Kern der hier formulierten ersten zwei Keplerschen Gesetze. – Das Werk bricht mit dem zwei Jahrtausende lang gültigen Axiom von der gleichförmigen Kreisbewegung der Planeten und damit mit der vorgeblichen Unvereinbarkeit von mathemat. und physikal. Astronomie. Wissenschaftstheoret. Voraussetzungen formuliert Kepler in dem zu seinen Lebzeiten nicht veröffentlichten Traktat über die Hypothesen (*Apologia*, 1600/1601), während er in seiner Kraftvorstellung bei W. Gilbert (*De magnete*, 1600) anschließt. Das Werk gliedert sich in fünf Teile: Zunächst erörtert Kepler die astronom. Konsequenzen aus der Annahme eines strengen Heliozentrismus, d. h. aus der Konzeption, bei der der Weltmittelpunkt vom Mittelpunkt der Sonnenbahn (Ptolemäus, Brahe) bzw. der Erdbahn (Copernicus) in den Mittelpunkt der Sonne verlegt wird (1. Teil). Noch unter der Voraussetzung einer kreisförmigen Planetenbahn und mit der Annahme eines Ausgleichspunktes auf ihrer Achse, von dem aus die Planetenbewegung gleichförmig erscheint, erhält Kepler ein vorläufiges Bahnmodell, die ›hypothesis vicaria‹, die er durch Analyse der Breitenbewegung falsifiziert (2. Teil). Dies führt ihn zur näheren Untersuchung der Erdbahn und des wirksamen Bewegungsmechanismus, der entsprechend dem Flächensatz (zweites Keplersches Gesetz) eingerichtet ist (3. Teil). Nach der Falsifizierung des Kreises für die Marsbahn leitet er über die radialen Abstände Sonne-Mars die Bahnellipse (erstes Gesetz) ab (4. Teil). Abschließend folgen weitere Untersuchungen zur Breitenbewegung. – Mit diesem Werk hat Kepler die mechanist. Naturphilosophie des 17. Jh.s beeinflußt und eine wichtige Voraussetzung für die Ausarbeitung der Theorie der allgemeinen Massengravitation durch I. Newton (→ *Philosophiae naturalis principia mathematica*) gelegt.

Ausg.: Gesammelte Werke, Bd. III, 1937.

V. BIALAS

Der Atheismus und seine Geschichte im Abendlande, Fritz MAUTHNER; EA Stuttgart/Berlin 1920–1923, (4 Bde.)

Die Auseinandersetzung mit der Geschichte des Atheismus begreift Mauthner als Konfrontation mit der Geschichte des Gottesbegriffes, wobei er seine sprachkrit. Grundüberzeugung von der Sinnlosigkeit aller Aussagen über Gott zugrunde legt. Die Geschichte des Atheismus erscheint so zugleich auch als Geschichte des Freidenkertums, eng verwoben mit der Geschichte des Aberglaubens, der Ketzerei und der Philosophie. Kritik am Glauben bzw. am Theismus bedeutet darum für Mauthner auch von

Anfang an Wortkritik. Damit ist eine neuartige Sicht auf die einzelnen Denker verknüpft, die nunmehr unter dem Gesichtspunkt ihres Einsatzes für die Befreiung des Denkens aus der Macht der Kirche dargestellt werden. Von der Antike bis zu Nietzsche, mit besonderen Schwerpunktsetzungen auf der englischen und französischen Aufklärung, versucht Mauthner den sprachkrit. akzentuierten Weg zu einer ›gottlosen Mystik‹ histor. nachzuzeichnen. Die Geschichte der Befreiung vom Gottesbegriff ist Destruktion von theist. aber auch atheist. Argumentationen, die auf mangelnde kritische Einsicht in die Sprache zurückzuführen sind. Mauthners Kampf gegen Dogmatik und Aberglauben wendet sich ebenso auch gegen eine zum Dogma erhobene materialist. oder positivist. Weltauffassung. Sein sprachkrit. Grundzug versucht vornehmlich die christliche Religion als Glauben an überlieferte Worte zu entlarven. Eine derartige Sprachkritik bedeutet zugleich auch Befreiung des Menschen aus psycholog. und machtpolit. Unterdrückung.

Ausg.: Repr. 1963.

Lit.: J. Kühn, Gescheiterte Sprachkritik. F. Mauthners Leben und Werk, 1975.

P. Kampits

Athēnaiōn politeia (gr.; *Staat der Athener*), Pseudo-Xenophon, entst. um 440 oder zwischen 431/24 v. Chr.; EA Florenz 1516; dt. 1744 Republik der Athenienser.

Die anonyme Schrift ist das älteste erhaltene attische Prosastück, außerdem der erste polit. und soziolog. Essay der Weltliteratur und beweist, daß die Athener ihre (vom Verfasser der Schrift gehaßte) demokrat. Verfassung zu bewahren wissen. – Der Verfasser, obwohl Oligarch, lobt widerwillig die in Athen aufgerichtete Herrschaft der ›Minderwertigen‹ über die ›Besseren‹ und weist deren Fundamente nach: 1. innenpolit. den Anspruch aller Bürger auf Ämter, die Freiheiten der Sklaven und Beisassen sowie den Rückzug von aktiver und den Genuß von passiver Beschäftigung mit den Künsten; 2. außenpolit. die Unterdrückung der Bundesgenossen, die Betonung der Seemacht, die Durchsetzung von Handelsmonopolen und Vertragsbrüche; 3. weitere Unterdrückungsmaßnahmen, die in einem Anhang aufgeführt werden. Im Thema ist der Verfasser letztlich ein Vorläufer Platons (→ *Politeia*).

Ausg.: Dt., von E. Kalinka, 1913 (Repr. 1967).

Lit.: K. I. Gelzer, Die Schrift vom Staate der Athener, 1937. – L. G. Stechini, Athēnaiōn politeia, 1950.

O. Schönberger

Athēnaiōn politeia (gr.; lat.: *Atheniensium respublica; Verfassung der Athener*), Aristoteles, entst. zwischen 329 und 322 v. Chr.; ED London 1891 (hg. von F. G. Kenyon, zugleich Faksimile des Papyrus); dt. 1891 Schrift vom Staatswesen der Athener; Staat der Athener.

Die histor.-deskriptive Schrift, die erst 1891 durch einen Papyrusfund fast vollständig ans Licht kam, gehörte wohl als wichtigstes Stück zu einer von Aristoteles selbst veranlaßten Sammlung von 158 Verfassungen griechischer Stadtstaaten. Sie gilt als echt und wird aufgrund verschiedener Anspielungen auf geschichtliche Ereignisse der letzten Arbeitsperiode des Aristoteles zugeordnet. Ein 1., geschichtlicher Teil (Kap.

1–41) schildert die durch elf Umwälzungen sich ergebende Folge der zwölf Verfassungsformen in der Geschichte der Stadt Athen von den Anfängen bis zur Zeit des Aristoteles, insbes. den Übergang von der Monarchie zur Oligarchie, die Genese, Entwicklung und den Verfall der Tyrannis, die Entstehung der Demokratie, die oligarch. Verfassungsänderungen und die demokrat. Gegenreaktion. Der 2., systemat. Teil (Kap. 42–69) beschreibt den bestehenden Verfassungszustand, hauptsächlich die Organisation und das Leben der Institutionen des polit. Verwaltungswesens (Rat der 500, Prytanie, Volksversammlung) und der Gerichtsverwaltung. Obwohl vorwiegend beschreibend, operiert die Schrift an einigen Stellen deutlich mit Lehrstücken des Aristotel. Denkens.

Ausg.: Gr., hg. von F. BLASS, 1892, [3]1928 (hg. von H. OPPERMANN; Repr. 1968). – Hg. von M. CARSTENN (Text und Erl.), 1947. – Gr./Frz., hg. von G. MATHIEU/B. HAUSSOULIER, 1922 (Repr. 1967). – Dt., hg. von O. GIGON, 1955. – Dt. hg. von P. DAMS, 1970.
Lit.: K. VON FRITZ/E. KAPP (Hg.), Aristotle' Constitution of Athens and Related Texts, 1950. – J. DAY/M. CHAMBERS, Aristotle's History of Athenian Democracy, 1962. – P. J. RHODES, A Commentary on the Aristotelian Athenaion Politeia, 1981.

F. VOLPI

Auch eine Philosophie der Geschichte zur Bildung der Menschheit. Beytrag zu vielen Beyträgen des Jahrhunderts, Johann Gottfried HERDER; EA o. O. 1774 (anonym).

Als Entwurf einer philosoph. Universalgeschichte bildet diese Streitschrift eine Vorstufe zu Herders Hauptwerk → *Ideen zur Philosophie der Geschichte der Menschheit.* In offener Polemik wendet sich Herder hauptsächlich gegen die von der Aufklärungsphilosophie im allgemeinen und insbesondere von Iselin vertretene Auffassung der Geschichte als eines beständigen und geradlinig verlaufenden Fortschritts der Menschheit zu ihrer Vervollkommnung und begreift seinerseits die Geschichte als einen – von Gott gelenkten – organ. Entwicklungsprozeß. Um seiner Vorstellung von der Geschichte als lebendigem Organismus bildhaften Ausdruck zu verleihen, unterteilt er sie in Analogie zu den Entwicklungsstufen des Menschen in Kindheit, Knabenalter, Jünglingsalter und Mannesalter und bezieht sich dabei auf einen von den biblischen Anfängen bis zum Untergang Roms reichenden Zeitraum; die Folgezeit hingegen bis hin zur eigenen faßt er in das dem pflanzlichen Organismus entlehnte Bild eines sich in Äste verzweigenden Baumstammes. Durch sein eigenes Beispiel propagiert Herder eine Geschichtsschreibung, die zwar der spezif. Rolle einer Epoche im Rahmen der Gesamtentwicklung des Menschengeschlechts gerecht wird, zugleich jedoch den autonomen Eigenwert jeder einzelnen würdigt und sich durch verständnisvolle Einfühlung in den Geist einer Zeit auszeichnet. Schonungslos prangert er im Rahmen einer – im Geiste Rousseaus gehaltenen – beißenden Kritik an den vermeintlichen Errungenschaften der Zivilisation das selbstgerechte Überlegenheitsgefühl seiner eigenen Zeit gegenüber vergangenen Epochen an und bemüht sich dabei um eine Rehabilitation des derzeit in Mißkredit geratenen Mittelalters, woran dann die Romantik anknüpfte.

Ausg.: Sämtliche Werke, hg. von B. SUPHAN, Bd. V, 1891 (Repr. 1967). – Mit Nachwort von H. G. GADAMER, 1967.

Lit.: P. PFAFF, Hieroglyph. Historie: Zu Herders ›Auch eine Philosophie der Geschichte zur Bildung der Menschheit‹, in: Euphorion 77 (1983) H. 4.

J. LINDER

Der Aufbau der geschichtlichen Welt in den Geisteswissenschaften, Wilhelm DILTHEY; EA Berlin 1910.

Der Band enthält Aufsätze und Untersuchungen zu einer positiven Grundlegung der Geisteswissenschaften, die sich auf Ergebnisse der exakten wissenschaftlichen Psychologie und auf Diltheys für die Geisteswissenschaften erarbeitete spezif. Psychologie stützt. Die Psychologie gilt als Grundlage der Geisteswissenschaften. Die Grundlegung der Geisteswissenschaften hat drei Aufgaben: sie bestimmt den allgemeinen Charakter der Entstehung des Wissens (allgemeine logische Struktur), klärt den Aufbau der geistigen Welt in den einzelnen Gebieten, formuliert eine entsprechende Methodenlehre und fragt nach dem Erkenntniswert der Leistungen und Möglichkeiten eines objektiven, geisteswissenschaftlichen Wissens. Gegenständliches Auffassen umfaßt primäre Leistungen (Vergleichen, Trennen, Beziehungen knüpfen); das diskursive, an den Ausdruck gebundene Denken führt zu Urteilen. Wissen bildet so ein Stufenreich von Denkleistungen. Die Summe aller Verstehensleistungen offenbart die Objektivierungen des Lebens. Die geistig-geschichtliche Welt wird als Wirkungszusammenhang gesehen, der sich vom Kausalzusammenhang der Natur durch die Erzeugung von Werten und der Realisierung von Zwekken unterscheidet. In den Entwürfen zur ›Kritik der histor. Vernunft‹ (3. Teil) werden die Methoden entwickelt, mittels derer sich der allgemeine logische Zusammenhang verwirklicht. Verstehen und Deuten sind die Methoden der Geisteswissenschaften; dabei wird zwischen elementaren und höheren Formen des Verstehens unterschieden, wobei die letztgenannten aus Hineinversetzen, Nachbilden und Nacherleben bestehen. Verstehen wird als intellektuell nie abschließbarer Prozeß angesehen. Von Schleiermachers diviniator. Methode unterscheidet sich die Diltheysche durch das Prinzip der Kongenialität und der Forderung nach einem zur Divination hinzutretenden komparativen Verfahren. Im Plan der Fortsetzung des Werkes ergänzt Dilthey seine Überlegungen zu Erleben, Ausdruck und Verstehen und untersucht den universalgeschichtlichen Zusammenhang, wobei fragmentar. und teilweise thesenhaft Gedanken zu Gegenstand, Methoden und Erkenntnismöglichkeiten der Geisteswissenschaften geäußert werden. – Diltheys Historismus beeinflußte vor allem die Theorienbildung der Geisteswissenschaften in der ersten Hälfte des 20. Jh.s.

Ausg.: Gesammelte Schriften, Bd. VII, ^{7}1979. – Mit Einleitung von M. RIEDEL, 1970.

E. JAIN

Aufbau der Physik, Carl Friedrich von WEIZSÄCKER; EA München/Wien 1985.

Im Mittelpunkt des ebenso physikal. wie philosoph. bedeutsamen Werks steht der Versuch einer Rekonstruktion der Quantentheorie. Weizsäcker sieht in der zentralen Rolle, die dem Wahrscheinlichkeitsbegriff in der Quantentheorie zukommt, den entscheidenden und wissenschaftsrevolutionären Unterschied zur klassischen Physik. Die Wahrscheinlichkeitsamplitude repräsentiert ein Spektrum an Möglichkeiten von Zuständen bzw. Eigenschaften, die einem Elementarteilchen zukommen können. Welche dieser Möglichkeiten realisiert werden wird, ist nicht determiniert, wie nach den Regeln der klassischen Physik erwartet werden müßte. Weizsäcker spricht von einem quantentheoret. ›Indeterminismus‹, dem ein ›quantentheoret. Mehrwissen‹ als ein Wissen um mehr Möglichkeiten, die einem physikal. Objekt zukommen können, korrespondiert. Dem ›quantentheoret. Mehrwissen‹ steht allerdings ein Informationsverlust entgegen, der mit der Irreversibilität des Meßprozesses einhergeht. Eine solche method. bedingte Wissensbegrenzung wirft die Frage nach ihrer möglichen Überwindung auf, die Weizsäcker anhand der drei spekulativen Fragen erörtert: ob es eine Physik jenseits der Quantentheorie, ein menschliches Wissen jenseits der Physik und ein Sein jenseits des menschlichen Wissens gibt. Alle drei Fragen werden in hypothet. Absicht positiv beantwortet, wobei Methode und Kenntnisstand der Quantentheorie konstruktiv zur Beantwortung eingesetzt werden. Eine Physik jenseits der Quantentheorie hätte diejenigen Objekte zu ihren Gegenständen, bei denen jegliche Information durch die Irreversibilität der quantenphysikal. Meßmethode verlorengeht. Ein Wissen jenseits der Quantentheorie wäre ein Wissen über das Wissen im Sinne des Selbstbewußtseins. Weizsäcker bejaht in diesem Zusammenhang die Möglichkeit der Anwendung der Quantentheorie auf das Bewußtsein. Ein Sein jenseits des Wissens wäre ein Sein, das nicht entsprechend der zeitlichen Struktur unseres Wissens in vergangenes (Faktum), gegenwärtiges und zukünftiges (Möglichkeit) Sein unterschieden wäre, sondern als Einheit vorläge.

E. Rudolph

Der Aufbau der realen Welt. Grundriß der allgemeinen Kategorienlehre, Nicolai Hartmann; EA 1940.

Das Werk stellt (nach → *Zur Grundlegung der Ontologie* und → *Möglichkeit und Wirklichkeit*, 1938) den dritten Band der Hartmannschen Ontologie dar, deren Ausarbeitung in → *Gründzüge einer Metaphysik der Erkenntnis* programmat. angekündigt war. In Absetzung von voreiliger rationalist.-metaphys. ›Systembaumeisterei‹ geht es Hartmann nunmehr um den Nachweis, daß Ontologie vermittels der Analyse realer Gegebenheiten nur noch als differenzierende Kategorielehre betrieben werden kann. Dies aber macht es erforderlich, den Kategoriebegriff in seiner objektiven Gültigkeit herauszuarbeiten. Daran schließt sich die Lehre von den Fundamentalkategorien an. Diese bringen in Form von Gegensatzpaaren (wie Relation – Substrat, Einheit – Mannigfaltigkeit usw.) die spezif. Eigenheiten der vier Seinsschichten der realen Welt (der physischen, organ., seelischen und geistigen Schicht) zur Darstellung und führen schließlich zur Erläuterung der in diesen Schichten wirksamen Dependenzgesetze.

Ausg.: ^{3}1964.
Lit.: I. Heidemann, Zum System der Kategorien bei Kant und N. Hartmann, in: Bewußt sein. G. Funke zu eigen, 1975.

E. Schadel

Augustinus seu doctrina Sancti Augustini de humanae naturae sanitate, aegritudine, medicina adversus pelagianos et massilienses (lat.; *Augustinus oder Die Lehre des heiligen Augustinus über Gesundheit, Krankheit und Heilung der menschlichen Natur, gegen die Pelagianer und Massilienser*), Cornelius JANSENIUS; EA Löwen 1640.

Die theolog. Streitschrift zielt auf die rigorose Erneuerung der kathol. Kirche durch eine strenge Auslegung des Augustinus. Dessen Streitschriften gegen die Anhänger des britischen Mönchs Pelagius, der das Dogma der Erbsünde ablehnt und die völlige menschliche Willensfreiheit behauptet, dienen Jansenius als histor. Bezugspunkt für seinen eigenen Kampf gegen die Lehren des Jesuiten Molina. Im Zentrum stehen die Gnadenlehre und deren anthropolog. Konsequenzen. Nach dem Sündenfall ist der Mensch wesentlich durch die Konkupiszenz bzw. die dreifache ›libido sentiendi, sciendi, excellendi‹ bestimmt und damit der Macht der Sinnlichkeit ausgeliefert. Die schließliche Auserwählung des einzelnen durch die Gnade bzw. seine Erlösung aus der gefallenen Natur bleibt nicht einsehbar und somit willkürlich erscheinender Ratschluß Gottes. Theolog. Motivationsversuche bleiben notwendig falsch. – Diese Lehre, die in den sog. fünf Sätzen zusammengefaßt wurde, löste einen vor allem in den Niederlanden und Frankreich lange schwelenden Streit aus und begründete die Bewegung des Jansenismus. Besonderen kulturbildenden Einfluß übte das Werk auf die Gelehrten des Klosters Port-Royal und ihnen nahestehende Personen (Pascal und Racine) aus.

Lit.: J. ORCIBAL, La correspondance de Jansénius, 1947. – L. COGNET, Le Jansénisme, 1961.

R. BEHRENS

Aurora oder Morgenröte im Aufgang, das ist: Die Wurzel oder Mutter der Philosophiae, Astrologiae und Theologiae, aus rechtem Grunde, oder Beschreibung der Natur, wie alles gewesen und im Anfang geworden ist, Jacob BÖHME, entst. 1612; EA o.O. (Dresden?) 1634.

In seinem ersten theosoph. Werk legt Böhme einen nicht vollständig ausgearbeiteten Systementwurf vor, der an renaissance-zeitliche Naturphilosophie und spätmittelalterliche Mystik anknüpft und von quasi-mystischen Intuitionserlebnissen ausgeht, was sich in ausgeprägter Bildlichkeit des Sprachstils niederschlägt. In diesem Werk fehlt noch die alchemist. und an Paracelsus sich anlehnende Begrifflichkeit des späteren Böhme. In 26 Kapiteln wird ein Abriß der sich in dualist. Spannungen (gut-böse, hell-dunkel, bitter-herb, sauer-süß usw.) vollziehenden Schöpfungs-, Natur- und Menschengeschichte gegeben, worin in mannigfachen Formen der dreifache Ausdifferenzierungsprozeß des einen göttlichen Wesens wiederholt wird. In Analogie zur Trinitätsformel unterscheidet Böhme drei einander bedingende, in dynam.-gegensätzlicher Einheit verbundene Welten, die er auch als Prinzipien oder ›Geburten Gottes‹ bezeichnet: »die göttliche, englische oder paradeisische, und dann zweitens die finstere Welt, als den Urstand der Natur zum Feuer, und zum dritten diese äußere, sichtbare

Welt« als Materialisation der beiden ersten, spirituellen Welten. – Das Werk hat mit seiner dialekt. Rechtfertigung des in den Begriff Gottes zurückversetzten Negativen besonders auf Romantik und deutschen Idealismus (Hegel) Einfluß ausgeübt.

Ausg.: Sämtliche Schriften, Bd. I, 1955.
Lit.: A. KOYRÉ, La philosophie de J. Böhme, 1929. – E. PÄLTZ, J. Böhmes Hermeneutik, Geschichtsverständnis und Sozialethik, 1961. – H. GRUNSKY, J. Böhme, ²1984.

R. MARGREITER

Außübung der Vernunfft=Lehre, oder kurtze, deutliche und wohlbegründete Handgriffe, wie man in seinen Kopffe aufräumen und sich zu Erforschung der Wahrheit geschickt machen; die erkandte Warheit andern beybringen; andere verstehen und auslegen; von anderer ihren Meinungen urtheilen, und die Irrthümer geschicklich widerlegen solle. Worinnen allenthalben viel allgemeine heut zu Tage in Schwang gehende Irrthümer angezeiget und deutlich beantwortet werden, Christian THOMASIUS; EA Halle/S. 1691, Frankfurt a. M./Leipzig 1694 (lat.; u. d. T.: *Praxis logices*.)

Als Fortsetzung seiner Vernunftlehre (→ *Einleitung zu der Vernunfft=Lehre*, ...) entwickelt Thomasius die praktischen und nützlichen Ziele einer logischen Tätigkeit weiter. Damit grenzt die Logik weiterhin an die Ethik und Politik, wie sie damals verstanden wurde: als die Kunst, nach einem der Situation angemessenen Stil in öffentlichen Ämtern aufzutreten. Der Grundsatz, daß die Weisheit ausschließlich im Inneren des Menschen zu finden sei, kehrt sich gegen das auf scholast. Philosophie und Metaphysik gründende Wissen und rückt die Maxime »Lerne dich selbst erkennen« in den Vordergrund. Selbsterkenntnis enthält aber auch folgende Punkte: Menschen sind von den Tieren wesentlich verschieden, sie leben in einer auf gute Sitten bedachten Gesellschaft und sie sind Christen. Innerhalb dieses Rahmens beschreibt Thomasius ausführliche Strategien der Kommunikation, der Auslegung und der Beurteilung. Dem Mitteilenden und Lehrenden wird davon abgeraten, dunkel zu sein, das Auswendiglernen von Lehrsätzen zu verlangen und andere mnemotechn. Formen von seinen Zuhörern zu fordern. Stattdessen soll er sokrat. durch Frage und Antwort das Interesse des Publikums erregen. Auch die Auslegung (Interpretation) setzt voraus, daß man, immer noch im pragmat. Sinne, die Herkunft des auszulegenden Textes und dessen Zusammenhang beachtet, wobei zwischen zwei Auslegungsmöglichkeiten immer die mit der gesunden Vernunft übereinkommende vorgezogen werden soll. Die hier angeführten Beispiele stammen aus der jurist. Praxis, in der Thomasius als einzige Abweichung von seinem Modell den Fall vorsieht und zuläßt, daß der Fürst eine selbst nach den besten Regeln durchgeführte Auslegung verwirft. Die ›Geschickligkeit von anderen Meinungen zu urteilen‹ schließlich bezieht sich auf den Umgang mit Büchern und verlangt breite Kenntnisse logischer, psycholog. und polit. Art, die erst einen kritischen Leser ausweisen. Dadurch bekämpft Thomasius das Unwesen der scholast. Disputation und der akadem. Streitereien, aber auch modische Tendenzen affektheischender Schriften zugunsten einer nützlichen, die Aufklärung stark vorwegnehmenden Buchproduktion und -rezeption.

Ausg.: Repr. mit einem Vorwort von W. Schneiders (1691) 1968.
Lit.: M. Wundl, Die deutsche Schulphilosophie im Zeitalter der Aufklärung, 1945 (Repr. 1964). – G. Schubart-Fikentscher, C. Thomasius. Seine Bedeutung als Hochschullehrer am Beginn der deutschen Aufklärung, 1977.

E. Bonfatti

Autrement qu'être ou au-delà de l'essence (frz.; *Anders als Sein oder jenseits des Wesens*), Emmanuel Levinas; EA Den Haag 1974, dt. 1988.

In Weiterführung von Problemstellungen aus → *Totalité et infini*, das als Gegenentwurf zur Ontologie dieser noch terminolog. und methodolog. verhaftet blieb, bietet Levinas mit dem vorliegenden Werk in gewichtiger Neuakzentuierung eine Philosophie des Unendlichen in einer meta-ontolog., d. h. wesentlich ethisch geprägten Sprache durch Aufweis der Verantwortung für den Anderen als Fundamentalstruktur der Subjektivität. – Aus der noch verschärften Kritik an der Ontologie als Grundzug abendländ. Denkens ergibt sich die Not-wendigkeit, ›anders‹ als diese und ›jenseits‹ des sie prägenden Vorrangs des Gesagten (le dit) vor dem Sagen (le dire) die Möglichkeit der Transzendenz und der Betreffbarkeit durch sie zu bedenken. Der unbeliebige Anruf durch den Anderen durchbricht die Synchronie des als Anwesenheit gedeuteten Seins auf eine ursprünglichere Dimension der diachron. Zeit des Sagens hin, das freilich in der beständigen Not des Wider-Rufs (dédire) und erneuten Sagen-müssens (rédire) verbleibt. In vielschichtigen, jedoch konvergierenden ›intentionalen Analysen‹ wird die unendliche Reichweite der Verantwortung für den Anderen in sich von der ›Nähe des Nächsten‹ bis zu ›Stellvertretung‹ und ›Geiselschaft‹ steigernden Metaphern verdeutlicht: als Ereignis der Transzendenz, die in der zwischenmenschlichen Begegnung durch die abverlangte Selbstlosigkeit (désintéressement) das Subjekt in einzigartiger Unvertretbarkeit konkret beansprucht und sich ihm gerade dadurch ›bis zur Abwesenheit‹ entzieht.

Lit.: S. Strasser, Jenseits von Sein und Zeit. Eine Einführung in E. Levinas' Philosophie, 1978.

J. Reiter

The Avancement of Learning (F. Bacon) → Instauratio magna

L'avenir de l'homme (frz.; *Die Zukunft des Menschen*), Pierre Teilhard de Chardin; EA Paris 1959, dt. 1963.

Der postum erschienene Band ist eine chronolog. geordnete Sammlung von Beiträgen aus einem Zeitraum von ungefähr 30 Jahren. Sie bezeugen Teilhards wissenschaftlich untermauerte Hoffnung auf eine in die Wirklichkeit Gottes hineinmündende Welt. – Wider bourgeoise Unbeweglichkeit und existentialist. Zerfallsangst sagt Teilhard eine weitere Konvergenz in der Entwicklung des Universums voraus. Von Anfang an dem Gesetz wachsender Komplexität und wachsenden Bewußtseins folgend, befindet es sich nun im Stadium der menschlichen Kollektivierung. Aufgrund der zentrierenden Kräfte der wissenschaftlich-technischen Kultur bildet sich ein Super-Organismus: die Noosphäre. Zunächst durch die stetig zunehmende Dichte der ›menschlichen Substanz‹ erzwungen, setzt diese Entwicklung dann die zugleich sozialisierende und personalisierende Liebe als entscheidende Bindekraft des neuen Organismus frei. Der Prozeß, der im Voranschreiten einen Seinszuwachs erzeugt, wird im attraktiven personalen Zentrum des Universums an das erfüllende Ende kommen: Gott alles in allem. – Teilhards Werk war ein Signal für die offene Auseinandersetzung der kathol. Theologie mit den auf humanen Fortschritt setzenden Geistesströmungen der Gegenwart.

Lit.: E. BENZ, Schöpfungsglaube und Endzeiterwartung, 1965.

K. SCHANNÉ

Beantwortung der Frage: Was ist Aufklärung?, Immanuel KANT; EA 1784 (in: Berlinische Monatsschrift 4).

In diesem Aufsatz bestimmt Kant das Prinzip der Aufklärung als die Selbstbefreiung von jeder Art von Unmündigkeit, die Loslösung von den vielen Vormündern und als Fähigkeit und Mut, »sich seines Verstandes ohne Leitung eines anderen zu bedienen« (AA VIII 35). Nach Kants Einschätzung ist es »für jeden einzelnen Menschen schwer, sich aus der ihm beinahe zur Natur gewordenen Unmündigkeit herauszuarbeiten« (AA VIII 36); »daß aber ein Publicum sich selbst aufkläre« (ebd.), hält er nicht nur für möglich, sondern sogar für unausbleiblich, wenn man ihm nur die erforderliche Freiheit des Räsonnierens läßt. Kant postuliert daher die Freiheit des öffentlichen Gebrauchs der Vernunft, d. h. Räsonnierfreiheit »vor dem ganzen Publicum der Leserwelt« (AA VIII 37), d. h. vor der Gelehrtenrepublik bzw. der »Weltbürgergesellschaft« (ebd.). Von diesem öffentlichen Vernunftgebrauch unterscheidet er den ›Privatgebrauch‹; darunter versteht er jenen Gebrauch der Vernunft, der verbindlich ist für einen Beamten bzw. Angestellten einer bestimmten Institution der bürgerlichen Gesellschaft (z. B. für einen Offizier im militär. Dienst, für einen Geistlichen im Dienst der Kirche). Diese Institutionen bedürfen, damit sie funktionieren können, gewisser Grenzen der Freiheit des Räsonnierens. Da der einzelne nicht befugt ist, diese Grenzen zu bestimmen, stellt Kant von diesem Bereiche fest: »Hier ist nun freilich nicht erlaubt, zu räsonniren; sondern man muß gehorchen« (ebd.). Sein eigenes Zeitalter versteht Kant nicht als ein »aufgeklärtes«, sondern lediglich als ein »Zeitalter der Aufklärung« (AA VIII 40). Vom aufgeklärten Staatsoberhaupt erwartet er die Einsicht, »daß selbst in Ansehung seiner Gesetzgebung es ohne Gefahr sei, seinen Unterthanen zu erlauben, von ihrer eigenen Vernunft öffentlichen Gebrauch zu machen« (AA VIII 41). – Die Schrift gilt als eines der bedeutendsten Manifeste europäischer Aufklärung; als solches ist sie heute vor allem in der Debatte über Moderne und Postmoderne zum Gegenstand erneuter Auseinandersetzungen (Foucault, Habermas) geworden.

Ausg.: Gesammelte Schriften (Akademie-Ausgabe), Bd. VIII, 1912 (Repr. 1968).
Lit.: G. BEYERHAUS, Kants Programm der Aufklärung aus dem Jahr 1784, in: Kant-Studien 26 (1921). – E. CASSIRER, Philosophie der Aufklärung, 1932.

G. MALUSCHKE

Begrebet Angest. En simpel psychologisk-paapegende Overveielse i Retning af det dogmatiske Problem om Arvesynden (dän.; *Der Begriff Angst.* Eine schlichte psychologisch-andeutende Überlegung in Richtung auf das dogmatische Problem der Erbsünde), Sören KIERKEGAARD; EA Kopenhagen 1844 (unter dem Pseud. Vigilius Haufniensis); dt. 1890.

In dem philosoph.-theolog. Werk analysiert Kierkegaard das existentielle Phänomen der Angst in engem Zusammenhang mit dem Problem der Sünde, wobei er (gegen Hegel) deren Schuldcharakter heraushebt. – Ausgehend von der biblischen Erzählung vom Sündenfall der ersten Menschen wird das Verhältnis und der Übergang von Unschuld zu Schuld problematisiert. Der Mensch ist nach Kierkegaard durch den Gegensatz von Seele und Leib (sowie von Zeitlichkeit und Ewigkeit, von Notwendigkeit und Möglichkeit) geprägt, deren einigende Synthese der Geist ist. Im Zustand der Unschuld herrscht eine unmittelbare natürliche Einheit von Seelischem und Leiblichem, in der, da der Gegensatz noch nicht aufgebrochen ist, der Geist nur als ›träumender‹ vorhanden ist, in Unwissenheit über die Differenz von Gut und Böse. Die Befindlichkeit des träumenden Geistes ist aber Angst (die nicht zu verwechseln ist mit Furcht, die sich auf etwas Bestimmtes, Innerweltliches bezieht), denn der Geist plant seine eigene Wirklichkeit, die Möglichkeit der Freiheit, die aber nichts ist, da sie erst mit dem Sprung entsteht, mit dem sich der Geist setzt. Dieses Nichts ist das Wovor der Angst, und diese ist »die Wirklichkeit der Freiheit als Möglichkeit für die Möglichkeit«. Vor den unendlichen Möglichkeiten der Entscheidungsfreiheit befällt den träumenden Geist ein Schwindel, aus dem er, indem er sich nun durch einen Sprung gesetzt hat, erwacht, und zwar im Zustand der Schuld. Dieser Sprung ist nicht als notwendig begreifbar, sondern wie Adam verliert jeder Mensch die Unschuld durch eigene Schuld. Die Angst ist nun aber nicht verschwunden, vielmehr ist sie bewußter, reflektierter geworden; das Nichts der Angst zeigt sich immer mehr als ein Etwas, denn der Gegenstand von Gut und Böse ist nun gesetzt. So kann sich die Angst zeigen als Angst vor dem Bösen, d. h. vor dem noch größeren Verstricken in Sünde, oder als Angst vor dem Guten, wenn der Mensch sich nicht zu seiner Sünde bekennen will und sich verschließt bzw. verweigert, Gott in Freiheit anzuerkennen (das Dämonische). In ihrer höchsten Form schließlich enthüllt die Angst die Unendlichkeit möglicher Schuld, dabei stößt sich der Mensch ab von allem bloß Endlichen und erfährt im Glauben die Möglichkeit der Erlösung durch Gott. – Kierkegaards Analyse der Angst beeinflußte entscheidend die Existenzphilosophie im 20. Jh. (Heidegger, Jaspers, Sartre), allerdings unter Ablösung der christlichen Implikationen.

Ausg.: Dt., von E. HIRSCH, 1983. – Dt., von L. RICHTER, 1984. – Dt., von H. ROCHOL (mit ausführl. Einleitung), 1984.

Lit.: A. KÜNZLI, Die Angst als abendländ. Krankheit, 1948.

F.-P. BURKARD

Der Begriff Angst (Kierkegaard) → Begrebet Angest

Der Begriff des Politischen, Carl SCHMITT; EA Tübingen 1927.

Das Kriterium des Politischen ist, nach Schmitts berühmter Formel, die ›Unterscheidung von Freund und Feind‹. Sie tritt an die Stelle der alten Politikbegriffe, die das Staatliche mit dem Politischen gleichgesetzt hatten. Diese müssen im 20. Jh. aufgegeben werden, da der Staat in seiner Verflechtung mit der Gesellschaft das Monopol des Politischen nicht mehr besitzt. Das Politische kann nun von jedem Sachgebiet aus erreicht werden, gleichgültig ob es sich um Wirtschaft, Recht, Bildung, Kunst oder Religion handelt. Wo immer Menschen so intensiv miteinander verbunden oder voneinander getrennt werden, daß es zu einer Freund-Feindbestimmung kommt, ist das Politische präsent. Die Unterscheidung von Freund und Feind dient als ein Kriterium des Politischen, d. h. als ein letztes, nicht mehr hintergehbares Unterscheidungsmerkmal. Sie ist darin analog den Kriterien der Moral (gut-böse), der Ästhetik (schön-häßlich) oder der Ökonomie (rentabel-unrentabel). Der Feind ist der seinsmäßig Andere, die seinsmäßige Negation einer polit. Existenz. Er läßt sich weder normativ noch geistig bestimmen. Schmitts ›Begriff des Politischen‹ versteht unter dem Feind allein den öffentlichen Feind, nicht den privaten Gegner (hostis, nicht inimicus). Feind ist eine kämpfende Gesamtheit von Menschen, wobei mit Kampf nicht bloße Konkurrenz um Güter oder Ideen oder ein nur symbol. Ringen, sondern die Möglichkeit oder Wirklichkeit physischer Tötung gemeint ist. Feinde sind die, die sich physisch vernichten können. Der Staat, wiewohl nicht mehr die einzige Instanz des Politischen, kann nach Schmitts Lehre auch im 20. Jh. noch polit. sein. Er unterscheidet sich von anderen Assoziationen durch die Macht der Verfügung über Leben und Tod. Lehren vom Ende des Staates, seien es syndikalist. (Duguit), seien es pluralismustheoret. (Cole, Laski), gehen am spezif. Charakter des Staates vorbei. Er verfügt nicht nur über Leben und Tod, er ist darüber hinaus Orientierung am und Entscheidung über den Ausnahme- und Konfliktfall, er ist die Instanz, die in der Regel den inneren und äußeren Feind bestimmt. Staaten sind Entscheidungsmonopole und ihre wesentlichen Kennzeichen sind die Befriedung nach innen und das Recht zum Krieg nach außen. In solchem Sinne polit. kann nach Schmitt allerdings nur der Einzelstaat, nie ein Weltstaat sein. Die Menschheit hat keinen Feind, und wenn der Weltstaat auch mit einem Weltbürgerkrieg nicht mehr zu rechnen hätte, würde er zur bloßen ›Konsum- und Produktivgenossenschaft‹ werden. Echte politische Theorie hat nach Schmitt mit der ›Bosheit‹, der Gefährlichkeit des Menschen zu rechnen. Sie soll unaufhebbar sein. Gegenpol der Freund-Feind-Politik ist der Liberalismus, ein konsequentes System der Entpolitisierung, das polit. Begriffe entweder ›ökonom.‹ oder ›geistig‹ ihres polit. Gehaltes beraubt. – Einflüsse des Schmittschen Politikbegriffes finden sich rechts wie links, in der deutschen und roman. Staatsrechtslehre wie in der Frankfurter Schule.

Ausg.: Repr. (1932) 1963.

Lit.: Ch. Krockow, Die Entscheidung, 1958. – K. Löwith, Der okkasionelle Dezisionismus von C. Schmitt (1935), in: Gesamm. Abh., 1960. – D. Sternberger, Begriff des Politischen – Der Frieden als Grund und das Merkmal und die Norm des Politischen, 1961. – H. HOFMANN, Legitimität gegen Legalität, 1964. – M. SCHMITZ, Die Freund-Feind-Theorie C. Schmitts, 1965. – L. STRAUSS, Anmerkungen zu C. Schmitt ›Der Begriff des Politischen‹, in: Hobbes' Politische Wissenschaft, 1965.

H. OTTMANN

Begriffsschrift, eine der arithmetischen nachgebildete Formelsprache des reinen Denkens, Gottlob FREGE; EA Halle 1879.

Die den Beginn »der modernen exakten Logik überhaupt« (H. Scholz) markierende Studie bildet Freges ersten Schritt zur Realisierung des in den → *Grundgesetzen der Arithmetik* kulminierenden logizist. Programms. – Da in Beantwortung der Frage, »wie weit man in der Arithmetik durch Schlüsse allein gelangen könnte, nur gestützt auf die Gesetze des Denkens, die über alle Besonderheiten erhaben sind«, »alles auf die Lückenlosigkeit der Schlußkette ankommen« muß, zum Ausdruck derselben jedoch die ›Sprache des Lebens‹ nicht zureicht, ist mit der Begriffsschrift ein Artikulationsmittel bereitzustellen, um »die Bündigkeit einer Schlußkette auf die sicherste Weise zu prüfen und jede Voraussetzung, die sich unbemerkt einschleichen will, anzuzeigen, damit letztere auf ihren Ursprung untersucht werden könne«. Frege sieht die Begriffsschrift, die sich zur ›Sprache des Lebens‹ wie das Mikroskop zum Auge verhält, als Zentralstück einer Leibnizschen ›characteristica universalis‹. Sie kann auch »dem Philosophen ein brauchbares Werkzeug« sein, »indem sie die Täuschungen aufdeckt, die durch den Sprachgebrauch über die Beziehungen der Begriffe oft fast unvermeidlich entstehen«. Teil 1, »Erklärung der Bezeichnungen«, unterscheidet u. a. zwischen Variablen und Konstanten, logischen Gesetzen und Regeln, Urteil und beurteilbarem Inhalt. Die Analyse atomarer Sätze in Subjekt und Prädikat wird abgelöst durch die Zerlegung in Funktion(sausdruck) und Argument(ausdruck). Frege führt im Rückgriff auf Wahrheitsbedingungen den Verneinungsstrich (= Negator), den Bedingungsstrich (= Subjunktor), die Inhaltsgleichheit (= Identität), die die Allgemeinheit ausdrückende Höhlung (= Allquantor) ein und definiert mit ihrer Hilfe weitere logische Konstanten. Teil 2, »Darstellung und Ableitung einiger Urteile des reinen Denkens«, entwickelt erstmals in der Logikgeschichte einen (abhängigen) axiomat. Aufbau der klassischen Logik zweiter Stufe mit Identität. Teil 3 befaßt sich mit der Reihenlehre. – Während Freges ungewöhnliche zweidimensionale Notation trotz ihrer Übersichtlichkeit die zeitgenöss. Aufnahme des Werks maßgeblich behinderte, sind seine grundsätzlichen Einsichten heute in einem Maße Allgemeingut der Logik, daß die Gleichstellung der *Begriffsschrift* mit den »Ersten Analytiken« des Aristoteles vollständig berechtigt ist.

Ausg.: Hg. von I. ANGELELLI, 1974.

G. SIEGWART

Die beiden Grundprobleme der Ethik. Behandelt in zwei akademischen Preisschriften. I. Ueber die Freiheit des menschlichen Willens, gekrönt von der Königlich Norwegischen Societät der Wissenschaften zu Drontheim am 26. Januar 1839 (norw. EA 1840). II. Ueber das Fundament der Moral, nicht gekrönt von der Königlich Dänischen Societät der Wissenschaften zu Kopenhagen den 30. Januar 1840, Arthur SCHOPENHAUER; EA Frankfurt a. M. 1841. Die beiden moralphilosoph. Abhandlungen, spezielle Ausführungen des IV. Buchs von → *Die Welt als Wille und Vorstellung*, sind Kritiken 1. der Willensfreiheit und 2. des Sittengesetzes. – 1. Nur der Wille an sich, im Menschen der intelligible Charakter, ist frei, nicht das Individuum, dessen empir. Charakter bereits die lebenslänglich determinierte Erscheinung des außerzeitlichen Willensaktes des intelligiblen Charakters ist. Das Sein bestimmt das Handeln (operari sequitur esse). Der Mensch ist sein eigenes Werk (moral. Aseität) und er ist es vor aller Erkenntnis. Willensfreiheit wäre existentia ohne essentia. Jede Handlung ist das Produkt aus Charakter und Motiv und erfolgt notwendig gemäß dem Gesetz der Motivation, der vierten Gestaltung des Satzes vom zureichenden Grunde. Das stärkste Motiv bestimmt die Handlung, d. h. der Wille als geheime Triebfeder erteilt diesem Motiv die Kraft zu wirken; der anschauende oder reflektierende Intellekt ist nur das Medium der Motive. Der Mensch kann nicht wollen, was er will. Was er ist, das ist er ein für allemal, dafür trägt er metaphys. gesehen die Verantwortung, dies ist seine Schuld. Durch das, was wir tun, erfahren wir bloß, was wir sind. 2. Der 1. Teil der Ausführungen über das Sittengesetz verfolgt die Absicht, die praktische Vernunft und den kategor. Imperativ Kants als völlig unberechtigte, erdichtete Annahme nachzuweisen. Kants aprior. Seifenblasen seiner präskriptiven Ethik werden als bloße Verkleidung der theolog. Moral entlarvt. Im 2. Teil begründet Schopenhauer seine eigene Ethik. Das Problem liegt nicht in weltabgewandten theoret. Begründungen eines ethischen Grundsatzes, sondern in der Ermittlung von empir. moral. Triebfedern, die stärker sind als der Egoismus, der die Grundtriebfeder im Menschen ausmacht. Diese Triebfedern, die das wahre Fundament der Ethik abgeben, ermittelt Schopenhauer im Mitleid. Im tätigen Mitleiden, der wirklichen Basis aller freien Gerechtigkeit und aller echten Menschenliebe, wird das Wohl und Wehe eines anderen mein eigener Beweggrund und der zu allen Zeiten in verschiedenen Formen formulierte ethische Grundsatz Wirklichkeit: »Verletze niemanden; vielmehr hilf allen, soweit du kannst.« Der intuitiv, nicht aufgrund abstrakter Reflexionen mitleidende Mensch faßt fremdes Leid, auch das der Tiere, als sein eigenes auf. An die Stelle der egoist. Erkenntnisweise des principium individuationis tritt die versöhnende, vereinigende des ›tat twam asi‹ (›Dieses Lebendige bist Du‹). Schopenhauer begnügt sich damit, zu erklären, was ist, und verzichtet (wegen des die Handlungen determinierenden intelligiblen Charakters) darauf, vergeblich und anmaßend zu fordern oder zu predigen, was sein soll.

Ausg.: Sämtliche Werke, hg. von W. v. LÖHNEYSEN, Bd. III, 1962. – Sämtliche Werke, hg. von A. HÜBSCHER, Bd. IV, ³1972. – Hg. von H. EBELING, 1978/79 (PhB 305/306).

Lit.: V. SPIERLING, Erkenntnis und Ethik, in: A. Schopenhauer, Philosoph. Vorlesungen. Aus dem handschriftlichen Nachlaß, Teil IV, 1985.

V. SPIERLING

Die beiden Grundprobleme der Erkenntnistheorie, Karl Raimund POPPER, entst. 1930–33, EA Tübingen 1979.

Das Buch ist eine Vorarbeit zu Poppers wissenschaftstheoret. Hauptwerk → *Logik der Forschung*. – Im 1. Teil behandelt Popper das Induktionsproblem, namentlich die Frage, ob die Wahrheit oder Wahrscheinlichkeit wissenschaftlicher Theorien empir. beweisbar ist. Er untersucht zunächst die Normalsatz- und die Wahrscheinlichkeitsposition, nach denen es aufgrund der Erfahrung möglich ist zu zeigen, daß wissenschaftliche Theorien wahr (Normalsatzposition) oder wahrscheinlich (Wahrscheinlichkeitsposition) sind. Beide Positionen weist Popper mit dem Argument zurück, daß endlich viele Beobachtungen nicht ausreichen, um eine wissenschaftliche Theorie als wahr oder wahrscheinlich zu erweisen. Im folgenden werden zwei Versuche, die Schwierigkeiten der beiden zurückgewiesenen Positionen zu vermeiden, diskutiert. Der Konventionalismus betrachtet wissenschaftliche Hypothesen als willkürlich festgesetzte Definitionen, die nicht aufgrund der Erfahrung, sondern nur aufgrund einer Festsetzung wahr sind. Nach der Scheinsatzposition sind wissenschaftliche Hypothesen keine echten Aussagen, weshalb das Problem, ob sie wahr oder wahrscheinlich sind, nicht auftritt. Popper kritisiert beide Sichtweisen mit dem Argument, daß wissenschaftliche Theorien empir. widerlegt werden können und es daher unzweckmäßig ist, sie als definitionsmäßig wahr (Konventionalismus) oder als Scheinsätze ohne Wahrheitswert (Scheinsatzposition) zu betrachten. – Im zweiten, fragmentar. gebliebenen Teil behandelt Popper das Problem der Abgrenzung wissenschaftlicher von nichtwissenschaftlichen Aussagen. Wie in der *Logik der Forschung* schlägt er als charakterist. Merkmal wissenschaftlicher Aussagen ihre Falsifizierbarkeit vor, das heißt, daß sie prinzipiell aufgrund der Erfahrung widerlegbar sein müssen.

G. Andersson

Beiträge zu einer Kritik der Sprache, Fritz Mauthner; EA Stuttgart 1901/02 (3 Bde.).

Mauthner entwickelt eine Sprachkritik, die ausgehend von einer grundsätzlichen skeptischen Infragestellung der Sprache in deren totale Aufhebung, d. h. in die Aufforderung zum Schweigen mündet. Auf der Basis eines erkenntnistheoret. Sensualismus spricht Mauthner der Sprache jede Möglichkeit der Wirklichkeitserkenntnis radikal ab. Aus der Zufälligkeit der Sprache, die es überdies als eine solche gar nicht ›gibt‹, leitet sich nicht allein ihre Unzulänglichkeit für die Erkenntnis, sondern auch ihr ›Scheinwert‹ ab, der sie allenthalben als reines Kommunikationsinstrument brauchbar erscheinen läßt. Mauthners Gleichsetzung von Sprache und Denken läßt auch keine bloße Sprachkritik im Sinne der Aufdeckung von Pseudoaussagen zu, sondern tendiert in ihrer Radikalität zu einer totalen Aufhebung der Sprache. Erlösung vom ›Wortaberglauben‹ kann nur auf dem Wege zu einer ›wortlosen Mystik‹ geschehen. Freilich gibt Mauthner auch zu, daß dieser radikale Weg in sich selbst widersprüchlich ist. Die Tyrannei des Sprachgebrauchs kann im äußersten Fall nur durchschaut, aber nicht gelockert werden. Ebenso findet sich in der dichter. Sprache jene Autonomie der Sprache von der Assoziation der Denkvorgänge, die höher anzusetzen ist als philosoph. oder wissenschaftliche Erkenntnis. Da sich Wirklichkeit letztlich auf sprachlich vermittelte Wirklichkeit beschränkt, wäre nur in mystischer Schau das wahre Wesen der Welt zu erfassen. – Mauthners Sprachkritik, die ebenso nominalist. wie auch der Lebensphilosophie enstammende Motive enthält, ist keineswegs als in sich konsistent anzusehen. Die kritische ›Entzauberung‹ des Wortaberglaubens steht neben der Überzeugung von der Macht der Autonomie der Sprache und der Notwendigkeit des Schweigens. Das Werk hat vor allem innerhalb der sprachanalyt. Philosophie der Gegenwart neue Aufmerksamkeit gefunden.

Ausg.: Repr. 1982.
Lit.: J. KÜHN, Gescheiterte Sprachkritik, F. Mauthners Leben und Werk, 1975. – G. WEILER, Mauthner's Critique of Language, 1970.

P. KAMPITS

Beiträge zur Analyse der Empfindungen, Ernst MACH; EA Jena 1886, [2]1900 (u. d. T. *Die Analyse der Empfindungen und das Verhältnis des Physischen zum Psychischen*).
In dem erkenntnistheoret. Werk formuliert Mach auf der Grundlage einer Einheit von Ich und Welt eine monist. Weltsicht, die es erlaubt, naturwissenschaftliche Erkenntnis unmittelbar auf das menschliche Empfindungsleben zu gründen. – Die Empfindungen der äußeren Welt, des körperlichen und des psychischen Lebens bilden eine zusammenhängende Masse, in der sich die einzelnen Bestandteile gegenseitig bedingen und verändern. Die traditionelle Scheidung von Physischem und Psychischem ist daher ebenso unhaltbar, wie die Annahme einer Selbständigkeit des ›Ich‹ und der ›Welt‹. Die Erfahrung besteht in der funktionalen Verknüpfung von Empfindungen, während die Erkenntnis eine Nachbildung von Empfindungen der Außenwelt und des Leibes durch solche der psychischen Vorstellungswelt darstellt. Das ›Ich‹ ist hierbei nicht mehr als eine bloße Gruppe von Empfindungen. Das Ziel der Wissenschaft ist es, die Zusammenhänge zwischen den Empfindungen auf möglichst einfache Weise dergestalt zu beschreiben, daß dem Menschen auf dem Wege über eine Anpassung der Gedanken an die sinnlichen Tatsachen eine bessere Umweltbewältigung ermöglicht wird. – Das Werk hat den logischen Empirismus des Wiener Kreises, insbes. Rudolf Carnap anfangs stark beeinflußt (→ *Erkenntnis und Irrtum*).

Ausg.: Repr. ([9]1922) 1985.
Lit.: R. MUSIL, Beitrag zur Beurteilung der Lehren Machs, 1908 (engl. 1982).

J. MONAR

Beobachtungen über das Gefühl des Schönen und Erhabenen, Immanuel KANT; EA Königsberg 1764, [2]1766, [3]1771.
In dieser Schrift präsentiert Kant eine Fülle von ästhet. und anthropolog. Beobachtungen in moralphilosoph. Perspektive. Er erörtert Natur und Kunst als Gegenstände des Gefühls des Schönen und Erhabenen und legt die unterschiedlichen Ausprägungen dieses Gefühls bei den beiden Geschlechtern, in den verschiedensten Völkern und den wichtigsten Kulturnationen dar. Eine sehr enge Verbindung stellt er zwischen Ästhetik und Moral her. Schon in dieser frühen Phase seines Denkens will Kant die Tugend auf Grundsätze

gründen, allerdings noch nicht, wie in seiner kritischen Periode, auf Grundsätze der reinen praktischen Vernunft. »Diese Grundsätze sind ... das Bewußtsein eines Gefühls ... Ich glaube, ich fasse alles zusammen, wenn ich sage, es sei das Gefühl von der Schönheit und der Würde der menschlichen Natur« (AA II 217).

Ausg.: Gesammelte Schriften (Akademie-Ausgabe), Bd. II, 1905 (Repr. 1968).

G. MALUSCHKE

Die Bestimmung des Menschen, Johann Gottlieb FICHTE; EA Berlin 1800.

Unter den Versuchen Fichtes, den Gesamtzusammenhang seiner Philosophie populär, d. h. allgemeinverständlich darzustellen, enthält dieses auch zeitlich an einer wichtigen Schaltstelle seines Denkens stehende Werk eine der inhaltlich geschlossensten sowie äußerlich aufschlußreichsten Fassungen. – Es gliedert sich in drei Teile: Im 1. Teil wird, äußerlich zunächst an Descartes' → *Meditationes* ... angelehnt, ein Philosophierender vorgeführt, der sich im Nachdenken über sich selbst in die theoret. Aporien ›dogmat.‹, d. h. den transzendentalen Standpunkt nicht erreichenden Denkens verstrickt und das Bewußtsein seiner Freiheit mit der durchgängigen natürlichen Erklärbarkeit menschlichen Handelns nicht in Einklang zu bringen vermag. Vom ›Zweifel‹ wird er zum ›Wissen‹ geführt durch einen ›Geist‹, der von außen an ihn herantritt und ihn in einem Dialog (2. Teil) zur Aufklärung über die Struktur seiner eigenen Subjektivität und ihre alle Realität fundierende Funktion bringt. Der Dialog endet in einem erneuten Zwiespalt: Der Denkende nimmt die Prinzipien der Transzendentalphilosophie als Ausweg aus den theoret. Schwierigkeiten des vorangegangenen Denkens hin, aber er vermag ihren letzten Grund noch nicht einzusehen. Aus dem Zwiespalt befreit erst der 3. Teil: ›Glaube‹. Endzweck des Wissens ist das Handeln, und erst wenn es uns um die Bestimmung unseres Tuns geht und wir die Entscheidungen zu treffen haben, die uns den Sinn unserer Existenz erschließen, werden wir des wahren und dann auch unmittelbar einsichtigen Grundes des im 2. Teil entwickelten Wissens gewahr: Das Wissen um unsere Freiheit ist uns nur im Gewissen gegeben. So läßt Fichte am Ende den Denkenden pathetisch das Irdische überwinden und ihn zum Bewußtsein seiner eigenen Unvergänglichkeit gelangen.

Ausg.: Gesamtausgabe der Bayer. Akademie der Wissenschaften, Bd. I, 6, hg. von R. LAUTH/H. JACOB, 1981. – 1979 (PhB 226).
Lit.: W. SCHULZ, J. G. Fichte. Vernunft und Freiheit, 1962.

W. SCHWEIDLER

Betrachtung über die Bestimmung des Menschen, Johann Joachim SPALDING; EA Greifswald/Stralsund 1748 (anonym).

Repräsentatives Werk der deutschen Popularphilosophie des 18. Jh.s aus der Feder eines protestant. Theologen der um A. F. W. Sack und J. S. Semler gruppierten neolog. Schule. Aus der Verbindung der leibnizian. Vervollkommnungs- und Glückseligkeitslehre mit der auf natürlichen Altruismus gegründeten schottischen Moralphilosophie (Shaftesbury, Hutcheson) gewinnt Spalding einen auch theolog. ergiebigen Begriff von der Natur des Menschen, mit dem er gegen die Anthropologie des französ. Materialismus (La Mettrie) Front macht. In fünf Kapiteln (Sinnlichkeit, Vergnügen des Geistes, Tugend, Religion, Unsterblichkeit) entwickelt er die metaphys. Bestimmung des Menschen (d. h. seiner unsterblichen Seele) zu unendlicher Vervollkommnung und tendenzieller Gottähnlichkeit. – Die vielgelesene Schrift erreichte u. d. T. *Die Bestimmung des Menschen* bis 1794 dreizehn Auflagen und wirkte u. a. auf Mendelssohn (→ *Phaedon oder über die Unsterblichkeit der Seele*) und Schiller (→ *Philosophische Briefe*).

Ausg.: SPALDINGS Bestimmung des Menschen (1748) und Wert der Andacht (1755), hg. von H. STEPHAN 1908.

Lit.: J. SCHOLLMEIER, J. J. Spalding, 1967. – W. RIEDEL, Die Anthropologie des jungen Schiller, 1985.

W. RIEDEL

Beyond Freedom and Dignity (engl.; *Jenseits von Freiheit und Würde*), Burrhus Frederic SKINNER; EA New York 1971; dt. 1973.

Die populärwissenschaftliche soziolog.-philosoph. Schrift – ihr Titel lehnt sich an → *Jenseits von Gut und Böse* von Nietzsche an – über die Notwendigkeit und die Methoden einer ›Technologie des Verhaltens‹ zählt aufgrund ihrer provokativen Thesen zu den bekanntesten Werken des Experimentalpsychologen. Entgegen ›überkommenen vorwissenschaftlichen‹ Erklärungsversuchen, die Freiheit und Würde einem ›autonomen Menschen‹ zuordnen, d. h. Verhalten aus persönlichkeitsbedingten intellektuellen und emotionalen Impulsen erklären, sieht Skinner den Menschen mehr als Produkt seiner Umwelt. Das Verhalten wird durch positive wie negative Verstärker konditioniert. Statt ›Empfindungen‹ und ›Geisteszustände‹ des Individuums zur Grundlage wissenschaftlicher Analyse zu machen, tritt er für eine behaviourist. Untersuchung von Verhalten ein, die ›ethisch neutral‹ in eine praktische Verhaltenstechnologie umgesetzt werden kann. Es gilt daher, nicht den Menschen, sondern die Kontingenzen zu ändern, die das Verhalten bestimmen. Die Ergebnisse der experimentalen Verhaltenswissenschaft können dann für die Planung einer Kultur angewendet werden, wenn deren Fortbestand zu einem dritten zentralen ›Wert‹ neben dem persönlichen und sozialen Wohl wird. Nur eine Technologie des Verhaltens kann nach Skinner die westlichen Demokratien vor einer ständigen unfruchtbaren Lösung der mannigfaltigen individuellen und sozialen Probleme bewahren. Die Verhaltenstechnologie beruht auf der individuellen und sozialen Kontrolle menschlichen Verhaltens durch eine angemessene Kontrolle der Umwelt durch die Menschen. Mit seinem behaviourist. Ansatz zu einer praktischen Technologie des Verhaltens und zur Planung einer kulturellen Evolution löste Skinners Werk eine sehr kontroverse philosoph.-methodolog. und polit. Diskussion aus.

Lit.: B. MACKENZIE, Behaviourism and the Limits of Scientific Method, 1977.

U. NIMSDORF

The Blue Book / The Brown Book (engl.; *Das Blaue Buch/Das Braune Buch*, Ludwig WITTGENSTEIN, entst. 1933/34 u. 1934/35; EA Oxford 1958; dt. 1970 Das Blaue Buch / Eine Philosophische Betrachtung (Das Braune Buch). Die englischen Diktate sind Vorarbeiten zu den → *Philosophischen Untersuchungen*. – Zeichen erhalten ihre Bedeutung durch ihren Gebrauch und ihre Stellung im System der Zeichen (also insbes. nicht durch einen unkörperlichen, geistigen Vorgang). Für die Philosophie, die begriffliche Verwirrungen auflösen soll, ergibt sich die Konsequenz, die Verwendung von Begriffen in sog. Sprachspielen, worunter in dieser Phase Wittgensteins primitive Formen von Sprache verstanden werden, zu untersuchen. DiesesVorgehen wird durch unser Streben nach Allgemeinheit erschwert, das auf allgemeine Erklärungen und Wesenserkenntnis zielt und dem u. a. eine falsche, nämlich essentialist. und platonist. Theorie des Allgemeinbegriffs zugrunde liegt. Das Werk, das die reichhaltigste Sammlung zumeist konstruierter Sprachspiele enthält, zeigt, daß Ausdrücken wie ›denken‹, ›meinen‹, ›verstehen‹, ›wünschen‹, ›willkürlich handeln‹ usw. kein jeweils charakterist. innerer Vorgang (Erlebnis) entsprechen muß, der vom Ausdrucksverhalten und anderen Umgebungsmerkmalen unabhängig ist.

Ausg.: Werkausgabe, Bd. V, 1984.
Lit.: S. M. Engel, Wittgenstein's Doctrine of the Tyranny of Language. A Historical and Critical Examination of his Blue Book, 1971. – J. N. Findley, Wittgenstein: A Critique, 1984.

O. R. Scholz

Breviloquium de potestate papae (lat.; *Kurzrede über die Macht des Papstes*), Wilhelm von Ockham, entst. vermutlich zwischen 1341 u. 1342; ED 1937 (in: Études de philosophie médiévale, Bd. 24).

In seiner theolog.-polit. Schrift bekämpft Ockham die Lehre von der unbeschränkten geistlichen wie weltlichen Vollgewalt (plenitudo potestatis) des Papstes und verteidigt die unabhängige Legitimität insbesondere des (deutsch-) römischen Kaisertums. Der Prolog appelliert an alle Völker, sich um die anstehenden Fragen zu kümmern. Das I. Buch weist nach, daß über die päpstliche Macht disputiert werden darf. Im II. Buch wird die Lehre von der geistlichen Vollmacht des Papstes als ketzer. widerlegt, weil sie der – allen Christen zugesagten – evangel. Freiheit widerspricht. Die folgenden Bücher verwerfen den weltlichen Machtanspruch des Papstes: Auch außerhalb der kathol. Kirche gibt es wahre Herrschaft und rechtmäßiges Eigentum, insbesondere das römische Kaisertum ist im Neuen Testament anerkannt und bestätigt worden und bedarf keiner päpstlichen Legitimierung. Das römische Volk hat ursprünglich dem Kaiser seine Macht übertragen, fortan ist er nur Gott unterstellt. Das Petrus übergebene Amt hingegen schließt keine weltliche Herrschaft ein: Der päpstliche Machtanspruch über das Reich kann weder durch göttliches noch menschliches Recht legitimiert werden. – Die im Münchener Exil entstandene Streitschrift faßt Ockhams Argumente gegen das Avignonesische Papsttum zusammen und weist in vielen ihrer Aussagen zu Reich und Kirche über das Mittelalter hinaus.

Ausg.: Monumenta Germaniae historica 8 (1944), u. d. T.: W. von Ockham als politischer Denker und sein ›Breviloquium de principatu tyrannico‹, hg. von R. Scholz.

W. Metz

Briefe über die Empfindungen, Moses Mendelssohn; EA Berlin 1755.

Die erstmals anonym und auf Betreiben Lessings erschienenen

Briefe stellen die ersten Versuche Mendelssohns im Bereich der Ästhetik dar. Angeregt von Shaftesburys Werk *The Moralists* (1709) und in kritischer Auseinandersetzung mit den Akademie-Abhandlungen Sulzers (1751/2) entwickelt Mendelssohn eine auf der Leibniz-Wolffschen Philosophie und der Ästhetik Baumgartens fußende Theorie der angenehmen Empfindungen. In Anlehnung an die Leibnizsche These von der sich in jedem Mikrokosmos offenbarenden zweckgerichteten Vollkommenheit der Weltordnung führt er den Ursprung des Vergnügens auf die Anschauung eben dieser Vollkommenheit zurück, die einerseits mittels der Vernunft deutlich und andererseits kraft der Empfindungen über den Weg der Schönheit undeutlich, d. h. sinnlich wahrgenommen werden kann. Von entscheidender Bedeutung ist vor allem letzteres, insofern dabei das ästhet. Empfinden als – wenn auch undeutliche – Vorstellung einer Vollkommenheit zu einem Erkenntnisvermögen aufgewertet wird. Zu beachten ist über die Theorie der angenehmen Empfindungen hinaus die – in Hinblick auf die im Briefwechsel mit Lessing und Nicolai behandelte Mitleidstheorie bedeutsame – These von den vermischten Empfindungen sowie die Forderung nach einer eigenen Sittlichkeit für die Schaubühne, was im Kern bereits den Gedanken von einer Trennung zwischen Ethik und Ästhetik enthält, wie sie in der Folgezeit endgültig von Kant vollzogen wurde.

Ausg.: Gesammelte Schriften, Bd. I, 1929 (Repr. 1971).
Lit.: G. SAUDER, Mendelssohns Theorie der Empfindungen im zeitgenöss. Kontext, in: Humanität und Dialog. Lessing und Mendelssohn in neuer Sicht, hg. von E. BAHR/ E. P. HARVIS/L. G. LYON, 1982.

J. LINDER

Briefe zur Beförderung der Humanität, Johann Gottfried HERDER; EA Riga 1793–1797.
Angesichts der zunehmenden Radikalisierung der Französ. Revolution nimmt Herder von seinem ursprünglichen Vorhaben einer Fortsetzung der → *Ideen zur Philosophie der Geschichte der Menschheit* Abstand und wendet sich nun weniger dem konkreten polit. Zeitgeschehen als vielmehr allgemeineren Fragen zur Erziehung des Menschengeschlechts zu, wobei er anhand einer Fülle von Beispielen aus Politik, Philosophie, Religion, Kunst, Dichtung und Sprache seinem Glauben an den Fortschritt der Humanität Ausdruck verleiht. Die Skala der in Form eines fiktiven Briefwechsels gehaltenen Darstellung reicht von einem Bericht über Leben und Werk bedeutender Staatsmänner, Philosophen und Theologen – zu erwähnen sind B. Franklin, Friedrich der Große, Leibniz, Rousseau und Luther – über eine eingehende Darstellung der antiken griechischen und römischen Kultur und einer Beschreibung der griechischen Kunst als Schule der Humanität im Sinne der Weimarer Klassik bis hin zu einer umfassenden Literaturgeschichte Europas, die mit den mittelalterlich-christlichen Hymnen und der provenzal. Troubadourlyrik beginnt, zur italien. Renaissancedichtung übergeht und mit der englischen, französ. und deutschen Literatur neueren Datums abschließt. Das Werk gipfelt in einem großangelegten Friedensprogramm, wobei Herder insbesondere in das Christentum als reinstem Ausdruck

von Humanität seine Hoffnung setzt.

Ausg.: Sämtliche Werke, hg. von B. Suphan, Bd. XVII u. XVIII, 1881 u. 1883 (Repr. 1967).
Lit.: W. Heise, Realistik und Utopie in Herders Humanitätskonzept, in: Weimarer Beiträge 25 (1979).

J. Linder

Bruno oder über das göttliche und natürliche Princip der Dinge. Ein Gespräch, Friedrich Wilhelm Joseph Schelling; EA Berlin 1802.

Das Werk gehört der sog. Identitätsphilosophie an, die Schelling in der *Darstellung meines Systems* (1801) entwickelt. Im § 14 kommt seine Überzeugung zum Ausdruck: »Der Grundirrtum aller bisherigen Philosophie ist die Voraussetzung, die absolute Identität sei wirklich aus sich herausgetreten, und das Bestreben, dieses Heraustreten ... begreiflich zu machen. Die absolute Identität hat eben nie aufgehört es zu sein, und alles, was ist ..., ist sie selbst.« Der spinozist. Gedanke wird in der *Darstellung* als Entwicklung der ursprünglichen Identität und Subjektivität in je höhere Stufen (Potenzen) der Objektivierung durchgeführt; das Werk bricht mit der naturphilosoph. Konstruktion der Natur ab. Mit dem *Bruno* führt Schelling den Gedanken fort, aber stellt ihn jetzt platon. dar; die literar. Form des Gesprächs und zahlreiche Anspielungen auf den → *Timaios* (mit dem Schelling sich schon 1794 beschäftigt hatte) verweisen auf Platon. – Der Titel »Bruno« (im Gespräch verbirgt sich Schelling hinter dem Namen) spielt auf die platon.-copernican. Alleinheitslehre G. Brunos an, den Jacobi in die Spinoza-Diskussion eingeführt hatte (→ *Über die Lehre des Spinoza ...*). Die drei anderen Gesprächsteilnehmer stehen für Materialismus, Intellektualismus (Leibniz) und Idealismus (Fichte) – Positionen, die am Ende des Gesprächs zusammen mit dem Realismus als ›Weltgegenden‹ der Philosophie apostrophiert werden; es sind die vier Möglichkeiten, das Absolute philosoph. zu erfassen. Sie wurzeln gleichermaßen in seinem Begriff, d. h. dem Gedanken einer absoluten Identität; er ist also Grund und Boden von Philosophie. Emphat. und in dichterischer Sprache entfaltet Schelling dies Fundament als den einen Einheitsgrund von Subjekt und Objekt, von Denken und Anschauung, d. h. als absolute Indifferenz des Unendlichen und Endlichen. Das Werk ist vor allem eine Auseinandersetzung mit den Einwänden Fichtes, der Schelling in dem Gespräch (in der Figur des Anselmo) vorwirft, das endliche Bewußtsein, das immer relativ zum Gegenständlichen ist, zu überspringen und überdies aus der Emphase des Absoluten umgekehrt nicht zum endlichen Bewußtsein zurückkehren zu können. Für Schelling ist dies in der Tat das entscheidende Problem; er wirft umgekehrt Fichte vor, durch die Gleichsetzung des endlichen Bewußtseins mit Bewußtsein überhaupt die Frage nach der Herkunft des endlichen Bewußtseins zu umgehen. Für Schelling ist dies die eigentliche Frage, die überdies nur einen »besonderen Fall der allgemeinen Untersuchung der Abkunft des Endlichen aus dem Ewigen« darstellt. Systemat. ist das Problem der Abkunft allerdings bereits im Begriff der Identität von Unendlichem und Endlichem angelegt. Es stellt die Frage, um deren Antwort sich

Schelling fortan bemüht: Wie kann die Präexistenz des Endlichen im Unendlichen und Ewigen und wie kann der Grund des Endlichen gedacht werden? Bedeutsam ist, daß Schelling das Trinitätsschema adaptiert und das absolut Eine als ›Vater‹ deutet, der (ohne aus sich herauszugehen) im Erkenntnisakt beides ist: ›Geist‹ (das Unendliche als Einheit aller Dinge) und Endliches; von ihm sagt Schelling, daß es »durch seinen eigenen Willen ein leidender und den Bedingungen der Zeit unterworfener Gott« ist. Das Endliche (in Gott dem Unendlichen gleich) ist für sich Differenz und wird, indem es (in der Verkehrung seiner ursprünglichen Unendlichkeit) für sich selbst sein will, zum Grund der Körperwerdung und des Universums.

Ausg.: Sämmtliche Werke, 1. Abt., Bd. IV, 1859 (Repr. 1965, 1981).

Lit.: I. Görland, Die Entwicklung der Frühphilosophie Schellings in der Auseinandersetzung mit Fichte, 1973. – H. Zeltner, Das Identitätssystem, in: H. Baumgartner (Hg.), Schelling. Einführung in seine Philosophie, 1975.

J. Jantzen

Buch der Anleitung zu den Herzenspflichten (Ibn Paquda) → Sefer ha-Olam ha-katan

Buch der Definitionen (Israeli) → Kitāb al-Ḥdūd war rusūm

Buch der Elemente (Israeli) → Kitāb al Usṭuqusāt

Buch der Genesung (Avicenna) → Kitāb ăs-Šifa'

Das Buch Paragranum, Paracelsus (eigentl. Philippus Theophrastus Bombastus von Hohenheim), entst. 1530; EA Frankfurt a. M. 1565.

Das Werk ist die systemat. Rechtfertigung paracels. Medizin, Naturwissenschaft und Naturphilosophie. Es steht auf ›vier Säulen‹: der Philosophie (Kenntnis von Erde und Wasser), der Astronomie/Astrologie (Kenntnis von Luft und Feuer), der Alchemie (Kenntnis aller vier Elemente) und schließlich des ärztlichen Ethos (Tugend). So verbindet die Medizin die experimentelle Erfahrung der Naturkräfte (Physik) mit der Ethik: ein Wechsel der Ebenen, welcher der paracels. Methode der Analogie entspricht. Auch Welt und Mensch spiegeln sich analog (über die verbindenden vier Elemente) aufeinander ab: Selbsterkenntnis (›Gemütserkenntnis‹) ist der Weg zur Welterkenntnis, der Mikrokosmos ist Bild und Reflex des Makrokosmos und läßt sich nur aus den Gesetzen der Gesamtnatur erhellen. Auf die Medizin angewandt: nur eine Theorie des kosmischen Organismus führt zu einer Arzneikunde (Empirie aus Metaphysik). Jedoch übernimmt der Körper auf seine individuelle Weise Gesundheit und Krankheit aus dem Weltkörper (damit ist auch die Wirkung der Sterne nur bedingt zu sehen), ja Leib und Seele können nur als eine individuelle Ganzheit geheilt werden. Dies geschieht vornehmlich durch die ›Alchemie‹, die freilich nicht mehr magisch, sondern experimentell-empir. im Sinne der modernen Chemie aufgefaßt wird als Lehre der Synthese und Analyse der Elemente, in Anwendung auf den Einzelfall. – Das Buch übte – neben den anderen Werken des Paracelsus – besondere Wirkung durch die Betonung der Empirie und der ganzheitlichen, aber auf das Subjekt abgestimmten Methode aus.

Ausg.: Sämtliche Werke, 1. Abt./Bd. VIII, hg. von K. SUDHOFF, 1924.
Lit.: A. VOGT, T. Paracelsus als Arzt und Philosoph, 1956. – W. PAGEL, Das medizin. Weltbild des Paracelsus. Seine Zusammenhänge mit Neuplatonismus und Gnosis, 1962.

H.-B. GERL

Buch vom Wesen der Seele (Pseudo-Bachja) →Kitāb Ma'ānī an-nafs.

Das Büchlein vom Leben nach dem Tode, Gustav Theodor FECHNER; EA Dresden 1836.
In dieser kurzen philosoph.-theolog. Abhandlung macht Fechner den Leser mit seiner Lehre von der Allbeseeltheit und von der Unsterblichkeit der menschlichen Seele bekannt. Er verwendet dazu eine Reihe anschaulicher Bilder mit suggestiver Kraft und will dort Möglichkeiten aufweisen, wo exakte Beweise fehlen. Das menschliche Leben wird in drei Abschnitte aufgeteilt: in eine pränatale Phase, in die Zeitspanne zwischen Geburt und Tod und in das Leben nach dem Tode. Dabei dient die jeweils niedere Stufe als Vorbereitung für die nächsthöhere: Hat das ungeborene Kind erst einen ›Körpergeist‹ und ist sein ganzes Handeln auf die Entwicklung seiner Gliedmaßen berechnet, so verschafft uns unser Handeln in dieser Welt einen geistigen Organismus, den wir in der jenseitigen Welt als unser Selbst erkennen. Der in seinen naturwissenschaftlichen Arbeiten dem Mechanismus nahestehende Autor bietet hier ein klassisches Beispiel jener verdinglichten Auffassung geistiger Phänomene, die G. Ryle in → *The Concept of Mind* als das Dogma vom Gespenst in der Maschine bezeichnet hat: nur durch die ›Fenster der Sinne‹ vermag der Mensch aus seinem ›leiblichen Gehäuse‹ in die Außenwelt hineinzublicken und wie mit ›kleinen Eimern‹ etwas daraus zu schöpfen. Diese durch unseren Körper aufgerichtete ›Scheidewand‹ wird nur dadurch durchbrochen, daß jedem Einzelnen von uns ›höhere Geister‹ einwohnen. Ein Zusammenwachsen aller Geister zu einem ›gemeinschaftlichen Seelenglied‹ dürfen wir erst nach dem Tode erwarten.

Ausg.: Zusammen mit ›Vergleichende Anatomie der Engel‹, mit Nachwort von M. Bertleff, 1980.

K. LEIDLMAIR

Daz buoch der goetlichen troestunge (mhd.; *Buch der göttlichen Tröstung*), Meister ECKHART, entst. um 1308; EA Leipzig 1857.
Die aus einem konkreten Anlaß verfaßte Schrift, die als *Liber Benedictus* zusammen mit der Predigt »Von dem edeln menschen« tradiert ist, gibt – in drei Kapiteln – eine Begründung, Darlegung und Vorbilder des wahren Trostes. In der Schriftgattung der Trostbücher ist dieser Traktat einzigartig, da von einer philosoph.-theolog. Aussage her, deren Begriffe die deutsche Sprache semant. voll erschließen, ein rein ontolog. fundierter Weg zum Trost gewiesen wird: Wenn – entsprechend dieser Ontologie – im Verlust eines materiell begrenzten Gutes nicht das Gute selbst, sondern nur dessen materielle Begrenzung verloren wird, dann eröffnet gerade das Leid den Zugang zu den unbegrenzt transzendentalen Perfektionen des Seins wie etwa der Gutheit, Wahrheit, Gerechtigkeit und Weisheit, die Eckhart im eigentlichen Sinn (formaliter) mit dem Sein Gottes identifiziert. Der Mensch, der im Leid ein begrenz-

tes Gut, aber auch den eigenen partikulären Willen in den Willen Gottes legt, so daß er ›dasselbe‹ (daz selbe) wie Gott will, wird daher als Trost das Sein Gottes selbst erfahren, das allein das Leid des Menschen ›ganz‹ zu heilen vermag. Dieser Begriff des Trostes, der eine subtil konzipierte, aber durchaus kritisch zu beurteilende Ontologie voraussetzt, wird von Eckhart trotz der literar. Stilisierung in der Sprache des Alltags beschrieben. – In den deutschen Predigten und Traktaten, die konzeptuell nicht von den latein. Werken abzulösen sind, wird unter verschiedenen theoret. und praktischen Gesichtspunkten nur Ein Gedanke gedacht; seine philosoph.-theolog. Voraussetzungen sind nicht unumstritten und seine sprachliche Formulierung (coram vulgo simplici) schien zeitgeschichtlich die Gefahr von Mißverständnissen mit sich zu führen. Die Anklage, Verteidigung und Verurteilung relativ weniger Sätze Eckharts ist heute, dank der kritischen Gesamtausgabe, histor. und systemat. differenzierter zu beurteilen.

Ausg.: Die deutschen Werke, Bd. V, 1964.
Lit.: A. Dempf, M. Eckhart, ^{2}1960.

K. Hedwig

Candide ou l'optimisme (frz.; *Candide oder der Optimismus*), Voltaire (eigentl. François-Marie Arouet); EA Genf 1759 (anonym); dt. 1776 Candide oder die beste Welt.

Voltaires berühmte Erzählung dokumentiert seine Wendung von einer wesentlich optimist. zu einer betont skeptischen Weltanschauung, nicht zuletzt als Folge der Erdbebenkatastrophe von Lissabon 1755. – Die Satire vom schlichten Helden Candide, der wegen seines Vertrauens auf die optimist. Doktrin seines Weggefährten, des Philosophen Pangloss, von einer Katastrophe in die andere stürzt und jedesmal darin fast umkommt, würde Voltaire ihn nicht durch betont romaneske Zufälle retten, richtet sich gegen die herrschende Meinung der Aufklärung, die Welt sei, wie durch Leibniz nachgewiesen, die beste aller möglichen Welten. Indirekt richtet sich die Satire auch gegen Rousseau, der den optimist. Glauben an die Vorsehung in seiner *Lettre sur la providence* gegen Voltaires 1756 erschienenes *Poème sur le désastre de Lisbonne* verteidigt hatte. Das spekulative Denken wird von Voltaire mit respektloser Ironie und effektvollem Witz lächerlich gemacht: So bereits in Candides erster Begegnung mit Cunégonde auf dem Schloß ihres Vaters, des westfäl. Barons Thunder-ten-tronckh, die sich angesichts der in pseudowissenschaftlichem und pseudophilosoph. Jargon beschriebenen erotischen Tändeleien zwischen Pangloss und einer Kammerzofe abspielt. Bei aller Unwahrscheinlichkeit von Candides lebensgefährlichen Abenteuern legt Voltaire doch Wert darauf, daß die histor. Fundiertheit erhalten bleibt. Dies ermöglicht es, den engstirnigen religiösen Dogmatismus der Protestanten, die Intoleranz der kathol. Kirche und die Verfolgung Andersgläubiger durch die Inquisition ebenso anzuprangern wie die Schrecken des Krieges und der Sklaverei. Durch ironische Darstellung des sagenhaften Goldlands El Dorado und des scheinbar sorglosen Lebens des Kaufmanns Pococurante gibt Voltaire auch die gängigen Wunschträume vom glücklichen Leben der Lächerlichkeit preis. In der Anagnorisis aller vom Schicksal herumgestoßenen Figuren ironisiert Voltaire nochmals das Providenzdenken, von dem Pangloss nicht abzulassen vermag. Ihm setzt der Autor mit Candides Wort »Il faut cultiver notre jardin« die praktische Moral der menschlichen Solidarität in einer im ländlich-idyll. Bereich entstehenden Gemeinschaft von Arbeitenden entgegen.

Ausg.: Dt., von H. Friedrich/H. Studniczka, 1957.

Lit.: I. O. Wade, Voltaire and Candide, 1959. – W. F. Bottiglia, Voltaire's Candide, 1959. – W. H. Barber, Voltaire: Candide, 1960. – G. Murray, Voltaire's Candide: The Protean Gardener, 1970. – P. Gaillard, Candide, Voltaire; analyse critique, 1972. – J. Starobinski, Sur le style philosophique de ›Candide‹, in: Comparative Literature 28 (1976).

R. Schwaderer

Catéchisme positiviste, ou, Sommaire exposition de la réligion universelle, en onze entretiens systematiques entre une femme et un prêtre de l'humanité (frz.; *Positivistischer Katechismus,* oder summarische Darstellung der universellen Religion in elf systematischen Gesprächen zwischen einer Frau und einem Priester der Menschheit), Isidore-Auguste-Marie-Xavier Comte; EA Paris 1852.

Die in katechet. Form abgefaßte moralphilosoph. Schrift enthält die Grundzüge der von Comte aus der positiven Philosophie hergeleiteten ›Religion der Humanität‹ (vgl. → *Système de politique positive*). – Die von der positiven Philosophie angestrebte Vereinigung der Menschheit auf demokrat. und industrieller Basis kann nur verwirklicht werden, wenn alle Menschen die Hingabe an das ›große Wesen‹ (›grand être‹) Menschheit zur Leitlinie ihres Handelns erheben. Diese Hingabe an die Menschheit als Ganzes, die Comte als ›Altruismus‹ bezeichnet, bildet das Kernstück der Religion der Humanität und soll – gepflegt in festen Ritualen – die Gruppen- und Staatsegoismen endgültig überwinden helfen. – Die Ideen des *Catéchisme* fanden durch die Vereinigung der ›Comtisten‹ bzw. Positivisten in der zweiten Hälfte des 19. Jh.s einige Verbreitung, blieben aber ohne Einfluß auf die weitere Entwicklung des philosoph. Positivismus.

Ausg.: Œuvres, 1892–1894, Bd. XI (Repr. 1970).

Lit.: A. Kremer-Marietti, Le concept de science positive, 1983.

J. Monar

La cena de le ceneri. Descritta in cinque dialogi, per quattro interlocutori, con tre considerationi, circa doi suggetti (ital.; *Das Aschermittwochsmahl.* Beschrieben in fünf Dialogen zwischen vier Gesprächspartnern mit drei Betrachtungen über zwei Gegenstände), Giordano Bruno; EA Venedig 1584; dt. 1904.

Die in Dialogform verfaßte metaphys. Schrift entwickelt in der Auseinandersetzung mit dem traditionellen Weltbild den Gedanken eines einheitlichen unendlichen Universums. – Auf der Grundlage der copernican. Lehren folgert Bruno, daß die Erde gleich den übrigen Himmelskörpern rund ist und sich auf einer Kreisbahn um die Sonne bewegt. Damit weist er zugleich die im mittelalterlichen Weltbild herrschende Trennung von Himmel und Erde (lunar. und sublunar. Welt) zugunsten einer All-Einheit des Universums zurück, in dem sich die einheitliche Allmacht Gottes widerspiegelt. – Das Werk stellte zusammen mit → *De l'infinito universo et mondi* die bis dahin konsequenteste Übertragung des copernican. Weltbildes in philosoph. Gedankengut dar.

Ausg.: Dt., von F. FELLMANN, 1981.
Lit.: D. W. SINGER, Giordano Bruno. His Life and Thought, 1950. – A. M. PATERSON, The Infinite Worlds of G. Bruno, 1970. – P. H. MICHEL, The Cosmology of G. Bruno, 1973.

J. MONAR

Centilogium de conceptibus (lat.; *Über Konzeptionen – in hundert Kapiteln*), Jean GERSON, entst. 1424; ED Köln 1483/84.

In dieser Schrift gibt Gerson einen Abriß seiner Philosophie. Ausgangs- und Angelpunkt dafür ist das latein. Wort ›conceptus‹, das sowohl ›Begriff‹ wie ›Leibesfrucht‹ bedeuten kann. Wie schon Augustinuns in seiner Trinitätstheologie den Erkenntnisprozeß im menschlichen und analog dazu im göttlichen Geist als einen Lebens- und Zeugungsprozeß beschrieben hatte, so macht sich auch Gerson die genannte doppelte Bedeutung zunutze. In dem weiten Sinn von Er-zeugung wird der Gedanke auf allen Stufen des Seins entfaltet: in der Lebensfülle des trinitar. Gottes, in der Lebenskraft der Natur und in den Hervorbringungen des Erkenntnisvermögens. Im Durchgang durch die verschiedenen Begriffe bzw. Hervorbringungen (Gottesbegriff, Wahrnehmungen, Seinsbegriff, Satzbildung, intellektive Erkenntnis, Wille und das innere Wort des Geistes) erweist Gerson die universelle Bedeutung dieses Gedankens. Erkenntnistheoret. wird zwar die Erfahrungsnähe unserer Begriffe unterstrichen, ein über die Scholastik hinausweisender Einfluß ist aber ausgeblieben.

Ausg.: Oeuvres complètes, hg. von P. Glorieux, Bd. IX., 1973.
Lit.: M. BAUER, Die Erkenntnislehre und der Conceptus entis nach vier Spätschriften des J. Gerson, 1973. – W. Hübener, Der theolog.-philosoph. Konservativismus des J. Gerson, in: A. Zimmermann (Hg.), Antiqui et Moderni, 1974.

R. SCHÖNBERGER

Charmidēs (gr.), PLATON, entst. nach 399 v. Chr.; ED Florenz o. J. (ca. 1482–1484; lat., übers. von M. Ficino); Venedig 1513 (gr., hg. von M. Musuros); dt. 1796/1797 (in: Auserlesene Gespräche).

Der Dialog ist typisch sokrat., insofern er aus einer unmittelbaren Situation (des Jünglings Charmides' Kopfschmerz und Sokrates' ›Heilkunst‹) die Frage nach dem Wesen der Tugend stellt. Das Thema ist Besonnenheit (sōphrosynē); sie wird zunächst als ›Bedächtigkeit‹ und ›Scham‹ (Zurückhaltung), dann als ›Verrichtung des Seinigen‹ bestimmt. Hieraus folgt die Unterscheidung von Machen (poiēsis) und Tun bzw. Handeln (praxis). Besonnenheit wird als Tun des Guten erläutert, aber da sie Selbsterkenntnis einschließt, entsteht die Schwierigkeit, ein Handeln (praxis) ohne bestimmtes Werk bzw. ein Erkennen ohne bestimmtes Objekt behaupten zu müssen. Dies ergibt das grundlegende Problem der Selbstbezüglichkeit, ob etwas seine Wirklichkeit (dynamis) nur in bezug auf sich selbst haben kann; »ist nichts so geartet, seine Wirklichkeit (dynamis) auf sich selbst zu beziehen, sondern nur auf ein anderes, oder ist einiges so beschaffen und anderes nicht?« (169 a). Hinsichtlich des themat. Selbsterkennens beantwortet Platon die Frage mit dem Argument, daß Selbsterkennen als Erkenntnis von Erkenntnis leer sei und – weil nicht auf ein ›Was‹ bezogen – sich selbst von Nicht-Erkenntnis nicht unterscheiden könne. – Modernen Interpreten gilt der Dialog bisweilen als der (einzige) platon. Text, der sich der neuzeitlichen Selbstbewußtseinsproblematik wenigstens annähert.

Ausg.: Platonis Opera, hg. von H. STEPHANUS, Bd. II, 1578, 153–176. – Platonis Opera, hg. von J. BURNET, Bd. III, 1903 (Repr. 1968). – Gr./Dt., Studienausgabe, Bd. I, 1977. – Gr./Dt., hg. von E. MARTENS, 1977 (RUB 9861).

Lit.: E. MARTENS, Das selbstbezügliche Wissen in Platons Charmides, 1972. – B. WITTE, Die Wissenschaft vom Guten und Bösen, 1970. – N. van de BEN, The Charmides of Plato, 1985.

J. JANTZEN

Les chemins de la liberté (frz.; *Die Wege zur Freiheit*), Jean-Paul SARTRE; EA Paris 1945–1949 (4 Bde.; unvollendet); dt. 1949–1951.

Sartres unvollendet gebliebene Romantetralogie stellt den Weg der sich selbst findenden Freiheit zwischen absoluter Bindungslosigkeit und Engagement für eine polit. Ideologie angesichts der Ereignisse in Europa vor und während des Zweiten Weltkrieges dar. In verschiedenen Gestalten und Einzelschicksalen wird der Weg von einer bindungslosen, anarch. Freiheit zur ›liberté engagé‹ mit ihren jeweiligen existentiellen Problemen dargestellt. Faschismus, Kommunismus und Krieg sowie die intellektuelle Szene des Paris der 30er Jahre bilden den Hintergrund dieses existentialist. Schlüsselromanes. Personal-individuelle Entscheidung, Probleme des Handelns und des Gewissens werden ebenso von Sartre diskutiert wie auch der Weg zur polit.-histor. Realität und ihrer Bedeutung für den Menschen sichtbar wird. Die eingebrachte Dimension der Geschichtlichkeit, vermehrt um diejenige der Solidarität stellt eine wichtige über das Motiv der ›résistance‹ hinausgehende Weiterentwicklung von Sartres literar. und philosoph. Œuvre dar.

Ausg.: Die Wege zur Freiheit (3 Bde.: Zeit der Reife; Der Aufschub; Der Pfahl im Fleisch), 1961–1963, (Die letzte Chance), 1986.

P. KAMPITS

Cherubinischer Wandersmann oder Geist-Reiche Sinn- und Schluß-Reime zur Göttlichen beschauligkeit anleitende, ANGELUS SILESIUS (d. i. Johannes Scheffler); EA Wien 1657 (nur Buch I–V u. d. T.: *Geistreiche Sinn- und Schlußreime*), Glatz 1675.

Das Werk gehört zu den bedeutendsten dichter. Werken deutscher Mystik des 17. Jh.s. Die meist aus zweizeiligen, durch Paarreim miteinander verbundenen Alexandrinern bestehenden Sinnsprüche variieren auf höchst geistreiche Weise Grundsätze der apophat. Theologie, wonach von Gott nur negativ gesprochen werden kann. Die Paradoxa, die so entstehen, sollen im Sinne der Engelthematik ebenso scharf wie ein Cherub ›mit unverwandten Augen‹ Gott anschauen lehren. Die spätmittelalterliche Tradition der Mystik verquickt sich mit jüngeren, auch in Schlesien (z. B. bei J. Böhme) vorhandenen Richtungen, denen stilist. Renaissance-Ideale (argutia, Symbolik, Epigrammatik) den gebührenden Ausdruck verleihen. Schefflers Kunst des mystischen Epigramms ist eher als Gipfelpunkt einer Tendenz denn als bahnbrechend zu verstehen.

Ausg.: Kritische Ausgabe, hg. von L. GNÄDINGER, 1984 (RUB 8006).

Lit.: L. GNÄDINGER, Die spekulative Mystik im ›Cherubinischen Wandersmann‹ des J. Angelus Silesius, in: Studi Germanici, Neue Reihe 4 (1966). – B. VON WIESE, Die Antithetik in den Alexandrinern des Angelus Silesius, in: Deutsche Barockforschung. Dokumentation einer Epoche, hg. von R. ALEWYN, [3]1968.

E. BONFATTI

Die chierheit der geesteliker brulocht (mndl.; *Die Zierde der geistlichen Hochzeit*), Jan van RUUSBROEC, entst. um 1335; ED Paris 1512 (lat.; u. d. T. *De ornatu spiritualium nuptiarum*), Bologna 1538, Gent 1868 (ndl.); dt. 1621.

In seinem bekanntesten Traktat entwickelt Ruusbroec eine Phänomenologie der Begegnung zwischen Gott und Mensch. Die vier Phasen dieser Begegnung werden anhand von Matthäus 25,6 entwickelt. Im ›werkenden leven‹ drückt die Liebe sich vor allem in Werken der Tugend aus. Im ›innighen leven‹ entdeckt der Mensch das innerliche Verweilen bei Gott. Dieses Verweilen fängt im Herzen als vereinfachtes affektives Gebet an. Es vertieft sich in den höheren Seelenkräften (Gedächtnis, Verstand und Wille), die der göttlichen Liebe nicht gewachsen sind, so daß der Mensch sich in der gemeinsamen Wurzel dieser drei Kräfte, dem ›wesen‹, nur noch passiv von dieser Liebe tragen lassen kann. Das ›godscouwende leven‹ beginnt, wo der Mensch über sein ›wesen‹ hinaus in Gott hineingezogen wird. Dieser Gott ist dreieinig – aktiv in den drei Personen und ruhend in der Einheit ihres Wesens – und als solcher Vorbild des ›godscouwenden menschen‹, der, ruhend in der göttlichen Einheit, aktiv nach allen Menschen ausströmt. – Der Traktat hat die Devotio Moderna, die französ. Mystik des 17. Jh.s und die moderne Gnadentheologie tiefgehend beeinflußt.

Ausg.: Opera Omnia, Bd. III, 1988.

G. DE BAERE

Die Christenheit oder Europa. Ein Fragment, NOVALIS (Friedrich von HARDENBERG), entst. 1799; EA Berlin 1826.

Der staats- und geschichtsphiloloph. Essay thematisiert die auch anderen Romantikern geläufige Vision vom verlorenen und wiederherzustellenden ›goldenen Zeitalter‹. – Dem sehnsuchtsvoll verklärten Idealbild der mittelalterlichen Lebensgemeinschaft setzt Novalis die säkularisierte Welt moderner Irreligiosität und Wissenschaftshörigkeit entgegen. Materialismus, Egoismus und Amoralismus kennzeichnen sie als Verfallsepoche, deren Ende in naher Zukunft zu erwarten ist. Erste Anzeichen für die bevorstehende Rückkehr zum ›mittelalterlichen‹ Zustand ursprünglicher Einheit von Glauben, Wissen und Leben leuchten bereits ahnungsvoll am Horizont der eigenen Gegenwart auf und künden von kommender Vollendung und glückbringender Versöhnung, die sich Novalis religiös in Form einer ökumen. Erneuerung der Christenheit und polit. als Zusammenschluß aller europäischen Völker zu einem übernationalen Staatenverein erhofft. – Novalis beeinflußte mit dieser ›theokrat.-universalist.‹ Konzeption die Idee der ›Heiligen Allianz‹ (1815), die konservativen Verfechter eines ›christlichen Staates‹ in Preußen um 1850 (F. J. Stahl, E. L. v. Gerlach, Friedrich Wilhelm IV.), Repräsentanten ständisch-restaurativer Ideologien zu Beginn des 20. Jh.s (O. Spann), aber auch marxist. orientierte Gesellschaftslehren der jüngsten Vergangenheit (E. Bloch). Durch seine Kritik am rationalist. Verstandesdenken der Aufklärung, sein Streben nach Synthese aller religiösen, polit. und gesellschaftlichen Gegensätze in einem höheren Menschentum sowie durch sein kosmopolit. Einheitsideal erweist sich das Werk als repräsentative Programmschrift frühromant. Weltdeutung.

Ausg.: Schriften, hg. von P. Kluckhohn/R. Samuel, Bd. III, [2]1968.

Lit.: W. Malsch, Europa. Poetische Rede des Novalis. Deutung der französischen Revolution und Reflexion auf die Poesie in der Geschichte, 1965. – H.-J. Mähl, Die Idee des goldenen Zeitalters im Werk des Novalis. Studien zur Wesensbestimmung der frühromantischen Utopie und zu ihren ideengeschichtlichen Voraussetzungen, 1965. – H. Kurzke, Romantik und Konservatismus. Das »politische« Werk F. von Hardenbergs (Novalis) im Horizont seiner Wirkungsgeschichte, 1983.

F.-L. Kroll

Christianity as Old as the Creation: Or, the Gospel, a Republication of the Religion of Nature (engl.; *Beweis, daß das Christenthum so alt als die Welt sei,* oder das Evangelium als Offenbarung der Naturreligion), Matthew Tindal; EA London 1730; dt. 1741.

Das in Dialogform angelegte, als Bibel des englischen Deismus geltende Lebens- und Alterswerk ist die seinerzeit vollständigste Darstellung der philosoph. relevanten Argumente bezüglich der proklamierten Einheit von natürlicher, vernünftiger und geoffenbarter Religion. Dem vorliegenden I. Band sollte ein II. Band mit histor. Belegen folgen. – Dialogpartner A (wohl Tindal selbst) und B suchen in einem von Dogmatik freien Diskurs die Eingangshypothese zu belegen, das Christentum sei so alt wie die Schöpfung oder die menschliche Natur. – Tindals deist.-rationalist. begründete Idee von Toleranz und Freiheit, die sich schon bei Locke findet, hat insbes. Lessing, Kant und Voltaire beeinflußt.

Ausg.: Repr. (1730, mit einer Einleitung von G. Gawlick) 1967.

Lit.: G. V. Lechler, Geschichte des englischen Deismus, 1841, [2]1965. – G. Gawlick, Einleitung zu ›Christianity as Old as the Creation‹, 1967.

W. Baumgartner

Christianity not Mysterious: Or, a Treatise Showing that There Is Nothing in the Gospel Contrary to Reason, nor above It: and that no Christian Doctrine Can Be Properly Call'd a Mystery (engl.; *Christentum ohne Geheimnis:* oder eine Abhandlung, die zeigt, daß es im Evangelium nichts Widervernünftiges und nichts Übervernünftiges gibt, und daß daher keine christliche Lehre im eigentlichen Sinne ein Mysterium genannt werden kann), John Toland; EA London 1696 (anonym); dt. 1908.

Die Frühschrift ist eine vornehmlich an Lockes → *Essay* ... orientierte, von dessen → *Reasonableness of Christianity* jedoch unabhängige erkenntnistheoret. Apologetik der von nicht-rationalen Dogmen gereinigten christlichen Offenbarungsreligion. – Der »über Gebühr lange Titel« (Leibniz) zeigt deutlich auf, worum es inhaltlich geht: um die zentrale Rolle der Vernunft bei der Interpretation und dem Verständnis des Evangeliums. – Tindals rationale und philolog. Bibelinterpretation und seine Forderung nach puritan.-biblischer Kirchenreform ist heute eher von histor. Belang.

Ausg.: Repr. (1696) 1964, eingel. von G. GAWLICK.
Lit.: G. V. LECHLER, Geschichte des englischen Deismus, 1841. – G. GAWLICK, Moralität und Offenbarungsglaube. Studien zum englischen Deismus, 1965.

W. BAUMGARTNER

Die christliche Mystik, Johann Joseph von GÖRRES; EA Regensburg/Landshut 1836–1842 (4 Bde.); 1879/80 (5 Bde.).
Das theolog. Werk will die verschiedensten Erscheinungen christlicher und dämon. Mystik vollständig erfassen und systemat. ordnen; Görres stellt sich in bewußten Gegensatz zu herrschenden rationalist. Überzeugungen seiner Zeit, insbesondere zu Hegel. – Band I und II beschreiben die Stufen der mystischen Erhebung, deren Endziel die Wiedervereinigung des gefallenen Menschen mit Gott ist. Der Ursprung der Mystik wird in den Evangelien nachgewiesen, während ihre geschichtliche Entwicklung bis zur Neuzeit durch ausführliche Berichte aus dem Leben der Heiligen dokumentiert wird. Die Phänomene mystischer Erhebung und Verwandlung sind nicht auf das Gebiet des Geistigen und Seelischen beschränkt, sondern beziehen auch den Leib des Menschen mit ein. Die Askese bereitet alle mystische Erhebung vor, die in ekstat. Gottesvereinigung gipfelt. Die Kehrseite der christlichen ist die dämon. Mystik, die in den Bänden III–V ausführlich behandelt wird. Jene Seelen, die den Verlockungen des Satans erliegen, geraten in eine unfreiwillige Gemeinschaft mit ihm (Besessenheit) oder verbinden sich sogar willentlich mit dem Prinzip des Bösen (Hexen- und Zauberwesen). – Görres selbst vergleicht seine Verteidigung des christlichen Glaubens mit dem Werk des Dionysius Areopagita und hat seine größte Wirkung im kathol. Deutschland erzielt.

Ausg.: Repr. (1879/80) 1960.
Lit.: G. BÜRKE, Vom Mythos zur Mystik. Joseph Görres' mystische Lehre und die romantische Naturphilosophie, 1958.

W. METZ

Chronica sive historia de duabus civitatibus (lat.; *Chronik oder die Geschichte der zwei Staaten*), OTTO VON FREISING, entst. 1143–1146; ED Straßburg 1515; dt. 1894 Der Chronik des Bischofs Otto von Freising sechstes und siebentes Buch (Teilübers.), 1960 (vollständige Übers.).
In Anknüpfung an die augustin. Zweistaatenlehre nimmt Otto in seinem geschichtsphilosoph. bzw. -theolog. Werk, einem Höhepunkt mittelalterlicher Geschichtsschreibung, eine dualist. Interpretation der gesamten Weltgeschichte vor. – Geschichte ist für Otto Heilsgeschichte, sie ist ein zwischen Schöpfung und himmlischem Gericht eingefügter Vorgang. Das gesamte Weltgeschehen wird als die gleichzeitige Abfolge, das Mit- oder auch Gegeneinander zweier Staaten angesehen, des beständigen Gottesstaates (civitas Dei), versinnbildlicht durch das himmlische Jerusalem, und des vergänglichen Weltstaates (civitas terrena), versinnbildlicht durch Babylon. Die endgültige Trennung dieser beiden Staaten, die von der Bekehrung Konstantin des Großen bis zum Ausbruch des Investiturstreites zeitweise sogar miteinander verbunden waren (civitas permixta), gilt Otto als sicheres Vorzeichen für das nahe bevorstehende Ende der Zeiten und den Übergang in das ewige Gottesreich. Neben die

mystisch-theolog. Zweistaatenlehre tritt als weiterer Erklärungsansatz für den Geschichtsverlauf die mutatio rerum, der ständige Wandel, der sich im heilsgeschichtlich vorbestimmten Aufstieg und Niedergang der vier Weltreiche (Babylon, Persien, Griechenland, Rom) manifestiert. Als Quellen für sein aus acht Büchern bestehendes Werk benutzt Otto vor allem Augustins → *De civitate Dei*, die *Historiae adversus paganos* des Orosius, die Chronik Frutolfs von Michelsberg und die Kirchengeschichte des Eusebius. – Ottos Chronik mit ihrem düster schattierten, eschatolog. Weltbild hat im mittelalterlichen Abendland weite Verbreitung gefunden, sie ist in ihrer Art ohne gleichrangige Nachfolge geblieben.

Lit.: W. LAMMERS, in: Otto von Freising, Chronica, [4]1980.

P. LEMPERT

Civitas solis idea republicae philosophiae (lat.; *Der Sonnenstaat oder Idee einer philosophischen Republik*), Tommaso CAMPANELLA, entst. 1602; EA Frankfurt a. M. 1623 (als Anhang zu »Philosophia epilogistica realis«); dt. 1789 Die Sonnenstadt oder Idee einer philosophischen Republik. Campanellas wohl bekanntestes Werk, zunächst in italien. Sprache während der Gefangenschaft verfaßt, jedoch latein. erstveröffentlicht, gehört zur Gattung der Sozialutopien und orientiert sich in der Form an den platon. Dialogen. Im *Sonnenstaat* wird ein gleichermaßen theokrat. wie kommunist. Gemeinwesen beschrieben, das durch seine strenge Organisation besticht. Zur Darstellung seines idealen Staates wählt Campanella – wie vor ihm Th. Morus – die Form eines Reiseberichts: Ein genues. Admiral schildert seine Reise in den Sonnenstaat und gibt dem Großmeister der Hospitaliter einen detaillierten Bericht über das äußere Erscheinungsbild, die polit. und gesellschaftliche Ordnung, die Rechtsordnung, das Gerichtswesen, das Kriegswesen, die Erziehung, Fortpflanzung usw. in diesem utopischen Gemeinwesen. Weltliche und geistige Macht sind in der Person des auf Lebenszeit gewählten ›Metaphysicus‹ bzw. des ›Sol‹ vereinigt. Ihm stehen drei Statthalter zur Seite, die die Primalitäten des Seins, des Wissens und des Wollens verkörpern, die Fürsten der Macht, der Weisheit und der Liebe. Im dem utopischen Staat gibt es kein Privateigentum, keine Armut und keinen Reichtum. Alles steht unter dem Gebot der Gemeinschaftlichkeit, auch die Frauen. Die Bürger dieses Staates arbeiten vier Stunden am Tag, der Rest der Zeit steht für Leibesübungen, Dienste an der Gemeinschaft, Weiterbildung usw. zur Verfügung. Die Ordnung geht bis ins kleinste Detail des täglichen Lebens (z. B. die Fortpflanzung) hinein. Der rationalist. Grundgedanke der Ordnung verbindet sich allerdings mit der Astrologie, welche die Grundwissenschaft des Sonnenstaates darstellt. Freiheit im modernen Sinne oder auch individuelles Leben existiert nicht. – Campanellas vielgelesenes Werk wurde wegen seines Rationalismus und seiner Vorstellung von Gemeinbesitz ebensosehr verdammt wie bewundert.

Ausg.: Dt., 1960, in: K. J. HEINISCH (Hg.), Der utopische Staat.

Lit.: E. BLOCH, Das Prinzip Hoffnung, 1959. – G. BOCK, Th. Campanella. Polit. Interesse und philosoph. Spekulation, 1974. –

K. Kautsky/P. Lafargue, Vorläufer des neueren Sozialismus, ^{3}1977.

G. Fuchs

Code de la nature ou le véritable esprit de ses lois de tout temps négligé ou méconnu (frz.; *Das Gesetzbuch der Natur oder der zu allen Zeiten vernachlässigte oder verkannte, wahrhaftige Geist ihrer Gesetze*), Morelly; EA Lüttich 1755 (eigentl. 1754; anonym); dt. 1846 Grundgesetz der Natur von Diderot, nebst einer Zugabe.
Das sozialphil. Werk, das längere Zeit Diderot zugesprochen wurde, entwickelt auf der Basis des Prinzips der Gütergemeinschaft eine Theorie der idealen Gesellschaft. – Der Mensch ist von Natur aus gut und zum Glück bestimmt, aber als die Quelle aller sozialen Übel hat das Eigentum ihn verdorben. In einer den Gesetzen der Natur gehorchenden Gesellschaft soll der einzelne nur nach seinen Bedürfnissen an einem Gemeingut beteiligt werden, für das jeder Bürger nach Maßgabe seiner Fähigkeiten arbeitet. In einer solchen eigentumslosen Gesellschaft, in der auch Privatangelegenheiten öffentlich entschieden werden sollen, werden sich dann individuelles und gemeinschaftliches Glück automat. als Einheit verwirklichen. – Die Schrift beeinflußte maßgeblich das Denken von Babeuf und Cabet.

Lit.: A. Chinard, Introduction au Code, 1950.

J. Monar

Cogitata physico-mathematica, in quibus tam naturae quam artis effectus admirandi artissimis demonstrationibus explicantur (lat.; *Physikalisch-mathematische Gedanken*, worin die wunderbaren Wirkungen der Natur wie der Kunst mit schlüssigsten Beweisen entwickelt werden), Marin Mersenne; EA Paris 1644.
Dieses Werk, später erweitert durch *Novarum observationum physico-mathematicarum libri* (1647), zeigt die mathemat. Grundstruktur aller physikal. Abläufe und ist dem mechanist. Weltbild verpflichtet. Der 2. Teil, »Tractatus mechanicus teoricus et practicus«, behandelt mechan. und physikal. Fragen (in Nähe zu Galilei).

Lit.: A. Maier, Die Mechanisierung des Weltbildes im 17. Jh., 1938. – R. Lenoble, Mersenne ou la naissance du mécanisme, 1943. – H. Hermelink, M. Mersenne und seine Naturphilosophie, in: Philos. Nat. 1 (1950).

H.-B. Gerl

Collationes in hexaemeron (lat.; *Sammlung zum Sechstagewerk*), Bonaventura (eigentlich Johannes Fidanza), Niederschrift 1273; ED Straßburg 1495 (in: Opuscula).
Stark beeinflußt von Augustinus, Pseudo-Dionysios, Hugo von St. Victor und Anselm von Canterbury entwickelt Bonaventura in seinem Spätwerk eine Summe mystischer Schau Gottes und seines Werkes. Die ursprünglichen Predigttexte, die die ganze Fülle der – mit einem patrist. Topos – als Konsonanz aller Seiten der Zither verstandenen, in der Hl. Schrift sich spiegelnden Wirklichkeit der Schöpfung am Leitfaden der einzelnen Tagewerke des Schöpfungsberichtes in ihrer symbol. Vielbedeutsamkeit entfalten wollten, sind durch die Erhebung Bonaventuras in die Kardinalswürde 1273 unvollendet geblieben. Die ausgeführten Erläuterungen zu den ersten vier Tagewerken sind von einem am theolog. Gehalt des Kreuzsymbols orientierten Ordoentwurf durch-

drungen, der die Fülle der Wirklichkeit, auf Christus als die Mitte bezogen, zum einen in die aus der Nähe zum Urbild bestimmte Gradualität von Schatten, Spur und Bild einbindet, zum anderen aus der Trias von Anfang, Mitte und Ende entwickelt. Die *Collationes*, die zu einem der Hauptwerke der älteren Franziskanertheologie nach Alexander von Hales zu zählen sind, knüpfen insbesondere an Anselms → *Proslogion*-Argument, Augustins Memoria-Lehre und seine Geschichtsphilosophie an und entwickeln sie eigenständig weiter. Geprägt von einer Verbindung aus aristotel. Logik und Metaphysik mit augustin. und neuplaton.-lichtmetaphys. Elementen, ordnet das Werk Metaphysik (sie sieht nur den Ursprung, nicht die Trinität) und Naturphilosophie (sie übersieht die auf Gott weisende Spurhaftigkeit der Dinge) dem Lichte der Gnade unter, scientia und sapientia sind in sanctitas und disciplina zentriert. Obgleich von den scharfen Auseinandersetzungen um Siger von Brabant beeinflußt, bleiben die *Collationes* in ihrer Kritik an der arabisch-aristotel. Philosophie moderat.

Ausg.: Lat., Opera omnia, Bd. V, hg. vom Collegium S. Bonaventurae, 1891. – Hg. von F. Delorme, 1934. – Lat./Dt., hg. von W. Nyssen, 1964.

Lit.: E. Gilson, Die Philosophie des hl. Bonaventura, [2]1960. – A. J. W. Hellmann, Ordo, 1974. – F. van Steenberghen, Die Philosophie im 13. Jh., 1977.

C.-H. Hoefer

Collected Papers (engl.; *Gesammelte Aufzeichnungen*), Charles S. Peirce; EA Cambridge/Massachusetts 1931–1935 (Bd. I–VI; hg. von Charles Hartshorne/Paul Weiss), 1958 (Bd. VII–VIII; hg. von Arthur W. Burks).

Das vollständige logische und philosoph. Gesamtwerk des Begründers des Pragmatismus zeigt nicht nur die Breite seiner philosoph. Interessen, es macht auch deutlich, daß Peirce gegenüber den anderen Pragmatisten (wie W. James, J. Dewey) eine eigenständige Auffassung vertrat, die sich zum einen durch die enge Verbindung von Pragmatismus und Logik und zum anderen durch den systemat. Anspruch auszeichnet, eine ›Architektonik‹ der gesamten Philosophie zu bieten, deren Fundament die Mathematik und die Semiotik bilden. Da die zu Peirces Lebzeiten weithin unbekannten Aufzeichnungen in eine systemat. Ordnung gebracht wurden, lassen sich die für ein umfassendes Verständnis von Peirce notwendigen Phasen seiner Systementwürfe nicht erkennen. Seine Aufzeichnungen zur Logik und den Grundlagen der Mathematik (Bd.III, IV) erweisen ihn im Rückblick als einen der besten Logiker seiner Zeit, sind aber wegen ihrer Formalität und Subtilität wohl nur für Spezialisten der Logik von Interesse. In Bd. I (und zum Teil in Bd. VII) wird Peirces Auffassung der wissenschaftlichen, d. h. experimentellen Methode dargestellt, die er als professioneller Naturwissenschaftler auch in die Philosophie einführen will. In Bd. II finden sich seine bahnbrechenden Untersuchungen zur Semiotik, welche die Interpretation(sgemeinschaft) als die dritte Dimension jedes sprachlichen Zeichens herausstellen und mittlerweile unter dem Stichwort ›Pragmatik‹ in der Sprachphilosophie und Linguistik allgemeine Verbreitung gefunden haben. Bd. V entwickelt sein spezif. Verständnis des Pragmatismus als einer logisch-methodolog. Maxime der Bedeutungserklärung. Hier finden sich seine bekannten frühen Aufsätze (»Fixation of Belief«, → *How to Make Our Ideas Clear*), aber auch die »Lectures on Pragmatism« von 1903, die gerade den logischen Charakter des Pragmatismus gegen eine bloß instrumentalist. oder utilitarist. Interpretation abheben wollen. Peirce spricht deshalb von ›Pragmatizismus‹, der in Wirklichkeit als die Vorwegnahme einer operationalist. Begriffsbildung anzusehen ist. Bd. VI versammelt die Skizzen seiner wissenschaftlichen Metaphysik (Ontologie, Kosmologie, Religion), wobei vor allem seine hochspekulative evolutionäre Kosmologie mit ihrem Universalienrealismus und der Annahme eines Kontinuums zwischen der Evolution der Natur und der des Geistes von Bedeutung ist. Peirces Philosophie des Geistes findet sich in Bd. VII, während Bd. VIII neben seiner Korrespondenz und wichtigen Rezensionen eine chronolog. Bibliographie seiner Entwürfe bringt. – Nicht nur Sprachphilosophie und Wissenschaftstheorie verdanken Peirce viel, auch die ›Transformation‹ der Transzendentalphilosophie in eine transzendentale oder universale Pragmatik (Apel, Habermas) wäre ohne ihn nicht denkbar.

Ausg.: Schriften, Bd. I u. II, hg. von K.-O. Apel, 1967, 1968 (Auszüge).
Lit.: K.-O. Apel, Der Denkweg des Ch. S. Peirce, 1975.

H. Scheit

Commentaria in Aristotelem Graeca (gr.; *Griechische Aristoteleskommentare*), hg. unter der Schirmherrschaft der Königlich-Preußischen Akademie der Wissenschaften; EA Berlin 1882–1909 (23 Bde. in 51 Teilbdn.).

Die für die Erforschung der Tradition des Aristotelismus wichtige Sammlung enthält die antiken (griechischen und byzantin.) Einleitungen, Paraphrasen und Kommentare zu den Werken des Aristoteles. Hinsichtlich ihres Umfangs und ihres Inhalts sind unter den erhaltenen Kommentaren die des Alexander von Aphrodisias zur *Metaphysik (→ Ta meta ta physika)* und des Simplikios zur *Physik (→ Physikē akroasis)* zweifellos die wichtigsten. Im ersten fällt besonders die nominalist. Abwendung von Aristoteles auf (Einzelding nicht nur für uns, sondern auch an sich früher als das Allgemeine, das nur als Ergebnis der Abstraktion im Denken existiert), während der zweite die völlige Übereinstimmung von Platon und Aristoteles in allen wesentlichen Punkten lehrt und eine wichtige Quelle für die Kenntnis der vorsokrat. Physik (besonders für Parmenides und Empedokles) ist. Das gesammelte Material läßt sich ansonsten bibliograph. folgendermaßen erfassen [dabei werden angegeben: a) die kommentierten Werke des Aristoteles in alphabet. Reihenfolge; b) innerhalb dieser in chronolog. Reihenfolge die Kommentatoren und – bei der ersten Nennung – deren Lebenszeit (Anonyma werden jeweils an letzter Stelle genannt); c) Form und/oder Umfang der erhaltenen Schrift, sofern diese nicht einen Kommentar zum Gesamt der aristotel. Schrift darstellt; d) die Referenz innerhalb der *Commentaria*; e) das Erscheinungsjahr; f) der Herausgeber]: *Analytica posteriora:* 1. Themistios (4. Jh.; Paraphrase; V 1; 1900; M. Wallies); 2. Ioannes Philoponos (5.–6. Jh.; XIII 3, 1–440; 1909; M. Wallies); 3. Eustratios (Metropolit v. Nicäa, c. 1050/60–1120;

zu B. II; XXI 1; 1907; M. Hayduck); 4. Anonymos (zu B. II; XIII 3, 547–603; 1909; M. Wallies). – *Analytica priora:* 1. Alexander v. Aphrodisias (2.–3. Jh.; zu B. I; II 1; 1883; M. Wallies); 2. Themistios (viell. auch Sophonias [13.–14. Jh.]); Paraphrase zu B. I; XXIII 3; 1884; M. Wallies); 3. I. Philoponos (XIII 2; 1905; M. Wallies); 4. Ammonios Hermeiu (6. Jh.; zu B. I; IV 6; 1899; M. Wallies). – *Categoriae:* 1. Porphyrios (234–301/5; *Isagoge sive quinque voces*; → *Eisagōgē* [Einleitung zu den Kategorien]: IV 1, 1–22; Kommentar: ib. 55–142; 1887; A. Busse); 2. Dexippos (4. Jh.; IV 2; 1888; A. Busse); 3. Boethius (c. 480–524; lat. Übers. der *Isagoge* des Porphyrios; IV 1, 25–51; 1887; A. Busse); 4. I. Philoponos (XIII 1; 1898; A. Busse); 5. Simplikios (5.–6. Jh.; VIII; 1907; K. Kalbfleisch); 6. Ammonios (Kommentar zur *Isagoge* des Porphyrios; IV 3; 1891; A. Busse. – Kommentar zu den *Kategorien*; IV 4; 1895; A. Busse); 7. David (6. Jh.; *Prolegomena philosophiae:* XVIII 2, 1–79; Kommentar zur *Isagoge*: ib. 80–219; 1904; A. Busse); 8. Elias (wahrscheinl. 6. Jh.; Kommentar zur Isagoge: XVIII 1, 1–104; Kommentar zu den *Kategorien*: ib. 107–255; 1900; A. Busse); 9. Olympiodor (2. H. 6. Jh.; *Prolegomena*: XII 1, 1–25; Kommentar zu den *Kategorien*: ib. 26–148; 1902; A. Busse); 10. Anonymos (Paraphrase; XXIII 2; 1883; M. Hayduck). – *De anima:* 1. Themistios (Paraphrase; V 3; 1899; R. Heinze); 2. I. Philoponos (XV; 1897; M. Hayduck); 3. Simplikios (XI; 1882; M. Hayduck); 4. Sophonias (Paraphrase; XXIII 1; 1883; M. Hayduck). *De arte rhetorica:* 1. Stephanos (wahrscheinl. 7. Jh.; XXI 2, 263–322; 1896; H. Rabe); 2. Anonymos (ib. 1–262); 3. Fragmente eines anonymen Kommentars zu B. III (ib. 323–329); 4. Fragmente einer anonymen Paraphrase zu B. III (ib. 330–334). – *De caelo:* 1. Themistios (Paraphrase: hebräische Übersetzung des verlorenen gr. Originals mit lat. Übers. des hebräischen Textes; V 4; 1902; S. Landauer); 2. Simplikios (VII; 1894; I. L. Heiberg). – *De generatione animalium:* Ps.-I. Philoponos, d. h. Michael v. Ephesos (11.–12. Jh.; XIV 3; 1903; M. Hayduck). – *De generatione et corruptione:* I. Philoponos (XIV 2; 1897; H. Vitelli). – *De incessu animalium:* Michael v. Ephesos (XXII 2, 135–170; 1904; M. Hayduck). – *De interpretatione:* 1. Ammonios Hermeiu (IV 5; 1897; A. Busse); 2. Stephanos (XVIII 3; 1885; M. Hayduck). – *De motu animalium:* Michael v. Ephesos (XXII 2, 103–131; 1904; M. Hayduck). – *De partibus animalium:* Michael v. Ephesos (XXII 2, 1–99; 1904; M. Hayduck). – *De sensu:* Alexander v. Aphrodisias (III 1; 1901; P. Wendland). – *Ethica Nicomachea:* 1. Aspasios (1. H. 2. Jh.; XIX 1; 1889; G. Heylbut); 2. Eustratios (zu B. I und VI; XX, 1–121. 256–406; 1892; G. Heylbut); 3. Michael v. Ephesos (zu B. V; XXII 3; 1901; M. Hayduck. – Zu B. IX und X; XX, 461–620; 1892; G. Heylbut); 4. Heliodor v. Prusa (14. Jh.; Paraphrase; XIX 2; 1889; G. Heylbut); 5. Anonymi (zu Büchern II–V und VII; XX, 122–255. 407–460; 1892; G. Heylbut). – *Metaphysica:* 1. Alexander v. Aphrodisias (genuin nur der Kommentar zu Büchern I–V; der Kommentar zu Büchern VI–XIV hängt zwar von Alexander ab, ist aber nicht von ihm verfaßt; I; 1891; M. Hayduck); 2. Themistios (zu B. I; Paraphrase: hebräische Übers. des verlorenen gr. Originals mit lat. Übers. des hebräischen Textes; V 5; 1903; S. Landauer); 3. Syrianos (1. H. 5. Jh.; zu Büchern III. IV. XIII. XIV; VI 1; 1902; W. Kroll); 4. Asklepios (6. Jh.; zu Büchern I–VII; VI 2; 1888; M. Hayduck). – *Meteorologica:* 1. Alexander v. Aphrodisias (III 2; 1899; M. Hayduck); 2. I. Philoponos (zu B. I; XIV 1; 1901; M. Hayduck); 3. Olympiodor (XII 2; 1900; W. Stüve). – *Parva Naturalia:* 1. Themistios (V 6; 1903; P. Wendland); 2. Michael v. Ephesos (XXII 1; 1903; P. Wendland). – *Physica:* 1. Themistios (Paraphrase; V 2; 1900; H. Schenkl); 2. I. Philoponos (zu Büchern I–III; XVI; 1887; H. Vitelli. – Zu Büchern IV–VIII; XVII; 1888; H. Vitelli); 3. Simplikios (zu Büchern I–IV; IX; 1882; H. Diels. – Zu Büchern V–VIII; X; 1895; H. Diels). – *Sophistici Elenchi:* 1. Alexander v. Aphrodisias (?) (II 3; 1898; M. Wallies); 2. Anonymos (Paraphrase; XXIII 4; 1884; M. Hayduck). – *Topica:* Alexander v. Aphrodisias (II 2; 1891; M. Wallies). – Mit den *Commentaria* verbunden ist das *Supplementum Aristotelicum* (3 Bände in 6 Teilbänden; 1885–1903), das aber außer der *Athenaiōn Politeia* des Aristoteles (Suppl. III 2; 1903; F. G. Kenyon) hauptsächlich Exzerpte aus den aristotel. Schriften enthält.

Lit.: K. Kremer, Der Metaphysikbegriff in den Aristoteleskommentaren der Ammonius-Schule (Beitr. Gesch. Philos. Theol. MA. Texte und Untersuchungen XXXIX 1), 1960. – K. Praechter, Rez. zu den CAG, in: Byzant. Z. 18 (1909), auch in: ders., Kleine Schriften, hg. von H. Dörrie, 1973. – E. Sonderegger, Simplikios: Über die Zeit. Ein Kommentar zum Corollarium de tempore (Hypomnemata 70), 1982. – R. Sorabji, Time, Creation and the Continuum. Theories in Antiquity and the Middle Ages, 1983.

L. Deitz

Commentarium ... (Thomas von Aquin) → Sentententia ...

Comparationes philosophorum Aristotelis et Platonis (lat.; *Vergleich zwischen Aristoteles und Platon*), Georgius Trapezuntius, entst. 1455; ED Venedig 1523.

Trapezuntius wendet sich mit polem. Schärfe, aber ohne philosoph. Akribie gegen den Neuplatonismus Plethons, dessen heidnische Ideen er verwirft, indem er Platon nicht nur Klarheit der Gedanken und substantielle Rede, sondern jede Übereinstimmung mit der Kirchenlehre abspricht; seine Lehre von der Unsterblichkeit der Seele sei unhaltbar, und sogar die kirchlichen Häresien beriefen sich auf ihn, nicht zuletzt das große griechische Schisma. Demgegenüber sei durch Aristoteles, der Platon in allen philosoph. Fächern überrage, die christliche Theologie zu ihrer Vollendung gebracht, so daß Aristoteles geradezu auf eine Stufe mit den Heiligen gestellt werden könne. – Die Schrift wäre in ihrer heftigen Parteinahme für Aristoteles wohl vergessen worden, wenn sie nicht zwischen Plethons und Bessarions Platonismus stünde und insofern einen wichtigen Moment im Streit zwischen Platonismus und Aristotelismus darstellte. Der Plethon-Schüler Bessarion wurde durch Trapezuntius zur Entwicklung und Verteidigung eines christlichen Neuplatonismus herausgefordert.

Ausg.: Repr. (1523), 1965.
Lit.: L. Mohler, Kardinal Bessarion als Theologe, Humanist und Staatsmann, 3 Bde., 1923–1942 (Repr. 1967, Bd. I).

G. Böhme

The Concept of Law (engl.; *Der Begriff des Rechts*), Herbert L. A. HART; EA Oxford 1961; dt. 1973.

Das rechtsphilosoph. Werk untersucht den Begriff des Rechts mit Hilfe einer sich an Wittgensteins Spätphilosophie anlehnenden sprachanalyt. Methode, die Begriffe nicht definieren oder erklären, sondern nur deren Gebrauch beschreiben will. Auf dieser Grundlage wird ein begriffspragmat. Rechtspositivismus entwikkelt, der auch die prinzipielle Möglichkeit eines empir. begründeten Naturrechtsbegriffs akzeptiert. – J. Austins analyt.-positivist. Imperativentheorie, die Recht als den Inbegriff von Befehlen ansieht, die ein Souverän an ihm untergebene Personen richtet, kritisiert Hart vor allem deshalb, weil sie mit Regeln, die Befugnisse verleihen und keine Sanktionen enthalten, nicht vereinbar ist. Regeln sind nicht nur durch den äußeren Aspekt eines übereinstimmenden Verhaltens einer Bevölkerungsmehrheit – wie sie auch bei jeder gesellschaftlichen Konvention gegeben ist – gekennzeichnet, sondern vor allem durch die innere, psycholog. Notwendigkeit des Akzeptierens, das sich in einer normativen Ausdrucksweise äußert. Harts Strukturtheorie des Rechts geht von der fundamentalen Unterscheidung zwischen primären Verpflichtungsregeln und sekundären Regeln aus, die sich auf primäre Regeln beziehen, Befugnisse übertragen und ein Rechtssystem erst konstituieren. Er unterscheidet dabei Entscheidungsregeln, die festlegen, wer Verstöße gegen die Primärregeln feststellt und sanktioniert. Änderungsregeln, die jemanden zu deren Abänderung ermächtigen, und Anerkennungsregeln, die festlegen, welche Merkmale eine Primärregel haben soll, wobei letzteren die wichtigste Rolle zukommt, weil sie die Kriterien der Rechtsgeltung festlegen. Hart wendet sich sowohl gegen den Regelskeptizismus des amerikan. Rechtsrealismus als auch gegen den Formalismus einer ›automat.‹ Jurisprudenz als zwei extremen Ansichten, die die ›offene Struktur‹ von Regeln verkennen. – Das Werk hat besonders im anglo-amerikan. Sprachraum starke Beachtung gefunden und die englische Rechtstheorie entscheidend beeinflußt.

Lit.: R. SARTORIUS, The Concept of Law, in: Arch. Rechts- u. Sozialphilos., 1966. – H. ECKMANN, Rechtspositivismus und sprachanalyt. Philosophie, 1969. – N. HOERSTER, Grundthesen analyt. Rechtstheorie, in: Jahrbuch für Rechtssoziologie und Rechtstheorie, Bd. II, 1972.

D. V. D. PFORDTEN

The Concept of Mind (engl.; *Der Begriff des Geistes*), Gilbert RYLE; EA London 1949; dt. 1969.

Das in den Bereich der Philosophie des Geistes gehörige Werk versucht im sprachanalyt. Stil der ›ordinary language philosophy‹ Descartes' Zweiweltenlehre vom Körperlichen und Geistigen zu überwinden. – Im Leib-Seele-Dualismus des Barock wurden die Beschreibungskategorien für die materielle Welt im Bereich des Geistigen parallelisiert. Gemäß dieser Lehre zeichnen sich die drei Grundarten seelischer Vorgänge (Wollen, Denken, Fühlen) durch spezif., die äußerlich sichtbaren materiellen Prozesse begleitende geistige Akte im Innern aus, die allein ihrem Träger direkt zugänglich, für andere allenfalls erschließbar sind: der Wille verursache Handlungen, die Instanz des

Verstandes erkläre intellektuelle Leistungen und durch die oft unsichtbare, der Selbsterfahrung vertraute Tätigkeit ›im Kopf‹, im Fühlen bzw. Empfinden präsentieren sich Eigenpsychisches bzw. Sinnesdaten unmittelbar. Ryle kritisiert diese Vorstellungen als ›Dogma vom Gespenst in der Maschine‹, dem Kategorienverwechslungen bezüglich der Begriffe für Psychisches zugrunde liegen. Körperliches und Geistiges werde demselben Kategorienrahmen (›Ding‹, ›Zustand‹, ›Ursache‹ usw.) unterworfen, woraus gedanklich Absurditäten und sprachlich Sinnlosigkeiten folgen. – Die am normalen Sprachgebrauch orientierte Analyse führte in das traditionell von Idealismus versus Materialismus aufgespannte Problemfeld eine neue Dimension ein und wirkte darin beispielgebend für ähnliche Untersuchungen auf anderen Gebieten.

Lit.: W. Lyons, G. Ryle. An Introduction to his Philosophy, 1980. – E. v. Savigny, Die Philosophie der normalen Sprache, 1974.

C. Ortner

Conclusiones philosophicae, cabalisticae et theologicae, auch u. d. T.: Conclusiones nongentae in omni genere scientiarum (lat.; *Philosophische, kabbalistische und theologische Schlußfolgerungen*, auch u. d. T.: 900 Schlußfolgerungen in jeder Gattung der Wissenschaften), Giovanni Pico della Mirandola; EA Rom 1486.

Als Diskussionsgrundlage für einen universalen Gelehrtenkongreß im Januar 1487 in Rom gedacht, haben die 900 Thesen das Ziel, zwischen unterschiedlichen philosoph. und religiösen Weltanschauungen eine grundlegende Übereinstimmung zu erweisen und damit im Prinzipiellen einen philosoph. Frieden zu stiften. So vereinigt Pico weitentlegene Quellen: arabische Philosophie, Platonismus, mathemat. Pythagorismus, Hermetismus, jüdische Kabbala, chaldäische Lehren, abendländ. Philosophie, Theologie, Theosophie, ja auch Naturmagie. Letztlich erscheint das Christentum als Konvergenzpunkt aller bisherigen Überlieferungen. – Die unmittelbare Wirkung blieb beschränkt: der Kongreß fand wegen 13 kirchlicherseits indizierter Thesen nicht statt; nach Picos *Apologia* (EA Neapel ca. 1487) wurden alle 900 insgesamt als häret. verurteilt. Den synkretist. Neigungen der Renaissance gaben die Thesen jedoch weithin neue Nahrung; nicht zuletzt wegen ihres programmat. Vorwortes → *De hominis dignitate*.

Ausg.: Opera, 1557–1573 (Repr., 1967).
Lit.: G. Semprini, Le ›Novecento Tesi‹ di P. d. Mirandola, 1920. – E. Monnerjahn, G. P. d. Mirandola. Ein Beitrag zur philosoph. Theologie des italien. Humanismus, 1960.

H.-B. Gerl

La condition postmoderne. Rapport sur le savoir (frz.; *Das postmoderne Wissen*. Ein Bericht), Jean-François Lyotard; EA Paris 1979; dt. 1982.

Diese Arbeit über das Wissen in den höchstentwickelten Informations-Gesellschaften stellt die früheste philosoph. Studie zur Postmoderne dar. Während bisheriges Wissen je durch eine Rahmenerzählung zusammengehalten wurde (in der Moderne: Emanzipation der Menschheit, Teleologie des Geistes, Hermeneutik des Sinns), sind solche Einheiten im 20. Jh. hinfällig geworden. Postmodern wird dies positiv verstanden: als Befreiung der heterogenen und partikularen Sprachspiele

(Lebensformen, Handlungsweisen) in ihrer irreduziblen Unterschiedlichkeit. Der Abschied vom Einen bedeutet das Ende hegemonialen Zwangs. Die Gesellschaft, die durch den Zusammenhang von Sprachspielen konstituiert ist, enthält stark agonale Momente, denn die Sprachspiele sind unaufhebbar different. Diese Heterogenität darf weder systemtheoret. (Luhmann) eliminiert noch konsenstheoret. (Habermas) übergangen werden. Nicht Systemintegration, sondern Autonomie des Partikularen, und nicht Konsens, sondern Dissens sind postmoderne Leitvorstellungen. Das kongruiert mit Basisinnovationen der Wissenschaft des 20. Jh.s (Heisenberg, Gödel, Mandelbrot, Thom), die allenthalben Diskontinuitäten, Antagonismen und Instabilitäten aufgedeckt haben. Ethisch plädiert der Postmodernismus für die Freigabe der Sprachspiele in ihrer Multiplizität und Heterogenität. Die aktuellen Informationstechnologien sind diesbezüglich ambivalent. Sie können als Operatoren von Systemherrschaft wirken und neue Uniformierung bringen. Sie könnten aber bei freiem Zugang zu den Speichern und Datenbanken auch im postmodernen Sinn der Pluralität genützt werden. – Das Werk fand ein großes Echo und führte u. a. zu der von Lyotard betreuten Postmoderne-Ausstellung »Les Immatériaux« (Paris 1985).

Lit.: R. Rorty, Habermas and Lyotard on Postmodernity, in: Praxis International, 4/1 (1984). – A. Honneth, Der Affekt gegen das Allgemeine. Zu Lyotards Konzept der Postmoderne, in: Merkur (1984). 430. – W. Welsch, Postmoderne und Postmetaphysik. Eine Konfrontation von Lyotard und Heidegger, in: Philos. Jb. 92/1 (1985).

W. Welsch

Confessiones (lat.; *Bekenntnisse*), Aurelius Augustinus, entst. um 400; ED o. O. u. J. (Straßburg nicht nach 1470); dt. 1672 Die dreyzehen Bücher der Bekantnussen.

In diesem ersten Hauptwerk – einer philosoph.-theolog. Abhandlung und Analyse psycholog.-erkenntnistheoret. Probleme – des Bischofs von Hippo Regius wird der Dialog zum inneren Zwiegespräch der Seele mit Gott weiterentwickelt. Dieses ist Bekenntnis vor Gott im doppelten Sinne des latein. Wortes, nämlich Lobpreis und Schuldbekenntnis. Der 1. Teil (Bücher I–IX) stellt ein erinnerndes Bekenntnis von Augustins Weg zur Wahrheit in Form einer Biographie dar. Der 2. Teil bringt ein sich vergegenwärtigendes Bekenntnis in Form einer philosoph. Reflexion auf den für jeden Menschen möglichen Weg zur Wahrheit (Buch X). Ferner entwickelt er das Problem der Zeiterfahrung des Menschen und die Aporien des Begreifens der Ewigkeit (Buch XI). Schließlich zeigt er die ontolog. Grundlagen von Zeit und Ewigkeit auf und zwar in Form einer spekulativ-allegor. Auslegung der Genesis des Alten Testamentes (Buch XII u. XIII). Von besonderer philosoph. Relevanz ist die Fragestellung des Buches X, wie man die Wahrheit bzw. Gott erkennen könne. Dabei spricht Augustinus vom Standpunkt dessen, der diesen Weg schon gefunden hat. Er beginnt mit einer Innenwendung des Liebens und Erkennens. Die Liebe muß sich vom äußeren Menschen und dessen Hinwendung zur sinnlichen Welt lösen und dem inneren Menschen mit dessen Bevorzugung der geistigen Welt zuwenden. Die Erkenntnis muß ebenfalls die Wendung vom Außen (foris) zum Innen (intus) nehmen. Augustin analysiert die Sinneserkenntnis mit der ihr zugrundeliegenden Lebenskraft (anima vegetativa) und dem Empfindungsvermögen (anima sensitiva). Ihre Inhalte fallen unter das Kriterium der Wandelbarkeit (mutabilitas). Die Innenwendung führt in die Bereiche des sich-vergegenwärtigenden Bewußtseins (memoria), welches in dem weiten Sinn verstanden werden muß, daß es das Gedächtnis, die Phantasie und die Affekte einschließt. Augustin analysiert es bis an den Rand des Sichverlierens im Vergessen. Alle Bildinhalte (imagines) genügen nicht als Ansatzpunkt der Erkenntnis der Wahrheit, ebensowenig die Zahlen und Maße, von denen sich immerhin sagen läßt, daß sie etwas Wahres darstellen, da sie unveränderlich sind. Allein der Wunsch nach dem seligen Leben (vita beata), den Augustin in der Tiefe jeden Bewußtseins findet, bildet die Brücke zur Wahrheit, die er als personalen Gott identifiziert. Buch XI bringt die berühmte Zeitanalyse. Augustin zeigt die Notwendigkeit, von der Außen- oder Weltzeit auf die innere Zeiterfahrung zurückzugehen, weil jene sich letztendlich auf einen seiend-nichtseienden Augenblick reduziert. Dieser aber kann nur festgehalten und mit allen anderen Augenblicken verbunden werden, wenn sich das Bewußtsein als Erinnerung des Vergangenen, als Anblick des Gegenwärtigen und als Erwartung des Zukünftigen ausdehnt und sich zugleich in sich sammelt. Zeit ist also wesentlich Innenzeit und das heißt Ausstrecken der Seele (distentio animi). Nur als solche kann sie auch gemessen werden. Ihr Zerfallen in das Viele (distentio) setzt Sammlung im Einen (intentio) voraus, was nur möglich ist, wenn sie sich mittels der bleibenden Ideen auf die Ewigkeit (aeternitas) bezieht. Das Thema des Verhältnisses von Zeit und Ewigkeit schlägt die Brücke zur Thematik der Schöpfung, die in Buch XII und XIII exeget. behandelt wird. Dabei versucht Augustin die ontolog. Voraussetzungen für ein Begreifen der Schöpfung aus dem Nichts (creatio ex nihilo) zu schaffen. Der göttlichen Wirklichkeit als Wort Gottes bei Gott kommt allein die Bestimmung des Seins (esse) zu, ihm steht das Nichts (nihil) gegenüber. Die Schöpfung muß so gedacht werden, daß zuerst als Teilprinzipien die Formen der Ideen (formae) und die Formlosigkeit der Materie (informitas) geschaffen wurden. Während die Ideen als etwas Wahres und daher Seiendes zu begreifen sind, ist die Materie als reine Möglichkeit ein ›beinahe Nichts‹ (paene nihil). Die Einkörperung der Ideen, welche die Dinge hervorbringt, bedeutet die Entstehung einer wandelbaren Wirklichkeit, deren Seinsstatus als ›etwas Nichts‹ (nihil aliquid) oder als ›Ist nicht ist‹ (est non est) zu bestimmen ist.

Ausg.: Übers. von W. Thimme, 1985.

Lit.: R. Berlinger, Augustins dialog. Metaphysik, 1962. – O. Lechner, Idee und Zeit in der Metyphysik Augustins, 1964. – A. Schöpf, Augustinus. Einführung in sein Philosophieren, 1970. – K. Flasch, Augustinus. Einführung in sein Denken, 1980.

A. Schöpf

Conjectures and Refutations. The Growth of Scientific Knowledge (engl.; *Vermutungen und Widerlegungen.* Das Wachstum wissenschaftlicher Erkenntnis), Karl Popper; EA London 1963.

Die erkenntnis- und wissenschaftstheoret. Hauptthese der Sammlung von 20 konstruktiven und kritischen Aufsätzen (›Vermutungen‹ und ›Widerlegungen‹) zu Fragen der Ideen- und Philosophiegeschichte (Vorsokratiker, Galileo, Berkeley, Kant), der Erkenntnis- und Wissenschaftstheorie, des Leib-Seele-Problems, der Sozialwissenschaften und der Sozialphilosophie lautet, daß menschliches Wissen zwar immer fehlbar bleibt und daß es keine definitiv gesicherte Erkenntnis gibt, daß dieser Tatbestand jedoch kein Anlaß zu Skeptizismus oder Relativismus ist, weil wir aus unseren Fehlern lernen können und Erkenntnisfortschritt in Richtung auf eine als objektiv verstandene Wahrheit (Korrespondenztheorie) möglich ist. Er entsteht im Wechselspiel aus kühnen Vermutungen oder Hypothesen, die strengen Widerlegungsversuchen ausgesetzt werden (z. B. wissenschaftlichen Experimenten) und beibehalten werden, solange sie der Kritik standhalten und/oder keine besseren vorgelegt wurden. In diesem kritischen Charakter der Wissenschaft, die ohne natürliches Ende fortschreitet, wird ihre Rationalität gesehen.

Lit.: K. Pähler, Qualitätsmerkmale wissenschaftlicher Theorien. Zur Logik und Ökonomie der Forschung, 1986.

K. Pähler

Considérations sur les causes de la grandeur des Romains et de leur décadence (frz.; *Betrachtungen über die Ursachen von Größe und Untergang der Römer*), Charles-Louis de Secondat, Baron de la Brède et de Montesquieu; EA Amsterdam 1734; dt. 1786.

In Montesquieus geschichtsphiloseph. Werk, einer Vorstudie zu → *De l'esprit des lois*, wird nicht mehr – wie noch in Bossuets 1681 veröffentlichter Schrift → *Discours sur l'histoire universelle* – das Walten einer göttlichen Macht für den Geschichtsverlauf verantwortlich gemacht; Aufstieg und Niedergang des Römischen Reiches werden vielmehr auf rein irdische Ursachen zurückgeführt. – Für Montesquieu stand am Anfang der römischen Geschichte ein Volk, dessen natürliche Tugenden, z. B. Tapferkeit, bäuerliche Einfachheit, Liebe zu Freiheit und Vaterland, es im Zusammenspiel mit einer klugen Gesetzgebung zur Größe gleichsam prädestinierten. Gestützt auf diese Bürgertugenden gelang es Rom, sein Weltreich aufzubauen. Ausschlaggebend für den Niedergang dieses Reiches war nach Montesquieu, daß mit der Ausweitung des Machtbereiches die Tugenden immer mehr zurückgedrängt und schließlich Gewalt und Gesetzesmißbrauch zu den beherrschenden Staatsprinzipien erhoben wurden. Beim Abfassen seines in 23, meist kurze Kapitel gegliederten Werkes wurde Montesquieu von der Sorge getrieben, daß das mächtige Frankreich dereinst ein ähnliches Schicksal wie das Römische Reich ereilen könnte. – Mit seinem Bemühen, Gesetzmäßigkeiten polit. Strukturen durch das Studium histor. Zusammenhänge sichtbar zu machen, sollte Montesquieu für Voltaire und später E. Gibbon zum Vorbild werden.

Ausg.: Dt., von L. Schuckert, 1980.

Lit.: A. Baker, Montesquieu and Rome. His Observations on the Roman State 753 B. C. – 476 A. D., 1962/63.

P. Lempert

Conspiration pour l'egalité, dite de Babeuf. Suivi du procès auquel elle donna lieu et des pièces

justificatives (frz.; *Babeuf und die Verschwörung für die Gleichheit*, mit dem durch sie veranlaßten Prozeß und den Belegstücken), Filippo BUONAROTTI; EA Brüssel 1828; dt. 1909.
Die zugleich historiograph. und gesellschaftstheoret. Schrift dokumentiert aus der Retrospektive eines Beteiligten die Vorbereitungen zu dem Umsturz, den François-Noël Babeuf gemeinsam mit einer Anzahl Mitverschworener 1795 gegen die Herrschaft des Direktoriums plante. Zugleich werden damit die theoret. Vorstellungen Babeufs, wie sie in die 1796 vereitelte ›Verschwörung‹ einmündeten, festgehalten. Seine kommunist. Lehre von einer gesellschaftlichen Gütergemeinschaft hat ihren Rückhalt in der Enttäuschung über die Politik der Thermidorianer. Entscheidend wird die Einsicht in den rein bürgerlichen Charakter der Französ. Revolution, die das sich abzeichnende Problem der Verelendung der Besitzlosen ungelöst läßt. Das Anknüpfen an Rousseau, Morelly und Mably führt zu der egalitären Konzeption einer naturrechtlichen Sozialkontraktslehre, Privateigentum ist das Ergebnis einer histor. kontinuierlichen Verletzung der Egalität im angenommenen Naturzustand. – Der Einfluß auf Marx ist erheblich.

Ausg.: Dt., Repr. (1909) 1975.
Lit.: M. DOMMANGET, Sur Babeuf et la conspiration des égaux, 1970.

R. BEHRENS

Convention: A Philosophical Study (engl.; *Konventionen: Eine sprachphilosoph. Studie*), David LEWIS; EA Cambridge/Massachusetts 1969; dt. 1975.
Ziel der Untersuchung ist es, »den Analytizitätsbegriff wieder zu Ehren zu bringen«. Damit wendet sich Lewis besonders gegen Quines Verwerfung der Dichotomie: analyt.-synthet. Der Grundgedanke lautet, daß Sprache konventionell ist, und speziell, daß Analytizität auf Sprachkonventionen beruht. Schwerpunkt der Untersuchung ist daher die Klärung des Begriffs der Konvention im allgemeinen, also zunächst ohne sprachtheoret. Bezug (1.–3. Kap.). Lewis verwendet dabei das analyt. Instrumentarium der neueren Entscheidungs- und Spieltheorie, wie sie besonders von Th. C. Schelling für den Bereich der sog. Koordinationspiele entwickelt wurde. Darauf aufbauend wird die Rolle von Konventionen für die sprachliche Kommunikation untersucht (4. u. 5. Kap.). – Das Werk begründete zusammen mit anderen Arbeiten besonders von P. Grice und J. Benneth einen neuen, auf rationale Akteure und ihre Intentionen rekurrierenden Ansatz der handlungstheoret. Semantik.

Lit.: G. MEGGLE (Hg.), Handlung, Kommunikation, Bedeutung, 1979.

J. NIDA-RÜMELIN

Corpus Aristotelicum, unter dieser Bezeichnung sind die Schriften des Aristoteles überliefert worden.

Corpus Dionysianum, Schriften des Dionysios (Pseudo-Areopagita).

Corpus Hermeticum (anonym) → Hermētika

Corpus Hippocraticum (gr.; *Hippokratische Schriften*), HIPPOKRATES von Kos; ED Rom 1525 (lat.), Venedig 1526 (gr.); dt. 1781–92 Hippokrates Werke.

Unter dem Namen des Hippokrates ist eine Sammlung von 58 medizin. Schriften in 73 Büchern überliefert. Hippokrates (460–370 v. Chr.) ist der berühmteste Arzt der Antike. Von Platon, der seinen Namen zuerst erwähnt (→ *Phaidros* 270 c; → *Protagoras* 311 b), wissen wir, daß er einer Ärztefamilie auf Kos angehörte, die ihren Ursprung von Asklepios, der dort einen bekannten Tempel hatte, herleitete. Alle anderen biograph. Nachrichten stammen erst aus hellenist. Zeit. – Eine Sammlung hippokrat. Schriften ist seit dem Ende des 3. Jh.s v. Chr. bezeugt. Die Ausgabe, auf der die spätantike und mittelalterliche Überlieferung beruht, entstand im 2. Jh. n. Chr. Die Schriften weisen große inhaltliche und sprachliche Unterschiede auf. Das Hippokrates-Lexikon des Erotianos (1. Jh. n. Chr.) gliedert sie in ätiolog., prognost., therapeut. und vermischte Schriften sowie solche, die sich mit der Stellung der ärztlichen Kunst befassen; zu letzteren zählt der hippokrat. Eid. Neben koischen enthält das Corpus auch Werke der Ärzteschule von Knidos. – Der überwiegende Teil der Schriften ist ins ausgehende 5. und ins 4. Jh. v. Chr. zu datieren, die jüngsten vielleicht ins 1. Jh. n. Chr. Wahrscheinlich bildete die Bibliothek von Kos, in der auch Werke anderer Schulen standen, den Grundstock des Corpus. Dem Hippokrates selbst dürften am ehesten die Bücher I und III der »Epidemien« und das Prognosenbuch (sämtlich um 410 v. Chr.) zuzuschreiben sein. Sie zeichnen sich aus durch genaue Beobachtungen. Die Therapie tritt gegenüber der Beschreibung von Krankheitsverläufen zurück. Die Diagnose soll den ganzen Menschen, auch seine Lebensgewohnheiten, seinen Beruf und seine Umwelt berücksichtigen. Die beschriebenen Symptome treffen meistens für große Gruppen von Krankheiten zu. Dadurch unterscheiden die Koer, die von der Konzeption einer Allgemeinerkrankung ausgehen, sich von den Knidiern, die bestimmte Einzelkrankheiten diagnostizieren. – Die bis ins 19. Jh. reichende Wirkungsgeschichte ist vor allem von der platonisierenden Kommentierung des Galen (2. Jh. n. Chr.) geprägt.

Ausg.: Gr./Fr., hg. von E. Littré, 10 Bde., 1839–1861 (Repr. 1961). – Dt., von R. Kapferer/G. Sticker, 25 Bde., 1934–1940. – Schriften (Auswahl), übers. und mit Einführung von H. Diller, 1962.

Lit.: F. Kudlien, Hippokratis, in: Der kleine Pauly, Bd. II, 1979.

F. Ricken

Corpus Pythicum, eine Gruppe von Plutarchos' Schriften, die innerhalb der → *Ethika* ediert ist.

Correctorium fratris Thomae (lat.; *Zurechtweisung des Bruders Thomas*), Wilhelm de la Mare, entst. zwischen 1275 u. 1280; ED Straßburg 1501 (u. d. T. *Castigatorium Egidii de Roma in corruptorium librorum sancti Thomae de Aquino*).

Diese Schrift, bislang der einzig vollständig zugängliche Text des Wilhelm de la Mare, ist besonders aufschlußreich für den Streit um die Lehre des Thomas von Aquin. Aus den Schriften des Thomas, insbesondere aus der → *Summa theologica* werden in 118 Artikeln Thesen zusammen mit ihren Begründungen referiert und dann eingehend widerlegt. Die Thesen sind aus allen Gebieten seines Denkens genommen und betreffen vor allem die thomas. Lehre von der Form und damit seine Ontologie und Anthropologie, sodann seine Lehre vom Primatsverhältnis der Vernunft zum Willen, aber auch Elemente seiner Moraltheorie. All dies soll schon auf philosoph. Gebiet zurückgewiesen werden und im Rückgriff auf die traditionellen Lehren des Augustinismus überwunden werden. Das Werk Wilhelms wurde einerseits positiv aufgenommen und 1282 offizieller Begleittext des Franziskanerordens zur *Summa theologica* des Thomas; auf der Gegenseite wurde es zum Anlaß für eine ganze Reihe von Gegenschriften zur Verteidigung des Thomas.

Ausg.: P. GLORIEUX (Hg.), Le Correctorium Corruptorii »QUARE«, 1927.

R. SCHÖNBERGER

Cours de l'histoire de la philosophie (frz.; *Philosophiegeschichtliche Vorlesungen*), Victor COUSIN; EA Paris 1829.

Cousin faßte in diesem Werk seine philosophiegeschichtlichen Vorlesungen an der Sorbonne (1828/29) zusammen. Eine frühere Vorlesungsreihe (1ère série) erschien ergänzend 1841. – Die auf der Psychologie begründete Philosophie Cousins, der als Universitätslehrer und liberaler Politiker großen Einfluß besaß, ist eine eklekt. Synthese auf idealist. Grundlage. Ihre Basis ist wie bei Maine de Biran das subjektive Bewußtsein, das intuitiv das Absolute zu erfassen vermag. Von hier aus versucht Cousin einen Mittelweg zwischen der die Metaphysik ablehnenden schottischen Schule und dem deutschen Idealismus, den er in Frankreich bekannt machte, zu gehen. Die Geschichte sieht Cousin als fortschreitende Entwicklung von Ideen und einander ablösenden philosoph. Systemen, die alle auf die Grundgedanken des Sensualismus, Idealismus, Skeptizismus und Mystizismus zurückzuführen sind. Wahr sind nach Cousin diejenigen Aspekte dieser Systeme, die in der histor. Entwicklung überleben. So rechtfertigt Cousin sein Verfahren, verschiedene philosoph. Gedanken, isoliert von ihren Ausgangspunkten, zu einer umfassenden Synthese zu vereinen. – Cousin übertrug mit seiner Verbindung von Empirismus und Idealismus, Sensualismus und Rationalismus die geistige Haltung des ›juste milieu‹ auf die Philosophie. Sein auf universale Harmonisierung bedachter, akadem. Eklektizismus, der jedoch eines originellen Leitgedankens ermangelt, dominierte die liberale Kultur der Epoche des Bürgerkönigtums.

Lit.: P. JANET, V. Cousin et son œuvre, 1885. – J. SIMON, V. Cousin, 1887. – A. CORNELIUS, Die Geschichtslehre V. Cousins, 1958.

R. SCHWADERER

Cours de linguistique générale (frz.; *Grundfragen der allgemeinen Sprachwissenschaft*), Ferdinand de SAUSSURE; EA Lausanne/Paris 1916 (postum); dt. 1931.

Durch die revolutionierende Konzeption von Sprache als autonomem und synchronem System von miteinander in Beziehungen stehenden Zeichen wurde der nach Vorlesungsmitschriften publizierte Text zur Grundlage der allgemeinen Sprachwissenschaft bzw. der modernen Linguistik und zur theoret. Begründung des Strukturalismus. – Die menschliche Rede (langage) ist in Sprache (langue) und Sprechen (parole) zu unterscheiden. Sprache ist als das grammatikal.-lexikal. System der soziale Teil und daher die Norm.

Sie existiert virtuell in jedem einzelnen, vollständig aber nur in einer Gesamtheit von Individuen. Sprechen ist die jeweilige Aktualisierung des gemeinsamen Systems durch Individuen in konkreten Situationen. Da die Sprache keine Nomenklatur von ihr gegenüber präexistenten Vorstellungen ist, verbindet das sprachliche Zeichen in sich nicht Name und Sache, sondern Lautform und Vorstellungselement, also das Bezeichnende (signifiant) und das Bezeichnete (signifié). Weil deren Verhältnis zueinander unmotiviert ist, d. h. auf Konvention und nicht auf natürlicher Entsprechung beruht, sind Zeichen beliebig. Die Sprache strukturiert mit ihnen die amorphen Massen des Denkens und der Laute zu bilateralen Einheiten und ist daher nicht Substanz, sondern Form. Funktion und Inhalt der Zeichen sind nicht positiv bestimmt, sondern nur negativ durch ihre Bedingungsverhältnisse zueinander. Dies erzeugt ein System von relativen Werten, dessen Elemente sich wie im Schachspiel nach bestimmten Regeln gegenseitig im Gleichgewicht halten. Gerade die Beliebigkeit der Zeichen gewährleistet die Unveränderbarkeit des Systems und zugleich seine Veränderlichkeit durch die soziale Überlieferung. Die Linguistik untersucht in zwei völlig verschiedenen Perspektiven in erster Linie das Beziehungssystem an sich als einen Sprachzustand (Synchronie) und dann seine Entwicklung in der Zeit (Diachronie). – Saussures Konzeption führte soziolog. Denken in die Linguistik ein und brachte sie mit der method. Konzentration auf das Formale und das Prinzip des Kontrastes weit voran; als erste wirkungsmächtige Formulierung des strukturalist. Standpunkts gab sie in ihren scharfen Dichotomien auch schon dessen Problematik vor.

Ausg.: Dt., [2]1967.
Lit.: G. Lepschy, Die strukturale Sprachwissenschaft, 1969.

R. Wesel

Cours de philosophie positive (frz.; *Abhandlung über die positive Philosophie*), Isidore-Auguste-Marie-Xavier Comte; EA Paris 1830–1842 (6 Bde.); dt. 1883 Die positive Philosophie (2 Bde.).
In seinem sozial- und wissenschaftstheoret. Hauptwerk erstellt Comte auf der Grundlage eines systemat. Positivismus eine universale Theorie der Entwicklung des menschlichen Geistes und eine hierarch. Ordnung der Wissenschaften, an deren Spitze die dem gesellschaftlichen Fortschritt dienende Soziologie steht. – Der menschliche Geist durchläuft in seinem Verhältnis zur Wirklichkeit nacheinander drei Stadien: Im ersten Stadium, dem theolog. oder fiktiven Zustand (›l'état théologique, ou fictif‹), sucht der Mensch nach dem letzten Grund der Dinge und deutet alle Erscheinungen der Welt als Ausdruck des Wirkens übernatürlicher Wesen. Seine Vollendung erfährt dieser Zustand in Gestalt des Monotheismus, der alle Phänomene auf ein einziges göttliches Wesen zurückführt und dem als Teilstadien Fetischismus und Polytheismus vorangehen. Im zweiten Stadium, dem metaphys. oder abstrakten Zustand (›l'état métaphysique, ou abstrait‹), werden die Ursachen aller Erscheinungen in ewigen metaphys. Gesetzen gesucht, die die Vorstellung von einem die Welt beherrschenden launenhaften Gott ersetzen. Im drit-

ten und letzten Stadium schließlich, dem wissenschaftlichen oder positiven Zustand (›l'état scientifique, ou positif‹), wird die Unmöglichkeit absoluter Erkenntnis eingesehen, und die Fragestellung des Menschen wendet sich von der Ergründung der letzten Ursachen (dem ›Warum?‹) ab, um sich nur noch auf die Erforschung der innerweltlichen Verhältnisse und ihrer Gesetzmäßigkeiten (auf das ›Wie?‹) zu konzentrieren. Nacheinander hat der menschliche Geist in den anorgan. Wissenschaften der Mathematik, der Astronomie, der Physik und der Chemie, die alle nur Einzelphänomene zum Gegenstand haben, dieses letzte und höchste Stadium seiner Entwicklung erreicht. Von den auf die Erforschung ganzer Organismen ausgerichteten und damit höherstehenden organ. Wissenschaften ist jedoch bisher nur die Biologie bis zum positiven Zustand gelangt, während die soziale Physik (›physique sociale‹) oder die Soziologie, die die Gesamtheit der menschlichen Verhältnisse zum Gegenstand hat und damit die höchste aller Wissenschaften darstellt, nur bis zum metaphys. Zustand fortgeschritten ist. Die Aufgabe der positiven Philosophie besteht nun darin, die tatsächlichen sozialen Gegebenheiten auf ihre Gesetzmäßigkeiten hin zu untersuchen, um somit die Soziologie zu einer positiven Wissenschaft fortzuentwickeln und ihr auf diesem Wege Erkenntnisse zu ermöglichen, die es erlauben, gesellschaftliche Entwicklungen vorauszusehen und darauf aufbauend die Entstehung des harmon. geordneten Weltstaates der Zukunft fördern und beschleunigen zu können. Da die Menschheit einen Organismus darstellt, der nur durch die Erhellung seines strukturellen Aufbaus verstanden werden kann, untersucht die aus der positiven Philosophie hervorgehende Soziologie – im Gegensatz zu den Naturwissenschaften – nicht Kausal-, sondern Strukturbeziehungen. Die soziolog. Strukturanalyse besteht in diesem Sinne aus Querschnitten durch die Gesellschaft, die jeweils spezif. Strukturzusammenhänge, z. B. polit. oder künstler. Art, herausarbeiten sollen, die dann wiederum mit ähnlichen Zusammenhängen anderer Epochen verglichen und aus der Perspektive der Gesamtentwicklung der Menschheit heraus analysiert werden. Hierbei dient das Drei-Stadien-Gesetz erneut als Modell, so daß dem theolog. fiktiven Zustand eine theokrat. bzw. feudal-kirchliche, dem metaphys.-abstrakten eine revolutionäre und dem wissenschaftlich-positiven eine die gesamte Welt umspannende demokrat.-industrielle Gesellschaftsordnung entspricht. Indem die Soziologie durch die Entdeckung der statischen Komponenten der gesellschaftlichen Entwicklung eine gezielte Steuerung der sozialen Dynamik im Hinblick auf die Verwirklichung der letzten und höchsten gesellschaftlichen Ordnungsform ermöglicht, genügt sie von allen Wissenschaften am vollkommensten der Forderung, daß alles Wissen und Forschen letztlich der Verbesserung der menschlichen Lebensbedingungen dienen soll. – Das umfangreiche Werk begründete nicht nur den systemat.-philosoph. Positivismus und beeinflußte in diesem Zusammenhang maßgeblich J. S. Mills → *A System of Logic*, sondern legte auch den Grundstein für die Entwicklung der Soziologie zu einer selbständigen Wissenschaft seit der zweiten Hälfte des 19. Jh.s (→ *Système de politique positive*).

Ausg.: Soziologie, übers. von V. Dorn, 3 Bde., [2]1923. – Die Soziologie. Positve Philosophie, hg. von F. Blaschke, [2]1974.
Lit.: O. Massing, Auguste Comte, in: D. Käsler (Hg.), Klassiker des soziolog. Denkens, Bd. I, 1976.

J. Monar

El Criticón (span.; *Der Kritiker*), Baltasar Gracián; EA Saragossa 1651 (1. Teil unter dem Pseudonym García de Marlones), Huesca 1653 u. Madrid 1657 (2. u. 3. Teil unter dem Pseud. Lorenzo Gracián), Barcelona 1664 (Teile 1–3); dt. 1698 Von den allgemeinen Lastern der Menschen.
Der philosoph.-allegor. Roman erzählt die Lebensreise des weisen Critilo und des unerfahrenen Andrenio, die auf der Suche nach Felisinda, dem irdischen Glück, sind. Die philosoph. Relevanz des Romans ergibt sich aus dem Gegensatz der barocken Schein- und Seinwelt. Während der Reise wird die Welt sukzessive dechiffriert: Andrenio, der anfangs als vulgärer Mann (hombre vulgo) bezeichnet wird, entwickelt sich zur kultivierten Persönlichkeit (persona culta). Das Sammeln von Erfahrungen wird auf verschiedenen Textebenen realisiert: Reiseweg, Alter, Jahreszeiten. Diese Erfahrungen sind im 1. Romanteil Charaktereigenschaften (naturaleza), im 2. die Schönen Künste (arte) und im letzten Teil die geistigen Werte (moralidad). Hervorstechende Merkmale des Romans sind Allegorien, z. T. Neuschöpfungen von Gracián. Die allegor. Figuren sind entweder Führer, die Andrenio beim Dechiffrieren der Welt behilflich sind, oder Verführer, die den Schein (engaño) personifizieren. Durch Critilos Anleitung und Hilfe lernt Andrenio Schein von Sein (desengaño) zu unterscheiden. Am Romanende haben sie Felisinda nicht gefunden, da es das irdische Glück nicht gibt, aber die Reisenden finden Unsterblichkeit in ihrem Nachruhm. Gracián gibt in seinem Werk keine Lehre sondern Ratschläge, wie sie in kürzester Form im → *Oráculo manual* wiederkehren. – In Spanien im 17. Jh. von Gelehrten rezipiert und mehrfach herausgegeben, fand das Werk trotz vieler Ausgaben zu Lebzeiten Graciáns wenig Beachtung. Erst im 20. Jh. erschienen eingehende Studien des Werkes in Spanien.

Ausg.: Dt. (unvollst.), hg. von H. Studnicz-ka, 1957.
Lit.: G. Schröder, B. Graciáns ›Criticón‹, 1966. – T. L. Kassier, The Truth Disguised. Allogorical Structure Technique in Gracián's ›Criticon‹, 1976.

B. Trefz

Critique de la raison dialectique (frz.; *Kritik der dialektischen Vernunft*), Jean-Paul Sartre; EA Paris 1960; dt. 1967.
Dieses Hauptwerk der mittleren Schaffensperiode Sartres bildet den Höhepunkt seines Versuchs, den Existentialismus in den Marxismus zu integrieren und dadurch zugleich den in sich selbst erstarrten dogmat. Marxismus aufzubrechen. Sartre bejaht den Marxismus als Analyse der sozialen Situation der Gegenwart mit Klassengegensätzen und Entfremdung sowie die Dynamik des Sozialen hinsichtlich der Beförderung der Freiheit, lehnt aber die Verfügung über den Menschen als Subjekt durch ein histor.-dialekt. Sinngesetz der Geschichte radikal ab. Sartres Ziel ist es u. a. aufzuzeigen, wie die totalisierten Freiheiten zu einer existentiellen Pra-

xis zusammengeschlossen werden können. Als wesentliche Strukturmomente erscheinen innerhalb der Untersuchung der ›ensembles pratiques‹ eine Theorie einer sog. ›strukturellen und histor. Anthropologie‹ und eine solche des individualisierenden Verstehens, das sich freilich dem dialekt. Verfahren nicht entzieht. Mit dem dialekt. Verfahren meint Sartre method. sowohl dem Grundkonzept des Marxismus als auch den Forderungen des Existentialismus entsprechen zu können. Beginnend mit einer Gegenüberstellung von dogmat. und kritischer Dialektik entwickelt Sartre Prinzipien einer kritischen Erfahrung, die es erlauben, existentielle Praxis und klassische marxist. Strukturmomente wie z.B. Arbeit, Entfremdung oder Totalität zu verbinden, d. h. er entwickelt eine Sozialphilosophie, die dem Doppelcharakter von Freiheit und Gegenständlichkeit in der menschlichen Sozietät Rechnung tragen will. Individuum, Freiheit, Entwurf einerseits und Gesellschaft, Notwendigkeit, materielle Bedingtheit andererseits stehen einander gegenüber, um in dialekt. Vermittlung zu einer Begründung der sozialen und histor. Strukturen des praktischen Subjekts zu führen. Individuelle Praxis, Antipraxis und gemeinschaftliche Praxis sind die Stufen dieses Prozesses, innerhalb dessen man, wie Sartre betont, beim Individuum ansetzen muß, um von ihm aus die Totalität der Praxis zu gewinnen. Materie bzw. Knappheit erscheinen dabei als jene Vermittlungsinstanzen, die die Beziehung zum Anderen, zum Mitmenschen konstituieren. Dabei kommt ähnlich wie in Sartres Ontologie dem Konflikt ein wesentlicher Stellenwert zu. Er begründet letztlich jene Wechselseitigkeit der zwischenmenschlichen Beziehungen, die ein erstes Element der Gruppen- und damit auch Gesellschaftsbeziehungen darstellt. Entfremdung, Klassenbewußtsein und Arbeit bilden entscheidende Konstitutionsstufen der Praxis der Gruppe, die als ›groupe en fusion‹ die zentrale Gestalt der Verwirklichung von Freiheit in Solidarität darstellt. ›Serialität‹ als Entfremdungsform und Wechselseitigkeit der Anerkennung als eigentliche menschliche Gemeinsamkeit werden einander gegenübergestellt. Die grundsätzliche Instabilität dieser spontanen, in der revolutionären Situation entstehenden Gruppenbildung entspricht der aus gegenseitiger Anerkennung in Andersheit und Gleichheit resultierenden Freiheit. Über verschiedene Entfremdungsformen wie z. B. den stabilisierenden Eid oder Terror, bzw. die verschiedenen Formen von Organisation und Herrschaft entsteht Gesellschaft als Inbegriff der Gruppen und Kollektive und schließlich der Staat als beschränkte Gruppe von Organisatoren, Verwaltern, Propagandisten, die sich vermittelt durch Institutionen als herrschende Gruppe verfestigen. Es gibt bei Sartre allerdings weder ein normatives noch ein utopisches Bild von Gesellschaft und Staat. Geschichte wird als Überwindung von Antagonismen zugunsten einer Zentrierung der Gesellschaft gedacht, die Ergebnis des Klassenkampfes wäre. Die Unabgeschlossenheit der Geschichte korrespondiert dem Bekenntnis zur Freiheit, die nur als Freiheit innerhalb der Gruppe möglich sein kann.

Lit.: K. Hartmann, Sartres Sozialphilosophie, 1966. – F. KROSIGK, Philosophie und polit. Aktion bei J. P. Sartre, 1969.

P. KAMPITS

Cur Deus homo (lat.; *Warum Gott Mensch geworden*), ANSELM VON CANTERBURY, entst. 1094–1098; ED Nürnberg 1491; dt. 1936.

In seinem christolog. Hauptwerk will Anselm die Gläubigen stärken und die Ungläubigen überzeugen. Nicht der Schriftbeweis, sondern Vernunftgründe bestimmen die Methode des Werkes, das in der Form eines Dialogs mit einem Schüler (Boso) verfaßt ist. – Das Werk ist in zwei Teile gegliedert: Im 1. Teil stellt Anselm die Situation des Menschen dar, der Gott nicht die geschuldete Achtung gegeben hat. Der Mensch ist gehalten, diese Schuld auszugleichen. Aber er ist dazu nicht in der Lage und darum in einem Notstand. Im 2. Teil legt Anselm dar, daß es Gottes Wille ist, daß der Mensch in Einheit mit Gott lebt. Dieser Wille Gottes ist durch des Menschen Schuld vereitelt. Nur Gottes konsequentes Handeln hilft aus der Notsituation: Im Gott-Menschen kommt der zum Handeln befähigte, aber keineswegs verpflichtete Gott dem zum Handeln verpflichteten, aber nicht zum Handeln fähigen Menschen entgegen. Anselms Ansatz bricht mit allen in der Tradition diskutierten äußeren Dispositionen des Erlösungsgeschehens (z. B. einem fiktiven Anrecht des Teufels auf die gefallene Menschheit). Anselm sieht die Beziehung zwischen Gott und Mensch als eine Rechtsbeziehung, der seiner rationalen Argumentation entspricht. Mit Vernunftgründen (rationes necessariae) wird versucht, Gottes Willen – der nie unvernünftig sein kann – zu entsprechen. Von diesen unterscheiden sich die ›Konvenienzgründe‹, die eine nicht vollständig durchgeführte Argumentation in Bildern zeigen. – Anselm hat die Erlösungslehre besonders seit dem Concilium Tridentinum maßgebend bestimmt. Aber vielfach wurde seine streng jurist. Fassung der Erlösung, die auf dem Hintergrund der monast. Kultur des Mittelalters und einer römisch-rechtlichen Argumentationsweise verstanden werden muß, kritisiert. In der neueren geistesgeschichtlichen Forschung wird Anselms Anteil an der Freiheitsgeschichte und seine Betonung der in Christus zur Wirklichkeit drängenden Möglichkeiten des Menschen wieder gewürdigt. Anselms Werk beinhaltet nicht nur eine Alternative zur Skepsis gegenüber einer dem Menschen vorgegebenen Ordnung, sondern auch einen maßgebenden Versuch, grundlegende Fragen der Bestimmung des Menschen rational zu erörtern.

Ausg.: Lat./Dt., von F. S. SCHMITT, ^{3}1970. – Opera omnia, hg. von F. S. SCHMITT, Bd. II, ^{2}1984.

Lit.: F. S. SCHMITT, Die wissenschaftliche Methode in Anselms ›Cur Deus homo‹, in: Spicilegium Beccense, I (1959). – R. W. SOUTHERN, St. Anselm and His Biographer, 1963. – R. SCHWAGER, Logik der Freiheit und des Natur-Wollens. Zur Erlösungslehre Anselms von Canterbury, in: Zeitschr. f. Kath. Theol. 105 (1983).

H. KOHLENBERGER

Dalālat al-Hā'irin (arab.; *Führer der Unschlüssigen*), MAIMONIDES, Rabbi Moises, Rabbi Aegyptus (eigentl. Mose ben Maimon), entst. zwischen 1180 und 1190; ED Paris 1856–1866 (S. Munk, Le Guide des Égarés); dt. 1923–1924.

Dieses philosoph.-theolog. Werk gilt als das rationalistischste Buch der sog. jüdischen Aufklärung des Mittelalters. Es ist in Kairo entstanden und auf Arabisch mit hebräischen Buchstaben geschrieben. Die Hauptfrage des Werkes ist die nach dem Verhältnis der Philosophie (falsafa) zum Gesetz (Scharia, Torah), wobei unter Philosophie immer die griechische Philosophie, unter Gesetz immer das jüdische geoffenbarte Gesetz mit seinen 613 Vorschriften zu verstehen ist. Über das letztere hatte Maimonides schon zuvor in dem *Buch der Gesetze* und der *Mischneh Torah* gehandelt. Der *Führer* hat drei Teile, die sich mit Gott (1), der Welt (2) und den Pflichten der Menschen (3) beschäftigen. (1) In der Lehre von Gott vertritt Maimonides eine radikale negative Theologie, die jedes Attribut Gottes als nicht adäquat verneint. Von Gott kann nur seine Einzigartigkeit ausgesagt werden. (2) Auf die Frage, ob die Welt erschaffen oder ewig sei, antwortet Maimonides, daß diese Frage mit den Mitteln der Logik nicht zu entscheiden sei, da die Beweise für beide Möglichkeiten unzureichend seien. Er selbst entscheidet sich als Jude für das Erschaffensein der Welt. (3) Die Pflichten der Menschen werden durch das Gesetz bestimmt. Doch soll das Gesetz nicht um seiner selbst willen eingehalten werden, sondern damit die Menschen lernen, Gnade, Recht und Tugend auf Erden auszuüben, um so Gottes Wirken in der Welt ähnlich zu werden. Die Aufklärung über das Gesetz ist somit eine Anweisung zur Nachahmung Gottes. Der scharfen Zurückweisung aller Spekulationen über Gott entspricht die durch das Gesetz gebotene Hinwendung zur Welt als Nachahmung des göttlichen Tuns. – Die philosophiehistor. Wirkung entfaltete die Schrift durch ihre hebräische Übersetzung unter dem Titel *More Nebuchim* (vor 1480) des Samuel Ibn Tibbon und durch die latein. Übersetzung unter dem Titel *Ductor Perplexorum* (1629) des Johannes Buxtorff.

Ausg.: Dt., von A. WEISS, ^{2}1972 (PhB 184 a–b). – Engl., von S. PINES, 1963 (The Guide of the Perplexed).

Lit.: L. STRAUSS, Philosophie und Gesetz, 1935. – F. NIEWÖHNER, Maimonides – Aufklärung und Toleranz im Mittelalter, 1987.

F. NIEWÖHNER

David Hume über den Glauben oder Idealismus und Realismus, Friedrich Heinrich JACOBI; EA Breslau 1787, Leipzig ^{2}1815 (in: Werke, Bd. II; mit Vorrede zugleich Einleitung in des Verfassers sämtliche philosoph. Schriften).

Diese in Dialogform abgefaßte bedeutendste Schrift Jacobis ist zwar nach Hume benannt, behandelt aber nur im ersten der drei zusammengefaßten Gesprächsteile ausdrücklich Hume, und zwar dessen Glaubensbegriff (belief), während – wie es im Vorbericht zur 1. Auflage heißt – im zweiten das Verhältnis von Idealismus und Realismus (im Hinblick auf Kants → *Kritik der reinen Vernunft*) und im dritten die Möglichkeiten menschlicher Vernunfterkenntnis in Anschluß an Leibniz erörtert werden. Tatsächlich geht aber die Erörterung lückenlos vom einen zum anderen Thema über. Der Glaube ist für Jacobi, wie in der englischen Philosophie des common sense (Thomas Reid) und bei Hume, unmittelbarer Zugang zur Realität; wir fassen diese nicht durch Vernunftschluß als Grundlage der Sinneswahrnehmung, noch, wie im transzendentalen Idealismus Kants, durch auf sie bezogene Kategorien. Mit Leibniz wird die gegenseitige Einwirkung von Individuen auf die ›objektive Vernunft‹ Gottes zurückgeführt. Der Mensch erfährt sie in der Spontaneität seines Denkens und Wollens, nicht in der subjektiven Denkleistung aus kategorialer Synthesis, wie es Kant annimmt. Die Kenntnis der objektiven Vernunft Gottes verdankt sich der dialog. Erfahrung des ›Du‹ als einer dem ›Ich‹ gleichursprünglichen Gegebenheit. In der berühmten Beilage »Über den transzendentalen Idealismus« wird das Grundproblem der *Kritik der reinen Vernunft* formuliert, das mit der Annahme des ›Dings an sich‹ als Grund der ›Vorstellung‹ entsteht. – In der Einleitung zur 2. Aufl. von 1815 wird gegen das »Unternehmen des Kritizismus, die Vernunft zu Verstande zu bringen« (so der Titel einer weiteren gegen Kant gerichteten Schrift von 1802) Vernunft als ›Vernehmen des Übersinnlichen‹ bestimmt, eine Formel, die dann bis tief ins 19. Jh. diskutiert wird.

Aus.: Werke, Bd. II, 1815 (Repr. 1968).
Lit.: G. Baum, Vernunft und Erkenntnis. Die Philosophie F. H. Jacobis, 1969. – L. Guillermit, Le réalisme de F. H. Jacobi, 1982.

K. Hammacher

De aeternitate mundi (lat.; *Über die Ewigkeit der Welt*), Philon von Alexandrien, entst. um 10 n. Chr.; ED Paris 1552; dt. 1876.
Diese nur zur Hälfte in griechischer Sprache erhaltene, etwas unbeholfene Jugendschrift bildet gemeinsam mit den Abhandlungen → *De providentia, Quod omnis probus liber sit* und *De animalibus* die sog. rein philosoph. Gruppe im Werk des Philon und wird bisweilen als Fortsetzung von *De providentia* angesehen. Im Anschluß an eine Aufzählung der Hauptansichten über das Thema in damaliger Zeit, nämlich die Welt sei unentstanden und unvergänglich (Aristoteles u. a.), sie sei entstanden und vergänglich (Demokrit, Epikur u. a.) bzw. sie sei entstanden und unvergänglich (Platon, Hesiod u. a.) (§§ 7–19), führt Philon eine detaillierte Argumentation vor, die im Ergebnis Aristoteles folgt. Da der Autor aber im Schlußsatz eine ausführliche Widerlegung dieser Ausführungen ankündigt, eine solche in den oben genannten Werken auch jeweils vornimmt, sowie an anderen Stellen die Schöpfung und auch die Vergänglichkeit der Welt lehrt, ist uns offensichtlich allein der 1. Teil der Schrift überliefert, welcher anschließend widerlegt werden sollte. Alle angestellten Spekulationen über eine andere Urheberschaft als diejenige Philons sind damit hinfällig.

Ausg.: Dt., von K. Bormann, in: L. Cohn u. a. (Hg.), Philo von Alexandrien VII, 1964.
Lit.: D. T. Runia, Philo's ›De aeternitate mundi‹. The Problem of its Interpretation, in: Vigiliae Christianae 35 (1981).

H. Frohnhofen

De anima (Aristoteles) → Peri psychēs

De anima (lat.; *Über die Seele*), Wilhelm von Auvergne, entst. um 1230; ED Nürnberg 1496.
Das Werk gehört als selbständiger Teil zu Wilhelms monumentalem Hauptwerk *Magisterium divinale*, welches im ganzen sieben Abhandlungen umfaßt; die Schrift *De anima* greift einerseits auf die gleichnamige des Aristoteles (→ *Peri psychēs*) zurück, die erst

kurz zuvor in Übersetzung bekannt geworden war, und ist andererseits bereits im Bewußtsein des damit gegebenen Konfliktes geschrieben, votiert jedoch für eine partielle Aneignung. So übernimmt Wilhelm zu Beginn seiner weiter nicht systematisierten Schrift die aristotel. Bestimmung der Seele als innere Form des Leibes, unterstreicht aber gleichzeitig die Unkörperlichkeit, Selbständigkeit und damit die Unsterblichkeit der geistigen Seele. Die Rezeption aristotel. Begrifflichkeit in eine durchweg augustin. bestimmte Theologie zeigt sich auch darin, daß die Seele als Einheit, aber nicht als einzige Form gedacht wird; ihr gehen in der embryonalen Entwicklung andere Formen voraus, ehe sie als Form geschaffen wird. Ebenso entstammen die fundamentalen Prinzipien menschlichen Wissens und Handelns dem göttlichen Geist, deren Mitteilung in den traditionellen Metaphern der Erleuchtung vorgestellt wird. Dies macht das aristotel. Konzept des ›wirkenden Verstandes‹ überflüssig; in bezug auf die Erkenntnisgegenstände wird die Aktivität des Geistes und der Anlaßcharakter der Gegenstände hervorgehoben. – In dieser ausgedehnten Anthropologie und Erkenntnistheorie hat Wilhelm mannigfache Alternativen formuliert, die in den späteren Diskussionen des 13. Jh.s, insbes. bei Bonaventura, eine markante Rolle spielen sollten.

Ausg.: Opera omnia, 1674 (Repr. 1962, Bd. II).
Lit.: E. A. Moody, Studies in Medieval Philosophy, Science, and Logic 1975.

R. Schönberger

De anima (lat.; *Über die Seele*), Tertullian, entst. um 210; ED Basel 1521; dt. 1838 Von der Seele.

Diese umfangreichste aller erhaltenen Schriften Tertullians ist die erste christliche Psychologie und versucht, eine der Offenbarung entsprechende Lehre von der menschlichen Seele zu entwickeln sowie diese gegenüber der zeitgenöss. Philosophie und der Gnosis zu verteidigen (Kap. 1–3). Während der 1. Teil (Kap. 4–22) das Wesen der Seele und ihre verschiedenen Kräfte behandelt und der Autor hier, um ihre Realität sicherzustellen, eine gewisse Körperlichkeit der Seele lehrt (Kap. 9), behandelt der 2. Abschnitt (Kap. 23–41) die Frage nach der Entstehung einzelner Seelen und widerlegt die Theorien von ihrer Präexistenz und der Seelenwanderung. Der abschließende 3. Teil (Kap. 42–58) spricht vom Tod, dem Schlaf, dem Traumleben sowie dem Zustand und Aufenthaltsort der Seele nach dem Tod.

Ausg.: Dt., von J. H. Waszink, 1980.
Lit.: G. Esser, Die Seelenlehre Tertullians, 1893. – T. D. Barnes, Tertullian, 1971.

H. Frohnhofen

De anima et vita (lat.; *Über die Seele und das Leben*), Juan Luis Vives; EA Basel 1538; dt. 1883 (Teilübersetzung).

Die philosoph. Seelenlehre in drei Büchern ist als erste neuzeitliche ›beschreibende und zergliedernde Psychologie‹ (Dilthey) bezeichnet worden. Weniger die metaphys. Definition der Seele als ihre erfahrungsmäßig zugänglichen Tätigkeiten sind Gegenstand der Untersuchung. Geist (Erkenntnis des Guten), Wille (Streben zum erkannten Guten), Gedächtnis (Ordnung und Sitz von Selbstbewußtsein und Geschichtlichkeit) sind die drei Aspekte der Seele. Besonders die Affektenlehre des letzten Buches betritt neue Bahnen: psychische Vorgänge werden auf somat. Voraussetzungen geprüft; Liebe und Haß als ihre Wurzeln lassen sich durch alle Verästelungen der Affekte verfolgen. Nicht der Geist, sondern die psychische Energie ist die Mitte des Menschen; die bloße Erkenntnis wurzelt im Gehirn, aber Leidenschaft und Vitalität im Herzen. Alle Ethik muß auf die gegebene seelische Disposition zum Begehren des Guten und Abwehren des Bösen gründen, macht sich also natürliche Mechanismen zunutze. Alle Erklärung des Seelenlebens aber wurzelt in dem selbst unerklärlichen göttlichen Ursprung der Seele und ihrer Unsterblichkeit. – Besonders in der Geschichte der Pädagogik (Jesuitenpädagogik) ist diese Seelenlehre bedeutsam geworden und wohl als eine der einflußreichsten neuzeitlichen Schriften vor der Psychologie der Aufklärung und der Moderne einzuschätzen.

Ausg.: Lat./It., von M. Sancipriano, 1974. – Dt. (Teilübers.), von J. Wychgram, in: J. L. Vives ausgewählte Schriften, 1883.

Lit.: G. Hoppe, Die Psychologie des J. L. Vives nach den ersten beiden Büchern seiner Schrift ›De anima et vita‹ dargestellt und beurteilt, 1901. – M. Sancipriano, La pensée anthropologique de J. L. Vives, in: J. L. Vives. Vorträge, hg. von A. Buck, 1981.

H.-B. Gerl

De anima intellectiva (lat.; *Über die Vernunftseele*), Siger von Brabant, entst. ca. 1273/74; ED Fribourg 1899.

Die Schrift ist wenige Jahre nach der Verurteilung averroist. Lehren 1270 und als Antwort auf Thomas' von Aquin → *De unitate intellectus* entstanden. Siger drückt sich jetzt vorsichtiger aus. Es geht um die Darstellung dessen, was die Seele von sich selbst weiß, und zwar gemäß den Lehren anerkannter Philosophen. Im Vordergrund steht die Erforschung der Intention der Autoren, nicht die Wahrheit. Siger bleibt dabei, daß die Vernunftseele dem Sein nach vom Körper getrennt ist. Sie vereinigt sich mit dem Körper nur in der Erkenntnistätigkeit, da sie nichts ohne Körper und Phantasmata erkennt. Die Vernunftseele ist immateriell, ewig, unvergänglich, aber dennoch verursacht. Siger wagt sich auch an die von Aristoteles her nur schwer beantwortbare Frage einer vom Leib abgetrennten Seele. Er löst das Problem mit dem Hinweis auf die Ewigkeit der species Mensch: die allen Menschen gemeinsame intellektive Seele kann sich ewig mit immer neuen menschlichen Individuen verbinden. Siger betont immer wieder, daß er ›philosophice‹ vorgehen wolle. Wahrheitsgemäß müsse man zwar sagen, daß die Vernunftseele durch die Vielheit der menschlichen Körper multipliziert werde, aber einige Philosophen sähen das Problem anders. Er selbst habe lange gezweifelt, was die natürliche Vernunft zu denken habe, und in einem solchen Zweifelsfall müsse man sich an den Glauben halten, der die menschliche Vernunft übersteige. Damit hat Siger sich dem Verdacht ausgesetzt, er vertrete die Lehre von der doppelten Wahrheit, doch trifft der Vorwurf in dieser Form nicht zu, weil bei ihm nicht die Rede davon ist, daß die notwendigen Ergebnisse der Vernunfttätigkeit etwas mit Wahrheit zu tun haben. Einige seiner Thesen wurden 1277 erneut verurteilt. Die Schrift endet mit der Aufforderung zum Weiterdenken und -lesen, da ein Leben ohne solche Studien dem Tod gleichkomme.

Ausg.: Hg. von B. BAZÁN, 1972.
Lit.: F. VAN STEENBERGHEN, Siger de Brabant dans l'histoire de l'aristotelisme, 1942.

B. KIBLE

De animatione caeli (lat.; *Über die Beseelung des Himmels*), DIETRICH VON FREIBERG, entst. um 1290; ED Hamburg 1983.
In dieser kosmolog. Schrift werden vernünftige Mutmaßungen über das Universum und seine Entstehung angestellt; im besonderen wird die notwendige Konsequenz aufgezeigt, daß die durchgängig wesentliche Strukturiertheit des Universums die Annahme intellektueller Substanzen nahegelegt, welche mit den Himmelskörpern nicht nur als Beweger, sondern – enger – als Formen wesentlich verbunden sind – eine nach modernen Kriterien verfehlte Theorie, die jedoch Dietrichs grundsätzlichen Anspruch auf rationale Argumentation erkennen läßt und die darüber hinaus auch das heute gültige Bestreben anzeigt, das gesamte Universum als – wenngleich differenzierte – Einheit zu verstehen. – Dietrichs Argumentation: Im Bereich des sublunaren Seienden, der Sphäre der entstehbaren und vergänglichen Wirklichkeit, ist innerhalb der vierfachen Ursächlichkeit, der materialen, formalen, effizienten und finalen, eine doppelte Wesensordnung anzutreffen, indem die Materie wesentlich der Form, Materie und Form dem Wirkenden, Materie, Form und Wirkendes dem Ziel unterstehen; andererseits besteht innerhalb jeder dieser Gattungen als solcher eine wesentliche Abhängigkeit, insofern die späteren Ursachen den früheren, alle insgesamt aber einer ersten Ursache subordiniert sind. Wird dieses Strukturgesetz analog auf die translunare Welt übertragen, ergibt sich, daß der höchste Intellekt, Gott, einen wesentlich in Wirklichkeit seienden Intellekt, die kosmische Intelligenz, begründet, daß ferner die Himmelskörper unmittelbarer Ursprung für die Welt des Werdens sind, daß schließlich zwischen diesen Extremen eine intellektuelle Substanz, die Himmelsseele, angesiedelt ist, die den Himmelskörpern als Form wesentlich geeint ist und deren lebendige Bewegungstätigkeit verbürgt. Damit ist nach Dietrich der wesentlich geordnete Aufbau des Universums rational begründet, ohne daß auf Engel, von denen einige, so Thomas von Aquin am Ende seiner Lehrentwicklung, zur Himmelskörperbewegung abgeordnet seien, rekurriert werden müßte. Mit dieser Schrift hebt Dietrichs explizite philosoph. Kritik an theolog. motivierten Vorstellungen seiner Zeit an. – Reiche Exzerpte aus diesem Werk finden sich im Proklus-Kommentar Bertholds von Moosburg.

Lit.: L. STURLESE, Il ›De animatione caeli‹ di Teodorico di Freiberg, in: Xenia Medii Aevi Historiam illustrantia oblata Th. Kaeppeli O. P., 1978. – K. FLASCH, Einleitung zu Opera omnia, Bd. III, 1983. – B. MOJSISCH, ›Causa essentialis‹ bei Dietrich von Freiberg und Meister Eckhart, in: Von Meister Dietrich zu Meister Eckhart, hg. von K. FLASCH, 1984.

B. MOJSISCH

De antiquissima Italorum sapientia ex linguae latinae originibus eruenda. Liber primus sive metaphysicus (lat.; *Über die älteste Weisheit der Italer, zu gewinnen aus den Ursprüngen der lateinischen Sprache.* Erstes, d. h. metaphysisches Buch), Giambattista VICO; EA Neapel 1710; dt. 1979.

Den Kern des veröffentlichten 1. Teils des auf drei Bücher (Metaphysik, Physik, Moral) angelegten, als etymolog. fundierte Rekonstruktion der altitalien. Philosophie gestalteten Systementwurfs bildet die erkenntnistheoret. Kritik des cartes. Wahrheitskriteriums der Evidenz. Gegen diesen Dogmatismus hält Vico fest, daß im ›cogito ergo sum‹ nur eine absolute Gewißheit, nicht eine Erkenntnis und darum kein Fundament für die Wissenschaften liegt. Dem Skeptizismus hält er entgegen, daß Erkenntnis möglich ist, aber nicht aufgrund des Kriteriums ›clare et distincte‹, sondern im Sinn der Formel ›verum ipsum factum‹, derzufolge als wahr nur zu gelten hat, was eigens geschaffen bzw. aus seinen Elementen und Ursachen erklärt ist. Da Gott der Ursprung auch der menschlichen Erkenntnis ist, bleibt diese stets unvollständig, und da das Natürliche außerhalb des Geistes liegt, bleibt die menschliche Naturerkenntnis stets unsicher. Die Mathematik ist als reines Geistesprodukt der Physik überlegen, doch in der Physik genügt die gängige geometr., nur kritisch-analyt. Methode nicht. Gegen ein einseitiges deduktives Vorgehen betont Vico die Wichtigkeit der Empirie für die Erkenntnis der Natur (deren göttliche Erschaffung auch mittels Experimenten rekonstruiert werden soll) und besonders für die Ethik. Im übrigen sind noch metaphys., naturphilosoph., psycholog. und theolog. Erörterungen in dieser Schrift enthalten. Ihre Kritik veranlaßte Vico zur Veröffentlichung zweier Repliken.

Ausg.: Lat./Ital./Dt., übers. und hg. von S. OTTO / H. VIECHTBAUER, 1979.
Lit.: S. OTTO/H. VIECHTBAUER (Hg.), Sachkommentar zu G. Vicos ›Liber metaphysicus‹, 1985.

CHR. JERMANN

De apice theoriae (lat.; *Vom Gipfel der Betrachtung*), NIKOLAUS VON KUES, entst. 1460; ED Straßburg 1488; dt. 1947.

Die Schrift, ein Dialog zwischen dem Kardinal und Peter Wymar von Erkelenz, seinem Sekretär, ist zeitlich und inhaltlich eng mit → *De possest* verknüpft, und ebenso mit den zwanzig Merksätzen des Magdeburger Memoriale. Erstmals werden Betrachtungen über Denken und Erkennen verstärkt in die Philosophie mit einbezogen, wenn Cusanus zwischen Verstand und Vernunft (ratio und intellectus) unterscheidet und über beide reflektiert. Weil bei Cusanus die Vernunft an dem Absoluten teilhaben kann, nimmt sie die übergeordnete Position ein. Die Grundwirklichkeit, das ›Können-Sein‹, in gesteigerter Form auch ›Können-Selbst‹ (posse ipsum) genannt (gelegentlich auch als das Absolute, Unendliche, Ewige, die Einheit bezeichnet), begegnet nach Cusanus dem suchenden Menschen in vielen Stufen der Sichtbarkeit, wenn auch oft als Rätselbild. Der menschliche Geist ist dem Cusaner das höchste und klarste Abbild des ›Können-Selbst‹; in ihm ist das Vermögen angelegt, in freier geistiger Tätigkeit sich emporzustrecken, das ›Können-Selbst‹ zu erblicken und so höchste Zufriedenheit zu empfinden.

Ausg.: Opera omnia, Bd. XII, hg. R. KLIBANSKY/H. G. SENGER, 1982. – Dt., von E. BOHNENSTAEDT, mit umfangreicher Einleitung, ²1970 (PhB 229).
Lit.: K. FLASCH, Die Metaphysik des Einen bei N. von Kues, 1973. – K. JACOBI, N. von Kues, Einführung in sein philosoph. Denken mit ausführl. Literaturangabe, 1979.

K. H. WIEDERKEHR

De arcanis aeternitatis (lat.; *Von den Geheimnissen der Ewigkeit*), Geronimo (Girolamo) CARDANO; EA Lyon 1663 (in: Opera omnia).
Das Werk stellt eine Kritik der empir. Wahrnehmung vor und rückt an ihre Stelle die ›Ewigkeit‹ mathemat. Strukturen. Die sinnengebundene menschliche Erkenntnis gelangt nicht zur wahren Substanz der Dinge, sie bleibt vielmehr bei ihrem Vergleich stehen (also bei Ähnlichkeiten und Quantitäten). Nur in der Mathematik gibt es Sicherheit: der Intellekt erkennt die Sache in Wahrheit, weil er sie selbst schafft. Damit formuliert Cardano im voraus ein Prinzip Vicos und der neuzeitlichen Erkenntnislehre, wonach die Wahrheit bestimmter Zusammenhänge vom Intellekt gemacht und damit zweifelsfrei wird: ein bedeutender gnoseolog. Ansatz zur Gewißheitsfrage durch Mathematisierung der Erkenntnis. In der Wirkungsgeschichte wurde das Werk jedoch von den bekannteren zeitgenöss. Entwürfen überholt.

Ausg.: Repr. (Opera omnia, Bd. X, 1663) 1966.
Lit.: M. FIERZ, G. Cardano (1501–1576). Arzt, Naturphilosoph, Mathematiker, Astronom und Traumdeuter, 1977.

H.-B. GERL

De arte cabalistica (lat.; *Über die kabbalistische Kunst*), Johannes REUCHLIN, EA Speyer 1494.
Die mystische Tradition des mittelalterlichen Judentums, festgehalten in der Kabbala, findet hier eine synkretist. Auslegung in bezug auf neuplaton. Philosophie, christliche Theologie und humanist. Anthropologie. Im Dialog unterreden sich ein Pythagoräer, ein Mohammedaner und ein Kabbalist über das Thema des Aufstiegs zu Gott durch die drei Stufen der Sinnenwelt (Kosmos), Welt der Ideen und Welt des Messias. Im Menschen als der Mitte alles Geschaffenen berühren und vermitteln sich diese Welten: eine einzigartige Auszeichnung. Letztlich erweist sich die Kabbala als eine symbol. Theologie, die sich von der Erschaffung des Menschen an unter verschiedenen Formen bis zum Christentum angereichert hat, aber stets eine ›ökumen.‹ Botschaft blieb.

Ausg.: Repr. (1517) 1964. – Frz., übers. von F. SECRET, 1973.
Lit.: L. W. SPITZ, The Religious Renaissance of the German Humanistis, 1963. – F. SECRET, Les Kabbalistes chrétiens de la Renaissance, 1964.

H.-B. GERL

De causa Dei contra Pelagianos et de virtute causarum ad suos Mertonenses (lat.; *Über die Sache Gottes gegen die Pelagianer und über das Vermögen der Ursachen – an die Mitglieder des Merton College*), Thomas BRADWARDINE, entst. vor 1335; ED London 1618.
Bradwardine, dessen Zugehörigkeit zur Denktradition Oxfords (Robert Grosseteste; Duns Scotus) ebenso unverkennbar ist wie seine Rückgriffe auf die hermet. Tradition (»Hermes Trismegistos«; → *Hermetiká*) auffällig sind, versucht in diesem monumentalen Werk, das von einem enormen Systematisierungswillen gekennzeichnet ist, die augustin. Gnadenlehre mit ihrem Schwergewicht gegen alle Reduzierungen wieder zur Geltung zu bringen. Ausgangspunkt ist dabei der Begriff Gottes als des höchsten Gutes, dessen Nichtexistenz nicht denkbar, dessen Existenz also evident ist. Mit dieser Fortführung des Anselm-Verständnisses des 13. Jh.s entwickelt Bradwardine eine apologet. Theologie, die in

geradezu enzyklopäd. Umfang und zugleich mit mathemat. Rigorosität die histor. und zeitgenöss. heterodoxen Theologien und Philosophien zu widerlegen sucht. Kerngedanke ist dabei die uneingeschränkte Souveränität Gottes über seine Schöpfung. Die besondere Zielrichtung – sie wird im II. und III. Buch deutlich – liegt jedoch darin, auch gegenüber dem freien Willen des Menschen die bestimmende Kausalität Gottes zu erweisen. Freiheit heißt zwar, nicht von endlichem Seienden bestimmt sein, kann aber nicht heißen, auch eine Beschränkung der göttlichen Allursächlichkeit zu sein. Der Prädestinationsdeterminismus Bradwardine's wurde insbes. in seinem Schüler John Wiclif wirksam.

Ausg.: Repr. (1618) 1964.
Lit.: G. LEFF, Bradwardine and the Pelagians, 1957.

R. SCHÖNBERGER

De cive (Hobbes) → Elementorum philosophiae, sectio tertia ...

De civili dominio (lat.; *Von der weltlichen Herrschaft*), John WYCLIF, entst. 1376/77; ED London 1885–1904 (4 Bde.).
Das theolog. und kirchenpolit. Werk, als Teil einer ›Theolog. Summe‹ konzipiert und während der Auseinandersetzungen des englischen Königs mit dem Papst um Vorrechte und Abgaben der Kirche entstanden, spiegelt die Entwicklung des Autors zum Reformator und einflußreichsten Repräsentanten der zeitgenöss. englischen antiklerikalen Volksbewegung wider. – Im ersten, 1376 verfaßten Buch stellt Wyclif die These auf, daß kein Sünder Herrschaft ausüben kann; diese kommt allein Gott zu und wird von ihm ausschließlich den Prädestinierten zugeteilt. Jegliche Herrschaft soll auf Liebe beruhen, an ihr sind die Regierenden zu messen. Da das göttliche Gesetz, das in der Hl. Schrift niedergelegt ist, genügt, um die Angelegenheiten der Menschen zu ordnen, werden weder staatliches noch kanon. Recht benötigt. Der König ist dazu da, die staatliche Ordnung aufrechtzuerhalten und zu verteidigen. Der Klerus, dem es nicht zukommt zu herrschen, sondern zu dienen, hat die Pflicht, dem König beizustehen und mit seinem Besitz zur Landesverteidigung beizutragen. Wyclif stellt ausführliche Überlegungen zur Säkularisierung des kirchlichen Besitzes an, wenn der Klerus sein Eigentum mißbraucht oder wenn ihn dieses an der Erfüllung seiner Pflichten hindert. Kirchliche Maßnahmen gegen solche staatlichen Eingriffe sind ungültig. Buch II und III, die im Ton polemischer und in den Forderungen schärfer gehalten sind, entstanden 1377 im Verlauf der Debatte, in die auch der Papst mit einer Verurteilung von 19 Thesen aus Wyclifs Werk eingriff. – Die Schrift, die deutlich von Marsilius von Padua und W. v. Ockham beeinflußt ist, hatte vor allem Auswirkungen auf die reformator. Bewegung des Jan Hus.

Ausg.: Hg. von R. L. POOLE und J. LOSERTH, 4 Bde., 1885–1904.
Lit.: J. L. DALY, The Political Theory of John Wyclif, Chicago 1962.

P. WALTER

De civitate Dei (lat.; *Über den Gottesstaat*), Aurelius AUGUSTINUS; entst. 413–426; ED o. O. u. J. (Subiaco 1467); dt. 1826 Des heiligen Augustinus zwey und zwanzig Bücher von der Stadt Gottes.

Das zweite umfangreiche Hauptwerk des Bischofs von Hippo Regius, eine philosoph.-theolog. Abhandlung, gliedert sich in zwei Teile, deren erster (Bücher I–X) eine Rechtfertigung des Christentums angesichts des sich abzeichnenden Verfalls und Untergangs des Römischen Reiches darstellt und deren zweiter Teil (Bücher XI–XXII) eine umfassende spekulative Geschichtsdeutung unter heilsgeschichtlichen Prämissen von der Schöpfung bis zum Ende der Welt beinhaltet. Der 1. Teil setzt sich mit den Vorwürfen auseinander, daß das Römische Reich deshalb vom Untergang bedroht sei, weil die Christen sich weigern würden, den römischen Göttern zu opfern. Nicht die christliche Religion hätte die alten Tugenden und den Bestand des Staates gefährdet, sondern der Götterkult sei selbst sittenlos geworden. Die Götter wären nicht imstande gewesen, das Unheil abzuwehren. Sie waren vorher schon nicht dafür verantwortlich, daß Rom groß geworden ist, sondern der christliche Gott hatte dies in seiner Vorsehung zugelassen, um die irdische Tüchtigkeit Roms zu belohnen und schlimmeres Übel zu verhindern. Die römischen Götter könnten auch kein ewiges Leben gewähren. Sie seien wie die Menschen unter sich zerstritten. Man wüßte daher nicht, wer für was zuständig sei. In Form einer immanenten Kritik des Götterkultes versucht Augustin in diesen Büchern die Berechtigung der ›wahren Religion‹ zu erweisen. Der 2. Teil entfaltet eine spekulativ-theolog. Geschichtsdeutung, die unter der Prämisse steht, daß der unsichtbare jenseitige Gottesstaat von dem ebenso unsichtbaren Weltstaat zu unterscheiden ist. Die Anhänger des Gottesstaates seien an der Gottesliebe (amor dei) bis zur Selbstverachtung, die Anhänger des Weltstaates an der Selbstliebe (amor sui) bis zur Gottesverachtung zu erkennen. Diese heilsgeschichtliche Unterscheidung sei auf die sichtbaren irdischen Gemeinschaftsformen, nämlich Kirche (ecclesia) und Staat (res publica) anwendbar, aber weder deckt sich der Gottesstaat mit der Kirche, noch der Weltstaat mit dem Staate, weil unter den offenkundigsten Feinden des Gottesstaates vorherbestimmte Freunde verborgen sind und umgekehrt. Der irdische Staat ist nach Augustin eine physische Autorität, die sich durch Macht und Furcht behauptet, die Kirche dagegen eine moral. Autorität, die durch Lehre und Sakramentenverwaltung wirkt. Die heilsgeschichtliche Auseinandersetzung zwischen Gottes- und Weltstaat ist zwar von der göttlichen Vorhersehung (providentia) vorbestimmt, aber dies kann keinen Gegensatz zur Willensentscheidung der Menschen in der Geschichte bedeuten, da Gott diese ja vorhersehen kann. Augustin analysiert den Ursprung der beiden Staaten in der Erschaffung und im Abfall der Engel, ferner die Erschaffung des Menschen und seinen Sündenfall (Bücher XI–XIV). Er beschreibt die Vermischung und das Ineinander beider Staaten in der irdischen Wirklichkeit, stellt die Geschichte des Alten Testamentes dar und verflicht sie mit der römischen Geschichte. Dies geschieht in spirituell-allegor. Auslegung des Alten Testamentes, in dem alles auf das Erscheinen von Jesus und die Begründung des Neuen Testamentes hin gedeutet wird (Bücher

XV–XVIII). Die Bestimmung des höchsten Gutes als ewiger Friede leitet die Untersuchung des Endes der Welt, die Eschatologie ein. Im letzten Gericht werden die beiden spirituellen Wirklichkeiten des Gottes- und Weltstaates getrennt und als solche erkennbar. Ewige Verdammnis und ewige Seligkeit bilden ihre Endform (Bücher XIX–XXII).

Ausg.: Übers. von W. THIMME, ²1982.
Lit.: R. BERLINGER, Augustins dialog. Metaphysik, 1962. – G. KAMLAH, Christentum und Geschichtlichkeit, 1951. – A. SCHÖPF, Augustinus. Einführung in sein Philosophieren, 1970. – K. FLASCH, Augustinus. Einführung in sein Denken, 1980.

A. SCHÖPF

De communicatione idiomatum (lat.; *Über die Idiomenkommunikation*), NIKOLAUS VON ORESME, entst. zwischen 1355 und 1361; ED Münster 1940.

Diese Schrift gehört sowohl in die Geschichte der Theologie als auch in die Geschichte der Logik. – Das Ausgangsproblem ist das Dogma vom inkarnierten Logos, welches besagt, daß Christus in einer Person wahrer Gott und wahrer Mensch war. Daraus ergibt sich das theolog. und logische Problem, welche Eigenschaften des Gottseins einerseits und welche des Menschseins andererseits in welcher Weise und unter welchen Bedingungen von der jeweils anderen Natur aussagbar sind. Nikolaus will mit Hilfe der ›Suppositionslogik‹, d. h. der Theorie darüber, wofür Termini eines Satzes stehen können, die theolog. Fragen so weit wie möglich zu beantworten versuchen, diese aber ausdrücklich vor der restlosen Enträtselung bewahren; denn der Geheimnischarakter des Fragegegenstandes darf nicht zum Verschwinden gebracht werden. – Der Einfluß Oresmes ist bis zu G. Biel, einer Quelle Luthers, nachweisbar.

Ausg./Lit.: E. BORCHERT, Der Einfluß des Nominalismus auf die Christologie der Spätscholastik, 1940.

R. SCHÖNBERGER

De concordia metaphysicae cum logica (lat.; *Über die Eintracht von Metaphysik und Logik*), Jean GERSON, entst. 1426; ED Köln o. J. (1483/84).

Das Werk – 2. Teil und Fortsetzung von → *De modis significandis* – handelt gemäß einer im Mittelalter gepflegten Gattung philosoph. Literatur von der Zuordnung der verschiedenen Disziplinen des Wissens. Ausgehend von der zweifachen Bedeutung des Wortes ›Sein‹, nämlich als Wesen der realen Sache selbst und intellektbezogenes Gegenständlichsein, versucht Gerson die rivalitätsfreie Harmonie der den beiden Sphären zugeordneten Disziplinen Metaphysik und Logik zu zeigen. Zugleich möchte er die prinzipielle Eintracht von Scotismus und Nominalismus aufzeigen, die von jeweils einer der beiden Disziplinen aus die andere zu bestimmen suchen. In der Unterscheidung dessen, wofür ein Terminus jeweils stehen kann, soll die Kompetenz bestimmt werden, die den sieben freien Künsten jeweils zukommt. Über Gott, das reine Sein, kann erst die Theologie die Wahrheit erkennen. Während diese alle anderen Disziplinen in ihren Dienst stellt, ist ihre eigene Einheit eher ein spirituell-moral. Problem. – Eine Nachwirkung blieb dem Werk versagt.

Ausg.: Oeuvres complètes, hg. von P. GLORIEUX, Bd. IX, 1960 ff.
Lit.: M. BAUER, Die Erkenntnislehre und der Conceptus entis nach vier Spätschriften des Johannes Gerson, 1973.

R. SCHÖNBERGER

De coniecturis (lat.; *Über Mutmaßungen*), NIKOLAUS VON KUES, entst. zwischen 1440 und 1444; ED o. O. u. J. (Straßburg 1488); dt. 1966.

Nach → *De docta ignorantia* ist diese Schrift das zweite philosoph. Hauptwerk des Cusaners und wurde sogleich nach Abschluß des ersten begonnen. Hatte Cusanus zuvor das Nichtwissen im sokrat. Sinne abgesteckt, ging er nun daran, über den menschlichen Geist und sein Vermögen positiv zu reflektieren. Die »Mutmaßungen« wollen erforschen und lehren, welche Zuverlässigkeit unseren Aussagen innewohnt. Das Werk steht dabei ganz in der neuplaton.-christlichen Tradition mit ihrer Einheitsspekulation. Da es sich jedoch um einen eigenständigen Versuch handeln soll, werden Autoritäten oder Zitate nicht angeführt, sondern Cusanus integriert die Ansichten der Vordenker in das eigene Konzept. Kernpunkt und Schlüssel zum Verständnis des schwierigen Werkes sind die Abbild-Urbild-Verhältnisse wie Mutmaßungen – reale Welt, menschlicher Geist – göttlicher Geist. Von Cusanus werden Seinsstufen (Gott, die Intelligenzen oder Engel, Seelen, Körper) und Regionen unterschieden, die aber nicht voneinander isoliert sind. So hat die menschliche Seele in ihrem höchsten Vermögen auch Anteil an der absoluten Intelligenz Gottes. Allen rationalen Dingen liegt nach Cusanus ein Urbild, eine Idee zugrunde, so auch der Zahl, die für die ratio von besonderer Bedeutung ist. Cusanus versucht, mit Zahlen und ihren Potenzen die Beziehungen der Regionen symbolisch auszudrücken und dem Weltbau nachzuspüren. – Obgleich das Werk die menschliche Erkenntnis thematisiert, enthält es keine Philosophie oder Erkenntnistheorie im neuzeitlichen Sinne. Überall wird die Wahrheit des christlichen Glaubens vorangesetzt, und Philosophie und Theologie werden nicht voneinander getrennt. Dennoch hat die Schrift neue, später zum Teil fruchtbar gewordene Denkmöglichkeiten eröffnet.

Ausg.: Opera omnia, Bd. III, hg. von J. KOCH/K. BORMANN/H. G. SENGER, 1972. – Lat./Dt., hg. von J. KOCH/W. HAPP, 1971 (PhB 268).

Lit.: J. KOCH, Die Ars coniecturalis des N. von Kues, 1956.

K. H. WIEDERKEHR

De consolatione theologiae (lat.; *Trost der Theologie*), Jean GERSON, entst. 1418; ED Köln o.J. (um 1472).

Gerson möchte mit diesem Werk, das sich dem Titel nach in dieTradition der theolog. Trostbücher, etwa des Eckhart-Schülers Johannes von Dambach stellt, das histor. überaus bedeutende Werk des Boethius (→ *Philosophiae consolationis*), das noch im 14. Jh. viel kommentiert wurde, theolog. vollenden. – Wie das Werk des Boethius als Dialog konzipiert und wie dieses aus Abschnitten in Prosa und Gedichtform aufgebaut, knüpft das Buch Gersons – ebenfalls vor dem Hintergrund allgemeiner polit. Wirrnisse und des persönlichen Schicksals (Exil) – an dessen Ende an: an die erwiesene Tatsache der göttlichen Weltregierung. Daraus entsteht namentlich im Problem der Erwählungsanfechtung ein neuerliches Tröstungsbedürfnis, dem mit verschiedenen Trostgründen entsprochen wird: Hoffnung auf den göttlichen Richter und seine absolute Gerechtigkeit oder der Gedanke einer Gnadenwahl, die nicht notwendig determinierend wirkt. Schließlich kann gerade aus dem Bewußtsein der Verlassenheit eine höhere Einheit mit dem Willen Gottes erwachsen. – Manche Gedanken des Werkes finden sich später bei Luther und in der Mystik wieder.

Ausg.: Ouvres complètes, hg. von P. Glorieux, Bd. IX, 1960 ff.
Lit.: H. Appel, Anfechtung und Trost im Spätmittelalter und bei Luther, 1938.

R. Schönberger

De constantia libri duo, qui alloquium praecipue continent in publicis malis (lat.; *Zwei Bücher über die Beständigkeit,* die hauptsächlich einen Zuspruch bei öffentlichen Mißständen enthalten) Justus Lipsius; EA Antwerpen 1584; dt. 1599 Von der Bestendigkeit.
Die kleine, weitverbreitete Schrift ist das Hauptwerk des sich auf Seneca berufenden Neu-Stoizismus, in welchem der niederländ. Späthumanismus und die Erfahrungen der Religionskriege philosoph. Ausdruck fanden. Lipsius hat dazu auch durch eine *Manuductio in stoicam philosophiam* (1604), eine *Physiologia stoicorum* (1604) und eine Seneca-Ausgabe (1605) entscheidend beigetragen. Er entwickelt eine am römischen Denken orientierte Philosophie, die eine stoische Haltung der Gelassenheit gegenüber dem dreifachen fatum mathematicum, fatum physicum, fatum Stoicum und die Einsicht in das vierte fatum, das des ewigen Ratschlusses der Vorsehung, fördert, damit der Mensch das Elend der Geschichte meistere. Beständigkeit ist ihm die Gemütskraft der Vernunft, die aus Geduld hervorgeht und unabhängig macht vom Äußerlichen und Zufälligen, aber auch von der Bosheit der Menschen. – Die Wirkung von Lipsius ist philosoph. sekundär, aber stark hinsichtlich der Herausbildung bürgerlicher Tugendbegriffe und einer unkonfessionellen Schicksalsgläubigkeit.

Ausg.: Repr. ([2]1601) 1965.
Lit.: G. Oestreich, J. Lipsius als Universalgelehrter zwischen Renaissance und Barock, in: Leiden University in the Seventeenth Century, hg. von Th. H. Lunsingh Scheurleer / G. H. M. Posthumus Meyes, 1975.

G. Böhme

De corpore (Hobbes) → Elementorum philosophiae, sectio prima . . .

De dignitate et augmentis scientarum (F. Bacon) → Instauratio magna

De dignitate et excellentia hominis (lat.; *Von der Würde und Erhabenheit des Menschen*), Giannozzo Manetti, entst. 1452; ED Basel 1532.
Im Rahmen der humanist. Anthropologie entwickeln die vier Bücher das Lob des Menschen in starker Anlehnung an Bartolomeo Facios *De excellentia et praestantia hominis* (1447). Buch I preist den menschlichen Körper: sein Aufgerichtetsein als Zeichen seiner Stellung als Herrscher über die Erde, die nützliche und schöne Zusammenfügung der Glieder und Organe (Mikrokosmos). Buch II stellt die Seele als Bild und Gleichnis Gottes vor, ausgestattet mit Verstand, Unsterblichkeit, Intelligenz, Gedächtnis, Willen, vor allen Lebewesen von göttlicher Herkunft. Buch III bestimmt den Menschen in seiner Sterblichkeit als soziales, polit., verstand- und vernunftbegabtes Lebewesen, das die göttliche Rohschöpfung der Welt nachschafft und

vollendet (insbesondere als Schöpfer der Welt der Kunst). Buch IV verurteilt alle (mittelalterliche) Verachtung von Welt und Mensch. – Die unerhörte Aufwertung des Menschen zum Nachschöpfer der Welt und seiner selbst bereitet weitere Höhepunkte humanist. Anthropologie (Pico) vor.

Ausg.: Lat., hg. von E. R. Leonard, 1975.
Lit.: A. Auer, G. Manetti und Pico della Mirandola, in: Vitae et veritati. Festgabe für K. Adam, 1956. – H. W. Wittschier, G. Manetti. Das Corpus der orationes, (Diss.) 1968. – Ch. Trinkaus, In Our Image and Likeness, 1970 (2 Bde.).

H.-B. Gerl

De diligendo Deo (lat.; *Über die Liebe zu Gott*), Bernhard von Clairvaux, entst. 1126/41; ED Köln o. J. (um 1470).

Die Schrift besteht aus zwei klar unterschiedenen Teilen. Im 1. Teil (Kap. 1–33) antwortet Bernhard auf die Frage des Kardinaldiakons Haimerich nach Grund und Weise der Liebe zu Gott. Grund der Gottesliebe ist zum einen jene Liebe, die zuvor Gott, der Schöpfer und Erhalter, den Menschen entgegengebracht hat – unsere Liebe ist demnach Ausdruck unserer Dankbarkeit gegenüber Gott (Kap. 1–15), zum andern der Wunsch nach dem Besitz des wahren Gutes: nämlich Gottes (Kap. 17–21). Gott selbst bildet als bewirkende Ursache wie als höchstes Objekt unseres Verlangens den letzten Grund unserer Gottesliebe (Kap. 22), die dann richtig ist, wenn sie sich ohne Maß und ohne Grenze auf Gott richtet (Kap. 16). In vier Stufen der Liebe nähert sich das religiöse Subjekt seinem Gegenüber: von der Selbstliebe um seiner selbst willen über die selbstsüchtige Gottesliebe und die Gottesliebe um Gottes willen bis zur vergottenden Selbstliebe um Gottes willen, die erst in der künftigen Herrlichkeit erreicht werden kann (Kap. 23–33). An diese Ausführungen fügt Bernhard den größten Teil eines auch gesondert (als Epistula 11) überlieferten, vor 1125 verfaßten Briefs an die Kartäuser an, in dem er bereits die vier Stufen der Liebe und die Zuordnung der Liebe zur höchsten Form des Menschseins entwickelt hatte (Kap. 34–40).

Ausg.: Opera, Bd. III (Tractatus et opuscula), hg. von J. Leclercq/H. M. Rochais, 1963.

U. Köpf

De disciplinis libri XX (lat.; *20 Bücher über die Disziplinen*), Juan Luis Vives; EA Antwerpen 1531.

Diese enzyklopäd. angelegte humanist. Wissenschaftskritik und -reform entwickelt in einem 1. Teil die Ursachen des Verfalls der sieben freien Künste (»De causis corruptarum artium«) und in einem 2. Teil die Neugestaltung der Disziplinen auf christlicher Grundlage (»De tradendis disciplinis seu de institutione Christiana«). Der 1. Teil behandelt den geschichtlichen Niedergang des Trivium (Sprachkünste: Grammatik, Dialektik, Rhetorik) und des Quadrivium (Künste der Zahl: Arithmetik, Geometrie, Musik, Astronomie), dem Vives die Optik (›perspectiva‹) als achte Kunst hinzufügt, ferner den Verfall von Ethik und Recht. In symmetr. Entsprechung entwickelt der 2. Teil die Reform all dieser Disziplinen und nennt die jeweiligen Autoritäten für die zugehörige Lektüre. Am Ende behandeln fünf Bücher metaphys. und log.-dialekt. Grundlagenfragen unter Begründung der artes auf Metaphysik. Grundlage allen Studiums und Ausweis einer humanen Nützlichkeit der Wissenschaft ist freilich die Theologie, doch sind alle wahren Ergebnisse anderer Forschungen method. Weg zu Gott. – Dieses Hauptwerk von Vives wurde in der Forschung seit jeher als revolutionäres pädagog. Programm gewürdigt, freilich unter Vernachlässigung seiner philosoph. Dimension, die erst im 20. Jh. zögernd in den Blick rückt.

Ausg.: Lat., in: Opera omnia, Bd. VI, 1782–90 (Repr. 1964). – Dt. (Teilübers.), von J. WYCHGRAM, in: J. L. Vives ausgewählte Schriften, 1883.

Lit.: B. MICHAELIS, Die philosoph. Grundlagen der Pädagogik des J. L. Vives, (Diss.) 1931. – C. VASOLI, Vives e un programma umanistico di riforma della logica, 1961.

H.-B. GERL

De divinis nominibus (Dionysios Pseudo-Aeropagita) →Peri theiōn onomatōn, auch →De malorum subsistentia (Proklos)

De divisione naturae (lat.; *Über die Einteilung der Natur*), JOHANNES SCOTUS ERIUGENA, entst. 862–866; ED Oxford 1681; dt. 1870/74.

Dieser, einem Gefährten des Autors namens Wulfadus gewidmete, umfangreiche katechet. Dialog sucht die Wirklichkeit als ein in sich geordnetes Ganzes begrifflich zu fassen. Er behandelt in fünf Büchern alle Entitäten, welche einleitend (Buch I/1–10) nach ihrer schöpfer. Tätigkeit bzw. ihrem Geschaffensein in vier Gruppen eingeteilt werden, und bedient sich hierzu einer Auslegung von Genesis 1–3. So erläutert der 1. Teil (I/11–78) dasjenige, was nicht geschaffen ist, aber erschafft, d. h. Gott als Kausalursache. Im einzelnen finden sich hier Ausführungen sowohl über die Existenz, die Weisheit und das Leben Gottes, die innertrinitar. Beziehungen und verschiedene Arten von Theologie als auch über die zehn aristotel. Kategorien, welche im Hinblick auf Gott gedeutet werden. Im 2. Abschnitt (II/1–III/4), für den eine Beschäftigung mit dem, was geschaffen ist und selbst erschafft, d. h. den sog. Erstursachen oder auch Platonischen Formen, avisiert ist, stehen kommentierende Ausführungen zu den Schöpfungsberichten der Bibel sowie vor allem erneut über den trinitar. Gott im Mittelpunkt. Zum Thema des 3. Teils (III/5–IV/26), nämlich demjenigen, was geschaffen ist, aber selbst nicht erschafft, d. h. dem materiellen Universum, finden sich neben einer »Quaestio de nihilo« vor allem Aussagen über das Schöpfungswerk Gottes, welches nach den einzelnen Schöpfungstagen Wort für Wort besprochen wird. Für den abschließenden 4. Abschnitt (IV/27–V/40) ist das, was nicht geschaffen ist und auch nicht erschafft, d. h. Gott als Finalursache, als Thema vorgesehen. Mittels einer Auslegung der Erzählung von der Vertreibung des Menschen aus dem Paradies kommt der Autor zur Feststellung, daß die Schöpfung zu ihrem Schöpfer zurückkehrt. – Wenngleich das von Augustinus und Boethius beeinflußte Werk innerhalb des Karolingerreiches eine herausragende Position innehatte, ist es bis heute noch nicht gelungen, den theoret. Gehalt der Schrift vollständig zu erschließen.

Ausg.: I. P. SHELDON-WILLIAMS, bisher 3 Bde., ab 1972. – Dt., von L. NOACK, 1870 (Repr. 1983; PhB 86/87).

Lit.: G. SCHRIMPF, Das Werk des J. S. Eriugena im Rahmen des Wissenschaftsverständnisses seiner Zeit, 1982.

H. FROHNHOFEN

De divisione philosophiae, (lat.; *Über die Einteilung der Philosophie*), Dominicus GUNDISSALINUS, entst. um 1140; EA 1903 (in: Beitr. Gesch. Philos. MA, 4/1903).

Diese Einleitungsschrift, die die neu erschlossenen Traditionen der Übersetzerschule von Toledo aufnimmt und bereits eine erste Synthese der antiken, arabischen und christlichen Wissenschaftslehren versucht, stellt die einzelnen, überaus differenziert aufgeführten Wissenschaften zu einem Kanon zusammen, der als Gradation zu interpretieren ist: Propädeutik (scientiae eloquentiae), Logik (scientia media) und die Wissenschaft der Philosophie (scientia sapientiae), die – neben dem ›praktischen‹ Teil (Ethik, Oekonomie, Politik) – in den ›theoret‹. Disziplinen eine triadische Stufung des Wissens aufweist, die dem Abstraktionsgrad der Erkenntnis in Hinblick auf die materielle Wirklichkeit folgt: Physik, Mathematik und die Theologie (scientia divina), die das untersucht, was dem ›Sein und Erkennen nach außerhalb der Materie‹ ist (esse et intelligi extra materiam). Damit ist die Systematik der Wissenschaften, die sich in der Aristoteles-Rezeption der Hochscholastik ausbilden wird, vorbereitet. Auch wenn man bei Gundissalinus noch zahlreiche kompilator. Momente findet, ist die »Eigenarbeit« (L. Baur) nicht gering einzuschätzen. – Die Schrift, die zur Gattung der scholast. Wissenschaftstheorien gehört, ist nicht nur für die Rezeption und Neuordnung der tradierten Wissenschaften im Kontext der artes liberales wichtig, sondern auch für die neuen, durch Aristoteles geprägten Klassifikationen der Philosophie, die erst am Beginn der Neuzeit zurücktreten, da hier der ›Gegenstandsbereich‹ der Philosophie neu bestimmt wird.

Lit.: A. H. CHROUST, The Definitions of Philosophy in De divisione philosophiae, in: The New Scholasticism, 25 (1951).

K. HEDWIG

De docta ignorantia (lat.; *Über die belehrte Unwissenheit*), NIKOLAUS VON KUES, entst. 1440; ED o. O. u. J. (Straßburg 1488); dt. 1862 Von der Wissenschaft des Nichtwissens.

Das erste philosoph. Hauptwerk des Cusanus ist ein Dokument für den Wandel scholast. Denkens hin zum Geist des Humanismus und der Renaissance. Gehört der Cusaner damit zu den Wegbereitern der Neuzeit – obwohl sein Einfluß zunächst gering bleibt –, bildet bei ihm doch das Göttliche, das Absolute bei allen Überlegungen das Zentrum, und er ist noch ganz dem Mittelalter verhaftet. Neben mystischen Zügen steht eine rationale Betrachtung der Welt und ihrer Ordnung. Dabei bedient sich Cusanus vorwiegend der platon., durch die Mathematik geprägten Denk- und Darstellungsweise. Von dem Gedanken ausgehend, daß sich das Unendliche (oder Absolute, das für Gott steht) in kein Verhältnis zum Endlichen bringen läßt, gelangt der Cusaner zu der Überzeugung, daß unser Kosmos weder kugelförmig sei noch durch die Fixsternsphäre begrenzt werde (aristotel.-ptolemäisches Weltbild). Die Erde befindet sich auch nicht notwendig in der Weltmitte, und statt zu ruhen muß sie sich bewegen. Mit solchen Gedanken steht er den damaligen Impetustheoretikern nahe. Cusanus zieht noch einen anderen wichtigen Schluß: Die von den antiken Philosophen getroffene prinzipielle Unterscheidung zwischen den Himmelskörpern und der Erde, zwischen himmlischer und irdischer Materie, ist unhaltbar. So wird von ihm die copernican. Wende mit vorbereitet.

Ausg.: Opera omnia, Bd. I, hg. von E. Hoffmann/R. Klibansky, 1932. – Lat./Dt., Die belehrte Unwissenheit, hg. von P. Wilpert/H. G. Senger, Buch I ³1979 (PhB 264a), Buch II ²1977 (PhB 264b), Buch III 1977 (PhB 264c).

Lit.: N. Herold, Menschliche Perspektive und Wahrheit, 1975 (Bd. VI der Buchreihe der Cusanus-Ges.).

K. H. Wiederkehr

De ecclesiastica sive de summi pontificis potestate (lat.; *Über kirchliche bzw. päpstliche Macht*), Ägidius von Rom, entst. 1302; ED Florenz 1908.

Mit dieser umfänglichen, aber doch für eine breitere gebildete Leserschaft bestimmten Schrift, die in den Formulierungen zuweilen den Charakter einer Kampfschrift annimmt, begründet Ägidius vor dem Hintergrund des Streites zwischen dem französ. König und dem Papst die absolute Machtfülle des römischen Pontifex. Die drei Bücher handeln vom Wesen der päpstlichen Macht, vom Verhältnis der Kirche zu den zeitlichen Gütern und versuchen, Einwendungen dagegen durch Erläuterungen und Wiederholungen zu entkräften. Als Abbild der göttlichen Macht über die Schöpfung im ganzen kann es auch auf der Erde zuletzt nur einen Träger der Macht geben. Diese Macht ist die der Kirche, d. h. des Papstes, denn der Papst ist die Kirche. Die allegor. Deutung der alttestamentar. Ordnungen und der Verweis auf ohnehin geltende Rechtsverhältnisse, etwa die Tributpflicht gegenüber dem Papst, sollen diesen Machtanspruch untermauern. Ägidius leugnet damit nicht die traditionelle Lehre von den ›zwei Schwertern‹, nämlich der geistlichen und weltlichen Macht, nur wird letztere vom Papst delegiert und kann deshalb von ihm auch wieder entzogen werden; die weltliche Macht stammt also nicht selbst unmittelbar von Gott. Ihre Sache soll die Sorge um die zeitlichen Güter sein. Aber so wie das Zeitliche dem Unvergänglichen untergeordnet ist, bleibt auch die weltliche Gewalt der geistlichen unterstellt. Ägidius' Vergleich mit dem Leib-Seele-Verhältnis soll sowohl die Trennung der faktischen Funktionen als auch die prinzipielle Herrschaftsbeziehung anschaulich machen. – Das Werk wurde unmittelbar wirksam in der päpstlichen Bulle »Unam sanctam« (1302) und hat für die kirchenpolit. und staatsrechtlichen Diskussionen eine überragende Bedeutung gehabt.

Ausg.: Lat., hg. von R. Scholz, 1929 (Repr. 1961).

Lit.: R. Scholz, Die Publizistik zur Zeit Philipps des Schönen und Bonifaz' VIII., 1903.

R. Schönberger

De ente et essentia (lat.; *Über das Seiende und das Wesen*), Dietrich von Freiberg, entst. um 1297; ED 1911 (Le Traité ›De esse et essentia‹, hg. von E. Krebs, in: Revue Néoscolastique de Philosophie 18).

In dieser Abhandlung zur Metaphysik wird das Ziel verfolgt, mit dem Instrumentarium einer an der Sprachphilosophie orientierten Satz- und Bedeutungstheorie grundlegende ontolog. Termini abzuklären, um besonders die reale Identität von Sein und Wesen bei jedem Seienden nachzuweisen. – Der allgemeinste Grundbegriff ist der des Seienden, das nichts anderes bedeutet als das gesamte Wesen dessen, von dem es ausgesagt wird, und zwar konkret so, wie die Seiendheit eben dieses Wesen abstrakt bedeutet. Der Entfaltung dieses Gedankens folgt die Analyse der Termini des Was und der Washeit in Hinsicht auf die Weise, wie sie das Wesen bedeuten. Besondere Relevanz kommt der Betrachtung des Verhältnisses von Sein und Wesen zu, die stets dasselbe bedeuten, wenngleich sie sich in ihren Bedeutungsweisen voneinander unterscheiden: Wie Seiendes und Seiendheit auf statische Weise das Wesen bedeuten, so das Sein auf die Weise des Aktes, des real-dynam. Vollzuges. Die Identität von Sein und Wesen wird schließlich argumentativ und autoritativ begründet, und es wird ein kurzer Ausblick auf die Termini des ›Wodurch etwas ist‹ wie die der Existenz und Subsistenz geboten. Im 2. Teil kommen die Vertreter einer realen Unterscheidung zwischen Sein und Wesen zu Wort; ihre Argumente werden im einzelnen widerlegt. – Mit dieser Abhandlung greift Dietrich in die noch verstärkt aufzuhellenden Schulstreitigkeiten um die Wende vom 13. zum 14. Jh. ein und argumentiert auf der Basis seiner neuartigen Konzeption gegen Thomas von Aquin und seine Epigonen.

Ausg.: Opera omnia, Bd. II, 1980.
Lit.: R. Imbach, Gravis iactura verae doctrinae. Prolegomena zu einer Interpretation der Schrift ›De ente et essentia‹ Dietrichs von Freiberg O. P., in: Freiburger Zeitschrift für Philosophie und Theologie 26 (1979).

B. Mojsisch

De ente et essentia (lat.; *Über das Seiende und das Wesen*), Thomas von Aquin, entst. etwa 1252–1255; ED Padua 1475; dt. 1935.

In diesem kurzen, zu seinem Frühwerk gehörenden Traktat erklärt Thomas mit außerordentlicher Klarheit eine Reihe wichtiger Begriffe der Logik und Metaphysik wie etwa Seiendes, Natur, Wesen, Genus, Species und Differenz. – Thomas legt dar, wie das Seiende und das Wesen in den verschiedenen Seinsbereichen (Körper, reine Geister wie Gott oder Engel, Eigenschaften) zu bestimmen sind und wie sie sich zu den logischen Begriffen von Genus und Species verhalten. Das Werk enthält bereits die grundlegenden philosoph. Einsichten: den Realunterschied zwischen Sein und Wesen, die reine Potentialität der Materie, die Partizipation des Seienden am Sein Gottes, die Abhängigkeit logischer Begriffe vom individuell Seienden. – Der Traktat wurde von Armandus von Belleviso und Cajetan kommentiert.

Ausg.: Lat., Opera omnia, Bd. XLIII, 1976. – Dt., von R. Allers, 1959. – Dt., von F. L. Beretz, 1979.
Lit.: M.-D. Roland-Gosselin, Le ›De ente et essentia‹ de S. Thomas d'Aquin. Texte établi d'aprés les manuscrits parisiens. Introduction, Notes et études historiques, 1948.

L. J. Elders

De esse et essentia theoremata XXII (lat.; *22 Lehrsätze über das Sein und das Wesen*), Ägidius von Rom, entst. zwischen 1278 und 1286; ED Leipzig 1493.

Das Werk steht zu Beginn der jahrzehntelangen Kontroverse darum, wie sich Dasein und Wesen, Existenz und Essenz in den Dingen unterscheiden. Ägidius will im Anschluß an die thomist. Lehre zeigen, daß nicht bloß ein gedachter, sondern ein realer Unterschied zwischen beiden besteht. Die Kontingenz der Dinge kann nicht mehr bloß mit den aristotel. Prinzipien Form und Materie gedeutet werden, da unter dem Vorzeichen des Schöpfungsbegriffes auch diese selbst als kontingent (weil geschaffen) zu gelten haben. Ägidius folgert daraus, daß auch die Einheit von Form und Materie, das Wesen also, noch eines aktuierenden Prinzips bedarf, nämlich des Daseins. Diese Dualität von Wesen und Dasein muß als eine reale Unterschiedenheit begriffen werden, d. h. als eine wie zwischen Dingen. Die letzten metaphys. Komponenten aller endlichen geschaffenen Wirklichkeit sind Dasein und Wesen. Damit löst Ägidius auch das Problem, was der Gegenstand des notwendigen Wissens ist: nicht die veränderlichen Dinge, sondern ihre unveränderliche strukturelle Komponente, ihr Wesen.

Ausg.: Lat., hg. von E. Hocedez, 1930.
Lit.: R. Schönberger, Die Transformation des klassischen Seinsverständnisses, 1986.

R. Schönberger

De fato, libero arbitrio, praedestinatione et providentia Dei libri quinque (lat.; *Fünf Bücher über das Schicksal, den freien Willen, die Vorbestimmung und die Vorsehung Gottes*), Pietro Pomponazzi, entst. 1523; EA Basel 1556 (postum).

Die philosoph.-theolog. Abhandlung versucht eine Antwort auf die Frage nach der Vereinbarkeit von menschlicher Willensfreiheit und göttlicher Vorsehung zu geben. – Auf der Grundlage einer ausführlichen Kritik der führenden antiken und scholast. Autoren sowie inspiriert durch Alexander von Aphrodisias (*De fato*) gelangt Pomponazzi zu dem Ergebnis, daß die stoische Lehre die überzeugendste Antwort auf die Frage nach dem freien Willen gibt: einerseits betont sie die Verwobenheit des menschlichen Schicksals in die Kausalketten des Weltganzen, andererseits spricht sie aber auch dem Menschen den freien Willen hinsichtlich der Art und Weise zu, in der er mit seinem Schicksal umgeht. Der Mensch ist als ein Naturwesen zu begreifen, das den Notwendigkeiten der Natur unterworfen ist, eine Tatsache, die nicht im Widerspruch zur göttlichen Vorsehung steht, da letztere der Natur übergeordnet ist und sich menschlichem Ermessen entzieht. – Im Zusammenhang mit dem → *Tractatus de immortalitate animae* hat die zu ihrer Zeit vielbeachtete Schrift wesentlich zur Verbreitung einer naturalist. Deutung des Menschen beigetragen.

Lit.: E. Weil, Des P. Pomponazzi Lehre von den Menschen und der Welt, 1928.

J. Monar

De fato, fortuna et casu (lat.; *Über die Vorsehung, das Schicksal und den Zufall*), Coluccio Salutati, entst. 1396–1399; ED Florenz 1985.

Die philosoph.-theolog. Schrift enthält teils als Dialog, teils als Interpretation antiker und scholast. Vorlagen angelegte Überlegungen zum Problem des freien Willens und der göttlichen Vorsehung. – Anknüpfend an die mittelalterliche Lehre der göttlichen Kausalordnung (Buch I) zeigt Salutati in Buch II (»De fato«), daß der Wille stets mit Vorsehung vereinbar ist, da er nicht durch menschliche Vernunft, sondern göttliche Gnade bedingt ist. Die Willensfreiheit ist vielmehr durch Astrologie und den Glauben an die Macht der Fortuna (Buch III) gefährdet, die aber, in ein Instrument der Vorsehung umgedeutet, unschädlich wird. Daß Gottes Allmacht selbst über den Naturgesetzen steht, betont Buch IV (»De casu«). Die Vorrede und Buch V (»De clade perusina«) wurden von Salutati nachträglich angefügt und stellen das Werk in den Rahmen der aktuellen ideengeschichtlichen Auseinandersetzung mit Zeitgenossen sowie der polit. Wirren seiner Zeit, insbes. des Bürgerkrieges in Perugia.

Lit.: C. Bianca, C. S., De fato et fortuna (mit kritischer Ausg. des Textes), 1985.

P. Nagelschmidt

Defensor pacis (lat.; *Der Verteidiger des Friedens*), Marsilius von Padua, entst. um 1324; ED Basel 1522; dt. 1545 (Teil A u. d. T. Ain Kurtzer Auszug des trefflichen Wercks und Fridschirmbuchs), 1958.

Das philosoph. und theolog. gleichermaßen bedeutsame Werk (das während der Auseinandersetzung zwischen Papst Johannes XXII. und Ludwig dem Bayern abgeschlossen und dem deutschen König gewidmet wurde) erläutert einerseits die Philosophie von Aristoteles bei Averroes und gibt andererseits einen Einblick in die dogmat. kirchenpolit. Auseinandersetzungen um die Stellung des Papsttums. – Im staatsphilosoph. 1. Teil geht es um die Bedingungen des Friedens im Staat, um das geregelte Zusammenleben der Menschen; im 2., weitaus umfangreicheren Teil um die Verwerfung der polit. Machtansprüche der Kurie. Die Ursache des Unfriedens seiner Zeit erblickt Marsilius im Papsttum, das die Suprematie über Könige, Fürsten, Länder und Völker beanspruche. Dieser Gewalt entgegenzutreten ist das Anliegen der Schrift. Der Friede wird dabei nicht metaphys. begründet, er wurzelt vielmehr in der Stabilität des Gemeinwesens. Staatszweck ist die Erhaltung des bloßen, nicht etwa des aristotel. ›guten Lebens‹ (eu zēn). Grundlage dafür ist das Recht, das durch einen weltlichen Gesetzgeber gesetzt wird, also sich in positivrechtlichen Normen verwirklicht. Dabei geht es Marsilius nicht um die guten oder gar besten Gesetze. Ziel ist vielmehr die Geltung eines Rechtssatzes. Und dieser wird vom jeweiligen Herrscher vorgegeben; ihm ist auch die Kirche unterworfen. Sie kann kein eigenes Recht setzen, weil ansonsten die Einheit des Staates aufgehoben würde. Den Staat definiert Marsilius als eine vereinigte Gesellschaft (congregatio), in der ein jeder eine ihm zukommende Aufgabe erfüllt. Der Staat ist das Ergebnis eines natürlichen Wunsches der Menschen und genügt sich daher in höchstem Maße selbst. Sein Ziel ist die Sicherstellung der jeweils eigenen Bedürfnisbefriedigung, die nur in der Gemeinschaft mit anderen (Arbeitsteilung) erreicht werden kann. Das Recht ist die Voraussetzung eines geordneten Zusammenlebens. Ein Gesetz kann jedoch nur von einem menschlichen Gesetzgeber verfügt werden, da das Transzendente niemals Gegenstand des sozialen Lebens sein kann. Daher kann auch die christliche Religion, verkörpert in der Kirche, nicht als eine aus dem Jenseits in das Diesseits hineinragende geistliche Einheit betrachtet werden. Ihre Normen sind Angelegenheiten des Gewissens des einzelnen Menschen. – In seiner Staatstheorie ist Marsilius als Vorläufer der Ständebewegung und des Konziliarismus zu sehen, und zwar weniger in dem Sinne, daß die Volkssouveränität im Mittelpunkt steht, als vielmehr durch den Gedanken der Repräsentation, d. h. der Volksvertretung. Marsilius wurde jedoch nicht aufgrund seiner staatstheoret., sondern wegen seiner rechtstheoret. Überlegungen zum Klassiker der polit. Philosophie, da er erstmals die Trennung von weltlichem und göttlichem Gesetz durchführte.

Ausg.: Lat./Dt., von H. KUSCH, 1958.
Lit.: A. GEWIRTH, Marsilius of Padua and Medieval Political Philosophy, [2]1956. – G. DE LAGARDE, Le Defensor Pacis, 1970. – J. QUILLET, La philosophie politique de Marsile de Padoue, 1970.

H. RAUSCH

De finibus bonorum et malorum (lat.; *Von den Grenzen im Guten und im Bösen*), Marcus Tullius CICERO, entst. 45 v. Chr.; ED Köln o. J. (ca. 1470); dt. 1789 Cicero an Brutus über das höchste Gut und über das höchste Übel nebst deren Paradoxen.

Da die Philosophie nach Cicero auf den Grenzen im Guten und Bösen beruht, möchte er die Anschauungen der Epikureer und der Stoiker über das höchste Gut und das größte Übel darlegen und aus der Sicht des Peripatetikers kritisch beleuchten. Die Lust, der Schmerz, das Sittliche und das Geistige werden zunächst als Extreme dargestellt und verteidigt, dann aber in die Schranken der menschlichen Natur verwiesen. In dieser Darstellung der antiken Philosophenschulen ist der Dogmatismus bereits vom Eklektizismus abgelöst. Was man bisher nur griechisch ausgedrückt hat, ist in diesem Buch erstmals latein. formuliert. Damit konnte die Güterlehre in die philosophia perennis Eingang finden und Ethik und Moral der kommenden Jahrhunderte entscheidend prägen.

Ausg.: Lat./Dt., übers. u. eingel. von K. ATZERT, 1964.
Lit.: F. GIANCOTTI, Der innere Grundzug von ›De finibus‹, in: Das neue Cicerobild, 1971.

M. RUPP

De gl'heroici furori (ital.; *Von den heroischen Leidenschaften*), Giordano BRUNO; EA Paris 1585; dt. 1898 Eroici furori oder Zwiegespräche vom Helden und Schwärmer.

Im Zentrum des metaphys. Werkes steht die Beschreibung des enthusiast. Zustandes einer universalen pantheist. Welterkenntnis. – Bei der Erkenntnis der prinzipiellen Einheit des Seins, des Guten und des Wahren erfaßt den Menschen eine höchste und ungeteilte Leidenschaft der Liebe zum Universum, das die kreatürliche Wesenheit Gottes darstellt. Dieser Enthusiasmus (die ›heroischen Leidenschaften‹), der das vor der Erlangung dieser höchsten Erkenntnis herrschende Gegeneinander der Leidenschaften endgültig beendet, läßt den Menschen zur Einheit mit dem unendlichen göttlichen Sein und daher auch zur Einheit mit sich selbst gelangen. – Der schwärmer. Pantheismus der Schrift hat bis in die Zeit des deutschen Idealismus nachgewirkt und insbesondere Schelling beeinflußt (→ *Bruno oder über das göttliche und natürliche Prinzip der Dinge*).

Ausg.: Gesammelte Werke, Bd. V, übers. von L. KUHLBACH, 1907.
Lit.: F. A. YATES, G. Bruno and the Hermetic Tradition, 1971. – M. SLADEK, Fragmente der hermet. Philosophie der Neuzeit. Histor.-kritischer Beitrag zur hermet.-alchimist. Raum- und Naturphilosophie bei G. Bruno, H. More und Goethe, 1984.

J. MONAR

De gradibus humilitatis et superbiae (lat.; *Über die Stufen von*

Demut und Hochmut), Bernhard von Clairvaux, entst. vor 1124; ED Modena 1491.

In einer Auslegung von Kap. 7 der Regel Benedikts, jedoch in umgekehrter Reihenfolge, entwickelt Bernhard die 12 Stufen der Demut (Kap. 1–27). Reifste Frucht der Demut ist die von der Wahrheit vermittelte Liebe. Deshalb reflektiert Bernhard in diesem Zusammenhang ausführlich auf den dreigestuften Weg der Wahrheitserkenntnis von der durch die Vernunft geführten Selbsterkenntnis über das vom Affekt des Mitleidens geleitete Verständnis des Nächsten bis zur Erkenntnis der Wahrheit an sich in der Ekstase. Das Beispiel eines von eigener Erfahrung getragenen Verstehens bietet Christus (Kap. 6–12). Die drei Stufen des Weges zur Wahrheit werden vom Wirken der drei Personen der Trinität begleitet. Dem Aufstieg entspricht gleichsam spiegelbildlich der Abstieg, so daß sich aus dem letzteren, der aus der Realität des irdischen Lebens wohlbekannt ist, der erstere erschließen läßt (Kap. 27; 57). Daher fügt Bernhard an den 1. Teil eine Aufzählung der zwölf Stufen des Hochmuts von der bloßen Neugierde (curiositas) bis zur Gewöhnung an das Sündigen an, die an der Situation des Mönchs orientiert ist (Kap. 28–51). Gottes Fähigkeit, Sünder vom Verderben zu erretten, relativiert freilich die Bedeutung dieses Unheilsweges (Kap. 52–56).

Ausg.: Opera, Bd. III (Tractatus et opuscula), hg. von J. Leclercq/H. M. Rochais, 1963.

U. Köpf

De homine (Hobbes) → Elementorum philosophiae, sectio secunda …

De hominis dignitate (lat.; *Über die Würde des Menschen*), Giovanni Pico della Mirandola, entst. 1486; ED Bologna 1496 (in Opera); dt. 1905 (Teilübersetzung in: Ausgewählte Schriften).

Anlaß der Rede ist die Eröffnung eines synkretist. Kongresses in Rom zum Erweis der Einheit aller philosoph. und theolog. Richtungen (Moses, Platon, Aristoteles, Pythagoräer, Chaldäer, Ägypter, Kabbala, Antike, Christentum). Diese Einheit ist begründet im Menschen selbst: Er steht nicht in der Mitte der Welt, sondern ist die schöpfer. Mitte der Welt. Sinn seiner Erschaffung ist es, die Vernunft der Schöpfung zu erwägen, ihre Schönheit zu lieben, ihre Größe zu bewundern. Programmat. Höhepunkt der Rede ist die Ansprache Gottes an Adam, worin er – im Unterschied zur mittelalterlichen Bestimmung – dem Menschen kein ›proprium‹, kein festlegbares Bild mehr zuweist. Die menschliche Potentialität läßt ihn zum Chamäleon der Schöpfung werden: er kann zum Tier entarten oder bis zu Gott aufsteigen. Damit ist das spätmittelalterliche Thema »De miseria hominis« umgekehrt; die frühneuzeitliche Anthropologie Picos geht von den Positionen gottähnlicher Selbstbestimmung ebenso wie von der Beherrschung der Welt aus. Mit der Aufhebung des mittelalterlichen Ordo steht der neugewonnene ›homo faber‹ außerhalb der Hierarchie des Seienden; seine freiheitliche Subjektivität tritt als eigener Kosmos der Welt herrscherlich gegenüber. Nicht reflektiert sind seine Leiblichkeit und die sozialeth. Verflechtung mit der Gemeinschaft; angezielt ist allein die individuelle Geistnatur. Die Wirkungsgeschichte dieser Aussage läßt sich durch die neuzeitliche Anthropologie ungebrochen verfolgen. Ein 2. Teil der Rede versöhnt die Naturphilosophie mit der Theologie: beide sind Aspekte der einen göttlichen Wahrheit. Pico plädiert für eine einzige universale (christliche) Kirche, in welcher die Stimme der Natur und die Stimme des Gewissens zusammenklingen.

Lit.: H. BIEZAIS, Pico della Mirandolas anthropolog. Anschauungen, 1953. – E. MONNERJAHN, G. Pico della Mirandola, 1960.

H.-B. GERL

Dei delitti e delle pene (ital.; *Über Verbrechen und Strafen*), Cesare BECCARIA; EA Livorno 1764; dt. 1766 Abhandlung von den Verbrechen und Strafen.

Der Traktat des Mailänder Juristen entnimmt seinen Grundgedanken Rousseaus → *Du contrat social*. Demgemäß ist das Strafrecht nicht unter dem traditionellen Gesichtspunkt der Vergeltung, sondern unter dem gesellschaftsbezogenen Aspekt der Vorbeugung zu betrachten. – Beccaria will freilich weniger diese rechtsphilosoph. Frage vertiefen als vielmehr die Mißstände des zeitgenöss. Strafrechts, der Strafprozeßpraxis sowie des Strafvollzugs aufzeigen und entsprechende Reformen vorschlagen. Er fordert ein klares, allgemein verbindliches, allen Bürgern bekanntes, auf den Prinzipien der Toleranz und Freiheit aufbauendes Strafgesetzbuch sowie öffentliche Verhandlungen und Urteile, welche die herkömmliche interpretative Willkür ausschließen. Scharf angeprangert werden Prozeßverschleppung, diffamierende Untersuchungshaft sowie die herrschende Praxis der Folter. Die Strafen sollen maßvoll sein und in jedem Fall im Verhältnis zum Vergehen stehen. Besonders nachdrücklich wird die Abschaffung der Todesstrafe gefordert; stattdessen setzt Beccaria auf die abschreckende Wirkung lebenslänglicher Zwangsarbeit. Die Akzentuierung der Verbrechensvorbeugung führt zur Forderung nach einer freiheitlichen, der Vernunft verpflichteten Gesellschaft. – Die konzise und eindringliche Schrift fand ein starkes Echo, Voltaire und Diderot kommentierten sie und sicherten ihr dadurch internationale Wirkung. Vor allem aber beeinflußte sie bereits im 18. Jh. die Strafrechtsreformen.

Ausg.: Dt., von W. ALFF, 1966.
Lit.: S. CARAMELLA, C. Beccaria, in: Orientamenti culturali. Letteratura italiana. I minori, Bd. III, 1961. – F. VENTURI, Introduzione a C. Beccaria ›Dei delitti e delle pene‹, 1965.

R. SCHWADERER

De imitatione Christi (lat.; *Über die Nachfolge Christi*), THOMAS VON KEMPEN entst. vor 1420; EA o. O. und J. (Augsburg 1473); dt. 1486 Die wahre Nachfolge Christi.

Diese geistliche Lebensweisung ist im Kreis der Devotio moderna, einer religiösen Erneuerungsbewegung mit tiefer Christusfrömmigkeit, entstanden. Die Devoten lebten eine Introversionsmystik, der Gott alles, der Mensch nichts ist. So lehrt das Werk Wege der Umkehr, der inneren Einkehr, der Hinwendung zu dem Einen angesichts der Brüchigkeit dieser Welt. Das I. Buch führt durch Verachtung weltlicher Eitelkeit und Wissenschaft, Selbstüberwindung, Zerknirschung angesichts des Todes und vor dem göttlichen Gericht zu moral.-existentieller Demut und Werken der Liebe. Das II. Buch zeigt, wie der Mensch erst durch Drangsal, Trostlosigkeit, Verlassenheit in das Reich Gottes, das in ihm ist, eingeht und die Freundschaft Christi empfängt. Diese Anleitung zum inneren Leben bildet den königlichen Weg des Kreuzes und gebietet, Jesu Kreuz zu lieben. Das III. Buch – wie das letzte in der Form eines Gesprächs mit Gott geschrieben – betont die Macht der Gnade, die wahre Freiheit gibt. In der Erfahrung der Hinfälligkeit, im Abscheu gegen sich wirkt in dem Menschen die göttliche Liebe, die Wahrheit und Demut ermöglicht. Das IV. Buch mahnt zur heiligen Kommunion, beleuchtet die Innigkeit der Andacht, die Herrlichkeit des Wegs der Selbstverleugnung. Innerlichkeit, Nachfolge, gemeinsames Leben, geistige Freundschaft mit Jesus tragen das neue Leben; ein Nichts, sucht der Mensch Gott im inneren Seelengrund. – Das »Erbauungsbuch« (Iserloh) fand weiteste Verbreitung unter Christen und Nichtchristen. Es wurde in unzähligen Ausgaben verbreitet als Quelle mystischen Lebens, christozentr. Spiritualität und moral. Belehrung.

Ausg.: Dt., [3]1986.
Lit.: H. N. Janowski (Hg.), G. Groote, Thomas von Kempen und die Devotio moderna, 1978.

A. Köpcke-Duttler

De incertitudine et vanitate scientiarum et artium atque excellentia verbi Dei delamatio (lat.; *Rede über die Unsicherheit und Eitelkeit der Wissenschaften und Künste und über die Erhabenheit des Gotteswortes*), Agrippa von Nettesheim (eigentl. Heinrich Cornelius oder Cornelis); EA Antwerpen 1530; dt. 1534.

Als merkwürdiger Widerruf (palinodia) gegen Agrippas eigenes Hauptwerk → *De occulta philosophia* geschrieben, rückt das Buch in die Gattung der skeptischen, wissenschaftskrit. Renaissanceliteratur ein. In der Rolle des ›Unwissenden‹ (in der Tradition des cusan. ›idiota‹) im Gegenzug zum magischen Weisen verspottet Agrippa nicht nur die von ihm selbst entwickelten okkulten Künste der Astrologie, Magie und Alchemie (die er in der Nähe von Aberglauben und Hexenwahn ansiedelt), sondern hält auch die Sicherheit der erprobten Wissenschaften für rational unausgewiesen und ethisch verderblich. Stattdessen gewinnt er den Wahrheitsbegriff nur noch aus der Offenbarung, fast reformator. radikal, freilich ohne daß die theolog. Wahrheit zur wissenschaftstheoret. Begründung der Naturerkenntnis und Anthropologie oder ihrer logischen Methodik vermittelt werden könnte: Himmlisches und Irdisches zerfallen in getrennte Bereiche. – Das Werk wurde wegen der Schroffheit seiner Skepsis sowohl in seiner Entstehungszeit wie später wenig rezipiert.

Ausg.: Dt., Die Eitelkeit und Unsicherheit der Wissenschaften und die Verteidigungsschrift, übers. von F. Mauthner, 1913 (Repr. 1969).
Lit.: G. Rudolph, ›De incertitudine et vanitate scientiarum‹. Tradition und Wandlung in der wissenschaftlichen Skepsis von Agrippa von Nettesheim bis zum Ausgang des 18. Jh.s, in: Gesnerus 23 (1966). – B. C. Bowen, C. Agrippas ›De vanitate‹. Polemic or Paradox?, in: Bibl. d'Hum. et Renaiss. 34 (1972).

H.-B. Gerl

De intellectu (Al-Kindi) → Fi'l-'aql

De intellectu et intelligibili (lat.; *Über den Intellekt und den Erkenntnisinhalt*), Dietrich von Freiberg, entst. um 1296; EA Münster/Westf. 1906; dt. 1980.

Ziel dieser intellekttheoret. Schrift ist es, Intellektualität nicht als statisch, sondern als dynam. zu denken: Von jedem Intellekt – gleichgültig, ob er beim göttlichen Prinzip, bei der kosmischen Intelligenz, bei der Himmelskörperseele oder beim Menschen begegnet – muß stets anhand seines intellektuellen Vollzuges sein Wesen ermittelt werden. – Im 1. Teil handelt Dietrich über die Intellekte im allgemeinen und weist nach, wie jeder Intellekt – wenngleich auf unterschiedliche Weise – gegenüber dem ihm Nachgeordneten immer durch eine intellektuell wirkende Tätigkeit ausgezeichnet ist, mag ihm auch in bezug auf das ihm Vorgeordnete intellektuelle Passivität eignen. Als Autoritäten nennt Dietrich Aristoteles, Proklus und besonders Avicenna. Der 2. Teil ist dem gemäß aristotel. Tradition verstandenen tätigen Intellekt gewidmet, der dem Seienden als Seienden ähnlich und insofern dessen Urbild ist, so daß Metaphysik erst durch Intellekttheorie als möglich gedacht wird. Er ist aber keine kosmische Instanz, sondern der Seele des Menschen immanentes Prinzip, da er das Wesen der Seele wesentlich begründet. Dieser naturphilosoph. Konzeption intellektueller Kausalität tritt eine kurze, aber prägnante Analyse der Erkenntnisfunktion des tätigen Intellekts zur Seite: Er erkennt drei Gegenstände, sein Prinzip (Gott), sein eigenes Wesen und die Gesamtheit der Seienden, und zwar in einem einzigen Anschauungsakt und sowohl gemäß seinem eigenen Wesen als auch gemäß der Weise seines Prinzips; damit ist er als er selbst zugleich mehr als er selbst, ist absolute Intellektualität. Im 3. Teil, der sich dem ebenfalls aristotel. gefaßten möglichen Intellekt zuwendet, hebt Dietrich hervor: Als naturhaft verstandenes Seiendes ist dieser Intellekt nur akzidentelle Erkenntniskraft der Seele; ist er jedoch Bewußt-Sein als solches, dann ist er frei von Vereinzelung, konstituiert vielmehr das allgemeine Wesen der Dinge oder die Dinge selbst in dem, was sie sind, und weiß auch sich selbst als allgemeines Selbstbewußtsein. Zugleich ist er Prinzip wissenschaftlicher Erkenntnis. Auch der mögliche Intellekt ist das, was er ist, durch seine Funktion als Konstitutionsprinzip oder Urbild. – Reiche Exzerpte aus diesem Werk finden sich im Proklus-Kommentar Bertholds von Moosburg.

Ausg.: Opera omnia, Bd. I, 1977. – Dt., von B. Mojsisch, 1980 (PhB 322).

Lit.: B. Mojsisch, Die Theorie des Intellekts bei Dietrich von Freiberg, 1977. – A. de Libera, Introduction à la Mystique Rhenane, 1984.

B. Mojsisch

De inventione dialectica libri tres (lat.; *Von der dialektischen Findung, drei Bücher*), Rudolf Agricola (eigentl. Roelof Huysmann, genannt Frisius), entst. 1479; EA Köln 1520; dt. i. E.

Die frühneuzeitliche alternative Methodenschrift dient der Kritik der spätscholast. oder nominalist. Logik mit Hilfe des klassischen und humanist. Sprachdenkens (Topik des Aristoteles, Cicero, L. Valla). – Die Dialektik wird als Beweismethode der Künste und der Philosophie (insbes. der philosophia practica, nicht aber der Ontologie) neu begründet. Ihr Doppel-Gegenstand sind ›res‹ und ›verbum‹: nämlich die (bereits sprachlich gefaßte) Sache und das mediale Wort; Ziel ist der Erweis der Wahrscheinlichkeit (verisimilitudo) eines Sachverhaltes, erarbeitet in einem zweifachen Methodenschritt: im Finden (invenire) eines ›Ortes der Argumentation‹ (locus/topos; erstellt wird ein Toposkatalog von 24 Örtern) und im syllogist. Beweisen (disponere) eines Sachzusammenhanges. So bindet die Dialektik als die Universalmethode des Wahrscheinlichen oder Glaubhaften Topik, Rhetorik und Syllogistik zusammen. Die Wirkungsgeschichte im 16. Jh. weist etwa 60 Renaissanceausgaben und die Rezeption als Lehrbuch auf (so Cambridge 1535 und an der Sorbonne); dem entspricht jedoch mit dem Verfall der Rhetorikdialektik die fast völlige Vernachlässigung bis heute, ebenso das Fehlen einer kritischen Edition.

Ausg.: Repr. (1528) 1976. – Dt. (Teilübers.), in: S. Otto, Renaissance und frühe Neuzeit, 1984 (RUB 9913).

Lit.: A. Faust, Die Dialektik R. Agricolas, in: Arch. Gesch. Philos. 34 (1922). – C. Vasoli, Dialettica e retorica in R. Agricola, in: Accademia toscana di scientze lettere 22 (1975). – E. Garin, R. Agricola e l'invenzione dialettica, in: Testi umanistici su la retorica. Arch. di filos. 3 (1971).

H.-B. Gerl

De iure belli ac pacis (lat.; *Vom Recht des Krieges und des Friedens*), Hugo Grotius (eigentl. Groot); EA Paris 1625, Amsterdam 1631 (veränd. Fassung); dt. 1707.

Das erste Lehrbuch des Völkerrechts, zugleich ein Hauptwerk in der Geschichte dieser Disziplin, steht noch in der naturrechtlichen Tradition der Scholastik und baut das zu Lebzeiten von Grotius nicht veröffentlichte, um 1864 aufgefundene Jugendwerk *De iure praedae* (»Über das Beuterecht«, 1609 anonym daraus: Kap. XII »Mare Liberum«) aus. Dabei konzentriert sich Grotius auf das Kriegsrecht, um die gerechten Kriegsgründe (›ius ad bellum‹), vor allem das ›ius in bello‹ als Kriegs-Völkerrecht herauszuarbeiten. Kriegführende sollen sich bei der Durchsetzung ihrer Rechtsansprüche Beschränkungen unterwerfen, wobei Grotius – Calvinist arminian. Prägung – ethische Werte oft als höherrangig einstuft. Die im Titel angedeutete Behandlung eines Friedensrechts bleibt rudimentär, enthält aber entscheidende Begriffe seiner Lehre: den ›appetitus societatis‹ als ›Trieb zum Leben in Gemeinschaft‹ und das Recht als ›vinculum societatis humanae‹. Diese ›Weltstaatengesellschaft‹ bleibt bei Grotius eine Vision, aber die ›executio iuris‹ als Pflicht aller für die Staatsführung Verantwortlichen, gegen Rechtsbrüche einzuschreiten, ist bereits herausgearbeitet. Bezeichnend ist die Abhängigkeit von Autoritäten, deren Lehren Grotius nach Art der scholast. ›Topik‹ als Sammlung von Pro- und Contra-Meinungen, angefangen bei Aristoteles, griechischen Dichtern, römischen Denkern und Philosophen, über die Kirchenväter, Vertreter des Kanon. und Römischen Rechts, Theologen der Spanischen Spätscholastik usw. für fast alle Rechtsgebiete seiner Zeit analysiert. Die damit verbundene Vielfalt erschwert die Festlegung von Grotius auf eigene Positionen und begünstigte die Ausgestaltung seiner Denkansätze zu selbständigen Theorien durch seine Nachfolger (Pufendorf, Thomasius, Wolff, Leibniz usw.) Hinzu kommt eine ›grotian‹. Theologie als Versuch, die Kirchenspaltung zu überwinden. Die Bedeutung von Grotius liegt darin, daß er als erster das Völkerrecht als eigenes Rechtsgebiet verselbständigt hat, ihm eine didakt. Anordnung ›more geometrico‹ gab und so eine Art ›Fürstenspiegel‹ schuf, mit der zeitgemäßen Absicht, »die Kriegsgründe zu begrenzen«.

Aus.: Lat., hg. von B. J. A. de Kanter-van-Hettinga Tromp, 1939. – Dt., Die Klassiker des Völkerrechts, Bd. I, von W. Schätzel 1950 (basiert auf der Übers. von J. Kirchmann, 1869).

Lit.: J. Ter Meuten / P. J. J. Diermanse, Bibliographie des écrits imprimés de H. Grotius, 1950.

G. Hoffmann-Loerzer

De iure belli libri III (lat.; *Drei Bücher über das Kriegsrecht*), Alberico Gentili; EA Hannover 1598.

Gentili behandelt in humanist. Beweisführung (Topik) auf der Grundlage einer Vielzahl von Zitaten zahlreicher Autoritäten von Aristoteles bis Bodin (a) die Voraussetzungen, Ursachen und Gründe von Kriegen, (b) das eigentliche Kriegsrecht (ius in bello), (c) die Beendigung von Kriegen (Friedensschluß). Er trennt die jurist. Aspekte des Krieges von Fragen der Moral und Theologie: ›Silete theologi in munere alieno‹. Da er nicht nach den Kriegsursachen fragt, kann er mit der Einführung des ›iustus hostis‹ in einem ›beiderseits Gerechten Krieg‹ einen Kriegsbegriff ohne Diskriminierung postulieren, wobei er allerdings alle ›Barbaren‹ von dieser ›Partnerschaft der Duellanten‹ ausnimmt. Letztlich führt aber die rein jurist. Behandlung des Krieges bei Gentili zu einer Leugnung aller naturrechtlichen Aspekte und reduziert das ›ius belli‹ zu einer formalen Regelhaftigkeit der Militärtaktik. Das Werk des englischen Protestanten italien. Abstammung nimmt daher in der Reihe der Abhandlungen über die Grundlagen des Völkerrechts eine zwiespältige Stellung ein. Seine Anschauungen finden in der modernen Theorie des Internationalen Völkerrechts nur wenig Anklang, behalten aber für die Staatenpraxis ihre Bedeutung und wurden von C. Schmitt übernommen.

Lit.: G. H. J. van der Molen, A. Gentili and the Development of International Law, 1937. – C. Schmitt, Der Nomos der Erde, 1950.

G. Hoffmann-Loerzer

De iure naturae et gentium libri octo (lat.; *Acht Bücher vom Natur- und Völkerrecht*), Samuel Pufendorf; EA Lund (Schweden) 1672; dt. 1711.

Das Werk ist zusammen mit → *De officio hominis et civis* grundlegend für das rationale und säkulare Naturrecht der Neuzeit. – Zunächst entwickelt Pufendorf eine Theorie der moral. Handlungen: Der Mensch legt den physischen Dingen mittels der Vernunft und aufgrund der Erkenntnis des Naturgesetzes Werte bei. Der Willensentschluß führt zu Handlungen, die mit Notwendigkeit bestimmte Wirkungen hervorrufen. Aus dieser handlungstheoret. Grundlegung lassen sich alle wesentlichen Optionen von Pufendorfs Naturrecht ableiten. Wie bei Hobbes besteht hinsichtlich der Sicherheit der Erkenntnis und der Methode des mos geometricus kein Unterschied zwischen Moral- und Naturwissenschaft. Letzte Ursache für zwischenmenschliches Handeln sind Entscheidungen der Individuen, deshalb gehen alle Rechtsverhältnisse aus Verträgen hervor. Im Gegensatz zu Hobbes unterscheidet Pufendorf aber Moral- und Naturwissenschaft nach ihrem Gegenstand; er vermeidet die Vermischung moral. und rechtlicher Verbindlichkeit und damit das Dilemma, daß Naturrecht entweder unverbindlich im Naturzustand oder bloß faktisch im Staat ist. In Übereinstimmung mit der älteren zielorientierten Moralphilosophie bindet er das Individuum an das Ziel der Schöpfung und der menschlichen Natur; der Individualismus wird zum sozialen Miteinander. Vertragsfreiheit und Bindung an das Naturgesetz (Schädigungsverbot, Gleichheit aller und Vertragstreue), Individualismus und Sozialität sind die beiden Eckpfeiler, aus denen Pufendorf mit method. Stringenz alle zwischenmenschlichen Beziehungen und Normen entwickelt: in Ehe, Familie, Hausgemeinschaft, in Wirtschaft und Handel, im Naturzustand und im Staat. Der Naturzustand (method. die Fiktion des nicht staatlich geordneten Lebens) ist deshalb ein Zustand der Unsicherheit, aber auch des möglichen Friedens bei Einhaltung der Verträge, kein Hobbesscher Krieg aller gegen alle. Der Staat ist von seiner Entstehung her der Endpunkt des individualist. Vertragsprinzips: die künstliche Vereinigung der größtmöglichen Anzahl von Menschen, von seiner Zielsetzung her die Vollendung der menschlichen Natur; er legitimiert sich traditionell aus dem Telos menschlicher Natur und neuzeitlich aus der Zustimmung der Individuen. Anders als bei Hobbes absorbiert die absolute Souveränität des Herrschers nicht die natürlichen Rechte der Vertragsschließenden. Die Trennung von Gesellschafts- und Herrschaftsvertrag und der Beschluß über die Staatsform dazwischen lassen den Bürgern die Wahl zwischen unbeschränkter, nur dem Gewissen des Herrschers verantwortlicher, und beschränkter, an die Zustimmung von Kontrollorganen gebundener Herrschaft. – Die offene Alternative erklärt Pufendorfs Wirkung auf den aufgeklärt-absolutist. Wohlfahrtsstaat in Deutschland wie den westlichen Verfassungsstaat.

Ausg.: Lat./Engl., 1934.
Lit.: H. DENZER, Moralphilosophie und Naturrecht bei S. Pufendorf, 1972.

H. DENZER

De la causa, principio et uno (lat.; *Von der Ursache, dem Prinzip und dem Einen*), Giordano BRUNO; EA London 1584; dt. 1872.

In seinem metaphys. Hauptwerk entwickelt Bruno eine Weltsicht, in der Gott und das Universum im Gegensatz zum dualist. Weltbild des Mittelalters eine unauflösliche lebendige Einheit bilden. – Gott ist zugleich das Wesensprinzip und die erste Ursache alles Seienden. Er stellt damit gleichermaßen die Einheit aller Gegensätze, das Größte, aus dem alles hervorgegangen ist, das Kleinste, das in allem enthalten ist, sowie die ursprüngliche Verbindung von Möglichkeit und Wirklichkeit dar. Das Universum wurde von ihm nicht willkürlich, sondern aus innerer Notwendigkeit als ein lebendiger Organismus unendlich vieler Welten in einem unendlich großen Raum erschaffen (→ *De l'infinito universo et mondi*). Als gewordene Natur, die aus der wirkenden Natur Gottes hervorging, ist das Universum von der vernünftigen göttlichen Weltseele erfüllt, die das sinnhafte Zusammenspiel aller Kräfte und Dinge der Natur sicherstellt. Hierbei enthält die Materie, die als das an sich Formlose sinnlich nicht faßbar ist, alle Formenvielfalt des Seienden der Möglichkeit nach in sich. Die Materie bildet somit den

Urgrund der Dinge, aus dem heraus die Weltseele die Pluralität der Welten bzw. Einzeldinge werden und vergehen läßt; dabei können allerdings niemals alle in der Materie angelegten Möglichkeiten zugleich entfaltet werden, so daß die jeweils bestehende natürliche Wirklichkeit ihrem Wesen nach stets hinter dem Absoluten, als der Einheit von Möglichkeit und Wirklichkeit, zurückbleibt. Die Einzeldinge sind als Modifikationen des Universums dem Werden und Vergehen unterworfen, während dieses selbst als die dynam. Einheit des einen göttlichen Seins ewig in sich gleich bleibt. – Der monist. Pantheismus des Werkes nahm Elemente der Lehren sowohl von Spinoza als auch von Leibniz vorweg und hat darüber hinaus auf die Entwicklung des deutschen Idealismus eingewirkt.

Ausg.: Dt., von A. Lasson, [6]1983 (PhB 21).
Lit.: P. H. Michel, La cosmologie de G. Bruno, 1962. – J. Teller, G. Bruno: Von der Ursache, dem Prinzip und dem Einen, 1984.

J. Monar

De la certitude morale (frz.; *Über die moralische Gewißheit*), Léon Ollé-Laprune; EA Paris 1880.
In seiner moralphilosoph. Schrift verbindet Ollé-Laprune, an Malebranche anknüpfend, philosoph. Spekulation und christlichen Glauben, die für ihn untrennbar zusammengehören. – Der Autor zeigt, daß moral. und religiöse Wahrheiten gleichermaßen Gegenstand des Wissens wie des Glaubens sind, und diskutiert die Gefahren verschiedener Denksysteme, die den einen oder anderen Teil überbewerten. Zwischen beiden besteht für ihn kein Widerspruch, vielmehr verbinden sich beide in einer übergeordneten Art von Wahrheit, die zu erkennen oberste Aufgabe des Menschen ist. Das setzt die Anstrengung seines Willens und aller geistig-seelischen Kräfte voraus. Weil somit die moral. Disposition Voraussetzung der Erkenntnis ist, spricht Ollé-Laprune von ›moral. Gewißheit‹. – Fortgesetzt werden seine Ideen in der theist. Metaphysik seines Schülers M. Blondel.

Lit.: G. Fonsegrive, Ollé-Laprune, l'homme et le penseur, 1912. – J. Zeiller, Ollé-Laprune, 1932.

S. Schauf

De la contingence des lois de la nature (frz.; *Über die Kontingenz der Naturgesetze*), Étienne-Émile-Marie Boutroux; EA Paris 1874; dt. 1911.
Boutroux' als Dissertation entstandenes erkenntnis- und wissenschaftstheoret. Werk ist gegen den zeitgenöss. Determinismus gerichtet, der im Zentrum des vorherrschenden philosoph. Naturalismus stand. Diesen Zeitgeist, den Boutroux in den beiden Thesen zusammenfaßt, daß zum einen die Mathematik vollkommen rational und Ausdruck eines absoluten Determinismus sei und zum anderen diese Mathematik bloß das Wesen der Welt in wissenschaftliche Begriffe übersetze, setzt er eine systemat., letztlich religiös fundierte Analyse entgegen. Sie zeigt, daß die Naturgesetze nur annähernd strenge Gesetze sind, die auf der Stufe des Anorganischen Raum für die Nichtdeterminiertheit bzw. Nichtnotwendigkeit lassen, auf der Stufe des Organischen für Freiheit und Individualität. Der Wirklichkeit als dem Produkt eines freien schöpfer., eines göttlichen Prinzips kann also nur eine solche Philosophie entsprechen, deren Kennzei-

chen die Kontingenz ist. Damit nahm Boutroux Gedanken vorweg, die durch die Entwicklung der modernen Physik bestätigt zu werden scheinen.

Lit.: L. S. CRAWFORD, The Philosophy of E. Boutroux, 1924. – A. F. Baillot, E. Boutroux et la pensée religieuse, 1958.

R. BAMBACH

De la démocratie en Amérique (frz.; *Über die Demokratie in Amerika*), Alexis de TOCQUEVILLE; EA Paris 1835 (Teil 1, Bd. I u. II) 1840 (Teil 2, Bd. III u. IV); dt. 1849 (1. Teil dt. 1836 Über die Demokratie in Nordamerika).

Dieses Werk, dessen erster Teil nach einer ausgedehnten Amerikareise Tocquevilles 1835 und dessen zweiter – inspiriert von einem Englandbesuch – 1840 erschien, untersucht das polit. und gesellschaftliche System eines Landes, das »sich der Früchte der in Frankreich geschehenen demokratischen Revolution erfreut, ohne daß es diese Revolution durchgemacht hat«. Die detailgenaue Analyse der wichtigsten staatlichen Institutionen (von der Gemeindeordnung bis zum Obersten Gerichtshof) wird jeweils in Beziehung gesetzt zur leitenden Fragestellung, welche spezif. Geisteshaltung das Funktionieren der amerikan. Demokratie sicherstellt, aber auch welche negativen Auswirkungen die ›Allmacht der Mehrheit‹ hat. Eine von Gott gewollte große soziale Revolution, die seit vielen Jahrhunderten über alle Hindernisse hinweg voranschreitet, ebnet im Laufe der Zeit jeglichen Unterschied der gesellschaftlichen Stellung ein. In der amerikan. Demokratie hat sie »ihre natürlichen Grenzen einigermaßen erreicht«. Daher ist diese Untersuchung nicht Selbstzweck, sondern dient der Grundlegung einer ›neuen polit. Wissenschaft‹, deren Aufgabe es ist, die Demokratie zu »belehren, ihre Sitten (zu) läutern, die blinden Regungen durch die Kenntnis des wahren Vorteils (zu) ersetzen« und damit Vorsorge zu treffen, daß die polit. Freiheit nicht einem neuen Despotismus erliegt. Sofort nach seinem Erscheinen wurde das Werk zu einem großen Erfolg und machte den jungen Autor berühmt. Nach dem Zweiten Weltkrieg erlebte es eine ›Renaissance‹, u. a. deshalb, weil manche seiner Aussagen nun als weitsichtige Prophetien erschienen, etwa die im letzten Kapitel des 1. Teils aufgestellte These, Amerika und Rußland seien die beiden Mächte der Zukunft – »jeder von ihnen nach einem geheimen Plan der Vorsehung berufen, eines Tages die Geschicke der halben Welt in seiner Hand zu halten«, wobei dem einen das »Hauptmittel des Wirkens die Freiheit; dem andern die Knechtschaft« sei. Sowohl als scharfsinnige soziolog. Untersuchung, aber vor allem auch als Warnung vor einer despot. Entartung der Demokratie ist das Werk bis heute von großer Bedeutung.

Ausg.: Oeuvres complètes, hg. von J. P. MAYER, Bd. I, 1951. – Dt., Werke und Briefe, 1959.

Lit.: B. FABIAN, A. de Tocquevilles Amerikabild, 1957. – M. ZETTELBAUM, Tocqueville and the Problem of Democracy, 1967. – M. SEYMOR-DRESCHER, Dilemmas of Democracy. Tocqueville and Modernization, 1968. – O. VOSSLER, A. de Tocqueville, Freiheit und Gleichheit, 1973.

J. NIDA-RÜMELIN

De la législation ou principes des lois (frz.; *Über die Gesetzgebung oder Prinzipien der Gesetze*), Gabriel Bonnot de MABLY; EA Lausanne 1778.

In seinem sozial- und staatsphilosoph. Hauptwerk entwickelt Mably die Grundsätze eines idealen egalitären Staatswesens. – Die Ungleichheiten an Stand und Vermögen stellen die eigentliche Ursache aller sozialen Mißstände dar, da sie in Gestalt von Habsucht und Ehrgeiz fortwährend Sonderinteressen erzeugen, die mit dem allgemeinen Wohl unvereinbar sind. Bis zur Wiederherstellung des verlorenen Naturzustandes der Gesellschaft, der durch Gütergemeinschaft und Gleichheit der Bedingungen gekennzeichnet war, soll der Gesetzgeber vor allem eine umfassende Staatserziehung einführen, die die Jugend streng zu sozialer Harmonie und asket. Lebensführung anhält, denn das Glück des einzelnen kann nur in einem Gefühl tugendhafter sozialer Gleichheit bestehen. – Die aufklärer. Schrift fand während der Franz. Revolution weithin Beachtung und war von einigem Einfluß auf das Denken führender Jakobiner sowie die frühkommunist. Ideologie von Gracchus Babeuf.

Ausg.: Collection complète des œuvres, hg. von G. ARNOUX, 1794/95 (Repr. 1977).
Lit.: G. MÜLLER, Die Gesellschafts- und Staatslehre des Abbés Mably, 1932.

J. MONAR

De l'Allemagne depuis Luther (frz.; *Über Deutschland seit Luther* – urspr. dt. Text), Heinrich HEINE; EA Paris 1834 (in: Revue des deux mondes); dt. 1834 (eigentl. Januar 1835; in der dt. EA erhebliche Eingriffe der Zensur, die in der 2. Aufl. 1852 rückgängig gemacht wurden).

Die religionskrit. Abhandlung, die in der Tradition aufklärer. Geschichtsphilosophie steht, ist Heines umfassendste Zusammenschau der Geschichte der klassischen deutschen Philosophie. – Heine wendet sich von jeder abstrakten Universitätsphilosophie ab, indem er die leibliche Bedürftigkeit endlicher Individuen im Auge hat und auf Verständlichkeit der Sprache bedacht ist. Die Abhandlung, die das durch Madame de Staël vermittelte Deutschlandbild der Franzosen zu korrigieren beabsichtigt, verfolgt die Fragestellungen: Was ist das Christentum, wie ist es römischer Katholizismus geworden, wie ist aus diesem der Protestantismus und wie aus dem Protestantismus die deutsche Philosophie hervorgegangen? Die in drei Bücher gegliederte Schrift behandelt die Abschnitte: Entwicklung des Christentums bis Luther, von Luther bis Kant, von Kant bis Hegel mit Ausblick auf die kommende deutsche Revolution. Die sozialgenet. Bedeutung des Christentums und der großen philosoph. Systeme seit Descartes wird unter der Perspektive der Rehabilitation der Materie und der Emanzipation des Fleisches untersucht. Die Geistegesschichte insgesamt, das Fortschreiten ihrer philosoph. atheist. Kritik der Religion, wird als dreistufige Revolution dargestellt: als religiöse (Luther), philosoph. (Kant) und polit. (noch unbekannter Befreier). Ziel ist die Versöhnung der Materie mit dem Geist, die Überwindung der Weltzerrissenheit, eine menschenwürdige Heimat schon hier auf Erden, eine republikan. Gesellschaft ohne Zwang und Versagung. Ein method. Volk wie die Deutschen mußte mit der Reformation beginnen, konnte sich erst hierauf mit der Philosophie beschäftigen und durfte nur nach deren Vollendung (durch Hegel) zur polit. Revolution übergehen.

Deutsche Eigentümlichkeit gegenüber Frankreich ist die Divergenz von antizipierender Theorie und verspäteter Praxis. Heine hat 1852 in der Vorrede zur 2. deutschen Auflage seine Kritik am Deismus widerrufen. – Heines Deutschland-Buch nahm erheblichen Einfluß auf die aktuellen polit. Diskussionen und geschichtsphilosoph. Fragestellungen (z. B. bei F. T. Vischer, D. F. Strauß, Marx, Engels, M. Heß, F. Lasalle).

Ausg.: Hg. von M. Windfuhr, Düsseldorfer Ausg. Bd. VIII, 2 Teilbde., 1979/1981.
Lit.: H. Koopmann (Hg.), H. Heine, 1975.

V. Spierling

De la recherche de la vérité, où l'on traitte de la nature de l'esprit de l'homme, et de l'usage qu'il en doit faire pour éviter l'erreur dans les sciences (frz.; *Über die Suche nach der Wahrheit, worin man die Natur des menschlichen Geistes und den Gebrauch behandelt, den man von diesem machen soll, um in den Wissenschaften den Irrtum zu vermeiden*), Nicolas Malebranche; EA Paris 1674/75 (Bd. I u. II), Paris 1678 (Bd. III), Umarbeitungen und Erweiterungen bis zur 6. Aufl. Paris 1712; dt. 1776–1780 Von der Wahrheit oder Von der Natur des menschlichen Geistes und dem Gebrauch seiner Fähigkeiten, um Irrthümer in Wissenschaften zu vermeiden.

Die Prinzipien der cartes. Philosophie mit augustin.-neuplaton. Gedankengut verbindend, entwickelt Malebranche in seinem Hauptwerk in bewußter Gegenstellung zur aristotel.-scholast. Lehre die Grundlagen seiner theozentr. Metaphysik in der Form einer ›radikalen‹ Analyse von Verstand und Wille als ›Komponenten‹ des in sich unteilbaren menschlichen Geistes. – Die unmittelbare – durch Sünde zwar abgeschwächte – Union der Geistseele mit Gott voraussetzend (»Préface«), entlarvt er Sinne sowie Einbildungskraft und Gedächtnis – bei Anerkennung ihrer Rolle für die körperliche Lebenserhaltung – im Rahmen des strikten Dualismus von Denken und Ausdehnung als beständige Irrtumsquelle (Buch I, II). Die Untersuchung des reinen Verstandes und der Natur der Ideen gipfelt in der originalen These von der Schau bzw. der Liebe aller Dinge in Gott (Buch III). Der für das Weltverhältnis dispositive Wert der Neigungen und Leidenschaften hebt deren Irrtumspotential nicht auf (Buch IV, V). Deshalb bedarf es zur Entdeckung der Wahrheit und zur sicheren Entfaltung der Wissenschaften der ebenso strengen wie differenzierten Methode (Buch VI). – Die großartige spekulative Leistung dieses Werkes begründet bis heute berechtigterweise Malebranche's Ruf als einer der bedeutendsten Metaphysiker im französ. Sprachbereich.

Ausg.: Œuvres, 1958–1970, Bd. I–III (1962–1964). – Von der Erforschung der Wahrheit. Drittes Buch, übers., eingel. u. hg. von A. Klemmt, 1968 (PhB 272).
Lit.: J. Reiter, System und Praxis. Zur kritischen Analyse der Denkformen neuzeitlicher Metaphysik im Werk von Malebranche, 1972.

J. Reiter

De legibus (lat.; *Über die Gesetze*), Marcus Tullius Cicero, entst. vermutlich 52 v. Chr.; ED Venedig o. J. (ca. 1470); dt. 1783 Drei Bücher von den besten Gesetzen.

In seinem unvollendet gebliebenen und zudem unvollständig überlieferten rechtsphilosoph.

Dialog versucht Cicero seine in → *De re publica* vertretene These, daß die zeitgenöss. römische Staatsform die ideale sei, durch eine persönliche Kodifizierung und Deutung des römischen Rechts zu untermauern. – Das von Platons → *Nomoi* angeregte Werk weist sich durch das Bestreben, die Vernünftigkeit der bestehenden römischen Rechtsordnung zu belegen, als philosoph. eigenständig aus. Es gliedert sich in eine Definition der Rechtsnatur des Menschen (Buch I), in die Niederschrift und die Interpretation des Sakralrechts (Buch II) und in die des Staatsrechts (Buch III). Ciceros zentrale philosoph. These lautet, daß Gesetz und Recht zum Wesen des Menschen gehören und ihm als Leitlinien bei der Erfüllung seines göttlichen Auftrags dienen. Dieser besteht darin, daß der Mensch kraft seiner Vernunft zur ›Wesensvollendung‹ gelangt, zur »völlig ausgebildeten und zum höchsten Ende geführten Natur«.

Ausg.: Dt. von K. Büchner, 1969.
Lit.: L. P. Kenter, M. Tullius Cicero, De legibus, 1972. – K. M. Girardet, Die Ordnung der Welt, 1983 (Historia: Einzelschriften; H. 42).

N. Jaron

De l'esprit (frz.; *Vom Geist*), Claude Adrien Helvétius; EA Amsterdam 1758; dt. 1760 Discurs über den Geist des Menschen.

Im Zentrum des moralphilosoph. Hauptwerkes von Helvétius steht die Grundlegung einer materialist. Ethik. – Alles menschliche Tun ist am Nutzen orientiert und der Ehrgeiz stellt den eigentlichen Antrieb allen sozialen und kulturellen Fortschritts dar. Das sinnliche Empfindungsvermögen ist die ursprüngliche Quelle aller Erkenntnis und der Geist ist in diesem Zusammenhang nichts anderes, als die Fähigkeit zur Entdekkung von Beziehungen zwischen den unmittelbaren bzw. im Gedächtnis gespeicherten Empfindungen. Da die Menge dieser Relationen unendlich groß ist, muß der Geist eine Auswahl treffen, und das Prinzip dieser Auswahl ist wiederum die Erlangung eines größtmöglichen Vorteils. Wertvoll sind daher nur diejenigen geistigen Produkte, die das Wohl des einzelnen oder das einer Gruppe mit gemeinsamen Interessen fördern. Übertragen auf die gesellschaftliche Ebene bedeutet dies, daß die jeweiligen Affekte des individuellen Eigennutzes unter der Leitung des Geistes in den Dienst der Erreichung des größtmöglichen Gemeinwohls zu stellen sind, in dem individueller und kollektiver Egoismus bzw. Nutzen zusammenfallen. Den individuellen Leidenschaften, die zudem die einzige Ursache der Ungleichheiten unter den Menschen bilden, kommt hierbei insofern eine Schlüsselrolle zu, als sie den Antrieb darstellen, der es dem Menschen überhaupt erst ermöglicht, auf dem Wege über die Förderung des eigenen Nutzens zu einer Steigerung des Gemeinwohls als dem ethischen Endzweck seines Handelns beizutragen. – Das zu seiner Zeit heftig umstrittene Werk kann als der vollendetste Versuch des französ. Sensualismus angesehen werden, zu einer konstruktiven Moraltheorie zu gelangen.

Ausg.: 1959.
Lit.: Ch. N. Momdzjan, Helvétius, ein streitbarer Atheist des 18. Jahrhunderts, 1959. – D. W. Smith, Helvetius. A Study in Persecution, 1965.

J. Monar

De l'esprit des lois ou du rapport que les lois doivent avoir avec la constitution de chaque gouvernement, les moeurs, le climat, la religion, le commerce, etc. (frz.; *Über den Geist der Gesetze* oder über den Bezug, den die Gesetze zur Verfassung jeder Regierung, zu den Sitten, dem Klima, der Religion, dem Handel, etc. haben müssen), Charles-Louis de Secondat, Baron de la Brède et de MONTESQUIEU, entst. zwischen 1735 und 1747; EA Genf 1748 (2 Bde.); dt. 1753 Der Geist der Gesetze.

Mit seinem Hauptwerk, dem bedeutendsten staatstheoret. Werk der Aufklärung, versucht Montesquieu, eine allgemein anwendbare Methode zur Analyse der die Gesellschaft bestimmenden polit. und sozialen Faktoren aufzustellen. – Montesquieu will nachweisen, daß nicht nur den physikal., sondern auch den polit. und sozialen Phänomenen einheitliche Beziehungen und Konstanten zugrunde liegen und diese daher wie die Gesetze der Naturwissenschaft empir.-wissenschaftlich studiert werden können. Montesquieus Untersuchungsgegenstand sind die positiven Gesetze, d. h. die zivilrechtlichen und polit. Gesetze der Menschheit. Für ihn sind Gesetze definitionsgemäß nicht in erster Hinsicht Vorschriften, sondern Beziehungen zwischen der Natur der Dinge und der Natur des Menschen. Daher verzichtet er auf eine Interpretation der geschriebenen Gesetzestexte und versucht vielmehr, durch das Studium der Beziehungen der Gesetze zu einer Vielzahl von Faktoren (natürlichen und gesellschaftlichen) den Geist der Gesetze zu erkennen. Montesquieu schreibt daher keine jurist. Abhandlung, sondern ein soziolog. Werk. Da dem aus 31 Büchern mit insgesamt 605 Kapiteln zusammengesetzten Oeuvre (in dem sich 667 Quellen sicher nachweisen lassen) sowohl dialekt. Aufbau als auch logische Schlußfolge fehlen, warfen schon Montesquieus Zeitgenossen dem Autor einen Mangel an Ordnung und Gliederung vor. Tatsächlich lassen sich zwei Gliederungskonzepte herausarbeiten. Das erste, die Abfolge der verschiedenen Bestimmungsfaktoren der Gesetze (wobei die Klimatheorie – derzufolge das Klima auf die Gesetzgebung einen bestimmenden Einfluß hat – eine zentrale Stellung einnimmt), wird durch zwei unterschiedliche perspektiv. Betrachtungsweisen überlagert: Einerseits werden die verschiedenen Faktoren in bezug auf die Typologie der Regierungsformen interpretiert, andererseits (ab Buch XI) in bezug auf die polit. Freiheit. In Anknüpfung an antike Autoren unterscheidet Montesquieu drei Regierungsformen: Republik, Monarchie und Despotie. Jeder dieser Regierungsformen schreibt er eine bestimmte Natur, einen menschlichen Seelenzustand, zu und betreibt damit eine Psychologisierung des Verfassungslebens. Der Republik (nach Montesquieu vor allem der Antike gemäß) wird die (polit.) Tugend zugewiesen, der Monarchie (›modernes‹ Europa) die Ehre, der Despotie (Ferner Osten) die Furcht. Die Einhaltung dieser grundlegenden Staatsprinzipien allein genügt jedoch nicht, um die Stabilität der jeweiligen Regierungsformen zu gewährleisten; vielmehr müssen die Gesetze zusätzlich den unterschiedlichen sozialen, religiösen, wirtschaftlichen und klimatolog. Gegebenheiten Rechnung tragen. Jede Regierungsform kann sich am besten behaupten, wenn sie in einem ihr gemäßen Gebiet eingeführt wird; die Republik läßt sich, so Montesquieu, nur in einem kleinen Herrschaftsbereich, z. B. einer Stadt, errichten, die Monarchie in einem mittelgroßen Land, die Despotie in einem großen Reich. Neben die den drei Regierungsformen zugeteilten Naturen bzw. Prinzipien tritt im XI. Buch die moral. Forderung nach polit. Freiheit, aus der das Prinzip der Gewaltenteilung abgeleitet wird. Polit. Freiheit kann, wie Montesquieu am Beispiel der englischen Verfassung nachweist, nur von gemäßigten Regierungen gewährt werden, bei denen sich die drei Gewalten, Exekutive, Legislative und Judikative, gegenseitig kontrollieren. Eine wirksame Kontrolle setzt jedoch, so Montesquieu, eine Aufteilung der Gewalten voraus. – Obwohl Montesquieu selbst die Ausführungen über die Gewaltenteilung keineswegs als den zentralen Teil seines Hauptwerkes angesehen hat, sollten gerade diese Passagen für die Ausbildung des modernen Verfassungsstaates – zunächst der Verfassung der Vereinigten Staaten von Amerika – von entscheidender Bedeutung werden.

Ausg.: Dt., von K. WEIGAND, ^{6}1980.
Lit.: P. VERNIÈRE, Montesquieu et l'esprit des lois ou la raison impure, 1977.

P. LEMPERT

De l'habitude (frz.; *Über die Gewohnheit*), Jean Gaspard Félix Lacher RAVAISSON-MOLLIEN; EA Paris 1838; dt. 1889.

Die als Essay erschienene Doktoratsthese stellt eine Vertiefung der Gedanken des ein Jahr zuvor veröffentlichten Werkes *Essai sur la métaphysique d'Aristote* dar. Ravaisson, der in München noch Schelling gehört hatte und diesem auch weitgehend folgte, versuchte die Ursprungsmetaphysik im Rückgriff auf Aristoteles zu erneuern. Die Schrift greift den später von Bergson weitergeführten Gedanken auf, daß jeder Mechanismus als eine verdunkelte und erstarrte Fiktion von Freiheit anzusehen sei. Demnach kann nur der Bewußtseinsakt Grundlage aller Erkenntnis sein. – Der vor allem gegen den Positivismus entwickelte und gerichtete Spiritualismus übte in dieser voluntarist. Variante starken Einfluß auf Lachelier, einen Schüler von Ravaisson, und über diesen auf Boutroux und die kathol. Philosophie aus.

Ausg.: Dt., hg. von G. FUNKE, 1954.
Lit.: R. VERDENAL, Der französische Spiritualismus von Maine de Biran zu Hamelin, in: F. CHÂTELET (Hg.), Geschichte der Philosophie, Bd. VI, 1975.

W. DONNER

De l'homme, de ses facultés intellectuelles et de son éducation (frz.; *Vom Menschen, seinen geistigen Fähigkeiten und seiner Erziehung*), Claude Adrien HELVÉTIUS; EA London 1773 (postum); dt. 1774 Vom Menschen, von dessen Geisteskräften, und von der Erziehung desselben.

Ausgehend von der in → *De l'esprit* entwickelten Auffassung von der grundsätzlichen Orientierung menschlichen Handelns am Eigennutz zeigt das moralphilosoph. Werk Möglichkeiten auf, wie die Dynamik des Egoismus in den Dienst der Fortentwicklung der geistigen Fähigkeiten gestellt werden kann. Hierzu gehören insbesondere eine die Grundrechte gewährleistende Gesetzgebung, eine gerechtere Verteilung des Eigentums und eine fortschreitende

Bildung. Die Erziehung zur letzteren ist von besonderer Bedeutung, da die Ausbreitung der Bildung wesentlich zu einer Steigerung der allgemeinen Sittlichkeit beiträgt. – Die Schrift schließt sich an den Sensualismus von Condillac an und richtet sich u. a. gegen Rousseaus Theorie von der ursprünglichen Tugendhaftigkeit des Menschen im Naturzustand.

Ausg.: Dt., von G. MENSCHING, 1972.
Lit.: A. KEIM, Helvétius, sa vie et son œuvre, 1907. – M. GROSSMANN, The Philosophy of Helvétius with Special Emphasis on the Educational Implications of Sensationalism, 1926.

J. MONAR

De libero arbitrio diatribe sive collatio (lat.; *Wissenschaftliche Unterredung oder Textzusammenstellung über den freien Willen*), Desiderius ERASMUS VON ROTTERDAM; EA Basel 1524; dt. 1525.

In dieser gegen Luther und andere Reformatoren gerichteten Schrift diskutiert Erasmus die Argumente für und wider die Annahme eines freien Willens. – Erst nach langem Zögern und auf vielfaches Drängen von kathol. Seite verfaßte Erasmus diese Schrift, in der er selbst nach Auffassung des angegriffenen Luther den Kern der reformator. Lehre getroffen hat. Nachdem er einleitend die Frage nach der rechten Auslegung der von Luther als einzige Autorität anerkannten Hl. Schrift aufgeworfen hat, stellt Erasmus die Bibelstellen zusammen, die für und gegen den freien Willen sprechen, um schließlich auf dieser Basis das Problem philosoph. und theolog. zu diskutieren. Erasmus macht deutlich, daß es für ihn einen freien Willen gibt, der durch die Sünde zwar geschwächt, durch die Erlösung in Christus aber wiederhergestellt wurde. Ohne ihn wäre verantwortliches moral. Leben, das allerdings nur mit Gottes Gnade gelingen kann, unmöglich. Am Ende überläßt Erasmus, entsprechend der literar. Gattung seiner Schrift, dem Leser die Entscheidung in der Streitfrage, die für ihn, im Gegensatz zu Luther, die Glaubensgemeinschaft nicht sprengen muß. – Auf Luthers kämpferische Gegenschrift →*De servo arbitrio* antwortete Erasmus 1526 mit einer umfangreichen Verteidigung: *Hyperaspistes* (Schild). Der Bruch zwischen beiden war endgültig.

Ausg.: Lat./Dt., Ausgewählte Schriften, Bd. IV, 1969.
Lit.: G. CHANTRAINE, Erasme et Luther, libre et serf arbitre, 1981. – M. O'ROURKE BOYLE, Rhetoric and Reform. Erasmus' Civil Dispute with Luther, 1983.

P. WALTER

De l'infinito universo et mondi (lat.; *Über die Unendlichkeit des Weltalls und der Welten*), Giordano BRUNO; EA Venedig 1584; dt. 1824 Von dem unendlichen All und von den (unzähligen) Welten (in: T. A. RIXNER/T. SIBER, Leben und Lehrmeinungen berühmter Physiker, H. 5).

Im Zentrum des metaphys. Werkes steht die Zurückführung der Unendlichkeit und Vielfalt des Universums auf ihre ursprüngliche Einheit im Wesen Gottes. – Das Universum ist aufgrund der unbegrenzten Schöpferkraft Gottes notwendig unendlich: Es stellt einen Organismus aus unendlich vielen, die Ganzheit im Kleinen widerspiegelnden Einzelwelten (›Monaden‹) dar, der unendlich ausgedehnt ist. Die göttliche Vorsehung sorgt für den Erhalt des Lebens und der Vollkommenheit dieses Organismus, und alle darin begegnenden, innerweltlichen Gegensätze lassen sich letztendlich auf die Einheit Gottes zurückführen und darin aufheben. – Das Werk erhob das neue copernican. Weltbild zur Grundlage einer pantheist. Metaphysik und nahm hierbei Elemente der späteren Monadenlehre von Leibniz vorweg.

Ausg.: Dt., Zwiegespräche vom unendlichen All und den unendlichen Welten, übers. u. erl. von L. Kuhlenbeck, 1983.
Lit.: H. Vedrine, La conception de la nature chez G. Bruno, 1967. – G. Bruno ieri e oggi, 1982.

J. Monar

De l'intelligence (frz.; *Über das Erkenntnisvermögen*), Hippolyte Taine; EA Paris 1870; dt. 1880 Der Verstand.
Das Werk ist ein umfassendes Kompendium der psycholog. Theorie Taines und seines hierauf aufbauenden erkenntnistheoret. Systems. – Ausgangspunkte seiner determinist. und monist. Sichtweise sind Comte, St. Mills und Spencer, doch versucht Taine auch, im Gegenzug zur Hegelrezeption durch den Spiritualismus Cousins, Gedanken des deutschen Idealismus für seine naturwissenschaftlich fundierte Theorie fruchtbar zu machen. Als einfachste Elemente der Erkenntnis betrachtet Taine die Sinneswahrnehmungen, auf deren Grundlage sich die menschliche Erkenntnis als hierarch. System von zu komplexen Bildern gebündelten Wahrnehmungen bis hin zu den ›idées générales‹ als höchster Form aufbaut. Dieser Mechanismus wird von Impulsen der Nervenzentren gesteuert, wodurch die physikal. und die geistigen Vorgänge als zwei Seiten des gleichen Prozesses erscheinen. Das Ich wird demnach als aktualisierte physische Potentialität verstanden und manifestiert sich als Abfolge von realen, aber auch halluzinator. Sinneswahrnehmungen, die sich im Gedächtnis zu Bildern (›images‹) verfestigen. Taine lenkte so das Interesse auch auf Phänomene des Unterbewußten und trug damit zur Neuorientierung der psycholog. Forschung bei. Gegen einen radikalen Subjektivismus Berkeley'scher Tradition grenzt sich Taine ab, indem er dem ›Ich‹ die Möglichkeit der Erfahrung, Abstraktion und Verifizierung, also die Fähigkeit, Gesetzmäßigkeiten zu erkennen, zugesteht. So kann Taine auch den Begriff des ›Naturgesetzes‹ formulieren, zu dem der Forscher auf der Basis des induktiven Verfahrens vorstößt. Die Theorie von der Gesetzmäßigkeit aller Phänomene hat einen uneingeschränkten Glauben an den Fortschritt der exakten Wissenschaften zur Folge. – Taines Werk stellt einen wichtigen Beitrag zum Gedankengebäude des einflußreichen scientisme dar, der vom Positivismus die Methode, vom Idealismus das Ziel einer systemat. Gesamterklärung der Phänomene übernahm.

Ausg.: Dt., von L. Siegfried, 1880.
Lit.: W. Hentschel, H. Taines Erkenntnistheorie in ›De l'intelligence‹, 1910. – O. A. Schmidt, H. Taines Theorie des Verstehens im Zusammenhang seiner Weltanschauung, 1936. – C. Evans, Taine. Essai de biographie intérieure, 1975.

R. Schwaderer

De l'interprétation. Essai sur Freud (frz.; *Die Interpretation.* Ein Versuch über Freud), Paul Ricoeur; EA Paris 1965; dt. 1969.
Mit seinem Hauptwerk legt Ricoeur die bislang umfangreichste philosoph. Auseinandersetzung mit Freuds Psychoanalyse vor und integriert diese in seine eigene philosoph. Hermeneutik. – Die

Abhandlung gliedert sich in drei Teile: die »Problematik«, die »Analytik« und die »Dialektik«. In der »Problematik« klärt Ricoeur die Begriffe des Symbols, der Interpretation, der Hermeneutik und der Reflexion. Das Symbol ist ein zweideutiges Zeichen, das nach Interpretation verlangt, während die Interpretation eine hermeneut. Bemühung ist, die das Symbol auslegt. Damit bestimmen sich die Begriffe des Symbols und der Interpretation wechselseitig. Unter Hermeneutik versteht Ricoeur die Theorie der Regeln der Interpretation. Er unterscheidet zwischen reduktiver (Hauptvertreter: Marx, Nietzsche, Freud) und restaurativer Hermeneutik (Religionsphänomenologie), die sich in einem ›Konflikt der Interpretationen‹ gegenüberstehen. Die Reflexion ist methodolog. auf Eindeutigkeit und Allgemeingültigkeit angelegt und inhaltlich zunächst in Anlehnung an Descartes unbestimmt. Ziel des Buches ist es, zwischen Symbol und Reflexion zu vermitteln und den ›Konflikt der Interpretationen‹ zu schlichten. In der »Analytik« versucht Ricoeur eine objektive ›Freud-Lektüre‹. In einer umfassenden Darstellung zeichnet er Freuds Entwicklung von den neurophysiolog. Anfängen bis hin zum kulturkrit. und spekulativen Spätwerk nach. Seine Grundthese lautet, die Psychoanalyse sei ein gemischter – teils energet., teils hermeneut. – Diskurs, d. h. sie reduziere wie eine naturwissenschaftliche Disziplin psychische Phänomene auf Kräftekonflikte und lege wie eine geisteswissenschaftliche Disziplin deren Sinn frei. In der ›Freud-Interpretation‹ der »Dialektik« bestimmt Ricoeur den philosoph. Ort Freuds, indem er diesen zunächst hegelian. liest. Die Psychoanalyse erblickt den Ursprung des Sinns psychischer Phänomene nicht nur in den Archaismen der Psyche, sondern auch im Telos progressiv konstituierter Sinngestalten. Archäologie und Teleologie sind jedoch dem immanenten Bereich der Reflexion verhaftet, der von der Religionsphänomenologie auf das Absolut-Andere hin transzendiert werden muß. – Ricoeurs Arbeit nimmt in der aktuellen philosoph., theolog. und psychoanalyt. Freud-Diskussion einen zentralen Platz ein.

Lit.: P. Welsen, Philosophie und Psychoanalyse, 1986.

P. Welsen

Della ragion di stato (ital.; *Über die Staatsräson*), Giovanni Botero; EA Venedig 1589; dt. 1596 Anordnung guter Policeyen und Regiments des Fürstenstands.

Mit Botero beginnt das gegen Machiavelli gerichtete Schrifttum (Antimachiavellismus); er fordert eine ›gute‹ Staatsräson, die auf Wiedereinsetzung der kathol. Kirche als Wertinstanz beruht, sowie einen Fürsten, der als Staatsmann außer den zu seiner Zeit üblichen krieger. Tugenden vor allem ethisch fundierte Klugheit und Beredsamkeit besitzt. Beim ›Aufpolieren‹ (Meinecke, → *Die Idee der Staatsräson* ...) der Staatsräson werden allerdings die Grenzen zu anfechtbaren Mitteln und Zwecken verwischt, so daß diese erste theoret. Aufarbeitung der Gedanken Machiavellis ein schillerndes Panorama verschiedenster Problemkreise der ›ragion di stato‹ ergibt, wobei die Bedeutung der Religion besonders positiv hervorgehoben wird. Botero kommt unter Rückgriff auf histor. Beispiele zu überraschenden und treffenden psycholog. Einsichten über die schwache Natur und den wankelmütigen Charakter der Menschen. Streicht man die vom Geist der Gegenreformation getragenen Übertreibungen, so enthält Boteros umfangreiche Arbeit anregende Gedanken zur Praxis der Staatsführung, die schon frühzeitig Anlaß für eine deutsche Übertragung waren, in der erste Bausteine für die ›Ältere Deutsche Staatslehre‹ erkennbar sind. Meineckes im ganzen begründete Kritik überzeichnet jedoch im Vergleich zu anderen Kritikern Machiavellis das Bild Boteros als ›Fürstenknecht, der es allen recht machen will‹.

Lit.: H. MAIER, Die ältere deutsche Staats- und Verwaltungslehre, 1966.

G. HOFFMANN-LOERZER

Del sentimiento trájico de la vida en los hombres y en los pueblos (span.; *Über das tragische Lebensgefühl in den Menschen und Völkern*), Miguel de UNAMUNO; EA Madrid 1913; dt. 1925 Das tragische Lebensgefühl.

Im Zentrum des lebensphilosoph. Hauptwerkes Unamunos steht die Beschreibung des tragischen Grundkonfliktes zwischen Denken und Leben, der in der Frage nach der Unsterblichkeit wurzelt. – Da nur das, was ewig ist, auch wirklich ist, hat der Mensch ein unüberwindliches Verlangen nach persönlicher Unsterblichkeit. Einen rationalen Beweis für die Unsterblichkeit gibt es nicht, aber jenseits des Glaubens an die Unsterblichkeit kann Leben und Handeln für den Menschen keinen Sinn mehr haben. Hieraus folgt, daß alles Lebendige letztlich irrational und alles Rationale letzten Endes lebensfeindlich ist, denn die Vernunft muß ihrem Wesen nach der Unsterblichkeit immer skeptisch gegenüberstehen. In diesem Sinne liegt die Tragik des menschlichen Daseins in einer unaufhörlichen Zerrissenheit zwischen rational begründetem Skeptizismus und vital notwendigem Glauben an die Unsterblichkeit. Diese tragische Spaltung ist der Grund für eine ständig angsterfüllte schöpfer. Unsicherheit, aus der heraus der Mensch immer neue Anstrengungen zur Erlangung der Unsterblichkeit unternimmt. Um seiner Überlebensfähigkeit willen muß er hierbei, wenn es keinen Gott gibt, einen solchen als Garanten seiner persönlichen Unsterblichkeit zumindest wollen und damit ideell erschaffen. Die konsequenteste Anstrengung hat diesbezüglich die christliche Religion mit der Idee der Auferstehung unternommen. In Gestalt der Theologie ist das Christentum jedoch zu einem Friedhof der Ideen erstarrt. – Der radikale Vitalismus des Werkes richtete sich gegen die aufstrebende einseitig materialist. Deutung des Menschen und nahm bei der Beschreibung der menschlichen Grundbefindlichkeit Elemente des Existentialismus vorweg.

J. MONAR

De luce (seu de inchoatione formarum) (lat.; *Über das Licht* oder über den Beginn der Formenbilder), Robertus GROSSETESTE, entst. zw. 1215 u. 1220; ED Venedig 1514 (in: Opuscula Grossetestis).

Die Schrift bietet eine Kosmogonie auf dem Hintergrund der Lichtmetaphysik, die der Verfasser teilweise in der Literatur der

Kirchenväter vorfand. Das Urlicht (lux) ist entsprechend Genesis 1,3–4 die prima forma creata und als solche die prima corporeitas, ähnlich wie im *Hexaemeron* von Grosseteste. Ihm gilt das Licht als eine ganz feine körperliche Substanz (substantia corporalis subtilissima et incorporeitati proxima), die Träger von Kräften und Kraftwirkungen ist. Es vervielfältigt und verströmt sich (multiplicando se et diffundendo) in die Materie. Aus dem Licht ist alles geworden, es erzeugt sich gleichsam selbst nach allen Richtungen hin, wie aus einem Lichtpunkt ›gleichaugenblicklich‹ (instantanee) sich ein ganzer Lichtkreis zu erzeugen vermag. Durch einen Prozeß der Verdünnung und Verdichtung entstehen die durchsichtigen Sphären der regio caelestis, in die die Planeten nach antikem und mittelalterlichem Verständnis als ausgezeichnete leuchtende Punkte eingelassen sind, und schließlich die Sphären des Feuers, des Luftkreises, des Wassermantels und der Erde. Der Kosmos entsteht also aus der Selbstentfaltung des Lichtes durch seine Vervielfältigung (ab ipsius lucis diversa multiplicatione) und das Licht verknüpft – ähnlich wie die Weltseele in Platons → *Timaios* – alle seine Glieder. Neben der auf dieser Schrift beruhenden harmonikalen Zahlenlehre, die Platon auf die Konstitution der Weltseele, Grosseteste dagegen auf die Ausbreitung des Lichtes bzw. den Prozeß der Erzeugung der Sphären anwendet, vertritt der Traktat *De luce* einen dynam. Atomismus, der sich in ähnlicher Form erst wieder bei Boscovich, hier aber auf Leibniz' Monadenlehre beruhend, wiederfindet.

Ausg.: Engl., von C. C. Riedl, 1942.

Lit.: G. Battisti Saccaro, Il Grosseteste et la luce, in: Medioevo 2 (1976).

H. M. Nobis

De malorum subsistentia (lat.; *Über die Existenz der Übel*), Proklos (412–485); ED Paris 1820 (in: V. Cousin, Procli Philosophi Platonici opera . . ., Bd. I).

Die nur in der 1280 abgeschlossenen latein. Übersetzung des Wilhelm von Moerbeke erhaltene Schrift untersucht die Seinsweise der Übel im Kosmos. Proklos unterscheidet zwei Seinsweisen des Bösen: Da Sein eine Perfektion und jede Perfektion ein Gut ist, gibt es einerseits das reine Böse, das mit völligem Nicht-Sein identisch ist; auf der anderen Seite zeigen sich die Übel als je partikulärer und temporärer Mangel an Gutem und sind nur auf dessen Hintergrund ex negativo als spezif. privatio boni (= Mangel an Gutem) faßbar. Das Böse kann mithin nicht im Bereich des (ewigen und perfekten) Intelligiblen existieren, sondern nur (in je verschiedenen Ausprägungen) in den Seelen, die in den Bereich der Werdewelt ›hinabgestiegen‹ sind. Zwar werden alle Übel von den einzelnen als solche angesehen, aber sie tragen dennoch zur Gerechtigkeit und Harmonie des Weltganzen bei. Aufgrund dieses uneigentlichen und abgeleiteten Charakters schreibt Proklos ihnen den Seinsmodus der Parhypostasis (untergeordnete Nebenexistenz) zu. – Bemerkenswert ist in dieser Schrift die Bewertung der Materie: da sie notwendiger Bestandteil des Weltganzen ist, muß sie letztlich auch um des Guten willen sein; an sich ist sie weder gut noch böse. Das Gedankengut dieser Schrift ist z. T. wörtlich in das Werk → *Peri theiōn onomatōn* des Pseudoareopagiten eingeflossen und hat dadurch – wenngleich unter dem Namen des Dionysios – weite Verbreitung im Mittelalter gefunden.

Ausg.: H. BOESE, Procli Diadochi Tria Opuscula de providentia, libertate, malo, in: Quellen und Studien zur Geschichte der Philosophie. Bd. I, 1960. – Dt., übers. und erl. von M. ERLER, in: Beiträge zur klassischen Philologie 102 (1978). – Frz., Trois études sur la providence, Bd. III, übers. von D. ISAAC, 1982.

L. DEITZ

De miseria humanae conditionis (lat.; *Vom Elend der menschlichen Lage*), Giovanni Lotario SEGNI (Lotharius Cardinalis/Papst Innozenz III.), entst. 1195; ED Köln ca. 1473.

Der Traktat in der Art einer scholast. Disputation (Frage – verneinende Antwort – Verteidigung mit Argumenten und Zitaten – zustimmende Antwort) umfaßt nur einen ersten negativen Teil, während die geplante Ergänzung über die Würde des Menschen fehlt. In drei Büchern wird das menschliche Elend, auf kein Alter und keinen Stand beschränkt, gezeichnet: Krankheiten, Laster, Tod, schließlich Hölle und Gericht. Ziel des Traktats ist die Dämpfung des Hochmuts und die Erkenntnis menschlicher Niedrigkeit. Die kräftige Einseitigkeit der Darstellung erklärt sich aus der fehlenden Abrundung, trug aber zu einer nicht geringen Rezeption im Hoch- und Spätmittelalter bei. Noch die humanist. Gegendarstellungen über die Würde des Menschen beziehen sich auf diesen Hintergrund.

Ausg.: Lat., hg. von M. MACCARONE, 1955.
Lit.: H. BAKER, The Image of Man. A Study of the Idea of Human Dignity in Classical Antiquity, the Middle Ages and the Renaissance, 1961.

H.-B. GERL

Democracy and Education. An Introduction to the Philosophy of Education (engl.; *Demokratie und Erziehung*. Eine Einleitung in die Philosophie der Erziehung), John DEWEY; EA New York 1916; dt. 1930.

Neben praktischen Vorschlägen zur Erziehungsreform enthält dieses umfangreiche Werk Deweys Theorie der Erziehung. – Leben heißt für Dewey Selbsterneuerung. Deshalb ist die Erziehung als Prozeß ständiger Erneuerung gemeinsamer Erfahrungen für das Leben gesellschaftlicher Gruppen unabdingbar. Ihre Aufgabe ist nicht die bloße Tradition der Gewohnheiten der Vergangenheit oder die Einübung für das spätere Leben. Erziehung soll sich überhaupt nicht an von außen gesetzten Zielen orientieren, sondern im Individuum die Fähigkeit hervorbringen, den Sinn der gegenwärtigen Erfahrung so zu steigern, daß der von der Gesellschaft anerkannte Sinngehalt zunimmt. Deshalb gehört das demokrat. Prinzip wesentlich zur Erziehung, da nur demokrat. Gesellschaften nach einer stets wachsenden Mannigfaltigkeit der von allen Mitgliedern geteilten Interessen streben. Die Unterteilung einer Gesellschaft in Klassen hat nämlich verschiedene Dualismen zur Folge, die die gegenwärtige Erziehung behindern (wie den Gegensatz von körperlicher und geistiger Tätigkeit, von Kultur und Beruf). Sie verleitet außerdem zur Ansicht, daß die Lerninhalte aus vielen, voneinander isolierten Gebieten bestehen, die für das gesellschaftliche Leben von unterschiedlichem Wert sind. Die Grundvoraussetzung dieser Entgegensetzungen liegt darin, daß Geist, Handeln und Natur als wesensverschieden betrachtet werden. Deweys philosoph. Überzeugung ist jedoch, daß der menschliche Geist seinen Ursprung und auch seine Funktion innerhalb einer die Umwelt gestaltenden Tätigkeit findet, so daß Körper und Geist, Denken und Erfahrung, Individuum und Gemeinschaft, physische und soziale Umwelt nicht auseinandergerissen werden dürfen. – Deweys Vorschläge, die zum größten Teil aus den Erfahrungen hervorgingen, die er an seiner ›Laborschule‹ an der Universität von Chicago gemacht hatte, wirkten auf das amerikan. Erziehungssystem revolutionär.

Lit.: H.-J. APEL, Theorie der Schule in einer demokrat. Industriegesellschaft, 1974.

H. SCHEIT

De modis significandi (lat.; *Über die Arten der Bezeichnung*), Jean GERSON, entst. 1426; ED Köln o. J. (1483/84).

Anders als es der Titel vermuten läßt, gehört dieser Traktat nicht ausschließlich in die Tradition der Sprachlogik; auf der Basis des nominalist. Verständnisses des Begriffes als Zeichen wird eine Theorie der Wissenschaften entwickelt. Die an den Zeichenbegriff anschließenden Unterscheidungen der verschiedenen Bezeichnungsweisen charakterisieren jeweils die diversen Disziplinen, wobei die Logik, die unter dem Wahrheitsaspekt steht, die Grammatik, die die sprachliche Richtigkeit zum Thema hat, voraussetzt; von Belang ist hierbei auch, daß die Rhetorik zwar ihrerseits auf diesen aufruht, aber dennoch über sie hinausgeht, weil ihre Bezeichnungsweise sowohl dem Sprachgebrauch des Alltags wie dem der Bibel nähersteht. Allen drei steht die Bezeichnungsweise der Metaphysik gegenüber, welche in den obersten und allgemeinsten Begriffen (Sein, Ding, gut) besteht. Gerson akzentuiert hier aber weniger die Hierarchie als die wechselseitige Ergänzung von Metaphysik und Logik. Innerhalb der Theologie gibt es – wie schon in der Bibel – verschiedene Sprechweisen zu unterscheiden, Maßstab ist jedoch – ein auch sonst häufig wiederkehrendes Anliegen Gersons – die überkommene Sprechweise und Begrifflichkeit.

Ausg.: Oeuvres complètes, hg. von P. GLORIEUX, Bd. IX., 1960ff.

Lit.: M. BAUER, Die Erkenntnislehre und der Conceptus entis nach vier Spätschriften des J. Gerson, 1973.

R. SCHÖNBERGER

A Demonstration of the Being and Attributes of God: More Particularly in Answer to Mr. Hobbs, Spinoza, and their Followers. Wherein the Notion of Liberty is Stated, and the Possibility and Certainty of it Proved, in Opposition to Necessity and Fate. Being the Substance of Eight Sermons Preach'd at the Cathedral-Church of St. Paul, in the Year 1704, at the Lecture Founded by the Honourable Robert Boyle Esq. (engl.; *Darlegung des Daseins und der Eigenschaften Gottes*), Samuel CLARKE; EA London 1705; dt. 1756.

Die im 18. Jh. weit verbreitete (10. Aufl. 1749) naturphilosoph.-theolog. Streitschrift repräsentiert die physiko-theolog. Argumentationsweise, welche sich zum Beweis der Wirklichkeit und der Eigenschaften Gottes auf Newtons → *Philosophiae naturalis principia mathematica* (1687) beruft. Clarke, engster Vertrauter Newtons, führt hier (wie auch 1715/1716 im Briefwechsel mit Leibniz) method. und inhaltlich Newtons Naturphilosophie als ›Philosophie der Freiheit‹ gegen determinist. ›Philosophien von Notwendigkeit und Verhängnis‹ ins Feld, die er als atheist. bekämpft. Das Werk ist in zwölf »Propositions« gegliedert. Beginnend mit dem Satz, »daß etwas von Ewigkeit her existiert hat«, mündet die Beweisführung darin, »daß der letzte Grund und Urheber aller Dinge mit Notwendigkeit ein Wesen von unendlicher Güte, Gerechtigkeit und Wahrheit und allen anderen moralischen Vollkommenheiten sein muß«. Obwohl Voltaire noch im → *Dictionnaire philosophique* (1764) Clarke als Newton ebenbürtigen Metaphysiker und »vielleicht den gründlichsten und klarsten, den konsequentesten und kraftvollsten aller Philosophen, die von dem höchsten Wesen gesprochen haben« bezeichnete, geriet dessen Werk in dem Maß in Vergessenheit, in dem die Aufklärung theist. durch deist. Denkweisen und Newtons Naturphilosophie durch metaphysikfreie analyt. Mechanik ersetzte.

Ausg.: Repr. (1705) 1964.

Lit.: R. ZIMMERMANN, Samuel Clarke's Leben und Lehre, 1870. – J. H. GAY, Matter and Freedom in the Thought of Samuel Clarke, J. Hist. Ideas 24 (1963).

E. DELLIAN

De mundi sensibilis atque intelligibilis forma et principiis (lat.; *Von der Form der Sinnes- und Verstandeswelt und ihren Gründen*), Immanuel KANT; EA Königsberg 1770.

Am 31. März 1770 erhielt Kant die Berufung zum Ordinarius für Logik und Metaphysik; am 21. August wurde die latein. Dissertation der Fakultät vorgelegt und öffentlich zur Diskussion gestellt. Kant hat diese Schrift als den wahren Anfang seiner kritischen Philosophie betrachtet; gleichwohl vertritt er hier noch Thesen, die zu einer Reihe von Entdeckungen der → *Kritik der reinen Vernunft* im Widerspruch stehen. – In der 1. Sektion definiert Kant den Begriff der Welt im allgemeinen, nämlich als Korrelat jeder möglichen Erkenntnis. Sie ist ein Ganzes, das kein Teil ist (§ 1). Die Zusammensetzung dieses Ganzen aus Teilen betrachtet Kant unter den Gesichtspunkten einer doppelten Genese: einmal als durch den abstrakten Verstand gedachte, das andere Mal als durch die sinnliche Anschauung ausgeführte und vorgestellte Zusammensetzung. Im letzten Fall kann man niemals die Welt als ganze begreifen. Dieser Unterschied der Welt als gedachter und der Welt als Problem des sinnlichen Vorstellungsvermögens veranlaßt Kant zu der Unterscheidung der Begriffe des Unmöglichen und des Unvorstellbaren (§ 1), die auf den Unterschied der intellektuellen und der sinnlichen Erkenntnis zurückgeht. In der 2. Sektion vollzieht Kant eine klare Trennung zwischen dem Objekt der sinnlichen Erkenntnis, dem Phaenomenon, und dem Objekt der intellektuellen Erkenntnis, dem Noumenon. An der sinnlichen Erkenntnis unterscheidet er die Materie, d. h. die Empfindung (sensatio) und die Form, d. h. das Bild (species) der Sinnendinge. Diese Form bezeichnet er auch als ein dem Geiste innewohnendes Gesetz (lex quaedam menti insita) (§ 4). Dieses ›Gesetz‹ – d. h. die reinen Formen der Anschauung Raum und Zeit – führt er auf die psycholog. Natur des menschlichen Subjekts zurück; er vermischt noch die Erörterung des quid facti (Psychologie) und des quid juris (Transzendentalphilosophie). Er unterscheidet des weiteren einen realen Verstandesgebrauch, der sich auf die Sachen bezieht, wie sie an sich selbst sind, d. h. auf die Noumena, und einen logischen Verstandesgebrauch, durch den die reinen Begriffe auf die sinnlichen Erkenntnisse bezogen und Erscheinungen miteinander verglichen werden. Da in der Dissertation streng zwischen Sinnlichkeit und Verstand, phaenomenaler und noumenaler Welt unterschieden wird, vermißt man eine Problematisierung und nähere Rechtfertigung der Anwendung reiner Begriffe auf die Sinnlichkeit. In der 3. Sektion werden Zeit und Raum in rigorosem Parallelismus dargestellt. Sie sind nicht nur Formen der Sinnlichkeit, sondern auch Gesetze der Seele. Sie sind nicht von den Sinnen bzw. der äußeren Empfindung abstrahiert, sondern jeweils vorausgesetzt; sie sind Einzelvorstellungen und als solche reine Anschauungen bzw. Formen der Anschauung. Sie sind nichts Objektives und Reales, sondern etwas Subjektives und Ideales. In der 4. Sektion bringt Kant die Themen der alten Ontologie wieder zur Geltung und bemüht sich, der Idee der Harmonie zwischen den Substanzen erneut einen Sinn abzugewinnen. Zum Schluß findet er es aber doch ratsam, am Gestade der Erkenntnisse zu bleiben, die uns vermöge der Schranken unseres Verstandes vergönnt sind, und nicht wie Malebranche zu denken, nämlich daß wir alle Dinge in Gott schauen (§ 22, Scholion). Die 5. Sektion ist einer Erörterung der falschen Prinzipien und erschlichenen Axiome gewidmet, die in der Metaphysik den menschlichen Geist in unlösbare Widersprüche führen. Diese Täuschungen beruhen auf der Verwechslung der sinnlichen und intellektuellen Erkenntnisprinzipien. – Gewisse Textstellen der Dissertation vermitteln den Eindruck, als setze Kant die Idealität von Raum und Zeit mit ihrer Subjektivität im psycholog. Sinn gleich. Die darüber hinausgehende Erkenntnis der *Kritik der reinen Vernunft* ist, daß ihre Idealität ihre »empirische Realität« impliziert.

Ausg.: Gesammelte Schriften (Akademie-Ausgabe), Bd. II, 1905 (Repr. 1968).

Lit.: H. Cohen, Kants Theorie der Erfahrung, 1918. – E. Cassirer, Das Erkenntnisproblem in der Philosophie und Wissenschaft der neueren Zeit, Bd. II, 1922. – H. J. de Vleeschauer, La déduction transcendentale dans l'oeuvre de Kant, 3 Bde., 1934–1937.

G. Maluschke

De natura boni (lat.; *Über das Wesen des Guten*), Albertus Magnus, entst. vor 1243; ED Münster 1974 (in Opera omnia, Bd. XXV,1); dt. 1981 (Teilübersetzung).

Die unvollendete Schrift ist wahrscheinlich das älteste der uns bekannten Werke Alberts. Zu Beginn werden sieben Traktate über das Wesen des geschaffenen Guten angekündigt, aber nur der 1. Teil ist vollendet; Teil 2 ist unvollständig, der Rest fehlt ganz. Ausgangspunkt ist die geläufige Einteilung des Guten in das bonum naturae, das bonum morale und das bonum gratiae bzw. gloriae. Das bonum naturae bezieht sich auf das in der Schöpfungsordnung angelegte Gutsein der Dinge; nach Augustinus äußert sich dies in Maß, Gestalt und Ordnung. Das moral. Gute ist Ergebnis der willentlichen Handlungen des Menschen. Albert erörtert ausführlich die Lehre von den

Umständen (circumstantiae), die eine Handlung hinsichtlich ihrer Moralität qualifizieren. Von den vier Kardinaltugenden wird nur die Mäßigung (temperantia) behandelt; das Stichwort Keuschheit (castitas) ist Anlaß für eine ganze Mariologie, die fast die Hälfte des Werkes ausmacht. Die Schrift hat den Charakter einer fortlaufenden Predigt und arbeitet mit biblischen Beispielen und Allegorese, selten mit Aristoteles-Zitaten.

Ausg.: Opera omnia, Bd. XXV/1, 1974. – Lat./Dt., Ausgewählte Texte (Teilübersetzung), 1981.

Lit.: F. Pelster, Der Tractatuts de natura boni. Ein ungedrucktes Werk aus der Frühzeit Alberts des Großen, in: Theolog. Quartalschrift 101 (1920).

B. Kible

De natura deorum (lat.; *Über das Wesen der Götter*), Marcus Tullius Cicero, entst. 44 v. Chr.; ED Rom 1471; dt. 1739 Drey Bücher von dem Wesen und den Eigenschaften der Götter.

In drei zusammenhängenden Vorträgen wird die Götterlehre der einflußreichsten philosoph. Schulen (Epikureer, Stoiker, Akademiker) dargelegt und einer ausführlichen gegenseitigen Kritik unterzogen. Nach der Position der Epikureer vermittelt die Natur dem Menschen Erkenntnisse über die Existenz, die Ewigkeit und Glückseligkeit der Götter. Die Welt ist durch die Gesetzmäßigkeit der Natur entstanden und funktioniert ohne jede weitere Einwirkung der Götter. Diese Lehre von den Göttern will der Stoiker als Unglauben entlarven und anschließend die Vorsehung der Götter für die Welt und die Menschen beweisen. Ein Vertreter der Neueren Akademie übernimmt die Widerlegung des Stoikers, indem er das Religionsverständnis des Römers Cicero vertritt: Theologie ist immer theologia civilis, die ihr Selbstverständnis aus der Rechts- und Staatspraxis der Römer gewinnt. – Die Fülle der vertretenen Anschauungen bot den christlichen Schriftstellern Argumente für die Widerlegung des Heidentums wie für die Erklärung der eigenen Gottesvorstellung.

Ausg.: Dt., 1961. – Lat., hg. von A. S. Pease, 2 Bde., 1955/58 (Repr. 1968). – Lat./Dt., hg. von K. Bayer/W. Gerlach, 1978.

Lit.: J. Opelt, Ciceros Schrift De natura deorum bei den latein. Kirchenvätern, in: Antike und Abendland 12, H. 2 (1966).

M. Rupp

De natura et proprietate continuorum (lat.; *Über das Wesen und die Eigentümlichkeit der zusammenhängenden Größen*), Dietrich von Freiberg, entst. um 1298; ED 1942 (Über die Zeit und das Sein, hg. von F. Stegmüller, in: Arch. hist. doctr. litt. moyen-âge 13).

Die naturphilos.-intellekttheoret. Schrift handelt prinzipiell von den Kontinua, den zusammenhängenden Größen, und speziell von der ihnen zugehörigen Zeit, dies mit der Intention, zu prüfen, ob das Sein der Zeit als selbständiges reales Natur-Sein aufgefaßt werden muß oder auf einen Akt der Seele zurückzuführen ist. – Zunächst spricht Dietrich das Wesen und die Eigentümlichkeit der Kontinua im allgemeinen an und hebt den einheitlichen Charakter eines solchen Kontinuums hervor: Es besteht aus miteinander verknüpften Teilen und erstreckt sich zwischen zwei es begrenzenden Extremen, wobei die Teile seine Zählbarkeit, die Ausdehnung seine Meßbarkeit garantieren. Anschließend wird im besonderen differenziert zwischen Kontinua, die als ganze in aktueller Unmittelbarkeit existieren, so die Dimensionen, ein Raum, ein Ort, und solchen, die sich durch Sukzessivität, durch eine zusammenhängende Bewegung im Ausgang von ihrem Anfangspunkt hin zu ihrem Zielpunkt, auszeichnen, so die Ortsbewegung. Schließlich wendet sich Dietrich der Zeitproblematik zu: Die Zeit vereinigt auf sich generell alle Bestimmungen eines Kontinuums als solchen, ist unter spezif. Rücksicht ein sukzessives Kontinuum, besitzt aber – dies Dietrichs zentrale Einsicht – für sich keine reale Existenz in der Natur außerhalb der Seele, sondern verdankt ihr reales Sein primär einem Vernunftakt (so Dietrich in Anlehnung an Aristoteles und Augustin). – Nikolaus von Straßburg integrierte große Teile des Werks in seine *Summe der Philosophie*.

Ausg.: Opera omnia, Bd. III, 1983.
Lit.: R. Rehn, Quomodo tempus sit? Zur Frage nach dem Sein der Zeit bei Aristoteles und Dietrich von Freiberg, in: Von Meister Dietrich zu Meister Eckhart, hg. von K. Flasch, 1984.

B. Mojsisch

De natura rerum iuxta propria principia (lat.; *Über die Natur der Dinge gemäß den ihnen eigenen Prinzipien*), Bernardino Telesio; EA Rom 1565 (Bücher I u. II), Neapel 1587 (9 Bücher).

Der Titel des Werkes zeigt an, daß Telesio Naturphilosophie und damit auch Naturforschung aus naturimmanenten Prinzipien und Gesetzmäßigkeiten betreiben will, die ohne Rücksicht auf ein gläubiges Schöpfungsverständnis aus ihr selbst gewonnen werden sollen. Deshalb lehnt er die aristotel. forma substantialis ab und ersetzt sie durch zwei dynam. Prinzipien, Kälte und Wärme, durch welche die Materie (die corporea moles als körperliche Masse) bewegt wird. Aus der Spannung der himmlischen (Wärme) und irdischen (Kälte) Qualität entstehen alle Gestalten und Veränderungen der Materie. Die Wärme erzeugt Ausdehnung und Verdünnung, Bewegung und Leben, die Kälte Zusammenziehung und Verdichtung, Starre und Ruhe. Die Masse der Materie bleibt bei aller Veränderung durch diese Prinzipien konstant, und die Welt als Ganzes ist für Telesio ein geschlossenes System. Die Wärme konstituiert auch den Geist als einen feinen, seelenartigen Stoff, der den tierischen und den menschlichen Körper durchdringt, im Gehirn seinen Sitz hat und sich mittels der Nerven im ganzen Körper verbreitet. Anziehung und Abstoßung aller Körper beruhen darin, daß diese durch den Geist beseelt sind. Der Vorrang des Geistes besteht darin, daß er die Empfindungen, die ihm durch Berührung durch die Sinne vermittelt werden, im Gedächtnis aufbewahren kann. Darauf gründet sich die rationale Erkenntnis, die sich somit letztlich nur auf die Sinne stützen kann, und Sinneswahrnehmung sowie Erfahrung stellen die sicherste Weise des Wissens dar. Das schlußweise Erkennen dagegen ist ein analoges und zwar gemäß einer Empfindung aufgrund der Erinnerung. Es kann immer nur ein Abschätzen oder eine Vorwegnahme, bestenfalls ein Innewerden (commemorari) bedeuten. Diese vergleichende oder synthet. Erkenntnis bedarf stets der Verifizierung durch die Erfahrung. Der Mensch verfügt aber außer dem Geist als spiritus noch über eine unsterbliche Seele, die ihm von Gott als forma superaddita seines Leibes und seines Geistes zugleich unmittelbar eingeschaffen ist. Denn sowohl seine Fähigkeit, gegen und über seinen naturgemäßen Selbsterhaltungstrieb hinaus nach Vereinigung mit dem Göttlichen zu streben, als auch die, dem Tode wie auch einem Unglück gegenüber erhaben zu sein, läßt sich allein aus dem spiritus e semine, dem Samengeist nicht erklären. Auf dieser Grundlage entwickelt Telesius eine Theorie der Leidenschaften und der Tugendlehre.

Ausg.: Repr. 1971.
Lit.: L. Ferri, La filosofia della natura e le dottrine di B. Telesio, 1873. – G. Gentile, Il pensiero italiano nel rinascimento, 1940. – P. O. Kristeller, Eight Philosophers of the Italian Renaissance, 1964. – E. Cassirer, Das Erkenntnisproblem in der Philosophie und Wissenschaft der neueren Zeit, Bd. I, [4]1974.

H. M. Nobis

Denken und Sein, Theodor Litt; EA Stuttgart 1948.
Die wissenschaftstheoret. Schrift betrachtet Wesen und Leistungen der Wissenschaften im Verhältnis zu den Begriffen Denken und Sein, untersucht Methoden der Erkenntnis bezogen auf Subjekt und Objekt und stellt die Funktion der Geisteswissenschaften als Selbstbesinnung des Menschen heraus. – Dem vierstufigen Aufbau der Wissenschaften (Körper-, Lebens-, Seelen-, Geisteswissenschaften) entspricht eine vierstufige Schichtung der Wirklichkeit. Jede Methode faßt das Ganze des jeweils in Betracht kommenden Wirklichen in den Blick, sieht es aber aus der ihr eigenen Perspektive. Die Methode als Instrument stellt die Verbindung zwischen erkennendem Subjekt und zu erkennendem Objekt her. Subjekt und Objekt stehen in notwendigem Zusammenhang. Das geisteswissenschaftliche Denken bleibt nicht beim theoret. Erfassen stehen: es ist erkennendes und gestaltendes Tun und geht über die Exaktheit naturwissenschaftlichen Denkens hinaus, indem es höhere Bereiche des Wirklichen erreicht. Das leib-lich-seelische Gefüge ist als Vollzugsorgan des Denkens bei jedem Denkakt bestimmend. – Litts Anwendung der Methode des Verstehens auf die Geisteswissenschaften zeigt Einflüsse der Lebensphilosophie und des deutschen Idealismus, besonders der dialekt. Denkmethode Hegels.

E. Jain

De nominum analogia (lat.; *Über die Analogie der Namen*), Tommaso De Vio Caietanus; EA Pavia 1498.
Die Schrift handelt von der Analogie im engen Anschluß an die thomist. Lehre. – Nach der Vorrede wird die Natur der Analogie untersucht, dann werden ihre Eigenschaften herausgestellt und schließlich einige Hinweise zu ihrem Gebrauch gegeben. Um das Wesen der Analogie zu erfassen, wird ihre etymolog. Definition und ihre Einteilung herangezogen. Sie wird als Verhältnis bzw. Proportion zwischen Namen bestimmt: Analog sind solche Namen, die von einem Subjekt weder univok, also auf gleiche, eindeutige Weise, noch äquivok, d. h. auf mehrdeutige Weise, ausgesagt werden, sondern in einer mehrdeutigen, aber auf eine gewisse Einheit bezogene Weise. Gemäß der Tradition des Thomismus unterscheidet Caietanus drei Typen der Analogie: die Analogie der Ungleichheit, der Attribution und der Proportionalität. Durch Ungleichheit analoge Begriffe bezeichnen ihre Referenten in einem Sinn, an dem diese ungleich teilhaben: z. B. ›Körper‹,

insofern es verschiedene Körper gibt, die in mehr oder minder vollkommener Weise Körper sind. (Eigentlich handelt es sich um Univozität.) Durch Attribution analoge Namen bezeichnen ihre Referenten in einem Sinn, der sich durch die jeweilige Relation zu einem gemeinsamen, einheitlichen Terminus (dem Hauptanalogaten) unterscheidet: z. B. wird ›gesund‹ hauptsächlich von einem Organismus ausgesagt, aber dann in Relation dazu auch vom Klima oder von der Nahrung. Die Proportionalitätsanalogie drückt eine Gleichheit von Verhältnissen aus und bezeichnet ihre Referenten durch einen verhältnismäßig ähnlichen Sinn: z. B. wird das ›Sehen‹ (visus) vom leiblichen Auge und vom Intellekt gesagt, denn wie das Auge für den Körper, so sieht der Intellekt für die Seele (Auge/Körper = Intellekt/Seele). Es werden ferner einige Eigenschaften dieser Analoga (wie etwa ihre Unterschiedlichkeit oder ihre Abstraktion) behandelt und Anweisungen für deren Verwendung gegeben. – Das Werk gilt als klassische Darstellung der thomist. Analogielehre.

Ausg.: Scripta philosophica, 1952.

M. BEUCHOT

De nostri temporis studiorum ratione (lat.; *Über die Studienmethode unserer Zeit*), Giambattista VICO; EA Neapel 1709; dt. 1947 Vom Wesen und Weg der geistigen Bildung.

Thema dieser wichtigsten der akadem. Inauguralreden Vicos ist ein gegen F. Bacons übermäßigen Fortschrittsoptimismus gerichteter Vergleich von alter und moderner Studienmethode zum Zwecke des Nachweises, daß die Kenntnis der antiken Lehre und Forschung der zeitgenöss. hilft, die Nachteile ihrer an sich überlegenen Werkzeuge und Hilfsmittel wettzumachen. Anfang und erstes Werkzeug moderner Studien ist die Kritik, die vom unzweifelhaft Wahren alles Wahrscheinliche und Falsche trennt. Das analyt. Vorgehen löste alte Probleme der Geometrie. Die entsprechenden deduktiven Methoden könnten ebenso in der Physik, der Mechanik, der Medizin und auch sonst großen Nutzen bringen, wenn ergänzend die auf das Besondere und Wahrscheinliche sehende Topik wieder aufgewertet würde, die für die Entdeckung neuer und die Vermittlung gewonnener Wahrheiten vorrangige Bedeutung hat. Die Verabsolutierung der modernen Methoden führte aber z. B. zur Gleichsetzung des Natürlichen mit dem Mathematischen in der Physik und zur verhängnisvollen Vernachlässigung des Studiums von Moral und Politik, das ohne die Kenntnis vieler Kontingenzen und Plausibilitätsargumente fruchtlos bleibe. Vico fordert daher entgegen dem cartesian. geprägten Geist seiner Zeit mehr demütiges Beobachten in der Wissenschaft und mehr Erziehung zu Phantasie, Eloquenz und gesundem Verstand, um so auch den Gefahren der modernen Hilfsmittel entgegenzuwirken, d. h. der Vervielfältigung (bzw. Verflachung) und Zersplitterung des einst in der Philosophie zentrierten Wissens durch Buchdruck und Universität.

Ausg.: Dt., von W. F. OTTO, 1947.

CHR. JERMANN

De nuptiis Philologiae et Mercurii (lat.; *Die Hochzeit der Philologie und des Merkur*), MARTIANUS CAPELLA, entst. vermutlich zwi-

schen 410 und 439; ED Vicenza 1499; dt. 1837.
Der Karthager Martianus schreibt für seinen Sohn eine Enzyklopädie der sieben freien Künste (artes liberales) in der literar. Form einer menippeischen Satire (Prosa und Dichtung in verschiedenen Metren). Buch I und II führen in die (von Apuleius angeregte) Rahmenhandlung ein: Merkur, der Gott der Beredsamkeit, sucht eine Frau und findet das irdische Mädchen Philologia, die das wissenschaftliche Streben nach Weisheit symbolisiert. Sie nimmt die Werbung an, wird von den Göttern in den Himmel geholt und in ihre Gemeinschaft aufgenommen. Die Ehe wird durch Jupiter geschlossen. Merkur schenkt seiner Braut zur Hochzeit sieben Dienerinnen, nämlich die artes liberales als Inbegriff des den Menschen möglichen Wissens: Grammatik, Dialektik, Rhetorik (das Trivium), sowie Geometrie (d.h. vor allem Geographie), Arithmetik, Astronomie und Harmonie stellen sich in den Büchern III bis IX einzeln vor. Medizin und Architektur werden ausdrücklich ausgeschlossen. Der Autor ist deutlich von neuplaton. Lehren beeinflußt. – Der schwierige Text vermittelte antike Bildung an das Mittelalter, wurde oft kommentiert und diente als Handbuch für den Unterricht.

Ausg.: Lat., hg. von J. Willis, 1983. – Dt., hg. von H. Hattemer (in: Denkmale des Mittelalters, Bd.3) 1846.
Lit.: M. Cappuyns, M. Capella, in: Dictionnaire d'Histoire et de Géographie ecclésiastiques XI (1949).

B. Kible

De occulta philosophia (lat.; *Über die geheime Philosophie*), Agrippa von Nettesheim (eigentl. Heinrich Cornelius oder Cornelis); EA Köln 1510; dt. 1855 (in: Kleiner Wunderschauplatz, Bd. II; Teilübers.).
Im Hintergrund dieser Arcanphilosophie steht die neuplaton. und hermet. Tradition (die von Ficino publizierten Schriften des »Hermes Trismegistos« (→ *Hermētika*) in Verbindung mit ägypt., hebräischen, kabbalist. Weisheitslehren). Gedankliches Prinzip ist die Alleinheit der dreifach gegliederten Welt, die den magischen Überschritt von einer Stufe auf die nächste bis zur ersten Ursache zuläßt: nämlich von der elementar. Welt, behandelt in Naturphilosophie (Kosmos) und Medizin (Mensch), über die himmlische Welt, behandelt in Astrologie (Planeten und Äther) und Mathematik (archetyp. Welt der Zahlen), bis zur geistigen Welt, behandelt in der Theologie. Der magische Philosoph vermählt die Kräfte der Elementarwelt (Wasser, Erde, Feuer, Luft) mit den analogen reineren der himmlischen Welt und steigt schließlich über religiöse Riten in die wiederum analoge ideale Welt der Intelligenzen auf. So beherrscht der Philosoph in Theorie und Praxis die Weltseele als inneres Prinzip eines magischen Organismus des Ganzen.

Ausg.: Dt., hg. von W. Schrödter, 1967.
Lit.: W.-E. Peuckert, Pansophie, 1936. – Ch. G. Nauert, Magic and Scepticism in Agrippa's Thought, in: J. Hist. Ideas 18 (1957). – P. Zambelli, A proposito di Agrippa di Nettesheim, 1960.

H.-B. Gerl

De officiis (lat.; *Über die Pflichten*), Marcus Tullius Cicero, entst. 44 v. Chr.; ED Köln o. J. (vor 1465); dt. 1488 Tulius von allen ampten und ständen der welt als er geschrieben hat zu seim sun marco gegen Athenis.

Mit seiner letzten, in äußerster existenzieller Bedrängnis verfaßten moralphilosoph. Abhandlung schuf Cicero ein Standardwerk, das auf die mittelalterliche, humanist. und neuzeitliche Ethik wesentlichen Einfluß ausgeübt hat. – Cicero geht davon aus, daß jede Frage nach der Pflicht sich zunächst auf das höchste Gut und dann auf die Verwirklichung im Leben richtet. Seine Überlegungen kleidet er in die Form eines Mahnschreibens an den in Athen studierenden Sohn. Darin wird die Frage nach dem Sittlichen und dem Nützlichen sowie deren Widerstreit gestellt und erwogen. Cicero erklärt, sich ›ganz besonders an die Stoiker‹ zu halten, aber auch sein eigenes Urteil zu Wort kommen zu lassen. Uns hat die Natur selbst die Rolle (persona) zugewiesen, unserer individuellen und sozialen Verpflichtung (officium) gerecht zu werden; darin erfüllt sich die wahre humanitas. Die eigene sittliche Standfestigkeit beweist Cicero, indem er trotz veränderter polit. Verhältnisse die Position des Republikaners vertritt: »Mit einem Tyrannen haben wir keine Gemeinschaft ... Wie sollte es gegen die Natur verstoßen, ... ihn zu töten.« – Von der Schullektüre der Römer führt die direkte Tradition über Seneca (bis 65 n. Chr.), die heidnischen und christlichen Apologeten (bis ca. 400 n. Chr.), Ambrosius *(De officiis)*, Cassiodor (bis 583), der die Klosterbibliotheken gründete, die karolingische Renaissance (nach 800), Thomas von Aquin (bis 1275) bis zu Petrarca, dem Begründer des Humanismus, und über die Streitschriften der Reformation zu den englischen und französ. Aufklärern.

Ausg.: Vom pflichtgemäßen Handeln, 1971.
Lit.: M. J. Chomarat, Le ›De officiis‹ et la pensée de Montesquieu, in: Présence de Ciceron, 1984.

M. Rupp

De officio hominis et civis juxta legem naturalem libri duo (lat.; *Die Pflichten des Menschen und des Bürgers nach dem Naturgesetz in zwei Büchern*), Samuel Pufendorf; EA Lund (Schweden) 1673; dt. 1691 Einleitung zur Staats- und Sittenlehre, oder schuldige Vorstellung der schuldigen Gebühr aller Menschen und insonderheit der Bürgerlichen Verwandten.
Das bis 1800 in über 100 Ausgaben verbreitete Werk ist die Zusammenfassung von Pufendorfs naturrechtlichem Hauptwerk → *De jure naturae et gentium* für die Lehre an Universitäten und Schulen. Es verzichtet auf wissenschaftstheoret. Grundlegung und einen gelehrten Apparat und betont mehr die Pflichten der Bürger in unterschiedlichen Ständen und Vertragsverhältnissen.

H. Denzer

Deontology; or, The Science of Morality: in which the harmony and co-incidence of duty and self-interest, virtue and felicity, prudence and benevolence, are explained and exemplified (engl.; *Deontologie*; oder die Wissenschaft der Moral: in welcher die Harmonie und die Übereinstimmung von Pflicht und Eigeninteresse, Tugend und Glück, Klugheit und Wohlwollen erklärt und erläutert wird, Jeremy Bentham; EA London/Edinburgh 1834 (2 Bde.; postum); dt. 1834 Deontologie oder die Wissenschaft der Moral.
Die unvollständig erhaltenen Manuskripte zu diesem Werk verfaßte Bentham überwiegend in den

Jahren 1814–1831. Der Herausgeber der Erstausgabe, J. Bowring, nahm zur besseren Lesbarkeit zahlreiche Umformulierungen und Ergänzungen vor. Weder Gliederung noch Titel des Werkes lassen sich aus Benthams Aufzeichnungen eindeutig erschließen. Die wissenschaftlich-krit. Ausgabe von A. Goldworth (1983) weicht sowohl im Text, wie in der Gliederungsstruktur erheblich von der Erstausgabe ab. – Das moralphilosoph. Werk ist inhaltlich eine Ergänzung der → *Introduction to the Principles of Morals and Legislation*. Im Mittelpunkt steht die eingehende Analyse der Tugenden (virtues) und Laster (vices) auf utilitarist. Grundlage. Damit modifiziert Bentham seinen in der *Introduction* geäußerten Standpunkt, eine Theorie dieser Art sei ›wenig mehr als eine mechan. Operation‹. Zentrale These ist die Übereinstimmung von Pflicht und Neigung. Die gängige Vorstellung, man könne nur pflichtgemäß handeln, wenn man eigene Interessen zu opfern bereit sei, wird detailliert widerlegt. Die Tendenz zur Selbstaufopferung in der Moral verlange Unmögliches und sei darüber hinaus der Gesamtsumme menschlichen Glücks (total sum of happiness of mankind) nicht förderlich. – Zusammen mit der *Introduction* und der ebenfalls erst 1983 (vollständig) veröffentlichten Schrift *A Table of the Springs of Action* liegt jetzt mit diesem Werk eine Gesamtdarstellung der Moralphilosophie Benthams vor.

Ausg.: Collected Works, hg. von A. Goldworth, Bd. V, 1983.

J. Nida-Rümelin

De opificio Dei (lat.; *Über das Schöpfungswerk Gottes*), Lucius Caecilius Firmianus Lactantius, entst. um 304; ED Subiaco 1465; dt. 1898 Gottes Schöpfung.
Diese älteste erhaltene Prosaschrift des Lactantius ist an einen früheren Schüler, einen reichen christlichen Beamten namens Demetrianus, gerichtet und entstand vermutlich aus Vorarbeiten zu seinen → *Divinae Institutiones*, welche wiederholt angekündigt werden. Die gesamte Abhandlung dient dazu, den Menschen als tatsächliches Werk Gottes zu erweisen, indem die Schönheit und Zweckmäßigkeit seines Organismus und die Vorzüge seiner Vernunft gepriesen werden. Gegenüber den ihm physisch zum großen Teil überlegenen Tieren ist der Mensch durch seine ratio im Vorteil (Kap. 2–4); der menschliche Leib wird im einzelnen beschrieben und teleolog. gedeutet (Kap. 5–13). Daran anschließend wendet sich Lactantius psycholog. Fragen zu (Kap. 16–19) und lehrt die Unsterblichkeit und Gottgeschaffenheit der Seele. Die gesamten Ausführungen weisen die Form eines philosoph. Essays auf und schließen ausdrücklich an Ciceros IV. Buch über die Republik (→ *De re publica*), aber auch an andere klassische Autoren (z. B. Varro) an.

Ausg.: Hg. von M. Perrin, 1974. – Dt.; von A. Knappitsch, 1919.
Lit.: E. Heck, Die dualist. Zusätze und die Kaiseranreden bei Lactantius. Untersuchungen zur Textgeschichte der ›Divinae Institutiones‹ und der Schrift ›De opificio dei‹, 1972.

H. Frohnhofen

De optimo reip.[ublicae] statu, deque nova insula Utopia (lat.; *Von der besten Staatsverfassung und von der neuen Insel Utopia*) Thomas Morus; EA Löwen 1516; dt. 1524 Von der wunderbarli-

chen Innsul Utopia genannt, das andere Buch.
Der Staatsroman ist die bedeutendste Schrift im vorwiegend theolog. und humanist. ausgerichteten Werk von Morus. – In einem Gespräch mit Morus (Buch I) liefert der Weltreisende Hythlodeus (d.h. Schwätzer) eine beißende Kritik der englisch-europäischen Zustände, die exemplar. an der auf Diebstahl stehenden Todesstrafe ausgeführt wird. Hythlodeus verurteilt dieses drakon. Vorgehen, indem er die Ursachen des Diebstahls soziolog. aus der Armut als Folge ungerechter Güterverteilung herleitet. Neben diese These vom weltimmanenten Ursprung der Kriminalität tritt die Beoachtung einer ›Entchristlichung‹ der europäischen Politik; gegen sie klagt Hythlodeus den Vorrang des göttlichen Gebots als Beschränkung menschlicher Gesetzgebung ein. Unter Bezug auf Platon entwikkelt sich eine Auseinandersetzung über das Verhältnis des Philosophen zur Politik. Morus schlägt aus pragmat. Gründen eine Unterscheidung von akadem. und praktischer Philosophie vor; letztere sei die dem Philosophen als polit. Ratgeber anstehende Weisheit. Hythlodeus setzt dagegen die Unveränderlichkeit der Wahrheit und verweist darauf, wie die Kirche, sich der angeführten Differenzierung bedienend, von der Lehre Christi abgewichen sei. – Den Themen des I. Buches folgt als Gegenbild im II. Buch die Wiedergabe von Hythlodeus' Bericht über die beste Staatsverfassung, nämlich die der Utopier. Dieser liegt nicht der im Mittelalter bestimmende Gedanke der Erbsünde zugrunde, sondern der Glaube, daß vernünftige Institutionen dem Menschen den Hang zum Bösen nehmen.– Die Heilserwartungen verschieben sich, dem Prozeß der Säkularisierung folgend, aus der Transzendenz der religiösen Vorstellungen in die Immanenz des polit. Ideals. Erkennt Hythlodeus im I. Buch das Privateigentum als die Quelle aller den Staat bedrohenden Gefahren, insofern die aus dem Eigentum hervorgehende Hoffart ein Gemeinwesen im wörtlichen Sinn unmöglich werden läßt, so haben die Utopier mit dem Privateigentum zugleich dessen Folgen abgeschafft. Sie kennen keine Unterscheidung von ›privat‹ und ›öffentlich‹, sondern nur eine allumfassende Gemeinschaftlichkeit, die freilich den latenten Totalitarismus der Utopie ausmacht: nichts entgeht der Kontrolle der Familienverbände, welche die Basis des Staatswesens bilden. Streng geometr. erhebt sich über ihnen die Pyramide der Regierungshierarchie. Da jedoch in Utopia die Substanz des Politischen sich in Verwaltung verflüchtigt hat, verliert auch das Problem der Regierung an Bedeutung. Die epikureische Ethik der Utopier leitet das Glück aus dem echten Vergnügen ab, in dem sich naturgemäßes Leben und geistige Beschäftigung verbinden. Auf dem Gebiet der Religion herrscht beschränkte Toleranz: unantastbar sind ein deist. Kernglaube sowie, als Mittel der Disziplinierung, der Glaube an die Unsterblichkeit der Seele. Ökonom. kann Utopia als geschlossener Handelsstaat auf agrar. Basis gelten: turnusmäßig hat jeder Bürger Landwirtschaft zu betreiben; Export dient lediglich der Finanzierung von Söldnerheeren, die den friedliebenden Utopiern das Geschäft

unausweichlicher Kriege besorgen. – Die Wirkungsgeschichte der *Utopia* läßt sich unter zwei Aspekten zusammenfassen: zum einen eröffnet das Werk die Reihe der Staatsromane, in denen Literarizität und Staatsphilosophie eine neue Verbindung eingehen; zum anderen begründet das Werk eine neuzeitliche Tradition, in der sich polit. Denken im Medium des Utopischen äußert.

Ausg.: Dt., von G. RITTER, 1983 (RUB 513). *Lit.:* E. L. SURTZ, The Praise of Pleasure, 1957. – K. KAUTSKY, Th. More und seine Utopie, [7]1973. – W. VOSSKAMP (Hg.), Utopieforschung, [2]1985.

A. ADAM

De origine rerum praedicamentalium (lat.; *Über den Ursprung der kategorial bestimmten Realität*), DIETRICH VON FREIBERG, entst. um 1280; ED 1957 (Über den Ursprung der Kategorien, hg. von F. STEGMÜLLER, in: Arch. hist. doctr. litt. moyen-âge 24). Die Abhandlung zur Metaphysik und Intellekttheorie, einer der progressivsten und argumentativ subtilsten Texte der mittelalterlichen Philosophie überhaupt, handelt über den Ursprung und den inneren Gehalt der wesentlichen Teile des Seienden als solchen, nämlich der Gattungen der kategorial bestimmten Realität. Zugleich versucht Dietrich zu erweisen, daß das Seiende unter einer bestimmten Rücksicht allein durch die konstitutive, nicht rezeptive Funktion des menschlichen Intellekts erst zu Seiendem wird, ohne etwa bloß gedachtes Seiendes zu sein. – Aus der metaphys. Analyse sei hervorgehoben, daß Dietrich bemüht ist, nicht einfach wesentliche Strukturen des Seienden zu konstatieren, sondern dem Prozeß des Entstehens des wesentlich Seienden auf den Grund zu gehen. Das wesentlich Seiende ist primär die Substanz, die ihren Ursprung ihr immanenten Prinzipien, den wesentlichen Elementen Form und Materie, verdankt. Die anderen Seinsbedingungen gewinnt das Seiende abgeleitet so aus seinem Ursprung, daß er ihm nicht als Element immanent ist; auf diese Weise entstehen die Bestimmungen des Einen und Vielen, des Gleichen und Ungleichen oder auch die von Ursache und Verursachtem, von aktiver und passiver Potenz, weiterhin die von der Substanz abhängigen Eigenschaften, die Quantitäten, Qualitäten und auch die natürliche Bewegung, ferner die realen Beziehungen verschiedener Eigenschaften am selben Zugrundeliegenden, schließlich die realen Beziehungen eines Seienden zu einem anderen, so die Kategorie des Ortes oder alle anderen zur Substanz von außen hinzutretenden kategorialen Bestimmungen. Signifikant für diese Kategorialanalyse sind: bewußte Betrachtung des Ursprungs von wesentlich Seiendem, streng metaphys. (nicht etwa logische) Erörterung der Wesenstheorie mit ihren Implikaten, Erweiterung der aristotel. Tafel der Kategorien. Über die metaphys. Analyse hinaus verfolgt Dietrich sein besonderes Anliegen, nämlich zu prüfen, was am Naturseienden vom Intellekt konstitutiv begründet ist. Das Resultat: Die Washeit eines jeden Dinges oder das Naturding selbst in dem, was es ist, sind die Objekte des Intellekts und werden von ihm gleichsam auf wirkende Weise real in der Definition begründet. Mit Kants Transzendentalphilosophie hat diese Theorie Dietrichs mindestens dies gemein, daß nicht das Objekt den

Intellekt, sondern der Intellekt das Objekt bestimmt. – Exzerpte aus dieser Schrift finden sich bereits im 13. Jh. bei Gottfried von Fontaine und im 14. Jh. reichlich im Proklus-Kommentar Bertholds von Moosburg.

Ausg.: Opera omnia, Bd. III, mit Einleitung von K. FLASCH, 1983.

B. MOJSISCH

De ornatu spiritualium nuptiarum (Ruusbroec) → Die chierheit ...

De ortu scientiarum (lat.; *Über die Entstehung der Wissenschaften*), Robert KILWARDBY, entst. vermutlich um 1250; ED London/Toronto/Oxford 1976 (hg. von A. G. Judy, in: Auctores Britannici Medii Aevi, Bd. IV).

Kilwardbys enzyklopäd. Handbuch, wahrscheinlich als allgemeine Einführung in das Studium der scientiae und artes gedacht, handelt von der disziplinären Einteilung und Struktur der Wissenschaften und bietet dabei eine der besten Darstellungen des scholast. Wissens seiner Zeit. – Wissen wird zunächst nach dem Usus der mittelalterlichen Enzyklopädien in göttliches und menschliches eingeteilt: das erste ist (offenbarte) Theologie, deren Urheber, nämlich Gott, sie dem Menschen in der Hl. Schrift mitgeteilt hat; das zweite, das vom Menschen erzeugt wird, teilt sich in Philosophie, nämlich das gute Wissen, das durch den göttlichen Funken im Menschen entsteht, und Magie, d. h. das schlechte und perverse Wissen, das durch böse Geister hervorgerufen wird. Nur die Philosophie wird in der Schrift behandelt, und zwar nach dem klassifikator. Paradigma aristotel. Provenienz, das in die Tradition mittelalterlicher Enzyklopädien einverleibt worden war. Die Philosophie wird je nach dem erfaßten Gegenstandsbereich in philosophia speculativa und in philosophia operativa bzw. practica oder activa eingeteilt: die erste untersucht die von Gott geschaffenen Dinge, die zweite die vom Menschen hervorgebrachte Wirklichkeit. Die spekulative Philosophie gliedert sich wiederum in Physik (die das bewegte und materielle Seiende erforscht), Mathematik (die das Seiende durch Abstraktion von Bewegung und Materie untersucht und in Arithmetik, Musik, Geometrie und Astronomie gegliedert wird) und Metaphysik (die das Seiende als solches in absoluter Trennung von Bewegung und Materie betrachtet). Die Philosophie der menschlichen Angelegenheiten befaßt sich mit dem Handeln (operationes) oder mit dem Sprechen (sermones) des Menschen. Wenn sie menschliche Handlungen untersucht, heißt sie philosophia practica: insofern diese das geistig Gute bezweckt, ist sie Ethik und kann sich auf das Gute des einzelnen (monastica bzw. solitaria), des Haushalts (oeconomica) und der polit. Gemeinschaft (civilis bzw. publica oder politica) beziehen; insofern sie das körperliche Wohl verfolgt, ist sie philosophia mechanica (die Landwirtschaft, Ernährungskunst und Medizin umfaßt). Wenn die Philosophie das Sprechen erforscht, heißt sie philosophia sermocinalis und gliedert sich in Grammatik, Logik und Rhetorik. Am Schluß wird noch die Magie erwähnt, deren Behandlung vom → *Didascalion* des Hugo von St. Viktor übernommen wird. – Das Werk reiht sich in die Tradition der enzyklopäd.

Kompendien des Mittelalters (Cassiodor, Isidor von Sevilla, Hugo von St. Viktor, D. Gundissalinus, Vinzenz von Beauvais) ein; durch die übersichtliche, klare Systematisierung und die ausgewogene und vollständige Klassifizierung und Integration des Wissens seiner Zeit nimmt es im 13. Jh. eine analoge Stellung ein wie das *Didascalion* des Hugo von St. Viktor im 12. Jh.

Lit.: E. M. F. SOMMER VON SECKENDORFF, R. Kilwardby und seine philosoph. Einleitung ›De ortu scientiarum‹, in: Historisches Jahrbuch 55 (1935). – L. SCHMÜCKER, An Analysis and Original Research of Kilwardby's Work ›De ortu scientiarum‹, (Diss.) 1963.

F. VOLPI

De physicis lineis angulis et figuris (per quas omnes actiones naturales complentur) (lat.; *Über die physischen Linien, Winkel und Figuren*, die allen Naturwirkungen ihre letzte Form verleihen), Robertus GROSSETESTE; entst. ca. 1232; ED Nürnberg 1503.

Der Traktat, dessen Titel von Andreas Stiborius Boius formuliert wurde, ist wahrscheinlich Teil eines Werkes zu optischen Problemen, von dem sich außer → *De luce* noch *De colore* und *De iride* erhalten haben. Die Hauptthese der Schrift besteht in der Forderung, daß die Wissenschaft von der Natur (philosophia naturalis) mathemat., d. h. more geometrico vorzugehen habe. Gegenstände des Traktats sind die actio universalis als allgemeine Wirkungsweise von Kräften auf die Materie sowie die Strahlenbrechung und die Spiegelung. Es gilt die lex parsimoniae, das Gesetz, nach dem die stärkste Kraftwirkung auf der kürzesten geraden Linie erfolgt. Weitere Ausführungen betreffen die Reflexion von Strahlen, die in rechten oder schiefen Winkeln auffallen, sowie von solchen, die von rauhen Flächen zurückgeworfen werden. Außerdem behandelt Grosseteste die Brechung von Strahlen und das Kraftmaß, das gebrochenen Strahlen zukommt. Grundform der Kraftvermehrung ist die Kugel, während die Pyramide die Grundlage für unterschiedliche Kraftmaße darstellt und darum geeignet ist, die volle Kraftentwicklung eines agens auf ein patiens zu erklären. – Vom modernen Standpunkt aus können die Ausführungen Grossetestes über die Brechung und Spiegelung der Strahlen im allgemeinen als richtig angesehen werden, besonders was die Spiegelung von einem polierten und rauhen Körper angeht. Grosseteste ist damit einer der Wegbereiter für die mathemat. Modellbildung in der klassischen Naturwissenschaft.

Ausg.: Philosoph. Werke, hg. von L. BAUR, in: Beiträge zur Gesch. der Philosophie und Theologie des Mittelalters, Bd. IX, 1912.
Lit.: L. BAUR, Die Philosophie des R. Grosseteste, ebd., Bd. XVIII, 1916, Nr. 4–6. – A. C. CROMBIE, R. Grosseteste and the Origins of Experimental Sciences 1105–1700, 1953.

H. M. NOBIS

De platonicae et aristotelicae philosophiae differentia (gr.; *Über den Unterschied der platonischen und aristotelischen Philosophie*), Georgios Gemistos PLETHON, entst. 1439; ED Venedig 1532, Basel 1574 (gr./lat.).

Die in 20 Kap. gegliederte Abhandlung gibt umrißhaft wieder, wie Plethon die griechische Philosophie während seiner Teilnahme am Florentiner Konzil mit ungeheurer Wirkung vortrug. Er verwirft an Aristoteles den Gedanken der Ewigkeit der Welt, die Reduktion Gottes auf die Funktion eines ersten Bewegers, die Lehre von der schöpfer. Natur und tadelt, daß er mit der Tradition der griechischen Philosophie gebrochen habe. Diese sieht er bei Platon gewahrt, der in der pythagoreischen Tradition stehe. Auch finde sich bei Platon schon der Gedanke des Schöpfergottes und des Einen Ganzen, aus dem alles Einzelne hervorgehe. Plethon lehrt freilich weniger Platon als vielmehr einen Neuplatonismus, der mit der Stufenlehre Gott-Geistesreich-Seelenwelt in eine Religiosität mündet, die dem christlichen Dogma einen heidnischen Glauben gegenüberstellt. Mit Plethon begann der neuere abendländ. Platonismus, der unter Berufung auf Plethon zur Gründung der Platonischen Akademie in Florenz durch Cosimo di Medici und Marsilio Ficino führte, und der das Denken der Renaissance beherrschende Antagonismus Platon-Aristoteles.

Ausg.: MIGNE (Hg.), Patrologia Graeca, Bd. 160, 1866. – Gr./Dt., G. G. Plethon's Denkschriften über die Angelegenheiten des Peloponnes, von A. ELLISSEN, 1860.
Lit.: W. GASS, Gennadius und Plethon. Aristotelismus und Platonismus in der griechischen Kirche, 1844. – F. MASAI, Pléthon et le Platonisme de Mistra, 1956.

G. BÖHME

De possest (lat.; *Vom Können-Sein*), NIKOLAUS VON KUES, entst. 1460; ED Straßburg 1488; dt. 1862.
Den Trialog (Gesprächspartner sind der Kardinal, Abt Johannes Andreas Vigevius und Bernadus Kraiburgensis) schrieb der Cusaner wenige Jahre vor seinem Tod, in der Zeit seines Kampfes als Fürstbischof von Brixen mit dem Herzog Sigismund von Tirol. Er entwickelt in dieser Schrift einen eigenständigen Begriffsapparat, der sich von der traditionellen Begriffswelt der damaligen Hochscholastik abhebt. Vom christlichen Wissen um Gott ausgehend, stützt er sich dabei einerseits auf Platons Anamnesislehre vom Urbildwissen des Menschen, andererseits auf Aristoteles, auf dessen Prinzip einer empir. Erfassung der sinnlich wahrnehmbaren Welt und dessen Gedanken der stufenweisen Entfaltung in der Natur und im Menschen. Aber er will nicht in der auf Aristoteles fußenden Logik seiner Zeit verharren, die an dem Widerspruch zwischen Endlichem und Unendlichem scheitert. In seinem Absoluten fallen alle Gegensätze zusammen. Das ›Werden-Können‹ ist bei Cusanus nicht ein Erstes; vor aller Möglichkeit ist eine Ur- oder Grundwirklichkeit. In ihr ist alles Möglichsein und alles Können ein Wirklichsein. Sie ist das Possest, wo posse im Sinne von ›kann sein‹ wirklich ist (est actu), posse esse und actu esse also nicht unterschieden sind. Eine Übersetzung von Possest gelingt nur annäherungsweise mit den beiden Substantiven ›Können-Sein‹. In ihm steckt das für den Cusaner so charakterist. dynam. Weltverstehen.

Ausg.: Opera omnia, Bd. XI/2, hg. von R. STEIGER, 1973. – Dt., von E. BOHNENSTAEDT, mit umfangreicher Einführung, 2 1970 (PhB 229). – Lat./Dt., hg. von R. STEIGER, 1973 (PhB 285).
Lit.: G. VON BREDOW, Der spielende Philosoph, Betrachtungen zu N. von Kues' ›De possest‹, in: Vierteljahreszs. für Wissenschaftl. Pädagogik 32 (1956). – E. MEUTHEN, N. von Kues, 1401–1464, Skizze einer Biographie, 1964.

K. H. WIEDERKEHR

De praescriptione haereticorum (lat.; *Über die Prozeßeinrede gegen die Häretiker*), TERTULLIAN, entst. um 200; ED Basel 1521; dt. 1837 Von der Verjährung wider die Ketzer.

Dieses bedeutendste (dogmat.) Werk Tertullians sucht allen Häresien jegliche Legitimation zu entziehen, indem es als Kriterium der Richtigkeit christlicher Theologie die Offenbarung und Überlieferung der Lehre Jesu Christi aufstellt. Nachdem Tertullian einleitend Ursprung und Wesen der Häresie (Kap. 1–14) sowie den eklekt. Umgang der Häretiker mit der Hl. Schrift (Kap. 15–18) erläutert hat, betont er, daß allein die von den Aposteln gegründeten und die mit diesen in Gemeinschaft stehenden Kirchen den wahren Glauben haben (Kap. 21). Die Priorität der wahren Lehre gegenüber den Irrlehren wird unterstrichen (Kap. 31) und abschließend eine plastische Schilderung des Lebens und Treibens der Häretiker gegeben (Kap. 41–44). In aller Deutlichkeit entwickelt Tertullian in dieser Schrift das Prinzip der Tradition und Apostolizität, welches in der Kirche bis heute prägend ist.

Ausg.: Ausgewählte Schriften, Bd. II, übers. von *H. Kellner*, 1916.

Lit.: J. K. Stirnimann, Die Praescriptio Tertullians im Lichte des Römischen Rechts und der Theologie, 1949.

H. Frohnhofen

De providentia (lat.; *Über die Vorsehung*), Philon von Alexandrien, entst. um 10 n. Chr.; ED Venedig 1822; dt. 1964.

Diese erst um 1820 in einer armen. Handschrift wiederentdeckte Jugendschrift bildet gemeinsam mit den Abhandlungen → *De aeternitate mundi, Quod omnis probus liber sit* und *De animalibus* die sog. rein philosoph. Gruppe im Werk des Philon. Das I. Buch ist allein in überarbeiteter Fassung überliefert, in der die ursprüngliche dialog. Form nicht mehr erhalten ist, und bietet eine Abhandlung, die sich unter Anwendung der stoischen Methode des Schlusses vom Sichtbaren auf das Unsichtbare und vom Teil auf das Ganze u. a. mit Vernunftbeweisen für die Vorsehung, mit der Weltschöpfung und dem Weltuntergang sowie mit den Einwänden der Epikureer gegen die Vorsehung auseinandersetzt. Überdies wird die Entstehung der pejorativ gewerteten Astrologie aus der Leugnung der Vorsehung erklärt. Das II. Buch führt einen imaginären Dialog zwischen dem Autor und seinem Neffen Alexander vor, in welchem Philon die Rolle eines die Existenz der Vorsehung bejahenden Stoikers spielt und sein Widerpart den die Vorsehung leugnenden Standpunkt der Epikureer übernimmt. Während Alexander hierin u. a. auf die Ungerechtigkeiten der menschlichen Lebensverhältnisse, die Unordnung des Alls sowie die Naturkatastrophen und Krankheiten verweist, hält Philon diesem die Fragwürdigkeit der materiellen Güter, die Unzulänglichkeit der menschlichen Forschung sowie die mittelbare Nützlichkeit einzelner Katastrophen und Krankheiten entgegen. Erstmals tritt in diesem Buch die allegor. Schrifterklärung auf.

Ausg.: Dt., von L. Früchtel, in: L. Cohn u. a. (Hg.), Philo von Alexandrien VII, 1964.

Lit.: P. Wendland, Philos Schrift über die Vorsehung, 1892.

H. Frohnhofen

De providentia et fato et eo quod in nobis ad Theodorum mechanicum (lat.; *Über die Vorsehung, das Schicksal und den freien Willen an Theodoros den Mechaniker*), Proklos (412–485); ED 1717 (in: J. A. Fabricius, Bibliotheca Graeca VIII).

Die nur in der 1280 abgeschlossenen latein. Übersetzung des Wilhelm von Moerbeke erhaltene Schrift enthält die Antwort des Neuplatonikers Proklos an seinen nicht näher bekannten Freund Theodoros, der in seiner (nicht erhaltenen) Schrift die menschliche Willensfreiheit geleugnet und ein streng determinist. Weltbild vertreten hatte. Die proklische Widerlegung muß im Gesamtrahmen seiner Philosophie gesehen werden: Vorsehung (pronoia) und Schicksal (heimarmenē) verhalten sich analog zueinander wie intelligible und wahrnehmbare Welt; die im intelligiblen Bereich angesiedelte Vorsehung ist Ursache von Gütern für die Wesen und Dinge, auf die sie sich erstreckt, während das Schicksal nur Ursache einer gewissen Verknüpfung (heirmos) und Folge (akoluthia) im Bereich der abgeleiteten Existenzen der Körperwelt ist. Insofern der vernunftlose Seelenteil untrennbar mit dem Körper verbunden ist, untersteht er wie dieser dem Schicksal; der vom Körper trennbare vernunftbegabte Teil dagegen, der sich im Erkenntnisprozeß von allem Sinnlichen löst, ist gänzlich frei, solange er tugendhaft, d. h. fern von allen sinnlichen Affekten lebt. Die subtile proklische Lösung der Antinomie von Fatum und Willensfreiheit (autexusion) hat im 11. (oder 12.) Jh. einen Nachahmer in der Person des Isaak Sebastokrator gefunden, der nur die mit der christlichen Lehre unvereinbaren Stellen abänderte, ansonsten aber Proklos bis ins Detail folgte.

Ausg.: H. Boese, Procli Diadochi Tria Opuscula de providentia, libertate, malo, in: Quellen und Studien zur Geschichte der Philosophie, Bd. I, 1960. – Frz., Trois études sur la providence, Bd. II, übers. von D. Isaac, 1979. – Dt., übers. u. erl. von M. Erler, in: Beiträge zur klassischen Philologie 121 (1980).

L. Deitz

De puritate artis logicae (lat.; *Von der Reinheit der Kunst der Logik*), Walter Burleigh, entst. zwischen 1325 und 1329 (vermutlich in Paris); ED St. Bonaventure/N. Y. 1955 (hg. v. Ph. Boehner).

Unter diesem Titel sind zwei Abhandlungen überliefert, die zwar nur Ausschnitte aus der Logik, doch u. a. mit der Lehre von den logischen Folgerungen (de consequentiis) und den Suppositionen zentrale Lehrstücke derselben behandeln. Die kürzere der beiden Abhandlungen (»Tractatus brevior«) gilt den (Regeln korrekter) Schlußfolgerungen sowie den Ausdrücken mit unselbständiger Bedeutung (den sog. syncategoremata), die nur im Kontext Bedeutung tragen (wie ›nur‹, ›außer‹, ›nicht‹, ›und‹, ›oder‹, ›wenn‹, ›jeder‹ usw.). Am Beispiel logischer Fehlschlüsse (sophismata) und ihrer Auflösung werden Anwendungsmöglichkeit und Wirksamkeit des Dargelegten überprüft. Der »Tractatus longior«, der, wie sich aus der Auseinandersetzung zwischen Burleigh und Ockham ergibt, zeitlich kurz nach Ockhams → *Summa logicae* entstanden ist, ist ebenfalls zweigeteilt und behandelt mit der Lehre von den ›Eigenschaften der Terme‹ (de proprietatibus terminorum) und von den hypothet. Sätzen und Schlüssen (de propositionibus et syllogismis hypotheticis) zwei innovator. Beiträge der mittelalterlichen Logik. – Die Theorie der Supposition spielt in der sog. ›Logik der Modernen‹ (logica modernorum) seit dem Beginn des 14. Jh.s eine wichtige Rolle. Mit ihrer Hilfe sollen die verschiedenen Formen der Beziehung zwischen sprachlichem Ausdruck, seiner Bedeutung und dem bezeichneten Gegenstand geregelt werden. Supposition ist eine Eigenschaft, die den Ausdrücken jedoch nur insofern zukommt, als sie in der Aussage an Subjekts- oder Prädikatsstelle auftreten. Die Unterscheidung zwischen den verschiedenen Suppositionsmöglichkeiten soll Unklarheiten hinsichtlich der semant. Funktion und damit logische Fehlschlüsse vermeiden helfen. – Burleigh, der in seinem Kommentar zur ›alten Logik‹ (Expositio super artem veterem) in der Diskussion um den ontolog. Status des Allgemeinen die These von der denkunabhängigen Realität (esse extra animam) der Universalien und damit einen dezidierten Realismus vertritt, bemüht sich gleichwohl (hierin mit seinem Kontrahenten Ockham einig), die Logik von ontolog. Festlegungen freizuhalten (daher wohl auch der Titel). Logik ist für Burleigh eine Kunst (ars), kein eigener Wissenschaftsbereich (scientia), ihr Zweck besteht in der sicheren Handhabung der verschiedenen Bedeutungen sprachlicher Zeichen und ihrer Funktion im Satz. Damit wird die Verbindung zur Semantik und Grammatik sprachlicher Ausdrücke für die Logik konstitutiv. Inhaltlich ist besonders die Lehre von den logischen Folgerungen für die moderne Junktorenlogik und die Suppositionstheorie für die heutige Quantorenlogik von systemat. Interesse.

Ausg.: Lat./Dt. (nur Teil I des Tractatus longior), hg. von P. Kunze, 1987 (PhB 401).
Lit.: P. Kunze, Satzwahrheit und sprachliche Verweisung. W. Burgleighs Lehre von d. ›suppositio termini‹ in Auseinandersetzung mit der mittelalterlichen Tradition und der Logik W.s von Ockham, (Diss.) 1980.

J. P. Beckmann

De quaerendo Deum (lat.; *Die Gott-Suche*), Nikolaus von Kues, entst. um 1445; ED Straßburg 1488.

In engem sachlichen Zusammenhang mit *De filiatione Dei* und *De Deo abscondito* entwickelt Cusanus aus einer Etymologie Gottes (Theos) als ›Schau‹ und ›Lauf‹ eine an augustin. und pseudodionys. Motive angelehnte lichtmetaphys. geprägte Betrachtung der Gottessuche. Ausgehend vom Beispiel der radikalen Differenz zwischen der Spezifität der Farben einerseits, dem Sehvermögen und dem Licht andererseits, zeigt Cusanus, wie die Vernunft, die Stufen von Sinnlichkeit und Verstand transzendierend, die (gerade in dieser Exemplarität gleichwohl dem Menschen als Suchendem gegebene) Welt zur Aktualisierung des Geistes in der bewundernden Schau der göttlichen Weisheit unendlich übersteigt. Während jede der genannten Stufen in den Grenzen der Aliudität befangen bleiben muß, vermögen nur die – theosgemäßen – Verhaltungen von Schau und lebendiger Bewegung, den Sehnsüchtigen über Schatten und Abbildung zum Licht als Wovonher, Worin und Woraufzu emporzuführen. Das Licht der göttlichen Gnade zieht den Demütigen, der nicht in hochmütiger Selbstbefangenheit insistiert und Gott selbst sich im Menschen erkennen sieht, die Ubiquität Gottes im Menschen selbst realisierend, zum Glück der Ruhe im Ursprung aller Visionen.

Ausg.: Opera omnia, Bd. IV, Opuscula I, hg. von P. Wilpert, 1959. – Lat./Dt., Philosoph.-theolog. Schriften, hg. von L. Gabriel, übers. von D. u. W. Dupré, Bd. II, 1966.
Lit.: E. Cassirer, Individuum und Kosmos in der Philosophie der Renaissance, 1963. –

K. Jacobi, Die Methode der cusan. Philosophie, 1969. – M. Bodewig u. a. (Hg.), Das Menschenbild des N. v. Kues und der christliche Humanismus, 1978.

C.-H. HOEFER

De rationali et ratione uti (lat.; *Über den Gebrauch von ›vernünftig‹ und ›Vernunft‹*) GERBERT VON AURILLIAC, entst. nach 970; ED Augsburg 1721 (in: B. Pez (Hg.), Thesaurus anecdotorum novissimus, Bd I/1).

In dieser – Otto III. gewidmeten – kleinen Abhandlung erörtert Gerbert, der spätere Papst Silvester II., in typischer Weise ein Thema der Schullogik. Ausgangspunkt ist die Frage, wie ›Vernunftgebrauch‹ (ratione uti) von ›vernünftig‹ (rationale) in dem Satz: »Ein Vernünftiges gebraucht die Vernunft« ausgesagt werden könne, wo doch das Prädikat gegenüber dem Subjekt den größeren Umfang haben müsse. Die Antwort, der Vernunftgebrauch als Wirklichkeit bzw. Tätigkeit stehe höher als das bloße Vernunftvermögen verfängt zunächst nicht, weil die Wirklichkeit/Tätigkeit der Vernunft beim Menschen – im Unterschied zu reinen Geistwesen – nicht zu seiner Natur gehört, also mit Bezug auf das Vermögen bestimmt werden muß. Eine solche Wirklichkeit stiftet jedoch keine spezif. Differenz, sondern tritt nur hinzu. Die Aussagbarkeit des engeren Begriffs vom weiteren ist zuletzt allerdings dadurch ermöglicht, daß hier nur ein unbestimmtes, aber kein allgemeines Urteil vorliegt.

Ausg.: MIGNE (Hg.), Patrologia latina, Bd. 139, 1853.
Lit.: C. PRANTL, Geschichte der Logik im Abendlande, Bd. II, [2]1927.

R. SCHÖNBERGER

De reductione artium ad theologiam (lat.; *Die Rückführung der Künste auf die Theologie*), BONAVENTURA (eigentl. Johannes Fidanza), entst. zwischen 1248 u. 1256; ED Köln 1484 (in: Opuscula).

Deutlich vom →*Didascalion* und der *Expositio in hierarchiam coelestem* des Hugo von St. Victor beeinflußt, entwickelt Bonaventura eine in seiner Lichtmetaphysik fundierte Wissenschaftssystematik. Der Abfolge der Schöpfungstage entsprechend folgen einander die Erleuchtungen der Hl. Schrift (die zugleich anagog. zum siebten Tag der Ruhe führt), der Vernunftphilosophie, Naturphilosophie, Moralphilosophie, der sinnlichen Erkenntnis und der mechan. Kunst. Indem nun jede dieser Wissensweisen nach dem dreifachen Schriftsinn (allegor., moralisch, anagog.) gegliedert wird, ergibt sich eine in Theologie, Moral und Mystik eingebundene hochdifferenzierte Systematik der Wissenschaften in ihrem Umgang, ihrem Ziel und ihrer Einbindung in die Ordnung des Lebens.

Ausg.: Lat., Opera omnia, Bd. V, hg. vom Collegium S. Bonaventurae, 1891. – Lat./Dt., hg. von J. KAUP, 1961.
Lit.: E. GILSON, Die Philosophie des hl. Bonaventura, [2]1960. – A. EPPING, Zu Bonaventuras Schrift ›De reductione‹, in: Wissenschaft u. Weisheit 27 (1964).

C.-H. HOEFER

De regno (De regimine pricipum) ad regem Cypri (lat.; *Über das Königtum* (oder: Über die Fürstenregierung), dem König von Zypern gewidmet), THOMAS VON AQUIN; entst. 1265–67 (unvollendet); ED o.O. und J. (um 1485), Mailand 1488.

Der Traktat wurde als Geschenk für den König von Zypern verfaßt, Hugo II. von Lusignan, der eine Gründung des Ordens gefördert hatte. Thomas selbst schrieb nur Buch I und II, 1–4. Die Abhandlung ist durch Passagen aus einem Buch des Ptolomäus von Lucca ergänzt worden. Das I. Buch handelt von der Begründung und Vorzüglichkeit der königlichen Gewalt, Buch II befaßt sich mit den Aufgaben des Königs, zu denen auch Städtegründungen gehören. Die schönen Kap. 7–12 bilden eine fast selbständige Abhandlung über die Belohnung durch den König. – Berühmt ist Kap. 6 über die Maßnahmen, die verhindern sollen, daß die königliche Macht zur Tyrannis wird, und die Frage, ob man mit Gewalt gegen einen Tyrannen vorgehen darf. Da der Traktat zweckbestimmt war, werden die verschiedenen Staatsformen nicht im Detail verglichen. Ausgangspunkt ist vielmehr die Gegebenheit des Königtums in Zypern. Obwohl die Echtheit der Schrift bis Buch II, 4 nicht umstritten ist, bietet die Anordnung der Kapitel gewisse Schwierigkeiten.

Ausg.: Lat., Opera omnia, Bd.42, 1979. – Opuscula philosophica, hg. von R. Spiazzi, 1954. – Dt., von F. Schreyvogel, 1923.
Lit.: P. Tischleder, Ursprung und Träger der Staatsgewalt nach der Lehre des hl. Thomas von Aquin und seiner Schule, 1923. – Thomas Aquinas on Kingship, mit einer Einleitung von I. Eschmann, 1949.

L. J. Elders

De remediis utriusque fortunae (lat.; *Über die Heilmittel wider Glück und Unglück*), Francesco Petrarca, entst. zwischen 1355 u. 1366; ED o. O. u. J. (Straßburg 1468); dt. 1532 Von der Artzney bayder Glück, des guten und widerwertigen, unnd wess sich ain yeder inn Gelück und Unglück halten sol.

Das Werk gilt als moralphilosoph. Hauptschrift und gültiger Ausdruck stoizist. Lebensgefühls des Humanismus. Das Titelwort ›Fortuna‹ muß in doppeltem Sinne verstanden werden: als ›Glück‹ in seiner Fragwürdigkeit und in seiner Schicksalhaftigkeit. Ausgehend von Heraklits Satz über den Streit als Vater aller Dinge, wird im 1. Teil in 122 Gesprächen zwischen Vernunft und Freude sowie Hoffnung über die Gefährdungen durch das Glück, im 2. Teil in 132 Gesprächen zwischen Vernunft und Schmerz sowie Furcht über die Lasten des Unglücks gehandelt. Heilmittel gegen die (stoischen) Affekte spes seu cupiditas, gaudium, metus und dolor, von denen vor allem Freude und Schmerz zu Wort kommen, sind Gelassenheit und Weisheit, Seelenruhe und Gleichmut, die Tugenden der sittlichen Vernunft. Charakterist. ist die sowohl in den Vorreden zum 1. als auch zum 2. Teil erfolgende Berufung auf Cicero und Seneca. Letzteren will Petrarca dadurch fortsetzen, daß er auch die Schattenseiten des Glücks betrachtet und so zu einer durchgängigen Zeichnung der Zwiespältigkeit des Lebens gelangt. Der pessimist. Grundton, für den bei Petrarca der Begriff ›accidia‹ steht, ist seine eigenste Zugabe. – Die philosoph. geringe Substanz wird aufgewogen durch die immense Wirkung auf Menschenbild und Weltanschauung des Humanismus über Erasmus bis in den niederländ. Späthumanismus.

Ausg.: Lat./Dt., in Auswahl übers. u. kommentiert von R. Schottlaender, 1975.

G. Böhme

De re publica (lat.; *Über das Gemeinwesen*), Marcus Tullius Cicero, entst. vermutlich 54-51

v. Chr.; ED Straßburg o. J. (nicht vor 1485, nur »Somnium Scipionis«); Rom 1822; dt. 1824 Republik.

Der nur unvollständig überlieferte Dialog berühmter Römer aus der ›guten alten Zeit‹ der Republik (fiktiv 129 v. Chr.) handelt de optimo statu civitatis et de optimo cive (über den besten Zustand des Staates und über den besten Bürger). Cicero will mit seinen philosoph. Darlegungen den inneren Verfall der römischen Republik verhindern. In der sechsteiligen Schrift werden folgende Themenbereiche abgehandelt: die drei idealen Staatsformen Monarchie, Aristokratie und Demokratie, aus denen sich nach Ciceros Meinung die römische Verfassung zusammensetzt; eine Auslegung der römischen Verfassung seit Gründung der Stadt, die Bedeutung der Gerechtigkeit und der Sitten (mores) im Staat; das Portrait des idealen Staatsmannes; das über die Jahrhunderte hin ununterbrochen gelesene »Somnium Scipionis« (Traum des Scipio) bildet den krönenden Abschluß: Der alte Scipio (Africanus maior) zeigt seinem Enkel die Milchstraße, den Aufenthaltsort der um das Vaterland verdienten Männer und rät ihm, sich um seine Seele zu kümmern, die göttlich ist, und das ewige Glück zu genießen, das nach dem Tod auf jene wartet, die sich ganz dem Vaterland gewidmet haben. – Die Bedeutung des Werks liegt darin, daß Cicero das gesamte Spektrum der griechischen Staatsphilosophie gleichsam durch das Prisma des römischen Staates sieht und der latein. denkenden und sprechenden Mit- und Nachwelt vermittelt: die Leistung (virtus) und das Verhalten (mores) eines jeden sind gefordert, damit das Gemeinwesen (res publica), der Staat (status), die Sache des Volkes ist (res populi) und unter der Führung großer Staatslenker jedem Bürger (civis) auf Dauer Gerechtigkeit sichern kann. – Die Schrift *De re publica* wurde bis in das 5. Jh. eifrig gelesen und häufig zitiert. Augustinus setzte sich in seinem → *De civitate Dei* ausführlich mit Ciceros Staatsauffassung auseinander und überwindet diese durch seine Lehre von den zwei Reichen. Ausschließlich dem »Traum des Scipio« und seinem religiösen Gehalt gilt das Interesse des Macrobius in seinem *Commentarium in somnium Scipionis* (ca. 400 n. Chr.).

Ausg.: Dt., von K. Buechner, 1960.

Lit.: K. Buechner, Der Tyrann und sein Gegenbild in Ciceros ›Staat‹, in: Hermes, 80 (1952) H. 3. – H. Cambeis, Das monarch. Element und die Funktion der Magistrate in Ciceros Verfassungsentwurf, in: Gymnasium XCI (1984).

M. Rupp

De rerum natura (lat.; *Von der Natur der Dinge*), Titus Lucretius Carus, entst. gegen Mitte des 1. Jh.s v. Chr.; ED Brescia ca. 1473; dt. 1784/85.

Das unvollendete, von Cicero publizierte Lehrgedicht stellt das philosoph. System Epikurs unter besonderer Betonung der Befreiung von religiösen Ängsten in meisterhafter poetischer Form dar. – Lukrez greift in Buch I und II die Atomlehre Demokrits auf und erklärt Existenz, Unvergänglichkeit, Bewegung und Verbindung der Atome sowie das Problem des Leeren. Buch III handelt von der sterblichen menschlichen Seele, das Buch IV auf der Basis eines radikalen Sensualismus von Wahrnehmung, Denken und Begehren. Das Buch V entfaltet die Kosmologie und beschreibt die

Entstehung von Pflanzen- und Tierwelt, die Entwicklung des Menschengeschlechts sowie den Ursprung der Kultur, während Buch VI schließlich Erklärungen meist meteorolog. Art für Naturerscheinungen wie Blitzschlag und Erdbeben gibt. Mit der rationalen Erklärung aller Furcht auslösenden Naturphänomene wollte Lucretius die Menschen von Angst vor Priestern, Göttern und dem Tod befreien und ihnen so das glückliche Leben gemäß der Lust als des höchsten Gutes ermöglichen. Er erklärte, daß die Natur ohne Rücksicht auf das menschliche Schicksal nach den drei Prinzipien funktioniert, daß nichts aus nichts entstehen kann, nichts vernichtet werden kann und die Summe der Bewegungen in der Natur konstant ist. – Die philosoph. Bedeutung der Dichtung liegt in erster Linie in der Verbreitung des epikureischen Denkens.

Ausg.: Lat./Dt., übers. u. hg. von K. BUECHNER, 1973 (RUB 4257).
Lit.: H. LUDWIG, Materialismus und Metaphysik. Studien zur epikureischen Philosophie bei T. Lucretius C., 1976.

R. WESEL

De rerum varietate (lat.; *Von der Vielfalt der Dinge*), Geronimo (Girolamo) CARDANO; EA Basel 1557; dt. 1559, Offenbarung der Natur und natürlicher Dinge, auch mancherley subtiler Würckungen.

Dieses enzyklopäd. anmutende Werk fußt auf dem vorausgehenden *De subtilitate* (1547) und ist eine Zusammenstellung verschiedenster Themata, allerdings mit einer Vielzahl auch erkenntnistheoret. Widersprüche. Grundzug aller Naturdinge ist ihre Beseeltheit (Animismus), die einen magischen Kausalnexus der Welt vorstellt, dessen sich der Wissende bedienen kann. Einerseits entwickelt so die Natur selbst – fast evolutiv und der Erfahrung zugänglich – ihre Formen (Hylozoismus), andererseits ist es die Weltseele, die ein metaphys. Prinzip aller Veränderung bedeutet. Der menschliche Geist (mens) wiederum ist von der Natur wie von der Weltseele unabhängig, freilich (averroist.) nicht individuell gedacht. Die mangelnde method. Verknüpfung von empir. Vielheit dieser Erscheinungswelt mit ihrem metaphys. Einheitsgrund beschied dem Buch keine große Wirkungsgeschichte.

Ausg.: Opera omnia, Bd. III, 1663 (Repr. 1966).
Lit.: D. F. LARDER, The Editions of Cardano's ›De rerum varietate‹, in: Isis 59 (1968). – L. THORNDIKE, A History of Magic and Experimental Sciences, Bd. V, 1941.

H.-B. GERL

De revolutionibus orbium coelestium libri VI (lat.; *Über die Umschwünge der himmlischen Kugelschalen,* sechs Bücher), Nicolaus COPERNICUS; ED Nürnberg 1543; EA Warschau 1854; dt. 1879 Über die Kreisbewegungen der Weltkörper.

Aus der Auseinandersetzung mit der antiken Astronomie und unter konsequenter Beibehaltung des Axioms von der Kreisbewegung der Gestirne, also eigentlich mit der Absicht einer Restauration in der Astronomie, begründet Copernicus in seinem Hauptwerk den neuzeitlichen Übergang vom geozentr. zum heliozentr. Weltbild. – Bereits spätestens um 1514 kursierte ein erster Entwurf in Abschriften *(Commentariolus)* mit den folgenden Hauptthesen zu seinem System: 1.) Die Himmelsbewegungen haben keinen gemeinsamen Mittelpunkt. 2.) Die Erde ist nicht der Mittelpunkt der Welt. 3.) Die Weltmitte liegt vielmehr nahe der Sonne. 4.) Der Abstand zwischen Erde und Fixsternhimmel ist unermeßlich groß. 5.) Die Erde dreht sich täglich um ihre Achse, während der Fixsternhimmel unbeweglich bleibt und sich nur scheinbar um sie dreht. 6.) Ebenso bewegt sich die Sonne nur scheinbar; in Wirklichkeit bewegt sich die Erde einmal jährlich um die ruhende Sonne. 7.) Die Relativbewegungen zwischen der Erde und den anderen Planeten reichen aus, um verschiedene Erscheinungen am Himmel (einfacher als zuvor) zu erklären. In den sechs Büchern von *De revolutionibus* werden die Grundgedanken in extenso mathemat. ausgearbeitet und demonstriert; sie enthalten neben einer beschreibenden Darstellung des neuen Systems und der geometr.-astronom. Beweisführung Tabellen der Sonnen-, Mond- und Planetenbewegungen sowie eine Liste der damals bekannten Fixsterne. Copernicus hielt das Manuskript lange Zeit zurück. Zur Drucklegung kam es erst an seinem Lebensende durch Vermittlung des Wittenberger Mathematikers Rheticus. Beim Druck in Nürnberg wurde der ursprüngliche Titel erweitert und durch den Theologen Andreas Osiander ein Vorwort untergeschoben, in dem entgegen der realist. Interpretation von Copernicus die heliozentr. Lehre als bloße mathemat.-instrumentelle Hypothese ausgegeben wird. Auf die Täuschung durch Osiander hat zuerst Kepler in seiner *Apologia* aufmerksam gemacht. – Ohne es zu beabsichtigen, trug Copernicus mit seinem Werk zur Erschütterung und schließlich Ablösung des mittelalterlichen Weltbildes wesentlich bei. Es wurde zu einem wichtigen Markstein auf dem Weg zu einer völligen Emanzipation der Naturwissenschaften von der Theologie. In erkenntnistheoret. Hinsicht impliziert das Werk ein neues Prinzip wissenschaftlichen Erklärens, das Kant in seiner Transzendentalphilosophie als ›Revolution der Denkart‹ interpretierte. In kosmolog. Sicht wurde die Lehre von Copernicus durch Kepler vollendet.

Ausg.: Lat., Nicolaus-Copernicus-Gesamtausgabe, hg. von H. M. Nobis, Bd. I (Faksimile), Bd. II (Kritischer Text), 1974/1984. – Lat./Dt., I. Buch, hg. von G. Klaus, 1959. *Lit.:* L. F. Prowe, N. Copernicus, 3 Bde., 1883/84. – Studia Copernicana, 1970ff. – H. Blumenberg, Die kopernikan. Wende, 1965. – T. S. Kuhn, Die kopernikan. Revolution, 1981. – H. M. Nobis, Die Vorbereitung der copernican. Wende, in: Boethius Bd. XII, 1985. – E. Zinner, Entstehung und Ausbreitung der copernican. Lehre, hg. u. ergänzt von H. M. Nobis/F. Schmeidler, 1987.

H. M. Nobis/V. Biallas

The Descent of Man, and Selection in Relation to Sex (engl.; *Die Abstammung des Menschen und die geschlechtliche Zuchtwahl*), Charles Robert Darwin; EA London 1871; dt. 1871.

In dieser Schrift bekennt sich Darwin zum ersten Mal zur ›Abstammung des Menschen von einer tiefer stehenden Form‹. Zuvor hatten bereits T. H. Huxley (*Man's Place in Nature*, 1863) und C. Lyell (*The Geological Evidences of the Antiquity of Man*, 1863) sowie E. Haeckel, C. Vogt, F. Rolle und M. J. Schleiden eine Evolution des Menschen angenommen. Darwin beruft sich neben vergleichend anatom. und entwicklungsgeschichtlichen Befunden auf Beobachtungen des Verhaltens und auf die Entwicklung der intellektuellen und moral. Fähigkeiten. Seine Aussagen betrachteten Zeitgenossen wie Haeckel als Bestätigung eigener Annahmen, die gleichzeitig durch erste paläontolog. Funde fossiler Überreste von Primaten gestützt wurden, und zogen aus ihnen Schlüsse über naturgesetzliche Entwicklungen der kulturellen Äußerungen des Menschen. Mit seinen Verhaltensstudien, die Darwin als einer der ersten planmäßig ausführte, legte er Grundlagen für die Verhaltensforschung, die sich als Forschungsgebiet der Biologie im 20. Jh. etablierte.

Ausg.: Dt., von H. Schmidt, hg. von C. Vogel, [4]1982.
Lit.: H. E. Gruber/P. H. Barrett, Darwin on Man: A Psychological Study on Scientific Creativity, 1974.

B. Hoppe

Des erreurs et de la vérité ou les hommes rappelés au principe universel de la science (frz. *Über die Irrtümer und über die Wahrheit* oder Über die an das allgemeine Prinzip der Wissenschaft erinnerten Menschen), Louis-Claude de Saint-Martin; EA Edimbourg (Lyon) 1775; dt. 1782 Irrthümer und Wahrheit oder Rückweiß für die Menschen auf das allgemeine Principium aller Erkenntniß.

Die Erstlingsschrift des Theosophen Saint-Martin, die zugleich als sein Hauptwerk anzusehen ist, will den philosoph. Irrlehren der Aufklärungszeit entgegentreten und ein neues, spiritualist.-mystisches Denken an ihre Stelle setzen. – Nach Saint-Martin ist die Wahrheit nicht in der äußeren Natur zu finden, sondern im Innern des Menschen. Dort gebe es ein gutes und ein böses Prinzip. Das Gute besteht in der Erfüllung des dem einzelnen Menschen eigenen Gesetzes, das Böse widersetzt sich diesem Gesetz. Alles Übel geht daraus hervor, daß die Menschen vom Prinzip des Guten abgewichen sind. Saint-Martin setzt sich mit dem Materialismus der Physik und dem Sensualismus der Psychologie des 18. Jh.s auseinander und liefert eine Kritik der rationalist. Religionserklärungen, denen er eine Begründung der Religion aus dem Wesen des Menschen gegenüberstellt: der Mensch wisse sich von einer höchsten und weisen Ursache abhängig. Diese Ursache bestimme auch die Ordnung in Familie und Staat. Sie wirke ebenso auf Sprache, Dichtung, Malerei und Musik. – Saint-Martin hat bedeutenden Einfluß gehabt auf die antiaufklärer. christliche Erneuerungsbewegung, u. a. auf Matthias Claudius, der das Werk übersetzte, auf Sailer, J. Görres, Fr. Schlegel, J. F. Kleuker und insbesondere auf Baader.

Ausg.: Frz., Oeuvres majeures, Bd. I, 1975.
Lit.: G. Wehr, Saint-Martin, 1980.

K. Albert

De servo arbitrio (lat.; *Vom unfreien Willen*), Marin Luther; EA Wittenberg 1525; dt. 1526 Das der freye wille nichts sey.

Die Schrift enthält die Entgegnung Luthers auf → *De libero arbitrio* des Erasmus von Rotterdam. – Luther versucht, Schritt für Schritt den Gedankengang seines Gegners zu widerlegen. Zunächst stellt er die Eindeutigkeit der Hl. Schrift und die Notwendigkeit heraus, im Glauben zu festen Behauptungen (assertiones) zu kommen. In der eigentlichen Streitfrage bekräftigt er seine Lehre von der Unfreiheit des Willens gegenüber der göttlichen Gnade, die er, anders als die traditionellen Vertreter dieser Auffassung, nicht von der Sünde, sondern von der Geschöpflichkeit des Menschen ableitet. Bei der Frage, ob es Bereiche gebe, die der freien Entscheidung des Menschen überlassen seien oder ob er vollkommen von Gott bestimmt werde, entgeht Luther dem Determinismus nur mit Mühe. Das Nachdenken stößt für ihn hier an eine unüberwindliche Grenze, die unerforschliche Freiheit des verborgenen Gottes. Der Mensch soll nicht in dieses Geheimnis eindringen wollen, sondern sich an die Barmherzigkeit des sich offenbarenden Gottes halten. – In dieser ebenso leidenschaftlichen wie schwierigen Schrift hat Luther seine Grundüberzeugung theolog. am tiefsten ausgelotet.

Ausg.: Nhd., in: Luther Deutsch, hg. von K. ALAND, Bd. III, [4]1983.
Lit.: H. J. MCSORLEY, Luthers Lehre vom unfreien Willen, 1967.

P. WALTER

De signatura rerum oder Von der Geburt und Bezeichnung aller Wesen: Wie alle Wesen aus einem Einigen Mysterio urständen; Jacob BÖHME; entst. 1622, EA o.O. (Amsterdam?) 1635.
Wie die früheren theosoph. Schriften Böhmes enthält auch diese eine Gesamtdarstellung des sich in Gott selbst und dann in der Erschaffung und Geschichte der Engel, der Natur und des Menschen vollziehenden ›dreifachen Wesens‹: des finsteren, des hellen und des kreatürlichen Prinzips. Einen auch im Titel ausgedrückten Schwerpunkt bildet jedoch in diesem Werk die im Anschluß an Paracelsus um- und weitergebildete Signaturenlehre. In dieser ›Natursprachlehre‹ geht Böhme aus von der strukturellen Konkordanz aller geschaffenen Dinge hinsichtlich der ihnen zugrundeliegenden drei Prinzipien und davon, daß ›jedes Ding aus seiner Eigenschaft redet‹, indem sich sein Inneres auch äußerlich offenbart, und zwar sowohl in seiner Gestalt wie in der Sprache. Differenziert nach dem Schema seiner Lehre von den sieben Qualitäten (Bitter und Herb, Sauer und Süß, Liebe, Ton, Materialisation), wird den Wörtern, Silben und Lauten ein präziser ontolog. Sinn zugesprochen, der über die konventionelle Bedeutung hinaus für den ›erleuchteten‹ menschlichen Geist eine semant. Tiefenstruktur aufschließen soll. Der Mensch ist Signatur Gottes und sein Erkenntniswille ist darauf angelegt, ›im Halle des Wortes‹ die stumm bereitliegenden Signaturen der Welt zu lesen und so die ansichseiende Realität zu begreifen.

Ausg.: Sämtliche Schriften, Bd. VI, 1957.
Lit.: E. BENZ, Zur metaphys. Begründung der Sprache bei J. Böhme, 1929. – W. KAYSER, Böhmes Natursprachlehre und ihre Grundlage, 1930. – P. SCHÄUBLIN, Zur Sprache J. Böhmes, 1963.

R. MARGREITER

De sp[ha]era (lat.; *Über das Weltall*), JOHANNES DE SACROBOSCO, entst. im frühen 13. Jh. (vor 1220); ED Ferrara 1472; dt. um 1350.
Das Werk entstand an der Universität Paris und wurde bald in ganz Europa das gebräuchlichste Lehrbuch der geozentr. Astronomie für den Unterricht innerhalb des Quadriviums der Artistenfakultäten des Mittelalters und der Philosoph. Fakultäten der frühen Neuzeit. In vier Kapiteln werden (hauptsächlich nach der → *Mathēmatikē syntaxis* des Ptolemaios) die Grundlagen der sphärischen Astronomie, der Aufbau des geozentr., von der Fixsternsphäre abgeschlossenen Universums, die Auf- und Untergänge der Gestir-

ne an verschiedenen Orten der Erde (einschließlich der Tageslängen) sowie die Bewegungen der Sonne und der anderen Planeten und die Ursachen für Sonnen- und Mondfinsternisse behandelt. Zwar wird die Präzession als Bewegung der achten Sphäre erwähnt, doch fehlt noch die Theorie der Trepidation von Thabit Ibn Qurra (*De motu octav[a]e sp[ha]er[a]e*, entst. in der 2. Hälfte des 9. Jh.s), die im 13. Jh. einer neunten Sphäre zugewiesen wurde. Früh wurde der einfache Grundstoff der Schrift von zahlreichen (Lehrer-)Kommentaren begleitet, deren frühester von M. Scotus (entst. um 1230), deren letzter und bedeutendster vom Jesuiten Ch. Clavius stammt (*In sphaeram Ioannis de Sacro Bosco commentarius,* 1581), der in mehreren Auflagen, die an Umfang das kommentierte Werk bei weitem übertrafen, erschien und insbes. die nicht in der Schrift enthaltenen astronom. Kenntnisse der Zeit an die Lehrer der artes an den kathol. (Jesuiten-)Universitäten vermittelte, an denen – vor allem in Deutschland, den Niederlanden, Italien und Spanien – die kleine Schrift dem Astronomieunterricht bis in 17. Jh. zugrunde gelegt wurde.

Ausg.: Lat./Engl., The Sphere of Sacrobosco and Its Commentators, hg. von L. THORNDIKE, 1949.

F. KRAFFT

Destructio destructionis (Averroes) → Tahāfut-at-tahāfut

Destructio philosophorum (Al-Gazzālī) → Tahāfut al-falāsifah

De substantia nihili et tenebrarum (lat; *Über das Wesen des Nichts und der Finsternis*), FRIDUGISUS VON TOURS, entst. im Jahre 800; ED Luca 1761.

Diese kurze Abhandlung des Fridugisus, einem Schüler Alcuins, will zeigen, daß allen Worten und somit auch dem Wort ›Nichts‹ eine reale Entsprechung zukommt – und zwar nicht allein mit Hilfe wörtlicher Auslegung biblischer Stellen, sondern auch mit Hilfe von ausschließlich rationalen Argumenten. Fridugisus variiert dabei mehrfach ein Argument, das folgendermaßen lautet: Jedes Wort hat als solches eine Bedeutung, es bedeutet etwas. Dies gilt sowohl für konkrete wie für allgemeine Begriffe. Diesen strikten Zusammenhang vermag auch das Wort ›Nichts‹, ohne welches die Sprache nicht funktionieren könnte, nicht zu durchbrechen: Auch es bedeutet etwas, nämlich – wie aus dem Schöpfungsbericht zu entnehmen – jene erste, formlose Materie, aus welcher Gott die Welt geschaffen hat, d. h. nicht bloß die materiellen Dinge, sondern auch das Licht, die Seele und die Engel. Eine entsprechende biblische Fundierung sucht Fridugisus für die realist. Deutung des Wortes ›Finsternis‹. – Die Bedeutung der Schrift liegt weniger in ihrer histor. Wirksamkeit, als in der Methode der Argumentation und dem extremen Realismus der Sprachauffassung.

Ausg.: Hg. von C. GENNARO, 1963.

Lit.: M. AHNER, Fredegis von Tours. Ein Beitrag zur Geschichte der Philosophie im Mittelalter, 1878.

R. SCHÖNBERGER

De substantiis separatis (lat.; *Über die (von der Materie) getrennten Substanzen*), THOMAS VON AQUIN, entst. 1271/72 in Paris; ED o.O. und J. (um 1480–1485).

Dieses unvollendete Opusculum

(20 Kap.) umfaßt zwei Teile: die Meinungen der Philosophen über die Existenz der geistigen Wesen (Kap. 1–17) und ferner die Lehre der christlichen Religion dazu. Im 1. Teil wird ein großartiger Überblick über die Philosophiegeschichte geboten. Thomas vergleicht die aristotel. und platon. Lehre in Hinblick auf Gott und die geistigen Wesen und nennt Mängel und Vorzüge beider. Das Werk ist von großer geschichtlicher und metaphys. Bedeutung. In den ersten Kapiteln gibt Thomas eine Zusammenfassung der Entwicklung der Philosophie: der unvollendete Versuch des Anaxagoras, ein geistiges Prinzip des Alls zu bestimmen, wird von Platon zu Ende gedacht. Auch wenn Platon den Vorrang des Geistigen betont, so hat er doch zu Unrecht die Affektionen des Verstandes verselbständigt, und es gelingt ihm nicht, die materiellen Prozesse der Welt angemessen zu erklären. Thomas stimmt Aristoteles bei in der Unterordnung der Erkenntnis unter das, was gegeben ist, aber er deutet auch die Grenzen des Aristotelismus an (Kap. 4).

Ausg.: Lat., Opera omnia, Bd. XL, 1968. – Engl., von F. J. Lescoe, 1963.

Lit.: F. J. Lescoe, De substantiis separatis. Title and Date, in: St. Thomas Aquinas Commermorative Studies, Bd. I, 1974.

L. J. Elders

De sui ipsius et multorum ignorantia (lat.; *Über die eigene und vieler Leute Unwissenheit*), Francesco Petrarca, entst. ca. 1370; ED Basel 1494; dt. 1910.

Petrarca legt ein Bekenntnis über die Grundlagen seines Wissens ab, zieht einen Trennungsstrich zum aristotel. bestimmten scholast. Lehrbetrieb und begründet das humanist. Philosophieren, in dessen Mittelpunkt der Mensch und seine geistige Welt stehen. Die moralphilosoph. Argumentation wendet sich gegen die Paduaner Averroisten. Aristoteles wird hinter Platon zurückgesetzt, weil man durch jenen zwar ›gelehrter, aber nicht besser‹ werde. Platon hingegen führe mit der Idee des Guten in den Vorhof christlicher Erkenntnis, auch behaupte er nicht die Ewigkeit der Welt (als einer Schöpfung). Von Platon führt die Linie über Cicero, insbes. dessen → *Hortensius*, zu Augustinus: Cicero ist das Vorbild in der Meisterung der Sprache, Platon in der Annäherung an die göttliche Wahrheit, Augustinus in der Erfassung der Heilsgewißheit. Die ironisch eingestandene eigene Unwissenheit ist die des Christen, der vor der letzten Wahrheit nur gläubig verharren kann. Die gebrandmarkte Unwissenheit der anderen ist die der Materialisten, die sich mit ›wissenschaftlicher‹ Erkenntnis beruhigen und zur Erkenntnis des Göttlichen nicht vordringen. – Der in der kleinen Schrift skizzierte, auf Platon sich berufende christliche Humanismus wurde zur entscheidenden Gegenposition zur aristotel. Scholastik.

Ausg.: Briefe und Gespräche, übers. u. eingel. von H. Hefele, ^{2}1925.

Lit.: A. Buck (Hg.), Petrarca, 1976.

G. Böhme

De sympathia et antipathia rerum liber unus (lat.; *Ein Buch von der Sympathie und Antipathie der Dinge*), Girolamo Fracastoro, EA Lyon 1545.

Das Werk gehört zur Ontologie und Kosmologie der Renaissance im Vorfeld neuzeitlicher Naturwissenschaft. Der Autor steht im Übergang von der (neuplaton.)

Weltseelenlehre zum kausalen Kräfteverhältnis als Antrieb des Kosmos. Noch wirken Sympathie und Antipathie als Movens allen Geschehens, etwa bei den Planetenbewegungen, aber auch bis zur Anziehung und Abstoßung der Elemente. Doch läßt sich diese Art nichtmechan. Kausalität durchaus erkennen, method. systematisieren und praktisch nutzen: die Welt hängt nicht von überrationalen Mächten ab, sondern weist eine rationalisierbare Autonomie in Form eines Regelkreislaufes auf. – Die Wirkung des Buches wird durch das machtvoll einsetzende mechanist. Weltbild (Galilei) bald aufgehoben und bleibt vor allem wissenschaftsgeschichtlich von Bedeutung.

Ausg.: Dt., Fracastor's poetische und philosoph. Schriften, 1857.

Lit.: E. di Leo, Scienza ed umanesimo in G. Fracastoro, [3]1953. – E. Cassirer, Das Erkenntnisproblem in der Philosophie und Wissenschaft der neueren Zeit, Bd. I, [5]1972. – G. Fracastoro, Studi e memorie nel 4 centenario, 1954.

H.-B. Gerl

De tribus impostoribus (lat.; *Von den drei Betrügern*), Anonym, entst. vermutlich Anfang 16. Jh.; EA wahrscheinlich Lyon kurz vor 1562; dt. 1846.

Diese religions-kritische Schrift, in der Moses, Jesus und Muhammad des Betrugs verdächtigt werden, ist wahrscheinlich von einem Marranen der iberischen Halbinsel verfaßt worden. Mit dem Titel knüpft sie an eine Tradition der Kritik an den Religionsstiftern an, wie sie erstmals durch Freidenker im Islam im 9. und 10. Jh. formuliert worden ist. Der Autor kritisiert die Gottesverehrung und den Kultus. Der Autorität der Propheten setzt er das natürliche Licht und die natürliche Vernunft entgegen. Zeugen und Zeugenbeweise der Religionen werden bezweifelt. Moses, Jesus und Muhammad wird vorgeworfen, die Leichtgläubigkeit der Menschen unter Vorspiegelung eines Nutzens mißbraucht zu haben. Die Religionen seien Erfindungen, um die Unabhängigkeit des Volkes abzuschwächen. Der Autor ist ein sozialkrit. Deist, doch kein Atheist. J. J. Müller ergänzte 1688 die Schrift um einen weiteren Teil.

Ausg.: Lat./Dt., hg. von G. Bartsch, 1960. – Dt., von W. Gericke, in: Quellen, hg. von F. de Boor/W. Ullmann, H. 2, 1982.

Lit.: J. Presser, Das Buch ›De tribus impostoribus‹, 1926. – F. Niewoehner, Veritas sive Varietas. Lessings Toleranzparabel und das Buch von den drei Betrügern, 1987.

F. Niewöhner

De tribus principiis oder Beschreibung der Drey Principien Göttlichen Wesens, das ist: Von der ohn Ursprung ewigen Geburt der Heiligen Dreifaltigkeit Gottes, Jacob Böhme, entst. 1619; EA Amsterdam 1660.

Böhmes zweite theosoph. Schrift vervollständigt und präzisiert den Systementwurf der → *Aurora*, wobei die intuitiven Sprachbilder zugunsten einer gelehrteren, von Paracelsus und V. Weigel beeinflußten Terminologie zurücktreten, die auch Alchemistisches umfaßt. In 27 Kapiteln wird der dynam. ontolog. Grund-Prozeß vom Ansichsein Gottes bis hin zur ›Erschaffung der materialen Welt, samt den Sternen und Elementen‹ aufgerollt. Dieser Prozeß entfaltet sich als dreifache Geburt des ewigen Willen Gottes, der sich in Widersprüche aufspaltet und so selbst zu neuen Gestalten forttreibt und in sieben Qualitäten (die ihrerseits je in eine Species des Guten und Bösen auseinandertreten) die Vielfalt aller Seinsbezüge stiftet. Böhme spricht auch von drei Welten oder drei Prinzipien. Das erste Prinzip stellt Gottes Grimm und Zorn dar, das Angst-Feuer, das Dunkle und Herbe. Durch die ›Geburt des Sohnes‹ im zweiten Prinzip verwandelt sich das Grimmfeuer in Licht und Liebe. Im dritten Prinzip erfolgt die Schöpfung der äußeren, tatsächlichen Welt, die ganz und gar Wille ist und sich nach Licht und Erlösung sehnt. In diesem Werk Böhmes sind sein Voluntarismus und seine (Hegel antizipierende) Dialektik stark am Bildbereich der Sexualität orientiert.

Ausg.: Sämtliche Schriften, Bd. II, 1960.
Lit.: A. Koyré, Die Gotteslehre J. Böhmes, 1929. – N. Berdjajew, J. Böhmes Lehre von Ungrund und Freiheit, 1932. – L. Richter, J. Böhmes mystische Schau, [2]1949.

R. Margreiter

De trinitate (lat.; *Über die Dreieinigkeit*), Aurelius Augustinus, entst. zwischen 400 und 416; ED o. O. u. J. (Straßburg nicht nach 1474); dt. 1935 Fünfzehn Bücher über die Dreieinigkeit.

Ausgehend vom Glauben an die Dreieinigkeit Gottes versucht Augustin im 1. Teil (Bücher I–VII), diesen Glauben aus der Hl. Schrift zu belegen und seine Widersprüche aufzulösen. Im 2. Teil (Bücher VIII–XV) versucht er sich einen Erkenntnisweg zu diesem Glauben zu bahnen, indem er die menschliche Seele als Abbild Gottes (imago dei) untersucht und in ihr dreieinige Strukturen entdeckt. Diese sollen es ermöglichen, die göttliche Dreieinigkeit analog zu begreifen. Der 1. Teil expliziert den Glauben an die Dreieinigkeit, erörtert die verschiedenen Erscheinungen Gottes, die in der Schrift bezeugt werden, hinsichtlich der Frage, welche der göttlichen Personen sich in ihr manifestiert hat. Insbes. untersucht er die Erscheinung des Sohnes Gottes in der Menschwerdung Jesu und hebt hervor, daß sich für uns durch diesen Mittler ein Erkenntnisweg zu Gott geöffnet hat. Diese Themen sind für das Problem der Dreieinigkeit insofern von Belang, als sich die Frage stellt, ob sich in den verschiedenen Erscheinungen lediglich eine getrennte Person oder durch sie hindurch der dreifaltige Gott in seiner Einheit manifestiert hat. Augustin antwortet darauf mit der Annahme, daß sich dasselbe Wesen in den drei Personen ausdrückt. Während die Wesensaussagen das einige Gottsein betreffen, stellen die Personenaussagen relationale Aussagen dar. Der 2. Teil versucht einen rationalen Zugang zum Problem der Einheit in der Dreiheit zu finden. Er zeigt, daß sich der Erkenntniszugang zu Gott und der Weg der Liebe wechselseitig bedingen. Augustin sucht den Ansatzpunkt in der Selbstzuwendung der Seele als Prototyp für eine geistige Erkenntnis. Diese bietet sich als Bild Gottes an. Selbstliebe setzt Selbsterkenntnis voraus und diese teilt sich in den erkennenden Intellekt und den erkannten Geist. In der Selbstzuwendung der Seele erweist sich also die dreieinige Struktur von Geist (mens), Erkenntnis (notitia) und Liebe (amor) (Buch X). Eine tiefergehende Analyse zeigt, daß im Geist bereits enthalten sein muß, was er an Einsicht aus sich herausholt. Er muß also ein Wissen von sich haben, von dem er nichts weiß. Gleichwohl muß er von sich wissen, um sich suchen zu können. Dieses nichtbewußte Wissen nennt Augustin Gedächtnis (memoria), die Suche danach bis zum Wissen des Wissens nennt er Einsicht (intellectus) und die Bemühung des Erreichens dieses Zieles Wille (voluntas) (Buch X). Eine ähnliche Dreiheit läßt sich auch im Erkenntnisvollzug des äußeren Menschen nachweisen, insofern hier die willentliche Anstrengung (intentio) dem sinnlichen Gegenstand (res) gilt, der mit dem sinnlichen Schauen (visio) zu einer Art innerer Einheit gebracht werden soll. Darüber lagert sich die Zuwendung des Gedächtnisses zu dem sinnlichen Schauen und schließlich die Zuwendung des Denkens zu dem Gedächtnis, so daß sich in der Sinnenerkenntnis drei verschiedene Dreierstrukturen verbinden (Buch XI). Wenn aber schon im äußeren Menschen eine relative Dreieinigkeit der Strukturen nachgewiesen werden kann, dann kann Augustin im inneren Menschen eine noch geschlossenere Dreieinigkeit entdecken (Buch XII–XIV). Er entfaltet sie in seiner Lehre vom Denken als Aussprechen des inneren Wortes (verbum interior), welches artikuliert, was in den Kammern des Gedächtnisses verborgen ist (Buch XV). Geist, Wissen und Liebe erweisen sich also als das vollkommenste Abbild bei dem Bemühen, sich in die Geheimnisse der Dreieinigkeit Gottes zu vertiefen. – Das Werk nimmt in der Geschichte der philosoph. und theol. Diskussionen über das Problem der Dreieinigkeit eine herausragende Stellung ein.

Ausg.: Über den dreieinigen Gott, ausgew. u. übertr. von M. Schmaus, ²1951.
Lit.: M. Schmaus, Die psycholog. Trinitätslehre des Hl. Augustinus, 1927. – R. Berlinger, Augustins dialog. Metaphysik, 1962. – M. Schmaus, Die Denkform Augustins in seinem Werk ›De trinitate‹, 1962. – A. Schindler, Wort und Analogie in Augustins Trinitätslehre, 1965.

A. Schöpf

De trinitate (lat.; *Von der Dreifaltigkeit*), Wilhelm von Auvergne, entst. um 1223; ED Nürnberg 1496.

In diesem Werk, das den ersten Teil seines monumentalen *Magisterium primum sapientiale ac divinale* darstellt, unternimmt Wilhelm die metaphys.-theolog. Grundlegung seines Hauptwerkes. Nachdem im Prolog ein Überblick über das gesamte Werk geboten wurde, wird in den Kapiteln 1–18 die metaphys. Grundlegung entfaltet. Wilhelm beginnt mit einer Untersuchung des Wortes ›esse‹ (Sein), wobei er zwei verschiedene Bedeutungen voneinander abhebt: Wesen, Substanz einerseits, andererseits aber im verbalen Sinne Existenz. In allem Seienden muß diese Unterscheidung gemacht werden, denn alles Seiende hat sein Sein, d.h. sein Dasein, seine Existenz durch ein anderes. Da nun aber ein unendlicher Regreß unmöglich ist, muß ein Erstes angenommen werden, zu dessen Wesen es gehört, zu existieren. Aus dieser Bestimmung ergibt sich die Einfachheit, Notwendigkeit und Nicht-Definierbarkeit dieses Ersten. Alles endliche Sein ist demgegenüber nur die Teilhabe am unendlichen Sein Gottes. In den anschließenden Kapiteln 14–43 legt Wilhelm seine Trinitätslehre dar, wobei er insbes. die trinitar. Analogien in der menschlichen Seele (Kap. 28–29) hervorhebt. In einem ausführlichen abschließenden Kapitel behandelt Wilhelm unter dem Thema der Rede von Gott die Kategorienlehre. – Insbes. durch seine Ontologie steht Wilhelm in einer

Traditionslinie, die von Avicenna zu Thomas von Aquin führt.

Ausg.: Hg. von B. SWITALSKI, 1976.
Lit.: A. MASNOVO, Da Guglielmo d'Auvergne a S. Tommaso d'Aquino, ^{2}1945/46. – E. GILSON, La notion d'existence chez Guillaume d'Auvergne, in: Arch. hist. doctr. litt. moyen-âge 15 (1946).

R. SCHÖNBERGER

De tyranno (lat.; *Vom Tyrannen*), Coluccio SALUTATI, entst. ca. 1400; ED Berlin 1913.

Das in Briefform abgefaßte Traktat nimmt zur staats- und rechtstheoret. Frage der Herrschaftslegitimität und zum Verhalten gegenüber unrechtmäßiger Herrschaft Stellung. – Ausgehend von der scholast. Lehre vom ›doppelten Tyrannen‹, die zwischen unrechtmäßiger Herrschaftsaneignung und -ausübung unterscheidet, bejaht Salutati uneingeschränkt das Recht des Volkes, sich eines tyrann. Usurpators zu entledigen, da ein gegen seinen Willen der Freiheit beraubtes Volk ähnliche Verteidigungsrechte hat, wie sie im Privatrecht aus Eigentum entstehen. Gegen einen tyrann., aber von expliziter oder stillschweigender Zustimmung getragenen Herrscher kann dagegen nur kraft des Urteils eines Senats oder des ganzen Volkes, auf keinen Fall aber durch Einzelakte der Selbstjustiz, vorgegangen werden. Der klassische Tyrannenmord an Cäsar geschah demnach unrechtmäßig, weil er nicht dem souveränen Volkswillen entsprach, und war zudem realpolit. unklug, da das Prinzipat die Bürgerkriegswirren beendete. Dieses Urteil läßt Salutati in einem allgemeinen Lob der Monarchie als bester Staatsform enden. – Salutatis Lehre vom Recht des Aufstandes wurde zu einer der Quellen der Naturrechtdiskussion des 17. und 18. Jh.s.

Ausg.: Il trattato De tyranno e lettere scelte, 1942.
Lit.: M. A. LEVI, La controversia sulla uccisione di Giulio Cesare e le fonti latine del ›De tyranno‹ di C. Salutati, in: Rendiconti Istituto Lombardo, 101 (1967). – M. A. FALCHI PELLEGRINI, Legittimità, legittimazione e resistenza nella teoria politica medievale, 1981.

P. NAGELSCHMIDT

De unitate intellectus contra Averroem (lat.; *Über die Einheit des Intellekts gegen Averroes*), ALBERTUS MAGNUS, entst. um 1263; ED Venedig 1517.

Die Frage, ob die Vernunftseele des Menschen nach seinem Tod individuell weiterexistiert oder ob es nur eine gemeinsame Vernunftseele für die als ewig gedachte menschliche Gattung gibt, wird bei Albert wiederholt aufgegriffen und diskutiert. Obwohl er der Meinung ist, daß die averroist. Auffassung von der Einzigkeit des Intellekts dem christlichen Glauben offenkundig widerspricht, will er sich hier nicht auf theolog. Argumente stützen, sondern eine philosoph. Diskussion führen, zu der wegen der Schwierigkeit der Frage nur ausgebildete Philosophen zugelassen werden sollten. Das Werk ist nicht gegen einen bestimmten zeitgenöss. Gegner gerichtet und argumentiert deshalb unpolem. zur Sache. Zunächst stellt Albert 30 Argumente vor, die für die averroist. These sprechen; im 2. Teil folgen 36 Gegenargumente, die keine direkte Antwort auf die im 1. Teil gestellten Fragen sind, sondern für sich stehen. Albert will beweisen, daß die anima rationalis, die Wesensform des Menschen, in den Individuen multipliziert sein muß, d. h. daß jedes menschliche Individuum seine eigene Vernunftseele hat und durch sie dieser bestimmte Mensch ist. Im 3. Teil erläutert Albert seine eigene Seelenlehre, die er als die wahre Aristoteles-Interpretation darstellt, bevor er abschließend die 30 Argumente einzeln widerlegt.

Ausg.: Opera omnia, Bd. XVII/1, hg. von A. Hufnagel, 1975.

B. Kible

De unitate intellectus contra Averroistas (lat.; *Über die Einheit des Verstandes gegen die Averroisten*), Thomas von Aquin, entst. 1270 in Paris; ED Treviso 1476.

Der Traktat ist die Antwort des Thomas auf ein unbekanntes Buch (oder auf Hörernachschriften der Vorlesungen) des Siger von Brabant. Nach Siger besitzt der Einzelmensch keine Vernunftseele, sondern er denkt in Verbindung mit einer einzigen, für sich bestehenden und für alle Menschen gemeinsamen Seele, die einen aktiven und einen passiven Intellekt hat. Die Antwort, die Thomas gibt, gliedert sich in ihrer Argumentation in zwei Teile: 1. Die Averroisten lehnen es ab, die anima intellectiva als die substantielle Form des Körpers zu begreifen. In einer scharfsinnigen Exegese der Aristoteles-Texte widerlegt Thomas diese Auffassung und zeigt, daß Averroes den Kommentar des Themistius zu →*Peri psychēs* falsch deutet. Die Folgerung ist klar: Averroes ist nicht so sehr Peripatetiker als vielmehr ein ›Verderber‹ der peripatet. Philosophie. Der 2. Teil behandelt die Folgen dieses Irrtums: alle Menschen würden nur einen einzigen Intellekt haben. Dagegen betont Thomas, die Erfahrung zeige, daß dieser einzelne Mensch denkt (hic homo singularis intelligit). Die Schrift ist polem., weil Thomas in der averroist. Deutung eine Gefährdung seines Hauptanliegens sah, nämlich das aristotel. Gedankengut für den Ausbau einer philosophia perennis und die Entwicklung einer wissenschaftlichen Theologie zu gebrauchen.

Ausg.: Lat., hg. von L. W. Keeler, ²1957.

Lit.: J. Vianti, In opusculum Divi Thomae Aquinatis De unitate intellectus contra Averroistas commentaria, in: Divus Thomas I–III, 1882–86.

L. J. Elders

De universo (lat.; *Über das Weltall*), Wilhelm von Auvergne, entst. zwischen 1231 und 1233; ED Nürnberg 1496.

Dieses vierhundertseitige Werk, das gleichwohl nur einen Teil des monumentalen *Magisterium divinale* bildet, ist die erste große Darstellung einer philosoph. und theolog. Kosmologie nach Bekanntwerden der aristotel. Philosophie und ihrer Um- und Weiterbildungen im arabischen und jüdischen Denken. – Wilhelm entwickelt zunächst in einem ausführlichen Traktat die Lehre vom Schöpfer und seinem freien, durch keine bloß naturhafte Notwendigkeit bestimmten Handeln, aus dem allein – gegen den Dualismus der Manichäer – diese Welt und nur diese – entgegen der Lehre von der Vielheit der Welten – hervorgeht. Wilhelm unterstreicht die geschöpfliche Unmittelbarkeit aller Dinge zu ihrem göttlichem Ursprung, in dem sie nicht nur ideell im Logos vorgebildet sind, sondern auch den Grund aller Wirksamkeit haben; die Eigenkausalität der Geschöpfe wird drastisch minimalisiert. Aus diesem Verständnis der Schöpfung folgt sowohl ihr zeitlicher Anfang wie die Linearität der Zeit selbst; die Zweckbestimmtheit aller natürlichen Bewegungen ist einerseits Resultat der göttlichen Vorsehung und läßt andererseits gegen den arabischen Nezessitarismus Raum für göttliche Eingriffe. Dieser 2. Teil enthält mit derselben Stoßrichtung weiträumige Erörterungen über den/die Himmel (Empyreum) und die Elemente. Im letzten Teil folgt die Ontologie und Erkenntnistheorie der reinen Geistwesen (Engel), woran sich nach den Kapiteln über den Fall der Engel die Dämonologie anschließt. Sowohl durch Rezeption im Augustinismus wie durch seine Kritik (etwa an der Kausalitätsvorstellung bei Thomas von Aquin) gehört es zu den wichtigsten Werken des 13. Jh.

Ausg.: Opera omnia, 1674 (Repr. 1962, Bd. I).
Lit.: A. Masnovo, Da Guglielmo d'Auvergne a san Tommaso d'Aquino, [2]1945/46 (3 Bde.).

R. Schönberger

Deutsche Ethik (Wolff) → Vernünftige Gedanken von der Menschen Tun und Lassen . . .

Die deutsche Ideologie. Kritik der neuesten deutschen Philosophie in ihren Repräsentanten Feuerbach, B. Bauer und Stirner, und des deutschen Sozialismus in seinen verschiedenen Propheten, Karl Marx/Friedrich Engels, entst. 1845/46; EA Moskau 1932.
Die Schrift bestimmt den Grundbegriff der Ideologie als gesellschaftliches Bewußtsein, das sich gegenüber dem Sein der materiellen Produktionstätigkeit (Produktivkräfte und Verkehrsverhältnisse) verselbständigt und verkehrt (wofür die mit der Klassenteilung erfolgende Trennung von materieller und geistiger Arbeit die Voraussetzung ist). Dementsprechend werden die Ideologen als die Theoretiker gekennzeichnet, die sich einbilden, daß die kritische Veränderung des Bewußtseins die treibende Kraft der Veränderung der gesellschaftlichen Praxis ist. So lassen nach Marx' und Engels' Kritik Feuerbachs Materialismus, B. Bauers Philosophie des Selbstbewußtseins und Stirners individualist. Anarchismus – trotz aller theoret. Radikalität – die praktischen Verhältnisse unangetastet bestehen. Die histor. Entwicklung der praktischen Verhältnisse bzw. der Gesellschaftsformationen wird in ihren Grundzügen dargestellt. Die kommunist. Gesellschaft wird als bewußte Kontrolle der Produzenten über ihre Produkte und als Gesellschaft der allseitigen Entfaltung der Individuen charakterisiert. Eine Kritik des ›wahren Sozialismus‹, der die ›allgemeine Menschenliebe‹ propagiert, schließt die Schrift ab. – Die Schrift ist in Marx' und Engels' Entwicklung der Höhepunkt der Kritik an dem kontemplativen und unhistor. Materialismus Feuerbachs und an dem junghegelian. Idealismus B. Bauers und M. Stirners. Zugleich stellt sie in der Philosophiegeschichte eine neue Phase der Ideologiekritik dar.

Ausg.: K. Marx/F. Engels, Histor.-kritische Gesamtausgabe: Werke, Schriften, Briefe, Abt. 1, Bd. V, 1976/77.
Lit.: A. Cornu, La formation du matérialisme historique dans L'idéologie allemande‹, in: Annali dell istituto G. Feltrinelli, 1963. – J. Taminiaux, Anthropologie philosophique et metaphysique chez Marx. Réflexions sur ›l'idéologie allemande‹ in: Études d'anthropologie philosophique, 1980.

E. Treptow

Deutsche Logik (Wolff) → Vernünftige Gedanken von den Kräften des menschlichen Verstandes . . .

Deutsche Metaphysik (Wolff) → Vernünftige Gedanken von Gott ...

Deutsche Politik (Wolff) → Vernünftige Gedanken von dem Gesellschaftlichen Leben ...

Eyn deutsch Theologia. Das ist eyn edles Buchleyn von rechtem Vorstand was Adam und Christus sey und wie Adam yn uns sterben und Christus ersteen sall, ANONYM, entst. Ende 14. Jh.; EA Wittenberg 1518 (hg. von M. LUTHER).

Es handelt sich bei dieser Schrift um einen mystischen Text mit neuplaton. Einschlag, der sich gegen die ›Freigeister‹ wendet und aus dieser Polemik heraus Gegenpositionen bezieht. – Gegen die naturhaft verstandene Göttlichkeit des Menschen betont die Schrift die Sündhaftigkeit der menschlichen Natur, der freilich aus Gnade Vergöttlichung geschenkt wird. Sie verteidigt Ordnung und Gebot gegenüber libertinären Tendenzen und begründet die in Mißkredit geratene Mystik christolog. Dabei wird das Kreatürliche abgewertet und der Mensch als reines Instrument des göttlichen Willens gesehen. – Luthers Edition hat dem Text zu einer weiten Verbreitung verholfen.

Ausg.: Nhd., von A. M. HAAS, 1980.
Lit.: A. M. HAAS, Die ›Theologia deutsch‹, in: A. M. HAAS/H. STIRNIMANN (Hg.), Das ›einig Ein‹. Studien zu Theorie und Sprache der deutschen Mystik, 1980.

P. WALTER

Les deux sources de la morale et de la religion (frz.; *Die beiden Quellen der Moral und der Religion*), Henri BERGSON; EA Paris 1932; dt. 1933.

Entsprechend seinem dualist. Grundansatz in Naturphilosophie und Erkenntnistheorie entwirft Bergson eine Ethik und Religionsphilosophie, die auf der Unterscheidung zwischen einer geschlossenen und einer offenen Gesellschaft beruht und den Gegensatz zwischen geschlossener und offener Moral ebenso herausarbeitet wie den zwischen statischer und dynam. Religion. Ausgehend von einer Untersuchung der Verpflichtung und ihrer Bedeutung innerhalb des gesellschaftlichen Lebenszusammenhanges, beschreibt Bergson die geschlossene Gesellschaft als eine solche, die dem einzelnen, der in ihr lebt, eine Totalität von Haltungen auferlegt und analog den instinktgeleiteten tierischen Gemeinschaften besteht, auch wenn sie bereits den Spielraum der Freiheit voraussetzt. Die daraus entspringende ›geschlossene‹ Moral beruht im wesentlichen auf vitalen Notwendigkeiten und kann als Mittel der Selbsterhaltung der Gesellschaft verstanden werden. Die ›offene Moral‹ dagegen beruht auf Freiheit, allgemeiner Menschlichkeit und Liebe. Gegenüber der im infrarationalen Bereich wurzelnden geschlossenen Moral ist sie suprarationalen Ursprungs und letztlich Ergebnis einer mystischen Begegnung mit Gott. Sie legt sich nicht einzelnen Maximen oder Prinzipien aus, sondern steht unter dem Zeichen universaler Liebe. ›Gesellschaftlicher Druck‹ und ›Liebe‹ werden aber von Bergson letztlich als zwei einander ergänzende Manifestationen des Lebens verstanden, wie überhaupt der ›élan vital‹ als Ursprung der sich zur Moral verfestigenden Verhaltensweisen erscheint. Den beiden Moralen entsprechen auch zwei Formen der Religion, die statische und die dynam. Religion. Die statische Religion kann als Verteidigungsmaßnahme der Natur gegen Bedrohung, vornehmlich gegen die aus der Intelligenz stammende Vorwegnahme des Todes angesehen werden. Ebenso wirkt sie der Auflösung der gesellschaftlichen Geschlossenheit entgegen. Das Wesen der dynam. Religion dagegen liegt nach Bergson im Mystischen. Dieser Mystizismus ist allerdings weder weltabgewandt noch beschränkt er sich auf eine intellektuelle Erfassung der Einheit aller Dinge. Die wahre Mystik ist vielmehr eine Erfassung des ›élan vital‹ durch diesen selbst. Die allem zugrunde liegende schöpfer. Energie kann als Liebe bezeichnet werden. Der Höhepunkt der Mystik liegt in einem Einswerden mit der schöpfer. Anstrengung, die nachgerade als Gott selbst bezeichnet werden könnte. Da die Schöpfung als von Gott geliebte auf eine Verwandlung durch Liebe hinausläuft, kann der Mensch durch Teilhabe an dieser schöpfer. Energie mithelfen, die Zielsetzung, die dem Universum innewohnt, zu erreichen.

Ausg.: Materie und Gedächtnis und andere Schriften, 1964.

Lit.: G. Bretonneau, Création et valeurs éthiques chez Bergson, 1975. – M. Cariou, Bergson et le fait mystique, 1976.

P. Kampits

De venatione sapientiae (lat.; *Von der Jagd nach der Weisheit*), Nikolaus von Kues, entst. 1463; ED 1488; dt. 1964.

Der Cusaner legt in dieser ein Jahr vor seinem Tode verfaßten Schrift den Ertrag seines lebenslangen philosoph.-theolog. Ringens dar. Deshalb kann er von der ›gesamten Beute seiner Jagdzüge nach Weisheit‹ sprechen. 1431 war die latein. Übersetzung des Werkes von Diogenes Laërtius über das Leben und die Ansichten berühmter griechischer Philosophen erschienen (→ *Philosophōn biōn kai dogmatōn synagogē*); sie lieferte ihm zum großen Teil das Material zu seinen Diskussionen über die Meinungen und Erkenntnisse der antiken Gelehrten, die er mit den eigenen selbst gewonnenen Einsichten verglich. Platon, der ›wunderbar, umsichtige Jäger‹, steht ihm dabei näher als der Fürst der Peripatetiker, der scharfsinnige Aristoteles. Cusanus zählt zehn dem Philosophen wichtige Themenkreise, dem Jäger zehn Beute versprechende Felder auf. An erster Stelle steht hierbei das belehrte Nichtwissen, ihm folgt das ›Können-Sein‹. So ist dem Cusaner die Jagd nach der Weisheit auch ein Suchen nach Gott (vgl. → *De possest*). Zu dem Schönsten und Wertvollsten, das ihm seine ›Streifzüge‹ eingebracht haben, rechnet er auch die Erkenntnis, daß ein Mensch eine Wesenheit nie vollständig erfassen kann. Aber das ›Werden-Können‹, die Möglichkeiten der geistigen Weiterentfaltung des Menschen in seinen Grenzen sieht Cusanus als noch lange nicht voll ausgebildet an.

Ausg.: Opera omnia, Bd. XII, hg. von R. Klibansky/H. G. Senger, 1982. – Lat./Dt., hg. von P. Wilpert, ^{2}1970 (PhB 263).

Lit: R. Haubst (Hg.), N. von Kues in der Geschichte des Erkenntnisproblems (Mitteilungen u. Forschungsbeiträge der Cusanus-Ges.), 1975.

K. H. Wiederkehr

De vera et falsa religione commentarius (lat.; *Kommentar über die wahre und die falsche Religion*), Huldrych Zwingli; EA Zürich 1525; dt. 1526 Von warem und valschem Glouben. Commentarius d(a)z ist unterrichtung H. Z. s. Das Werk enthält die Gesamtdarstellung von Zwinglis reformator. Lehre, der wahren Religion, in Absetzung von der falschen, dem Katholizismus. – Ausgehend vom Gegensatz zwischen Geist und Fleisch, dem göttlichen und dem gottwidrigen Prinzip, entfaltet Zwingli seine Lehre von der Zueignung des Heils an den Menschen, der sich angesichts des göttlichen Gesetzes in seiner Fleischlichkeit erkennt, im Glauben neue Zuversicht findet und daraus Konsequenzen für sein sittliches Leben zieht. Die ›falsche Religion‹ dagegen vertraut allein auf fleischliche Dinge (Werkgerechtigkeit).

Ausg.: Dt., von F. Blanke, in: H. Zwingli, Hauptschriften, Bd. IX–X, 1941/1963.
Lit.: C. Gestrich, Zwingli als Theologe, 1967.

P. Walter

De verbo mirifico libri tres (lat.; *Über das wundertätige Wort, drei Bücher*), Johannes Reuchlin, EA Basel 1494.

Dieser Dialog zwischen einem Juden, einem Epikureer und dem Autor selbst (Capnio) behandelt die Sprachmagie; er entwickelt vor neuplaton. und besonders kabbalist. Hintergrund die magische, also wirklichkeitsverändernde Symbolik von Buchstaben, Wörtern und Zahlen, vornehmlich aus der Hl. Schrift. So enthält das ›Tetragramm‹ ›Jahwe‹ (YHWH) in seinen Buchstaben Offenbarungen über die Welträtsel, ähnlich wie das Wort ›Jesus‹ – das nur ein einziges zusätzliches hebräisches Zeichen enthält – die Fülle alles Lebenssinns in sich faßt und die Vollendung des Alten durch das Neue Testament anzeigt. Die drei Unterredner vergleichen die verschiedenen religiösen Namen der Gottheit, besonders das Geheimnis der Trinität und des Logos. In den religiösen Traditionen ebenso wie in den Philosophien Platons, Pythagoras', Zoroasters sieht der Autor die christlichen Gedanken vorgedacht: ein synkretist. Versuch, Strukturen einer gemeinsamen Weltreligion aufzuweisen.

Ausg.: Repr. (1494) 1964.
Lit.: T. Schmid, Reuchlins Anschauung vom Wesen und Sinn der Sprache, (Diss.) 1938. – M. Krebs (Hg.), J. Reuchlin, 1455-1522. Festgabe seiner Vaterstadt zur 500. Wiederkehr seines Geburtstages, 1955.

H.-B. Gerl

De veris principiis et vera ratione philosophandi contra Pseudophilosophos libri quattuor (lat.; *Vier Bücher über die wahren Prinzipien und die wahre philosophische Methode gegen die Pseudophilosophen*), Mario Nizolio; EA Parma 1553, dt. 1980.

Das Werk ist eine scharfe Auseinandersetzung mit der antiken und scholast. Logik und ein Versuch, die Philosophie und ihre Methodologie neu aus der Sprache selbst zu begründen. Ziel ist eine Theorie des einzelnen in seiner Materialität und Sinnfälligkeit, konkret erfaßt in der Sprache (Einheit von ›res und verbum‹) verbunden mit einer ›Entmetaphysierung‹ der Ontologie. Dies bedeutet eine Neufassung von Erkenntnistheorie, Methodologie und Sprachtheorie mit Hilfe einer ›rhetor. Philosophie‹. Die Erkenntnis bezieht sich nur noch auf das individuelle Seiende (singulare) und dessen Vielheit (multitudo singularium). Statt der Abstraktion, welche von einem gedachten oder idealen Seienden ausgeht, erarbeitet Nizolio als ›wahrhaft philosoph. Methode‹ das »Zusammenfassen aller Einzeldinge jeder Gattung gleichzeitig und auf einmal« (comprehensio ... simul ac semel). Die Wissenschaft vom einzelnen ist deswegen möglich, weil in der gattungshaften Abfolge der Dinge durchaus ein Ganzes, und zwar kraft konkreter Anschauung, eingebracht wird (›successio‹ gegen die ›aeternitas‹ der Abstraktion). Die latein. Sprache, von Nizolio als Umgangssprache gefaßt, angereichert durch die Klassizität der Autoritäten (Redner, Dichter, Historiker), enthält bereits eine Zusammenfassung der Einzeldinge, die zur logischen Klassifizierung vollständig ausreicht. Nizolio entwickelt damit eine extreme Sprachlogik gegen die Onto-Logik des Aristoteles, die im wesentlichen nur das Interesse von Leibniz (der 1670 eine Edition u. d. T. *Antibarbarus philosophicus* und einen Kommentar besorgte) erwekken konnte.

Lit.: C. VASOLI, La dialettica e la retorica dell'umanesimo, 1968. – M. WESSELER, Die Einheit von Wort und Sache. Der Entwurf einer rhetor. Philosophie bei M. Nizolio, 1974.

H.-B. GERL

De veritate, prout distinguitur a revelatione, a verisimili, a possibili, et a falso (lat.; *Von der Wahrheit, je nachdem sie sich von der Offenbarung, vom Wahrscheinlichen, vom Möglichen und vom Falschen unterscheidet*), Edward Lord HERBERT OF CHERBURY; EA Paris 1624.

In diesem erkenntnistheoret. und religionsphilosoph. Werk werden – in Absetzung von Offenbarungstheologie und Skeptizismus – die Autonomie und Objektivität menschlicher Erkenntnis und die Elemente einer rationalen Theologie dargelegt. – Durch Differenzierung und Analyse der verschiedenen Arten von Wahrheit sowie der auf sie gerichteten menschlichen Vermögen gelangt Herbert zur Annahme, daß allen vernunft- und denkfähigen Menschen gewisse fundamentale und durch den ›consensus universalis‹ ermittelbare Einsichten gemeinsam sind. Durch Übertragung dieser Erkenntnistheorie auf Religion und Theologie gelangt er zu einer rationalen, d. h. ohne Offenbarungswahrheiten auskommenden und nur in der menschlichen Vernunft grundgelegten Theologie. Diese Vernunftreligion liefert das Beurteilungskriterium für Annahme bzw. Verwerfung der Glaubenssätze der geoffenbarten Religion. – Das Werk eröffnet den religionsphilosoph. Diskurs der Aufklärung und nimmt beinahe alle wesentlichen Argumente vorweg.

Ausg.: Repr. (1645) 1966.
Lit.: C. GÜTTLER, Eduard Lord Herbert von Cherbury, 1897.

G. SEUBOLD

De vero falsoque bono (lat.; *Vom wahren und vom falschen Gut*), Lorenzo VALLA, entst. 1431-41 (in drei Fassungen); ED Lyon 1483 (u. d. T. *Panegyricon de vero bono*). Die philosoph. Ethik Vallas, wurzelnd in der renaissancehaften Aufwertung der ›voluptas‹, ist zugleich eine Konzeption rhetor. und poetischer Philosophie im Unterschied zur logischen und kann also auch als Methodologie angesprochen werden. Sie zielt auf die Widerlegung des Boethius als der grundlegenden scholast. Autorität und seiner → *Philosophiae Consolationis* ... mit ihrem von der Stoa übernommenen Gedankengut. Vallas drei Bücher entfalten in Dialogform drei Positionen: die des ›Stoikers‹ mit der Philosophie der ratio und ihrer logischen Methode, basierend auf einer Vereinigung von platon. und aristotel. Momenten; die des ›Epikuräers‹ mit der Philosophie der Lust, gründend auf einer Theorie der Sinnlichkeit und Materialität des Lebens; schließlich die des ›Christen‹, der die Theorie der himmlischen Lust aufgrund religiöser Texte und eigener Ausmalung mit Hilfe poetischer Sprache charakterisiert. In der Struktur handelt es sich um drei Reden des ›Philosophen‹, des ›Rhetors‹ und des ›Dichters‹. Angestrebt wird die Ablösung der logischen durch die rhetor. Philosophie in ihren zwei Ausformungen der irdischen und der himmlischen/dichter. Beredsamkeit. Dem falschen, nämlich abstrakt Guten an sich wird das wahre Gute des täglichen Lebens und des ›Gemeinsinnes‹ (der irdischen Lust) und des himmlischen Lebens (der überird. Lust) gegenübergestellt. Auf diese Weise verschmelzen Philosophiekritik, antimetaphys. Rhetorikmodell und Theologie, die ebenfalls rhetor. konzipiert wird, zu einem einzigartigen Entwurf. – Die moderne Renaissanceforschung hat dem Werk eine Schlüsselstellung – stilist. wie gedanklich – für die geistige Kontur des italien. Humanismus zuerkannt.

Ausg.: Lat., hg. von M. DE PANIZZA LORCH, 1970.
Lit.: H.-B. GERL, Rhetorik als Philosophie: L. Valla, 1974. – M. DE PANIZZA LORCH, A Defense of Life. L. Valla's Theory of Pleasure, 1985.

H.-B. GERL

De visione Dei (lat.; *Von der Schau Gottes*), Nikolaus von Kues, entst. 1453; ED Straßburg 1488 (in: Opuscula varia).
In diesem Werk gibt Cusanus den Brüdern vom Kloster Tegernsee eine Einführung in die mystische Theologie. Anknüpfend an ein Porträt des Malers R. v. d. Weyden, dessen Blick jeden Betrachter an jedem Orte im Raum zugleich zu fixieren scheint, diskutiert Cusanus Gott als den Allsehenden. Den Blick des Bildes gleichnishaft als Blick Gottes nehmend, in dem alles Seiende in seiner höchsten Wahrheit erscheint, wendet Cusanus die ›visio Dei‹ gleichermaßen subjektiv wie objektiv. Im Sinne des Genitivus subjectivus entspringt Gottes liebendem Blick Sein, Grund und Leben; selbst von dem, der sich in den Nichtigkeiten der Welt verfängt, wendet sich Gottes Blick nicht ab. Der Bezug des Werkes zu Augustinus' →*Confessiones* ist hier bis in die Formulierungen hinein greifbar. Indem Gott sich im freien Willen ein Abbild seiner Schöpferkraft im Menschen geschaffen hat, muß sich der Mensch – im Sinne des Genitivus objectivus – seinerseits in aktiver Schau Gott zuwenden. Unter der Voraussetzung der Selbsthabe (»Sei du dein und Ich werde dein sein«) sieht der Gott Schauende kein ihm gegenüber Anderes, sondern vielmehr seine eigene Wahrheit. Von der Verschränkung von Einheit und Unendlichkeit ausgehend, übersetzt Cusanus den philosoph.-mystischen Gedanken im Schlußteil des Werkes in eine Christologie. Während Cusanus in den Ansätzen der ›Belehrten Unwissenheit‹ auf seinen früheren Entwurf zurück-, in dem der ›Unmöglichkeit‹ und der ›Nichtandersheit‹ auf spätere Entwürfe seines Gottesverständnisses vorausweist, wird der ›Zusammenfall der Gegensätze‹ nur noch als umfassende Mauer verstanden, deren Überwin-

dung Gott erst unverhüllt schauen läßt.

Ausg.: Repr. (1488) 1967 (hg. von P. Wilpert). – Lat./Dt., Philosoph.-Theolog. Schriften, hg. von L. Gabriel, übers. von D. u. W. Dupré, Bd. III, 1967.

Lit.: W. Schulz, Der Gott der neuzeitlichen Metaphysik, 1957. – H. Rombach, Substanz, System, Struktur, Bd. I, 1965. – K. Jacobi, Die Methode der cusan. Philosophie, 1969. – M. Bodewig u. a. (Hg.), Das Menschenbild des N. v. Kues und der christliche Humanismus (Festschrift für R. Haubst), 1978.

C.-H. Hoefer

De vita beata (lat.; *Vom glückseligen Leben*), Lucius Annaeus Seneca, entst. 58/59 n. Chr.; ED Neapel 1475; dt. 1536 Von dem seligen Leben (in: Sittliche Zuchtbücher).

Thema des zu den → *Dialogi* zählenden Traktates ist die Frage nach der Glückseligkeit und wie sie zu erreichen ist. Seneca nimmt damit ein bekanntes Thema der antiken Philosophie auf und behandelt es in stoischer Tradition. – Glückseliges Leben kann allein aus der sittlichen Vollkommenheit (virtus) entspringen, die das höchste Gut (summum bonum) darstellt. Dieses wird erlangt, indem der Mensch, sich seiner Vernunft bedienend, in Übereinstimmung mit der Natur lebt (secundum naturam vivere). Diese allgemeine Bestimmung der virtus konkretisiert Seneca weiterhin als Unabhängigkeit vom Schicksal, Wissen und Erfahrung, Besonnenheit im Handeln sowie Freisein von der Begierde nach niederen Genüssen. Streng weist er die Ansichten zurück, die das höchste Gut mit dem Genuß (voluptas) ineins setzen wollen; ein Leben nach dem Genuß führt nicht zur Glückseligkeit. Jedoch stellt sich mit dem Erlangen der virtus auch eine spezif. Freude als Hinzukommendes ein. Da der unvollkommene Mensch sich nur der Vollkommenheit nähert (nicht vollendet weise wird), bleibt aber immer eine Differenz zwischen Denken und wirklichem Leben. Dieser Gedanke leitet über zum Schlußteil des Dialogs, der wohl als eine Rechtfertigung von Senecas eigenem Reichtum zu sehen ist: der Weise ist zwar von äußeren Gütern unabhängig, wenn er aber die Wahl hat, ist auch der Reichtum wünschenswert, weil er die Möglichkeit gibt, mehr soziale Tugenden (z. B. Freigebigkeit) auszuüben. »Der Weise gebraucht den Reichtum wie einen Sklaven, beim Toren ist er Herr.«

Ausg.: Lat./Dt., übers. und hg. von M. Rosenbach, in: Philosophische Schriften, Bd. II, 1971.

F.-P. Burkard

De vita et moribus philosophorum (lat.; *Über Leben und Sitten der Philosophen*), Walter Burley (=Burleigh), entst. vor 1326; ED Köln 1470 Das buch von dem leben und Sitten der hydnischen maister.

Indem Walter Burley die hellenist. Tradition der Doxographie wiederaufnimmt, bekundet er ein auch bei anderen Autoren aus dem Oxford seiner Zeit zu beobachtendes Interesse an Historie und positivem Wissen. – In 132 Kapiteln werden ebensoviele Philosophen, Dichter, Redner, Naturforscher und Staatsmänner der Antike ihrer Lebensgeschichte und Lehrmeinung nach referiert. Dabei werden ältere Quellen wie Diogenes Laërtius, der bereits längere Zeit in latein. Übersetzung vorlag, die ohnehin klassischen Quellen Cicero und Augustinus, aber auch Vinzenz von Beauvais herangezogen. In der Umsetzung kommt es zu manchen Identifizierungen ähnlich klingender Namen wie Sokrates mit Isokrates, Xenophanes mit Xenophon. – Das Interesse an diesem Werk Burley's kann man daran ablesen, daß es schon im 15. Jh. zahlreiche Ausgaben und sogar Übersetzungen davon gegeben hat.

Ausg.: Lat., hg. von H. KNUST, 1886 (Repr. 1964).

R. SCHÖNBERGER

Dialectica (mlat.; *Dialektik*), Petrus ABAELARDUS, entst. 1118–1137; EA Paris 1616.

In seiner aus fünf Traktaten bestehenden logischen Schrift entwikkelt Abaelard unter Berufung auf Boethius, Porphyrius und vor allem Aristoteles, aber dennoch durchaus selbständig, die Grundlagen einer sich als Lehrwerk zur Unterscheidung wahrer und falscher Argumente verstehenden Dialektik. Dabei beschäftigt er sich mit den Redeteilen, den Propositionen und Syllogismen, mit der Topik und mit Division und Definition von Aussagen. Als deren Bestandteile unterscheidet er Antepredicamenta (Formen), Predicamenta (Wortarten) und Postpredicamenta (Bedeutungen). Kategor. und hypothet. Propositionen und Syllogismen dienen der Formulierung von Argumenten, die in der Topik auf ihre prinzipielle Folgerichtigkeit und Zweckmäßigkeit hin überprüft werden. Das abschließende Kapitel handelt von der Möglichkeit, Wörter und Sätze nach Art und Bedeutung zu unterscheiden und Begriffsbestimmungen zu erläutern. Abälard, der im Universalienstreit eine als Konzeptualismus bezeichnete Mittelstellung innehatte (die Universalia sind ante rem in Gott, in re in der Welt und post rem im menschlichen Verstand), zeigt sich hier als Sprachlogiker, der die Bedeutung der Wörter und Sätze einer kritischen Analyse unterzieht. – Das Werk gilt als grundlegendes Lehrwerk der mittelalterlichen Scholastik.

Ausg.: Hg. von L. M. DE RIJK, [2]1970.
Lit.: Th. RUDOLF, P. Abaelardus. Person, Werk und Wirken, 1980.

M. LIEBER

Dialecticae institutiones (lat.; *Dialektische Unterweisungen*), Petrus RAMUS; EA Paris 1543.

Dieses Lehrbuch der Logik/Dialektik wird durch vielfache Überarbeitungen, so 1558 durch den *Liber scholarum dialecticarum* und 1572 durch die *Dialecticae libri duo* von Ramus selbst abgelöst. In dem ersten Werk versucht Ramus, in Anlehnung an Platons Wahrheitsbegriff, eine Begründung der Logik, also ihre aprior. Ableitung, aus der Metaphysik. Alle logischen Regeln gehen nämlich auf eine ›dialectica naturalis‹ zurück, welcher die Natur mit ›ewigen Charakteren‹ als Fundament allen Wissens eingeschrieben ist. Die Natur wird damit zur metaphys. Erstbegründung nicht nur aller Wissenschaften, sondern ebenso aller Sprachkünste. Das System dieser durch natürliche Wahrheit gesicherten Dialektik umfaßt 1. inventio (Finden der loci, der materialen Gesichtspunkte), 2. iudicium/dispositio (kritische Beurteilung und Ordnung), 3. exercitatio (Anwendung). Iudicium nimmt hierbei die führende Bedeutung ein und integriert inventio nachhaltig, indem es dreierlei erarbeitet: a) Wahrheit durch Syllogistik, mit dem Ziel der Einzelerkenntnis; b) Klarheit/Ordnung durch Methode (Definition und Einteilung vom Allgemeinen zum Besonderen), mit dem Ziel der allgemeinen Wesenserkenntnis; c) Begründung des Denkens und Seins, mit dem Ziel der Erkenntnis des Absoluten (Schönheit, mathemat. Ordnung, Ethik, Gott). Die Bindung sprachlicher Urteile an normative Wahrheit wird freilich in den späteren Werken gänzlich widerrufen und wieder auf die rhetor.-dialekt. Eigengesetzlichkeit reduziert. – Dennoch wurde das Buch in Form dieser ständigen Neukonzeptionen zum wohl wichtigsten Logik-Lehrbuch des 16. Jh.s (bis 1950 über 260 Editionen).

Ausg.: Hg. von W. RISSE, 1964.
Lit.: W. J. ONG, Ramus, Method and the Decay of Dialogue, ²1974. – M. M. DASSONVILLE, La genèse et les principes de la dialectique de P. de la Ramée, in: Rev. Univ. d' Ottawa 23 (1953).

H.-B. GERL

Dialektik, Friedrich Daniel Ernst SCHLEIERMACHER; EA Berlin 1839 (aus dem Nachlaß hg. von L. Jonas, in: Sämmtliche Werke, 3. Abt., Bd. IV/2).

Das Werk, zusammengestellt aus den Berliner Vorlesungen über Dialektik, die sechsmal (1811, 1814/15, 1818/19, 1822, 1828, 1831) gehalten wurden, entwirft die Grundlinien von Schleiermachers allgemeiner philosoph. Systematik, in welcher der Dialektik als der Kunstlehre des endlichen Denkens, das auf dem Weg zum Wissen, aber noch kein Wissen ist, die Aufgabe zugewiesen wird, die Identität von Natur und Vernunft und die entsprechende Parallelität von Naturphilosophie (Physik) und Moralphilosophie (Ethik) spekulativ zu begründen. – Auf den »Einleitenden Teil«, der in Anknüpfung an die Alten (Platon, Aristoteles) Begriff und Aufgabe der Dialektik definiert, folgt im Aufbau des Werkes ein »Transzendentaler Teil«, in dem der metaphys. Ermöglichungsgrund der Übereinstimmung des Denkens, das Wissen werden will, mit dem Sein gesucht wird; nur durch diese Übereinstimmung wird nämlich Denken zum Wissen. Das Denken spannt sich zwischen den relativen Gegensätzen des Realen und des Idealen; seine strukturelle Gegensätzlichkeit verlangt aber nach einem transzendent(al)en Grund, der die Einheit der Gegensätze ermöglicht. Der Einheitsurgrund kann allerdings nicht im begrifflichen Denken erfaßt und dargestellt werden, denn dieses ist in seinem eigenen Wesen durch Gegensätzlichkeit geprägt; er läßt sich nur im ›Gefühl‹ anschauen. Das ›Abhängigkeitsgefühl‹ ist die Repräsentation des Grundes in unserem Selbstbewußtsein und daher der höchste Akt im Leben des Geistes; darin wurzelt die Religion. Gott als Urgrund aller raum-zeitlichen Wirklichkeit, als ›Einheit mit Ausschluß aller Gegensätze‹, und Welt als Totalität des Seins als Vielheit, als ›Einheit mit Einschluß aller Gegensätze‹, sind Korrelate eines dialekt. Verhältnisses gemäß dem Grundsatz: »Die Welt nicht ohne Gott, Gott nicht ohne die Welt«. Im »Technischen oder formalen Teil« werden die logischen Formen des Denkens dargestellt, und zwar im Sinne einer Anweisung zur Konstruktion der Wissenstotalität. Dabei ist zu beachten, daß Schleiermacher durch die Betonung der Zusammengehörigkeit von formalem und transzendentalem Teil die Einheit der traditionellen Disziplinen der Logik und der Metaphysik wiederherstellen will. Es werden im besonderen die Lehre vom Begriff, die Lehre vom Urteil und die Lehre von der Kombination behandelt. (Der Schluß wird als abgeleiteter Modus des Urteils betrachtet und nicht gesondert behandelt.) – Trotz der Opposition der frühen Hegelianer (insbes. von C. L. Michelet, der Hegels vernichtendes Urteil über *Die christliche Glaubenslehre* auf die *Dialektik* erweiterte) wurde das Werk später – vor allem gegen Feuerbach – wieder in die Nähe des Idealismus gerückt (J. Schaller, E. Schmidt, Chr. H. Weiße, I. H. Fichte, G. Weißenborn, L. George). Das Werk übte dann vor allem auf dem Gebiet der Logik eine gewisse Wirkung aus, die sich ausdrücklich bei H. Ritter, K. Vorländer, F. Überweg erkennen läßt. Es finden sich außerdem inhaltliche Übereinstimmungen in der Hegel-Kritik des 19. Jh.s (Trendelenburg, Beneke) und bei Lotze. Im 20. Jh. erweckte die Schleiermachersche Konzeption der Dialektik hauptsächlich in der Theologie Interesse, ist aber neuerdings Gegenstand kommunikationstheoret. (U. Kliebisch) und strukturalist. (M. Frank) Aktualisierungen geworden.

Ausg.: Hg. von I. Halpern, 1903. – Hg. von R. Odebrecht, 1942 (Repr. 1976). – Hg. von A. Arndt, 1986 (PhB 386).

Lit.: G. Wehrung, Die Dialektik Schleiermachers, 1920. – F. Wagner, Schleiermachers Dialektik. Eine kritische Interpretation, 1974. – M. Frank, Das individuelle Allgemeine. Textstrukturierung und -interpretation nach Schleiermacher, 1977. – H.-R. Reuter, Die Einheit der Dialektik F. Schleiermachers. Eine systemat. Interpretation, 1979. – U. Kliebisch, Transzendentalphilosophie als Kommunikationstheorie. Eine Interpretation der Dialektik F. Schleiermachers vor dem Hintergrund der Erkenntnistheorie K.-O. Apels, 1980.

R. Otte

Dialektik der Aufklärung. Philosophische Fragmente, Max Horkheimer/Theodor W. Adorno; EA New York 1944.

Daß der Fortschritt der Aufklärung, welche die Welt entzaubern, den Menschen die Furcht nehmen und sie als Herren einsetzen wollte, die Erde im Zeichen triumphalen Unheils strahlen läßt, ist der Grundgedanke dieses Buchs, das Zweifel und Verzweiflung an der Überlegenheit des menschlichen Wissens sät. Aufklärung als Philosophie, die Wahrheit mit wissenschaftlichem System gleichsetzt, wird in ihrer Dialektik, in rastloser Selbstverfehlung und Selbstzerstörung gezeigt, in dem Umbruch von Kritik in Affirmation, Geist in Instrumentalisierung der Wissenschaft. Gleichwohl wird den technolog. erzogenen Massen, dem Einzelnen, der durch völkische Paranoia, ökonom. Mächte, Konsum und den kulturellen Apparat gesteuert wird, Selbstbesinnung zugemutet. Die erste Abhandlung verfolgt an der *Odyssee* den Gedanken, daß Mythos Aufklärung ist, Aufklärung in Mythologie zurückschlägt, daß der homerische Kosmos nicht chtonischen Ursprungs ist, sondern von der ordnenden Vernunft geleistet wird. Der zweite Exkurs zeigt mit Kant, de Sade, Nietzsche, wie die Unterwerfung des Natürlichen unter das selbstherrliche Subjekt in der Herrschaft des Natürlichen gipfelt. Der Abschnitt »Kulturindustrie« zeigt die Regression der Aufklärung an der Ideologie der kalkulierten Wirkung und der Technik des Herstellens von Meinungen, die Film und Radio verbreiten, an dem Warencharakter der Kunst. Die »Elemente des Antisemitismus« gelten der Rückkehr aufgeklärter Zivilisation zur Barbarei des Faschismus. Schließlich umreißen Entwürfe und Fragmente eine dialekt. Anthropologie. In dem Ideologieverdacht gegenüber der instrumentellen Vernunft bricht ein skeptischer Versuch zur Rettung der Aufklärung an. Der Anspruch, den Prozeß der Zivilisation nach dem ihm immanenten Maß in die Unwahrheit zu überführen, ist auch heute unaufgebbar. Begibt sich die schlechte Aufklärung in die Beschwörung der absoluten Totalität des Begriffs, so hält die wahre gegenüber dieser Nivellierung an der Differenz fest, an ihr leidend, in der Scheu vor Tod und Destruktion. Die letztere zeigt den Menschen des Industrialismus das Destruktive des Fortschritts, die Scham und die Lebendigkeit vergangener Hoffnung, die an ihre Einlösung erinnert.

Ausg.: Th. W. Adorno, Gesammelte Schriften, Bd. III, hg. von R. TIEDEMANN, 1980.
Lit.: J. HABERMAS, Der philosoph. Diskurs der Moderne, 1985. – A. WELLMER, Zur Dialektik von Moderne und Postmoderne, 1985.

A. KÖPCKE-DUTTLER/G. METZ

Dialektik der Natur, Friedrich ENGELS, entst. 1873–83; EA Moskau/Leningrad 1925.

Die unvollendeten Entwürfe könnte man als Engels' Naturphilosophie bezeichnen. – Gegen den ›Idealismus‹ der Naturphilosophie und den mechanist. Materialismus der modernen Naturwissenschaften will Engels nachweisen, daß sich in der Natur dieselben dialekt. Bewegungsgesetze entdecken lassen, die auch für die Geschichte gelten. Auch die Natur ist ein sich in dauernder Entwicklung befindliches Ganzes, dessen Elemente in steter Wechselwirkung miteinander stehen. Diese ›objektive‹ Dialektik der Natur muß auch für die Naturerforschung gültig sein. Neben den Thesen von der Ewigkeit der Materie und der Bewegung formuliert Engels die drei Grundgesetze der Dialektik (1. Übergehen von Qualität in Quantität; 2. Zusammengehörigkeit der Gegensätze; 3. Negation der Negation), verarbeitet in beachtlicher Detailliertheit fast alle naturwissenschaftlichen Einsichten und Entdeckungen seiner Zeit und versucht eine Klassifikation der Naturwissenschaften. Seine Grundidee ist dabei, daß alle Veränderungen in der Natur als Bewegung aufgefaßt werden müssen, deren höhere Formen die niederen als untergeordnetes Moment in sich enthalten, so daß die Naturwissenschaften jeweils einzelne Bewegungsformen erforschen, die ineinander übergehen und deshalb zusammengehören. – Die Sammlung von Fragmenten löste nach ihrem Erscheinen eine heftige Diskussion über die Frage aus, ob Engels mit seiner Naturdialektik nicht Marx' Auffassung von Dialektik verfälscht habe.

Ausg.: K. MARX/F. ENGELS, Werke, Bd. XX, 1962.
Lit.: A. SCHMIDT, Der Begriff der Natur in der Lehre von Marx, [2]1967.

H. SCHEIT

Dialexeis (gr.; *Vorlesungen*), MAXIMOS VON TYROS, entst. zwischen 150 u. 185; ED Rom 1517; dt. 1764.

Unter diesem Titel werden in 41 Abschnitten Vorträge des Rhetors Maximos überliefert. Neben den in Rom gehaltenen Reden über die Lust (30–35), behandeln die Vorträge philosoph. Themen wie etwa den Gottesbegriff Platons (11), das tätige und beschauliche Leben (15f.) sowie den Nutzen der verschiedenen Stände für den Staat (23f.). Ziel des Autors, der sich selbst als Platoniker bezeichnet, eine tiefere philosoph. Schulung aber kaum genoß, ist es, den Zuhörern die Philosophie so nahe zu bringen, daß sie aus ihr ethische Grundsätze für alle Lebenslagen gewinnen. Die Überlegenheit der Tugend gegenüber der Lust wird herausgestellt.

Ausg.: Hg. von H. HOBEIN, 1910.
Lit.: G. SOURY, Aperçus de philosophie religieuse chez Maxime de Tyr, platonicien éclectique, 1942.

H. FROHNHOFEN

Dialoghi d'amore (ital.; *Dialoge von der Liebe*), Jehuda ABRAVANEL (Leo Hebraeus, Leone Ebreo); EA Rom 1535; dt. 1929.

Die (vermutlich hebräisch oder spanisch verfaßten) Dialoge gehören in das neuplaton. Umfeld der Kosmologie und Anthropologie der Renaissance nach dem Vorbild Ficinos. Beginnend mit einem Weltentwurf, wonach die Liebe das Prinzip aller kosmischen Bewegung ist, werden eine Weltseele und ein Wille als liebender Antrieb aller Abläufe vorausgesetzt. Ja bereits die Existenz der Welt entspringt der Liebe der Materie zur Form. Die gegenseitige Anziehung von Elementen, der Kreislauf der Gestirne, vegetatives pflanzliches und sensitives animal. Leben ordnen sich hierarch. unter derselben kosmogon. Liebe. Dies gilt für den Menschen als Haupt der Schöpfung in erhöhtem Maße; als Mikrokosmos spiegelt er in verdichteter Weise die liebevolle Allbeseelung. Sein intellectus agens, Spitze der Erkenntniskraft, bezieht sich in einem Akt der Liebe und damit der Vereinheitlichung von Erkennendem und Erkanntem auf alles Gegenüber, so auch auf Gott: Erkenntnislehre und Theologie aus einender Liebesdynamik. – Die Wirkung des Werkes, die sich auch aus der integrativen Verschmelzung (neu-)platon. mit aristotel. und averroist. Theorien ergibt, war im 16. Jh. besonders in Italien und Frankreich unerhört groß. Vor der Ablösung durch das mechanist. Weltbild gehörten die Dialoge zur Fundierung sowohl kosmolog. wie anthropolog. Theorie.

Lit.: H. PFLAUM, Die Idee der Liebe: L. Ebreo, 1926. – U. KOPPEN, Die ›Dialoghi d'amore‹ des L. Ebreo in ihren französ. Übersetzungen, 1979.

H.-B. GERL

Dialogi: Charon, Antonius, Actius, Aegidius, Asinus (lat.; *Dialoge*), Giovanni Gioviano PONTANO, entst. nach 1471; EA (Charon, Antonius) Neapel 1491, (Actius, Aegidius, Asinus) Neapel 1507.

Die fünf Dialoge beziehen Szenerie und Unterredner aus dem Umkreis der humanist. Akademie von Neapel (›Accademia Pontaniana‹), die philolog., philosoph. und ethische Fragen behandelte. Die komischen, ja satir. Einschübe stellen auch zeitkrit. Bezüge her. – »Charon« behandelt die Beziehung von Wahrheit und Sittlichkeit und übt Kritik an der Rationalisierung von Philosophie und Wissenschaft und der sittlichen Entartung der Religion. Stattdessen erscheint die wahre Philosophie als Einheit von Wissen und gutem Handeln. »Antonius« prangert Dummheit und Laster an, zeigt Redekunst und Dichtung als Wissenschaft vom Menschlichen, endend in einer vergeblichen Suche nach einem Weisen und in einer Selbstpersiflage Pontanos. Im »Actius« geht es um Grammatik, Dichtung, Geschichtstheorie, Redekunst in gegenseitiger Beziehung. »Aegidius« prüft das Christentum im Verhältnis zur antiken Philosophie und den litterae, zu Redekunst und Dichtung; Unsterblichkeit und freier Wille (gegen die Astrologie) sowie die Bedeutung der Sprache für die (christliche) Philosophie verknüpfen sich damit. Im »Asinus« erreicht die (Selbst)Ironie Pontanos ihren Höhepunkt: die Sittenlosigkeit des zeitgenöss. Rom, die Liebe zu einem Esel und dessen Undankbarkeit, die Lüsternheit des alten Pontano erweisen eine ›verrückte Welt‹.

Ausg.: Lat./Dt., übers. von H. KIEFER/H.-B. GERL/K. THIEME, 1984.

Lit: R. WEISS, The Humanist Discovery of Rhetoric as Philosophy: G. Pontano's ›Aegidius‹, in: Philosophy and Rhetoric 13,1 (1980). – E. GRASSI, Einleitung: Das humanist. rhetor. Philosophieren, in: G. Pontano, Dialoge, 1984.

H.-B. GERL

Dialogi (lat.; *Philosophische Schriften*), Lucius Annaeus SENECA, entst. ca. 37–65 n. Chr.; ED Neapel 1475; dt. 1536 (in: Sittliche Zuchtbücher).

Unter dem Titel *Dialogi* sind zehn philosoph. Abhandlungen von Seneca zusammengefaßt worden: *De providentia, De constantia sapientis, De ira,* →*De vita beata, De otio, De tranquillitate animi, De brevitate vitae, Consolatio ad Marciam, ad Polybium, ad Helviam*. Die *Dialogi* behandeln, in der literar. Form der Diatribe, zumeist Fragen der praktischen Lebensführung. Dabei setzt sich Seneca zum einen mit der Tradition verschiedener philosoph. Lehrmeinungen auseinander, zum anderen nimmt er auch ganz konkrete Ereignisse und Erfahrungen zum Ausgangspunkt seiner Überlegungen. Wenn er auch der stoischen Philosophie am stärksten zugeneigt ist, so versucht er dennoch, anderen Richtungen (z. B. Epikur) gegenüber offen zu bleiben. Grundthemen sind der Weg zur sittlichen Vollkommenheit (virtus) der Seele, die im rechten Gebrauch der Vernunft in Übereinstimmung mit der Natur besteht, und das Ideal des Weisen, der diese verkörpert. Seneca zeigt die Hindernisse auf, denen der Weise in Ausübung seiner virtus ausgesetzt ist, um zu versuchen, das Denken mit den Gegebenheiten der Praxis in Einklang zu bringen. So sind es die Leidenschaften als Krankheiten der Seele, die die virtus bedrohen und die äußeren Umstände (Schicksalsschläge, polit.-gesellschaftliche Verhältnisse), in denen der Weise sich durch Standhaftigkeit und Seelenruhe bewähren muß. Während Seneca aber einmal dafür spricht, daß der Philosoph sich im Staatsleben betätigen soll, wird doch andererseits auch das Leben in der Muße dem Weisen als angemessen gepriesen. – Senecas Schriften gehören zusammen mit denen Marc Aurels und Epiktets zur späten Periode der Stoa. Im Mittelalter ist ihr geistiger Einfluß auf die Philosophie und Literatur deutlich zu erkennen; später wirkten sie tiefgreifend auf das ethische und polit. Bewußtsein der Frühneuzeit, dann vor allem durch ihren pointierten Stil auf die französ. Essayisten und Moralisten, schließlich auch auf Schopenhauer.

Ausg.: Philosophische Schriften, Bd. I/II, übers. und hg. von M. ROSENBACH, [3]1980/[2]1983.

Lit.: M. ROZELAAR, Seneca. Eine Gesamtdarstellung, 1976. – G. ABEL, Stoizismus und Frühe Neuzeit. Zur Entstehungsgeschichte modernen Denkens im Felde von Ethik und Politik, 1977. – P. GRIMAL, Seneca. Macht und Ohnmacht des Geistes, 1978.

F.-P. BURKARD

Dialogo sopra i due massimi sistemi del mondo, tolemaico e copernicano (it.; *Dialog über die beiden hauptsächlichsten Weltsysteme, das ptolemäische und das copernicanische*), Galileo GALILEI; EA Firenze 1632; dt. 1891.

Der *Dialogo,* eines der hervorragendsten Werke italien. Prosa, führt Gründe und Gegengründe für das copernican. und das ptolemäische Weltbild an, ohne explizit Partei zu ergreifen. Er wendet sich an jeden Interessierten mit dem Ziel, die copernican. Lehre zu rechtfertigen und zu popularisieren sowie die kirchlichen Behörden zu ihrer Anerkennung zu bewegen. Die Gesprächspartner sind Salviati (er verficht mit großem Scharfsinn und unerbittlicher Logik das copernican. Weltbild), Sagredo, der als gebildeter Laie unparteiisch ist, aber aufgrund sorgfältiger Abwägung dem copernican. Weltbild zuneigt, und Simplicio, ein in seinem Denken weitgehend von überkommenen Vorurteilen geprägter Vertreter aristotel. Schulgelehrsamkeit. – Der Dialog gliedert sich in vier Tage: Am ersten Tage werden u. a. die Bewegungsgesetze der irdischen und der himmlischen Körper und die neuen astronom. Entdeckungen behandelt. Dabei debattiert man auch über die aristotel. Lehre von der Unveränderlichkeit der Himmelskörper, die durch diese Entdeckungen widerlegt scheint. Am zweiten Tag beweist Salviati gegen die Lehre des Aristoteles, daß die tägliche Bewegung des Himmels in Wirklichkeit eine der Erde ist. Er zeigt, daß sich die Bewegung der Himmelskörper in keiner Weise verändert, wenn man annimmt, daß sich die Fixsternsphäre dreht. Seine Argumentation führt zu der Frage der Bewegung von fallenden und geworfenen Körpern. Daran anschließend gehen die Gesprächspartner dazu über, von der Eigenschaft des Pendels und seinen Schwingungen sowie von der Schwere im allgemeinen zu sprechen. Am dritten Tag wird über die Frage nach der Position und der Distanz des Sternes, der 1572 in der Cassiopeia erschienen war, diskutiert und man kommt zu dem Schluß, daß er weit über dem Mond und zwischen den Fixsternen seinen Ort haben müsse. Dann geht das Gespräch über zur Betrachtung der jährlichen Bewegung, die gewöhnlich der Sonne zugeschrieben wird, die aber von Copernicus auf die Erde übertragen wurde, und man erörtert das copernican. System. Daß die Größe des Universums unfaßbar ist für unseren Intellekt, zeigt sich durch die Schwierigkeit, die Abstände zwischen den Sternen zu messen, die – wären sie uns näher – sichtbare Parallaxen zeigen müßten. Zum Schluß dieses Tages kommt man schließlich noch auf die ›Philosophia magnetica‹ William Gilberts und die Eigenschaften des Magneten sowie auf die Zusammensetzung der Erde zu sprechen. Die Diskussion des vierten Tages ist dem Thema Ebbe und Flut gewidmet, wobei die Theorie, daß diese auf die Mondanziehung zurückzuführen seien, zugunsten der Annahme abgewiesen wird, daß die doppelte Erdbewegung ihre Ursache ist. In dieser (falschen) Erklärung der Gezeiten hat Galilei offenbar jenen Beweis für die Richtigkeit des copernican. Systems erblickt, den man von ihm forderte, auch wenn dieser Beweis durch Simplicios Zitat einer eminentissima persona, mit der offensichtlich

Urban VIII. gemeint ist, abgeschwächt wird: So wie Himmel und Erde habe Gott auch Ebbe und Flut erschaffen können, ohne daß dafür eine weitere Erklärung notwendig sei. – Das Werk wurde von den Anhängern der neuen Wissenschaft (Cavalieri, Gassendi, Grotius, Campanella, → *Apologia pro Galileo,* u. a.) begeistert aufgenommen, von einem großen Teil der konservativen, aristotel. orientierten Scholastiker dagegen vehement abgelehnt. Tatsächlich läßt die Schwäche der Argumentation des Simplicio die Absicht Galileis, das aristotel.-ptolemäische System als unhaltbar und das neue Weltbild als wohlbegründet zu erweisen, so eindeutig erkennen, daß das Werk noch 1632 verboten und Galilei 1633 der Inquisitionsprozeß gemacht wurde, in dem er für sich in Anspruch nahm, die copernican. Lehre mit diesem Buch nicht verteidigt, sondern widerlegt zu haben: »Ich halte nicht für wahr und habe nicht für wahr gehalten jene Lehre des Copernicus, nachdem mir mitgeteilt wurde, ich hätte das zu unterlassen . . .«.

Ausg.: Le opere Bd. VII, 1890-1909 (Repr. 1964-1966). – Dt. von E. Strauss, 1982.
Lit.: E. Wohlwill, Galilei und sein Kampf um die copernican. Lehre, Bd. I u. II, 1909 (Repr. 1969). – H. C. Freiesleben, Galilei. Physik und Glaube an der Wende zur Neuzeit, 1956. – J. Mittelstrass, Neuzeit und Aufklärung. Studien zur Entstehung der neuzeitlichen Wissenschaft, 1970.

H. M. Nobis

Dialogues Concerning Natural Religion (engl.; *Dialoge über natürliche Religion*), David Hume, entst. vermutlich zwischen 1751 und 1761 (mit Korrekturen bis 1776); EA London 1779; dt. 1781 Gespräche über die natürliche Religion.

In der Tradition von Ciceros → *De natura deorum* steht dieses letzte von Humes philosoph. Werken, in dem sich ein religiöser Fundamentalist (Demea), ein aufgeklärter Deist (Cleanthes) und ein ›unvorsichtiger Skeptiker‹ (Philo) über die Frage unterhalten, inwiefern die Attribute Gottes mit Hilfe der natürlichen Vernunft erkannt werden können. Cleanthes vertritt die Auffassung, daß die planmäßige Anordnung der Natur auf die Weisheit des Schöpfers schließen lasse, was von Philo durch eine ganze Reihe von Argumenten bestritten wird (Teil 2–8). Demea betont gegen Cleanthes die Andersartigkeit und Unergründbarkeit Gottes und formuliert, als Alternative zu allen aposterior. Gottesbeweisen, ein aprior. Argument für die notwendige Existenz Gottes. Cleanthes steht auf Philos Seite, wenn er gegen Demea ausführt, daß es unmöglich sei, die notwendige Existenz irgendeines Wesens zu beweisen (Teil 9). Mit Hinweisen auf die zahlreichen Übel in der Welt stellt Philo den Cleanthes vor die Wahl, entweder die Allmacht oder die Güte Gottes zu leugnen (Teil 10). Die Dialogform macht es Hume möglich, den eigenen Standpunkt offen zu lassen. Bis heute streiten die Interpreten, ob Humes Auffassung von Cleanthes (wie schon D. Stewart und später A. S. Pringle-Pattison meinten) oder von Philo (N. K. Smith, A. D. Aiken) verkörpert wird, bzw. ob Hume durch die Offenheit des Dialogs die Unentscheidbarkeit der diskutierten Fragen und damit seinen Agnostizismus demonstrieren wollte (J. Noxon).

Ausg.: Engl., von N. K. Smith, [12]1977. – Dt., von G. Gawlick, 1968. – Dt., von N. Hoerster, 1981.
Lit.: J. Noxon, Hume's Agnosticism, in:

V. C. CHAPPELL (Hg.), Hume. A Collection of Critical Essays, 1966.

K. GRAF BALLESTREM

Dictionnaire historique et critique (frz.; *Historisches und kritisches Wörterbuch*), Pierre BAYLE; EA Rotterdam 1697; (3 Bde.); dt. 1741/44.

Bayles Hauptwerk strebt eine kritische Sichtung des gesamten philosoph., theolog. und philolog. Wissensstoffs der Zeit an, behandelt aber auch Fragen der Naturwissenschaften und der Mathematik. Ursprünglicher Plan war, Vorurteile und Fehlinterpretationen in anderen Diktionären auszumerzen. Method. arbeitet Bayle mit dem subversiven Kritizismus, d. h. bei der Prüfung des Wahrheitsgehalts der Tradition werden einander widersprechende Autoritäten zitiert – und dies nicht im Text, sondern in den Anmerkungen versteckt –, um dadurch die Fragwürdigkeit einer Meinung zu verdeutlichen. Gemäß der Theorie der ›doppelten Wahrheit‹ (geoffenbarte religiöse Wahrheit und Vernunftwahrheit) sind Wissen und Glauben unvereinbar. Weitere Grundsätze sind uneingeschränkte Gewissensfreiheit und allgemeine Toleranz, die in manchen Artikeln – dem theolog. Weltbild zum Trotz – in Indifferentismus und Religionslosigkeit zu münden scheinen. In der Lösung des Theodizeeproblems schließt sich Bayle dem Manichäismus an. Der skeptische Grundzug des Wörterbuchs legt nahe, daß es für die Existenz Gottes keinen allgemein akzeptierten Beweis gibt. – In späteren Auflagen wurde das Lexikon erweitert; als beste Auflage gilt [10]1740. Die Stärke des Werks liegt eher in der Kritik als in der positiven Darlegung. Durch die Betonung des Wertes der histor.-kritischen Wissenschaft, den metaphys. Dualismus, die Methode des radikalen Zweifels und der Ablehnung jeden Autoritätsglaubens, die These von der Unvereinbarkeit von Wissen und Glauben und das Eintreten für eine theologiefreie Sittlichkeit nahm das Lexikon großen Einfluß auf die französ. Materialisten des 18. Jh.s sowie auf die deutsche und französ. Aufklärung.

Ausg.: Frz., Repr. (1820–29) 1969. – Dt., Repr. (1741/44) 1973/78.

Lit.: E. LABROUSSE, P. Bayle, 1964. — P. RÉTAT, Le ›Dictionnaire‹ de Bayle et la lutte philosophique au XVIIIe siècle, 1971. – L. WEIBEL, Le savoir et le corps. Essai sur le ›Dictionnaire‹ de P. Bayle, 1975.

K. BOSSONG

Dictionnaire philosophique portatif (frz.; *Philosophisches Taschenwörterbuch*), VOLTAIRE (eigentl. François-Marie Arouet); EA London (eigentl. Genf) 1764 (anonym); dt. 1918 (Teilübersetzung).

Dieses Spätwerk Voltaires, mehr Essaysammlung als Nachschlagewerk im engen Wortsinn, das als Summe seines philosoph. und polit. Denkens betrachtet werden kann, erschien ursprünglich mit 73 Stichworten, die im wesentlichen die Bereiche Theologie bzw. Philosophie einschließlich Ästhetik und Poetik sowie in zweiter Linie polit. Ökonomie bzw. Staatslehre und Recht betrafen. – Es umfaßte somit die zentralen Interessen Voltaires und verstand sich als stets griffbereites, für eine weite Verbreitung konzipiertes, konzises Kompendium des aufklärer. Denkens. In der Fassung der postumen Kehler Gesamtausgabe der Werke ist die Schrift auf 614 Stichworte angewachsen, wobei die Herausgeber die erweiterten Fassungen *La raison par alphabet* (1769) und *Questions sur l'Encyclopédie* (1770-72) integrierten. Die Bereicherung um Stichworte aus Geschichte und Naturwissenschaften zeigt die Tendenz zum Enzyklopädischen, doch verstand Voltaire sein Werk als Ergänzung, nicht als Konkurrenz zur großen → *Encyclopédie*. Voltaire bekennt sich in den philosoph. Artikeln (z. B. »Dieu«) nach wie vor zum Deismus, lehnt aber jede nähere dogmat. Festlegung strikt ab und polemisiert scharf gegen philosoph. und theolog. Spekulationen. Die Bibel und die christliche Überlieferung, die er eng mit der Heuchelei und dem Obskurantismus bestimmter Theologen in Verbindung sieht, behandelt Voltaire mit beißender Ironie. An die Stelle einer Religion des Dogmas soll eine solche der Tugend treten, die philanthrop. und lehrendes Handeln zu ihrem zentralen Inhalt erhebt. Die Forderung nach einer praktischen Moral auf der Basis der Naturrechtslehre führt Voltaire auch zum Ruf nach gesellschaftlichen und polit. Reformen durch ein aufgeklärtes, von ›honnêtes gens‹ geführtes Staatswesen. Zahlreiche seiner Forderungen erschienen 1789 in den Cahiers de doléances des dritten Standes wieder. Obwohl die Skepsis Voltaires zunimmt, vertritt er doch den Glauben an die Kultur und an einen langsamen, aber tatsächlichen Fortschritt. Dies wird besonders im Artikel »Homme« deutlich, wo Voltaire klar gegen Rousseau Stellung bezieht. Seine Enttäuschungen spiegeln sich in der Trennung wider, die Voltaire zwischen Elite und ›populace‹ vornimmt. – Trotz dieser elitären Tendenz prägt das Werk, das durch seine Logik und die klare Eleganz seiner Sprache besticht, ein tief humanist. Geist, der die Leitideen der französ. Aufklärung nochmals pointiert zusammenfaßt.

Ausg.: Dt., Auswahl von E. Salewski/K. Stierle, 1967. – Kritische und satir. Schriften, mit einem Nachwort von F. Schalk, 1970 (Auswahl).

Lit.: J. Cazeneuve, La philosophie de Voltaire d'après le ›Dictionnaire philosophique‹, in: Synthèses 181/182 (1961). – W. V. Trappnell, Voltaire and his Portable Dictionary, 1972. J.-M. Moureaux, Ordre et désordre dans le ›Dictionnaire philosophique‹, in: XVIIIe siècle 12 (1980).

R. Schwaderer

Didascalion de studio legendi (lat.; *Unterweisung: Über das Studium des Lesens*), Hugo von St. Victor, entst. vor 1130; ED Paris 1518.

Die als Studienanleitung für die Schule von St. Victor verfaßte Schrift, die in der Tradition der didakt. Literatur steht, ist die wichtigste Wissenschaftslehre vor den Aristoteles-Rezeptionen der Hochscholastik. – Die Philosophie artikuliert sich vierfach: als Weisheit theoret. (Theologie, Mathematik, Physik), als Tugend praktisch (Ethik, Ökonomie, Politik), als Kunst mechan. (technische Wissenschaften), während die Logik (Grammatik, Rhetorik, Dialektik) sich mit der Sprache befaßt. Die Untersuchung, die in sechs Büchern die Prinzipien des Wissens darlegt, hebt den einen Ursprung der Wissenschaften hervor und ihr gemeinsames Ziel, das in der Wiederherstellung der ›integritas‹ der kreatürlich-gefallenen Natur des Menschen und seiner theolog. zu klärenden Bestimmung liegt. – Die Nachwirkung, auch auf Bonaventura, geht weit über den monast. Kontext hinaus und ist bis in das 15. Jh. nachweisbar.

Ausg.: Hg. von CH. H. BUTTIMER, 1939. – Engl. von J. TAYLOR, 1961.
Lit.: R. BARON, Science et sagesse chez Hugues de Saint-Victor, 1957.

K. HEDWIG

Dieu et l'état (frz.; *Gott und der Staat*), Michail Alexandrowitsch BAKUNIN; entst. 1870; EA Genf 1882; dt. 1884.

In der unter dem Eindruck des fehlgeschlagenen Aufstands von Lyon (Sept. 1870) entstandenen geschichtsphilosoph. Abhandlung stellt Bakunin die These auf, daß der vergesellschaftete Mensch in fortschreitender Negation seiner Animalität über die Zwischenstufen der tierischen und der göttlichen Sklaverei in der Empörung seine wahre Humanität verwirklicht. Wissenschaft, Religion und Staat opfern die Würde und Freiheit der Individualität ihren Abstraktionen. Sind die Abstraktionen der Wissenschaft aber ›wahr‹ und als Kompaß der Befreiung ›nützlich‹, so sind die der Religion und des Staats ›lügenhaft‹, ein (auf den Idealismus gegründetes) Mittel der Verknechtung. Die ursprüngliche Einheit von Staat und Religion (Orient) wird nach ihrer Entzweiung (Nationalstaat contra staatsübergreifende Kirche, Protestantismus) als Zweckbündnis zur gemeinsamen Unterdrückung insbes. des Bauern und Proletariers restituiert. Schwieriger noch als die Abschaffung des Staats ist die Empörung gegen die Gesellschaft, deren Sitten und Gewohnheiten sich weniger autoritär aufdrängen und ›das größte Hemmnis für den Fortschritt und die rasche Befreiung der Menschheit‹ darstellen. – Die Schrift gilt als Grundlagentext des kollektiv-orientierten (materialist.) Anarchismus.

Ausg.: Dt., hg. von S. HILLMANN, 1969.
Lit.: E. V. ZENKER, Der Anarchismus. Kritische Geschichte der anarchist. Theorie, 1895 (Repr. 1966). – E. H. CARR, M. Bakunin, 1937 (Repr. 1975).

K. LOTTER

Différence et répétition (frz.; *Differenz und Wiederholung*), Gilles DELEUZE; EA Paris 1968.

Deleuze präsentiert hier erstmals unverhüllt sein eigenes Denken. Es geht ihm um eine neue Sicht von Differenz und Wiederholung. Im klassischen Denken der Repräsentation waren diese nicht genuin, sondern nur abgeschwächt faßbar. Sie standen im Bann von Identität und Negation. Differenz konnte nur als begriffliche Differenz, Wiederholung nur als begriffslose Differenz erscheinen. Das moderne Denken jedoch hat mit Repräsentation und Identität gebrochen. Und die moderne Welt (eine ›apokalypt.‹ Welt ohne Individuen und Personen, eine Welt des Man) ist eine Welt der Simulakren. Deren Ontologie wird hier erstmals von Deleuze entfaltet. Simulakren können nur in Begriffen freier Differenz und komplexer Wiederholung beschrieben werden. Freie Differenz steht jenseits der klassischen Bestimmungen von Identität, Ähnlichkeit, Analogie und Gegensatz. Sie ist je schon auf andere Differenzen bezogen, und für dieses Spiel der Differenzen sind insgesamt Divergenz und Dezentrierung kennzeichnend. Ebenso ist die komplexe Wiederholung nicht auf die mechan. oder materielle Wiederholung eines Selben zu reduzieren, sondern bezieht sich immer schon auf andere Wiederholungen, die ihrerseits durch Verschiebung und Verstellung charakterisiert sind. Die moderne Welt der Simulakren ist eine autonome Welt solch freier Differenzen und komplexer Wiederholungen. Sie bildet ein ›informelles Chaos‹ von Intensität und nomad. Distribution. – Deleuzes Konzeption ist insgesamt anti-metaphys. und gegen die von Platon bis Hegel reichende moral. bzw. identitätslog. Diskreditierung der Simulakren gerichtet. Dagegen wird Nietzsches Gedanke der ›ewigen Wiederkehr‹ als Verabschiedung der Identität und als Bejahung der Differenz gedeutet. Es handelt sich um ein Schlüsselwerk des Poststrukturalismus.

Lit.: M. FOUCAULT, Theatrum philosophicum, in: Critique 282 (1970).

W. WELSCH

Le différend (frz.; *Der Widerstreit*), Jean-François LYOTARD; EA Paris 1983; dt. 1986.

Das philosoph. Hauptwerk Lyotards entwickelt ein Verständnis der Postmoderne auf sprachtheoret. Basis. Während die Übergänge zwischen Sätzen verschiedener Satz-Regelsysteme (wie Urteilen, Beschreiben, Zeigen) innerhalb derselben Diskursart (wie Dialogisieren, Unterrichten, Recht sprechen) durch das Ziel dieser Diskursart bestimmt und geregelt sind, ist der Übergang zwischen verschiedenen Diskursarten höchst problemat.: Sich für eine Möglichkeit zu entscheiden, bedeutet unweigerlich, andere Möglichkeiten, die ein ebensolches Recht auf Aktualisierung hätten, auszuschließen. Da die Diskursarten autonome und letzte Regelsysteme darstellen, kann es für diesen Konflikt keine Metaregel geben. Mithin ist der Widerstreit unlösbar. Aber anstatt ihn zu ignorieren und die eine Partei (wie üblich) zum Opfer der Unformulierbarkeit ihrer legitimen Ansprüche im herrschenden Diskurs werden zu lassen, gilt es, eine Sensibilität für solche Widerstreit-Phänomene zu entwickeln, Hegemonie-Anmaßungen einzelner Diskursarten entgegenzutreten, dem Sprachlosen in neuen Idiomen zur Sprache zu verhelfen und insgesamt vom Widerstreit Zeugnis abzulegen. Das ist die Aufgabe der Literatur, der Philosophie und – womöglich – der Politik. Lyotards Augenmerk gilt den Bruchstellen zwischen den Sätzen, den Differenzen der Satz-Regelsysteme und der Heterogenität der Diskursarten. Nahe Bezüge bestehen zu Aristoteles, Kant, Wittgenstein, Heidegger und Adorno. Lyotard stellt dem informationstechnolog. Sprachmodell der Instrumentalität und allen anthropozentr. Sprachauffassungen ein am unvorwegnehmbaren Ereignis orientiertes Sprachverständnis entgegen. Er macht sich dabei für die Eigenart der Philosophie gegenüber den Humanwissenschaften stark. – In diesem Werk kulminiert die dem Gedanken des Bruchs verpflichtete Traditionslinie neueren französ. Denkens. Seitens der Rezeption wird vor allem gefragt, wie trotz der Heterogenität noch Übergänge möglich sind.

Lit.: W. WELSCH, Heterogenität, Widerstreit und Vernunft. Zu J.-F. Lyotards philosoph. Konzeption von Postmoderne, in: Philos. Rdsch. 34 (1987).

W. WELSCH

Differenz der demokritischen und epikureischen Naturphilosophie, Karl MARX, entst. 1840/41; EA Stuttgart 1902.

Die nur unvollständig überlieferte Schrift, mit der Marx 1841 zum Doktor der Philosophie promoviert wurde, ist noch von Hegels Philosophiegeschichte und deren

Einschätzung der nacharistotel. Schulen als ›Philosophien des Selbstbewußtseins‹ geprägt. – Marx widerspricht der üblichen Einstufung der Naturphilosophie Epikurs als Plagiat der demokrit. Philosophie. Beide sind atomist. Systeme, unterscheiden sich jedoch grundlegend in ihrem Selbstverständnis und dem Urteil über ihre Objekte. In einem ersten allgemeinen Teil kommt Marx zum Ergebnis, daß Demokrit nur rein empir. Naturforschung betrieb, Epikur aber eine ›Naturwissenschaft des Selbstbewußtseins‹, deren Zweck nicht die Erkenntnis determinist. Naturgesetze ist, sondern die Erwägung aller möglichen widerspruchsfrei denkbaren Gründe. Ein zweiter spezieller Teil befaßt sich mit den Folgen dieser Haltung für konkrete Teile der Atomistik und Ethik. Während Demokrit das Atom auf das rein Materielle reduziert, unterscheidet Epikur davon seinen reinen Begriff. Die materielle Welt, für Demokrit nur subjektiver Schein, erhält bei Epikur objektiven Wert, indem sie sich ihrer Vergänglichkeit gegenüber der Ewigkeit des Begriffs selbst bewußt ist. Da die Aufhebung des Wiederspruchs das Ende seines Selbstbewußtseinskonzepts wäre, schließt Epikur jegliche Mystik, die dies anstrebt, aus.

Ausg.: K. Marx/F. Engels, Werke, Ergänzungsband / 1. Teil, 1973.
Lit.: F. Markowits, Marx dans le jardin d'Epicure, 1974.

P. Nagelschmidt

Differenz des Fichte'schen und Schelling'schen Systems der Philosophie in Beziehung auf Reinhold's Beyträge zur leichtern Übersicht des Zustands der Philosophie zu Anfang des neunzehnten Jahrhunderts, erstes Heft, Georg Wilhelm Friedrich Hegel; EA Jena 1801.

In seiner ersten selbständigen Schrift kritisiert Hegel die als ›Reflexionsphilosophien‹ bezeichneten Positionen von Kant, Fichte, C. G. Bardili und Reinhold und stellt durch die Verteidigung von Schellings Identitätsphilosophie, von der er allerdings in mehreren Punkten abweicht, sein eigenes philosoph. Programm vor. Die Reflexionsphilosophie wird zunächst als Ausdruck einer entzweiten Kulturwelt gedeutet, deren verschiedene Dualismen (Sein-Denken, Endlichkeit-Unendlichkeit, Natur-Geist usw.) sich auf den Gegensatz zwischen Subjektivität und Objektivität zurückführen lassen. In Umformulierung der Kantischen Unterscheidung zwischen Verstand und Vernunft bestimmt Hegel die Reflexion als die Tätigkeit des als ›Kraft des Beschränkens‹ aufgefaßten Verstandes, der die Entgegensetzungen festhält und insofern lediglich zu endlich-bedingter Erkenntnis fähig ist. Die reflexionsphilosoph. Versuche, die Subjekt-Objekt-Trennung durch eine postulierte Einheit beider oder durch die einseitige Verabsolutierung des Subjekts zu überwinden, erweisen sich deshalb als unzulänglich, weil sie entweder den Gedanken eines endlosen Progresses implizieren oder – sofern ein Gegensatzglied dem anderen untergeordnet wird – nur ein Abhängigkeitsverhältnis und somit eine partielle Verbindung beider aufstellen. Zur Lösung der idealist. Frage nach dem Absoluten als dem einheitlichen Fundament der Erkenntnis sowie des Seienden muß sich die Philosophie hingegen auf den Standpunkt der Vernunft bzw. der Spekulation erheben, worunter Hegel das Erfassen der unbedingten Einheit von Subjektivität und Objektivität versteht. Diese gewinnt man nicht durch das Absehen von den Entgegensetzungen – denn sie wäre somit selbst etwas Entgegengesetztes und Endliches –, sondern durch das Zusammendenken von Endlichkeit und Unendlichkeit, von Einheit und Gegensatz. Sofern die daraus resultierende Struktur des Absoluten als ›Identität der Identität und der Nichtidentität‹ notwendigerweise einen Widerspruch oder eine Antinomie involviert, erfordert die Vernunft die Aufhebung des sich an das Widerspruchsprinzip haltenden Verstandesdenkens in seinem Anspruch auf selbständige Gültigkeit. Da sich aber für Hegel die vernünftige Erkenntnis nur im Medium der Reflexion artikulieren kann, behält letztere als deren ›Instrument‹ eine konstitutive Bedeutung. Die vollständige Entfaltung der Gegensätze ist nämlich ›der Quell des Bedürfnisses der Philosophie‹, d. h. der Vermittlungsfunktion der Vernunft. Dadurch erweisen sich die Philosophie und das Absolute selbst als ein System von Erkenntnissen bzw. von Bestimmungen, in dem jeder Teil nur durch seinen Zusammenhang mit dem Ganzen Sinn hat. – In der Schrift zeichnen sich die Grundzüge von Hegels späterem System ab.

Ausg.: Gesammelte Werke, Bd. IV, 1968. – Werke, 20 Bde., Bd. II, 1986 (stw 602).
Lit.: W. Ch. Zimmerli, Die Frage nach der Philosophie. Interpretationen zu Hegels ›Differenzschrift‹, 1974.

F. Longato

Dilemmas (engl.; *Begriffskonflikte*), Gilbert Ryle; EA Cambridge 1953; dt. 1970.

Frei von Fachterminologie behandelt die Arbeit auch alltäglicher Reflexion zugängliche Konflikte zwischen Begriffssystemen, um sie durch sprachlich-kategoriale Differenzierungen aufzulösen. – Wohlunterscheidbare Bereiche menschlicher Rationalität scheinen mit ihren jeweiligen Geltungsansprüchen in paradoxer Weise miteinander unvereinbar zu sein: jeder der widerstreitenden Standpunkte erscheint für sich zwingend, ihre Kombination unhaltbar. So schließen sich moral. beanspruchte und erlebte Entscheidungsfreiheit und Determiniertheit durch zeitunabhängige Tatsachenwahrheit aus; der durch einen unendlichen Teilungsprozeß erbrachte Aufweis eines uneinholbaren Vorsprungs widerspricht faktischer Erfahrung (Zenons Paradox); physikal. und umgangssprachliche Beschreibungen lebensweltlicher Gegenstände erheben gleichzeitig Wahrheitsanspruch, wie überhaupt die Priorität professioneller oder nicht-professioneller Begrifflichkeit zur Frage werden kann. Der vermeintliche Druck zur parteinehmenden Schlichtung solcher Konflikte wird hinfällig, sobald die Standpunkte als komplementär und deshalb nicht-rivalisierend erkannt sind.

Lit.: K. Kolenda (Hg.), A Symposium on G. Ryle, 1972.

C. Ortner

Discorsi e dimostrazioni matematiche intorno a due nuove scienze attenenti alla mecanica e i movimenti locali (it.; *Unterredungen und mathematische Beweise über zwei neue Wissenszweige zur Mechanik und zur Lehre von den Ortsbewegungen*), Galileo Galilei; EA Leiden 1638; dt. 1890/91 Unterredungen und mathematische Demonstrationen über zwei neue Wissenszweige, die Mechanik und die Fallgesetzte betreffend (3 Bde.).

Nachdem Galileis astronom. Arbeiten 1633 zur Verurteilung durch die Inquisition (→ *Dialogo sopra i due massimi sistemi del mondo*) geführt hatten, setzte er dennoch seine Forschungen fort und legte sein physikal. Lebenswerk in den 1638 publizierten *Discorsi* ... nieder. – Wie im *Dialogo* treffen auch hier Salviati, Sagredio und Simplicio wiederum an mehreren Tagen zu einem wissenschaftlichen Gespräch zusammen. Die Diskussion des ersten Tages behandelt die Frage, welchen Widerstand feste Körper ihrer Brechung entgegensetzen. Am zweiten Tage wird erörtert, welche Ursachen die Bindekraft haben könnte, die sich dabei zeigt. Der dritte Tag ist dem Problem der gleichmäßigen und natürlich beschleunigten Ortsbewegung gewidmet. Das Thema der Gespräche des vierten Tages umfaßt die gewaltsame Bewegung bzw. den Wurf und das Problem des Schwerpunktes fester Körper. Während in der Erstausgabe von 1638 die Gespräche nur vier Tage einnehmen, dauern sie in den späteren postumen Ausgaben, z. B. derjenigen von 1718, noch zwei Tage länger. Der fünfte Tag gilt einer Erörterung des Satzes der gleichen Vielfachen in Buch V der → *Stoicheia* von Euklid, und an einem sechsten Tag wird über die Kraft des Stoßes diskutiert. In den *Discorsi* finden sich alle entscheidenden Studien des jüngeren Galilei über den Schwerpunkt, über die mechan. Probleme, über die beschleunigte Bewegung u. a. verarbeitet. Neben Betrachtungen über die Kohäsion, über das Kontinuum, das Diskontinuum und das Unendliche wird hier auch das Prinzip von Wirkung und Gegenwirkung behandelt. Außerdem gibt Galilei eine erste Darlegung der Pendelbewegung und bietet allgemeine Ausführungen darüber, wie sich verschiedene gleichzeitig wirkende Kräfte zusammensetzen. – In diesem Werk fehlt die Polemik gegen die aristotel. Lehre fast völlig, obwohl die Ergebnisse in klarem Widerspruch zur peripatet. Physik stehen. Mit dem Nachweis der Unhaltbarkeit der aristotel. Physik macht Galilei den Weg für die kommende Forschung frei und legt in genialer Weise (bei aller Fehlerhaftigkeit) die Grundlagen der modernen Physik.

Ausg.: Le opere, Bd. VIII, 1890-1909 (Repr. 1964-1966). – Dt. hg. von A. von Öttingen, ²1964.

Lit.: E. Wohlwill, Galilei und sein Kampf um die copernican. Lehre. Bd. I u. II, 1909 (Repr. 1969). – J. Mittelstrass, Neuzeit und Aufklärung. Studien zur Entstehung der neuzeitlichen Wissenschaft, 1970. – A. Crombie, Vom Augustinus bis Galilei. Die Emanzipation der Naturwissenschaften, 1977.

H. M. Nobis

Discorsi sopra la prima deca di Tito Livio (it.; *Erörterungen über die erste Dekade von Titus Livius*), Nicolò Machiavelli, entst. 1513-1522; EA Rom 1531 (postum); dt. 1832 Vom Staate oder Betrachtungen über die ersten zehn Bücher des Titus Livius.

Ausgehend von einer histor. Analyse der Bedingungen und Gründe für die Macht des republikan. Roms (anhand von Livius) entwickelte Machiavelli Regeln polit. Klugheit. Schlüsselbegriff der Schrift ist die virtù, »ein überaus reicher, aus der antiken und humanist. Tradition übernommener und ausgestalteter Begriff, der wohl ethische Eigenschaften mit umschloß, aber von Haus aus etwas Dynamisches, von der Natur dem Menschen in den Schoß Gelegtes bezeichnen sollte – Heldentum und Kraft zu großen polit. Leistungen, vor allem zur Gründung und Lebendigerhaltung blühender Staaten und namentlich Freistaaten« (F. Meinecke). Die virtù kommt – anders als in der Schrift → *Il Principe* – nicht nur dem Fürsten oder Staatsmann zu, sondern sie ist zugleich Bürgertugend in einem freien Gemeinwesen, als solche aber abhängig von der Qualität überragender Staatsmänner. Die virtù steht gegen die fortuna, die Wechselfälle des Glücks – diese zu ›regulieren‹ ist ihre eigentliche Aufgabe, und sie bedient sich dabei der necessità, der Natur-Notwendigkeit kausaler Zusammenhänge. Die necessità verlangt vom Staatsmann in bestimmten Situationen den bedenkenlosen Einsatz vordergründig ›unmoral.‹ Mittel, wie Betrug, Grausamkeit und Heuchelei, wenn es sein Wohl und das des Staates erfordern. – Mit diesem Werk findet der Gedanke der ›Staatsräson‹ Eingang in die neuzeitliche polit. Philosophie. Politik ist hier nicht mehr in eine universale christliche Seinsordnung eingebettet und damit dem christlichen Naturrecht untergeordnet, sondern gilt als eine besondere, durch eigene Gesetze (necessità) und eine eigene Moral (virtù) geprägte Sphäre menschlichen Handelns.

Ausg.: It., Opere, hg. von S. BERTELLI, Bd. I, 1960. – Dt., übers. von R. Zorn, ²1977.

Lit.: L. STRAUSS, Thoughts on Machiavelli, 1958. – F. MEINECKE, Die Idee der Staatsräson, ²1960. – K. KLUXEN, Politik und menschliche Existenz bei Machiavelli – dargestellt am Begriff der necessità, 1967. – M. HULLING, Citizen Machiavelli, 1983.

J. NIDA-RÜMELIN

Discours de la méthode pour bien conduire sa raison, et chercher la vérité dans les sciences (frz.; *Abhandlung über die Methode, seine Vernunft richtig zu leiten und die Wahrheit in den Wissenschaften zu suchen*), René DESCARTES; EA Leiden 1637 (anonym); dt. 1863.

Descartes skizziert zunächst seinen Weg zur rationalen Methode und betont deren Notwendigkeit für die fruchtbare Anwendung der allen Menschen eigenen Fähigkeit, wahr und falsch zu unterscheiden. Motiv der Suche nach einer neuen Methode, die zur Grundlegung einer sicheren und systemat. Wissenschaft führen könne, war Descartes' Enttäuschung angesichts der Sterilität der herkömmlichen Bildung (Teil 1). In Teil 2 wird die nach dem Modell von Mathematik und mathemat. Naturwissenschaft entwickelte Methode durch vier Regeln gekennzeichnet: (1) Nichts zu akzeptieren, das nicht evident als wahr eingesehen wird; (2) alle Probleme in hinreichend einfache Teilprobleme zu zerlegen; (3) von einfachen Gedanken stufenweise zu komplexen aufzusteigen und (4) stets vollständige Klassifikationen vorzunehmen. Diese Methode soll eine Reform – nicht eine Revolution – zur Folge haben, die auch die rationale Begründung der Moral ermöglicht. Solange dies letztere Ziel nicht erreicht ist, kommt es darauf an, sich an provisor. moral. Maximen zu orientieren, nämlich (a) der Forderung des Konformismus angesichts der Unmöglichkeit, eine von mehreren konkurrierenden Ansichten als wahr zu erkennen; (b) der Regel der Entschlossenheit, die Entscheidungen unter Unsicherheit betrifft und (c) der Forderung der Unterwerfung unter unabänderliche Umstände (Teil 3). Ziel ist die größtmögliche Rationalität in Theorie und Praxis. Im 4. Teil werden die zentralen Themen der nach der angedeuteten Methode entwickelten Metaphysik behandelt, die in den → *Meditationes de prima philosophia* ausführlich erörtert sind (method. Zweifel; ›ego cogito, ergo sum‹; die Bestimmung des Geistes als denkende Substanz; Gottesbeweise; Wahrheit evidenter Urteile). In Teil 5 werden die Grundzüge der Kosmogonie skizziert und die mechanist. Theorie des Blutkreislaufs erläutert. Der letzte Teil enthält Hinweise auf die praktische Bedeutung der nach den methodolog. Prinzipien entwickelten Wissenschaften und Andeutungen über die Motive der Veröffentlichung der wissenschaftlichen Abhandlungen über Optik und Geometrie, deren Methode das Werk beschreibt. – Das Werk zog alsbald die Aufmerksamkeit der philosoph. und wissenschaftlichen Welt auf sich, wo es Gegenstand intensiver Auseinandersetzungen wurde. Es übte in ganz Europa lange einen prägenden Einfluß aus und gilt generell als Manifest des neuzeitlichen Rationalismus und wissenschaftlichen Methodenbewußtseins.

Ausg.: Œuvres, hg. von Ch. ADAM/P. TANNERY, 1897–1910, Bd. VI, (Repr. 1966). – Lat./Dt. (Von der Methode des richtigen Vernunftgebrauchs und der wissenschaftlichen Forschung), übers. u. hg. von L. GÄBE, 1964 (PhB 261).

Lit.: L. ROTH, Descartes' Discourse on Method, 1937. – E. GILSON, Discours de la méthode – Texte et commentaire, 1947. – P.-A. CAHNÉ, Index du Discours de la méthode, 1977.

W. RÖD

Discours de métaphysique

(frz.; *Metaphysische Abhandlung*), Gottfried Wilhelm LEIBNIZ, entst. 1686; EA Hannover 1846 (in: Gesammelte Werke, 2. Folge, Bd. I, hg. von K. L. GROTENFEND); dt. 1780.

Die methodolog. metaphys. Abhandlung enthält die erste systemat. Darstellung von Leibniz' Philosophie. Ausgangspunkt seiner Überlegungen ist der Begriff Gottes, dem absolute Perfektibilität zukommt (Allwissenheit und Allmacht sind hier noch unbefragt als nicht widersprüchliche Prädikationen im Gegensatz zu den → *Essais de theodicée* aufgefaßt). Die Ordnung (Gott tut nichts außerhalb ihrer und ohne Grund) übersteigt die Möglichkeiten des endlichen Geistes. Aus der Regelhaftigkeit und dem Postulat der Einfachheit der Hypothesen folgt, daß Gott die vollkommenste aller möglichen Welten geschaffen hat. Diese besteht aus individuellen Substanzen. Leibniz' Substanzbegriff hat drei Wurzeln: (1) Den Kraftbegriff in der mechan. Dynamik (Galilei; gegen Descartes), (2) die analyt. Urteilstheorie (›praedicatum inest subiecto‹, d. h. das Prädikat ist dem Begriffsumfang nach im Subjekt enthalten) und (3) die Haecceitas (›Dieseinzigkeit‹, d. h. das individuelle Wesen) eines Duns Scotus. Diese ›formes substantielles‹ repräsentieren das Weltall in je individueller Weise. Implizit ist hier die Idealität von Raum und Zeit thematisiert. Aus der Selbständigkeit der Substanzen folgt ihre Identität. Gedanklich konsequent ist dann der Ausschluß der Wechselwirkung zwischen den individuellen Substanzen, die Einführung der ›prästabilierten Harmonie‹. Gegen die Erhaltung der Bewegungsgröße in Descartes' Grundlegung der Mechanik stellt

Leibniz die Erhaltung der Kraft. Die Naturprinzipien Bewegung und Kraft werden dabei eher metaphys. als geometr.-mechan. aufgefaßt. Leibniz versucht, zwischen Aristoteles, der scholast. Naturphilosophie und der naturwissenschaftlichen Mechanik zu vermitteln. Der metaphys. Begriff der Seele als individuelle Substanz führt zur Bestimmung der Fensterlosigkeit (Vorbereitung der Monadenkonzeption). Gott als Prinzip der ›harmonie préétablie‹ (einer vorherentworfenen Korrespondenz der einzelnen Seelen, durch die Erkenntnis bzw. Interaktion simuliert wird) ist ihr Licht. Für Leibniz ist diese Vorstellung eines metaphys. Begriffs der Seele (charakterisiert durch Erinnerung, Identität, Moralität und Selbstreflexion) verbunden mit dem Gedanken der ›harmonie préétablie‹ eine bessere Erklärungshypothese für die Unsterblichkeit der Seele und die Leib-Seele-Einheit als die der Cartesianer. Eingebettet in die metaphys. Überlegungen entwirft er seine Lehre von den vier Stufen der Erkenntnis und der Definition (Nominal-, Real-, Kausal- und Essentialdefinition). – Die Schrift – erst spät veröffentlicht – hat keine umfangreiche Rezeption erfahren, ist aber als wichtiger Schritt in der Genese von Leibniz' System von Interesse.

Ausg.: Frz./Dt., übers. von H. HERRING, 1958 (PhB 260).
Lit.: A. GURWITSCH, Leibniz. Philosophie des Panlogismus, 1974. – K. KAEHLER, Leibniz – der method. Zwiespalt der Metaphysik der Substanz, 1979.

B. IRRGANG

A Discourse Concerning the Unchangeable Obligations of Natural Religion and the Truth and Certainty of the Christian Revelation (engl.; *Diskurs über die unwandelbaren Pflichten der Natürlichen Religion und die Wahrheit und Gewißheit der Christlichen Offenbarung*), Samuel CLARKE; EA London 1706.

Das theolog.-moralphilosoph. Werk setzt der relativist.-subjektivist. Moral von Hobbes eine objektiv-natürliche Vernunftsmoral entgegen, die sich in der christlichen Religion offenbart. – Die ewig unwandelbare Natur der Dinge schreibt jedem vernünftigen Wesen notwendig ein bestimmtes natürliches, angemessenes Verhalten vor. Dieses ›eternal law of righteousness‹ geht sowohl dem Willen Gottes voran, der es erkennt und zu seinem Gesetz macht, als auch dem menschlichen Willen. Darauf muß nach Clarke auch Hobbes zurückgreifen, um den Verpflichtungscharakter eines Vertrags zu erklären. Lohn und Strafe sind zwar an sich Ausdruck des natürlichen Mißfallens Gottes an der Mißachtung seiner Gesetze; da aber menschlicher Wille im Diesseits diese Ordnung korrumpiert, kann sie nur durch die Vorstellung einer unsterblichen Seele fortbestehen. – Das Bemühen Clarkes, seine Sätze mit mathemat. Analogien zu stützen, zeigt Newtons Einfluß.

Ausg.: Repr. (1706) 1964.
Lit.: J. P. FERGUSON, The Philosophy of Dr. S. Clarke and its Critics, 1974.

P. NAGELSCHMIDT

A Discourse of Free-Thinking, Occasion'd by the Rise and Growth of a Sect Call'd Free-Thinkers (engl.; *Eine Abhandlung über das freie Denken,* veranlaßt durch das Aufkommen und Anwachsen einer Sekte, die man Freidenker heißt), Anthony COLLINS; EA London 1713; dt. 1965.

In seinem moralphilosoph. Hauptwerk verteidigt Collins das im Entstehen begriffene Freidenkertum gegen den Vorwurf, Religion und Moral zu untergraben. – Freies Denken besteht darin, den Sinn jedes beliebigen Satzes auf die Stärke oder Schwäche der ihm zugrundeliegenden Beweise hin zu überprüfen. Der Mensch verfügt über ein grundlegendes Recht zu dieser Denkhaltung, da nur diese die von Gott geforderte Erkenntnis ewiger Wahrheiten und die Vervollkommnung der Wissenschaften ermöglicht, absurde Annahmen vermeiden hilft, die durch unsinnige Dogmen gesetzten Schranken des Denkens überwindet und den Teufelsaberglauben beseitigen kann. Die dogmat. Theologen, die dies bestreiten und das freie Denken für verwerflich erklären, versperren dem Menschen den Weg zur Einsicht in die göttlichen Wahrheiten und sind damit ihrerseits für unmoral. Verhalten verantwortlich. – Die zu ihrer Zeit heftig umstrittene Schrift zählt zu den grundlegenden Werken des freidenker. Deismus im 18. Jh. und trug zur Entstehung histor.-kritischer Interpretationen der biblischen Überlieferungen bei.

Ausg.: Engl. / Dt., Repr. der EA mit dt. Paralleltext, hg. von G. Gawlick, 1965.
Lit.: J. O'Higgins, A. Collins. The Man and his Work, 1970.

J. Monar

Discours qui a remporté le prix à l'Académie de Dijon. En l'anneé 1750. Sur cette question proposée par la même Académie: Si le rétablissement des Sciences & des Arts a contribué à épurer les mœurs (frz.; *Der von der Akademie Dijon im Jahre 1750 mit dem Preis gekrönte Diskurs über die von derselben Akademie gestellten Frage: ob der Fortschritt der Wissenschaften und Künste zur Läuterung der Sitten beigetragen habe*), Jean-Jacques Rousseau; EA Genf 1750; dt. 1752 Abhandlung, ob die Wiederherstellung der Wissenschaften und Künste etwas zur Läuterung der Sitten beigetragen habe.

Rousseaus kulturkrit. und geschichtsphilosoph. Erstlingsschrift stellt einen leidenschaftlichen Angriff gegen die durch die Philosophie der Aufklärung geprägte zeitgenöss. Kultur und Wissenschaft dar. – Im Gegensatz zur fortschrittsoptimist. philosoph. Aufklärungsliteratur seiner Zeit, die ein auf wissenschaftlichen Erkenntnissen beruhendes Heraustreten des Menschen aus Unwissenheit und Aberglaube forderte, vertritt Rousseau die These, daß ›in dem Maße, in dem Wissenschaft und Künste zur Vollkommenheit fortschritten, die Seelen der Menschen verderbt wurden‹. Durch Abkehr von der Tugend (vertu) eines einfachen Lebens und der ehrlichen Liebe zur Wahrheit (vérité) sind Kunst und Wissenschaft zu Dienern des Luxus und Förderern des Müßiggangs degeneriert. Entgegen dem Anspruch der Aufklärung sind sie Produkt und Stabilisierungsinstanz einer selbstentfremdeten Gesellschaft. Ihre Weiterentwicklung fördert nur den Verfall von Moral und Sittlichkeit. Einzig die Rückbindung von Kunst und Wissenschaft an die Tugend des Volkes und ihre Indienstnahme durch die polit. Autorität kann deren schädliche Isolierung und Vereinzelung durchbrechen und so zur Beförderung des Glücks der Menschen beitragen. – Das Werk, das weniger durch innere

Logik und konsistente Argumentation als durch leidenschaftliches Pathos und polem. Rhetorik gekennzeichnet ist, attackierte erstmals in scharfer Form das Gedankengut der französ. Auflärung und löste unter den zeitgenöss. Literaten und Philosophen eine heftig geführte Diskussion aus, die Rousseau in der französ. Gelehrtenwelt bekannt machte.

Ausg.: Œuvres complètes, hg. von G. GAGNEBIN/M. RAYMOND, Bd. III, 1964. – Frz./Dt. [4]1983.

Lit.: R. BRANDT, Rousseaus Philosophie der Gesellschaft, 1973. – M. FORSCHNER, Rousseau, 1977.

D. DIERMEIER

Discours sur l'esprit positif (frz.; *Rede über den positiven Geist*), Isidore - Auguste - Marie - Xavier COMTE; EA Paris 1844; dt. 1915 Abhandlung über den Geist des Positivismus.

Im Zentrum des erkenntnistheoret. und sozialphilosoph. Werkes steht die Bestimmung des ›positiven Geistes‹ und seiner Bedeutung für Gesellschaft und Moral. – Nachdem Comte auf der Grundlage des Drei-Stadien-Gesetzes (→ *Cours de philosophie positive*) den positiven Geist zur höchsten und letzten Stufe der Entwicklung des menschlichen Geistes erhoben hat, bestimmt er diesen als die Unterordnung der Einbildungskraft unter die Erfahrung des tatsächlich Beobachtbaren zum Zweck der rationalen Voraussicht des Kommenden. Indem der individuelle Geist in seinem positiven Stadium nicht mehr durch metaphys. Abstraktionen an einem vernunftgemäßen und tatsachenbezogenen Umgang mit Welt und Menschen gehindert ist, kann er sich nunmehr als einen verantwortlichen Teil des universalen Subjekts Menschheit begreifen und darüber hinaus auch die bisherige Trennung zwischen der wissenschaftlichen Erkenntnis und ihrer praktischen Anwendung überwinden. Damit ist es dem positiven Geist möglich, auf der Grundlage einer sicheren Bestimmung der sozialen Gegebenheiten der Menschheit den konkreten Weg zu einer demokrat. Weltgesellschaft zu weisen und eine auf den Grundsätzen des Gemeinwohls und des sozialen Fortschritts beruhende vernünftige Moral hervorzubringen. – Die Schrift trug zur Verbreitung des positivist. Ansatzes in der Philosophie des 19. Jh.s bei.

Ausg.: Dt. Rede über den Geist des Positivismus, von I. FETSCHER, 1979 (PhB 244).

Lit.: L. LÉVY-BRÜHL, La philosophie de Comte, 1900.

J. MONAR

Discours sur l'histoire universelle à Monseigneur le Dauphin pour expliquer la suite de la religion et les changements des empires (frz.; *Abhandlung über die Weltgeschichte für den Dauphin, um die Entwicklung der Religion und die Wandlungen der Reiche zu erklären*), Jacques-Bénigne BOSSUET; EA Paris 1681; dt. 1784–1786 Einleitung in die allgemeine Geschichte der Welt bis auf Kaiser Carl den Großen (unvollständig).

Die Lehrschrift historiograph. und didakt. Inhalts ist in erster Linie für den Sohn Ludwigs XIV. bestimmt. Sie erläutert dem Prinzen die Weltgeschichte nach Epochen und deutet die säkulare geschichtliche Entwicklung analog zur biblischen Geschichte telelog. als Manifestation göttlicher Vorsehung. – Bossuet gliedert seinen Stoff dreifach: Zunächst ordnet er große Zeitalter von der biblischen

Geschichte bis zur ›Errichtung des neuen Reiches‹ durch Karl den Großen jeweils epochal verantwortlichen bzw. geschichtstreibenden Persönlichkeiten zu. Der 2. Teil zeichnet biblische Geschichte und frühe Kirchengeschichte als kontinuierlich sich erweiternde Offenbarung Gottes nach. Der letzte Teil führt dem Adressaten der Schrift anhand exemplar. Fälle die inneren Kausalitätsverhältnisse vor, die jeweils Aufstieg und Niedergang großer Reiche verursacht haben. Maßgeblich sind dabei die mentalitätsbedingten Dispositionen eines Volkes sowie sein ›Charakter‹. Kerngedanke ist die innere Verzahnung von göttlicher Vorsehung, die sich des Schicksals ganzer Reiche instrumentell bedient, und kausaler Folgerichtigkeit der Entwicklungen. Fortuna und Zufall werden geleugnet. Aus der Geschichte lernen bedeutet demnach den Heilsplan entziffern, sie als Herrscher verantwortlich gestalten heißt am Wirken der Providenz bewußt teilhaben. Die Beeinflußung durch Augustinus (→ *De civitate Dei*) ist deutlich. – Durch die Wirkung u. a. auf Montesquieu und Voltaire kommt dem Traktat eine vorbereitende Rolle für die entstehende Geschichtsphilosophie im 18. Jh. zu.

Ausg.: Frz., hg. von J. Truchet, 1966.
Lit.: Th. Goyet, L'humanisme de Bossuet, 1965.

R. Behrens

Discours sur l'origine et les fondemens de l'inégalité parmi les hommes (frz.; *Diskurs über den Ursprung und die Grundlagen der Ungleichheit unter den Menschen*), Jean-Jacques Rousseau; EA Amsterdam 1755; dt. 1756 Abhandlung von dem Ursprunge der Ungleichheit unter den Menschen und worauf sie sich gründe.
Mit der anthropolog. und staatsphilosoph. Schrift beantwortete Rousseau zum zweiten Mal (vgl. → *Discours qui a remporté* ...) eine Preisfrage der Akademie von Dijon: »Welches ist der Grund der ungleichen Bedingungen unter den Menschen, und sind diese durch das Naturgesetz gerechtfertigt?« – Hauptgegenstand der Untersuchung ist der Übergang des Menschen vom natürlichen in den gesellschaftlichen Zustand. Für Rousseau ist der Naturzustand (l'état de nature) kein histor. Faktum, sondern eine hypothet. Konstruktion zur Beantwortung der Frage nach dem Wesen des Menschen. Er unterscheidet zwei Formen von Ungleichheit: natürliche Ungleichheit (inégalité naturelle), die körperliche und geistige Unterschiede betrifft, und moral. oder polit. Ungleichheit (inégalité morale ou politique), die durch gesellschaftliche Privilegien wie Reichtum, Ehre und Macht bedingt ist. Letztere hat ihre Ursache in ›einer Art Konvention‹, d. h. sie ist durch Zustimmung der Menschen begründet und läßt sich daher nicht durch den Bezug auf die natürliche Ungleichheit legitimieren. Im Naturzustand ist der Mensch ein sich selbst genügendes, unabhängiges Individuum, das vor allem durch Eigenliebe (amour de soi), d. h. durch das natürliche Bedürfnis, sich selbst zu erhalten, gekennzeichnet ist. Vom Tier unterscheidet ihn lediglich die Freiheit (liberté), zwischen Handlungsalternativen zu wählen. Der Grund für die Entstehung polit. Ungleichheit im gesellschaftlichen Zustand ist die Verdrängung der Eigenliebe

durch die Selbstsucht (amour propre), d. h. das Streben nach einer Überlegenheit über den Mitmenschen. Sie bildet sich im Zusammenhang mit technischen und wirtschaftlichen Entwicklungen und führt zur Entstehung von Eigentum, Macht, Eifersucht, Zwietracht und schließlich zum Krieg. Diese Entwicklung bewirkt den Verlust der natürlichen Freiheit des Menschen und fördert die gegenseitige Abhängigkeit und die Versklavung des Menschen durch den Menschen. Das Leben des gesellschaftlichen Menschen wird damit zur bloßen Scheinexistenz; Recht und Staat sind nur späte Produkte dieser Gesellschaft. Eine Rückkehr in den Naturzustand ist ausgeschlossen. Mögliche Auswege deutet Rousseau hier nur an; ausgearbeitet werden sie erst im → *Emile* und in → *Du contrat social*. – Insbes. die These vom Eigentum als gesellschaftlichem Produkt und die damit zusammenhängende Leugnung der natürlichen Rechte hat zur Zeit der Französ. Revolution wesentlichen Einfluß ausgeübt; sie prägte u. a. auch das Denken von P.-J. Proudhon und Marx.

Ausg.: Œuvres complètes, Hg. von B. Gagnebin/M. Raymond, Bd. III, 1964. – Frz./Dt., Diskurs 0ber die Ungleichheit, 1984.
Lit.: R. Brandt, Rousseaus Philosophie der Gesellschaft, 1973.

D. Diermeier

Disquisitio metaphysica seu dubitationes et instantiae adversus Renati Cartesii Metaphysicam et responsa (lat.; *Metaphysische Erörterung oder Zweifel und Erwiderungen gegen René Descartes' Metaphysik und seine Antwort*), Pierre Gassendi; EA Amsterdam 1644.

Das von P. Sorbière mit einer »Prefatiuncula« herausgegebene Werk enthält Gassendis *Einwände* (1641) – hier *Zweifel* genannt – gegen Descartes' → *Meditationes* sowie seine *Erwiderungen* (1642) auf die Antwort Descartes' und dokumentiert die zähe Auseinandersetzung des Skeptikers und Probabilisten mit der neuen cartesian. Metaphysik. – Gassendi opponiert im Namen der auf Sinneswahrnehmung fußenden Erfahrung gegen die deduktive, dogmat. Wissenschaft Descartes', die er in die Nähe des traditionellen Aristotelismus der Scholastik zu rücken trachtet. In Frage gestellt werden weniger die Inhalte der cartesian. Philosophie als vielmehr die Methode und Argumentationsweise, deren sie sich bedient, sowie der Geltungsanspruch einer unumstößlichen Wahrheit, den sie erhebt. Der method. Zweifel Descartes' wird als unecht und scheinbar zurückgewiesen: er sei ein Kunstgriff, der einem neuen metaphys. Dogmatismus die Tore öffnet. Dasein Gottes und Unsterblichkeit der Seele würden des Beweises entbehren, denn schon der Glaube garantiere ihre Wahrheit. Descartes' Beweise seien nur verfänglich und unnötig. Ebenso wird Descartes' Begriff der Substanz als fiktives ens rationis zurückgewiesen. Schließlich werden auch Descartes' Ideen von Evidenz, von Wahrheit und Falschheit und der Dualismus von Geist und Körper abgelehnt. In seiner Antwort replizierte Descartes Punkt für Punkt auf die *Einwände*, während er später auf Gassendis *Erwiderungen* in einem Brief vom 12. Januar 1646 an Clerselier, den französ. Übersetzer der *Meditationes*, nur kurz reagierte und sie als einer ausführlicheren Replik unwürdig erklärte. So war Descartes auch der Meinung, Gassendis *Einwände* seien in die französ. Ausgabe der *Meditationes* (1647) nicht aufzunehmen, was allerdings auf Initiative des Übersetzers Clerselier dennoch geschah. – Gassendis anticartesian. Sensualismus sollte später bei Locke eine ideengeschichtliche Fortsetzung finden.

Ausg.: Opera omnia, Bd. III, 1658 (Repr., hg. von T. GREGORY, 1964). Lat./Frz., hg. von B. ROCHOT, 1962.

Lit.: H. SCHNEIDER, Die Stellung Gassendis zu Descartes, 1904. – B. ROCHOT, Les verités éternelles dans la querelle entre Descartes et Gassendi, in: Rev. philos. France étrang. 141 (1951). – T. GREGORY, Scetticismo ed empirismo. Studio su Gassendi, 1961. – J. S. SPINK, French free-thought from Gassendi to Voltaire, 1960. – O. R. BLOCH, Gassendi critique de Descartes, in: Rev. philos. France étrang. 156 (1966).

F. VOLPI

Distinguer pour unir ou Les degrés du savoir (frz.; *Unterscheiden um zu einigen oder Die Stufen des Wissens*), Jacques MARITAIN; EA Paris 1932; dt. 1954 Die Stufen des Wissens oder Durch Unterscheidung zur Einung.

In diesem erkenntnistheoret. und ontolog. Werk knüpft Maritain an aristotel. und thomist. Gedanken an, um einen kritischen Realismus zu begründen, der die Wirklichkeit sowohl als Einheit als auch in ihrer Mannigfaltigkeit erkennen soll. Zu diesem Zweck ist es notwendig, Stufen des Wissens, die auf verschiedene Wirklichkeitsbereiche bezogen sind, zu unterscheiden. Die verschiedenen und selbständigen Disziplinen werden durch die Metaphysik vereinigt. Die Stufen des Wissens sind unterschieden in empir. oder experimentelle Wissenschaften, Mathematik, Naturphilosophie und Metaphysik (ontolog. und deduktive Wissenschaft des Seins als eines solchen). Außer diesen rationalen Stufen gibt es das überrationale Wissen, das Gott zum Gegenstand hat und unterschieden wird in Metaphysik (die von der Erkenntnis der erschaffenen Dinge durch Analogie zur Erkenntnis Gottes führt), Theologie und Mystik. – Das Werk kann insgesamt in seiner Auseinandersetzung mit der neuzeitlichen Philosophie als einer der gelungensten Versuche des Neuthomismus angesehen werden.

Ausg.: J. MARITAIN/R. MARITAIN, Œuvres, Bd. IV, 1983.

Lit.: J. REITER, Intuition und Transzendenz. Die ontolog. Struktur der Gotteslehre bei J. Maritain, 1967.

A. DA RE

Divinae institutiones (lat.; *Göttliche Unterweisungen*), Lucius Caecilius Firmianus LACTANTIUS, entst. 305 bis 310; ED Subiaco 1465; dt. 1919 (Auszug).

Das in → *De opificio Dei* bereits in Aussicht gestellte, bedeutendste Werk des Lactantius benennt zwar Minucius Felix, Tertullian und Cyprian ausdrücklich als seine Vorgänger und weist deutliche Ähnlichkeiten mit der großen Trilogie des Klemens von Alexandrien auf; doch ist es neben einer Apologie zugleich die erste systemat. Lehrschrift des Christentums im Abendland. Nachdem Lactantius zunächst den polytheist. Volksglauben bekämpft und den christlichen Monotheismus begründet (Buch I/II), wendet er sich anschließend gegen die nichtchristliche Philosophie (Buch III). Danach erläutert er ›die wahre Weisheit und Religion‹ des Christentums (Buch IV) sowie ›die Gerechtigkeit‹ (Buch V), zu welcher Christus die Menschen zurückführen will. Die Übung dieser Gerechtigkeit bestehe in der ›wahren Gottesverehrung‹ (Buch VI), der Hingabe an Gott und die

Menschen und führe schließlich zum ›glücklichen Leben‹ (Buch VII). Den Glanzpunkt des Werkes bilden die Bücher V und VI; insgesamt ist es reichlich mit Zitaten von klassischen Autoren (Cicero, Vergil u. a.) durchsetzt.

Ausg.: Hg. von S. BRANDT/G. LAUBMANN, 1890. – Hg. von P. MONAT, 1973 (Buch V) u. 1986 (Buch I).
Lit.: E. HECK, Die dualist. Zusätze und die Kaiseranreden bei Lactantius. Untersuchungen zur Textgeschichte der Divinae Institutiones und der Schrift De opificio dei, 1972.

H. FROHNHOFEN

Du contrat social; ou, principes du droit politique (frz.; *Vom Gesellschaftsvertrag oder Prinzipien des Staatsrechtes*), Jean-Jacques ROUSSEAU, entst. 1754; EA Amsterdam 1762; dt. 1763 Gedanken von dem gesellschaftlichen Leben der Menschen oder Staatsrecht.

Die staatsphilosoph. Schrift steht in der Tradition der vertragstheoret. Staatsentwürfe der Neuzeit, setzt sich jedoch von diesen durch den revolutionierenden Gedanken einer unmittelbar plebeszitären Volkssouveränität ab. – Im Anschluß an seine 1755 in der Abhandlung → *Discours sur l'origine et les fondemens de l'inégalité parmi les hommes* dargelegte Kritik an bestehenden gesellschaftlichen Systemen seiner Zeit und ihrer Genese legt Rousseau im *Contrat social* die Bedingungen und Richtlinien der Vergesellschaftung des aus dem Naturzustand heraustretenden Menschen dar. Der Übergang vom Naturzustand in den gesellschaftlichen Zustand ist dabei nicht als ein histor. Akt zu verstehen, sondern als eine Erklärungshypothese. In der Auseinandersetzung mit neuzeitlichen Staatsrechtslehren u. a. von Th. Hobbes und J. Locke formuliert Rousseau als Ziel seiner Untersuchung die Darstellung einer Gesellschaftsform, »die mit der ganzen gemeinsamen Kraft die Person und das Vermögen jedes Gesellschaftsmitgliedes verteidigt und schützt und kraft dessen der einzelne, obgleich er sich mit allen vereint, gleichwohl nur sich selbst gehorcht und so frei bleibt wie vorher«. Die Grundlage eines solchen Gemeinwesens beruht ausschließlich auf einer vertraglichen Übereinkunft, nach der sich die Menschen freiwillig und gleichberechtigt zusammenschließen und ein organ. Ganzes bilden, dessen Funktionieren durch das Zusammenwirken seiner Teile gewährleistet ist: Durch den Vertrag schließen sich die Einzelpersonen zu einem gesellschaftlichen Gesamtkörper zusammen, der ein gemeinsames Ich (moi commun) und einen gemeinsamen Willen (volonté générale) hat. Der Gemeinwille ist stets auf das allgemeine Wohl des Staates ausgerichtet, das in der Wiederherstellung der natürlichen Freiheit und Gleichheit aller auf dem höheren Niveau des Rechts und der Sittlichkeit besteht. Der einzelne, der sich durch die Zustimmung zum Gesellschaftsvertrag dem Gemeinwillen unterordnet, verliert dadurch nicht seine Freiheit, weil er sich in Wahrheit nur seinem eigenen Willen unterordnet, sofern dieser auf das Allgemeinwohl gerichtet ist. Vom Gemeinwillen zu unterscheiden ist der Wille aller (volonté de tous), der sich aus der empir. zu ermittelnden Summe des Willens der Staatsbürger zusammensetzt, die als Privatpersonen dem Staat widersprechende Interessen verfolgen können. Die Staatshoheit, die ihren Ausdruck in der Ausübung des Gemeinwillens durch das versammelte Volk findet, ist wie der Gemeinwille selbst weder übertragbar noch teilbar. Nach Rousseau würde die von Th. Hobbes propagierte Übertragung der Souveränität des Volkes an einen Herrscher einer Entäußerung der Freiheit des Volkes gleichkommen. Die dem Souverän (Volksversammlung) zukommende Befugnis, Gesetze zu erlassen, kann nicht auf andere übertragen werden. Mit der Ausführung der Gesetze betraut der Souverän die Regierung als ein von ihm selbst ernanntes Exekutivorgan. Das Problem, daß die Gesamtkörperschaft als Legislative in ihren Willensentscheidungen Irrtümern unterliegen kann und unter Umständen selbst nicht erkennt, was dem Gemeinwohl dient, versucht Rousseau durch die Annahme eines Gesetzgebers zu lösen. Die Figur des Gesetzgebers, die erst in der modernen Rousseau-Rezeption beachtet wurde, ist durch ein annähernd übermenschliches Vermögen, das Gute durch Vernunfteinsicht zu erkennen, charakterisiert. Dem Gesetzgeber wird vom Volk die Abfassung der Gesetze (nicht deren Einsetzung) überantwortet. Er erteilt in einem einmaligen Akt dem beim Eintritt in den gesellschaftlichen Zustand führungsbedürftigen Volk die Gesetze, zu deren Abfassung es selbst erst im gesellschaftlichen Status fähig wäre. Der Gesetzgeber verfügt dabei über keinerlei Macht im Staat. Rousseau skizziert abschließend eine Staatsreligion (religion civile), die eine ausschließlich utilitarist. Funktion hat und dem Staat als Kontrollorgan des bürgerlichen Gewissens dient. – Der *Contrat social* bildete die grundlegende Schrift der Französischen Revolution und übte u. a. auch auf die Entwicklung der Rechtsphilosophie I. Kants, J. G. Fichtes, F. W. Hegels und K. Marx' einen entscheidenden Einfluß aus.

Ausg.: Œuvres complètes, hg. von B. Gagnebin/M. Raymond, Bd. III, 1964. – Dt., in: J.-J. Rousseau, Polit. Schriften, Bd. I, 1977.
Lit.: I. Fetscher, Rousseaus polit. Philosophie, [2]1968. – R. Brandt, Rousseaus Philosophie der Gesellschaft, 1973. – M. Forschner, Rousseau, 1977.

M. Koettnitz

Du fondement de l'induction (frz.; *Zur Begründung der Induktion*), Jules Lachelier; EA Paris 1871 (1883 erw. durch den wichtigen Essay *Psychologie et métaphysique*).

Die berühmte thèse de doctorat an der Faculté de lettres de Paris zeugt von einem starken Einfluß Schopenhauers. Sie stellt den Versuch dar, den Idealismus Kants mit dem spiritualist. Realismus von Biran und Ravaisson zu verbinden, der seinerseits auf dem Idealrealismus Schellings gründet. Ausgehend von der kantischen Frage, unter welchen Bedingungen man die Existenz der Welt erweisen könne, gelangt Lachelier zum Verfahren der Induktion. Die Wissenschaft beruht auf aprior. Annahmen des Geistes und nicht auf Erfahrungstatsachen. Ziel der Wissenschaft ist der Erkenntnisgewinn jener Gesetzmäßigkeiten, wonach sich die Tatsachen verhalten. Allein die geistige Tätigkeit, das Denken, kann diese Gesetze nachvollziehen, die sich aus Zweck- und Wirkursachen (causes efficientes) herleiten. Die Induktion führt diese method. Bewegung aus, durch welche man von der Kontingenz der Tatsachen zur Notwendigkeit von Gesetzen stößt. Daraus entwickelte Lachelier eine Freiheitsmetaphysik, die Boutroux und Bergson beeinflußte.

Ausg.: Œuvres complètes, hg. von J. LACH, 1933.
Lit.: G. SÉAILLES, La philosophie de J. Lachelier, 1920. – L. MILLET, Le symbolisme dans la philosophie de Lachelier, 1959. – G. MAUCHAUSSAT, L'idéalisme de Lachelier, 1961.

W. DONNER

Du pape (frz.; *Vom Papst*), Joseph Marie DE MAISTRE, entst. 1817; EA Lyon 1819; dt. 1923.
Unter dem Eindruck der Folgezeit der Französ. Revolution und der Napoleonischen Kriege beschreibt Maistre in diesem Werk die eine Katholische Kirche als einzige Institution, die in Europa Ordnung und Stabilität wiederherstellen kann. Die Kirche selbst ist der absoluten ›monarch.‹ Oberherrschaft des Papstes notwendigerweise unterstellt. Diese Herrschaft begründet die Unfehlbarkeit des Papstes; denn Papsttum ist wesentlich eine polit. Macht. Das Werk enthält einen vehementen Angriff auf die Philosophie der Aufklärung, im besonderen auf Hume, Voltaire und Rousseau. Rationalist. Theorien von Mensch und Gesellschaft werden verworfen. Eine Regierung kann nach Maistre unmöglich auf irgendeiner vertraglichen Vereinbarung zwischen Regierenden und Regierten basieren. Der ›Wille des Volkes‹ ist eine bloße Erfindung des menschlichen Geistes, und die gewalttätigen Aufstände der Französ. Revolution beweisen deutlich, daß es unmöglich ist, eine soziale und polit. Ordnung in Übereinstimmung mit den Wünschen und Meinungen des Volkes zu errichten. Maistres Philosophie wurzelt in einer pessimist. Sicht des Menschen; dieser trägt den unauslöschlichen Stempel der Erbsünde. Er ist zu moral. Handeln fähig, aber gleichzeitig zu schwach, um ein Leben in Freiheit zu führen. Daraus ergibt sich die Notwendigkeit uneingeschränkter Herrschaft, sowohl im weltlichen als auch im geistlichen Bereich, mit weltlichen Herrschern (Monarchen), die ihrerseits der geistlichen Autorität des Papstes unterstehen.
Lit.: P. R. ROHDEN, J. de Maistre als polit. Theoretiker, 1929. – C. OSTROGORSKY, J. de Maistre und seine Lehre von der höchsten Macht und ihren Trägern, 1932.

K. TAYLOR

Durée et simultanéité. A propos de la théorie d'Einstein (frz.; *Dauer und Gleichzeitigkeit.* Zur Theorie von Einstein), Henri BERGSON; EA Paris 1922, ²1923 (erw. durch drei Anhänge).
In der Schrift setzt sich Bergson mit der Relativitätstheorie auseinander, wobei für ihn seine eigene Auffassung von der Zeit als Dauer durch die spezielle Relativitätstheorie im wesentlichen bestätigt wird. – Die aus der philosoph. Weiterführung der Relativitätstheorie entspringenden Paradoxien (vornehmlich hinsichtlich der Simultaneität und Sukzession) löst Bergson weitgehend auf, indem er multiple und universelle Zeit im Begriff der Dauer aufeinander bezieht. Das Fehlverständnis einer ›verräumlichten Zeit‹ wird in der allgemeinen Relativitätstheorie (an Hand der Vierdimensionalität des Raumes) so behoben, daß Bergson sogar den Begriff der erlebten Zeit damit verbinden kann. Der Zeitbegriff der speziellen Relativitätstheorie und die Raumauffassung der allgemeinen Relativitätstheorie werden in ihrer Bezogenheit aufeinander von Bergson so interpretiert, daß damit universelle und multiple Zeit in und jenseits der alltäglichen Erfahrbarkeit auch den Dualismus Bergsons hin-

sichtlich der menschlichen Erkenntnisfähigkeit bestätigen. – Gleich nach dem Erscheinen rief die Schrift in Frankreich kritische Reaktionen hervor. Die Erwiderungen Bergsons sind in den drei Anhängen zur 2. Aufl. enthalten.

Ausg.: Frz., in: Mélanges, 1972.

P. Kampits

Du système industriel (frz.; *Über das industrielle System*), Claude-Henri de Saint-Simon; EA Paris 1821.

Die sozialtheoret. Schrift enthält eine fortlaufende Folge von in Briefform abgefaßten Vorschlägen gesellschaftspolit. Inhalts für die ›Industriellen‹. Saint-Simon geht es als, wie er schreibt, organisator. Geist des 19. und nicht als kritischem des 18. Jh.s, darum zu zeigen, daß Frankreich eine große Manufaktur, die französ. Nation eine Werkstatt geworden ist, eine entsprechende soziale und polit. Verfassung aber noch fehlt. Im Zentrum steht dabei die These, daß die Revolution noch nicht beendet ist, Frankreich sich vielmehr seit 30 Jahren in der krisenhaften Übergangsphase vom feudalen und theolog. zum industriellen und wissenschaftlichen System befindet. Dieser Übergang ist unvermeidlich, aber er kann entweder blutig und mit verhängnisvollen Folgen oder aber ruhig vonstatten gehen. Damit letzteres geschehe, muß sich der König diktator. an die Spitze der ›Industriellen‹ setzen, d. h. all jener, die produktiv und nützlich sind, von der Masse des (hand-) arbeitenden Volkes über die Wissenschaftler bis hin zu den Leitern der manufakturiellen und landwirtschaftlichen Produktionsprozesse, den Kaufleuten und Bankiers. Auf diese Weise zum ›ersten Industriellen‹ des Landes geworden, hat der König die Aufgabe, die Herrschaft der parasitären Adligen und Bourgeois zu beseitigen. Danach werden die ›Industriellen‹ endlich jenen sozialen und polit. Rang erhalten, den sie wirtschaftlich schon lange innehaben, und Frankreich wird zu einem friedlich prosperierenden Staat der ›industriellen Gleichheit‹, nach der jeder soviel Nutzen haben wird, wie es seiner ›sozialen Einlage‹, d. h. seiner Leistung für das Ganze, entspricht. – Mit diesen nicht nur gegen die Reste des Ancien régime, sondern auch gegen den ungezügelten Manchesterliberalismus formulierten Überlegungen hat Saint-Simon seinen unmittelbaren Schülern, den Saint-Simonisten und damit dem Frühsozialismus, aber auch dem sozialen Königtum L. v. Steins und damit dem Sozialkonservativismus, wichtige Argumente geliefert.

Ausg.: Œuvres, 1868–1876 (Repr. Bd. III, 1966).

Lit.: M. Hahn, Präsozialismus: C.-H. de Saint-Simon, 1970. – T. Petermann, C.-H. de Saint-Simon: Die Gesellschaft als Werkstatt, 1979. – R. Bambach, Der französ. Frühsozialismus, 1984.

R. Bambach

Ecce homo. Wie man wird, was man ist, Friedrich Nietzsche, entst. 1888/89; EA Leipzig 1908.

Die autobiograph.-philosoph. Spätschrift bezeugt Nietzsches Sendungsbewußtsein, trägt aber auch patholog. Züge: »Es wird sich einmal an meinen Namen die Erinnerung an etwas Ungeheures anknüpfen, – an eine Krisis, wie es keine auf Erden gab, an die tiefste Gewissens-Collision, an eine Entscheidung, heraufbeschworen gegen Alles, was bis dahin geglaubt, gefordert, geheiligt worden war.« Nietzsche glaubt, ›gegen die Verlogenheit von Jahrtausenden‹ nun eine ›Umwertung aller Werte‹ einzuleiten, nachdem er die ›christliche Moral entdeckt‹ hat als eine vom Ressentiment geleitete Kraft der décadence. Mit der Lehre von der ewigen Wiederkehr des Gleichen soll die Züchtung eines vornehmen, höheren Typus Mensch ermöglicht werden. Nietzsche, der sich in maßloser Selbstüberschätzung zum Wendepunkt der Weltgeschichte stilisiert, schwelgt in Vernichtungsvisionen: »Denn wenn die Wahrheit mit der Lüge von Jahrtausenden in Kampf tritt, werden wir Erschütterungen haben, einen Krampf von Erdbeben, eine Versetzung von Berg und Tal, wie dergleichen nie geträumt worden ist«. Die Sprache des Buches ist insgesamt euphor. und apodikt., die vorgetragenen Thesen werden kaum noch begründet. Dennoch enthält das Werk eine Reihe hellsichtiger Analysen und prägnanter Formulierungen. Im 1. Abschnitt (»Warum ich so weise bin«) empfiehlt sich Nietzsche selbst als geeigneten Diagnostiker der décadence: »Abgesehen nämlich, daß ich ein décadent bin, bin ich auch dessen Gegensatz.« Im 2. Abschnitt (»Warum ich so klug bin«) erörtert er die Bedeutung von Ernährung, Ort, Klima, Erholungs- und Arbeitsweise für jede geistige Produktivität. Im 3. Abschnitt (»Warum ich so gute Bücher schreibe«) spricht er über den Stil, den Wert der Psychologie, die Unzeitgemäßheit seiner Werke und deren beim ›gelehrten Hornvieh‹ bislang ausgebliebene Rezeption, die er für die Zukunft aber im Schlußabschnitt (»Warum ich ein Schicksal bin«) dennoch erhofft. Aufschlußreich für die Selbstinterpretation des späten Nietzsche ist aber vor allem der vorher eingeschobene Rückblick auf seine veröffentlichten Werke.

Ausg.: Sämtliche Werke (Kritische Studienausgabe), Bd. VI, 1980.

Lit.: K. Löwith, Auslegung von Nietzsches Selbst-Interpretationen und von Nietzsches Interpretationen, 1923. – S. L. Gilman (Hg.), Begegnungen mit Nietzsche, 1981. – C. P. Janz, F. Nietzsche, ^{2}1981 (3 Bde.).

R. Margreiter

L'échange symbolique et la mort (frz.; *Der symbolische Tausch und der Tod*), Jean Baudrillard; EA Paris 1976; dt. 1981.

Das Werk, das aus geschliffenen Bruchstücken besteht, ist auf der Suche nach einem Halt in der unendlichen Zirkulation der Zeichen, wie sie – nach Baudrillards Einsicht – die gegenwärtige Gesellschaft durchzieht und bestimmt. Von einer ›politischen Ökonomie‹ ausgehend, beschreibt der Autor die ›strukturale Revolution des Werts‹, d. h. einen Bruch in der hochkomplexen Vergesellschaftung der Industriegesellschaften: die fortschreitende Totalisierung der Tauschwertillusion. In gewisser Weise ›verschlucken‹ die Zeichen das von ihnen Bezeichnete und spielen – durch die Erfindung immer neuer medialer Techniken – mit den Dingen ein neues Spiel, ein Spiel der Täuschungen, die durch keinen natürlichen Widerstand mehr aufgehalten werden können. Das Reale changiert zum Satelliten des Imaginären. Damit wird der symbol. Tausch unendlich und haltlos. Baudrillard glaubt den Halt, den er sucht, im Tod gefunden zu haben, im Tod als der einzigen Antwort, die durch keine Frage vorweggenommen werden kann. Bei der Revue der Phänomene – es werden nacheinander geprüft: die Simulation, die Mode, der Körper, die primitiven Ordnungen, Unfall und Katastrophe – kommt es dem Autor darauf an, experimentell und rigoros zu ermitteln, wie weit die Enteignung des Sinns durch die Kapitalbewegung getrieben werden kann, ob der Tod eine Ausnahme von der Regel der Entleerung darstellt.

D. KAMPER

Eclipse of Reason (engl.; *Zur Kritik der instrumentellen Vernunft*), Max HORKHEIMER; EA New York 1947; dt. 1967.

Das zeitdiagnost. Werk unterzieht die wissenschaftlich-technische Degradierung der Vernunft zum kalkulierenden Instrument und die damit einhergehende Materialisierung von Natur und Welt einer scharfen Kritik. – Herrschte vorneuzeitlich, wie Horkheimer im 1. Kap. »Mittel und Zwecke« darlegt, ein Begriff ›objektiver Vernunft‹ vor – Vernunft ist kein bloß individuelles Vermögen, sondern eine Natur und Welt bestimmende Kraft, nach der sich auch das menschliche Leben auszurichten hat –, so wird im Verlauf der Geschichte dieser Vernunftbegriff denunziert und von der ›subjektiven Vernunft‹ verdrängt: Vernunft erweist sich ausschließlich als die Fähigkeit, gegebenen Zwecken, die sich selbst nicht mehr vernünftig beurteilen lassen, die effizientesten Mittel zuzuordnen. Diese Instrumentalisierung der Vernunft zum Zwekke der Herrschaft über die äußere Natur setzt die Herrschaft über die innere menschliche Natur voraus, gegen welche die unterdrückten natürlichen Triebe sich immer wieder erheben (3. Kap.: »Revolte der Natur«) – und die instrumentelle Vernunft vermag sogar diese Erhebung für ihre Zwecke einzuspannen (Nationalsozialismus, populärer Darwinismus). Angesichts der daraus resultierenden ›gegenwärtigen Kulturkrise‹, die sich für Horkheimer in der Krise des Individuums manifestiert (4. Kap.: »Aufstieg und Niedergang des Individuums«), werden »Gegensätzliche Allheilmittel« (2. Kap.) angeboten, die nur noch tiefer in die Krise führen: Während die positivist. Philosophie sich die Rettung von einer Radikalisierung und Universalisierung der wissenschaftlich-technischen Vernunft verspricht, empfiehlt der Neuthomismus eine Restitution der zerstörten objektiven Vernunft – und instrumentalisiert damit selbst das Absolute. Aufgegeben ist nach Horkheimer der Philosophie vielmehr die »Methode der Negation ..., die Denunziation dessen, was gegenwärtig Vernunft heißt« (5. Kap.: »Zum Begriff der Philosophie«).

Lit.: W. POST, Kritische Theorie und Metaphys. Pessimismus. Zum Spätwerk M. Horkheimers, 1971.

G. SEUBOLD

Économie ou oeconomie (morale et politique) (frz.; *Über Politische Ökonomie*), Jean-Jacques ROUSSEAU; ED Paris 1755 (in: Encyclopédie ou Dictionnaire raisonné des sciences, des arts et des métiers, hg. von Diderot/d'Alembert); EA Genf 1758 (u. d. T. *Discours sur l'économie politique*); dt. 1845.

In der Schrift werden erstmals grundlegende Gedanken Rousseaus zur Rechts- und Staatsphilosophie ausführlich dargelegt. –

Der 1. Teil widmet sich der Frage, wie sich staatliche Herrschaft begründen läßt, ohne daß die individuelle Freiheit des einzelnen beeinträchtigt wird. Aufgehoben wird der Gegensatz zwischen Erhaltung der Freiheit und Begründung staatlicher Autorität im allgemeinen Willen (volonté générale), dessen konkreter Ausdruck das Gesetz ist. Als Resultat freiwilliger Übereinkunft nimmt es dem Bürger nur soviel Freiheit, wie er selbst durch Zustimmung aufzugeben bereit ist. Der Staat ist somit nicht mehr dem Menschen übergeordnet, z. B. auf Grund göttlicher Autorität, sondern beruht einzig auf der freien Entscheidung seiner Mitglieder. Hauptaufgabe der Regierung, deren Charakterisierung im 2. Teil der Schrift erfolgt, ist es dabei, den Gemeinwillen zu vollziehen und in den Bürgern Tugend und Vaterlandsliebe, d. h. Zustimmung zum Staat, wachzuhalten. Dies geschieht vor allem durch Gewährleistung der öffentlichen Sicherheit und durch staatliche Erziehung. Im 3. Teil behandelt Rousseau die Frage, wie sich die für das allgemeine Wohl benötigten Finanzen beschaffen lassen, ohne in die Freiheit des einzelnen einzugreifen. Als Maßnahmen werden hierbei die Gründung von Staatsbesitztümern zur Deckung der Regierungsausgaben, strenge Sparsamkeit bei öffentlichen Ausgaben sowie die Einführung einer Luxus- und Vermögenssteuer angeführt. – Grundlegende Begriffe und Gedanken des Enzyklopädieartikels entwickelte Rousseau in seinem politischen Hauptwerk (→ *Du contrat social . . .*) weiter.

Ausg.: Œuvres complètes, hg. von B. Gagnebin/M. Raymond, Bd. III, 1964. – Frz./Dt. 1977.

Lit.: R. Brandt, Rousseaus Philosophie der Gesellschaft, 1973. – M. Forschner, Rousseau, 1977.

D. Diermeier

Ecrits (frz.: *Schriften*), Jacques Lacan; EA Paris 1966; dt. 1973 ff. Die verschiedene Vorträge wiedergebenden *Schriften*, die deshalb nur mit Vorbehalt als solche gelten können, deuten die wichtigsten Stadien von Lacans Tätigkeit an: seine Anfänge in der Gerichtspsychiatrie und seine Beziehungen zu den französ. Surrealisten; seine Theoreme zur anthropolog. Bedeutung des Bilderwesens und des Sprechens, die ihn veranlaßten, mit den Kategorien des Imaginären, des Symbolischen, des Realen eine neue ›Topik des Subjekts‹ auszuarbeiten; schließlich auch noch seine ersten Formalisierungsversuche mit Hilfe der Geometrie. Als ›Rückkehr zu Freud‹ propagiert Lacan seinen Beitrag zur Anthropologie, der jedoch gerade die moderne Anthropozentrik in Frage stellt. Daß die Psychoanalyse keine Psychologie sei, versucht er durch häufige Rekurse auf Linguistik, Logik und Kybernetik zu verdeutlichen. Daraus ergibt sich seine Übersetzung des ›Begriffs‹ des Unbewußten mit einem ›Satz‹: Das weiß irgendwo. So wie das Wissen wird auch das Wollen transindividualisiert – ohne daß damit die Not und die Chance des Selberseins verloren gehen. Indem er die Sprache nicht nur themat. sondern auch performativ aufs äußerste ausagiert, verfolgt Lacan die neuzeitliche Philosophie in die Aporien hinein, in denen nur noch das Trivium und das Quadrivium der alten artes liberales als Auswege bleiben. Das Theoretisieren wird an seine Grenzen geführt, damit die Rhetorik ihre Rechte wahrnehmen möge. Lacan hat sich mit der Psychoanalyse taktisch identifiziert, um mittels ihrer Grundproblemen der Moderne auf die Spur zu kommen. Doch hat er dieses Instrumentarium jeweils so eingesetzt, wie es ihm seine sokrat. Sorge um den Menschen ratsam erscheinen ließ. In diesem Sinne bezeugen die *Schriften* das komplizierte Unternehmen eines modernen Moralisten.

Lit.: A. JURANVILLE, Lacan und die Philosophie, i. E.

W. SEITTER

L'écriture et la différance (frz.; *Die Schrift und die Differenz*), Jacques DERRIDA; EA Paris 1967; dt. 1972.

In den philosoph. Interpretationen dieses Buches (aus den Jahren 1963–1967) wird eine Position am Rande des ›Logozentrismus‹ vor dem Hintergrund signifikanter Diskussionen des 20. Jh.s deutlich. – Indem Derrida die Tradition als Wechsel von Bewußtwerdung und Bewußtseinsverlust bzw. Anwesenheit und Abwesenheit liest, ist sie schon in das ›Spiel von Abwesenheit und Präsenz‹ einbezogen und kein privilegierter Gang zum ›Ursprung‹. Es gibt kein Zentrum, das ›das Spiel unendlicher Substitutionen‹ aufhält und aus der Abgeschlossenheit eines begrenzten Ganzen herausführen würde. Diese Grunderfahrung ist der Ausgangspunkt von Derridas ›originärer Interpretation‹. Im Strukturalismus sieht er die Organisation von Sinn, wo sich Überraschendes, selbst Pathologisches zeigt. Metaphysikkritik und Verabschiedung des Eurozentrismus gehören zusammen (Lévi-Strauss). Wir stehen in einer Geschichte des Denkens, in der das zu Denkende gesagt werden kann – und zugegeben wird, daß es Wahnsinn gibt (Foucault). Auf dem Umweg über die Schrift konstituiert sich das ›Sich-selber-sprechen-hören‹ als Geschichte der Vernunft (Husserl). In der Schrift, d. h. im Buchstaben und im Buch, herrscht différance (zugleich im Sinne von Unterscheidung und Verzögerung). In den Hieroglyphen des Traumes (Freud) oder des Tanzes und Spiels (A. Artaud) herrscht das Gesetz der différance ebenso wie ›die unzerstörbare Begierde nach voller Präsenz‹. Es gibt keinen Weg hinter die ›originale Repräsentation‹ zurück, selbst wenn im Gewebe der Erfahrung eine Öffnung ausgemacht werden kann, wo die messian. Eschatologie gehört werden kann (Levinas). – Derridas Werk gilt als frühes Dokument des ›Post-Strukturalismus‹, in dem die Ratlosigkeit in der ›Postmoderne‹ zum Ausdruck kommt.

Lit.: S. KOFMAN, Lectures de Derrida, 1984.

H. KOHLENBERGER

Education: Intellectual, Moral and Physical (engl.; *Die Erziehung, intellektuell, moralisch und physisch)*, Herbert SPENCER; EA London 1861; dt. 1874.

Das in die Projektierungsphase von Spencers Hauptwerk → *A System of Synthetic Philosophy* fallende Werk exemplifiziert die dort im Zentrum stehende Universalgültigkeit der Evolutionstheorie für ein Wissensgebiet. Aus der Bestimmung des Erziehungsziels als Lebenstüchtigkeit leitet Spencer den Vorrang der Naturwissenschaften und ihrer experimentellen Methodik ab, weil sie die Kausalität der Lebensbedingungen erschließen. Für die intellektuelle, moral. und physische Erziehung und ihre Prioritäten im Gesamterziehungssystem gilt nach Spencer, daß die Mißachtung ihrer evolutionären Natur die individuelle Entwicklung und die der gesamten Menschheit hemmt, während Erziehung nach wissenschaftlichen Prinzipien beides begünstigt.

Ausg.: Essays on Education and Kindred Subjects, 1976.
Lit.: F. A. CAVENAGH (Hg.), H. Spencer on Education, 1932. – D. Z. PHILIPPS u. a. (Hg.), Education – an Inquiry, 1980.

P. NAGELSCHMIDT

Die Eigenart des Ästhetischen, Georg LUKÁCS; EA Neuwied/Berlin 1963 (in: Werke, Bd. XI/XII).
Im Zentrum des zweibändigen 1. (und einzigen) Teils des nach der Einteilung des dialekt. und histor. Materialismus entworfenen Werks steht die philosoph. Begründung der ästhet. Setzungsart, die Ableitung der spezif. Kategorie der Ästhetik und ihre Abgrenzung von anderen Gebieten. Anfang und Endpunkt einer jeden menschlichen Tätigkeit ist das Alltagsverhalten des Menschen, aus welchem Wissenschaft und Kunst als höhere Aufnahme- und Reproduktionsformen entstehen. Beide sind Formen der Widerspiegelung der Wirklichkeit, selbstgeschaffene Organe der Menschheit, die Wirklichkeit zu erobern. Während die Wissenschaft die Wirklichkeit durch einen Bruch mit der personifizierenden Anschauungsweise, durch Desanthropomorphisieren, erfaßt, ist die Kunst auf anthropomorphisierende, anthropozentr. Abbildlichkeit des Diesseits gerichtet. Beide stehen aber der Religion gegenüber, da diese auf das Jenseits geht und eine Aufbewahrung der menschlichen Partikularität erstrebt. – Besonders ausführlich werden die Probleme der Mimesis einschließlich der defetischisierenden Aufgabe der Kunst behandelt.

J. FEHÉR

Einführung in die Metaphysik, Martin HEIDEGGER, entst. 1935; EA Tübingen 1953.
Die Schrift enthält die im Sommer 1935 gehaltene Vorlesung Heideggers sowie spätere Zusätze, worin die Frage nach dem Sein eine über → *Sein und Zeit* hinausgehende Radikalisierung erfährt. – Im 1. Abschnitt wird die Grundfrage: Warum ist überhaupt Seiendes und nicht vielmehr Nichts? als rangmäßig erste und weiteste Frage gedeutet. Sie fragt nach dem Seienden als solchem und im Ganzen, was in der frühgriech. Philosophie ›physis‹ genannt wurde. Im Unterschied zur ›techne‹ als dem wissenden ›Hervorbringen‹, meint ›physis‹ das Seiende als ›aufgehend-verweilendes Walten‹. Die Vorlesung will in diese Grundfrage hineinführen. Das in der Frage angesprochene ›Nichts‹ wirkt, zumindest auf Logik und wissenschaftliches Denken, befremdend. Der erste Teil der Frage (Warum ist überhaupt Seiendes?) stellt die Selbstverständlichkeit, daß die Dinge sind, in Frage und eröffnet so den Bereich des Seins. Die Seinsfrage bestimmt, für Heidegger, das ›geistige Schicksal des Abendlandes‹, d. h. sie betrifft geschichtliche Ereignisse, wie z. B. die ›Flucht der Götter‹, die ›Zerstörung der Erde‹, die ›Vermassung des Menschen‹. Im 2. Abschnitt geht Heidegger auf die Grammatik und

Etymologie des Wortes ›Sein‹ ein: Der ›modus infinitivus‹ weist auf eine Abstraktion der Bedeutung aus allen besonderen Bezügen hin, das Wort ist jedoch ›leer und von verschwebender Bedeutung‹. Der 3. Abschnitt, »Die Frage nach dem Wesen des Seins«, bringt die Frage nach dem Verstehen von Sein zur Sprache. Gegenüber der Verflachung, die sich im Wort kundtut, wird jetzt gefragt, ob das ›ist‹ die Möglichkeit der Vielfalt in sich birgt. Der 4. Abschnitt, »Die Beschränkung des Seins«, erörtert die Zusammenhänge Sein/Werden, Sein/Schein, Sein/Denken und Sein/Sollen. Anhand der Analyse dieser Entgegensetzungen sucht Heidegger das Sein nicht mehr als ein leeres Wort zu erfahren, sondern sich ihm gegenüber im Einklang mit der griechischen Philosophie (Heraklit, Parmenides) und Dichtung (Sophokles, Pindar), in einer ursprünglichen Grunderfahrung, offenzuhalten, wohingegen die ›Seinsvergessenheit‹ als Nihilismus bezeichnet wird. Die Frage nach dem Wesen des Seins ist zugleich die nach dem Wesen des Menschen, da der Mensch ›die Stätte der Seinseröffnung‹ ist. Als solche und weil der Mensch wesentlich ›zeitlich‹ ist, wurde zwar die Seinsfrage im Hinblick auf die Zeit (›ousia‹ als ständige Anwesenheit) gestellt, ohne daß aber diese ›leitende Blickbahn‹ ausdrücklich bewußt wurde; *Sein und Zeit* setzte hier an. – Heideggers ›Erneuerung‹ der Metaphysik stellt eine der großen Herausforderungen der Philosophie des 20. Jh. s dar.

Lit.: W. Marx, Heidegger und die Tradition, 1961. – O. Pöggeler, Heidegger und die hermeneut. Philosophie, 1983.

R. Capurro

Die Einheit der Natur, Carl Friedrich von Weizsäcker; EA München 1971.

Das Buch enthält eine Sammlung von Aufsätzen, die sich dem Thema der Einheit der Natur von vier verschiedenen Gesichtspunkten aus nähern: Vom Standpunkt der Wissenschaftsphilosophie, vom Standpunkt der Physik (als Lehre von der anorgan. Natur), vom Standpunkt der Biologie (als Lehre von der organ. Natur) und schließlich vom Standpunkt der Philosophie. Im Mittelpunkt steht die Frage nach der Einheit der Physik als der Frage nach der ›Einheit der erkannten Natur‹. Physik ist eine Erfahrungswissenschaft. In Anlehnung an Kant räumt Weizsäcker der Physik eine transzendentale Funktion ein, daß sie nämlich die Bedingungen der Erfahrung derjenigen Gegenstände enthält, die den Gesetzen der Physik unterliegen. Die einheitliche Physik müßte aus einer Theorie über die Bedingungen der Möglichkeit der Erfahrung herleitbar sein. Die Rolle der Zeit bewertet Weizsäcker aber anders als Kant. Mit Hume betont er, daß die Geltung der Logik in der Zeit logisch ebensowenig notwendig ist wie die Voraussetzung einer Konstanz im Naturgeschehen, wie sie für den Kantischen Apriorismus leitend war. Das naturwissenschaftliche Problem der Einheit der Physik ergibt sich aus dem Anspruch, sowohl die Elementarteilchenphysik als auch die Kosmologie aus der Quantentheorie abzuleiten. Das spezielle philosoph. Problem der Einheit der Physik liegt darin, zu zeigen, daß aus den allgemeinen Bedingungen der Möglichkeit der Erfahrung alle allgemeinen Gesetze der Physik folgen. Weizsäcker unterscheidet fünf Kriterien, an denen sich der Gedanke der Einheit der Natur zu bewähren hat: 1. die Einheit des Gesetzes, 2. die Einheitlichkeit der Spezies von Objekten, 3. die Allheit der Objekte, 4. die Einheit der Erfahrung und 5. die Einheit von Mensch und Natur.

E. Rudolph

Einleitung in die Geisteswissenschaften. Versuch einer Grundlegung für das Studium der Gesellschaft und der Geschichte, Wilhelm Dilthey; EA Leipzig 1883.

Das unvollendete Werk ist bestimmt durch die Auseinandersetzung mit dem naturwissenschaftlich orientierten Positivismus und durch die Abkehr vom metaphys. Denken. Der 1. Teil stellt den Zusammenhang der einzelnen Geisteswissenschaften dar und leitet daraus die Notwendigkeit ab, eine einheitliche geisteswissenschaftliche Methode zu entwickeln. Im 2. Teil setzt Dilthey sich mit der Metaphysik auseinander, verfolgt ihre Entstehung seit der Antike, definiert Begriff und Methode und stellt ihre Beziehung zu den ihr naheliegenden Phänomenen dar. – Mit der Trennung der Metaphysik von der Logik und der auftretenden Selbständigkeit der Einzelwissenschaften in ihrer Bindung an naturwissenschaftliche Methoden setzt der Skeptizismus an der Metaphysik ein. Das moderne wissenschaftliche Bewußtsein, die objektive Betrachtung der Phänomene, aber auch die Erkenntnis der Individualität des geistigen Menschen führen zur positiven Wissenschaft und verdrängen metaphys. Ableitungen der Phänomene. Die moderne Wissenschaft ist durch das Studium der Wirklichkeit, wie sie in der Erfahrung gegeben ist, charakterisiert. Sie sucht den kausalen Zusammenhang und analysiert die zusammengesetzte Wirklichkeit. In den Geisteswissenschaften wird die Zergliederung der Lebenseinheit zum zentralen Problem, wobei nicht mehr mit den Begriffen der Metaphysik operiert wird, da Dilthey sie für unwissenschaftlich hält. Eine Philosophie der Selbstbesinnung, welche in der Erkenntnistheorie und Psychologie gründet, stellt sich als adäquate Grundlegung der Geisteswissenschaften heraus. Die Geisteswissenschaften sind ein selbständiges Ganzes neben den Naturwissenschaften. Aus dem geschichtlich gewachsenen Zusammenhang ist ihr gemeinsames Grundverhältnis ersichtlich. Es ergeben sich drei Klassen von Sätzen, gegliedert nach ihrem wissenschaftlichen Gegenstand: histor., theoret. und praktische Sätze. Analyse und Abstraktion sind die Mittel des Denkens, um Gleichförmigkeiten, Ziele und Regeln festzustellen. Anthropologie und deskriptive Psychologie sind die Grundlagen aller Erkenntnis des Lebens und der Regelbildung zur Leitung und Fortbildung der Gesellschaft. – Diltheys Absicht, eine erkenntnistheoret. Grundlegung der Geisteswissenschaften zu entwickeln, sollte das Bewußtsein der Einzelwissenschaften für das Verhältnis ihrer Wahrheiten zur Wirklichkeit und zu anderen Wahrheiten wekken und den inneren Zusammenhang der Geisteswissenschaften, die Grenzen ihrer Erkenntnismöglichkeiten und ihre Methoden bestimmen. Die Grundlegung verbindet Erkenntnistheorie und Logik, welche aber ihr Gebiet über das diskursive Denken hinaus erweitern muß, und ist in Analogie zu Kants → *Kritik der reinen Vernunft* als ›Kritik der histor. Vernunft‹ gedacht.

Ausg.: Hg. von B. GROETHUYSEN, [8]1979.
Lit.: H. INEICHEN, Erkenntnistheorie und geschichtlich-gesellschaftliche Welt. Diltheys Logik der Geisteswissenschaften, 1975.

E. JAIN

Einleitung zu der Vernunfft=Lehre, worinnen durch eine leichte und allen vernünfftigen Menschen, waserley Standes oder Geschlechte sie seyen, verständige Manier der Weg gezeigt wird, ohne die Syllogistica das wahre, wahrscheinliche und falsche von einander zu entscheiden, und neue Warheiten zu erfinden, nebst einer Vorrede, Christian THOMASIUS; EA Halle 1691, Frankfurt/Leipzig 1693 (lat.; u. d. T.: *Introductio in logicam*).

In seiner bedeutenden erkenntnistheoret. Schrift, die an der Wende vom Barock zur Aufklärung steht, bindet Thomasius in offener Polemik gegen die scholast. Tradition der Logik die Vernunftlehre derart an ein praktisches Ziel (›gemeiner Nutzen‹, ›Glückseligkeit‹), daß alle Formen einer selbstgenügsamen Beweisführung von vornherein als unnütz, ja geradezu schädlich abgetan werden. Da die Erbsünde dem Menschen den Zugang zur Erkenntnis erschwert, soll Vernunft von den negativen Wirkungen der Leidenschaften (affectus) und von den Vorurteilen (praejudicia) befreien und ›Gelahrheit‹ erlangen. Die als ›Gelahrheit‹ aufgefaßte Erkenntnis macht Thomasius weder von einem besonderen Wissen (etwa von Sprachkenntnissen) noch von einem bestimmten Beruf, sondern allein von der Ausübung der allen gegebenen Vernunft abhängig. So läßt er keinen Unterschied zwischen Mann und Frau gelten. Vernunft, die alle benutzen können, besitzt sowohl ›leidende Gedanken‹, die Sinne, mit denen jede menschliche Erkenntnis beginnt, als auch tätige Gedanken, die Ideen, die das sinnlich Wahrgenommene zu verknüpfen imstande sind. Durch diese zwei Funktionen gelangt Vernunft zur Erkenntnis von Wahr und Falsch, und zwar dank einer als möglich vorausgesetzten, genauen Übereinstimmung von Sachen und Gedanken: »was mit des Menschen Vernunft übereinstimmt, das ist wahr, und was des Menschen Vernunft zuwider ist, das ist falsch«. Auf diese Erkenntnis kann die Umsetzung in die Praxis zum allgemeinen Nutzen folgen; denn von abstrakten method. Überlegungen befreit, wird Vernunft zu einer kritischen Instanz, die es sich zur Aufgabe setzt, in der Erfahrung, aber auch im histor. Wissen, das Wahre vom Falschen zu sondern. Das Werk gipfelt in dem Gebot: »Du sollst erfahren, definieren, unterscheiden«. Um die Irrtümer zu beseitigen, muß man aber schon sehr früh die menschliche Natur und deren Neigungen erforschen. Damit nimmt Thomasius' Vernunftlehre seine Sittenlehre vorweg. Zugleich weist sie auch auf ein grundsätzliches pädagog. Problem hin: auf die Notwendigkeit nämlich, schon das Kind von Vorurteilen zu befreien.

Ausg.: Repr. mit einem Vorwort von W. SCHNEIDERS, (1691) 1908.
Lit.: M. WUNDT, Die deutsche Schulphilosophie im Zeitalter der Aufklärung, 1945 (Repr. 1964).

E. BONFATTI

Einleitung zur richtigen Auslegung vernünfftiger Reden und Schriften, Johann Martin

CHLADENIUS: EA Leipzig 1742. Die philosoph. Abhandlung zählt zu den bedeutendsten hermeneut. Werken der Aufklärung. – Chladenius stellt die Hermeneutik als eigenständige philosoph. Disziplin vor, indem er sie von der Logik, der Philologie und der Textkritik abgrenzt. Obwohl die Interpretation von histor. Schriften und von Lehrbüchern im Zentrum des Werkes steht, entwickelt Chladenius eine ›allgemeine Auslege-Kunst‹, deren Gegenstandsbereich jedoch auf ›dunkle‹ Textstellen beschränkt bleibt. Allein diese bedürfen der Interpretation. Ziel der Auslegung ist das vollkommene Verständnis einer Textstelle. Dieses ist erreicht, »wenn man alles dasjenige dabey gedenckt, was die Worte nach der Vernunft und denen Regeln unserer Seele in uns vor Gedancken erwecken können.« Die durch die Auslegung erschlossenen Begriffe fallen nicht notwendig mit der Intention des Autors zusammen, sondern verweisen auf eine ›Sache‹, um deren Erkenntnis es Chladenius primär geht. Zwar bietet sich die ›Sache‹ aus der Perspektive des jeweiligen »Sehe-Punckts« des Autors dar, doch dessen Standortgebundenheit kann nach Chladenius mittels Interpretation überwunden werden. Die Perspektive des Interpreten hingegen stellt er nicht als methodolog. Problem in Rechnung. – Die Abhandlung des Chladenius wurde insgesamt verhältnismäßig wenig rezipiert, stieß aber in jüngster Zeit zunehmend auf Beachtung.

Ausg.: Repr. mit einer Einleitung von L. GELDSETZER, 1969.

Lit.: P. SZONDI, Einführung in die literar. Hermeneutik, 1975. – C. FRIEDERICH, Sprache und Geschichte, 1978.

P. WELSEN

Der Einzige und sein Eigentum, Max STIRNER (eigentl. Johann Caspar Schmidt); EA Leipzig 1845.

Stirners Schrift gegen die vernünftige Ordnung und den Moralismus tritt für die Anarchie und die Eigenheit des Einzelnen ein, der sich den Zwängen einer Allgemeinheit widersetzt. Stirners Sache ist weder das Göttliche noch das Menschliche, nicht das Wahre, Gute, Rechte und Freie, sondern das Meinige: wie Ich einzig bin. Diese Positivität reicht nicht an eine existenziale Nichts-Erfahrung heran (Pascal, Kierkegaard). Kehrt Stirners Einziger in sein schöpfer. Nichts zurück, so wird jedes höhere Wesen: Gott, Gattung Menschheit, religiöser Mensch als Schwächung der Einzigkeit gesehen. Der vergängliche Schöpfer wendet sich gegen den polit. Liberalismus, gegen den Gedanken des Bürgertums, daß der Staat der wahre Mensch sei. Er fügt sich auch nicht einem Christentum, das die Liebe gebietet und den Einzelnen einer machtvollen Gottheit unterwirft. Auch der Frühsozialisten Pflicht zur irdischen Liebe folgt Stirner nicht. Heftiger noch streitet er gegen einen Determinismus der Geschichte, dessen Gang Völker und Individuen geopfert werden. Der soziale Liberalismus Marx' scheint eine Herrschaft der Gattung über den Einzelnen anzuzielen und die Gesellschaft zu einem unpersönlichen machtvollen Eigentümer zu erheben. Stirner sieht dabei den Einzelnen reduziert auf einen menschlichen Arbeiter oder arbeitenden Menschen. Nicht allein der Heiligung der Gattung, auch dem humanen Liberalismus erwidert Stirner, daß man leibhaftig und nicht Ideen unterworfen ist. Seine Religion der Eigenheit entdeckt, daß der polit. Liberalismus Gesetz und Staat zum neuen Herrn wählte, daß der soziale Liberalismus, die Ungleichheit des Besitzes aufhebend, die Gesellschaft vergöttlichte, den Gang der Geschichte triumphalist. deutete. Mit Eigenheit meint Stirner, daß Freiheit nicht in Emanzipation aufgehe, sondern Selbstbefreiung, eine nicht aufgedrungene Bruderliebe sei. Stirners Kritik der von Feuerbach, Marx und B. Bauer inaugurierten menschlichen Religion kann nicht verbergen, daß auch für ihn der Einzelne einen Weg der Überschreitung seiner selbst bildet. Das Werk wirkte vor allem in der Tradition des Anarchismus und wurde sonst kaum beachtet.

Ausg.: 1981 (RUB 3057).
Lit.: H. G. HELMS, Die Ideologie der anonymen Gesellschaft, 1966.

A. KÖPCKE-DUTTLER

Der einzig mögliche Beweisgrund zu einer Demonstration des Daseins Gottes, Immanuel KANT; EA Königsberg 1763 (eigentl. 1762).

In dieser Schrift entwickelt Kant einen neuartigen Gottesbeweis, den er im Gegensatz zu den von ihm kritisierten traditionellen Gottesbeweisen – dem physikoteleolog., dem kosmolog. und dem ontolog. – für den einzig möglichen hält. Schon zu diesem Zeitpunkt geht Kant von der Entdekkung aus, daß Dasein kein reales Prädikat von einem Ding ist (AA II 72). Da auch im Begriff Gottes Dasein nicht impliziert ist, kann er nicht mehr durch eine bloße Analyse des Gottesbegriffs – wie dies im ontolog. Gottesbeweis geschieht – die Notwendigkeit seines Daseins beweisen. Kant gründet vielmehr seinen Gottesbeweis auf eine Analyse des Begriffs der Möglichkeit von etwas. Seine These ist, daß alle Möglichkeiten aufgehoben wären, wenn nicht als deren Realgrund ein notwendiges Wesen existierte. Kant erschließt somit den Begriff eines notwendigen Daseins, das heißt das Dasein Gottes, nicht aus dem bloßen Begriff Gottes, sondern aus dem Begriff der Möglichkeit. Erst später in seiner kritischen Periode verwirft er auch diesen Beweis als illusionär (→ *Kritik der reinen Vernunft*).

Ausg.: Gesammelte Schriften (Akademie-Ausgabe), Bd. II, 1905 (Repr. 1968).
Lit.: H. FRANKE, Kants Stellung zu den Gottesbeweisen im Zusammenhang mit der Entwicklung seines kritischen Systems, 1908. – K. REICH, Kants einzig möglicher Beweisgrund zu einer Demonstration des Daseins Gottes, F. Gesch. Phil. u. Päd. 17, 1937. – D. HENRICH, Der ontolog. Gottesbeweis, ^{2}1967.

G. MALUSCHKE

Eisagōgē (gr.; lat.: *Isagoge; Einleitung in die Kategorien*), PORPHYRIOS, entst. nach 268; ED Neapel um 1473/78 (in: Aristoteles, Organon), Venedig 1495 (in: Aristotelis opera, Bd. I, Aldus Manutius); dt. 1920.

Diese seit der Antike vielfach kommentierte Schrift (auch u. d. T. *Peri tōn pente phōnōn*; lat.: *De quinque vocibus* bekannt), die ihren großen Einfluß auf die Scholastik vor allem der latein. Übersetzung des Boethius verdankt, erläutert die fünf Begriffe Gattung, Differenz, Art, Proprium und Akzidens. Sie werden nicht von Dingen, sondern von Begriffen ausgesagt, deren Verhältnis sie bestimmen. Die obersten Gattungsbegriffe, aus denen mit Hilfe der Differenzen alle Artbegriffe abgeleitet werden können, sind die Kategorien. Beispiel einer solchen Ableitung ist die ›arbor Porphyriana‹, in der der übergeordnete zum untergeordneten Begriff jeweils im Verhältnis der Gattung zur Art steht: Substanz – Körper – beseelter Körper – Sinnenwesen – vernünftiges Sinnenwesen. Kritisch zu fragen ist, ob die Kategorien des Aristoteles tatsächlich Gattungen oder nicht vielmehr Begriffe einer anderen Ordnung sind.

Ausg.: A. Busse, Commentaria in Aristotelem Graeca, Bd. IV/1, 1887. – Dt., von E. Rolfes, 1974 (PhB 8/9).
Lit.: C. Prantl, Geschichte der Logik im Abendland, Bd. I, 1855 (Repr. 1955).

F. Ricken

Ta eis heauton (gr.; lat.: *Ad se ipsum libri XXII; Selbstbetrachtungen*), Marcus Aurelius Antoninus, entst. ab 172; ED Zürich 1559; dt. 1701 Allgemeiner Tugendspiegel oder Kern moralischer Gedanken Marci Aurelii Antonini Philosophi von und an sich selbst.
Der römische Kaiser legt in diesem Hauptwerk der späten Stoa Maximen nieder, die in erster Linie auf die Bewahrung der Freiheit des Geistes gegenüber den äußeren Verhältnissen gerichtet sind. Übereinstimmung mit sich selbst, das Ideal der Stoa überhaupt, wird durch Übereinstimmung des Handelns mit dem göttlichen und zugleich kosmischen Allgesetz erreicht. Leben nach der allgemeinen und insbes. der menschlichen Natur bestimmt die einzelnen Handlungsmaximen. Die Gelassenheit gegenüber den äußeren Ereignissen und Einordnung in das kosmisch-göttliche Weltgesetz beruht auf der Überordnung der ›führenden‹ Vernunftseele. Die Unterstellung allen Handelns unter die Vernunft ist Ziel des Weisen, des Philosophierenden. Die formale Formel ›Tugend ist Einsicht‹ wird durch eine naturalist. Deutung des Menschen und seiner Natur inhaltlich gefüllt. Der sich dabei abzeichnende Naturrechtsbegriff und die kosmisch gedeutete göttliche Weltordnung führen sowohl zu einer kosmopolit. Grundeinstellung als auch zur Ausprägung einer ›humanitas‹, die auch für die Gesetzgebungen Marcus Aurelius' bestimmend war. Die Bewahrung des inneren Selbst läßt äußere Übel, aber auch äußeres Wohlergehen als belanglos erscheinen. Der Ausgleich eines auf Öffentlichkeit und aktives Leben ausgerichteten Grundansatzes mit der Bewahrung des Selbst bedarf einer Reihe von Maximen, von denen das Gebot der Apathia, der Loslösung von äußeren Motiven und Leidenschaften, die wichtigste darstellt. Der Tod, mag er Auflösung oder Übergang sein, verliert seinen Schrecken, da er ebenso im großen Vernunftgesetz des Alls eingeschrieben ist wie das Leben. Das in Freiheit anerkannte Fatum wandelt sich selbst zur Freiheit.

Ausg.: Gr., hg. von J. Dalfen, 1979. – Gr./Dt., hg. von W. Theiler, 1951. – Dt., von W. Capelle, [12]1973.
Lit.: U. v. Wilamowitz-Moellendorf, Kaiser Marcus, 1931. – A. Birley, Marcus Aurelius, A Biography, [2]1987.

P. Kampits

Elemente der Psychophysik, Gustav Theodor Fechner; EA Leipzig 1860.
Fechner entwirft erstmalig eine exakte Lehre von den Abhängigkeitsbeziehungen zwischen Körper und Seele auf der Grundlage mathemat. Methoden und wird

damit zum Begründer der experimentellen Psychologie. Er bezieht sich bei seiner Untersuchung nur auf die erfahrungsmäßigen Abhängigkeiten zwischen Körper und Seele und klammert die Frage nach dem ontolog. Status dieses Verhältnisses method. aus. Für eine mathemat. Erfassung psychischer Vorgänge müssen diese einer Messung zugänglich sein. Weil nach Fechner nur das Physische unmittelbar gemessen werden kann, muß das Maß des Psychischen erst in Abhängigkeit davon gewonnen werden. Eine solche Maßformel glaubt Fechner in dem von ihm sog. und später ausführlich diskutierten »Weberschen Gesetz« gefunden zu haben. Nach diesem verhalten sich die Intensitäten der Empfindungen proportional den Logarithmen der Reizstärken. Daraus folgt, daß in dem höheren Teil der Reizskala größere Reizzuwächse erforderlich sind, als in dem niederen, um noch eine gleiche Verstärkung der Empfindung zu bewirken. Fechner unterscheidet drei Methoden zur Überprüfung eines Empfindungsunterschieds: die Methode der eben merklichen Unterschiede, die der richtigen und falschen Fälle und die der mittleren Fehler. Die Psychophysik gliedert sich in zwei Teile: Einen äußeren, der die Beziehungen des Geistigen zur körperlichen Außenwelt untersucht und der dabei seine Methoden der Physik entlehnt, und einen inneren, welcher das Verhältnis der Seele zur körperlichen Innenwelt durchforscht. Der Forschung ist nur die äußere Psychophysik zugänglich. Fechner widmet ihr daher den anfänglichen und größten Teil seines Werkes.

Ausg.: Repr. 1964.

K. LEIDLMAIR

Die Elemente der Staatskunst, Adam Heinrich MÜLLER; EA Berlin 1809.

Dieses wichtigste Werk der ›polit. Romantik‹ vertritt eine Gesellschaftstheorie, die sich – in Abgrenzung zur mechan.-rationalist. Konzeption der Aufklärung und unter Berufung auf die Schriften von Burke und Gentz – um eine Fundierung der staatlichen Ordnung auf Basis des Gemeinschaftsgedankens bemüht. Der Staat ist für Müller eine dem Individuum vorangestellte, alle menschlichen Angelegenheiten umfassende Kultur- und Schicksalsgemeinschaft, außerhalb derer ein humanes Sein schlechterdings undenkbar erscheint. In jedem lebendigen, ganzheitlich strukturierten Staatskörper sind die ihn tragenden Institutionen nicht künstlich ›gemacht‹, sondern durch jahrhundertelange Entwicklung natürlich ›gewachsen‹: selbständige Glieder bzw. ›Organe‹ des staatlichen Gesamtorganismus wie z. B. Familie, Stände, Innungen oder Zünfte, die sich durch ihre histor. Legitimation als gottgewollt ausweisen und auch in Zukunft erhalten werden müssen. Doch nicht nur das innerstaatliche Leben bedarf der steten Rechtfertigung durch göttliche Satzungen und Gebote; auch für den internationalen Staatenverkehr halten die Gesetze der christlichen Religion feste Handlungsnormen bereit, deren Befolgung die Möglichkeit einer auf Ausgleich und Verständigung beruhenden Solidargemeinschaft aller europäischen Völker und Nationen überhaupt erst konstituiert. – Müllers großangelegtes Werk formulierte in einer zumindest für die erste Hälfte des 19. Jh.s repräsentativen Weise die konservativ-romant. Alternative zum individualist. Gesellschaftsdenken des Liberalismus. Auch in neuerer Zeit wurde es zur Verteidigung ständisch-restaurativer Positionen wiederholt herangezogen (z. B. von O. Spann), obgleich der ›staatskollektivist.‹ Grundzug in Müllers Denken Verbindungslinien auch zu marxist. Lehren böte.

Ausg.: Mit Einführung von J. BAXA, 1922.
Lit.: C. SCHMITT, Polit. Romantik, [2]1925. – J. BAXA, A. Müller. Ein Lebensbild aus den Befreiungskriegen und aus der deutschen Restauration, 1930. – L. SAUZIN, A.-H. Müller (1779–1829). Sa vie et son œuvre, 1937. – B. KOEHLER, Ästhetik der Politik. A. Müller und die polit. Romantik, 1980.

F.-L. KROLL

Elementorum philosophiae, sectio prima: De corpore (lat.; *Anfangsgründe der Philosophie, erster Abschnitt: Vom Körper*), Thomas HOBBES; EA London 1655; engl. Fassung 1656 (erw.); dt. 1915.

Mehr als zehn Jahre nach Erscheinen der → *sectio tertia: De cive* legt Hobbes seine grundlegenden Ansichten über Theorie und Methode der Wissenschaft vor, die ihn nach eigenem Ermessen auch als Begründer einer civil philosophy erweisen. Teil I, »Logik«, umfaßt neben einem Abriß der mechanist. Auffassung Hobbes' eine ausführliche Darstellung seiner konventionalist. Prinzipien. Philosophie definiert er als ›rationelle Erkenntnis der Wirkungen oder Erscheinungen aus ihren bekannten Ursachen oder erzeugenden Gründen‹ und vice versa. Dabei vergleicht Hobbes den Vorgang der ›rationellen Erkenntnis‹ mit dem Rechnen: denn die Wahrheit eines Satzes – auch eines philosoph. – ergibt sich aus der korrekten Zusammenstellung richtig definierter Vorstellungen. Bezüglich der Methode unterscheidet Hobbes die resolutive, bzw. analyt., und die compositive, bzw. synthet.; Hobbes eigener Methode, speziell in der Staatstheorie, entspricht eine Mischung aus beiden. In Teil II, »Erste Gründe der Philosophie«, definiert Hobbes einige für ihn wesentliche ›Prinzipien‹: Ort, Zeit, Körper, Akzidentien usw. Die geometr. Betrachtungen in Teil III, »Über die Proportionen von Bewegungen und Größen«, illustrieren die ›demonstrative Methode‹: das Ableiten von Theoremen aus selbstevidenten Prinzipien. In Teil IV, »Physik oder die Phänomene der Natur«, geht Hobbes dazu über, von Erscheinungen auf ihre Ursachen zu schließen. In der Widmung verweist er darauf, daß dies der einzige Abschnitt ist, in welchem er seine Schlüsse nicht aus korrekten Definitionen, sondern nur aus ›nicht absurden Annahmen‹ ableitet. Nach einem kurzen Vorgriff auf die Sinneswahrnehmung, die in der → *sectio secunda: De homine* behandelt werden soll, wendet sich Hobbes physikal., speziell astronom. Phänomenen zu. Die in *De corpore* teils implizierte, teils formulierte Wissenschaftstheorie Hobbes' ist auch für das Verständnis seiner Staatstheorie von entscheidender Bedeutung.

Ausg.: Opera latina, hg. von W. Molesworth, Bd. I, 1839 (Repr. 1966). – Dt., Vom Körper (Elemente der Philosophie I), ausgew. u. übs. von M. FRISCHEISEN-KOEHLER, [2]1967 (PhB 157).
Lit.: J. W. N. WATKINS, Hobbes's System of Ideas, 1965. – H. FIEBIG, Erkenntnis und technische Erzeugung. Hobbes' operationale Wissenschaft, 1973. – M. J. J. KARSKENS, Hobbes's Mechanistic Theory of Science, and Its Role in Anthropology, in: J. G. VAN DER BEND (Hg.), Thomas Hobbes. His View of Man, 1982.

C. CHWASZCZA

Elementorum philosophiae, sectio secunda: De homine (lat.; *Anfangsgründe der Philosophie, zweiter Abschnitt: Vom Menschen*), Thomas HOBBES; EA London 1658; dt. 1918.

Das Werk besteht aus zwei Teilen, von denen der erste (Kap. 2-9) im wesentlichen die Ausführungen zur Optik, die Hobbes' bereits in der englischen Abhandlung von 1646 dargelegt hatte, in latein. Sprache wiedergibt, während der zweite Teil (Kap. 10-15) gesellschaftspolit. Überlegungen aus den späten 50er Jahren enthält. – In Kap. 1 werden medizin., evolutionäre Aspekte des Menschen angesprochen: Zeugung, Ernährung, Blutkreislauf, Bewegung des Körpers. Hobbes Interesse gilt jedoch dem Geist oder ›der Seele‹, wozu auch die Art und Weise gehört, wie sich der Mensch in seiner Umwelt zurechtfindet. Dies führt zur Beschäftigung mit dem Gegenstand der visuellen Wahrnehmung, nämlich dem Licht, und damit zur Optik. Ursprünglich in Opposition zu Descartes, legt Hobbes eine ausführliche Theorie vor, für die u. a. der imaginäre Raum eine Rolle spielt. Er gelangt dabei zu der für seine Zeit erstaunlichen Einsicht, daß Gegenstände um so größer erscheinen, je schneller sie sich bewegen. Der zweite, eher gesellschaftspolitische Teil des Werks, das im System der »Elementa philosophiae« vor → *Elementorum ... De cive* stehen sollte, läßt ähnliche hypothet. anthropolog. Voraussetzungen wie im → *Leviathan* erwarten. Dies trifft jedoch nur bedingt zu, da erstens bereits *De cive* einige Grundaussagen über den Menschen enthält und zweitens der ältere Hobbes weit weniger konstruktivist. vorgeht. So wird hier nicht der hypothet. Anti-Mensch als Mensch der sozialen Ordnung postuliert. Hobbes beschreibt den Menschen vielmehr nahezu wie ein empir. Anthropologe, d. h. er untersucht, wie es sich mit den menschlichen Begierden, Neigungen, Abneigungen, Meinungen, Präferenzen, aber auch mit Lachen und Weinen verhält. Das Gute wird angestrebt; aber nicht jeder hält dasselbe für gut; so ist die Anschauung von Erstrebenswertem relativ. Neigungen lassen sich je nach Temperament, Erfahrung, Selbsteinschätzung des einzelnen und nach der Autorität anderer über ihn beeinflussen. Hobbes unterscheidet private von öffentlichen Gütern, die er einem Nützlichkeitsmaßstab unterwirft. Dieser modern anmutende Gedanke wird von utilitarist. und spieltheoret. Seite gelegentlich aufgegriffen. Erst aus der Erkenntnis der Relativität der Geschmäcke, Auffassungen und Handlungsmaximen ergibt sich das positivist. Urteil, daß allein der Staat die relativen Sittlichkeitsvorstellungen aufhebt. Die Gesellschaftsordnung setzt den Maßstab für Gut und Böse auf allgemein verbindliche Weise: »wie immer die Gesetze sind, immer ... hat es als Tugend der Bürger gegolten, gegen diese Rechte nicht zu verstoßen«. So sind Tugend und Sittlichkeit dem Staat untergeordnet.

Ausg.: Opera latina, hg. von W. MOLESWORTH, Bd. II, 1839 (Repr. 1966). – Dt., Vom Menschen – Vom Bürger, hg. von G. GAWLICK, 1977 (PhB 158).
Lit.: C. B. MACPHERSON, Die polit. Theorie des Besitzindividualismus von Hobbes bis Locke, 1967. – A. BLACK, Society and the Individual from the Middle Ages to Rousseau: Philosophy Jurisprudence and Constitutional Theory, in: History of Political Thought 1 (1980). – O. HÖFFE, Th. Hobbes.

Anthropologie und Staatstheorie, 1981. – J. G. VAN DER BEND, Th. Hobbes. His View of Man, 1982.

H. P. MARKL

Elementorum philosophiae, sectio tertia: De cive (lat.; *Anfangsgründe der Philosophie, dritter Abschnitt: Vom Bürger*), Thomas HOBBES; EA Paris 1642 (anonym); endgültige Fassung u. d. T. *De cive* 1647; engl. 1651 *Philosophicall Rudiments Concerning Government and Society*; dt. 1873 Abhandlung über den Bürger.

Das von Hobbes in den 30er Jahren entwickelte Konzept einer Gesamtdarstellung der Philosophie in ihren Grundzügen (»Elementa philosophiae«) sah drei Teile vor: Ein erster → *Elementorum ... De corpore* sollte die physikal.-mechan. Grundlagen behandeln, ein zweiter → *Elementorum ... De homine* die Eigenschaften des Menschen analysieren und ein dritter darauf aufbauend die Staatsphilosophie darstellen. Anders als geplant, publizierte Hobbes diesen dritten Teil jedoch schon 1642 als Privatdruck und ohne Angabe des Verfassers, während *De corpore* und *De homine* erst 1655 bzw. 1658 folgten. – Das dreiteilige Werk entsteht in einer Zeit heftiger polit. Auseinandersetzungen in England, deren Ursachen nach Hobbes überwiegend auf falsche Moralvorstellungen zurückgehen. Der 1. Teil mit dem Titel »Freiheit« befaßt sich mit dem Menschen außerhalb der bürgerlichen Gesellschaft. Der Mensch ist kein ›von Natur zur Gesellschaft geeignetes Wesen‹, kein zōon politikon im Sinne des Aristoteles. Vielmehr gibt es zwei ›Forderungen der menschlichen Natur‹ – die ›natürliche Begierde‹, die jeden einzelnen ›den Gebrauch der gemeinsamen Dinge für sich allein‹ verlangen läßt, und die ›natürliche Vernunft‹, aufgrund deren »jeder dem gewaltsamen Tod als dem höchsten Übel auszuweichen sucht«. Die Natur des Menschen würde daher außerhalb der bürgerlichen Gesellschaft, im ›Naturzustand‹, zu einem Krieg aller gegen alle führen. Die Vernunft gebietet es jedoch, durch die vertragliche Abtretung des individuellen ›Rechtes auf alles‹ (Naturrecht) im Naturzustand diese Situation zu beenden. Der 2. Teil handelt von der »Staatsgewalt«. Nur dadurch, daß die Menschen untereinander durch Vertrag einen Staat (civitas, commonwealth) schaffen, in dem das Naturrecht des einzelnen auf alles aufgehoben ist und die höchste Staatsgewalt alle Mittel auf sich konzentriert, um den inneren Frieden zu garantieren, kann der Naturzustand überwunden werden. »Kennzeichen dieser höchsten Staatsgewalt sind der Erlaß und die Aufhebung der Gesetze, die Entscheidung über Krieg und Frieden ..., die Entscheidung aller Streitigkeiten ... und die Ernennung aller Obrigkeiten«. Im 3. Teil – »Religion« – zeigt Hobbes, daß seine Staatstheorie nicht im Widerspruch zur Hl. Schrift steht. – Das sofort nach seinem Erscheinen heftig umstrittene und 1654 auf den Index gesetzte Werk gilt als Gründungsdokument einer rationalist. und (im methodolog. Sinn) individualist. neuzeitlichen Tradition des gesellschafts- und staatsphilosoph. Denkens.

Ausg.: Opera latina hg. von W. MOLESWORTH, Bd. II, 1839 (Repr. 1966). – Dt., Vom Menschen – Vom Bürger, hg. v. G. GAWLICK, 1977 (PhB 158).
Lit.: L. STRAUSS, Hobbes' polit. Wissenschaft, 1965. – R. KOSELLECK/R. SCHNUR, Hobbes-Forschungen, 1969. – B. WILLMS,

Die Antwort des Leviathan. Th. Hobbes' polit. Theorie, 1970. – O. Höffe, Th. Hobbes: Anthropologie und Staatsphilosophie, 1981.

J. Nida-Rümelin

Eléments de la philosophie de Newton mis à la portée de tout le monde (frz.; *Grundzüge der Lehre Newtons*, gemeinverständlich dargestellt), Voltaire (eigentl. François-Marie Arouet); EA Amsterdam 1738; dt. 1741 Metaphysik des Newton.

Voltaire hatte bereits in den 1734 erschienenen *Lettres philosophiques* (→ *Letters concerning the English Nation*) der Newton-Rezeption in Frankreich wesentliche Impulse gegeben. Seit 1736 widmete er sich mit Mme du Châtelet eingehend dem Studium der Newtonschen Schriften und faßte die Ergebnisse in dieser Abhandlung, einer Divulgation der Grundgedanken Newtons aus dem Bereich der spekulativen Philosophie und der Physik zusammen. – Die Schrift gliedert sich in die Teile »Métaphysique« und »Physique«, von denen letzterer 13 Kapitel zur Optik und 14 zur Gravitationslehre enthält. Im philosoph.-spekulativen Teil erläutert Voltaire Newtons Gottesbegriff, der sich von dem von Leibniz durch die Idee der absoluten Freiheit Gottes unterscheidet, Newtons Lehre von Raum und Zeit, von der menschlichen Freiheit, von der Seele sowie von den Grundprinzipien der Materie. Im Teil über die Optik erläutert Voltaire anschaulich die Lehre von der Natur des Lichts und der Farben, die Gesetze der Refraktion sowie das Entstehen der Bilder im menschlichen Auge. Der Teil zur Gravitationslehre erläutert Newtons Gesetz der Schwerkraft und erklärt die damit zusammenhängenden Naturphänomene. Voltaire folgt eng den Auffassungen Newtons und leistete einen wichtigen Beitrag zur Umorientierung der philosoph. Diskussion in Frankreich von Descartes und Leibniz zur englischen Philosophie und Naturwissenschaft. – Voltaires eleganter und leichtfaßlicher Stil machte die schwierige Materie einem relativ großen Kreis zugänglich und trug damit wesentlich zur ›Wissensexplosion‹ im 18. Jh. bei.

Ausg.: Œuvres, Bd. XXII, 1879. – Dt., von H. H. Borzeszkowski/R. Wahsner, Newton und Voltaire, 1980 (Teilübers.).

Lit.: P. Brunet, L'introduction des théories de Newton en France aus XVIIIe siècle avant 1738, 1931. – Ch. Dedeyan, Voltaire et la pensée anglaise, 1956. – I. O. Wade, The intellectual development of Voltaire, 1969. – J. Ehrard, L'idée de la nature en France à l'aube des lumières, 1970.

R. Schwaderer

Eléments d'idéologie (frz.; *Elemente einer Ideenlehre*), Antoine Louis Claude Destutt de Tracy; EA Paris 1801–1815 (5 Bde.).

Aufbauend auf Condillacs Sensualismus behandelt das erkenntnis- und sprachtheoret. Werk die Bedingungen menschlicher Verstandestätigkeit und die Bedeutung, die dabei der Sprache als Instrument des Denkens zukommt. – Band I erörtert die Entstehung der Ideen, des Gegenstands der ›Ideologie‹, die Destutt de Tracy als ›science des idées‹ definiert; das Denken, das er auf die Sinnestätigkeit zurückführt, umfaßt vier elementare Fähigkeiten: Empfindung (sensibilité), Erinnerung (mémoire), Urteil (jugement) und Willen (volonté). Aus ihrem Zusammenwirken entwickeln sich unsere Vorstellungen sowie die Wahrnehmung unserer eigenen Existenz und der unserer Umwelt, die sich uns über das ›Widerstandserlebnis‹ – die

Tatsache, daß die Außenwelt unserem Wollen oft entgegensteht – vermittelt. Da sich alle Ideen nur mittels sprachlicher Zeichen konkretisieren, im Gedächtnis fixieren und mitteilen lassen, ist ihrem Studium der II. Band (»Grammaire«) gewidmet. Grammatik wird hier als Fortsetzung der Ideenlehre aufgefaßt. Als einer der letzten Vertreter der allgemeinen Grammatik knüpft Destutt de Tracy an die Tradition von Port Royal (→ *Grammaire générale et raisonnée*) an, trägt aber auch der Erfahrung und damit der Historizität von Sprache Rechnung. Auch die Logik (Band III) soll sich ihm zufolge dem Studium unserer Erkenntnismittel widmen und die Entstehung der Ideen, ihre Verbindung und Deduktion behandeln, bevor sie daraus die Prinzipien des Urteilens ableitet. Erkenntnis führt er auf sinnliche Wahrnehmung, Irrtum auf die Unvollkommenheit menschlichen Erinnerungsvermögens zurück. Die Bände IV und V behandeln den Willen, der erste unter gesellschaftlich-ökonom., der zweite, unvollendet gebliebene, unter emotionalen und moral. Gesichtspunkten.

Ausg.: Repr. (Paris 1801–1815, 5 Teile in 4 Bdn.) 1977.

Lit.: E. KENNEDY, A Philosopher in the Age of Revolution. Destutt de Tracy and the Origins of Ideology, 1978.

S. SCHAUF

Elements of Law, Natural and Politic (engl.; *Anfangsgründe der natürlichen und bürgerlichen Gesetze*), Thomas HOBBES, entst. 1640; EA London 1889; dt. 1926 Naturrecht und allgemeines Staatsrecht in den Anfangsgründen.

Auf Veranlassung des Earl of Newcastle verfaßte Hobbes diesen ersten Entwurf einer ›mathemat.‹ Staatstheorie, der nur in wenigen handschriftlichen Exemplaren und im kleinen Kreis zirkulierte. Eine veränderte Fassung erschien 1650 in 2 Teilen unter den Titeln: *Human Nature* und *De corpore politico*. Die Analyse der Gründe und Ursachen der natürlichen und bürgerlichen Gesetze führt Hobbes zu einer Betrachtung des Menschen als ›natürlicher Person‹ und als ›polit. Körper‹. Einer mechanist. Theorie der Wahrnehmung und einer konventionalist. Theorie der Erkenntnis folgt eine ausführliche Behandlung der menschlichen Affekte. Anders als in → *Leviathan* versucht Hobbes hier, die Notwendigkeit des Staates aus den Affekten abzuleiten. Alle Menschen streben danach, sich zu erhalten, worin ihr natürliches Recht besteht. Außerdem leitet Hobbes aus der Leichtigkeit, mit der auch der Schwächste den Stärksten töten kann, die natürliche Gleichheit aller und das gleiche Recht aller auf alles im Naturzustand ab. Die Selbsterhaltung ist am besten in einem Friedenszustand zu gewähren, und so lautet das erste der natürlichen Gesetze, daß alle Frieden suchen sollen, wenn eine Chance dazu besteht. Die dazu nötigen Bedingungen beschreibt Hobbes in den folgenden natürlichen Gesetzen, die mehr als Regeln der Vernunft, denn als Gesetze im eigentlichen Sinne zu verstehen sind. Ruhmsucht und Eitelkeit jedoch stellen eine ständige Bedrohung aller dar: das Leben im Naturzustand gleicht einem Kriegszustand. Als notwendige Konsequenz für Erhalt von Frieden und Leben ergibt sich daraus der Zusammenschluß zu einem Staat: d. h. die Unterwerfung unter eine ungeteilte, absolutist. Macht, die zur Wahrung des inneren Friedens bürgerliche Gesetze erläßt – über deren Einhaltung wacht – und Sicherheit nach außen bietet. Hobbes unterscheidet drei gleichermaßen legitime Arten der Herrschaft: Herrschaft durch Vertrag, durch Eroberung oder patriarchal. Herrschaft. Anders als in *De cive* (→ *Elementorum philosophiae, sectio tertia*) oder in *Leviathan* räumt Hobbes einer theolog. Absicherung seiner Theorie in den *Elements* nur wenig Raum ein.

Ausg.: Dt. (1926), Repr. 1983.
Lit.: L. STRAUSS, Hobbes polit. Wissenschaft, 1965. – F. S. McNEILLY, The Anatomy of Leviathan, 1968. – O. HÖFFE (Hg.), Th. Hobbes. Anthropologie und Staatstheorie, 1981.

C. CHWASZCZA

Emile ou de l'éducation (frz.; *Emile oder über die Erziehung*), Jean-Jacques ROUSSEAU; EA La Haye 1762; dt. 1762 Aemil oder Von der Erziehung.

Die Schrift stellt in Form eines Erziehungsromans einen Gegenentwurf zu der vor allem im → *Discours sur l'origine* ... attackierten Scheinexistenz des gesellschaftlichen Menschen dar. – Im Unterschied zu traditionellen pädagog. Entwürfen geht es nicht um die Formulierung eines abstrakten Erziehungssystems, vielmehr soll durch Nachzeichnung der Entwicklung des Zöglings Emile ein konkretes Erziehungsprogramm vorgestellt werden, das es ermöglicht, in einer zivilisator. korrumpierten Gesellschaft das Gegenbild eines natürlichen, tugendhaften Lebens zu verwirklichen. Die Entwicklung des Kindes teilt sich in die Abschnitte Kindheit und Jugend, deren Besonderheiten beachtet werden müssen, um die Eigenheit des Kindes zu bewahren und es nicht zu einem gesellschaftlichen Scheinwesen degenerieren zu lassen. Die Kindheit als ›natürliches Alter‹ (âge de nature) ist analog zu dem im *Discours sur l'origine* ... postulierten Naturzustand (état de nature) durch möglichst vollständige Unabhängigkeit gekennzeichnet. Für sich lebend, kennt das Kind die Welt nur als die Welt der Dinge, sich selbst nur im Verhältnis zu den Dingen. Dieser Unabhängigkeit trägt der Erzieher dadurch Rechnung, daß er sich jeder direkten Einwirkung auf das Kind enthält und statt dessen indirekt durch Auswahl der Reize und Umweltsituationen, die auf das Kind einwirken, dessen Entwicklung steuert. In diesem Sinne soll das Kind z. B. Strafen nie als vom Erzieher verursacht, sondern als natürliche Folgen eines bestimmten Verhaltens erleben. Mit dem Beginn der Jugend gerät Emile durch das Bedürfnis nach Liebe in seelische Abhängigkeit vom Mitmenschen; die Welt der Dinge wird zur Welt der Gesellschaft. Der Erzieher versucht durch die Hinführung zu Kunst, Literatur und Religion die Seele des Zöglings zu bilden. Ihre Vollendung erreicht Emiles Erziehung in der Liebe zu Sophie, die durch eine Erziehung zur Liebe begleitet wird. In dem nur lose mit dem Roman zusammenhängenden »Glaubensbekenntnis eines savoyischen Vikars« (Profession de foi du Vicaire Savoyard) tritt Rousseau für eine natürliche Religion jenseits von Bekenntnissen und Dogmen ein und fordert religiöse Toleranz. – Der von Rousseaus Zeitgenossen als skandalös bezeichnete pädagogische Roman wurde von Goethe als ›Naturevangelium der Erziehung‹ betrachtet und prägte insbesondere die deutsche Pädagogik.

Ausg.: Dt., [4]1978 (UTB 115). – Œuvres complètes, hg. von B. GAGNEBIN/M. RAYMOND, Bd. IV, 1969.
Lit.: M. RANG, Rousseaus Lehre vom Menschen, 1959.

D. DIERMEIER

Encheiridion (gr.; *Handbüchlein*), EPIKTET, entst. um 100 n. Chr.; ED Bologna 1497 (lat., in: Censorinus, De die natali) Venedig 1528 (gr., in: Simpliciu exēgēsis eis tu Epiktētu encheiridion); dt. 1799/1800.

Das von Epiktets Schüler Arrian aufgezeichnete Werk faßt im Stil einer Lehrschrift die Grundgedanken der Ethik der neueren Stoa prägnant zusammen. – Gegenstand der Philosophie sind die Grundsätze, nach denen wir unser Leben ausrichten sollen. Ausgangspunkt ist dabei die Unterscheidung von Dingen, die in unserer Gewalt sind, und solchen, die nicht in unserer Gewalt (eph' hēmin) sind. Was man nicht ändern kann, das muß man hinnehmen: »Anechu kai apechu« (halte aus und enthalte dich) ist der Kernsatz des Werkes. Beunruhigend sind nicht Tatsachen, sondern Meinungen über Tatsachen. Das Lebensideal besteht daher in einer weitgehenden inneren Unabhängigkeit von den Einflüssen der gesellschaftlichen Umwelt. – Das Handbüchlein hat besonders in der Spätantike, im frühen Christentum und in byzantin. Zeit eine große Rolle für die moral. Orientierung gespielt.

Ausg.: Gr./Dt., hg. von P. SMETS, 1938. – Dt., hg. v. H. SCHMIDT, [11]1984.
Lit.: A. BONHOEFFER, Die Ethik des Stoikers Epiktet, 1894. – J. SCHNEIDER, Zwei Wege der Lebensführung. Epiktet und Thomas von Kempten, 1952. – J. BONFORTE, The Philosophy of Epiktet, 1955.

J. NIDA-RÜMELIN

Enchiridion militis Christiani saluberrimis praeceptis refertum contra omnia vitiorum irritamenta efficacissimum et ratio quaedam veri Christianismi (lat.; *Handbüchlein des christlichen Streiters*, reich an heilsamsten Vorschriften, gegen jegliche Anreize der Laster äußerst wirksam, eine Anleitung zum wahren Christentum), Desiderius ERASMUS VON ROTTERDAM; ED Antwerpen 1503 (in: Lucubratiunculae), EA Löwen 1515; dt. 1520 Enchiridion oder Handbüchlin eines christenlichen und ritterlichen Lebens.

Die Schrift bietet eine Anleitung zur rechten Frömmigkeit, die Erasmus in der Vorrede der für die Verbreitung des Büchleins wichtigen Neuauflage von 1518 mit einem von den Kirchenvätern geprägten Ausdruck ›philosophia Christi‹ nennt. – Entsprechend dem stoischen, bereits im Neuen Testament herangezogenen Topos vom Leben als Kriegsdienst charakterisiert Erasmus das menschliche Leben als Kampf, in dem es die richtigen Waffen – Gebet und Kenntnis der Hl. Schrift – zu handhaben gilt. Voraussetzung dazu ist die bereits in der Antike geforderte Selbsterkenntnis, die dem Menschen verdeutlicht, daß er seiner Seele nach dem geistigen, göttlichen, seinem Leibe nach dem animal. Bereich angehört. Die ursprüngliche Einheit beider, die durch die Sünde gestört wurde, ist dadurch wiederherzustellen, daß die menschliche Vernunft, das göttliche Element im Menschen, das durch die Sünde nicht in Mitleidenschaft gezogen wurde, wieder zur Herrschaft kommt. Dazu dienen die 22 Regeln und weitere Ratschläge, in denen Erasmus Hilfsmittel zur Überwindung der Vorherrschaft des Äußerlichen in Kirche und Welt wie im einzelnen Menschen an die Hand gibt. Sie sind von einer teilweise heftigen Kritik, besonders am Mönchtum, begleitet. Von zentraler Bedeutung ist die fünfte Regel, in der Erasmus seine anthropolog. und hermeneut. Grundregel für Schriftauslegung und christliche Lebensgestaltung fruchtbar macht: Überall gilt es, vom Sichtbaren zum Unsichtbaren vorzustoßen. Die vierte und die sechste Regel umreißen den christolog. Rahmen dieses Bemühens. – Zunächst für einen Hofmann geschrieben, fand das vielfach übersetzte Werk, besonders in den Anfangsjahren der Reformation, weite Verbreitung.

Ausg.: Lat./Dt. in: Ausgewählte Schriften, Bd. I, 1968.
Lit.: A. Auer, Die vollkommene Frömmigkeit des Christen, 1954. – E.-W. Kohls, Die Theologie des Erasmus, 1966.

P. Walter

Encyclopédie ou dictionnaire raisonné des sciences, des arts et des métiers, par une société de gens de lettres (frz.: *Enzyklopädie oder wohlbegründetes Wörterbuch der Wissenschaften, der Kunst und des Handwerks, herausgegeben von einer Gesellschaft von Gelehrten*), Jean le Rond d'Alembert und Denis Diderot (das Werk wurde bis 1757, d. h. bis zum VII. Bd., von beiden gemeinsam herausgegeben, dann aber von Diderot allein weitergeführt); EA Paris 1751–1780 (35 Bde.).

Das Werk, für das neben den Herausgebern und zahlreichen Spezialisten für verschiedene Sachgebiete auch Philosophen wie Condillac, d'Holbach, Rousseau und Voltaire Artikel verfaßten, behandelt in mehreren tausend Einzelbeiträgen Stichwortthemen aus allen Bereichen der Wissenschaften, der Künste und des Handwerks mit dem Ziel, das gesamte Wissen der Zeit zusammenzufassen, zu klassifizieren und einer breiten Öffentlichkeit zugänglich zu machen, um so den geistigen, polit. und technischen Fortschritt zu fördern. – In der Einleitung (»Discours préliminaire«, 1751) führt d'Alembert, der in der Titelei des Werks als verantwortlich für den mathemat. Teil des Lexikons angegeben wird, aus, daß nicht nur alle wissenschaftliche Erkenntnis auf die sinnliche Wahrnehmung zurückzuführen sei, sondern auch alles moral. Wissen letztendlich auf der Wahrnehmung von Gefühlen und Formen des Begehrens beruhe. Nach dieser erkenntnistheoret. Grundlegung entwickelt er das Programm der *Encyclopédie*, das in einer umfassenden und zusammenhängenden Darstellung des Wissens der Zeit auf der Basis einer wissenschaftssystemat. Klassifizierung im Sinne des Systems der Wissenschaften von Bacon (→ *Instauratio magna: Novum organum*) besteht. Auf der Grundlage dieser Prinzipien behandelt das Lexikon eine große Fülle von Einzelkenntnissen aus allen Wissensbereichen, wobei der Gesamtzusammenhang des menschlichen Wissens insofern gewahrt bleibt, als die jeweiligen Artikel zum einen durch Siglen einer bestimmten Wissenschaft zugeordnet werden und zum anderen Hinweise auf Beiträge verwandten Inhalts enthalten. Jegliches Wissen wird bestimmten Geistesvermögen zugeordnet. So werden die Wissenschaften unter ›Vernunft‹, die Geschichte unter ›Gedächtnis‹ und Literatur und Kunst unter ›Einbildungskraft‹ aufgeführt. In den Beiträgen zu Philosophie, Politik und Religion manifestiert sich die kritisch-aufklärer. Grundtendenz des Werkes: In seinem Artikel über »Öffentliche Autorität« (»Autorité publique«, 1751) erklärt Diderot die Freiheit zu einem Naturrecht des Menschen und betont, daß jeder Fürst seine Legitimität nur von seinen Untertanen ableiten und seine Herrschaft nur innerhalb der Grenzen des Naturrechts ausüben dürfe. Die Monarchie wird hierbei nicht grundsätzlich in Frage gestellt, da sie für die Erhaltung der öffentlichen Ordnung als unabdingbar angesehen wird. In anderen Artikeln wird jedoch ausführlich auf die Vorteile einer repräsentativen Staatsverfassung und die Notwendigkeit einer Garantie der bürgerlichen Freiheitsrechte eingegangen. In mehreren Beiträgen zur Geschichte der Philosophie erhebt Diderot die Philosophie zu einer Religion der Vernunft, deren Verbreitung in der Bevölkerung ein neues Zeitalter geistiger und polit. Mündigkeit herbeiführen soll. Die Voraussetzungen für diesen Fortschritt sieht d'Alembert (Beiträge zu »Erfahrung« und »Astronomie«) vor allem in der beständigen Vermehrung eines sicheren Wissens, wie es nur auf der Grundlage einer rationalen Auswertung der sinnlichen Erfahrung zu erlangen ist: Angeboren (Artikel »Inné«) sind den Menschen nur die Möglichkeiten ihres Fühlens und Denkens, nicht aber die Wahrheiten. In anderen Artikeln nehmen die Mitarbeiter der *Encyclopédie* deutlich Stellung gegen alle Formen von religiösem Dogmatismus bzw. Aberglauben, da diese den menschlichen Geist entmündigen und die Fortschritte von Wissenschaft und Gesellschaft hemmen. Die Religionskritik fällt allerdings weniger atheist. als vielmehr deist. aus. Bezüglich der Ethik verweist Diderot darauf, daß es Moralität auch unabhängig von der Religion geben könne, wohingegen Religion und Immoralität im Laufe der Geschichte allzu häufig einvernehmlich nebeneinander aufgetreten seien. Einzelne Beiträge entwikkeln in diesem Zusammenhang Grundsätze einer utilitarist. Ethik, die sich nicht mehr an dogmat. Gesetzen religiösen Ursprungs, sondern ausschließlich an der Natur und dem Glück des Menschen orientieren. Hierbei wird der Mensch ausdrücklich als ein soziales Wesen aufgefaßt, so daß individuelle und kollektive Moral eine unauflösliche Einheit bilden. Die Durchsetzung einer vernünftigen und undogmat. Moral ist einerseits Aufgabe der rationalen Erkenntnis, andererseits aber auch Sache einer entsprechend gestalteten, wohlbegründeten Erziehung der Jugend. Schließlich finden sich in anderen Artikeln auch Ansätze zu einer Theorie der Sprache, die sich auf die Einsicht gründen, daß das Wissen selbst von Gebrauch und Struktur der Sprache abhängig ist. Allen Beiträgen der *Encyclopédie* liegt die Vorstellung zugrunde, daß die Natur dem Menschen alle Möglichkeiten bietet, sein Glück im Diesseits nicht nur zu suchen, sondern auch zu finden. Dem Wissen kommt hierbei die entscheidende Funktion zu, die Welt dem Menschen in der Weise verfügbar zu machen, daß er auf der Grundlage von Vernunft und philosoph. Selbsterkenntnis Natur und Gesellschaft zum Zweck der umfassenden Verwirklichung des Glücks optimal gestalten kann. – Die *Encyclopédie* hat wie kein anderes Werk des 18. Jh.s dem Glauben der französ. Aufklärung an die fortschrittsgestaltende Kraft des auf Vernunft und Erfahrung beruhenden Wissens Ausdruck verliehen und damit – ungeachtet zahlreicher Irrtümer, wissenschaftlicher Detailfragen und einer teilweise heftigen Kritik an ihren polit. und religiösen Konzeptionen – in entscheidendem Maß an der Entwicklung und Verbreitung der aufklärer. Ideen mitgewirkt, womit sie zugleich zur geistigen Vorbereitung der Französ. Revolution beitrug.

Ausg.: Repr. (1762–1777) 1979.

Lit.: J. LE GRAS, Diderot et l'Encyclopédie, 1928. – E. WEIS, Geschichtsschreibung und Staatsauffassung in der französ. Enzyklopädie, 1956. – O. FELLOWS, Diderot et l'Encyclopédie, 1963. – J. LOUGH, The ›Encyclopédie‹, 1971. – U. DIERSE, Enzyklopädie. Zur Geschichte eines philosoph. und wissenschaftstheoret. Begriffs, 1977.

J. MONAR

Endliches und ewiges Sein. Versuch eines Aufstiegs zum Sinn des Seins, Edith STEIN, entst. 1931-36; EA Louvain/Freiburg 1950.

Diese Ontologie, basierend auf einem umgearbeiteten Versuch von 1931, *Potenz und Akt*, stellt eine Auseinandersetzung mit Thomismus und Husserls Phänomenologie über die Seinsfrage dar. Damit ist der seltene Versuch einer Verschmelzung von mittelalterlichem mit modernem Denken unternommen. Die Analyse des endlichen Seins führt dabei über die Sinnfrage zum ewigen Sein, das in der (thomas.) analogia entis erschlossen wird und seinerseits seine dreifaltige Spur in der Schöpfung erweist, vorzüglich in der Leib-Seele-Geist-Einheit der Person. Letztlich geht es darum, Sinn und Möglichkeit einer ›christlichen Philosophie‹ unter den denker. Bedingungen des 20. Jh.s neu zu erarbeiten, jedoch absichtlich noch ohne die zugehörige Bewußtseinsphilosophie.

Ausg.: Werke, Bd. II, [2]1962.

Lit.: A. BAJSIC, Der Begriff einer christlichen Philosophie bei E. Stein, (Diss.) 1961. – A. HOEFLIGER, Das Universalienproblem in E. Steins Werk ›Endliches und ewiges Sein‹, 1968. – M. BARUKINAMWO, E. Stein. Pour une ontologie dynamique, ouverte à la transcendance totale, 1982.

H.-B. GERL

Energetische Grundlagen der Kulturwissenschaft, Wilhelm OSTWALD; EA Leipzig 1909.

Der Begründer der Physikal. Chemie (Nobelpreis 1909) und populäre Naturphilosoph unternimmt eine ›energet. Grundlegung der Kulturwissenschaft‹ unter Anwendung der physikal. Energiegesetze. Energieumwandlung ist das ›Urphänomen alles Geschehens‹. Innerhalb der Hierarchie der Wissenschaften (nach Comte) zeigt es sich zuunterst in den mechan., elektr. und chemischen Energietransformationen der anorgan. Natur, darüber in den organ. Strukturen und im Stoffwechsel der Pflanzen- und Tierwelt, schließlich in der ›allgemeinsten und höchsten Synthese menschlicher Geistbetätigung‹: in der Kultur. Sprache und Erziehung, Wirtschaft und Verkehr, Staat und Recht, Wissenschaft und Technik folgen dabei – wie alle menschlichen Vergesellschaftungen und Vergeistigungen – dem ›Gesetz der Verbesserung des Güteverhältnisses‹ von freier Nutzenergie und begrenzter Rohenergie. Durch ›Energieorganisation‹ vermag der Mensch – unter Beachtung des 2. Hauptsatzes der Thermodynamik – die Abnahme der freien Energie, also die Entropie, zu verzögern und diese zum

Aufbau kultureller Einrichtungen und idealer Tätigkeiten zu verwenden. Auch Kulturentwicklung ist ›Kampf ums Dasein‹ als ›ein Kampf um freie Energie‹.

Lit.: M. Weber, ›Energet.‹ Kulturtheorien, in: Arch. Sozialwiss. u. Sozialpol. 29 (1909). – J.-P. Domschke/P. Lewandrowski, W. Ostwald, 1982.

H. Baier

L'energie spirituelle. Essais et conférences (frz.; *Die geistige Energie.* Aufsätze und Vorträge), Henri Bergson; EA Paris 1919; dt. 1928 Die seelische Energie.

In der Aufsatzsammlung entwikkelt Bergson vornehmlich das Leib-Seele-Problem und nimmt zu Methodenfragen von Philosophie und Psychologie ebenso Stellung wie zu verschiedenen psychischen Phänomenen. Vornehmlich das Problem der Beziehung zwischen Wahrnehmung, Denken und materieller Wirklichkeit wird in seiner auf das Problem der Zeit und der schöpfer. Lebensenergie zurückweisenden Dimension ausführlich diskutiert. Das Gehirn ist keineswegs das materielle Substrat des Bewußtseins oder Denkens, sondern dessen Vermittlungsstelle zur materiellen Wirklichkeit. Das menschliche Bewußtsein enthält mehr als das, was sich im Gehirn abspielt. Das Gehirn erweist sich in erster Linie als ein Organ der Aufmerksamkeit gegenüber dem Lebensfluß. Weder eine materialist. noch eine idealist. Interpretation des Leib-Seele-Problems kann darum als adäquat erscheinen. Das Gedächtnis und die Erinnerung sind in ihrer Bezogenheit auf die als Dauer verstandene Zeit ebenso für unsere Träume als konstitutiv anzusehen, wie für das Phänomen der ›déja vu‹-Erlebnisse. Nur im Aufdecken der spirituellen Energie kann eine Lösung des Leib-Seele-Problems angegangen werden, die jedwede idealist. wie auch materialist. Interpretation übersteigt. In detaillierten Auseinandersetzungen mit den psycholog. Richtungen seiner Zeit versucht Bergson vornehmlich die geläufigen Parallelismusthesen zu destruieren und Fundamente für eine neue Deutung der menschlichen Psyche freizulegen.

P. Kampits

Enneades (gr.; *Neunheiten*), Plotin (um 204–270); ED Florenz 1492 (lat.); Basel 1580 (gr.); dt. 1930-1937.

Der Titel des Werks stammt nicht von Plotin selbst, sondern von seinem Schüler und Biographen Porphyrios, der nach eigenem Bekunden die Schriften Plotins mit Titeln versehen, nach dem Vorbild von Apollodor und Andronikos nach Sachgruppen geordnet und jeweils neun Schriften zusammengefaßt hat. Dabei schreckte er vor willkürlicher Trennung von Schriften (z. B. III 2 und III 3) nicht zurück, um in allen Fällen die Zahl neun zu erreichen. Auch die zeitliche Reihenfolge der Schriften ist durch Porphyrios überliefert. Die erste Schrift Plotins, »Über das Schöne« (I 6), wurde zugleich eine der berühmtesten. Nach der porphyr. Redaktion liegen uns 54 plotin. Abhandlungen in sechs Gruppen vor: in *Enneade* I ethische Schriften, in II und III naturphilosoph., in IV Abhandlungen über die Seele (psychē) und in V-VI über die Intelligenz (nus) und das Eine (hen).

Den 54 Einzelabhandlungen sind folgende Grundzüge gemeinsam: die metaphys. Stufung in psychē, nus und hen sowie ein Auf- und

Abstiegsschema auf der Grundlage dieser Stufung. Bereits die porphyr. Ordnung, in der wir heute noch Plotins Schriften lesen und zitieren – nur R. Harder hat die zeitliche Reihenfolge vorgezogen – weist auf eine Aufstiegsbewegung zum hen (Einen) hin. In der Tat bildet das Denken des Einen (Henologie) Mitte und Ziel plotin. Philosophierens und Lebens, dem alles übrige, Kosmologie, ›Psychologie‹, Ethik, Mystik und Ästhetik, untergeordnet ist. Das Eine steht nie allein. Immer ist seine Relation zum Anderen und Vielen mitgedacht. Die Kategorie der Relation, die bei Aristoteles noch ein etwas kümmerliches Dasein führt, rückt an zentrale Stelle. Das Eine, unmittelbar nicht zugänglich, kann ohne das Andere nicht gedacht werden. Aller Abstieg wie Aufstieg dienen dazu, die immer schon vorhandenen Strukturen dieses Bezuges zu durchlaufen und so kenntlich zu machen: der Abstieg meist in ›bunten Bildern‹ (Hegel) des ›Überfließens‹ und ›Ausströmens‹ aus unserer sinnlichen Erfahrungswelt, der Aufstieg jedoch als Stufenweg vom Sinnlichen zum Übersinnlichen, auf dem der Mensch sich zum Intelligiblen und schließlich Einen ins Verhältnis setzt. Dem Denken des Einen wird viel abverlangt: Verzicht auf jegliche Art von Form, Gestalt, Struktur und Differenz. Letztlich ist seine eigene Selbstaufhebung gefordert. Wenn wir zum Einen gelangen und bei ihm sein wollen, dürfen wir »keine Andersheit in uns haben« (VI 9,8,33). Plotin erkennt bei diesen, alle geistigen und sittlichen Kräfte erfordernden Anstrengungen zum einen die große Bedeutung der Innerlichkeit (»ins Innere«) – was Augustinus und die Mystik aufgegriffen haben, zum anderen ist er auch zum Entdecker des Unbewußten geworden. Je höher beim Aufstieg die erreichte Stufe ist, desto ärmer werden die Bestimmungen, die sprachlich zur Verfügung stehen. In der Sprache der Tradition gesprochen, ist der Aufstieg, oder plotin. genauer: der Rückstieg, durch vermehrte Verneinung (Negation) von Bestimmungen charakterisiert: negative Theologie. Die höchste zu erreichende Stufe ist gekennzeichnet durch völlige Aufhebung von Sprachlichkeit. Nach Porphyrios hat Plotin in seinem Leben viermal den ›Henosis‹ genannten Zustand erlangt. In den *Enneaden* wird an zwei Stellen (IV 8 und VI 9) jedoch nur das ›Zurückfallen‹ aus der Henosis beschrieben und reflektiert. Plotin versteht sich als Interpret und Fortführer des platon. Denkens, doch fehlt in den *Enneaden* jegliche polit. Philosophie, was ihm die Bezeichnung ›Plato dimidiatus‹ eingebracht hat. Dies ist um so erstaunlicher, als Plotin über glänzende Beziehungen zum Kaiserhof sowie zu einflußreichen polit. und gesellschaftlichen Kreisen verfügte und ihm beinahe die Gründung einer platon. Stadt ›Platonopolis‹ geglückt wäre, was immer auch damit beabsichtigt war. – Plotins Philosophie, insbes. seine Mystik, seine strenge Ethik (›Von Gott zu sprechen ohne auch entsprechend zu leben ist bloßes Gerede‹) und seine Ästhetik hat auf Iamblichos, Proklos, Damaskios, Simplikios, Marius Victorinus, der die *Enneaden* ins Latein. übertrug, und Augustinus stark eingewirkt. Aber auch in der Neuzeit ist sein Einfluß deutlich zu spüren: bei Novalis, Goethe (›Wär' nicht das Auge sonnenhaft ...‹ ist eine Übersetzung aus I 6), Hegel, Schelling und Bergson.

Ausg.: Plotini opera. Editio maior, hg. von P. HENRY/H.-R. SCHWYZER, 3 Bde., 1951-1973. – Plotini opera. Editio minor, hg. von dens., 3 Bde. 1964-1982. – Gr./Dt., Plotins Schriften, hg. von R. HARDER/R. BEUTLER/ W. THEILER, Neubearbeitung mit gr. Lesetext u. Anm., 6 Bde., 1956-1971.

Lit.: W. THEILER, Die Vorbereitung des Neuplatonismus, 1930 (Repr. 1964). – PH. MERLAN, From Platonism to Neoplatonism, 1953, [2]1960. – J. TROUILLARD, La procession plotinienne, 1955. – Ders., La purification plotinienne, 1955. – K. H. VOLKMANN-SCHLUCK, Plotin als Interpret der Ontologie Platons, [3]1966. – V. SCHUBERT, Plotin. Einführung in sein Philosophieren, 1973. – W. BEIERWALTES, Denken des Einen. Studien zur neuplaton. Philosophie und ihrer Wirkungsgeschichte, 1985.

V. SCHUBERT

An Enquiry Concerning Human Understanding (engl.; *Eine Untersuchung über den menschlichen Verstand*), David HUME; EA London 1748 (u. d. T. *Philosophical Essays Concerning Human Understanding*; seit 1758 u. d. T. *An Enquiry ...*); dt. 1755 Über die menschliche Erkenntnis.

Das Werk entspricht im wesentlichen dem Inhalt von Buch I des → *Treatise of Human Nature*. Nach einem einführenden Kapitel über verschiedene Arten des Philosophierens kommt Hume auf seine fundamentale Unterscheidung von Eindrücken (impressions) und Vorstellungen (ideas) zu sprechen (2. Kap.), nennt die drei Gesetze der Assoziation von Vorstellungen, Ähnlichkeit, Kontiguität und Kausalität (3. Kap.), und untersucht die Frage, inwiefern wir von der Existenz eines Dinges oder Ereignisses, das unseren Sinnen unmittelbar oder im Gedächtnis gegenwärtig ist, auf die Existenz anderer Dinge und Ereignisse schließen können, von denen wir keine Erfahrung haben oder die sich noch nicht ereignet haben (4.–7. Kap.). In seiner Untersuchung kausaler Schlußfolgerungen kommt Hume hier zum gleichen Ergebnis wie im *Treatise*, aber die Form der Darstellung wird knapper und präziser. Ausgehend von der Leibnizschen Unterscheidung von Vernunftwahrheiten und Tatsachenwahrheiten – in Humes Terminologie: ›relations of ideas‹ und ›matters of fact‹ – sucht er zu zeigen, daß an den Gegenständen unserer Erfahrung keine notwendigen Beziehungen erkennbar sind, die uns erlauben würden, beim Auftreten eines Ereignisses mit aprior. Gewißheit auf ein anderes Ereignis zu schließen. Der Ursprung unserer Assoziationen von Ursache und Wirkung liegt in der Erfahrung der zeitlichen Abfolge ähnlicher Ereignisse. Aus dieser Erfahrung oder Gewohnheit resultiert die Wahrscheinlichkeit und praktische Gewißheit, in ähnlichen Fällen wieder Ähnliches zu erwarten. Hume macht deutlich, daß es ihm nicht um einen totalen Skeptizismus geht, sondern um einen partiellen Skeptizismus, der sowohl mit empir. Wissenschaft, als auch mit dem praktischen Leben sehr wohl zu vereinbaren ist (12. Kap.). Wogegen er sich wendet, ist jeder Versuch, den Begriff der Kausalität über den Bereich der Erfahrung hinaus anzuwenden, etwa um als Ursache schwer erklärbarer Ereignisse einen freien Willen (8. Kap.) oder die göttliche Vorsehung (11. Kap.) anzunehmen. Neu gegenüber dem *Treatise* ist das Kapitel über Wunder (10. Kap.), in dem Hume die Maxime formuliert: »Kein Zeugenbericht genügt, um ein Wunder anzunehmen, es sei denn, die Unwahrheit des Zeugenberichts wäre wunderbarer als die Tatsache, von der er überzeugen will.« – Durch das Werk wurde Humes Erkenntnistheorie bekannt. Von vielen Zeitgenossen (z. B. Th. Reid und J. Beattie) wurde er als ein totaler Skeptiker verstanden und kritisiert. Kant dagegen, der das Werk vermutlich in Sulzers Übersetzung von 1755 kannte und in den 60er Jahren die antimetaphys. Stoßrichtung der Humeschen Kritik unterstützte (vgl. → *Träume eines Geistersehers*), stellt ihm das positive Urteil aus, zuerst seinen ›dogmat. Schlummer‹ unterbrochen zu haben (→ *Prolegomena*).

Ausg.: Engl., hg. von L. A. SELBY-BIGGE, 1975. – Dt., von R. RICHTER, 1964. – Dt., von H. HERRING, 1967.
Lit.: A. FLEW, Hume's Philosophy of Belief. A Study of his First Inquiry, [3]1969.

K. GRAF BALLESTREM

An Enquiry Concerning the Principles of Morals (engl.; *Eine Untersuchung über die Prinzipien der Moral*), David HUME; EA London 1751; dt. 1756 Sittenlehre der Gesellschaft.

Das Werk, dessen Inhalt im wesentlichen dem des III. Buches (»Of Morals«) des → *Treatise of Human Nature* entspricht, enthält einerseits eine Diskussion der in der britischen Moralphilosophie des 18. Jh.s umstrittenen Frage, »ob die Moral aus der Vernunft oder aus dem Gefühl herzuleiten sei«, andererseits eine umfassende Tugendlehre. Was die Diskussion der metaeth. Frage angeht, so findet man Hume weder auf seiten der Rationalisten (wie Cudworth oder Clarke), noch ganz auf seiten der Gefühlsmoralisten (wie Shaftesbury oder Hutcheson), vielmehr sucht er eine vermittelnde Position zu vertreten, die davon ausgeht, »bei nahezu allen moralischen Entscheidungen und Schlußfolgerungen liege ein Zusammenwirken von Vernunft und Gefühl vor«. In seiner Tugendlehre (1. Kap.) setzt Hume sich von Hutcheson ab, der im Grunde nur das Wohlwollen (benevolence) als Tugend bzw. durch Wohlwollen motivierte Handlungen als tugendhaft gelten lassen wollte. Hume geht davon aus, daß alle Eigenschaften, die wegen ihrer glückhaften Folgen für den Einzelnen oder für Viele dem sympathisierenden Beobachter als angenehm und damit schätzenswert erscheinen, als Tugenden gelten können. Also nicht nur Wohlwollen (2. Kap.) und Gerechtigkeit (3. Kap.), die wegen ihres großen Nutzens für Viele am meisten geschätzt werden (5. Kap.), sondern auch ›Eigenschaften die uns selbst nützlich sind‹ (6. Kap.), wie Fleiß und Sparsamkeit, bzw. ›die uns selbst angenehm sind‹ (7. Kap.), wie Frohsinn oder Mut. Hume wendet sich gegen asket. Pflichtenethiken und leugnet den Unterschied von Tugenden und Talenten, wobei er auf antike Vorläufer verweist (Anhang IV). – Hume hat die Abhandlung in seiner Autobiographie (*Autobiography*, 1776) als sein bei weitem bestes Werk bezeichnet. Im Urteil der Interpreten stand sie jedoch lange Zeit im Schatten der → *Enquiry Concerning Human Understanding*, während heute – auch bei denen, die sich mit Humes Ethik beschäftigen – der *Treatise* wegen seiner Systematik und Originalität als der zentrale Text gilt.

Ausg.: Engl., hg. von L. A. SELBY-BIGGE/ P. H. NIDDICH, 1975. – Dt., von C. WINCKLER, 1962. – Dt., von G. STREMINGER, 1984.
Lit.: J. L. MACKIE, Hume's Moral Theory, 1980.

K. GRAF BALLESTREM

An Enquiry into the Nature and Causes of the Wealth of Nations (engl.; *Eine Untersuchung über Natur und Ursachen des Volkswohlstands*), Adam SMITH; EA London 1776; dt. 1776, 1792 Untersuchung der Natur u. Ursachen, von Nationalreichthümern.

Das nationalökonom. Hauptwerk von Smith knüpft an ältere Gedanken (von Hutcheson, Hume, Turgot u. a.) an, entwickelt sie weiter und systematisiert sie. Ausgehend von einer Analyse der Arbeitsteilung (Buch I, Kap. 1), des Tausches (Buch I, Kap. 2) und des Geldes (Buch I, Kap. 4) erklärt Smith seine Arbeitswert- (Buch I, Kap. 5) und Distributionstheorie (Buch I, Kap. 6). Er unterscheidet als erster klar die drei Produktionsfaktoren Arbeit, Kapital und Land sowie die entsprechenden Einkommensarten Lohn, Profit und Rente (Buch I, Kap. 8–11). Er macht deutlich, daß die relative Höhe der Einkommen auch von der Macht der Klassen abhängt, wobei den kapitalist. Unternehmern Vorteile zufallen (Buch I, Kap. 10). Der freie Markt bewirkt relativ geringe Profite, hohe Löhne und niedrige Preise und liegt somit im Interesse der Allgemeinheit (Buch I, Kap. 7). Er muß aber den Händlern und Manufakturbesitzern, die überall ihre monopolist. Wirtschaftspolitik durchsetzen wollen, abgerungen werden (vgl. die Merkantilismuskritik in Buch IV, Kap. 1–8). Smith versteht die polit. Ökonomie als histor. Sozialwissenschaft in praktisch-polit. Intention (Buch IV, Anfang). Er analysiert die Dynamik wirtschaftlicher Prozesse im Rahmen einer Naturgeschichte der Gesellschaft (bes. deutlich in Buch III und V) und in der Absicht, dem Staatsmann Handlungsanweisungen für eine erfolgreiche Wirtschafts- und Finanzpolitik zu geben (Buch V). Von den Zeitgenossen erhielt das Werk viel Beachtung und Zustimmung, im 19. Jh. geriet es in die Kontroverse um den Liberalismus, als dessen theoret. Fundament es häufig angesehen wurde.

Ausg.: Engl., von R. H. CAMPBELL/A. S. SKINNER, 1976. – Dt., von H. C. RECKTENWALD, 1974.

Lit.: S. HOLLANDER, The Economics of A. Smith, 1973. – D. WINCH, A. Smith's Politics. An Essay in Historiographic Revision, 1978.

K. GRAF BALLESTREM

Enten-Eller. Et Livs - Fragment (dän.; *Entweder-Oder.* Ein Lebensfragment), Sören KIERKEGAARD; EA Kopenhagen 1843 (unter dem Pseud. Victor Eremita); dt. 1885.

Kierkegaard eröffnet mit diesem Werk seine Analyse der allgemeinen menschlichen Existenzmöglichkeiten mit den beiden Stadien (Sphären) des Ästhetischen und des Ethischen. — Der 1. Teil enthält die Darstellung verschiedener Erscheinungsformen der ästhet. Lebensanschauung durch den Ästhetiker A. Allgemein wird das Ästhetische in einem Menschen bestimmt als das, wodurch er unmittelbar das ist, was er ist. Der Ästhetiker bewegt sich im Raum der Mannigfaltigkeit des natürlich und gesellschaftlich unmittelbar Vorgegebenen. Die Maxime dieser Lebensweise ist, das Leben zu genießen unter der Leitvorstellung von Glück und Unglück und dabei völlig im zeitlichen Jetzt aufzugehen. Beispiel für diese Form ist die Figur des Don Juan bei Mozart, als Repräsentant des elementar Sinnlich-Erotischen, des kraftvollen Verführers, der ohne innere Geschichte eines

Selbst lebt. Das Gegenstück zu ihm ist der reflektierte Verführer, der aus der Planung von Intrigen und der Reflexion über den Genuß seine Befriedigung erfährt. Das Kapitel »Wechselwirtschaft« behandelt eine Art ›sozialer Klugheitslehre‹, die darauf zielt, unter Vermeidung dauerhafter sozialer Bindungen in der Gegenwart jeweils ein Maximum von Angenehmem zu erreichen. Weil der Ästhetiker vom und für das unmittelbar Vorgegebene (damit äußerlich Zufällige) lebt, ist er in der Erhaltung seiner Lebensweise von äußeren Bedingungen abhängig, die sich gegen ihn wenden können. Daher erweist sich seine Grundstimmung als Verzweiflung. Gerade in ihr liegt aber die Möglichkeit des Sprungs aus dem Stadium des Ästhetischen in das Ethische. Indem er sich nämlich bewußt zu sich selbst als einem Verzweifelnden verhält, wählt er »sich selbst in seiner ewigen Gültigkeit«. So antwortet nun im 2. Teil der Ethiker B dem Ästhetiker A. Diese Analyse stellt zugleich die Kritik am ästhet. Stadium und die Herausarbeitung der ethischen Lebensanschauung dar. Was dem Ästhetiker fehlt, ist die Kategorie der Wahl. Indem der Ethiker sich für die Wahl entscheidet, hat er das Subjekt der Wahl gewählt: das Selbst und damit das Unbedingte: »denn nur mich selbst kann ich absolut wählen, und diese absolute Wahl meiner selbst ist meine Freiheit, und nur indem ich mich selbst absolut gesetzt habe, habe ich eine absolute Differenz gesetzt, die nämlich von Gut und Böse«. Mit dem Setzen der Differenz von Gut und Böse unterstellt sich der Mensch der Forderung des Allgemeinen (Ethischen), ohne dabei zu vergessen, daß er immer ein konkret Existierender ist (und also nicht im Allgemeinen aufgeht), der seine Existenz im Ernst des Entscheidens und Handelns zu verwirklichen hat. Die Aufgabe des ethisch Existierenden ist also, Idealität und Realität so zu vereinigen, daß die ethische Idealität zur Selbstwirklichkeit des existierenden Menschen wird. Aber auch mit dem Ethischen sind die Existenzmöglichkeiten noch nicht erschöpft, denn der mit diesem verknüpfte Gedanke der Schuld und der Reue verweisen auf das dritte Stadium des Religiösen, das von Kierkegaard in seinen darauffolgenden Schriften angegangen wird. – Neben der Wirkung auf die Existenzphilosophie des 20. Jh. s, die besonders den im 2. Teil der Schrift aufgezeigten Aspekt der ›Selbstwahl‹ herausgreift, ist auch Kierkegaards Einfluß auf die Dichtung zu erwähnen, so auf H. Ibsen, R. M. Rilke, F. Kafka und M. Frisch.

Ausg.: Dt., von E. Hirsch, 1979/80.

Lit.: H. Fahrenbach, Kierkegaards existenzdialekt. Ethik, 1968. – H. Vetter, Stadien der Existenz, 1979.

F.-P. Burkard

L'entretien entre d'Alembert et Diderot/Le rêve de d'Alembert/La suite de l'entretien (frz.; *Gespräch zwischen d'Alembert und Diderot/D'Alemberts Traum/ Fortsetzung des Gesprächs*), Denis Diderot, entst. 1769; EA Paris 1830; dt. 1961.

Die drei zusammenhängenden Dialoge gelten als frühes und markantes Zeugnis des aus dem Geist der Aufklärung entstehenden modernen Materialismus. – Im 1. Teil der Trilogie verteidigt Diderot seine originellen Ideen über die Entstehung des organ. Lebens gegen den mathemat. Skeptiker d'Alembert. Im 2. Teil unterhalten sich Julie de l'Espinasse, d' Alemberts Freundin, und der Physiologe Théophile de Bordeu über die von dem träumenden Mathematiker geäußerten Gedanken der Entwicklung der Materie bis hin zum Menschen. Im abschließenden Teil zieht Doktor Bordeu im Gespräch mit Julie de l'Espinasse aus den vorangegangenen Ausführungen einige Schlußfolgerungen für die menschlichen Moralvorstellungen. Ausgehend von der Erkenntnis einer Einheit der Natur postuliert Diderot einen großen, zusammenhängenden Kreislauf, eine fortwährende Wiedergeburt der verschiedenen Organismen in neuen Gestalten. Er spricht der Materie selbst Empfindungsvermögen und die Fähigkeit zu, Leben hervorzubringen. In Anknüpfung an die Lehre der Stoa unterscheidet er eine aktive und eine passive Empfindungsfähigkeit der Materie, zwischen denen keine Trennungslinie, sondern nur ein gradueller Unterschied bestehe. Der Übergang von der scheinbar toten Materie zum lebenden Organismus vollziehe sich durch die Aktivierung (z. B. durch Gärprozesse) der sensibilité active, ein von außen wirkender ›göttlicher Funken‹ werde nicht mehr benötigt. – Mit der in den drei Dialogen enthaltenen Transformationslehre hat Diderot die moderne Evolutionstheorie vorweggenommen, seine Gedanken über die Entstehung und Entwicklung der Organismen gingen im Materialismus des 19. Jh.s auf, noch Lenin verarbeitete im 20. Jh. Diderots Hypothese vom Empfindungsvermögen der Materie in seinen Schriften.

Ausg.: Dt., hg. von H. GUENTHER, 1978.

Lit.: U. WINTER, Der Materialismus bei Diderot, 1972. – H. DIECKMANN u. a., Studies on the Rêve de d'Alembert, in: Diderot Studies XVII (1973). – O. FELLOWS, Diderot, 1977. – E. DE FONTENAY, Diderot ou le matérialisme enchanté, 1981.

P. LEMPERT

Entretiens sur la métaphysique et sur la religion (frz.; *Unterhaltungen über Metaphysik und Religion*), Nicolas MALEBRANCHE; EA Rotterdam 1688, Paris [3]1696 (erw. um »Préface« und drei »Entretiens sur la mort«).

In verständlicher Dialogform werden von Malebranche bereits in → *De la recherche de la vérité* und späteren Werken aufgeworfene Grundthemen seiner hochspekulativen Metaphysik – zentriert um die These von der Schau aller Dinge in Gott und die okkasionalist. Lehre von der Alleinursächlichkeit Gottes – in philosoph.-theolog. Sicht erläutert und gegen Mißverständnisse und Angriffe verteidigt. – Aufgrund des radikal durchgehaltenen substanzialen Dualismus von Denken und Ausdehnung kann die faktisch-mittelbare Leib-Seele-Einheit nur durch Gott geleistet sein, für dessen Alleinwirksamkeit Endliches eine bloße Gelegenheit (occasio) ohne alle ursächliche Kraft bietet. Deshalb verbürgt allein die unmittelbar wesensnotwendige Einheit des endlichen Geistes mit dem sich in Sein und Handeln als ›höchste Vernunft‹ ausweisenden Gott wirkliche Erkenntnis durch ›objektive‹ Ideen. Das Problem des Bösen wird im Kontext der unendlich vielen möglichen Kombinationen des ›Physischen‹ und ›Moralischen‹ erörtert. Die von Malebranche nach schwerer Krankheit verfaßten Gespräche über den Tod thematisieren das Verhältnis von zeitlicher Existenz und Ewigkeit der unsterblichen Geistseele. Der Gedanke an die Unausweichlichkeit des Todes wird – als heilsame Verstörung und Ent-täuschung – zum heurist. Kriterium für die im Blick auf ›solides‹, d. h. ›ewiges‹ Glück notwendigen Entscheidungen.

Ausg.: Œuvres, 1958–1970, Bd. XII u. XIII, 1965.

Lit.: J. Reiter, System und Praxis. Zur kritischen Analyse der Denkformen neuzeitlicher Metaphysik im Werk von Malebranche, 1972.

J. Reiter

Die Entstehung des Historismus, Friedrich Meinecke; EA München 1936.

Geistes- und personengeschichtlich orientiert, verfolgt Meinecke die allmähliche Herausbildung jener neuartigen Welt- und Geschichtsschau, die dem europäischen Geistesleben des späten 18. Jh.s dazu verhalf, histor. Bildungen in ihrer Eigenwertigkeit und Erscheinungsvielfalt zu verstehen. Als Gegenbewegung zum naturrechtlichen Glauben an eine von unwandelbaren Vernunftwahrheiten bestimmte Menschennatur, betont der entstehende Historismus die Singularität und Variabilität sowohl der jeweiligen Einzelpersönlichkeit wie auch aller über-individuellen geschichtlichen Kollektivgebilde (Staaten, Völker, Kulturen). Vergangenes und Fremdartiges wird nicht mehr nach Vorgabe absolut gültiger Sollenspostulate beurteilt, sondern aus den Bedingungen und Bedingtheiten seiner histor. Entstehungszeit zu erklären versucht. Während englische und französische Denker (Hume; Montesquieu, Voltaire) durch ihr Streben nach einer vertieften Einfühlung in die irrationalen Triebkräfte innerseel. Lebens und damit in die ›wirkliche‹ Struktur des Menschen den neuen histor. Sinn vorbereiteten, findet sich die für den Historismus konstitutive Verbindung von Individualitätsprinzip und Entwicklungsgedanke erst bei den Hauptrepräsentanten der ›deutschen Bewegung‹ (Möser, Herder, Goethe): Ihr Blick, dem kontinuierlichen Werdegang der gesamten Menschheit zugewandt, erfaßt zugleich jede Einzelstufe dieses Werdens in ihrer unvergleichbaren Individualität und jene Individualität wiederum als Glied einer überindividuellen Entwicklung. – Trotz der nicht verschwiegenen Gefahr eines ethischen Relativismus, welcher jedem vergangenen Wert gerecht zu werden versucht und so schließlich selbst keine eigenen Werte mehr zu vertreten wagt, beurteilt Meinecke die von ihm meisterhaft nachgezeichnete Genese des modernen geschichtlichen Bewußtseins positiv als eine der größten geistigen Revolutionen des abendländ. Denkens überhaupt.

Ausg.: Werke, Bd. III, mit Einleitung von C. Hinrichs, 1959.

Lit.: W. Hofer, Geschichtsschreibung und Weltanschauung. Betrachtungen zum Werk F. Meineckes, 1950. – E. Schulin, Traditionskritik und Rekonstruktionsversuch, 1979. – M. Erbe (Hg.), F. Meinecke heute, 1981.

F.-L. Kroll

Entweder-Oder (Kierkegaard) → Enten-Eller

Die Entwicklung des Sozialismus von der Utopie zur Wissenschaft, Friedrich Engels; EA Paris 1880 (frz. u. d. T.: *Socialisme utopique et socialisme scientifique)*; dt. 1882.

Der Aufsatz entwickelt die

Grundzüge des Historischen Materialismus. – Die Kritik der Frühsozialisten an der bürgerlichen Gesellschaft mußte in Engels' Augen erfolglos bleiben, weil sie undialekt. an zeitlose Vernunftwahrheiten appellierten. Diesen Mangel an dialekt. Denken behob Hegel, indem er die gesamte Wirklichkeit als einen Entwicklungsprozeß mit innerer Gesetzmäßigkeit ansah – allerdings in verkehrter Weise als die Entfaltung der ›Idee‹. Erst Marx machte durch seine Auffassung der Geschichte als Geschichte von ökonom. erzeugten Klassenkämpfen und der Entdeckung des ›Mehrwerts‹ als des ›Geheimnisses der kapitalist. Produktion‹ den Sozialismus zur Wissenschaft, die den gesetzmäßig-notwendigen Verlauf der Geschichte zum Sozialismus hin beweisen kann. Die bürgerliche Gesellschaft muß nämlich an der Logik ihres Grundwiderspruchs von gesellschaftlicher Produktion und privater Aneignung scheitern. Dieser Widerspruch treibt notwendig über sich hinaus zur Überführung der Produktionsmittel in öffentliches Eigentum und zur Kontrolle der Produktion durch die Produzenten. Diese ›weltbefreiende Tat‹ als ›der Sprung der Menschheit aus dem Reich der Notwendigkeit in das Reich der Freiheit‹ ist die geschichtliche Aufgabe des Proletariats. – Die Schrift hat die Verbreitung des Marxismus wohl mehr gefördert als jedes andere Werk von Marx und Engels. Sie ist mit einigen grundlegenden Kapiteln des »Anti-Dühring« (*Herrn Eugen Dührings Umwälzung der Wissenschaft,* 1877/78) identisch, mit dem Engels für das Proletariat eine umfassende Weltanschauung entwerfen wollte.

Ausg.: K. MARX/F. ENGELS, Werke, Bd. XIX, 1962.

H. SCHEIT

Enzyklopädie der philosophischen Wissenschaften im Grundrisse, Georg Wilhelm Friedrich HEGEL; EA Heidelberg 1817.

In diesem als Vorlesungs-Kompendium konzipierten Werk legt Hegel das Gesamtsystem seiner Philosophie dar. Unter ›System‹ versteht Hegel weder eine äußerlich geordnete Sammlung von Kenntnissen, wie es für ihn etwa die französ. Enzyklopädistik ist, noch eine aprior.-deduktive Konstruktion der Wirklichkeit bzw. der Wissenschaften, sondern ein in sich strukturiertes Ganzes, dessen Teile selbst eine Ganzheit bilden. Der Gedanke vom notwendigen Systemcharakter der Philosophie, den Hegel seit seiner Jugendzeit vertritt, besagt, daß jeder Inhalt allein als Moment eines Gesamtzusammenhangs seine Einseitigkeit, d. h. Abstraktheit, überwindet und dadurch Rechtfertigung findet, während er außerhalb des Systems unbegründete Voraussetzung bleibt. Die *Enzyklopädie* will demnach den höchsten Grad an Sachangemessenheit und Konkretheit verbürgen, wobei letztere nicht in einer detaillierten Schilderung der Befunde der Einzelwissenschaften, sondern in der begriffssystemat. Organisierung ihrer Prinzipien und Kategorialität besteht. Die daraus resultierende Totalität des Wissens – die also nicht für Allwissenheit gehalten werden sollte – ist für Hegel zugleich Darstellung des Göttlich-Absoluten oder der Idee, sofern sie nicht ein starres Jenseitiges, sondern die dynam. Selbstkonstitution der

Wirklichkeit ist. Hierbei beruft sich Hegel auf Platons Definition der Idee und vor allem auf den aristotel. Begriff der energeia (in Hegels Übersetzung: Wirklichkeit als Tätigkeit oder tätige Wirksamkeit), die rein geistiger Natur und dennoch voller Sachbestimmtheit ist. Als vollständige Entfaltung der Konkretion der Idee kann die Philosophie daher nur Idealismus sein. Dessen Grundthese lautet, daß alles Seiende und das Endliche überhaupt in seiner eigensten Natur veränderlich und vergänglich, mithin ›ideell‹ ist, d. h. nur als Erscheinungsweise der Idee Bestand hat. Diesen Sachverhalt auf den Begriff zu bringen macht die philosoph. Methode (§ 79–82, § 238–243) aus, die der Bedeutung von methodos gemäß als der Gang der Sache selbst betrachtet wird. Sie vollzieht sich in drei Momenten, die für alle Bereiche des Wirklichen und also für die Aufgliederung des Systems gelten. 1. Jede Seins- und Denkbestimmung ist in ihrer Unmittelbarkeit eindeutig festgesetzt und von anderen unterschieden. Sie ist ›einfache Beziehung auf sich‹ mit Ausschluß der ›Beziehung auf Anderes‹ (›abstraktes oder verständiges Moment‹). 2. Indem sie aber dabei auf ihr Gegenteil verweist und dadurch ihre Eigenständigkeit verliert, entsteht ein Vermittlungsverhältnis von entgegengesetzten Bestimmungen, in dem jede in ihr Gegenteil übergeht bzw. umschlägt und somit ›das Andere ihrer selbst‹ wird. Dieser einen Widerspruch implizierende Vorgang macht das Prinzip sowohl aller Betätigung in der Wirklichkeit, als auch des wissenschaftlichen Fortschritts aus (›dialekt. oder negativ-vernünftiges Moment‹). 3. Das aus der Aufhebung des Widerspruchs Resultierende ist eine konkretere Bestimmung als Einheit von Unterschiedenen bzw. von Selbst- und Andersheitsbeziehung (›spekulatives oder positiv-vernünftiges Moment‹), die ihrerseits Ausgangspunkt für eine weitere Explikation wird – bis alles restlos miteinander ins Verhältnis gesetzt ist. Das Werk gliedert sich in die Wissenschaft der Logik (›die Idee an und für sich‹), die Naturphilosophie (›die Idee in ihrem Anderssein‹) und die Philosophie des Geistes (›die aus ihrem Anderssein in sich zurückgekehrte Idee‹). Nach einer kritischen Erörterung von drei ›Stellungen des Gedankens zur Objektivität‹ (Wolffsche Metaphysik, Empirismus und Kritizismus sowie unmittelbares Wissen im Sinne F. H. Jacobis) schließt sich der erste Hauptteil ganz an das gleichnamige Werk (→ *Wissenschaft der Logik*) an, dessen Inhalt mit einigen Veränderungen in Terminologie und Disposition in gekürzter Form dargestellt wird. In Anknüpfung an die antike Logosphilosophie thematisiert Hegel in der »Wissenschaft der Logik« die reinen Denkbestimmungen als ontolog. Struktur des Wirklichen. Sie umfaßt die Grundbegriffe der klassischen und neuzeitlichen, insbes. spinozist. Substanzmetaphysik und gestaltet sie auf der Basis der von Kant statuierten, aber für Hegel nicht zu Ende gedachten transzendentalen Subjektivität um. Daraus folgt, daß Subjektivität im Vollsinn nicht das endlich-individuelle Bewußtseinssubjekt, sondern der ›Begriff‹ ist, der durch die Übertragung der Grundmerkmale des Ich, nämlich Selbstbestimmung und wissender Selbstbezug, auf die Eine Substanz ontolog. fundiert wird. Die Partition der Logik in Sein, Wesen und Begriff als solchem entspricht demnach den Explikationsphasen des Begriffs, die zugleich als eine Reihe von zunehmend adäquateren Definitionen des Absoluten gelten. Die Seinslehre behandelt die Kategorien der Qualität, der Quantität und des Maßes als deren Einheit. Die Wesenslehre betrachtet die ›Reflexionsbestimmungen‹ (darunter: Identität, Unterschied und Grund), die Erscheinung und die Wirklichkeit als die Einheit von Wesen und Erscheinung. Die Lehre vom Begriff als der Einheit des Seins und des Wesens gliedert sich in die Abschnitte ›Subjektivität‹ (wobei die Grundformen der herkömmlichen Logik, nämlich Begriff, Urteil und Schluß, behandelt werden), ›Objektivität‹ (Mechanismus, Chemismus und Teleologie) und schließlich in die Darstellung der sich als Leben und Erkennen artikulierenden Idee, bis zur absoluten Idee als der Einheit von Subjektivität und Objektivität, womit Hegel u. a. die traditionelle Lehre der ›adaequatio intellectus et rei‹ umdeutet. – Im zweiten Hauptteil (§ 245–376) bestimmt Hegel die Natur als das Produkt eines freien Sichentäußerns der Idee, was traditionell-theolog. dem Schöpfungsbegriff entspricht. Der Übergang der Idee zur Natur läßt sich zudem aus einem Leitgedanken Hegels erklären, nämlich, daß die höchste Reife und Stufe, die etwas erreichen kann, zugleich der Beginn seines Unterganges sei. Gegen Empirismus und Materialismus ist die Natur damit zwar selbst als Idee gefaßt, diese aber in ihrer Andersheit bzw. Äußerlichkeit, wie Hegel im Gegensatz zur romant.-pantheist. Verherrlichung der Natur betont. Die behandelten drei Stufen der Natur sind: die durch Raum, Zeit, Bewegung, Schwere und Gravitation gekennzeichnete Mechanik; die durch Kohäsion, Elektrizität und chemische Prozesse bestimmten Phänomene der Physik; die Organik als geolog. und vegetabil. Natur und als tierischer Organismus mit seinen Gestaltungs-, Assimilations- und Gattungsprozessen. Mit dem Untergang des tierischen Individuums, dessen Tod als Folge seiner ›Unangemessenheit zur Idee‹ seiner Gattung gedeutet wird, beginnt für Hegel die Ablösung des Geistes von der Äußerlichkeit der Natur. Nach dem Gedanken der progressiven Selbstverwirklichung des Geistes, dessen Grundcharaktere Freiheit und Selbstmanifestation sind, wird der dritte Hauptteil (§ 377–577) in subjektiven, objektiven und absoluten Geist aufgegliedert. ›Subjektiver Geist‹ meint nicht den Menschen als einzelnes Individuum, sondern ist die Gesamtbezeichnung für die Gegenstände a) der ›Anthropologie‹, b) der ›Phänomenologie des Geistes‹ und c) der ›Psychologie‹, d. h. a) der Geist als natürliche, fühlende und wirkliche Seele eines Leibes, die im Rückgriff auf Aristoteles' Seelenlehre und auf die Ethnologie der Zeit in ihren Beziehungen zu natürlichen und lokalen Zuständen (Lebensart, Rassenunterschied, Nationalcharakter usw.) erörtert wird; b) das Ich auf den verschiedenen Stufen seines Verhältnisses zur Natur als dem Nichtich und zu seinesgleichen (sinnliches Bewußtsein, Selbstbewußtsein und Vernunft); c) der Geist zunächst als theoret., dann als praktische Intelligenz und endlich der freie Geist als deren Einheit. Die Theorie des ›objektiven Geistes‹, dessen Gegenstände in den → *Grundlinien der Philosophie des Rechts* und in den → *Vorlesungen über die Philosophie der Geschichte* breit ausgeführt werden, gliedert sich in: a) Personen- und Eigentumsrecht, b) Moralität als Selbstbestimmung des Willenssubjekts und c) Sittlichkeit in den Bereichen der Familie, der bürgerlichen Gesellschaft und vornehmlich des Staates als Institution verwirklichter Freiheit. Die Lehre vom ›absoluten Geist‹ thematisiert die Kunst, die (geoffenbarte) Religion und die Philosophie, die in den postum erschienenen Berliner Vorlesungen ausführlicher abgehandelt werden. Sie sind die Grundweisen, in denen die Menschen im Medium der Anschauung, der Vorstellung und des Denkens zum Bewußtsein bringen, was das Absolute ist, und zugleich die Gestalten, in denen das Absolute sich selbst erfaßt. In den letzten Paragraphen des Werkes, das in der zweiten und dritten Ausgabe (1827 und 1830) mit einem Zitat aus der aristotel. Lehre von der noēsis noēseōs schließt, betont Hegel, daß die dargestellte Reihenfolge der drei Hauptteile des Systems nicht als die einzige zu betrachten sei. Das System ist vielmehr ein Syllogismus, in dem das Ganze sich in seinen Momenten (Logik, Natur, Geist) mit sich selbst vermittelt, bzw. ein Schluß von drei Schlüssen, in dem jedes Moment jeweils zur Mitte wird. – Nach dem Zerfall der Hegelschule in (Alt-)-Rechts- und (Jung-)Linkshegelianer verlor die Philosophie Hegels in Deutschland ihre führende Rolle, während sie seit der zweiten Hälfte des 19. Jh.s in England (J. Stirling, T. H. Green, F. H. Bradley, B. Bosanquet, J. M. E. McTaggart), in Italien (A. Vera, F. De Sanctis, B. Spaventa, an die sich B. Croce und G. Gentile anschloßen), im slawischen Raum (M. A. Bakunin, W. G. Belinski), in Holland (G. J. P. J. Bolland), in Frankreich (durch V. Cousin) und in Nordamerika (W. T. Harris, C. S. Peirce, J. Royce) traditionsbildend wirkte. Zu Beginn des 20. Jh.s erfuhr sie in Deutschland durch den Neukantianismus und die Lebensphilosophie eine Renaissance; seitdem dauert die Auseinandersetzung mit Hegel in den verschiedensten philosoph. Strömungen bis heute so gut wie ununterbrochen an.

Ausg.: Hg. von F. NICOLIN/O. PÖGGELER, [7]1969. – Werke, 20 Bde., Bd. VIII–X, 1986 (stw 608–610).

Lit.: N. HARTMANN, Die Philosophie des deutschen Idealismus, Teil 2, Hegel, [2]1960. – L. B. PUNTEL, Darstellung, Methode und Struktur. Untersuchungen zur Einheit der systemat. Philosophie G. W. F. Hegels, 1973

F. LONGATO

Epistola de tolerantia (lat.; *Brief über die Toleranz*), John LOCKE, entst. zwischen 1685 und 1686; EA Gouda 1689 (anonym). – London 1689 (u. d. T. *A Letter Concerning Toleration*); dt. 1957.

Auf der Grundlage der in den → *Two Treatises of Government* ... formulierten Theorie des Sozialvertrags entwickelt Locke in dieser philosoph.-theolog. Schrift seine Lehre von der religiösen Toleranz. – Prinzipieller Ausgangspunkt der Überlegungen Lockes ist die Annahme der Existenz Gottes und der auf ihn zurückführbaren natürlichen Gesetze, die die Grundlage des menschlichen Gemeinwesens bilden. Da aber Ursprung und Zweck des Gemeinwesens ausschließlich im besseren Schutz von Leben und

Eigentum bestehen, können die Befugnisse des Staates nicht auf Inhalt und Form der Gottesverehrung ausgedehnt werden. Vorausgesetzt, daß religiöse Ansichten nicht den ›temporal goods‹ entgegenwirken, so ist die Sorge um das Seelenheil eine Angelegenheit der Kirche und die individuelle Glaubenspraxis Privatsache des einzelnen. Greifen die politischen Organe dennoch in die Glaubensfreiheit ein, so ist das Volk zum Widerstand berechtigt. Lockes Toleranzbegriff beruht also auf einer Trennung von spiritualer und temporaler Ordnung (vgl. Opitz), die zum einen die Glaubenspraxis mit den übrigen Handlungen im Bereich des Privaten auf eine Ebene stellt und zum anderen das Ziel gesellschaftlicher Organisation auf die Sicherung der ›civil interests‹ beschränkt. Indem Lockes Toleranzlehre eine Privatisierung des Spirituellen vorsah, löste sie sich sowohl von der antiken als auch der mittelalterlichen Ordnungskonzeption der Civitas, der eine von der Gesamtgesellschaft ausgegrenzte geistig-private Lebenssphäre fremd war.

Ausg.: Engl./Dt., von J. Ebbinghaus, ²1965.
Lit.: J. W. Gough, John Locke's Political Philosophy, ²1956. – P. J. Opitz, J. Locke, in: Zwischen Revolution und Restauration, hg. von E. Voegelin, 1968.

W. Brecht

Epistulae morales ad Lucilium (lat.; *Moralische Briefe an Lucilius*), Lucius Annaeus Seneca, entst. 62–65 n. Chr.; ED Neapel 1475; dt. 1536 Von den Episteln. L. A. Senence sendbrieff von der zucht (in: Sittliche Zuchtbücher).

Die 124 zur Publikation bestimmten Briefe sind Abhandlungen hauptsächlich moralphilosoph. Inhalts und die Summe philosoph. Einsichten, die Seneca gegen Ende seines Lebens zusammengestellt hat. – In den Briefen wechseln längere theoret. Erörterungen ab mit lose zusammengetragenen Betrachtungen über die verschiedensten Themen, die konkrete Lebensführung betreffend. Leitfaden ist die Frage nach der Glückseligkeit, zu der nur der Weg der Philosophie führen kann. Glückseligkeit entsteht aus der sittlichen Vollkommenheit der Seele (virtus), die das Endziel des Lebens (summum bonum) darstellt und in der philosoph. Erkenntnis begründet ist. Der rechte Gebrauch der Vernunft fällt ineins mit der virtus (nihil enim aliud est virtus quam recta ratio). Seneca berücksichtigt dabei auch die Bedeutung, die der Praxis zukommt, denn Tugend bedarf der Einübung und so empfiehlt er: »Handeln lehrt die Philosophie, nicht reden.« Obwohl der Stoa zugehörig, diskutiert Seneca verschiedene andere philosoph. Ansichten, um seine eigene Position abzugrenzen. Der Aufruf zur Philosophie und deren Anwendung in der Praxis schließt eine Fülle von Betrachtungen zu ganz konkreten Lebensfragen mit ein (z. B. Verhalten zum Tod, humaner Umgang mit Sklaven, rechte Auswahl der Lektüre). Die Schärfe, mit der er oft gesellschaftliche Verhältnisse, alltägliche Gewohnheiten und Anschauungen angreift, geben dem Werk seinen zeitkrit. Charakter. – Senecas Philosophie gehört der späten Periode der Stoa an. Während man im Mittelalter seine moralisierenden Sentenzen schätzte, beeinflußte in der Neuzeit sein pointierter Stil besonders die französ. Essayisten.

Ausg.: Lat./Dt., Philosophische Schriften,

Bd. III, übers. und hg. von M. ROSENBACH, [2]1980.
Lit.: H. CANCIK, Untersuchungen zu Senecas ›Epistulae morales‹, 1967. – G. MAURACH, Untersuchungen zum Bau von Senecas ›Epistulae morales‹, 1970.

F.-P. BURKARD

Erbschaft dieser Zeit, Ernst BLOCH, entst. 1924–34; EA Zürich 1935.
Bloch entwirft, das herannahende Grauen des Faschismus noch in den kleinsten Facetten der Wirklichkeit erahnend, ein Kaleidoskop des untergehenden Bürgertums. – In drei Stufen, der ›Zerstreuung‹ (1924–1929) mit Beschädigung der Scheinwelt der kleinbürgerlichen Angestellten, der ›Berauschung‹ (1929–1933) als Verdichtung und Entladung subjektiver, mythisch verbrämter Ohnmacht mit objektiver ›Ungleichzeitigkeit‹ als Kardinalmechanismus des Faschismus und der ›Sachlichkeit‹ als großbürgerlich-ideolog. Tableaus begibt sich Bloch in ein, die Segmente verfallender Zeit und Zeitlichkeit zugleich interpretierendes (»die Zeit fault und kreißt zugleich«), in der Tradition des Historischen Materialismus stehendes dialekt. ›Handgemenge‹. Blochs Kritik ist aus der Doppelheit der ›Aufhebung‹ im hegelschen Sinne zu verstehen, Sichselbstaufheben des Scheins im Austrag faschist. Ungeistes, zugleich aber Herausdestillation und Bewahrung jener Momente der bürgerlichen Kultur, die als Vorschein einer neuen, besseren Welt zu gelten haben.
Ausg.: Gesamtausgabe, Bd. IV, 1962.
Lit.: A. MÜNSTER, Utopie, Messianismus und Apokalypse im Frühwerk von E. Bloch, 1982.

C.-H. HOEFER

Erfahrung und Denken. Kritische Grundlegung der Erkenntnistheorie, Johannes VOLKELT; EA Hamburg/Leipzig 1886.
Das erste erkenntnistheoret. Hauptwerk Volkelts versucht eine Erkenntnisbegründung durch den Rekurs auf den Begriff der ›Gewißheit‹. Es beginnt mit einer Darlegung der Notwendigkeit eines radikalen Erkenntniszweifels und – damit zusammenhängend – der Forderung nach logischer, ontolog. und metaphys. ›Voraussetzungslosigkeit‹. Als Methode ergibt sich das einfache ›Aufzeigen der eigenen Bewußtseinsvorgänge‹ unter Ausschluß aller Denktätigkeit. Das Wissen von den eigenen Bewußtseinstatsachen als einzig unbezweifelbar gewisses Erkennen stellt die ›reine Erfahrung‹ als erstes Erkenntnisprinzip dar: regellos, diskontinuierlich, kausalitätsfrei und intrasubjektiv. Die so gewonnene Erkenntnis trägt ihr Ungenügen in sich: Erkennen ist für Volkelt stets auf den Begriff des ›Transsubjektiven‹ bezogen. So findet sich als zweites Erkenntnisprinzip die Gewißheit der ›Denknotwendigkeit‹ mit den vier Forderungen des ›transsubjektiven Minimums‹: in jeder (noch so einfachen) Vorstellungsverbindung ist die Forderung der Allgemein- und Seinsgültigkeit, die Forderung der Anerkennung ›einer unbestimmten Menge erkennender Subjekte‹ und die Annahme der Einmaligkeit der Sinnenwelt mitgesetzt. Das Erkenntnisprinzip der Denknotwendigkeit bildet das Ziel der Erkenntnistheorie, erst das Zusammenwirken von Erfahrung und Denken gewährt Erkenntnis. Eine Übersicht über ›subjektive Erkenntnisfaktoren‹, die Bedeutung des Begriffs für das Erkennen und die ›Arten und Ursprünge der Ungewißheit des Erkennens‹ lei-

tet über zur Darstellung weiterer, untergeordneter Erkenntnisprinzipien: dem Prinzip der moral. Gewißheit, dem der intuitiven Wahrnehmung und dem der ›intuitiven Selbsterfassung‹. – Die Erkenntnistheorie Volkelts wurde später im Neukantianismus und teilweise in der Phänomenologie kontrovers diskutiert.

Lit.: A. LASSON, Rezension: J. Volkelt, Erfahrung und Denken, in: Philosoph. Monatshefte 24 (1888). – O. HALLESBY, J. Volkelts Erkenntnistheorie. Eine Darstellung und Kritik, (Diss.) 1909. – Th. NEUMANN, Gewißheit und Skepsis. Untersuchungen zur Philosophie J. Volkelts, 1978.

TH. NEUMANN

Das Erkenntnisproblem in der Philosophie und Wissenschaft der neueren Zeit, Ernst CASSIRER; EA Berlin 1906–1920, New Haven/London 1950 (Bd. I: Berlin 1906; Bd. II: Berlin 1907; Bd. III: Berlin 1920 Die nachkantischen Systeme; Bd. IV: Zürich 1950 Von Hegels Tod bis zur Gegenwart; postum).

Cassirers Werk zur Geschichte der Erkenntnistheorie verbindet die histor. Rekonstruktion des Erkenntnisproblems mit dem Interesse an der systemat. Gliederung der Grunderkenntnisse. Cassirer will die innere Fortbildung des Erkenntnisbegriffs begreifen, wie er sich in den großen philosoph. Systemen vor allem des 17. Jh.s, aber ebenso in der Entwicklung der modernen Naturwissenschaft, der humanist. Geschichtsansicht, den metaphys. und theolog. Streitfragen der jeweils behandelten Geschichtsepoche darstellt. Cassirer zeigt, wie derselbe Begriff je nach seiner Verwendung als Bauelement in einem philosoph. System eine verschiedene Bedeutung hat und legt damit den Grund zu den Ideen, die er später in seiner →*Philosophie der symbolischen Formen* entwickelt. Von großer Bedeutung in dem Werk, das das Erkenntnisproblem von Cusanus bis Bayle (Bd. I), von Bacon bis Kant (Bd. II), von Jacobi bis Fries (Bd. III) und schließlich die erkenntnistheoret. Konzeptionen der exakten Wissenschaften, der Biologie und der Geschichtswissenschaft der letzten 100 Jahre (Bd. IV) untersucht, ist Cassirers Interpretation der Kantschen Erkenntniskritik (Bd. II). Im Gegensatz zu anderen neukantian. Positionen legt Cassirer in seiner Darstellung den Akzent darauf, daß das Kantsche ›Ding an sich‹ als Grenzbegriff aufzufassen sei, der seinen Sinn radikal ändert je nach seiner Korrelation mit der systemat. Ganzheit der Begriffe. Kant, dessen Philosophie nach Cassirer nur in ihrem genet. Aufbau verstanden werden kann, geht in der Auflösung des Erkenntnisproblems einen Weg, der durch die Widerlegung aller vermeintlichen Begründung der vorwissenschaftlichen wie auch wissenschaftlichen Erfahrung mittels des Daseins der Dinge an sich gekennzeichnet ist. »Den wesentlichen Inhalt der Kantischen Lehre bildet nicht das Ich, noch sein Verhältnis zu den äußeren Gegenständen, sondern worauf sie sich in erster Linie bezieht, das ist die Gesetzlichkeit und die logische Struktur der Erfahrung.« Cassirers Werk, das einen Höhepunkt der zeitgenöss. Philosophiegeschichtsschreibung markiert, führt zum ersten Mal Namen wie Kepler, Galilei, Huygens, Newton und Euler in die Geschichte der Philosophie ein. Wichtiges Resultat von Cassirers Darstellung ist der Nachweis der Beziehungen zwischen der Erkenntnistheorie und der allgemeinen Geisteskultur, wie sie sich in Mythos und Religion, Psychologie und Metaphysik, Ethik und Ästhetik äußert. – Cassirers Schrift, mit der er sich habilitierte und die ihn berühmt machte, hat in der Wissenschaftsgeschichtsschreibung u. a. auf K. Hübner und J. Mittelstraß gewirkt.

Ausg.: Repr. (Bd. I–III) 1974, (Bd. IV) 1973.
Lit.: F. E. Meyer, Ernst Cassirer, 1969.

M. Hielscher

Erkenntnis und Interesse, Jürgen Habermas; EA Frankfurt a. M. 1968.

In theoriegeschichtlicher Form entwickelt Habermas in diesem Philosophie und Gesellschaftstheorie verknüpfenden Werk erstmals das Programm einer Erkenntnistheorie, das die Wurzeln der Erkenntnis in der gesellschaftlichen Praxis freilegt, das Fundament für eine rationale Ideologiekritik schafft und eine emanzipator. Praxis begründen kann. – Habermas stellt zunächst dar, wie sich die Erkenntnistheorie als kritische Theorie menschlichen Wissens nach Kant schrittweise auflöst – bei Hegel in eine Wissenschaft des absoluten Wissens, bei Marx in die naturgesetzlich gefaßten ökonom. Bewegungsgesetze der Gesellschaft. Von diesen Ansätzen unbeeindruckt, traten die empir. Wissenschaften im 19. Jh. ihren Siegeszug an und beherrschen im 20. Jh. das Feld. Mittels einer Erkenntnistheorie als Gesellschaftstheorie will Habermas nun die verlassenen Wege Kants, Hegels und Marx' wieder begehbar machen. Hierfür greift er auf das Werk dreier Autoren zurück welche die radikale Selbstreflexion der Wissenschaften wieder in Gang gebracht haben: Peirce, Dilthey und Freud. Die in ihrem Werk liegenden Möglichkeiten, den ›Positivismus‹ zu überwinden, will Habermas in seiner Theorie der Erkenntnisinteressen darstellen. Er ordnet Forschungsprozesse nach drei Kategorien, die jeweils von einem ›anthropolog. tiefsitzenden‹ Erkenntnisinteresse geleitet werden. Sie entspringen dem Interessenzusammenhang einer Menschheitsgattung, die sich über Arbeit, Sprache und Herrschaft vergesellschaftet. 1. Die Erfahrungswissenschaften erschließen die Wirklichkeit unter dem technischen Erkenntnisinteresse an zuverlässiger Voraussage und Kontrolle von Ereignissen in der Welt, um die materielle Reproduktion des Lebens sicherzustellen und zu erweitern. 2. Die histor.-hermeneut. (sinnverstehenden) Wissenschaften stehen unter dem praktischen Erkenntnisinteresse an zuverlässiger Intersubjektivität und sichern gegenseitiges Verstehen und Selbstverständigung. 3. Die kritischen Wissenschaften (z. B. Psychoanalyse, Ideologiekritik, kritische Philosophie) stehen unter dem emanzipator. Erkenntnisinteresse an der Befreiung der Menschen von den naturwüchsigen Zwängen undurchschaubarer Gewalten durch Selbstreflexion und Einsicht. – Auf die heftige Debatte um dieses die gesellschaftskrit. orientierten Sozialwissenschaften in den 70er Jahren weithin prägende Werk antwortete Habermas zunächst in einem selbstkrit. Nachwort (in der Taschenbuchausgabe von 1973) und schließlich mit dem grundlegenden Umbau seines Ansatzes zur → *Theorie des kommunikativen Handelns.*

Ausg.: 1973.
Lit.: Materialien zu Habermas' ›Erkenntnis und Interesse‹, hg. von W. Dallmayr, 1974.

L. Brux

Erkenntnis und Irrtum. Skizzen zur Psychologie der Forschung, Ernst MACH; EA Leipzig 1905.

Im Zentrum des erkenntnistheoret. Hauptwerks Machs steht die Zurückführung aller naturwissenschaftlichen Erkenntnis auf die Zusammenhänge zwischen Sinnesdaten. – Die unmittelbare Erfahrung der natürlichen Lebenswelt besteht in der sinnlichen Wahrnehmung räumlich und zeitlich verknüpfter Zusammenhänge. Letztere sind die Dinge der Außenwelt, aber auch das Ich als ein psycho-physischer Funktionszusammenhang, der die Phänomene des leiblichen, psychischen und geistigen Lebens umfaßt. Diese Zusammenhänge befinden sich jedoch nur in einer relativen Stabilität und die Analyse ihrer Modifikationen führt zu nicht weiter zerlegbaren Elementen, wie etwa Farben, Töne, Räume und Zeiten, deren Relationen sich verändern. Da diese Elemente, die Mach mit Empfindungen gleichsetzt, stets untrennbar mit einem wahrnehmendem Ich verknüpft sind, lassen sich Ich und Welt nicht wirklich voneinander trennen. Für die naturwissenschaftliche Forschung hat dies zur Folge, daß sie sich auf die Untersuchung der Relationen zwischen den Empfindungen zu beschränken hat, mit dem Ziel, Theorien und Gesetze zu erarbeiten, die es dem Menschen ermöglichen, seine Gedanken und Handlungen nicht unbewußt und tastend, sondern bewußt und method., d. h. effizienter, zu vollziehen. Der Wert der Erkenntnis besteht damit nicht in der Erlangung absoluter Wahrheiten, sondern in den in ihr angelegten Möglichkeiten zu einer effizienteren Bewältigung von Umweltsituationen. – Der positivist. Rückgang Machs auf die sinnlichen Wahrnehmungen hatte großen Einfluß auf den logischen Empirismus des Wiener Kreises und beeinflußte insbesondere Carnap und sein Konstitutionssystem (→ *Der logische Aufbau der Welt*).

Ausg.: Repr. ([5]1920) 1980.

Lit.: R. VON MISES, E. Mach und die empir. Wissenschaftsauffassung, 1938. – J. BLACKMORE, E. Mach, His Work, Life and Influence, 1972.

J. MONAR

Erläuternder Auszug aus den critischen Schriften des Herrn Prof. Kant, auf Anrathen desselben, Jacob Sigismund BECK; EA Riga 1793–1796.

Der Kommentar des Kant-Schülers versucht, die kritische Philosophie vor allem dadurch weiterzuentwickeln, daß er den Begriff des Dinges an sich als Grund der Affektion der Sinne aus ihr entfernt. – Die ersten beiden Bände stellen die drei ›Kritiken‹ (→ *Kritik der reinen Vernunft*, → *Kritik der praktischen Vernunft*, → *Kritik der Urteilskraft*) und die → *Metaphysischen Anfangsgründe der Naturwissenschaft* Kants zusammenfassend dar. Der III. Band enthält unter dem Titel »Einzig-möglicher Standpunct, aus welchem die critische Philosophie beurtheilt werden muß« Becks eigene Stellung zur Philosophie Kants. Im Zentrum steht die Auseinandersetzung mit der Kategoriendeduktion. Die Affektion der Sinne findet in Wahrheit durch die Erscheinungen statt; an die Stelle der ›Dinge an sich‹ tritt das Kantische ›Bewußtsein überhaupt‹. Die Beziehung zwischen Vorstellung und Gegenstand wird durch einen ursprünglichen Verstandesgebrauch gestiftet, auf dem die Ansicht der Kategorien als Begriffe beruht. – Das Werk Becks trug neben den Schriften von F. H. Jacobi, K. L. Reinhold, G. E. Schulze und S. Maimon zur Entstehung des deutschen Idealismus bei.

Lit.: J. SCHMUCKER-HARTMANN, Der Widerspruch zwischen Vorstellung und Gegenstand. Zum Kantverständnis von J. S. Beck, 1976.

G. KRÄMLING

Das Erlebnis und die Dichtung. Lessing, Goethe, Novalis, Hölderlin, Wilhelm DILTHEY; EA Leipzig 1906.

Dilthey betrachtet die Werke der vier Dichter unter dem Aspekt von Weltansicht und Ausdruck. – Charakterist. für Lessing ist sein Pantheismus und ein Determinismus, der aber den mündigen Menschen als Lebensideal der Aufklärung nicht ausschließt. Im Gedanken der Humanität gründet sein Verständnis der menschlichen Gemeinschaft. Für Goethe ist Dichtung Darstellung und Ausdruck des Lebens bzw. der eigenen Welterfahrung. Er stellt als erster den ganzen Menschen dar und erhebt die Dichtung zum Organ eines objektiven Weltverständnisses auf der Grundlage der wissenschaftlichen Auffassung der Wirklichkeit. In Shakespeare sieht Dilthey einen Gegensatz zur poet. Grundrichtung Goethes, weil jener nicht die Zustände des eigenen Gemüts ausspricht, sondern aus gegebenen Motiven und Affekten Person und Handlung konstruiert. Bei Novalis zeigt sich die einfache, reine Empfindung aus der harmon. Gemütsstimmung in der Natürlichkeit der Darstellung. Das Fremdartige wird in der Idealisierung dargestellt. Dabei ist die Natur Ordnung und Entwicklung der Welt, deren innerstes Geheimnis die Poesie löst. Hölderlins Streben zielt auf die Tiefe der Dinge in ihrer Bindung an die totale Einsamkeit. Das Erlebnis der Zweideutigkeit des Lebens führt in die Resignation. Einflüsse Hegels und Schellings, der Renaissance des griechischen Geistes sowie Ideen der Französ. Revolution begründen seine Weltansicht. Hölderlins humanist. Gedanken äußern sich besonders im *Hyperion* und *Empedokles*. – Diltheys psycholog. Betrachtung beruht auf der Untersuchung biograph. Tatsachen, von welchen er in Verbindung mit gesellschaftlich-geschichtlichen Gegebenheiten auf menschlichen Ausdruck schließt.

Ausg.: [15]1970.

E. JAIN

Erste Gründe Der gesammten Weltweisheit, Darinn alle Philosophische Wissenschaften in ihrer natürlichen Verknüpfung abgehandelt werden ..., Johann Christoph GOTTSCHED; EA Leipzig 1733/34 (2 Bde.).

Das berühmte Lehrbuch der deutschen Schulphilosophie des 18. Jh.s (acht Aufl. bis 1778) stellt mit knapp 1300 Seiten ein kurzgefaßtes Kompendium der 1733 bereits mehr als 12 Bände füllenden Lehre Chr. Wolffs dar, der scholast. Erbe und neue Philosophie (Descartes, Leibniz) im Geist mathemat.-strenger Methodik zu einem rationalist. System mit enzyklopäd. Anspruch ausbaut und damit die deutsche Aufklärung entscheidend prägt. Im Anschluß an Wolffs deutsche Schriften (1710–1725) und im Unterschied zu anderen Lehrbüchern der wolffischen Schule (etwa L. Ph. Thümmig, *Institutiones Philosophiae Wolffianae*, 1725–26; A. G. Baumgarten, → *Metaphysica*; I. G. Canz, *Philosophia fundamentalis*, 1744; F. Ch. Baumeister, *Elementa philosophiae recentioris*, 1747) verzichtet Gottsched, auch darin ganz Aufklärer, auf die latein. Sprache und sichert sich so eine breitere Wirkung. – Band I enthält die theoret. Philosophie (Logik, Metaphysik, Ontologie, Physik, Pneumatologie, Theologie), Band II die praktische (allgemeine Sittenlehre, Naturrecht, Tugend- und Staatsrecht).

Ausg.: [7]1762, Ausgabe letzter Hand (Repr. 1983).

Lit.: M. Wundt, Die deutsche Schulphilosophie im Zeitalter der Aufklärung, [2]1964.

W. Riedel

Erster Entwurf eines Systems der Naturphilosophie, Friedrich Wilhelm Joseph Schelling; EA Jena/Leipzig 1799.

Die Schrift (von Schelling ›zum Behuf seiner Vorlesung‹ verfaßt) will Deduktion des Systems der Natur sein. Schelling faßt Natur als das Unbedingte selbst auf, als reine Produktivität, unendliche Tätigkeit. Sie stellt sich dar als unendliches Produkt, das immer wird und nie ist. Die Darstellung im Produkt verlangt, die unendliche Tätigkeit zugleich als unendlich gehemmt zu denken und den Grund der Hemmungen in ihr selbst zu sehen; als produktive ist sie a priori Dualität. Der Gedanke hat zweifache Funktion: Er erklärt die Struktur der Natur überhaupt und die jedes natürlichen Geschehens sowie die ›logische Vorgeschichte‹ der Natur. Das bereits in den → *Ideen* ... erörterte Problem der Qualitäten löst der *Entwurf*, indem er deren Grund in die ›Vorgeschichte‹ verlegt. Als Hemmungspunkte, durch welche die Produktivität zur Darstellung kommt, sind die ›ursprünglichen‹ Qualitäten bloße Bedingung und logisch vor aller Raumerfüllung. Sie sind reine Intensität (gleichsam die Aktualität einer unendlichen Teilung und darum jenseits des Raums). Schelling prägt dafür den Begriff der ›ersten Aktion‹, der die Naturphilosophie neu als ›dynamische Atomistik‹ definiert. – Im 1. Teil des Werks stellt Schelling die Natur als Stufenleiter vor, die vom Amorphen bis zum Organismus reicht und insofern Entwicklung ein- und derselben Organisation ist. Der Organismus ist ihre höchste Ausformung; er offenbart die ursprüngliche Dualität als Geschlechtsdifferenz und zugleich als Produktivität. Das endliche Individuum erhält durch Zeugung die unendliche Gattung, aber auch durch sein eigenes Leben. So stellt sich die Aufgabe, Leben selbst zu denken; die Schrift folgt in ihren Grundzügen dem Werk → *Von der Weltseele*: Negative Lebensbedingung ist Erregung von ›Außen‹; sie leitet einen chemischen Prozeß ein, durch den der Organismus sich erhält, der aber zu seiner positiven Bedingung die in Sensibilität wurzelnde Erregbarkeit hat (›physiolog. Immaterialismus‹). – Die Bestimmung des Lebens als Verhältnis von (organ.) Innen und (anorgan.) Außen führt im 2. Teil des Werks zur Aufgabe der Konstruktion des Anorganischen, das heißt, zur Aufgabe, Schwere als Möglichkeit des Zusammenhangs von Massen und letztlich des Universums zu konstruieren. Nach der Deduktion der Schwere als

Bedingung von Leben stellt der 3. Teil der Schrift die Wechselbeziehung zwischen Organischem und Anorganischem dar. Nahtstelle beider ist die Irritabilität, die auf Sensibilität, deren Phänomen sie ist, zurückweist. Die Struktur wird zur Triplicitätsstruktur erweitert, weil die in der Qualität von Innen und Außen erzeugte Bewegung noch nicht Erhaltung des Lebens bedeutet. Den Abschluß der Lebensstruktur bildet die Nutritions- und Reproduktionsfunktion. Im 4. Teil des Werks bildet Schelling organ. und anorgan. Natur aufeinander ab; sie sind sich nicht so entgegengesetzt, daß sie in einem gemeinsamen Ausdruck gedacht werden könnten, der sie zur Indifferenz brächte (und damit die Produktivität der Natur aufhöbe). Ihr Verhältnis ist vielmehr das von Potenzen, in dem zwar der Organismus als höhere Potenz des Anorganischen erscheint, aber die Entgegensetzung produktiv bleibt. Der von Schelling in den späteren Schriften als kategoriales Schema ausgeführten Triplizität der Grundphänomene von Magnetismus, Elektrizität und chemischem Prozeß entspricht in höherer Potenz die Triplicität von Sensibilität, Irritabilität und Reproduktion. Die Wirkung des naturphilosoph. Hauptwerks von Schelling wurde durch die Verselbständigung der Naturwissenschaft seit Beginn des 19. Jh.s stark eingegrenzt und blieb weitgehend auf die romant. Naturphilosophie und deren Rezeption beschränkt.

Ausg.: Sämmtliche Werke, 1. Abt., Bd. III, 1858 (Repr. 1965, 1982).

Lit.: K. Fischer, Schellings Leben, Werke und Lehre (= Geschichte der neuern Philosophie, Bd. VII), ^{3}1902.

J. Jantzen

Die Erziehung des Menschengeschlechts. Gotthold Ephraim Lessing; EA Berlin 1780 (§§ 1–53: Braunschweig 1777).

Bei dem anonym erschienenen Werk handelt es sich um eine geschichtsphilosoph. bzw. geschichtstheolog. Schrift, welche die Universalgeschichte als sinnvollen Fortschrittsprozeß deutet, in dem die positiven Religionen eine wichtige Rolle spielen. Gott ist der Erzieher und die Offenbarung das Erziehungsmittel. Die Offenbarung richtet sich an die menschliche Vernunft und verhilft ihr zu neuen Einsichten und sittlichen Handlungsmotiven. Sie beschleunigt damit die menschliche Vernunftentwicklung. Der Geschichtsprozeß gliedert sich in drei Stadien und führt von dem Zeitalter des Alten und des Neuen Testaments bis zu dem zukünftigen Stadium des ›ewigen Evangeliums‹. Der Erziehungsgedanke verbindet sich so bei Lessing mit dem Entwicklungs- und Fortschrittsgedanken. Denn die von Gott gelenkte Geschichte wird für die Menschheit und jedes Individuum zur Aufwärtsentwicklung und Vervollkommnung. Die Inhalte des zunächst auf Autorität hin angenommenen Offenbarungsglaubens werden in die Selbständigkeit der eigenen Vernunfterkenntnis überführt. Um jedem Individuum die Teilhabe an dem fortschreitenden geschichtlichen Vervollkommnungsprozeß zu ermöglichen, hat Lessing sich des Gedankens der Seelenwanderung bedient. Mit der Fortexistenz der Seele über den leiblichen Tod hinaus und ihrer Wiederkehr in neuer Verkörperung vermag der einzelne, den in einem kurzen Menschenleben stets unabgeschlossenen Prozeß seiner sittlichen Reifung zur Vollendung zu bringen. Dieser Vervollkommnungsprozeß besteht darin, daß das Gute weder aus Furcht vor Strafe noch aus Hoffnung auf zukünftige Belohnung, sondern letztlich um seiner selbst willen getan wird. Das Ziel ist die Humanitätsreligion. Der Gedanke der göttlichen Erziehung geht bis auf die Kirchenväter (Tertullian) zurück. Die Vorstellung von den drei Zeitaltern (Alter Bund – Neuer Bund – Ewiges Evangelium) findet sich bei den Schwärmern des 13. und 14. Jh.s, insbes. bei dem Abt Joachim von Fiore.

Ausg.: Hg. von L. F. Helbig, mit Urteilen Lessings und seiner Zeitgenossen, Einleitung, Entstehungsgeschichte und Kommentar, 1980.

G. Hornig

Erziehungslehre, Friedrich Daniel Ernst Schleiermacher; EA Berlin 1849 (hg. von C. Platz, in: Sämmtliche Werke, 3. Abt., Bd. IX).

Dieses für die Konstituierung der Pädagogik als Wissenschaft und insbes. für die Entfaltung einer geisteswissenschaftlichen Pädagogik grundlegende Werk wurde erst postum von C. Platz, einem Schüler Schleiermachers, aus dem handschriftlichen Nachlaß und aus nachgeschriebenen Vorlesungen herausgegeben und mit dem Titel *Erziehungslehre* versehen. Platz stützte sich dabei auf 13 (von ursprünglich 15) »Zur Pädagogik« überschriebene Manuskriptbogen, die Schleiermacher für seine im WS 1813/14 in Berlin gehaltene Vorlesung über Pädagogik benutzt und am Rande zusätzlich mit Aphorismen beschrieben hat; ferner ein Konvolut handschriftlicher Zettel, auf denen Schleiermacher die Hauptgedanken seiner Pädagogik-Vorlesungen für das WS 1820/21 und für das SS 1826 konzipiert hat; schließlich zwei Nachschriften der Vorlesungen von 1820/21 und vier Nachschriften der Vorlesung von 1826. Sowohl vom Umfang wie auch von der systemat. Geschlossenheit her kommt dabei den Vorlesungen von 1826 die größere Bedeutung zu. – Im Bewußtsein, daß die Menschen immer schon erziehen und erzogen haben (auch ohne alle Theorie) und daß dieser erzieher. Praxis eine ›eigene Dignität‹ zukommt, konstruiert Schleiermacher seine pädagog. Theorie als eine Berufswissenschaft für diejenigen, die im Zuge des zunehmenden Öffentlichwerdens der Erziehung das Erziehen zu ihrem Lebensberuf gemacht haben. Dabei wird diese Theorie von vornherein als eine Kunstlehre (im Sinne der alten technē) verstanden, die das Erziehen nicht zuchtmeistern und maßregeln, wohl aber die erzieher. Praxis zu einer bewußteren und reflektierteren machen soll. Diese pädagog. Theorie hat sich gleich weit von bloßer Erfahrung wie von reiner Spekulation fernzuhalten und beständig zwischen Empirie und Idee zu ›oszillieren‹. Als »eine rein mit der Ethik zusammenhängende, aus ihr abgeleitete angewandte Wissenschaft, der Politik koordiniert«, bestimmt Schleiermacher die Pädagogik als die Anwendung des spekulativen Prinzips auf die (empir.) gegebene erzieher. Wirklichkeit. Das spekulative Prinzip der Pädagogik kennzeichnet Schleiermacher im Rückgriff auf seine Ethik als die Idee des höchsten Gutes qua Einswerdung von Natur und Vernunft. Während

Schleiermacher im »Allgemeinen Teil« seiner Vorlesung von 1826 das erzieher. Handeln als das Ineinander von verhütender, gegenwirkender und unterstützender Tätigkeit auslegt, behandelt er im »Besonderen Teil« die äußere Organisation der Erziehung auf den verschiedenen Altersstufen, wobei die Erziehungstätigkeit und die -einrichtungen das folgende Ziel verfolgen: zum einen die individuellen Kräfte und Fähigkeiten aufs höchste auszubilden, zum anderen den Heranwachsenden auf den Eintritt in die größeren gesellschaftlich-kulturellen Mächte vorzubereiten, damit er bereit und fähig wird, diese zugleich zu erhalten und zu verbessern. – Schleiermachers Erziehungslehre stellt bis heute einen festen Bezugspunkt aller epistemolog. Erörterungen des Wissenschaftscharakters der Pädagogik dar.

Ausg.: Pädagog. Schriften, Bd. I, hg. von E. WENIGER unter Mitwirkung von TH. SCHULZE, 1957.
Lit.: W. SÜNKEL, F. Schleiermachers Begründung der Pädagogik als Wissenschaft, 1964. – J. SCHURR, Schleiermachers Theorie der Erziehung, 1975.

W. BÖHM

L'esprit de la révolution et de la constitution de France (frz.; *Der Geist der Revolution und der Verfassung Frankreichs)*, Louis-Antoine-Léon de SAINT-JUST; EA Paris 1791.

Im Zentrum des staatsphilosoph. Werkes steht der Entwurf eines auf vernunftgemäße Gesetzgebung gegründeten idealen Staatswesens. – Die Freiheit des Einzelnen besteht in einem demokrat. Staat nicht in schrankenloser Unabhängigkeit, sondern in der freiwilligen Unterwerfung unter vernunftgemäße Gesetze. Nur die Gesetze können Schutz gegen den Mißbrauch der Macht durch die Regierenden bieten und einer gerechten Gesellschaftsordnung die zu ihrem Erhalt notwendige Stabilität sichern. Die Gesetze dürfen nicht von den Sitten des Volkes abgeleitet werden, da das Volk durch frühere Entwicklungen verdorben worden sein kann, sondern sie müssen aus den Prinzipien einer gerechten und freiheitlichen Verfassung hergeleitet werden, die alle polit. Kräfte nach den Regeln der Vernunft gegeneinander ausbalanciert. Dem Gesetzgeber kommt hierbei die Verantwortung zu, dafür Sorge zu tragen, daß die Gesetze die Sitten des Volkes den Erfordernissen des Staatswesens anpassen. Dieser grundlegenden Verantwortung, die ihn weit über dem Volk stehen läßt, kann der Gesetzgeber nur genügen, indem er die Leidenschaften der Bevölkerung möglichst weitgehend in den Dienst der staatlichen Werte stellt und das Volk notfalls auch gegen seinen Willen zu einem Befolgen der aus der Verfassung hervorgegangenen Gesetze zwingt. Die Freiheit ist in diesem Zusammenhang nur insoweit als zentraler Wert anzusehen, als sie dem Einzelnen eine selbstverantwortliche tugendhafte Lebensgestaltung ermöglicht; sobald sie hierüber hinausgeht, wird sie dem Staatswesen schädlich. – Mit dieser zur Zeit der Französ. Revolution vielbeachteten Schrift versuchte Saint-Just die Lehren Montesquieus mit der revolutionären politischen Entwicklung zur Deckung zu bringen.

Ausg.: Œuvres complètes, 1984.

J. MONAR

Esquisse d'une morale sans obligation ni sanction (frz.; *Entwurf einer Moral ohne Verpflichtung und Strafandrohung*), Jean-Marie GUYAU; EA Paris 1885; dt. 1909 Sittlichkeit ohne »Pflicht«.

Die als Guyaus Hauptwerk geltende Schrift stellt den Versuch einer empir. Ethik dar, die der frühen Lebensphilosophie zuzurechnen ist. – Ausgangspunkt der Schrift ist die These, das natürliche Ziel aller menschlichen Handlungen sei das Leben: im Denken, Fühlen und Wollen gehe es letztlich um intensive und extensive Lebenssteigerung. Im 2. Kap. wird die auf den Gedanken moral. Verpflichtung bezogene Ethik verworfen, insbesondere auch Kants Lehre vom ›kategor. Imperativ‹. Das 3. Kap. wendet sich gegen die Annahme, unmoral. Handeln finde entweder auf natürliche Weise oder durch das Recht, psychisch oder in der Religion seine Strafe. Schließlich nennt Guyau als Hauptäquivalente des Pflichtbegriffs und als Triebfedern moral. Handelns die Freude an Wagnis und Kampf sowie am Wagnis des metaphys. Denkens. – Die Philosophie Guyaus hat auf Nietzsche und Proust, vermutlich auch auf Bergson, Einfluß gehabt.

Ausg.: Repr. (1885) 1985.
Lit.: H. PFEIL, J.-M. Guyau und die Philosophie des Lebens, 1928. – I. WALTHER-DULK, Materialien zur Philosophie und Ästhetik J.-M. Guyaus, 1965.

K. ALBERT

Esquisse d'un tableau historique des progrès de l'esprit humain (frz.; *Entwurf einer historischen Darstellung der Fortschritte des menschlichen Geistes*), Marie Jean Antoine Nicolas Caritat, Marquis de CONDORCET; EA Paris 1795; dt. 1796 Entwurf eines historischen Gemähldes der Fortschritte des menschlichen Geistes.

Die Schrift, eines der Hauptwerke der französ. Aufklärung, stellt einen Abriß der Menschheitsgeschichte dar, der das ›Gesetz‹ der weiteren Entwicklung erschließen soll. – Nach Condorcet ist die Geschichte der Menschheit eine zwar von Rückschritten begleitete, aber in Stufen fortschreitende Entwicklung von der Stammesbildung bis zur Epoche der Aufklärung, der sich als weitere Stufe die Vervollkommnung des Menschen anschließt. Die Stufeneinteilung erfolgt unter dem Aspekt des Beitrags der jeweiligen Periode zu Fortschritten des Wissens und zur Verbreitung der Kenntnisse. Auf den ersten Stufen der Stammesbildung, des Übergangs zum Ackerbau und der Entstehung von Handwerk und Handel im Zuge der Arbeitsteilung (1.-3. Stufe), erweitern sich zwar die Kenntnisse der Menschen, z. B. in Astronomie, Medizin und Anatomie, sie bleiben jedoch als Wissensmonopol einer Kaste von Priestern vorbehalten. Nur die Entstehung der alphabet. Schrift eröffnet die Aussicht auf die spätere Verbreitung des Wissens. Erst auf der vierten Stufe wird in der Antike unter günstigen Bedingungen nicht nur eine Entfaltung der Wissenschaften, sondern durch die Bildung philosoph. Schulen auch eine Verbreitung des Wissens unter den Bürgern möglich. Dieser Phase folgt jedoch mit der fünften Stufe eine Epoche des Niedergangs, die vom Ende der Antike bis tief ins Mittelalter (6. Stufe) reicht. Der Grund dafür ist die dogmat. und institutionelle Verfestigung des Christentums in der kathol. Lehre und in der Amtshierarchie, die eine freie Entfaltung des wissenschaftlichen Forschens nicht zuläßt. Die Chance eines Neubeginns ergibt sich erst mit der Erstarkung der innerkirchlichen Opposition, vor allem aber mit der Entstehung der Stadtrepubliken in der beginnenden Renaissance (7. Stufe). Wirkliche Durchschlagskraft erhält der Aufschwung der Wissenschaften mit den Verbreitungsmöglichkeiten, die der Buchdruck bietet. Wissenschaft und Philosophie können sich vom ›Joch der Autoritäten‹ freimachen (8. Stufe) und erleben in der Folge eine Entfaltung und Verbreitung, die zum Höhepunkt der französ. Aufklärung führt (9. Stufe). Diese Entwicklungslinie projiziert Condorcet in eine weitere 10. Stufe, in der die Ungleichheiten in und zwischen den Völkern beseitigt und die Vervollkommnung des Menschen in geistiger, moral. und physischer Hinsicht erreicht wird.

Ausg.: Dt., von W. Alff, 1963.
Lit.: J. C. Frazer, Condorcet on the Progress of the Human Mind, 1933.

L. Kern

Essai philosophique sur les probabilités (frz.; *Philosophischer Versuch über die Wahrscheinlichkeit*), Pierre Simon Laplace; EA Paris 1814, dt. 1819 Des Grafen Laplace Philosophischer Versuch über Wahrscheinlichkeiten.

Der *Essai* entstand aus einer Vorlesung von 1795 an der École Normale; er stellt in gemeinverständlicher Weise ohne den Gebrauch mathemat. Formeln (im Gegensatz zur *Théorie analytique des probabilités*) die Bedeutung und Nützlichkeit wahrscheinlichkeitstheoret. Betrachtungen für die Wissenschaft und das menschliche Leben dar. Laplace prägt den Begriff einer subjektiven Wahrscheinlichkeit, dem bis heute ein Teil der Wahrscheinlichkeitstheoretiker anhängt. Er spricht von einer fiktiven Intelligenz, die über den Weltenlauf im Mikro- und Makrokosmos alles wüßte, wenn ihr nur Ort und Impuls aller Teilchen zu irgendeinem Zeitpunkt bekannt wäre. Die menschliche Intelligenz sei diesem Weltgeist mit der Astronomie am nächsten gekommen, und doch sei sie insgesamt nur ein schwaches Abbild, was die große Rolle der Wahrscheinlichkeit für alle menschliche Erkenntnis ausmache.

Ausg.: Dt., hg. von H. Loewy, 1932.
Lit.: I. Schneider, Die Entwicklung des Wahrscheinlichkeitsbegriffs in der Mathematik von Pascal bis Laplace, Habil.-Schr., 1972. – O. B. Sheynin, Laplace's Work on Probability, Archive for Hist. of Exact Sciences 16 (1977).

K. H. Wiederkehr

Essais (frz.; *Essays*), Michel de Montaigne; EA Bordeaux 1580, 1587, Paris [5]1588 (erw.); dt. 1753/54 Michael Herrn von Montagnes Versuche (3 Bde.).

Das Hauptwerk des Philosophen, Juristen und Politikers hat einer Literaturgattung den Namen gegeben. Mit dem Titel »Essais« (»Versuche«) brachte der Verfasser zum Ausdruck, daß hier Zentrales und Nebensächliches, allgemein Bedeutsames und Kurioses aneinandergereiht ist, assoziativ und in aphorist. Form, immer freilich anschaulich, erfahrungsgesättigt und mit höchsten Ansprüchen an die literar. Form. Bei den ›Versuchen‹ handelt es sich um Experimente im Felde der Sitten und der Moral auf der einen, Selbst-Versuche auf der anderen Seite. Die Aufrichtigkeit und schonungslose Offenheit dieser Experimente der Moral tragen zu der großen, bis heute anhaltenden Anziehungskraft des Werkes bei, das in eine Reihe mit den Bekenntnissen eines Augustinus (→ *Confessiones*) oder Rousseau (→ *Les Confessions*) gestellt werden darf. Die Befreiung der Form vom Zwang der Systematik entsprach Montaignes Skeptizismus. Er gipfelte in dem berühmten Satz des Werkes: ›Que sçay-je?‹. Trotz gewisser Anflüge von Melancholie war dieser Skeptizismus keiner, der sich auf den Weg vom Zweifel zur Verzweiflung begeben hätte. Statt dessen suchte Montaigne, angeregt von Stoikern und Epikureern, das Freischwebende und Ironische, eine heitere Gelöstheit und eine Balance zwischen Handeln und Nicht-Tun. Der ursprüngliche Zweifel an der Wahrheit der Welt, dem Montaignes Rückzug in das Bibliothekszimmer seines Schloßturms entsprach, führte am Ende zur Rehabilitierung der Phänomene und der Erfahrung. Der Skeptizismus ging Hand in Hand mit einem konventionalist. Konservatismus. In der Epoche der konfessionellen Bürgerkriege ist Montaigne formeller Katholik und Moralist, der behauptet, man sei Christ so wie man ›Bewohner des Perigord oder Deutscher‹ sei. Hauptinhalt des Werkes ist eine umfassende Moralistik. Sie reicht von Fragen des Umganges mit Frauen, Freunden und Büchern über das Thema des naturgemäßen Lebens bis zum ›Philosophieren heißt Sterben lernen‹. Die Moralistik ist bar allen Anspruchs auf Mission und imperativische Belehrung. Sie nimmt als eine Art Empiristik der Moral die Menschen, wie sie sind, nicht wie sie sein sollen, und sie hat wohl gerade darum moral. gewirkt. – Beeinflußt hat die Schrift u. a. Bacon, der ein gleichlautendes Werk veröffentlicht hat, die Moralisten Rochefoucauld und La Bruyère, die Aufklärer Montesquieu und Voltaire, Goethe, J. Burckhardt und nicht zuletzt Nietzsche, dessen Freigeisterei ein Montaigne nachfolgendes Experiment im Felde der Moral und Lebenskunst sein sollte.

Ausg.: Frz., hg. von P. Villey, 3 Bde., 1922/23; neuhg. von V.-L. Saulnier, 1965. – Dt., Gesammelte Werke, hg. von O. Flake/W. Weigand, Bd. I–VI, 1908–1911. – Dt., hg. von H. Lüthi, ^{5}1984 (Auswahl).

Lit.: H. Friedrich, Montaigne, ^{2}1967. – J. Starobinski, Montaigne. Denken und Existenz, 1986.

H. Ottmann

Essais de theodicée sur la bonté de Dieu, la liberté de l'homme et l'origine du mal (frz.; *Versuche der Theodizee über die Güte Gottes, die Freiheit des Menschen und den Ursprung des Übels),* Gottfried Wilhelm Leibniz; entst. 1705; EA Amsterdam 1710; Frankfurt 1719 (lat.); dt. Amsterdam 1720 Essais de theodicée, oder, Betrachtung der Gütigkeit Gottes, der Freyheit des Menschen und des Ursprungs des Bösen.

Die metaphys.-theolog. Untersuchung behandelt die Rechtfertigung Gottes angesichts der Übel in der Welt und sucht ihren Ursprung in der Freiheit der Geschöpfe. Angeregt zu diesem Werk wurde Leibniz durch P. Bayles 1697 erschienenem → *Dictionnaire historique et critique*, hier insbes. durch den Artikel »Rorarius« sowie durch Gespräche mit der Churfürstin Sophie Charlotte im Berlin des ausklingenden Jahres 1702. Die Entstehungsgeschichte macht den unsystemat. Aufbau wie die Anklänge an Erbauungsliteratur verständlich. Bereits in der Vorrede nennt Leibniz Jesus Christus den göttlichen Begründer der reinsten und aufgeklärtesten Religion und erwähnt die beiden berühmten ›Labyrinthe‹, nämlich die Frage nach Freiheit und Notwendigkeit, ergänzt um das Problem der Prädestination, sowie die Schwierigkeiten im Begriff des Kontinuums und der Unendlichkeit. Die einleitende Abhandlung zur Übereinstimmung des Glaubens mit der Vernunft läuft darauf hinaus, daß sich zwei Wahrheiten nicht widersprechen können. Gegen den Quietismus und P. Bayle weist Leibniz nach, daß Freiheit mit dem Vorherwissen Gottes vereinbar ist. Denn er begreift Freiheit als Spontaneität, die nicht unbestimmt ist, darum also auch von Gott vorhergesehen werden kann. Gegen den Dualismus von Gut und Böse wendet Leibniz ein, daß es wohl zwei Prinzipien in Gott gibt, nämlich Verstand und Wille. So bedeutet Gottes Vorherwissen noch keinen direkten determinierenden Einfluß auf die Geschöpfe. Alle Dinge sind zufällig und kontingent, also muß man eine allmächtige Ursache annehmen. Gäbe es nicht die beste aller möglichen Welten, dann hätte Gott überhaupt keine geschaffen. Das Übel gehört zur bestmöglichen Welt. Die Übel in unserer Welt sind zudem beinahe nichts angesichts der Unermeßlichkeit des Universums. Gott hat das Gute gewollt, das Böse aber nur zugelassen. In einem Anhang fügt Leibniz einen »kurzen Abriß der Streitfrage auf schulgerechte Beweise gebracht« bei. Die Syllogismusform ergänzt die populäre Darstellungsweise für den Fachphilosophen. – Von dieser Schrift – die anders als die → *Nouveaux Essais* Leibniz' philosoph. Gedanken höchstens erahnen läßt – ist eine breite Wirkung auf das 18. Jh. ausgegangen, insbes. über die Vermittlung von Chr. Wolff. Die Verteidigung von Vernunft und Freiheit – das heimliche Zentrum der *Theodizee* –, zu der für Leibniz der Gottesbegriff unvermeidbar gehört, bereitet die Epoche der Aufklärung vor, wenn auch Voltaire insbes. diese Schrift zum Anlaß für seine satir. Kritik nahm.

Ausg.: Dt., übers. von A. Buchenau, 1977 (PhB 71).

Lit.: G. Funke, Der Möglichkeitsbegriff in Leibniz' System, 1938. – D. Mahnke, Die Rationalisierung der Mystik bei Leibniz und Kant, 1940. – A. Heinekamp, Das Problem des Guten bei Leibniz, 1969.

B. Irrgang

Essai sur les données immédiates de la conscience (frz. *Abhandlung über die unmittelbaren Bewußtseinsgegebenheiten*), Henri Bergson; EA Paris 1889; dt. 1911 Zeit und Freiheit. Eine Abhandlung über die unmittelbaren Bewußtseinstatsachen.

Die der Sorbonne als Dissertation vorgelegte Arbeit versucht, ausgehend von einer Untersuchung der Bewußtseinszustände und ihrer Gegebenheiten, die Diskussion von Determinismus und Freiheit auf eine neue Basis zu stellen. Der vorherrschenden Vermengung von Dauer und Ausdehnung, von Sukzession und Gleichzeitigkeit sowie von Qualität und Quantität stellt Bergson eine neue Auffassung der erlebten Zeit, die ›Dauer‹, gegenüber, die keine quantitative, sondern nur noch eine qualitative Differenzierung kennt. Diese reine Zeit entspricht einer nicht mehr am Modell des Raumes festgemachten Zeitvorstellung, wie sie etwa in Zenons Paradoxien zum Ausdruck kommt und dem praktischen Leben sowie den Naturwissenschaften zugrunde liegt. Die ›Dauer‹ ist nicht im diskursiven Denken, sondern nur in der Intuition erfaßbar, die der reinen Qualität der Bewußtseinszustände entspricht, während eine analyt. Psychologie das Bewußtsein und die psychischen Zustände nur von außen, in quantitativ-räumlicher Hinsicht zu untersuchen vermag. Zwischen einer assoziativen, d. h. auf Kausalzusammenhänge im Ablauf der psychischen Ereignisse achtenden Psychologie und dem Determinismus bestehen nach Bergson enge Zusammenhänge. Wenn Zeit analog dem Raum gedacht wird, entsprechen die Bewußtseinszustände äußeren materiellen Gegenständen. Wenn hingegen der ununterbrochene Fluß der Dauer die psychischen Akte trägt, entspringen einige unserer Akte der ganzen Persönlichkeit und sind als frei anzusehen. Diese Freiheit kann nicht definiert werden, sie ist jenseits der Determinismusproblematik an den Akt und dessen Verbindung zum konkreten Ich gebunden. Das davon zu unterscheidende ›Oberflächen-Ich‹ der äußeren, d. h. immer der räumlichen Welt, das als soziale Repräsentation sichtbar wird, ist unfrei, während das konkrete Ich, das der Zeit als Dauer anheimgegeben ist, nichts anderes als frei sein kann. Darum ist Freiheit nicht bloß Wiedergewinnung des Selbst, sondern zugleich auch der reinen Dauer. – Die Schrift setzte in eigenständiger und wirkungsvoller Weise die Tradition des französ. Spiritualismus fort und beeinflußte vor allem die antipositivist. Reaktion an der Schwelle des 20. Jh.s.

Lit.: R. Ingarden, Intuition und Intellekt bei H. Bergson. Darstellung und Versuch einer Kritik, 1921. – V. Jankélévitch, H. Bergson, 1959, [2]1975.

P. Kampits

Essai sur les éléments principaux de la représentation (frz.; *Versuch über die Hauptelemente der Vorstellung*), Octave Hamelin; EA Paris 1907.

In seinem systemat. Hauptwerk entwickelt Hamelin die neukantian., phänomenist. Erkenntnistheorie seines Lehrers Renouvier in einem idealist. Sinn. Einzige Wirklichkeit ist für ihn die vorgestellte Erscheinung, also die Vorstellung, deren Wesen darin besteht, Verhältnis zu sein. Die ganze Wirklichkeit besteht aus Verhältnissen, die einen jeweils verschiedenen Grad an Komplexität haben; das komplexeste, höchste Verhältnis ist das Bewußtsein. Hamelin analysiert die Wirklichkeit mit einer dialekt. Methode, die nicht – wie die Hegelsche – auf Kontradiktion, sondern auf Korrelation basiert. Weil jedes Denkmoment korrelativ ist, verweist es notwendig auf sein Korrelat und macht ferner ein drittes, synthet. Moment erforderlich, das beide Korrelate in deren Einheit erfaßt. Deshalb ist jede Bestimmung unvollkommen und setzt in ihrer Unvollkommenheit einen Prozeß weiterer Synthetisierung in Gang, welcher allerdings nicht durch die Kraft der Verneinung fortschreitet, sondern durch immer vollständigere Bejahungen, bis er zum erfüllten, konkreten Sein gelangt. Dieser Prozeß ist triadisch: die erste Triade besteht aus Relation (These), Zahl (Antithese) und Zeit (Synthese). Die zweite Triade setzt mit der Zeit als These an, geht dann zum Raum als Antithese über und gipfelt in der Bewegung als Synthese. Die anderen Triaden sind: Bewegung, Qualität, Änderung; Änderung, Spezifizierung, Kausalität; Kausalität, Finalität, Personalität. Die Personalität ist die vollständigste und konkreteste Kategorie, zu der der Denkprozeß führt. Aufgrund dieser Kategorie wird die theist. Annahme einer unendlichen Personalität als Vereinigungspunkt aller endlichen Personalitäten als vernünftige Hypothese nahegelegt. – Das Werk wirkte hauptsächlich auf die christlich inspirierte französ. Philosophie der ersten Jahrzehnte unseres Jh.s.

Ausg.: ²1925, hg. von A. DARBON.
Lit.: A. SESMAT, Dialectique. Hamelin et la philosophie chrétienne, 1955.

F. VOLPI

Essai sur les fondements de la psychologie et sur ses rapports avec l'étude de la nature (frz.; *Versuch über die Grundlagen der Psychologie und ihre Beziehungen zum Studium der Natur)*, MAINE DE BIRAN (eigentl. Marie-François-Pierre Gonthier de Biran), entst. bis 1812; EA Paris 1859 (postum).

Das Werk wurde von E. Naville aus drei in Paris, Berlin und Kopenhagen preisgekrönten und vom Autor erweiterten mémoires zusammengefügt und ediert. Es stellt die Summe der psycholog. Studien Maines vor seiner späteren Annäherung an die christliche Metaphysik dar. – Maine nimmt in der Frage nach dem Wesen des Ich bewußt eine Mittelstellung zwischen einer von Descartes herkommenden Metaphysik und einem von Condillac beeinflußten Sensualismus ein. Er geht noch hinter Descartes' abstrakt-rationalist. Ich-Definition zurück und postuliert als ›fait primitif‹ des Bewußtseins einen Willensakt (›effort‹), in dem sich das Ich als handelndes konstituiert. Mit dieser Definition des Ich als aktivem Lebenszentrum stellt sich Maine auch gegen die Sensualisten, die das Ich als passive Summe der Sinnesempfindungen auffaßten. Freiheit und Ich sind für Maine identisch. Im weiteren entwickelt Maine, wie sich das Ich durch vier aufeinander aufbauende Systeme der psychischen Aktivität die Außenwelt aneignet: Das ›système affectif‹ als Ort der instinktiven Reaktionen auf äußere Reize, die der Fortpflanzung und der Bewahrung des Lebens dienen, das ›système sensitif‹, das zwar schon auf der Stufe des bewußten Ich angesiedelt, aber den Affekten noch unterworfen ist, das ›système perceptif‹, das bereits eine willentliche Orientierung des bewußten Ich impliziert, und das ›système reflexif‹, in dem Bewußtsein und Wille die empfangenen Eindrücke formen. Dieses letztere ist als Raum der Freiheit auch der Ort des ›beau intellectuel‹ und des ›beau moral‹. – Wiewohl unvollendet, stellt Maines Hauptwerk, das die Psychologie zur Basis einer philosoph. Anthropologie erhebt, doch einen wichtigen Wendepunkt in der französ. Philosophie dar. Es überwand den Sensualismus und öffnete den Weg zu Bergsons Prinzip des ›élan vital‹ ebenso wie zur Erforschung der unter der Schwelle des Bewußtseins liegenden menschlichen Seelenkräfte.

Ausg.: Œuvres, hg. von P. TISSERAND, Bd. VIII–IX (Repr. 1982).
Lit.: P. TISSERAND, L'anthropologie de Maine de Biran ou la science de l'homme intérieur, 1909. – P. P. HALLIE, Maine de Biran. Refor-

mer of Empirism, 1959. – H. GOUHIER, Maine de Biran, 1970.

R. SCHWADERER

Essai sur l'indifférence en matière de religion (frz.; *Abhandlung über die Gleichgültigkeit in Dingen der Religion*), Hugues Félicité Robert de LAMENNAIS; EA Paris 1817–1823 (4 Bde.); dt. 1820 Versuch über die Gleichgültigkeit in Religionssachen.

Das Werk kennzeichnet nachhaltig Lamennais' zweite Lebensphase, in der er sich der ultramontanen Bewegung im Rahmen des französ. Traditionalismus anschloß, deren Führer Le Maistre und Bonald waren. Die Unfähigkeit des Einzelnen zur Wahrheitserkenntnis wird unablässig postuliert. Die trüger. Lehren der Philosophie rehabilitieren nach Lamennais die Intuition, die sich aber in Absetzung vom Sensualismus am Seienden auszurichten hat. Zum Seienden gehört auch die Macht der kirchlichen Auslegung, während die Aufwertung des Einzelwillens nur der allgemeinen Gleichgültigkeit und damit dem Atheismus Vorschub leistet. Der II. Band wendet sich vor allem gegen Descartes, der das Bewußtsein und die Sinne zur letzten Erkenntnisquelle erhoben hatte. Bd. III und IV thematisieren zerfallene Traditionen verschiedener Nationen, wogegen die universalist. Kraft des Christentums aufgeboten wird. Papst Gregor XVI., dem die individuelle Gewissensfreiheit ein Prinzip war, setzte das Werk wegen fideist. Abweichung auf den Index.

W. DONNER

Essai sur l'inégalité des races humaines (frz.; *Versuch über die Ungleichheit der Menschenrassen*), Joseph Arthur Graf von GOBINEAU; EA Paris 1853–1855 (4 Bde.); dt. 1898–1901 (4 Bde.).

Den Orientierungsrahmen des geschichtsphilosoph. Werkes bildet die Betrachtung der Entstehung, Entwicklung und des Verschwindens von Gesellschaften und ihren Zivilisationen. Im Zentrum steht die exemplar. Analyse der verschiedenartigen Vermischungsformen der männlichen (staatsgestaltenden, materiell bedürfnisbefriedigenden) und weiblichen (künstler. gestaltenden) Rassen, wobei einzig die Balance und gegenseitige Durchdringung beider eine befriedigende Kulturstufe gewährleisten. Das nach dem Eintreten der globalen Verschmelzungsbewegung (Degeneration) sich entwickelnde Rassenchaos trug letztlich zu den unterschiedlichen Schicksalen der Nationen bei. Gleichwohl hängt Gobineau nicht der Utopie einer vollkommenen Gattung Mensch an. Gefährlich wurde der Reiz dieser Theorie, als ihr ethnisches Gedankengut polit.-rassist. umgedeutet wurde, wie es z. B. durch L. Gumplowicz, L. Woltmann, H. St. Chamberlain und E. Krieck geschah.

Ausg.: Dt., von L. SCHEMANN, ^{5}1939/40.
Lit.: L. SCHEMANN, Gobineaus Rassenwerk, 1910. – Ders., Gobineau und die deutsche Kultur, ^{7}1934. – J. GAULMIER, Spectre de Gobineau, 1965. – E. J. YOUNG, Gobineau und der Rassismus. Eine Kritik der anthropologischen Geschichtstheorie, 1968.

J. KLAWITTER

Essai sur l'origine des connoissances humaines, ouvrage où l'on réduit à un seul principe tout ce qui concerne l'entendement humain (frz.; *Versuch über den Ursprung der menschlichen Erkenntnis-*

se, ein Werk, in dem alles, was den menschlichen Verstand betrifft, auf ein einziges Prinzip zurückgeführt wird), Étienne Bonnot de CONDILLAC; EA Amsterdam 1746; dt. 1780.

In dieser zentralen erkenntnistheoret. Schrift des Sensualismus führt Condillac alle menschliche Erkenntnis auf die sinnliche Wahrnehmung zurück, wobei er die Sprache als entscheidenden Motor für die Entwicklung der Verstandestätigkeit ansieht. – Denken vollzieht sich in der Verwandlung von Sinneswahrnehmungen mittels sprachlicher Zeichen. Während zu einfachen Geistesoperationen (Wahrnehmung, Wiedererkennen) auch Tiere fähig sind, bleiben die höheren (Erinnerung, Vorstellungskraft, Reflexion) dem Menschen vorbehalten, da nur er dank der Sprache in der Lage ist, sich etwas willkürlich ohne unmittelbaren äußeren Sinnesreiz zu vergegenwärtigen; dabei kommt dem gegenseitigen Sich-Hervorrufen assoziativ verknüpfter Wahrnehmungen (liaison des idées) große Bedeutung zu. Im 2. Teil setzt Condillac der cartesian. Lehre vom angeborenen Denken eine histor. Betrachtungsweise entgegen: Sprechen und Denken haben sich in einem Entwicklungsprozeß gegenseitig hervorgebracht, an dessen Beginn Gestensprache und natürliche Zeichen standen, die aus Gründen der Sprachökonomie durch arbiträre Zeichen und abstrakte Begriffe ersetzt wurden. Das Wesen einer Sprache hängt von Volkscharakter, Klima und Regierungsform ab, wird aber auch durch bedeutende Autoren geprägt. – Condillacs Sprachauffassung wirkte bei den ›Ideologen‹, bei W. v. Humboldt und späteren Vertretern der ›These vom Weltbild der Sprache‹ nach.

Ausg.: Dt., von U. RICKEN, 1977.

S. SCHAUF

An Essay Concerning Human Understanding (engl.; *Versuch über den menschlichen Verstand*), John LOCKE, entst. zwischen 1671 und 1689; EA London 1690; dt. 1757.

Lockes philosoph. Hauptwerk enthält psycholog. und wissenstheoret. Betrachtungen über das Wesen menschlicher Erkenntnis, wobei die Frage nach dem Ursprung und dem Zustandekommen, nach der Begründbarkeit und dem Ausmaß menschlichen Wissens und seiner Gewißheit im Mittelpunkt steht. – Das Werk umfaßt eine Kritik der erkenntnistheoret. Grundposition Descartes' (Buch I: »Of Innate Notions«), eine Untersuchung über den Ursprung der Ideen (Buch II: »Of Ideas«), eine Analyse der Bedeutung und Funktion von Sprache (Buch III: »Of Words«) und schließlich eine die Erkenntnistheorie Lockes resümierende Abhandlung über das Problem der Begrenztheit menschlichen Wissens (Buch IV: »Of Knowledge and Opinion«). – Ausgangspunkt der Überlegungen ist eine Polemik gegen Descartes, der als Erkenntnisquelle ausschließlich begriffliches Denken anerkennt und alle Erkenntnis letztlich aus ›angeborenen Ideen‹ herleitet. Dabei kritisiert Locke nicht nur die erkenntnistheoret. Prämissen der Lehre von den innate principles, sondern verurteilt sie auch als eine autoritäre Doktrin, die die Menschen vom Gebrauch ihrer eigenen Vernunft und Urteilskraft abhält und sie in einen Zustand polit. ›Leichtgläubigkeit‹ versetzt. Lokkes zentrale These lautet, daß alle ideas (Vorstellungen) und alles Wissen durch experience (Erfahrung) erworben werden. Dies geschieht entweder durch sensation oder durch reflection, je nachdem, ob sich die Ideen auf die sinnliche Wahrnehmung äußerer Objekte beziehen oder ob sie Gebilde des Bewußtseins betreffen und durch Wahrnehmung der eigenen geistigen Operationen (wahrnehmen, denken, zweifeln, glauben, urteilen, erkennen, wollen) gewonnen werden. Folglich können nur solche Ideen als wahr gelten, die sich auf diese Erkenntnisquellen zurückführen lassen. Die Erkenntnistheorie Lockes orientiert sich dabei am empir.-wissenschaftlichen Weltbild, wie es sich in den Arbeiten der großen Naturforscher seiner Zeit (Boyle, Newton) darstellte. Philosoph. besonders folgenreich war die Konzeption der simple ideas, der ›einfachen Ideen‹, aus denen der Geist durch ›Zusammensetzung‹ komplexe Ideen – etwa die des Pferdes oder der Schönheit – entwickelt. Der Geist hat zu diesen einfachen Ideen keinen unmittelbaren Zugang, es handelt sich daher um unbekannte Träger von Qualitäten (unknown support of qualities). Da die Vorstellung der Existenz einfacher Ideen für sich Schwierigkeiten macht, habe man sich daran gewöhnt, eine Substanz vorauszusetzen, aus der diese hervorgehen. Der Begriff der Substanz ist also bei Locke nicht empirisch, aber als Bezugspunkt der Empfindungen unentbehrlich – hier ist die erkenntnistheoret. Problematik angesprochen, die zum Begriff des ›Ding an sich‹ bei Kant führt. Das Allgemeine hat für Locke keine reale Existenz, seine Sprachphilosophie ist nominalist. In Lockes Erkenntniskonzeption verbinden sich rationalist. und empirist. Elemente in einer oft nicht sehr begriffsgenauen und bisweilen inkonsistenten Weise. Hume war der Auffassung, die rationalist. Elemente beruhten auf einer mangelnden Konsequenz der Analyse und seien entbehrlich, während Kant meinte, Lockes Begriffe a priori könnten auf dem Wege einer Analyse des empir. Bewußtseins nicht gewonnen werden. Bisweilen wird die Ansicht vertreten, daß Lockes erkenntnistheoret. Annahmen und seine polit. Annahmen und seine polit. Theorie nur wenig miteinander zu tun hätten. Dabei wird jedoch übersehen, daß das Problem der Erkennbarkeit natürlicher Normen den Anstoß zu seiner polit. Theorie gab und es deutlich erkennbare Strukturbeziehungen zwischen der Philosophie des *Essays* und den → *Two Treatises on Government*... gibt. – Leibniz setzte dem Essay 1704 mit seinen → *Nouveaux essais* ... eine detaillierte Kritik aus rationalist. Sicht entgegen. Obwohl die Schrift eine einheitliche, methodisch konsistente Erkenntniskonzeption nicht entwickelt, war ihre Wirkung auf das Denken der Aufklärung in ganz Europa groß. Im angelsächs. Sprachraum ist sie bis heute eine der einflußreichsten philosoph. Schriften geblieben, während sie nach einer Phase intensiver Rezeption auch in Deutschland vom deutschen Idealismus im 19. Jh. als unphilosoph. disqualifiziert wurde, was sich bis heute in einer geringen Verbreitung Lockeschen Gedankengutes im deutschen Sprachraum niederschlägt.

Ausg.: Engl., von P. H. NIDDITSCH, 1975. – Engl., hg. von A. C. FRASER, 2 Bde., ^{2}1959. –

Dt. nach der Übers. von C. WINKLER, 1962.
Lit.: J. YOLTON, Locke and the Compass of Human Understanding, 1970. – R. S. WOOLHOUSE, Locke's Philosophy of Science and Knowledge, 1971. – F. DUCHESNEAU, L'empirisme de Locke, 1973. – N. WOOD, The Politics of Locke's Philosophy: A Social Study of An Essay concerning Human Understanding, 1983. – P. ROMANELL, John Locke and Medicine. A New Key to Locke, 1984.

W. BRECHT/J. NIDA-RÜMELIN

Essay de cosmologie (frz.; *Versuch einer Kosmologie*), Pierre-Louis Moreau de MAUPERTUIS; EA Berlin 1750; dt. 1751.

Als Vertreter des Deismus, für den sich Gott in der Natur und ihren Gesetzen offenbart, verbindet Maupertuis in seinem Essay naturwissenschaftliches und religiöses Denken. – Trotz der Ansätze großer Denker wie Descartes und Newton lasse sich das Universum in seinen Zusammenhängen nicht völlig durchschauen. Maupertuis, der sowohl atheist. Materialisten als auch diejenigen kritisiert, die in jeder Ameise einen Beweis göttlicher Allmacht zu erkennen glauben, setzt sich zum Ziel, nicht im Detail, sondern in den universellen Naturgesetzen einen Beleg für die Existenz Gottes zu finden (1. Teil). Ein solch universelles Prinzip erkennt er in der Bewegung, die sich in der Natur grundsätzlich nach dem Gesetz des geringsten Kraftaufwandes (loi de la moindre quantité d'action) vollziehe; weniger in der Mechanik selbst als in deren Zweckgerichtetheit sieht er den Beweis ihres göttlichen Ursprungs (2. Teil). Im 3. Teil gibt er eine Beschreibung unseres Planetensystems sowie einiger Naturerscheinungen und findet gerade in deren unerklärlichem Rest einen Grund der Bewunderung. – Maupertuis gilt als Vermittler der Lehre Newtons an die französ. Philosophie.

Lit.: S. BACHELARD, Maupertuis et le principe de la moindre action, in: Thales 9 (1958). – L. VELLUZ, Maupertuis, 1969.

S. SCHAUF

Essay de philosophie morale (frz.; *Versuch einer moralischen Weltweißheit*); Pierre-Louis Moreau de MAUPERTUIS; EA Berlin 1749; dt. 1750.

In seiner moralphilosoph. Schrift reflektiert Maupertuis über das menschliche Leben und das ihm immanente Streben nach Glück, an dem Körper und Seele gleichermaßen beteiligt seien. – Er vergleicht das Denksystem der Stoiker, die nach einem konfliktfreien Leben durch Vermeidung von Unlust streben, mit dem Christentum, das er zunächst nur als philosoph. System in Hinblick auf seine Morallehre betrachtet. Während sich das Interesse bei den Stoikern ausschließlich auf das Glücksstreben des Individuums richtet, unterwirft sich der Christ einer göttlichen Ordnung und nimmt moral. Verantwortung gegenüber den Mitmenschen auf sich. Das Erfüllen der Gebote und Pflichten ist für den Christen größte Quelle des Glücks, so daß irdisches und himmliches Glück für ihn letztlich mit denselben Mitteln erreicht werden. Um die Moralvorstellungen des Christentums gutzuheißen, ist es nach Maupertuis nicht nötig, sie als göttlich anzuerkennen und gläubig zu sein, denn ihre Überzeugungskraft liege auf der Hand.

Lit.: L. VELLUZ, Maupertuis, 1969.

S. SCHAUF

An Essay on Man. Being the First Book of Ethic Epistles (engl.; *Ein Versuch über den Menschen.* Erstes Buch moralischer Briefe), Alexander POPE; EA London/Dublin 1733/34; dt. 1740 Versuch vom Menschen.

In vier Briefen sucht Popes philosoph. Lehrgedicht – Höhepunkt seiner Gattung im 18. Jh. – die ›Stellung des Menschen im Kosmos‹ auf der Grundlage des newtonschen Weltbilds neu zu bestimmen. Der erste Brief zieht den kosmolog. Rahmen, indem er die Gravitationstheorie mit dem aus Antike und Humanismus überlieferten Weltmodell der ›chain of being‹ verknüpft. In dieser Kette der Wesen, die in unendlicher Gradation von der einfachen Materie bis zu Gott hinaufführt, nimmt der Mensch als Mischwesen aus Körper und Geist eine Mittelstellung relativer Vollkommenheit ein. Der zweite Brief entwickelt das Verhältnis von Selbstliebe und Vernunft sowie Popes Theorie der jedes Individuum beherrschenden Leidenschaft (ruling passion). Im Anschluß an Shaftesbury und Hutcheson spricht der dritte Brief dem Menschen ein natürliches Interesse am Wohl der anderen zu, so daß, wie das Universum durch die Gravitation, das menschliche Geschlecht durch die ›Kette der Liebe‹ zu einem harmon. Ganzen verbunden und, so die utopische Perspektive des vierten Briefs, die Gesellschaft als System wechselseitiger Bedürfnisbefriedigung eines des wechselseitigen Glücks wird. – Als eine versifizierte Theodizee spiegelt das schon bald in alle wichtigen Sprachen übersetzte Buch exemplar. den moralphilosoph. Optimismus der frühen Aufklärung.

Ausg.: The Twickenham Edition of the Poems of A. Pope, Bd. III/1, 1950. – Dt., Sämtliche Werke, Bd. III, 1778. – A. Pope, Der Mensch, 1822.

Lit.: B. Fabian, Newton. Anthropologie, in: ders. u. a. (Hg.), Studien zum 18. Jh., Bd. II/III, 1980.

W. Riedel

An Essay on Man. An Introduction to a Philosophy of Human Culture (engl.; *Was ist der Mensch. Versuch einer Philosophie der menschlichen Kultur*), Ernst Cassirer; EA New Haven/London 1944; dt. 1960.

Die im amerikan. Exil entstandene Schrift faßt, beeinflußt von der Begegnung mit amerikan. Sozialphilosophie, Cassirers → *Philosophie der symbolischen Formen* unter anthropolog. Aspekt zusammen. Ausgehend von der Krise der menschlichen Selbsterkenntnis, welche die Entwicklung der Wissenschaften im 19. Jh. auslöste, findet Cassirer in seinem Begriff vom Menschen als ›animal symbolicum‹ eine Bestimmung, die es gestattet, die Analyse der verschiedenen Ausdrucksformen menschlicher Kultur zugleich als Erkenntnis ihres ›organ. Zusammenhanges‹, ihres ›Systems‹ zu begreifen. »Mythos, Religion, Kunst und Sprache, ja sogar Wissenschaft, werden von der Philosophie als Variationen eines gemeinsamen Themas erkannt.« Das ›gemeinsame Thema‹, der Mensch als dialekt. Einheit zweier entgegengesetzter Strebungen, der Bewahrung geistiger Formen und der Ausbildung neuer Gestalten, führt in Cassirers Kulturphilosophie zu einer Bestimmung des Menschen, die ihn nicht substantial, als ›Wesenheit‹, sondern funktional, unter dem Aspekt seiner Kulturleistungen, begreift: »Wir begreifen dann seine Einheit als funktionale Einheit ...« – Cassirers Schrift, die wesentlich zur Popularisierung seiner Philosophie in Amerika beitrug, wird heute als Versuch einer allgemeinen ›Kulturgrammatik‹ mit großer Nähe zur strukturalen Kulturanthropologie etwa Lévi-Strauss' angesehen, da Cassirers Versuch, eine Semiotik und Symbolik verschiedener Bewußtseinsformen zu rekonstruieren, der Methodologie strukturaler Kulturanalyse sehr verwandt ist.

Lit.: D. BIDNEY, E. Cassirers Stellung in der Geschichte der philosoph. Anthropologie, in: P. A. SCHILPP (Hg.), E. Cassirer, 1966.

M. HIELSCHER

An Essay on Metaphysics (engl.; *Ein Essay über Metaphysik*), Robin George COLLINGWOOD; EA Oxford 1940.

Das Werk will keine neue Metaphysik sein, sondern entwickelt in histor.-kritischer Auseinandersetzung mit exemplar. Metaphysik-Auffassungen (Aristoteles, Kant, Positivismus) eine geschichtsphiloseph. Theorie der Metaphysik, die zugleich die Entwicklungsgeschichte derselben sichtbar machen möchte. – Im 1. Teil erörtert und kritisiert Collingwood das Aristotel. Verständnis der Metaphysik als Wissenschaft des reinen Seins, um stattdessen Metaphysik histor. als den Versuch zu bestimmen, die absoluten (d. h. nicht verifizierbaren) Voraussetzungen bzw. Annahmen aller bisherigen Weltbilder herauszustellen. Absolute Voraussetzungen bzw. Annahmen gelten als solche nur jeweils für eine geschichtliche Epoche und können deshalb weder als wahr noch als falsch angesehen werden. Der 2. Teil behandelt die unterschiedlichen antimetaphys. Weltanschauungen, namentlich Pseudopsychologie und Positivismus. Die Ausführungen lassen erkennen, daß Collingwood gemeinsam mit vielen Zeitgenossen Skepsis gegenüber ›Pseudometaphysiken‹ bzw. verkappten Metaphysiken hegt. Der Vorwurf, eine Pseudometaphysik zu betreiben, wird etwa gegenüber Ayer erhoben, selbst wenn dieser um die Widerlegung der Metaphysik bemüht ist. Der 3. Teil erhärtet die vorgelegten Thesen anhand einer Erörterung von drei metaphys. relevanten Fragestellungen: Das Dasein Gottes, Kants Metaphysik-Auffassung, das Problem der Kausalität. – Die Collingwoodsche Erörterung der Logik von Frage und Antwort, die vor allem im Zusammenhang der Analyse der absoluten Voraussetzungen einer Epoche wichtig wird, wurde u. a. in Gadamers → *Wahrheit und Methode* rezipiert.

Lit.: A. DONAGAN, The Later Philosophy of R. G. Collingwood, 1962, ²1985.

R. L. BERNASCONI

An Essay on the History of Civil Society (engl.; *Abhandlung über die Geschichte der bürgerlichen Gesellschaft*), Adam FERGUSON; EA Edinburgh 1767; dt. 1768.

In seinem Hauptwerk entwirft Ferguson eine Kulturgeschichte der Gesellschaft. – Teil 1 »Über die Grundzüge der menschlichen Natur« enthält auch die method. Grundlagen des Werks. Ferguson lehnt die logische Rekonstruktion des Urzustandes als spekulativ ab und baut auf eine empir.-vergleichende Methode. Teil 2 und 3 beschreiben die Entwicklung der menschlichen Zivilisation von rohen Urvölkern zu stets verfeinerten Formen des Zusammenlebens, wobei das Aufkommen von Eigentum und Eigeninteresse den Übergang zur civil society markiert. Weitere Entwicklungsfortschritte basieren auf Arbeitsteilung, deren Nebeneffekte Entfremdung und Verlust des Gemeinsinns in Teil 4 und 5 behandelt werden. Der Verfall hochentwickelter Gesellschaften ist damit jedoch nicht unvermeidlich: In Teil 6 verweist Ferguson darauf, daß die Stärke eines Gemeinwesens von der aktiven politischen Beteiligung seiner Mitglieder abhängig ist. – Der von Ferguson in diesem Werk geprägte wissenschaftlich-empir. Gesellschaftsbegriff wurde im 19. Jh. in den polit. Theorien von Comte, Mill und Marx aufgenommen und weiterentwickelt.

Ausg.: Dt., von V. DORN, ²1932.
Lit.: P. SALVUCCI, A. F., Sociologia e filosofia politica, 1972.

P. NAGELSCHMIDT

An Essay on the Nature and Conduct of the Passions and Affections with Illustrations on the Moral Sense (engl.; *Eine Abhandlung über die Natur und das Verhalten der Leidenschaften und Affekte mit Erläuterungen zum Moralempfinden*), Francis HUTCHESON; EA London 1728.

Zusammen mit → *An Inquiry into the Original of Our Ideas of Beauty and Virtue* entwickelt dieses Buch die Grundlage des philosoph. Systems von Hutcheson. Der 1. Teil des Werkes befaßt sich mit den motivationalen Grundlagen menschlichen Handelns. Es werden innere (internal) und äußere (external) Sinne(swahrnehmungen) (senses) unterschieden – zu den innerern gehören die Vorstellungskraft (imagination), der Gemeinsinn (public sense), das Moralempfinden (moral sense) und das Ehrgefühl (sense of honour). In Abhängigkeit von diesen vier inneren Sinnen werden bestimmte Wahrnehmungen (der external senses) als angenehm (pleasant perceptions) oder unangenehm empfunden. Menschliches Handeln versucht angenehme Wahrnehmungen herbeizuführen und unangenehme zu vermeiden. Wohlwollen (benevolent desires) gegenüber anderen gehört zur menschlichen Natur (a most natural instinct). Die empirist. Methode zur Klärung ethischer Fragen ähnelt deutlich der von Lokke, wenn sie auch einen stärker quantitativ-mathemat. Akzent hat. In der Betonung altruist. Motive menschlichen Verhaltens jedoch orientiert sich das Werk stärker an Butler und Shaftesbury. Der 2. Teil des Buches (»Illustrations on the Moral Sense«) ist eine Verteidigung und Ergänzung der *Inquiry*. Teilweise vermittelt über Hume, beeinflußte diese Konzeption eines ›moral sense‹ die psycholog. Forschung bis hin zu A. Adlers Theorie sozialer Interessen. Die Ethik Hutchesons hat als ein Widerpart zur individualist.-hobbesian. Tradition sowohl in der angelsächs. Philosophie des 19. Jh.s als auch in der linguist. orientierten nonkognitivist. Metaethik des 20. Jh.s ihre Spuren hinterlassen.

Lit.: D. D. RAPHAEL, The Moral Sense, 1947. – W. LEIDHOLD, Ethik und Politik bei F. Hutcheson, 1984.

J. NIDA-RÜMELIN

Essays in Science and Philosophy (engl.; *Aufsätze zu Wissenschaft und Philosophie*), Alfred North WHITEHEAD; EA London 1958.

Die Sammlung von Aufsätzen und Vorträgen aus den Jahren 1912-1939 ist nach systemat. Gesichtspunkten zu vier Gruppen zusammengefaßt: 1. Autobiographisches; 2. Philosophie; 3. Fragen der Erziehung; 4. Wissenschaft. – In den Beiträgen der zweiten Gruppe entwickelt Whitehead einzelne Kategorien seines Systems. Dessen synthet. Grundzug begreift selbstverständlich die öffentliche Vermittlung mit ein. Erziehungswissenschaftliche Fragen waren für Whitehead in Theorie und Praxis von großer Bedeutung – gerade weil er die Frage nach dem rechten didakt. Maß zwischen Erfahrung und Abstraktion für letztlich unabschließbar hält. Im vierten Teil behandelt der Autor, einer der bedeutendsten Mathematiker des 20. Jh.s, Grundlagenfragen dieser Wissenschaft sowie der klassischen und modernen Physik. Die Entwicklung der nicht-euklid. Geometrie und der Relativitätstheorie waren für Whitehead nicht nur entscheidende Anstöße zu einer neuen Auffassung von Raum und Zeit, sie bestärkten auch seine Überzeugung, daß die wirklichen Revolutionen des Geistes gerade bei Positionen ansetzen, die selbst widerstreitende Strömungen einer Epoche für evident und unanfechtbar halten.

Ausg.: Engl., 1947.
Lit.: V. Lowe,, Understanding Whitehead, 1962. – M. J. Langenfeld, Some Conciderations on Whiteheads Aims of Education, in: Algemeen Nederlands Tijdschrift voor Wisbegeerten Psychologie LVII, 1966.

O. Müller

Essays on the Intellectual Powers of Man (engl.; *Versuche über die geistigen Vermögen des Menschen*), Thomas Reid; EA Edinburgh 1785.

In diesem Hauptwerk der common-sense-Philosophie, deren Standpunkt Reid schon 1764 im *Inquiry into the Human Mind on the Principles of Common Sense* (dt. 1782 *Untersuchung über den menschlichen Geist nach den Grundsätzen des gemeinen Menschenverstandes*) begründete, wendet sich Reid polem. gegen die seines Erachtens ›absurden‹ Folgerungen aus der cartes. Ideenlehre und dem Sensualismus Lockes, wie er sie in Berkeleys Immaterialismus und Humes Skeptizismus gezogen sieht. Gegen die Negation der Realität der Außenwelt durch deren Auflösung in innersubjektive Daten und gegen die durch Bezweiflung des Kausalitätsprinzips bewirkte Auflösung der Einheit des Ich in eine bloße Folge von Eindrücken und Empfindungen stellt Reid das anthropolog. Faktum des instinktiven, allen Menschen gemeinsamen Glaubens (belief) an die Substantialität der von den Sinnesorganen vorgestellten Außenwelt und an kausale Verknüpfungen. Die Seele sei (hier attackiert Reid die ihmzufolge von Locke selbst gelegten Voraussetzungen falscher erkenntniskrit. Konsequenzen) nicht ursprünglich eine tabula rasa, sondern verfüge über ein eingeborenes Vermögen ›intuitiver‹ Urteile: zu diesen insgesamt zwölf ›principles of common sense‹ oder ›self-evident truths‹ zählen u. a. das cartes. ›cogito ergo sum‹ und der im Anschluß an Locke formulierte Satz, daß Sinneswahrnehmungen auf äußerlich vorhandene Objekte verweisen, wenn auch nicht als deren Abbilder, sondern als deren wie auch immer sinnesphysiolog. transformierte ›Zeichen‹. In Analogie zu dem aus der englischen Ästhetik und Moralphilosophie (Shaftesbury, Hutcheson, Smith) bekannten Gefühl für das Schöne (sense of beauty) und für das Gute (moral sense) führt Reid den Begriff des ›common sense‹ in die Erkenntnistheorie ein. ›Common sense‹ bezeichnet dabei jenes von Reid angenommene, allgemein-menschliche Gefühl für das Wahre, dessen unwiderstehliche ›Suggestion‹ das

Erkenntnisvermögen der menschlichen Natur prägt. – Sein Ansatz begründet die ›schottische Schule‹ (D. Stewart, Th. Brown, J. Mackintosh) und wirkt durch die Übersetzung des *Inquiry* und u. a. durch A. Ferguson *(→ Institutes of Moral Philosophy)* auch auf die deutsche Spätaufklärung, vor allem auf F. H. Jacobis Idealismuskritik.

Ausg.: Philosophical Works, Bd. I, [8]1895 (Repr. 1983).
Lit.: P. G. WINCH, The Notion of Suggestion in Reid's Theory of Perception, in: Philos. Quart., 1953. – S. A. GRAVE, The Scottish Philosophy of Common Sense, 1960. – D. F. NORTON, From Moral Sense to Common Sense, 1966.

W. RIEDEL

Essays on the Law of Nature (engl.; *Abhandlungen über das Naturrecht*), John LOCKE, entst. zwischen 1663 und 1664; EA Oxford 1954 (postum).

In seinen polit.-philosoph. Essays, insgesamt handelt es sich um acht Abhandlungen, versucht Locke, den Schlüsselbegriff seines philosoph. Denkens zu klären, das Konzept des natürlichen Gesetzes. – Locke folgt zunächst der Argumentation der klassischen Naturrechtslehre, nach der die von Gott erschaffene Welt von Harmonie und Ordnung stiftenden Gesetzen, dem natürlichen Gesetz, gelenkt wird, der Mensch als Teil der Schöpfungsordnung diesem Naturgesetz untersteht und ihm moral. verpflichtet ist und nach der die staatliche Ordnung der Menschen zu diesen Gesetzen der Schöpfungsordnung nicht in Widerspruch stehen darf (Essay I, VI, VII). In der Frage der Erkennbarkeit der natürlichen Normen weicht Locke jedoch von der traditionellen Naturrechtsvorstellung ab. Stattdessen entwickelt er eine an den Naturwissenschaften orientierte induktive Erkenntnistheorie: Natürliche Normen werden erkannt, indem das von den Sinnen ermittelte empir. Material durch den menschlichen Verstand rational verarbeitet wird (Essay II, III, IV). Allerdings schränkt er dieses allgemeine Vernunftprinzip durch die Annahme ein, daß die natürlichen Normen von der großen Mehrheit der Menschen nicht notwendigerweise wahrgenommen werden. Gilt es also, selfevident truths zu erkennen, dann muß Locke zufolge auf jene zurückgegriffen werden, »who are more rational and perceptive than the rest« (Essay I). – Da die *Essays* zu Lebzeiten des Autors nicht veröffentlicht wurden, blieb ihr Einfluß auf das naturrechtliche Denken von G. Towerson und J. Tyrrel beschränkt, zwei Freunde Lockes, die von der Existenz der Studien wußten.

Ausg.: Engl., hg. von W. v. LEYDEN, 1954.
Lit.: J. W. LENZ, Locke's Essay of the Law of Nature, in: Philos. Phenom. Res., Bd. XVII (1956/57). – M. SELIGER, Locke's Natural Law and the Foundation of Politics, in: J. Hist, Ideas, Bd. XXIV (1963). – J. W. YOLTON (Hg.), John Locke: Problems and Perspectives, 1969. – R. BRANDT (Hg.), J. Locke, 1981.

W. BRECHT

Essay sur l'histoire générale et sur les mœurs et l'esprit des nations depuis Charlemagne jusqu'à nos jours (frz.; *Versuch über die Weltgeschichte, über die Sitten und den Geist der Völker von Karl dem Großen bis auf unsere Zeit*), VOLTAIRE (eigentl. François-Marie Arouet); EA Genf 1756; dt. 1760–62 Versuch einer allgemeinen Weltgeschichte, worin zugleich die Sitten und das Eigene der Völkerschaften von Carln dem Grossen an bis auf unsere Zeiten beschrieben werden.

Die Arbeit an seinem historiograph. Hauptwerk beschäftigte Voltaire von 1740 bis zu seinem Lebensende; Vorstufen sind *Le siècle de Louis XIV* sowie seine histor. Tragödien. Die erste vollständige Ausgabe erfährt bis zu Beaumarchais' postumer Edition (1785) zahlreiche Erweiterungen. Teile des ursprünglich Mme du Châtelet gewidmeten Werks übersandte Voltaire im Manuskript an König Friedrich II. von Preußen. Voltaire verstand den Essay als zeitliche Fortführung und zugleich als ideolog. Gegenentwurf zu Bossuets → *Discours sur l'histoire universelle.* – Die Darstellung setzt im wesentlichen mit Karl dem Großen ein – wo Bossuet schloß –, greift aber weit zurück und erfaßt die alten außereuropäischen Hochkulturen. Die Einbeziehung des muselman. Orients, Indiens und Chinas in ihrer Entwicklung bis in die Neuzeit ermöglicht eine Öffnung des eurozentr. Horizonts der Historiographie. Das Schwergewicht der weiteren Darstellung liegt auf der europäischen Geschichte bis auf die Regierungszeit Ludwigs XIII. Das Werk sollte nach Voltaires Plan durch ein Kapitel zu den Künsten im frühen 17. Jh. in Frankreich abgeschlossen werden. Der Essay, der bewußt als Synthese angelegt ist und der kirchlich geprägten histoire érudite reserviert gegenübersteht, verwendet die ihm zugrundeliegenden Dokumente und früheren universalgeschichtlichen Kompilationen unter dem Gesichtspunkt ihrer ›vraisemblance‹, d. h. ihrer Vereinbarkeit mit der nach Voltaire grundsätzlich gleichbleibenden ›nature humaine‹. Diesen Begriff wiederum prägt Voltaire nach den Maßstäben eines ›philosophe‹ des 18. Jh.s. Voltaire nimmt also mit dem ihm eigenen Selbstbewußtsein auf dem Richterstuhl der Weltgeschichte Platz, ohne den Versuch zu machen, sich in andere Denk- und Handlungstraditionen einzufühlen. Das Geschichtsbild, das aus dieser von unveränderlichen Prinzipien des Verhaltens ausgehenden, an eine aufklärer.-kritische Grundtendenz geknüpften Auffassung erwächst, ist keineswegs einheitlich: ›Große Männer‹, aber auch histor. Zufälle bewegen die Geschichte. Dies hat zur Folge, daß histor. Prozesse als irrational, ja die Geschichte insgesamt als ›eine Folge von Torheiten‹ erscheint. Diese Verurteilung der Vergangenheit impliziert paradoxerweise den Glauben an den Fortschritt, der der optimist. Grundhaltung der Aufklärung entspringt. Voltaires Fortschrittsglaube weist deutlich elitäre Züge auf und identifiziert sich polit. weitgehend mit dem Programm eines aufgeklärten Absolutismus. Die zusätzliche Betonung der Bedeutung ökonom. und technischer Umwälzungen für den histor. Prozeß sowie die Aufnahme kultur- und alltagsgeschichtlicher Elemente bereiten method. die moderne Geschichtswissenschaft vor. Dies impliziert jedoch keine materialist. Tendenzen. Bei aller Distanz zu Bossuets geschichtstheolog. Sicht, dessen strenges Kausalitäts- und Finalitätsdenken zurückgewiesen wird, bleibt Voltaires Geschichtsbild doch immer in seiner deist. Weltanschauung verankert. – Im *Essay* wirkt der Geist des Dramatikers Voltaire, der die Darstellung von Geschichte auf Höhepunkte konzentriert und in den Akteuren jeweils die histor. Kräfte verkörpert sieht. So verbindet das zu seiner Zeit sehr erfolgreiche Werk Freude am Dramatischen und Anekdotischen mit konsequent aufklärer., kritisch-humanist. Denken.

Ausg.: Über den Geist und die Sitten der Nationen, von K. F. WACHSMUTH, 6 Bde., 1867–68.

Lit.: J. H. BRUMFITT, Voltaire Historian, 1958. – F. DIAZ, Voltaire storico, 1958.

R. SCHWADERER

An Essay Towards a New Theory of Vision (engl.; *Versuch einer neuen Theorie der Gesichtswahrnehmung*), George BERKELEY; EA Dublin 1709; dt. 1912.

Diese erkenntnispsycholog. Studie über das Verhältnis von Gesichts- und Tastwahrnehmung bildet logisch und chronolog. eine Einführung in Berkeleys Lehre. – Gegen die Cartesianer, die eine Entfernungsidee mit Hilfe einer angeborenen natürlichen Geometrie der Augenachsen erklärten, argumentiert Berkeley, daß diese Idee rein auf Erfahrung beruht und eine Geometrie ohne Tastwahrnehmung undenkbar ist. Das Gesicht nimmt ausschließlich einen Komplex von Licht und Farben wahr und ›schließt‹ aufgrund von Erfahrung auf entsprechend entfernte Tastideen, die unserm Körper Lust und Schmerz bereiten können und daher von eigentlichem Interesse sind. Obwohl der Eindruck entsteht, Tastobjekte seien anders als Gesichtsobjekte bewußtseinsunabhängig real, bezeichnet Berkeley dies später als kontextbezogene Hypothese, die aber allgemein behauptet einen ›vulgären Irrtum‹ darstellt. Als Beleg für die heterogene Natur der Sinne führt er mehrfach das sog. ›Molyneuxsche Problem‹ an: Ein zum Sehen gebrachter Blindgeborener könnte zunächst allein aufgrund des Sehens einen Würfel nicht von einer Kugel unterscheiden, obwohl er deren Tastunterschied kennt. Da Berkeley keinen notwendigen Zusammenhang der Sinnesweisen entdeckt (er vergleicht ihn mit dem Verhältnis von Zeichen und Bedeutung in der Sprache), erscheint ihm die Koordination der Sinne (mikroskop. Augen würden uns hilflos in eine andere Welt versetzen, der keine Tastempfindung entspräche) als eine bewunderungswürdige Weisheit und Weltsprache des Schöpfers. – Humes Analyse der Kausalität begreift in ähnlicher Weise den als notwendig empfundenen Zusammenhang von Ursache und Wirkung als gewohnheitsmäßige Suggestion; dennoch bleibt strittig, ob Hume die von Berkeley eingeschlagene Richtung fortsetzte.

Ausg.: Dt., von R. SCHMIDT, 1912 (PhB 143).

Lit.: D. MACFEE, Berkeleys neue Theorie des Sehens und ihre Weiterentwicklung in der engl. Associations-Schule und in der modernen empirist. Schule in Deutschland, 1895. – M. J. MORGAN, Molyneux's Question: Vision, Touch, and the Philosophy of Perception, 1977.

CH. WANNENMACHER

Estetica come scienza dell' espressione e linguistica generale. Teoria e storia (ital.; *Ästhetik als Wissenschaft des Ausdrucks und allgemeine Linguistik.* Theorie und Geschichte), Benedetto CROCE; EA Mailand/Palermo/Neapel 1902; dt. 1905.

Im Mittelpunkt des Werkes stehen ästhet. Probleme, die den ersten Schwerpunkt in Croces System, der »Philosophie des Geistes«, bilden. – Das System des Geistes besteht aus vier Tätigkeitsformen: der intuitiven Erkenntnis, dem logischen Denken, dem wirtschaftlichen und dem moral. Handeln. Die intuitive Erkenntnis erfaßt die Einzeldinge als solche mit Hilfe der Phantasie in bildhafter Form, sie vereinigt die Wahrnehmung des Realen mit der Vorstellung des Möglichen und ist somit zugleich Ausdruck. Croce identifiziert Intuition, Ausdruck und Kunst. Folglich bestimmt er die Ästhetik als Wissenschaft vom (künstler. und sprachlichen) Ausdruck und setzt sie mit der Linguistik gleich. Er hebt den formalen und idealisierenden Aspekt der Kunst hervor, definiert Schönheit als Ausdruck schlechthin und unterzieht alle andersartigen ästhet. Theorien einer scharfen Kritik. Die Sprache deutet er als ständige geistige Schöpfung und lehnt eine normative Grammatik ebenso ab wie eine vereinheitlichende Modellsprache. Der 2. Teil des Buches ist eine breit angelegte Geschichte der Ästhetik. Croce selbst hat seine ursprüngliche Konzeption später durch drei Aspekte ergänzt: den lyrischen Charakter der Kunst und Intuition, die universelle Geltung der Kunst und die Unterscheidung von Poesie und Literatur. – Das Werk, das sofort internationales Interesse weckte, gilt als Klassiker der Ästhetik und beeinflußte durch K. Voßlers Vermittlung die deutsche Philologie.

Ausg.: Gesammelte philosoph. Schriften in deutscher Übertragung, hg. von H. Feist, 1. Reihe, Bd. I, 1930.

Lit.: J. Lameere, L'esthétique de B. Croce, 1936. – S. Cavaciuti, La teoria linguistica di B. Croce, 1959. – G. N. G. Orsini, B. Croce, 1961. – P. D'Angelo, L'estetica di B. Croce, 1982. – R. Zimmer, Einheit und Entwicklung in B. Croces Ästhetik, 1985.

W. Büttemeyer

Ethica ordine geometrico demonstrata, et In quinque partes distincta, in quibus agitur I. De Deo II. De natura, & origine mentis III. De origine, & natura affectum IV. De servitute humana, seu de affectuum viribus V. De potentia intellectus, seu de libertate humana (lat; *Ethik, nach der geometrischen Methode dargestellt* und in fünf Teile gegliedert, in denen gehandelt wird I. Über Gott II. Über die Natur und den Ursprung des Geistes III. Über den Ursprung und die Natur der Affekte IV. Über die menschliche Knechtschaft oder die Macht der Affekte V. Über die Macht des Verstandes oder die menschliche Freiheit), Baruch de Spinoza; EA Amsterdam 1677 (anonym); dt. 1744 B. v. Spinozas Sittenlehre.

Das philosoph. Hauptwerk Spinozas, an dem er zunächst von 1661–1665 arbeitete und das er kurz vor seinem Tode beendete, ist die Darlegung seines Systems der Metaphysik. Behandelt die Schrift nur in den letzten drei Teilen das, was wir unter ›Ethik‹ verstehen, so ist der Titel dennoch Spinozas Metaphysik nicht äußerlich, die eine Vermittlung zwischen Endlichem und Absolutem intendiert, der eine wechselseitige Bestimmung von Ethik und Metaphysik gerade entspricht. Der Aufbau des Werkes nach der ›geometr. Methode‹, dem ›synthet. Verfahren‹, ist bei Descartes und in Spinozas eigener Darstellung von dessen → *Principia philosophiae* vorgebildet. Er besteht aus Definitionen, Axiomen, Propositionen (Lehrsätzen), Demonstrationen (Beweisen), Corollarien (Zusätzen), Appendices (Anhängen), Explikationen (Erläuterungen) und Scholien (Anmerkungen). Der 1. Teil (»Von Gott«) setzt ein mit acht Definitionen der zentralen metaphys. Kategorien: ›causa sui‹ (Ursache seiner selbst), das in seiner Gattung unendliche Ding, Substanz, Attribut, Modus, Gott,

Freiheit, Notwendigkeit, Ewigkeit. Substanz ist das, was in sich ist, dessen Begriff von keinem anderen abhängig ist, von dem aber alle anderen Dinge nur Bestimmtheiten (Attribute) oder Zustände (Modi, Affektionen) sein können, in denen die Substanz sich manifestiert. Es kann nur eine einzige Substanz geben: Gott oder die Natur. Aus ihr als der ›causa sui‹ folgt alles andere mit Notwendigkeit. Da Wesen, Macht und Existenz Gottes zusammenfallen, drückt alles, was existiert, seine Macht aus und existiert darum notwendig. Zwar begreift die Substanz in sich unendlich viele Attribute, wir erkennen aber nur zwei klar und deutlich: Denken und Ausdehnung (womit Spinoza den cartes. Dualismus aufzuheben trachtet). Der 2. Teil (»Über die Natur und den Ursprung des Geistes«) beginnt mit sieben Definitionen, von Körper, Wesenheit, Idee, adäquater Idee, Dauer, Realität und Vollkommenheit sowie Einzeldingen. Da Gott als denkendes und ausgedehntes Wesen Ursache aller Ideen und Dinge ist, ergibt sich daraus der Parallelismus von Ideen und Dingen. Der Körper ist als Objekt der Idee des menschlichen Geistes zugeordnet. So wie der Körper sich zum Geist verhält, als Teil und als Objekt, so verhält sich der menschliche Geist zum unendlichen göttlichen Geist. Spinoza nimmt im weiteren die aus anderen Schriften bekannte Einteilung in drei Erkenntnisarten (imaginatio, ratio, scientia intuitiva) vor, wobei nur die beiden höheren Wahrheit erkennen, die ratio nur im Sinne dessen, was allen Dingen gemeinsam ist (notiones communes), die dritte Erkenntnisart im Sinne einer Erkenntnis der Wesenheit eines Einzeldinges in bezug auf das Absolute und also ›sub specie aeternitatis‹. Die Wahrheit ist Maßstab, Kriterium ihrer selbst. Der 3. Teil (»Über den Ursprung und die Natur der Affekte«), der ausgehend von dem Selbsterhaltungsstreben aller Dinge eine Anerkennung der detailliert behandelten menschlichen Affektivität leistet, setzt ein mit Definitionen von adäquater Ursache, Handeln und Leiden und Affekt. Insofern unser Geist adäquate Ideen hat, handelt er, insofern er inadäquate hat, leidet er. Insofern alles nach Selbsterhaltung und Sein-können strebt, gilt es, sich der Affektivität und ihrem Gefüge bewußt zu werden. Grundaffekte sind Begierde (appetitus bzw. cupiditas), Freude (laetitia) und Trauer (tristitia); ein Affekt wird nur durch einen anderen eingeschränkt. Der 4. Teil (»Über die menschliche Knechtschaft oder die Macht der Affekte«) zieht wie der 5. im engeren Sinne ethische Konsequenzen aus dem bis dahin Vorgebrachten. Spinoza spricht von ›angewandter Psychologie‹. Gott oder die Natur handeln nicht nach Zwecken, sondern aus Notwendigkeit, ›gut‹ und ›böse‹ bezeichnen nicht in den Dingen Gelegenes, sondern nur die menschlichen Vorstellungen von ihnen. Gut ist für Spinoza das, was dem Menschen hilft, sich seinem ›Musterbild‹ zu nähern. Aus dem Prinzip der Selbsterhaltung folgt für Spinoza, daß Tugend die Macht bedeutet, der eigenen Natur zu folgen, das eigene Seinkönnen zu vollziehen. Die menschliche Affektivität ist mit der Vernunft zu vermitteln, insofern Erkenntnis selbst Affekt wird, Freude, die dem Wesen der menschlichen Natur entspricht.

Der Mensch, der umso mehr Tugend hat, je mehr er sein Wesen zu bewahren sucht, erfährt, daß ›aus Tugend handeln‹ nichts anderes ist, als ›nach Leitung der Vernunft‹ zu handeln und das für sich zu erstreben, was er auch für andere erstrebt. Gelingen der Tugend heißt ›Glückseligkeit‹; weil vernünftige Handlungen immer gut sind, ist es für den Menschen das beste, unter der Leitung der Vernunft zu leben. Das Wesen der Vernunft aber ist nichts anderes als »unser Geist, sofern er klar und deutlich erkennt«. Der 5. Teil (»Über die Macht des Verstandes oder die menschliche Freiheit«) verbindet Affektivität und Streben nach Wahrheit, insofern die Einsicht des Geistes in die göttliche Notwendigkeit mit Freude verbunden ist, die Erkenntnis Gottes als Ursache des Einzeldinges im Sinne der scientia intuitiva zur höchsten Zufriedenheit führt, zum ›amor Dei intellectualis‹, der Liebe zu Gott ist und Gottes Liebe zu sich selbst. Solche Erkenntnis ›sub specie aeternitatis‹ gewährt wahre Freiheit und Glückseligkeit – aber »alles Erhabene ist ebenso schwer wie selten«. – War die *Ethik* im Kreise von Spinozas Anhängern bald etabliert, so wurde ihre Wirkung zunächst für hundert Jahre durch die offizielle kirchliche, polit. und philosoph. Ablehnung nicht nur dieser Schrift Spinozas eingeschränkt. Erst Ende des 18. Jh.s, besonders durch F. H. Jacobi und den Pantheismusstreit mit Mendelssohn (→ *Über die Lehre des Spinoza . . .),* wurde Spinoza, und damit sein Hauptwerk, neu entdeckt und von Herder, Goethe und den Romantikern sowie vom deutschen Idealismus – jeweils den eigenen Intentionen entsprechend – begeistert aufgenommen. Über Nietzsche vermittelt, hat Spinoza auf die zeitgenöss. französ. Philosophie, etwa G. Deleuze, gewirkt.

Ausg.: Sämtliche Werke in sieben Bänden, Bd. II, Übersetzung, Anmerkungen und Register von O. Baensch, Einleitung von R. Schottlaender, 1976 (PhB 92).

Lit.: M. Gueroult, Spinoza I. Dieu (Ethique, I), 1968; II. L'Ame (Ethique, II), 1974; – A. Matheron, Individu et communauté chez Spinoza, 1969. – E. Gianotti Boscherini, Lexicon Spinozanum, 2 Bde., 1970. – J. Preposiet, Bibliographie spinoziste, 1973. – J. Wetlesen, Internal Guide to the Ethics of Spinoza, 1974. – K. Hecker, Spinozas allgemeine Ontologie, 1978.

M. Hielscher

Ethica seu liber dictus scito te ipsum (mlat.; *Ethik oder Das Buch, genannt ›Erkenne dich selbst‹*), Petrus Abaelardus, entst. nach 1129; EA Paris 1616; dt. 1947 Nosce te ipsum. Die Ethik.

In seiner ethischen Schrift, die während des zweiten Aufenthalts im Kloster der Héloise entstanden und bis auf das I. und einen kleinen Teil des II. Buches nicht erhalten ist, spricht Abaelard von der durch die Kraft des Gewissens erreichbaren Selbstbestimmung des Menschen. Er unterscheidet zwischen der menschlichen Veranlagung zur Schwäche (vitium), die durch Selbstbeherrschung überwunden werden kann, und der Sünde (peccatum), die als Unterwerfung unter die eigenen Schwächen und damit als Verachtung Gottes, des höchsten Richters, verurteilt wird. Nicht die Absicht zu einer unerlaubten Tat, sondern die Zustimmung dazu ist Sünde. – Das Werk, welches das subjektive Gewissen zur obersten Instanz für die Moral erhebt, stieß bei den Traditionalisten, vor allem bei Bernhard v. Clairvaux, auf Unverständnis und führte zur Verurteilung Abaelards auf dem Konzil von Sens (1141).

Ausg.: Repr. 1970. – Dt. von F. HOMMEL, 1947.
Lit.: Th. RUDOLF, P. Abaelardus. Person, Werke und Wirken, 1980.

M. LIEBER

Ethik, Nicolai HARTMANN; EA Berlin 1926.

Wie Hartmann in → *Grundzüge einer Metaphysik der Erkenntnis* die kantische und neukantian. Gnoseologie kritisiert, so ist er in dieser großangelegten Studie darum bemüht, den im Kantianismus ausgeprägten ethischen Formalismus zu überwinden. Entscheidende Impulse hierfür empfängt er von Max Schelers phänomenolog. Konzept der materialen Wertethik. Hartmanns Schrift weist drei Hauptteile auf: In einer »Phänomenologie der Sitten« wird (I.) die Struktur der vielspältigen ethischen Problematik beschrieben. Die »Axiologie der Sitten« soll (II.) das Reich der ethischen Werte nach inhaltlichen und systemat. Gesichtspunkten analysieren. Daran schließt sich (III.) die »Metaphysik der Sitten«, in welcher das Problem der Willensfreiheit diskutiert wird. Hartmann faßt hierbei die final determinierende Vorsehung und die Freiheit des menschlichen Handelns als kontradiktor. Gegensätze auf. Um letztere zu ›retten‹, ist ihm daran gelegen, durch begrenztes und begrenzendes Problemdenken eine method. Ausschaltung der Gottesfrage zu erreichen. – Nach Hartmann wurde der Blick für die ›reiche Fülle des ethischen Kosmos‹ vor allem durch Nietzsche wiedergewonnen. Dessen voreilig abgebrochene Analysen müssen unter Einbeziehung sowohl der platon. Ideenproblematik als auch der aristotel. Wertbeschreibungen noch vielfältig ergänzt und weitergeführt werden. Auf diese Weise kann es zu einer Synthese antiker und neuzeitlicher Ethik und insbes. zur Erfüllung des apriorist. Ansatzes der kantischen Ethik kommen. Denn die Werte sind an sich überzeitlich und allgemein; sie haben ideales Sein (worauf Hartmann im 4. Teil von → *Zur Grundlegung der Ontologie* hinweist). Die Relativität geschichtlich sich wandelnder Ethikauffassungen ist vermittels des wandernden Wertblickes und dessen jeweiliger Begrenztheit zu erläutern. – Erst dieses Werk hat dem gegen den Formalismus in der Ethik gerichteten Programm einer materialen Wertethik Substanz verliehen.

Ausg.: ^{4}1962.
Lit.: A. J. BUCH (Hg.), N. Hartmann, 1982.

E. SCHADEL

Ethik. Eine Untersuchung der Tatsachen und Gesetze des sittlichen Lebens, Wilhelm WUNDT; EA Stuttgart 1886 (2 Bde.).

Die Schrift verfolgt zwei Hauptintentionen: eine problemorientierte Darstellung ›seitheriger‹ Ethikkonzepte und den Neuaufbau einer Ethik als praktische Normwissenschaft. – Ethik als praktische Normwissenschaft ist der Logik als theoret. Normwissenschaft oder ›Ethik des Denkens‹ verwandt. Logik untersucht das ›werdende Wissen‹, Ethik das werdende Sittliche. Erste Aufgabe der Ethik ist es, die ›Tatsachen des sittlichen Lebens‹ darzustellen und die Bedingungen ihrer Entwicklung zu explizieren (Teil 1); denn in diesen psycholog. aufgefundenen ›Tatsachen‹ sind die allgemeinen Grundlagen für die Erkenntnis der sittlichen Motive, Zwecke und Normen sowie deren Anwendungsgebiete eingeschlossen (Teil 2). Der ›empir. Methode‹ (Erstellung des Tatsachenbefundes qua psycholog., sprachlicher und sachlicher Analyse des ›schon entwickelten sittlichen Bewußtseins‹) tritt die ›spekulative Methode‹ ergänzend an die Seite, indem diese das in den sittlichen Ideen Gegebene als ›Aufgegebenes‹ in der Weise formuliert, daß sie das wirklich Bleibende des Sittlichen feststellt und seinen inneren gesetzmäßigen Zusammenhang von Motiven und Zwecken als Normen (analog zu den logischen Axiomen) herausarbeitet. – Indem bei Wundt »die Betrachtung dieser Normen nicht Anfang, sondern nur den Abschluß einer Analyse der ethischen Prinzipien« bildet, kann seine Untersuchung als Vorläuferin moderner analyt. und (weitgehend) metaphysikfreier Ethik angesehen werden.

Ausg.: [5]1923–24 (3 Bde.).
Lit.: O. Conrad, Die Ethik Wundts, 1906.

W. Baumgartner

Ēthika (gr.; lat.: *Moralia*; *Moralische Schriften*), Sammeltitel für die nicht-biograph. Schriften des Plutarchos von Chaironeia; ED Venedig 1509 (u. d. T. *Plutarchi Opuscula LXXXXII*) dt. 1796/97 Plutarchs Moralisch-philosophische Werke.

Der unangemessene Titel geht auf die Sammlertätigkeit des byzantin. Gelehrten Maximos Planudes (ca. 1255 – ca. 1305) zurück, der 1296 die in verschiedenen Handschriftengruppen unter dem Namen Plutarch überlieferten Traktate in eine 69 Titel umfassende Sammelhandschrift übertrug, an deren Anfang er die ›Ethischen Schriften‹ im engeren Sinne stellte. Tatsächlich enthalten die *Moralia* (in den heute maßgeblichen Ausgaben 78 Titel) neben manchen sicher unechten Abhandlungen (z. B. Nr. 58: *Placita philosophorum*) ein Sammelsurium von Schriften verschiedensten Inhaltes, unter denen vor allem die wissenschaftlich-philosoph. und die theolog. für den Philosophen von Interesse sind. – Plutarch versteht sich selbst als Platoniker, empfängt aber durchaus auch – darin dem skeptisch-eklekt. Stil der Epoche folgend – Anregungen von Stoa und Peripatos. Allein der Epikureismus wird entschieden abgelehnt. Zwei der überlieferten Schriften gelten ausschließlich der Platonexegese (67: *Platonische Untersuchungen*; 68: *Über die Psychogonie im Timaios*), zwei andere sind Streitschriften gegen die Stoiker (70: *Über die Unvereinbarkeiten der Stoiker;* 72: *Über die ›gemeinsamen Vorstellungen‹, gegen die Stoiker*; gegeißelt werden vor allem die Diskrepanz zwischen Leben und Lehre der Schulhäupter sowie die Paradoxe der stoischen Ethik), und drei Abhandlungen schließlich haben die Widerlegung Epikurs (insbes. seiner Lustlehre) zum Ziel (73: *Daß man nach Epikur nicht einmal angenehm leben kann*; 74; 75). Unter den theolog. Traktaten ist das sog. »corpus Pythicum« (24: *Über das E in Delphi*; 25: *Weshalb die Pythia nicht mehr in Versen weissagt*; 26: *Über den Niedergang der Orakel* [dort Kap. 17 die Geschichte vom Tode des großen Pan überliefert]; dazu 41: *Über die späte Bestrafung durch die Gottheit*) von herausragender Bedeutung; in ihm behandelt Plutarch – der selbst Priester in Delphi war – u. a. Fragen der Theodizee, der Zahlenmystik und des Mysterien- und Orakelwesens. Hingewiesen sei noch auf die Schrift *Über Isis und Osiris* (23), die bis zur Entzifferung der Hieroglyphen eine der

Hauptquellen unserer Kenntnis der ägypt. Religion war. – Obwohl Plutarch keinerlei denker. Originalität besaß und sich vielmehr als ehrfürchtigen Bewahrer des geistigen und religiösen Erbes von acht Jahrhunderten verstand, haben der Themenreichtum seiner Schriften, die lebhafte Form der Darstellung und die auch für Christen akzeptable moral. Grundhaltung den Autor der *Moralia* und der *Bioi parallēloi* bis in die Romantik zu einem der meistgelesenen und einflußreichsten Schriftsteller der Weltliteratur gemacht.

Ausg.: Gr., hg. von G. Xylander, 1560. – Gr./Engl. (Loeb Classical Library), 1927 ff. (ohne ›Placita‹). – Gr./Frz. (Collection des Universités de France), 1972 ff. – Gr. (Bibliotheca Teubneriana), 1974 ff. – Dt., hg. von O. Apelt, 1926/27 (3 Bde.). – Frz.; Les œuvres morales et meslees de Plutarque, übers. von J. Amyot, 2 Bde., 1572 (Repr. 1971).
Lit.: K. Ziegler, Art. ›Plutarchos von Chaironeia‹, in: Realenc. f. d. class. Alterumswiss. Bd. XXI/1, 1951 (1949 auch als Sonderdruck mit anderer Paginierung erschienen; ²1964 mit Nachträgen).

L. Deitz

Ēthika Eudēmeia (gr.; lat.: *Ethica Eudemica; Eudemische Ethik)*, Aristoteles, entst. 4. Jh. v. Chr.; ED Venedig 1498 (gr., Bd. V der Gesamtausgabe von Aldus Manutius); dt. 1858.

Das Werk, dessen Echtheit von Schleiermacher und L. Sprengel bestritten wurde, wird heute allgemein Aristoteles zugeschrieben. Die Forschung ist sich auch weitgehend darüber einig, daß es vor der → *Ēthika Nikomacheia* entstanden ist. Die Argumentation W. Jaegers für ein frühes Entstehungsdatum – mit dem Hinweis, daß in letzterer bereits eine anthroponom. Position vertreten, außerdem der Terminus ›phronēsis‹ im Sinn praktischer Erkenntnis verwendet werde, während die *Ēthika Eudēmeia* theonom. sei und ›phronēsis‹ im Sinne kontemplativer Erkenntnis gebrauche, zudem zahlreiche Übereinstimmungen mit → *Protreptikos* aufweise – gilt dabei als im wesentlichen überholt. Die genaue Bedeutung des Titels ist unsicher. Vielleicht ist die Schrift dem Andenken des jung verstorbenen Eudēmos von Zypern gewidmet. Sie enthält acht Bücher. Buch I/Kap. 1–6 handelt in literar. Stil vom Gegenstand und der Methode der Ethik. Kap. 7/8 untersuchen die Bedingungen des menschlichen Glücks. Anders als Platon besteht Aristoteles darauf, daß das höchste Gut des Menschen nicht vorgegeben ist, sondern von ihm selbst verwirklicht werden muß; es ist diesseitig. Buch II setzt die Erörterung der Eudämonie fort und behandelt die Tugend im allgemeinen. Tätigkeit ist besser als Passivität. Die Seele erlangt das Glück, wenn sie ihre Tugenden betätigen kann. Die Mitte gilt als Norm des Guten. In Buch III untersucht Aristoteles die einzelnen Tugenden. Deren Darstellung wird in den Büchern IV–VI fortgesetzt, die den Büchern V–VII der *Ēthika Nikomacheia* entsprechen. Nach A. Kenny würden die drei sog. ›kontroversen Bücher‹ aus sprachlich-stilistischen Gründen besser zur *Ēthika Eudēmeia* passen, die handschriftliche Überlieferung legt jedoch nahe, daß sie ursprünglich zur *Ēthika Nikomacheia* gehörten. Buch VII bringt bedeutende Analysen der Freundschaft und VIII Bemerkungen zu den Tugenden und über die Gunst des Schicksals. Während die *Ēthika Nikomacheia* mehr die Kontemplation als menschliche Tätigkeit betont, legt die *Ēthika Eudēmeia* den Nachdruck auf den Gegenstand der Betrachtung, Gott. »Der Gott herrscht aber nicht in einer befehlenden Weise, sondern er ist jener Endzweck, um dessentwillen die sittliche Einsicht ihre Befehle gibt« (VIII, 3). – Zur *Ēthika Eudēmeia* gibt es in der Antike keine Kommentare; im Mittelalter liegt nur eine Teilübersetzung vor.

Ausg.: Gr., Aristotelis Opera, Bd. II, hg. von I. BEKKER, ²1960, 1219–1249. – Dt., von F. DIRLMEIER, 1962.
Lit.: W. JAEGER, Aristoteles. Grundlegung einer Geschichte seiner Entwicklung, 1923. – D. HARLFINGER, Die Überlieferungsgeschichte der Eudem. Ethik, in: P. MORAUX/D. HARLFINGER (Hg.), Untersuchungen zur Eudem. Ethik. Akten des 5. Symposium Aristotelicum, 1971. – A. KENNY, The Aristotelian Ethics, 1978.

L. J. ELDERS

Ēthika megala (gr.; lat.: *Magna moralia*; *Große Ethik*), ARISTOTELES (?); EA Venedig 1488 (lat.; übers. von Giorgio della Valle); Venedig 1498 (gr., Bd. V. der Gesamtausgabe von Aldus Manutius); dt. 1859.

Das in zwei Bücher unterteilte Werk, dessen Entstehungszeit und Echtheit bzw. Verfasserschaft noch umstritten sind, ist der dritte unter den ethischen Traktaten des Corpus Aristotelicum und unterscheidet sich von den anderen – vor allem von der → *Ēthika Nikomacheia* – darin, daß hier die Lehre von der Glückseligkeit (eudaimonia) kein zentrales Motiv ist und auch nicht den Gesamtrahmen der Abhandlung absteckt, sondern vielmehr die Tugend- und Güterlehre sowie Einzelprobleme im Vordergrund stehen. Ein wichtiger Unterschied ist auch das Fehlen des Begriffs der Verstandestugenden (dianoētikai aretai). Davon abgesehen, entspricht die dargestellte Lehre durchaus der Lehre der als echt nachgewiesenen Ethik-Traktate. Das I. Buch beginnt sofort ohne einführende Vorbemerkungen mit der Erörterung der ethischen Tugend (ēthikē aretē), wobei die Meinungen von Pythagoras (Tugend = Zahl), Sokrates (Tugend = Wissen) und Platon (Tugend = Ideen) kritisch besprochen und abgelehnt werden, denn Ethik als Teil der Politik habe sich nicht mit dem absoluten Guten, sondern mit dem konkreten menschlichen Guten zu befassen. Es folgen: eine Klassifizierung der Güter (Kap. 2-3); die Definition der Glückseligkeit (Kap. 4); die Einteilung der Seele in einen rationalen (logon echon) und in einen irrationalen (alogon) Teil, wobei dem ersten die ethischen Tugenden, dem zweiten die praktische Klugheit (phronēsis) und die Weisheit (sophia) zugesprochen werden (Kap. 5); die nähere Bestimmung der ›objektiven‹ (Maß und Mitte) und ›subjektiven‹ (Grundhaltung der Seele, Lust und Unlust, Freiwilligkeit) Bedingungen für die Verwirklichung der Tugend (Kap. 6-16); die Erörterung der Handlungsmomente der Entscheidung (prohairesis) und des Ziels (telos) (Kap. 17-19); die Darstellung der verschiedenen ethischen Tugenden (Kap. 20-33) und der Tugenden des rationalen Teils der Seele (Kap. 34). Das II. Buch setzt die Behandlung der praktischen Klugheit fort und erörtert deren Verhältnis zu Billigkeit (epieikeia) und Wohlberatenheit (eubulia) (Kap. 1-3); es folgen Ausführungen über die Beherrschtheit und Unbeherrschtheit sowie über den Lustbegriff (Kap. 4-7); über das Glück (eutychia); über die Schön- und Gutheit (kalokagathia) und über den Begriff des ›richtigen Verstandes‹

(orthos logos, recta ratio) (Kap. 10); ein letzter Teil handelt von der Freundschaft (Kap. 11-17). Die Übereinstimmung der in dem Werk vertretenen Ansichten mit der Aristotel. Lehre läßt auf die Echtheit des doktrinalen Inhalts schließen, während die schriftliche Redaktion aus stilist. und terminolog. Gründen in der hellenist. Zeit anzusetzen ist. Seitdem Schleiermacher als erster versuchte, das Problem der drei Ethiken des Aristoteles wissenschaftlich zu behandeln, ist man allerdings – vor allem bezüglich der *Magna Moralia* – noch zu keinem Konsens gekommen. Während das Werk im 19. Jh. als der späteste Ethik-Traktat und als unecht galt, versuchte H. von Arnim – nach W. Jaegers Einordnung der → *Ēthika Eudēmeia* in die frühe Schaffensperiode –, die *Magna Moralia* noch früher, nämlich als die älteste der drei Ethiken anzusetzen. Diese These, die von Jaeger und seinen Schülern (R. Walzer, K. O. Brink) angegriffen und als unhaltbar verworfen wurde, als Textuntersuchungen eine Datierung in die Zeit des nacharistotel. Peripatos zu ermöglichen schienen, ist von F. Dirlmeier (allerdings mit ganz anderen Argumenten) rehabilitiert worden: während er zunächst (1939) ihre Entstehung in die 2. Hälfte des 2. Jh.s datiert hatte, meinte er später bei seiner Kommentierung des Werkes (1958), dieses sei die früheste der drei Ethiken und sei später sprachlich bearbeitet worden. Auch dieser Lösungsvorschlag ist jedoch in der Aristoteles-Forschung umstritten. Die Kontroverse um die Echtheit der Schrift behinderte kaum deren Wirkung: erkennen läßt sie sich in der antiken und byzantin. Zeit, im Mittelalter (als das Werk in der von Bartholomæus von Messina zwischen 1258 und 1266 angefertigten Übersetzung gelesen wurde), in Humanismus und Renaissance (u. a. zeigten Manetti, Valla, Erasmus von Rotterdam Interesse für den Traktat, der in die ersten Aristoteles-Ausgaben aufgenommen wurde), in der Neuzeit (H. Grotius bezweifelte die Autorschaft des Aristoteles, G. I. Vossius verteidigte sie) und bis ins 19. Jh., als die wissenschaftliche Erforschung der Aristotel. Ethiken begann.

Ausg.: Gr., Aristotelis Opera, Bd. II, hg. von I. Bekker, 1831, 1181-1213. – Hg. von F. Susemihl, 1883. – Dt., hg. von F. Dirlmeier, 1958, [5]1983.

Lit.: F. Schleiermacher, Über die ethischen Werke des Aristoteles (1817), 1835 (in: Sämtliche Werke, 3. Abt., Bd. III). – A. J. G. Ramsauer, Zur Charakteristik der aristotel. Magna Moralia, 1858 (Repr. 1964). – R. Walzer, Magna Moralia und aristotel. Ethik, 1929. – K. O. Brink, Stil und Form der pseudoaristotel. Magna Moralia, 1933. – F. Dirlmeier, Die Zeit der Großen Ethik, in: Rheinisches Museum 88 (1939). – G. Fahnenschmidt, Das Echtheitsproblem der Magna Moralia des Corpus Aristotelicum, 1968. – F.-P. Hager (Hg.), Ethik und Politik des Aristoteles, 1972. – A. Kenny, The Aristotelian Ethics, 1978.

F. Volpi

Ēthika Nikomacheia (gr.; lat.: *Ethica Nicomachea*; *Nikomachische Ethik*), Aristoteles; ED Straßburg o. J. (aber vor 1469; lat., von Leonardus Brunus Aretinus); Venedig 1498 (gr., Bd. V der Gesamtausgabe von Aldus Manutius); dt. 1791.

Das im Lykaion entstandene (ca. 335–323 v. Chr.) Werk ist nach Nikomachos benannt – möglicherweise der Vater oder der Sohn des Aristoteles, vielleicht auch ein Herausgeber. Es besteht aus zehn Büchern, von denen das V.–VII. den Büchern IV–VI der → *Ēthika Eudēmeia* entsprechen. Trotzdem bildet das Werk, vor allem auch in stilistischer Hinsicht eine Einheit. – Im Buch I legt Aristoteles dar, daß alles nach einem Gut strebt. Für den Menschen ist das Glück das höchste Gut, das im Tätigsein gemäß der vollkommenen Tugend besteht. Im II. Buch entwikkelt Aristoteles seine Lehre über die Tugend im allgemeinen und über die Mitte zwischen Übermaß und Zuwenig; die Mitte (mesotēs) ist Norm des sittlichen Handelns. Buch III/ Kap. 1–8 untersucht Bedingungen des sittlichen Handelns, wie Erkenntnis und Freiheit. Die Bücher III/Kap. 9 bis V enthalten Einzelbetrachtungen über sittliche Tugenden wie etwa Tapferkeit, Besonnenheit, Großzügigkeit, Hochsinnigkeit und Gerechtigkeit. Die Skizzen der Handlungsweisen und der Charaktere sind lebensnah und äußerst lehrreich. Berühmt ist die Schilderung des hochsinnigen Menschen in Buch IV/Kap. 8. Buch VI handelt von den Tugenden des Verstandes und vergleicht die Weisheit (sophia) und die sittliche Einsicht (phronēsis). Buch VII ist eine Untersuchung über die Leidenschaften; Aristoteles weist die pessimist. Wertung der Lust zurück. Im selben Buch finden sich auch Beispiele, die den Gebrauch des praktischen Syllogismus erläutern. Die Bücher VIII und IX behandeln die Freundschaft, während in Buch X das glückliche Leben beschrieben wird. Das Glück besteht wesentlich in der Aktivität des theoret. Verstandes, aber setzt die Tugenden und äußere Bedingungen wie Gesundheit und Besitz voraus. Aristoteles unterstreicht, daß das Ziel der Ethik nicht Erkenntnis, sondern das Handeln ist. Daher ist die Ethik ein praktisches Wissen, das keine vollständige Genauigkeit erreichen kann, weil ihr Gegenstand veränderlich ist. Auch die Normen des sittlichen Handelns, wie Aristoteles sie darlegt, sind schillernd, obwohl man in dem Werk auch einige Ansätze für eine Naturrechtslehre findet. Die Schrift enthält eine Fülle an scharfsinnigen Beobachtungen und Analysen und ist zusammen mit der *Ethika Eudēmeia* die erste umfassende wissenschaftliche Abhandlung der Ethik. Autoren, die die aristotel. Ethik mit christlichen Auffassungen vergleichen, sind geneigt, sie als eine Moral für wohlhabende Bürger zu betrachten, die den Eigennutz zur Grundlage des Handelns macht. Im Mittelalter haben einige seiner Ansichten sogar zu scharfen Auseinandersetzungen und Verurteilungen Anlaß gegeben. Umso bemerkenswerter ist es, daß Thomas von Aquin diese Ethik im Ganzen übernommen und ihr eine feste Grundlage in den ersten Prinzipien des praktischen Verstandes gegeben hat.

Ausg.: Aristotelis Opera, Bd. II, hg. von I. Bekker, ²1960, 1094–1181. – H. Rackham, Aristotle, The Nicomachean Ethics 1957. – Dt., von F. Dirlmeier, ⁴1967. – Dt., hg. von G. Bien, ⁴1985 (PhB 5).

Lit.: W. F. R. Hardie, Aristotle's Ethical Theory, 1968. – R. A. Gauthier/J. Y. Jolif, L'Ethique à Nicomaque, ²1970. – G. Wieland, The Reception and Interpretation of Aristotle's Ethics, in: The Cambridge History of Later Medieval Philosophy, 1982.

L. J. Elders

Ethik des reinen Willens, Hermann Cohen; EA Berlin 1904. Das moralphilosoph. Werk analysiert in Auseinandersetzung mit Kant das Handeln des Menschen unter dem Gesichtspunkt eines ›rein‹ von der Vernunft bestimmten Willens. Das Werk steht zwischen der →*Logik der reinen Er-*

kenntnis und der → *Ästhetik des reinen Gefühls* an zentraler Stelle in Cohens »System der Philosophie«. – So wie Kants → *Kritik der praktischen Vernunft* ist auch Cohens Ethik vom erkenntniskrit. Teil des Systems abhängig: hat das wissenschaftliche Denken den Zweck, durch zunehmende Anwendung der Vernunft zur ›reinen Erkenntnis‹ zu werden, die ständig bessere Begriffe liefert, so hat die Ethik den Zweck, Humanität zu verwirklichen, indem der Wille des Menschen – immer mehr von Vernunft determiniert – zum ›reinen‹ Willen wird. Der Begriff des ›Zwecks‹ ist mithin für theoret. und praktische Vernunft konstitutiv, und der kategor. Imperativ nach Cohen aus der theoret. Vernunft deduzierbar. Analog zum theoret. Ideal, das die naturwissenschaftliche Arbeit motiviert, soll nun auch das ›moral. Gesetz‹ zum Regulativ der Praxis einer speziellen Wissenschaft werden. Nach Cohen ist mit der Geschichte des positiven Rechts eine Disziplin vorgegeben, in welcher schon immer der Wille als durch Vernunft bestimmt behandelt wurde. Wie bei Kant die Mathematik zum Vorbild der Transzendentallogik wurde, so liefert hier die Rechtswissenschaft das method. Paradigma für die Ethik. Deren Aufgabe ist somit, die transzendentalen Bedingungen des Rechts zu explizieren, um dann durch Konfrontation des ›reinen‹ Rechts mit dem ›aktuellen‹ an der Meliorisierung der Gesellschaft zu arbeiten. Cohen vertrat einen ›ethischen Sozialismus‹, der u. a. auf E. Bernstein gewirkt hat. Der Prozeß der Meliorisierung ist jedoch als unendliche Aufgabe einer infinitesimalen Annäherung an das ›Reich der Zwecke‹ zu denken, das der tief im jüdischen Glauben verwurzelte Cohen mit dem ›messian. Königreich‹ identifizierte (Einfluß auf F. Rosenzweig und M. Buber). Die rechtsphilosoph. Ansätze wurden von R. Stammler, M. Weber und H. Kelsen weiterdiskutiert.

Ausg.: Werke, hg. unter Leitung von H. Holzhey, 16 Bde., Bd. VII, 1981.
Lit.: J. Klein, Die Grundlegung der Ethik in der Philosophie H. Cohens und P. Natorps, 1976. – E. Winter. Ethik und Rechtswissenschaft. Eine histor.-systemat. Untersuchung zur Ethik-Konzeption des Marburger Neukantianismus im Werke H. Cohens, 1980.

Th. Herfurth

Ēthikoi charaktēres (gr.; lat.: *Characteres ethici; Charaktere*), Theophrast, entst. nach 319 v. Chr.; ED Nürnberg 1527 (gr.); Basel 1531 (gr./lat.); dt. 1606 Characteres ethici: Das ist, Merckzeichen oder eigentliche Beschreibung der Sitten.

Das Buch enthält 30 kurze Charakterskizzen. Das Vorwort und die moralisierenden Epiloge mehrerer Kapitel sind unecht (wahrscheinlich ca. 5. Jh. n. Chr.). Die Charakterzüge sind sämtlich negativ, ohne jedoch in einem strengen Sinn sittlich verwerflich zu sein; es handelt sich vielmehr um alltägliche menschliche Schwächen. In jedem Kapitel folgt einer kurzen Definition die Beschreibung des entsprechenden Verhaltens. Die Menschlichkeiten sind scharf beobachtet und mit treffsicherem Witz lebendig geschildert. Wie differenziert die Darstellung ist, zeigt sich daran, daß mehrere Charakterzüge nur durch Nuancen unterschieden sind, z. B. Kleinlichkeit (Kap. 10), knauseriges Wesen (Kap. 22), kleinliche Gewinnsucht (Kap. 30), Unverschämtheit (Kap. 9); oder Redseligkeit (Kap. 3), Geschwätzigkeit (Kap. 7), Neuigkeitskrämerei (Kap. 8); oder bäurisches Wesen (Kap. 4), Schroffheit (Kap. 15), Abgeschmacktheit (Kap. 20), Taktlosigkeit (Kap. 12). – Vorbild sind die Beobachtungen der → *Ēthika Nikomacheia* und der → *Technē rhetorikē* des Aristoteles; unübersehbar ist die Nähe zur Neuen Komödie. Der Zweck der Schrift, ob es sich um eine Material- oder Beispielsammlung zur Ethik, Poetik (Beispiele des Lächerlichen) oder Rhetorik handelt, ist umstritten. – Die *Charaktere* stehen am Anfang der europäischen Moralistik. Sie diagnostizieren menschliche Schwächen und werben zugleich für humorvolle Toleranz. Ihnen verpflichtet sind die römische Satire (Seneca und Plutarch), die englischen ›character-writers‹ des 17. Jh.s sowie Rabener und Gellert im Deutschland des 18. Jh.s. Durch das Hauptwerk des französ. Moralisten La Bruyère, *Les Caractères de Théophraste, traduits du grec, avec les caractères ou les moeurs de ce siècle* (1688), geht Theophrasts Charakterbegriff in den allgemeinen Sprachgebrauch ein.

Ausg.: Gr./Dt., hg. u. erklärt von P. Steinmetz, Bd. I, 1960 (gr. Text), Bd. II, 1962 (Kommentar und Übersetzung). – Gr./Dt., übers. und hg. von D. Klose, 1981 (RUB 619).

Lit.: O. Regenbogen, Theophrast, in: Realenc. d. class. Altertumswiss. Suppl. 7 (1940). – F. Wehrli, Theophrast, in: H. Flashar (Hg.), Ältere Akademie, Aristoteles, Peripatos, 1983.

F. Ricken

Être et avoir (frz.; *Sein und Haben*), Gabriel Marcel; EA Paris 1935; dt. 1954.

In intuitiven Tagebuchnotizen öffnet Marcel den Denk- und Lebensweg seines christlichen Existentialismus, der Licht wirft in die Abgründe des Menschseins und sie zu transzendieren wagt in der Bejahung universeller Werte, in den existentiellen Akten der Treue, der Hoffnung, der Liebe und des Glaubens. Dem neuzeitlichen ›Verschluß‹ des Subjektivismus, dem ›Ich denke‹, dem Denken in Problemen und Resultaten, das die Verkettungen der Bedingungen durchmißt und die Welt, berechnend und bemeisternd, der rationalen Herrschaft des Menschen zu unterwerfen strebt (pensée pensée), richtet der Dichter- und Musiker-Philosoph das ›Es denkt in mir‹ entgegen, ein Andenken des Seins (pensée pensante), das Ergriffenwerden des Pilgers, der während seiner Existenz in lichtvollen Reflexionen über den Glauben, in Ehrfurcht und Pietät ihre Verwurzelung im Urgrund des Seins erfährt. Diese Ontologie birgt als ihre inneren Grundzüge die Philosophie des Mysteriums, die Phänomenologie des Habens, des Engagements, der Tat, die Philosophie der schöpfenden Freiheit, der présence (Mitsein). Nicht allein das Schöpferische entzieht sich dem Bezirk des Habens; auch der Zeit-Schlund als Durchbruch zu meinem Tod erinnert an die Leiblichkeit (Inkarnation) und die verletzliche Verfügbarkeit des Menschen. Der verfügbare Mensch deutet Freiheit nicht als Autonomie; der Auto-Zentrismus verfällt nicht einem Hetero-Zentrismus, sondern wird überschritten auf Liebe und Brüderlichkeit hin, die im Sein verwurzelt sind. Marcels Einsicht in die ontolog. Ohnmacht der Kreatur spricht zu dem Menschen des technischen Zeitalters, der der Demut und des Mysteriums der Hoffnung und der Freude bedarf.

Ausg.: Frz., ²1968.
Lit.: V. Berning, Das Wagnis der Treue, 1973.

A. Köpcke-Duttler

L'être et le néant. Essai d'ontologie phénomenologique (frz.; *Das Sein und das Nichts.* Versuch einer phänomenologischen Ontologie), Jean-Paul Sartre; EA Paris 1943; dt. 1952.

Ausgehend von einem modifizierten Ansatz der Phänomenologie Husserls und unter Aufnahme von Grundpositionen der Fundamentalontologie Heideggers sowie der Philosophie Hegels entwirft Sartre im Hauptwerk seiner sog. existentialist. Periode eine auf der Dichotomie von ›Être-Pour-Soi‹ (Für-sich-Sein) und ›Être-En-Soi‹ (An-sich-Sein) basierende Ontologie, wobei dem Nichts ein bedeutsamer Stellenwert zukommt. Die das Für-sich-Sein, das Sartre auch als ›menschliche Realität‹ kennzeichnet, durchziehende grundsätzliche Nichtung bestimmt dessen einzelne Strukturen, wobei die grundsätzliche Bestimmung, Seiendes zu sein, das ist, was es nicht ist, und nicht ist, was es ist, auf den zentralen Stellenwert der Freiheit verweist. Dieses Durchdrungensein vom Nichts wird in allen Strukturen der ›menschlichen Realität‹ sichtbar, von der Zeitlichkeit bis zur Faktizität, Anwesenheit bei sich oder Reflexion, wobei Sartre – im Gegensatz zu Heidegger – an der Bewußtseinsdimension festhält. In der ekstat. Beziehung des Für-sich zum Ansich realisieren sich diese Strukturen, ohne daß es je eine gelingende Synthese geben kann. Dieses grundsätzliche Scheitern wird von Sartre mit der fehlenden Gottesidee in Zusammenhang gebracht; der Mensch entwirft sich vergeblich daraufhin, ens causa sui zu werden. Scheitern und Absurdität haben ebenso wie die Betonung negativer Stimmungen (Angst, Ekel) zu einer psychologisierenden Deutung Anlaß gegeben, sie haben aber einen strikt ontolog. Sinn. Die Auffassung, daß der Mensch als Existenz (Dasein) aufgefaßt werden muß, daß sich erst in seinen Entscheidungen und Handlungen Sosein (Wesen) ergibt, kann als Umdeutung scholast. Denkschemata gesehen werden. Die Radikalität der Freiheitsdeutung hat ebenfalls ontolog. Stellenwert. Sartre hebt die Freiheit aus jeder Determinismusdebatte heraus und setzt sie mit Existenz gleich. Existieren heißt freies Sichentwerfen, wobei Faktizität und Transzendenz des Daseins als Pole angesetzt sind. Es gibt Freiheit nur in Situation und Situation nur durch Freiheit. Die der menschlichen Existenz qua Nichts auferlegte Notwendigkeit, sich ständig wählen zu müssen, führt zur These, daß ›wir zur Freiheit verurteilt‹ sind. Diese Freiheit kennt keine äußeren Beschränkungen oder Entschuldigungen, weshalb sie für Sartre auch eng mit der Verantwortung gekoppelt ist. Wohl sind wir nicht Grundlage unseres Seins, aber in die Verantwortlichkeit ›geworfen‹, und darum ist unsere Freiheit im Grunde grenzenlose Freiheit. Von besonderer Originalität ist Sartres Auffassung vom Sein mit Anderen. Ausgehend von einer Analyse des Blicks wird das Sein für Andere als eine wesentliche Dimension des Für-sich-Seins aufgewiesen und die Konfliktsituation gegenseitiger Verobjektivierung als unübersteigbare Konsequenz aufgewiesen. Es gibt keine gelingende Beziehung zum Anderen. Die ›existentielle Psychoanalyse‹ will aufgrund der ontolog. Voraussetzungen die Zielsetzungen des menschlichen Handelns aus dem Mangelcharakter des Daseins entziffern und deuten. Die phänomenlog. Ontologie weist das Dasein als ständigen und scheiternden Versuch aus, sich selbst zu begründen. – Das Werk liefert dem im Bereich von Literatur und Dramatik konkretisierten Existentialismus das theoret. Fundament und stellt eine der wichtigsten Beiträge zur Ontologie des 20. Jh.s dar. Auch wenn Sartre selbst in der späteren Entwicklung von vielen Thesen des Existentialismus abrückte, spielten sie in der intellektuellen und philosoph. Szene der Zeit nach dem Zweiten Weltkrieg eine entscheidende Rolle.

Lit.: J. Streller, Zur Freiheit verurteilt, 1952. – P. Kampits, Sartre und die Frage nach dem Anderen, 1975.

P. Kampits

Etymologiarum sive originum libri XX (lat.; *20 Bücher über die Etymologien oder über die Herkünfte*), Isidor von Sevilla, entst. ca. 625 bis 636; ED o. O. 1472 (Augsburg).

Dieses riesige unvollendete Werk, welches erst später in 20 Bücher gegliedert wurde, gilt als Realenzyklopädie des menschlichen Wissens überhaupt. Die Wahl des Titels erklärt sich daraus, daß die behandelten Begriffe und Gegenstände durch Erörterung ihres jeweiligen Namens erläutert werden und insofern die etymolog. Betrachtung, welche freilich, wie zu Isidors Zeit üblich, allein vom Klang der Worte ausgeht, einen wesentlichen Teil des Werkes ausmacht. – Zunächst behandelt die Schrift die sieben freien Künste (Buch I–III), bevor sie sich der Darstellung dreier medizin. Schulen (IV) sowie verschiedenen Rechtsbegriffen und Zeiteinteilungen (V) widmet. An theolog. Themen werden die biblischen Schriften (VI), Gott, die Engel und die Heiligen (der Bibel) (VII) sowie die Kirche und die ›Sekten‹ (Juden, christliche Häretiker, philosoph. Schulen und nichtchristliche Götterkulte) (VIII) besprochen. Buch IX behandelt Sprachen, militär. Dinge u. a.; es folgen einige Worterklärungen (X), die Biologie des Menschen (XI) und der Tiere (XII). Geograph. Erörterungen informieren über die Welt als ganze (XIII), die (bewohnte) Erde (XIV) und die wichtigsten Städte (XV). Zuletzt finden sich Informationen über Gesteine und Metalle (mit Gewichten und Maßen) (XVI), über Land- und Gartenbau (XVII), über Gegenstände des Kriegswesens, der Gymnastik und des Theaters (XVIII), über Schiffe, Bauwerke und Kleidung (XIX) sowie schließlich über Objekte des Haushalts und der Küche (XX). Sehr beträchtlich ist die literar. Abhängigkeit des Werkes. Während vor allem nichtchristliche Autoren, wie Sueton Tranquill, Naevius, Plautus u. a. in Kompilationen herangezogen werden, kannte Isidor eine Reihe von christlichen Schriftstellern, wie Tertullian, Cassiodor, Boethius, Hieronymus und Orosius, sicher im Original. Im Mittelalter avancierte die Schrift zum Standardwerk für die verschiedenen Wissensgebiete. Einzelne Bücher (I/IV) und Kapitel (aus V/VIII) wurden deshalb auch gesondert abgeschrieben und verbreitet.

Ausg.: Hg. von W. M. Lindsay, 1911, 2 Bde.

(Repr. 1985) – Hg. von J. O. RETA, 1982/83 (2 Bde.).
Lit.: H. L. W. NELSON, Etymologiae van Isidorus van Sevilla, 1954. – M. E. AMSLER, The Theory of Latin ›Etymologia‹ in the Early Middle Ages, 1977.

H. FROHNHOFEN

Eudēmos ē Peri tēs psychēs, (gr.; lat.: *Eudemus sive De anima*; *Eudemos oder Von der Seele*), ARISTOTELES, entst. 4. Jh. v. Chr.; ED Berlin 1831 (in: Fragmenta, hg. von V. Rose); dt. 1960.

Dieser Dialog, der nur in wenigen Fragmenten tradiert ist, ist dem Andenken des jung gefallenen Gefährten des Aristoteles, Eudemos von Zypern, gewidmet. Das wohl nach dem Modell des → *Phaidōn* geschriebene Werk war wegen Stil und Inhalt in der Antike sehr beliebt. Es weist falsche Auffassungen über die Seele (wie die Harmonielehre) zurück und betont ihre Substantialität und Unsterblichkeit. Das Leben außerhalb des Körpers ist für die Seele natürlicher. Der These W. Jaegers, daß Aristoteles die Seele als Idee dachte, ist allerdings nicht zuzustimmen. Kontrovers wird dagegen bis heute die Frage diskutiert, ob Aristoteles im 5. Fragment des Dialogs die Ideen- und Anamnesislehre Platons übernimmt – wie Jaeger meint – oder ob dies mit I. Düring und G. E. L. Owen zu verneinen ist. Der platon. Charakter des 5. Fragments läßt sich weder erklären mit dem Hinweis auf die Zugehörigkeit des *Eudēmos* zur Gattung der Trostschrift noch durch die Hypothese, Aristoteles habe die Theorie Platons lediglich referiert, ohne selbst dazu Stellung zu nehmen. So ist wohl anzunehmen, daß er im *Eudēmos* die platon. Seelenlehre, besonders die Präexistenz der Seele, und die Lehre einer transzendenten Welt vertritt.

Ausg.: Gr., V. ROSE, Aristotelis qui ferebantur librorum fragmenta, [3]1886. – R. WALZER, 1934. – W. D. ROSS, Aristotelis fragmenta selecta, 1955. – Dt., von W. THEILER, 1979.
Lit.: J. BERNAYS, Die Dialoge des Aristoteles im Verhältnis zu seinen übrigen Werken, 1863. – C. J. DE VOGEL, Platon. und Aristotel. in drei Frühschriften des Aristoteles, in: P. MORAUX (Hg.), Frühschriften des Aristoteles, 1975.

L. J. ELDERS

Euthydēmos (gr.), PLATON, entst. nach 399 v. Chr.; ED Florenz o. J. (ca. 1482-1484; lat., übers. von M. Ficino); Venedig 1513 (gr., hg. von E. Musuros); dt. 1793.

In diesem – zu den sokrat. Dialogen zu zählenden – Werk gibt Platon Einblick in Praxis und Topoi der sophist. Argumentationskunst (vgl. Aristoteles, → *Peri tōn sophistikōn elenchōn*). Das eigentliche Thema des Dialogs erwächst aus der Frage, wie man lernen (erkennen) kann, was man (noch) nicht weiß (vgl. → *Menōn*); sie nimmt eine bestimmte Fassung an, indem sie Lernen als Übergang von Nicht-Sein zu Sein (bzw. umgekehrt) thematisiert. Die Problemstellung enthält die prinzipielle Frage, wie Nicht-Seiendes überhaupt ausgesagt werden, also ›seiend‹ sein kann. Im *Euthydēmos* geht die Diskussion zwischen Sokrates und den Sophisten Dionysodoros und Euthydemos vor allem auf die logische Möglichkeit der Negation (des Widersprechens, des Irrtums usw.) und generell um das Wesen des Logos, Identität und Differenz auszudrücken. Damit ist ein Kernproblem der platon. Philosophie angesprochen (vgl. → *Theaitetos*, → *Sophistēs*, → *Parmenidēs*, → *Philēbos*): Die seit Parmenides themat. Frage nach dem Nicht-Sein stellt das Problem, wie die bewegte (übergängige) Vielheit des Erscheinenden begriffen werden kann.

Ausg.: Platonis Opera, hg. von H. Stephanus, Bd. I, 1578, 271-307. – Platonis Opera, hg. von J. Burnet, Bd. I, 1900 (Repr. 1967). – Gr./Dt., Studienausgabe, Bd. II, 1973.
Lit.: R. K. Sprague, Plato's Use of Fallacy, 1962. – Dies., Plato: Euthydemos, 1965. – R. Hawtrey, A Commentary on Plato's Euthydemus, 1981.

J. Jantzen

Euthyphrōn (gr.), Platon, entst. nach 399 v. Chr.; ED Florenz o. J. (ca. 1482-1484; lat., übers. von M. Ficino); Venedig 1513 (gr., hg. von E. Musuros); dt. 1778.

Durch die Beziehung auf Sokrates' Prozeß gehört der Dialog in den Kontext von → *Apologia Sokratus,* → *Kritōn,* → *Phaidōn.* Sokrates hat soeben die Anklage erhalten, die ihn auch der Erdichtung neuer Götter und des Unglaubens an die alten (also der Unfrömmigkeit) bezichtigt. Der Mitunterredner Euthyphron ist auf dem Weg zum Gericht, um seinen Vater anzuklagen, wobei er sich auf seine Frömmigkeit beruft. Aus der Situation ergibt sich die sokrat. Frage: Was ist Frömmigkeit (bzw. das Fromme)? Euthyphrōn gibt vier Antworten, die jeweils sachlich wie logisch den Sinn der Tugendfrage verfehlen: Indem sie Beispiele nennen oder Bedeutungen substituieren, lassen sie nicht das ›Wesen‹ (usia) bzw. die eine Form (idea, eidos) der Tugend erkennen. Euthyphrōn kann seine Klage mithin nicht begründen. – Der kleine Dialog führt in die Ideenlehre ein und ist ihr frühes, wenn nicht erstes Zeugnis; er verwurzelt sie im sokrat. Beharren auf einer Fundierung menschlicher Praxis durch wirkliches Wissen (d. h. der Idee). Das aporet. Ende des Dialogs verweist darauf, daß das Bestehen auf Wissen selbst zur Lebenspraxis gehört und daß die Tugendfrage als praktische Frage nicht in einer Definition ihre Antwort finden kann.

Ausg.: Platonis Opera, hg. von H. Stephanus, Bd. I, 1578, 2-16. – Platonis Opera, hg. von J. Burnet, Bd. I, 1900 (Repr. 1967). – Gr./Dt., Studienausgabe, Bd. I, 1977. – Gr./Dt., von O. Leggewie, 1986 (RUB 9897).
Lit.: R. E. Allen, Plato's ›Euthyphro‹ and the Earlier Theory of Forms, 1970.

J. Jantzen

Evolution and Ethics (engl.; *Evolution und Ethik*), Thomas Henry Huxley; EA London 1893.

Die Vorlesungen (Roman lectures) setzen sich mit den ethischen Implikationen der darwinist. Evolutionstheorie auseinander. – Mangelnde Dauerhaftigkeit (impermanence) ist das hervorstechendste Merkmal der ›kosmischen Evolution‹. Lebensvorgänge sind durch eine zyklische Struktur geprägt. Der Mensch hat die Spitze der Evolution aufgrund einer besonders guten Anpassung an seine Umwelt, aber auch aufgrund solcher Eigenschaften erklommen, die er »mit dem Affen und dem Tiger gemeinsam hat«. Die weitere Entwicklung einer zivilisierten Gesellschaft läßt diese Eigenschaften jedoch eher zum Hindernis werden. An der Kategorie der Gerechtigkeit orientierte Verhaltensregeln werden zu den wichtigsten Elementen einer stabilen gesellschaftlichen Ordnung. Aus einer bloßen Vergeltungsgerechtigkeit entwickelt sich eine Ethik des guten Willens. Wie sich bei einer genaueren Betrachtung des griechischen, semit. und indischen Kulturkreises zeigt, gerät der gesellschaftliche Fortschritt in ein Spannungsverhältnis zum kosmischen Prozeß. Sein Einfluß auf die gesellschaftliche Entwicklung ist umso größer, je »rudimentärer die Zivilisation« ist. Sozialer Fortschritt ist daher letztlich nichts anderes als eine Substitution des kosmischen durch einen ethischen Prozeß. An seinem Ende steht nicht das ›Überleben der Tüchtigsten‹ (wie die Formel ›survival of the fittest‹ häufig fälschlich verstanden wird), sondern das der ethisch Besten. – Dieses Plädoyer eines Darwinisten gegen jede Form des ›Sozialdarwinismus‹ hat im ausgehenden 19. und beginnenden 20. Jh. wenig Wirkung entfaltet.

Ausg.: T. H. Huxley, Evolution and Ethics and Other Essays, 1897.
Lit.: C. Bibby, Th. H. Huxley, Scientist, Humanist and Educator, 1959.

J. Nida-Rümelin

L'évolution créatrice (frz.; *Schöpferische Entwicklung*), Henri Bergson; EA Paris 1907; dt. 1912).

Bergsons Auseinandersetzung mit der Evolutionstheorie setzt bei einer Untersuchung des inneren Lebens ein, das zum Schlüssel der Evolution des Lebens im allgemeinen wird. Der ›Lebensschwung‹ (élan vital), der der gesamten Entwicklung des Lebendigen als treibendes Prinzip zugrunde liegt, ist zugleich auch die Ursache der Vielfalt und Variabilität der verschiedenen Arten und Erscheinungsformen des Lebens. Dieser ›élan vital‹ bewirkt eine Überwindung der toten Materie, aber nicht in einer stufenmäßigen Höherentwicklung, sondern in verschiedenen Richtungen, womit sowohl eine mechanist. wie auch eine finalist. Deutung der Evolution zurückgewiesen wird. Der ›élan vital‹ wird als eine Schöpferkraft interpretiert, die sowohl die neuen Formen des Lebens ermöglicht, wie auch die Sprünge innerhalb des Ablaufs der Evolution erklärt. Vegetatives, instinktives und intelligentes Leben sind nur verschiedene Ausprägungen des ›élan vital‹. Die auf instrumentelles Handeln gerichteten Fähigkeiten Instinkt und Intelligenz stellen zwei verschiedene Problemlösungsmöglichkeiten ein und derselben operativen Zweckhaftigkeit dar, wobei der Instinkt dem Leben nähersteht, allerdings als zur Reflexion unfähig sich selbst nicht durchschauen kann. Die analyt. Grundstruktur des Intellektes führt dazu, daß er auf das Starre, Immobile und Materielle orientiert bleibt und darum unfähig ist, das Leben als solches zu erfassen. Dauer, Kontinuität und Werden können – wie in der Wissenschaft – in zerlegender Rekonstruktion nie erfaßt werden. Die schöpfer. Aktivität des Lebensimpulses ist nur der Intuition zugänglich, die zwar auf dem Intellekt aufbaut, aber jenseits von Kategorien und Begrifflichkeit Dauer und Lebensschwung direkt und unmittelbar erschaut. Der Zweiteilung von Materie und Leben entspricht eine solche des Bewußtseins in Intellekt und Intuition, ebenso wie eine solche in Wissenschaft und Metaphysik. Die Intuition unserer eigenen Freiheit, unserer eigenen schöpfer. Aktivität wird zum Schlüssel der Natur des Universums. Dieses ist nicht abgeschlossen, sondern ständig im Werden, wobei Materie als ›Abfall‹, Leben als eine Art schöpfer. Vorwärtsbewegung erscheint. Der traditionellen Metaphysik ebenso wie den Evolutionstheorien eines Darwin oder Spencer wirft Bergson vor, die wahre Zeit als Dauer ebenso mißverstanden zu haben, wie das schöpfer. Prinzip des Lebens, das als unendlicher Drang, als reine Freiheit und auch als Gott interpretiert werden kann.

Lit.: H. W. CARR, H. Bergson. The Philosophy of Change, ²1919. – R. INGARDEN, Intuition und Intellekt bei H. Bergson. Darstellung und Versuch einer Kritik, 1921.

P. KAMPITS

Exercitationes paradoxicae adversus Aristoteleos, in quibus praecipua totius doctrinae peripateticae atque dialecticae fundamenta excutiuntur, opiniones vero aut novae, aut ex veteribus obsoletae, stabiliuntur (lat.; *Übungen in Form von Paradoxien gegen die Aristoteliker,* in denen die Hauptfundamente der ganzen peripatetischen Lehre und der Dialektik erschüttert werden, während neue oder seit alten Zeiten aus dem Gebrauch gekommene Lehrmeinungen festgesetzt werden), Pierre GASSENDI; EA Buch I: In doctrinam Aristoteleorum universe (Gegen die Lehre der Aristoteliker überhaupt), Grenoble 1624 (anonym), ²1649 (mit Namensnennung); Buch II: In dialecticam Aristoteleorum (Gegen die Dialektik der Aristoteliker), Lyon 1658 (postum in: Opera omnia, Bd. III).

Gassendis Jugendwerk, aus den in Aix-en-Provence gehaltenen Vorlesungen (1617–1623) hervorgegangen, ursprünglich in sieben Bänden geplant, von denen aber nur zwei ausgeführt wurden, ist eine vehemente Kampfschrift gegen die gesamte Aristotel. Philosophie: vor allem Logik, Physik, Metaphysik, Kosmologie und Psychologie des Aristoteles werden Lehrsatz um Lehrsatz scharf angegriffen und einer schneidenden Kritik unterzogen. Die oft unbegründeten und ungerechtfertigten Kritiken nähren sich generell vom antiaristotel. Geist der frühen Neuzeit (L. Vives, P. Charron, P. de la Ramée, Pico della Mirandola); eine genaue themat. Verwandtschaft läßt sich vor allem mit F. Patrizis *Discussiones peripateticae* (Teil I–III: Venedig 1571; Teil IV: Basel 1581) feststellen. Interesse verdient weniger die inhaltliche Substanz der Aristoteles-Kritik als vielmehr der Stellenwert, den das Werk im Gesamtœuvre Gassendis einnimmt: es zeigt sich bereits die kritische Einschätzung der metaphys. Erkenntnis ›per causas‹, der sterilen Syllogistik und der abstrakten und sklerotisierten Kategorien des Aristotelismus der Scholastik und die deutliche Vorliebe für die auf Sinneswahrnehmung gründende Erfahrung; Gassendi spielt auf Epikurs Ethik an und bricht eine Lanze für den von ihm selbst so genannten ›Phyrronismus‹, eine Art von kritischem und zugleich konstruktivem Relativismus und Skeptizismus, der sein Denken überhaupt kennzeichnet.

Ausg.: Opera omnia, Bd. III, 1658 (Repr., hg. von T. GREGORY, 1964). – Lat./Frz., hg. von B. ROCHOT, 1959.

Lit.: H. BERR, An jure inter scepticos Gassendus numeratus fuerit, 1898 (frz.: Du scepticisme de Gassendi, 1960). – P. PENDZIG, P. Gassendis Metaphysik und ihr Verhältnis zur scholast. Philosophie, 1908. – B. ROCHOT, La vraie philosophie de Gassendi, in: Tricentenaire de P. Gassendi, 1957. – T. GREGORY, Scetticismo ed emprisimo. Studio su Gassendi, 1961. – O. R. BLOCH, La philosophie de Gassendi, 1971.

F. VOLPI

Exercitia spiritualia (lat.; *Geistliche Übungen*), IGNACIO DE LOYOLA; EA Rom 1548; dt. 1645 Exercitia spiritualia, das ist geistliche Übungen.

In dem religiös-didakt. Werk formuliert der Gründer des Jesuitenordens Regeln zur geistlichen Erziehung. – Der in vier Abschnitte – für vier Wochen der Meditation – eingeteilte Leitfaden für Erzieher (›Exerzitienmeister‹) soll dazu befähigen, die Zöglinge zu einem Leben in Frömmigkeit zu erziehen, sie in die Lage zu versetzen, »den göttlichen Willen zu suchen und zu finden in der Ordnung des eigenen Lebens zum Heil der Seele«. Die Meditationsübungen der 1. Woche entsprechen dem aus der Mystik bekannten ›Reinigungsweg der Seele‹. Die folgenden drei Wochen gelten der Meditation über das Leben Jesu, dessen Stationen in Stichpunkten vorgestellt werden. Neben konkreten Anleitungen zur Gebetspraxis und Regeln zu einer kirchentreuen Gesinnung sind die Regeln zur ›Unterscheidung der Geister‹ von zentraler Bedeutung. In der spirituellen Bildersprache des Mittelalters wird eine psycholog. hochinteressante Analyse der Emotionen angestellt, die die Lebensentscheidung zur geistlichen Erneuerung begleiten. – Das Exerzitienbüchlein ist der Schlüssel für das ›Geheimnis‹ des Jesuitenordens und seiner Gesinnung.

Ausg.: Dt., von H. U. von Balthasar, 1959. *Lit.:* P. Rondholz, Die ewigen Wahrheiten im Anschluß an die Exerzitien des hl. Ignatius, [2]1961. – K. Rahner, Betrachtungen zum ignatian. Exerzitienbuch, 1965.

H. Scheit

Exigit ordo executionis. Tractatus universalis magistri Nicholai de Ultricuria ad videndum an sermones Peripateticorum fuerint demonstrati (lat.; ›*Exigit ordo executionis*‹. Universale Abhandlung des Magisters Nikolaus von Autrecourt zur Überprüfung, ob die Reden der Peripatetiker bewiesen seien), Nikolaus von Autrecourt, entst. wahrscheinlich zwischen 1340 und 1345; ED 1939 (in: Medieval Studies 1).

Der einzige größere, gleichwohl fragmentar. Text des Nikolaus bringt eine ausgedehnte Kritik am Aristotelismus und indirekt an der sich darauf stützenden Theologie. Dabei geht Nikolaus so vor, daß einerseits die Theorien des Aristoteles, etwa von der Erkenntnis der Substanz, einem strikten Evidenzmaßstab unterworfen und andererseits diese dadurch relativiert werden, daß jene älteren Theorien, gegen die Aristoteles die seinen konzipiert hatte, wieder aufgenommen werden – wenn auch ausdrücklich nur mit dem Anspruch einer gewissen Wahrscheinlichkeit. So versucht Autrecourt sowohl den Wahrnehmungsskeptizismus des Protagoras wie den Atomismus des Demokrit, diesen verbindend mit der Behauptung von der Ewigkeit der Dinge, wiederum wahrscheinlich zu machen. In demselben Sinne ist auch die antiaristotel. Lehre von der Existenz eines Vakuums und vom Kontinuum, das aus unteilbaren Elementen bestünde, gemeint. Obwohl Autrecourt 1347 in Paris verurteilt wurde, waren seine Lehren trotzdem im 14. Jh. weit verbreitet.

Lit.: J. R. O'Donnell, The Philosophy of Nicholas of Autrecourt and His Appraisal of Aristotle, in: Medieval Studies 4 (1942). – J. R. Weinberg, Nicolaus of Autrecourt, 1948.

R. Schönberger

L'existentialisme est un humanisme (frz.; *Ist der Existentialismus ein Humanismus?*), Jean-Paul Sartre; EA Paris 1946; dt. 1947.

Die kleine Schrift versucht eine popularisierende Selbstdefinition des Existentialismus gegenüber den anderen Positionen der Existenzphilosophie und gegenüber

Angriffen von seiten des Christentums und des Marxismus. Die Betonung von sog. negativen Stimmungen wie Ekel, Angst, Verlassenheit usw. wird in dieser Schrift, die jede essentialist. Auslegung des Menschen verwirft, zum Ausgangspunkt einer humanist. Grundhaltung gemacht, die nicht ein ideales Wesen des Menschen an die Stelle seiner konkreten Realität rücken will. Der Kernsatz ›L'homme se fait‹ – der Mensch macht sich selbst – leitet sich aus der unbedingten Freiheitsauffassung ab, die den Menschen dazu zwingt, sich ohne vorgegebene Werttafeln oder Orientierungshilfen ›selbst zu erfinden‹. Sartres pointiert atheist. Haltung entläßt den Menschen, der über keine vorgegebene Natur verfügt, in freier Entscheidung in die Bestimmung seines Wesens. – Die nicht zuletzt aufgrund ihrer popularisierend gehaltenen Darstellung oft mißdeutete Schrift stellt die Konsequenzen der Ontologie Sartres überspitzt heraus und hat zur Verbreitung des Existentialismus erheblich beigetragen.

Ausg.: Dt., in: Drei Essays, 1960.
Lit: W. Biemel, J.-P. Sartre in Selbstzeugnissen und Bilddokumenten, 1964.

P. Kampits

Experience and Nature (engl.; *Erfahrung und Natur*), John Dewey; EA Chicago/London 1925.

In zehn Vorlesungen entwickelt Dewey seinen empir. Naturalismus, der die experimentelle Methode der modernen Naturwissenschaften auf alle Wirklichkeitsbereiche anwenden soll. – Das Zentrum dieser experimentellen Philosophie ist der Begriff der Erfahrung, der nicht subjektivist. aufgefaßt werden darf, sondern alle ›Transaktionen‹ zwischen Organismus und Umwelt meint. Erfahrung ist das Mittel, mit dessen Hilfe die Natur immer tiefer erschlossen wird. Dementsprechend ist Deweys ontolog. Grundposition ein Instrumentalismus. Das wahre Wesen der Wirklichkeit liegt nicht in der Unveränderlichkeit oder Substanzialität. Vielmehr hat die Suche der Wissenschaften nach Gesetzen allein den Zweck, durch Wissen Kontrolle über die Prozesse in der Natur ausüben zu können. Dieser instrumentellen Auffassung des Denkens entsprechend wird der soziale Charakter von Sprache und Bedeutung betont, so daß zwischen Natur und Geist eine ›Kontinuität‹ angenommen wird. Dies gilt auch für das Verhältnis von Leib und Seele, das nur deshalb zu einem mysteriösen Dualismus werden konnte, weil der Subjektivismus der Moderne Erfahrung und Natur auseinandergerissen hat. Die verschiedenen Arten von Erfahrung sind jedoch nicht von gleichem Rang. Kunst und Wissenschaft müssen als der Vollendungszustand der Erfahrung angesehen werden, da hier eine sonst nicht erreichte Balance zwischen Natur und Erfahrung hergestellt wird. Somit muß sich auch eine naturalist. Philosophie der Frage nach den Werten stellen. Wertung bedeutet immer Kritik, und Kritik ist für die Kontrolle und Bereicherung der Erfahrung von entscheidender Bedeutung. Daher ist die Philosophie eine allgemeine Theorie der Kritik, die es ermöglichen soll, den Sinn der Erfahrung in allen Lebensbereichen zu steigern. – Dieser naturalist. Humanismus, der auf die praktische Kontrolle der Natur abzielt, ließ Dewey zum amerikan. Nationalphilosophen werden.

Lit.: CH. W. HENDEL (Hg.), J. Dewey and the Experimental Spirit in Philosophy, 1959.

H. SCHEIT

Experimentum mundi, Ernst BLOCH, entst. 1972–74; EA Frankfurt a. M. 1975.

Als Abschluß des Lebenswerkes, das noch Offene, Unausgemachte des frühen Werkes *Spuren* (EA 1930) im Begrifflich-Kategorialen als der intensivsten Dichte der Vorhandenheit suchend, entfaltet Bloch eine Kategorienlehre, die, obgleich vielfältig auf Hegel- und Husserlschen Hintergrund bezogen, von Marxscher Kritik fundiert, Sein wie Welt auf ihr Unausgemachtes, noch Gärendes auslegt. – Indem ihm dies Unausgemachte gerade als blinder Fleck nächster Nähe erscheint, stellt Bloch ›Drehung‹ zum ›Ergriff‹ des Gemeinten vor aller fetischierenden Sedimentierung des ›Begriffes‹ in den Mittelpunkt des logischen Prädizierens als der ersten Stufe seiner Kategorienlehre. Das Noch-nicht, zeitlich als das ›Nie‹ Leerstelle der Negationen zwischen den Jetztpunkten einer gemeinhin aus anamnest.-archetypisierender Vergangenheit und idealisierend-perpetuierender Zukunft verstandenen Gegenwart, ist Bloch in Wahrheit die Latenz einer gerade aus der Vergangenheit sich herausdrehenden Zukunft, wie zugleich – räumlich – dieses Noch-nicht als ›Nirgends‹ aus nächster, noch unergriffener, Nähe Heimat werden soll. Im Durchgang durch das »Objektivieren in kausal-finalen Transmissionskategorien, Manifestieren in Gestaltkategorien, Kommunizieren in Gebietskategorien, schließlich als substantielles Identifizieren, allerletzt als Realisieren des Realisierenden selber« wird ›Hebung‹ zum Grundgeschehen einer nicht-verdinglichenden Kategorialität, die, gleichsam Aristoteles auf die Füße stellend, das ›Thetische‹ als Tendenz des Telos selbst radikalisiert, damit jedoch zugleich das Ausgemachte aller ›Physis‹ problematisiert. So sind auch die Fragen nach dem utopischen Kern der Natur und, fast kryptomanichäisch, die nach der ›Gebietskategorie des Bösen‹ zentrale Stücke des im Schlußsatz ›natura naturata nos ipsi erimus‹ die Ganzheit des Werkes selbst in sein Telos rückenden Buches.

Ausg.: Gesamtausgabe, Bd. XV, 1975.

Lit.: H. D. BAHR, Theatrum mundi-Experimentum mundi, in: E. Blochs Wirkung, 1975. – M. DJURIĆ, Schwierigkeiten der Kategorie Möglichkeit, in: Philos. Jb. 89 (1982).

C.-H. HOEFER

Explanation and Understanding (engl.; *Erklären und Verstehen*), Georg Henrik von WRIGHT; EA London 1971, dt. 1974.

Das wissenschaftstheoret. Werk leistet eine kritische Revision der alten philosoph. Streitfrage der Vergleichbarkeit von natur- und humanwissenschaftlicher Methodik mit dem Ziel, den Eigencharakter letzterer zu unterstreichen. – Die einleitende Rückführung der Kontroverse auf den ideengeschichtlichen Dualismus von galileischer und aristotel. Tradition impliziert bereits eine negative Antwort auf die zentrale Frage, ob das Subsumtionsschema der Kausalerklärung auch intentionales Verhalten, d. h. den traditionellen Gegenstand der humanwissenschaftlichen Methode des Verstehens durch Sinndeutung, abdeckt. Eine Neubestimmung der Kausalität als experimentalist., auf Ereignistypen bezogener Begriff und der Handlung als qualitativ vom Verhalten durch ihre

Intentionalität unterschieden erweist das Subsumtionsmodell als Königsweg der Naturwissenschaft. Dem entspricht nach von Wright in der Humanwissenschaft nur der praktische Syllogismus, der Intention und Handlung nicht kausalgesetzlich sondern begrifflich-logisch verbindet. Dieses Grundschema intentionalist. Erklärung wird durch eine Erklärung der Intentionen selbst aus ihrem histor.-sozialen Normenkontext zu einem Gesamtmodell ausgebaut, das komplexe Phänomene in ihrer Funktion im ›Automatismus‹ der Geschichte erklärt. Für alle Stufen des Modells gilt: Das Verstehen des Explanandums ist eine Vorbedingung jeder Erklärung. Nach von Wright ist daher nicht zwischen Erklären und Verstehen als zwei Erkenntnistypen, sondern zwischen zwei Typen des Verstehens und des Erklärens zu differenzieren, die durch den intentionalen bzw. nicht-intentionalen Charakter ihrer Gegenstände unterschieden sind.

Ausg.: Dt., von G. Grewendorf/G. Meggle, 1974.

Lit.: Neue Versuche über Erklären und Verstehen, hg. von K.-O. Apel/J. Manninen/R. Tuomela, 1978. – M. Riedel, Verstehen oder Erklären? Zur Theorie und Geschichte der hermeneut. Wissenschaften, 1978. – K.-O. Apel, Die Erklären:Verstehen-Kontroverse in transzendental-pragmat. Sicht, 1979.

P. Nagelschmidt

Expositio in librum Dionysii de divinis nominibus (lat.; *Kommentar zum Buch des Dionysius über die Namen Gottes*), Thomas von Aquin, entst. in Italien 1262-67 (?); ED Turin 1581.

Die Theologie des Dionysius stützt sich auf den Neuplatonismus und ist der Lehre des Proklos verwandt. In der Schöpfung, die hierarch. gegliedert ist, wiederholt sich die für den Neuplatonismus charakterist. triadische Struktur auf allen Ebenen. Dionysius' Traktat behandelt die zweite Stufe der Triade, nämlich das Hervorgehen der Formen aus Gott als Wirkursache. Diese Formen können als Attribute von Gott ausgesagt werden. Aber letztlich übersteigt das Wesen Gottes alle Prädikate, die wir über ihn aussagen können. Der Traktat war als Textbuch in Paris vorgeschrieben und wurde in der 1. Hälfte des 13. Jh.s wiederholt kommentiert (Grosseteste; Albertus Magnus). – Für seinen Kommentar benutzt Thomas vorzugsweise die Übersetzung des Joh. Sarracenus (etwa 1166). Er betont den Platonismus des Dionysius und weist auf seine symbol. Ausdrucksweise hin. Auch wenn Thomas an einigen Stellen diese (dem neuplaton. Monismus verpflichtete) Sprache korrigiert, sieht er doch eine weitgehende Übereinstimmung mit Dionysius, da auch er die Welt in ihrer Ordnung als einen Ausdruck der Vollkommenheit Gottes betrachtet. In seiner Lehre des Schönen, der Liebe und auch in seiner negativen Theologie ist Thomas von Dionysius beeinflußt worden. Im Kommentar findet man auch den Ansatz einer mystischen Theologie.

Ausg.: Hg. von C. Pera, 1950.

Lit.: A. Feder, Des Aquinaten Kommentar zu Ps.Dionysius De divinis nominibus, in: Scholastik 1 (1926).

L. J. Elders

Exposition du système du monde (frz.; *Darstellung des Weltsystems*), Pierre Simon Laplace; EA Paris 1796 (2 Bde.); dt. 1797.

Das für den naturwissenschaftlich gebildeten Laien geschriebene Werk erläutert das astronom. Weltbild des ausgehenden

18. Jh.s, das durch Newtons → *Philosophiae naturalis principia mathematica* begründet und seitdem von L. Euler, d'Alembert und vor allem auch von Laplace selbst erweitert und vervollständigt wurde. Laplace konnte der Menschheit die Furcht vor einer zukünftigen Katastrophe nehmen, verursacht durch Beobachtungen von Veränderungen der Planetenbahnen und des Mondumlaufs. Die Stabilität des Sonnensystems erscheint auf unbegrenzte Zeit als gesichert. Aber Laplace sieht den Gang der Welt nicht wie ein ewig, von Anfang an gleichförmig laufendes Uhrwerk an. Am Schluß seines Werkes trägt er seine kosmogon. Ideen vor, die das Weltall als geschichtlich und vergänglich betrachten. Angeregt durch F. W. Herschels Beobachtungen mannigfaltig gestalteter nebelartiger Himmelsobjekte, die er auch klassifizierte und als Stufen einer Entwicklung deutete, skizzierte Laplace seine Vorstellungen über die Bildung des Sonnensystems und äußerte die Vermutung, es habe sich aus einem rotierenden Urnebel gebildet. In der Wissenschaftsgeschichte spricht man von der Kant-Laplaceschen Nebularhypothese. – Die Idee von einer Entwicklung unseres Kosmos wurde im 19. Jh. mit großem Interesse aufgenommen, beeinflußte auch andere Wissenschaften wie z. B. die Biologie und war der Keim moderner kosmolog. Theorien.

Lit.: H. SCHMIDT, Die Kant-Laplacesche Theorie, 1926. – D. C. LINDBERG/D. L. NUMBERS (Hg.), God and Nature (10. Kap.: R. HAHN, Laplace and the Mechanistic Universe), 1966.

K. H. WIEDERKEHR

Expositio super librum Boetii De Trinitate (lat.; *Kommentar zum Buch des Boethius über die Trinität*), THOMAS VON AQUIN, entst. etwa 1256; ED Venedig 1498.

Dieser einzige Kommentar zum Opusculum des Boethius aus dem 13. Jh. ist unvollendet und enthält nur eine Erklärung der 1. und 2. Hälfte des 2. Kapitels. Die Expositio bringt je eine Zusammenfassung eines Passus und behandelt anschließend zwei Fragen, die aus jeweils vier Artikeln bestehen. – Die Schrift ist außerordentlich wichtig, da sie die ausführlichste Darstellung der Wissenschaftslehre des Aquinaten enthält: Status der Theologie (Quaestio 2), Religion und Wissenschaft (Quaestio 3), die theoret. Wissenschaften (ihre Natur und Einteilung; die Abstraktionslehre; wertvolle Bemerkungen zur Naturphilosophie; (Quaestio 5), wissenschaftliche Methoden in den theoret. Wissenschaften (Quaestio 6).

Ausg.: Hg. von B. DECKER, ^{2}1965.

Lit.: S. NEUMANN, Gegenstand und Methode der theoret. Wissenschaften nach Thomas von Aquin, 1965. – L. J. ELDERS, Faith and Science. An Introduction to St. Thomas' Expositio in Boethii De Trinitate, 1974.

L. J. ELDERS

Expositio super librum de causis (lat.; *Kommentar zum Buch über die Ursachen*), THOMAS VON AQUIN, entst. in Paris 1271/72; ED Padua 1493.

Der → *Liber de causis* besaß im 13. Jh. eine hohe Autorität und wurde Aristoteles zugeschrieben, bis Thomas durch die Übersetzung von Proklos' *Elementen der Theologie* (→ *Stoicheōsis theologikē*) von Wilhelm von Moerbeke (1268) deutlich wurde, daß der Inhalt der Schrift auf Proklos zurückgeht. Die Bedeutung der textkritischen Haltung des Aquinaten für die Entstehung der humanist. Philologie ist von R. Weis unterstrichen worden. – Die Thesen gliedern sich in die Triade Gott, Geister, Seele. Die erste Ursache steht über dem Guten. Der Kommentar ist vor allem deshalb von Bedeutung, weil er Aufschluß gibt über Thomas' Rezeption platon. und neuplaton. Gedankenguts. Er deutet Proklos in einen Monotheisten um, indem er die neuplaton. Emanationen als Schöpfung interpretiert. Der Inhalt des *Liber de causis* wird durchgehend mit der Lehre des Pseudo-Dionysius verglichen. Dabei zeigt Thomas, daß eine Partizipationslehre, die den Menschen zugleich an einem als getrennt gedachten ersten Sein, an einem ersten Leben und ersten Denken teilnehmen läßt, nicht haltbar ist. Dagegen lehrt Thomas, daß die Schöpfung eine einzige causa prima hat, und gibt an, in welchem Sinn ein Einfluß geistiger Wesen auf die niedrigeren Stufen der Wirklichkeit möglich ist. Mit vornehmer Zurückhaltung wird nachgewiesen, welche Auffassungen des *Liber de causis* nicht haltbar sind.

Ausg.: Lat., hg. von H. D. Saffrey, 1954. – E. R. Dodds, Proclus. The Elements of Theology, 1933.
Lit.: A. Pattin, De hierarchie von het zijnde in het Liber de causis, in: Tijdschrift voor Filosophie 23 (1961).

L.-J. Elders

The Fable of the Bees or, Private Vices, Publick Benefits (engl.; *Die Bienenfabel oder Private Laster, öffentliche Vorteile*), Bernard de Mandeville; EA London 1714; dt. 1761 (Bd. II), 1818 (Bd. I).

Das moralphilosoph. Hauptwerk des niederländ. Nervenarztes, das in mehreren Neuauflagen (1723, 1724, 1728) wesentlich erweitert wurde, hat die Form satir. Essays und Kommentare zu einem Gedicht (*The Grumbling Hive or, Knaves Turn'd Honest,* 1705). Als tugendhaft kann man nach Mandeville nur das Verhalten eines Menschen bezeichnen, durch das er »dem Naturtrieb entgegen, sich um das Wohl anderer oder den Sieg über seine Leidenschaften bemühen würde«. Aus dieser Definition leitet er mit Hilfe von Aussagen über das alltäglich beobachtbare Verhalten zwei vor allem gegen Shaftesbury gerichtete Thesen ab: 1. daß es Tugend in diesem Sinne kaum gebe, daß vielmehr gerade das moral. Handeln durch sublimiert egoist. Triebe (z. B. Stolz) motiviert sei, 2. daß Wohlstand und Macht moderner Staaten nicht von der Tugend der Bürger abhingen, sondern durch Laster gefördert würden. »Stolz, Luxus und Betrügerei/Muß sein, damit ein Volk gedeih'.« Durch die geschickte Führung erfahrener Politiker lassen sich private Laster in öffentlichen Nutzen verwandeln. – Die Bienenfabel ist im 18. Jh. meist in die libertinist.-skeptische Tradition eingeordnet und heftig kritisiert worden (z. B. von Berkeley, Hutcheson, Smith), andere sahen im Satiriker Mandeville einen Vorläufer ihrer eigenen Kritik der bürgerlichen Gesellschaft (z. B. Rousseau, Marx).

Ausg.: Engl., von F. B. Kaye, ²1957. – Dt., mit Einl. von W. Euchner, 1980 (stw 300).
Lit.: T. A. Horne, The Social Thought of B. Mandeville, 1978. – M. M. Goldsmith, Private Vices, Public Benefits. B. Mandeville's Social and Political Thought, 1985.

K. Graf Ballestrem

Falsification and the Methodology of Scientific Research Programmes (engl.; *Falsifikation* *und die Methodologie wissenschaftlicher Forschungsprogramme*), Imre LAKATOS; EA 1970 (in: *Criticism and the Growth of Knowledge*, hg. von Imre LAKATOS/Alan MUSGRAVE); dt. 1974 Kritik und Erkenntnisfortschritt.

In seiner zentralen wissenschaftstheoret. Arbeit entwickelt Lakatos den Popperschen Falsifikationismus (→ *Logik der Forschung*) zu einem Wissenschaftsmodell, das der wissenschaftshistor. Herausforderung vor allem durch Kuhn (→ *The Structure of Scientific Revolutions*) standhält. – Eine wissenschaftsgeschichtliche Prüfung des dogmat. oder naiven Falsifikationismus, für den Theorien schon allein durch ihnen widersprechende Beobachtungen widerlegt werden, führt Lakatos zum Begriff der raffinierten (›sophisticated‹) Falsifikation: eine Theorie wird nur dann zurückgewiesen, wenn eine neue Theorie an ihre Stelle treten kann, die die Erfolge der alten Theorie erklärt und darüber hinaus ›neue‹, überraschende Fakten voraussagt. Um den Aspekt der Kontinuität der Wissenschaft zu erfassen, tritt an die Stelle der einzelnen Theorien als methodolog. Einheit ein ganzes Forschungsprogramm, d. h. eine durch einen gemeinsamen unwiderlegbaren ›harten Kern‹ und eine ›(positive) Heuristik‹ verknüpfte Folge von Theorien. Sein Modell anhand wichtiger Beispiele untermauernd, entfernt sich Lakatos deutlich von Popper (keine ›Sofortrationalität‹) und integriert Gedanken Kuhns (Zähigkeit ›normaler‹ Wissenschaft) und Feyerabends (theoret. Pluralismus; → *Against Method*). Er ignoriert aber den Inkommensurabilitätsbegriff der letzteren und hält an der Idee des objektiven wissenschaftlichen Fortschritts fest. – Lakatos' Werk hat gezeigt, daß trotz der Untersuchungen von Kuhn und Feyerabend eine logisch-systemat. orientierte und zugleich histor. aufgeklärte Wissenschaftstheorie möglich ist.

Ausg.: Philosophical Papers, 2 Bde., 1978. – Dt., Philosophische Schriften, 1982.

Lit.: G. RADNITZKY/G. ANDERSSON (Hg.), Fortschritt und Rationalität der Wissenschaft, 1980.

H. ROTT

Fermenta cognitionis (lat.; *Fermente der Erkenntnis*), Franz Xaver von BAADER; EA Berlin 1822–1824 (Erstes bis fünftes Heft), Leipzig 1825 (Sechstes Heft).

Die unter dem Titel *Fermenta cognitionis* veröffentlichten Reisenotizen, die in Form und Inhalt charakterist. sind für das anregende, einfallsreiche, aber wenig systemat. Denken Baaders, bestehen aus teils kürzeren, teils auch recht langen philosoph. Einzelbetrachtungen, denen die Weltanschauung eines romant. Katholizismus zugrunde liegt. – Im Vorwort entschuldigt sich Baader für die unsystemat. Form seiner Ausführungen und begründet dies durch ihren meist polem. Inhalt. Die Baadersche Polemik ist oft verbunden mit apologet. Hinweisen auf die mystische Philosophie J. Böhmes, an die immer wieder erläuternd und weiterführend angeknüpft wird. Ein Hauptthema der insgesamt 161 Reflexionen ist das harmon. Verhältnis zwischen dem Licht der Gnade und dem Licht der Natur, wobei Baader einerseits die rein naturwissenschaftliche Weltsicht, andererseits die Betrachtungsweise sowohl der rationalist. Theologie der Aufklärungszeit als auch die der pietist. Frömmigkeit angreift. Von den weiteren Themen sind hervorzuheben: das Problem des Pantheismus und dessen besondere spinozist. Gestalt (wobei Johannes Scotus Eriugena, Meister Eckhart und Böhme gegen den Vorwurf, sie vermischten Gott und Geschöpf, verteidigt werden); die Frage nach dem Wesen der Eucharistie und des Kults im allgemeinen sowie des Opfers im besonderen; Liebe und Sympathie; die androgyne Natur des Menschen im paradies. Urzustand. Bei der Auseinandersetzung mit zeitgenöss. Philosophen wendet sich Baader häufig gegen Hegel. – Der durch Böhme und Saint-Martin beeinflußte Baader hat auf Schelling und die Philosophie der Romantik einen großen, oft unterschätzten Einfluß ausgeübt.

Ausg.: Sämtliche Werke, Bd. II, hg. von F. Hoffmann, 1851.
Lit.: J. Sauter, Baader und Kant, 1928. – E. Susini, F. v. Baader et le romantisme mystique, 1942.

K. Albert

Fifteen Sermons (engl.; *Fünfzen Predigten*), Joseph Butler; EA London 1726.

Die Predigten haben überwiegend moralphilosoph. Fragen zum Gegenstand. Obwohl Butler als christlicher Priester schreibt, gilt sein Bestreben einer Grundlegung der Moral, die auch ohne Bezugnahme auf den Willen Gottes bestehen kann. Er glaubt, sie in der Natur des Menschen zu finden. Im Gegensatz zu Hobbes auf der einen und Shaftesbury auf der anderen Seite meint Butler, daß sowohl Motive der Eigenliebe wie des Wohlwollens (benevolence) für menschliches Verhalten eine Rolle spielen und daß diese Antriebe sich im allgemeinen nicht entgegenstehen, sondern sich häufig sogar wechselseitig verstärken. Der Mensch ist jedoch nicht nur ein Bündel von Affekten, sondern er unterscheidet sich vom Tier durch das Gewissen (conscience). Es macht ihn von den gerade vorherrschenden Gefühlen unabhängig und ermöglicht die Beurteilung einer Handlung als in sich selbst gut. – Zusammen mit den Werken anderer englischer Moralisten, wie Ferguson, Shaftesbury und Hutcheson, hatten die Predigten großen Einfluß auf die Aufklärung.

Ausg.: Hg. von T. A. Roberts, 1970.
Lit.: C. D. Broad, Five Types of Ethical Theory, 1930, Kap. 3. – A. E. Duncan-Jones, Butler's Moral Philosophy, 1952.

J. Nida-Rümelin

Fi 'l-'aql (arab.; lat.: *De intellectu*; *Über den Intellekt*), Abū-Yūsuf Yā'qūb ibn Isḥāq al-Kindī; ED Münster 1897 (hg. von A. Nagy, in: Die philosoph. Abhandlungen des al-Kindī).

Die kurze Schrift (sermo brevis) des ersten Aristoteles-Übersetzers und Aristotelikers bei den Arabern enthält die früheste arabische Darstellung der Lehre vom Intellekt, die man dann später bei al-Fārābī findet und die mit Averroes ihre endgültige Formulierung erhält. – Al-Kindī nimmt eine durch seine Nachfolger (mit einigen Varianten) klassisch gewordene Vierteilung des Intellekts vor: der aktuelle Intellekt ('aql bilf'il, nus en energeia), der potentielle Intellekt ('aql bilquwwah, nus en dynamei), der erworbene Intellekt ('aql mustafād, nus epiktētos), der schaffende Intellekt ('aql fa''āl, nus poiētikos). Er schreibt diese Vierteilung – wie später al-Fārābī auch – Aristoteles zu. Bei der Vierteilung wurde er vermutlich durch die damals verbreitete unechte Schrift *Theologia Aristotelis* und vor allem durch Alexanders von Aphrodisias Traktat *De intellectu* und dessen Kommentar zu Aristoteles' *De anima* (→ *Peri psychēs*) inspiriert; freilich findet man bei Aristoteles nur den Begriff ›nus poiētikos‹ und bei Alexander nur den Begriff ›nus epiktētos‹. – Die kleine Schrift wirkte auf al-Fārābī und auf die arabische aristotel.-neuplaton. Philosophie und wurde im 12. Jh. durch einen bisher nicht identifizierten Übersetzer zusammen mit den gleichnamigen Traktaten Alexanders von Aphrodisias und al-Fārābīs ins Latein. übertragen; im gleichen Jh. wurde sie auch von Gerhard von Cremona übersetzt, der den Grundbegriff 'aql (nus, Intellekt) mit ratio wiedergibt.

Ausg.: Arab./Engl., hg. von R. J. McCarthy, in: Islamic Studies 3 (1964). – Arab./Lat./Frz., hg. von J. Jolivet, 1976.

Lit.: T. J. de Boer, Zu Kindi und seiner Schule, in: Arch. Gesch. Philos. 13 (1900). – G. N. Atiyeh, Al-Kindi: The Philosopher of the Arabs, 1966. – J. Jolivet, L'intellect selon Kindi, 1971.

F. Volpi

Fi 'l-'aql wal-ma'qūl (arab.; lat.: *De intellectu et intellecto*; *Über den Intellekt und das Intelligible*), Abū Naṣr Muḥammad ibn Muḥammad ibn Tarkhān ibn Awzalugh (bzw. Uzlag) al-Fārābī, 10. Jh.; ED Venedig 1500 (lat.), Leiden 1890 (arab.; hg. von Fr. Dieterici); dt. 1892 Über die Bedeutungen des Worts ›Intellect‹.

Die von den gleichnamigen Traktaten Alexanders von Aphrodisias und al-Kindīs beeinflußte Schrift des ›Magister secundus‹, d. h. des zweiten Aristoteles, enthält eine philolog.-philosoph. Abhandlung über die verschiedenen Bedeutungen des Begriffs des Intellekts (nus) bei Aristoteles. – Al-Fārābī unterscheidet sechs Bedeutungen von ›Intellekt‹: 1. die gewöhnliche Bedeutung, in der das Wort soviel wie Klugheit heißt; 2. die Bedeutung, deren sich die ›Dialektiker‹ in den Auseinandersetzungen bedienen, um etwas als vernünftig oder als vernunftwidrig zu bezeichnen; 3. die in den → *Analytika hystera* vorkommende Bedeutung; 4. die Bedeutung im VI. Buch der → *Ethika Nikomacheia*; 5. die im Buch → *Peri psychēs* vorkommende Bedeutung; 6. die Bedeutung, mit der das Wort in → *Ta meta ta physika* verwendet wird. Philosophiegeschichtlich relevant wurde vor allem die Vierteilung, die al-Fārābī bei der Erörterung der 5. Bedeutung im Anschluß an Alexander von Aphrodisias und al-Kindī vornimmt und die er fälschlicherweise Aristoteles (*Peri psychēs* III, 4–8) zuschreibt: der potentielle Intellekt ('aql bilquwwah, nus en dynamei), der aktuelle Intellekt ('aql bilf'il, nus en energeia), der erworbene Intellekt ('aql mustafād, nus epiktētos) und der tätige Intellekt ('aql fa''āl, nus poiētikos). Der potentielle Intellekt ist ein Vermögen der Seele, beim Seienden die Form vom Stoff zu abstrahieren. Wenn diese Abstraktion vollzogen wird und so die Formen dem potentiellen Intellekt zukommen, wird dieser zum aktuellen; dementsprechend werden die abstrahierten Formen selbst, das Intelligible, zum aktuell Intelligiblen. Wenn der Intellekt das Intelligible als solches denkt, so wird er zum erworbenen Intellekt. Der tätige Intellekt ist derjenige, der den potentiellen Intellekt zum aktuellen und das potentiell Intelligible zum aktuell Intelligiblen macht; er wird Formgeber (wāhib alsowar, dator formarum) genannt, weil er Formen ausstrahlt und sie dem Stoff aufprägt; er bringt den potentiellen Intellekt in der Seele zur Erkenntnis dieser Formen. Gemäß der neuplaton. Forderung, die Quelle des Intelligiblen in ihrer Transzendenz gegenüber dem es aufnehmenden menschlichen Rezeptor zu wahren, wird der tätige Intellekt als getrennt und selbständig für sich bestehend konzipiert. Da er selbst nie mit dem Stoff affiziert ist, kann er aber auch nicht das letzte Prinzip aller Wirklichkeit sein. Dieses ist der sog. erste Intellekt, auch das erste Seiende, das erste Eine oder das erste Wahre genannt, das Ursprung und Anfang aller Dinge ist. – Die Lehre vom Intellekt und dessen Vierteilung, die im Rahmen einer neuplaton. Emanationsmetaphysik entwikkelt wird, hatte enormen Einfluß auf die nachfolgende arabische Philosophie (Avicenna, Averroes) sowie auf die Scholastik, in der das Problem des Intellekts fundamental war und vielfach (u. a. von Dominicus Gundissalinus, Alexander von Hales, Albertus Magnus, Thomas von Aquin, Siger von Brabant, Robert Grosseteste) erörtert wurde; mittelbar wirkte sie auch auf die Auseinandersetzungen um die Seele und deren Unsterblichkeit, die vor allem in der Renaissance zwischen Alexandrinisten (P. Pomponazzi), Averroisten (A. Achillini) und Thomisten (F. Silvestri, F. Suarez, Tommaso de Vio) ausgetragen wurden.

Ausg.: Lat., übers. von G. CAMERARIUS, in: Opera Omnia, 1638 (Repr. 1973). – Hebr./Lat., übers. von M. ROSENSTEIN, 1858. – Lat./Frz., übers. von E. GILSON, in: Arch. hist. doct. litt. moyen-âge 4 (1929). – Arab., hg. von M. BOUYGES, 1938.

Lit.: M. STEINSCHNEIDER, Al-Farabi. Des arab. Philosophen Leben und Schriften, 1869 (Repr. 1966). – I. MADKOUR, La place d'al-Farabi dans l'école philosophique musulmane, 1928. – L. MASSIGNON, Notes sur le texte originale arabe du *›De intellectu‹* d'al-Farabi, in: Arch. hist. doct. litt. moyen-âge 4 (1929). – O. HAMELIN, La théorie de l'intellect d'après Aristote et ses commentateurs, hg. von E. BARBOTIN, 1953. – J. FINNEGAN, Al-Farabi et le *›peri nu‹* d'Alexandre d'Aphrodise, in: Festschrift L. Massignon, 1957.

F. VOLPI

Filosofia della pratica. Economica ed etica (ital.; *Philosophie der Praxis.* Oekonomik und Ethik), Benedetto Croce; EA Bari 1909; dt. 1929.

Nach der Ästhetik (→ *Estetica come scienza dell' espressione e linguistica generale*) und der Logik (→ *Logica come scienza del concetto puro*) entwickelt Croce den dritten und vierten Systemteil seiner »Philosophie des Geistes« in diesem Werk, das keine normative Praktische Philosophie, sondern eine logische Analyse des praktischen Handelns mit den beiden Formen Ökonomik und Ethik bieten will. – Weder das Theoretische noch das Praktische kann einen Primat beanspruchen; denn diese beiden Aktionsformen des Geistes sind im Sinne der Dialektik der Unterschiede aufeinander bezogen. Dementsprechend ist der Wille notwendig und frei zugleich. Nach dieser allgemeinen Charakterisierung (Teil 1) folgt die weitergehende Unterscheidung des Praktischen in seine beiden Formen des grundlegenden ökonom. Handelns und des davon abhängigen moral. Handelns (Teil 2). Wie schon in der Schrift *Materialismo storico ed economia marxista* (1900) wird das Ökonomische nicht als die Basis, sondern als eine der Formen des Geistigen aufgefaßt. Es dient utilitarist. individuellen Zwecken, während das Moralische den individuellen Bereich transzendiert und universellen Zielen dient. Im Sinne der Gleichsetzung von universell und formal vertritt Croce eine formale Ethik, deren Prinzip im Wollen des Universellen besteht. Die Rechtsphilosophie wird im 3. Teil des Buches auf die Ökonomik reduziert, weil die Gesetze keine universelle Geltung besitzen.

Lit.: A. Bruno, Economia ed etica nello svolgimento del pensiero crociano, 1958.

W. Büttemeyer

Finitude et culpabilité. I. L'homme faillible. II. La symbolique du mal (frz.; *Endlichkeit und Schuld.* I. Die Fehlbarkeit des Menschen. II. Symbolik des Bösen), Paul Ricoeur; EA Paris 1960; dt. 1971 Phänomenologie der Schuld.

Die religionsphilosoph. Untersuchung ist der 2. Teil der unvollendeten, dreibändig konzipierten *Philosophie de la volonté.* – Thema von *L'homme faillible* ist die Fehlbarkeit als Bedingung der Möglichkeit der konkreten Verfehlung. Die Methode der ›reinen Reflexion‹ setzt bei der vorphilosoph. ›Pathetik des Elends‹ (Plato, Pascal) an und soll diese in ein ›totales Verständnis‹ überführen. Der Grund der Verfehlung liegt in der den Menschen kennzeichnenden Diskrepanz zwischen Endlichkeit und Unendlichkeit, die sich im Erkennen, Handeln und Fühlen zeigt. *La symbolique du mal* thematisiert die konkrete Verfehlung. Da diese nicht als Wesensmerkmal, sondern als Sprung zu begreifen ist, löst eine hermeneut. Methode die reflexive ab. In einer Interpretation der Ursymbole des Bösen (Makel, Sünde, Schuld), die zum Begriff des unfreien Willens führt, sowie der Mythen des Bösen geht Ricoeur den sprachlichen Artikulationen der Verfehlung nach. Das Schlußkapitel (»Das Symbol gibt zu denken«) gliedert die Sprache des Bösen in die Reflexion ein. – Die Untersuchung ist nicht nur ein bedeutender Beitrag zur Frage des Bösen, sondern zeichnet darüber hinaus bereits wesentliche Strukturen von Ricoeurs Auseinandersetzung mit Freud vor.

Lit.: B. Waldenfels, Phänomenologie in Frankreich, 1983. – P. Welsen, Philosophie und Psychoanalyse, 1986.

P. Welsen

Das fließende Licht der Gottheit, Mechthild von Magdeburg, entst. 1250–1282; ED Regensburg 1869 (u. d. T. *Offenbarungen der Schwester Mechthild von Magdeburg oder Das fließende Licht der Gottheit).*

In ihrem im Niederdeutschen geschriebenen Werk, von dem nur eine Übertragung ins Alemannische, eine latein. Bearbeitung sowie deren deutsche Rückübersetzung erhalten sind, versucht Mechthild ihre mystischen Visionen in bildhafter, gleichermaßen an ritterliche Poesie, Lichtmetaphysik und Bibel (Hohelied Salomos, Gleichnis von den zehn Jungfrauen) gemahnender Sprache festzuhalten. ›Das fließende Licht der Gottheit‹, deren Leben, Liebe und Gnade ergießen sich in die Seele als das ›Kleid Gottes‹. Von dieser göttlichen Liebe erhält auch die menschliche Liebe ihre Kraft, die so weder subjektivem Eigenwillen noch gar frevelhaftem Hochmut entspringt; dadurch wird die Seele zu wahrer Größe geführt und zur ›Braut Gottes‹ erhoben, die für ihre und der Welt Sünden zu büßen bereit ist.

Ausg.: Neuhochdt., mit einer Studie von H. U. v. Balthasar, 1955.

Lit.: H. Neumann, Art.: ›Mechthild von Magdeburg‹, in: Die deutsche Literatur des Mittelalters. Verfasserlexikon, hg. von K. Ruh, Bd. VI, 1985/86.

G. Seubold

Folie et déraison. Histoire de la folie à l'âge classique (frz.; *Wahnsinn und Gesellschaft*. Eine Geschichte des Wahns im Zeitalter der Vernunft), Michel FOUCAULT; EA Paris 1961 ([2]1972: Histoire de la folie à l'âge classique); dt. 1969. In diesem frühen Werk ist Foucault auf der Suche nach einem Ort vor der Spaltung von Vernunft und Unvernunft. – Er beabsichtigt eine ›Archäologie des Schweigens‹, auf dem sich die Sprache der Psychiatrie als ›Monolog der Vernunft über den Wahnsinn‹ errichtet hat. Im Zentrum der Aufmerksamkeit steht die geschichtliche Konstellation des Wahnsinns im klassischen Zeitalter, die unterschieden wird von der des Mittelalters, der Renaissance und des 19. Jh.s, was Foucault anhand von Institutionen und Praktiken erforscht, die aus Archivmaterialien zu erschließen sind. Schließlich wird eine Wiederkehr des Wahnsinns mit einer authent. Sprache als ›Lyrik des Begehrens‹ und ›Poesie der Welt‹ anvisiert. – Foucault selbst hat sein Werk in die ›teilweise blinden Versuche‹ seines Anfangs eingereiht, über den Humanismus und die Anthropologie hinauszugelangen.

Lit.: J. RUSS, Histoire de la folie: Foucault, 1979.

P. KIWITZ

Formale und transzendentale Logik. Versuch einer Kritik der logischen Vernunft, Edmund HUSSERL; EA Halle/Saale 1929. In diesem Spätwerk Husserls gipfeln dessen jahrzehntelange Bemühungen um den systemat. Aufbau der Logik und die Gliederung der logischen Disziplinen einerseits und um eine subjektiv-phänomenolog. Grundlegung der Logik andererseits. – Husserl sieht die eigentliche Ursache für die Kulturkrise der modernen Zeit im Verlust des Glaubens an die wissenschaftliche Vernunft. Es gilt somit das platon.-cartesian. Ideal absolut begründeter Wissenschaft zu erneuern. Einer der Wege hierzu ist die Herausstellung und Klärung des wissenschaftstheoret. Sinnes der formalen Logik. Als Wissenschaftslehre hat die formale Logik die Wesensformen echter Erkenntnis und Wissenschaft überhaupt zu bestimmen. Die Logik hat eine subjektive und eine objektive Forschungsrichtung, einerseits auf die Denkhandlungen, andererseits auf die darin erzeugten logischen Gebilde. Im 1. Teil des Werkes wird zum einen der Stufenbau der objektiven Logik von der reinen Grammatik über die Konsequenzlogik bis zur reinen Mannigfaltigkeitslehre dargestellt, zum anderen werden die Differenzen und Äquivalenzverhältnisse zwischen reiner Mathematik, reiner Logik und formaler Ontologie verständlich gemacht. Der Schlüssel zu diesem Verständnis liegt in der Unterscheidung zwischen der gegenständlichen Sphäre der Sachverhalte und der Sphäre der Urteilssinne als vermeinter Sachverhalte. In der Einstellung auf die Sinnsphäre unter Ausschluß jeglichen Wahrheitsinteresses erwächst die reine Mathematik, in der an der Wahrheit interessierten Einstellung auf die Sinne erwächst die formale Logik und in der direkten Einstellung auf die Gegenstandssphäre die formale Ontologie. Im 2. Teil geht es um die Notwendigkeit einer transzendental-phänomenolog. Begründung der objektiven Logik. Aus der universalen Korrelativität von Gegenstand und subjektivem Leisten ergibt sich die Forderung, auch die Konstitution der logischen Gebilde und Begriffe in den Denkhandlungen aufzuklären. Da die Stufenfolge der Urteile auf das Erfahrungsurteil zurückführt und das Erfahrungsurteil, und damit letztlich alle prädikativen Akte, in vorprädikativer Erfahrung gründet, ist eine transzendentale Logik ohne eine transzendentale Theorie der Erfahrung unvollständig. – Das Werk hat nicht nur in der Logik und Wissenschaftstheorie, sondern auch in der Hermeneutik und kognitiven Psychologie Beachtung gefunden.

Ausg.: Gesammelte Werke, Husserliana Bd.XVII, 1974.

Lit.: S. BACHELARD, La logique de Husserl. Étude sur logique formelle et logique transcendentale, 1957.

U. MELLE

Der Formalismus in der Ethik und die materiale Wertethik, Max SCHELER; EA Halle 1913/16. Das Werk ist der Versuch einer Grundlegung des ethischen Personalismus. Sein Kern liegt in der phänomenolog. Eruierung von Wert und Person. Insofern als Kant den Begriff des Wertes nur als sinnlichen Wert, den der Person als Vernunftsperson anerkennt, ist das Werk auch eine Kritik an Kants praktischer Vernunft und der imperativ. Ethik. Das Wesen der Werte versteht sich analog zu dem der Farben. Sie sind ›unabhängig‹ von Dingen bzw. Gütern, ›an‹ denen sie sich darstellen. Die Unabhängigkeit der Werte ist nicht platon. zu verstehen. Wie Farben existieren Werte nicht ohne dingliche Unterlagen. Sie sind niedriger, wenn sie sich an Leib und Leben, höher, wenn sie sich an der Menschperson darstellen. So wie Farben nur sichtbar sind, sind Werte ursprünglich nur fühlbar, sei es durch sinnliche, sei es durch ›Persongefühle‹. Ihr Sitz ist das menschliche ›Herz‹. Es gibt fünf materiale, d. h. inhaltlich verschiedene Wertränge: sinnliche Werte, Nützlichkeits- und Lebenswerte, geistige und Heiligkeitswerte. Gut und Böse sind keine materialen, sondern moral. Werte, wie sie an der Person aufscheinen, wenn diese in emotiver Gesinnungsbereitschaft ist, höhere Werte niedrigeren ›vorzuziehen‹. In ihrem Kern sind sie keine Willensziele, sondern ›reiten auf dem Rücken‹ der emotiven Vorzugsbereitschaft. Sie gleichen einem Echo, dessen Wesen in zeitlicher Werdung besteht. Die Person selbst ist ›Aktzentrum‹, d. h. ihre Existenz ist ›Vollzugssein‹. Alle Denk-, Willens- und sonstigen Akte sind fundiert in den den Werten korrelativen Fühlakten, diese selbst in Liebe und Haß. Haß wiederum ist in Liebe fundiert. Das Wesen der Person ist nicht allein durch Vernunft bestimmbar, sondern zunächst nur durch die Liebe. Ihr Wesen ist ens amans. Sie trägt die fünf Wertarten mit sich wie ein Gehäuse, gleich wie weit sie in den Raum vorstößt. Die steigende Ordnung der Wertränge ist das Prisma der fünf Wertränge selbst: der ordo amoris. Jeder Umsturz der Werte stammt von falscher Liebe (Haß), z. B. von ›Ressentiment‹. Soseinserfassung setzt Werterfassung voraus. Vehikel der Erziehung sind nicht Regeln, sondern erschaute Vorbilder der Person und ihr ›Zug‹. Es klingen bereits stark soziolog. Relevanzen an, wie sie Scheler später ausarbeitet. So wie die Person in ihren Akten jeweils ›variiert‹, variiert sie auch in Sozialverbänden, wie in der Masse, der Lebensgemeinschaft, der Gesellschaft und der Gesamtperson. Aber überall bleibt sie der ›Träger‹ aller Werte und sie selbst der Wert aller Werte.

Ausg.: Gesammelte Werke, Bd. II, [6]1980.
Lit.: M. S. Frings, Person und Dasein. Zur Frage der Ontologie des Wertseins, 1969. – E. Shimonisse, Die Phänomenologie und das Problem der Grundlegung der Ethik, 1971.

M. S. Frings

Formal Philosophy. Selected papers (engl.; *Formale Philosophie.* Ausgewählte Schriften), Richard Montague; EA New Haven 1974.

Der Band enthält die wichtigsten logischen und sprachanalyt. Schriften Montagues. Der Kern der Montagueschen Ideen findet sich in dem Aufsatz »Universal Grammar«, in dem eine allgemeine, algebraisch formulierte Sprachtheorie entwickelt wird, die den Rahmen für die syntakt. und semant. Beschreibung der natürlichen wie der formallog. Sprachen festlegt. Die Theorie verallgemeinert Verfahren, die seit Tarski in der mathemat. Logik üblich sind; dazu gehören der rekursive und parallele Aufbau von Syntax und Semantik und das sog. Kompositionalitätsprinzip, wonach sich die Bedeutung eines komplexen Ausdrucks funktional aus der Bedeutung seiner Teile und der Art ihrer syntakt. Verknüpfung bestimmt. Die Interpretationsregeln tragen ferner sowohl der Kontextabhängigkeit als auch der Intensionalität von Sprache Rechnung; hier hat Montague Ideen von Carnap und Kaplan ausgebaut. Zwei Beispiele zeigen die Fruchtbarkeit der allgemeinen Theorie: Syntax und Semantik der neu entwickelten intensionalen Typenlogik sowie Syntax und Semantik eines umfangreichen Ausschnitts des Englischen. Die Beispiele weisen erstmals einen Weg, wie sich eine natürliche Sprache unmittelbar und präzise, ohne die Zuhilfenahme bloß intuitiver Schritte interpretieren läßt. Montague verwendet hier neben der direkten auch die indirekte Interpretation: eine natürliche Sprache kann durch ein System formaler Regeln in die intensionale Typenlogik übersetzt und somit indirekt über die dafür bereits gegebene Semantik gedeutet werden. – Neben »Universal Grammar« haben vor allem die Kap. 6 (»English as a Formal Language«) und 8 (»The Proper Treatment of Quantification in Ordinary English«) des Sammelbandes die neuere Linguistik entscheidend geprägt und die derzeitige Standardmethode für die Bedeutungsanalyse natürlicher Sprachen etabliert.

Lit.: G. Link, Montague-Grammatik, 1979.

U. Haas-Spohn

La formation de l'esprit scientifique. Contribution à une psychanalyse de la connaissance objective (frz.; *Die Bildung des wissenschaftlichen Geistes.* Beitrag zu einer Psychoanalyse der objektiven Erkenntnis), Gaston Bachelard; EA Paris 1938; dt. 1978.

In diesem Werk führt Bachelard seine generelle These von der Diskontinuität wissenschaftlicher Erkenntnis in einer histor. Untersuchung durch. Sie bezieht sich auf die exakten Wissenschaften des 16. bis 20. Jh.s; Schlüsselerfahrung ist die Revolution der Einsteinschen Relativitätstheorie. Die Geschichte der Wissenschaft verläuft krisenhaft, jede Krise endet mit einer ›vollständigen Umwälzung des Wissenssystems‹.

Erkenntnis geschieht immer gegen ein früheres Wissen und durch Überwindung eines Hindernisses. Daher muß man ›das Problem der wissenschaftlichen Erkenntnis unter dem Begriff des epistemolog. Hindernisses angehen‹. Erstes Hindernis ist die konkrete natürliche Erfahrung. Von ihr und der nützlichkeitsorientierten Affektlage der Doxa muß sich das wesentlich abstrakte wissenschaftliche Denken losreißen. In diesem Übergang besteht die Aufgabe einer Psychoanalyse der objektiven Erkenntnis. Darüber hinaus gilt es, wissenschaftsinterne Hindernisse zu beseitigen. Bachelard warnt allgemein vor sprachlichen Tücken und den ersten Verallgemeinerungen sowie dem Schein einer Bestätigung durch Gebrauch, und er kritisiert im speziellen das substantialist. und das animist. Hindernis sowie das Theorem der Nützlichkeit der Naturerscheinungen und das Postulat der Einheit der Natur. Er plädiert für ein dynam. Denken, das nicht nach Gewißheit und Einheit strebt, sondern die Betrachtung des Gleichen verläßt, um das Andere zu suchen. – Die Konzeption hat bei Canguilhem und Foucault Nachfolge gefunden, auf die Genfer Schule und die ›Neue Kritik‹ gewirkt und international als Vorwegnahme der Kuhnschen Thesen zur Struktur wissenschaftlicher Revolutionen (→ *The Structure of Scientific Revolutions*) neue Beachtung gefunden.

Ausg.: Dt., übers. v. M. Bischoff, mit einer Einleitung v. W. Lepenies, 1978.

Lit.: J. Rummens, G. Bachelard: une bibliographie, in: Rev. int. de philos. 17 (1963) H. 66. – M. De Gandillac u. a. (Hg.), Bachelard (Colloque de Cerisy), 1974. – F. Lapointe, G. Bachelard und seine Kritiker. Bibliographie der internationalen Kritik (1928–1977), in: Philos. Jb. 86 (1979).

W. Welsch

Les formes élémentaires de la vie religieuse: le système totémique en Australie (frz.; *Die elementaren Formen des religiösen Lebens.* Das totemistische System in Australien), Emile Durkheim, EA Paris 1912; dt. 1981.

Unter den Schriften Durkheims stellt seine soziolog. Studie über die Religion zweifellos das anspruchsvollste Unternehmen dar: in Form einer Interpretation ethnograph. Forschungsmaterials hat er darin den Versuch unternommen, im Ausgang von religionssoziolog. Fragen die Grundzüge einer umfassenden Theorie der symbol. Organisation von Gesellschaften zu entwerfen. – Das empir. Material seiner Studie bezieht Durkheim vor allem aus ethnograph. Untersuchungen über die totemist. Systeme in Australien; an den mythischen Vorstellungswelten, über die darin berichtet wird, versucht er zunächst zu zeigen, daß religiöse Symbole und Praktiken stets die Objektivationen von solchen Gefühlen und Erlebnissen sind, in denen eine soziale Gemeinschaft sich als ein einheitliches Kollektiv erfährt. Die Religion dient insgesamt als ein symbol. Mittel, durch das in Gesellschaften die elementaren Gegebenheiten des sozialen Lebens zugleich kognitiv erklärbar und affektiv erlebbar werden. Von diesem religionssoziolog. Befund aus schließt Durkheim nun weiter auf die soziale Genese der menschlichen Erkenntniskategorien überhaupt: auch die zentralen Kategorien, in deren Rahmen der Mensch seine Welt immer schon erfährt, stellen ihrerseits nichts anderes dar als kollektive Repräsentationen von Erfahrungen einer sozialen Gemeinschaft mit sich selber. Eine soziale

Gruppe oder eine ganze Gesellschaft ist freilich zu einer solchen ›Selbsterfahrung‹ nur in der Lage, wenn sie period. außeralltägliche Zustände einer kollektiven ›Efferveszenz‹, eine Art von ritueller Verschmelzung, durchlebt. – Bis heute stellt Durkheims Buch, auch wenn es inzwischen in manchen seiner empir. und theoret. Annahmen als widerlegt gilt, einen zentralen Bezugspunkt der soziolog. Theoriebildung dar.

Lit.: St. Lukes, E. Durkheim. His Life and Work, ²1985.

A. Honneth

Foundations. Essays in Philosophy, Logic, Mathematics and Economics (engl.; *Grundlagen. Abhandlungen zur Philosophie, Logik, Mathematik und Wirtschaftswissenschaft*), Frank P. Ramsey; EA London 1931 (u. d. T. *The Foundations of Mathematics and other Logical Essays*); dt. 1980.

Die postum veröffentlichte Sammlung enthält fast alle Arbeiten Ramseys. – Im Rahmen einer Philosophie, die ausgehend vom frühen Wittgenstein (→ *Tractatus logico-philosophicus*) eine zunehmend pragmatist. Wendung nahm, findet man die brillianten loci classici zu vielerlei Themen: in »Tatsachen und Sätze« vertritt Ramsey eine Redundanztheorie der Wahrheit (›Es ist wahr, daß p‹ bedeutet nichts anderes als p); in »Wahrheit und Wahrscheinlichkeit« interpretiert er die Wahrscheinlichkeitstheorie subjektiv als Logik des partiellen Glaubens und gibt eine Methode zur Messung von Glaubensgraden auf der Basis möglicher Handlungen (speziell: Wetten) an; in »Theorien« eliminiert er theoret. Begriffe durch Existenzquantifikation und erfaßt so den ganzen empir. Gehalt einer Theorie durch einen einzigen Satz (›Ramsey-Satz‹); in »Allgemeine Sätze und Kausalität« verwirft er seine frühere Ansicht, die Naturgesetze seien die Axiome eines möglichst einfachen, umfassenden deduktiven Systems, und faßt sie auf als ein ›System, mit dem der Sprecher der Zukunft entgegentritt‹ (und entdeckt dabei den ›Ramsey-Test‹ für Konditionalsätze); in seinen logizist. »Grundlagen der Mathematik« vereinfacht und verbessert er die Typentheorie der → *Principia Mathematica* von Whitehead/Russell. Beeindruckend sind schließlich auch Ramseys kurze, höchst kompetente Beiträge zur Kombinatorik (›Ramseys Theorem‹) und zur mathemat. Ökonomie (Theorie der Besteuerung und Theorie des Sparens). – Die in den Aufsätzen entwickelten originellen Gedanken Ramsey's blieben zunächst weitgehend unbeachtet, für die zeitgenöss. wissenschaftsphilosoph. Diskussion spielen sie jedoch eine wichtige Rolle.

Lit.: D. H. Mellor (Hg.), Prospects for Pragmatism, Essays in Memory of F. P. Ramsey, 1980.

H. Rott

The Foundations of Statistics (engl.; *Die Grundlagen der Statistik*), Leonard J. Savage; EA New York 1954.

Das technisch anspruchsvolle Werk widmet sich den bis heute umstrittenen Grundlagen statist. Schließ-, Test- und Schätzverfahren, welche es konsequent subjektivist. gestalten will: In Kap. 1-7 wird die subjektive Entscheidungstheorie im allgemeinen entwickelt, die Kap. 8-17 wenden sich den statist. Grundlagenproblemen zu. Dieser 2. Teil wird heute unterschiedlich beurteilt und ist philosoph. weniger relevant. Die bahnbrechende Leistung liegt im 1. Teil. Wohl waren einige zentrale Ideen vorgezeichnet; doch gibt Savage hier die erste systemat. und detaillierte Darstellung der Entscheidungstheorie, welche bis heute Standard geblieben ist. – Die Entscheidungstheorie ist eine Theorie individuellen rationalen Handelns; sie sagt in voller Allgemeinheit und mit mathemat. Präzision, welche Handlungen eines Subjekts relativ zu seinen Wünschen und Zielen und relativ zu seinen für die Wunscherfüllung relevanten Überzeugungen über die Beschaffenheit der Welt optimal sind. Dies kann sie aber nur sagen, wenn die Wünsche und Überzeugungen des Subjekts ihrer Stärke nach quantitativ in Form einer subjektiven Nutzen- und einer subjektiven Wahrscheinlichkeitsfunktion gegeben sind. Eine entscheidende Leistung Savages war es daher anzugeben, wie sich diese quantitativen Größen aus lauter qualitativen Daten über das Subjekt, nämlich aus seinen Präferenzen, eindeutig bestimmen lassen. Ob man nun die Entscheidungstheorie deskriptiv – Menschen verhalten sich annähernd rational – oder präskriptiv interpretiert – Menschen sollen sich rational verhalten –, sie ist jedenfalls von fundamentaler Bedeutung für Psychologie, Statistik, Volks- und Betriebswirtschaftslehre und die praktische Philosophie.

Ausg.: [2]1972.
Lit.: R. C. Jeffrey, The Logic of Decision, [2]1983 (dt. 1967). – P. C. Fishburn, Utility Theory for Decision Making, 1970. – W. Spohn, Grundlagen der Entscheidungstheorie, 1978.

W. Spohn

Foundations of the Theory of Signs (engl.; *Grundlagen der Zeichentheorie*), Charles William Morris; EA Chicago 1938; dt. 1972 (in: Grundlagen der Zeichentheorie. Ästhetik und Zeichentheorie).

In der als Beitrag für die *Encyclopedia of Unified Science* konzipierten semiot. Programmschrift unternimmt Morris den Versuch, den logischen Empirismus des Wiener Kreises mit dem amerikan. Pragmatismus in einer dreidimensionalen Zeichentheorie zur Synthese zu bringen. – Ausgangspunkt ist im Anschluß an Peirce der »Prozeß, in dem etwas als Zeichen fungiert« (Semiose), an dem drei zentrale Faktoren unterschieden werden: Zeichenträger (sign vehicle), Designat (das Bezeichnete; Denotat bei real existierendem Referenzobjekt) und Interpretant (die Wirkung auf einen bestimmten Interpreten bzw. das Verhalten eines beteiligten Organismus). Den damit markierten Dimensionen der Semiose, die als Prozeß der mittelbaren Notiznahme (mediated-taking-account-of) charakterisiert wird, entsprechen die drei Teilgebiete der Semiotik: die Syntaktik, die die formalen Relationen der Zeichen(träger) untereinander untersucht; die Semantik, die die Beziehung von Zeichenträger und Designat zum Gegenstand hat; die Pragmatik als die »Wissenschaft von der Beziehung der Zeichen zu ihren Interpreten«. Bezüglich jeder dieser Teildisziplinen unterscheidet Morris einen ›reinen‹ und einen ›deskriptiven‹ Aspekt: Aufgabe der reinen Semiotik ist der Aufbau der zeichentheoret. Metasprache, der deskriptiven Semiotik obliegt die Anwendung des theoret. Apparats auf konkrete Zeichenprozesse. Für die einzelnen zeichenthematisierenden Disziplinen (von der Logik bis zur Psychoanalyse) soll die so konzipierte Semiotik gleichermaßen als theoret. Integrationsrahmen wie als Organon dienen. – Während die behaviorist. Akzentuierung von Morris' Zeichenbegriff vielfach auf Kritik stieß, ist die von ihm postulierte Trichotomie der semiot. Disziplinen zum festen Bestandteil der zeichentheoret., wissenschaftstheoret. und logisch-linguist. Terminologie geworden.

Lit.: Zeichen über Zeichen über Zeichen, hg. von A. ESCHBACH, 1981. – K. D. DUTZ, Die Semiotiken von Ch. W. Morris und ihre Rezeption, in: Kommunikation, Funktion und Zeichentheorie, hg. von K. D. DUTZ/H. J. WULFF, 1983.

J. S. KOCH

Die Frage nach dem Ding. Zu Kants Lehre von den transzendentalen Grundsätzen; Martin HEIDEGGER; EA Tübingen 1962.

Die Schrift bringt den Text einer Vorlesung, die im Wintersemester 1935/1936 unter dem Titel »Grundfragen der Metaphysik« in Freiburg i. Br. gehalten wurde, und enthält eine Auslegung der Lehre Kants vom »System aller Grundsätze des reinen Verstandes« in der → *Kritik der reinen Vernunft*. Sie revidiert zum Teil, was in der Abhandlung → *Kant und das Problem der Metaphysik* gesagt wurde. Die leitende Frage dieser Vorlesung, nämlich: »Was ist ein Ding?«, wird im 1. Teil in ihrer Vielschichtigkeit dargelegt. Von ihrem alltäglichen Gebrauch ausgehend wird die Andersartigkeit der philosoph. Frage (d. h. der Frage nach der ›Dingheit‹) gegenüber der wissenschaftlichen und technischen Methode hervorgehoben. Dabei zeigen sich zunächst Raum und Zeit als Dingbestimmungen. Die Dinge sind ›je diese‹, was zugleich eine ›subjektive‹ und ›objektive‹ Bestimmung zu sein scheint. Das Ding tritt als metaphys. Kategorie (bes. bei Aristoteles), d. h. als Träger von Eigenschaften auf. Diese Bestimmung hängt eng mit der Wesensbestimmung der Wahrheit im Sinne von ›Übereinstimmung mit den Dingen‹ zusammen. Die so verstandene Wahrheit hat ihren Sitz in der Aussage. Diese Antwort auf die leitende Frage ist nach Heidegger eine ›geschichtliche‹, d. h. sie entspringt einer ›Grundstellung des Daseins‹, wobei der Zusammenhang von Satz, Wahrheit und Ding nicht zufällig ist. Ihren Ursprung sieht Heidegger in der Frage nach dem ›Unbedingten‹ bzw. nach Bedingung und Bedingtsein. Von hier aus analysiert Heidegger im 2. Teil ›Kants Weise, nach dem Ding zu fragen‹. Im 1. vorbereitenden Abschnitt wird der ›geschichtliche Boden, auf dem Kants *Kritik der reinen Vernunft* ruht‹, dargelegt. Dazu gehören die Fragen nach den Kategorien und nach ›logos-ratio-Vernunft‹ sowie das Heraufkommen der neuzeitlichen Naturwissenschaft (Newton), die Heidegger von der antiken und mittelalterlichen abhebt. Zu Beginn der Neuzeit führt bei Descartes die Radikalisierung des Mathemat. zum ›Ichsatz‹ als obersten Grund. Von Descartes aus gelangt die Dingfrage über Wolff und Baumgarten zu Kant. Der 2. Abschnitt ist eine detaillierte Analyse der Dingfrage in Kants Hauptwerk. Im System der Grundsätze des reinen Verstandes sieht Heidegger die ›innere tragende Mitte des ganzen Werkes‹. Da für Kant der Gegenstand unserer Erfahrung die Natur ist, wird Ding als ›Naturding‹ (das ›Ding in der Erscheinung‹, im Unterschied zum ›Ding an sich‹) begriffen. Heideggers Auslegung kreist um: (a) den obersten Grundsatz aller analyt. Urteile; (b) Kants Wesensbestimmung des Urteils; (c) den obersten Grundsatz aller synthet. Urteile; (d) die systemat. Vorstellung aller Grundsätze des reinen Verstandes. Daß Gegenstände, die wir nicht selbst gemacht haben, uns in einem ›offenen Gegenüber‹ begegnen, und zwar so, daß dieses ›Begegnen-lassen durch uns geschieht‹, ist, nach Heidegger, das ›Grundgeschehnis‹, worauf Kant stieß und das er immer wieder zu fassen suchte. Entscheidend bleibt aber für Heidegger, auf das ›Zwischen‹, zwischen Mensch (bzw. Erfahrung) und Ding, worin wir uns bei der Frage nach dem Ding bewegen, zu achten. Diese Frage, die auf die Frage: ›Was ist der Mensch?‹ führt, öffnet jene Dimension, die beim Begegnen der Dinge diese immer schon ›überspringt‹ und ›hinaus- und hinter den Menschen zurückreicht‹. Zentraler Punkt von Heideggers Interpretation ist, daß Kant es unterlassen hat, »das Offenbare, das uns vor einer Vergegenständlichung zum Erfahrungsgegenstand begegnet, in seinem eigenen Wesen zu befragen und zu bestimmen«. Die Kantische ›Entdeckung‹ war nach Heidegger die Angewiesenheit des Denkens auf die Anschauung, d. h. seine Gegenstandsbezogenheit. Diese Auseinandersetzung mit Kant hat Heidegger u. a. in → *Der Satz vom Grund* fortgeführt.

Lit.: H. Hoppe, Wandlungen in der Kant-Auffassung Heideggers, in: V. Klostermann (Hg.), Durchblicke. M. Heidegger zum 80. Geburtstag, 1970.

R. Capurro

Fragen der Ethik, Moritz Schlick; EA Wien 1930.

Das Werk entwickelt vor dem Hintergrund der neopositivist. Erkenntnistheorie des Wiener Kreises eine empirist. Ethik. – Aufgabe der Philosophie ist es, die Bedeutung von (speziell wissenschaftlichen) Aussagen zu klären. Empir. zutreffende Aussagen zu formulieren, ist dagegen Sache der Wissenschaft. Die Ethik befaßt sich daher, soweit sie als Subdisziplin der Philosophie gelten will, mit dem Sinn von Aussagen wie z. B. ›Dieser Mensch hat eine gute Gesinnung‹, und sie ist wissenschaftlich (und damit nicht philosoph.), insofern sie wahre Aussagen formuliert. Als ›Tatsachenwissenschaft‹ ist die Ethik Teil der Psychologie, ihre ›Hauptfrage‹ lautet: »Aus welchen Motiven handeln wir?« (2. Kap.). Das ›Motivationsgesetz‹ gibt eine, wie Schlick meint, allgemein gültige Antwort: Der Mensch handelt jeweils in Richtung der ihm angenehmsten Zielvorstellung. Allerdings ist damit nicht behauptet, der Mensch handele grundsätzlich oder überwiegend egoist. (3. Kap.). Der zweite (philosoph.) Bereich der Ethik befaßt sich mit der Bedeutungsanalyse wichtiger moral. Begriffe. Das Prädikat ›moral. gut‹ bezieht sich auf menschliche Willensentschlüsse und bringt zum Ausdruck, daß etwas »von der Gesellschaft gebilligt wird« (4. Kap.). Moral. Forderungen und sittliche Pflichten sind nichts anderes »als die Durchschnittswünsche der Allgemeinheit«, sie gehen »in letzter Linie auf Lust- und Unlustgefühle aller Individuen zurück«. Dennoch ist Schlicks Ethik nicht utilitarist.: Zum einen weil sie empir. gemeint ist (es wird nicht ein Moralprinzip aufgestellt, sondern eine empir. prüfbare These formuliert) und zum anderen weil sie keinerlei Glückskalkül (Vergleichbarkeit individueller Nutzenänderungen, langfristige Wirkungsabschätzung usw.) voraussetzt. – Das Werk hat dazu beigetragen, daß Fragen der Ethik in der analyt. Philosophie bis Anfang der 70er Jahre fast ausschließlich unter linguist. Aspekten behandelt wurden.

Ausg.: 1984 (stw 477).

J. Nida-Rümelin

[Fragmenta] (gr.), Xenophanes entst. im 6./5. Jh. v. Chr.; ED Paris 1573 (in: Poesis Philosophica, hg. von H. Stephanus).

Die fragmentar. überlieferten Gedanken des Xenophanes stehen am Anfang des philosoph. Nachdenkens über Gott. – Obwohl in poetischer Form vorgetragen, tritt die Philosophie hier in ausdrücklichen Gegensatz zur tradierten Mythologie der Dichtung und des Volksglaubens. Was Xenophanes an diesen Gottesvorstellungen kritisiert, ist ihr Anthropomorphismus – die Götter haben keine Menschengestalt –, ihr Immoralismus – man darf ihnen nicht Eigenschaften und Handlungen zuschreiben, die bei Menschen als schändlich gelten – und ansatzweise auch ihr Polytheismus. Erst recht müssen alle bloß kulturrelativen Vorstellungen, die Xenophanes zum Bewußtsein bringt, verworfen werden. Diese Kritik gründet nicht primär in einer vorausgesetzten begrifflichen Fassung des ersten Prinzips – einen Anspruch auf zweifelsfreie Wahrheit erhebt Xenophanes ausdrücklich nicht –, sie gründet vielmehr selbst in einer tiefen Form von Religiosität: All dies ist Gott nicht ›angemessen‹, er muß als unbewegt, ungeworden, unbegrenzt und als mühelos wirkend gedacht werden. Entsprechend dieser Tendenz sucht Xenophanes nicht nach einer mytholog., sondern natürlichen Erklärung der Himmelsphänomene. – Der gewaltige Einfluß des Xenophanes beginnt schon bei den griechischen Tragikern und ist in der Dichterkritik Platons ebenso spürbar wie im Universalismus der Stoa und der Kirchenväter.

Ausg.: Gr./Dt., Fragmente der Vorsokratiker, hg. von H. Diels/W. Kranz, Bd. I, [6]1951 (Repr. 1985). – Gr./It., hg. von M. Untersteiner, 1956.

Lit.: A. Lumpe, Die Philosophie des Xenophanes von Kolophon, 1952. – W. Jaeger, Die Theologie der frühen griechischen Denker, 1953.

R. Schönberger

[Fragmente] (gr.), Eudoxos von Knidos, entst. im 4. Jh. v. Chr.; ED Kiel 1887 (Ars astronomica, hg. von F. Blass).

Die nur in Bruchstücken und indirekten Zeugnissen erhaltenen Werke des Mathematikers, Astronomen und Geographen, eines der bedeutendsten Gelehrten der Antike, waren auf den verschiedensten Gebieten innovativ. – Eudoxos kritisierte Platons Ideenlehre und nahm als das höchste Gut die Lust an. In der Mathematik führte er u. a. das Verfahren der Exhaustion und eine neue Proportionenlehre ein. Der Astronomie lieferte er ein Modell der Bewegungen von Sonne, Mond und Planeten, in dem die kugelförmige Erde den Mittelpunkt eines Systems von 27 konzentr. Sphären bildet, deren differenzierte Bewegungen Anomalien der Planetenbahnen erklären. Die Projektion von Himmelsmeridianen und Breitengraden auf die Erde begründete die mathemat. Geographie. Die künstliche Geometrisierung der Wirklichkeit beruht auf der method. Einsicht, daß der Mensch von sich aus die Vielfalt der Erscheinungen strukturieren muß. – Eudoxos' hedonist. Ansatz in der Ethik beeinflußte Aristoteles und wohl auch Epikur; sein geometr. Himmelsmodell bestimmte das geozentr. Weltbild bis Copernicus.

Ausg.: Gr./Dt., übers. u. hg. von F. LASSERRE, 1966.

Lit.: H. KARPP, Untersuchungen zur Philosophie des E. von Knidos, 1933. – S. SAMBURSKY, Das physikal. Weltbild der Antike, 1965.

R. WESEL

[Fragmente der älteren Atomisten], (gr.), LEUKIPPOS von Milet/DEMOKRITOS von Abdera, entst. zwischen 450 und 370 v. Chr.; ED Paris 1573 (in: Poesis Philosophica, hg. von H. Stephanus).

In den Schriften der älteren Atomisten erfolgte die spekulative Begründung der Atomistik und deren Anwendung auf alle damals bekannten Vorgänge und Bereiche der Natur und des menschlichen Seins, deren schulmäßige systemat. Ausarbeitung wohl vor allem Demokritos zuzuweisen ist. Ergänzt durch andere Schulschriften wurden sie vermutlich in der von Leukippos in Abdera gegründeten Schule im 4. Jh. v. Chr. zu einem Corpus zusammengestellt, in dem die einzelnen Schriften nicht einem der beiden Begründer ausdrücklich zugewiesen wurden, so daß in der Überlieferung meist beide Namen zusammen genannt werden. Andererseits zählt ein auf Kallimachos zurückgehendes Verzeichnis für Demokritos allein 69 Schriften auf, darunter die Grundschriften *Megas diakosmos* und *Mikros diakosmos* (»Große« und »Kleine Weltordnung«). Erhalten haben sich aus dem gesamten Corpus nur Fragmente in Form von kurzen wörtlichen Zitaten bei späteren Autoren (B-Fragmente bei Diels/Kranz) oder doxograph. Berichten (A-Fragmente). – Die Atomistik liefert einen Kompromiß zwischen eleat. Ontologie (Leukippos war Schüler Zenons von Elea) und der Betonung der Veränderlichkeit in der Natur bei den miles. Naturphilosophen: Das ewige, unveränderliche, einzige (eine) und nur denkbare Sein der Eleaten – das allein wißbar sei – wurde zu ewigen, unveränderlichen und unverletzlichen, einheitlichen (gleichartigen) und (jetzt wegen ihrer Kleinheit nicht wahrnehmbaren, sondern) nur denkbaren Seienden vervielfältigt, die nicht weiter unterteilbar (= atomos) sind und sich nur durch ihre Gestalt (Demokritos: und Größe) sowie durch ihre Lage und Anordnung unterscheiden. Entstehen und Vergehen (Veränderungen) werden als Zusammentreten bzw. Trennung solcher unveränderlicher Atome verstanden – unter der Voraussetzung einer jedem Atom eigentümlichen ewigen (prinzipiell ungerichteten und deshalb zufälligen) Bewegung, die auch im Atomverband jeweils (latent) erhalten bleibt. Diese Bewegungen führten durch Zusammenstöße zu Wirbeln, aus deren Verdichtungen infolge Verhakens mehr oder weniger großer Mengen von entsprechend geformten Atomen das ›Entstehen‹ der natürlichen Stoffe (mit größerer Konstanz der ›Bindung‹), der belebten und unbelebten Dinge und ganzer separater Welten folge – jeweils in unendlicher Vielfalt und -zahl. Als Belebungsprinzip gelten besonders bewegliche Seelenatome; Wahrnehmung beruhe auf dem Eindringen von den Dingen entströmenden Teilchen (eidola, Bilder) in die dazu geeigneten Poren. Voraussetzung für solche Bewegungen (unzähliger) nicht deformierbarer Atome ist ein unerfüllter (und unbegrenzter) Raum. Für die Atomisten existiert also das Volle (Atome) und das Leere, das Seiende und das Nicht-Seiende. Gerade letzteres war neben dem Fehlen eines Planes (Idee, Form) für das ›Entstehen‹ gleicher Dinge Hauptgrund für die Ablehnung der Atomistik in der Folge Platons und Aristoteles' in Antike und Mittelalter. Die Elementenlehre Platons weist zwar noch eine gewisse Anlehnung an die Atomistik unter Vermeidung dieser Einwände auf, und Epikuros (→ *Peri physeōs*) nahm daraufhin gewisse Umformungen vor (Zulassung nur bestimmter Formen und gerichteter Bewegungen); doch war es dann auch die Überspitzung entsprechender Ansätze in der Ethik Demokritos' zum Hedonismus bei Epikuros, der den Neuplatonismus und vor allem das Christentum gegen die Atomistik generell aufbrachte, so daß die Schriften der Abderiten schon in der Spätantike außerhalb des Museion nicht mehr bekannt waren und insgesamt verloren gingen. Die Atomistik blieb so dem Mittelalter nur durch die Kritik, die Aristoteles und die Kirchenväter an ihr übten, bekannt. Begriff (Atom) und Autor (Demokritos) wurden dann im 16. Jh. fälschlich mit dem Konzept der aristotel. ›minima naturalia‹ verknüpft, bevor nach der konzeptuellen und experimentellen Wiederbelebung des Vakuums im 17. Jh. die christlich umgeformte Atomistik (Atome von Gott erschaffen, der ihnen auch die Bewegung bzw. Naturgesetzlichkeit einprägte) direkt auf Materietheorien und chemische Vorstellungen neuzeitlicher Naturwissenschaft einwirken konnte.

Ausg.: Gr./Dt., Fragmente der Vorsokratiker, hg. von H. Diels/W. Kranz, Bd. II, [6]1952, (Repr. 1985). – Gr./Dt., Die Vorsokratiker, hg. von J. Mansfeld, Bd. II, 1986 (RUB 7966).

Lit.: C. Bailey, The Greek-Atomists and Epicurus, 1928. – R. Löbl, Demokrits Atome, 1976.

F. Krafft

Die Fragmente der Vorsokratiker (gr./dt.), hg. von Hermann Diels, EA Berlin 1903 (Bd. I u. II), 1906 (Bd. III).

Mit der Herausgabe dieser Sammlung schuf Diels eine Grundlage für das Studium der griechischen Philosophie. Der Begriff ›Vorsokratiker‹ ist dabei nicht als zeitliche Begrenzung zu verstehen, sondern umfaßt alle die Philosophen, »die nicht durch die Gedankenschule des Sokrates (und des Platon) gegangen« sind (W. Kranz), d. h. auch Zeitgenossen und zeitlich nach Sokrates lehrende Philosophen. Originalwerke sind nicht erhalten, sondern nur Bruchstücke, einzelne Sätze, zum Teil auch nur einzelne Worte – Fragmente –, die von späteren Autoren zitiert und überliefert wurden. Im Aufbau folgt das Werk einer geistesgeschichtlichen Gliederung: Unter A (Anfänge) sind »Kosmologische Dichtung der Frühzeit« (Orpheus, Musaios, Epimenides), »Astrologische Dichtung« des 6. Jh.s (Hesiod, Phokos, Kleostratos) und »Frühe kosmologische und gnomische Prosa« (Pherekydos von Syros, Theagenes, Akusilaos, die ›sieben Weisen‹) zusammengefaßt. Den umfangreichsten Teil (B) bilden die Fragmente der Philosophen des 6. und 5. Jh.s von Thales bis Bion von Abdera und Bolos. Mit der ›älteren Sophistik‹ (Teil C; umfaßt neben Protagoras, Gorgias, Kritias und vielen anderen mehr auch die sog. *Dissoi Logoi*) schließt die Sammlung ab. Das Verzeichnis der angeführten Philosophen weist 83 Namen auf. Die Fragmente der einzelnen Philosophen sind in Abschnitten zusammengefaßt, die wiederum in A, B und C untergliedert sind: In A werden Stellen über Leben und Lehre wiedergegeben, das sog. bio- und doxograph. Material, in C Zweifelhaftes und Imitationen. Vollständigkeit war bei diesen Abschnitten nicht intendiert, und die Stellen sind nur im Original, d. h. griechisch oder latein. aufgeführt. B enthält die wörtlich überlieferten Bruchstücke, soweit möglich vollständig und übersetzt. Da die ursprüngliche Reihenfolge weitgehend nicht rekonstruierbar ist, folgt Diels in der Anordnung der Fragmente den → *Physikōn doxai* des Theophrast: Prinzipien, Gott, Kosmos, Meteora, Psychologie und abschließend Physiologie. Den Fragmenten ist ein umfangreicher kritischer Apparat mit alternativen Schreibweisen und Literaturhinweisen beigegeben. Seit der 2. Aufl. (1906) sind die Fragmente durch einen III. Band ergänzt, der einen Wortindex sowie ein Namen- und Stellenregister enthält. Im Wortindex sind alle authentischen Ausdrücke (B) aufgeführt, vom doxograph. Material (A) wurden nur die für die Vorsokratiker relevanten Termini ausgewählt. Bei der Anordnung der Stellen hatte dabei das philolog. Interessante Vorrang, im Gegensatz zum Stellenregister, das die inhaltlich bemerkenswerten Stellen in der Reihenfolge vorzieht. Seit der 5. Aufl. (1934) werden Fragmente und Register von Walther Kranz herausgegeben, der schon zur 4. Aufl. die Nachträge für das Register erarbeitet hatte. 1951/52 erschien eine nochmals verbesserte 6. Aufl., die seitdem unverändert nachgedruckt wird. Der Wert, den diese Bände für das Studium der griechischen Philosophie und der griechischen Philologie darstellen, ist unschätzbar. Anfangs als Hilfsmittel für Studenten geplant, ist die Ausgabe längst zum Standardwerk geworden. Weit über 100 Schriften späterer Autoren und Philosophen bilden das Ausgangsmaterial, dem Diels die Fragmente entnommen und als erster in derart umfassender Weise, in übersichtlicher und zuverlässiger Form zusammengestellt hat. – Für zahlreiche Vorsokratiker verfügen wir heute allerdings über vollständigere Einzelausgaben der Fragmente. Die von G. Colli auf 11 Bde. geplante neue kritische Edition ist wegen seines frühen Todes nur bis zum III. Band (Heraklit) erschienen (gr./ital., *La sapienza greca,* 1977–1980).

Ausg.: Hg. von W. Kranz, Bd. I, ^{6}1951 (Repr. 1985), Bd. II, ^{6}1952 (Repr. 1985), Bd. III, 1906 (Repr. 1984).

C. Chwaszcza

[Fragmente und Testimonien] (gr.), Speusipp von Athen, entst. 4. Jh. v. Chr.; ED Paris 1881 (gr., lat.; in: F. W. A. Mullach, Fragmenta philosophorum Graecorum, Bd. III).

Gegen seinen Lehrer Platon und gegen die Eleaten hat Speusipp dem Besonderen (Einzelwesen) gegenüber dem Allgemeinen und Ewigseienden die ontolog. Priorität eingeräumt; das für Platon so wichtige Kriterium der Überzeitlichkeit der Ideen bleibt nur noch sekundär gegenüber dem Vorrang des mathemat. Seinsbereichs über das Vergängliche erhalten. Der genauen Bestimmung und Abgrenzung der Einzelwesen diente die zehn Bücher umfassende Schrift über *Homoia* (Gattungsverwandtschaften), in der Speusipp den Versuch unternahm, die gesamte Wirklichkeit nach Art- und Gattungsverhältnissen zu klassifizieren, wobei die Definition eines Seienden die Kenntnis all seiner Unterschiede zu allem anderen Seienden und mithin eine allumfassende Seinskenntnis voraussetzte. Die Annahme einer solchen, von Aristoteles geleugneten (Anal. post. II, 13) Möglichkeit impliziert eine strenge Gliederung des Universalienbereichs, den Speusipp in modifizierter Form von Platons »agrapha dogmata« (Ungeschriebene Lehren) übernahm: Einheit und Vielheit galten ihm als Elemente (nicht Genera) des Seins, die sich in analoger und bereichsspezif. Form auf den Ebenen der mathemat. Zahlen (= Erste Prinzipien und Seiendes), der mathemat. Größen (= Zahlen und Ausdehnung), der (Welt)seele (= Größen und Bewegung) und der wahrnehmbaren Körper (= Seele und Materialität) wiederfinden. – Speusipp vertrat als erster die Auffassung, die in Platons → *Timaios* geschilderte Weltschöpfung sei zeitlos zu verstehen, und begründete damit eine exeget. Tradition, die im nachfolgenden Platonismus fast kanon. Geltung behalten sollte.

Ausg.: Gr./Ital., hg. von M. Isnardi Parente (La scuola di Platone 1), 1980. – Speusippus of Athens. A critical study with a collection of the related texts and commentary by L. Tarán (Philosophia Antiqua 39), 1981.

Lit.: H. J. Krämer, Die Ältere Akademie. § 2: Speusipp, in: Ueberwegs Grundriß der Geschichte der Philosophie: Die Philosophie der Antike 3 (Hg. H. Flashar), 1983.

L. Deitz

Die fröhliche Wissenschaft, Friedrich Nietzsche; EA Chemnitz 1882 (Neuausgabe mit einem Anhang: »Lieder des Prinzen Vogelfrei«, Leipzig 1887).

Das in vier, in der Zweitausgabe in fünf Büchern angeordnete Aphorismenwerk, das jeweils mit einem Gedichtzyklus eingeleitet und beschlossen wird (»Scherz, List und Rache. Vorspiel in deutschen Reimen« und »Lieder des Prinzen Vogelfrei«), stellt den Höhepunkt der mittleren Schaffensperiode Nietzsches dar und weist zugleich themat. voraus auf seine philosoph. Dichtung → *Also sprach Zarathustra* (1883–85) und zum Spätwerk. Der Titel soll auf eine Philosophie hindeuten, in der sich ›das Lachen mit der Weisheit verbündet‹, und spielt an auf ›die Saturnalien eines Geistes, der einem furchtbaren langen Drucke geduldig widerstanden hat‹ und nun ›mit Einem Male von der Hoffnung angefallen wird‹, eine durch den Tod von Moral, Metaphysik und Religion erst möglich gewordene Menschenzukunft sei greifbar. Mit zunehmender Radikalität interpretiert Nietzsche jetzt alle in der Tradition vorgefundenen theoret. und weltanschaulichen Gedanken als ›unbewußte Verkleidung physiolog. Bedürfnisse‹, die sich in ›die Mäntel des Objektiven, Ideellen, Rein-Geistigen‹ gehüllt haben, und behauptet, die bisherige Philosophie sei ›nur eine Auslegung und ein Mißverständnis des Leibes gewesen‹. Mit dem Rekurs auf eine Dichotomie von aufsteigendem und niedergehendem Leben stellt er seine Frage ›nach dem Verhältnis von Gesundheit und Philosophie‹ in einen biologist. Rahmen: ›das Leben selbst wurde zum Problem‹. Zumindest seit Platon sei Philosophie Ausdruck des müden, sich selbst verneinenden Lebens, das – entgegen dem dynam. Gewaltcharakter unserer Erfahrungswirklichkeit – eine leib- und sinnenfeindliche Vernunft, ›ewige Wahrheiten‹ und eine Lebensform blinder Sekurität postuliert. Nietzsche greift insbes. das Insistieren auf Wahrheit und Gewißheit an und kritisiert diesbezüglich auch die als Erbin der Metaphysik betrachtete moderne Wissenschaft, die er im übrigen jedoch als Vehikel der Aufklärung, als Förderin des Tatsachensinns einer ›männlicheren‹ Zeit begrüßt. Wie in den vorangegangenen Aphorismenbänden → *Menschliches, Allzumenschliches* (1878) und → *Morgenröte* (1881) finden sich auch hier themat. breitgestreute kulturkrit. und psycholog. Überlegungen. Gegen Ende des Werkes spricht Nietzsche bereits die Hauptthemen von *Also sprach Zarathustra* an: den Tod Gottes, die ewige Wiederkehr des Gleichen, den durch eine ›höhere Moral‹ legitimierten ›höheren Menschen‹. Auch die ekstat., lyrische und hymnische Sprache des *Zarathustra* ist bereits an einigen Stellen ansatzweise vernehmbar.

Ausg.: Sämtliche Werke (Kritische Studienausgabe), Bd. V, 1980. – Mit Nachwort von W. Gebhard, [7]1986.

Lit.: H. Röttges, Nietzsche und die Dialektik der Aufklärung, 1972. – H. Schipperges, Am Leitfaden des Leibes. Zur Anthropologik und Therapeutik F. Nietzsches, 1975. – B. Donnellan, Nietzsche and the French Moralists, 1982.

R. Margreiter

Frygt og Baeven. Dialektisk Lyrik (dän.; *Furcht und Zittern*. Dialektische Lyrik), Sören Kierkegaard; EA Kopenhagen 1843 (unter dem Pseud. Johannes de Silentio); dt. 1882.

In der philosoph.-theolog. Schrift will Kierkegaard den Begriff des Glaubens näher bestimmen anhand der Frage: »Gibt es eine teleologische Suspension des Ethischen?« – Den Ausgangspunkt bildet die biblische Erzählung von Abraham, der auf Gottes Weisung hin seinen Sohn Isaak opfern soll. Wäre das Ethische die letzte Instanz, so wäre Abrahams Bereitschaft, das Opfer zu leisten, nicht zu rechtfertigen. Mit dem Glauben aber wird eine neue Kategorie außerhalb des Ethischen eröffnet. Im Glauben tritt der einzelne in ein absolutes (und privates) Verhältnis zum Absoluten (Gott), welches das Ethisch-Allgemeine suspendiert. Sofern also Abraham das Recht hat, seinen Sohn zu töten, hat er es nicht Kraft des Allgemeinen, sondern Kraft seines Seins als einzelner im Verhältnis zum Absoluten. »Des Glaubens Paradox ist dies, daß der Einzelne höher ist als das Allgemeine«. Der Konflikt, in dem sich Abraham befindet, ist von anderer Art als der eines tragischen Helden, der sich zwischen zwei gleichberechtigten, einander widerstreitenden, sittlichen Forderungen entscheiden muß. Er überschreitet nicht den Bereich des Ethischen, während Abrahams Versuchung gerade darin besteht, der ethischen Forderung nachzugeben und nicht der absoluten Pflicht gegen Gott. Die Sphäre des Ethischen wird so von der des Religiösen übergriffen, verliert aber nicht ihre Gültigkeit, sondern wird relativiert und zum (notwendigen) Durchgangsstadium. Die aus dem absoluten persönlichen Verhältnis zu Gott entspringende Gewißheit des einzelnen entzieht sich jedoch der allgemeinen Mitteilbarkeit anderen gegenüber. Abraham ist allein in ›Furcht und Zittern‹, indem er aber sich im Glauben von allem Endlichen löst, erhält er es von Neuem zurück.

Ausg.: Dt., von E. HIRSCH, 1980. – Dt., von L. RICHTER, 1984.
Lit.: A. PAULSEN, S. Kierkegaard. Deuter unserer Existenz, 1955.

F.-P. BURKARD

Führer der Unschlüssigen (Maimonides) → Dalālat al-Hā'irin

Function und Begriff (Vortrag, gehalten in der Sitzung vom 9. Januar 1891 der Jenaischen Gesellschaft für Medizin u. Naturwissenschaft), Gottlob FREGE; EA Jena 1891.

Die logisch-sprachphilosoph. Studie stellt Einsichten bereit, die Frege für die begriffsschriftliche Realisierung des Logizismus in den → *Grundgesetzen der Arithmetik* benötigt. – Kritische Betrachtung der mathemat. Funktionsrede führt zur strikten Unterscheidung zwischen Zeichen und Bezeichnetem, vor allem zwischen Funktionsausdruck und Funktion. Letztere ist unvollständig, ergänzungsbedürftig, ungesättigt. Die Ergänzung von Funktionen durch Argumente ergibt Funktionswerte. Die Wertverläufe zweier Funktionen sind genau dann identisch, wenn sich für dieselben Argumente jeweils dieselben Werte ergeben. Die innermathematische Tendenz, den Kreis funktionsbildender Rechenarten und möglicher Argumente und Werte zu erweitern, setzt Frege durch Auffassung von $\times^2=1$ als Funktion fort. Für die Argumente $-1,0,1,2$ ergeben sich vier Gleichungen, von denen die erste und dritte wahr, die übrigen falsch sind. »Ich sage nun: ›der Wert unserer Funktion ist ein Wahrheitswert‹ und unterscheide den Wahrheitswert des Wahren von dem des Falschen. Den einen nenne ich kurz das Wahre, den andern das Falsche.« Zwar drücken Sätze wie »$2^2=4$« und »$2>1$« – so Frege im Vorgriff auf → *Über Sinn und Bedeutung* – einen verschiedenen Sinn aus, sie bedeuten aber das Gleiche: das Wahre. Auch außermathemat. Sätze wie »Cäsar eroberte Gallien« sind Bezeichnungen des Wahren, ist dieses doch als Wert der Funktion × eroberte Gallien für das Argument Cäsar auffaßbar. Da $\times^2=1$ und × eroberte Gallien einerseits Funktionen sind, andererseits zufolge der überkommenen logischen Auffassung Begriffe darstellen, ergibt sich als verbindende Sprachregelung: »ein Begriff ist eine Funktion, deren Wert immer ein Wahrheitswert ist«. Die Wertverläufe von Begriffen sind entsprechend mit den Begriffsumfängen zu identifizieren. Zerlegt man weiter den Ausdruck »die Hauptstadt des deutschen Reichs« in den Funktionsausdruck »die Hauptstadt des ×« und das Argumentzeichen »das deutsche Reich«, so konzipiert man Berlin als Wert der Hauptstadtfunktion für das deutsche Reich als Argument. Schließlich ist Frege bereit, »Gegenstände ohne Einschränkung als Argumente und als Funktionswerte« zuzulassen: »Gegenstand ist alles, was nicht Funktion ist«, z. B. Wahrheitswerte, Begriffsumfänge, Zahlen, Personen, Städte. Zudem faßt Frege Funktionen ins Auge, deren Argumente und Werte Wahrheitswerte sind. Abschließend sind verschiedene Funktionstypen zu unterscheiden:

ein- und mehrargumentige, gleichstufige und ungleichstufige, Funktionen erster und höherer Stufe. – Neuerungsgrad, Klarheit und Folgenreichtum lassen das Werk als klassisch erscheinen. Unstrittig ist der Nutzen der Analyse von Sprachgebilden nach dem Muster Argument-Funktion-Wert. Strittig ist nicht nur Freges Konzeption der Wertverläufe, sondern auch die semant.-ontolog. Grundoption der Dichotomisierung aller Gebilde in Funktionen und Gegenstände. Die Rede von Wahrheitswerten ist auch dann noch klärungsbedürftig, wenn sie abgelöst wird von der Annahme, Sätze seien Namen des Wahren/Falschen.

Ausg.: Funktion, Begriff, Bedeutung, hg. von G. PATZIG, [5]1980.

G. SIEGWART

Fundamental-Anthropologie, Michael LANDMANN; EA Bonn 1979, [2]1984.

In dem Aufsatzband – z. T. mit *Der Mensch als Schöpfer und Geschöpf der Kultur* (1961) identisch – wird die von E. Rothacker begonnene und von A. Gehlen weitergebildete Kultur- und Geschichtsanthropologie weiter ausgebaut. Statt den Einzelmenschen auf Vernunft, Freiheit, Person oder Existenz zu gründen, soll Anthropologie bei der je bestimmten Kultur, Gesellschaft und Geschichte einsetzen. ›Fundamental‹ ist diese Anthropologie in Abgrenzung von anderen, einzelwissenschaftlichen Anthropologien. Landmann beschreibt die Dimensionen der Kulturanthropologie, bestimmt den Menschen als ›rückgeprägtes Produkt seines Produkts‹ und arbeitet elementare, allen Menschen gemeinsame Strukturen (Anthropina) heraus; es folgen spezielle Probleme und Geschichtliches zur Anthropologie. Die 2. Auflage wurde um einige Kapitel erweitert.

K. BOSSONG

Furcht und Zittern (Kierkegaard) → Frygt og Baeven

Die Geburt der Tragödie aus dem Geiste der Musik, Friedrich NIETZSCHE; EA Leipzig 1872 (1886 u. d. T. Die Geburt der Tragödie, oder: Griechentum und Pessimismus. Neue Ausg. mit dem Versuch einer Selbstkritik).

Der philolog.-kunstphilosoph. Schrift, der philosoph. Erstpublikation Nietzsches, liegt noch die Schopenhauersche Weltdeutung vom Leben als Leiden und von der Kunst als Möglichkeit punktueller Erlösung zugrunde. Nietzsches Umkehrung der Willensverneinung in ›dionys.‹ Weltbejahung verändert aber Funktion und Struktur der Ästhetik: »nur als ästhet. Phänomen ist das Dasein und die Welt ewig gerechtfertigt«. Alles lebensweltliche Geschehen gründe in der Duplizität zweier Natur-Kunst-Gewalten, des Dionysischen und Apollinischen, die ›bei fortwährendem Kampfe und nur period. eintretender Versöhnung‹ den enigmat.-rhythmischen Prozeßcharakter der Realität fundieren. Nietzsches Ästhetik ist ein in romant. und idealist. Tradition stehender ontolog. Entwurf. Das Dionysische bedeutet den Schrekkens-, Leidens- und Kampfcharakter des Daseins, kann aber als höchste Lust empfunden werden, insofern es die quasi-mystische

Einheit alles Lebendigen offenbart. Das Apollinische hingegen bedeutet die Welt der Formen und des schönen Scheins, die als lebenermöglichende Illusion vor dem verschlingenden Werdens-Chaos steht. Entsprechend diesen ›unmittelbaren Kunstzuständen der Natur‹ werden die Künste in apollin. (Plastik, Epik), dionys. (Musik) und Mischformen (Lyrik, Dramatik) eingeteilt und die Künstler in ›apollin. Traumkünstler oder dionys. Rauschkünstler‹. Nietzsche stellt diesen Entwurf in einen kulturgeschichtlichen und geschichtsphilosoph. Zusammenhang und korrigiert dabei das harmonisierende Griechenbild der deutschen Klassik. Die höchste Synthese apollin. und dionys. Kunst liege in der attischen Tragödie vor, deren Funktion in der lustvollen Identifikation des Zuschauers mit dem als Individuum zerbrechenden und so die ewig werdende All-Einheit des Lebens wiederherstellenden Helden zu suchen sei. Die Tragödie wird genealog. auf den Chor und dieser auf den Dionysoskult zurückgeführt. Sie sei Ausdruck des ›tragischen Zeitalters der Griechen‹, das um 400 v. Chr. mit dem Beginn der Dekadenz zu Ende gehe. An die Stelle der instinktsicheren, starken Empfindung trete nun das Streben nach wissenschaftlicher Objektivität, der Intellekt werde als tyrann. Gegenmittel gegen die Dekadenz eingesetzt, sei aber selbst nur deren Symptom. Protagonist dieses Wandels sei Sokrates mit seinem ›Glauben an die Ergründlichkeit der Natur und an die Universalheilkraft des Wissens‹ gewesen. Gegen den bis in die Gegenwart heraufreichenden ›Sokratismus‹ bemüht sich Nietzsche um eine Erneuerung der ›tragischen Weltbetrachtung‹. Im Musikdrama R.Wagners erhofft er eine ›Wiedergeburt der Tragödie‹ und eine erneuerte deutsche Kultur. – Von solcher Aktualisierung hat sich Nietzsche später ebenso distanziert wie vom idealist.-metaphys. Grundansatz. In altphilolog. Kreisen (U. von Wilamowitz-Moellendorf) stieß die Schrift auf vehemente Ablehnung, sie beeinflußte aber stark den literar. Ästhetizismus der Jahrhundertwende und den Expressionismus.

Ausg.: Sämtliche Werke (Kritische Studienausgabe), Bd. I, 1980.

Lit.: K. Gründer (Hg.), Der Streit um Nietzsches ›Geburt der Tragödie‹, 1969. – H. J. Schmidt, Nietzsche und Sokrates, 1969. – F. Decher, Nietzsches Metaphysik in der ›Geburt der Tragödie‹ im Verhältnis zur Philosophie Schopenhauers, 1985.

R. Margreiter

Gedanken über Tod und Unsterblichkeit, Ludwig Feuerbach; EA Nürnberg 1830 (anonym), 1846 (überarb. u. d. T. *Todesgedanken*).

Das Werk wendet sich gegen die Verneinung des Todes durch den Unsterblichkeitsgedanken; Feuerbach versucht eine ›Thanatodicee‹, womit er eine Kritik des »christlichen Theismus als egoistischen Illusionismus« (Sass) auf der Basis eines Liebespantheismus verbindet. Feuerbach zeigt den neuzeitlichen Prozeß der Vereinzelung, der Übersteigerung des Subjekts, und damit zusammenhängend die Überbetonung des Unsterblichkeitsglaubens: Das Subjekt habe schließlich nur mehr sich selber zum Gegenstand, wodurch die Wirklichkeit ›massacrirt‹ werde. Angesichts der Leere des Subjekts und einer Scheinwelt von Unsterblichkeit, kann nach Feuerbach nur der Tod den Menschen aus der Illusion reißen, ihn von seiner egoist. Individualität wegführen und zum Bewußtsein seiner Endlichkeit bringen. Im Versuch der Überwindung der Vereinzelung entwickelt Feuerbach einen pantheist. Gottesbegriff der totalen Liebe, die alles verzehrt und in sich auflöst. »Was Liebe sei, weiß daher nur der ächte Pantheist . . . außer dem Pantheismus ist alles Egoismus, Selbstbrunst, Eitelkeit . . .«. Bereits in dieser Schrift deutet sich Feuerbachs Religionskritik an, wonach das Jenseits ›das verrückte und wahnsinnige Diesseits‹ ist, wobei das wahre Jenseits und der wahre Unsterblichkeitsglaube in der Liebe und im Glauben an den Geist liegen. Doch nur ein Wesen, das sich von sich unterscheiden und sein Wesen über sich setzen könne, könne sterben: »Du stirbst, weil du ein freies, denkendes, bewußtes Wesen bist«.

Ausg.: Sämtliche Werke in 10 Bden. hg. von W. Bolin/F. Jodl, Bd. XI (= 1. Ergänzungsband, hg. von H.-M. Sass), 21962.

F. J. Fuchs

Der Gegensatz. Versuche zu einer Philosophie des Lebendig-Konkreten, Romano Guardini, entst. seit 1905; EA Mainz 1925.

Diese philosoph. Methodologie Guardinis entwickelt die Frage, wie die Wirklichkeit grundsätzlich von zwei gegensätzlichen Seiten her erkannt werde. Die Arbeit steht im Rahmen der ›Lebensphilosophie‹ und zielt im Anspruch auf eine Kant überholende ›Kritik der konkreten Vernunft‹. – Gegensatz ist Polarität, welche nicht bloß eine Eigenschaft am Lebendigen darstellt, sondern seine Grundstruktur ist; nicht Widerspruch (kontradiktor.), sondern relative Ausschließung und relative Verbindung von Kräften an ein und demselben Ding (konträr). Unterschieden werden Kategoriale Gegensätze (intraempir.: 1. Dynamik – Statik, 2. Form – Formloses, 3. Integration – Differenzierung; transempir.: 1. Produktion – Disposition, 2. Ursprünglichkeit – Regel, 3. Innewohnen – Darüberstehen) und Transzendentale Gegensätze (1. Verwandtschaft – Besonderung (qualitativ), 2. Einheit – Mannigfaltigkeit (struktiv)). Diese acht Gegensatzpaare sind Urerscheinungen, deren Pole sich weder aus der Gegenseite ableiten noch in sie überführen lassen. Beide bleiben ebenso streng getrennt wie zugleich nur am anderen möglich: Leben ist der nicht logisch, wohl aber tatsächlich vollzogene Bezug der Gegensätze aufeinander. Schließlich können die Paare in ein konzertantes Verhältnis zueinander treten (durch Kreuzung und Reihung), womit die Fülle der Bezüge des Wirklichen method. erfaßt wäre. Im letzten ist damit ein neuer Typus von Wissenschaft angestrebt, worin die bloße Form des wissenschaftlichen und die ebenso einseitige bloße Fülle des intuitiven Erkennens sich ergänzen: ›Anschauung als über-rationales und über-intuitives Erkennen‹. – Die Wirkung des Werkes erstreckt sich vor allem auf die Pädagogik, z. T. auch auf die Anthropologie.

Lit.: H.-B. Gerl, Nachwort zur 3. Aufl., 1985. – K. Wucherer-Huldenfeld, Die Gegensatzphilosophie R. Guardinis in ihren Grundlagen und Folgerungen, (Diss.) 1968.

H.-B. Gerl

Der Gegenstand der Erkenntniss. Ein Beitrag zum Problem der philosophischen Transcendenz, Heinrich Rickert; EA Freiburg 1892, 21904, 31915.

Die Einführung in die Erkenntnistheorie begründet unter Zuhilfenahme der Urteilslehre den Primat der praktischen Vernunft; Sinn und Zweck dieser ›notwendigen Konsequenz‹ Kants ist, mit dem denkenden Subjekt zu beginnen und von ihm zur objektiven Welt vorzudringen, »um schließlich denkend das All der subjektiven und objektiven Welt zusammen zu umfassen«. – In der 2. Auflage (ergänzt und umgearbeitet, mit dem Untertitel »Einführung in die Transzendentalphilosophie«) wird versucht, in Abgrenzung zu Psychologie und Metaphysik eine Erkenntnistheorie als einzige ›Basis für eine wissenschaftliche Philosophie‹ zu begründen. Mit der 3. Auflage sollen frühere Auflagen nicht mehr benutzt werden: Die (nichtmetaphys.) Seinslehre vertritt zunächst einen ›Monismus‹ des Realen; der ›Standpunkt der Immanenz‹ identifiziert das Wirkliche mit dem ›Bewußtseinsinhalt‹. Der Leere des Begriffs des Bewußtseins als des erkennenden Subjekts folgt – an Stelle des zerstörten metaphys. Dualismus – der erkenntnistheoret. Nachweis einer ›anderen Welt‹ als der immanent wirklichen in nichtseienden, aber absolut geltenden, transzendenten Werten, in denen der ›Gegenstand‹ der Erkenntnis besteht. Zwischen der seienden und der geltenden Welt steht – sie durch Urteile miteinander verbindend – das theoret. Subjekt, ohne das von seienden oder realen ›Gegenständen‹ der Erkenntnis nicht sinnvoll zu reden ist. Einen umfassenden theoret. Weltbegriff ermöglicht erst eine Wertwissenschaft. – Seine Habilitationsschrift machte (u. a.) Rickert nach W. Windelband zum Hauptvertreter der Badener Schule des Neukantianismus und beeinflußte auch andere philosoph. Strömungen.

Ausg.: [6]1928.

K. Bossong

Der Geist als Widersacher der Seele, Ludwig Klages; EA Leipzig 1929-1932.

Klages will in seinem Hauptwerk die grundlegende Entfaltung und philosoph. Begründung einer Wirklichkeitslehre bieten und eine Korrektur des vorherrschenden ›logozentr.‹ Denkens zugunsten eines ›biozentr.‹ vornehmen. Dieses Vorhaben gründet auf der von ihm behaupteten Entdeckung: »Leben und Geist seien zwei völlig ursprüngliche und wesensgegensätzliche Mächte, weder aufeinander noch auf ein Drittes zurückführbar«. Der Mensch gehört als leiblich-seelisches Lebewesen, in dem Schauen und Gestalten den Vorrang über Empfinden und Triebantrieb haben, dem raumzeitlichen Wirklichkeitskosmos an. Für die rein erlebende Seele besteht dieser in Erscheinungen lebender und beseelter Mächte, wirklicher und auf die Seele wirkender ›Urbilder‹. In der lebendigen Wechselbeziehung makrokosm. Wirklichkeit und dem ursprünglichen Menschen als Mikrokosmos vollzieht sich das kosmische Leben. Doch ist der Geist als eine außerraumzeitliche, akosmische Macht »an der Schwelle der Weltgeschichte in den Menschen eingedrungen und trachtet, das Erleben, das stets doppelpolig ist, zu zerspalten«, woraus sich »das Zwischenspiel des denkenden Bewußtseins« ergibt. Das nur im Wachbewußtsein aktuelle Denkvermögen vollzieht sich in logifizierenden und verdinglichenden Auffassungsakten. Die letzte Eigenart des Geistes enthüllt sich im Willensakt. Solange dieser vom Auffassungsakt bestimmt wird, bleibt der Geist des Menschen vom Leben abhängig; »wird aber der Wille selbstherrlich, so tritt an die Stelle der Lebensabhängigkeit des Geistes die Geistabhängigkeit des Lebens«. Am Anfang der Weltgeschichte stand der bildgefesselte Mensch, der ›Pelasger‹. Sein Weltverhältnis sucht Klages im Anschluß an Nietzsche, Bachofen und Schuler zu erschließen. Die Weltgeschichte zeigt eine stufenweise fortschreitende ›Emanzipation‹ des Willens, die heute die Menschheit und ihren Planeten bedroht.

Ausg.: Sämtliche Werke, Bd. I u. II, 1969 u. 1966. – [6]1981.

Lit.: R. Müller, Das verzwistete Ich. L. Klages und sein philosoph. Hauptwerk ›Der Geist als Widersacher der Seele‹, 1971. – H. Kasdorff, L. Klages im Widerstreit der Meinungen, 1987.

E. Avé-Lallemant

Geist der Utopie, Ernst Bloch, entst. 1915–17; EA München 1918 (1. Fassung), Berlin 1923 (2. Fassung), 1964 (überarb. Fassung).

In enger themat. wie stilist. Nachbarschaft zu den Frühwerken *Thomas Münzer als Theologe der Revolution* (1921) und → *Erbschaft dieser Zeit* stehend, enthält das frühe Hauptwerk die später in → *Das Prinzip Hoffnung* enzyklopäd. entfalteten Gedanken in nuce. Unmittelbar – besonders in der 1. Fassung – vom Geschehen des Krieges, der Atmosphäre des zusammenbrechenden Kaiserreiches und der russischen Revolution geprägt – zeitgleich mit Th. Manns *Betrachtungen eines Unpolitischen* erscheinend – entfaltet das Werk eine ›revolutionäre Gnosis‹ (so Bloch in der Nachschrift von 1963) des noch Unausgemachten, Gärenden, noch Un-Möglichen, zu wahrer Wirklichkeit Drängenden in Geschichte und Kunst. Während die Fassung von 1918, Abschnitte zu Don Quixote und Lukacs' Frühwerk → *Die Seele und die Formen*, zum Neumystizismus Steiners, zur neukantian., frühphänomenolog. und Lebens-Philosophie, zum Verhältnis Kant-Hegel, zur Geschichtsphilosophie und zum jüdischen Selbstverständnis enthaltend, stilist. gleichsam mit der nüchtern-offenen Hand des Täufers argumentiert, verdichtet sich die 2. Fassung zur zornigen Faust des Propheten (gespiegelt in der Interpretation der Christus-Gestalt), nun ganz zentriert um die Philosophie der Musik, der Bloch eine ›ausgeprägt geschichtlich exzentr. Rolle‹ zuspricht, wobei ›Exzentrizität‹ die eschatolog.-apokalypt. Kehrseite der in *Erbschaft dieser Zeit* entfalteten ›Ungleichzeitigkeit‹ als Charakteristikum des Faschismus darstellt. Vorbereitet werden Philosophie und Theorie der Musik von einer Gotik (›das begriffene Leben‹, ›der Geist der Auferstehung‹) und Expressionismus (›Saishaftes der Welt‹ bei Van Gogh) höchstschätzenden Kunsttheorie. Das noch Unabgeschlossene (Musik als ›Glockengeläute herab vom völlig unsichtbaren Turm‹) findet als Ästhetisches sein Kriterium in der Frage: »wie könnten die Dinge vollendet werden, ohne daß sie apokalypt. aufhören«? (eine Frage, die Bloch im Verhältnis des Kantschen ›Als ob‹ zu Hegels Vernünftigkeit der Wirklichkeit spiegelt), wobei er sein im späteren Werk immer wieder beschworenes Motto ›dies septimus nos ipsi erimus‹ musikal. wendet: »nur was von uns an klingt, kann hier also näher bringen«. Das eschatolog. ›Heimat‹ suchende Ich erscheint solchermaßen vierfach gestuft: als kleines weltliches Ich (Mozart, attischer Kontrapunkt), als kleines geistliches Ich (Bach, architekton. Kontrapunkt), als weltlich luzifer. Ich (Beethoven/Wagner, dramat. Kontrapunkt) und als noch ausstehendes großes geistliches Ich in einer ›Kunst der späten Reichszeit‹, das Nacheinander von Dux und Comes in die den Kontrapunkt invertierende Gleichzeitigkeit des elementaren Tones als eines ›Selbstsymbols‹, eines ›Apeiron‹ aufhebend. Der Schlußteil (»Karl Marx, der Tod und die Apokalypse«) versucht eine Philosophie des Todes in seiner apokalypt. Einbindung in das ›Haus der Menschheit‹, metempsychot. und schellingsch-pantheist. Motive mit der Sehnsucht nach dem Reiche von dieser Welt verbindend: »kann gerade auch Lebenswille auf den Tod weisen, auf einen anderen Tod freilich, auf den Tod als Entbindung, der Kraft sicher, ihn zu besiegen und hinter ihm gerade das Dauernde an sich selbst, das Ruhende zu erlangen«.

Ausg.: Gesamtausgabe, Bd. III u. Bd. XVI (Faksimile der Ausgabe von 1918), 1964.

Lit.: TH. W. ADORNO, Henkel Krug und frühe Erfahrung, in: E. Bloch zu Ehren, 1965. – H. KIMMERLE, Die Zukunftsbedeutung der Hoffnung, 1966. – K. P. STEINACKER-BERGHÄUSER, Das Verhältnis der Philosophie E. Blochs zur Mystik, (Diss.) 1973. – E. BAHR, E. Bloch, 1974. – A. F. Christen, E. Blochs Metaphysik der Materie, 1979. – H. H. HOLZ, Logos spermatikos, 1975. – A. MÜNSTER, Utopie, Messianismus und Apokalypse im Frühwerk von E. Bloch, 1982.

C.-H. HOEFER

Die geistige Situation der Zeit, Karl JASPERS; EA Berlin/Leipzig 1931.

In der philosoph.-zeitkrit. Abhandlung analysiert Jaspers von seinem existenzphilosoph. Ansatz her die geistigen Grundlagen und Bedingungen der konkreten geschichtlichen Gegenwart. – Jaspers geht zunächst von der Analyse der faktischen Daseinsbedingungen aus: Die Situation der Zeit sieht er gekennzeichnet durch die Herrschaft der Masse in einer technisch rationalisierten Welt. Dasein erscheint als Massenversorgung in rationaler Produktion aufgrund technischer Erfindungen. Der Selbstverlust des Menschen hat zur Folge: Nivellierung, Mechanisierung der Arbeit, beliebige Austauschbarkeit der Individuen. So entsteht ein durchgeplanter Daseinsapparat, der die eigentliche Daseinswelt zerstört. Aber diese Daseinsordnung hat eine Grenze. Der Wille im Ganzen (Staat und Erziehung) und die Welt des Geistes (Bildung, Kunst, Wissenschaft, Philosophie) sind übergreifende Kräfte, die ihrerseits aber wieder in zwei entgegengesetzte Richtungen wirken können: sie können selber den Abfall in die Nichtigkeit des existenzlosen Daseins betreiben oder, wenn sie beseelt sind vom Wissen um das Wesentliche des Menschseins, dem Selbstsein im Dasein zum Durchbruch verhelfen. So bleibt es schließlich die Aufgabe der Existenzphilosophie, dem Menschen die Ursprünge seines Selbstseins in Freiheit zu erhellen, ihn als das Wesen zu zeigen, das noch selbst entscheidet, was es ist, und mögliche Wege der Selbstverwirklichung in der Situation der Zeit zu weisen. – Die Schrift fand zu ihrer Zeit in breiten Kreisen Resonanz und wird heute als klar vorausschauende Analyse der geistigen Grundlagen des Zeitalters gewertet.

Lit.: H. SANER (Hg.) Jaspers in der Diskussion, 1973.

F.-P. BURKARD

Gemeinschaft und Gesellschaft. Abhandlungen des Communismus und des Socialismus als empirische Kulturformen, Ferdinand TÖNNIES; EA Leipzig 1878; [2]1912 (wesentlich veränd. u. erw. Aufl. mit dem Untertitel: Grundbegriffe der reinen Soziologie).
Das Werk behandelt die begrifflichen Grundlagen der Soziologie. Im Zentrum steht der Gegensatz ›Gemeinschaft‹ und ›Gesellschaft‹ (Buch I). »Alles vertraute, heimliche, ausschließliche Zusammenleben wird als ... Gemeinschaft verstanden. Gesellschaft ist die Öffentlichkeit, ist die Welt.« Während man sich in Gemeinschaft schon von Geburt befindet, geht man »in die Gesellschaft wie in die Fremde«. Die Gemeinschaft ist von gemeinsamer Sprache und Sitte geprägt, sie beruht auf der natürlichen Verbundenheit der Menschen, die in kleineren Einheiten (Familie, Dorf) augenfälliger ist als in großen. Die Gesellschaft dagegen, von Tönnies mit »Öffentlichkeit« ineins gesetzt, ist wesentlich künstlich. Die Soziologie befaßt sich mit Beziehungen, naturgegebenen (›lebendigen‹) und bloßen ›Artefacten‹. Dabei steht der individuelle Wille des einzelnen im Gegensatz zum Wesenswillen (Voluntarismus) (Buch II). Aus diesem Ansatz werden die soziolog. Gründe des Naturrechts entwickelt (Buch III). »Das Selbst oder das Subjekt menschlichen Wesenswillens ist Einheit.« Die Übereinstimmung verschiedener Willkürsubjekte ist Zufall. Diejenigen, die am Wesenswillen teilhaben, sind jedoch auf natürliche Weise in Einklang. »Ergebnis und Ausblick« des Werkes zielt auf eine einträchtige Ordnung des Zusammenlebens durch Sitte und Religion, aber auch durch einen gebändigten, im Recht geregelten Individualismus moderner westlicher Staaten. – Der hier der soziolog. Analyse zugrunde gelegte (von Schopenhauer beeinflußte) kritische Voluntarismus hatte beträchtlichen Einfluß auf die Soziologie und Sozialphilosophie bis Mitte des 20. Jh.s.

Ausg.: 1963.
Lit.: T. PARSONS, Structure in Social Action, a Study in Social Theory, with Special Reference to a Group of Recent European Writers, 1937.

K.-P. MARKL

Generelle Morphologie der Organismen. Allgemeine Grundzüge der organischen Formen-Wissenschaft, mechanisch begründet durch die von Charles Darwin reformierte Deszendenz-Theorie, Ernst Heinrich Philipp August HAECKEL; EA Berlin 1866 (2 Bde.).
Haeckels Hauptwerk entfaltet und erweitert durch Aufnahme von Ergebnissen der vergleichenden Morphologie und Entwicklungsgeschichte die Evolutionstheorie von C. R. Darwin. – Haeckel strebt nach einer einheitlichen, mechanist. Naturdeutung und positivist. Reform der biolog. Naturwissenschaften, für die er eine neue, vom Entwicklungsgedanken geprägte Wissenschaftssystematik und Terminologie geschaffen hat. Im Anschluß an den deutschen Idealismus und Goethe deutet er die Morphologie als die umfassende Wissenschaft, deren Hauptteile die Anatomie und die ›Morphogenie‹ der sich entwickelnden Formen mit Ontogenie und Phylogenie sind. Physiolog. ausgerichtet sind die ›dynam.‹ Zoologie und Botanik. Den Anfang bildete die Chemoevolution: spontane Urzeugung oder

›Autogenie‹ bedeutet, daß aus den chemischen Elementen komplexe anorgan. und organ. Moleküle, dann ein formloser Plasmaklumpen oder ›Moner‹ und daraus Organismen entstanden sind. Neben Pflanzen und Tieren unterscheidet er ›Protista‹ wie Rädertiere, Schleimpilze und Bakterien. Ein ›Stamm‹ oder ›phylum‹ umfaßt die Gesamtheit der gegenwärtigen und ausgelöschten Organismen, die von demselben Urahn abstammen. Haeckel entwirft erstmals 1866 ›monophylet.‹ Stammbäume u. a. für Pflanzen, Wirbel- und Säugetiere mit dem sich vom ›Affenmenschen‹ (Pithecanthropus) herleitenden Menschen. Als Regel (›Gesetz‹) gilt u. a.: Die Artumwandlung kommt durch ›progressive‹ (von erworbenen Eigenschaften) und ›konservative‹ Vererbung (von durch den Zellkern übertragenen Merkmalsanlagen) zustande. Die kausale Verknüpfung ›Ontogenie als eine geraffte Wiederholung der Phylogenie‹ bekräftigt Haeckel als ›biogenet. Grundgesetz‹ (eigentlich ›Regel‹, 1872 benannt). Die wichtigsten physiolog. Faktoren sind Fortpflanzung und Anpassung über die Ernährung. Die Existenzbedingungen erforschen ›Ökologie‹ und ›Chorologie‹ (betrifft räumliche Verbreitung). – Nachdem Haeckels umfangreiches Werk kaum Widerhall fand, verbreitete er seine Ideen in populärer Form ab 1868 *(Natürliche Schöpfungsgeschichte)*. Seine biolog. Theorien regten trotz mancher Kritik die biolog. Forschung an.

Lit.: G. Heberer, Der gerechtfertigte Haekkel. Einblicke in seine Schriften aus Anlaß des Erscheinens seines Hauptwerks ›Generelle Morphologie der Organismen‹ vor 100 Jahren, 1968.

B. Hoppe

Genesi e struttura della società. Saggio di filosofia pratica (ital.; *Genese und Struktur der Gesellschaft.* Untersuchung zur praktischen Philosophie), Giovanni Gentile; EA Florenz 1946 (postum).

In seinem sozial- und staatsphiloloph. Hauptwerk interpretiert Gentile den Staat auf der Grundlage seines aktualist. Idealismus (→ *Teoria generale dello spirito come atto puro*) als Manifestation des sich selbst wollenden und in der Geschichte verwirklichenden Geistes. – Das transzendentale Ich stellt aufgrund der intersubjektiven Gültigkeit seiner Sinnstrukturen das Ursprungsmoment einer transzendentalen Gesellschaft dar, die ihrerseits die Grundlage und den Rahmen jeder empir. Gesellschaft bildet. Der Wille des transzendentalen Ich zur Selbstkonstituierung ist daher kein individueller, sondern ein intersubjektiv-universeller und manifestiert sich als solcher praktisch in dem sich als universelle Einheit wollenden Staat. Polit. Aktion und histor. Werden sind entsprechend als unmittelbare Ausdrucksformen der dynam. Entwicklung und fortschreitenden Selbstverwirklichung des Geistes in der Welt zu verstehen; der Staat ist somit als ebenso universell in seinem Anspruch auf Selbstkonstituierung anzusetzen, wie der Geist selbst. – Der ›politisierte‹ Idealismus der Schrift blieb wegen seines totalitären Etatismus äußerst umstritten.

Ausg.: ^{2}1954.

Lit.: V. Vettori (Hg.), Studi gentiliani, 1954.

J. Monar

Génie du christianisme ou Beautés de la religion chrétienne (frz.; *Der Genius des Chri-*

stentums oder die Schönheit der christlichen Religion), François-René de CHATEAUBRIAND; EA Paris 1802 (5 Bde.); dt. 1803/04 Genius des Christentums oder Schönheit der christlichen Religion (Teil 1–4).
Chateaubriand unternimmt mit diesem Werk eine großangelegte kulturästhet. Rechtfertigung des Christentums gegenüber dem Geist der Aufklärung und der Französ. Revolution. Exemplifizieren Ancien Régime und Revolution den Ordnungsverfall infolge der mondänen Zersetzung religiöser Substanz, so plädiert Chateaubriand zu Beginn der napoleon. Ära für die Restauration der sozialen Ordnung durch Rückbesinnung auf ihr christliches Fundament, nicht im Sinne der Reaktion, sondern eher im Sinne einer romant. renovatio mundi, zumal er zu zeigen versucht, daß sich der Fortschritt der Humanität in Kultur, Wissenschaft und Gesellschaft dem Christentum verdankt. Der 1. Teil zielt auf einen teleolog. Gottesbeweis aus der Schönheit der Natur und auf einen Beweis der Unsterblichkeit der Seele aus dem moral. Gefühl, um zu zeigen, daß nur eine religiös begründete Moral die Basis gesellschaftlicher Ordnung abgeben kann. Der 2. und 3. Teil deuten die schöpfer. Kraft der christlichen Religion im Verhältnis zu Literatur und Kunst aus ihrer Überhöhung des Naturschönen durch das moral. Schöne und führen den Nachweis der Übereinstimmung von Religion, Natur und Herz. Im 4. Teil schließlich feiert Chateaubriand den Katholizismus als das Kunst gewordene Christentum schlechthin, aber er bleibt nicht bei der Ästhetik des Kultes stehen, sondern qualifiziert auch dessen Schönheit moral.: Der Kult der Liebe und des Mitleidens der Kreuzesreligion gipfelt im Dienst an der Gesellschaft, im Lauf der abendländ. Geschichte in Wohltätigkeit, Erziehung und Bildung, Kultivierung und Missionierung und wirkt bis hinein in die Gesetzgebung und Regierung. Das Christentum hat Chateaubriand zufolge den ›homme physique‹ in einen ›homme moral‹ verwandelt.

Ausg.: Frz., 1978.
Lit.: V. GIRAUD, Le christianisme de Chateaubriand, 2 Bde., 1925–28. – A. MONOD, De Pascal à Chateaubriand 1916.

F. J. FUCHS

Gērontikon (anonym) → Apophthegmata patrum

Geschichte als Sinngebung des Sinnlosen, Theodor LESSING; EA München 1919, Leipzig [4]1927 (mit Untertitel: oder die Geburt der Geschichte aus dem Mythos).
Den Ausgangspunkt des von kultur- und geschichtspessimist. Reflexion geprägten Essays bildet die erkenntniskrit. Unterscheidung zwischen der prälog. Sphäre elementarer Lebenswahrheit einerseits, welche allein im unmittelbaren Augenblicksempfinden gegenwärtig sein und niemals wieder vollauf rekonstruiert werden kann, und der verstandesmäßig ordnenden Bewußtseinswirklichkeit anderseits, die lediglich eine Art Erinnerungsbild der einstigen Lebenswahrheit zu zeichnen vermag. Kein Historiker bietet vergangenes Leben so, wie es ›wirklich‹ war, sondern immer nur eine nachträgliche Umdeutung des an sich völlig willkürlichen Geschehensverlaufs in einen vernunftbezogenen Entwicklungsgang, um die Nöte, Mängel und Leiden der histor. Tatsachen-

welt durch Präsentation illusionärer Idealverläufe erträglich zu machen. – Lessing bemüht sich um eine radikale Abkehr vom geschichtswissenschaftlichen Realitäts- und Objektivitätsanspruch der deutschen Historischen Schule. Seine den Positionen Droysens und Simmels verpflichtete Erkenntniskritik hat aber noch einen ausgesprochen ›späthistorist.‹ Denker wie z. B. Rothacker entscheidend anzuregen vermocht.

Ausg.: Mit Nachwort von R. Bischof, 1983.
Lit.: R. Marwedel, Th. Lessing (1872–1933). Eine Biographie, 1987.

F.-L. Kroll

Geschichte des Materialismus und Kritik seiner Bedeutung in der Gegenwart, Friedrich Albert Lange; EA Iserlohn 1866 (2 Bde.), 2. Fassung 1873–75.

Das Werk verbindet eine philosophiegeschichtliche Darstellung mit einer systemat. Kritik der Ansprüche des metaphys. Materialismus. – Angeregt durch den Materialismusstreit des 19. Jh.s stellt Lange im I. Buch materialist. Theorien von Demokrit bis zur Aufklärung vor. Im II. Buch wird der von der Fülle neuer naturwissenschaftlicher Ergebnisse zehrende Materialismus nach Kant unter systemat. Gesichtspunkten diskutiert: das mechanist. Erklärungsideal wird als notwendige Methode der Wissenschaft anerkannt; seine Verabsolutierung zur Deutung der Gesamtwirklichkeit jedoch mit Hilfe des Kantschen Kritizismus zurückgewiesen. Kant habe gezeigt: nicht unsere Vorstellungen richten sich nach den Gegenständen, sondern der Gegenstand der Erfahrung wird durch aprior. Bedingungen unseres Erkenntnisvermögens konstituiert. Lange deutet das Apriori Kants jedoch sinnesphysiolog. – um den Preis der ›Reinheit‹ des kritischen Standpunktes (H. Cohen). Fordert exakte Wissenschaft zwar die Ablehnung aller Metaphysik, so bedarf der Mensch zur ethischen Orientierung doch ganzheitlicher Weltdeutungen. Freie Begriffsdichtungen müssen zu diesem Zweck einen ›Standpunkt des Ideals‹ erschaffen (expliziter Bezug zu F. Schiller). – Die Wiederbelebung der kritischen Methode ließ Lange zum Mitbegründer der Marburger Schule des Neukantianismus und mittelbar zum Anreger der Metaphysikkritik der modernen Wissenschaftstheorie werden.

Ausg.: Hg. und eingel. von A. Schmidt, 2 Bde., 1974 (stw 70).
Lit.: H. Ostler, Recht und Unrecht des Materialismus nach F. A. Lange, 1913.

Th. Herfurth

Geschichte und Klassenbewußtsein. Studien über marxistische Dialektik, Georg Lukács; EA Berlin 1923.

Das verschiedene zwischen 1919 und 1922 entstandene Aufsätze sammelnde frühe Hauptwerk Lukács' unternimmt den Versuch, die in der Tradition der II. Internationalen als überwunden deklarierte dialekt.-hegelian. Dimension des Marxismus im Rahmen einer Aktualisierung seines revolutionären Charakters erneut zur Geltung zu bringen. – Den positivist. Deutungen des Marxismus sowie dem Empirismus überhaupt wirft Lukács vor, daß sie aufgrund der Annahme, in der Wirklichkeit feste Tatsachen feststellen zu können, dazu beitragen, deren wesentliche Geschichtlichkeit zu verhüllen und damit das Bestehende ideolog. zu verteidigen. Nur die dialekt. Totalitätsbetrachtung, d. h. das Erkennen eines Gegenstandes aus seiner Funktion in einer bestimmten Totalität, ist fähig, die Geschichtlichkeit aller sozialen Tatsachen und die Wirklichkeit selbst als gesellschaftliches Geschehen zu begreifen. Die dialekt. Methode ist daher in ihrem innersten Kern eine histor.; die Rede von einer ›Dialektik der Natur‹ ist deshalb falsch, weil das, was jeweils als Natur gilt, stets gesellschaftlich bedingt bleibt. Ebenso ist die Abbildtheorie abzulehnen: Sie setzt einerseits das starre Gegenüber von Denken und Sein voraus und impliziert andererseits ein bloß anschauend-kontemplatives Verhalten des Menschen; der Materialismus selbst kommt einem Platonismus mit verkehrtem Vorzeichen gleich. Der Materialismus ist ein Reflex des das ganze gesellschaftliche Leben im Zeitalter des Kapitalismus bestimmenden Phänomens der Verdinglichung, das Lukács im Rückgriff auf Marx' Analyse des Warenfetischismus beschreibt (Beziehungen zwischen Personen erhalten den Charakter einer Dinghaftigkeit; eine ›gespenstige Gegenständlichkeit‹). Um dem aktiven, weltverändernden, d. h. revolutionären Aspekt des Marxismus gerecht zu werden, bedarf es darum einer dialekt. Identitätsphilosophie (Identität von Subjekt und Objekt, Denken und Sein), die uns die Welt, anstatt als eine dem Subjekt ein für allemal schicksalhaft gegenüberstehende Gegebenheit, vielmehr als die werdende Tätigkeit eines identischen Subjekt-Objekts sehen zu lassen vermag. Daß Hegel sein identisches Subjekt-Objekt auf einer übergeschichtlichen Ebene zu finden gezwungen war, es in der mythologisierenden Gestalt eines Weltgeistes konzipierend; daß die Dialektik bei ihm letzten Endes in die kontemplative Dualität von Subjekt und Objekt zurückgefallen war, ist darauf zurückzuführen, daß das wirkliche Subjekt-Objekt der Geschichte, das Lukács nun im Klassenbewußtsein des Proletariats erblickt, noch nicht in Erscheinung getreten war. – Lukács' Buch gilt als eines der grundlegenden Werke des sog. westlichen Marxismus und übte u. a. auf die Entwicklung der Frankfurter Schule und die linksradikale Kritik an sozialdemokrat. Positionen einen entscheidenden Einfluß aus.

Ausg.: Werke, Bd. II, 1968.
Lit.: F. CERUTTI/D. CLAUSSEN u. a., Geschichte und Klassenbewußtsein heute, 1971.

I. FEHÉR

Der geschlossne Handelsstaat. Ein philosophischer Entwurf als Anhang zur Rechtslehre und Probe einer künftig zu liefernden Politik, Johann Gottlieb FICHTE; EA Tübingen 1800.

Mit dem Entwurf eines merkantilist., autarken und sozialen Ständestaates liefert Fichte eine der geschlossensten polit. Konkretisierungen seiner rechtsphilosoph. Grundideen. – Als Ziel nennt Fichte die Errichtung eines nach reinen Vernunftprinzipien gestalteten Staats, dessen Erörterung jedoch streng auf der rechtsphilosoph. Ebene verbleibt. Die wirtschaftliche Existenzgewährung und die Sicherung eines angenehmen Lebens der Bürger bilden die Aufgabe des Staats. Die Regierung sowie der ›Lehr- und der Wehrstand‹ werden dabei nur als Diener der Gestaltung des Verhältnisses zwischen den drei für jede Nation fundamentalen Ständen der Produzenten, der Verarbeiter und der Kaufleute angesehen. Nach Fichtes Entwurf ist die beste Ausgestaltung dieses Verhältnisses nach vernünftigen Prinzipien durch die totale Kontrolle des Staates über die Wirtschaft und seine vollständige Abschließung nach außen zu erreichen. Es gibt kein Eigentum außer durch staatliche Einsetzung in dasselbe, wie es auch keinen autonomen wirtschaftlichen Sektor gegenüber dem Staatshandeln gibt. Geldpolit. soll der Staat zwar die Währung streng an das Wirtschaftswachstum koppeln und damit stabil halten, Fichte billigt ihm jedoch ausdrücklich die totale Kontrolle über das Vermögen der Bürger durch jederzeit mögliche Inflationierung zu. Die Abschließung nach außen soll in allen Richtungen zügig durchgeführt werden: wirtschaftspolit. durch Unterbindung des gesamten Außenhandels und Umstellung der heimischen Produktion auf autarke Versorgung, währungstechn. durch strenge Devisenbewirtschaftung und Abkoppelung der eigenen Währung vom Ausland und außenpolit. durch die gegenseitige Versicherung der Staaten, ihre ›natürlichen Grenzen‹ anzuerkennen und zu achten. Nur einen Sektor nimmt Fichte von der generellen Abschließung aus, den der Wissenschaft; auf ihm soll größtmöglicher internationaler Austausch herrschen. – Fichtes Handelsstaat, konzipiert als Entwurf einer völlig befriedeten internationalen Ordnung, trägt paradoxerweise deutliche Züge einer Kriegswirtschaft. So wenig er als wirtschaftspolit. Programm Bedeutung haben konnte, so weitreichend ist doch die nationale Konzeption, die hinter ihm steht, geworden.

Ausg.: J. G. FICHTE's sämtliche Werke, Bd. III, hg. von I. H. Fichte 1845 (Repr. 1965).
Lit.: B. WILLEMS, Die totale Freiheit. Fichtes polit. Philosophie, 1967. – K. HAHN, Staat, Erziehung und Wissenschaft bei J. G. Fichte, 1969. – Z. BATSCHA, Einleitung zu: Fichte, J. G., Ausgewählte polit. Schriften, hg. von Z. BATSCHA/R. SAAGE, 1977.

J. SCHWEIDLER

Gjentagelsen. Et Forsoeg i den experimenterende Psychologi (dän.; *Die Wiederholung*. Ein Versuch in der experimentierenden Psychologie), Sören KIERKEGAARD; EA Kopenhagen 1843 (unter dem Pseud. Constantin Constantius); dt. 1909.

Themen der philosoph.-literar. Schrift sind der für Kierkegaards Existenzdialektik wesentliche Begriff der Wiederholung sowie das Problem einer berechtigten Ausnahmeexistenz. – Der pseudonyme Autor Constantin erklärt die Möglichkeit der Wiederholung zum Problem und demonstriert dieses an der Geschichte eines jungen Mannes, der eine Verlobung eingegangen ist (den biograph. Hintergrund bildet Kierkegaards eigene Verlobungsproblematik) und nun merkt, daß er die Beziehung nicht verwirklichen kann, weil er in der Geliebten nur die Muse sucht, die ihn zum Dichter macht, nicht die Ehefrau. Er trägt die Liebe nur in der Erinnerung, nicht in der Wirklichkeit des ethischen Existierens. Durch die Lektüre des Buches Hiob gewinnt er die Hoffnung, daß er durch Eingreifen eines Höheren geläutert wird und so die Beziehung gelingen kann. Als der Konflikt sich unerwartet dadurch löst, daß die Geliebte sich anderweitig verheiratet, glaubt er die Wiederholung nun an sich so zu erfahren, daß er dadurch sich selbst in seiner Freiheit wiedergegeben wird, obwohl sie nicht von ihm selbst geleistet wurde, sondern durch ein äußeres Ereignis. Die hier vorgeführte Existenzweise des Dichters ist ein Beispiel für eine Ausnahme vom Allgemein-Ethischen (hier die Ehe), die als solche nur berechtigt ist, wo sie im Abmühen am Allgemeinen sich behauptet hat. Der Begriff der Wiederholung, soweit er hier angesprochen wird, meint »die Wirklichkeit und den Ernst des Daseins«. Sie gibt dem Existieren Kontinuität und Geschichtlichkeit, ohne die sich das Leben in die Flüchtigkeit des Beliebigen auflöst. So grenzt sich die Wiederholung auch von der Erinnerung ab. Was nur erinnert wird, verbleibt im Modus der Vergangenheit; was wieder-geholt wird geht in die Gegenwart der Wirklichkeit ein, um sich darin zur Zukunft hin zu verhalten.

Ausg.: Dt., von E. Hirsch, 1980. – Dt., von L. Richter, 1984.
Lit.: V. Guarda, Die Wiederholung, 1980.

F.-P. Burkard

Gnothi seauton, sive ethica (gr./lat.; *Erkenne dich selbst, oder Ethik*), Arnold Geulincx; EA Amsterdam 1675 (1665 1. Teil); dt. 1948 Ethik oder über die Kardinaltugenden (= Erste Abhandlung).

Die moralphilosoph. Schrift ist in ihren Traktaten II–VI Teil des postum veröffentlichten Nachlasses. Sie führt die Grundgedanken der 1665 veröffentlichten *Ethica* weiter aus. Kernpunkt dieser rationalen Moralphilosophie ist die Lehre von der Tugend als einer ›Liebe der rechten Vernunft‹. Das moral. Handeln kann demnach von einer allgemeinen, göttlich begründeten Vernunft abgeleitet werden. Als Kardinaltugenden gelten Fleiß (eifriges Achten auf die Vernunft), Gehorsam (Befolgen der Vernunftgebote), Gerechtigkeit (Vermeiden des Zuviel und Zuwenig) und Demut (Geringachtung seiner selbst). Indem Geulincx in Abhängigkeit von seinem okkasionalist. Denken Handlungsabsicht und Resultat strikt trennt, liegt der moral. Wert ausschließlich in der vernunftgemäßen Handlungsabsicht begründet. Da als wesentliches formales Prinzip zudem gilt, nichts zu wollen, wo man nichts vermag, ist das moral. Handeln an eine vorgängige Kenntnis der conditio humana gebunden. Als Resultat der Tugend können keine äußeren Konsequenzen und keinerlei Belohnung in Aussicht gestellt werden, wohl aber innerer Friede mit sich selbst und Gott. Deutlich sind der gegen Aristoteles gerichtete, sokrat. beeinflußte Ansatz, der auf die Kantsche Ethik vorausweist, und die Affinitäten zum jansenist. und calvinist. Menschenbild.

Ausg.: Lat., Sämtliche Schriften, Bd. III, 1968.
Lit.: A. De Lattre, L'occasionalisme d'A. Geulincx, 1967.

R. Behrens

Götzen-Dämmerung, oder: Wie man mit dem Hammer philosophiert, Friedrich Nietzsche; EA Leipzig 1889.

Unter Ausschöpfung aller früher erprobten Darstellungsformen – vom Aperçu über den längeren Aphorismus bis hin zur kurzen Abhandlung – läßt Nietzsche in dieser Spätschrift seine Leitgedanken Revue passieren. ›Götze‹ bedeutet ›das, was bisher Wahrheit genannt wurde‹ – seien es die ›modernen Ideen‹ oder die ›ewigen Wahrheiten‹ einer angeblichen philosophia perennis. Im zweiten der insgesamt zehn Abschnitte befaßt sich Nietzsche wie schon in →*Die Geburt der Tragödie* mit Sokrates, den er jetzt mit neuen Begriffen (décadence, Ressentiment, Moralgenealogie) rekonstruiert. In Sokrates versuche die griechische décadence, mit Hilfe einer ausschließlichen Herrschaft des Intellekts und einer nivellierenden Gleichheitsmoral ihren physiolog. Niedergang aufzuhalten. In den Folgeabschnitten erläutert Nietzsche die ›Idiosynkrasien‹ der Philosophen. Den ›Begriffs-Götzendienern‹ wirft er ›Mangel an histor. Sinn‹ vor, Verleugnung des Werdens und Sinnenfeindschaft. Sie würden ›die allgemeinsten, die leersten Begriffe‹ als Realität betrachten und der ›Verführung durch die Sprache‹ erliegen. Vernunft sei ›Sprach-Metaphysik‹. Sie führe zu falscher Substantialisierung, falschen Gegensätzen und zur falschen Teilung der Welt in eine ›wahre‹ und eine ›scheinbare‹ (Vernunft und Sein contra Sinne und Werden). Der Abschnitt »Wie die ›wahre Welt‹ endlich zur Fabel wurde« bietet eine geraffte Zusammenfassung der Überwindungsgeschichte metaphys. Zweiweltenteilung. Im Abschnitt »Die vier großen Irrtümer« werden philosoph. Fehlleistungen erörtert: Verwechslung von Ursache und Folge, Annahme falscher und imaginärer Ursachen und eines freien Willens. Dem stellt Nietzsche seine eigene Konzeption eines den Willen zur Macht und die Unschuld des Werdens bejahenden Philosophierens, das eine vollkommene Fatalität allen Geschehens annimmt, entgegen. In weiteren Abschnitten attackiert Nietzsche die christliche Moral und die vom décadence-Instinkt geleitete Priester-Psychologie. In »Was den Deutschen abgeht« schimpft er klischeehaft über alles Deutsche. Hier und in den »Streifzügen eines Unzeitgemäßen« erreicht der heisere, ungeduldige Ton der Spätschriften mit ihren maßlosen Vereinfachungen und Denunzierungen einen Höhepunkt.

Ausg.: Sämtliche Werke (Kritische Studienausgabe), Bd. VI, 1980.

Lit.: A. C. Danto, Nietzsche as Philosopher, 1965. – H. J. Schmidt, Nietzsche und Sokrates, 1969. – J. Simon, Grammatik und Wahrheit, 1972.

R. Margreiter

Gorgias (gr.), Platon, entst. nach 399 v. Chr.; ED Florenz o. J. (ca. 1482–1484; lat., übers. von M. Ficino); Venedig 1513 (gr., hg. von E. Musuros); dt. 1775 Gorgias, ein Gespräch von der Redekunst.

Der umfangreiche und dramat. Dialog (zwischen Sokrates und Gorgias und vor allem Sophisten aus Gorgias' Umkreis) ist gleichsam der Höhepunkt der ›sokrat.‹ Dialoge Platons; er markiert die schärfste Auseinandersetzung mit der Sophistik und ihrem Lebensentwurf. Die (wie auch sonst in den ›sokrat.‹ Dialogen) am Modell der ›Kunst‹ (technē) ausgerichtete sokrat. Frage lautet: Wozu dient die sophist. Rhetorik? Ist sie überhaupt ›Kunst‹, d. h. an einem ›Worum-willen‹ ausgerichtet, und wenn ja, an welchem? Die Frage stellt das Problem; denn die Praxis des Lebens ist, weil sie ihr Ziel, ›Worum-willen‹, nicht außer sich, sondern in sich hat, nur bedingt im technē-Modell zu begreifen: So ist Sophistik entweder nur der Schein einer technē der Lebenspraxis, oder sie trägt dem Problem scheinbar Rechnung und bestimmt das Ziel des Lebens naturalist. als den vorgeblich in sich selbst beschlossenen Lebensprozeß selbst: Als ›gut‹ gilt dann alles, was ihn zu fördern scheint. Die sokrat. Kritik ist zweifach: Sophistik beruft sich nur auf das Gegebene, ist empeiria, und sie kann ihr Tun ebensowenig wie ihre Wertvorstellungen begründen. Vor allem reflektiert sie nicht, daß sie, wie jegliches Tun, unter der Bestimmung des Guten steht: Was auch immer einer tut, er tut es unhintergehbar um des Guten willen (denn willentlich und wissentlich schadet sich niemand selbst). Die These ist formal und muß material bestimmt werden; dies gelingt anti-naturalist. und -histor. durch die Thematisierung der Seele: Praxis ist Sorge um die Seele. Daß niemand sich wissentlich schadet, heißt dann, daß niemand freiwillig Unrecht tut, und daraus folgen die berühmten Thesen einer unbedingten Ethik: Unrechterleiden ist unter allen Umständen besser als Unrechthandeln, und wenn Unrechttun (für den Täter) das zweitgrößte Übel ist, dann ist Nichtbestrafung das größte. Die Durchsetzung der Thesen gegen die Sophisten und vor allem gegen Kallikles (und seine These vom natürlichen Recht des Stärkeren, die das Gute mit der Lust gleichsetzt) führt endlich in die entscheidende (bei Kant wieder aufgenommene) Fundamentierung der platon. Ethik: Der Tod entlastet nicht von begangenem Unrecht, sondern überantwortet die Seele vielmehr dem Totengericht. Durch die Schilderung des Gerichts holt Platon mytholog. ein, was im Begriff der Sorge um die Seele vorausgesetzt ist: das Wissen darum, daß der Mensch wesentlich nicht natural ist.

Ausg.: Platonis Opera, hg. von H. STEPHANUS, Bd. I, 1578, 447–527. – Platonis Opera, hg. von J. BURNET, Bd. III, 1903 (Repr. 1968). – Gr./Dt., Studienausgabe, Bd. II, 1973. – Dt., von K. HILDEBRANDT, 1985 (RUB 895).

Lit.: Kommentar von J. DEUSCHLE/C. W. J. CRON (1886), G. LODGE (1896), E. R. DODDS (1959), I. IRWIN (1979, mit Bibl.).

J. JANTZEN

Grammaire générale et raisonnée. Contenant les fondements de l'art de parler; expliqués d'une maniere claire & naturelle; les raisons de ce qui est commun a toutes les langues, & des principales differences qui s'y rencontrent; et plusieurs remarques nouvelles sur la langue françoise (frz.; *Allgemeine und logische Grammatik.* Enthaltend die Grundlagen der Kunst des Redens; auf klare und natürliche Weise erklärt; die logischen Grundlagen dessen, was allen Sprachen gemeinsam ist und ihrer hauptsächlichen Verschiedenheiten, sowie einige neue Bemerkungen über die französ. Sprache), Antoine ARNAULD, Claude LANCELOT; EA Paris 1660.

Die im rationalist. Geist geschriebene allgemeine, theoret.-kritische Grammatik setzt sich zum Ziel, universelle Regeln für sprachliche Prozesse zu finden und sie dem praktischen Gebrauch zugänglich zu machen. Das Werk stellt den logischen Operationen des Wahrnehmens, der Beurteilung und des Schlußfolgerns sprachliche an die Seite und bespricht im 1. Teil die für alle Sprachen als gültig postulierte, jedoch nur an der latein., französ., griechischen und hebräischen Sprache exemplifizierte Laut- und Wortbildungs- sowie Wortartenlehre (Natur der Wörter). Im 2. Teil, der Satzlehre, werden die der Proposition zugrunde liegenden, für die Urteilsbildung konstitutiven Elemente analysiert (Funktion der Wörter). – Die ›Grammatik von Port-Royal‹, die, Sprache an Logik messend, die sprachtheoret. Diskussion der Modisten wiederaufnimmt, gewann durch die sich als Universalgrammatik verstehende Generative Transformationsgrammatik von N. Chomsky wieder an Bedeutung.

Ausg.: Repr. 1972.
Lit.: R. DONZE, La Grammaire générale et raisonnée de Port-Royal, 1967.

M. LIEBER

Die Grenzen der naturwissenschaftlichen Begriffsbildung. Eine logische Einleitung in die historischen Wissenschaften, Heinrich RICKERT; EA Tübingen 1896 (1. Hälfte), 1902 (2. Hälfte), ²1913.
Die geschichts- und naturphilosoph. Untersuchung will die methodolog. und erkenntnistheoret. Grundlagen der Geschichtswissenschaft als Wissenschaft im Gegenüber zu und in Abgrenzung von dem Methodenanspruch der Naturwissenschaften klären, ohne dabei von den Besonderheiten des Materials dieser Wissenschaften auszugehen. Entscheidend ist der formale Unterschied beider Wissenschaftsansprüche, der durch eine Untersuchung der logischen Struktur der Geschichtswissenschaft bestimmt wird. Der Unterschied zwischen Natur und Geschichte ist nur formal, von ihrem jeweiligen Zugang her bestimmt. Die Methode der Naturwissenschaften ist wertfrei, generalisierend, d. h. sie abstrahiert von Individualität und ihrem Wert; die der Geschichts- oder Kulturwissenschaften ist dagegen wertbestimmt, individualisierend, d. h. sie will das Individuelle in seiner geschichtlich einmaligen kulturellen Bedeutsamkeit, in seiner Stellung inmitten des Wertzusammenhangs erkennen. Die logische Theorie der im Ausgang von Kants Kritizismus entwickelten Wertphilosophie steht im Dienst der Bekämpfung des Naturalismus, einer naturwissenschaftlichen Universalmethode und der Begründung einer an der Geschichte orientierten idealist. Philosophie (vgl. auch *Kulturwissenschaft und Naturwissenschaft*, 1899). – Ab der 2. Auflage distanziert sich Rickert von Sigwarts Logik und grenzt das Logische schärfer gegen das Psychologische ab. Weitere Auflagen wurden lediglich verbessert und unwesentlich ergänzt. Das Werk leistete einen wesentlichen Beitrag zur philosoph. Rechtfertigung des deutschen Historismus und zur Begründung anderer wichtiger Auffassungen (wie z. B. die Idee einer individuellen Kausalität); ferner bereitete es den Boden für die Unterscheidung von Wertbeziehung und Wertung vor, die im ›Werturteilsstreit‹ (M. Weber, Mannheim, Habermas) eine wichtige Rolle spielte.

Ausg.: ⁵1929.

K. BOSSONG

Griechische Kulturgeschichte, Jacob BURCKHARDT; EA Berlin/Stuttgart 1898 – 1902 (4 Bde.).
In seinem postum erschienenen Werk gibt Burckhardt die bis heute wohl lebendigste und in ihrer Art einmalige Gesamtdarstellung des antiken Griechentums. In neun über vier Bände verteilten Abschnitten behandelt der Verfasser Mythos, Staat, Religion, bildende Künste, Poesie, Musik, Philosophie, Wissenschaft, Rhetorik und den griechischen Menschen in seiner histor. Entwick-

lung. Burckhardt intendiert keine ereignisgeschichtliche Darstellung, sondern versucht, »die Geschichte der griechischen Denkweise und Anschauung zu geben«, also die Geschichte dessen, was der griechische Mensch »war, wollte, dachte, schaute, vermochte«. Burckhardts Interesse gilt den lebendigen Kräften, die hinter den von der Ereignisgeschichte vermittelten Ereignissen und Fakten im Verborgenen liegen, diese aber erst bewirken. Das Einzelne, das Ereignis, ist von Bedeutung nur im Hinblick auf das Allgemeine, nicht um seiner selbst willen. Burckhardt war sich der diesem Verfahren innewohnenden Willkürlichkeit bewußt, er selbst bezeichnet sein Vorgehen als im üblichen Sinne ›unwissenschaftlich‹ und ›subjektiv‹. Seine Darstellung des antiken Griechentums mit allen Fehlern und Leiden brach mit der idealisierenden Auffassung des Neuhumanismus (Winckelmann, Goethe) und wirkte insbes. auf Nietzsche.

Ausg.: Eingel. von W. Kaegi (nach dem Text d. Erstausg. durch J. Oeri, 1898–1902; mit der Verbesserung von F. Stühelin u. S. Merian, 1930/1931), 1956/57 (Repr. 1977).
Lit.: R. Stadelmann, J. Burckhardts ›Griechische Kulturgeschichte‹, in: Die Antike 7 (1931) – K. Löwith, J. Burckhardt. Der Mensch inmitten der Geschichte, 1966 (jetzt in: Sämtliche Schriften, Bd. VII, 1984).

K. Schütze

Großer Kommentar zur Metaphysik (Averroes) → Tafsīr mā ba'd at-tabī'ah

Grundgesetze der Arithmetik. Begriffsschriftlich abgeleitet, Gottlob Frege; EA Jena 1893 (Bd. I), 1903 (Bd. II).
Freges philosoph.-mathemat. Hauptwerk gilt als erste umfassende und präzise Durchführung des Logizismus, demzufolge mathemat. Begriffe mittels logischer definierbar und mathemat. Lehrsätze mittels logischer beweisbar sind: Logik in einem weiten, auch die Mengenlehre umfassenden Sinn ist die Basis der Mathematik. – Das programmat. »Vorwort« bietet u. a. eine gründliche, von Husserl in den → *Logischen Untersuchungen* aufgenommene Kritik der psychologist. Logikauffassung. Das zweibändige Werk zerfällt in drei Teile. Unter korrigierender, und erweiternder Aufnahme der in der → *Begriffsschrift*, in → *Function und Begriff* und in → *Über Sinn und Bedeutung* erzielten Resultate entwickelt Teil 1, »Darlegung der Begriffsschrift«, eine syntakt. und semant. Behandlung der Quantorenlogik zweiter und höherer Stufe mit Identität. Dabei werden auch die Wertverläufe von Funktionen, im wichtigen Spezialfall die Begriffsumfänge von Begriffen (= die Mengen), mittels des Grundgesetzes V so etabliert, daß »wir die Allgemeinheit einer Gleichheit in eine Werthverlaufsgleichheit umsetzen und umgekehrt«. In Befolgung eigens erarbeiteter Richtlinien des Definierens liefert Frege in Anknüpfung an die → *Grundlagen der Arithmetik* Definitionen arithmet. Grundbegriffe, z. B. des Anzahlbegriffs und des Folgens in einer Zahlenreihe. Teil 2, der sich bis in Band II erstreckt, bietet auf dieser begrifflichen Grundlage »Beweise der Grundgesetze der Anzahl«. So hält z. B. der erste Lehrsatz fest, daß Anzahlgleichheit zweier Begriffe genau im Falle einer eineindeutigen Abbildbarkeit vorliegt. Dem Beweis (»Aufbau«) geht jeweils eine Beweisheuristik (»Zerlegung«) voran. Teil 3, »Die reellen Zahlen«, umfaßt, vorbereitet durch eine Vervollständigung der

Definitionslehre, eine Auseinandersetzung mit zeitgenöss. Theorien der Irrationalzahlen sowie erste Schritte zur Definition der reellen Zahlen. In einem ursprünglich nicht geplanten »Nachwort« bezieht Frege Stellung zu der ihm von Russell 1902 mitgeteilten Ableitbarkeit der Antinomie der Menge aller sich nicht selbst als Element enthaltender Mengen im System der »Grundgesetze«. Der Defekt wird im Grundgesetz V lokalisiert, genauer in der Umwandlung einer Wertverlaufsgleichheit in die Allgemeinheit einer Gleichheit. Der angedeutete Ausweg erwies sich – unter Freges eigenen Prämissen – später als ungangbar. – Dem exzeptionellen Explizitheitsniveau des Werkes ist es zu danken, daß man in der Folgezeit die Antinomien nicht mehr als Kuriosa vernachlässigte, sondern ins Zentrum der Aufmerksamkeit rückte: große Teile der weiteren Entwicklung der mathemat. Grundlagenforschung bis in die Gegenwart lassen sich als Reaktion auf die Antinomien lesen.

Ausg.: Repr. 1966.

Lit.: C. THIEL (Hg.), Frege und die moderne Grundlagenforschung, 1975. – M. DUMMETT, Frege. Philosophy of Mathematics, i. E.

G. SIEGWART

Die Grundlage der allgemeinen Relativitätstheorie, Albert EINSTEIN; EA Leipzig 1916.

Die Monographie faßt die Bestrebungen Einsteins, die spezielle Relativitätstheorie (SRT) zu einer allgemeinen Relativitätstheorie (ART) zu erweitern, zusammen. – Nach Einstein leiden sowohl die SRT als auch die klassische Mechanik (KM) an einem (zuerst von Mach entdeckten) erkenntnistheoret. Mangel: Beide setzen absolute Beschleunigungen voraus, woraus folgt, daß die physikal. Gesetze nur in bezug auf nichtbeschleunigte Bezugssysteme gelten, obwohl es keinen beobachtbaren Unterschied zwischen beschleunigten und nicht-beschleunigten Bezugssystemen gibt. Um solche Bezugnahme auf unbeobachtbare Ursachen zu vermeiden, stellt Einstein das Prinzip der allgemeinen Kovarianz auf: Physikal. Gesetze müssen durch Gleichungen ausgedrückt werden, die in allen Koordinatensystemen gelten, d. h. durch Gleichungen, die unter beliebigen Koordinatensubstitutionen kovariant sind. Die SRT und die KM weisen nach Einstein auch einen physikal. Mangel auf. Schwere und träge Masse seien einander stets gleich, obwohl die SRT und die KM sie als grundsätzlich verschiedene Größen betrachten. Wegen dieser zufälligen numer. Gleichheit, könne ein Beobachter in einem beschleunigten System nicht bestimmen, ob er ›wirklich‹ beschleunigt ist, weil dieselben Beschleunigungserscheinungen auch innerhalb eines in einem Gravitationsfeld ruhenden Koordinatensystems beobachtet werden können. Eine zulässige Theorie müsse also dem Äquivalenzprinzip genügen, welches die Gleichheit von schwerer und träger Masse als notwendig festlegt; deshalb ist die ART zugleich eine Gravitationstheorie. Die erwähnten Forderungen sind durch einen kovarianten Tensor zweiten Ranges erfüllt, der die Krümmung der vierdimensionalen, raumzeitlichen Mannigfaltigkeit und dadurch die Stärke des Gravitationsfeldes bestimmt.

Lit.: A. PAIS, ›Subtle is the Lord. . .‹. The Science and the Life of A. Einstein, 1982.

D. A. HOWARD

Grundlage der gesamten Wissenschaftslehre als Handschrift für seine Zuhörer, Johann Gottlieb FICHTE; EA Jena/Leipzig 1794/95.

Die theoret. Grundlegung des philosoph. Systems Fichtes beansprucht für sich, die Prinzipien jeder möglichen Behauptung der Philosophie und den obersten Einheitspunkt aller Wirklichkeit freizulegen. – Die Einheit des Wissens als Bedingung dafür, daß es überhaupt Objekte und damit auch ein Subjekt des Wissens geben kann, soll auf dem Wege der Reduktion erfaßt werden: Aus den Tatsachen, wie wir sie im Bewußtsein kennen, ist alles wegzudenken, was weggedacht werden kann. Übrig bleibt das Denken selbst, das Fichte als Tathandlung erklärt, aufgrund derer die Tatsachen – aber auch die Individuen, deren Bewußtsein die Tatsachen wahrnimmt – erst konstituiert werden. Diese Tathandlung beschreibt Fichte mit dem obersten Grundsatz der Identität des Wissens: Das Ich setzt ursprünglich schlechthin sein eigenes Sein. Allerdings ist das Wissen gerade von seiner absoluten Einheit her nicht ausreichend beschrieben, denn unser Wissen ist ein Wissen von Verschiedenem; um als Wissen gewußt werden zu können, muß es an Anderem seine Grenze finden. Darum lautet der zweite, bedingte, aber nicht minder notwendige Grundsatz: Dem Ich wird schlechthin entgegengesetzt ein Nicht-Ich. Der damit aufgestellte Widerspruch muß im dritten Grundsatz gelöst werden, der die Realität als unaufhebbares Miteinander von Subjektivität und Objektivität begreift: Ich setze im Ich dem teilbaren Ich ein teilbares Nicht-Ich entgegen. Dieser Satz wird analysiert in seine beiden Teile: Das Ich setzt das Nicht-Ich, als beschränkt durch das Ich, sowie: Das Ich setzt sich selbst, als beschränkt durch das Nicht-Ich. Letzterer ergibt den theoret., ersterer den praktischen und damit beide die beiden Hauptteile der Grundlagen des Wissens. Der theoret. Teil analysiert die Wechselwirkung von Ich und Nicht-Ich. Insofern sich das Ich als bestimmt erfährt, schreibt es dem Nicht-Ich Realität zu. Das Nicht-Ich ist real, insofern das Ich rezeptiv ist bzw. sich als gebunden und damit beschränkt erfährt. Da jedoch im Ich die oberste Einheit des Wissens liegt, muß die Beschränktheit als Selbstbeschränkung gedacht werden, steht also das Ich mit sich selbst in Wechselbestimmung. Seine an sich ins Unendliche gehende Tätigkeit muß einen theoret., nicht weiter ableitbaren Anstoß erfahren, durch den sie sich reflektiert und zur Vorstellung mit qualitativ gegebenem Inhalt bestimmt wird. Der Widerspruch zwischen unendlicher Tätigkeit und Begrenzung, durch den Bewußtsein konstituiert ist, wird im praktischen Teil der Grundlage des Wissens dadurch geklärt, daß das Ich als ein Streben gekennzeichnet wird: es strebt danach, unendlich zu sein, ist also immer im Zwiespalt zwischen idealem Ziel und tatsächlicher Begrenzung. Indem das Ich die absolute Kausalität, die unendliche Übereinstimmung mit dem Objekt fordert, setzt es dieses gerade als Objekt. Streben und Gegenstreben gehören zum Ich, setzen es aber mit sich selbst in Widerspruch; den Zwang, von dem eigenen ursprünglichen Streben abzuweichen, interpretiert Fichte als Gefühl. Dieser Zwang oder Anstoß ist aber zugleich die Bedingung dafür, daß das Ich um sein Streben (Fichte spricht vom Trieb) und damit um sich weiß und sich selbst bestimmen kann. – Das Werk bedeutete für Fichte den Durchbruch zum eigenen System; es wird allerdings erst in den Wissenschaftslehren von 1801, 1804 und 1812, die zu Fichtes Lebzeiten nicht mehr gedruckt worden sind, ausführlich dargestellt.

Ausg.: Gesamtausgabe der Bay. Ak. d. Wiss. Bd. I, 2, hg. von R. LAUTH/H. JACOB, 1965 (Studienausgabe 1969). – 1979 (PhB 246).
Lit.: M. Wundt, J. G. Fichte, 1927 (Repr. 1976). – D. HENRICH, Fichtes ursprüngliche Einsicht, in: Subjektivität und Metaphysik. Festschrift für W. Cramer, 1966.

W. SCHWEIDLER

Grundlage des Naturrechts nach Prinzipien der Wissenschaftslehre, Johann Gottlieb FICHTE; EA Jena/Leipzig 1796/97.

In der im Anschluß an die Wissenschaftslehre von 1794/95 entwickelten systemat. Theorie des Rechts und des Staates versucht Fichte, das Rechtsverhältnis einer Vielzahl von Individuen als Bedingung des Selbstbewußtseins abzuleiten. – Ausgangspunkt ist das seiner selbst bewußt werdende Ich als Inbegriff der Einheit von Subjekt und Objekt. Ein Sein unabhängig vom Bewußtsein ist undenkbar. Bewußtsein, das sich selbst erfaßt, ist aber notwendig an ein Handeln gebunden: Das vernünftige Wesen setzt sich selbst in einem tätigen Akt. Die Welt ist das Ich, das sich in seinen Grenzen anschaut; um auf Grenzen zu stoßen, muß seine Wirksamkeit zugleich frei und gehemmt sein. Der hierin liegende Widerspruch ist gelöst in der Forderung zu handeln, die dem Ich als Sollen begegnet. Nur in dieser ihm begegnenden Forderung zum Handeln hat das Ich den Begriff seiner eigenen Freiheit und Selbsttätigkeit. Die Forderung eines freien, nicht erzwungenen Aktes kann an das Ich jedoch nur von einem Wesen herangetragen werden, das selbst frei und seiner bewußt ist. Insofern bildet eine Mehrzahl individueller Wesen eine Möglichkeitsbedingung des Selbstbewußtseins. Das Verhältnis, unter dem allein ein endliches vernünftiges Wesen sich mit anderen seinesgleichen zusammen denken kann, ist das Verhältnis des Rechts, d. h. der gegenseitigen Beschränkung der Freiheit. Aus diesem Verhältnis leitet Fichte sodann die Rolle des menschlichen Leibes sowie in der Anwendung des Rechtsbegriffs, der eigentlichen Rechtslehre das Urrecht der Person (persönliche Unverletzlichkeit, Unabhängigkeit, Eigentum), das Strafrecht und das auf dem Staatsvertrag beruhende Staatsrecht, ab. Zwei Anhänge behandeln das Familien- sowie das Völkerrecht. – Während Fichte die staatstheoret. Positionen dieser frühen Schrift später weitgehend überwunden hat, bildet der Gedanke des Rechtsverhältnisses eine wichtige Denkfigur, die auch im Zusammenhang mit der Wissenschaftslehre immer zentraler wird.

Ausg.: Gesamtausgabe der Bay. Ak. d. Wiss., Bd. I, 3, hg. von R. LAUTH/H. JACOB, 1966.
Lit.: M. WUNDT, J. G. Fichte, ^{2}1976. R. SCHOTTKY, Untersuchungen zur Geschichte der staatsphilosoph. Vertragstheorien im 17. und 18. Jh. (Hobbes – Locke – Rousseau – Fichte), 1962.

W. SCHWEIDLER

Die Grundlagen der Arithmetik. Eine logisch mathematische Untersuchung über den Begriff der Zahl, Gottlob FREGE; EA Breslau 1884.

Das wie die →*Begriffsschrift* der Vorbereitung der →*Grundgesetze der Arithmetik* dienende Werk expliziert auf der Basis histor.-kritischer Untersuchungen den Anzahlbegriff und klärt den Status arithmet. Aussagen. – Die ›Einleitung‹ hebt drei ›Grundsätze‹ hervor: Psycholog. u. Logisches sind scharf zu trennen, nach der Bedeutung der Wörter muß im Satzzusammenhang gefragt werden, Begriff und Gegenstand sind zu unterscheiden. Teil 1, »Meinungen einiger Schriftsteller über die Natur der arithmetischen Sätze«, erörtert u. a. die Auffassungen von Leibniz, Kant u. Mill. Es wird die später erhärtete Vermutung der Analytizität arithmet. Sätze geäußert und es wird deutlich, daß sich die einzelnen – vom allgemeinen Anzahlbegriff zu unterscheidenden – Zahlen aus der Eins mittels Vermehrung um Eins ergeben; dazu muß jedoch der Anzahlbegriff verfügbar sein. Die damit in den Teilen 2 und 3 anstehende Prüfung der »Meinungen einiger Schriftsteller über den Begriff der Anzahl« und der »Meinungen über Einheit und Eins« führt zu der Einsicht, »dass die Zahlangabe eine Aussage von einem Begriff enthalte«. Der zweite Abschnitt des zentralen 4. Teils, »Der Begriff der Anzahl«, trägt als Titel die These: »Um den Begriff der Anzahl zu gewinnen, muß man den Sinn einer Zahlengleichung feststellen.« Gesucht ist eine Erklärung von Aussagen der Art: ›die Zahl, welche dem Begriffe F zukommt, ist dieselbe, welche dem Begriffe G zukommt‹, und Frege formuliert als Explizitdefinition: »die Anzahl, welche dem Begriffe F zukommt, ist der Umfang des Begriffes ›gleichzahlig dem Begriffe F‹«. Durch Etablierung elementarer arithmet. Begriffe und Lehrsätze wird die Fruchtbarkeit dieser Anzahlbestimmung vorgeführt. Im »Schluss« kommt Frege auf die Analytizität arithmet. Sätze zurück, überprüft die in der zeitgenöss. Mathematik praktizierten Zahlbereichserweiterungen, um endlich die Untersuchung prägnant zu resümieren. – Die zeitgenöss. Rezeption war teilweise in Mißverständnissen befangen und vermochte die Bedeutung des Werkes nicht zu erkennen. Die Langzeitwirkung ist verbunden mit dem Schicksal des Logizismus, dessen von Frege hier noch ignoriertes Kernproblem, die Rede von Begriffsumfängen (= Mengen), sich im Definiens des Anzahlbegriffs bereits andeutet. Unabhängig davon bleibt die Studie für die – auch heute noch offene – Debatte um die Einführung durch Abstraktion eine klassische Quelle.

Ausg.: Repr. 1961. – Hg. u. eingel. von C. Thiel, 1986.

G. Siegwart

Grundlagen der Mathematik, David Hilbert/Paul Bernays; EA Berlin 1934 (Bd.I), 1939 (Bd. II).

Das der Philosophie der Mathematik zugehörige Werk verfolgt das sog. ›Hilbertsche Programm‹, die herkömmliche Mathematik insgesamt als widerspruchsfrei zu erweisen. Damit sollten Zweifel vieler damaliger Mathematiker an den abstrakten Begriffsbildungen der modernen Mathematik sowie der Anwendung der klassischen Logik auf unendliche Gegenstandsbereiche zerstreut werden. Ein Widerspruchsfreiheitsbeweis hat nach Meinung der Autoren mit unbedenklichen, sog. ›finiten‹

Methoden zu geschehen, die sich nur auf endliche, konkrete Objekte und anschauliche Operationen mit diesen Objekten beziehen. Die Frage der Widerspruchsfreiheit einer Theorie kann nur mit finiten Methoden angegangen werden, wenn diese Theorie vollständig formalisiert wird. Den Aussagen und Beweisen der Theorie entsprechen dann konkrete Symbolfiguren eines formalen Systems; von der inhaltlichen Deutung der Symbole wird abgesehen. Die Autoren konnten ihr Vorhaben nur teilweise durchführen. Gödels berühmte Entdekkung, daß die Widerspruchsfreiheit der meisten Theorien nur durch Methoden, die über die jeweilige Theorie hinausgehen, erwiesen werden kann, erschwerte die Bedingungen für die Durchführung des Hilbertschen Programms beträchtlich. Gleichwohl hatte das Werk einen maßgeblichen Einfluß auf die Entwicklung der mathemat. Logik und Beweistheorie.

Ausg.: 2., erw. Aufl. 1968 (Bd.I), 1970 (Bd. II).

Lit.: G. Kreisel, Hilbert's Programme, in: P. Benacerraf/H. Putnam (Hg.), Philosophy of Mathematics, [2]1983.

B. Seibt

Grundlegung zur Metaphysik der Sitten, Immanuel Kant; EA Riga 1785, [2]1786.

In dem Werk verfolgt Kant das Ziel, das »oberste Prinzip der Moralität« (AA IV 392) zu ergründen. – Im ersten Abschnitt geht er von der Einsicht aus, daß es nichts gibt, »was ohne Einschränkung für gut könnte gehalten werden, als allein ein guter Wille« (AA IV 393). Schlechthin gut aber ist ein Wille nur, wenn er frei ist gegenüber zufälligen empirischen Bestimmungsgründen, d. h. wenn allein die Vernunft sein Bestimmungsgrund ist. Da die durch reine Vernunft gebotenen Handlungen Pflichten sind, ist nur derjenige Wille absolut gut, der aus Pflicht die Pflichterfüllung will. »Pflicht ist die Notwendigkeit einer Handlung aus Achtung vor dem Gesetz« (AA IV 400). Das Pflichtgesetz aber kann nur ein Gesetz der Vernunft sein; denn allein die Vernunft kann der Handlung die Form der Allgemeinheit und Notwendigkeit geben. Im zweiten Abschnitt legt Kant dar, daß der Begriff der Pflicht nicht ein Erfahrungsbegriff ist, sondern daß der Pflichtbegriff »in der Idee einer den Willen durch Gründe a priori bestimmenden Vernunft« (AA IV 408) begründet ist. Die moral. Pflicht ist also nicht mit Rücksicht auf irgendwelche Güter oder Ziele des Handelns, sondern allein mit Bezug auf die Instanz der Vernunft als dem Formalprinzip der Willensbestimmung zu definieren. Da der Mensch sinnlich-endliches Vernunftwesen ist und da deswegen der menschliche Wille einerseits das Vermögen ist, nach objektiven Vernunftgesetzen zu handeln, andererseits aber auch durch subjektive Triebfedern (Neigungen) beeinflußbar ist, hat für uns das Sittengesetz die Gestalt eines kategor. Imperativs. Dieser kategor. Imperativ, der ein »synthetisch-praktischer Satz a priori« (AA IV 420) ist, lautet in seiner rein formalen Gestalt: »Handle nur nach derjenigen Maxime, durch die du zugleich wollen kannst, daß sie ein allgemeines Gesetz werde« (AA IV 421). Der dritte Abschnitt leitet über zur Kritik der praktischen Vernunft und betont, daß Freiheit des Willens nicht nur negativ als Unabhängigkeit von Naturkausalität, sondern auch positiv als Eigengesetzlichkeit der Vernunft (Autonomie) wirklich ist. Die Gültigkeit des Sittengesetzes ist der Grund dafür, die Freiheit, die theoret. nicht beweisbar ist, als wirklich vorauszusetzen.

Ausg.: Gesammelte Schriften (Akademie-Ausgabe), Bd. VI, 1907 (Repr. 1968).

Lit.: K. AHLES, Kants Sittenlehre im Anschluß an dessen ›Grundlegung zur Metaphysik der Sitten‹, 1913. – G. KRÜGER, Philosophie und Moral in der Kantischen Kritik, 1931. – A. R. C. DUNCAN, Practical Reason and Morality. A Study of I. Kant's ›Foundations for the Metaphysics of Morals‹, 1957. – J. SCHMUCKER, Die Ursprünge der Ethik Kants in seinen vorkrit. Schriften und Reflexionen, 1961.

G. MALUSCHKE

Grundlinien der Philosophie des Rechts oder Naturrecht und Staatswissenschaft im Grundrisse, Georg Wilhelm Friedrich HEGEL; EA Berlin 1821.

Thema des Werkes ist der Begriff des Rechts und dessen geschichtliche Verwirklichung. Grundlage dafür ist der freie Wille, der in der Einleitung (§ 1–33) systemat. entwickelt wird. Die Freiheit des Willens besteht darin, daß der Wille in seinem anderen, dem Gewollten, nur von sich selbst bestimmt ist. Der Wille drückt die Einheit der Allgemeinheit und der Besonderheit des Wollens aus. Diese beiden Momente sind die Möglichkeit, von allem abstrahieren zu können, und die Notwendigkeit, einen bestimmten Zweck als seinen Gegenstand zu setzen. In diesem Sinne wird der Wille als ein konkret allgemeiner Wille aufgefaßt. Das ›Dasein des freien Willens‹ in den geschichtlich-gesellschaftlichen (›objektiven‹) Institutionen macht den Rechtsbegriff aus. Aufgabe und Methode der Rechtsphilosophie ist demnach, die dialekt. Bewegung darzustellen, wodurch Freiheit im positiven Rechtssystem zur Verwirklichung kommt bzw. gekommen ist, angefangen von den Erscheinungsformen des abstrakten Rechts (§ 34–104), der Moralität (§ 105–141) bis zur Sittlichkeit (§ 142–360). Denn die Philosophie ist ›ihre Zeit in Gedanken erfaßt‹ und erscheint erst, wenn ›die Wirklichkeit ihren Bildungsprozeß abgeschlossen hat‹. Wie bereits im doppelten Titel angedeutet, versteht sich das Werk als Versuch, die moderne Antithese zwischen Naturrecht und Staatswissenschaft bzw. Moral und Politik vor dem Hintergrund der Französ. Revolution und deren Freiheitsprinzip einerseits, in kritischer Anknüpfung an die klassische Politik andererseits, zu überwinden. – Die traditionell durch ihre Rechtsfähigkeit definierte Person bildet das erste, noch unmittelbare Dasein des Rechts, das sich die Freiheit im Privateigentum gibt; dann wird es im Vertrag zum Verhältnis der Personen zueinander und geht endlich, indem sich der Wille in besonderen und allgemeinen unterscheidet, in Unrecht über. Das durch Strafe wiederhergestellte Recht führt zur Einheit des Rechts und des subjektiven Willens auf der Stufe der moral. Handlung. Deren Triebkräfte, Kriterien und Wirkungen, nämlich Vorsatz und Absicht, das Gewissen, das Wohl, das Gute und die Schuld werden in Auseinandersetzung mit Kants praktischer Philosophie und insbes. mit deren Trennung von Moralität und Legalität abgehandelt. Auf dem Standpunkt der Moralität, deren Prinzip die unhintergehbare ›unendliche Subjektivität der Freiheit‹ ist, holt der freie Wille die äußerlichen Bestimmungen des abstrakten Rechts in die Innerlichkeit des Subjekts ein und setzt sie als die seinigen. Aufgrund dieser Zurücknahme führt der moral. Handelnde seine Zwecke aus; sofern aber das Gute, zu dem er sich verpflichtet weiß, bloß als ein Sollen ausgesprochen wird, setzt sich die Autonomie des Subjekts in Unbestimmtheit um, von der aus keine konkreten Pflichten erzeugt werden können. Dieser Formalismus des Kantischen Moralprinzips wird für Hegel erst in der Sittlichkeit aufgelöst. Die am Vorbild der Polis orientierte Sittlichkeit meint die Einheit der Individuen mit den ›sittlichen Mächten‹ eines Volkes und Staates. In Sitte und Gewohnheit als einer zweiten Natur des Menschen ist der Wille mit dem Allgemeinen des Guten vereint; die Pflichten erweisen sich sodann als Bedingungen zur Konkretisierung der Freiheit. Familie und Staat, die für Hegel nicht auf einer vertraglichen Vereinbarung, sondern auf Liebe bzw. Volksgeist beruhen, sind die Realitäten des sich objektivierenden Geistes, d. h. der sich verwirklichenden Freiheit. Zwischen ihnen steht die bürgerliche Gesellschaft, die allerdings keine ›sittliche Substanz‹, sondern die Arena von Privatinteressen ist, die ein ›System der Bedürfnisse‹ und ihrer Befriedigung durch arbeitsteilige Produktion bildet. Zur Sicherung von Person und Eigentum sind Rechtspflege einer-, Polizei und Korporationen andererseits bestimmt. Die Desintegration der bürgerlichen Gesellschaft wird allein durch ihr Eingeordnetsein im Staate aufgehoben. Sich im Staat zu vereinigen und dadurch ein allgemeines Leben zu führen bildet für Hegel die höchste Pflicht und Bestimmung der Menschen. Nach der Darstellung der innerstaatlichen Organisation, die in der konstitutionellen Erbmonarchie gipfelt, behandelt Hegel das Verhältnis der Staaten zueinander (äußeres Staatsrecht), die als die eigentlichen Subjekte der Weltgeschichte ausgezeichnet werden. Nach der in der Vorrede behaupteten Übereinstimmung von Vernunft und Wirklichkeit – womit Hegel keine unkrit. Legitimation des Bestehenden, sondern die geschichtliche Wirksamkeit der in Institutionen verwirklichten Vernunft intendiert – wird die Weltgeschichte als ein teleolog. Prozeß eben der Realisation der Freiheit in der Welt gedeutet. Dieser Fortschritt erscheint in einer Folge von Staatsformen, in der die entsprechenden Volksgeister durch den Kampf um Anerkennung das Bewußtsein der Freiheit entwickeln. Dasjenige Volk, das sich des besonderen Prinzips seiner staatlichen Verfassung und seines Schicksals bewußt wird und somit die Vernunft realisiert, erhebt in der jeweiligen Epoche den Anspruch auf absolutes Recht und ist Träger der jeweils gegenwärtigen Entwicklungsstufe des Weltgeistes. Aus diesem Bewußtsein ergibt sich für Hegel das Maß an polit. Freiheit in den Hauptepochen der Geschichte. Während die Orientalen nur einen Freien, den Despoten, kannten, die Griechen und Römer einige, nämlich die Bürger der Polis und des Imperiums, haben die german. Völker die erstmals im Christentum ausgesprochene Freiheit des Menschen als Menschen zum Prinzip staatlichen Lebens erhoben. Dadurch hat sich für Hegel der Staat als Endzweck zum Bilde und zur Wirklichkeit der Vernunft entfaltet. – Das

Werk ist seit seinem Erscheinen Gegenstand divergierender Stellungnahmen, die zur Spaltung der Hegelschule in Rechts- (Alt-)Hegelianer und Links-(Jung-)Hegelianer bzw. zu konservativen (J. E. Erdmann, H. W. F. Hinrichs), liberalen (E. Gans, K. Rosenkranz, K. L. Michelet) und revolutionären (A. Ruge, der junge Marx, B. Bauer, M. Stirner, M. Hess, A. Cieszkowski) Hegel-Auslegungen führten. Der Affinität von Hegels Staatstheorie zu totalitären Ideologien (J. Binder, K. Popper) wurde durch eine in den 50er und 60er Jahren des 20. Jh.s entstandene und an Hegel und Aristoteles orientierte polit. Philosophie (E. Weil, J. Ritter) widersprochen.

Ausg.: Hg. von J. HOFFMEISTER, [4]1955. – Werke, 20 Bde., Bd. VII, 1986 (stw 607).
Lit.: M. RIEDEL, Zwischen Tradition und Revolution. Studien zu Hegels Rechtsphilosophie, [2]1982. – D. HENRICH/R.-P. HORSTMANN (Hg.), Hegels Philosophie des Rechts. Die Theorie der Rechtsformen und ihre Logik, 1982.

F. LONGATO

Grundlinien einer Kritik der bisherigen Sittenlehre, Friedrich Daniel Ernst SCHLEIERMACHER; EA Berlin 1803.

In seiner ersten von ihm selbst veröffentlichten, seit 1797 geplanten histor.-systemat. Abhandlung unterzieht Schleiermacher die Geschichte der Ethik von der Antike bis zu Kant und Fichte unter dem Gesichtspunkt ihrer wissenschaftlichen Form und ihres themat. Inhalts einer ›Formalkritik‹, indem er überprüft, welches System mit seiner Form dem Gegenstand ›Ethik als Wissenschaft‹ Genüge tut. – Im 1. Buch werden die geschichtlichen Systeme der Ethik im Hinblick auf ihre Grundsätze kritisch gesichtet. Im II. Buch wird die Übereinstimmung der ethischen Begriffe (Pflicht, Tugend, Güter, Übel) untereinander und mit den Grundsätzen überprüft. Im III. Buch werden die ethischen Systeme auf ihre formale und inhaltliche Vollständigkeit hin analysiert. Schleiermacher unterscheidet Systeme der Lust bzw. Glückseligkeit (Epikur, Shaftesbury, Ferguson, Garve) und Systeme der Tugend bzw. Vollkommenheit und Gottähnlichkeit (die Stoiker, Kant, Fichte, aber auch Aristoteles, Platon, Spinoza). Im ersten Systemtyp wird in bezug auf das Ziel der Glückseligkeit kein universelles Prinzip erreicht und man bleibt bei einer Mannigfaltigkeit ohne Einheit stehen. Im zweiten erlangt man zwar die Einheit eines obersten Prinzips, dieses ist allerdings von der Mannigfaltigkeit des konkreten sittlichen Lebens getrennt; paradigmat. sind hierfür die Ethiken Kants und Fichtes, für die Handlungen, die sich nicht unter Universalität subsumieren lassen, aus der Ethik zu eliminieren sind; so wird jedoch das Sittliche zu einem bloßen Prinzip, das den von der Natur getriebenen Willen beschränkt. Aufgabe einer künftigen Ethik ist es, zwischen diesen beiden Extremen eine Vermittlung zu finden, indem sie die Totalität sittlicher Handlungen von Individuen und Gesellschaften in einem Gesamtsystem (enthaltend: Güterlehre, Tugendlehre, Pflichtenlehre) berücksichtigt und darstellt, sowie dieses in einem obersten Prinzip (später als das Handeln der Vernunft bestimmt) verankert; dafür findet Schleiermacher bei Platon und Spinoza Ansätze, insofern sie ›objektiv‹ philosophiert haben und die Ethik nicht als Wissenschaft dessen, was sein soll, sondern der wirklichen sittlichen

Handlungen konzipiert haben. – Die histor.-systemat. Sichtung der Geschichte der Ethik war Grundlage für Schleiermachers spätere Entwürfe zur Ethik, die in den Berliner und Hallenser Vorlesungen wiederholt vorgetragen wurden; sie fand allerdings keine besondere Beachtung.

Ausg.: Sämtliche Werke, 3. Abt., Bd. I, 1834; hg. von H. MULERT, 1908 (kritische Ausg.). – Werke. Auswahl in vier Bänden, hg. von O. BRAUN, Bd. I, 1910, ²1927 (Repr. ²1981).
Lit.: W. DILTHEY, De principiis ethices Schleiermacheri, 1864. – O. UHLHORN, Schleiermachers Entwurf einer Kritik der bisherigen Sittenlehre dargestellt und nach seinen Ergebnissen untersucht, 1894. – L. VIETOR, Schleiermachers Auffassung von Freundschaft, Liebe und Ehe in der Auseinandersetzung mit Kant und Fichte. Eine Untersuchung zur Ethik Schleiermachers, 1910. – E. HERMS, Herkunft, Entfaltung und erste Gestalt des Systems der Wissenschaften bei Schleiermacher, 1974.

R. OTTE

Die Grundprobleme der Phänomenologie, Martin HEIDEGGER; EA Frankfurt a. M. 1975.

Die im Rahmen der ›Gesamtausgabe‹ (Bd. XXIV) erschienene Schrift gibt die Marburger Vorlesung des Sommersemesters 1927 (Erscheinungsjahr von → *Sein und Zeit*) wieder. Ihre Bedeutung liegt vor allem darin, daß Heidegger, wie es in einer Marginalie der Vorlesungshandschrift heißt, eine ›Neue Ausarbeitung des 3. Abschnittes des I. Teiles von *Sein und Zeit*‹ vornimmt. – Die beiden von Heidegger veröffentlichten Abschnitte von *Sein und Zeit* tragen die Überschriften: »Die vorbereitende Fundamentalanalyse des Daseins« und »Dasein und Zeitlichkeit«. Der 3. Abschnitt sollte »Zeit und Sein« heißen. Die Vorlesung, die um die Frage nach dem ›Sinn von Sein‹ kreist, besteht aus einem histor. und einem systemat. Teil. In der Einleitung setzt sich Heidegger u. a. mit der (Jasperschen) Vorstellung von Philosophie als ›Weltanschauung‹ auseinander und hebt seine Behauptung von ›Philosophie als Wissenschaft vom Sein‹ hervor. Sein setzt Seinsverständnis, d. h. die Existenz des Daseins (das allein Sein zu verstehen vermag), voraus oder, anders ausgedrückt, die Ontologie hat ein ›ontisches Fundament‹. Die phänomenolog. Methode wird in drei Schritten beschrieben: die Erfassung des Seienden auf das Verstehen von dessen Sein (›phänomenolog. Reduktion‹), das Entwerfen des vorgegebenen Seienden auf sein Sein und dessen Strukturen (›phänomenolog. Konstruktion‹) und der kritische Abbau überkommener Begriffe (›Destruktion‹). Beim 1. Teil (»Phänomenologisch-kritische Diskussion einiger traditioneller Thesen über das Sein«) handelt es sich um eine ›Destruktion‹, nicht in der Absicht einer Verurteilung, sondern vielmehr einer ›Positiven Aneignung‹ der Thesen Kants (»Sein ist kein reales Prädikat«), Aristoteles‹ (»Zum Sein eines Seienden gehören das Wassein (essentia) und das Vorhandensein (existentia)«), der neuzeitlichen Ontologie (Sein der Natur (res extensa) und Sein des Geistes (res cogitans)) sowie der Logik (Sein der Copula). Im 2. Teil (»Die fundamentalontologische Frage nach dem Sinn von Sein überhaupt. Die Grundstrukturen und Grundweisen des Seins«) steht das Zeitverständnis im Vordergrund. Anhand einer Analyse des ›vulgären‹ Zeitbegriffes bei Aristoteles zeigt Heidegger, daß dieser die Zeitlichkeit und mit ihr die Daseinsstruktur voraussetzt. In einem zweiten Schritt analysiert Heidegger dieses ›vulgäre‹ (bzw. ›vorwissenschaftliche‹) Zeitverständnis (Zeit als ›Folge von Jetzt‹) in seinem phänomenolog. Gehalt (Seinsart des Uhrgebrauchs, Strukturmomente: Bedeutsamkeit, Datierbarkeit, Gespanntheit, Öffentlichkeit) und führt dieses auf seinen Ursprung in der ›existenzialen Zeitlichkeit‹ zurück. Diese ist durch einen ›ekstat.-horizontalen‹ Charakter gekennzeichnet, d. h. durch die Einheit des ›Gewärtigens‹, ›Behaltens‹ und ›Gegenwärtigens‹. Das Dasein ist das ›zeitliche Seiende schlechthin‹. Zeitlichkeit ist die Bedingung der Möglichkeit von Seinsverständnis: »Sein wird aus der Zeit verstanden und begriffen«. Als eine solche Bedingung wird Zeitlichkeit ›Temporalität‹ genannt. Die Grundbestimmung des ›In-der-Welt-seins‹ ist das Verstehen im Sinne der Bestimmung des eigenen Seinkönnens (›Freisein-für‹). Zum Seinsverständnis, d. h. zu unserem Verhalten zu Seiendem, gehört das Verstehen und die jeweilige ›Stimmung‹, mit ihrer spezif. ›Helle‹. Heidegger hebt diese zeitliche Interpretation von Sein ab gegenüber dem Platonischen Versuch, ›über das Sein hinauszugehen‹, d. h. Sein im Horizont des herstellenden ›demiourgos‹ zu interpretieren. Als ›In-der-Weltsein‹ versteht sich Dasein im ›Mitsein‹ mit anderen, mit denen es eine gemeinsame Welt teilt. ›Sich aus einer Welt verstehen‹ heißt ›Transzendenz‹. Im letzten Abschnitt (»Sein und Seiendes. Die ontologische Differenz«) geht Heidegger auf die positiven Wissenschaften ein, die sich ›in der Vergegenständlichung des zuvor schon irgendwie Enthüllten‹ konstituieren. Im Gegensatz dazu ist die Ontologie eine ›temporale Wissenschaft‹, d. h. sie enthüllt ›Strukturen und Möglichkeiten des Seins im Lichte der Temporalität‹. Die Temporalität wird so zum ›apriori‹ philosoph. Begriffsbildung ›im Rückgang aus dem faktisch konkreten Wesen der Existenz des Daseins‹.

R. Capurro

Grundriß der Logik und Metaphysik. Für Vorlesungen, Johann Eduard Erdmann; EA Halle 1841.

Die Schrift verkörpert in signifikanter und exemplar. Form den Hegelianismus des 19. Jh.s; die dialekt. Methode Hegels wird in einer knappen, pädagog. beeindruckenden Form dargeboten, wobei die Darstellung von jenen philosoph. Weiterentwicklungen, Präzisierungen (und freilich auch Vereinfachungen) frei ist, die als Links- oder Rechtshegelianismus die Geschichte der Rezeption der Hegelschen Philosophie bestimmt haben. Erdmann hat mit diesem Werk ein gelungenes Kompendium der kategorialen Struktur der Dialektik Hegels in höchster Authentizität vorgelegt. Allerdings pointierte Erdmann diese oder jene Position Hegels; namentlich ließen seine Präzisierungen zum Begriff des Seins in der Hegelschen Logik bei einigen, freilich Hegel-kritischen Zeitgenossen (wie etwa Trendelenburg und Exner) die Vermutung entstehen, Erdmann ginge doch – wie andere zu jener Zeit auch – durchaus andere als Hegelsche Wege in der Logik. Dieser Einwand trifft allerdings weniger Erdmann als vielmehr Denker wie K. Fischer oder K. Rosenkranz. Erdmann hat immer wieder erklärt (auch in seinem späteren *Grundriß der Geschichte der Phi-*

losophie, 1870), daß er seine Abweichungen von Hegelschen Formulierungen für nicht bedeutend genug halte, um sie etwa Verbesserungen zu nennen. Waren in Erdmanns anderen systemat. Werken, vor allem in seinem *Grundriß der Psychologie* (1840), durchaus neuere, von Hegels Psychologie naturgemäß noch nicht berücksichtigte Entwicklungen der modernen Naturwissenschaft in die Darstellung eingeflossen, so bleibt gerade seine Logik von solchen Erweiterungen des Hegelschen Begriffs- und Sinnhorizonts unbeeinflußt. Das Werk entstand in einer Zeit des Umbruchs, der gerade auch das Feld der Philosophie (und mit ihr auch das der Logik) betraf. So galt es für Erdmann – eben ganz im Hegelschen Sinne –, eine Methodologie vorzuführen, die es gestattete, in der durchaus auch verwirrenden (und bisweilen gegensätzlichen) Vielfalt von Ideen, Begriffen und Systemen sich immer noch – mit den Worten Kants – im Denken zu orientieren; so hat Erdmann es als eine der Hauptaufgaben dieses Werkes angesehen, nachzuweisen, daß »in der sich entwickelnden Terminologie nicht (wie viele diese anzusehen scheinen) bloße Sprachverwirrung anzunehmen, sondern Vernunft nachzuweisen sei«. – Die Schrift fand eine weite Verbreitung – eine zweite (1843), dritte (1848), vierte (1863) und fünfte (1875) Auflage enthielt jeweils neue Zusätze, und es wurden auch neue Kategorien (besonders solche der Erfahrungserkenntnis) in die Darstellung aufgenommen.

ST. DIETZSCH

Grundsätze der Philosophie der Zukunft, Ludwig FEUERBACH; EA Zürich/Winterthur 1843.

In 65 Grundsätzen entfaltet Feuerbach seine Kritik des spekulativen Idealismus (Hegel), um gegen die Philosophie des Absoluten seine Philosophie des Menschen und einen neuen Wirklichkeitsbegriff geltend zu machen. Ausgangspunkt ist die im Werk → *Das Wesen des Christentums* vollzogene Auflösung der Theologie in Anthropologie, die der Idealismus zwar eingeleitet, aber unter Abstraktion von aller Sinnlichkeit durchgeführt habe, wodurch der Mensch selber nur als abstraktes Wesen behandelt und das vom Menschen unterschiedene göttliche Wesen nur im Denken aufgehoben worden sei. Feuerbach führt seine Kritik des Hegelschen Identitätssatzes von Denken und Sein als Kritik des ontolog. Arguments und besteht auf einem Sein, das nicht nur gedacht, sondern als Andersheit erfahren wird. Die Anerkennung der Wirklichkeit fordere eine neue Philosophie, die das »Concrete nicht auf abstracte, sondern auf concrete Weise denkt«. Das Wirkliche erhebt Feuerbach zum Prinzip; er versteht es als das Andere der Sinnlichkeit und des alter ego, des Du, wie es besonders in der Liebe erfahren wird. Darauf gründet der wahre ontolog. Beweis. In der neuen Philosophie ist daher der Mensch (Anthropologie) mit Einschluß der Natur (Physiologie) Basis des Menschen, zusammen mit dem Grenzbewußtsein: das »Wirkliche ist im Denken nicht in ganzen Zahlen, sondern nur in Brüchen darstellbar«.

Ausg.: Sämtliche Werke, hg. von W. BOLIN/F. JODL, Bd. II, [2]1959. – Hg. von G. v. SCHMIDT, [3]1983.

F. J. FUCHS

Grundzüge der physiologischen Psychologie, Wilhelm WUNDT; EA Leipzig 1874 (3 Bde.).

Mit diesem Werk wurde die Grundlage einer Neuorientierung der deutschen Psychologie geschaffen, nämlich die Abkehr von der ›geisteswissenschaftlichen‹ Orientierung hin zur experimentellen Psychologie, die sich naturwissenschaftlicher Methoden bedient. Ausgehend von der Hypothese, daß physische Vorgänge psychischen Vorgängen analog verlaufen, untersucht Wundt ›körperliche Grundlagen des Seelenlebens‹ und die ›Elemente des Seelenlebens‹, also die Sinnesempfindungen. In der »Bildung der Sinnesvorstellungen« (3. Abschnitt) schildert Wundt – auf experimenteller Grundlage – die Bildung von Vorstellungen über Raum und Zeit. Im 4. Abschnitt »Von den Gemütsbewegungen und Willenshandlungen« enthüllt Wundt seinen ›psycholog. Voluntarismus‹, in dem er Wollen als gleichberechtigtes psychisches Phänomen neben Vorstellen und Fühlen einführt. Der 5. Abschnitt »Von dem Verlauf und den Verbindungen der seelischen Vorgänge« stellt eine Auseinandersetzung mit der älteren Auffassung der Assoziationisten dar, die zugunsten der Betonung des Aktcharakters aller seelischen Vorgänge abgelehnt wird. Zuletzt spricht Wundt »Von den Prinzipien der Psychologie«. Hier faßt er seine Grundthesen vom psychophys. Parallelismus, vom psycholog. Voluntarismus und der Kausalität des Psychischen in systemat. Weise zusammen. – Die Veröffentlichung des Werkes begründete den Ruf Wundts als ›Vater‹ der modernen Psychologie.

Ausg.: [6]1908–11.
Lit.: G. ST. HALL, W. Wundt. Der Begründer der modernen Psychologie, übers. von R. SCHMIDT, 1914.

E. BAUMGARTNER

Die Grundzüge des gegenwärtigen Zeitalters, Johann Gottlieb FICHTE; EA Berlin 1806.

In siebzehn Vorlesungen gibt Fichte eine populäre Darstellung seiner Staats- und Geschichtsphilosophie auf der Grundlage metaphys.-religiöser Prinzipien. – Ausgehend von dem hier nicht weiter abgeleiteten Grundsatz, wonach der Zweck des Erdenlebens der Menschheit darin bestehe, sich in der Welt vollständig in Freiheit gemäß der Vernunft einzurichten, versteht Fichte die Geschichte als einen Prozeß der Entwicklung der Vernunft von ihrem dunklen, instinkthaften zu ihrem freien, vollständig bewußt gewordenen Wirken. Träger dieses Prozesses ist das Menschengeschlecht; das Individuum kann immer nur Teil einer Entwicklung sein, die erst von ihrer Gesamtheit aus Sinn gewinnt. Sie stellt eine Bewegung dar, deren Ende zum Anfang zurückführt, während in ihrer Mitte die größte, wenn auch notwendige Entfremdung vom Ziel herrscht. Am Anfang steht ein unschuldiges, durch Instinkt geleitetes Menschentum, am Ende die totale Vereinigung der Menschheit mit der Vernunft im höchsten rechtfertigenden Wissen. In der Mitte aber steht eine Epoche, in der wir uns von aller Autorität befreit, aber zur wahren Erkenntnis noch nicht gefunden haben. In diesem Zeitalter der ›vollendeten Sündhaftigkeit‹ leben wir. Fichte bestimmt nun den Sinn der Kultur und des Staates als Einsatz für die Überwindung der Kräfte, die der so angelegten Vollendung unseres Geschlechts entgegenstehen. Das Wesen des Staates besteht darin, die Individuen auf das Leben und Ziel der Gattung auszurichten, was jedoch zugleich erfordert, den Menschen vom Untertan zum freien Bürger zu machen. – Staats- und Geschichtsdenken Fichtes zeigen sich in diesen Vorlesungen zunehmend auf den alles überlagernden religiösen Hintergrund gerichtet, der gerade für die populären Darstellungen seiner Ideen im Verlauf seiner philosoph. Entwicklung immer wichtiger wurde.

Ausg.: J. G. FICHTE's Sämtliche Werke, Bd. VII, hg. von I. H. FICHTE, 1846 (Repr. 1965). *Lit.:* R. LAUTH, Der Begriff der Geschichte nach Fichte, in: Philos. Jb., 72/2 (1965).

W. SCHWEIDLER

Grundzüge einer Metaphysik der Erkenntnis, Nicolai HARTMANN; EA Berlin 1921.

Die Abhandlung stellt das erste eigenständige philosoph. Hauptwerk Hartmanns dar. Zusammen mit seiner *Ethik* dokumentiert sie eine durch Phänomenologie angeregte Abkehr vom logischen Idealismus der Marburger Schule und vom Neukantianismus insgesamt. Hartmann hat diese Abkehr 1919 in dem (von ihm so bezeichneten) »Durchbruch zu einer neuen Ontologie« vollzogen. Hierbei geht es um eine Wiedergewinnung der natürlichen Richtung des Erkennens auf den Gegenstand hin. Diesseits von Idealismus und Realismus wird Kants »Analytik des reinen Verstandes« durch eine am Erkenntnisphänomen gewonnene differenzierte Problemanalyse korrigiert und weitergeführt. Erkennen ist von daher nicht mehr als ursprüngliches Erzeugen, sondern als Nachbildung vorgegebener Seinsgehalte zu verstehen. Im Lichte der kritischen Ontologie, die Hartmann als Mitte zwischen dogmat. Rationalismus und skeptischem Irrationalismus und unter dem Leitgedanken des ›Minimums von Metaphysik‹ anstrebt, erweist sich die Erkenntnisrelation als *eine* unter vielen anderen Seinsrelationen. Damit aber ist Kants ›copernicanische Wende‹ umgekehrt und der Übergang vollzogen von der Immanenz des Seins im Denken zur Immanenz des Denkens im Sein. – Die fünf Hauptteile des Werkes lassen drei Explikationsschritte erkennen: Der erste (Teil 1) bietet eine breitgefächerte Phänomenologie des Erkenntnisproblems, der zweite (Teil 2) arbeitet die Aporetik realist., idealist. und monist. Erkenntnisauffassung heraus; im dritten (Teil 3–5) erläutert Hartmann seine eigene Theorie, indem er nach einer ontolog. Grundlegung von Erkenntnis nochmals die Erkenntnisaporien durchmustert und abschließend in die Erkenntnis idealer Gegenstände einführt. – Das Werk hat den Charakter eines umwälzenden Neuentwurfes. Es stellt die Ontologie als Desiderat philosoph. Forschung heraus; seine aktuelle Bedeutung besteht daher zweifellos in der Kritik des für neuzeitliches Denken charakterist. subjektbezogenen Konstruktivismus.

Ausg.: ^{5}1965.
Lit.: I. WIRTH, Realismus u. Apriorismus in N. Hartmanns Erkenntnistheorie, 1965. – J. STALLMACH, Ansichsein, in: Salzb. Jahrb. f. Philos. 23/24 (1978/79). – ders., ›Einführung‹, in: N. HARTMANN, Die Erkenntnis im Lichte der Ontologie, 1982 (PhB 347).

E. SCHADEL

Die gute Sache der Freiheit und meine eigene Angelegenheit, Bruno BAUER; EA Zürich/Winterthur 1842.

Mit dieser religionskrit., vom Geist der junghegelian. Kritik geprägten Schrift wehrt sich Bauer gegen den Entzug der venia legendi. Dabei will er zum einen zeigen, daß der ›christliche Staat‹ widersinnig ist, zum anderen, daß Religion und Kirche der wirklichen Geschichte widersprechende menschliche Erzeugnisse sind. Weitergreifend schreibt Bauer, daß der Staat, dessen Wesen die Freiheit ist, mit Kirche und Religion, die sich durch Unterdrükkung und Knechtschaft auszeichnen, nur so lange eine Einheit bilden kann, wie der Staat noch nicht der ›wahre und freie Staat‹, d. h. Ausdruck und Erscheinung der Freiheit geworden und die Kirche nur die zur Erscheinung gekommene Unvollkommenheit des unfertigen Staates ist. Im Staate soll der Mensch mit sich einig werden, die Kirche entzweit ihn mit sich selber, versetzt sein Wesen in den Himmel und macht es damit zum Unwesen. Erst nach ihrer Trennung wird der Staat frei sein, aber auch die Religion – nämlich als eine reine Privatangelegenheit. Die ›Kritik‹ wird schließlich die Kirche stürzen – und mit ihr alle anderen sich absolut setzenden Institutionen –, wodurch der Mensch endlich zum Menschen gemacht, sich selber wiedergegeben wird. Die von Marx und Engels kritisierte abstrakte Radikalität Bauers, des ›geistigen Oberhaupts‹ der Berliner Linkshegelianer (der ›Freien‹), verhinderte jedoch eine dauerhafte Wirkung seiner Kritik.

Lit.: Z. ROSEN, B. Bauer and K. Marx. The Influence of B. Bauer on Marx's Thought, 1977. – G. LÄMMERMANN, Kritische Theologie und Theologiekritik. Die Genese der Religions- und Selbstbewußtseinstheorie B. Bauers, 1979.

R. BAMBACH

Harmonie universelle, contenant la theorie et la pratique de la musique I – II (frz.; *Universelle Harmonie,* enthaltend die Theorie und Praxis der Musik), Marin MERSENNE; EA Paris 1636/37.

Dieses Hauptwerk Mersennes zur Musiktheorie und Akustik, vorbereitet durch den *Traité de l'harmonie universelle* (1627), behandelt auch eine große Zahl mechan. und physikal. Probleme. Grundlegend für die Akustik ist die Lehre vom nur subjektiven Charakter aller Sinneseindrücke, also auch des Tones (so als erster nach Galilei, noch vor Descartes, Hobbes, Gassendi). – Das Werk enthält zur Stütze der Theorie und Organologie eine Fülle von musikal. Beispielen und Illustrationen und zählt mit sechs anderen opera zur einflußreichen Musiklehre Mersennes.

Ausg.: Repr. 1965, 1975.
Lit.: H. LUDWIG, M. Mersenne und seine Musiklehre, 1935 (Repr. 1971). – D. P. WALKER, Studies in Musical Science in the Late Renaissance, 1978.

H.-B. GERL

Hauptprobleme der Philosophie, Georg SIMMEL; EA Leipzig 1910.

Auf der Grundlage philosophiegeschichtlicher Reflexionen werden in dem Werk vier grundlegende Problemkreise der Philosophie herausgearbeitet, die keine endgültige Lösung kennen. – Das Problem des Wesens der Philosophie besteht zum einen darin, daß sie sich entweder auf ein vorweggenommenes Wissen um die Ganzheit der Dinge (›der Weg der Mystik‹) oder auf eine wissenschaftliche Auslegung von Welt und Dasein (›der Weg Kants‹) gründen kann, zum anderen in der Unmöglichkeit, den Anspruch ihrer metaphys. Aussagen, das

Allgemeine des Besonderen zum Inhalt zu haben, an den einzelnen Erscheinungen zu überprüfen. Den zweiten Problemkreis konstituiert die Frage, ob es ein absolutes oder aber nur ein relatives, dem unaufhörlichen Werden und Vergehen unterworfenes Sein gibt, woran sich die weitere Frage knüpft, ob es zeitlose oder aber nur relative Wahrheiten geben kann. Das dritte Hauptproblem ist durch die Spaltung von Subjekt und Objekt gegeben, die Idee und Wirklichkeit auseinandertreten läßt. Das letzte Problem besteht in der allgemeingültigen Begründung ›idealer Forderungen‹ an Welt und Leben, die sich letztendlich alle auf psychische Bedürfnisse zurückführen lassen. Obwohl diese Probleme keine endgültige Antwort kennen, ist doch jede versuchte Lösung insoweit wahr, als sie aus einer individuellen ›Lebensanschauung‹ hervorgeht. – In der Schrift gelangte der relativist. Wahrheitsbegriff der deutschen Lebensphilosophie auf die Philosophie selbst zur Anwendung.

Lit.: K. H. Wolff (Hg.), G. Simmel, 1858–1918. A Collection of Essays with Translations and a Bibliography, 1959. – R. H. Weingartner, Experience and Culture: The Philosophy of G. Simmel, 1962.

J. Monar

Die heilige Familie, oder Kritik der kritischen Kritik. Gegen Bruno Bauer & Consorten, Karl Marx/Friedrich Engels, entst. 1844; EA Frankfurt a. M. 1845.

In ihrer ersten gemeinsamen Arbeit, die gleichzeitig den Übergang beider Denker vom Idealismus zum Materialismus markiert, rechnen Marx/Engels mit ihren früheren junghegelian. Gesinnungsgenossen, besonders B. Bauer, in bissiger Polemik ab. – Bauers ›kritischer Kritik‹ werfen Marx/Engels zweierlei vor: Erstens sei sie unmenschlich, weil in ihrem Zentrum nicht Menschen, sondern die ›Kategorien‹ Geist und Selbstbewußtsein stehen, und zweitens falle sie weit unter das bereits erreichte Niveau der deutschen Philosophie zurück, die den spekulativen Idealismus der Hegelschen Phänomenologie schon längst mit Feuerbach überwunden habe. Ansatzpunkte für Marx/Engels sind Artikel der von Bauer herausgegebenen »Allgemeinen Literatur-Zeitung« zu Proudhons → *Qu'est-ce que la propriété?* (1840), Eugène Sues Roman *Les mystères de Paris* (1842–1845) und zu den französ. Materialisten des 18. Jh. s. Dem Primat der vom realen Dasein abstrahierten Idee auf theoret. Ebene entspricht in den praktisch-polit. Vorstellungen der ›kritischen Kritik‹ ein bürgerlich-utopist. Reformismus, der eine rein geistige Befreiung der Menschheit anstrebt, an der die Masse keinen Anteil hat. Gegen diese spekulativ-mystische Identifikation von Sein und Denken stellen Marx/Engels die aus materialist. Prämissen logisch folgenden Thesen des Kommunismus. Danach ist die Produktionsweise entscheidend für die gesellschaftliche Entwicklung, Ideen bewirken keine realen Veränderungen, dazu bedarf es vielmehr der massenhaften Bewegung des ›realen Menschen‹. – Die wichtigsten Leitsätze des histor. Materialismus und der marxist.-polit. Ökologie werden bereits hier formuliert.

Ausg.: K. Marx/F. Engels, Werke, Bd. II, 1972.

P. Nagelschmidt

Helenēs enkōmion (gr.; *Lob der Helena*), Gorgias von Leontinoi,

entst. ca. 430 v. Chr.; ED Paris 1858 (gr./lat., in: Oratores Attici, Bd. II).
Die Schrift zählt zu den rhetor. Übungsreden. Gorgias argumentiert für die Unschuld der Helena, die von Paris geraubt und nach Troja entführt, dennoch nicht zu ihrem Gatten, dem Griechen Menelaos zurückkehrt. Es kommen nur vier Ursachen für das Verhalten der Helena in Frage: das Schicksal, die Gewalt, die Überzeugungskraft der Worte und die Liebe. Da diese vier Ursachen alle in gleichem Maße göttliche und unwiderstehliche Mächte darstellen, ist Helena von jeder Verantwortung frei. Zu den Mächten, die das menschliche Schicksal bestimmen, gehört auch das Wort, das – mehr noch als in der Dichtung – in der Rhetorik die Kraft hat, die Seele zu verführen und zu beherrschen. Insofern ist der Text in erster Linie eine Lobpreisung des Berufs des Rhetors, als dessen Gründer und herausragender Meister Gorgias selbst gilt. Dieser Triumph der Rhetorik setzt allerdings voraus, daß nichts von dem, was gesagt oder gedacht wird, den Wert einer objektiven und letztbegründeten Wahrheit hat. Diese Voraussetzung wird von Gorgias in einer anderen Schrift → *Peri tu mē ontos* näher behandelt. – Die Echtheit der Schrift ist strittig.

Ausg.: Gr., Gorgiae Helena, hg. von O. IMMISCH, 1927. Gr./lt., in: I sofisti, hg. von M. UNTERSTEINER, Bd. II, 1949.
Lit.: A. LEVI, Studi su Gorgias, 1941. – F. ZUCKER, Der Stil des Gorgias nach seiner inneren Form, in: Sitzungsber. der Deutschen Ak. der Wiss. zu Berlin, Klasse für Sprachen, 1965, H. 1.

M. DE CAROLIS

Heptaplus de septiformi sex dierum geneseos (lat.; *Das Siebentagewerk*), Giovanni PICO DELLA MIRANDOLA, entst. 1486; EA Florenz 1489; dt. 1905 (in: Ausgewählte Schriften).
Das Werk gehört zur christlichen Tradition allegor. Bibelkommentare: es entwirft eine Kosmologie und Anthropologie mit Hilfe des mosaischen Schöpfungsberichts, wozu verschiedenste Denktraditionen (insbesondere die neuplaton.) herangezogen werden. Der Aufbau des Werkes beruht auf der antiken Konzeption der drei Welten: der intelligiblen, der himmlischen und der sublunaren oder materiellen Welt. Der Mensch als Mikrokosmos bildet die vierte Welt, als Vereinigung aller Naturen aller Welten. Im mosaischen Schöpfungsbericht sieht Pico die Erschaffung dieser vier Welten verschlüsselt beschrieben; in sieben Expositionen, dem Siebentagewerk entsprechend, wird die Gesamtheit der Schöpfung ausgelegt. Die ersten vier Kapitel behandeln die genannten vier Welten, das fünfte die in sich vierfache Natur jeder einzelnen Welt, das sechste zeigt die ›concordia discors‹ (die unterschiedene Einheit) der Welten, das siebte die Glückseligkeit der Kreaturen und ihre Rückkehr zu Gott; im Schlußkapitel entschlüsselt Pico mit Hilfe der Kabbala das Anfangswort der Genesis, ›bereshit‹, welches die in den sieben Expositionen entfaltete Kosmologie in nuce enthält. Privileg des Menschen ist einmal die Repräsentation Gottes in der materiellen Welt, zum zweiten seine Nichtdeterminierung und Fähigkeit, ›alles‹ zu werden; diese Gaben sind jedoch nicht schon Ziel, sondern vielmehr Mittel für das große kosmische religiöse Ziel, sich und die Welt in Gott zu vereinen. – Unter den Schriften Picos wurde dieses fast scholast. durch-

konstruierte Werk – wohl wegen seiner Komplexität – weit weniger rezipiert als die programmat. Oratio → *De hominis dignitate*, die verwandte Grundgedanken enthält.

Lit.: R. B. WADDINGTON, The Sun at the Center. Structure as Meaning in Pico della Mirandola's ›Heptaplus‹, in: Journ. of Medieval and Renaiss. Studies 2 (1973).

H.-B. GERL

Heptateuchon (gr.; eigentl. lat.; *Das siebenfache Werkzeug der Philosophie*), THIERRY VON CHARTRES, entst. um 1140; EA Toronto 1954 (Teiledition in: Medieval Studies).

Das in der Stadtbibliothek von Chartres 1944 bei Bombenangriffen verbrannte, heute nur noch als Mikrofilm erhaltene Lehrbuch der artes liberales geht davon aus, daß die Philosophie zwei ›Instrumente‹ habe, den Verstand (intellectus) und die Auslegung (interpretatio), die durch das Quadrivium erleuchtet und durch das Trivium geschult werden und umfassend der menschlichen Bildung dienen (ad cultum humanitatis). Das heißt, daß die artes liberales das eigentliche Instrument der Philosophie sind (eptatheucon totius phylosophye unicum ac singulare esse instrumentum). Im Rahmen der artes, die auch auf das Verständnis der Hl. Schrift angewendet werden, erstreckt sich das Studium auf die tradierte, teilweise bereits neu rezipierte antike Philosophie (Platon, Aristoteles, Boethius), auf die antike Literatur (Varro, Plinius, Cicero, Martianus Capella) und die Naturwissenschaften (Ptolemäus, Isidor v. Sevilla, Gerbert). – Diese breite Rezeption der antiken Kultur, die auch durch Kommentare erschlossen wird, wurde zur Grundlage des wissenschaftlichen Studiums, das in Chartres eine eigene, bemerkenswert reiche Ausgestaltung in Literatur, Philosophie und Theologie fand und bis in das späte Mittelalter weiterwirkte.

Lit.: E. JEAUNEAU, Lectio philosophorum, 1973.

K. HEDWIG

Hermeneutik, Friedrich Daniel Ernst SCHLEIERMACHER; EA Berlin 1838 (u. d. T. Hermeneutik und Kritik mit besonderer Beziehung auf das Neue Testament, hg. v. F. LÜCKE, in: Sämmtliche Werke, 1. Abt., Bd. VII).

Dieses philosophiegeschichtlich und systemat. bedeutsame Werk zur Theorie des Verstehens ist keine ausgeführte Monographie, sondern besteht aus verschiedenen Manuskripten aus den Jahren 1805 bis 1833. Die zum Teil undatierten Stücke bzw. Entwürfe sind 1.) Aphorismen (»Zur Hermeneutik«) von 1805 und 1809, 2.) ein erster Entwurf (»Hermeneutik«) aus der Zeit zwischen 1810 und 1819, 3.) eine kompendienartige Darstellung (»Hermeneutik«) von 1819, 4.) eine skizzenhafte Ausführung des 2. Teils (»Von der technischen Interpretation«) aus der Zeit zwischen 1820 und 1829, 5.) die Akademiereden (»Über den Begriff der Hermeneutik«) von 1829 und 6.) die Randbemerkungen (»Hermeneutik«) von 1832/33 zu den Manuskripten 3.) und 4.). – Schleiermacher lenkt mit diesen Schriften zum ersten Male in der Geschichte der Hermeneutik das Augenmerk auf das Phänomen des Verstehens überhaupt und will dessen allgemeine Gesetzmäßigkeiten ergründen und aufzeigen. Steht bei Schleiermacher zunächst eine

Auffassung von Hermeneutik als Kunstlehre der sprachlichen Auslegung im Vordergrund, verschiebt sich später, mit der sich zuspitzenden Unterscheidung zwischen innerem Denken und der durch äußere Gegebenheiten modifizierten Sprache, ihr eigentlicher Gegenstand auf das Heraustreten (›Äußerlichwerden‹) eines Gedankens in seine empir. faßbare sprachliche Gestalt; neben die grammatikal. Interpretation tritt somit das psycholog. Verstehen, die zusammen die Hermeneutik bilden. Diese Auffassung von Hermeneutik hat über Dilthey stark in die Theorie der Geisteswissenschaften und in die geisteswissenschaftliche Pädagogik, aber auch in die (protestant.) Theologie (vgl. R. K. Bultmann, E. Fuchs, G. Ebeling u. a.) hineingewirkt.

Ausg.: Hg. und eingeleitet von H. Kimmerle, 1959.

Lit.: W. Dilthey, Die Entstehung der Hermeneutik, 1900 (Gesammelte Schriften, Bd. V). – H.-G. Gadamer, Wahrheit und Methode, 1960.

W. Böhm

Hermētika (gr.; lat.: *Corpus Hermeticum; Hermetische Schriften*), Sammeltitel für folgende spekulative Schriften gnostisch-theosoph. Inhaltes anonymer Verfasser aus dem 2. bis 4. Jh.: 1.) 17 Traktate in Dialogform (gr.; der erste Traktat der Sammlung ist *Poimandrēs* (Männerhirt) überschrieben; nach ihm wird oft das ganze *Corpus Hermeticum* benannt); 2.) der fälschlicherweise dem Apuleius zugeschriebene und auf einer griechischen Vorlage beruhende Dialog *Asclepius*; 3.) 29 Fragmente aus dem *Anthologion* des Stobaios; 4.) weitere Fragmente dieses Schrifttums, die aus Tertullian, Laktanz, Zosimos u. v. a. gewonnen werden können. Zum selben geistigen Umkreis zählen ferner 5.) einige Traktate der koptischen Gnostikerbibliothek von Nag Hammadi, 6.) das nur auf arabisch erhaltene *Buch über die Züchtigung der Seele* und 7.) der latein. → *Liber XXIV philosophorum* (12. Jh.). ED Paris 1554 (nur 1.) u. 2.)); dt. 1706 Hermetis Trismegisti Erkäntnüsse der Natur und des darin sich offenbahrenden großen Gottes, begriffen in 17 unterschiedlichen Büchern (nur 1.)).

Obwohl die hermet. Schriften griechischen Ursprungs und hauptsächlich von platon.-gnostischem Denken geprägt sind, wurden sie bald nach ihrem Entstehen einem alten ägypt. Weisen, Hermes Trismegistos (»dreifach größter Hermes«, der Name ist die hellenisierte Form des ägypt. Gottes Tat; lat.: Mercurius) zugeschrieben, von dem man glaubte, er sei ein Zeitgenosse des Moses gewesen und habe zahlreiche Bücher über Magie, Astrologie, Alchemie und andere Pseudowissenschaften verfaßt. In den meisten Traktaten des *Corpus Hermeticum* unterhält er sich mit einem Schüler, um diesem die höchste Weisheit (gnōsis) zu vermitteln, die in der Befreiung der Seele vom Körper, ihrem Wiederaufstieg durch die diversen Planetenkreise und letztlich in ihrem Gott-Werden (theōthēnai) besteht. Die ausführlichen (und oft widersprüchlichen) kosmogon., anthropolog. und eschatolog. Erörterungen betonen immer wieder die fundamentale Einheit von Mikro- und Makrokosmos (d. h. von Gott, Welt und Mensch), die Notwendigkeit der ›Reinigung‹ des ursprünglich göttlichen Seelenteils (nus) durch strenge Askese und die Überzeugung, das größte Übel für die Seele bestehe im Unwissen (agnōsia) um ihre Herkunft und ihr Ziel. – Zwischen dem 11./12. und dem 18. Jh. wird immer wieder von den verschiedensten Ausprägungen ganzheitlicher Weltdeutung auf die hermet. Schriften als Autorität zurückgegriffen, und ihr Einfluß reicht von Kabbala über Naturphilosophie (G. Bruno) bis zur neuplaton. Renaissancemetaphysik (Ficino). Erst mit dem Aufkommen der empir. Naturwissenschaften und der analyt. Philosophie ist ihre Bedeutung zurückgegangen.

Ausg.: Corpus Hermeticum I–IV, hg. v. A. D. Nock / A. J. Festugière, 1945–1954 (Text und frz. Übersetzung von 1.) bis 4.)). – Hermetis Trismegisti de castigatione animae libellus, hg. von O. Bardenhewer, 1873 (enthält arabischen Text mit latein. Übersetzung von 6.). – Cl. Baeumker, Das pseudo-hermet. ›Buch der vierundzwanzig Meister‹, in: Beitr. Gesch. Philos. MA, 25 (1927) 1–2 (enthält den latein. Text von 7.).

Lit.: R. Reitzenstein, Poimandres, 1904. – J. Kroll, Die Lehren des Hermes Trismegistos, in: Beitr. Gesch. Philos. MA, 12 (1914) 2–4. – A. J. Festugière, La révélation d'Hermès Trismégiste I–IV, 1944–1954. – Art. ›Hermetica philosophica‹, in: P. O. Kristeller (Hg.), Catalogus translationum et commentariorum I, 1960. – A. González Blanco, Hermetism. A Bibliographical Approach, in: Aufstieg und Niedergang der röm. Welt, Bd. II 17,4, 1984. – D. N. Wigtil, Incorrect Apocalyptic: The Hermetic ›Asclepius‹ as an Improvement on the Greek Original, ebd.

L. Deitz

Hippias I (gr.; lat. *Hippias maior*), Platon, entst. nach 399 v. Chr.; ED Florenz o. J. (ca. 1482–1484; lat., übers. von M. Ficino); Venedig 1513 (gr., hg. von E. Musuros); dt. 1778 Hippias I, oder vom Schönen.

In dem bisweilen für unplaton. gehaltenen Dialog kündigt anfangs der karikierend dargestellte Sophist Hippias eine Vorlesung an (an die dann der → *Hippias II* anknüpft), die u. a. auch vom Schönen handeln soll. Dies ist Anlaß zur sokrat. Frage, was das Schöne ist; Hippias vermag sie nicht zu unterscheiden von der anderen Frage, was schön ist, und antwortet mit dem ›gesunden Menschenverstand‹, indem er schöne Gegenstände nennt, die indes nur die Verschiedenheit des Schönen bedeuten. Hippias wiederholt den Fehler noch auf der von Sokrates angebotenen begrifflichen Ebene, die das Schöne mit dem Schicklichen, dem Nützlichen und mit der Lust (dem Angenehmen) verbindet. Jeweils werden – in iron. Überzeichnung – Grundthemen platon. Philosophierens berührt: Die Differenz von Sein und Schein, der Vorrang des Guten, der Anspruch der Lust, schön und gut zu sein, und das Problem, das sie damit stellt: Identisch Lust und doch zugleich jeweils verschieden zu sein. Die Lust und das Angenehme sind zwar äußerlich immer gleich, aber zugleich ihrer Herkunft und Art nach verschieden. Insofern können Lust und Angenehmes nicht das Schöne (und Gute) bedeuten: Es erscheint umgekehrt zwar verschieden, aber seiner Erscheinung muß ein identisches Eines zugrundeliegen. Die Frage nach dem Schönen ›an sich‹ bringt die Ideenlehre in den Blick.

Ausg.: Platonis Opera, hg. von H. Stephanus, Bd. III, 1578, 281–304. – Platonis Opera, hg. von J. Burnet, Bd. III, 1903 (Repr. 1968). – Gr./Dt., Studienausgabe, Bd. I, 1977.

Lit.: Kommentare von D. Tarrant (1928), P. Woodruff (1982). – M. Soreth, Der platonische Dialog Hippias maior, 1953. – R. Hoerber, Plato's Greater Hippias, in: Phronesis 9 (1964). – J. Malcolm, On the Place of the Hippias Major in the Development of Plato's Thought, in: Arch. Gesch. Philos. 50 (1968).

J. Jantzen

Hippias II (gr.; lat.: *Hippias minor*), PLATON, entst. nach 399 v. Chr.; ED Florenz o. J. (ca. 1482–1484; lat., übers. von M. Ficino); Venedig 1513 (gr., hg. von E. Musuros); dt. 1778 Hippias II, oder vom Lügen.

Der Dialog findet statt, nachdem der gefeierte und in allen Künsten bewanderte Sophist Hippias (den Platon häufig erwähnt) eine offenbar brillante Vorlesung gehalten hat, zu der Sokrates allerdings schweigt. Aus der Aufforderung, sich zu äußern, folgt als Gegensatz zur sophist. Rede das typisch sokrat. Frage- und Antwortspiel. Hippias nennt Odysseus den ›Vielgewandtesten‹ (im Unterschied zu Achilles, der der ›Beste‹ ist) – aber was bedeutet ›vielgewandt‹ (polytropos)? Aus der Definition (= Falschheit aufgrund von Fähigkeit und Klugheit) ergibt sich, daß der Unehrliche jedenfalls fähig und wissend ist. So kommt es zu dem in der Literatur viel behandelten Paradoxon: Wenn Tugend Wissen ist und wenn die Tugenden mit den Künsten und den Wissenschaften verglichen werden dürfen (vgl. → *Apologia Sokratus*, 25 b), dann ist es besser, wissentlich falsch zu handeln als unwissentlich; denn die Erfahrung zeigt, daß es immer der gute Künstler ist, der am besten das Falsche machen kann, wenn er will: – »Wer vorsätzlich fehlt und das Schlechte und Unrechte tut, wäre also, wenn es einen solchen gibt, der Gute?« – Zu dem Paradoxon (und seiner Umkehrung: Niemand handelt freiwillig unrecht) hat sich Aristoteles in → *Ta meta ta physika* (1025 a 6) und der → *Ethika Nikomacheia* (1140 b 20) geäußert.

Ausg.: Platonis Opera, hg. von H. STEPHANUS, Bd. I, 1578, 363–376. – Platonis Opera, hg. von J. BURNET, Bd. III, 1903 (Repr. 1968). – Gr./Dt., Studienausgabe, Bd. I. 1977.
Lit.: W. K. C. GUTHRIE, A History of Greek Philosophy, Bd. IV, 1975.

J. JANTZEN

Histoire de la sexualité (Bd. I: La volonté de savoir; Bd. II: L'usage des plaisirs; Bd. III: Le souci de soi) (frz.; *Geschichte der Sexualität.* Bd. I: Der Wille zum Wissen; Bd. II: Der Gebrauch der Lüste; Bd. III: Die Sorge um sich), Michel FOUCAULT; EA Paris 1976, 1984, 1984; dt. 1977, 1986, 1986. Sexualität und Wahrheit.

Foucaults großangelegtes letztes Werk thematisiert nicht sexuelle Verhaltensweisen und ihre Geschichte, sondern die Konstitution der ›Sexualität‹ als Wissensformation. – Foucault erforscht die Mechanismen, die das sexuelle Begehren strukturieren, es in Diskursen zum Ausdruck bringen und Machttechniken unterwerfen. Die ›Repression‹ der Sexualität wird dabei im I. Band nur als ein Moment eines ›Dispositivs der Sexualität‹ gesehen (d. h. strateg. Voraussetzungen zur Nutzbarmachung der Sexualität durch die Macht). Foucault untersucht in dieser Hinsicht die Strategien der Hysterisierung des weiblichen Körpers, der Pädagogisierung des kindlichen Sexes, der Sozialisierung des Fortpflanzungsverhaltens und der Psychiatrisierung der perversen Lust. »Eine Normalisierungsgesellschaft ist der histor. Effekt einer auf das Leben gerichteten Machttechnologie.« Der Sex wird nicht zensiert, sondern in einer ›diskursiven Explosion‹ zum Sprechen gebracht. Die christlichen Geständnispraktiken werden in wissenschaftliche Wahrheitsproduktionen überführt, die einen Willen zum Wissen zum Ausdruck bringen. In den beiden folgenden Bänden geht Foucault vom Projekt einer ›Genealogie des begehrenden Subjekts‹ aus und fragt: Warum sind das sexuelle Verhalten und die sexuellen Genüsse Gegenstand moral. Sorge, die in gewissen Gesellschaften und zu gewissen Zeiten intensiver war als die besorgte Aufmerksamkeit auf andere Bereiche? Im II. Band widmet sich Foucault der Problematisierung der Sexualität durch Philosophen und Ärzte der klassischen griechischen Kultur im 4. Jh. v. Chr.; der III. Band befaßt sich mit dieser Problematisierung in den griechischen und latein. Texten der ersten beiden Jh. n. Chr. Foucault entdeckt ›Künste der Existenz‹, gewußte und gewollte Praktiken, mit denen die Menschen nicht nur Verhaltensregeln aufstellen, sondern sich selbst zu transformieren und aus ihrem Leben ein Werk zu machen versuchen, das ästhet. Werte besitzt und Stilkriterien genügt. Diese ›Selbst-Techniken‹ büßen ihre Bedeutung und Autonomie teilweise ein, indem sie in die Praxis der christlichen Pastoralmacht und schließlich in pädagog., medizin. und psycholog. Praktiken integriert werden. – Die Wirkung dieser spezif. »Geschichte der Sexualität«, der noch ein IV. Band *(Les aveux de la chair)* folgen wird, ist heute noch kaum abzuschätzen.

Lit.: G. Deleuze, Foucault, 1987.

P. Kiwitz

Histoire naturelle de l'âme (frz.; *Naturgeschichte der Seele*), Julien Offray de La Mettrie; EA Den Haag 1745 (anonym), seit 1751 u. d. T. *Traité de l'âme*.

In diesem frühen Werk des französ. Materialismus wird die Ansicht vertreten, daß die geistigen Funktionen wesentlich von den Organen des Leibes abhängen. – Angeregt von Beobachtungen über den Einfluß der Blutwallungen auf das Denken, die er anläßlich eines Fieberanfalls bei sich selbst angestellt hatte, sucht La Mettrie, vom Begriff der Materie ausgehend, in Form eines deduktiven Traktats darzulegen, daß alle Empfindungen und alle Vorstellungen aus den Sinnen stammen und daß das, was empfindet und vorstellt, ebenfalls materiell ist. Es gibt somit keinen philosoph. Grund für die Annahme einer immateriellen vernünftigen Seele. Ebenso schreibt La Mettrie der Materie eine ursprüngliche Fähigkeit zur Bewegung zu und erklärt die Annahme eines außerweltlichen Bewegers für philosoph. bedeutungslos. – Die Schrift, die La Mettries Entlassung als Militärarzt zur Folge hatte und in Paris vom Henker verbrannt wurde, begründete seinen Ruhm als radikalster französ. Aufklärer.

Ausg.: Œuvres philosophiques, 1774 (Repr. 1970).

R. Bezold

Histoire naturelle, générale et particulière, avec la description du Cabinet du Roy (frz.; *Allgemeine und besondere Naturgeschichte, mit der Beschreibung des Kabinetts des Königs)*, Georges-Louis Leclerc Buffon; EA Paris 1749–1804; dt. 1750–1774 (16 von 44 Bdn.) Allgemeine Historie der Natur nach allen ihren Theilen abgehandelt, nebst einer Beschreibung der Naturalienkammer Sr. Majestät des Königs von Frankreich (anonym).

In seinem naturphilosoph. Hauptwerk entwickelt Buffon auf der Grundlage einer organ. Molekulartheorie ein mechanist. System der Natur. – Das Phänomen des Lebens stellt keine metaphys. Stufe, sondern eine allgemeine physikal. Eigenschaft der Materie dar. Alle Lebewesen sind aus organ. Molekülen geformt, die in der Frühzeit der Welt durch die Einwirkung großer Hitze auf veränderliche Stoffe entstanden sind. Die Zahl dieser unzerstörbaren Moleküle ist seit dem Abkühlen der Erde unverändert, zugleich aber auch groß genug, um durch veränderliche Zusammenballungen von Millionen dieser Moleküle die Formenvielfalt des Lebendigen zu ermöglichen. Fortpflanzung und Wachstum der Lebewesen beruhen auf ihrer jeweiligen inneren Form (›moule intérieur‹), die sie durch die Fortpflanzung weitergeben und die während des Wachstums sicherstellt, daß der Körper eines Tieres oder einer Pflanze ausschließlich gemäß den Proportionen dieser Form nach allen Richtungen erweitert wird. Hierbei entwickelt sich der Körper, indem er auf dem Weg über die Ernährung nur solche Moleküle in sich aufnimmt, die für seine Erweiterung auf der Basis der inneren Form verwendbar sind. Die zwar geeigneten, aber unverbrauchten Teilchen bilden im Rahmen des Organismus ihrerseits ein zusammenhängendes Gefüge, das dem betreffenden Körper ähnlich ist und bei der Fortpflanzung weitergegeben wird. Auf der Grundlage dieser Prozesse vollzieht sich alles organ. Leben nach mechan. Gesetzen, wobei die Aktivität der organ. Moleküle beständig durch die Berührung mit der Außenwelt angeregt wird. Untergliedert in einen organ. und einen anorgan. Bereich, stellt die Natur somit ein abgeschlossenes System dar, dessen Erscheinungen und Entwicklungen systemat. betrachtet werden können. – Das zu seiner Zeit vielbeachtete Werk hat vornehmlich die Evolutionstheorie Lamarcks (→ *Philosophie zoologique*) beeinflußt und damit zugleich den Darwinismus vorbereitet.

Lit.: P. Flourens, Histoire des idées et des travaux de Buffon, 1975.

J. Monar

Historia como sistema y del imperio romano (span.; *Geschichte als System und über das römische Imperium*), José Ortega y Gasset; EA Madrid 1941; dt. 1943.

Die geschichtsphilosoph. Schrift entwickelt die Grundlagen einer histor. Vernunft, die das Wesen des Menschen als ein jeder vorgegebenen Natur enthobenes unaufhörliches Werden begreifen läßt. – Die seit dem Beginn der Neuzeit vorherrschende ›physikal.‹ (naturwissenschaftlich orientierte) Vernunft ist mit allen ihren Versuchen, eine vorgegebene statische Natur des Menschen nachzuweisen, gescheitert und hat damit eine Krise des Vertrauens in die Vernunft überhaupt ausgelöst. Im Gegensatz zu den Dingen – den eigentlichen Gegenständen der ›physikal.‹ Vernunft – verfügt der Mensch nicht über eine Natur, sondern über eine Geschichte, d. h. sein Wesen besteht darin, auf der Grundlage seines jeweiligen Gewesenseins immerfort neue Existenzmöglichkeiten zu konzipieren und zu verwirklichen. Sein Leben ist daher kein ›Ding‹, sondern das ›Drama‹ einer unaufhörlich neu zu vollziehenden Wahl der eigenen Lebensform. Bei dieser Wahl ist der Mensch grundsätzlich frei, orientiert sich aber an bereits durch frühere Generationen oder durch ihn selbst verwirklichten Existenzmöglichkeiten, über die er zur ›Vermehrung seines Seins‹ hinausgelangen will. Ein tieferes Verständnis des menschlichen Wesens kann daher nur die ›histor. Vernunft‹ gewinnen, die den Menschen aus seiner als ›System der menschlichen Erfahrungen‹ begriffenen Geschichte heraus zu verstehen sucht. – Das der deutschen Lebensphilosophie nahestehende Werk weist Parallelen zum französ. Existentialismus auf.

Ausg.: Gesammelte Werke, Bd. IV, übers. von G. LEPIORZ, 1978.
Lit.: O. W. HOLMES, Human Reality and the Social World. Ortegas Philosophy of History, 1975.

J. MONAR

Historia naturalis (lat.; *Naturgeschichte*), Gaius PLINIUS SECUNDUS der Ältere, beendet 77; ED Venedig 1469 (u. d. T. Historiae naturalis libri XXXVII); dt. 1781–1788.

Das naturphilosoph. Werk mit universalem Anspruch beruht auf der Zusammenfassung von beinahe 2000 Schriften. – ›Historia‹ wird hier – mißverständlich ist die geläufige deutsche Übersetzung ›Naturgeschichte‹ – nicht im Sinne von Evolution, sondern von Erkundung, Kunde und Kenntnis verstanden. Auch der Naturbegriff ist vom modernen Begriff eines Bewegungszusammenhanges raumzeitlicher Massenpunkte strikt zu unterscheiden: Die Natur ist qualitativ bestimmt, gilt als heilig und ist göttlichen Ursprungs. Plinius ist daran gelegen, die Natur in ihrer Güte und Erhabenheit zu feiern und zu verherrlichen sowie deren Nutzen und Segen für den Menschen darzutun. Insofern ist die Naturkunde auch Kultur- und Kunstgeschichte, Technikvermittlung und Heilkunde. Obwohl Plinius seinen Quellen unkrit. gegenübersteht und eigenes Denken und Beobachten in jedem Falle hintanstellt, ist sein Lebenswerk eine enorme Leistung und verdankt sich genuin antiker Gelehrsamkeit. Die nach Sachgebieten geordnete Enzyklopädie hat folgenden Aufbau: Ausführliche Gliederung mit Quellenangaben (Buch I), Kosmologie (Buch II), Geographie (Buch III–VI), Menschenkunde (Buch VII), Zoologie (Buch VIII–XI), Botanik (Buch XII–XIX), Pharmakologie (Buch XX–XXXII), Metallurgie (Buch XXXIII–XXXIV), Farben und Malerei (Buch XXXV) sowie Mineralogie (Buch XXXVI–XXXVII). – Durch den Verlust der von Plinius kompilierten Schriften erhielt das Werk im Verlauf der Geschichte den Rang eines doxograph. Hauptwerkes. Über die *Medicina Plinii*, einem von einem Anonymus verfaßten Auszug aus der *Historia naturalis*, übte das Werk entscheidenden Einfluß auf die Heilkunde der Spätantike und des Mittelalters aus; vom 16. bis zum 18. Jh. galt Plinius als naturwissenschaftliche Autorität, im 19. Jh. nahm man aber von seiner Naturkunde immer mehr Abstand.

Ausg.: Lat./Dt., Naturkunde 1973ff.
Lit.: W. KROLL, Art.: ›Plinius‹, in: Paulys Realencycl. d. class. Altertumsw., XXI/1, 1951.

G. SEUBOLD

Historia naturalis et experimentalis (F. Bacon) → Instauratio magna

Historik. Vorlesungen über Enzyklopädie und Methodologie der Geschichte, Johann Gustav

Droysen, entst. 1857–1883; EA München/Berlin 1937.

Droysens geschichtswissenschaftliche Methodenlehre strebt nach einer empir. wie philosoph. gleichermaßen abgesicherten Fundierung histor. Forschens. Grundlegende Bedeutung erhält dabei die erkenntniskrit. Trennung zwischen den nachträglich ermittelten Bildern vergangenen Geschehens einerseits und den geschichtlichen Tatsachen anderseits, die in ihrer einstmals wirklichen Lebensfülle für immer entschwunden sind und nur noch anhand erhalten gebliebener Zeugnisse (Quellen, Denkmäler, Überreste) rekonstruiert werden können. Daß die auswählende Arbeit des Historikers trotz seines Strebens nach Neutralität stets besonderen Gegenwartsinteressen folgt, versteht sich dabei fast ebenso von selbst wie die Tatsache einer prinzipiell fragmentar. Überlieferungsqualität, welche der interpretierenden Darstellung einen relativen und immer nur vorläufigen Charakter verleiht. Daher rührt Droysens Kritik am historist. Objektivitätsideal und sein Plädoyer für ein nachträglich und im vollen Bewußtsein subjektiver Sinngebung erfolgendes ›Verstehen‹ vergangener Gegenwarten in ihrer je eigenen Erscheinungsform. Da der kontinuierlich weiterschaffende Menschengeist nur das von ihm selbst Hervorgebrachte vollauf zu verstehen vermag, richtet sich Droysens Erkenntnisinteresse vor allem auf die Gestaltungen der ›sittlichen‹ als der ›menschlichen‹ und damit der eigentlich ›geschichtlichen‹ Welt: Volk, Staat, Religion und Sprache. – Sein von Hegel und Wilhelm v. Humboldt angeregter Entwurf thematisierte erstmals in systemat. Form die theoret. und methodolog. Probleme wissenschaftlicher Geschichtsschreibung. Die dabei berührten Fragestellungen befruchteten besonders die historiograph. Methodendiskussion der 60er und 70er Jahre des 20. Jh.s.

Ausg.: Hg. von R. Huebner, [8]1977. – Historisch-kritische Ausgabe, hg. von P. Leyh, 1977ff.

Lit.: J. Wach, Das Verstehen. Grundzüge einer Geschichte der hermeneutischen Theorie im 19. Jh., Bd. III, 1933. – J. Rüsen, Begriffene Geschichte. Genesis und Begründung der Geschichtstheorie J. G. Droysens, 1969. – K.-H. Spieler, Untersuchungen zu J. G. Droysens ›Historik‹, 1970.

F.-L. Kroll

Der Historismus und seine Überwindung. Fünf Vorträge, Ernst Troeltsch; EA London 1923 (u. d. T. *Christian Thought, Its History and Application*); dt. 1924.

Die postum von Friedrich von Hügel herausgegebene Sammlung von fünf Vorträgen zu ethisch-geschichtsphilosoph. Themen enthält Überlegungen zum Verhältnis von absoluten Werten und histor. Relativität. – Die ersten drei Texte, die unter der Überschrift »Ethik und Geschichtsphilosophie« stehen, erwägen Konzepte zur Bewältigung des histor. Relativismus. Das wichtigste Konzept baut auf die autonome sittliche Selbstbestimmung des Individuums, die das sittlich absolute Ideal im persönlichen Gewissen ständig vergegenwärtigt, auch wenn der typisch menschliche Dualismus aus egoist. Triebnatur und sittlicher Vernunft nicht mehr als einen Kompromiß erlaubt. Eine weitere Möglichkeit zur Überwindung des Historismus bildet die kreative Synthese eines Wertsystems aus dem »persönlichen Eindruck der

Wirklichkeit und des eigenen Gewissens« (›Kultursynthese‹), dem Troeltschs Ablehnung jeder aprior. Konstruktion universeller Menschheitsideale zugrundeliegt. Die ›Gemeingeist‹-Idee vereinigt schließlich die beiden anderen Konzepte, indem sie den Anspruch der Kirchen, die ganze Menschheit im christlichen Glauben zu vereinigen, als unrealist. ablehnt und statt dessen auf die Etablierung geistiger Bande auf interpersoneller Ebene baut. Der Vortrag über »Die Stellung des Christentums unter den Weltreligionen« betont die Bedeutung der verschiedenen Kulturkreise für die ethischen Dogmatiken der einzelnen Religionen, die eine solche Dominanz hat, daß ein objektiver Wert, in dem alle Religionen konvergieren, ausgeschlossen ist. Im letzten Text erklärt Troeltsch den Gegensatz zwischen transzendenter Normativität und individuell geschichtlicher Realität schließlich zur ›conditio humana‹, deren letzter Ausweg die Metaphysik ist.

Ausg.: Dt., eingel. von F. von Hügel, ^{3}1979.

P. Nagelschmidt

Holzwege, Martin Heidegger; EA Frankfurt a. M. 1950.

In diesem Band sind sechs Abhandlungen Heideggers aus der Zeit zwischen 1935 und 1946 enthalten. Sie betreffen Fragen der Kunst, der Wissenschaft, der Hegelschen Phänomenologie, der Religionskritik Nietzsches, der Dichtung und der Ontologie Anaximanders. Trotz des Anscheins der Disparatheit verlaufen diese ›Holzwege‹ ›im selben Wald‹. Die Abhandlung »Der Ursprung des Kunstwerkes« (1935) faßt drei Vorträge zusammen, die sich mit der Bestimmung des Kunstwerkes in kritischer Distanz zum ›ästhet. Erlebnis‹ befassen. In »Das Ding und das Werk« unterscheidet Heidegger zwischen ›Ding‹, ›Zeug‹ und ›Werk‹. Im Kunstwerk sieht Heidegger ›ein Geschehen der Wahrheit am Werk‹. Im Werk wird Seiendes in seinem Sein eröffnet. Das Wesen der Kunst ist ›das Sich-ins-Werk-Setzen der Wahrheit des Seienden‹. Mit anderen Worten, Kunst läßt Wahrheit geschehen, d. h. sie stellt eine neue Welt von Bezügen auf und hält somit ›das Offene der Welt‹ offen, wie im Vortrag »Das Werk und die Wahrheit« betont wird. Diese ›offene Stelle‹ wird auch ›Lichtung‹ genannt. »Schönheit ist eine Weise, wie Wahrheit west«. Im 3. Vortrag »Die Wahrheit und die Kunst«, wird das Kunstwerk von der ›technē‹ her, d. h. als ein ›Her-vor-bringen‹ bestimmt. Die Kunst hat nicht nur eine Geschichte, sie ist wesentlich geschichtlich. »Die Zeit des Weltbildes« (1938) enthält die Deutung einer der Grunderscheinungen des gegenwärtigen metaphys. Zeitalters, nämlich der Wissenschaft. Heidegger sieht das Wesen moderner Wissenschaft (im Unterschied zu der griechischen ›epistēmē‹ und der mittelalterlichen ›doctrina‹) in der Forschung. Diese entwirft ein Gebiet des Seienden und geht mathemat. und exakt vor. Aufgrund dieses Vorgehens wird sie experimentell (Tatsachenforschung/Gesetze). Schließlich hat sie den Charakter des ›Betriebes‹. Dieses neuzeitliche Weltbild wird gegen das mittelalterliche und das antike abgehoben. Neben den Erscheinungen des ›Riesenhaften‹ treten auch die des ›Unberechenbaren‹ hervor. Der Mensch ist zum ›subjectum‹ und die Welt zum ›Bild‹ geworden. »Hegels Begriff der Erfahrung« (1942/43) enthält Erläuterungen zu einem Stück aus der Vorrede von Hegels → *Phänomenologie des Geistes*. Die Auslegung kreist um den von Hegel vorangestellten Titel »Wissenschaft der Erfahrung des Bewußtseins«. Die beiden Genitive bezeichnen nach Heidegger die Subjekt-Objekt-Beziehung des absoluten Subjekts in ihrer Subjektivität. »Die Erfahrung ist das Gespräch zwischen dem natürlichen Bewußtsein und dem absoluten Wissen«. »Nietzsches Wort Gott ist tot« (aus Freiburger Nietzsche-Vorlesungen zwischen 1936 und 1940) enthält eine Interpretation, die in Zusammenhang mit der Frage nach dem Wesen des Nihilismus das ›Endstadium der Metaphysik‹ verdeutlichen soll, in dem »das Übersinnliche zu einem bestandlosen Produkt des Sinnlichen« wird. Nietzsches ›Umkehrung der Metaphysik‹, die im Wort ›Gott ist tot‹ zum Ausdruck kommt, läßt die metaphys. Antwort auf die ›Seinsfrage‹ als Nihilismus erscheinen. Im Aufsatz »Wozu Dichter?« (1946) bildet Hölderlins Wort (aus der Elegie »Brot und Wein«) den Zugang einer Erörterung über die Grundzüge des gegenwärtigen Zeitalters, so wie sie in dichter. Erfahrungen Hölderlins und Rilkes zur Sprache kommen. Dazu gehören die Erfahrung der ›entflohenen Götter‹, der Technik, der Suche nach Innerlichkeit, vor allem aber des Wollens. Die dichter. Erfahrung des Heillosen als einem solchem öffnet zugleich den Weg des ›Heiles‹ (sowie des ›Heiligen‹, des ›Göttlichen‹ und letztlich des ›Gottes‹). Die Schrift »Der Spruch des Anaximander« (1946) kreist um die Frage nach dem ›Entstehen‹ und ›Vergehen‹ der ›Dinge‹ ›gemäß der Ordnung der Zeit‹ bzw. ›nach der Notwendigkeit‹. Heidegger verfolgt hier die Spur der ›Seinserfahrung‹, d. h. der ›Herkunft des Anwesenden aus dem Anwesen‹, wobei der Unterschied zwischen ›Anwesen‹ und ›Anwesendem‹ ›vergessen‹ bleibt (›Seinsvergessenheit‹). – Durch ihre Veröffentlichung 1950 trugen diese Vorträge zur Verbreitung und zur Diskussion des Heideggerschen Denkens bei. Seine Erörterungen zur Frage der Kunst sind heute besonders lebendig.

Lit.: F. W. von Herrmann; Heideggers Philosophie der Kunst, 1980. – O. Pöggeler, Heidegger und die Frage nach der Kunst von Hegel zu Heidegger, 1984.

R. Capurro

L'homme machine (frz.; *Der Mensch eine Maschine*), Julien Offray de La Mettrie; EA Leiden 1748 (anonym u. d. T. *L'homme plus que machine*); dt. 1875.

In seiner berühmtesten und mit polem. Schärfe formulierten Schrift entwickelt der Arzt und Philosoph La Mettrie die Grundzüge einer materialist. Anthropologie. – Der Titel des Werks spielt auf die von Descartes vertretene mechanist. Theorie an, Tiere seien Maschinen (bête machine). Auch der Mensch ist nach La Mettrie ein reiner Mechanismus und ausschließlich physiolog. beschreibbar und erklärbar. Das philosoph. Denken über den Menschen hat daher von ›Erfahrung‹ und ›Beobachtung‹ auszugehen, Untersuchungen a priori und Spekulationen sind fruchtlos. Anatomie und Physiologie sind die Mittel, die menschliche Natur kennenzulernen. Die medizin. Beschreibung des Zusammenhangs von Sinnesorganen, Nerven und Gehirn ist auf die leib-seelische Organisation des Menschen auszuweiten. Nicht Geist oder Seele steuern die körperliche ›Maschine‹, sondern umgekehrt: der Geist ist abhängige Variable physiolog. Werte (Körpersäfte, Nerven, Gehirn), die wiederum durch Ernährung und Alter, Krankheit und Umwelteinflüsse modifiziert werden. Alles Geistige ist nur eine besondere Kraftäußerung der Materie. Die Eigenschaften der Seele hängen von der eigentümlichen Organisation des Gehirns und des ganzen Körpers so sehr ab, »daß sie sichtlich eben nur diese Organisation selbst sind«. Aus den neuesten Entdekkungen der damaligen Physiologie (Irritabilität der Muskelfasern) folgert La Mettrie, daß alle organisierte Materie mit einem eigenen inneren Bewegungsprinzip begabt sei. Der Mensch unterscheidet sich vom Tier lediglich durch seine feinere körperliche Organisation. Auch Tiere sind zu moral. Empfindungen fähig und vermögen zu denken. – Das Buch wurde ein beispielloser Skandalerfolg und provozierte zahlreiche Gegenschriften. Der Autor, seiner Freiheit nicht mehr sicher, mußte Holland verlassen und fand Zuflucht am Hof Friedrichs des Großen.

Ausg.: Œuvres philosophiques, 1774 (Repr. 1970). – Frz., hg. und eingel. von A. Vartanian, 1960. Dt., von M. Brahn, 1909 (PhB 68).

R. Bezold

L'homme révolté. Essais (frz.; *Der Mensch in der Revolte*), Albert Camus; EA Paris 1951; dt. 1953. In der Sammlung polit.-philosoph. Essays untersucht Camus, inwieweit die revolutionären und revoltierenden Bewegungen in Geschichte und Gegenwart mit seinem humanist. Leitbild der Revolte als wertkonstituierender Entfaltung menschlicher Natur und Auflehnung gegen das Absurde übereinstimmen. – In der Revolte erfahren die Menschen den grundlegenden Wert der Solidarität. Dabei lassen sich zwei Arten des Revoltierens unterscheiden: Die metaphys. Revolte bestreitet ein absolutes Ziel des menschlichen Lebens. Sie negiert Gott und die Schöpfung. Sobald der Mensch jedoch seine eigenen Grenzen vergißt und die Wirklichkeit ohne Einschränkung bejaht oder verneint, setzt er sich selber an die Stelle Gottes: Die Revolte wird zur Revolution und der Nihilismus legitimiert Mord und Tyrannei. Die histor. Revolte dagegen verabsolutiert in ihrer entarteten Form nicht das Individuum, sondern die Geschichte. Der Utopie einer gerechten Gesellschaft ordnet der Marxismus jeden Wert unter und nimmt die gleichen nihilist. und totalitarist. Züge wie der Nationalsozialismus an. Nur sein grenzenloser Irrationalismus läßt letzteren noch tiefer stehen. Beide zerstören die Achtung vor dem Leben des anderen. In der Kunst tritt die Revolte in reinster Form auf. Um schöpferisch zu werden, müssen aber die beiden Extreme des absoluten Formalismus oder Realismus vermieden und Gestalt und Inhalt zu einer fruchtbaren Einheit verbunden werden. Nur das sog. ›mittelmeerische Denken‹ des Maßes kann insgesamt Basis für eine humane Gesellschaft sein: Damit zielt die wahre Revolte nur auf das Relative und kann nur eine relative Gerechtigkeit versprechen. – Camus' Gedanken wurden vor allem von der französ. Linken heftig angegriffen und führten zum Bruch mit Sartre, der Camus mangelndes Geschichtsbewußtsein vorwarf.

Ausg.: Dt. von I. STRELLER, 1969.
Lit.: A.-G. H. MIKKAWY, Philosoph. Untersuchung zum Begriff des Absurden und der Revolte bei A. Camus, 1962.

D. V. D. PFORDTEN

Hortensius, (lat.), Marcus Tullius CICERO, entst. 46/45 v. Chr.; ED Venedig 1559 (in: Fragmenta Ciceronis).
Das Werk steht in der Tradition des → *Protreptikos* von Aristoteles und will zur Beschäftigung mit der Philosophie ermuntern. Der Dialog diente in der Antike als Einführungslektüre in die Philosophie. Cicero vertritt beim Philosophieren den Standpunkt der akadem. Skepsis, nach dem der glücklich ist, der nach Wahrheit sucht, auch wenn er sie nicht finden kann. Mit dieser Schrift beginnt Cicero, die alte Philosophie in latein. Sprache darzustellen.

Ausg. Lat./Dt., in: Aufruf zur Philosophie, hg. von O. SCHÖNBERGER, 1984.
Lit.: PLASBERG, De Ciceronis Hortensio, 1892. – L. STRAUME-ZIMMERMANN, Ciceros Hortensius, 1976.

M. RUPP

How to Do Things With Words (engl.; *Zur Theorie der Sprechakte*), John Langshaw AUSTIN; EA Oxford 1962 (hg. v. J. O. Urmson); dt. 1972.
Aufgrund seiner 1955 an der Harvard University gehaltenen, postum redigierten 12 Vorlesungen gilt Austin als Begründer der Theorie der Sprechakte. Die Vorlesungen tragen allerdings kein einheitliches System vor, sondern bezeugen einen von zunehmender Einsicht in die Notwendigkeit von Differenzierungen geleiteten Prozeß der Selbstkorrektur. Während die ersten Vorlesungen die mit der traditionellen Verkürzung der sprachlichen Funktion auf wahrheitsdifferente Feststellungen verdrängten ›performativen‹ Äußerungen (mit denen der Sprecher, z. B. der sein Jawort gebende Bräutigam, zugleich eine Handlung vollzieht) den deskriptiven oder ›konstativen‹ Äußerungen dichotom. entgegensetzen, führt die mit der 4. Vorlesung sich ankündigende Aufweichung der Disjunktion gegen Ende der 7. Vorlesung schließlich zur umfassenden Sprechakttheorie, mit der die Fülle situationsverwurzelter Äußerungen abstrakt klassifiziert wird. Sprachliches Handeln wird nun auf drei Dimensionen erweitert: Der ›lokutionäre Akt‹, der aus einem simultanen Aktgeflecht von Geräuscherzeugung (im ›Phon‹), artikulierter Rede (im ›Phem‹) und Aussage (im ›Rhem‹) besteht, ist die Handlung der Äußerung selbst. Zugleich vollzieht der Sprecher einen ›illokutionären Akt‹, insofern seine Äußerung eine bestimmte Rolle innerhalb eines konventionellen Sprachverhaltens spielt (z. B. Befehlen oder Konstatieren). Mißlingt die erste Handlung nicht (z. B. durch Sprechfehler) und verunglückt die zweite nicht durch Fehlberufungen auf die Konvention oder durch Fehlausführungen (z. B. wetten, wenn das Pferd im Ziel ist), so kann drittens ein ›perlokutionärer Akt‹, d. h. eine außersprachliche Wirkung erzielt werden (z. B. jemanden veranlassen zu gehorchen). – Austins Theorie hat über J. R. Searle großen Einfluß auf die ›Philosophie der normalen Sprache‹ ausgeübt.

Lit.: E. v. SAVIGNY, Die Philosophie der normalen Sprache, [2]1980. – D. WUNDERLICH, Studien zur Sprechakttheorie, 1976.

H. BUSCHE

How to Make Our Ideas Clear (engl.; *Wie unsere Ideen zu klären sind*); Charles S. PEIRCE; ED 1878 (in: Popular Science Monthly 12); dt. 1965.

Der Aufsatz entwickelt die später als ›pragmat. Maxime‹ bezeichnete wissenschaftliche Methode der Definition von Begriffen durch ihre Operationalisierung. – Während die damalige Logik die Klarheit eines Begriffes durch dessen abstrakte Wesensdefinition gegeben sah, sieht Peirce den Bedeutungsgehalt eines jeden Begriffes in seiner empir. Verifizierbarkeit und seinen möglichen praktischen Konsequenzen. Die einzige Funktion des Denkens und damit auch der wissenschaftlichen Forschung ist nämlich, eine ›Überzeugung‹ festzulegen, um so ein verläßliches Handeln zu ermöglichen. Die Anwendung dieser experimentellen Bedeutungstheorie auf den Begriff ›real‹ ergibt: als ›real‹ wird etwas bezeichnet, nicht weil es unabhängig vom Denken existiert, sondern weil man darüber zu einer unbezweifelbaren Überzeugung gelangt, und dies ist nur dann der Fall, wenn es einer wissenschaftlichen Überprüfung ausgesetzt wird und die Forschung letztlich zu einer Übereinstimmung in dieser Frage kommt. ›Wahrheit‹ ist dementsprechend diese endgültige Übereinstimmung, die mit der prinzipiell als unbegrenzt postulierten empir. Forschung erzielt wird. – Zusammen mit »Fixation of Belief« gilt dieser Aufsatz als die Geburtsurkunde des amerikan. Pragmatismus, der durch W. James und J. Dewey populär wurde. Die hier angedeutete Wahrheitstheorie wurde in der ›Konsensus‹- oder ›Diskurstheorie‹ der Wahrheit (Apel, Habermas) ausgebaut.

Ausg.: Schriften, hg. von K.-O. APEL, Bd. I, 1967. – Engl./Dt., hg. von K. OEHLER, 1968.

H. SCHEIT

The Human Condition (H. Arendt) → Vita activa …

Humanisme intégral. Problèmes temporels et spirituels d'une nouvelle chrétienté (frz.; *Integraler Humanismus.* Zeitliche und geistige Probleme einer neuen Christenheit), Jacques MARITAIN; EA Paris 1936; dt. 1938 Die Zukunft der Christenheit.

Die geschichts- und polit.-philosoph. Schrift will die Aufgaben des Christen in unserer Zeit beschreiben. Die moderne Kultur hat, durch die Renaissance und die Reformation, einen anthropozentr. Humanismus entwickelt, der, gerade wegen einer einseitigen Aufwertung der Rolle des Menschen, eine Reihe von Trennungen zwischen Glaube und Wissen, Glaube und Vernunft, Natur und Gnade, Liebe und Erkenntnis verursacht hat. Das Scheitern des Anthropozentrismus wird durch die Krise der bürgerlichen Gesellschaft und Kultur deutlich. Auch der Marxismus vermag keine wirkliche Lösung zu bieten. Demgegenüber vertritt Maritain einen integralen Humanismus, in dem die Frage nach dem Menschen mit der Gottesfrage verschränkt ist; sowohl Gott als auch der Mensch in den pluralen Dimensionen seines Wissens und Tuns können so volle Anerkennung erhalten. Wissen, Philosophie, Moral, Politik und Wirtschaft sind selbständig und doch nicht getrennt vom Glauben, der für sie Quelle der Inspiration ist. Außerdem ist der Christ in der Welt zur Umgestaltung der Gesellschaftsordnung berufen. Das Ziel ist ›das histor. Ideal einer neuen Christenheit‹. Im Unterschied zur mittelalterlichen Anschauung wird eine profane Auffassung von Macht vorausgesetzt. Die Werte, auf die diese Gesellschaft zu gründen wäre, sind: Pluralismus, Demokratie, Freiheit und Gerechtigkeit, Toleranz sowie Suche nach dem Gemeinwohl und Rücksicht auf die Person. – Das Werk gehört zu den repräsentativsten der Bewegung des Personalismus; seine Wirkung hat die Grenzen der Fachdiskussion überschritten und vor allem in den roman. Ländern Programme sozialer und polit. Organisationen inspiriert.

Ausg.: J. MARITAIN/R. MARITAIN, Œuvres, Bd. VI, 1984. – Christlicher Humanismus. Politische und geistige Fragen einer neuen Christenheit, 1950.

Lit.: J. CROTEAU, Les fondements thomistes du personalisme de J. Maritain, 1955.

A. DA RE

Human Nature and Conduct. An Introduction to Social Psychology (engl.; *Menschliche Natur und Verhalten*. Eine Einführung in die Sozialpsychologie), John DEWEY; EA New York 1922; dt. 1931 Die menschliche Natur. Ihr Wesen und ihr Verhalten.

Die eher als Anthropologie zu bezeichnende Analyse des menschlichen Handelns skizziert die Grundzüge einer naturalist. Ethik. – Die Kenntnis der Natur des Menschen ist für Dewey der Schlüssel für die Moraltheorie. Deshalb ist jede philosoph. Ethik notwendig auf die positiven Wissenschaften angewiesen. Seinem anti-dualist. ganzheitlichen Ansatz gemäß besteht für Dewey die Lebensführung des Menschen im Zusammenspiel von menschlicher Natur, natürlicher und gesellschaftlicher Umwelt. Gewohnheit, Trieb und Intellekt sind die Hauptfaktoren des Handelns. Unter ihnen kommt den Gewohnheiten die grundlegende Bedeutung zu, weil sie ausdrücklich den subjektiven, objektiven und sozialen Aspekt des Handelns in sich vereinen und in ihrer Gesamtheit das ›Selbst‹ oder den Charakter ausmachen. Gewohnheiten sind jedoch beharrend, und deshalb benötigen sie das dynam. Element der Triebe, um das Verhalten durch ständige Um- und Neubildung von Gewohnheiten an die sich dauernd verändernde Umwelt anpassen zu können. Die Triebe lassen sich nicht auf vorgegebene Grundtriebe (wie Selbsterhaltung, Machtstreben) zurückführen, sondern sind in gewissen Grenzen durch den Intellekt formbar. Die Vernunft hat also nicht die Aufgabe, die Triebe zu unterdrücken; sie ist vielmehr das Instrument, das Triebe und Gewohnheiten zu einem harmon. und lebensbejahenden Ganzen formen soll. Dewey kritisiert daher jede Ethik, die dem Handeln Ziele vorgibt, die außerhalb des Handelns liegen. Diese Kritik richtet sich nicht nur gegen transzendental-idealist. oder deontolog. Moraltheorien, sondern auch gegen die teleolog. wie die utilitarist. Ethik. Sittlichkeit ist demnach gleichbedeutend mit Erziehung und dementsprechend sittliches Handeln ein experimenteller, also einer ständigen Revision unterworfener Prozeß, der im menschlichen Verhalten den ›Sinn des gegenwärtigen Erlebens‹ steigern soll. – Deweys naturalist. Ethik übte vor dem Zweiten Weltkrieg in Amerika einen erheblichen Einfluß aus, da sie dem pragmat. Denken der Amerikaner entgegenkam.

Lit.: C. R. ROHRBERG, The Behaviorismus of J. Dewey, 1975.

H. SCHEIT

Ich und Du, Martin BUBER, entst. 1916–23; EA Leipzig 1923.
Beeinflußt von den, von Buber kritisch auf ihr Verhältnis zur Welt hin befragten mystischen Strömungen der abendländ. wie östlichen Tradition, inspiriert von der sich zu Beginn des Jahrhunderts neu in Absetzung von deutschem Idealismus und in Überwindung aufklärer. und romantizist. Positionen zugleich neu gestaltenden jüdischen Geistigkeit, hier insbes. befruchtet von der Auseinandersetzung mit F. Rosenzweig, darf die Schrift als programmat. Grundlagenwerk des dialog. Denkens gelten. Buber fundiert die Ganzheit der Schöpfung im triadischen Radikal des Gott stets mitmeinenden Beziehungsgeschehens von ›Ich und Du‹ mit der auf die Welt der Dinglichkeit und Verdinglichung bezogenen Verhärtungsgestalt von ›Ich-Es‹, die freilich, gerade auch im Bezug zu Naturhaftem, auf die Urbeziehung (»Der Mensch wird am Du zum Ich«) verwiesen und geöffnet bleibt. Platon. Denkstrukturen, besonders auch mystisch-neuplaton. Prägung zutiefst verbunden, versucht Buber doch, jüdische Weltbejahung gegenüber Ideendenken und die prophet. Kraft des Du-sprechenden Wortes gegenüber Pantheismus und Panpsychismus fruchtbar zu machen. – Philosophie, Theologie, Pädagogik, Psychologie und Medizin wurden durch seine Dialogik nachhaltig beeinflußt.

Lit.: P. A. SCHILPP/M. FRIEDMAN (Hg.), M. Buber, 1963. – H. L. GOLDSCHMIDT, Dialogik, 1964. – M. THEUNISSEN, Der Andere, 1965. – W. GRÜNFELD, Der Begegnungscharakter der Wirklichkeit in Philosophie und Pädagogik M. Bubers, 1965. – SCH. BEN-CHORIN, Zwiesprache mit Buber, 1966. – H. H. SCHREY, Dialog. Denken, 1970. – B. CASPER, F. Rosenzweigs Kritik an Bubers ›Ich und Du‹, in: Philos. Jb. 86 (1979).

C.-H. HOEFER

Die Idee, Bruno BAUCH; EA Leipzig 1926.
Das Werk, das Gedankengänge aus → *Wahrheit, Wert und Wirklichkeit* fortführt, grenzt einleitend die Idee von Wirklichkeit (als Komplex von Heterogenem und Homogenem) ab, um dann den relational-funktionalen Charakter des idealen Seins herauszuarbeiten. Die Idee ist Beziehung, die über die funktionalen Beziehungen der Begriffe hinausgreift und sie zu einem ›ganzen Ganzen‹ verbindet. Sie hat nicht nur regulative, sondern konstitutive Bedeutung, indem sie als ›das Ganze der Begriffe‹ die Wahrheit ist. Analog zu Hegels Logik wird die Idee als höchste Einheit von Geltung und Wirklichkeit gedacht. Das letzte Kapitel treibt die Reflexion auf die Dialektik von Ich (als ›An sich‹ der Idee) und Welt (als ›das Andere‹) bis zu jener Einheit der Idee, in welcher der vernünftige Sinn des Unvernünftigen beschlossen ist.

H. HOLZHEY

Die Idee der Phänomenologie. Fünf Vorlesungen, Edmund HUSSERL, entst. 1907; EA Den Haag 1950.
Ausgehend vom Erkenntnisproblem geben die Vorlesungen grundlegende Bestimmungen zu Absicht, Methode und Gegenstand der phänomenolog. Forschung. – Das Erkenntnisproblem besteht für Husserl in der Unverständlichkeit des Transzendenzanspruchs der natürlichen Erkenntnis. Die phänomenolog. Erkenntnistheorie darf deswegen von keiner natürlichen Erkenntnis Gebrauch machen. Sie muß sich

in einer universalen Epoché von allen natürlichen Erkenntnisansprüchen enthalten und in einer erkenntnistheoret.-phänomenolog. Reduktion auf die von jeder transzendierenden Auffassung gereinigte Bewußtseinsimmanenz als eines Bereichs absoluter und zweifelsfreier, intuitiver Selbstgegebenheit zurückgehen. Husserl zeigt, daß die Immanenz der schauenden Selbstgegebenheit auch die Wesen der cogitationes und sogar die ausgeschalteten transzendenten Gegenstände, und zwar als erscheinende und gemeinte, umfaßt. – Die Vorlesungen gehören zu den frühen Texten Husserls, in denen er seine Methode der phänomenolog. Reduktion entwickelt.

Ausg.: Gesammelte Werke, Husserliana Bd. II, [2]1973.

Lit.: P. JANSSEN, ›Einleitung‹, in: E. Husserl, Die Idee der Phänomenologie, 1986, (PhB 392).

U. MELLE

Die Idee der Staatsräson in der neueren Geschichte, Friedrich MEINECKE; EA München/Berlin 1924.

Die der polit. Ideengeschichte verpflichtete Darstellung skizziert den histor. Entwicklungsgang des mit Machiavelli einsetzenden Bemühens, ›unmoral.‹ Staatsaktionen unter Hinweis auf das ›öffentliche Wohl‹ zu rechtfertigen und so dem Staatsinteresse eine vom bestehenden Rechtsgebot dispensierte ›höhere Sittlichkeit‹ zuzubilligen. Während der Gebrauch unsauberer Mittel als Ausnahmefall polit. Handelns bei Friedrich dem Großen noch einen ernst empfundenen Konflikt zwischen humanitären Vernunftidealen einerseits und machtpolit. Sachzwängen anderseits entfachte, hob die Hegelsche Gleichsetzung des ›vernünftigen‹ mit dem ›wirklichen‹ Staat jenen Zwiespalt von normativen Sollenspostulaten und tatsächlichem Geschehensgefüge auf und ermöglichte dadurch die ethisch sanktionierte Eingliederung polit. Gewaltmaßnahmen in den Zusammenhang einer alle sittlichen Werte zugleich umfassenden Geschichtstheodizee. – Die Idee der Staatsräson markiert für Meinecke eine wesentliche Vorstufe des modernen histor. Denkens, weil ein situationsbezogenes Handeln nach Staatszwekken seine Maximen in realist.-relativist. Einschätzung der geschichtlichen ›Lage‹ dem wechselnden Augenblicksbedürfnis anpassen und dabei auf das unhistor. Ideal eines ›besten Staates‹ verzichten muß. Waren der nach Staatsräson handelnden Machtpolitik vergangener Jahrhunderte aufgrund eines begrenzten Potentials staatlicher Mittel und Möglichkeiten relativ enge, das gesamteuropäische Interessengleichgewicht stets wahrende Schranken gesetzt, so gewann sie am Ende des 19. Jh.s einen prinzipiell neuartigen Charakter: Die durch Nationalismus, Militarismus und Kapitalismus vielfach gesteigerte Leistungskraft der modernen Großstaaten führte zur Hypertrophie des Machtstaatsgedankens, dessen sorglose Idealisierung der Welt Alteuropas 1914 zum Verhängnis wurde.

Ausg.: Werke, Bd. I, mit Einleitung von W. HOFER, 1957.

Lit.: C. ANTONI, Vom Historismus zur Soziologie, 1950. – M. ERBE (Hg.), F. Meinecke heute, 1981.

F.-L. KROLL

Ideen über eine beschreibende und zergliedernde Psychologie, Wilhelm DILTHEY; EA Berlin 1894.

Der Band enthält Abhandlungen zur Grundlegung der Geisteswissenschaften, die in Zusammenhang mit der Erörterung »Über vergleichende Psychologie« stehen. Dilthey stellt sich die Aufgabe einer Grundlegung der Geisteswissenschaften; sie soll durch eine beschreibende, zergliedernde oder analyt. Psychologie geleistet werden, die er der erklärenden und konstruktiven entgegenstellt. Während diese psychische Kausalzusammenhänge erkennt, verbindet jene die einzelnen psychischen Prozesse mit der Totalität des Seelenlebens. Das Konzept einer vom Strukturzusammenhang ausgehenden, analyt. Psychologie, das sich am zentralen Gedanken der Totalität des Seelenlebens orientiert, liefert so das method. Paradigma zur Fundierung der Geisteswissenschaften. Die beschreibende Psychologie analysiert die in jedem menschlichen Seelenleben gleichförmig auftretenden Elemente und Zusammenhänge, wie sie in einem erlebten, alles umgreifenden Zusammenhang verbunden sind. Durch innere Wahrnehmung wird jeder Zusammenhang eindeutig verifiziert. Entsprechend den Wissenschaften des organ. Lebens verfügt die Wahrnehmung über die method. Mittel: Beschreibung, Analyse, Klassifikation, Vergleichung und Entwicklungslehre. Die Naturwissenschaften haben Phänomene zu ihrem Gegenstand, die sich dem Bewußtsein von außen und zudem einzeln darstellen. Die Geisteswissenschaften untersuchen Tatsachen, die als Realität von innen und in lebendigem Zusammenhang erscheinen. Sie benötigen eine dem Objekt entsprechende Methode: die philosoph. Besinnung, welche vom seelischen Zusammenhang ausgeht, aus welchem in der Weise des ›Innewerdens‹ erlebt wird. Das Erlebnis liegt allem Erkennen geistiger, geschichtlicher und gesellschaftlicher Phänomene zugrunde. In der beschreibenden Psychologie stellt sich die volle Wirklichkeit des Seelenlebens dar. Der psychische Lebensprozeß ist ursprünglich und bildet von seinen elementaren bis zu den höchsten Formen eine Einheit. Es bilden sich seelische Funktionen heraus, die aber an den Zusammenhang gebunden bleiben. Die Entwicklung des Seelenlebens entspringt der Tätigkeit der in innerer Beziehung stehenden Momente: Strukturzusammenhang, Zweckmäßigkeit, Lebenswert, seelische Artikulation, Ausbildung eines erworbenen seelischen Zusammenhangs und schöpfer. Prozesse. Die Beziehung des Lebens auf seine Objektivationen (geistig-geschichtliche Wirklichkeit) ist das Prinzip der Grundlegung: im Gebilde der Objektivationen des Lebens legt sich das Leben selbst aus. In allen Individuen treten dieselben qualitativen Bestimmungen und Verbindungen auf. Die Unterschiede der Typusbildung beruhen auf den unterschiedlichen Kombinationen der quantitativen Verhältnisse. Diltheys Psychologie ist keine Wissenschaft der Introspektion. Der Begriff der Innerlichkeit bezieht sich auf die Objektivationen, in denen die Gestalt der Seele erfaßt wird. Im Verfahren des Verstehens überwindet Dilthey den Dualismus von Kausalerklärung und Darstellung des in der verstehenden Anschauung erfaßbaren Partikularen. Durch die Verbindung des vergleichenden Verfahrens mit der Strukturanalyse kann dieses Singulare objektiviert werden. Die Unterscheidung von Natur- und Geisteswissenschaften bezieht sich nicht auf zwei verschiedene Wirklichkeiten, sondern auf die Auffassung zwei verschiedener Seiten der Wirklichkeit, deren Wahrheit Ziel wissenschaftlichen Bemühens ist. – Diltheys Wirkung auf die Philosophie der Gegenwart liegt zum einen in der Thematisierung der Geschichtlichkeit des Menschen (u. a. bei Heidegger und Gadamer), zum anderen trug Diltheys These von der eigenständigen Erkenntnistheorie der Geisteswissenschaften zur Diskussion über ihre Logik bei. Einen großen Einfluß übte Dilthey auch auf die geisteswissenschaftliche Pädagogik (H. Nohl, Th. Litt, E. Spranger u. a.) aus.

Ausg.: Gesammelte Schriften, Bd. V, hg. von G. Misch, [7]1982.
Lit.: M. Riedel, Verstehen oder Erklären? Zur Geschichte und Theorie der hermeneutischen Wissenschaften, 1978.

E. Jain

Ideen zu einem Versuch, die Grenzen der Wirksamkeit des Staats zu bestimmen, Wilhelm von Humboldt, entst. 1792 (zu Humboldts Lebzeiten erschienen nur einzelne Abschnitte in »Berlinische Monatsschrift« sowie in »Neue Thalia«); EA Breslau 1851.
Die staatsphilosoph. Schrift weist im Anschluß an Kant und auf dem Hintergrund einer idealist. Weltauffassung den Weg zur Begründung einer sozialen Ordnung, in der die Ideale der Französ. Revolution (Freiheit, Gleichheit, Brüderlichkeit) – nach dem Vorbild der Natur in Reformen, beginnend bei den Ideen der Menschen – verwirklicht werden können. Auf die Frage: »Zu welchem Zweck die ganze Staatseinrichtung hinarbeiten und welche Schranken sie ihrer Wirksamkeit setzen soll?« folgt der zentrale Gedanke der Beschränkung der Wirksamkeit des Staates auf die Erhaltung der Sicherheit (Schutz nach außen und Rechtssicherheit nach innen). Dies beinhaltet aber auch den Kampf gegen feudale Unterdrückung und Ausbeutung und die assoziative Gestaltung des Wirtschaftslebens durch Nationalanstalten. Der Staat soll die Sorgfalt für das physische und moral. Wohl dem freien Zusammenwirken seiner Bürger (als einzelnen und als Nation) überlassen. Aus Achtung vor der Würde des Menschen und seiner Freiheit plädiert Humboldt dem Staat gegenüber für Individualität, auch in Sachen Religion: »Der höchste und letzte Zweck jedes Menschen ist die höchste und proportionierlichste Ausbildung seiner Kräfte in ihrer individuellen Eigentümlichkeit«. – Die Schrift bot Anlaß zu zahlreichen Mißverständnissen und einseitigen Interpretationen (F. Lassalle, J. St. Mill u. a.); sie wirkte maßgeblich auf die Reform des preußischen Bildungswesens und beeinflußte freiheitlich inspirierte Konzeptionen des Bildungs- und Erziehungswesens (z. B. R. Steiner) sowie auch des geistig-moral. Lebens.

Ausg.: 1982 (RUB 1991).
Lit.: S. A. Kaehler, W. von Humboldt und der Staat, [2]1963.

K. Bossong

Ideen zu einer Philosophie der Natur, Friedrich Wilhelm Joseph Schelling; EA Leipzig 1797, [2]1803 (erw.).
Die Schrift ist Schellings erstes naturphilosoph. Werk; die Einleitung ist ein grundsätzlicher Entwurf seiner Naturphilosophie:

Die Entzweiung von Geist und Natur, Subjekt und Objekt, soll aufgehoben und das ›System der Natur zugleich das System des Geistes‹ sein. Schelling überträgt den Begriff der intellektuellen Anschauung auf die Anschauung der Natur; mit ihr soll nicht nur die Genesis des Bewußtseins, sondern zugleich auch die Genesis bzw. Tätigkeit der Natur begriffen werden. Natur ist die objektive ›Kehrseite‹ des subjektiven Bewußtseins; aus der Natur des Geistes ist nicht nur die notwendige Folge seiner Vorstellungen abzuleiten, sondern damit diese Folge wahrhaft objektiv sein kann, muß versucht werden, »die Dinge selbst zugleich mit dieser Aufeinanderfolge in ihm (Geist) werden und entstehen zu lassen«. Naturphilosophie denkt Natur als Geist (Subjekt) und denkt insofern die Vorstellungen des subjektiven Bewußtseins in ihrem objektiven Werden, d. h. als Produktivität der Natur. Schelling rekonstruiert die Produktivität der Natur durch den Versuch einer einheitlichen Theorie der Naturerscheinungen, die ihre Struktur erkennen lassen soll. – In Buch I sammelt er sachkundig das empir. Material seiner Zeit und versucht eine Systematisierung, in der einander widersprechende Theorien vermittelt werden. Behandelt werden: (1) der chemische Verbrennungsprozeß, dessen Theorie von Lavoisier revolutioniert worden war; (2) die Theorie des Lichts, seiner Bewegung und Zusammensetzung, (3) die Theorie der Luftzusammensetzung (Sauerstoffverbindungen), (4) die Theorie der Entstehung und der Arten der Elektrizität, (5) der Zusammenhang von Magnetismus und Elektrizität. Schelling versucht jeweils, die systemat. Struktur einer Wechselwirkung ›positiv‹ und ›negativ‹ aufeinander bezogener Kräfte festzuhalten, die sich als Wechsel von Gleichgewicht und dessen Aufhebung zeigt. – Buch II gibt eine prinzipielle Begründung für die beobachtete Struktur; Schelling setzt sich ab vom ›mechan.‹ Atomismus (Le Sage) und führt die Produktivität der angeschauten Natur ›dynam.‹ auf eine ursprüngliche Kraft zurück; als Möglichkeit von Produkten ist sie zugleich als Prozeß zweier Kräfte zu denken, der Streben zum Gleichgewicht (Produkt) und Aufhebung des Gleichgewichts (Produktivität) bedeutet. Am Anfang steht die (Kant folgende) Konstruktion der Materie aus Attraktions- und Repulsionskraft. Der zweite Schritt vollzieht die Potenzierung der Materie in ihre Verschiedenheit als Konstruktion der Qualitäten nach. Schelling kommt damit in Widerspruch zu Kant, demzufolge die Qualitäten (als das in der Empfindung Reale) nicht a priori darstellbar sind; sie bedeuten immer graduelle, intensive Größen. Schelling widmet dem Problem einen Großteil seiner Überlegungen: Zwar sind die Qualitäten nicht konstruierbar, aber ihre Empfindung hat im chemischen Prozeß insofern ein fundamentum in re, als dieser selbst intensive, stetige Bewegung ist. Vorausgesetzt ist damit der für Kant problemat. Begriff einer völligen Durchdringung. Mit dem Versuch der Konstruktion des chemischen Prozesses bricht die Schrift ab. – Die in Aussicht genommene Darstellung der Stufenfolgen der Natur bis hin zu dem Organismus als Ausdruck von Produktivität selbst wollte Schelling in einem dritten, nicht mehr ausgeführten Buch behandeln. – Die außerordentlich große Wirkung des Werks, in dem sich transzendentales Begründungsdenken mit der wissenschaftlichen Natursicht des späten 18. Jh. s verbindet, blieb weitgehend auf die Zeitgenossen Schellings beschränkt.

Ausg.: Sämmtliche Werke, 1. Abt., Bd. II, 1857 (Repr. 1980).

Lit.: K. FISCHER, Schellings Leben, Werke und Lehre (= Geschichte der neuern Philosophie, Bd. VII, [3]1902. – M. FRANK/G. KURZ (Hg.), Materialien zu Schellings philosoph. Anfängen, 1975.

J. JANTZEN

Ideen zu einer reinen Phänomenologie und phänomenologischen Philosophie (I. Buch: Allgemeine Einführung in die reine Phänomenologie), Edmund HUSSERL; EA Halle a. d. Saale 1913.

Dieser Text (kurz »Ideen I« genannt) ist Husserls erste, systemat. Darstellung der Methode der transzendentalen Phänomenologie sowie ihrer Aufgabe einer erkenntnistheoret. ausgerichteten Erforschung der verschiedenen Formen des intentionalen Bewußtseins und der korrelativen Arten von gegenständlichem Sein. – Der 1. Abschnitt des Werkes behandelt den Unterschied zwischen ›Tatsache und Wesen‹ sowie dessen ›naturalist. Mißdeutungen‹. Die Bestimmung des ›reinen Bewußtseins‹ sowie dessen Gewinnung in der ›phänomenolog. Reduktion‹ bilden den Gegenstand des 2. Abschnitts, der berühmten ›phänomenolog. Fundamentalbetrachtung‹. Die Evidenz der Methode und die absolute Selbständigkeit des Gegenstandes der Phänomenologie werden mit den dogmat. Voraussetzungen und der bloß präsumtiven Geltung kontrastiert, welche das natürliche Leben sowie die Naturwissenschaften und die Metaphysik kennzeichnen. Die Behandlung dieses Gegensatzes gipfelt in der Behauptung, das reine Bewußtsein sei ein letzter und absoluter Grund, dem alles nicht-bewußtseinsmäßige Seiende Sinn und Geltung verdanke. Diese These wird im 4. Abschnitt verdeutlicht: Die ›Phänomenologie der Vernunft‹ hat die Aufgabe, das Wirklich-sein und Wahr-sein von allen Gegenständen in der phänomenolog. Evidenz zu begründen, d. h. in der Reflexion auf ihre anschaulich ›erfüllten‹ Erscheinungsformen zu ›konstituieren‹. Im 3. Abschnitt widmet sich Husserl der Klärung des Sinnes und der Aufgaben der phänomenolog. Wesenslehre (›Eidetik‹) vom intentionalen Bewußtsein. Dabei wird deutlich, daß gewisse Wesensmerkmale allen intentionalen ›Erlebnissen‹ zukommen, andere dagegen nur besondere Arten oder Vollzugsmodi dieser Erlebnisse kennzeichnen. Zu den ersteren gehören die Bezüge auf das ›reine Ich‹ sowie auf das ›Noema‹ genannte gegenständliche Korrelat. Der Verschiedenheit der letzteren versucht Husserl insbes. durch folgende Unterscheidungen gerecht zu werden: anschauliche Akte der ›Gegenwärtigung‹ und der ›Vergegenwärtigung‹, (›doxische‹) Modalitäten des Glaubens und ihre ›Neutralisierung‹, einfache und fundierte Akte, theoret. Akte und Akte der Gemüts- oder Willenssphäre. – Die »Ideen I« sind ein einflußreiches Frühwerk Husserls; der darin erstmals systemat. entwickelte phänomenolog. Idealismus stieß allerdings immer wieder auf Widerstand (Scheler, Heidegger, Ingarden, Merleau-Ponty, D.Føllesdal u. a.).

Ausg.: Gesammelte Werke, Husserliana Bd. III, 1976.
Lit.: P. NATORP, Husserls Ideen zu einer reinen Phänomenologie, in: H. NOACK (Hg.), Husserl, 1973.

R. BERNET

Ideen zur Philosophie der Geschichte der Menschheit, Johann Gottfried HERDER; EA Riga/Leipzig 1784–1791.

Mit diesem Hauptwerk bringt Herder sein lange vorbereitetes Projekt einer philosoph. Universalgeschichte zur Vollendung. Das monumentale Werk geht weit über die Streitschrift → *Auch eine Philosophie der Geschichte zur Bildung der Menschheit* hinaus, es umfaßt sowohl Naturlehre und Anthropologie als auch Völker- und Länderkunde und gipfelt in einer bis ins Spätmittelalter reichenden Universalgeschichte. Nicht allein bei seinen geschichtsphilosoph. sondern auch bei seinen naturphilosoph. Betrachtungen geht es Herder vornehmlich um die Diagnose eines Entwicklungsprozesses. Die gesamte Naturordnung begreift er – und damit nähert er sich der Naturphilosophie Goethes – als einen sich in stufenweiser Aufwärtsentwicklung vervollkommnenden Organismus, angefangen von der anorgan. Materie über Pflanzenwelt und Tierreich bis hin zum Menschen, der als ein vernunftbegabtes und freies Wesen die Krönung der den Geist Gottes offenbarenden Naturschöpfung darstellt. Im Unterschied zu seiner früheren zivilisationskrit. Position nähert Herder sich wieder dem Geschichtsoptimismus der Aufklärung und sieht in der fortschreitenden Menschheitsentwicklung im großen und ganzen einen Zuwachs an Humanität, wobei er primär die Persönlichkeitsentfaltung, die seelische Harmonie und Glückseligkeit des Individuums im Auge hat und nicht – im Unterschied zu seinem Lehrer Kant – das Wohl der Gemeinschaft und des Staates.

Ausg.: Sämtliche Werke, hg. von B. SUPHAN, Bd. XIII u. XIV, 1887 u. 1909 (Repr. 1967).
Lit.: W. KOEPKE/S. B. KNOLL (Hg.), J. H. Herder: Innovator Through the Ages, 1982.

J. LINDER

Idee zu einer allgemeinen Geschichte in weltbürgerlicher Absicht, Immanuel KANT; EA 1784 (in: Berlinische Monatsschrift 4).

Kant entwirft in diesem Aufsatz die Grundrisse einer teleolog. Geschichtsphilosophie. Die zentrale geschichtsphilosoph. Frage ist, ob sich das widersinnige, von Torheit, Eitelkeit und Bosheit bestimmte Treiben der Menschen »auf der großen Weltbühne« mit der Annahme einer auch in der Geschichte der Menschheit an den Tag tretenden zweckvollen »Naturabsicht« vereinigen läßt (AA VIII 17f.). Er geht von der These aus, alle Naturanlagen eines Geschöpfes seien bestimmt, sich vollständig und zweckmäßig zu entwickeln. Da das menschliche Leben zur vollen Entwicklung der höheren geistigen Anlagen im Individuum zu kurz sei, könnten diese nur in der Gattung des Menschen zur Reife gelangen. Er betrachtet die Geschichte der menschlichen Gattung als Fortschrittsgeschichte. Es ist ein kausaler Mechanismus, aufgrund dessen sich die Geschichte auf eine immer höhere Kulturstufe zubewegt, nämlich »die ungesellige Geselligkeit der Menschen« (ebd. 20), der Antagonismus von sozialen und antisozialen Trieben im Menschen. Daß dieser Antagonismus einen Rechtsfortschritt der Menschheit bewirkt mit dem Ziel einer »allgemein das Recht verwaltenden bürgerlichen Gesellschaft« (ebd. 22) und »eines gesetzmäßigen äußeren Staatenverhältnisses« (ebd. 24), d. h. eines weltbürgerlichen Zustandes, der den ewigen Frieden zwischen den Staaten verbürgt, dies ist ein praktischer Vernunftglaube, der für das moralische Handeln als »eine tröstende Aussicht in die Zukunft« (ebd. 30) notwendig ist. Kants Geschichtsphilosophie ist also ein Komplement seiner Moralphilosophie.

Ausg.: Gesammelte Schriften (Akademie-Ausgabe), Bd. VIII, 1912 (Repr. 1968).
Lit.: H. KRAUS, Das Problem internationaler Ordnung bei Immanuel Kant, 1931. – K. WEYAND, Kants Geschichtsphilosophie. Ihre Entwicklung und ihr Verhältnis zur Aufklärung, 1963. – E. WEIL, Problèmes kantiens, Paris ²1970. – W. A. GALSTON, Kant and the Problem of History, 1975.

G. MALUSCHKE

Identität und Differenz, Martin HEIDEGGER; EA Pfullingen 1957.
Die Schrift enthält zwei kleine Aufsätze des ›späten‹ Heidegger: »Der Satz der Identität« und »Die onto-theo-logische Verfassung der Metaphysik«. Der erste ist ein anläßlich des 500jährigen Jubiläums der Universität Freiburg gehaltener Vortrag, der zweite die überarbeitete Erörterung zu einer Seminarübung über Hegels → *Wissenschaft der Logik*. Die Schrift ist ein wichtiges Zeugnis für Heideggers Auseinandersetzung mit dem deutschen Idealismus im Sinne eines Kulminationspunktes der ›Metaphysik‹, von wo aus ›Logik‹ und ‹Theologie‹ ihre besondere Ausprägung erhalten. Mit dem ›Satz der Identität‹ (in der geläufigen Formel: A = A) ist nach Heidegger das oberste Denkgesetz angesprochen, ohne daß aber etwas über das Wesen der Identität selbst ausgesagt wird. Im Anschluß an Platon untersucht Heidegger den Sinn der Identitätsbeziehung, der zunächst nicht darin liegt, daß ›jedes selber dasselbe‹, sondern daß ›jedes selber ihm selbst dasselbe‹ sei. Das heißt: Der Satz der Identität spricht eine Vermittlung bzw. eine Synthesis aus, die nach Heidegger im Denken des deutschen Idealismus zur vollen Entfaltung kommt. Wenn also durch den ›Satz der Identität‹ nicht bloß die Gleichheit zweier Termini und auch nicht die bloße leere Identität eines Jeden, sondern eben eine Vermittlung im eigenen Sein ausgesprochen wird, dann gilt von ihm, daß er nicht nur ein Grundsatz des Denkens, sondern auch ein Grundsatz des Seins ist (A ist A). Von hier aus geht Heidegger auf das Zusammengehören von Denken und Sein bei Parmenides ein. Das Sein des Menschen erscheint dabei als dem Sein übereignet und umgekehrt. Die gegenwärtig sich ›ereignende‹ Konstellation von Sein und Mensch nennt Heidegger das ›Ge-Stell‹. Das ›Ereignis‹ ist also für Heidegger der Ursprung (oder ›Abgrund‹), wo Sein und Denken zusammengehören, obwohl es sich als solches noch nicht im ›Ge-Stell‹ zu uns zuspricht. In der Seminarübung, in einer unmittelbaren Auseinandersetzung mit Hegel, geht es ebenfalls um Sein und Denken, d. h. um das Sein als das absolute Sichdenken des Denkens. Dabei geht es sowohl um die von Hegel angesprochene Geschichtlichkeit der Sache des Denkens als auch um die Zugehörigkeit von Hegels Denken selbst zur Geschichte. Während die Sache

des Denkens für Hegel der absolute Begriff ist, ist sie bei Heidegger ›die Differenz als Differenz‹. Während Hegel das geschichtliche Denkgespräch im Gedachten sucht, liegt es bei Heidegger im ›Ungedachten‹. Während Hegel der Geschichte der Philosophie den Charakter der ›Aufhebung‹ zuspricht, handelt es sich bei Heidegger um den ›Schritt zurück‹. Von hier aus bestimmt Heidegger die Zugehörigkeit des Hegelschen Denkens zur ›Metaphysik‹ und deren ›Differenzvergessenheit‹ (oder ›Verbergung‹, ›Lethe‹). Die ›Metaphysik‹ gipfelt (bzw. beginnt) in der Gottesvorstellung, d. h. sie wird ›Onto-theo-logie‹. Diese erscheint im Gewand der »Wissenschaft der Logik«als begründendes Denken. Dabei geht es aber um Begründung des Seienden, während das Sein in je unterschiedlicher Ausprägung (›Logos‹, ›Idea‹, ›Energeia‹, ›Substanzialität‹, ›Subjektivität‹, ›Wille‹ usw.) als Grund erscheint. Wie kommt es aber, daß die Metaphysik als ›Theo-Logik‹ und ›Onto-Logik‹ die Differenz (von Sein und Seiendem) unbefragt läßt bzw. sie in der Form eines begründenden Gottes (›causa sui‹) aufhebt? Mit dieser Frage (oder diesem ›Schritt zurück‹) öffnet Heidegger den Weg, um jene in der metaphys. Identität aufgehobenen Differenz in ihrer eigenen Fragwürdigkeit erscheinen zu lassen. – Die Bedeutung der Schrift liegt hauptsächlich in der Auseinandersetzung mit Hegel und in der Bestimmung des onto-theologischen Charakters der Metaphysik.

Lit.: J. van der Meulen, Heidegger und Hegel oder Widerstreit und Widerspruch, [2]1964. – H. Mörchen, Adorno und Heidegger, 1981.

R. Capurro

Identité et réalité (frz.; *Identität und Wirklichkeit*), Émile Meyerson; EA Paris 1908; dt. 1930.

In dem wissenschaftstheoret. Hauptwerk Meyersons wird alle naturwissenschaftliche Erkenntnis auf eine im Prinzip der Identität gründende Rationalisierung des Wirklichen reduziert. – Vollkommen faßbar ist dem menschlichen Geist nur das Identische in Zeit und Raum, und er bemüht sich daher, jegliche Diversität der Erscheinungen auf bestimmte vorgefaßte Identitäten zurückzuführen. Die Naturwissenschaften praktizieren dieses Identifizieren der Phänomene auf method. und systemat. Weise, wobei sie sich vorzugsweise des auf der Annahme einer Identität von Ursache und Wirkung basierenden Kausalitätsprinzips bedienen. Die von ihnen aufgewiesenen Gesetze sind daher nur ideale Konstruktionen im Sinne von durch das Denken umgestellten Bildern der Ordnung der Natur, die die Wirklichkeit nicht unmittelbar zum Ausdruck bringen können. Ohne ›vorgefaßte Ideen‹, die jweils eine bestimmte Rationalität der Natur voraussetzen (z. B. die Vorstellung von der ›Einheit der Materie‹), kann die Wissenschaft nicht zu Ergebnissen gelangen und bleibt somit notwendig metaphys. Prämissen verhaftet. Die Wissenschaft stellt daher nur eine besondere Form der Philosophie dar, deren allgemeines Bestreben es ist, Diversität und Dynamik des Realen der Vernunfterkenntnis zu unterwerfen. Zahlreiche Naturphänomene zeigen jedoch, daß das Wirkliche von unaufhebbarer Irrationalität durchzogen ist. – Das gegen die positivist. Wissenschaftsauffassung gerichtete Werk war von beträchtlichem

Einfluß auf die moderne Wissenschaftsgeschichte und prägte u. a. den ideengeschichtlichen Ansatz von A. Koyré.

Ausg.: Frz., 1952.
Lit.: L. LICHTENSTEIN, Die Philosophie von E. Meyerson, 1928.

J. MONAR

Ideologie und Utopie, Karl MANNHEIM; EA Bonn 1929.

Das bekannteste Werk des Mitbegründers der Wissenssoziologie erörtert die Möglichkeit einer wissenschaftlichen Politik. – Ursprünglich bestand das Werk aus drei voneinander unabhängigen Essays, die später um eine Einleitung und einen Lexikonartikel erweitert wurden, der eine systemat. Darstellung der Wissenssoziologie bietet. Im 1. Essay wird der Ideologiebegriff präzisiert. Der ›partikulare‹ (z. B. Täuschung) und der kritisch wertende ›totale‹ Ideologiebegriff (z. B. Marx' ›falsches Bewußtsein‹), werden vom wertfreien, totalen und allgemeinen der Wissenssoziologie unterschieden, der die Standortgebundenheit und Perspektivität jeder Erkenntnis behauptet. Der 2. Essay wendet die These der ›Seinsgebundenheit des Denkens‹ auf die Möglichkeit einer Wissenschaft von der Politik an. Diese kann niemals eine wertfreie Theorie sein, da polit. Wissen sich nicht von Wertungen und Entscheidungen ablösen läßt. Der 3. Aufsatz stellt die Eigenart des utopischen Bewußtseins heraus, das im Unterschied zum ideolog. für das menschliche Handeln unabdingbar ist. Es ist zwar wie die Ideologie mit der bestehenden Wirklichkeit inkongruent, aber während diese immer ›seinsverdeckend‹ und nicht verwirklichbar ist, ist die Utopie eine Vorstellung, die die bestehende Ordnung sprengt und transformiert. Jedes Bewußtsein ist an bestimmte soziale Schichten gebunden, wobei sich das moderne utopische Bewußtsein in die Typen des chiliast., liberal-humanitären, konservativen und sozialist.-kommunist. einteilen läßt. – Obwohl sich zu Beginn der 30er Jahre eine heftige Diskussion um den angeblichen Relativismus Mannheims und sein Verhältnis zum Marxismus entspann, wurde dieses Werk erst nach dem Zweiten Weltkrieg zu einem Klassiker der Wissenssoziologie.

Ausg.: ^{7}1985.
Lit.: V. MEJA/N. STEHR (Hg.), Der Streit um die Wissenssoziologie, 2 Bde., 1982.

H. SCHEIT

Idiota de sapientia, de mente, de staticis experimentis (lat.; *Der Laie über die Weisheit, den Geist und die Versuche mittels der Waage*), NIKOLAUS VON KUES, entst. 1450; ED Straßburg 1488; dt. 1617 Gespräch eines Idioten oder gemeynen Leyens und eines Redners. Von dem Proben so durch Wage und Gewicht können verrichtet werden; 1927 Der Laie über die Weisheit (übers. von E. Cassirer); 1949 Der Laie über den Geist.

Diesen Dialog schrieb der Cusaner auf dem Höhepunkt seines Lebens, als er Kardinal und Bischof von Brixen geworden war. Die Gespräche, die ein unvoreingenommener, im praktischen Leben stehender Laie mit einem Gelehrten führt, der den Scholastiker darstellt, beziehen sich auf drei den Menschen bewegende Probleme: Gott und seine Weisheit, den Geist des Menschen und auf Bereiche der äußeren Welterfahrung. Der Cusaner plädiert in der Person des Laien für ein freieres

Denken, will die eingezwängten Begriffe des mittelalterlichen Schulwissens überwinden, auf ältere Quellen zurückgehen und praktischen Erfahrungen in seiner Philosophie mehr Platz einräumen. Mystische Töne vermischen sich hier mit pythagoreischen, wobei Cusanus im Sinne Platons dem Unwissenden mit der Mathematik die göttliche Wahrheit wie in einem Spiegel vermitteln will. In quantitativen Messungen, wie z. B. in der Bestimmung spezifischer Gewichte, sah der Cusaner das meistversprechende Mittel zur Erforschung des materiellen Bereichs. Er setzt damit auch eine aus dem islamischen Kulturkreis stammende Tradition fort. Zahlreiche neue Experimente mit der Waage werden von ihm ersonnen, er will damit auch Zeitmessungen durchführen und das Wägen sogar in der Medizin angewandt wissen. Wohl werden nach Cusanus dabei nicht die primären Eigenschaften der Körper erfaßt, – dies ist allein Gott vorbehalten –, sondern nur die sekundären, und der Mensch muß sich damit begnügen. Mit solchen Überlegungen gehört Cusanus zu den Wegbereitern der neuzeitlich quantitativ-experimentellen Naturforschung.

Ausg.: Opera omnia, Bd. V, hg. von R. STEIGER / L. BAUR, 1983. – Dt., Der Laie über die Weisheit, von E. BOHNENSTAEDT, [5]1977 (PhB 216). – Der Laie über den Geist, von M. HONECKER / H. MENZEL-ROGNER, 1949 (PhB 228). – Der Laie über Versuche mit der Waage, von H. MENZEL-ROGNER [2]1944, (PhB 220).

Lit.: F. NAGEL, N. Cusanus und die Entstehung der exakten Wissenschaften, 1984 (Bd. IX der Buchreihe der Cusanus-Ges.).

K. H. WIEDERKEHR

Ihsā al-'ulum (arab.; lat.: *De scientiis; Über die Wissenschaften*), AL-FĀRĀBI (eigtl. Abū Naṣr Muhammad ibn Muhammad ibn Tarkhān ibn Awzalagh), entst. vor 950; ED 1921 (arab.; in: Irfān VI), Madrid 1932, [2]1953 (lat./arab./span.; hg. von Gonzales Palencia); dt. 1907 (Teilübers. u. d. T.: Über Al-Fārābīs Aufzählung der Wissenschaften, in: Sitzungsberichte der physikal.-medizin. Sozietät, Bd. 39).

Die durch spätantike Wissenschaftssystematiken angeregte Schrift führt die seinerzeit betriebenen Wissenschaften in fünf Kapiteln vor: 1. Grammatik; 2. Logik (samt ihrer propädeut. Funktion und Notwendigkeit für die Wissenschaft) und ihre Gegenstände, ihr Verhältnis zur Grammatik sowie die Skala ihrer Aussagen von apodikt. bis poetischen; dem Aristotel. → *Organon* entsprechend ist die Logik nach Einzelschriften (in der seit der Spätantike verbreiteten Fassung: Kategorien bis Poetik) aufgefächert; 3. Mathematik, d. i. Arithmetik, Geometrie, Optik, Astronomie (ohne Astrologie; mit physischer Geographie), Musik, Mechanik und Technik; 4. Physik und Metaphysik; die Physik handelt auch von den verfertigten Dingen (und dem Gesamtspektrum aristotel. Naturwissenschaft), die Metaphysik ist dreigeteilt und handelt von a) Substanzen und Akzidenzen, b) den Prinzipien der Beweisführungen, c) den materiefreien Essenzen einschließlich Gott; 5. Politik, Recht und scholast. Theologie (kalām). Die Religion wird vom Rechtsgelehrten (faqīh) verurteilt und vom Theologen (mutakallim) intellektuell verteidigt. Der Aufriß der Wissenschaften des ›Zweiten Lehrers‹ wurde später durch keinen Gegenentwurf abgelöst. Das Werk wurde von Dominicus Gundissalinus ins

Latein. übersetzt und seiner Schrift → *De divisione philosophiae* einverleibt.

Lit.: C. Baeumker, Al-Fārābī über den Ursprung der Wissenschaften, 1916. – M. Fakhry, A History of Islamic Philosophy, 1970.

E. Meyer

Ihyā' 'ulum ad-dīn (arab.: *Die Neubelebung der Religionswissenschaft*), al-Ġazzālī (eigtl. Abu Hamīd Muḥammad ibn Muḥammad al-Tusī), entst. gegen 1100; ED Beirut 1937–39 (arab.; 4 Bde.); dt. 1912–1940.

Das Hauptwerk des bedeutendsten sunnit. Theologen ist eine ausführliche Anleitung für den Muslim in allen Fragen des religiösen Lebens. Sie konzentrieren sich auf die gottesdienstlichen Leistungen, die sozialen Verhaltensweisen, verderbliche Untugenden und rettende Tugenden. Die vier Hauptkapitel des Werkes enthalten jeweils zehn Unterkapitel. Von diesen vermitteln die beiden ersten fundamentale Wissensvoraussetzungen. Der Geist des Ganzen ist der eines nicht antinomist. sufischen Weges und entspricht der Grundstimmung von al-Ġazzālī nach Aufgabe des Lehramtes an der Nizāmiyyah in Bagdad (1095), als er in elfjähriger Zurückgezogenheit das Leben eines Sufi führte. Ständiger Stachel bei der Schaffung des Hauptwerkes war die Erfahrung, daß es den Religionsgelehrten seiner Zeit ums Prestige und die Pfründe ging, nicht um die Religion. So entstand ein theolog. Angebot, das sich an Muslime aller Bildungsschichten richtete und die Befolgung der Vorschriften des religiösen Gesetzes durch alle als sinnvoll erscheinen ließ.

Lit.: W. Montgomery Watt, al-Gazzālī, in: The Encyclopaedia of Islam. New Edition, Bd. II, 1965.

E. Meyer

Ikarim (Albo) → Sefer ha-Iqqarim

L'imagination (frz.; *Die Imagination*), Jean-Paul Sartre; EA Paris 1936; dt. 1964.

Dieser 1. Teil der umgearbeiteten Diplomarbeit Sartres entwirft eine Theorie des Bildes, die im Anschluß an die phänomenolog. Bewußtseinstheorie Husserls und in Auseinandersetzung mit Bergson das Bild als einen psychischen Akt aufweisen will. Das Bild wird als ein bestimmter Bewußtseinstypus aufgefaßt, der wie alle Akte des Bewußtseins eine intentionale Struktur hat. Innerhalb des Rahmens einer phänomenolog. Psychologie greift Sartre die traditionellen psycholog. Theorien an, um zu zeigen, daß das Bild weder im Bewußtsein ist noch einen psychischen Inhalt darstellt. Dabei wird die Assoziationspsychologie ebenso kritisiert wie die Auffassung der synthet. Psychologie. Gegen jedwede atomist. Konzeption des Bildes will Sartre die spezif. Eigenart der ›imagination‹ herausstellen, die nur dann erfaßt werden kann, wenn man die spezif. Existenzweise des Bildes von seiner intentionalen Struktur her begreift. Die den späteren Werken Sartres zugrunde liegende Bewußtseinstheorie wird in diesem Werk deutlich herausgearbeitet.

Ausg.: Die Transzendenz des Ego. Philosoph. Essays 1931–1939, 1982.

P. Kampits

L'impiété des déistes, athées, et libertins de ce temps; combattue et renversée de point en point par raisons tirées de la philosophie et de la théologie (frz.; *Die Gottlosigkeit der Deisten, Atheisten und Freidenker in dieser Zeit, Punkt für Punkt angegriffen* *und widerlegt mit Hilfe der Theologie und Philosophie*), Marin MERSENNE; EA Paris 1624.

Diese Polemik richtet sich vornehmlich gegen G. Bruno und P. Charron; sie verbindet, wie in → *La vérité des sciences*, eine philosoph. Apologie der Theologie mit dem neuen, für unerschütterlich gehaltenen mathemat. Begriff der Naturwissenschaften. Im Pantheismus eines Bruno, der sich im zeitgenöss. Panpsychismus wiederholt, vermischen sich für Mersenne antimetaphys. Haltung und antirationale (magische) Natursicht. Stattdessen liefert er den erkenntnistheoret. Aufweis, daß die Naturgesetze zweifelsfrei nur vor dem Hintergrund von Metaphysik gedacht und gerade daher theolog. gestützt werden können. Zugleich entwickelt das Werk, etwas unvermittelt, Fragen der Optik, Dioptrik und Astronomie. – Die Übereinstimmung von rational gefaßter Theologie (Gott als der Logik verpflichteter Weltenbaumeister) und einer entsprechend rationalen Naturkausalität war auf die zeitgenöss. Theorie einer universalen Harmonie durchaus einflußreich.

Ausg.: Repr. 1975.
Lit.: R. H. POPKIN, The History of Scepticism from Erasmus to Descartes, [2]1964.

H.-B. GERL

In calumniatorem Platonis libri quattuor (gr.; *Gegen Platons Verleumder*) BESSARION, entst. 1456ff.; EA Rom 1469 (lat.), Paderborn 1927 (gr.).

Unmittelbar gegen den Aristoteliker Georgius Trapezuntius gerichtet, ist die Schrift die erste ausführliche Arbeit über Platon im Abendland. Im I. Buch wird Platons Wissen über die Fächer der Enkyklios Paideia dargestellt, im II. Buch Platons Vorstellung von Gott, Welt und Seele, im III. Buch (das sich stilist. von den anderen Büchern unterscheidet) werden die Probleme des II. Buches unter Bezugnahme auf Albertus Magnus, Thomas von Aquin u. a. Scholastikern vertieft, das IV. Buch handelt von Platons Lebensauffassung, seiner → *Politeia* und den → *Nomoi*. Überall wird versucht, unter Heranziehung christlicher Platoniker wie Augustinus und Gregor von Nazianz, die propädeut. Bedeutung Platons für das christliche Denken aufzuzeigen, wobei neuplaton. Einflüsse von Bessarions Lehrer Plethon unverkennbar sind. Anders als dieser bleibt Bessarion betont christlicher Neuplatoniker. Durch die Schrift erhält der platon. Humanismus sein Fundament. Die Platon-Übersetzung Ficinos ins Lateinische und dessen → *Theologia Platonica* setzen die Impulse Bessarions voraus.

Ausg.: L. MOHLER, Kardinal Bessarion als Theologe, Humanist und Staatsmann, 1923–1942 (3 Bde.), Bd. III, 1927 (Repr. 1967).

G. BÖHME

Individuals. An Essay in Descriptive Metaphysics (engl.; *Einzelding und logisches Subjekt*. Ein Beitrag zur deskriptiven Metaphysik), Peter Frederick STRAWSON; EA London 1959; dt. 1972.

Die Schrift, eines der wichtigsten Werke der analyt. orientierten nach-wittgensteinschen Ära der britischen Philosophie, entwickelt in deutlicher Anknüpfung an Kant das Programm einer deskriptiven Metaphysik. Im 1. Teil stellt Strawson seine Theorie der Gegenstandsidentifikation dar, wobei er die grundlegende Rolle materieller, ein raum-zeitliches System bildender Einzeldinge für die (sprachliche) Identifikation aller Arten von Entitäten herausarbeitet. In diesem Zusammenhang werden zahlreiche traditionelle philosoph. Probleme erörtert, so das Solipsismusproblem, das Problem der Beziehung zwischen geistigen und körperlichen Eigenschaften von Personen u. a. Der 2. Teil ist der sprachphilosoph. Rekonstruktion der traditionellen Subjekt-Prädikat-Unterscheidung gewidmet. In Auseinandersetzung mit Theorien von Frege, Geach und Quine plädiert Strawson für eine Theorie der ›nichtrelationalen Verknüpfung‹ und des ›sacheinführenden‹ Charakters von Subjekt- und Prädikatausdrücken. Die paradigmat. Rolle von Einzeldingen als logischen Subjekten stellt das Band zwischen beiden Teilen der Untersuchung dar.

Lit.: Z. van Straaten (Hg.), Philosophical Subjects: Essays Presented to P. F. Strawson, 1980.

W. Benkewitz

Das Individuum in der Rolle des Mitmenschen. Ein Beitrag zur anthropologischen Grundlegung der ethischen Probleme, Karl Löwith; EA München 1928.

Mit seiner von Heidegger begutachteten Habilitationsschrift unternimmt Löwith eine ›Strukturanalyse des Miteinanderseins‹, die eine ›Natur des Menschen‹ voraussetzt. – Die systemat. vorgehende Schrift versucht den Nachweis zu erbringen, daß die Selbständigkeit und das Miteinander des – d. h. der – einzelnen nur aufrechterhalten werden kann, wenn das Verhältnis selbst – also etwas Drittes – als selbständiges institutiert wird. Die erwünschte Überzeugungskraft erreicht Löwith durch eine Konfrontation zweier histor. philosoph. Begründungen der Liebe: der vorsichtig-legalist. bei Kant und der schwärmer.-theolog. beim jungen Hegel, bei dem die Liebe die Selbständigkeit ›aufhebt‹. – Innerhalb der Philosophischen Anthropologie leistet diese Schrift eine behutsame Hinführung zu einer Anthropologie des Politischen.

Ausg.: Sämtliche Schriften, Bd. I (Mensch und Menschenwelt), 1981.

W. Seitter

An Inquiry concerning Virtue, or Merit (engl.; *Eine Untersuchung über Tugend oder Verdienst*), Anthony Ashley Cooper, Third Earl of Shaftesbury; EA London 1711 (eine unautorisierte Ausgabe erschien 1699 u. d. T. *An Inquiry concerning Virtue*); dt. 1747.

Das früheste Werk Shaftesburys enthält den Kern seiner Ethik und ist der einzige Versuch des Autors, diese systemat. darzustellen. – Thema der zweiteiligen Schrift ist das Wesen der Tugend, vor allem in Hinblick auf ihr Verhältnis zur Religion. Der 1. Teil klärt die Begriffe des Guten und Bösen, der 2. Teil behandelt die Frage, aus welchen Gründen wir der Tugend nachstreben sollen. Shaftesbury führt den Begriff des Guten über die Idee einer universalen Ordnung des Weltganzen (universal system) ein. Die einzelnen Dinge in der Welt sind partikulare Elemente dieses Ganzen und können nur in bezug auf dieses beurteilt werden. Organ. Wesen sind dadurch ausgezeichnet, daß sie durch ihre Bestimmtheiten teleolog. über sich hinaus und letztlich auf die universale Ordnung hinweisen. Jedes Geschöpf bildet mit anderen eine höhere Einheit mit neuen Zwecken. Gut im außermoral. Sinn heißt ein Teil eines

Ganzen, der mit diesem harmon. zusammenstimmt. Mit Sinnen begabte Wesen können nur aufgrund ihrer Neigungen (affections) als gut oder böse bezeichnet werden. Je nach ihrer Richtung unterscheidet Shaftesbury drei Affektgruppen: die unnatürlichen Affekte, die weder eigenes noch fremdes Wohl befördern (Neid, Grausamkeit), die natürlichen oder geselligen Affekte, die auf das allgemeine Wohl (public good), und die egoist. Affekte, die auf das eigene Wohl (private good) gerichtet sind. Die Begriffe ›Tugend‹ und ›Verdienst‹ bezeichnen das Gute im moral. Sinn und beziehen sich nur auf den Menschen, der die Neigungen und Leidenschaften in der Reflexion billigen oder mißbilligen kann. Die Tugend besteht in der Freiheit von unnatürlichen und der Harmonie zwischen egoist. und sozialen Antrieben. Sie wird durch Reflexionsakte bewirkt, die Shaftesbury, anders als die rationalist. Moralphilosophie seiner Zeit, primär nicht als rationale Einsichten, sondern als eine weitere Gruppe von (sekundären) Affekten behandelt, die sich auf die Affekte der ersten Art richten. Wenngleich Tugend die Voraussetzung für die Glückseligkeit sowohl des einzelnen wie des gesellschaftlichen Ganzen darstellt, sind Handlungen nur dann sittlich wertvoll, wenn sie um ihrer selbst willen und nicht aus utilitarist. Erwägungen vollzogen werden. Gegenüber der Religion ist die Ethik autonom; eine Religion, die die Sittlichkeit durch Androhung von Strafe oder Verheißung von Lohn im Jenseits befördern will, zerstört ihren inneren Wert. – Die Ethik Shaftesburys wirkte auf die gesamte europäische Aufklärung, im angelsächs. Raum vor allem auf die Moral-sense-Philosophie, in Frankreich durch Diderots Übersetzung des Werkes. Sein in der griechischen Kalokagathie verwurzeltes Ideal einer ethisch-ästhet. Harmonie der Lebensführung hatte großen Einfluß auf die deutsche Klassik.

Ausg.: Engl.; Standard Edition, hg. von G. Hemmerich/W. Benda/U. Schödlbauer, Band II/2, 1984.

Lit.: S. Grean, Shaftesbury's Philosophy of Religion and Ethics. A Study in Enthusiasm, 1967.

G. Krämling

An Inquiry into Meaning and Truth (engl.; *Eine Untersuchung über Bedeutung und Wahrheit*), Bertrand Russell; EA London 1940. Die Spätschrift enthält (in 25 Kapiteln) die 1940 in Harvard gehaltenen William James Lectures, in denen sich Russell mit erkenntnis- und wahrheitstheoret. Positionen des logischen Positivismus (Carnap, Neurath) auseinandergesetzt hat. Im Mittelpunkt steht die psycholog. Beziehung zwischen Erlebnissen und Basissätzen (argumentfrei glaubwürdigen Sätzen), am Rande werden die logischen Beziehungen zwischen Basissätzen und anderen Sätzen behandelt. Neurath hatte die These propagiert, daß das Kriterium für die Wahrheit eines Satzes, selbst eines Basis- oder Protokollsatzes, seine Eingliederbarkeit in ein Gesamtsystem von Sätzen sei (erkenntnistheoret. Holismus, Kohärenztheorie der Wahrheit). Russell hält dagegen an einer Verifikationsbeziehung zwischen Erlebnissen und Basissätzen als einem Sonderfall der Korrespondenz zwischen Tatsachen und wahren Sätzen fest (erkenntnistheoret. Fundamentalismus, Korrespondenztheorie der Wahrheit). Eigene Überlegungen zu einer psycholog. fundierten Bedeutungstheorie werden ergänzt durch eine Kritik des positivist. Verifikationsprinzips, das der Scheidung von sinnvollen und sinnlosen Sätzen hatte dienen sollen und dem zufolge die Bedeutung eines Satzes die Methode seiner Verifikation ist. Gegenüber der Allianz aus positivist. Holismus und Deweys Pragmatismus (Thema von Kap. 23 ist Deweys Auslegung der Wahrheit als garantierte Behauptbarkeit) bekennt sich Russell sowohl zu der ›metaphys.‹ Annahme des Prinzips vom ausgeschlossenen Dritten selbst für prinzipiell nicht verifizierbare Sätze wie auch zu der von ihm seit jeher geübten Methode, Rückschlüsse aus der Struktur der Sprache auf die Struktur der Welt zu ziehen.

A. F. Koch

An Inquiry into the Original of Our Ideas of Beauty and Virtue (engl.; *Eine Untersuchung des Ursprungs unserer Vorstellungen von Schönheit und Tugend*), Francis Hutcheson; EA London 1725.

Zusammen mit → *An Essay on the Nature and Conduct of the Passions and Affections* . . . entwickelt dieses Buch die Grundlagen des philosoph. Systems Hutchesons. Es enthält zwei Abhandlungen, die erste befaßt sich mit der Schönheit (›beauty‹), die zweite mit der Tugend (›virtue‹). Der Mensch vermag durch einen inneren Sinn (›internal sense‹) Schönheit wahrzunehmen, der durch Objekte angeregt wird, die eine bestimmte Balance von Einheitlichkeit (›unity‹) und Mannigfaltigkeit (›variability‹) repräsentieren. Für den Bereich der Moral gibt es ein spezif. Wahrnehmungsvermögen, den ›moral sense‹. Dabei werden zwei Funktionen des ›moral sense‹ unterschieden: einmal die Wahrnehmung der Tugendhaftigkeit einer Handlung, soweit sie durch Wohlwollen (›benevolence‹) motiviert ist, und zum anderen die von eigenen Vorteilen unabhängige Wertschätzung (›approval‹) einer solchen Handlung. Die Ethik Hutchesons beeinflußte die Psychologie des 19. Jh. s und begründete zusammen mit den Schriften Shaftesburys und J. Butlers die moral-sense-Tradition der angelsächs. praktischen Philosophie.

Lit.: D. D. Raphael, The Moral Sense, 1947.

J. Nida-Rümelin

Instauratio magna (lat.; *Große Erneuerung*), Francis Bacon de Verulam; Bd. I: The Advancement of Learning; EA London 1605, 1623 (erw. u. umgearb. u. d. T. **De dignitate et augmentis scientiarum**, lat.; *Über die Würde und die Fortschritte der Wissenschaften*). Bd. II: **Novum organum** sive indica vera de interpretatione naturae (lat.; *Neue Methode oder wahre Angaben zur Erklärung der Natur*); EA London 1620. Bd. III/1: **Historia naturalis et experimentalis** ad condendam philosophiam sive phaenomena universi (lat.; *Beschreibung der Natur und des Experiments zur Begründung der Philosophie oder der Phänomene des Universums*); EA London 1622. Bd. III/2: **Silva silvarum**, or A Natural History in Ten Centuries (lat.; *Stoffsammlung der Stoffsammlungen oder eine Naturbeschreibung in zehn Hundertschaften*); EA London 1627 (postum). Dt. 1783 Bd. I Über die Würde und den Fortgang der Wissenschaften, Bd. II 1793 Neues Organon.

Die auf sechs Teile als umfassender Reformplan für die Wissenschaften angelegte *Instauratio magna* kam nur in Bruchstücken zur Ausführung. Den ersten Teil, *De dignitate* ..., führte Bacon vollständig aus; der 2. Teil, *Novum organum*, enthält nur teilweise das, was Bacon ursprünglich dort ausführen wollte; vom 3. Teil hat der Verfasser nur eine Materialsammlung hinterlassen. Die Konzeption der sechs Teile sah vor: 1. Eine Klassifikation der Wissenschaften. 2. Eine neue Methode der wissenschaftlichen Forschung. 3. Die Sammlung von Daten und Fakten jeglicher Art. 4. Spezielle Forschungen zur Entdeckung der Natur der einzelnen Phänomene. 5. Die Bildung von Hypothesen und Ansätzen zu einer allgemeinen Wissenschaft von der Natur. 6. Die Bildung des axiomat. Systems einer allgemeinen Wissenschaft von der Natur mit der Absicht, neue Funde bzw. Entdeckungen zu machen, die für die Menschheit von Nutzen sind. – *De dignitate* ... besteht wiederum aus zwei Teilen, von denen der erste (Buch I) ein Lob der Wissenschaft enthält, während der zweite (Buch II – VIII) ihren Fortschritt sowie Bacons Einteilung und Übersicht der Wissenschaften darstellt.

Er teilt sie ein in Geschichte, Poesie und Philosophie, entsprechend den menschlichen Fähigkeiten: Gedächtnis, Phantasie und Verstand. Die Geschichte gliedert sich in die Naturgeschichte, in die Geschichte der (technischen) Künste und in die bürgerliche Geschichte, die sich unterscheidet in ›historia civilis‹ im engeren Sinne, in Kirchengeschichte und in Kulturgeschichte (›historia litterarum‹). In der Poesie geht es nach Bacon um die Interpretation der Mythen. Die Philosophie im Sinne der Wissenschaft als Ganzes gliedert sich in eine Offenbarungstheologie (theologia inspirata), auch Heilige Wissenschaft genannt, und in eine eigentlich philosoph. Wissenschaft. Diese wiederum ist unterteilt in eine Wissenschaft von Gott: die natürliche Theologie, in eine Wissenschaft von der Natur und in eine Wissenschaft vom Menschen. Allem voran geht die ›erste Philosophie‹. Die Wissenschaft von der Natur oder Naturphilosophie ist entweder eine theoret. oder eine operative. Die theoret. oder spekulative Naturphilosophie umfaßt die Physik als Wissenschaft von den Wirk- und den Materialursachen, sowie die Metaphysik als Wissenschaft von den Formen oder Wesenheiten, den Eigentümlichkeiten und der Zielursache der entsprechenden Wesen. Die Mathematik wird von Bacon nur als Magd (ancilla) für die anderen Wissenschaften betrachtet. Die Wissenschaft vom Menschen ist eine Philosophie der Menschheit oder des Menschen als Individuum, eine Wissenschaft des Bürgers oder des Menschen als Gemeinschaftswesen. Bacon denkt auch an eine Wissenschaft vom menschlichen Körper, in die – außer der Medizin – das Wissen um die Beziehungen zwischen Leib und Seele gehört. Die Wissenschaft vom Gebrauch der Seelenkräfte gliedert sich in Logik und Moral. Die bürgerliche Wissenschaft befaßt sich mit der Kunst, in einer Gemeinschaft zu leben, der Kunst, seine eigenen Geschäfte zu führen, und der Kunst des Herrschens. Letztere umfaßt die Politik und die Kunst der Hauswirtschaft. In Buch IX spricht Bacon dann noch kurz über die Offenbarungstheologie und beendet das Werk mit einer Rechtfertigung seiner vorgeschlagenen Neuerungen. Das *Novum organum*, der 2. Teil der *Instauratio magna*, behandelt die Methode der sog. ›interpretatio naturae‹. Bacon setzt sich zunächst kritisch mit den Gründen für Irrtümer auseinander, wobei er vier Gruppen von falschen Ideen bzw. Vorurteilen (idolae) unterscheidet, die uns an der Erkenntnis der Wahrheit hindern. Kritik an den Wissenschaften als solchen übt er hinsichtlich ihrer Grundlagen, ihrer Gegenstände, die ihm als zu abstrakt erscheinen, und ihrer Methoden. Ziel der Forschung ist die Erkenntnis der Naturgesetze und der Ursachen der Erscheinungen, um auf dieser Grundlage neue Tatsachen zu entdecken und neue Anwendungsmöglichkeiten zu entwickeln. In Buch II des *Organons* beschreibt Bacon seine neue Methode, nämlich die der Induktion: Alle Erscheinungen, in denen sich eine allgemeine Eigenschaft oder ein Gesetz manifestiert, sollen auf einer Tafel der Vorhandenheiten und alle Gegeninstanzen auf einer Tafel der Abhandenheiten aufgelistet werden, so daß das Wesen des induktiven Vorgehens in einem Eliminierungsverfahren besteht. Der 3. Teil der *Instauratio* war als Sammlung aller Materialien gedacht, die der Beobachtung zugänglich sind und auf welche die neue Methode anzuwenden ist. Kernstück sind die beiden von Bacons Schüler Kaplan Rawley zusammen mit → *New Atlantis* unter dem Titel *Silva silvarum* herausgegebenen Entwürfe. Der erste enthält Beschreibungen von Naturerscheinungen, z. B. der Winde, während der zweite eine ungeordnete Sammlung von Naturtatsachen mit entsprechenden, eher zufällig einander zugeordneten Argumenten darstellt. Vieles ist antiken und mittelalterlichen Berichten entnommen, manches beruht auch auf Bacons eigenen Beobachtungen und Experimenten. Vom 4. Teil der *Instauratio* finden sich lediglich im *Novum organum* einige Beispiele, vom 5. Teil ist nur der Titel bekannt. Vom 6. Teil wissen wir, daß die endgültige Wissenschaft eine ›philosophia secunda‹ als tätige Wissenschaft sein sollte, die uns erlaubt, mit der Natur umzugehen, und sich hierdurch von der ›philosophia prima‹ unterscheidet.

Ausg.: The Works, hg. von J. SPEDDING/R. L. ELLIS/D. D. HEATH, 1857–1874 (Repr. 1962/63). – Dt., Neues Organon der Wissenschaften, von A. Th. Buck, ²1962. – Über die Würde der Wissenschaften, ²1966.

Lit.: W. FROST, Bacon und die Naturphilosophie, 1960. – A. JOHNSTON (Hg.), F. Bacon, 1965.

H. M. NOBIS

Institutes of Moral Philosophy (engl.; *Grundsätze der Moralphilosophie*), Adam FERGUSON; EA Edinburgh 1769; dt. 1772.

In dem als Manuskript zu seinen moralphilosoph. Vorlesungen konzipierten Werk formuliert Ferguson seine Ethik aus einer eklekt. Zusammenschau antiker und neuerer Systeme unter dem Aspekt der ›moral. Wertschätzung‹. – Regeln des sittlich guten Handelns setzen die genaue phänomenolog. Kenntnis ihres Anwendungsbereichs voraus. Die stammesgeschichtliche und die Individualentwicklung des Menschen sowie die Entwicklungsgesetze seines Geistes (pneumatics) liefern daher nach Ferguson die Prinzipien des sozialen wie sittlichen Lebens, nämlich Selbsterhaltung und Geselligkeit, die sich in einem dynam. Prozeß gegenseitig bedingen, sowie das menschliche Streben nach Vollkommenheit, auf dem auch die Vorstellung des Bösen in der Religion und die Möglichkeit zur Besserung beruhen. Die moral. Wertschätzung vereinigt alle drei Prinzipien unter dem einen fundamentalen Sittengesetz, dem Ausdruck des größten Gutes der Menschheit als Ganzes. Die darauf aufbauende Glücksphilosophie spricht jedem die gleiche Fähigkeit zu, sein Glück in der maximalen Erfüllung seiner Lebensrolle zu finden. Fergusons Rechtsphilosophie setzt die Betonung der Individualität fort, indem im zwingenden Recht das ursprüngliche, persönliche Recht der Verteidigung dem rein fiktiv durch Gesellschaftsvertrag begründeten Recht vorgeht. Der vollen Ausschöpfung dieses Naturrechts steht aber oft die moral. Pflicht entgegen. Ähnlich gilt für polit. Institutionen: die natürliche Freiheit darf die Rechtssicherheit nicht gefährden – ein Punkt, den Ferguson in seinen → *Principles of Moral and Political Science* ausbaut.

Ausg.: Repr. (1773) 1978.
Lit.: D. Kettler, The Social and Political Thought of A. Ferguson, 1965.

P. Nagelschmidt

Institutionum divinarum et humanarum rerum libri duo (lat.; *Zwei Bücher der Unterweisungen in göttlichen und menschlichen Dingen*), Flavius Magnus Aurelius Cassiodorus; entst. zwischen 551 und 562; ED Antwerpen 1566 (Buch I), Paris 1579 (Buch I u. II).

Die Schrift ist das bedeutendste theolog. Werk des Autors und behandelt die geistliche und weltliche Ausbildung von Klosterangehörigen. Im 1. Teil nennt, ediert bzw. erklärt Cassiodorus eine Reihe von zur monast. Erziehung hilfreichen Schriften, welche er teilweise wegen Häresieverdacht korrigiert. Neben der Bibel, deren Bücher einzeln erläutert werden, und ihren Kommentatoren kommen eine Reihe von christlichen Historikern sowie Werke von Origenes, Ambrosius, Augustinus, Prosper u. a., alle aber in latein. Fassung, zur Darstellung; dazu gibt der Autor Hinweise auf in der Literatur beschriebene Krankenbehandlungen. Die Mönche werden angehalten, die Bibliothek ihres Klosters eifrig zu benutzen und sie durch das sorgfältige Abschreiben weiterer Werke ständig zu ergänzen. Die Tätigkeit des Kopierens hl. Schriften erkennt Cassiodorus dabei als die ideale Aufgabe der Mönche, da diese es ihnen erlaube, den Inhalt der Schriften völlig in sich aufzunehmen. Der weniger wertvolle 2. Teil der Schrift, welcher unter starker Verwendung des Boethius verfaßt ist, enthält die Darstellung der sieben freien Künste, deren Beschreibung Cassiodorus bereits in der Hl. Schrift als Quelle aller Weisheit auffinden will. Erklärtes Ziel ist es, für das Erreichen einer umfassenden Allgemeinbildung der Mönche Sorge zu tragen. Das Werk hat entscheidenden Einfluß auf die Entwicklung des abendländ. Mönchtums genommen; durch die Aufforderung zum Kopieren der Handschriften hat Cassiodorus die Mönche zu Rettern eines wesentlichen Teils antiker Literatur gemacht. Aufgrund der vielfältigen Hinweise auf einzelne vorhandene Schriften stellt das Werk das älteste erhaltene Bestandsverzeichnis einer mittelalterlichen Klosterbibliothek dar.

Ausg.: 1937, hg. von R. A. B. Mynors (Repr. 1961).
Lit.: G. I. Paschali, Untersuchungen zu Cassiodors ›Institutiones‹, 1947.

H. Frohnhofen

Introductiones in logicam (lat.; *Einführungen in die Logik*), Wilhelm von Shyreswood, entst. zwischen 1230 und 1240; EA München 1937.
Die Schrift Wilhelms ist eine Einführung in die Logik, in der fünf in der aristotel. Tradition stehende und daher der logica antiquorum zugeordnete Traktate mit einem Traktat über die proprietates terminorum verbunden sind. Texte wie der letztgenannte gehören zu dem auch als logica modernorum bezeichneten Eigenbeitrag mittelalterlicher Gelehrter zur Entwicklung der Logik. Die ersten vier Traktate enthalten die Beschreibung der Logik als kritische Reflexion der Wissenschaftssprache, d. h. als allgemeine Methodenwissenschaft, die Lehre vom Satz und seinen Bestandteilen (I), die Lehre von den Prädikabilien (II) und vom Schluß (III). Der Traktat über die ›logischen Örter‹ und deren Maximen (IV) enthält eine Beschreibung und einen Vergleich verschiedener Argumentationstypen. Der Traktat über die proprietates terminorum (V) stellt die Eigenschaften der Termini, insofern sie Subjekt oder Prädikat einer Aussage sein können, heraus: Die significatio ist die begriffliche Darstellung der allgemeinen Form, suppositio, copulatio und appellatio sind die verschiedenen satzabhängigen semant. Funktionen der significatio eines Terms. Traktat VI enthält die Lehre von den Fehlschlüssen. – Die Schrift war für die weitere Entwicklung der mittelalterlichen Logik von größter Bedeutung.

Ausg.: Lat., hg. von C. H. Lohr/P. Kunze/B. Mussler, 1983.
Lit.: K. Jacobi, Die Modalbegriffe in den logischen Schriften des Wilhelm von Shyreswood, 1980.

C. Kopp

An Introduction to the Principles of Morals and Legislation (engl.; *Einführung in die Prinzipien der Moral und der Gesetzgebung*), Jeremy Bentham; EA London 1789.
Das Werk stellt die Grundlagen der Ethik und der Rechtsphilosophie Benthams dar. – Es beginnt mit der programmat. Aussage: »Die Natur hat die Menschen unter die Regierung zweier souveräner Herrscher gestellt – des Schmerzes und der Lust (pleasure).« Das ›Prinzip der Nützlichkeit‹ ist die Grundlage jeder normativen Beurteilung, es bedarf selbst keines Beweises: Eine Handlung ist zu billigen oder nicht – je nachdem ob sie die Tendenz hat, das Glück derjenigen, deren Interessen in Frage stehen, zu mehren oder nicht. Das Interesse der Gemeinschaft ist die Summe der individuellen Interessen. Daher ist das höchste moral. Gut das größte Glück der größten Anzahl von Menschen. Das Prinzip der Nützlichkeit bindet in besonderer Weise den Gesetzgeber: ›Polit. Sanktionen‹ sind durch rechtliche Normen und staatliches Gewaltmonopol so zu gestalten, daß sie das Verhalten der Bürger in einer Weise formen, daß es zum ›größten Glück der größten Zahl‹ optimal beiträgt. In systemat. Anwendung dieses Grundgedankens entwickelt Bentham die Struktur eines utilitarist. Rechtssystems. Gerechtigkeit ist dabei nicht regu-

lative Idee, sondern Instrument der Glücksmaximierung. – Benthams Ethik begründete die Theorie des klassischen Utilitarismus.

Ausg.: Collected Works, Bd. I, hg. von J. H. BURNS/H. L. A. HART, 1968.

Lit.: B. PAREKH (Hg.), Bentham's Political Thought, 1973. – O. HÖFFE (Hg.), Einführung in die utilitarist. Ethik, 1975.

J. NIDA-RÜMELIN

An Investigation of the Laws of Thought, on Which are Founded the Mathematical Theories of Logic and Probabilities (engl.; *Eine Untersuchung der Gesetze des Denkens*, auf denen die mathematischen Theorien der Logik und Wahrscheinlichkeit gegründet sind), George BOOLE; EA London 1854.

Das Werk stellt Booles Programm einer mathemat. Logik, das er in *The Mathematical Analysis of Logic* (1847) als erster systemat. entwickelt hatte, in einen weiteren und allgemeineren Rahmen. Die ›fundamentalen Gesetze des vernünftigen Denkens‹ werden in der symbol. Sprache eines Kalküls, der keine anderen Symbole als die der einfachen Arithmetik benutzt, dargestellt, um die Logik als Wissenschaft und ihre Methode neu zu begründen (2.–7. Kap.). Es folgen eine Anwendung dieser algebraischen Form der Logik auf die Analyse einiger philosoph. Argumente (besonders 13. Kap.) und die mathemat. Theorie der Wahrscheinlichkeit (17.–21. Kap.). Klarheit und Eindeutigkeit der Interpretation leiden in diesem Werk bisweilen unter der mathematisierenden Tendenz Booles: Während ›+‹ und ›⋆‹ die logische Adjunktion bzw. Konjunktion symbolisieren, wird auch von Operationen wie Substraktion und Division Gebrauch gemacht, deren logische Deutung offen bleibt. In seiner Originalität wird Booles System von keinem neuzeitlichen Logiker übertroffen, es begründet zusammen mit der → *Begriffsschrift* Freges die moderne mathemat. Logik.

Lit.: M. B. HESSE, Boole's Philosophy of Logic, in: Ann. Sci. 8 (1952).

J. NIDA-RÜMELIN

Iōn (gr.), PLATON, entst. nach 399 v. Chr.; ED Florenz o. J. (ca. 1482–1484; lat., übers. von M. Ficino); Venedig 1513 (gr., hg. von E. Musuros); dt. 1778 Von der Poesie.

Der Dialog spielt zwischen Sokrates und dem Rhapsoden Ion. Ion hat soeben auf dem Asklepios-Fest in Epidauros den ersten Preis davongetragen und hofft auf den Sieg bei den Panathenäen. Sokrates will das Spezifische der rhapsod. Kunst erfragen, wobei die Frage darauf zielt, ob die Rhapsodie überhaupt ›Kunst‹ (*technē*), d. h. ein sachverständiges Hervorbringen ist. Ion versteht sich allein auf Homer, obschon die anderen Dichter dieselben Themen darstellen; es ist also fraglich, worin – wenn nicht im Verständnis dichter. Darstellung überhaupt – das Verständnis Ions besteht (der überdies hinsichtlich der dargestellten Gegenstände, z. B. der Kriegskunst, kein Sachverständiger ist). Anstelle Ions, der seiner eigenen ›Kunst‹ ratlos gegenübersteht, antwortet Sokrates: Die Rhapsodie bedeutet offenbar Ergriffensein durch eine göttliche, inspirierende Kraft. Wäre es anders, müßte das Tun des Rhapsoden für unrechtlich erklärt werden, da es nicht wie das Tun z. B. des Handwerkers eine sachverständige Kunst ist. Iron. wird der Rhapsode in seiner Vernunftlosigkeit am Schluß des Dialogs für ›göttlich‹ erklärt (Goethe nannte den *Iōn* darum ›töricht‹). Ähnliche Argumente finden sich (für die Dichter) in der → *Apologia Sōkratus* (21e ff.) und im → *Menōn* (99 a ff.); der Begriff der (göttlichen) Inspiration, den der *Phaidros* vertieft, ist für die europäische Dichtungstheorie von großer Bedeutung gewesen (bes. die englische; vgl. Ph. Sidney, P. B. Shelley).

Ausg.: Platonis Opera, hg. von H. STEPHANUS, Bd. I, 1578, 530–542. – Platonis Opera, hg. von J. BURNET, Bd. III, 1903 (Repr. 1961). – Gr./Dt., Studienausgabe, Bd. I, 1977.
Lit.: H. FLASHAR, Der Dialog Iōn als Zeugnis platon. Philosophie, 1958.

J. JANTZEN

Isagoge (Porphyrios) → Eisagōgē

Itinerarium mentis in Deum (lat; *Pilgerweg der Seele zu Gott*), BONAVENTURA (eigentl. Johannes Fidanza), entst. Okt. 1259; ED Köln o. J. (um 1472).
Ausgehend von der Verlassenheit des Menschen in der Welt, seiner Sehnsucht nach deren Überwindung und der Wirkung der aufnehmenden Gnade Gottes – unter der Voraussetzung von Demut und Andacht – entwickelt Bonaventura die Stufen des Aufstiegs des Herzens zur höchsten mystischen Einheit mit Gott. Das Sinnenvermögen läßt in der Wohlgeordnetheit der Welt den Schöpfer sehen (Stufe 1), die Einbildungskraft übersteigt die Bilder auf das in ihnen liegende Prinzip hin (Stufe 2), beide Stufen führen über die ›Leiter der Dinge‹ zur menschlichen Seele, die sich dem Verstand in ihren Vermögen des Gedächtnisses, der Erkenntnis und des Verlangens zeigt (Stufe 3). Durch Sorgen, Phantasiebilder und Begierden verdunkelt, bedarf der Verstand jedoch der in Glaube, Hoffnung und Liebe sich beweisenden Vernunft, d. h. der von Adam zerbrochenen, von Christus wiederaufgerichteten ›Leiter‹ zur Welt über uns (Stufe 4). Die Einsicht, durch das Licht über unserem Geiste illuminiert, erfaßt das esse ipsum in der Fülle seiner Prädikate (Stufe 5), um schließlich eingedenk der in der Dreifaltigkeit sich mitteilenden Gutheit der coincidentia oppositorum und der eigenen Teilhabe an ihr inne zu werden (Stufe 6). Schließlich führt das Hinausschreiten über sich selbst in Christus zum Aufhören jeder Geistestätigkeit und zum Eingang in den göttlichen Frieden (Stufe 7).

Ausg.: Lat., Opera omnia, Bd. V, hg. vom Collegium S. Bonaventurae, 1891. – Lat./Dt., hg. von J. KAUP, 1961.
Lit.: G. TEICHTWEIER, Die aszet.-mystische Methode im ›Itinerarium mentis in deum‹, in: Theolog. Quartalschrift 136 (1956). – E. GILSON, Die Philosophie des hl. Bonaventura, ^{2}1960.

C.-H. HOEFER

Jenaer Realphilosophie, Georg Wilhelm Friedrich HEGEL, entst. 1805/06; EA Leipzig 1931.
Diese Vorlesungsmanuskripte zur Natur- und Geistesphilosophie gehören zu Hegels Jenaer Systementwürfen, deren Hauptanliegen bei allen Modifikationen in den verschiedenen Fassungen darin besteht, den bereits in den Jugendschriften (→ *Theologische Jugendschriften*) und in der Differenzschrift (→ *Differenz des Fichte'schen und Schelling'schen Systems der Philosophie*) hervorgehobenen Gegensatz zwischen Objektivität und Subjektivität, Natur und Geist, begrifflich zu überwinden und dadurch zur Erkenntnis des

Absoluten als der alle Gegensätze auflösenden Einheit zu gelangen. – In Anlehnung an Schellings Naturphilosophie bzw. an dessen Schrift → *Von der Weltseele*, an Aristoteles' Zweckbegriff und Platos → *Timaios* und mit Berücksichtigung der naturwissenschaftlichen Ergebnisse der Zeit werden im 1. Teil die Naturphänomene und deren Abläufe – angefangen von der Mechanik über Chemismus und Physik bis hin zum Organischen – ausführlich abgehandelt. Als Leitprinzip des Natursystems bezeichnet Hegel den Äther oder die absolute Materie bzw. Negativität. Darunter versteht er die Erscheinungsform des Absoluten in der Natur, wo jedes Phänomen Element eines teleolog. geordneten Ganzen und somit spezif. Ausdruck des Absoluten ist. Im 2. Teil werden die sich aus der Naturentwicklung entfaltenden Gestalten des Absoluten als Geist analysiert. Diese gliedern sich in drei Stufen, denen ebensoviele Formen der Subjekt-Objekt-Vereinigung entsprechen. Auf der ersten nehmen Subjekt und Objekt die Form des Ich – als Einheit von Intelligenz und Willen – und des Dinges an. Das Integrationsmedium bilden Sprache als Namengebung und Kommunikation handelnder Subjekte sowie Arbeit als formierende Tätigkeit, wodurch sich der Mensch über die Natur erhebt. Die zweite Stufe stellen die sich aus dem Kampf um Anerkennung konstituierenden sozialen Beziehungen mit ihren ökonom.-rechtlichen Bestimmungen (Eigentum, Vertrag) und den negativen Phänomenen des Miteinanderlebens (Verbrechen, Strafe) dar. In dieser Sphäre der später sog. ›bürgerlichen Gesellschaft‹ erhalten die Arbeit als arbeitsteilige Warenproduktion und folglich der Arbeiter selbst einen ›abstrakten‹ Charakter, wie Hegel im Bezug auf die englische Nationalökonomie am Übergang vom Handwerk zur Mechanisierung verdeutlicht. Wahre Anerkennung und freie Selbstverwirklichung erlangt der einzelne erst, wenn er in der organ. Einheit eines staatlich organisierten Volkes aufgeht (dritte Stufe), dessen Institutionen, Regierungsformen und Ständegliederung Hegel in Konfrontation mit der klassischen Politik und dem modernen Naturrecht und in Ablehnung jeglicher Vertragstheorie geschichtsphilosoph. erörtert. Der Bildungsprozeß des Geistes von der Natur als dem ›Werden zum Geist an sich‹ bis zu den Rechtsverhältnissen vollendet sich in Kunst, Religion und Philosophie als verschiedenen Ausdrucksformen des Absoluten. – Die Texte übten im Zusammenhang mit der Entdeckung der Pariser Manuskripte von Marx einen bedeutenden Einfluß auf den Neomarxismus (Lukács, Marcuse) aus.

Ausg.: Gesammelte Werke, Bd. VIII, 1976. – Werke, 20 Bde., Bd. II, 1986 (stw 602).

Lit.: J. HABERMAS, Arbeit und Interaktion. Bemerkungen zu Hegels Jenenser ›Philosophie des Geistes‹, in: ders., Technik und Wissenschaft als »Ideologie«, 1968.

F. LONGATO

Jenseits des Lustprinzips, Sigmund FREUD; EA Leipzig/Wien/Zürich 1920.

In der theoret. Schrift entwirft Freud ein neues Strukturmodell der Psyche. Ausgangsproblematik ist das Phänomen des ›Wiederholungszwangs‹, der sich bei Unfall- und Kriegsneurosen, aber auch im Spielverhalten von Kindern zeigt. Die stereotype Reproduktion unlustvoller Erlebnisse in

Traum, Phantasie und Handlung läßt sich nicht einreihen in das bislang vertretene Konzept libidinöser Wunscherfüllung. Der angstbetonte psychische Zwang unterliegt vielmehr einer naturgesetzlichen Konstante, die jenseits des Lust-Unlust-Prinzips zu finden ist. Aufgrund dieser Feststellung entwickelt Freud in naturwissenschaftlichen und entwicklungsgeschichtlichen Spekulationen die Theorie des Todestriebs. Im Drang, einen früheren Zustand wiederherzustellen, erkennt Freud ein Charakteristikum des Trieblebens als Streben nach Aufhebung innerer Reizspannung. Die ›konservative Natur‹ alles Lebenden zielt auf den Ausgangspunkt der Ruhe (›Nirwana-Prinzip‹). »Wenn ... alles Lebende aus inneren Gründen stirbt ... so können wir nur sagen: Das Ziel alles Lebens ist der Tod.« Allein die Sexualität unterwirft sich diesem ›unerbittlichen Naturgesetz‹ (Ananké) nicht. Die Sexualtriebe, deren Ausdruck die Libido ist, sind die ›eigentlichen Lebenstriebe‹, da sie dem auf den Tod zustrebenden Leben entgegenwirken. Die Annahme des Todestriebs verlangt eine Umarbeitung des psychoanalyt. Triebkonzepts. Mit der Einführung der Narzißmustheorie (1914) modifizierte Freud seine erste Triebtheorie (Ichtriebe versus Sexualtriebe) dahingehend, daß er auch der Besetzung des Ich libidinösen Charakter zuschrieb (Ichlibido-Objektlibido). Diese zweite Gruppierung ist nun angesichts der nicht-libidinösen Tendenzen des Wiederholungszwangs fragwürdig geworden. In einem dritten Strukturmodell faßt Freud daher – in Anlehnung an die Philosophie Platons und Schopenhauers – die dem Leben dienenden Triebe unter dem Begriff des Eros zusammen und stellt diesem dem nach Destruktion strebenden Todestrieb gegenüber. – Trotz heftiger Kritik hält Freud am Triebantagonismus Eros – Thanatos fest und läßt seine Fundamentalität vor allem in den späten kulturtheoret. Schriften transparent werden.

Ausg.: Studienausgabe, hg. von A. MITSCHERLICH u. a., 10 Bde., Bd. III, 1982.
Lit.: P. FEDERN, Wirklichkeit und Wandlungen des Todestriebes, in: Almanach der Psychoanalyse 1 (1931). – M. KLEIN, Die Psychoanalyse des Kindes, 1934. – R. BRUN, Über Freuds Hypothese vom Todestrieb, in: Psyche 7 (1953) H. 2. – H. MARCUSE, Triebstruktur und Gesellschaft, 1965. – P. RICOEUR, Die Interpretation, 1969. – J. LAPLANCHE, Leben und Tod in der Psychoanalyse, 1974. – A. SCHÖPF, S. Freud, 1982.

G. PAGEL

Jenseits von Gut und Böse. Vorspiel einer Philosophie der Zukunft, Friedrich NIETZSCHE; EA Leipzig 1886.

Der in neun Hauptstücke geordnete Aphorismenband setzt die mit → *Menschliches, Allzumenschliches* begonnene Kultur- und Moralkritik fort, wobei Nietzsche im Ton schärfer, kompromißloser und fordernder wird. »Nachdem der jasagende Teil meiner Aufgabe gelöst war«, schreibt er später in → *Ecce homo*, »kam die neinsagende, neintuende Hälfte derselben an die Reihe: die Umwertung der bisherigen Werte selbst, der große Krieg...« Er unternimmt ›eine Kritik der Modernität‹ und begreift deren Geschmack, Ideale und Problemstellungen als Metamorphosen des Christentums und damit als Ausdruck dekadenter Herdenmoral. Für Kants und Schopenhauers Ethiken gilt dies ebenso wie für libertäre Freigeisterei, für Demokratie, Revolution und Sozialismus. Nach

Nietzsches Ansicht bestimmt der immoralist. Wille zur Macht den Charakter jeglicher Realität und gibt es grundsätzlich nur zwei Moraltypen, eine Herren- und eine Sklavenmoral, die starkes, zukunftsgewisses bzw. krankes, niedergehendes Leben repräsentieren. Im 1. Hauptstück destruiert Nietzsche die Grundbegriffe der philosoph. Tradition: ihr Streben nach gesicherter Wahrheit (die sich für ihn auflöst in eine pragmat.-relativist. ›Perspektivenlehre des Willens zur Macht‹), ihre Überschätzung des Bewußtseins (dergegenüber er die Rolle des Unbewußten hervorhebt), ihre Hypostasierung falscher Gegensätze und Werte (dergegenüber Nietzsche die ›homogene Einheit in allem Geschehen‹ betont), schließlich ihre Adaption religiöser Fiktionen wie Seele und freier Wille. Auch erörtert er die Irreführung des Denkens durch Grammatik und Sprache. Nietzsche versteht seine großangelegte Kulturkritik ›als Morphologie und Entwicklungslehre des Willens zur Macht‹. Ihn spürt er in der Philosophie ebenso auf wie in Religion, Moral, Wissenschaft, Kunst und sozialem Verkehr. Diesen Bereichen gelten die übrigen acht Hauptstücke. Im 3. Hauptstück ist, die Psychoanalyse antizipierend, von ›religiöser Neurose‹ die Rede. Im 5. Hauptstück werden die physiolog. als ›Zeichensprache der Affekte‹ gedeuteten Moraltypen resümiert. Im 6. Hauptstück kritisiert Nietzsche Wissenschaft und Wissenschaftsbetrieb. Im 8. Hauptstück charakterisiert er Fehler und Vorzüge europäischer Völker. Als ›guter Europäer‹ plädiert er gegen Nationalismus und für europäische Einheit. Im 9. Hauptstück fordert er als Vorbedingung für eine ›gesunde‹ Moral, die der ›Erhöhung des Typus Mensch‹ dienen und ›Werk einer aristokrat. Gesellschaft‹ sein müsse, das ›Pathos der Distanz‹ zwischen Herren- und Herdenmenschen.

Ausg.: Sämtliche Werke (Kritische Studienausgabe), Bd. V, 1980.

Lit.: R. Reininger, F. Nietzsches Kampf um den Sinn des Lebens, [2]1925. – F. Kaulbach, Nietzsches Idee einer Experimentalphilosophie, 1980. – W. Kaufmann, Nietzsche, Philosoph - Psychologe - Antichrist, 1982.

R. Margreiter

Jerusalem oder über religiöse Macht und Judentum, Moses Mendelssohn; EA Berlin 1783.

Grundsätzlich geht es in dieser Abhandlung um das für die Philosophie der Aufklärung wesentliche Prinzip der religiösen Toleranz. Im Rahmen einer vornehmlich von Locke ausgehenden Untersuchung von Staats- und Kirchenrecht erhebt Mendelssohn im 1. Teil des Werks die Forderung nach einer strengen Trennung von Staat und Kirche sowie nach uneingeschränkter Gewissens- und Glaubensfreiheit des Einzelnen. Der 2. Teil ist einer Darstellung der jüdischen Religion gewidmet. Diese begreift Mendelssohn im Unterschied zu Lessing nicht als Offenbarungsglauben, sondern vielmehr als eine hinsichtlich ihrer Glaubensinhalte – Gott, Vorsehung, Unsterblichkeit – auf dem Studium der Natur basierende Vernunftreligion. Mit dieser Definition erklärt er im übrigen, warum er als Aufklärungsphilosoph immer noch am jüdischen Glauben festhalten kann. Starken Anklang hat dieses Werk vor allem bei Herder, Garve und Kant gefunden.

Ausg.: Gesammelte Schriften, Bd. VII, 1930 (Repr. 1974).

Lit.: A. ALTMANN, Gewissensfreiheit und Toleranz. Eine begriffsgeschichtliche Untersuchung, in: Mendelssohn-Studies 4 (1979).

J. LINDER

Kants Theorie der Erfahrung, Hermann COHEN; EA Berlin 1871.

Das philosophiehistor. Werk will die ursprüngliche Intention der → *Kritik der reinen Vernunft* durch systemat. Nachvollzug ihrer Gedanken gegen verfälschende Interpretationen des 19. Jh.s verteidigen. – Indem Cohen Kants Hauptwerk als ›Theorie der Erfahrung‹ deutet, betrachtet er die transzendentale Analytik der Grundsätze als Zentrum des Werkes. ›Transzendental‹ heißt die Methode, da nach den aller Erfahrung vorausliegenden Bedingungen, nach dem ›Apriori‹ der Erfahrung, gefragt wird. Während diese Bedingungen (die ›reinen Anschauungen‹ und ›reinen Verstandesbegriffe‹/Kategorien) im 19. Jh. teils anthropolog. als Stammbegriffe der menschlichen Gattung (Liebmann), teils als physiolog. Voraussetzungen gedeutet worden waren (Lange), betont Cohen deren rein logische Funktion: Kant habe zeigen wollen, welche Begriffe (!) vorausgesetzt werden müssen, wenn Erfahrung begründet sein soll. Gehe man jedoch von der Genese der Kantschen Systematik aus, so stehen nach Cohen nicht die Kategorien am Anfang der Analytik, sondern die ›Grundsätze‹, welche als allgemeine Naturgesetze zunächst zur Begründung der mathemat. Naturwissenschaft formuliert werden müssen; den ›Grundsätzen‹ seien dann die Kategorien als allgemeine Verstandesbegriffe vorauszusetzen; diese schließlich fänden in der ›transzendentalen Apperzeption‹, dem alle Einheit der Erkenntnis stiftenden ›ich denke‹, ihre letzte Begründung. Werde nun aber die aus dieser Methode resultierende Systematik erneut metaphys. (z. B. psycholog.) gedeutet, so widerspräche dies dem Geist des Kantschen Kritizismus. – Im Bemühen um die rein logische Auffassung des Apriorischen hat Cohen den für die Marburger Schule typischen ›Logizismus‹ des Begründungsdenkens eingeleitet. Die folgenden erweiterten Auflagen des Werkes (^{2}1885, ^{3}1918) wurden zunehmend von Cohens eigenem systemat. Interesse bestimmt, das sich in den zeitlich parallel entstandenen Schriften *Das Princip der Infinitesimal-Methode und seine Geschichte* (1883) und → *Logik der reinen Erkenntnis* zeigt.

Ausg.: Hg. von E. CASSIRER, ^{4}1925.

Lit.: W. KINKEL, H. Cohen. Einführung in sein Werk, 1924.

TH. HERFURTH

Kant und das Problem der Metaphysik, Martin HEIDEGGER; EA Bonn 1929.

Die Abhandlung gehört zu den früh von Heidegger veröffentlichten Schriften im Umkreis von → *Sein und Zeit;* in deren ›existenzialer Analytik‹, welche die Seinsweise des Daseins im Hinblick auf eine Grundlegung der Ontologie entfaltete, blieb die Frage offen, wie eine solche ›Fundamentalontologie‹ diese Aufgabe erfüllen kann. Diese Frage wird von Heidegger in Auseinandersetzung mit Kants → *Kritik der reinen Vernunft* (KrV) entwickelt, wobei, im Gegensatz zu der herkömmlichen Deutung durch den Neukantianismus, der in der KrV eine Erkenntnistheorie sieht, dieses Werk als eine Grundlegung der Metaphysik ausgelegt wird. Die Schrift ist in vier Abschnitte gegliedert. Im 1. Abschnitt, »Die Grundlegung der Metaphysik im Ansatz«, stellt Heidegger die Frage: Warum wird für Kant die Grundlegung der Metaphysik zur Kritik der reinen Vernunft? In Anschuß an Platon und Aristoteles wird Metaphysik als »die grundsätzliche Erkenntnis des Seienden als solchen und im Ganzen« bestimmt. Über die Erfahrung des ›Sinnlichen‹ hinaus sucht Metaphysik die Erkenntnis des ›Übersinnlich-Seienden‹. In Kants ›Copernicanischer Wende‹ wird, nach Heidegger, die Frage nach der Möglichkeit ontischer Erkenntnis auf die Frage nach der Möglichkeit der Ontologie selbst zurückgeführt. Dies heißt wiederum zu fragen, wie es möglich ist, daß die Erkenntnis von Seiendem überhaupt (›a priori‹) mit dem Überschreiten (Transzendenz) der reinen Vernunft zum Seienden zusammenhängt. Nach dem Wesen dieser Transzendenz des Seinsverständnisses fragen, heißt transzendental philosophieren. Im 2. Abschnitt, »Die Grundlegung der Metaphysik in der Durchführung«, erörtert Heidegger Kants Klärung des Wesens der Endlichkeit menschlicher Erkenntnis als ›rezeptiver‹ Anschauung (gegenüber der ›schaffenden‹ unendlichen Anschauung Gottes). Endliche Anschauung ist auf den Verstand angewiesen. Nach Heidegger gewinnt bei Kant die ›transzendentale Einbildungskraft‹, die er als Zeitlichkeit interpretiert, eine einigende Funktion von Anschauen und reinem Verstand; sie ist die gemeinsame Wurzel der zwei Stämme des ichlichen Seienden, nämlich von Sinnlichkeit und Verstand. Die ›ontolog. Erkenntnis‹, die dabei stattfindet, bezieht sich auf einen ›reinen Horizont‹, innerhalb dessen Seiendes begegnen kann. Im 3. Abschnitt, »Die Grundlegung der Metaphysik in ihrer Ursprünglichkeit«, legt Heidegger im einzelnen die Grundlegungsfunktion der ›transzendentalen Einbildungskraft‹ aus und kommt zu dem Schluß, daß Kant vor dieser unbekannten Wurzel der Wesensverfassung des Menschen zugunsten des Verstandes zurückgewichen ist. Damit entfiel auch die Möglichkeit, den Zeitcharakter der ›transzendentalen Einbildungskraft‹ ursprünglich, d. h. als die Endlichkeit der menschlichen Subjektivität in ihrer Ganzheit ermöglichend, zu denken. Im 4. Abschnitt schließlich, »Die Grundlegung der Metaphysik in einer Wiederholung«, versucht Heidegger, die verborgenen Möglichkeiten der Kantischen Grundlegung der Metaphysik darzulegen. Dabei zeigt sich, daß (a) die reine menschliche Vernunft nicht nur durch ›Endlichkeit‹, sondern durch ›Verendlichung‹, d. h. durch ›Sorge‹ um das Endlich-sein-können gekennzeichnet ist; (b) die Frage nach der Endlichkeit im Menschen nicht eine bloße menschliche Eigenschaft betrifft, sondern aus der Aufgabe der Grundlegung der Metaphysik erwächst, und (c) die Metaphysik des Daseins (die ›Fundamentalontologie‹) die für eine Grundlegung der Metaphysik notwendige Frage, was der Mensch sei, übernimmt. Die Interpretation des Daseins als Zeitlichkeit soll den Zugang zu einem Verstehen von Sein auf die Zeit hin ermöglichen, damit die Seinsfrage »wieder in ihrer elementaren Wucht und Weite herausdrängen« kann. – Heideggers Schrift wurde von der philosophiehistor. Forschung scharf kritisiert. Dennoch gehört sie vor allem wegen der Kraft und Radikalität des philosoph. Fragens, mit dem Heidegger die Probleme Kants zu reaktivieren vermag, zu den großen Kant-Interpretationen unseres Jahrhunderts.

Lit.: H. MÖRCHEN, Die Einbildungskraft bei Kant, in: Jb. Philos. phänomenolg. Forsch., Bd. IX, 1930, [2]1970. – H. HOPPE, Wandlungen in der Kant-Auffassung Heideggers, in: V. Klostermann (Hg.), Durchblicke 1970.

R. CAPURRO

Kant und die Epigonen. Eine kritische Abhandlung, Otto LIEBMANN; EA Stuttgart 1865.

Das für die gesamte Bewegung des »Neukantianismus« programmat. Werk will zu einem erneuten Studium der Philosophie Kants anregen. Das erste der fünf Kapitel stellt die ›Hauptlehre und den Hauptfehler‹ Kants dar: nämlich dessen Bestimmung des ›transzendenten Unbegriffs‹ eines ›Dinges an sich‹. Die folgenden Kapitel befassen sich mit den Konsequenzen hieraus in den nachkant. Philosophien. Für die ›idealist. Richtung‹ (Fichte, Schelling, Hegel) wird das Ding an sich zum absoluten Ich oder absoluten Geist; bei Herbart erscheint es als Vielheit von ›Realen‹; Fries als Vertreter der ›empir. Richtung‹ nimmt es als Gegenstand des ›spekulativen Glaubens‹; die ›transzendente Richtung‹ mit Schopenhauer faßt es als erkenntnisfernen ›Willen‹. Liebmann weist jeder ›Richtung‹ ihre spezif. Fehlinterpretation der Kantischen Philosophie nach, um am Ende jeden Kapitels zu der Forderung zu gelangen: »Also muß auf Kant zurückgegangen werden.«

Lit.: B. BAUCH, O. Liebmann, in: Neudrucke seltener philosoph. Werke, hg. von der Kantgesellschaft, Bd. II, 1912. – A. MEYER, Über Liebmanns Erkenntnislehre und ihr Verhältnis zu Kants Philosophie. Ein Beitrag zur Kritik des modernen Intellektualismus, 1916.

TH. NEUMANN

Das Kapital. Kritik der politischen Ökonomie, Karl MARX; EA London 1867 (Bd. I), 1885/94 (Bd. II/III; hg. von F. Engels).

Das Hauptwerk von Marx ist der wichtigste theoret. Beitrag zur kritischen Analyse der Dynamik und Entwicklungsgesetze der kapitalist. Gesellschaft. Im I. Band wird der Produktionsprozeß, im II. Band der Zirkulationsprozeß des Kapitals und im III. Band der Gesamtprozeß der kapitalist. Produktion dargestellt. Demnach sind der Begriff und das Wesen des Kapitals der sich selbst verwertende Wert, d. h. die in den Produktionsmitteln (und Lebensmitteln) vergegenständlichte tote Arbeit, welche die von ihnen getrennte lebendige Arbeit – die Arbeitskraft der Lohnarbeiter – automat. fortschreitend einverleibt und anwendet. Den Ausbeutungsgrad der Arbeitskraft durch das Kapital bringt die Mehrwertrate zum Ausdruck. Die Produktion und Aneignung von Mehrwert ist das Grund- und Bewegungsgesetz des Kapitalismus. Den Zusammenhang zwischen der Akkumulation (dem Wachstum) des Kapitals sowie der sie begleitenden Konzentration und Verschlechterung der Lage der Arbeiterklasse drückt das allgemeine Gesetz der kapitalist. Akkumulation aus. Der Verwertungsprozeß des industriellen Kapitals ist die Einheit von Produktions- und Zirkulationsprozeß sowie die Einheit der Kreisläufe des Geldkapitals, des produktiven und des Warenkapitals. Die Reproduktion und Zirkulation des gesellschaftlichen Gesamtkapitals sind an bestimmte Bedingungen der Realisierung geknüpft, die in der naturwüchsigen kapitalist. Produktionsweise nur zufällig erfüllt sein können, so daß es zu notwendigen Krisen kommt. Deren Ursache ist der Grundwiderspruch zwischen der Entwicklung der Produktivkraft und der Verwertung. Die Schranke der kapitalist. Produktion ist dementsprechend das Kapital selbst.

Ausg.: K. MARX/F. ENGELS, Histor.-kritische Gesamtausgabe: Werke, Schriften, Briefe, Abt. 2, 1976–78. – K. MARX/F. ENGELS, Werke, Bd. XXIII/XXIV, 1977.

Lit.: L. ALTHUSSER u. a., Lire ›Le Capital‹, 1965. – W. F. HAUG, Vorlesungen zur Einführung ins ›Kapital‹, [2]1976. – A. VOGT, Die Kontamination verschiedener Theorietypen im ›Kapital‹ von Marx, 1980.

E. TREPTOW

Kata Christianōn (gr. *Gegen die Christen*), PORPHYRIOS, entst. um 270 n. Chr.

Diese 15 Bücher sind das umfangreichste und gelehrteste Werk, das in der Antike gegen die Christen geschrieben wurde. Ihre Vernichtung wurde von Kaiser Konstantin vor 325 und nochmals 448 von den Kaisern Theodosios II. und Valentinian angeordnet. Die meisten Fragmente stammen aus Hieronymus und Markarios Magnes, denen (um 400) das Werk des Porphyrios selbst nicht mehr vorlag. Die Überlieferung erlaubt keine Rekonstruktion des Aufbaus. Harnack hat das Material nach fünf Sachgebieten geordnet: 1. Kritik des Charakters und der Glaubwürdigkeit der Evangelisten und Apostel als Grundlage der Kritik des Christentums; 2. Kritik des Alten Testaments; 3. Kritik der Taten und Worte Jesu; 4. Dogmatisches; 5. Zur kirchlichen Gegenwart. – Porphyrios versucht, auf allen diesen Gebieten Widersprüche nachzuweisen. Sein Werk zeichnet sich durch immense Gelehrsamkeit und eindringenden Scharfsinn aus. Er kann als Vorläufer der rationalist. Bibelkritik gelten.

Ausg.: Hg. von A. v. HARNACK, Abh. der Ak. der Wiss. Berlin, 1916. – Ders., Neue Fragmente des Werkes des Porphyrios gegen die Christen, in: Sitzungsberichte (Berlin) 1921. – A. BENOIT, Le ›Contra Christianos‹ de Porphyre, in: Paganisme, Judaïsme, Christianisme (Mélanges M. Simon), 1978. – Dt., in A. v. HARNACK, Kritik des Neuen Testaments von einem griech. Philosophen (Texte u. Untersuchungen III/7), 1911 (Teilübers.).

Lit.: H. O. SCHRÖDER, Celsus und Porphyrius als Christengegner, in: Die Welt als Geschichte 17 (1957).

F. RICKEN

Kata Eunomiu logoi antirrētikoi (gr.; lat.: *Contra Eunomium libri; Die Bücher gegen Eunomios*), GREGOR VON NYSSA, entst. 380–383; ED Paris 1615; dt. 1858.

Unter diesem Titel wurden vier Werke des Autors zusammengefaßt, welche insgesamt zwölf Bücher enthalten und sämtlich gegen Eunomios, Bischof von Cyzikus und Führer der Jungarianer, gerichtet sind. Während drei der Schriften sich gegen Werke des Eunomios wenden, die dieser wiederum gegen Basileios, den Bruder des Gregor, verfaßt hatte, ist die vierte Abhandlung, bisher als Buch II gezählt, eine Widerlegung der *Expositio fidei* des Eunomios. Den mittel- und neuplaton. Stufenbau innerhalb des Göttlichen lehnt Gregor ab und überwindet damit jegliche Subordination in der Trinität. Außerdem verteidigt er Gottheit und Menschheit Jesu Christi.

Ausg.: Dt., von F. OEHLER, 1858.

Lit.: T. A. GOGGIN, The Times of St. Gregory

of Nyssa as Reflected in his Letters and the ›Contra Eunomium‹, 1947.

H. Frohnhofen

Kata Kelsu (gr.; lat.: *Contra Celsum; Gegen Celsus*), Origenes; entst. um 248; ED Rom 1481 (lat.); dt. 1745.

Origenes beendet seine acht Bücher umfassende Apologie des Christentums mit dem Ausruf, daß Christen in ihrem Glauben kämpfen und leiden müssen, damit sie stark würden durch Jesus Christus. Den Glauben an die waltende Vernunft und an die Heilskraft Gottes, die alle Seelen vervollkommne und die Sprachen aller Völker umwandle, setzt Origenes dem rhetor. und philosoph. gebildeten Heiden Celsus und dessen (um 150 oder 178) gegen die Christen geschriebenen Buch *Alēthēs logos* (gr.; Das wahre Wort) entgegen. Origenes breitet seine Kenntnis der Literatur, der Philosophie Platons und der Bibel in eindringlichen Gedanken über Gott, Entäußerung Christi, Welt, Sünde, Erlösung, Tod und Auferstehung aus. Weist er auch die Behauptung zurück, die christliche Sittenlehre sei dieselbe wie die der anderen Philosophen und keine ehrwürdige Wissenschaft, vielmehr ein vernunftloser Glaube, so können doch die Antworten auf die Einwendungen, die Celsus auch vom Standpunkt des Judentums aus gegen die christliche Lehre vorbringt, und die Demut angesichts des unwandelbaren und guten Gottes weltgeschichtlich als Beitrag zu einer Verbindung zwischen griechischer Gnosis und christlicher Pistis gesehen werden.

Ausg.: Dt., hg. von K. Pichler, 1985.
Lit.: G. Gruber, Zoä – Wesen, Stufen und Mitteilungen des wahren Lebens bei Origenes, 1962. – W. Kelber, Die Logoslehre von Heraklit bis Origenes, ^{2}1976.

A. Köpcke-Duttler

Kategorien (Aristoteles) → Peri tōn kategoriōn

Katharmoi (gr.; *Reinigungen*), Empedokles von Akragas, entst. vor 435 v. Chr.; ED Paris 1573 (in: Poesis Philosophica, hg. von H. Stephanus), Paris 1623 (in: Dicta poetarum quae apud Stobaeum extant, hg. von H. Grotius).

Das in Hexametern verfaßte Gedicht ist außerhalb von Akragas und vermutlich als späteres Werk des Empedokles entstanden; die Rezitation in Olympia ist nicht auszuschließen. Die erhaltenen Fragmente sind neben denen aus → *Peri physeōs* die einzigen überlieferten Texte von Empedokles. Stärker noch als *Peri physeōs* stellen sie seine Person wie seine Philosophie in einen religiösen, pythagoreischen Zusammenhang. Empedokles spricht als nicht mehr sterblicher Seher vom goldenen Zeitalter der Liebe, das beendet war, als die Menschen begannen, Tiere zu töten und deren Fleisch zu verzehren. Die Strafe für diese Sünde ist die zyklische Reinkarnation der Seele, ihre Einbindung in das Zeitalter des Streites, d. h. der Gegensätzlichkeit und der Notwendigkeit. Die *Katharmoi*, die Mahnung und Anleitung zur Reinigung der gefallenen Seele sind, geben zugleich Erlösungsaussicht. Sie stellen Reinkarnation als möglichen Weg zum Göttlichen vor, in dessen Verlauf die Seele ihren göttlichen Rang (als Daimon) wiedererlangt und wie Empedokles als Seher und Heiler erscheint. Die magische Gestalt des Empedokles ist wiederholt Gegenstand der Dichtung geworden.

Ausg.: W. Sturz, Empedocles, 1805 (2 Bde., Ausg. u. Kommentar). – Gr./Dt., Fragmente der Vorsokratiker, hg. von H. Diels/W. Kranz, Bd. I, [6]1951 (Repr. 1985). – Gr., hg. von M. Wright, 1981.
Lit.: E. Bignone, Empedocle, 1916. – J. Bollack, Empédocle, 4 Bde., 1965–69.

J. Jantzen

Kitāb al-Hidāya ilā farā'iḍ al-qulūb wat-tanbīh 'alā lawāzim aḍ-ḍamā'ir (arab.; *Buch der Anleitung zu den Herzenspflichten*), Bachja ben Joseph ibn Paquda, entst. zwischen 1070 und 1090; ED Neapel 1489 (hebr.), Leiden 1912 (arab.); dt. 1836, [2]1922 Das Buch der Pflichten des Herzens.

Der religiös-moral. Schrift dient die neuplaton. Philosophie zur rationalen Begründung der Religionslehren. Es werden zweierlei Pflichten unterschieden: die der Glieder, die vom Standpunkt der Vernunft indifferenten biblischen Gebote und Verbote, und die auf der Vernunft gründenden des Herzens, wie z. B. Anerkennung der Einheit Gottes, Gottvertrauen, Liebe zu Gott. Gliederpflichten erhalten Wert nur durch Erfüllung der Herzenspflichten. Betont wird in den Darlegungen die Askese; irdisches Leben wird als Vorbereitung auf das Jenseits angesehen, doch darf man sich den Forderungen des tätigen Lebens nicht entziehen, weil sonst die Gesellschaft keinen Bestand hätte.

Ausg.: Engl., von M. Hyamson, 1925–1947.
Lit.: G. Vajda, La théologie ascétique de B. ibn Paquda, 1947.

H. Simon

Kitāb al-Ḥudūd war-rusūm (arab.; *Buch der Definitionen*), Isaak Israeli, entst. vor 950; ED Lyon 1515 (lat.).

Das Werk, dessen arab. Original nur fragmentar. erhalten ist, enthält Begriffsdefinitionen und -erklärungen. – Philosophie läßt sich nicht definieren durch Angabe einer höheren Gattung und eines artbildenden Merkmals, sondern nur beschreiben als ›Angleichung an die Werke des Schöpfers entsprechend der Fähigkeit des Menschen‹. Diese Ausgangsposition ermöglicht es, ein neuplaton. Gesamtsystem mit dem jüdischen Monotheismus zu verbinden, indem sie die Zielvorstellung einer mystischen Vereinigung des menschlichen Geistes mit dem obersten Prinzip ausschließt. Die Angleichung an die Werke Gottes besteht im Verstehen der Wahrheit der Dinge, indem sie aus ihren Ursachen begriffen werden. Auf diese Weise gelangt die Seele schließlich bis zur Kenntnis der ersten Substanz, der göttlichen Weisheit. Durch die begriffliche Unterscheidung von Innovation, Neumachen, d. h. göttlicher Erzeugung aus dem Nichts, und Schöpfung, dem Entstehen von etwas aus Existierendem, können pantheist. Konsequenzen des Neuplatonismus vermieden werden. Gott schafft die Materie und die als göttliche Weisheit bezeichnete reine Form; aus der Vereinigung beider emanieren alle übrigen Seinsstufen. – Israeli hat im Mittelalter als erster Neuplatonismus und Judentum zu verknüpfen versucht; das Werk wirkte vor allem auf die europäische Scholastik.

Ausg.: Hebr., von H. Hirschfeld, in: Festschrift zum 80. Geburtstag M. Steinschneiders, 1896. – Engl., von S. M. Stern, 1958.
Lit.: A. Altmann/S. M. Stern, I. Israeli, 1958.

H. Simon

Kitāb al-Usṭuqusāt (arab.; *Buch der Elemente*), Isaak Israeli, entst. vor 950; ED Lyon 1515 (lat.).

Die naturphilosoph. Schrift, deren arab. Original verloren ist, beruht weitgehend auf Kompilation antiker Lehrmeinungen. Die Elemente werden als die ersten Prinzipien der natürlichen Dinge beschrieben, die aus ihnen zusammengesetzt sind. Als Ursache des Entstehens der Elemente wird die Macht Gottes angegeben, die Ansicht, daß sie aus den vier Qualitäten (warm, kalt, feucht, trocken) hervorgehen, wird zurückgewiesen. Es ist anzunehmen, daß der Autor mit der vagen Formulierung ›Macht Gottes‹ andeuten will, daß die Elemente durch die Bewegung der Himmelssphäre auf natürliche Weise entstehen, weil die Sphäre die dafür von Gott eingesetzte Kraft sei, und daß der Prozeß der Emanation bei der Sphäre, der Natur, ende. Allerdings finden sich in anderen Werken des Verfassers abweichende Formulierungen. Die neuplaton. Emanationstheorie wird nirgends erwähnt, ist jedoch aufgrund der anderen Schriften des Autors vorauszusetzen. In dem Werk wird die Elemententheorie des Galen behandelt, die mit der des Aristoteles und des Hippokrates übereinstimme. Die Atomtheorie Demokrits wird zurückgewiesen. Bemerkenswert ist ein ausführlicher Exkurs über das Verhältnis von Philosophie und Prophetie. – Das Gesamtwerk des Autors war der Scholastik durch Übersetzungen bekannt.

Ausg.: Hebr., von S. Fried, 1900.
Lit.: A. Altmann/S. M. Stern, I. Israeli, 1958.

H. Simon

Kitāb aš-Šifā' (arab.; *Buch der Genesung*), Avicenna (eigtl. Abu-'Alī al Husain ibn- 'Abdallāh ibn-Sīnā), entst. vor 1037; ED Pavia o. J. (um 1485; lat., nur das Buch: De anima), Venedig 1495, 1508 (lat.; Opera), Venedig 1498 (lat., 4. Hauptabteilung: Metaphysica), Kairo 1952ff. (arab.); dt. 1907–09 (Teilübers.).

Das Werk ist unter den erhaltenen Schriften des persischen Denkers die wichtigste. Es stellt enzyklopäd. das philosoph. und wissenschaftliche Wissen seiner Zeit dar und umfaßt 18 Bände in vier Hauptabteilungen: 1. Logik, 2. Physik, 3. Mathematik, 4. Metaphysik. Die Logik enthält das → *Organon* von Aristoteles in der seit der Spätantike erweiterten Fassung: »Isagoge« (→ *Eisagōgē* von Porphyrios), »Kategorien«, »Hermeneutik«, »Analytiken«, »Dialektik«, »Sophistik«, »Rhetorik«, »Poetik«. Die Physik umfaßt acht Teile, u. a. Mineralogie, Metereologie, Psychologie, Botanik, Zoologie (mit, was kaum bekannt ist, beträchtlichen humanmedizin. Anteilen). Die Mathematik besteht aus Geometrie, Musiktheorie, Arithmetik und Astronomie. Die Metaphysik enthält Ontologie und Theologie (aber auch Kosmologie und Ethik). Denkstil und Inhalt des *Šifā* sind – anders als Avicennas Gesamtwerk, insbes. die mutmaßliche Perspektive seines verschollenen eigentlichen Hauptwerkes, des *Kitab al-Inṣāf* (arab.; Buch des unparteiischen Urteils) – geprägt durch Aristoteles und al-Fārābī, dessen eine Schrift zur *Metaphysik* Avicenna nach eigener Aussage den Zugang zum aristotel. Grundwerk erschlossen hat. Die spätantike Tendenz, Platon und Aristoteles zusammenzudenken, wird begünstigt durch Auszüge aus den → *Enneades* Plotins (vermittelt durch al-Fārābī), die als Theologie des Aristoteles kursierten. Als Hauptpunkte von Avicennas metaphys. Denken gelten: die Unterscheidung von Existenz und Essenz, wobei das seinsnotwendige Göttliche dem kontingenten Nichtgöttlichen die konkrete Existenz vermittelt; die Kosmogonie, derzufolge das Gotteswesen den ersten Intellekt und – vermittelt – eine Deszendenz von Intellekten, Seelen und Himmelskörpern hervorbringt, die bis hinab zum zehnten Intellekt, dem aktiven, dem Herrscher über die sublunare Welt, reicht; die Materie-Seele-Problematik: Bei Erfassung der intelligiblen Wesenheiten liegt nicht nur eine Abstraktionsleistung der denkenden Seele des Menschen vor, sondern eine Verbindung mit dem aktiven Intellekt. Die Seele behält auch nach dem Tode ihren individuellen Charakter. – Die Philosophie Avicennas ist im östlichen Islam bis in die Gegenwart wirksam, im europäischen Mittelalter hat man sich der naturwissenschaftlichen Darlegungen bedient, aber auch der Logik und der Metaphysik.

Ausg.: Frz., 1955–58. – Lat., 1972ff.
Lit.: D. Saliba, Étude sur la métaphysique d'Avicenna, 1926. – A.-M. Goichou, La distinction de l'essence et de l'existence d'après Ibn Sīnā, 1937. – O. E. Chahine, Ontologie et théologie chez Avicenna, 1962. – A.-M. Goichou, Ibn Sīnā, in: The Encyclopaedia of Islam. New Edition, Bd. III, 1971.

E. Meyer

Kitāb Ma'ānī an-nafs (arab.; *Buch vom Wesen der Seele*), Pseudo-Bachja, entst. nicht vor ca. 1050 und vermutlich nicht nach ca. 1150; ED 1907 (in: Abhandlungen der Gesellschaft der Wissenschaften Göttingen, N. F. IX/1).

Philosoph.-theolog. Schrift eines unbekannten Autors, in der unter Benutzung eines zehnstufigen neuplaton. Emanationsschemas die Weltentstehung erklärt wird. Emanation der Welt aus Gott und religiöse Schöpfungslehre werden als identisch vorausgesetzt. Die rationale menschliche Seele emaniert vom Licht des Schöpfers, lebt nach dem Tod fort; ihr Endziel ist die individuelle Rückkehr zu ihrem Ursprung. Aufgabe des Menschen zu Lebzeiten ist Seelenläuterung durch tugendhaftes Leben. Das intellektuell verstandene Glück besteht in der Erreichung dieses Ziels.

Lit.: M. Plessner, Das sogenannte ›Buch vom Wesen der Seele‹ und seine Stellung in der mittelalterlichen Geistesgeschichte, in: Nachrichten der Akademie der Wissenschaften in Göttingen, 1971.

H. Simon

Konstruktive Logik, Ethik und Wissenschaftstheorie, Paul Lorenzen/Oswald Schwemmer; EA Mannheim/Wien/Zürich 1973.

In dem wissenschaftstheoret. Werk konstruieren die Autoren ein System von Grundbegriffen und syntakt. Regeln (›Orthosprache‹) für Logik, Ethik und die Einzelwissenschaften. – Die konstruktive Methode, die sie beim Sprachaufbau befolgen, besteht in der Forderung, kein Wort zu gebrauchen, dessen gemeinsame Verwendung nicht gesichert ist, und jede aufgestellte Behauptung, Aufforderung oder Norm schrittweise zu begründen. Zunächst werden jeweils die Zwecke einer Erkenntnistätigkeit formuliert und dann die wissenschaftlichen Methoden als diesen Zielen angemessen gerechtfertigt. Die konstruktive Logik (1. Teil) legt fest, wie Behauptungen aufgrund ihrer Form in Dialogen zu verteidigen sind. Ein Satz ist logisch wahr, wenn er gegen jeden möglichen Angriff des Dialogpartners verteidigt werden kann. Je nach den im Dialog zulässigen Zügen werden konstruktive und klassische Dialoge und damit konstruktiv und klassisch logisch wahre Sätze unterschieden. Die klassische Logik sei für die Mathematik und die Rede von Zukünftigem unzureichend. Die Ethik (2. Teil) entwikkelt Prinzipien, wie für oder gegen bestimmte Zwecksetzungen argumentiert werden sollte, um praktische Konflikte im Dialog zu bewältigen. Das ›praktische Vernunftprinzip‹ etwa ist die Forderung, jede Norm, mit der man eine Zwecksetzung begründet, auch für alle weiteren Zwecksetzungen, besonders die eigenen, als einen Grund zuzulassen. Im dritten Teil folgen die Grundlagen der Theorien des mathemat., technischen, histor. und praktischen Wissens. Besonderes Gewicht legen die Autoren auf die These, daß der Physik eine aprior., aber nichtformale Disziplin, die Protophysik des Raumes (Geometrie), der Zeit (Chronometrie), der Masse und der Ladung vorausgehen muß, die empir. Messungen und Hypothesen erst ermöglicht.

Ausg.: 2., verb. Aufl. 1975.

F. Wilckens

Korte Verhandeling van God, de Mensch en des Zelfs Welstand (holl.; *Kurze Abhandlung von Gott, dem Menschen und seinem Glück*), Baruch de Spinoza, entst. um 1660; EA Amsterdam 1862; dt. 1869 Benedict de Spinoza's kurzgefasste Abhandlung von Gott, dem Menschen und dessen Glückseligkeit.

Die früheste Schrift Spinozas, auf die Lodewijk Meyer bereits hinwies, ist erst im 19. Jh. aufgefunden worden. Die zweiteilige, mit einem Anhang versehene Abhandlung stellt den ersten Entwurf von Spinozas philosoph. System dar. Die Schrift weist Einflüsse der zeitgenöss. Spätscholastik, der jüdischen Philosophie der Renaissance, vor allem Leone Ebreos, schließlich Descartes' auf. Die Abhandlung gibt im 1. Teil Bestimmungen von Gott, die bereits den zentralen Gedanken der Immanenz formulieren. Gott ist die immanente Ursache aller Dinge, er hat alles vollkommen in sich; denkende und ausgedehnte Natur sind zwei ihrer unendlichen Attribute. Wahrheit ist immanente Wahrheit, die das Kriterium der Gewißheit in sich selbst findet, Erkennen ist ein immanenter Prozeß, bei dem ›der Verstand von sich selbst leidet‹, d. h. sich passiv verhält gegenüber einer Spontaneität der Ideen. Gott als immanente Ursache aller Dinge zu betrachten, führt automat. zu der Lehre absoluter Notwendigkeit, durchgängiger Determiniertheit allen Seins, das danach strebt, sich in seinem Sein zu erhalten. Zwei Dialoge, stark beeinflußt von L. Ebreo, ergänzen die Ausführungen. Der 2. Teil gibt eine Darstellung von Spinozas Lehre der vier Erkenntnisarten, im Anschluß daran eine ausführliche Behandlung der menschlichen Affekte. Spinoza leugnet im Rahmen seines auch die Sittlichkeit umfassenden Determinismus konsequent die Willensfreiheit. Ein Affekt wird durch einen stärkeren eingeschränkt, eine Liebe, die in der Frühschrift im Sinne Ebreos und des → *Symposion* eine zentrale Rolle spielt, durch eine größere ›vernichtet‹, die wahre Liebe aber ist die Liebe zu Gott, die zugleich seine Erkenntnis ist. Die vierte Erkenntnisart ist, in deutlicher Vorwegnahme des

›amor Dei intellectualis‹ aus der → *Ethica*, die unmittelbare Vereinigung mit Gott, das ›Genießen‹ und ›Schmecken Gottes‹. Diese Verbindung von mystischer Affektivität mit Intellektualität ist bereits der Standpunkt des durchgeführten Rationalismus, der sich von jeglicher Offenbarungstheorie abgrenzt. Im Sinne der immanentist. Konzeption ist aber die Liebe zu Gott zugleich die Liebe Gottes zu sich selbst. Die Schrift hat seit ihrer Entdeckung große Bedeutung für die Erforschung der Entstehungsgeschichte von Spinozas Philosophie gehabt.

Ausg.: Sämtliche Werke in sieben Bänden, übers. und hg. von C. GEBHARDT, 1965 (PhB 91).

Lit.: CHR. SIGWART, Spinozas neuentdeckter Traktat von Gott, dem Menschen und dessen Glückseligkeit, 1866. – A. TRENDELENBURG, Histor. Beiträge zur Philosophie, Bd. III, 1867. – J. FREUDENTHAL, Spinozastudien, in: Z. Philos. phil. Kritik 108 (1896), 109 (1897). – G. BOSS, L'enseignement de Spinoza. Commentaire du ›Court traité‹, 1982.

M. HIELSCHER

Kosmos. Entwurf einer physischen Weltbeschreibung, Alexander von HUMBOLDT; EA Stuttgart/Tübingen 1845 (Bd. I), 1847 (Bd. II), 1850 (Bd. III), 1858 (Bd. IV), 1862 (Bd. V, postum).

Der letzte naturwissenschaftliche Universalgelehrte zeichnet in seinem unvollendeten Alterswerk ein ›Naturgemälde‹, das im Anschluß an den deutschen Idealismus der Goethezeit eine bewußte Synthese von mathemat.-physikal. und morpholog. Naturwissenschaft anstrebt. Die Idee zu dem Werk stammt aus den 90er Jahren des 18. Jh.s: das Bestreben, die Ganzheit und Einheit der Natur in der Totalität der Erscheinungen aufzufinden, ›die Natur als ein durch innere Kräfte bewegtes und belebtes Ganzes‹, als ›Ordnung‹ (Kosmos) aufzufassen (1, Vorrede), war auch schon das Leitmotiv für Humboldts zahlreiche Reisen gewesen, die bereits (teilweise neuartige) Ergebnisse erbracht hatten, die Zeugnis ablegten von dem ›Zusammenwirken der Kräfte, dem Einfluß der unbelebten Schöpfung auf die belebte Tier- und Pflanzenwelt‹ und der inneren Verknüpfung der verschiedenartigen Erscheinungen bis hin zum Menschen in seiner Geschichte, wie er sie im Kosmos darzulegen sucht. Zu dieser ›inneren Verknüpfung‹ zählt für Humboldt auch die nicht-wissenschaftliche Begegnung mit der Natur im Naturgefühl und -genuß, vor allem aber eine erstmals umfassende Einbeziehung der Geschichte sowohl der natürlichen Dinge selbst als auch der Wissenschaft und Weltanschauung in den ›Hauptmomenten der allmählichen Entwicklung und Erweiterung des Begriffs vom Kosmos, als einem Naturganzen‹, denen der größte Teil von Band II gewidmet ist (Bd. III enthält »specielle Ergebnisse der Beobachtung in dem Gebiete kosmischer Erscheinungen«, Bd. IV (und ein Textfragment in V) in dem Gebiet »tellur. Erscheinungen«, Bd. V daneben umfangreiche Register). – Durch seine literar. Qualität wurde das Werk zum ersten wissenschaftlichen Bestseller deutscher Sprache, der in alle Kultursprachen übersetzt wurde und die Naturwissenschaften neben Kunst, Literatur und Philosophie in den Kreis der allgemeinen Bildung und Erziehung einführte. Es konnte jedoch die Spaltung in die ›zwei Kulturen‹ nicht verhindern, die hier noch als im die Natur beobachtenden, erkennenden, empfindenden und genießenden (geschichtlichen) Menschen bestehende Einheit von Geschichts-, Kultur- und Naturwissenschaft dargestellt wird.

Ausg.: Gesammelte Werke, Bd. I–IV, 1889. – Kosmos, für die Gegenwart bearbeitet von H. Beck, 1978.
Lit.: H. Beck, A. von Humboldt, II, 1961. – B. Sticker, Erfahrung und Erkenntnis, 1976.

F. Krafft

Kraft und Stoff. Empirisch-naturphilosophische Studien, Ludwig Büchner; EA Frankfurt 1855.

Die popularphilosoph. Abhandlung stellt das Hauptwerk des sog. naturwissenschaftlichen Materialismus dar, der, sowohl von Idealismus als auch histor.-dialekt. Materialismus kritisiert, seit Mitte des 19. Jh.s in Deutschland die Fortschritte von Wissenschaft und Technik begleitete. ›Kraft‹ und ›Stoff‹, in früheren Weltbildern selbständige Entitäten, sind für Büchner lediglich Denkkategorien der ewigen und unzerstörbaren Materie. Sie ist einzige Wirklichkeit und alleiniger Gegenstand einer notwendig empir. Wissenschaft. Die Kraft ist Ausdruck ständiger, unabänderlichen Naturgesetzen folgender Veränderung der Materie. Eine transzendente Weltursache oder ein Schöpfergott werden abgelehnt. Das Denken des Menschen stellt eine besondere Form der natürlichen Stoffbewegungen dar; seine Handlungen sind weitgehend determiniert. Jede Moral bleibt bloße Konvention. – Das Werk hatte zahlreiche Auflagen und seine naturphilosoph. Thesen fanden Eingang in das Denken weiter Bevölkerungskreise.

Lit.: J. Frauenstädt, Der Materialismus. Seine Wahrheit und sein Irrtum, 1856. – F. A. Lange, Geschichte des Materialismus und Kritik seiner Bedeutung in der Gegenwart, 1866 (Repr. 1974).

D. v. d. Pfordten

Die Krankheit zum Tode (Kierkegaard) → Sygdomen til Doeden

Kratylos (gr.), Platon, entst. nach 399 v. Chr.; ED Florenz o. J. (ca. 1482–1484; lat., übers. von M. Ficino); Venedig 1513 (gr., hg. von E. Musuros); dt. 1772 (in: C. v. Schirach, Magazin der deutschen Kritik, Bd. I/II).

Der *Kratylos* (benannt nach einem herakliteische Thesen vertretenden Mitunterredner) steht gleichsam an der Nahtstelle zwischen der Auseinandersetzung mit der Sophistik (bes. → *Euthydēmos*) und der theoret. Fundierung der Dialektik (→ *Theaitetos*, → *Sophistēs*). Im Ausgang von der (sophist.) Fragestellung, ob sprachliche Benennungen konventionell oder ›von Natur‹ gegeben seien, behandelt der *Kratylos* die Logik der Bedeutung von Namen und Sätzen und untersucht, was Namen und Sätze sind. Die Untersuchung führt (über ebenso iron. wie für das griechische Sprachverständnis aufschlußreiche Etymologien) zu der These (und deren Kritik), daß die Bedeutungsrelation ›Nachahmung‹ ist: Namen zeigen an, wie eine Sache beschaffen ist. Die These wirft nicht nur das Problem falscher ›Namen‹ (und Sätze) auf (vgl. *Theaitetos, Sophistēs*), sondern die generelle Frage, was mit ›Bedeutung‹ gemeint ist. Was heißt es, daß mit den Namen ›Bedeutungen‹ gegeben sind? Sie sind entweder leer oder relativ zu den durch sie benannten ›Dingen‹. Aber diese ›Dinge‹ sind – entsprechend der herakliteischen These des Kratylos – selbst relativ, ›fließend‹, immer anders. – Der *Kratylos* ist Teil der platon. Sprachkritik (vgl. → *Phaidros*, *Epistolai* VII). Ihr zufolge müssen ontolog. Bedeutungen an sich konzipiert werden; deren sprachlicher Ausdruck ist allerdings immer zweideutig (›homonym‹): Namen und Sätze verweisen auf Dinge und empir. Sachverhalte. Aber zugleich müssen die Sprachzeichen begriffen werden als Zeichen für die Ideen, die in den Dingen abgebildet werden.

Ausg.: Platonis Opera, hg. von H. Stephanus, Bd. I, 1578, 383–440. – Platonis Opera, hg. von J. Burnet, Bd. I, 1900 (Repr. 1967). – Gr./Dt., Studienausgabe, Bd. III, 1974.
Lit.: V. Goldschmidt, Essai sur le Cratyle, 1940. – J. Derbolav, Platons Sprachphilosophie, 1972. – J. Annas, Knowledge and Language, in: Festschrift für G. E. L. Owen, 1982. – R. Rehn, Der Logos der Seele, 1982. – E. Heitsch, Willkür und Problembewußtsein in Platons Kratylos, 1984.

J. Jantzen

Die Krisis der europäischen Wissenschaften und die transzendentale Phänomenologie. Eine Einleitung in die phänomenologische Philosophie, Edmund Husserl; EA Belgrad 1936 (in: Philosophia I).

In Husserls letztem und unvollendet gebliebenem Werk führt eine histor.-teleolog. Ursprungsklärung der Krise der Wissenschaft über die Entdeckung der Lebenswelt zur Phänomenologie als Mittel zur Überwindung der Krise. – Die Krise der Wissenschaft, so zeigt Husserl im 1. Teil, ergibt sich aus ihrer positivist. Selbstbeschränkung. Der Glaube an die Möglichkeit einer universalen Wissenschaft, in deren Rahmen auch alle Sinnfragen des Menschen eine vernünftig begründete Antwort finden können, ist verloren gegangen. Husserl geht es um die Restitution der Idee der Philosophie als einer universalen, apodikt. begründeten Wissenschaft. Eine solch universale Philosophie wäre die völlig offenbar gewordene Vernunft. Da das wahre Sein der Menschheit und ihr Telos in der Selbstverwirklichung der der Menschheit eingeborenen Vernunft bestehen, ist für Husserl der Philosoph ›Funktionär‹ der Menschheit. Im 2. Teil zeigt Husserl, wie die neuzeitliche Wissenschaft von ihrem Anfang bei Galilei das sie zunächst leitende Ziel einer universalen Wissenschaft verfehlte. Der mathemat.-physikal. Objektivismus der neuzeitlichen Wissenschaft beruht auf dem von ihm vergessenen Sinnesfundament der Lebenswelt. Für den Objektivismus ist die Lebenswelt bloß subjektiv-relative Erscheinung der prinzipiell unanschaulichen, aber in mathemat. Gesetzesformeln bestimmbaren wahren Realität. Wie das Beispiel der Mathematisierung des Raumes durch die Geometrie zeigt, ist die wahre Realität des Objektivismus aber bloß eine aus Idealisierungsleistungen an der Lebenswelt hervorgehende Abstraktion. Im 3. Teil geht Husserl im 1. Abschnitt auf die paradoxe Aufeinanderbezogenheit von objektiv-wahrer Welt und Lebenswelt ein. So gründet das Wissen von einer objektiv-wahren Welt in der Urevidenz der subjektiv-relativen Lebenswelt. Darüber hinaus sind die objektiven Wissenschaften selbst subjektive Gebilde aus einer besonderen lebensweltlichen Praxis; als theoret. Praxis des Menschen gehören sie zum bloß Subjektiv-Relativen, das sie gerade überwinden wollen. Es bedarf einer Thematisierung der Lebenswelt durch eine Epoché hinsichtlich der objektiven Wissenschaften. Die Lebenswelt kann in naiv gegenständlicher oder in konsequent reflexiver Einstellung auf ihre subjektiven Gegebenheitsweisen themat. werden. Das letztere führt mittels einer totalen Epoché hinsichtlich aller natürlichen Seinsgeltungen auf das die Vorgegebenheit der Lebenswelt leistende Leben der transzendentalen Subjektivität. Husserl gibt dann nähere Erläuterungen zum Vollzug der transzendentalen Epoché und Reduktion sowie zur Erforschung des universalen Korrelationsaprioris zwischen Welt und Weltbewußtsein. Im 2. Abschnitt des 3. Teiles behandelt Husserl das Verhältnis zwischen Psychologie und transzendentaler Phänomenologie. – Das Werk wurde lange Zeit als eine radikale späte Umwendung im Husserlschen Denken angesehen, die Husserl in die Nähe von Denkansätzen und Themen Heideggers führte. Die Schrift ist das wirkungsmächtigste Werk Husserls, das über die phänomenolog. Bewegung hinaus Einfluß auf die Wissenschaftsgeschichte, Soziologie und Psychologie ausübte.

Ausg.: Gesammelte Werke, Husserliana Bd. VI, ²1976.

Lit.: D. Carr, Phenomenology and the Problem of History, 1974. – E. Ströker (Hg.), Lebenswelt und Wissenschaft in der Philosophie E. Husserls, 1979.

U. Melle

Kritias (gr.), Platon, entst. vor 347 v. Chr.; ED Florenz o. J. (ca. 1482–1484; lat., übers. von M. Ficino); Venedig 1513 (gr., hg. von E. Musuros); dt. 1857 Kritias, oder Athen und Atlantis neun Jahrtausende vor Solon.

Der *Kritias* schließt unmittelbar an den → *Timaios* an; er setzt, von der Kosmologie gleichsam unterbrochen, die Erzählung der athenischen Vorgeschichte und des Schicksals von Atlantis fort. Von ägyptischen Weisen soll sie urspr. Solon (dem athen. Gesetzgeber) überliefert worden sein. Die Sage schildert Lage, Geographie, Bewohner usw. des vorzeitlichen, d. h. 9000 Jahre zurückliegenden Athen, das unter der göttlichen Leitung Athenes und Hephaistos' die ›schönsten Staatseinrichtungen‹ besessen hat (und das insofern das platon. Staatsparadigma geschichtlich darstellt). Als größte, dann nach Erdbeben und Fluten in Vergessenheit geratene (und nur in Ägypten bewahrte) Leistung Athens hebt die Sage die Verteidigung der griechischen Welt gegenüber Atlantis hervor. Atlantis – eine gewaltige, kontinentale ›Insel‹ jenseits der Säulen des Herakles – wird im *Kritias* ausführlich beschrieben. Es ist der anfänglich dem Poseidon zugeordnete Bereich der bewohnbaren Welt; in der Entfaltung zum Weltreich und zum Reichtum entfernt sich Atlantis aber von den Göttern, beansprucht Autonomie und wird endlich schlagartig »durch Versinken in das Meer den Augen entzogen« (*Timaios*; vgl. die Bedrohung des Kosmos durch das Versinken im Meer der Unähnlichkeit im Mythos des → *Politikos*). Der *Kritias* endet (unvollendet) mit den ersten Worten der Rede Zeus', die Atlantis die Strafe für seine Hybris ankündigt. – Platon ist die einzige Quelle des Atlantis-Mythos, der gerade in der (›ägyptisch‹ erinnerten!) Überhöhung Athens und der Griechen (die Abwehr Atlantis' als Verweis auf Marathon 490 und Salamis und Himera 480) Erinnerung und Mahnung bedeutet. Der Mythos ist immer wieder Gegenstand wissenschaftlicher Nachforschung (die Atlantis z. B. mit dem Untergang der minoischen Kultur verknüpft) wie auch Gegenstand der Literatur gewesen (vgl. Bacon, → *New Atlantis*).

Ausg.: Platonis Opera, hg. von H. STEPHANUS, Bd. III, 1578, 106–121. – Platonis Opera, hg. von J. BURNET, Bd. IV, 1902 (Repr. 1962). – Gr./Dt., Studienausgabe, Bd. VII, 1972.

Lit.: A. GALANOPOULOS/E. BACON, Atlantis. The Truth behind the legend, 1969. – W. K. C. GUTHRIE, A History of Greek Philosophy, Bd. V, 1978.

J. JANTZEN

Kritik der praktischen Vernunft, Immanuel KANT; EA Riga 1788.

In der → *Kritik der reinen Vernunft*(KrV) hatte Kant nachgewiesen, daß es widerspruchsfrei möglich ist, den Willen einerseits, sofern er Erscheinung ist, als kausaldeterminiert und andererseits, sofern er Ding an sich ist, als frei zu denken. In der → *Grundlegung zur Metaphysik der Sitten* hatte er dargelegt, daß aus der Gültigkeit des Sittengesetzes eine von der Naturkausalität unabhängige Eigengesetzlichkeit der Vernunft, d. h. Freiheit in positivem Sinne, folgt. In seiner zweiten Kritik, der *Kritik der praktischen Vernunft* (KpV), knüpft Kant an diese Ergebnisse an und führt die Grundlegung der Moralität zu einem systemat. Abschluß. – Wie die KrV gliedert sich die KpV in eine Elementarlehre, die untergliedert ist in eine »Analytik«, eine »Dialektik« und eine Methodenlehre. In der Analytik unterscheidet Kant zwischen subjektiven und objektiven praktischen Grundsätzen: erstere nennt er Maximen, letztere praktische Gesetze. Nur Handlungen nach allgemeingültigen objektiven praktischen Grundsätzen sind Vernunfthandlungen, Handlungen, deren alleiniger Bestimmungsgrund die Vernunft ist. Nur wenn die subjektiven Maximen des Willens dem Maßstab genügen, allgemein gesetzgebend zu sein, nur wenn sie der Form einer allgemeinen Gesetzgebung entsprechen, sind sie zu einem allgemeinen Vernunftgesetz tauglich. Nur wenn keine »materialen« Grundsätze, etwa das Streben nach Glückseligkeit, den Willen bestimmen, nur wenn die Vernunft bei sich selbst bleibt und für sich selbst praktisch wird, indem sie das Formprinzip der Willensmaxime wird, ist der Wille frei und zugleich selbstgesetzgebend. Damit ist die Korrelation von Freiheit und Vernunftgesetzgebung dargelegt. Für den Menschen als sinnlich-endlichem Vernunftwesen nimmt die Gesetzgebung die Gestalt eines kategor. Imperativs an: »Handle so, daß die Maxime deines Willens jederzeit zugleich als Prinzip einer allgemeinen Gesetzgebung gelten könne« (AA V 30). – Das Bewußtsein dieses Grundgesetzes ist nach Kant ein »Faktum der reinen Vernunft« (AA V 31). »Denn wenn sie als reine Vernunft wirklich praktisch ist, so beweiset sie ihre Begriffe und ihre Realität durch die That, und alles Vernünfteln wider die Möglichkeit, es (das praktische Vermögen, G. M.) zu sein, ist vergeblich« (AA V 3). Nur das Sittengesetz als Faktum der Vernunft ist Beweisgrund der Wirklichkeit unserer Freiheit. Daher wird in dem Kapitel über die ›Deduktion der Grundsätze der reinen praktischen Vernunft‹ das Sittengesetz als das Deduktionsprinzip der Freiheit geltend gemacht. Wird die reine praktische Vernunft zur Triebfeder und zum Bestimmungsgrund unseres Willens, dann werden alle Neigungen und sinnlichen Antriebe zurückgedrängt; allein durch das moral. Gefühl der Achtung vor dem Sittengesetz wird die reine Vernunft als Triebfeder wirksam und macht die Pflicht selbst zum Handlungsmotiv. Das wichtigste Ergebnis der Analytik ist der Nachweis des unzertrennlichen Zusammenhangs des obersten Moralprinzips mit der Freiheit. – Die Dialektik der reinen praktischen Vernunft legt die Unvermeidlichkeit einer Antinomie dar, wenn die Vernunft – wiederum in spekulativer Perspektive – ihren Gegenstand total denkt. Nach den Erörterungen der Analytik ist das Sittengesetz hinsichtlich der Wahl gültiger praktischer Grundsätze der alleinige Bestimmungsgrund des Willens; somit ist die Tugend, die durch Befolgung des Sittengesetzes konstituiert wird, das höchste bzw. oberste Gut des Begehrungsvermögens. Dieses ist aber für den Menschen, der zugleich Vernunft- und Sinnenwesen ist, nicht das vollständige Gut; denn dieses würde die Kombination von Tugend und Glückseligkeit verlangen. Da diese Verbindung nicht analyt. ist, »muß sie synthetisch und zwar als Verknüpfung von Ursache mit einer Wirkung gedacht werden«. Die sich ergebende Antinomie lautet: »Es muß also entweder die Begierde nach Glückseligkeit die Bewegursache zu Maximen der Tugend, oder die Maxime der Tugend muß die wirkende Ursache der Glückseligkeit sein« (AA V 113). Die praktisch-philosoph. Auflösung dieser Antinomie besteht darin, daß die Vernunftidee der Korrelation von Tugend und Glückseligkeit dann mit dem Sittengesetz nicht im Widerspruch steht, wenn nicht von der Realität dieser Idee die Gültigkeit des Sittengesetzes abhängig gemacht wird. Wird die unbedingte Geltung des Sittengesetzes vorausgesetzt, dann läßt sich nicht prinzipiell ausschließen, daß Tugendgesinnung das höchste und zugleich vollständige Gut – die Verbindung von Tugend und Glückseligkeit – befördert. Die Idee der Realisierung des höchsten Gutes impliziert allerdings die Annahme der Existenz Gottes als des Urhebers der Natur sowie »der genauen Übereinstimmung der Glückseligkeit mit der Sittlichkeit« (AA V 125) und die Annahme der Unsterblichkeit der Seele. Es handelt sich dabei um Vernunftpostulate, die durch das Sittengesetz moralphilosoph. fundiert werden. Wie zuvor für den Begriff der Freiheit, so wird auch für die spekulativen Begriffe von Gott und unsterblicher Seele durch die praktische Vernunft eine objektive Realität vindiziert, die die theoret. Vernunft ihnen nicht beilegen konnte.

Ausg.: Gesammelte Schriften (Akademie-Ausgabe), Bd. V, 1908 (Repr. 1968).

Lit.: A. Buchenau, Kants Lehre vom kategor. Imperativ, 1913. – C. Stange, Die Ethik Kants, 1920. – M. Moritz, Studien zum Pflichtbegriff in Kants kritischer Ethik, 1951. – H. J. Paton, Der kategor. Imperativ, 1962. – J. Ebbinghaus, Gesammelte Aufsätze, Vorträge und Reden, 1968. – L. W. Beck, Kants ›Kritik der praktischen Vernunft‹. Ein Kommentar, 1974.

G. Maluschke

Kritik der reinen Erfahrung, Richard Avenarius; EA Leipzig 1888–1890 (2 Bde.).

In seinem Hauptwerk versucht Avenarius die These des Empiriokritizismus, nach der eine konsistente philosoph. Weltanschauung nur durch positivist. Beschränkung auf die reine Erfahrung entwickelt werden kann, mit Hilfe einer allgemeinen Erkenntnistheorie zu begründen. – Das Werk geht von der Voraussetzung aus, daß alle philosoph. Theorien nur Abänderungen einer ursprünglichen naiv-realist. Annahme sind. Es sei daher ratsam, auch in der Erkenntnistheorie jenen natürlichen Ausgangspunkt einzunehmen und nicht von einem ›unmittelbaren Gegebensein des Bewußtseins‹ auszugehen, das schon Ausfluß einer später entstandenen Theorie sei. Avenarius betrachtet die menschlichen Individuen daher als physiolog. Organismen mit dem System C (dem Gehirn) als Zentrum und untersucht die Wechselwirkungen zwischen dem System C und seiner Umgebung. Alle Verhaltensweisen des Organismus folgen dem Gesetz, daß das System C den Zustand ›maximaler Erhaltung‹ aufrechtzuerhalten und bei Störungen wiederherzustellen sucht. Die bewußten Prozesse und Erkenntnisinhalte sind von diesen Vitalvorgängen funktional abhängig. In Auseinandersetzung mit ihrer Umgebung bilden sich die Individuen ›Weltbegriffe‹; Widersprüche, Anomalien u. ä. können ein Individuum an seinem Weltbegriff zweifeln lassen, wodurch an die Stelle seines Weltbegriffs ›das Welträtsel‹ tritt, das es durch Entwicklung eines neuen Weltbegriffs zu lösen versucht. Auf diese Weise sind ausgehend vom naivrealist. Weltbegriff die Philosophien entstanden, die eine unerfahrbare Wirklichkeit und nichtempir. Erkenntnis annehmen. Das Welträtsel könne jedoch nur durch einen Weltbegriff definitiv gelöst werden, der zur reinen, nun aber geläuterten Erfahrung zurückkehrt, in dem das Seiende und das Erfahrbare wieder zusammenfallen. Aus allgemeinen Gesetzen lasse sich ableiten, daß die histor. Entwicklung der Weltbegriffe notwendig auf solch einen rein empir. Weltbegriff zulaufe.

Lit.: O. Ewald, R. Avenarius als Begründer des Empiriokritizismus, 1905.

F. Wilckens

Kritik der reinen Vernunft, Immanuel Kant; EA Riga 1781, ²1787 (umgearb.).

Ziel dieses Werkes ist eine Kritik »des Vernunftvermögens überhaupt« hinsichtlich aller Erkenntnisse, zu denen die Vernunft, »unabhängig von aller Erfahrung, streben mag« (1. Aufl. 1781 (= A) XII), die Bestimmung der Grenzen reiner Vernunfterkenntnis, die Erörterung der »Möglichkeit oder Unmöglichkeit einer Metaphysik überhaupt« (A XII) sowie die Begründung möglicher Erkenntnis a priori. – Was die Metaphysik des dogmat. Rationalismus betrifft, so wendet sich Kant gegen die Anmaßung, durch reines Denken, d. h. durch bloße Begriffsoperationen, Wahrheiten über transempir. Ideen wie Gott, Freiheit und Unsterblichkeit ausmachen zu können. Das Merkmal aller Wissenschaften – und auch der Metaphysik, wenn sie den Anspruch erhebt, Wissenschaft zu sein – besteht nach Kant darin, in Prinzipien fundiert zu sein, die einerseits notwendig und allgemein und andererseits realitätserschließend sind, also ein realitätskonformes Wissen zu erstellen vermögen. Um diese Bedingungen zu erfüllen, muß eine Wissenschaft auf synthet. Urteilen a priori beruhen. Die systemat. Kernfrage lautet daher: »Wie sind synthet. Urteile a priori möglich?« (2. Aufl. 1787 (= B) 19) Diese kritische Frage bezieht sich auf drei Erkenntnisbereiche: das mathemat., das physikal. und das metaphys. Wissen. – Was den methodolog. Ansatz betrifft, so vollzieht Kant hier eine copernican. Wende (B XVIff.), indem er die Vernunft nicht mehr als ein an das Gängelband der Erfahrung gefesseltes Denkvermögen betrachtet, sondern vielmehr als eine Instanz, welche die Dinge ihrer eigenen Gesetzgebung unterwirft, ihnen ihre Regeln und die Bedingungen vorschreibt, unter denen sie als Erscheinungen bzw. als Gegenstände apperzipiert werden. – Kant zufolge sind in allen theoret. Wissenschaften der Vernunft synthet. Urteile a priori als Prinzipien enthalten (B 1ff.). Hauptaufgabe der »Transzendentalen Elementarlehre«, die den größten Teil des Werkes ausmacht, ist die Darlegung und Rechtfertigung der aprior. Formen, die aller theoret. Erkenntnis zugrundeliegen, und zwar die aprior. Formen sowohl der Sinnlichkeit als auch des Verstandes. – In der transzendentalen Ästhetik, dem 1. Teil der »Transzendentalen Elementarlehre«, werden Raum und Zeit als die reinen Formen der Anschauung erörtert, d. h. als die formalen Bedingungen a priori der Möglichkeit unserer empir. Anschauungen, d. h. unserer Wahrnehmungen. Auf der Basis der reinen Raumanschauung erklärt es sich, daß die Geometer Begriffe in der Anschauung konstruieren und ohne Rückgriff auf die Erfahrung zu synthet. Urteilen a priori gelangen können, die Gültigkeit für die Erfahrung haben. Für die äußeren Phänomene haben daher die Gesetze der Geometer eine Gültigkeit a priori. – In der transzendentalen Analytik (1. Abteilung der transzendentalen Logik) werden vor allem die reinen Verstandesbegriffe erörtert, »welche auf Gegenstände der Anschauung überhaupt gehen« (A 79/B 105). Kant nennt sie im Anschluß an Aristoteles Kategorien. In der metaphys. Deduktion der Kategorien wird »der Ursprung der Kategorien a priori überhaupt durch ihre völlige Zusammentreffung mit den allgemeinen logischen Funktionen des Verstandes dargetan« (B 159); d. h. die Tafel der Kategorien wird der Tafel der Urteilsformen nachgebildet. Durch die transzendentale Deduktion soll die objektive Gültigkeit der reinen Verstandesbegriffe bewiesen werden. Die Kategorien als solche sind »bloße Gedankenformen« (B 305); sie sind also – ebenso wie die reinen Anschauungsformen Raum und Zeit – lediglich formale Erkenntnisprinzipien, die die allgemeine Form vorschreiben, der jede Erkenntnis gerecht werden muß. Nur in wechselseitiger Beziehung aufeinander können Verstand und Sinnlichkeit gültige Erkenntnis konstituieren. Daher gilt, daß Begriffe ohne Anschauung leer, Anschauung ohne Begriffe blind sind (A 51/B 75). Da für ein Denken in reinen Begriffen keinerlei Realitätsbezug aufweisbar ist, erschöpft sich das Zusammenspiel der reinen Anschauungsformen und der reinen Verstandesformen darin, als Prinzipien der mathemat. sowie der Erfahrungserkenntnis (z. B. der physikal. Erkenntnis) zu fungieren. Die reinen Verstandesbegriffe sind nichts als die formalen Bedingungen der Einheit möglicher Erkenntnisgegenstände, sofern diese als Mannigfaltiges der Anschauung in Raum und Zeit gegeben sind.

Empir. Erkenntnis – also Erkenntnis von Erscheinungen, nicht von Dingen an sich – vollzieht sich als Urteil, und zwar als Subsumtion eines in der Sinnlichkeit gegebenen Materials unter Begriffe, wobei die aprior. Anschauungsformen von Raum und Zeit sowie die jeweils angemessene Kategorie des Verstandes die allgemeinen und notwendigen formalen Bedingungen dieser Erkenntnis darstellen. – In der »transzendentalen Dialektik« (2. Abteilung der transzendentalen Logik) zeigt Kant, daß die traditionelle Metaphysik aufgrund des die Erfahrungsgrenzen überschreitenden Gebrauchs der Verstandesbegriffe zu keinem einzigen gültigen synthet. Urteil a priori gelangen kann, sondern daß die Vernunft sich hier in Verirrungen, Paralogismen und Antinomien verwickelt, indem sie auf ein Absolutes oder Unbedingtes zielt, z. B. auf die Substantialität, Einfachheit, Personalität der Seele (rationale Psychologie), auf den Anfang bzw. die Unbegrenztheit der Welt in Raum und Zeit (rationale Kosmologie) oder auf die absolute Bedingung aller Dinge (rationale Theologie). Die traditionelle Metaphysik verfällt einer »Logik des Scheins« (= Dialektik). Eine Metaphysik als theoret. Erkenntnis nichtsinnlicher Gegenstände (Dinge an sich) ist daher nicht möglich. – In der »Transzendentalen Methodenlehre«, dem letzten Teil des Werks, gelangt Kant zur Aufklärung eines noch tieferen Mißverständnisses der Vernunft über sich selbst. In der Metaphysik der Leibniz-Wolffischen Schule geriet die Vernunft nicht nur in logischen Konflikt mit sich selbst, sondern sie verkannte auch ihr eigentliches Interesse. Dieses liegt nämlich nicht im spekulativen Erkennen, sondern in dem, »was durch Freiheit möglich ist« (A 800/B 832), also im Handeln. Das eigentliche Interesse der Vernunft besteht nicht darin, die Ideen von Freiheit, Unsterblichkeit, Seele und Gott als Gegenstände des Erkennens zu betrachten, sondern darin, sie als Gegenstände des Glaubens zu erfassen, d. h. sie als Postulate zu begreifen, deren Notwendigkeit auf der Verpflichtung zum moral. Handeln beruht.

Ausg.: Gesammelte Schriften (Akademie-Ausgabe), Bde. III u. IV, 1903/1904 (Repr. 1968).

Lit.: H. COHEN, Kants Theorie der Erfahrung, ^{3}1918. – R. ZOCHER, Kants Grundlehre, 1959. – M. HEIDEGGER, Kant und das Problem der Metaphysik, ^{3}1965. – J. BENNETT, Kant's Analytic, 1966. – P. F. STRAWSON, The Bounds of Sense, 1966. – G. MARTIN, Immanuel Kant, ^{3}1969. – G. PRAUSS, Erscheinung bei Kant, 1971. – BENNETT, Kant's Dialectic, 1974. – G. PRAUSS, Kant und das Problem der Dinge an sich, 1974. – M. HOSSENFELDER, Kants Konstruktionstheorie und die Transzendentale Deduktion, 1978. – R. ASCHENBERG, Sprachanalyse und Transzendentalphilosophie, 1982.

G. MALUSCHKE

Kritik der Urteilskraft, Immanuel KANT; EA Berlin 1790, ^{3}1799.

Die ersten beiden Kritiken Kants behandelten den theoret. und den praktischen Gebrauch der Vernunft: die erste – die → *Kritik der reinen Vernunft* (KrV) – erörterte die allgemeinen Regeln der theoret. Erkenntnis der Natur, indem sie die konstitutiven Bedingungen von Gegenständen einer möglichen Erfahrung darlegte; die zweite – → *Kritik der praktischen Vernunft* (KpV) – entwickelte die Regeln der Freiheit, d. h. die Regeln für eine übersinnliche Kausalität des durch das Sittengesetz verpflichteten Subjekts. Die dritte

Kritik – die 1790 erschienene *Kritik der Urteilskraft* (KU) – ist insofern der systemat. Schlußstein der kantischen Philosophie, als ihr die Aufgabe zukommt, die beiden Bereiche der Natur und der Freiheit, des Erkennens und des Handelns miteinander zu versöhnen. Da die durch den moral. Willen gesetzten Zwecke sich in der Welt der Erscheinungen realisieren müssen, muß es möglich sein, die Natur so zu denken, daß die Verwirklichung der Freiheit in ihr möglich ist. Die zweckmäßige Ganzheit von Natur und Freiheit wird in der KU als ein notwendiges und heurist. Denkprinzip dargetan. Die Urteilskraft ist das Vermögen, das Besondere unter das Allgemeine enthalten zu denken. Ist das Allgemeine gegeben, so daß die Urteilskraft das darunter passende Besondere subsumieren muß, so ist die Urteilskraft bestimmend. Ist das Besondere gegeben und sucht die Urteilskraft das Allgemeine, so ist sie reflektierend. Von den Leistungen der bestimmenden Urteilskraft war schon in den ersten beiden Kritiken die Rede: vermittels der Grundsätze des Verstandes wird sinnlich Gegebenes unter Kategorien subsumiert und dadurch als Erkenntnisgegenstand konstituiert (KrV); in der reinen praktischen Philosophie ist das Sittengesetz als Faktum der Vernunft das Allgemeine, unter das die besonderen Neigungen und Motive des Wollens zu unterwerfen sind (KpV). In der KU steht daher die Urteilskraft als reflektierende im Zentrum der Betrachtung. Die Zweckmäßigkeit als das aprior. Prinzip der reflektierenden Urteilskraft erfährt in beiden Teilen des Werkes, der »Kritik des ästhetischen Urteils« und der »Kritik des teleologischen Urteils«, eine jeweils unterschiedliche Bestimmung. – In der »Kritik der ästhetischen Urteilskraft« untersucht Kant den Geltungsanspruch ästhet. Urteile. Es sind Urteile, in denen von Gegenständen (Naturdingen oder Kunstprodukten) ausgesagt wird, daß sie schön oder erhaben sind. Ein derartiges Geschmacksurteil gründet sich nicht auf Begriffe, sondern bezieht sich auf ein Gefühl der Lust oder Unlust, das durch das Anschauen oder die intuitive Erzeugung einer Form bewirkt wird. In der »Analytik des Schönen« bedient Kant sich der vier Hauptarten der Urteilsfunktionen als Leitfaden: Qualität, Quantität, Relation, Modalität. Der Qualität nach ist das ästhet. Urteil der Ausdruck eines interesselosen Wohlgefallens; der Gegenstand ist weder für die Erkenntnis noch für die Begierde von Belang; allein das subjektive Empfinden des Wohlgefallens ist von Bedeutung. Der Quantität nach kann das ästhet. Urteil allgemein gültig sein. Das ästhet. Urteil kann sich zwar nicht auf einen Begriff gründen, aber dennoch mutet es »das Wohlgefallen an einem Gegenstande jedermann« zu (KU § 8). Die allgemeine Mitteilbarkeit, die das ästhet. Urteil auszeichnet, beruht auf dem von jedermann nachvollziehbaren freien und harmonischen Spiel der Erkenntniskräfte, und zwar von Einbildungskraft und Verstand beim Schönen und von Einbildungskraft und Vernunft beim Erhabenen. Der Relation nach ist das Geschmacksurteil die Artikulation einer subjektiven Zweckmäßigkeit in der Vorstellung, durch die uns ein Gegenstand relativ auf das Verhältnis der Vorstellungskräfte untereinander gegeben ist. Das vierte Charakteristikum des Geschmacksurteils ist die Modalität im Sinne der subjektiven Notwendigkeit. Voraussetzung des Geschmacksurteils ist die Annahme, daß alle Betrachter des Schönen diesem Urteil beistimmen müssen, daß es also einen Gemeinsinn gibt (KU § 20). – Im Unterschied zum Schönen ist das Erhabene »auch in einem formlosen Gegenstande zu finden, sofern Unbegränztheit an ihm oder durch dessen Veranlassung vorgestellt ... wird« (KU § 23). Vom Erhabenen werden wir nicht nur angezogen, sondern auch abgestoßen; das Wohlgefallen an ihm ist »kein Spiel, sondern Ernst in der Beschäftigung der Einbildungskraft« (ebd.), und es enthält nicht positive Lust, sondern Bewunderung und Achtung, die Kant auch negative Lust nennt. Kant unterscheidet das Mathematisch-Erhabene und das Dynamisch-Erhabene: das Erhabene als das über alle Vergleichung Große und das Erhabene als Allgewalt der Natur. Die Allgemeingültigkeit des Geschmacksurteils verweist auf den unbestimmten und unbestimmbaren Vernunftbegriff des Übersinnlichen, das aller sinnlichen Anschauung der Gegenstände sowie dem beurteilenden Subjekt als Substrat zugrunde liegt. Das Schöne ist daher für Kant das Symbol des sittlich Guten (KU § 59), eine indirekte sinnliche Darstellung dieses Vernunftprinzips. Der Geschmack ermöglicht den Übergang vom sinnlich Anziehenden zum sittlichen Interesse, vom Verstand zur Vernunft, von der Natur zur Freiheit. – Hatte Kant im ästhet. Urteil eine formale und synthet. Zweckmäßigkeit der Natur als möglich dargelegt, so reflektiert er im 2. Teil der KU, der »Kritik der teleologischen Urteilskraft«, auf eine materielle und objektive Zweckmäßigkeit, die allerdings nur bei einer Teilklasse der Naturgegenstände anzutreffen ist, nämlich beim Lebendigen und Organischen. Die Organismen sind nämlich als sich selbst organisierende und reorganisierende Wesen zu betrachten, die als Ursachen und Wirkungen ihrer selbst erscheinen und in denen »alles Zweck und wechselseitig auch Mittel ist« (KU § 66). Merkmal des Organischen ist die Reziprozität der Hervorbringung zwischen den Teilen sowie den Teilen und dem Ganzen. Kant illustriert dies am Beispiel des Baumes. – Die Idee der objektiven Zweckmäßigkeit ist für die auf Kausalerklärung abzielende wissenschaftliche Erkenntnis ein heurist. Prinzip. Die regulative Funktion dieses Prinzips dient der Orientierung der Wissenschaftspraxis aber auch in der Weise, daß es auf die Natur überhaupt ausgedehnt wird. Damit soll nicht gesagt sein, die Zweckmäßigkeit der Natur sei empir. feststellbar und die Wissenschaften sollten sich ihren Beweis zur Aufgabe machen; Kants Auffassung ist vielmehr, daß für die empir. Kausalforschung die Maxime der reflektierenden Urteilskraft, das ganze System der Natur als Zweckgebilde zu betrachten, zwar nützlich ist, aber nicht unentbehrlich, »weil uns die Natur im Ganzen als organisiert ... nicht gegeben ist« (KU § 75).

Ausg.: Gesammelte Schriften (Akademie-Ausgabe), Bd. V, 1908 (Repr. 1962).
Lit.: A. Baeumler, Kants Kritik der Urteilskraft. Ihre Geschichte und ihre Systematik, 1923 (Repr.: Das Irrationalitätsproblem in der Ästhetik und Logik des 18. Jahrhunderts bis zur Kritik der Urteilskraft, 1981). –

V. Basch, Essai critique sur l'esthétique de Kant, [2]1927. – H. W. Cassirer, A Commentary on Kant's »Critique of Judgement«, 1936. – K. Marc-Wogau, Vier Stunden zu Kants »Kritik der Urteilskraft«, 1938. – K. Düsing, Die Teleologie in Kants Weltbegriff, 1968, – J. Kuhlenkampf, Kants Logik des ästhetischen Urteils, 1974.

G. Maluschke

Die kritische Methode in ihrer Bedeutung für die Wissenschaft, Leonard Nelson; EA Hamburg 1974.

Der Band enthält Aufsätze, Rezensionen und Vorträge des ›Neufriesianers‹ Nelson aus den Jahren 1905–1927 zur Philosophie der Mathematik und der Naturwissenschaften sowie Auseinandersetzungen mit zeitgenöss. Strömungen wie dem Vitalismus H. Drieschs und der Metaphysik Bergsons. Die Abhandlungen des 1. Teils untersuchen das Verhältnis der ›exakten‹ Wissenschaften zu einer nach kritischer Methode verfahrenden Philosophie. In den »Bemerkungen über die nicht-euklid. Geometrie« (1905/06) und dem Beitrag »Kant und die nichteuklid. Geometrie« (1906) will Nelson die Vereinbarkeit der nicht-euklid. Geometrie mit der Kantischen Begründung von Geometrie durch Raumanschauung in der transzendentalen Ästhetik nachweisen. Der Vortrag »Kritische Philosophie und mathemat. Axiomatik« (1927) vertritt die These von der Gründung der gesamten mathemat. Wissenschaften (auch der Metamathematik D. Hilberts) auf Konstruktion in der reinen Anschauung und ist als Widerlegung von Skeptizismus und Konventionalismus in der Mathematik konzipiert. Die Abhandlungen zur Philosophie der Naturwissenschaft im 2. Teil versuchen, die Ergebnisse der exakten Naturwissenschaften gegen empirist. Vereinnahmung zu sichern und unter Rekurs auf Fries' Philosophie des ›Selbstvertrauens der Vernunft‹ eine kritische Metaphysik des Erfahrungswissens zu geben. Im 3. Teil ist der umfangreiche Beitrag »Spuk« (1921) über O. Spenglers ›Wahrsagerkunst‹ hervorzuheben, eine in satir.-ironischer Form abgefaßte konzise Abrechnung mit allen ›Adepten des metaphys. Schauens‹. – Das Buch bietet (in seinen ersten beiden Teilen) Nelsons ›wissenschaftstheoret.‹ Überlegungen zu Mathematik und Naturwissenschaft.

Lit.: E. v. Keltsch, Das Kant-Fries'sche Problem in seiner Entwicklung über Apelt zu Nelson, (Diss.) 1925. – M. Specht/W. Eichler (Hg.), L. Nelson zum Gedächtnis, 1953. – P. Schröder (Hg.), Vernunft, Erkenntnis, Sittlichkeit. Internationales philosoph. Symposion aus Anlaß des 50. Todestages von L. Nelson, 1979.

Th. Neumann

Kritische Theorie. Eine Dokumentation, Max Horkheimer (hg. von A. Schmidt); EA Frankfurt a. M. 1968.

Das zweibändige, sich als ›Dokumentation‹ verstehende Werk enthält die wichtigsten, in den Jahren 1932 bis 1941 entstandenen und sämtlich – bis auf *Autorität und Familie* – in der *Zeitschrift für Sozialforschung*, dem Organ des von Horkheimer geleiteten Frankfurter Instituts für Sozialforschung, erschienenen Abhandlungen Horkheimers. – Ist für die ›traditionelle Theorie‹ die Wirklichkeit schlechthin gegeben, so läuft die Grundintention ›kritischer Theorie‹ darauf hinaus, die Gewordenheit und gesellschaftliche Präformation derselben zu erkennen. Das Aufgreifen so verschiedenartiger Themen, wie z. B. »Geschichte und Psychologie«, »Materialismus und Metaphysik«,

»Montaigne und die Funktion der Skepsis«, wird vom Willen zur solidar. Gesellschaft motiviert und von der Vorstellung dirigiert, daß der Lauf der Geschichte letztlich doch auf ein vernünftiges Endstadium zustrebt, das zu befördern das fundamentale Anliegen des Horkheimerschen Denkens ist.

Lit.: A. SCHMIDT, Zur Idee der Kritischen Theorie, 1974.

G. SEUBOLD

Kritōn (gr.), PLATON, entst. nach 399 v. Chr.; ED Florenz o. J. (ca. 1482-1484; lat., übers. von M. Ficino); Venedig 1513 (gr., hg. von E. Musuros); dt. 1740 Crito, vom Gehorsam gegen das Vaterland.

Der *Kritōn* spielt kurz vor Sokrates' Tod; Kriton, der ältere Freund, ist ins Gefängnis gekommen und versucht, Sokrates – um seiner selbst, seiner Kinder und Freunde willen – zur vorbereiteten Flucht zu bewegen. Das kurze Gespräch, das sich daraus entwikkelt, berührt das Grundthema sokrat. Philosophierens: Wenn nicht Leben an sich, sondern (sittlich-) gutes Leben am höchsten ist, dann darf der handelnde Mensch sich unter keinen Umständen unrechtes Tun gestatten. Die Gesetze, die Sokrates im Gespräch auftreten läßt, weisen ihn darauf hin. Indem die Flucht das Leben über die Gesetze stellt, vergilt sie das Unrecht, das die Menschen Sokrates angetan haben, mit dem Unrecht der Gesetzesverletzung. Aber damit ist die – im übrigen freiwillig anerkannte – Ordnung und Geltung von Recht negiert und d. h. die Grundlage des guten Lebens. – Der *Kritōn* schließt mit einer prinzipiellen Gewißheit: »So laß uns auf diese Art handeln, da uns hierhin der Gott leitet.«

Ausg.: Platonis Opera, hg. von H. STEPHANUS, Bd. I, 1578, 43-54. – Platonis Opera, hg. von J. BURNET, Bd. I, 1900 (Repr. 1967). – Gr./Dt., Studienausgabe, Bd. II, 1973.

Lit.: L. NOUSSAN-LETTRY, Spekulatives Denken in Platons Frühschriften, 1974. – R. KRAUT, Socrates and the State, 1984.

J. JANTZEN

Das Kunstwerk im Zeitalter seiner technischen Reproduzierbarkeit, Walter BENJAMIN; ED 1936 (gekürzt, frz. u. d. T. *L'œuvre d'art à l'époque de sa reproduction mécaniseé*, in: Zeitschrift für Sozialforschung 5, H. 1); EA Frankfurt a. M. 1963.

Der kunsttheoret. Essay spiegelt Benjamins durch die Bekanntschaft mit Lacis und Brecht angeregte und durch die Erfahrung von Faschismus und Exil geprägte materialist. Wendung seiner Kunstauffassung wider. In einer forcierten geschichtsphilosoph. Konstruktion begreift Benjamin die modernen Reproduktionstechniken als Destruktion des traditionellen Werkbegriffs und des Kultwerts des Kunstwerks, in dessen ›Aura‹ als der »einmaligen Erscheinung einer Ferne, so nahe sie sein mag« und der entsprechenden kontemplativen Rezeption sich theolog. und mythische Erfahrungsformen manifestieren. Sie werden als asozial eingestuft, als ›unbrauchbar‹ im Kampf gegen den Faschismus. Der Film erzeugt durch den schockartigen Wechsel der Bilder eine radikal andere Kollektivrezeption. Diese ›Rezeption in der Zerstreuung‹ gewöhne das Publikum an neue Aufgaben der Wahrnehmung. Insgesamt konstituiere die technische Reproduzierbarkeit die Fundierung der Kunst auf Politik. Innerhalb der Kritischen Theorie umstritten, hat der Essay eine starke Wirkung auf die zeitgenöss. Kunsttheorie gehabt.

Ausg.: Gesammelte Schriften, hg. von R. TIEDEMANN/H. SCHWEPPENHÄUSER, Bd. I, 2, 1974.
Lit.: L. WAWRZYN, W. Benjamins Kunsttheorie. Kritik einer Rezeption, 1973.

M. HIELSCHER

Kurtzer Entwurff der politischen Klugheit, sich selbst und anderen in allen menschlichen Gesellschaften wohl zu rathen und zu einer gescheidten Konduite zu gelangen, Christian THOMASIUS; EA Frankfurt/M. 1705.

Die moralphilosoph. Abhandlung greift das im 17. Jh. beliebte Thema der Klugheit (prudentia) wieder auf und paßt es der thomas. Vorstellung von Lebensgemeinschaft an. Weisheit und Klugheit sind nach Thomasius' antiplaton. Auffassung zwei voneinander nicht zu trennende Größen. Enthält Weisheit eine ›lautere Neigung zum Guten‹, die durch nichts gefährdet wird, so soll Klugheit, immer noch im Namen des Guten, der Neigung zum Bösen vorbeugen. Deshalb ist diese sehr praktisch ausgerichtet und darf sich, außer auf die Gesetze, auf ›cautelen‹, Maximen, Lehr- und Denksprüche, kurz, auf Ermahnungen berufen, deren Lehrhaftigkeit aber erst dann Erfolg haben kann, wenn sie von ihrem konkreten Bezug nicht losgelöst sind. Denn Maximen ohne sinnfällige Beispiele bleiben jener abstrakten Schulphilosophie verhaftet, gegen die Thomasius zeit seines Lebens gekämpft hat. Aus diesen Prämissen entfaltet sich die Lehre der Klugheit als eine Theorie des Verhaltens im häuslichen und bürgerlichen Bereich – nach der Terminologie des 17. und frühen 18. Jh.s auch ›Politik‹ genannt. Nicht staatstheoret. Probleme werden hier erörtert, sondern verbindliche Verhaltensmuster im privaten und öffentlichen Umgang (›Conversation‹), bei dem das humanist. Ideal der mediocritas, des Mittelmaßes zwischen zwei Extremen, noch eine Rolle spielt. Nach allgemeinen Ratschlägen über die Klugheit, sich selbst zu raten und überhaupt mit Menschen umzugehen, wirft Thomasius für den häuslichen Bereich das Problem auf, ob man heiraten und wie klug man in der Ehe sein soll, damit sie fortbestehen kann. Auch das Verhältnis unter Freunden wird mit ständigem Bezug auf die Affekte und die Neigungen beleuchtet, mit denen sich Thomasius schon in der Sittenlehre auseinandergesetzt hatte. Zum bürgerlichen Bereich gehören Themen wie das kaufmänn. Ethos (Cautelen, Verträge usw.), die Erlangung von Ehrenämtern, dazu auch konkrete Unterweisungen zum Essen und Trinken, die mit der Ermahnung zum mäßig eleganten Benehmen ein zivilisator. Ziel verfolgen. Auch der Todesgedanke bedeutet hier kein bloßes Nachdenken, sondern Betätigung für das allgemeine Wohl. – Das frühaufklärer. Werk hatte große Verbreitung durch immer neue Auflagen bis 1725.

Ausg.: Repr. (1710) 1971.
Lit.: M. FLEISCHMANN (Hg.), C. Thomasius. Leben und Lebenswerk, 1931. – E. BLOCH, C. Thomasius. Ein deutscher Gelehrter ohne Misere, 1967. – W. SCHNEIDERS, Naturrecht und Liebesethik. Zur Geschichte der praktischen Philosophie im Hinblick auf C. Thomasius, 1971. – W. SCHMIDT-BIGGEMANN, Topica Universalis. Eine Modellgeschichte humanist. und barocker Wissenschaft, 1983.

E. BONFATTI

Kurze Abhandlung von Gott, dem Menschen und seinem Glück (Spinoza) →Korte Verhandeling . . .

Kyriai doxai (gr.; *Hauptlehren*), EPIKUR (341-270 v. Chr.); ED Rom ca. 1472 (lat., in: Diogenes Laertios, De vitis dogmatis et apophtegmatis clarorum philosophorum libri X), Basel 1533 (gr., ebd.).

Die vollständig erhaltene Schrift faßt in prägnanter Weise den Kerngehalt der Lehre Epikurs zusammen. – Ihr Ausgangspunkt stimmt mit dem der Stoa (Zenon, Kleanthes, Chrysippos) überein: Ziel der Philosophie ist die durch nichts zu erschütternde Glückseligkeit des Weisen, die ein naturgemäßes Leben und die Gesundheit der Seele voraussetzt. Zurückgezogen von der öffentlichen Vielgeschäftigkeit (polypragmosynē) entzieht sich der Weise den meisten für Mißstimmungen verantwortlichen Ursachen. Für ein lustvolles und zufriedenes Leben ist die Pflege der Freundschaft besonders wichtig: »Unter den Gütern, welche die Weisheit sich für ein dauerndes Lebensglück zu verschaffen versteht, ist der Besitz der Freundschaft bei weitem das größte.« Die Quelle ungetrübter Lust ist nicht der Körper, sondern der Geist, »der das Ziel und die Endlichkeit des Fleisches bedacht und von der Angst vor der Ewigkeit erlöst hat«. Denn ein aufgelöster Organismus empfindet nichts, »was aber nicht empfindet, geht uns nichts an«. Zweck der Naturwissenschaft ist es, unbegründete ›vorwissenschaftliche‹ Ängste, insbesondere die vor dem Tod und der Strafe der Götter zu beseitigen. Die Ethik Epikurs ist individualist.: Es gibt keine Gerechtigkeit an sich. Gerechtigkeit ist ein bloßes Übereinkommen zum gegenseitigen Nutzen. Ebenso ist Unrecht nicht an sich ein Übel, »sondern nur insofern ihm die Angst vor Entdekkung innewohnt«. – Im Freundes- und Schülerkreis Epikurs war es üblich, sich die Aussagen der Schrift durch Auswendiglernen einzuprägen; sie ist ein Dokument des pädagog. Geschicks des Philosophen. In der zum Teil dogmat. erstarrten epikureischen Schule, die besonders in der römischen Kaiserzeit einen großen Einfluß auf das geistige Leben ausübte (Lukrez, Virgil, Horaz), wurde die Schrift wie ein Katechismus in Ehren gehalten.

Ausg.: Gr., in: Epicurea, hg. von H. USENER, 1887 (Repr. 1966). – Gr./It., in: Opere, hg. von G. ARRIGHETTI, ^{2}1973. – Dt., in: W. NESTLE, Die Nachsokratiker, Bd. I, 1923 (Auswahl). – Dt., in: Philosophie der Freude, hg. von J. MEWALDT ^{5}1973.

Lit.: P. VON DER MÜHLL, Epikurs ›*kyriai doxai*‹ und Demokrit, in: Festgabe für A. Kägi, 1919. – J. MEWALDT, Die geistige Einheit Epikurs, 1927. – H. SCHMIDT, Epikurs Philosophie der Lebensfreude, 1927. – N. W. DE WITT, Epikur and his Philosophy, 1954. – R. PHILIPPSON, Studien zu Epikur und den Epikureern, 1983.

J. NIDA-RÜMELIN

Kyrū paideia (gr.: *Erziehung des Kyros*), XENOPHON, entst. um 370/60 v. Chr.; ED Florenz 1516; dt. 1783 Des Xenophon von der Erziehung des Cyrus Buch.

Die Schrift ist das erste Beispiel eines Bildungsromans mit polit.-pädagog. Tendenz und enthält die Schilderung eines Idealstaates. – Xenophon beschreibt die Jugend von Kyros dem Älteren (559–529; I. Buch), seine Kriege und die Heeresorganisation (II.–IV. Buch), die Gründung des persischen Weltreiches (V.–VII. Buch) sowie die Errichtung der Staatsämter, die soziale Ordnung und Kyros' Tod (VIII. Buch). Dabei wird die These nahegelegt, daß Selbstbeherrschung und Gerechtigkeit, dazu militär. Tugenden wie Weitblick und Führungsstärke die Grundlagen eines idealisierten philosoph. Herrscherbildes und eines aristokrat. Staates sind, in der sich – wie in Platons → *Politeia* – spartan. und sokrat. Züge mischen. Das Werk bereitete die hellenist. Monarchie geistig vor.

Ausg.: Opera, hg. von E. G. MARCHANT, 1920. – Dt., von G. Woyte, 1911.
Lit.: H. R. BREITENBACH, Xenophon, 1966.

O. SCHÖNBERGER

Lachēs (gr.), PLATON, entst. nach 399 v. Chr.; ED Florenz o. J. (ca. 1482-1484; lat., übers. von M. Ficino); Venedig 1513 (gr., hg. von E. Musuros); dt. 1736.

Die Ausgangssituation des Dialogs ist die zweier Väter, die um die Erziehung ihrer Söhne besorgt sind. Die banale Frage, ob und wie die Fechtkunst zu erlernen sei, wird von den (als Feldherren) sachverständigen Nikias und Laches verhandelt, aber mit der Hinzuziehung Sokrates' prinzipiell gestellt. Denn wenn in solcher Angelegenheit Lehrer gesucht werden, dann ist fraglich, »ob jemand von uns sachverständig ist in Behandlung der Seele und geschickt, diese gut zu behandeln (so trefflich wie möglich zu bilden), und ob er darin gute Lehrer gehabt«. Problemat. ist, ob hier so von Sachverstand gesprochen werden kann wie z. B. beim Handwerker. Die Antwort auf die Frage nach der Fechtkunst setzt das Wissen voraus, wozu sie erlernt werden soll: Sie setzt das Wissen voraus, was Tapferkeit ist (und zwar Tapferkeit überhaupt und nicht eine besondere Art). – Die von Laches und Nikias gegebenen Antworten befriedigen nicht: Die 1. These (›verständige Beharrlichkeit‹) vermag den Gegenstand der Verständigkeit nicht ins innere Verhältnis zum Spezifischen des Beharrens zu setzen, und die 2. These (›Erkennen des Gefährlichen und Nicht-Gefährlichen‹), die ein spezif. Wissen behauptet, bleibt leer, solange sie nicht erweitert wird zur These, Tapferkeit sei grundsätzliches Erkennen von Gut und Übel. So gesehen, ist aber Tapferkeit von Tugend überhaupt nicht mehr unterscheidbar (d. h. die 1. These bleibt weiter offen). – Mit der Problemstellung von Einheit und Vielheit Desselben (= Tugend; vgl. → *Prōtagoras*) endet der Dialog aporet., um allerdings in der Rückkehr zur Ausgangssituation die sokrat. Besprechung – d. h. die Annahme Sokrates' als Ratgebers – als praktische Lösung vorzustellen.

Ausg.: Platonis Opera, hg. von H. STEPHANUS, Bd. II, 1578, 178-201. – Platonis Opera, hg. von J. BURNET, Bd. III, 1903 (Repr. 1965). – Gr./Dt., von R. SCHRASTETTER, 1970 (PhB 270). – Gr./Dt., Studienausgabe, Bd. I, 1977. – Gr./Dt., von J. KERSCHENSTEINER, 1982 (RUB 1785).
Lit.: R. DIETERLE, Platon, Laches und Charmides, 1976. – A. GRAESER, Zur Logik der Argumentationsstruktur in Platons Dialogen ›Laches‹ und ›Charmides‹, in: Arch. Gesch. Philos. 57 (1975). – W. K. C. GUTHRIE, A History of Greek Philosophie, Bd. IV, 1975 (mit Bibliogr.).

J. JANTZEN

Language and Mind (engl.; *Sprache und Geist*), Noam CHOMSKY; EA New York 1968; dt. 1970.

Die drei Vorlesungen, die Chomsky 1967 an der Universität Berkeley (Kalifornien) gehalten und für den Druck leicht überarbeitet hat, können als ›eine Art Summe‹ von Chomskys Sprachtheorie gelten, insofern sie die

›linguist. Beiträge zur Untersuchung des Geistes‹ in Vergangenheit, Gegenwart und Zukunft vom Maßstab der generativen Transformationsgrammatik her beurteilen: Während der empirist.-behaviorist. eingeengte, computergläubige Forschungsbetrieb der zeitgenöss. Psychologie sich als unfähig erwiesen habe, zum Problem der Sprachkompetenz mehr als einen ›Fingerhut an Erkenntnis‹ beizutragen, zeigten sich fruchtbare Ansätze zu einer ›explanativen‹ Theorie der ›kreativen‹ Dimension des Sprachgebrauchs bereits in der als spekulativ verschrieenen Tradition des Cartesianismus (Ausgang von der mentalen Spontaneität) und der ›grammaire générale et raisonnée‹ (Idee eines generativen Regelsystems) einerseits, in der strukturalen Linguistik andererseits. Chomskys Synthese, die sich auf W. v. Humboldts Gedanken der ›inneren Sprachform‹ beruft, geht vom Postulat eines angeborenen mentalen ›Initialschematismus‹ aus, dessen invariante Struktur für den Erwerb der Sprachkompetenz stimuliert werden muß. Dieses kognitive Organisationsprinzip restringiert mit einem universalen Regelsystem alle speziellen Grammatiken und generiert die unendliche Vielfalt möglicher Bedeutungsebenen (›Tiefenstrukturen‹), die nach bestimmten Transformationsregeln in konkrete einzelsprachliche Formulierungen (›Oberflächenstrukturen‹) übersetzt werden. Während Chomskys Konzept der ›generativen Transformationsgrammatik‹ die linguist. Forschung nachhaltig geprägt hat, ist seine Wiederbelebung der Theorie angeborener Universalien auf heftige Ablehnung gestoßen.

Lit.: F. Hiorth, Linguistics and Philosophy. N. Chomsky, 1974. – H. Weydt, N. Chomskys Werk. Kritik, Kommentar, Bibliographie, 1976.

H. Busche

The Language of Morals (engl.; *Die Sprache der Moral*), Richard Mervyn Hare; EA Oxford 1952; dt. 1972.

Das Werk versteht sich als eine allgemeine Einführung in die Moralphilosophie, die für Hare gleichbedeutend ist mit der ›logischen Untersuchung der Moralsprache‹. Die Sprache der Moral ist eine spezielle Art von vorschreibender Sprache. Den Ausgangspunkt der Untersuchung bildet daher eine sorgfältige Analyse der vorschreibenden Sprache im allgemeinen, also der Logik der Imperative in Abgrenzung zur Logik der Indikative. Dabei werden singuläre und universelle Imperative (›Prinzipien‹) unterschieden. Es wird aufgezeigt, daß Universalisierbarkeit ein wesentliches Merkmal moral. Imperative ist. Neben Imperativen sind Wertwörter, wie ›gut‹ und ›sollte‹ (ought) das zweite ›Hauptinstrument der Sprache zum Vorschreiben‹ – auf deren Analyse konzentriert sich der 2. (›gut‹) und 3. Teil (›sollte‹) des Werkes. Obwohl »fast jedes Wort der Sprache gelegentlich als Wertwort verwendet« wird, reicht diese Analyse wichtiger Elemente der Moralsprache hin, um die Charakteristika moral. Bewertungen zu erfassen. – Das Buch begründete zusammen mit anderen Schriften Hares (insbes. *Freiheit und Vernunft*, 1963) den universellen Präskriptivismus in der Ethik, eine Position, die wesentlich zu einer Revitalisierung des utilitarist. Ansatzes beigetragen hat.

Lit.: G. GREWENDORF/G. MEGGLE (Hg.), Seminar: Sprache und Ethik. Zur Entwicklung der Metaethik, 1974.

J. NIDA-RÜMELIN

Languages of Art. An Approach to a Theory of Symbols (engl.; *Sprachen der Kunst.* Ein Ansatz zu einer Symboltheorie), Nelson GOODMAN; EA Indianapolis 1968; dt. 1973.

In dem aus seinen *John-Locke-Lectures* (1962) hervorgegangenen Programmentwurf versucht Goodman, von einem formalsprachlich-nominalist. Standpunkt aus einen Weg aufzuzeigen, wie die Grundlagenprobleme der Ästhetik im Rahmen einer allgemeinen Symboltheorie gelöst werden können. – Unter Voraussetzung eines äußerst weiten und unspezif. Symbol-Begriffs werden im 1. Teil des Werks (Kap. 1/2) zentrale Konzepte der traditionellen Symbol- und Kunsttheorie (als vorsystemat. Beschreibungsversuche) einer vergleichenden Analyse unterzogen, wobei insbes. die Begriffe der Repräsentation und des Ausdrucks als je spezif. Weisen der Bezugnahme (Referenz) charakterisiert werden: Repräsentation/Darstellung (representation) in Werken der bildenden Kunst wird als Modus der Denotation verstanden, der – unabhängig von Begriffen wie Ähnlichkeit oder Nachahmung – auf die Klassifikation/Konstitution von Realität abzielt (Sonderfälle: Darstellung fiktiver Entitäten, ›Repräsentation-als‹). Ausdruck (expression) wird demgegenüber als metaphor. Exemplifikation definiert (Exemplifikation impliziert Umkehrung der Denotation, Metapher die Verschiebung von Schemata, z. B. ein graues Bild als Ausdruck von Traurigkeit). Im 2. Teil (Kap. 3/5) entwickelt Goodman, ausgehend vom Problem der Identifizierbarkeit des Kunstwerks und der damit verbundenen Unterscheidung von autograph. (z. B. Malerei) und allograph. Künsten (z. B. Musik), eine allgemeine, logisch-mengentheoret. fundierte ›Theorie der Notation‹, in der fünf Bedingungen spezifiziert werden, die ein Symbolsystem erfüllen muß, um als Mittel zur Identifizierung eines Werks dienen zu können: Disambiguität sowie syntakt. und semant. Disjunktivität und Differenzierung. Durch eine ›Partitur‹ als Zeichen in einem derartigen notationalen System ist ein ›Werk‹ als die Klasse der mit dieser ›Partitur‹ kompatiblen ›Aufführungen‹ eindeutig festgelegt. In dem damit gegebenen terminolog. Rahmen, der wegen der Defizienz der meisten Symbolsysteme gegenüber dem Ideal der Notationalität durch die jeweiligen Gegenbegriffe (Ambiguität, syntakt. und semant. Kontinuität bzw. Dichte) zu ergänzen ist, werden eine Reihe von Symbolsystemen der Technik und der Künste klassifiziert und auf ihre je charakterist. Leistung hin analysiert. In einem abschließenden Kapitel präzisiert Goodman mit Hilfe dieser Begrifflichkeit den Unterschied zwischen (bildlicher) Darstellung und (verbaler) Beschreibung und formuliert vier (für ästhet. Erfahrung weder notwendige noch hinreichende) ›Symptome des Ästhetischen‹: syntakt. und semant. Dichte, syntakt. (Über-)Fülle (repleteness) und Exemplifikatorik. Gegenüber einer emotivist. orientierten Ästhetik betont er die kognitive Funktion der Emotionen in den Künsten. Die kategoriale Trennung von Kunst und Wissenschaft wird im Sinne der Differenz je spezif. Merkmale der verwendeten Symbolsysteme relativiert. – Goodmans Buch hat in der angelsächs. Ästhetik eine ebenso lebhafte wie kontroverse Debatte ausgelöst.

Lit.: Logic and Art. Essays in Honour of Nelson Goodman, hg. von R. RUDNER/ I. SCHEFFLER, 1972. – Erkenntnis 12 (1978) H. 1 (Goodman-Sonderheft).

J. S. KOCH

Language, Thought and Reality: Selected Writings (engl.; *Sprache, Denken, Wirklichkeit:* Ausgewählte Schriften), Benjamin Lee WHORF; EA Cambridge/Massachusetts 1956; dt. 1963.

Die Aufsätze entwickeln Überlegungen von Sapir zur Abhängigkeit der Erfahrung von der Sprache anhand von ethnolinguist. Vergleichen weiter zur ›Sapir-Whorf-Hypothese‹, nach der die jeweilige Sprache die Gedanken ihrer Benutzer in der Art eines vorgegebenen Bezugsrahmens formt und somit enge Zusammenhänge zwischen Sprache und Kultur bestehen. – Sprachen sind keineswegs beliebig austauschbare Mittel des beiläufigen Ausdrückens nur der Vernunft unterworfener Gedanken, vielmehr formt die Grammatik selbst das Denken: Der Strom der Eindrükke wird im Geist sprachlich von vorneherein organisiert, d. h. die Gebrauchsgewohnheiten der einzelnen Sprachen ordnen das Gegebene ständig vor und bestimmen die Auffassungen auch der alltäglichsten Phänomene. Nach dem ›linguist. Relativitätsprinzip‹ kommen Beobachter mit unterschiedlichen sprachlichen Hintergründen nicht zum gleichen Weltbild. Die Kontrastierung von nordamerikan. Indianersprachen (insbes. des Hopi) mit den indogerman. SAE-Sprachen (Standard Average European) zeigt an der Art, Natur aufzugliedern, die Relativität der begrifflichen Systeme. Grammatischen Strukturen der SAE-Sprachen entsprechen Besonderheiten der Kulturen (u. a. Suche nach ›Tätern‹ in der Natur wegen der Subjekt-Prädikat-Struktur, Verräumlichung des Nichträumlichen, lineare Zeitauffassung), wobei Zusammenhänge, nicht feste Korrelationen zu postulieren sind. – Whorfs Thesen stimulierten die andauernde Debatte über Denken und Sprache; sie begründen eine hohe potentielle Relevanz von Sprachuntersuchungen für die Sozialwissenschaften.

Lit.: H. GIPPER, Gibt es ein sprachliches Relativitätsprinzip? Untersuchungen zur Sapir-Whorf-Hypothese, 1972.

R. WESEL

Language, Truth and Logic (engl.; *Sprache, Wahrheit und Logik*), Alfred Jules AYER; EA London/New York 1936, dt. 1970.

Die Schrift behandelt eine Reihe zentraler Fragenkomplexe der Philosophie auf logisch-empirist. Grundlage: »Was ist Metaphysik?« (Kap. 1), »Was ist Philosophie?« (Kap. 2), »Das Wesen philosophischer Analyse« (Kap. 3), »Wahrheit a priori« (Kap. 4), »Wahrscheinlichkeit und Logik« (Kap. 5), »Ethik und Theologie« (Kap. 6), »Das Selbst« (Kap. 7) sowie erkenntnistheoret. und ontolog. Probleme (Kap. 8). – Im Mittelpunkt des Werkes steht die Kritik der Metaphysik, die die Regeln des sinnvollen Gebrauchs der Sprache mißachtet. Metaphys. Sätze sind weder tautolog. noch empir. Hypothesen und daher sinnlos. Aufgabe der Philosophie ist die begriffliche Analyse, ihr Ziel sind klare Definitionen von Begriffen ›in use‹ durch die Angabe äquivalenter Sätze. Sätze der Logik und Mathematik sind analyt. Sie sind weder empir. Verallgemeinerungen, noch geben sie Gesetze des Denkens wieder. A priori wahr ist nichts anderes als analyt. wahr. Ayer unterscheidet Satz, Aussage und Proposition. Jeder grammatikal. korrekte Satz drückt eine Aussage aus. Soweit sich Sätze ineinander übersetzen lassen, entspricht ihnen dieselbe Aussage. Propositionen werden durch sinnvolle Sätze ausgesagt. Eine Aussage ist verifizierbar, wenn sie eine Proposition ist. Sie ist verifiziert, wenn ihre Wahrheit aufgrund der Erfahrung schlüssig nachgewiesen ist. Eine abgeschwächte Form der Verifikation liegt vor, wenn eine bestimmte (subjektive) Wahrscheinlichkeit aufgrund von Erfahrung rational ist. Eine wissenschaftliche Theorie normativer Ethik oder Ästhetik ist nicht möglich, da Wertaussagen nur bestimmte emotionale Einstellungen zum Ausdruck bringen, die in keiner Weise rational diskutiert werden können. – Das Werk gilt bis heute als eine bedeutende Programmschrift des logischen Empirismus.

Lit.: F. M. Bak, A. J. Ayer's Criterion of Verifiability, 1970.

J. Nida-Rümelin

Laokoon: oder über die Grenzen der Mahlerey und Poesie. Mit beyläufigen Erläuterungen verschiedener Punkte der alten Kunstgeschichte, Gotthold Ephraim Lessing; EA Berlin 1766, 2. vermehrte Aufl. 1788.

Die kunsttheoret. Schrift beschäftigt sich mit dem Problem, wie die Künste zu unterscheiden sind und welche spezif. Aufgaben ihnen zukommen. Angeregt wurde Lessings Schrift durch J. Winckelmanns *Geschichte der Kunst des Altertums* (1764) und eigene Vergil-Studien. Nach Lessing haben Dichtung und Malerei unterschiedliche Aufgaben: Die Dichtung stellt Handlungen in ihrer zeitlichen Abfolge dar, aber sie entwirft in der Regel keine sinnlichen Bilder. Die bildenden Künste (Plastik, Malerei) dagegen stellen Körper und ihre sichtbaren Eigenschaften dar. Lessing erwähnt die neuere Auffassung, wonach die Nachahmung der Kunst sich auf die ganze sichtbare Natur und nicht nur das Schöne in ihr erstrecke. Er kritisiert die zeitgenöss. Auffassung, daß die Malerei eine stumme Poesie und die Poesie eine redende Malerei sei. In den ästhet. Erörterungen, die streng gegenstandsbezogen erfolgen, ist der method. Ansatz der späteren Kunstwissenschaft vorgebildet. Lessings Überlegungen nehmen ihren Ausgangspunkt von der antiken Marmorgruppe, welche den trojan. Priester Laokoon darstellt, der zusammen mit seinen beiden Söhnen von Schlangen erwürgt wird, weil er die Trojaner davor gewarnt hatte, das hölzerne Pferd der Griechen in die Stadt zu ziehen. Vergil läßt Laokoon schreien, was in der Poesie möglich und erlaubt ist. In der bildenden Kunst dagegen scheint der permanente Ausdruck solcher Gefühlsregung gegen das Schönheitsideal zu verstoßen. Die letzten Kapitel der Schrift beschäftigen sich mit archäolog. Fragen. Sie argumentieren gegen J. Winckelmanns Auffassung, daß die Laokoongruppe aus der Zeit Alexander des Großen stamme. Da Lessing sein Thema (Verschiedenheit und Unterscheidung der Künste) nicht erschöpfend behandeln konnte, hatte er eine Fortsetzung geplant und deshalb die 1766 herausgegebene Schrift als »Ersten Theil« bezeichnet. Ein 2. Teil ist jedoch nicht erschienen.

Ausg.: Sämtliche Schriften, hg. v. K. LACHMANN, 3. Aufl., besorgt durch M. MUNCKER, Bd. IX, 1893 (Repr. 1979).

G. HORNIG

Das Leben Jesu Kritisch bearbeitet, David Friedrich STRAUSS; EA Tübingen 1835/36 (2 Bde.)

Das Werk, das am Beginn einer sich über das ganze 19. Jh. hinziehenden intensiven Leben-Jesu-Forschung steht, enthält eine umfassende kritische Analyse der biblischen Geschichten (Evangelien, Wunder usw.) sowie der diesbezüglichen theolog. Lehrmeinungen; unverhältnismäßig kurz (eine knappe Schlußabhandlung) ist der Teil, der die dogmat. Bedeutung Jesu bestimmt. – Strauss sah sich mit der Frage konfrontiert: Sind wir und können wir noch Christen sein? Diese Frage, durch die Strauss auf theoret. Ebene Sinn und Möglichkeit des Verständnisses christlicher Dogmen ergründen möchte, versucht er mit den method. Mitteln der Hegelschen Philosophie zu bewältigen. So beginnt an dieser Fragestellung – und speziell mit diesem Werk, das sich mit der Person Christi dem zentralen christlichen Glaubensgut zuwendet – eine neue Etappe auch in der Geschichte des Hegelianismus. Mit seiner spekulativen Christologie verabschiedet Strauss das bisherige Glaubensverständnis von der Exklusivität und Individualität der Person Christi; denn der Gottmensch ist für ihn eine zentrale mytholog. Chiffre für Menschheit. Die hermeneut. Leistung von Strauss besteht darin, daß er konsequent die schon von aufklärer. Theologen des 18. Jh.s praktizierte bzw. proklamierte Heranziehung des Mythos als Erklärungsmittel (dort noch auf das Alte Testament beschränkt) auf die biblischen Geschichten überhaupt anzuwenden bemüht ist. Mit seiner innerweltlichen Deutung der herkömmlichen christlichen Rede vom Sohn Gottes gab das Buch auch den Anstoß zu einer radikalen Kritik der traditionellen histor. Religionslehre und -praxis. Dieser religionskrit. Schub wurde zum Dreh- und Angelpunkt des beginnenden sog. Linkshegelianismus. – Das Werk, dessen geistesgeschichtliche Bedeutung und Wirkung alles andere, was Strauss noch geschrieben hat, bei weitem übertrifft, erlebte bis 1840 vier Auflagen, im gleichen Zeitraum sind als Reaktion darauf 60 Streit- bzw. Gegenschriften erschienen. Seinem Verfasser hat die Resonanz seiner Erstlingsschrift allerdings kein Glück gebracht, nicht nur verlor Strauss dadurch seine Anstellung am Tübinger Stift, sondern es wurde ihm – hierin dem Schicksal Feuerbachs gleich – jegliche akadem. Karriere zeitlebens verwehrt.

Ausg.: 1864 (in einem Bd.).
Lit.: Th. ZIEGLER, D. F. Strauss, 1908 (2 Bde.)

ST. DIETZSCH

Lebensformen. Geisteswissenschaftliche Psychologie und Ethik der Persönlichkeit, Eduard SPRANGER; ED Halle 1914 (in: Festschrift für A. Riehl); EA Halle 1921, erw. Tübingen 1950.

In dem kultur- und sozialphilosoph. bedeutsamen psycholog. Werk wird eine geisteswissenschaftliche Psychologie entwikkelt, die mit Hilfe von Idealtypen der Individualität differenzierte Einblicke in die Komplexität des individuellen Lebens innerhalb der Gesellschaft ermöglichen soll. – Das Psychische ist immer schon eingebettet in die Strukturen des Geisteslebens, die ihm im Rahmen der Kultur als ›objektivierter Geist‹ (in Kulturgebilden fixierter Geist), ›objektiver Geist‹ (in gesellschaftlich-geschichtlichen Zusammenhängen sich äußernder Geist) und ›normativer Geist‹ (in überindividuellen Normgefügen wirksamer Geist) begegnen. Die ›geisteswissenschaftliche Psychologie‹ bemüht sich daher, Denken und Handeln des Menschen aus der wechselseitigen Durchdringung von individuellem psychischem Leben und überindividuellem objektiv-geistigem Leben zu verstehen, wobei sie von bestimmten Wertgesichtspunkten ausgeht, die idealtyp. jeweils spezif. Formen des Zugangs zur Wirklichkeit kennzeichnen, die sich auch in entsprechenden sozialen Strukturen niederschlagen. In diesem Zusammenhang kann zwischen sechs ›Lebensformen‹ (theoret., ökonom., ästhet., sozialer, polit. und religiöser Mensch) differenziert werden, die jeweils bestimmte gedanklich entworfene Strukturen des individuellen Bewußtseins kennzeichnen und sich ergeben, wenn ein Wert im Leben vorherrschend ist. – Sprangers Begriff der ›Lebensform‹ beeinflußte mehrere pädagog. Theorien und fand – mit veränderter Bedeutung – Eingang in die Sprachspieltheorie L. Wittgensteins.

Lit.: M. Vanselow, Kulturpädagogik und Sozialpädagogik bei Spranger, 1927.

J. Monar

Lectures 1930–1932 & 1932–1935 (engl.; *Vorlesungen* ...), Ludwig Wittgenstein; EA Oxford 1980, 1979; dt. 1984.

In diesen Vorlesungen, die Ausführungen zu fast allen Gebieten der Philosophie – vor allem aber zur Philosophie der Sprache, der Logik und der Mathematik – enthalten, löst sich Wittgenstein von einigen Grundannahmen des → *Tractatus logico-philosophicus*. Er kritisiert seine Theorie der Elementarsätze, den logischen Atomismus und besonders die Vorstellung, es gebe einen allgemeinen Begriff des Satzes. Großen Raum nehmen Bemerkungen über die Rolle von Regeln in der Sprache und über das Verhältnis von Bedeutung und Gebrauch ein. Schon um bestimmten philosoph. Fragen ihren Nimbus zu nehmen, erweist es sich als nützlich, die Sprache (und Teile von ihr) mit geregelten Spielen, namentlich dem Schachspiel, zu vergleichen und die Formulierung ›Bedeutung des Wortes‹ durch ›Gebrauch des Wortes‹ zu ersetzen. Im Mittelpunkt der Bemerkungen zur Logik und Mathematik stehen die Themen Negation, Identität, Allgemeinheit und das Unendliche sowie eine Kritik an Freges und Russells Versuchen, den allgemeinen Begriff der Zahl zu definieren, die als verfehlt angesehen werden, da die Idee, es müsse ein Wesen der Zahl geben, auf philosoph. Irrtümern beruht.

Lit.: G. E. Moore, Wittgenstein's Lectures in 1930–33, in: ders., Philosophical Papers, [3]1970.

O. R. Scholz

Lectures and Conversations on Aesthetics, Psychology and Religious Belief (engl.; *Vorlesungen und Gespräche über Ästhetik,*

Psychologie und Religion), Ludwig Wittgenstein, entst. 1938, 1942 und 1946; EA Oxford 1966; dt. 1968.

Die in Form von Notizen einiger Schüler Wittgensteins erhaltenen Vorlesungen und Diskussionen behandeln Themen der Ästhetik, die Möglichkeit von Beschreibungen, Schwierigkeiten der Freudschen Psychoanalyse, den religiösen Glauben und den Tod. – Das Bedürfnis nach Klärung in ästhet. Fragen wird nicht durch psycholog. Kausalerklärungen oder das Anführen statist. Regelmäßigkeiten befriedigt. Stattdessen gilt es, die Rolle der Ausdrükke ästhet. Urteilens zu erfassen, indem man die Lebensform beschreibt, in die sie eingebettet sind. Gegen Freud wird die Ansicht vertreten, daß es keine psycholog. Gesetze geben muß. Freuds Ausführungen haben nach Wittgenstein den Status von Spekulationen, nicht den von Hypothesen. Die Anziehungskraft der Freudschen Denkweise ähnelt der von Mythologien. Dem Phänomen des religiösen Glaubens nähert sich Wittgenstein, indem er den Gebrauch von Ausdrücken betrachtet, die teils nur im religiösen Gespräch verwendet werden, teils in diesem Zusammenhang einen anderen Sinn haben, und indem er herauszufinden sucht, welcher Art die Gründe für den Glauben an Gott und an Wunder sein können.

O. R. Scholz

Die Legitimität der Neuzeit, Hans Blumenberg; Frankfurt a. M. 1966.

In den zu einem Werk zusammengefaßten vier Studien, die seit E. Cassirers Arbeiten als der bedeutendste deutschsprachige Beitrag zur Genealogie der Neuzeit gelten, wird diese als originäre Epoche humaner Selbstbehauptung gedeutet. – Die Neuzeit ist keine – gar schuldhafte – Säkularisierung des Christentums. Sie etabliert sich vielmehr in antithet. Bezug zum spätmittelalterlichen theolog. Denken, das dem Menschen die Geborgenheit in der Welt nur noch durch Berufung auf den Willen Gottes vermitteln konnte. Diese rational unerträgliche, den gnostischen Dualismus fortsetzende Position des theolog. Absolutismus erzwingt den Umschlag in die weltzugewandte und auf sich selbst gegründete wissenschaftlich-technische Vernunft. So ist die Neuzeit die zweite Überwindung des Gnosis (1./2. Teil). Am Bedeutungswandel der ›curiositas‹ zeigt Blumenberg den in der Neuzeit kulminierenden Prozeß der theoret. Neugierde auf (3. Teil). In der Antike ist sie noch naiv-unschuldig und auf das individuelle Glück bezogen (Aristoteles). Im Christentum wird sie durch die theolog. Priorität des Heilswissens eingedämmt (Augustin), bevor sie als institutionalisierte theoret.-technische Daseinssorge die Stelle des primären menschlichen Interesses besetzt (Descartes, Bacon). Die hier unterschwellige Verabsolutierung der Welt, schon bei G. Brunos unendlichem Universum greifbar, unterscheidet die Epochen. Noch diesseits der Schwelle steht das durch die Inkarnation zusammengehaltene Gefüge von Gott, Welt und Mensch bei Nikolaus von Kues (4. Teil). – Blumenbergs Werk hat besonders die geschichtsphilosoph. Säkularisierungsdebatte belebt.

Ausg.: Erw. u. überarb. Neuausgabe, ^{2}1983 (Teil 1/2), ^{3}1984 (Teil 3), ^{2}1982 (Teil 4).

Lit.: W. Pannenberg, Die christliche Legitimität der Neuzeit, in: ders., Gottesgedanke und menschliche Freiheit, [2]1978. – U. Ruh, Säkularisierung als Interpretationskategorie, 1980.

K. Schanné

Die Lehre vom Urteil, Emil Lask; EA Tübingen 1912.

Die erkenntnistheoret. Schrift ist als Fortsetzung des Werkes → *Die Logik der Philosophie und die Kategorielehre* zu betrachten. – Mit ›streng objektivist. Tendenz‹ hatte Lask in seiner *Logik* herausgearbeitet, daß die Sphären des überhaupt Denkbaren – Sinnlichseiendes und Intelligibles – durch kategoriale Formgeprägtheit erkennbar sind. Das aktive Erkennen aber, das sich im ›Urteil‹ niederschlägt, ist bestimmt von ›zerstückelnder Subjektivität‹. Während der Gegenstand als objektiver Sachverhalt ein in sich ruhendes, einfaches Wahres darstellt, schafft die Beziehung des Subjekts zu ihm einen ›Wertgegensatz‹: das ›Urteil‹ kann die ›Wahrheit‹ treffen oder verfehlen und begründet ›Wahrheit‹ mithin als ›Werthaftes‹. Durch die ›Künstlichkeit‹ dieses Gegensatzes hebt sich die Welt des Urteils als die der Subjektivität von der ›Übergegensätzlichkeit‹ der gegenständlichen Sphären ab. Der Verknüpfung von Prädikat und Subjekt im Urteil kann nach Lask lediglich ›Richtigkeit‹ und dem Urteil ›Wahrheitsgemäßheit‹ zukommen. ›Wahrheit‹ selbst hat per definitionem ihren Ort außerhalb des Urteils im Gefüge von ›Form‹ und ›Materie‹. – Durch Betonung des objektiv Gegebenen weist Lasks Erkenntnistheorie über den Neukantianismus des Lehrers H. Rickert (Südwestdeutsche Schule) hinaus auf Ansätze zu einer neuen Ontologie (vgl. insbes. Heidegger und N. Hartmann).

Ausg.: Gesammelte Schriften, hg. von E. Herrigel, 3 Bde., Bd. II, 1923/24.

Lit.: H. Sommerhäuser, E. Lask 1875–1915, in: Z. philos. Forsch. 21 (1967). – H. Rosshoff, E. Lask als Lehrer von G. Lukács. Zur Form ihres Gegenstandbegriffs, 1975.

Th. Herfurth

A Letter concerning Enthusiasm (engl.; *Ein Brief über den Enthusiasmus*), Anthony Ashley Cooper, Third Earl of Shaftesbury; EA London 1707 (eigentl. 1708), anonym; dt. 1776.

Die vom Ansatz her religionsphiloseph. Schrift ist eine Kritik des Phänomens des ›Enthusiasmus‹ und seiner religiösen, poetischen oder polit. Erscheinungsformen, denen Shaftesbury die aufklärer. Forderung nach Freiheit und Kritik entgegensetzt. Anders als in seinen späteren Schriften verwendet er den Enthusiasmusbegriff hier, seiner abschätzigen Bedeutung im 17. und am Anfang des 18. Jh.s entsprechend, als Synonym für ›Fanatismus‹. Durch den Spott als Wahrheitsprobe (test by ridicule) können die krankhaften Übersteigerungen eines fanat. Enthusiasmus aufgedeckt werden. Der Begriff der Wahrheit bezeichnet dabei weniger die Übereinstimmung mit der Wirklichkeit als die Echtheit des Gefühls im Sinne seiner Natürlichkeit, die sich im Einklang von Lebensführung und geäußerter Überzeugung ausdrückt. Das dem Fanatismus entgegengesetzte, aber aus der gleichen Quelle fließende Gefühl ist die Inspiration. Diesen Affekt nennt Shaftesbury ›das wahre Gefühl einer göttlichen Gegenwart‹ und führt dadurch den Leser auf die platon. Bedeutung des Enthusiasmusbegriffs zurück. – Die Schrift wurde alsbald ins

Französ. übersetzt (La Haye 1709) und – v. a. von Leibniz – diskutiert. Das Echo der Diskussion wirkt noch in der → *Encyclopédie* d'Alemberts und Diderots (unter dem Stichwort »Fanatismus«) nach.

Ausg.: Engl./Dt., Standard Edition, hg. und übers. von G. Hemmerich/W. Benda, Band I/1, 1981.

G. Krämling

Letters concerning the English Nation (engl.; *Briefe über die englische Nation*), Voltaire (eigentl. François Marie Arouet); EA London 1733; Lettres écrites de Londres sur les Anglais (frz.; *Briefe aus London über die Engländer*); EA Basel (eigentl. London) 1734; Lettres philosophiques (frz.; *Philosophische Briefe*); EA Amsterdam (eigentl. Paris) 1734; dt. 1981.

Dieses zunächst in englischer Übersetzung veröffentlichte philosoph. Frühwerk entstand unter dem prägenden Einfluß der englischen Kultur, den Voltaire in seinem Londoner Exil (1726-1729) erfahren hatte. – Seine Berichte aus England kleidet Voltaire in 24 Briefe, denen er in der Ausgabe von Paris 1734 den wichtigen 25. Brief hinzufügt, der keine direkte Beziehung zu England aufweist, sondern eine scharfe Polemik gegen Voltaires französ. philosoph. Antipoden Pascal enthält. Voltaire ist bestrebt, ausgewählte Zitate aus den → *Pensées* zu widerlegen, um Pascals gesamtes Gedankengebäude in Frage zu stellen. Die Briefe über England erfassen dagegen die ganze Breite des kulturellen Lebens und führen Errungenschaften auf, die dem französ. Leser als beispielhaft vorgestellt werden. Berichte über in England wirkende, freie Religionsgemeinschaften (Briefe 1-7), insbes. die Quäker, heben die religiöse Toleranz der englischen Gesellschaft hervor. Desweiteren spricht Voltaire vom liberalen Geist im englischen polit. Leben und verweist auf medizin. Fortschritte wie die Pockenimpfung. Das naturwissenschaftlich orientierte Denken von F. Bacon und Newton stellt Voltaire über die französ. cartesian. Tradition. Eingehender erläutert werden Newtons Gravitationslehre und Optik. Die besondere Bewunderung Voltaires gilt dem Denken Lokkes, dessen Schlichtheit und Klarheit ganz seinem Ideal entsprechen. Lockes Empirismus wird mit der deist. Weltanschauung verknüpft und zum Leitbild für die eigene Überzeugung erhoben. Im literar. Teil der Briefe erwähnt Voltaire die ›barbar.‹ Größe Shakespeares, ohne freilich wirkliches Verständnis für dessen Einmaligkeit zu entwickeln. – Die Schrift wurde, auch wegen des anfänglichen Verbots, sehr populär und übte einen weit über die Fachwelt hinausgehenden, nachhaltigen Einfluß auf die nach neuen Orientierungen suchenden intellektuellen Kreise der französ. Gesellschaft aus.

Ausg.: Dt., von M. Fontius, in: Voltaire, Erzählungen, Dialoge, Streitschriften, 1981. – Dt. von R. v. Bittner, 1985.

Lit.: C. Dedeyan, Voltaire et la pensée anglaise, 1956. – A. M. Rousseau, L'Angleterre et Voltaire, 1976. – Voltaire and the English. Colloquium Oxford 1978. – M. Clive, La vingt-cinquième lettre des ›Lettres philosophiques‹ de Voltaire sur les ›Pensées de M. Pascal‹, in: Rev. mét. mor. 88 (1983).

R. Schwaderer

Letters to Serena: containing, I. the Origin and Force of Prejudices. II. The History of the Soul's Immortality among the Heathens. III. The Origin of Idolatry, and Reasons of Heathenism. As

also, IV. A Letter to a Gentleman in Holland, showing Spinoza's System of Philosophy to be without any Principle or Foundation. V. Motion essential to Matter; an Answer to some Remarks by a Noble Friend on the Confutation of Spinoza (engl.; *Briefe an Serena. Über den Aberglauben, über Materie und Bewegung*) John TOLAND; EA London 1704; dt. 1959.
Die als Tolands Hauptwerk geltenden *Letters* behandeln die schon in → *Christianity not Mysterious* angeschlagene Thematik der philosoph. Aufklärung. – Insbesondere durch die Spinoza-Kritik ist Toland aktuell geblieben. S. Clarke u. a. sahen in ihm einen verkappten Spinozisten und Kryptoatheisten, einige heutige Autoren, z. B. E. Pracht, orten bei ihm Anfänge des dialekt. Materialismus und konsequenten Atheismus.

Lit.: G. GAWLICK, Einleitung zu den ›Letters to Serena‹, 1964.

W. BAUMGARTNER

Lettres persanes (frz.; *Persische Briefe*), Charles-Louis de Secondat, Baron de la Brède et de MONTESQUIEU, entst. 1717/18-1720; EA Amsterdam 1721 (anonym); dt. 1760 Des Herren von Montesquieu Persianische Briefe.
Mit ihrer in die literar. Form des Briefromans eingekleideten Kritik an den gesellschaftlichen Verhältnissen des Ancien régime gilt die Schrift als eines der ersten Werke der französ. Aufklärung. – Das Werk ist das bedeutendste Beispiel der sog. pseudo-oriental. Briefsatiren. Die Autoren geben vor, lediglich Herausgeber der von Orientalen verfaßten Briefe zu sein, in denen die europäische Gesellschaft aus der Sicht einer fremden Kultur betrachtet wird. Montesquieus Hauptfiguren Usbek und Rica, persische Standesherren, die in den Jahren 1711-1720 Europa, besonders Frankreich, bereisen, zeichnen in ihren Briefen untereinander und an die Freunde in der persischen Heimat ein prägnantes Bild von der morbiden französ. Gesellschaft. Diese kritisch-satir. Briefe – der eigentliche Kern der *Lettres persanes* (116 der insgesamt 161 Briefe) – sind durch eine Rahmenhandlung, die Haremsgeschichte (in Usbeks Serail in Ispahan erheben sich die Frauen gegen ihre Unterdrükkung, Usbeks Lieblingsfrau Roxanne begeht schließlich Selbstmord), miteinander verbunden. Die Haremsbriefe haben nicht nur die Funktion, das Werk lesbarer zu machen, sondern auch einen Besänftigungszweck. Die Gesellschaftskritik wird nicht direkt vorgetragen, sondern durch Vergleich der Unzulänglichkeiten in Europa mit den idealen Gegebenheiten in Persien. Montesquieu bejaht durchaus den monarch. Staat, kritisiert aber dessen Auswüchse. Als Deist unterwirft er auch die kirchlichen Institutionen einer rationalen Kritik und befürwortet absolute religiöse Toleranz. – Die moral., polit. und soziolog. Ideen seines staatsrechtlichen Frühwerks wird Montesquieu in → *De l'esprit des lois* wieder aufgreifen und zur Aufstellung eines theoret. Gesellschaftssystems benutzen; als literar. Gattung haben die Briefe im 18. Jh. zahlreiche epigonenhafte Nachfolger gefunden.

Ausg.: Dt., von F. MONTFORT, 1947.
Lit.: K.-J. BREMER, Montesquieus ›Lettres persanes‹ und Cadalsos ›Cartas marruecas‹, 1971. – E. MASS, Literatur und Zensur in der frühen Aufklärung. Produktion, Distribution und Rezeption der ›Lettres persanes‹, 1981.

P. LEMPERT

Lettre sur les aveugles à l'usage de ceux qui voient (frz.; *Brief über die Blinden zum Gebrauch für die Sehenden*), Denis DIDEROT; EA London 1749; dt. 1961.

Mit seinem an Madeleine d'Arsaut de Puisieux gerichteten Brief vollzieht Diderot den ersten Schritt weg vom Deismus eines Leibniz oder Newton hin zu einem materialist.-sensualist. geprägten Weltbild in der Nachfolge von Locke. – Zunächst berichtet Diderot von einem Besuch bei einem blinden Winzer, bei dem ihm die Relativität der menschlichen Moralvorstellungen und der Metaphysik bewußt wurde. Der Blinde ist nach Diderots Erkenntnis z. B. nicht dazu in der Lage, aus den sichtbaren Wundern der Natur den Vernunftschluß auf die Existenz eines göttlichen Wesens zu ziehen. Unter dem Vorwand, daß er lediglich aus dem Werk »Leben und Charakter des Dr. Nicholas Saunderson« von William Incliff (der wahrscheinlich nie gelebt hat) zitiere, greift Diderot anschließend diesen Gedankengang wieder auf. Saunderson, ein blinder Mathematikprofessor der Universität Cambridge, bemerkt in einem Gespräch mit dem Pfarrer Holmes, daß es ihm nicht möglich sei, jene Wunder zu sehen, auf die ein Deist seinen Glauben stütze. Saundersons Meinung nach ist die Welt lediglich Produkt eines Gärungsprozesses, ständig neuen Umwälzungen unterworfen, »die eine beständige Tendenz zur Zerstörung anzeigen; eine schnelle Aufeinanderfolge von Wesen, die einander ablösen, sich verdrängen und verschwinden; eine vergängliche Symmetrie, eine vorübergehende Ordnung«. – Mit seinem stark von Buffons → *Histoire naturelle, générale et particulière* beeinflußten Frühwerk, das Voltaire begeistert aufnahm, schuf Diderot die Grundlage für eine im wesentlichen materialist. Auffassung der Natur, die er in seinen beiden späteren Schriften → *Pensées sur l'interprétation de la nature* und → *L'entretien entre d'Alembert et Diderot* weiter vertiefte.

Lit.: A. VARTANIAN, From Deist to Atheist, in: Diderot Studies I (1949). – M. T. CARTWRIGHT, La formation de l'expression chez Diderot, in: Diderot Studies XIII (1969). – E. de FONTENAY, Diderot ou le matérialisme enchanté, 1981.

P. LEMPERT

Leviathan, ore the Matter, Forme, and Power of a Commonwealth, Ecclesiasticall and Civill (engl.; *Leviathan, oder von Materie, Form und Gewalt des kirchlichen und bürgerlichen Staates*), Thomas HOBBES; EA London 1651; Amsterdam 1668 (lat., gestraffte Fassung); dt. 1794/95 Leviathan oder Der kirchliche und bürgerliche Staat (2 Bde.).

Dreimal hat Thomas Hobbes seine polit. Philosophie systemat. dargestellt: 1640 mit der erst postum 1889 publizierten Schrift → *Elements of law*, 1642 mit *De cive* (→ *Elementorum philosophiae, sectio tertia: De cive*) und 1651 mit diesem, seinem umfangreichsten und bedeutsamsten Werk. – Die Schrift gliedert sich in vier Teile. Teil I »Vom Menschen« analysiert die Vielfalt der menschlichen Verhaltensweisen als Ergebnis der beiden fundamentalen Strebungen nach Selbsterhaltung und Lustgewinn. Der Mensch ist nicht von Natur gesellig, sondern er sucht die gesellschaftliche Kooperation nur insoweit, als sie seinen individuellen Zielen nützt. Niemand ist zum Herrschen oder Dienen geboren (wie Aristoteles meinte) und jeder einzelne – sei er auch besonders stark – muß im Naturzustand mit seiner Tötung rechnen (Kap. 13). Dies macht die wesentliche Gleichheit der Menschen im Naturzustand aus. Das natürliche ›Recht auf alles‹ führt im Naturzustand zum Krieg aller gegen alle. Teil II »Vom Staat« befaßt sich zunächst mit den Bedingungen für eine Beendigung des Naturzustandes. Eine staatliche Ordnung kann nur gestiftet werden, wenn die zuvor unabhängigen Individuen den größten Teil ihrer natürlichen Rechte an eine ›gemeinsame Macht‹ (einen einzelnen Menschen oder eine Versammlung) abtreten, die die Vertragseinhaltung durch Furcht und Strafe erzwingen kann. Die Individuen erzeugen den Staat – den Leviathan –, indem sie untereinander einen Herrschaftsvertrag eingehen, der ›die Menge zu einer Person, dem Staat (commonwealth, civitas) vereint‹: Jeder vereinbart mit jedem, in Zukunft einem Dritten gehorsam zu sein (Kap. 17). Dieser dritte (der Herrscher) allerdings ist selbst nicht Vertragspartner und wird daher durch den Vertrag in keiner Weise gebunden. Es gibt keine Gewaltenteilung (die Hobbes für den englischen Bürgerkrieg mitverantwortlich macht) und kein Aufsichtsrecht der Untertanen gegenüber dem Souverän. Dem so entstandenen Leviathan (dem sterblichen Gott) »verdanken wir unseren Frieden und Schutz«. Die Aufgabe der Friedenssicherung ist zugleich Beschränkung der staatlichen Gewalt im doppelten Sinn: Die Gehorsamspflicht der Bürger erlischt, sobald der Souverän seinen Zweck, den inneren Frieden zu sichern, nicht mehr erfüllen kann, und »innerhalb der nicht vom Gesetz geregelten Gebiete besitzen die Menschen die Freiheit, das zu tun, was sie auf Grund ihrer eigenen Vernunft für das Vorteilhafteste halten« (Kap. 21). In Teil III – »Vom christlichen Staat« – versucht Hobbes seine Auffassung von unumschränkter Herrschaftsgewalt in Einklang mit der Hl. Schrift zu bringen. Der politische Souverän sei nach der Bibel zugleich Oberhaupt der Kirche, und Widerstand gegen die Staatsgewalt lasse sich in keinem Fall durch direkte Berufung auf göttliche Eingebungen rechtfertigen. Hobbes hält Machtmittel der Kirche gegenüber dem polit. Herrscher für nicht gerechtfertigt, das gilt insbes. für die Exkommunikation. In Teil IV – »Das Reich der Finsternis« – kritisiert Hobbes in polem. Stil kathol. und presbyterian. ›Irrlehren‹, die behaupten, das Reich Gottes sei mit der Kirche auf Erden identisch oder es gebe einen irdischen Stellvertreter Gottes. Urheber und Begünstigte dieser die Hl. Schrift verfälschenden Irrlehren sind Päpste und Priester. – Die Wirkung des Werks ist überaus vielschichtig. Von den einen als Apologie einer absolutist. Monarchie kritisiert, von anderen als Wegbereitung einer modernen, liberalist. Auffassung, die den Staat auf das vernünftige Interessenkalkül der Bürger gründet, bewundert und von autoritären Denkern adaptiert, ist die polit. Philosophie des *Leviathan* bis heute von großer Aktualität.

Ausg.: Engl. 1974. – Dt., von W. EUCHNER, hg. von I. FETSCHER, 1966.
Lit.: L. STRAUSS, Hobbes' polit. Wissenschaft, 1965. – D. GAUTHIER, The Logic of Leviathan, 1969. – R. KOSELLECK/R. SCHNUR, Hobbes-Forschungen, 1969. – U. WEISS, Das philosoph. System des Th. Hobbes, 1980. – R. HEGER, Die Politik des Th. Hobbes, 1981. – C. SCHMITT, Der Leviathan in der Staatsleh-

re des Th. Hobbes. Sinn und Fehlschlag eines polit. Symbols, (1938) 1982.

J. NIDA-RÜMELIN

Liber concordiae veteris et novi Testamenti (lat; *Buch der Übereinstimmung zwischen dem Alten und dem Neuen Testament)*, JOACHIM VON FIORE, entst. im letzten Viertel des 12. Jhs.; ED Venedig 1519.

Obwohl dieses wie die anderen Werke Joachims, etwa der *Tractatus super quatuor evangelia,* keinen philosoph., sondern einen spirituell-theolog. und exeget. Charakter hat, ist sein Einfluß in Geistes- und Philosophiegeschichte spürbar. Joachim geht vom traditionellen Geschichtsschema ab, demzufolge die Geschichte des Menschen nach der Erlösung eigentlich zu Ende ist. Nach Joachim weist die Geschichte entsprechend der trinitar. Struktur Gottes drei Perioden auf: die des Alten Testamentes (Gesetz) als die Zeit Gott-Vaters; die Zeit des Neuen Testamentes (Evangelium) als die Zeit des Sohnes; die dritte Zeit (›drittes Reich‹) als die des Hl. Geistes. Diesen drei Perioden, die ihrerseits wieder in verschiedene Stadien eingeteilt sind, entspricht die Herrschaft der Laien, der Geistlichen und am Ende der Mönche. Die letzte Periode hat also, wenn auch noch für die Allgemeinheit verdeckt, bereits begonnen (nämlich mit Benedikt), aber den Zeitpunkt, in dem ihr Charakter offenkundig wird, prophezeit Joachim nicht. Die detaillierte Parallelisierung der Zeiten entnimmt Joachim einer extensiven allegor. Deutung des Alten Testaments. Diese Deutung zielt nicht mehr wie in der Patristik auf Christus, sondern auf die Inhalte der späteren Perioden. Die Geschichte der Menschheit bekommt dadurch einerseits durch den sich wiederholenden Typus von Abfolgen einen transparenten Charakter, andererseits aber, da sich die Entsprechungen auf einer jeweils höheren Ebene befinden, einen progressiven Zug. Das geistliche Schriftverständnis, auf dem Joachims Geschichtstheologie beruht, wird erst in der letzten Periode bestimmend. Für diese Zeit, in der auch die Kirche ihren institutionell-rechtlichen Charakter zugunsten einer reinen Geistkirche verliert, sagt Joachim die Bekehrung der Juden und die Wiedervereinigung mit den Griechen voraus. Im Geist der Armut werden die Kriege beendet sein, und der Geist der Bergpredigt wird real. – Durch das gleichzeitige Auftreten der neuen Bettelorden werden Joachims Gedanken in konkreter Weise virulent und finden dann insbes. im Franziskanerorden im 13./14. Jh. großes Echo. In säkularisierter Form reicht ihr Einfluß, wenn auch untergründig, bis in die Romantik und ins 20. Jh.

Ausg.: Repr. (1519) 1964.

Lit.: H. GRUNDMANN, Studien über Joachim von Fiore, 1927. – C. BARAUT, Joachim von Fiore, in: Dictionnaire de Spiritualité, Bd. VIII, 1974.

R. SCHÖNBERGER

Liber de bonitate pura (Buch über das reine Gute; anonym) → Liber de causis

Liber de causis (lat.; *Buch über die [ersten] Ursachen*), auch: *Liber de bonitate pura* (lat.; *Buch über das reine Gute*), ANONYM; ED Venedig 1482 (lat.), Padua 1493 (in: Aristoteles, Parva naturalia), EA 1882 (O. Bardenhewer, Die pseudo-aristotel. Schrift über das reine Gute bekannt unter dem Namen Liber de causis [Repr. o. J. (1957); enthält den arabischen und latein. Text mit einer deutschen Paraphrase]).

Die ursprünglich (vielleicht im 9. Jh.) von einem gläubigen Mohammedaner auf arabisch verfaßte Schrift, stellt – obwohl sie unter dem Namen des Aristoteles überliefert ist – nichts anderes als einen monotheist. umgeformten Auszug aus → *Stoicheiōsis theologikē* des Neuplatonikers Proklos (412-485) dar. Die Schrift behandelt in lokkerer Reihung die primären und sekundären Ursachen des Seins; das Verhältnis von Sein, Zeit und Ewigkeit; die Teile und die Wirksamkeit der Seele; das Verhältnis von Sein, Intelligiblem und Seele; die Erkenntnisweise der Intelligenz als oberstem Seelenteil sowie die Seinsmodi der ewigen und der vergänglichen Dinge. Dem Aufbau der Vorlage folgend, schickt der Verfasser jedem Kapitel einen thesenartigen Satz voraus, den er dann im nachfolgenden Textabschnitt zu beweisen sucht. Nach der im 12. Jh. durch Gerhard von Cremona erfolgten latein. Übersetzung gehörte der *Liber* aufgrund seines hochspekulativen Charakters und der vermeintlichen aristotel. Autorschaft bis ins 15. Jh. zu den meistgelesenen und meistkommentierten Schriften überhaupt. Überliefert sind u. v. a. die Kommentare des Thomas von Aquin, des R. Bacon und des Ägidius von Rom.

Ausg.: Lat., hg. von A. Pattin, in: Tijdschrift voor Filosofie 28 (1966).

Lit.: H. D. Saffrey, L'état actuel des recherches sur le Liber de causis comme source de la métaphysique au Moyen Age, in: P. Wilpert (Hg.), Die Metaphysik im Mittelalter. Ihr Ursprung und ihre Bedeutung, 1963.

L. Deitz

Liber de propositionibus sive de regulis theologiae (anonym) → Liber XXIV philosophorum

Liber de quinque universalibus (lat.; *Buch über die fünf Allgemeinbegriffe*), Albertus Magnus, entst. nach 1254; ED Pavia 1490.

Die Schrift ist ein Kommentar zur → *Eisagōgē* des Porphyrios und bildet die Einleitung in Alberts Darstellung der aristotel. Logik. Zunächst stellt er (im Widerspruch zu sonstigen Äußerungen) fest, die Logik sei eine eigene Wissenschaft und dazu ein wichtiger und notwendiger Teil der Philosophie, weil sie die Methode lehre, wie das Unbekannte für uns zum Bekannten werde. Ein Teil der Logik behandelt die Lehre von der Definition, der andere die Prinzipien der Argumentation. Das erste, das in der Logik zu betrachten ist, ist der Allgemeinbegriff; das ›universale‹ wird definiert als das, was zwar in einem Einzelding ist, aber auch fähig ist, in mehreren zu sein (quod cum sit in uno, aptum natum est esse in pluribus). Albert kennt die Unterscheidung zwischen dem universale ante rem, in re und post rem, die als vermittelnde Position im Universalienstreit anzusehen ist. Im folgenden behandelt er wie Porphyrios der Reihe nach die Allgemeinbegriffe Genus, Species, Differentia, Proprium und Accidens sowie ihre Gemeinsamkeiten und Unterschiede. Insgesamt handelt es sich um eine kompilator. Arbeit über Grundbegriffe der Logik, die vor allem aus Avicenna, al-Fārābī und al-Ġazzālī, aber auch aus Boethius schöpft.

Ausg.: Opera omnia, hg. von A. Borgnet, Bd. I, 1890.

B. Kible

Liber de sapiente (lat.; *Buch über den Weisen*), Carolus Bovillus, EA Paris 1510.

Die philosoph. Grundlagenschrift der Renaissance vereinigt auf der Basis von Aristoteles und Cusanus drei Hauptthemen: Erkenntnislehre, Anthropologie und Theologie. Der Mensch ist Mitte des hierarch. Universums, als Mikrokosmos Spiegel und Sinnspitze des Makrokosmos. Wissen von den Dingen und Selbstbewußtsein bedingen sich: der ›Weise‹ ergänzt die Welt durch Selbst-Reflexion, Sinn der Welt ist es, im Weisen gespiegelt zu werden. So wird der Mensch Vermittler von Objekt und Subjekt, von Natur und Geist, von Sein und Bewußtsein, indem er sich über die sinnliche Welt durch Selbsterkenntnis zur himmlischen erhebt und in dieser Erhebung die gespiegelte sinnliche Welt, in seiner Seele konzentriert, nach oben vermittelt. In dieser Vergeistigung der Sinnenwelt wird der Mensch frei; gerade in Wahrnehmung seiner Weltverbundenheit erhebt er sich über die Welt. So führt das Weltbewußtsein zum Selbstbewußtsein ohne Verlust der Weltlichkeit. Die Theologie erscheint dabei nicht als Gegenzug zur Anthropologie, sondern als ihre Ergänzung: Gott selber wünscht jene Weisheit als Einheit von Erkennen und Erleben im Menschen, als (cusan.) Zusammenfall der Gegensätze: menschliche Selbstfindung ist zugleich Erfüllung der Welt.

Ausg.: Repr. (1510) 1970.
Lit.: H. de Lubac, Le sage d'aprés Ch. de Bouelles, in: Mélanges offerts á M. D. Chenu, 1967. – S. Otto, Renaissance und frühe Neuzeit, 1984 (RUB 9913). – J. M. Victor, C. de Bovelles 1479-1553. An Intellectual Biography, 1978.

H.-B. Gerl

Liber fontis vitae, de prima parte sapientiae id est scientia de materia et forma universali (lat.; *Lebensquelle, vom ersten Teil der Weisheit das ist die Wissenschaft von der universellen Materie und Form*), Salomo ben Jehuda ibn Gabirol (Avicebron, Avencebrol), entst. 2. Hälfte des 11. Jh. (vor 1070); ED Münster 1892–1895 (in: Beitr. Gesch. Philos. MA I, H. 2–4).

Das ontolog. Werk, dessen arab. Original verloren ist und das in der latein. Übersetzung von J. Hispanus und D. Gundissalinus erhalten ist, besteht aus fünf Traktaten in Dialogform und behandelt das Verhältnis von Materie und Form, den Aufbau der Welt sowie das Entstehen der verschiedenen Seinsstufen. Gabirol entwirft ein philosoph. Weltbild ohne Berücksichtigung der Religionslehren. Anknüpfend an den Neuplatonismus wird die Welt als Stufenfolge von oben nach unten gesehen. Zentral sind die aristotel. Begriffe Materie und Form, die die konstitutiven Bestandteile der Wirklichkeit darstellen. Im Anschluß an Aristoteles wird Materie als das Allgemeine, Form als das Besondere bezeichnet. Doch wird Allgemeines nicht als Unbestimmtes, als bloße Möglichkeit verstanden, sondern als das die Unterschiede Tragende. So ist Materie das Höhere und nicht gegenüber der Form als dem Wirklichen abgewertet. Wie der Körperwelt letztlich eine allgemeine körperliche Materie und eine allgemeine körperliche Form zugrunde liegen, muß auch die geistige Welt als ihre Ursache entsprechend zusammengesetzt sein. Körperliche und geistige Welt haben dann ihren letzten Grund in einer universellen Materie als dem

Prinzip der Gemeinsamkeit und einer allgemeinen Form, dem Prinzip der Verschiedenheit. So gelangt der Autor zur Konzeption einer allgemeinen Materie, die das Gemeinsame des Kosmos darstellt. Die höchste Stufe der Welt ist der Intellekt, eine zweiheitliche Substanz, die Gott als der absoluten Einheit gegenübersteht. Die Weltentstehung wird im Anschluß an den Neuplatonismus als Emanation aus dem göttlichen Willen verstanden. – Das Werk hatte nachhaltigen Einfluß auf die Scholastik.

Lit.: S. MUNK, Mélanges de philosophie juive et arabe, 1859. – J. GUTTMANN, Die Philosophie des S. ibn Gabirol, 1889. – J. SCHLANGER, La philosophie de S. ibn Gabirol, 1968.

H. SIMON

Liber sex principiorum (lat., *Buch der sechs Prinzipien*); ANONYM, entst. im 12. Jh.; ED Neapel 1473 (in: Aristoteles, Organon), Basel 1507.

Der lange Zeit fälschlicherweise Gilbert von Poitiers zugeschriebene Traktat, der inzwischen auch als fragmentar. erkannt ist, behandelt einzelne Kategorien der aristotel. Logik. Die aristotel. Kategorien werden mit Boethius nach zwei Gruppen unterschieden, deren erste (Substanz, Quantität, Qualität, Relation) als innere Formen, die übrigen sechs(!) Kategorien oder ›Prinzipien‹ als äußerlich hinzutretende Formen verstanden werden: Ort, Zeit, Lage, Handeln, Leiden und Haben. In ihrer Behandlung wird dabei die Tendenz deutlich, der Kategorienlehre einen metaphys. und kosmolog. Akzent zu geben. Im Begriff des Handelns (oder: Wirkens) ergibt sich ein Unterschied daraus, ob es sich um eine körperliche oder eine seelische Bewegung handelt. Der Begriff des ›Wann‹ wird von dem der Zeit unterschieden, weil er als solcher nicht den Gedanken von Stufen enthält. Ebenso ist das ›Wo‹ nicht mit ›Ort‹ (oder gar ›Raum‹) gleichzusetzen. Die Schrift schließt mit einer Betrachtung über das ›Mehr und Weniger‹, da dies der durchgängige Aspekt in der Behandlung der Kategorien war. Die Gradualität gehört nicht in die Kategorie der Substanz, sondern zu den Akzidentien. – Die Schrift erlangte im 13. Jh. ganz außergewöhnlichen Ruhm: Sie wurde zum Lehrbuch im philosoph. Unterricht, genoß eine enorme Autorität und wurde demzufolge häufig kommentiert.

Ausg.: L. MINIO-PALUELLO (Hg.), Aristoteles Latinus I/6–7, 1966.

Lit.: L. MINIO-PALUELLO, ›Magister Sex Principiorum‹, in: Studi Medievali 6 (1965).

R. SCHÖNBERGER

Liber XXIV philosophorum (lat.; *Buch der vierundzwanzig Philosophen*), ANONYM; entst. vermutlich um 1200; ED Freiburg/Br. 1913 (hg. von C. Baeumker, in: Abhandlungen aus dem Gebiete der Philosophie. Eine Festgabe zum 70. Geburtstag des Freiherrn Georg von Hertling).

Die kleine pseudo-hermet. Schrift, auch *Liber de propositionibus sive de regulis theologiae* (Buch der Sätze bzw. der Regeln der Theologie) genannt, bietet ein kleines Kompendium des christianisierten Neuplatonismus. Ihr Inhalt läßt sich mit dem Inhalt anderer mystischer Werke der neuplaton. und neupythagoreischen Tradition vergleichen, etwa mit dem Inhalt des → *Liber de causis*, der Schrift *De intelligentiis*, der *Ars fidei* des Nikolaus von Amiens und den → *Theologicae regulae* des Alanus ab Insulis. – 24 versammelte Philosophen geben auf die Frage, was Gott sei, eine Antwort und bieten so 24 Definitionen seines Wesens. Die dabei benutzten Begriffe entstammen neuplaton. und neupythagoreischen Gedankengut (Boethius, Asklepius, Makrobius, Dionysios Pseudoareopagita, z. T. Augustin); auch der Einfluß arabischer Philosophie ist nicht auszuschließen. Gott wird so definiert etwa mittels des Begriffs der Monade, die aus sich hervorgeht und in sich zurückkehrt, oder anhand der Prozessualität von Anfang, Fortgang und Ende; oder auch als das Nichts der Kreatur, das nur im Nichtwissen erfaßt werden kann. Es kommen auch weitere herkömmliche Bestimmungen vor, etwa die Absolutheit, in der Möglichkeit und Wirklichkeit zusammenfallen, die ewige Unbewegtheit, Unendlichkeit, Ungeteiltheit, Ungemischtheit, Unveränderbarkeit Gottes; es wird dann auch auf die traditionelle Unterscheidung von Können, Wissen und Wollen bzw. Macht, Weisheit und Güte Gottes zurückgegriffen. Einige der in der Schrift enthaltenen Definitionen sind zu klassischen Topoi der mystischen Literatur geworden: »Gott ist die Monade, die eine Monade erzeugt, indem sie ihre innere Glut reflektiert« (1. Def.); »Gott ist eine unendliche Sphäre, deren Mitte überall und deren Umkreis nirgends ist« (2. Def.); »Gott ist ein Anfang ohne Anfang, ein Fortgang ohne Änderung, ein Ende ohne Ende« (7. Def.); »Gott ist das, dessen Macht nicht gezählt, dessen Sein nicht umschlossen, dessen Güte nicht umgrenzt werden kann« (10. Def.); »Gott ist das, wovon man eher das kennt, was er nicht ist, als das, was er ist« (23. Def.); »Gott ist das, was nur durch Unwissenheit erkannt wird« (24. Def.). – Schon bei Alexander von Hales, bei Albert dem Großen und auch bei Thomas von Aquin findet sich die erste Definition erwähnt; die zweite wird von Bartolomäus Anglicus, Bonaventura und wieder von Thomas zitiert; auch Thomas Bradwardine übernimmt des öfteren Definitionen aus der Schrift. Als solche wird diese aber erst bei Meister Eckhart genannt. Durch die Kühnheit und Einprägsamkeit der Sätze und Metaphern übte die Schrift eine nachhaltige Wirkung aus, insbes. auf Eckhart, Seuse und die vorprotestant. Mystik und Theologie, aber auch noch auf andere Denker wie etwa Nikolaus von Kues.

Ausg.: Hg. von C. BAEUMKER, in: Beitr. Gesch. Philos. MA, Bd. XXV/1–2, 1927 (gegenüber der EA »revidiert, bereichert, berichtigt«).

F. VOLPI

Libri quattuor sententiarum (lat.: *Vier Bücher der Lehrmeinungen*), PETRUS LOMBARDUS, entst. vermutlich 1157/1158; ED Straßburg o. J. (ca. 1468).

Die systemat. Sammlung von Texten der Kirchenväter wurde das erfolgreichste theolog. Lehrbuch der Hochscholastik: die Kommentierung der Sentenzen war Pflicht für den Baccalaureus der Theologie. – Einteilungsprinzip ist das augustin. Schema von Ding (res) und Zeichen (signum), das auf andere Dinge verweist. Die Dinge werden wiederum unterschieden in solche, die man gebrauchen (uti) und solche, die man genießen (frui), d. h. um ihrer selbst willen lieben darf. Das I. Buch handelt von der ›res qua fruimur‹, also vom trinitar. Gott, das II. Buch von den Kreaturen

(Engel, Menschen und Sündenfall), das III. von der Menschwerdung des Sohnes, der Erlösung und den Tugenden, das IV. schließlich von den sieben Sakramenten, die als sichtbare Zeichen für die unsichtbar mitgeteilte Gnade betrachtet werden. Das Werk schließt mit der Lehre von den letzten Dingen. Petrus erklärt zu Beginn, er habe diese Sentenzen zusammengestellt, um den Theologen, die die Wahrheit den Fabeln vorziehen, die Mühe zu ersparen, sich durch zahlreiche Bücher der Kirchenväter selbst hindurchzuarbeiten. Seine Hauptquellen sind Augustinus und Theologen der Viktoriner-Schule, aber neben der Berufung auf die anerkannten Autoritäten und Glaubenszeugnisse der Kirche steht die dialekt. Erörterung subtiler theolog. Fragen in Abaelards Sic-et-Non-Methode. Petrus verzichtet hier weitgehend auf eigenständige Spekulation und hält einen gemäßigten Kurs zwischen auctoritas und ratio ein. Sein Erfolg erklärt sich auch damit, daß eine seiner Aussagen über das göttliche Wesen auf dem 4. Laterankonzil 1215 mit namentlicher Nennung des Lombarden als kirchliche Lehre bestätigt wurde. Dennoch gab es Kritik: R. Bacon betrachtete die Lesung über die Sentenzen als ›Sünde‹ beim Unterricht in der Theologie, und im 13. Jh. gab es schon Listen mit allgemein abgelehnten Thesen, so z. B. die Behauptung, die Gottes- und Nächstenliebe sei nichts Geschaffenes, sondern der Hl. Geist oder die vom Leib abgetrennte Seele sei Person.

Ausg.: Lat., hg. vom Collegium S. Bonaventurae, 1916.
Lit.: P. Delhaye, Petrus Lombardus, sa vie, ses œuvres, sa morale, 1961.

B. Kible

The Life of Reason or the Phases of Human Progress (engl.; *Das Leben der Vernunft* oder die Phasen menschlichen Fortschritts), George Santayana; EA New York 1905/06 (5 Bde.).

Das Werk ist eine Geschichte der Vernunft, nicht wie sie tatsächlich stattfand, sondern gemäß den Idealen, die die Entwicklung der Vernunft Gestalt werden ließ. Alles Ideale hat eine natürliche Grundlage und alles Natürliche eine ideale Entfaltung. Den fünf Bänden des Werkes entsprechen die fünf Phasen der Vernunft. Der I. Band, »Reason in Common Sense«, richtet sein Augenmerk auf die Geburt der Vernunft aus dem Wechselspiel von Impuls und Experiment. Der II. Band, »Reason in Society«, unterscheidet drei Gesellschaftstypen, nämlich die natürliche, die freie und die ideale. Die letztere transzendiert die zufälligen Vereinigungen und ist mit idealen Interessen (Religion, Kunst und Wissen) befaßt. Die idealen Interessen bilden das Thema der drei letzten Bände: »Reason in Religion« und »Reason in Art«, welche die verschiedenen Arten von Religion und Kunst behandeln, und »Reason in Science«, in dem das rationale Ideal dargestellt wird. – 1953 erschien eine verkürzte und revidierte einbändige Fassung von *Life of Reason*, die dem Buch neue Popularität eintrug.

R. L. Bernasconi

Linguistics and Poetics (engl.; *Linguistik und Poetik*), Roman Jakobson; ED 1960 (in: Style in Language, hg. von Th. A. Sebeok); dt. 1971 (in: Literaturwissenschaft und Linguistik, hg. von J. Ihwe, Bd. II/1).

In dem 1958 als »Closing Statement« für eine Tagung zum Thema ›Stil‹ verfaßten Aufsatz skizziert Jakobson die Grundgedanken seiner Auffassung von Poetik (als Teil der Linguistik) auf der Basis eines generellen Kommunikationsmodells. – In Erweiterung von Bühlers Organon-Modell (vgl. → *Sprachtheorie*) werden sechs für jeden Akt sprachlicher Kommunikation konstitutive Faktoren unterschieden: Sender, Empfänger, Kontext, (Referenzbereich), Kontakt, Kode und Nachricht (message). Je nach der ›Einstellung‹/Orientierung auf einen dieser Faktoren ergeben sich daraus sechs verschiedene Grundfunktionen sprachlicher Äußerungen: die emotive (expressive) Funktion (Ausdruck der Haltung/Befindlichkeit des Sprechers), die konative Funktion (Wirkung auf den Empfänger), die referentielle (kognitive, denotative) Funktion (Kontext- bzw. Realitätsbezug), die phatische Funktion (Herstellung/Aufrechterhaltung der kommunikativen Verbindung), die metasprachliche Funktion (Verständigung über den verwendeten Kode) und die poetische Funktion, die durch die ›Einstellung‹ auf die Nachricht als solche/um ihrer selbst willen charakterisiert wird. Im konkreten Sprechereignis treten diese Funktionen nicht isoliert, sondern in variabler hierarch. Ordnung auf, wobei die Sprachstruktur der Äußerung von der jeweils dominanten Funktion determiniert wird. Das empir. Kriterium für die poetische Funktion (deren Wirkungsbereich nicht auf die Wortkunst/Dichtung beschränkt ist) besteht nach Jakobsons formelhafter These in der Projektion des Äquivalenzprinzips von der Achse der Selektion auf die Achse der Kombination (d. h. bei Äußerungen mit poetischer Funktion werden Äquivalenzbeziehungen wie Assonanz, Reim oder Parallelismus zum Strukturierungsprinzip der syntagmat. Abfolge der Sprachzeichen). Dies wird ausführlich anhand von Problemen der Versanalyse erläutert. – Der zu den meistzitierten Arbeiten Jakobsons zählende Text übte maßgeblichen Einfluß auf die literatur- und kommunikationstheoret. Diskussion der 60er und frühen 70er Jahre aus.

Lit.: E. Holenstein, R. Jakobsons phänomenolog. Strukturalismus, 1975.

J. S. Koch

Das literarische Kunstwerk. Eine Untersuchung auf dem Grenzgebiet der Ontologie, Logik und Literaturwissenschaft, Roman Ingarden; EA Halle 1931. In seinem ästhet. Hauptwerk entwickelt Ingarden auf phänomenolog. Grundlage eine Schichtenontologie des literar. Kunstwerkes. – Das Wesen des Kunstwerkes beruht zum einen auf der Intention seines Schöpfers, es mit einer bestimmten Bedeutung zu versehen, und zum anderen auf der Intention des Betrachters, eben diese Bedeutung mit Hilfe der sinnlich wahrnehmbaren Zeichen des Kunstwerkes zu dechiffrieren. Im Gegensatz zu realen oder idealen Gegenständen existiert das Kunstwerk daher nur in Abhängigkeit von intentionalen Akten. Der vom Künstler ausgehende Prozeß der Bedeutungsverleihung vollzieht sich beim literar. Kunstwerk in mehreren Schichten: in einer der sprachlichen Lautgebilde, in einer der Bedeutungseinheiten, in einer der dargestellten Gegenständlichkeit und in einer der standardisierten Ansichten (Erscheinungen). Die sich hierbei jeweils in den einzelnen Schichten konstituierenden ästhet. Wertqualitäten bilden zusammen eine ›polyphone Harmonie‹, aus der sich die Verständlichkeit des Kunstwerks ergibt. – Die Schrift schlug eine Brücke zwischen Phänomenologie und formalist. bzw. strukturalist. Literaturkritik.

Ausg.: [4]1972.
Lit.: E. H. Falk, The Poetics of R. Ingarden, 1981.

J. Monar

Loci communes rerum theologicarum seu hypotyposes theologicae (lat.; *Allgemeine Grundbegriffe des theologischen Sachbereichs oder Abriß der Theologie*), Philipp Melanchthon; EA Wittenberg 1521; dt. ca. 1522 Die Hauptartikel und fürnemsten Punct der ganzen Heiligen Schrift.

Das Werk ist die erste Dogmatik der evangel. Reformation und wurde von Luther hochgelobt. Als Grundbegriffe gelten Sünde, Gesetz, Gnade, Evangelium, Rechtfertigung und Glaube. Diese Grundbegriffe sind aus einer Auslegung des Römerbriefes gewonnen und sollen zum sachgemäßen Bibelstudium anleiten. Die reformator. Glaubenserkenntnis stellt Melanchthon der scholast. Theologie klar und scharf gegenüber. Im formalen Aufbau seiner *Loci* folgt er den Summen des Mittelalters, ohne jedoch eine Vollständigkeit in der Darbietung des dogmat. Stoffes zu erstreben. Das Gesetz, das uns der Sünde überführt, ist nicht auf das Alte Testament beschränkt und das Evangelium nicht auf das Neue Testament, sondern beide werden als göttliches Offenbarungswort gleichzeitig verkündigt. Doch gibt es einen Fortschritt in der biblischen Heilsgeschichte, weil der Gotteswille nun in der Freiheit des Evangeliums erfüllt werden soll. Im Bereich der Anthropologie ist neben der Affektenlehre die Frage von Bedeutung, wie das Verhältnis von göttlicher Vorherbestimmung und Alleinwirksamkeit zur menschlichen Willensfreiheit zu bestimmen sei. Während Melanchthon in der 1. Auflage seiner *Loci* eine determinist. Tendenz vertritt, hat er in der letzten Auflage (1559) dem Menschen eine Willensfreiheit zugestanden. Entscheidend ist jedoch für Melanchthon die Heilsfrage. Aus der totalen Sündhaftigkeit des Menschen ergibt sich dessen Unvermögen, durch eigene Kräfte das ewige Heil zu erlangen. Die Rechtfertigung und Erlösung sind das unverdiente Gnadengeschenk Gottes. Zum Heil ist nur der Glaube an die Christusbotschaft, nicht aber die Anerkennung aller kirchlichen Dogmen und Konzilsbeschlüsse erforderlich.

Ausg.: Lat., in: Melanchthons Werke in Auswahl, Bd. II/1, hg. von H. Engelland, 1952. – Dt., Grundbegriffe der Glaubenslehre, übers. von F. Schad, 1931.
Lit.: W. Maurer, Melanchthons Loci communes von 1521 als wissenschaftliche Programmschrift, in: Luther-Jb. 1960.

G. Hornig

Logica come scienza del concetto puro (ital.; *Logik als Wissenschaft vom reinen Begriff*), Benedetto Croce; EA Neapel 1905 (u. d. T. *Lineamenti di una logica come scienza del concetto puro*); dt. 1930.

Nach der Ästhetik (→ *Estetica come scienza dell' espressione e linguistica generale*) entwickelt Croces Logik – als philosoph. Begriffslogik polem. gegen die formale bzw. mathemat. Logik gewendet – den zweiten Systemschwerpunkt in seiner »Philosophie des Geistes«. – Die Logik wird als Wissenschaft vom Denken bestimmt; ihre Aufgabe ist es, den Begriff des Begriffs zu entwickeln. Dementsprechend werden im 1. Teil des Buches der reine Begriff, das Individualurteil und die logische Synthese a priori behandelt; die traditionelle Einteilung der Urteile und die Lehre vom Schluß fehlen ebenso wie die Herleitung der Kategorien, die nur von der Philosophie insgesamt geleistet werden kann. Es folgen eine Klärung der Beziehungen von Philosophie, Geschichte, Naturwissenschaften und Mathematik (Teil 2), eine Phänomenologie der logischen Fehler (Teil 3) und ein logikgeschichtlicher Rückblick (Teil 4). Von besonderer Bedeutung sind die folgenden Punkte: 1. Die Unterscheidung der (reinen) Begriffe, wie Qualität, Quantität, Entwicklung u. a., von den Pseudobegriffen, die nur praktischen Zwecken dienen und keinen Erkenntniswert besitzen. 2. Die Ergänzung der antithet. Dialektik Hegels durch eine von Vico inspirierte Kreisdialektik der Unterschiede, nach der die (reinen) Begriffe zwar voneinander unterschieden werden, aber doch – wechselseitig aufeinander bezogen – eine Einheit bilden. 3. Das Zugeständnis, daß histor. Erkenntnis ein Erfassen des im Individuellen verkörperten Universellen bedeutet, womit Croce die früher von ihm vertretene Auffassung zurücknimmt, die Geschichte als bloß intuitive Erkenntnis des Individuellen sei der Kunst, die Geschichtswissenschaft der Ästhetik unterzuordnen. 4. Die Gleichsetzung von Geschichte und Philosophie (als Denken des universellen Begriffs). 5. Die These, daß die Naturwissenschaften und die Mathematik nur aus Pseudobegriffen bestehen. – Das Werk, das als Kritik der histor. Vernunft gedeutet wurde, ist wegen seiner negativen Beurteilung der modernen Logik, Mathematik und Naturwissenschaft kontrovers diskutiert worden.

Lit.: A. M. FRAENKEL, Die Philosophie B. Croces und das Problem der Naturerkenntnis, 1929. – A. BAUSOLA, Filosofia e storia nel pensiero crociano, 1965. – G. SASSO, B. Croce – la ricerca della dialettica, 1975.

W. BÜTTEMEYER

Logica 'Cum sit nostra' (anonym) → Summulae ad modum Oxoniae

Logica et philosophia Algazelis Arabis (Al-Gazzālī → Maqāsid al-falāsifah

Logica fundamentis suis, a quibus hactenus collapsa fuerat, restituta (lat.; *Die Logik, zurückgeführt auf ihre Grundlagen, von denen sie bisher abgefallen war*), Arnold GEULINCX; EA Leiden 1662. Die Logikschrift von Geulincx entfernt sich sowohl von dem aristotel. Logiktypus als auch von der zeitgenöss., vielbeachteten ›cartesian‹. Logik von Arnauld und Nicole. Sie entwickelt zwar chronolog. die traditionell schulmäßigen Teile (Begriffs-, Urteils- und Schlußlehre), nicht aber als voneinander unabhängige Lehren von den elementaren Operationen, sondern als wechselweise sich voraussetzende und verschränkte Theorien. Im großen und ganzen handelt es sich zwar um eine durchaus traditionell zu kennzeichnende Systematisierung von als logisch geltenden Operationen im Medium der natürlichen Sprache. Sie werden in sechs sog. logischen Quadraten verdeutlicht und zu einem sog. logischen Würfel zusammengefaßt. Entscheidend für die Besonderheit dieser Logikkonzeption ist aber der Ausschluß der Methode als solcher aus der Logik. Die Methode wird als eine eigenständige Wissenschaftslehre über dem Wissen vorausliegende, sachbedingte Voraussetzungen angesehen, wie es der ergänzende Traktat *Methodus inveniendi argumenta* darlegt. Bildung und zutreffende Verknüpfung von reinen Begriffen werden nicht in Abhebung auf den inneren Bedeutungsgehalt der Begriffe gelehrt. Diese werden vielmehr immer in Hinblick auf ihr äußeres Sachkorrelat gesehen. Insofern gründet bei der Lehrweise Geulincx' die Logizität von Sätzen nicht in der bloß essentiellen Formalordnung der Begriffe, sondern in der Existenz von Sachverhalten.

Ausg.: Lat., Sämtliche Schriften, Bd. I, 1965.
Lit.: W. Risse, Die Logik der Neuzeit, II. Bd., 1970.

R. Behrens

Logica nova (lat.; *Die neue Logik*), Raimundus Lullus, entst. 1303 in Genua; ED Palma de Mallorca 1744.

Dieses Kompendium zur Logik trägt seinen Titel nicht oder zumindest nicht in erster Linie wegen einer inhaltlichen Erweiterung der ›logica antiqua‹ durch die ›logica nova‹, sondern wegen der vom Autor vorgetragenen These, daß die Logik, deren Aufgabe ›die Entdeckung des Wahren und Falschen‹ ist, dies nur nach Maßgabe einer ihr vorgeordneten Reflexion auf die allen Wissenschaften zugrunde liegenden Grundbegriffe erfüllen kann. Lull ist überzeugt, daß es bestimmte Grundbegriffe gibt, die in der einen oder anderen Zusammenstellung in allen Wissenschaften auftreten. Seine *Logica nova* steht im Zusammenhang mit seinem Bemühen um eine Rückführung der Einzelwissenschaften auf eine Art »Allgemeine Kunst« (→ *Ars generalis ultima*), deren Beherrschung Wissenschaft allererst möglich macht. Das Werk ist in sieben Abschnitte gegliedert und enthält im 1. Abschnitt unter Bezug auf die ›Arbor Porphyriana‹ eine Abhandlung über die verschiedenen Seinsarten, im 2. Abschnitt eine Abhandlung über die fünf Prädikabilien, im 3. Abschnitt eine Darlegung der zehn Kategorien, im 4. Abschnitt eine Art Lexikon der hundert wichtigsten Grundbegriffe, im 5. Abschnitt die Lehre vom Syllogismus, im 6. Abschnitt eine Übersicht über die verschiedenen Anwendungsweisen dieser Logik und im abschließenden 7. Abschnitt einen Fragenkatalog, anhand dessen sich der Student in der Logik üben kann. Getreu seiner Auffassung von der ontolog. Grundlegung der Logik behandelt Lull die verschiedenen Seinsmodi, allen voran die Substanz, als entia realia. Auch hinsichtlich der fünf Prädikabilien, d. h. der allgemeinsten Weisen der Prädikation (Gattung, Art, Differenz, Proprium und Akzidenz), vertritt Lull die Position eines extremen Realismus. Ähnliches gilt von den Kategorien. Besonderen Nachdruck legt er auf das Vorhandensein ›substanzieller Relationen‹. Nur der 5. Abschnitt beschäftigt sich mit der Lehre vom Syllogismus und von den Trugschlüssen mit zentralen Bestandteilen der ›neuen Logik‹ im engeren Sinne.

Die durchgängig stark anwendungsbezogene Behandlung des Gegenstandes wird vor allem im 6. Abschnitt deutlich, wo Lull die Verwendungsmöglichkeiten der so verstandenen Logik in der Theologie, der Philosophie, der Jurisprudenz und der Medizin vorführt. Bedeutsam ist der Ansatz Lulls vor allem deswegen, weil er die Einzelwissenschaften durch ein System von Grundbegriffen und deren verschiedene Kombinationsmöglichkeiten zu fundieren sucht. An diesem Gedanken Lulls haben sich seither die Geister geschieden. Der Gedanke einer Entfaltung aller wissenschaftlichen Grundbegriffe in Form einer Kombinatorik ist, wenn auch in gänzlich neuer Weise, von Leibniz in der *Ars combinatoria* (1666) aufgegriffen worden.

Ausg.: Lat./Dt. (ohne 7. Abschnitt), von Ch. Lohr, mit Einf. von V. Hösle, 1985 (PhB 379).

Lit.: I. W. Platzeck, R. Lull, 1962/64 (2 Bde.). – Ders., R. Lulls Auffassung von der Logik, in: Estudios Lulianos 2 (1958).

J. P. Beckmann

The Logic of Scientific Discovery (Popper) → Die Logik der Forschung

Logik. Eine Untersuchung der Prinzipien der Erkenntnis und der Methoden wissenschaftlicher Forschung, Wilhelm Wundt; EA Stuttgart 1880 (Bd. I), 1883 (Bd. II).

Die erkenntnistheoret.-logische und methodolog. Untersuchung hat sich zum Ziel gesetzt, die ›wissenschaftliche Logik‹ als Teildisziplin der theoret. Philosophie darzustellen, und ist somit als wesentlicher Baustein der Philosophie oder ›Wissenschaftslehre‹ Wundts zu bezeichnen. – Die *Logik* befaßt sich mit zwei großen Themenbereichen: 1. mit dem Ursprung, der Entwicklung und den Prinzipien des logischen Denkens und der logischen Normen, 2. mit der Methodologie der ›exakten‹ und der Geisteswissenschaften, insbes. mit den Methoden der Untersuchung, den systemat. Formen des Denkens und den speziellen Vorgehensweisen in den Einzelwissenschaften. Wissenschaftlich (nicht bloß formal und dialekt.) nennt Wundt seine *Logik*, weil sie ihren Gegenstand, das ›werdende Wissen‹, hinsichtlich der Genese seiner Elemente und seiner Berechtigung kritisch untersucht und weil sie aus den ›Tatsachen des Bewußtseins‹, ohne auf Psychologie und Metaphysik zurückzugreifen, fortlaufend abstrahierend allgemein(gültig)e Ergebnisse gewinnt, die dann für die Einzelwissenschaften normierend gelten sollen. So betrachtet ist die *Logik* eine genet., wissenschaftliche, normative und mit unmittelbar erfahrungsgegebenen Geistesdaten operierende ›empir. Erkenntniswissenschaft sui generis‹, die keine ›reine Begriffswissenschaft‹ sein will. – Wundts Auffassung der Logik wurde von Husserl (in den → *Logischen Untersuchungen*) und vom jungen Heidegger in seiner Dissertation (*Die Lehre vom Urteil im Psychologismus*, 1914) als psychologist. kritisiert.

W. Baumgartner

Logik der Forschung. Zur Erkenntnistheorie der modernen Naturwissenschaft (Untertitel nur der EA), Karl Raimund Popper; EA Wien 1935 (eigentl. 1934), [7]1982 (erw.); London 1959 (engl. u. d. T. *The Logic of Scientific Discovery*).

In seinem wissenschaftstheoret. Hauptwerk versucht Popper in kritischer Auseinandersetzung mit dem Positivismus zu zeigen, daß wissenschaftliche Theorien fallible Hypothesen sind, die zwar über die unmittelbare Erfahrung hinausgehen, aber mit der Erfahrung im Widerspruch stehen können und deshalb falsifizierbar sind. – In der Einführung behandelt Popper wissenschaftstheoret. Grundprobleme und stellt die Fragen erstens, ob es aufgrund von Basissätzen über beobachtbare Ereignisse möglich ist zu zeigen, daß wissenschaftliche Theorien wahr oder wahrscheinlich sind (Induktionsproblem), und zweitens ob wissenschaftliche Aussagen von nichtwissenschaftlichen, z. B. metaphys. Aussagen abgegrenzt werden können (Abgrenzungsproblem). Die Antwort lautet, daß das Induktionsproblem zwar unlösbar ist, die Wahrheit oder Wahrscheinlichkeit wissenschaftlicher Theorien also nicht empirisch beweisbar ist, daß jedoch das Abgrenzungsproblem lösbar ist, da Theorien aufgrund der Erfahrung widerlegt, das heißt falsifiziert, werden können. Die Falsifizierbarkeit gilt somit als Kriterium für die Wissenschaftlichkeit von Theorien. Ausgehend von der Falsifizierbarkeit wissenschaftlicher Theorien arbeitet Popper im Hauptteil des Werkes eine Methodenlehre der Erfahrungswissenschaften aus. Die logische Struktur der Falsifikation wird an folgendem Beispiel deutlich: Die allgemeine Hypothese ›Alle Raben sind schwarz‹ steht im Widerspruch zu dem Basissatz ›Hier gibt es jetzt einen Raben, der nicht schwarz ist‹. Die allgemeine Hypothese ist empir. falsifizierbar und daher wissenschaftlich. Auf ähnliche Weise können auch komplizierte Theorien, bestehend aus mehreren Hypothesen, falsifiziert werden. Solche theoret. Systeme sind nur dann wissenschaftlich, wenn sie mit einigen Basissätzen über beobachtbare Ereignisse im Widerspruch stehen können. Falls ein falsifizierender Basissatz aufgrund der Erfahrung akzeptiert wird, ist das ganze theoret. System falsifiziert, »so daß man zunächst von keinem einzelnen der Sätze dieses Systems behaupten kann, daß die Falsifikation gerade ihn trifft oder nicht trifft«. Eine strenge empir. Prüfung einer Theorie ist ein Versuch, sie zu falsifizieren. Wenn Falsifikationsversuche nicht gelingen, hat die geprüfte Theorie sich bewährt. Man kann zwar vermuten, daß bewährte Theorien wahr sind, aber man kann ihre Wahrheit ebensowenig beweisen wie ihre Wahrscheinlichkeit (im Sinne der Wahrscheinlichkeitsrechnung). Der Grad der Bewährung einer Theorie kann also nicht mit dem Grad ihrer Wahrscheinlichkeit gleichgesetzt werden. Popper kritisiert die positivist. Auffassung, daß die Wissenschaft auf einer sicheren empir. Basis (der Protokollsätze) ruht. Wenn die intersubjektive Nachprüfung eines Basissatzes unproblemat. ist, kann der Basissatz (vorläufig) akzeptiert werden. Wie allgemeine wissenschaftliche Hypothesen sind also auch Basissätze falsifizierbar und fallibel. Aufgrund intersubjektiver Nachprüfung unproblemat. Basissätze ist es aber möglich, Einigkeit unter den Wissenschaftlern darüber zu erreichen, welche Basissätze bei der empir. Prüfung wissenschaftlicher Theorien behauptet werden können. Da Wahrscheinlichkeitshypothesen in der Wissenschaft eine wichtige Rolle spielen, untersucht Popper ihre Falsifizierbarkeit. Dabei interpretiert er Wahrscheinlichkeitsaussagen als Aussagen über relative Häufigkeiten. Demnach kann die Wahrscheinlichkeitsaussage ›Die Wahrscheinlichkeit mit einem richtigen Würfel 5 zu würfeln ist 1/6‹ wie folgt interpretiert werden: ›Die relative Häufigkeit der Fünferwürfe in einer Klasse von Würfelwürfen ist 1/6‹. Falls in einem wiederholbaren Experiment beobachtet wird, daß die relative Häufigkeit der Fünferwürfe mit einem richtigen Würfel von 1/6 abweicht, dann ist die angeführte Hypothese über die Wahrscheinlichkeit, 5 zu würfeln, praktisch falsifiziert. – Die *Logik der Forschung* hat die wissenschaftstheoret. Diskussion um den Charakter und die empir. Prüfung wissenschaftlicher Theorien nachhaltig beeinflußt.

Ausg.: ⁷1982 mit umfangreichen neuen Anhängen.
Lit.: P. A. SCHILPP (Hg.), The Philosophy of K. Popper, 1974. – KARL R. POPPER, Postscript to the Logic of Scientific Discovery, 3 Bde., 1982.

G. ANDERSSON

Die Logik der Philosophie und die Kategorienlehre. Eine Studie über den Herrschaftsbereich der logischen Form, Emil LASK; EA Tübingen 1911.

Das erkenntnistheoret. Werk bildet gemeinsam mit der Schrift →*Die Lehre vom Urteil* den Rahmen für ein umfassendes philosoph. Begründungssystem. – Die ›Gesamtheit des überhaupt Denkbaren‹ zerfällt nach Lask in die Sphären des ›Sinnlichseienden‹ und des ›Nichtsinnlichen‹ (Intelligiblen). Letzteres jedoch wird nicht erneut zu Seiendem hypostasiert (Plato), sondern im Sinne des Rickertschen Neukantianismus als ›Reich des Geltens‹ bezeichnet. Suchte Kant die Kategorien, durch welche der Gegenstand der sinnlichen Erfahrung konstituiert wird, so fragt Lask auch nach denjenigen, die das Reich des Intelligiblen und somit das Gelten selbst ermöglichen: beide, das Seiende und das Geltende sind durch das Zusammenwirken der Momente ›Form‹ und ›Materie‹ konstituiert. Erkennen geht immer auf ›gültige Form‹; es löst sie vom Material ab und findet an ihm, dem letztlich Irrationalen, seine Grenze. Andererseits geht die Mannigfaltigkeit der Formen ›auf Rechnung des Materials‹, das zum ›differenzierenden Prinzip‹ erklärt wird. Liefert das ›Geltende‹ die ›Form‹ bei der Erkenntnis des Sinnlichseienden (»Logik der Seinskategorien« – 1. Teil des Werks), so wird bei der Suche nach den ›Formen‹ des Intelligiblen (»Logik der philosoph. Kategorien« – 2. Teil) das Geltende selbst zum funktionellen Material, dessen spezif. Kategorien als ›Formen der Formen‹ erfaßt werden sollen. Die so initiierte ›Logik der Logik‹ will eine Begründung sowohl der Erkenntnis des Seienden als auch des Erkennens selbst bieten. Ihre Struktur jedoch führt in den Bereich der ›Reflexion‹ und leitet damit zu Lasks Werk →*Die Lehre vom Urteil* über.

Ausg.: Gesammelte Schriften, hg. von C. HERRIGEL, 3 Bde., Bd. II, 1923/24.
Lit.: H. SOMMERHÄUSER, E. Lask 1875–1915, in: Z. philos. Forsch. 21 (1967). – H. ROSSHOFF, E. Lask als Lehrer von G. Lukács. Zur Form ihres Gegenstandbegriffs, 1975.

TH. HERFURTH

Logik der reinen Erkenntnis, Hermann COHEN; EA Berlin 1902.

Das Werk stellt die erkenntniskrit. Grundlegung eines wissenschaftstheoret. Idealismus dar.

Gemeinsam mit der → *Ethik des reinen Willens* und der → *Ästhetik des reinen Gefühls* bildet die *Logik* Cohens »System der Philosophie«. – Eng an Kants → *Kritik der reinen Vernunft* orientiert, geht Cohen zugleich über Kant hinaus, indem er die Methode der transzendentalen Logik durch die Theoreme der Infinitesimalrechnung zu einer eigenständigen Erkenntnislogik erweitert. Der Erkenntnisgegenstand wird nicht durch eine feststehende Menge aprior. Formen konstituiert (Kant), sondern durch ein offenes System von transzendentallog. Urteilen; diese determinieren das empir. Denken der Einzelwissenschaften, das in unendlich vielen Schritten – ›infinitesimal‹ – den Gegenstand begrifflich konstruiert. Sinn der philosoph. Arbeit ist es, zu begründen, wie Erkenntnis überhaupt möglich ist (transzendentale Fragestellung). Wirkliche Begründung (›Grundlegung‹) aber geschieht nur, wo sie ›rein‹ im Denken, ohne Rekurs auf sinnlich ›Gegebenes‹ vollzogen wird. Nur von dem im Denken produzierten Erkenntnisgegenstand kann das Denken auch umfassende Rechenschaft seiner Entstehung geben und die ›Grundlegung‹ der Erkenntnis aus dem ›Ursprung‹ leisten. – Die vier Klassen der transzendentallog. Urteile gliedern den Aufbau des Werkes: Urteile der Denkgesetze (Ursprung, Identität, Widerspruch), der Mathematik (Realität, Mehrheit, Allheit), der mathemat. Naturwissenschaft (Substanz, Gesetz, Begriff) und der Methodik (Möglichkeit, Wirklichkeit, Notwendigkeit). Allein durch die transzendentale Struktur – ›Erhaltung der Sonderung in der Vereinigung‹ – trägt das Urteil den Grund seiner Gewißheit in sich selbst. – Die ›Logik des Ursprungs‹ wurde maßgebend auch für Cohens Ethik und Ästhetik. Symptomat. für die logizist. Kantdeutung der Marburger Schule des Neukantianismus hatte das Werk direkten Einfluß auf P. Natorp (→ *Die logischen Grundlagen der exakten Wissenschaften*) und E. Cassirer (→ *Substanzbegriff und Funktionsbegriff*).

Ausg.: Werke, hg. unter Leitung von H. Holzhey, 16 Bde., Bd. VI, 1977.
Lit.: H. Lenk, Kritik der logischen Konstanten, 1968. – W. Marx, Transzendentale Logik als Wissenschaftstheorie. Systemat.-kritische Untersuchungen zur philosoph. Grundlegungsproblematik in Cohens ›Logik der reinen Erkenntnis‹, 1977. – J. Kopper, Jenseits der analyt. und synthet. Urteile. Reflexionen zu H. Cohens ›Logik der reinen Erkenntnis‹, in: Kant-Studien 72 (1981).

Th. Herfurth

Logik und Systematik der Geisteswissenschaften, Erich Rothacker; ED 1926 (in: Handbuch der Philosophie, hg. von A. Baeumler/M. Schröter); EA München/Berlin 1927.

Rothackers grundlegendes Werk sollte die von W. Dilthey hinterlassene Aufgabe eines II. Bandes der → *Einleitung in die Geisteswissenschaften* lösen; Diltheys Weltanschauungslehre wird zu einer Lehre bloßer weltanschaulicher Tendenzen umgebaut. – Der analyt. Teil behandelt den Ursprung der geisteswissenschaftlichen Methoden und Begriffe, weltanschauliche Kategorien (z. B. Idealismus-Naturalismus) und die geisteswissenschaftlichen Methoden selbst und reduziert diese schließlich auf Weltanschauungen mit dem Verweis auf die enge Verflechtung von Geisteswissenschaften und Lebenswelt. Der formale Zusammenhang dieser ›Wissenschaften von der selbsterschaffenen Welt des Menschen‹ basiert auf der methodolog. Grundstruktur aller geisteswissenschaftlichen Methoden, die in der funktionalen Abhängigkeit von den weltanschaulichen Gegensätzen beruht. Der synthet. Teil beantwortet gemäß der deutschen Historischen Schule die Frage nach einer Logik der Lebenskämpfe. Das Verstehen der Geisteswissenschaften zielt auf die Relation von Gehalt und Leben, auf Wahrheit als Wichtigkeit – im Unterschied zur Richtigkeit beim Begreifen und Erklären. Der Inhalt der Weltanschauung beruht auf einem Lebensbezug, die Relativität der Geisteswissenschaften auf verschiedene Interessenrichtungen. Die konkrete Vernunft trifft aus einem bestimmten Lebensbezug heraus eine Wahl; der Korrelativität zwischen Subjekt und Sache entspricht die zwischen Medium und weltanschaulicher Tendenz. Die Geisteswissenschaften nehmen teil am Kampf der Geister zwischen weltanschaulichen Alternativen, die ›histor. erwachsene Substanz fruchtbar zu wahren oder zu erweitern‹. – Das Anliegen des Werkes wurde fortgesetzt in Rothakkers und später M. Landmanns Kulturanthropologie.

Ausg.: Repr. (1927) 1965.

K. Bossong

Logik und Wissenschaftstheorie, Karl Eugen Dühring; EA Leipzig 1878, [2]1905 (Gesamtcursus der Philosophie, Dritter Teil).

In der erkenntnistheoret. und wissenschaftspolit. Abhandlung versucht Dühring – neben E. Mach und R. Avenarius einer der bedeutendsten deutschen Vertreter des Positivismus – durch eine ›Vollendung der Logik‹ (keine Neugestaltung, sondern Erweiterung) eine umfassende Wissenschaftstheorie zu begründen, eine ›nur auf Wirklichkeit gegründete Weltanschauungslehre‹ mit ›allgemein logischem Charakter‹, die an die Stelle einer unfruchtbaren Metaphysik treten soll. – Die Schrift gliedert sich in den theoret. Hauptteil (Grundlagen der Logik, Methoden der Erkenntnisgewinnung, die ›auf die logischen Grundzüge der Weltverfassung gerichtete Wirklichkeitslehre‹, die Formulierung einer ›Forschungstheorie‹ sowie die theoret. und praktische Nützlichkeit der Wissenschaftstheorie und der einzelnen wissenschaftlichen Disziplinen) und in einen wissenschaftspolit. Teil, der den Fortschritts- und Wirkungsbedingungen der Wissenschaften gewidmet ist (persönliche Eigenschaften, Einrichtungen und Zustände, Vermittlung, Darstellung, persönliche Anleitung usw.). Dühring geht von der positivist. Vorstellung aus, daß alles Wissen von der Welt und jeglichem denkbaren Sein auf der Zugänglichkeit des Gegenständlichen beruht. Er konstatiert eine ›Naturlogik‹, das heißt, eine Mathematik der Natur, die in ihren Gestaltungen und Wirkungsarten an mathemat. Notwendigkeiten gebunden ist. Aus dem ›Gesetz der bestimmten Anzahl‹ (jede überhaupt gedachte Anzahl muß endlich sein) folgt, daß es auch eine räumliche und zeitliche Begrenzung der Welt und eine begrenzte Teilbarkeit der Materie gibt. Die einfachsten arithmet. Operationen sind nach Dühring auch die Grundgestalten der Naturtätigkeit. Logik und Mathematik einschließlich der Geometrie stellen deswegen dar, »was ohne besondere Bekümmerung an Einsichten möglich ist«. Im 2. Teil der Abhandlung übt Dühring heftige Kritik am zeitgenöss. Universitätssystem und streicht die »Notwendigkeit eines wissenschaftlichen Märtyrerthums« heraus. – F. Engels' *Anti-Dühring* bezieht sich weniger auf erkenntnistheoret. Differenzen als vielmehr auf Dührings massive Marxkritik.

Lit.: F. ENGELS, Herrn Eugen Dührings Umwälzung der Wissenschaft. Philosophie. Politische Ökonomie. Sozialismus, 1878. – E. DÖLL, Dühring, 1888.

U. NIMSDORF

Logique du sens (frz.; *Logik des Sinns*), Gilles DELEUZE; EA Paris 1969.

Mit diesem »Versuch eines logischen und psychoanalyt. Romans« läßt Deleuze den akadem. Diskurs endgültig hinter sich. Er stellt eine Theorie des Sinns in 34 Serien von Paradoxien vor. Die Form ist Programm: Sinn ist keine für sich bestimmbare Entität; er steht vielmehr immer in einer Beziehung zu Nicht-Sinn; daher kann er nur in solch paradoxer Verbindung dargestellt werden. Deleuze geht von der stoischen Spaltung zwischen Ursache und Wirkung bzw. Körperlichem und Unkörperlichem aus. Sinn entsteht als Grenz- oder Scharniereffekt zweier heterogener Serien, der Ding- und der Wortserie. Nicht-Sinn ist nicht ein Gegenphänomen zu Sinn, sondern ein sinnvorgängiges Moment, das zwar an sich nicht sinnbestimmt ist, das sich aber der Abwesenheit von Sinn widersetzt und jeweils Sinnstiftungen bewirkt. Sinn hat Ereignis-Charakter. Dem gilt es – gegen die traditionelle Blockierung des Ereignisses – durch eine neue Metaphysik des körperlosen Ereignisses, durch eine Logik des anonymen Sinns und durch ein Denken der unbegrenzten Gegenwart Raum zu schaffen. Das Thema wird im Spannungsfeld von Strukturalismus, Psychoanalyse, Literatur, Sexualität und Philosophiegeschichte behandelt. Eine Leitfigur ist Lewis Carroll, der erstmals beharrlich Paradoxien des Sinns herausgestellt hat. Gegenüber dem vorsokrat. Philosophie-Modell, das die Wahrheit in der Tiefe ansiedelt und eine Subversion fordert, und gegenüber dem platon. Modell, das die Wahrheit in die Höhe versetzt und zu einer Konversion aufruft, plädiert Deleuze für das von den Megarikern, Kynikern und Stoikern etablierte Modell der Oberfläche und für die Perversion als Kunst der Oberflächen. Ein Anhang behandelt die Problematik des Simulakrums bei Platon und Lukrez sowie phantasmat. Aspekte bei Klossowski, Tournier und Zola.

Lit.: M. FOUCAULT, Theatrum philosophicum, in: Critique 282 (1970).

W. WELSCH

La logique ou l'art de penser: Contenant, outre les regles communes, plusieurs observations nouvelles propres à former le jugement (frz.; *Die Logik oder die Kunst des Denkens:* Außer den allgemeinen Regeln mehrere neue Bemerkungen zur Urteilsbildung enthaltend), Antoine ARNAULD / Pierre NICOLE; EA Paris 1662 (anonym); dt. 1972.

Im Zentrum des im cartesian. Geist verfaßten erkenntnistheoret. Lehrbuches stehen die für die praktische Lebensbewältigung notwendigen Grundoperationen des Verstandes: wahrnehmen, urteilen, schlußfolgern und anordnen. Nach diesen vier Kategorien des rationalen Denkens ist das

Werk eingeteilt: 1. Alle Erkenntnis von Welt erfolgt über Ideen, welche die Dinge abbilden und ihnen so Zeichencharakter verleihen. 2. Die Beurteilung der Dinge in quantitativer und qualitativer Hinsicht geschieht auf der Basis der Proposition, die aus Gegenstand (Subjekt) und Aussage (Prädikat) besteht. 3. Beim Schlußfolgern als dem wichtigsten Teil der Logik werden Propositionen kraft Analogieschluß (Syllogismus) auf ihre Richtigkeit hin überprüft. 4. Das Anordnen der zu Dingen und Sachverhalten formulierten Urteile und Schlüsse führt über die Methode (Analyse und Synthese) zur Wissenschaft. – Die ›Logik von Port-Royal‹, die, unter dem Einfluß Descartes' und Pascals stehend, die traditionelle Logik durch Anlehnung an die Methoden der Mathematik reformiert, galt bis ins 19. Jh. als klassisches Lehrwerk vor allem in Frankreich und in England.

Ausg.: Repr. 1965.
Lit.: W. Risse, Logik der Neuzeit, Bd. II. 1640–1780, 1970.

M. Lieber

Der logische Aufbau der Welt, Rudolf Carnap; EA Berlin 1928. In dem Werk wird unter Verwendung neu entstandener formallog. Mittel (vgl. etwa Frege, → *Grundgesetze der Arithmetik,* Russell/Whitehead, → *Principia Mathematica*) erstmals der Versuch unternommen, das erkenntnistheoret. Programm des englischen Empirismus zu verwirklichen, d. h. die Gesamterfahrung auf elementar gegebene Einzelwahrnehmungen zurückzuführen; es steht damit am Beginn des sog. Logischen Positivismus. – Der systemat. Aufbau aller Erfahrungen, der ein einheitliches Gerüst für die gesamte Wissenschaft abgeben kann, wird über ein ›Konstitutions-System‹ der empir. Begriffe angestrebt: auf der Basis von ›Grundgegenständen‹ lassen sich stufenweise Gegenstandssphären konstituieren, d. h. durch Rückführungsregeln (Übersetzungsvorschriften) für die Realbegriffe einführen. Als Basisgebiet wählt Carnap das Eigenpsychische; in ihm fungieren als System-Grundelemente ›Elementarerlebnisse‹, welche als unzerlegbare Erlebniseinheiten keiner analyt. Eigenschaftszuschreibung, sondern nur einem ›Quasianalyse‹ genannten synthet. Verfahren der Beziehungsbeschreibung zugänglich sind. Hierfür dient als einziger undefinierter Grundbegriff des Systems die Relation der ›Ähnlichkeitserinnerung‹, mit deren Hilfe sich Qualitätsklassen als konstitutionale Repräsentanten der Empfindungsqualitäten definieren lassen. Auf dieser Grundlage wird das Gebiet der physischen Gegenstände und über ihnen dasjenige des Fremdpsychischen sowie Geistigen aufgebaut. Aus dem Konstitutionsverfahren folgen klare Standpunkte zu den traditionellen Fragen der Metaphysik (Wirklichkeitsproblem), der Philosophie des Geistes (psychophys. Parallelität) und der Wissenschaftsphilosophie. – Wenngleich das Ziel des Werks, die Konstitution eines Gesamtsystems für die Realwissenschaften, nicht vollständig erreicht wurde, hat gerade die Klärung der Grenzen des Vorhabens die Entwicklung des logischen Empirismus maßgeblich beeinflußt.

Ausg.: Dt. (zusammen mit: Scheinprobleme in der Philosophie), ^{4}1974.
Lit.: P. A. Schilpp (Hg.), The Philosophy of R. Carnap, 1963.

C. Ortner

Die logischen Grundlagen der exakten Wissenschaften, Paul NATORP; EA Leipzig/Berlin 1910. Das Buch bietet eine umfassende Darstellung von Natorps Arbeit an erkenntnis- und wissenschaftstheoret. Grundproblemen. Der Autor, zusammen mit H. Cohen Begründer der Marburger Schule des Neukantianismus, entwickelt eine auf der transzendentalen Logik Kants fußende, gegen die formallog. Rekonstruktion der Mathematik abgehobene Theorie des erkennenden Denkens. Deren Grundlage ist die synthet. Relation des Einen und Mannigfaltigen, aus der die ›logischen Grundfunktionen‹ entwickelt werden. Das so entstehende, Urteil und Begriff fundierende System entspricht mit geringen Modifikationen der Kantischen Kategorientafel. In der Folge behandelt das Buch ausführlich mathematiktheoret. Probleme (logische Begründung der Zahl, das Unendliche, Zeit und Raum), um im Schlußkapitel die abschließende Bestimmung des Erkenntnisgegenstandes mittels der mathemat. Prinzipien der Naturwissenschaft (unter Berücksichtigung moderner physikal. Theorien, insbes. der Relativitätstheorie) zu diskutieren.

Ausg.: Repr. (1910) 1969.
Lit.: H. HOLZHEY, Cohen und Natorp, 2 Bde., 1986.

H. HOLZHEY

Logische Syntax der Sprache, Rudolf CARNAP; EA Wien 1934. In konsequentem Ausbau des formalen Standpunkts über den ursprünglich mathemat. Anwendungsbereich hinaus entwirft Carnap ein präzises Sprachgerüst, das als Wissenschaftslogik die tradierten philosoph.-metaphys. Grundlegungsversuche ablösen soll. – Die logische Syntax einer Sprache als formale, d. h. von Inhalten absehende Theorie der Formen der Sprache faßt syntakt. Bildungsregeln/Formregeln für die Sprachzeichen und darauf aufbauende Schlußregeln/Umformungsregeln in der Art eines Kalküls zusammen. Es wird gezeigt, daß die Syntaxsprache, welche üblicherweise in umgangssprachlicher Form das Regelsystem zu einer Objektsprache beinhaltet, in dieser selbst widerspruchsfrei ausgedrückt und ihrerseits formalisiert werden kann. Beispielhaft konstruiert Carnap eine definite Sprache, in der der Finitismus des mathemat. Intuitionismus repräsentiert werden kann, und erweitert sie zu einer indefiniten Sprache als Ausdrucksgerüst für die klassische Mathematik. Ziel ist eine allgemeine Syntax beliebiger Sprachen, deren Rahmen einen systemat. Vergleich wissenschaftlicher Einzelsprachen gestattet. Die Gestalt eines formalen Systems bestimmt den Bereich des darin sinnvoll Formulierbaren, seine Konstruktion ist – unter Einhaltung der Widerspruchsfreiheit – weitgehend zweckgebunden, also frei von Erwägung der Wahrheit/Falschheit (Toleranzprinzip für die Syntax). Zahlreiche philosoph. Fragen offenbaren sich als Scheinprobleme beim Übergang von inhaltlicher zu formaler Redeweise, d. h. durch Übersetzung direkten Sprechens über Gegenstände in die Ausdrucksformen des Redens über sie. Fruchtlose Diskussionen über Pseudo-Objekte werden damit durch rationale Auseinandersetzung über die Wahl eines Sprachsystems ersetzt. Sinnvoll sind allein Fachfragen der Einzelwissenschaften und Fragen zur Syntax ihrer Sprachen; die Philosophie geht in Wissenschaftslogik über und diese ist logische Syntax der Wissenschaftssprache. – Das rein syntakt. Verfahren des Werks wurde bald durch die logische Semantik erweitert; seine Grundgedanken spielen jedoch bis heute für die Wissenschaftsphilosophie eine große Rolle, soweit sie – im Gegensatz etwa zu strukturalist. Ansätzen – Theorien als Sprachgebilde begreift.

Lit.: P. A. SCHILPP (Hg.), The Philosophy of Rudolf Carnap, 1963.

C. ORTNER

Logische Untersuchungen (I. Band: Prolegomena zur reinen Logik; II. Band/1. Teil: Untersuchungen zur Phänomenologie und Theorie der Erkenntnis; II. Band/2. Teil: Elemente einer phänomenologischen Aufklärung der Erkenntnis), Edmund HUSSERL; EA Halle a. d. Saale 1900–1901.
Dieses Frühwerk von ingsgesamt mehr als 1000 Seiten entwikkelt einerseits aufgrund der Kritik am logischen Psychologismus die systemat. Idee der Logik als formaler Wissenschaftslehre und widmet sich andererseits der phänomenolog.-erkenntnistheoret. Aufklärung der rein logischen Begriffe und Gesetze. – Die im I. Band ausführlich entwickelte Kritik an den vielen zeitgenöss. Spielarten des Psychologismus steht nur scheinbar in Widerspruch zu der im II. Band angestrebten phänomenolog. Begründung der ideal-logischen Gegenstände. Die ideale Geltung der Logik wird damit nicht in einer empir.-genet. Psychologie erklärt, sondern durch eine Wesenswissenschaft vom Bewußtsein erkenntnistheoret. gerechtfertigt. Die Verteilung von Husserls Interesse einerseits auf die objektiv gerichtete Logik und andererseits auf die subjektiv gerichtete Phänomenologie kennzeichnet auch noch die sechs Untersuchungen des II. Bandes. In der 1. Untersuchung, die in die Aufgabe einer phänomenolog. Aufklärung der Logik einleitet und die zugleich unter dem Titel »Ausdruck und Bedeutung« ein phänomenolog. Verständnis der Sprache skizziert, halten sich die beiden Interessenrichtungen in etwa die Waage. Das gilt auch für die 2. Untersuchung, in der Husserl das ›Allgemeinheitsbewußtsein‹ analysiert und sich dabei ausführlich mit den englischen Empiristen auseinandersetzt. In der wichtigen 3. Untersuchung »Zur Lehre von den Ganzen und Teilen« sowie in ihrer Anwendung auf den in der 4. Untersuchung behandelten »Unterschied der selbständigen und unselbständigen Bedeutungen und die Idee der reinen Grammatik« werden in objektiv-logischer Interessenrichtung logisch-ontolog. Grundunterscheidungen entwickelt. Mit der allgemeinen Lehre von den ›intentionalen Erlebnissen‹ in der 5. Untersuchung sowie in der als Höhepunkt des Werkes konzipierten 6. Untersuchung wendet sich Husserl ganz der phänomenolog. beschreibenden Analyse des Bewußtseins zu. In der Wahrheitslehre der 6. Untersuchung spielt die Analyse der ›anschaulichen Erfüllung‹ von Denkakten und der dafür erforderlichen ›kategorialen Anschauungen‹ eine entscheidende Rolle. Mit dieser Lehre von der Möglichkeit einer intuitiven Erfassung und erkenntnistheoret. Ausweisung der idealen Gegenstände ist das Ziel einer Fundierung der objektiven Logik

in einer Phänomenologie der Erkenntnisakte erreicht. – Der Einfluß des Werkes läßt sich kaum abgrenzen: er reicht vom Neukantianismus, der phänomenolog. Fundamentalontologie und den Anfängen der strukturalist. Sprachwissenschaft bis zu den Problemstellungen der gegenwärtigen Sprachphilosophie und kognitiven Psychologie. Die Affinität mit der sprachanalyt. Philosophie der Gegenwart und die Zurückweisung des in Husserls späterem Denken entwickelten phänomenolog. Idealismus haben neues Interesse an diesem frühen Hauptwerk geweckt.

Ausg.: Gesammelte Werke, Husserliana Bd. XVIII–IXX, 1975–1984.

Lit.: R. SCHÉRER, La phénoménologie des Recherches Logiques de Husserl, 1967. – E. TUGENDHAT, Der Wahrheitsbegriff bei Husserl und Heidegger, [2]1970. – R. SOKOLOWSKI, The Structure and Content of Husserl's Logical Investigations, in: Inquiry 14 (1971). – J. N. MOHANTY (Hg.), Readings on E. Husserl's Logical Investigations, 1977.

R. BERNET

Logische Untersuchungen (Der Gedanke. Eine logische Untersuchung, in: Beitr. Philos. Dt. Ideal., Bd. I, 2 (1918); Die Verneinung. Eine logische Untersuchung, in: ebd. Bd. I, 3/4 (1919); Logische Untersuchungen. Dritter Teil: Gedankengefüge, in: ebd. Bd. III, 1 (1923)), Gottlob FREGE; EA Göttingen 1966.

Die drei von Frege als ›erster, zweiter und dritter Teil‹ der *Logischen Untersuchungen* bezeichneten Aufsätze umfassen die Anfänge seiner letzten Logikdarstellung; die Folgeabhandlung – als Nachlaßfragment vorhanden (*Nachgelassene Schriften*, 1969) – trägt den Titel »Logische Allgemeinheit«. – Die erste Abhandlung befaßt sich mit der Bestimmung des Gedankens und der Wahrheitsfrage, liefert aber auch Einsichten zu ›Eigennamen‹ und Indikatoren, zur fiktionalen Rede, zur ›Sinnfärbung‹ von Gedanken und zum Übersetzbarkeitsthema. Der Fragesatz »Ist 3 größer als 5?« und der Behauptungssatz »3 ist größer als 5« drücken denselben Gedanken aus. Mit ersterem ist die Aufforderung verbunden, zur Wahrheit/Falschheit des Gedankens Stellung zu beziehen. Mit letzterem wird die Anerkennung der Wahrheit des Gedankens kundgetan; dafür ist die Wendung »es ist wahr« verzichtbar. Die Gedanken, denen urteilende oder fragende Bezugnahme unwesentlich ist, gehören weder der Innenwelt der Vorstellungen und Entschlüsse an noch der Außenwelt wahrnehmbarer Dinge, sondern sind zeitlose Gebilde eines ›dritten Reiches‹. Wahrheit/Falschheit sind Eigenschaften von Gedanken, die diesen ungeachtet ihres Fürwahrgehaltenwerdens zukommen. Der Ausdruck »wahr« gilt Frege als einzigartig und undefinierbar; gleichwohl wird seine Bedeutung durch die logischen Gesetze des Wahrseins entwickelt. Jedem Gedanken – so die zweite Abhandlung – ist seine Verneinung entgegengesetzt. Ist A wahr, so ist die Verneinung von A falsch, und umgekehrt. Ein Gedanke und seine doppelte Verneinung sind wahrheitswertgleich. Eine eigene verneinende Kraft ist überflüssig: statt einen Gedanken mit verneinender Kraft zu äußern, kann man seine Verneinung mit behauptender Kraft kundtun. – Die dritte Abhandlung untersucht im Ausgang von der Und-Verbindung und der Verneinung, wie »zwei Gedanken zu einem einzigen zusammengefügt werden«. So erhält man z. B. das hypothet. Gedankengefüge »Wenn B, so A« aus »A und B«, indem man zuerst A und sodann die entstandene Und-Verbindung verneint, also »nicht ((nicht A) und B)« bildet. – Die Fülle der meist schadlos von ihrem ontolog. Hintergrund lösbaren Einsichten beeinflussen bis zum heutigen Tag die sprach- und erkenntnisphilosoph. Debatte.

Lit.: G. PATZIG, Einleitung, in: G. Frege, Logische Untersuchungen, 1966. – D. A. BELL, Frege's Theory of Judgement, 1979.

G. SIEGWART

Logische Untersuchungen, Friedrich Adolf TRENDELENBURG; EA Berlin 1840.

In seinem Hauptwerk entwickelt Trendelenburg eine Logik und Metaphysik umfassende ›organ. Weltanschauung‹ mit dem Zweck, den Einzelwissenschaften eine einheitliche Grundlage zu schaffen. – Bezugspunkte bilden Platon, Aristoteles und Kant, dessen transzendentalen Ansatz Trendelenburg in einem nicht subjektivist. Sinne umdenkt. Dieses Programm grenzt sich im 1. Teil des Werkes gegen die Logikauffassung u. a. Herbarts und seiner Schule und gegen Hegels Dialektik ab. An jener kritisiert Trendelenburg die Trennung von Form und Inhalt, indem er zeigt, daß selbst die formalsten Denkgesetze aus ihrem Gegenstandsbezug zu begreifen sind. Der Dialektik wird die Intention unterstellt, aus der Selbstbewegung des voraussetzungslosen reinen Gedankens das Sein deduzieren zu wollen. Dies scheitere aber wegen der stillschweigenden Gebundenheit der logischen Bestimmungen an die sinnliche Anschauung, wie Trendelenburg an der Anfangskonstellation der Dialektik und an deren Begriff von Identität und Negation zu verdeutlichen sucht. Als logische Operatoren gedeutet, vermögen sie nämlich nicht, den dialekt. Fortgang zu befördern und zur inhaltlichen Erweiterung der Erkenntnis zu führen, sondern lediglich den durch die Anschauung gewonnenen Inhalten Festigkeit zu verleihen. Daraus schließt er im Rückgriff auf Aristoteles und insbes. auf Kants Begriff der Realrepugnanz, daß die von Hegel behauptete Selbstdifferenzierung des Denkens in Wahrheit auf einer Vermischung von logischer Verneinung und realer Opposition bzw. Kontradiktion und Kontrarietät beruht. Zur positiven Bestimmung des Verhältnisses von Sein und Denken muß für Trendelenburg durch die genet., d. h. analyt.-deskriptive, Methode eine ihnen gemeinsame ursprüngliche Tätigkeit gesucht werden. Die Bewegung erfüllt diese Vermittlungsfunktion in zweifachem Sinn: als Grundphänomen der Natur und als ›konstruktive Bewegung‹ des aufnehmenden Bewußtseins. Auf dieser Grundlage werden die Begriffe von Raum und Zeit – die also, anders als bei Kant, der Bewegung nachgeordnet sind –, die aprior. Gegenstände der reinen und angewandten Mathematik, die Materie und die realen Kategorien (Kausalität, Substanz, Quantität, Qualität, Maß, Ganzes-Teile und Wechselwirkung) systemat. entwickelt. Durch die zweckgerichtete Tätigkeit der konstruktiven Bewegung erschließt sich weiter die Möglichkeit, unter der mechan. Kausalität die inneren Zweckzusammenhänge des organ. Seins zu erfassen und somit die realen Kategorien teleolog. umzudeuten. Damit steht Trendelenburg in deutlichem Gegensatz zu Schopenhauer und Darwin. Im ethischen Bereich macht der Zweck das Prinzip des freien Willens aus. Die Korrelation von Seins- und Denkformen wird im 2. Teil durch die Herleitung der Modalkategorien und der Urteils- und Schlußformen belegt, so daß etwa der Tätigkeit das Urteil, der Substanz der Begriff, dem Realgrund der Mittelbegriff des Schlusses entspricht. Am Leitfaden des Prinzips der Bewegung bzw. des Zweckes baut sich das System der Wissenschaften auf, deren Sequenz die auseinander hervorgehenden Stufen der Erkenntnis, nämlich die mathemat., physische, organ. und ethische, bilden. Jede Einzelwissenschaft bestimmt die allgemeinen Denkformen nach ihrem spezifischen Objekt. Das System gipfelt in der Idee des Absoluten, das sich mit den begrenzten Kategorien nicht direkt, sondern nur durch Analogie begreifen läßt. Darum haben die Beweise der Existenz Gottes, die ausführlich erörtert werden, eigentlich keine Beweiskraft. Praktisch im Gemüt gegenwärtig, wird das Unbedingte theoretisch zum Grenzbegriff. – Das Werk übte einen bedeutenden Einfluß u. a. auf Brentano, Cohen, Dilthey, R. Eucken, F. Überweg und die Neuscholastiker O. Willmann und G. von Hertling aus. Trendelenburgs Hegel-Kritik wurde von Feuerbach und Kierkegaard aufgegriffen und bewirkte eine Reform der Dialektik durch K. Fischer, B. Spaventa und G. Gentile.

Ausg.: ^{3}1870 (Repr. 1964).
Lit.: J. Schmidt, Hegels Wissenschaft der Logik und ihre Kritik durch Adolf Trendelenburg, 1977. – K. Ch. Köhnke, Entstehung und Aufstieg des Neukantianismus. Die deutsche Universitätsphilosophie zwischen Idealismus und Positivismus, 1986.

F. Longato

Logos katēchētikos ho megas (gr.; lat.: *Oratio catechetica magna; Die große katechetische Rede*), Gregor von Nyssa, entst. um 385; ED Paris 1615; dt. 1850.

Die wichtigste dogmat. Schrift des Autors bietet eine für die christlichen Lehrer bestimmte Begründung und Verteidigung der christlichen Hauptdogmen gegen Häretiker, Juden und Heiden. Während der 1. Teil (Kap. 1–4) den einen Gott in drei Personen behandelt, erläutert der umfassende 2. Abschnitt (Kap. 5–32) Sünde, Menschwerdung und Erlösung durch Jesus Christus, bevor der abschließende 3. Teil (Kap. 33–40) die Hauptsakramente Taufe und Eucharistie bespricht. Insgesamt wird die biblische Beweisführung durch die philosoph. Argumentation deutlich in den Hintergrund gedrängt; die positive Darlegung der Lehre überwiegt polem. Züge.

Ausg.: Dt., von J. Barbel, 1971.
Lit.: J. H. Srawley, The Manuscripts and Text of the ›Oratio Catechetica‹ of St. Gregory of Nyssa, in: The Journal of Theolog. Studies 3 (1902).

H. Frohnhofen

Ludwig Feuerbach und der Ausgang der klassischen deutschen Philosophie, Friedrich Engels; ED Stuttgart 1886 (in: Die Neue Zeit 4, H. 415); EA Stuttgart 1888 (rev. Sonderdruck).

Die Geschichte der nachhegelschen Philosophie soll zeigen, daß die Arbeiterbewegung die legitime Erbin der deutschen Philosophie ist. – Die philosoph. Grundfrage ist die nach der Priorität von Geist oder Sein, und deshalb ist jede Philosophie entweder materialist. oder idealist. Feuerbach wandte sich zurecht von Hegels idealist. System ab, aber er verwarf auch dessen dialekt. Methode, die das eigentlich Revolutionäre in Hegels Denken ist, weil sie die Wahrheit als Prozeß versteht. Deshalb mußte Feuerbachs Auffassung vom Menschen und der Natur abstrakt und unhistor. bleiben. Erst Marx, der das ›Rationelle‹ der dialekt. Methode bewahrte, konnte in allen Bereichen des Wissens mit der ›materialist. Weltanschauung‹ ernstmachen. Er entdeckte die innere Gesetzmäßigkeit des Geschichtsverlaufs und wies nach, daß die scheinbar polit. Klassenkämpfe ökonom. bedingt sind, weil Staat und Recht, ja auch Philosophie und Religion letztlich von den materiellen Daseinsbedingungen abhängen. Die materialist. Auffassung der Geschichte und die dialekt. Auffassung der Natur, die durch die grundlegenden Entdeckungen der modernen Naturwissenschaften bestätigt wird, machen ein philosoph. Weltbild unnötig. – Obwohl Engels hier an die Stelle der Philosophie eine wissenschaftliche Weltanschauung setzen will, bildet dieser Aufsatz eine wichtige Etappe auf dem Weg zum philosoph. System des Dialekt. Materialismus im Marxismus-Leninismus.

Ausg.: K. Marx/F. Engels, Werke, Bd. XXI, 1962.

H. Scheit

Lysis (gr.), Platon, entst. nach 399 v. Chr.; ED Florenz o. J. (ca. 1482–1484; lat., übers. von M. Ficino); Venedig 1513 (gr., hg. von E. Musuros); dt. 1786 übers. von J. F. Kleuker.

Das Werk gehört zu den ›frühen‹ Dialogen, in denen aus einer bestimmten Situation heraus nach dem Wesen einer Tugend gefragt wird (vgl. → *Euthyphrōn*, → *Lachēs*, bes. → *Charmidēs*). Der *Lysis*, dessen Thema: Freundschaft/Liebe dann in ganz anderer Form → *Phaidros* und insbes. → *Symposion* wiederaufnehmen, ist in sich außerordentlich diffizil; er argumentiert mit offensichtlichen Fehlschlüssen und Zweideutigkeiten und endet aporet. im Unvermögen, das dem Menschen ›von Natur Angehörige‹, von dem sich gezeigt hat, daß es notwendig geliebt werden muß, zu bestimmen. Die innere, nicht bloß ›erist.‹ Schwierigkeit der Diskussion ergibt sich aus der fraglichen Tugend selbst: Sie bedeutet ihrem Wesen nach ein Verhältnis (zu einem anderen) und wirft insofern die Frage nach dem Worum-willen der (Lebens-) Praxis auf andere und tiefere Weise auf als in der üblichen Tugendfrage. Vermittelt über die Fragen nach Freundschaft zwischen Ähnlichen oder Entgegengesetzten (zusätzlich durch die Kriterien von Gut/Böse kompliziert) bringt der *Lysis* das Problem der Bestimmung des Worum-willen genau zum Ausdruck: »Dem also, welchem wir in Wahrheit freund sind, sind wir es nicht um eines anderen willen, dem wir auch freund sind.« Die Freundschaft zu einem anderen Menschen vertritt die Freundschaft zum Wahren, stellt diese dar und hat in dieser ihren eigentlichen Grund. Insofern der Dialog dieses Verhältnis im Begriff der Parusie (Gegenwart) des Wahren deutet, ist er für die frühe Ideenlehre von Wichtigkeit.

Ausg.: Platonis Opera, hg. von H. Stephanus, Bd. II, 1578, 203–223. – Platonis Opera,

hg. von J. BURNET, Bd. III, 1903 (Repr. 1965). – Gr./Dt., Studienausgabe, Bd. I, 1977.
Lit.: W. BEGEMANN, Plato's Lysis [niederländ.], 1960. – D. BOLOTIN, Plato's Dialogue on Friendship, 1979.

J. JANZTEN

Mabādi' ārā' ahl al-madīna al-fāḍila (arab.; *Grundzüge der Ansichten der Bürger der vollkommenen Stadt*), Abū Naṣr Muḥammad ibn Muḥammad ibn Tarkhān ibn Awzalugh (bzw. Uzlag) AL-FĀRĀBĪ, entst. ca. 941–948; ED Leiden 1895 (hg. von Fr. Dieterici); dt. 1900 Der Musterstaat.

Das in 19 Kap. gegliederte Werk, das wohl kurz vor dem Tod seines Verfassers (950) abgeschlossen und veröffentlicht wurde, gehört zu den sog. ›polit.‹ Traktaten al-Fārābīs, stellt aber eigentlich die letzte und reifste Summe seines Denkens dar. – Im Rahmen einer durch die neuplaton. Emanationsmetaphysik und die islam. Theologie inspirierten prophet. Philosophie wird das Problem des ethischen und polit. Zusammenlebens behandelt, das in der neuplaton. Tradition in den Hintergrund gerückt war. Dabei greift al-Fārābī, der sonst (vor allem in seiner Abhandlung *Die Harmonie zwischen den Ansichten des göttlichen Platon und des Aristoteles*) die Philosophien von Platon und Aristoteles in Einklang zu bringen versucht, ausdrücklich auf Platons → *Politeia* und insbes. auf die Lehre der Philosophen-Könige zurück und steht damit in der Tradition des polit. Platonismus. Gemäß dem neuplaton. Ableitungssystem setzt die in einer allgemeinverständlichen Sprache geschriebene Abhandlung bei der supralunaren, unveränderlichen Welt an, also bei der ersten Ursache (Gott, das Eins) und den himmlischen Realitäten der Idealwelt (Kap. 1–3), und fährt dann mit der sublunaren Welt, der das Entstehen und Vergehen eigen sind, fort (Kap. 4–9); es fällt dabei auf, daß al-Fārābī weniger auf wissenschaftliche Fragen der Astronomie und Naturphilosophie eingeht als vielmehr die Harmonie und gerechte, hierarch. Ordnung des Alls herausstellt. In einem weiteren wichtigen Teil befaßt sich al-Fārābī mit dem Wesen des Menschen: Hauptthemen sind die physische Beschaffenheit des Menschen und dessen sittliche Haltung (Kap. 10–14), insbes. das Verhältnis von Körper und Seele (Kap. 10–12), der menschliche Intellekt und dessen Vermögen (Kap. 13) sowie die Visionsfähigkeiten der Seele (Kap. 14). In der Ethik setzt sich al-Fārābī vom Determinismus der islam. Tradition ab und betont die Wahlfreiheit des Menschen zwischen Gut und Böse. Kern der Darstellung sind die Kapitel über Organisation und Struktur des polit. Zusammenlebens (Kap. 15–17), in dem allein der Mensch zu seiner vollkommenen Entfaltung kommen kann. Dabei stellt al-Fārābī das Ideal der ›vollkommenen Stadt‹ (deren Hauptgestalt der Imām-Prophet ist) auf und kritisiert deren Abartungen (Kap. 15), geht auf das Schicksal der Seelen der Bürger der verschiedenen Staatsformen nach deren Tod ein (Kap. 16) und erläutert den Unterschied zwischen der Philosophie (d. h. natürlicher Theologie), dem religiösen Symbolismus und der dialekt. Theologie (Kap. 17). Ein letzter Teil (Kap. 18–19) setzt sich ausführlich mit falschen und irreleitenden Anschauungen auseinander, wobei al-Fārābī offensichtlich Zeitkritik übt. – Während das Werk in der islam. Welt sehr verbreitet war, wurde es im Abendland – nicht zuletzt durch das Ausbleiben latein. Übersetzungen von al-Fārābīs polit. Schriften, die für das christliche Mittelalter wohl kaum von Interesse sein konnten – erst im vorigen Jh. durch die Forschung von M. Steinschneider und Fr. Dieterici bekannt.

Ausg.: Arab./Engl., hg. von R. WALZER, 1985.

Lit.: M. STEINSCHNEIDER, Al-Farabi, des arab. Philosophen Leben und Schriften, 1869 (Repr. 1966). – L. STRAUSS, Quelques remarques sur la science politique de Maimonide et de Farabi, in: Rev. étud. juiv., 100 (1936). – H. K. SHERWANI, Al-Farabis Political Theories, in: Islamic Culture, 12 (1938). – F. NAJJAR, Farabi's Political Philosophy and Schi'ism, in: Studia Islamica 14 (1961).

F. VOLPI

Magiae naturalis sive de miraculis rerum naturalium libri III (lat.; *Drei Bücher von der natürlichen Magie oder von den Wundern der Naturdinge*), Giambattista DELLA PORTA; EA Neapel 1558, 2. auf 20 Bücher erweiterte und neu überarbeitete Ausg. Neapel 1558; dt. 1680 Magia naturalis, oder Haus-, Kunst- und Wunderbuch (2 Bde.).

Dieses Lehrbuch der ›natürlichen Magie‹ – im Unterschied zur ›teuflischen‹ – ist vom Autor als theoret. und praktische Krönung der Naturphilosophie verstanden worden. Magie ist das Handeln der Natur selbst, deren durchgehende Beseeltheit (Animismus) sich in Sympathie und Antipathie, Anziehung des Verwandten und Abstoßung des Fremden als den elementarsten Erklärungsprinzipien äußert. Der Wissende vollendet die (magischen) Naturvorgänge durch seine Kenntnis der beseelten Zusammenhänge; er vereint alle Wissensgebiete in seiner Person als Philosoph, Arzt, Mathematiker und Astrologe, die Alleinheitslehre fußt auf zahllosen Analogien. In der 2. Ausgabe finden sich auch eine Widerlegung der Dämonologie und des Hexenglaubens, ein Traktat über den Magnetismus und die berühmten Beobachtungen über die von della Porta entdeckte ›camera obscura‹. – Das Werk machte den Autor zu einer europäischen Berühmtheit; vielfach übersetzt, inspirierte es noch F. Bacon im *Novum organum* (→ *Instauratio magna)*.

Lit.: F. GARIN, Magia e astrologia nella cultura del Rinascimento, in: Belfagor 1950.

H.-B. GERL

Man and the State (engl.; *Der Mensch und der Staat*), Jacques MARITAIN; EA Chicago 1951.

Das polit.-philosoph. Buch stellt die theoret. Grundlage dar, auf der Maritains Beitrag zur Allgemeinen Erklärung der Menschenrechte basiert. Er erörtert die klassischen Problemstellungen der polit. Philosophie und rechtfertigt die Demokratie als das polit. System, in dem die Achtung vor dem Menschen als Person die beste Verwirklichung findet. Hervorgehoben wird die Unterscheidung zwischen polit. Gesellschaft (die Gesamtheit aller Personen, die zusammenarbeiten, um das Gemeinwohl zu verwirklichen) und Staat (der ihr untergeordnet ist, und dem die polit. Gesellschaft die Ausübung der Macht anvertraut). Der Staat wird als Mittel und nicht als Ziel betrachtet; die Demokratie braucht Maritain zufolge eine Vertretung, innerhalb der Demokratie müssen die Mittel moral. vertretbar und dem Ziel des Gemeinwohls angemessen sein. In bezug auf die neuzeitliche Philosophie kritisiert Maritain den Gedanken der Souveränität, indem er die Bildung einer weltbürgerlichen polit. Gesellschaft und die Überwindung des Nationalstaats verficht. – Einige Dokumente des zweiten Vatikanischen Konzils und der päpstlichen Lehre haben Motive dieser polit. Philosophie aufgenommen.

Lit.: H. BARS, La politique selon J. Maritain, 1961.

A. DA RE

Manifest der Kommunistischen Partei, Karl MARX/Friedrich ENGELS; EA London 1848.

Das Werk, das mit der Parole endet: »Proletarier aller Länder, vereinigt euch!«, ist in vier Abschnitte gegliedert: im ersten Abschnitt »Bourgeois und Proletarier« wird dargelegt, daß die bisherige Geschichte von Klassenkämpfen im Zusammenhang mit der Entwicklung von Produktivkräften und Produktionsverhältnissen geprägt ist, daß die Herrschaft der Bourgeoisie mit Krisen verbunden ist und zur Organisation der Proletarier als Klasse und dadurch zu ihrem Untergang führt. Im zweiten Abschnitt »Proletarier und Kommunisten« wird deren Verhältnis so bestimmt, daß die Kommunisten praktisch »der entschiedenste, immer weitertreibende Teil der Arbeiterparteien aller Länder« sind und theoret. »vor der übrigen Masse des Proletariats die Einsicht in die Bedingungen, den Gang und die allgemeinen Resultate der proletarischen Bewegung« voraus haben. Die Kommunisten können »ihre Theorie in dem einen Ausdruck: Aufhebung des Privateigentums, zusammenfassen«. Nachdem das Proletariat die polit. Macht errungen und seine eigene Herrschaft als Klasse aufgehoben hat, verschwinden die Klassen überhaupt (sowie die feindliche Stellung der Nationen gegeneinander). Im dritten Abschnitt wird die »Sozialistische und kommunistische Literatur« kritisiert, und zwar »Der reaktionäre Sozialismus« in drei Formen, dann »Der konservative oder Bourgeoissozialismus« und schließlich »Der kritisch-utopische Sozialismus und Kommunismus«. Im vierten Abschnitt wird die »Stellung der Kommunisten zu den verschiedenen oppositionellen Parteien« mit den Worten zusammengefaßt: »... die Kommunisten unterstützen überall jede revolutionäre Bewegung gegen die bestehenden gesellschaftlichen und politischen Zustände.« – Die Schrift bildet den Abschluß und Höhepunkt der Entwicklung des frühen Marx und Engels und leitet als grundlegendes Programm des wissenschaftlichen Sozialismus und Kommunismus eine neue Etappe der internationalen Arbeiterbewegung ein.

Ausg.: K. MARX/F. ENGELS, Hist.-kritische Gesamtausgabe: Werke, Schriften, Briefe, Abt. 1, Bd. VI, 1970.

Lit.: J. EVER, Die polit. Fibel des Marxismus. Eine Jubiläumsbetrachtung über das kommunist. Manifest, 1848-1948, 1948. – D. A. DRENNEN, K. Marx' ›Communist Manifest‹. A Full Textual Explication, 1972. – M. COSSA, Il manifesto del partito comunista. Guida per la lettura dell' intero Marx, 1978.

E. TREPTOW

Maqāṣid al-falāsifah (arab.; *Die Absichten der Philosophen*), AL-ĠAZZĀLĪ (eigtl. Abu Hamīd Muhammad ibn Muhammad al-Tusī), entst. 1094; ED Venedig 1506 (lat. u. d. T.: *Logica et philosophia Algazelis Arabis*, Übers. der ersten zwei Teile von Dominicus Gundissalinus).

Das Werk ist eine Paraphrase von Avicennas persischen *Dānišnāmah*, einem Kompendium seiner neuplaton. Philosophie mit Logik, Metaphysik und Physik, das zum einen die Ouvertüre zu den *Widersprüchen der Philosophen* (→ *Tahāfut al-falāsifah*) darstellt, zum andern erstmalig in der sunnit. Theorie die aristotel. Logik als Instrument theolog. Auseinandersetzung insbes. mit den Fatimiden einsetzt. Die Logik der *Maqāṣid* enthält zwei Kapitel, die der Einleitung des Porphyrios zum aristotel. Organon und der Kategorienschrift entsprechen, es folgen drei weitere (= Hermeneutik und Analytiken). Die Metaphysik unterteilt sich ebenfalls fünffach in: 1. Ontologie, 2. und 3. Theologie des seinsnotwendigen Gottes und seiner Eigenschaften, 4. metaphysica specialis, 5. Kosmogonie. Die Physik behandelt 1. die physische Welt als solche, 2. die einfachen Körper, 3. die zusammengesetzten Körper, 4. die Seele von Pflanze, Tier und Mensch. – Die Schrift war im latein. Mittelalter über eine toledan. Übersetzung bald bekannt. Allerdings mißdeutete man den Autor als Anhänger Avicennas. Die *Maqāṣid* waren auch den Juden wohlvertraut.

Ausg.: Arab./Dt., 1888 (nur Teil I, 1-2: Logik).
Lit.: Ch. Lohr, Logica Algazelis – Introduction and Critical Text, in: Traditio 21 (1965).

E. Meyer

Materializm i Émpiriokriticizm. Kritičeskie zametki ob odnoj reakcionnoj filosofii (russ.; *Materialismus und Empiriokritizismus*. Kritische Bemerkungen über eine reaktionäre Philosophie). Wladimir I. Lenin; EA Moskau 1909 (unter dem Pseudonym Vl. Il'in); dt. 1927.

Die Kritik Lenins am Empiriokritizismus von Avenarius, Mach und deren Schule (als moderne Spielart des subjektiven Idealismus und Agnostizismus) präzisiert die Grundlagen des dialekt. Materialismus. Anlaß war der zunehmende Einfluß des Empiriokritizismus insbes. auf die Arbeiterbewegung selbst (Bogdanov, Lunačarskij usw.) und der durch ihn geförderte Revisionismus der politischen Praxis. Die Priorität des Seins vor dem Bewußtsein sowie die grundsätzliche Erkennbarkeit der Welt vorausgesetzt, stellen Kausalität eine objektive Gesetzmäßigkeit, Raum und Zeit objektive Existenzformen der Materie und Notwendigkeit die materielle Bedingung menschlicher Freiheit dar. Bewußtsein ist das höchstentwickelte Produkt der Materie. Sinnliche und rationale Erkenntnis spiegeln die objektive Realität wider, nicht als mechan. Reflex, sondern im aktiven Prozeß der Aneignung. Die Praxis ist nicht nur Ausgangs- und Endpunkt der Erkenntnis, sondern auch Kriterium der Wahrheit. In Ablehnung des Relativismus wie auch der Verabsolutierung der Wahrheit wird Erkenntnis als unendliche Annäherung des Denkens an das Sein gefaßt, in deren Verlauf sich die ›Dinge an sich‹ in ›Dinge für uns‹ verwandeln. – Mit dem Sieg der Oktoberrevolution und der Entwicklung des Sozialismus hat Lenins Werk weltweite Verbreitung gefunden. Es stellt mit den Werken von Marx und Engels die theoret. Grundlage des Marxismus-Leninismus dar.

Ausg.: Werke, Bd. XIV, 1962ff.
Lit.: I. Fetscher, Von Marx zur Sowjetideologie, 1962.

K. Lotter

Mathēmatikē syntaxis (gr.; *Mathematische Zusammenstellung*), seit den lat.-arab. Übersetzungen des 12. Jh.s: *Almagestum*, Klaudios PTOLEMAIOS, entst. zwischen 127 und 141; ED Venedig 1515 (lat.); Basel 1538 (gr.); dt. 1912/13 Handbuch der Astronomie.

Das Werk wurde seit dem 3. Jh. auch *Megalē syntaxis* (gr.; Große Zusammenstellung) und später *Megistē* (sc. syntaxis; gr.; Größte Zusammenstellung) genannt (in arab. Umschrift: almaǧistī). Mit ihm schuf Ptolemaios das bis ins 17. Jh. maßgebliche Handbuch der mathemat. geozentr. Astronomie, dessen theoret. Grundlagen und ausgewählte Daten (nur geringfügig modifiziert) über einen Zeitraum von fast 1500 Jahren für die Berechnung astronom. Tafelwerke zur Vorherberechnung der Örter von Sonne, Mond und (den fünf kanon.) Planeten gültig blieben. Zugrundegelegt wurde das durch die Physik des Aristoteles begründete geozentr. Weltbild mit der kugelförmigen, im Zentrum ruhenden Erde und einer sphärischen Begrenzung des Universums durch die Fixsternsphäre, deren Durchmesser Ptolemaios in den *Hypotheses planetarum* (entst. um 150 n. Chr.) mit knapp 20 000 Erddurchmessern bestimmt. Die zum Teil auf Hipparchos und Apollonios von Perge zurückgehende mathemat. Theorie weicht dagegen von der aristotel. Himmelsphysik ab und galt demgemäß als bloße mathemat. Hypothese zur ›Rettung der Phänomene‹: Nur eine Kombination der Rotationsbewegungen von ausschließlich konzentr. Sphären hätte der Physik entsprochen; die mathemat. Theorien kombinierten dagegen für die Beschreibung der Planetenbewegungen exzentr. und epizykl. Kreise. Als Rudiment der Physik bestand für sie allein die Forderung nach Gleichförmigkeit dieser Kreisbewegung: Die ungleichförmigen Bewegungen der Planeten galten als nur von der Erde aus so erscheinend. Ziel der Astronomie war die Rettung dieser scheinbaren Ungleichförmigkeiten (Phänomene) durch die Zerlegung in gleich- und kreisförmige Bewegungskomponenten, was für Ptolemaios allerdings nur dadurch erreichbar war, daß er den Mittelpunkt des den Planeten herumführenden Epizykels auf dem exzentr. Trägerkreis nicht mit gleichförmiger Lineargeschwindigkeit, sondern mit gleichförmiger Winkelgeschwindigkeit bezüglich eines Ausgleichspunktes umlaufen ließ. Die Bewegung auf dem Trägerkreis selbst erfolgte daraufhin ungleichförmig. Dieser Verstoß gegen die astronom. Prinzipien wurde bereits von Zeitgenossen kritisiert und führte immer wieder zu Versuchen, die der Physik widersprechende Ausgleichsbewegung aus der mathemat. Astronomie zu eliminieren. Auch der Versuch des N. Copernicus, die Geozentrik durch eine Heliozentrik zu ersetzen, steht in dieser Tradition, während J. Kepler dazu dann wieder auf die Ausgleichsbewegung zurückgriff, sie aber aufgrund einer neuen Physik mittels seines Zweiten Gesetzes als tatsächlich und notwendig ungleichförmige Bewegung deutete. Bis zu diesem Umbruch in der Astronomie hatte das Werk ihr jedoch trotz aller prinzipiellen Kritik fast uneingeschränkt zugrunde gelegen.

Ausg.: Syntaxis mathematica, hg. von I. L. HEIBERG, 1898-1903 (2 Bde). – Dt., Handbuch der Astronomie, übers. und erl. von

K. MANITIUS [1912-13], Berichtigungen von O. NEUGEBAUER, 1963 (2 Bde.).
Lit.: P. KUNITZSCH, Der Almagest. Die Syntaxis mathematica des Cl. Ptolemäus in arab.-lat. Überlieferung, 1974. – O. NEUGEBAUER, A History of Ancient Mathematical Astronomy, 1975.

F. KRAFFT

Matière et mémoire. Essai sur la relation du corps à l'esprit (frz.; *Materie und Gedächtnis*. Abhandlung über die Beziehung des Körpers zum Geist), Henri BERGSON, EA Paris 1896, dt. 1908.

Die Relation zwischen Geist und Materie wird in dieser Schrift sowohl als dualist. wie auch als den Dualismus überwindende Beziehung dargelegt. Durch die Einführung des Begriffes ›Bild‹ will Bergson die Schwierigkeiten bewältigen, in die eine realist. ebenso wie eine idealist. Philosophie geraten muß. Nach einer erkenntnistheoret. Betrachtung des Begriffs Materie als einer Gesamtheit von Bildern, die zwischen dem realist. Ding und der idealist. Vorstellung angesiedelt sind, plädiert Bergson für eine objektive, von unseren Empfindungen unabhängige materielle Welt, die mehr ist als das aktuell Gegebene, aber nichts andersgeartetes. An ausgezeichneter Stelle hinsichtlich der Wechselbeziehung zwischen Materie und Geist steht das Gedächtnis, wobei zwei Weisen der Gedächtnisleistung zu unterscheiden sind: Das mechan. Gedächtnis ist als eine Art ›körperlicher‹ Gewohnheit zu interpretieren und vom reinen Gedächtnis abzuheben, das meine Vergangenheit als Ganzes ›aufbewahrt‹ und gerade darum der Zeit als Dauer korrespondiert. Das Gehirn – weit davon entfernt, eine Art Träger oder Ursache des Bewußtseins zu sein – dient als Vermittler zwischen Empfindung und Bewegung; der Körper hat die Funktion, das Gedächtnis auf die Wirklichkeit zu richten und es mit der Gegenwart in Verbindung zu bringen bzw. das Leben des Geistes auf die Zwecke der Tätigkeit zu lenken. Seele und Leib dürfen nicht vom Gesichtspunkt der Teilbarkeit des Körperlichen und der Unausgedehntheit der Seele aus begriffen werden, sondern müssen ›zeitlich‹ unterschieden werden. Der Schnittpunkt ihres Zusammenspieles ist die Handlung. Ebensowenig wie gehirnphysiolog. Prozesse das Bewußtsein oder das Denken determinieren, können Wahrnehmung und Gedächtnis auf derartige Prozesse zurückgeführt werden. Das mit der Dauer gekoppelte reine Gedächtnis verweist auf eine Selbstständigkeit des Geistes, der wiederum qua Handlung auf den Leib zurückwirkt. Der Geist entnimmt der Materie die Wahrnehmung und gibt sie als Bewegung zurück, einer Bewegung, welcher der Stempel der Freiheit aufgedrückt ist.

Ausg.: Materie und Gedächtnis und andere Schriften, 1964.
Lit.: T. HANNA (Hg.), The Bergsonian Heritage, 1962. – A. E. PILKINGTON, Bergson and His Influence. A Reassessment, 1976.

P. KAMPITS

Meaning and Necessity. A Study in Semantics and Modal Logic. (engl.; *Bedeutung und Notwendigkeit*. Eine Studie zur Semantik und modalen Logik), Rudolf CARNAP; EA Chicago/Toronto/London 1947; dt. 1972.

Carnap erweitert seine frühere syntakt. Arbeitsweise (vgl. → *Logische Syntax der Sprache*) zu einer semant. Sprachanalyse, die es erlaubt, den Aspekt sprachinternen Bedeutungsverstehens von demjenigen wahrheitsbestimmenden Tatsachenbezugs zu trennen. – Der erkenntnistheoret. zentrale Wahrheitsbegriff konnte nicht widerspruchsfrei in syntakt. kalkülisierten Sprachen definiert werden. Präzisiert durch A. Taski (vgl. → *Pojecie prawdy ...*) wurde er zur Grundlage der logischen Semantik. In ihrem Rahmen analysiert Carnap mit Hilfe des Begriffspaares ›Extension‹ und ›Intension‹ den von G. Frege verdeutlichten Unterschied zwischen Sachbezug und Sinn eines Sprachausdrucks (vgl. → *Über Sinn und Bedeutung*). Den elementaren Sprachzeichen / ›Designatoren‹, also den Individuenausdrücken, den Prädikatoren bzw. Sätzen (Satzsymbolen) werden als Extensionen Gegenstände/Individuen, Gegenstands-Klassen bzw. Wahrheitswerte und als Intensionen Individuenbegriffe, Eigenschaften bzw. Propositionen zugeordnet. Die Bestimmungen für Wahrheit bzw. (tatsachenunabhängige logische) L-Wahrheit eines Satzes gestatten die Definition der Äquivalenz bzw. L-Äquivalenz von Designatoren als Identitätsbedingungen der semant. Entitäten: äquivalente Designatoren haben dieselben Extensionen, L-äquivalente dieselben Intensionen. Bedeutungswissen bezieht sich primär auf Intensionen, denen eindeutig Extensionen entsprechen; nur im empirieunabhängigen ›analyt.‹ Fall legen die semant. Regeln allein die Extension fest. Dies repräsentiert der Begriff der L-Determiniertheit von Designatoren, eine Verallgemeinerung der L-Determiniertheit (L-Wahrheit bzw. L-Falschheit) von Sätzen. Er ermöglicht die Rückführung der Extension L-determinierter Designatoren auf deren L-determinierte Intension. Da modale Kontexte sich als intensional erweisen, kommt die vorgeschlagene Methode der Bestimmung von Intension und Extension von Designatoren insbes. in der Logik der Modalitäten (Notwendigkeit, Möglichkeit) zur Anwendung. Carnap rechtfertigt sein Verfahren gegenüber der von der Namensrelation ausgehenden Bestimmung von Intension und Extension sprachlicher Ausdrücke, die zur Vermeidung einer Antinomie in intensionalen Kontexten Komplizierungen des Ausdrucksvorrats (G. Frege, A. Church) oder Beschränkungen der Sprachanalyse (B. Russell, Quine) erzwingt. – Der Ansatz des Werks wurde nicht allgemein weitergeführt, wichtige Überlegungen darin sind dennoch fester Bestandteil heutiger Semantik geworden.

Lit.: W. Stegmüller, Das Wahrheitsproblem und die Idee der Semantik, ²1977.

C. Ortner

Meaning in History. The Theological Implications of the Philosophy of History (engl.; *Weltgeschichte und Heilsgeschehen.* Die theologischen Voraussetzungen der Geschichtsphilosophie), Karl Löwith; EA Chicago/London 1949; dt. 1953.

In dem Werk verbindet sich der Nachweis biblischer und theolog. Quellen in den neuzeitlichen – angeblich aufklärer. – Geschichtsphilosophien mit einer scharfen Kritik an deren Vermengung vernunftmäßiger und glaubensmäßiger Denkelemente. – Von Anfang an setzt Löwith die neuzeitliche Verabsolutierung der Geschichte von der ›natürlichen‹ Weltsicht der Griechen, aber auch von der biblischen Distanzierung des

Weltgeschehens im Namen eines jenseitigen Anspruchs ab und läßt erkennen, daß er diese beiden Auffassungen für kompatibel hält. Zur Darstellung seiner Position führt er entscheidende Stufen der Herausbildung der abendländ. Geschichtsphilosophie vor – aber in umgekehrter Reihenfolge. Er setzt bei J. Burckhardt ein, bei dem er bereits einen ›philosoph. Verzicht auf Geschichtsphilosophie‹ feststellt, und geht über Marx, Hegel und Proudhon zu Comte, Turgot, Condorcet und Voltaire zurück, bei dem sich zum ersten Mal eine entschiedene, aber keineswegs konsequente Abkehr von der Theologie durchsetzt. Über die verschiedenen geschichtstheolog. Konzeptionen der Neuzeit, des Mittelalters und des Altertums gelangt Löwith zur ›biblischen Auslegung der Geschichte‹, bei der alle behandelten Auffassungen Anleihen machen – auch wenn sie die Weltfremdheit der biblischen Botschaft mehr und mehr zu versöhnen suchen. – Dieser method. fast rein histor. vorgehende Angriff auf den Historismus kommt zu Ergebnissen, die heute anscheinend allgemein akzeptiert sind.

Ausg.: Sämtliche Schriften, Bd. II (Weltgeschichte und Heilsgeschen), 1983.

W. Seitter

Die Mechanik in ihrer Entwicklung historisch-kritisch dargestellt, Ernst Mach; EA Leipzig 1883.

Das wissenschaftsphilosoph. Werk enthält eine Rekonstruktion der Geschichte der Mechanik, die die abstrakten Theorien der modernen Physik auf in der sinnlichen Wahrnehmung gründende, einfache Prämissen zurückführt. – Alle naturwissenschaftliche Erkenntnis läßt sich letztendlich auf Sinnesempfindungen zurückführen, da nur diese allein unzweifelhaft existieren. Ein aprior. Wissen, wie es z. B. bei der Konzeption des ›absoluten Raumes‹ bei Newton vorausgesetzt wird, lehnt Mach als eine durch die Erfahrung nicht begründbare Abstraktion ab. Erkenntnis ist nur über die Relationen zwischen Sinnesempfindungen möglich, so daß naturwissenschaftliche Konzeptionen ausschließlich innerhalb der Grenzen der Erfahrung Gültigkeit beanspruchen können, d. h. keinesfalls als ›absolut‹ zu betrachten sind. Sind aber die Empfindungen die eigentlichen Elemente der Welt, so verlangt es das Ökonomieprinzip der Wissenschaft, sich bei der naturwissenschaftlichen Theoriebildung nicht auf der Basis absolut gesetzter Abstraktionen von der natürlichen Anschauung als dem einzigen Kriterium wirklicher Erkenntnis hinwegführen zu lassen. – Die Auffassungen Machs haben die Relativitätstheorie Einsteins maßgeblich beeinflußt.

Ausg.: ^{9}1933 (Repr. 1976).

J. Monar

Medicina mentis sive artis inveniendi praecepta generalia (lat.; *Medizin des Geistes* oder allgemeine Vorschriften einer Kunst des Erfindens), Ehrenfried Walther von Tschirnhaus; EA Amsterdam 1687, ^{2}1695 Leipzig; dt. 1963.

Die methodolog. Schrift behandelt auf drei Ebenen (Ethik, Erkenntnistheorie, Logik) die Kunst der Entdeckung neuer Wahrheiten. Tschirnhaus unterscheidet Namenserkenntnis (Wortphilosophen), Behandlung der Schulmeinungen (histor. Betrachtung) und als höchste Stufe

Wirklichkeitserkenntnis (Sachphilosophen orientiert am Paradigma Mathematik/Physik). Er stellt die eigenen Forschungsneigungen in den Vordergrund. In der Nachfolge des analyt. Vorgehens Descartes und des artist. Methodenkonzeptes eines Petrus Ramus ändert er seine Forschungslogik unter dem Einfluß der Infinitesimalmethode Newtons und Leibnizens. Dadurch, daß er die traditionelle Trennung der Ciceronian. Topik in Inventio (Erfindung) und Judicium (Beurteilung) in eine Kunst geordneter Hervorbringung integriert, bereitet er ein Verständnis von Universalmethode als Emendation (›Verbesserung‹; Leibniz) und Kritik (Bayle, Kant) vor.

Ausg.: Repr. ([2]1695) 1964.
Lit.: Acta Historica Leopoldina 1, hg. u. eingeleitet von R. ZAUNICK, 1963.

B. IRRGANG

Meditationes de prima philosophia, in qua Dei existentia et animae immortalitas demonstrantur (lat.; *Meditationen über die Erste Philosophie, in der die Existenz Gottes und die Unsterblichkeit der Seele bewiesen werden*), René DESCARTES; EA Paris 1641; dt. 1904 Meditationen über die Grundlagen der Philosophie.

Das metaphys. Hauptwerk Descartes' dient der Rechtfertigung des Anspruchs objektiver Gültigkeit in bezug auf gegenständliche Urteile, vor allem im Bereich der Naturwissenschaft. Zu diesem Zweck bedarf es eines vollkommen sicheren Ausgangspunkts, der in der Gewißheit der eigenen Existenz als geistigem Wesen gefunden wird, ferner eines Beweises der denkunabhängigen Existenz einer materiellen Wirklichkeit und schließlich einer Begründung der Annahme, daß Urteile unter gewissen Umständen mit der Struktur der denkunabhängigen Wirklichkeit übereinstimmen. – In der ersten der sechs Meditationen wird gezeigt, daß alle Urteile über (reale oder ideale) Gegenstände prinzipiell in Zweifel gezogen werden können, weil wir unmittelbar nur Vorstellungsinhalte (Ideen, d. i. gleichsam Bilder von Dingen) gegenwärtig haben, nicht Objekte, von denen wir annehmen, daß sie gleichsam ›hinter‹ den Ideen vorhanden sind. Wenn man nur vollkommen sicheres Wissen akzeptiert, wie Descartes es tut, dann ist von der Annahme bewußtseinsjenseitiger materieller Dinge zunächst abzusehen. Darüber hinaus sind nach Descartes auch mathemat. Urteile zu bezweifeln, weil auch in diesem Fall nur Ideen, nicht die ihnen eventuell entsprechenden idealen Sachverhalte unmittelbar gegenwärtig sind. Auf diesen Aspekt des method. Zweifels hat Descartes mit der Metapher eines betrüger. Gottes bzw. eines bösen Dämons hingewiesen. Auch im extremen Zweifel kann nicht bezweifelt werden, daß Ideen gedacht werden und daß es somit ein denkendes Ich gibt (Med. II), dessen Wesen ausschließlich im Bewußtsein besteht und das sich im Zweifeln und Begehren als endlich erweist. Unter den Ideen finden sich einige, die weder als Wahrnehmungsideen noch als Phantasievorstellungen aufgefaßt werden können und daher als eingeboren gelten müssen. Eine solche Idee ist in erster Linie die eines absolut vollkommenen Wesens oder Gottes, deren Gehalt nur durch ein wirkliches absolut vollkommenes Wesen verursacht sein kann (Med. III). Als absolut vollkommenes Wesen kann Gott nicht täuschen wollen, d. h. er kann den Menschen nicht so geschaffen haben, daß er immer dann unweigerlich irrt, wenn er meint, etwas völlig gewiß zu erkennen. Da das dann der Fall ist, wenn aufgrund distinkter Begriffe geurteilt wird, dürfen alle Urteile, die diese Bedingung erfüllen, als objektiv gültig angesehen werden. Irrtümer entstehen nur dann, wenn aufgrund verworrener oder gar dunkler Begriffe geurteilt wird. In diesem Fall liegt die Verantwortung ausschließlich beim Urteilenden, nicht bei Gott (Med. IV). In Med. V wird die Ausdehnung als Wesen der materiellen Dinge bezeichnet, so daß die Physik als angewandte Geometrie erscheint. Da geometr. Begriffe distinkt sind, darf die objektive Gültigkeit der Physik grundsätzlich angenommen werden. (Med. V enthält auch einen weiteren Gottesbeweis, nämlich den von Kant als ›ontolog.‹ bezeichneten.) Die Physik kann allerdings nur sagen, daß ihre Sätze von materiellen Dingen wahr sein müssen, falls es sie gibt; ob es sie gibt, muß mit philosoph. Mitteln entschieden werden. Das geschieht in Med. VI, wo, ausgehend von der Tatsache, daß wir Empfindungen (von Farben, Tönen, Temperaturqualitäten usw.) haben, in denen wir uns als passiv erfahren, gefolgert wird, daß sie exogen sein müßten. Man darf jedoch nicht annehmen, daß die Dinge genau so sind, wie sie empfunden werden, da Empfindungen keine Erkenntnisfunktion, sondern lediglich praktische Orientierungsfunktion haben. In diesem Zusammenhang wird auch das Verhältnis von Körper und Geist bestimmt, nämlich im Sinne eines Kompositums, dessen Komponenten aber aufs engste miteinander verschmolzen sind. Das Problem der Unsterblichkeit spielt in dem Werk nur eine untergeordnete Rolle; diese Frage wie andere Themen der speziellen Metaphysik sind bereits nebensächlich geworden. – Das Werk wurde mehreren zeitgenöss. Philosophen und Theologen zur Stellungnahme vorgelegt, auf deren Einwände Descartes erwiderte; zusammen mit Einwänden und Erwiderungen handelt es sich um den besonderen Fall eines Werkes, in das Kritik und Abwehr der Kritik bereits einbezogen sind.

Ausg.: Oeuvres, hg. von CH. ADAM/P. TANNERY, 1897–1910, Bd. VII (lat.), Bd. IX/1 (frz.), (Repr. 1966). – Lat./Dt., hg. von L. GÄBE, ^{2}1977 (PhB 250 a).
Lit.: M. GUEROULT, Descartes selon l'ordre des raisons, 1953. – H. GOUHIER, La pensée métaphysique de Descartes, 1962. – W. RÖD, Descartes. Die Genese des Cartesianischen Rationalismus, 1964 (^{2}1982). – L. J. BECK, The Metaphysics of Descartes, 1965. – A. KENNY, Descartes. A Study of His Philosophy. 1968. – H. CATON, The Origin of Subjectivity, 1973. – J.-M. BEYSSADE, La philosophie première de Descartes, 1979. – J. L. MARION, Sur la théologie blanche de Descartes, 1981. – ders., Sur le prisme métaphysique de Descartes, 1986.

W. RÖD

Méditations Cartésiennes. Introduction à la phénoménologie (frz.; *Cartesianische Meditationen.* Eine Einleitung in die Phänomenologie), Edmund HUSSERL; EA Paris 1931; dt. 1950.

Diese zu den Spätwerken Husserls zählende und an Descartes' (→ *Meditationes de prima philosophia*) Meditationen anknüpfende einleitende Darstellung des Anfangs, der Methode und der Grundprobleme der Phänomenologie will durch eine radikale Entfaltung der Cartesian. Idee und Methode der Philosophie den Weg zum radikalen Neubeginn einer echten Philosophie weisen. – Das Ziel ist eine absolut vorurteilslose und apodikt. begründete Philosophie als universale Wissenschaft. Wie die Cartesian. Zweifelsbetrachtung zeigt, ist das Dasein der Welt nicht in apodikt. Evidenz gegeben. Es bedarf somit einer method. Einklammerung des Weltglaubens. Von dieser Einklammerung unberührt bleiben die von aller weltlichen Auffassung gereinigten cogitationes des transzendentalen ego. Die eigentlich philosoph. Stufe ist allerdings erst erreicht, wenn auch die transzendentale Erfahrung dieses ego und seiner cogitationes einer hier von Husserl nur geforderten apodikt. Kritik unterworfen würde. Die allgemeinste Strukturform des Bewußtseins wird durch das Schema ego-cogito-cogitatum bezeichnet. Im Rahmen dieser Strukturform gilt es sowohl die Konstitution aller Gegenstände und ihres wahrhaften Seins wie auch die Selbstkonstitution des ego verständlich zu machen. Husserl gibt einen Überblick über die Grundstrukturen und -formen des Bewußtseins und seiner konstitutiven Leistungen. Die Methode der phänomenolog. Forschung ist die der eidet. Deskription: Die Phänomenologie muß als intuitiv-aprior. Wissenschaft das Wesen eines transzendentalen ego überhaupt erforschen. Da die transzendentale Subjektivität alles erdenkliche Sein als ihr konstituiertes Gebilde umfaßt, erweist sich die Phänomenologie als transzendentaler Idealismus. Um aber den transzendentalphilosoph. Anspruch der Phänomenologie, die Objektivität des weltlichen Seins aus letzten Gründen verständlich zu machen, zu begründen, muß dem Einwand des Solipsismus, der sich an den egolog. Charakter der Phänomenologie knüpft, begegnet werden. Im Mittelpunkt von Husserls Theorie der Fremderfahrung in der umfangreichen fünften und letzten Meditation stehen die Reduktion auf die Eigensphäre des ego durch eine Ausschaltung aller Sinngehalte, die die Fremderfahrung voraussetzen, und die analogisierende Auffassung eines anderen Körpers als anderer Leib aufgrund seiner Ähnlichkeit mit meinem Leib. Die Anderen konstituieren sich in mir als Andere, und als transzendentale Intersubjektivität konstituieren wir gemeinsam die objektive Welt und fassen uns selbst auf als Menschen in der Welt. – Das Werk hat großen Einfluß auf die französ. Phänomenologie ausgeübt, ist es doch zu Lebzeiten Husserls nur in französ. Übersetzung, an der Lévinas mitwirkte, erschienen. Besondere Beachtung hat immer die fünfte Meditation mit Husserls Intersubjektivitätstheorie gefunden.

Ausg.: Gesammelte Werke, Husserliana Bd. I, [2]1963.

U. Melle

Memorabilien (Xenophon) → Apomnēmoneumata Sōkratus

Menexenos (gr.), Platon, entst. nach 399 v. Chr., ED Florenz o. J. (ca. 1482-1484; lat., übers. von M. Ficino); Venedig 1513 (gr., hg. von E. Musuros); dt. 1770 (in: Plutarchs moralische Schriften).

Der *Menexenos* – wegen seiner ›unplaton.‹ Form und Ausdrucksweise im 19. Jh. bisweilen für unecht erklärt (z. B. von E. Zeller) – gibt als Beispiel für rhetor. Kunst einen Epitaphios (Totenrede). Obgleich Sokrates bereits zwölf oder dreizehn Jahre tot ist, läßt Platon ihn eine Rede auf die athenischen Toten des Korinthischen Krieges vortragen (also nach dem Antialkidas-Frieden von 387 v. Chr., vgl. *Menex.* 245 e). Gegenüber dem jungen Menexenos, der ein Regierungsamt anstrebt, aber dafür einen Epitaphios zu halten hat, zeigt Sokrates, wie leicht eine solche Rede ist: Sie ist mit ihren Topoi schon immer fertig (Wohlgeborenheit der Toten, Verpflichtung der Lebenden usw.). – Inwiefern der *Menexenos* (als Totenrede) ernstzunehmen oder als Parodie der Rhetorik zu verstehen ist, ist in der Literatur umstritten. Zu beachten ist, daß die Rede zum Zeitpunkt des (mit dem Antialkidas-Frieden) vollendeten Niedergangs der athenischen Polis explizit die perikleische Rede von 431/30 (vgl. Thukydides II, 34 ff.) in Erinnerung ruft: Sokrates gibt vor, seine Rede von Aspasia (der Gefährtin des Perikles) übernommen zu haben – als dasjenige, »was dort übriggelassen wurde«.

Ausg.: Platonis Opera, hg. von H. Stephanus, Bd. II, 1578, 234-249. – Platonis Opera, hg. von J. Burnet, Bd. III, 1903 (Repr. 1968). – Gr./Dt., Studienausgabe, Bd. II, 1973.
Lit.: I. v. Löwenklau, Der platon. Menexenos, 1961.

J. Jantzen

Menōn (gr.), Platon, entst. nach 399 v. Chr.; ED Florenz o. J. (ca. 1482-1484; lat., übers. von M. Ficino); Venedig 1513 (gr., hg. von E. Musuros); dt. 1780.
Das Werk, mit dem Platons ›mittlere Periode‹ beginnt, kann als Einführung in seine Philosophie bezeichnet werden. Es setzt abrupt mit der Frage ein, ob Tugend lehrbar sei. Sie wird gestellt von Menon, einem Schüler des Gorgias: Die Sophistik ebenso wie der sog. gesunde Menschenverstand, den Anytos (ein Ankläger des Sokrates in der Apologie) repräsentiert, bilden den Hintergrund, von dem Philosophie sich abhebt. Sokrates stellt die prinzipielle Gegenfrage: *Was* ist Tugend? Gegenüber Menon, der die Frage nicht begreift, folgt, wie in den frühen Dialogen, eine Lehrstunde in ›Logik‹, die zugleich den Idee-Begriff zu erkennen gibt; Sokrates will das *eine*, wenngleich vielfach erscheinende Wesen (usia) eines Sachverhalts erkannt (nicht bloß nominal definiert) haben (instruktiv erläutert durch den Begriff der ›Gestalt‹). Aber anders als die frühen Dialoge führt der *Menon* in eine erkenntnistheoret. Reflexion; eröffnet wird sie mit der sophist. Frage, wie etwas gesucht werden kann, von dem man nicht weiß, was es ist. Die Antwort lautet, daß Suchen und Lernen ›*Erinnerung*‹ (anamnesis) ist (eine These, die ›Unsterblichkeit‹ der Seele voraussetzt, aber – wenn Erkenntnis begründet werden kann – auch beweist, vgl. → *Phaidōn*). Die These wird mit einem berühmten (u. a. von Descartes benutzten) Lehrstück bewiesen: Durch bloßes Befragen wird ein Diener zur Lösung (allerdings noch nicht zur Einsicht) eines mathemat. Problems geführt. Method. wird die so festgehaltene Möglichkeit von Erkenntnis in der *Hypothesis*-Methode, die wiederum von der Mathematik ausgeht, reflektiert (vgl. u. a. *Phaidōn*, → *Politeia*): Ein Sachverhalt wird über die Setzung und Prüfung einer Hypothese erkannt. Im Zusammenhang des Dialogs heißt dies, daß Tugend dann lehrbar ist, wenn sie Erkenntnis darstellt; die Untersuchung der Hypothese mündet in zwei widersprüchliche Sätze: (a) Tugend ist Erkenntnis

und darum lehrbar (wer gut ist, ist nicht von Natur gut); (b) es gibt keine Lehrer der Tugend (weil Tugend keine technē ist, die ihren Grund als Produkt außer sich hat), und darum ist sie nicht lehrbar. Eine Lösung der aporet. Situation (die Tugend vernunftlos und als zufällige, göttliche Schickung erscheinen läßt) wird durch eine neue erkenntnistheoret. Reflexion angezeigt: Nicht bloß Erkenntnis ist handlungsleitend, sondern auch richtige Vorstellung (doxa); aber sie muß durch Vernunft begründet (›gebunden‹) werden, und dies ist die Leistung der nicht-empir. Erinnerung, die einen Handlungsgrund vorstellt, den die Vernunft als Erkenntnis einzuholen hat, um die richtige Vorstellung zu begründen. Hierin liegt das Weitere, daß zunächst und prinzipiell nach dem Was und erst dann nach dem Wie (der Lehrbarkeit) zu fragen ist.

Ausg.: Platonis Opera, hg. von H. Stephanus, Bd. II, 1578, 70-100. – Platonis Opera, hg. von J. Burnet, Bd. III, 1903 (Repr. 1968). – Gr./Dt., Studienausgabe, Bd. II, 1973. – Gr./Dt., hg. von H. Reich, ^{2}1982 (PhB 278). *Lit.:* Kommentare von R. S. Bluck (1961), J. Klein (1965) und R. Sharples (1985). – R. Robinson, Plato's Earlier Dialectic, ^{2}1962.

J. Jantzen

Der Mensch. Seine Natur und seine Stellung in der Welt, Arnold Gehlen; EA Berlin 1940.

Gehlens Hauptwerk setzt die durch Scheler und Plessner begründete philosoph. Anthropologie auf eindrucksvolle Weise fort. Wie Scheler versteht Gehlen den Menschen als weltoffen, wie Plessner begreift er ihn als ein von der Natur dissoziiertes Wesen. Anders als seine Vorgänger verwirft Gehlen ein Stufenschema der Natur. An die Stelle der Daseinsstabilisierung durch Religion (Scheler) und Kultur (Plessner) treten bei Gehlen die ›eigentätige‹ Handlung des Menschen und die Institutionen, die Hauptmittel der Steigerung des Menschen zur Kultur sein sollen. Nach Gehlen kann der Mensch weder als ›Geschöpf Gottes‹ noch als ›arrivierter Affe‹ begriffen werden. Eine zeitgemäße Anthropologie hat sich jeder Theologie und Metaphysik ›technisch‹ zu enthalten. Anthropologie hat von ›unten‹ zu beginnen, gestützt auf die Ergebnisse empir. Wissenschaften. Philosoph. Anthropologie ist empir., aber auch philosoph. ganzheitliche Hypothesen entwickelnde Anthropo-Biologie, und sie erfaßt den Menschen als einen einmaligen Gesamtentwurf der Natur, als ein Wesen, das in der Natur eine Sonderstellung einnimmt. Diese Sonderstellung erfaßt Gehlen durch Herders Begriff des ›Mängelwesens‹. Dem Menschen mangelt das, wodurch sich Tiere von Natur aus am Leben erhalten können. So fehlt dem Menschen die Einpassung in ein natürliches Ausschnittsmilieu, es fehlt ihm eine hochgradige Spezialisierung seiner Organe, und es fehlt ihm schließlich die Leitung durch Instinkte und die entsprechende tierische Verhaltenssicherheit. Grundfrage der Anthropologie ist, wie sich ein solchermaßen mangelhaft ausgestattetes Wesen überhaupt am Leben erhalten kann. Es kann dies nach Gehlen durch eigentätige Entlastung und Umarbeitung der Mängel in Chancen der Existenzsicherung. So muß sich der Mensch von einer bedrohlichen Umwelt entlasten, indem er sie durch Arbeit und Technik ins Lebensdienliche umschafft; und so muß sich der Mensch vom Druck der auf ihn einströmenden Reizfülle wie von einem ›Antriebsüberschuß‹ entlasten, indem er Innenleistungen wie Bewußtsein, Phantasie und Sprache aufbaut. Letzteres wird möglich durch die Hemmbarkeit der Antriebe, den ›Hiatus‹ zwischen Bedürfnis und Handlung. – Gehlens Anthropologie wird vielfach als biologist. kritisiert (Litt); auch die biolog. Annahmen des Werks sind Einwänden ausgesetzt (K. Lorenz). Das Werk gilt dennoch als einer der bedeutendsten Beiträge zur philosoph. Anthropologie des 20. Jh.s.

Ausg.: 1976ff.

Lit.: Th. Litt, Die Sonderstellung des Menschen im Reich des Lebendigen, 1948. – D. Claessens, Instinkt, Psyche, Geltung, [2]1970. – C. Hagemann-White, Legitimation als Anthropologie, 1973. – P. Jansen, A. Gehlen. Die anthropolog. Kategorienlehre, 1975. – L. Samson, Naturteleologie und Freiheit bei A. Gehlen, 1976. – H. Ottmann, A. Gehlen in der Literatur, in: Phil. Jb. 86 (1979).

H. Ottmann

Menschliches, Allzumenschliches. Ein Buch für freie Geister, Friedrich Nietzsche; EA Chemnitz 1878 ([2]1886 als Bd. I); Bd. II: EA Leipzig 1886 (enthält: Vermischte Meinungen und Sprüche, EA Chemnitz 1879; Der Wanderer und sein Schatten, EA Chemnitz 1880).

Das umfangreichste Buch Nietzsches markiert den Beginn der mittleren, antimetaphys. Periode seines Denkens. Gegenüber den längeren, essayist. Textformen des Frühwerks drückt sich Nietzsche hier in themat. locker aneinandergereihten Aphorismen aus. Mehr als die Darstellungsform zeigen aber die Inhalte den Neubeginn. Eine rationalist., antimytholog. Weltdeutung leugnet nun die idealist. und metaphys. Prämissen des Frühwerks. Nietzsche sieht sich selbst in der Tradition der Aufklärung und will die psycholog. Arbeit der französ. Moralisten fortsetzen. Nicht mehr die auf Metaphysik verweisende Kunst ist Leitfaden fürs Weltverständnis, sondern die moderne, experimentierende Naturwissenschaft und ihr Bemühen, ohne vorgängige Sinnhypostasierung die Erscheinungen rational zu durchdringen. Naturwissenschaft und ›histor. Sinn‹ sollen zur Synthese gebracht werden, indem Nietzsche alle Dinge genealog. betrachten will. Eine ›Chemie der moral., religiösen, ästhet. Vorstellungen und Empfindungen‹ soll zeigen, daß es keine ewigen Wahrheiten gibt, sondern nur histor. gewordene Kulturprodukte. Nietzsche rekonstruiert eine Vorgeschichte menschlicher Kultur und Sozietät, in der »alles Wesentliche der menschlichen Entwicklung . . . vor sich gegangen« sei. In neun Hauptstücken werden Metaphysik, Moral, Religion, Kunst, höhere und niedere Kultur, Momente des sozialen Lebens, Geschlechtlichkeit, Familiarität und Staat behandelt. Die im späteren Werk näher ausgeführte Religions- und Moral-, aber auch Metaphysik-, Erkenntnis- und Sprachkritik werden zumindest ansatzweise vorgeführt. Die themat. Anordnung des I. Bandes wiederholt sich (ohne Zwischentitel) in den beiden Schriften des II. Bandes. In dieser Schaffensperiode Nietzsches sind Haltung und Sprachstil gelöst und unverkrampft. Er nennt sein Denken ›eine Schule des Verdachts‹ und legt das Schwergewicht auf die ›psycholog. Beobachtung‹, worauf vor allem die frühe Rezeption ihr Augenmerk richtete.

Ausg.: Sämtliche Werke (Kritische Studienausgabe), Bd. III, 1980.

Lit.: L. KLAGES, Die psycholog. Errungenschaften Nietzsches, [2]1930. – P. HELLER, Von den ersten und letzten Dingen, 1972. – M. FUNKE, Ideologiekritik und ihre Ideologie bei Nietzsche, 1974.

R. MARGREITER

Der menschliche Weltbegriff, Richard AVENARIUS; EA Leipzig 1891.

Die erkenntnistheoret. Schrift versucht die Gedankengänge, die zum philosoph. Idealismus geführt haben, zu rekonstruieren und ihren Grundfehler aufzudekken. – Jeder Mensch besitze ursprünglich den ›natürlichen Weltbegriff‹, nach dem wir uns inmitten einer erfahrbaren Umgebung befinden, zu der andere Menschen und deren Aussagen gehören; mit diesem Weltbegriff arbeiteten auch die Naturwissenschaften. Zu seiner Variation nötige uns erst die ›Introjektion‹ (Einlegung), mit der wir die Einheit der empir. Welt aufspalten: wir ordnen jedem Menschen eine ›Innenwelt‹ von Wahrnehmungen und Gedanken zu, die wir der einen ›Außenwelt‹ gegenüberstellen. Dieser Schritt führe unausweichlich zur idealist. Konsequenz, daß jedem nur seine eigene Innenwelt unmittelbar gegeben und nur sie erfahrbar sei. Die Introjektion beruhe jedoch auf einem subtilen Denkfehler; der natürliche Weltbegriff sei daher zu restituieren. Avenarius' erkenntnistheoret. Überlegungen hatten großen Einfluß auf die Diskussion im Wiener Kreis zu Beginn des 20. Jh.s; aber auch Husserls Konzept der ›Lebenswelt‹ wurde in explizitem Rekurs auf Avenarius' Werk formuliert.

F. WILCKENS

La mentalité primitive (frz.; *Die geistige Welt der Primitiven*), Lucien LÉVY-BRUHL; EA Paris 1922; dt. 1927.

Theoret., auf den Materialsammlungen von Ethnologen, Missionaren etc. aufbauendes Werk über Geist und Wesen primitiver Mentalität. – Grundlegend ist die These, daß das primitive Denken nicht alogisch, sondern vorlog. operiert. Die ›geistigen Gewohnheiten‹ der Naturvölker sind andere als die des Abendländers, und Lévy-Bruhl beabsichtigt, durch das Studium derselben die Ziele und Mittel der konkreten Handlungen der Primitiven zu verstehen und ihnen so ihre – von den Suppositionen des abendländ.-logischen Weltbildes hervorgerufene – Absurdität zu nehmen. Geleitet vom ›Gesetz der Partizipation‹ sieht der Naturmensch alles mit allem verflochten. Weder gilt der für die logische Rationalität fundamentale Grundsatz vom zu vermeidenden Widerspruch – der unheilbringende Zauberer wird zum menschenfressenden Krokodil und bleibt doch zugleich er selbst –, noch wird der Begriff einer rein physischen Kausalität ausgebildet – Ereignisse der sinnlichen Welt gehen letztlich immer auf okkulte Mächte zurück (›mystische Ursache‹). Alle Handlungen der Naturvölker werden von diesen fundamentalen Vorstellungen über den Aufbau der Welt geleitet; sie sind aufgrund dieser sinnvoll und auch der logischen Mentalität verständlich.

Lit.: E. CAILLIET, Mysticisme et ›mentalité mystique‹, 1938.

G. SEUBOLD

Metaphysica (lat.; *Metaphysik*), ALBERTUS MAGNUS, entst. vermutlich zwischen 1262 und 1270; ED Venedig 1494; dt. 1981 (Teilübersetzung).

Nach den naturphilosoph. Werken kommentiert Albert, der den Lateinern den ganzen Aristoteles verständlich machen will, auch die *Metaphysik* (→ *Ta meta ta physika*), von der ihm alle Bücher außer dem elften (= K) in latein. Übersetzung (translatio media) vorliegen. Trotz der mangelhaften Qualität dieser Übersetzung ist ihm ein Kommentar gelungen, der in der Geschichte der Aristoteles-Rezeption große Bedeutung hat. – Metaphysik ist für Albert Erste Philosophie, die die Gegenstände und Prinzipien der Einzelwissenschaften begründet. Ihr Gegenstand ist das Seiende als solches, das nicht eingeschränkt ist auf einen bestimmten Teilbereich, das allgemeine Sein als das Erstgeschaffene. Diese letzte Kennzeichnung sowie die Vorliebe für eine ›Metaphysik der ersten Ursache‹ zeigt, daß Albert die neuplaton. Lehren des → *Liber de causis* für eine legitime Weiterführung der aristotel. Philosophie hält. Dem Problem der Einheitlichkeit dieser Wissenschaft vom Seienden, seinen Bestimmungen (passiones) und Teilen trägt Albert durch die folgende Anordnung des Stoffs Rechnung: Die ersten vier Bücher enthalten die Lehre von den Prinzipien des Seienden, Buch V nimmt als eine Art Begriffslexikon eine Sonderstellung ein, die Bücher VI-XIII wollen das Seiende als Substanz erklären. Darunter fallen Fragen wie das Verhältnis der Substanz zu den anderen Kategorien, die natürliche Substanz, Akt und Potenz, das Eine und Viele und die getrennten Substanzen. Gerade in Buch Lambda ist auch Alberts theolog. Interesse herausgefordert, das ihn zu einer kritischen Auseinandersetzung mit der arabischen Form des Aristotelismus (Averroes, Avicenna) drängt: Albert betrachtet Gott als Schöpfer und bestreitet die Ewigkeit der Welt. Alberts Metaphysik-Paraphrase und seine zahlreichen Exkurse (digressiones) sind zugleich ein wesentlicher Beitrag für die Durchsetzung der Aristoteles-Rezeption im Mittelalter und des Rechts einer eigenständigen Philosophie.

Ausg.: Opera omnia, Bd. XVI/1 u. 2, 1960/1964. – Lat./Dt., Ausgewählte Texte (Teilübersetzung), 1981.

Lit.: G. Wieland, Untersuchungen zum Seinsbegriff im Metaphysikkommentar Alberts des Großen, 1972 (= Beitr. Gesch. Philos. Theol. MA, Neue Folge, Bd. VII). – B. Thomassen, Metaphysik als Lebensform. Untersuchungen zur Grundlegung der Metaphysik im Metaphysikkommentar Alberts des Großen, 1985 (= Beitr. Gesch. Philos. Theol. MA, Neue Folge, Bd. XXVII).

B. Kible

Metaphysica (lat.; *Metaphysik*), Alexander Gottlieb Baumgarten; EA Halle 1739; dt. 1766.

Das Lehrbuch und Kompendium der von Chr. Wolff geprägten deutschen Schulmetaphysik des 18. Jh. begreift Metaphysik als die ›Wissenschaft von den ersten Prinzipien in der menschlichen Erkenntnis‹. Zur Metaphysik zählen Ontologie, Kosmologie, Psychologie und natürliche Theologie, die nacheinander abgehandelt werden. Alle Bestimmungen sollen in streng definitor. Form gegeben und auseinander abgeleitet werden; die ersten Begriffe sollen deutlich sein, und nichts soll ohne Beweis vorgetragen werden. – Kant nannte die *Metaphysica* das »nützlichste und gründlichste unter allen Handbüchern seiner Art« und legte sie bis in die 90er Jahre seinen Vorlesungen zugrunde.

Ausg.: Repr. ([7]1779) 1963.

R. Bezold

Metaphysicarum disputationum in quibus et universa naturalis theologia ordinate traditur, et quaestiones omnes ad duodecim Aristotelis libros pertinentes accurate disputantur Tomus Prior, Tomus Posterior (lat.; *Metaphysische Disputationen*, in welchen sowohl die gesamte natürliche Theologie systematisch mitgeteilt wird als auch alle den zwölf Büchern der ›Metaphysik‹ des Aristoteles zugehörigen Fragen sorgfältig erörtert werden, erster Band, zweiter Band), Francisco SUÁREZ; EA Salamanca 1597 (2 Bde.).

Suárez' philosoph.-theolog. Hauptwerk stellt das letzte systemat. Kompendium der scholast. Ontologie dar und schafft über Thomismus und Skotismus hinaus eine dritte große Synthese, mit der die einflußreiche Tradition des Suarezismus eingeleitet wird; es markiert den Kulminationspunkt der sog. Spätscholastik der Renaissance, die vor allem im Zeitalter der Gegenreformation in den sich um eine Erneuerung der Scholastik bemühenden Jesuitenschulen in Spanien (Salamanca) und Portugal (Coimbra) aufblühte. – Das als Propädeutik für Theologiestudenten gedachte und als Kommentar zur *Metaphysik* des Aristoteles (→ *Ta meta ta physika*) angelegte Werk verfolgt – wie der Untertitel anzeigt – ein doppeltes Ziel: zum einen eine Behandlung der natürlichen, der Offenbarung vorausgehenden Theologie in ihrem inneren Aufbau und zum anderen eine systemat. Erörterung der Fragen der Aristotelischen Metaphysik. Dabei bricht Suárez mit dem herkömmlichen Interpretationskanon ›per modum commenti‹, also mit dem Usus der Gebundenheit an die formelle Band- und Kapiteleinteilung der Aristotelischen *Metaphysik*, und sucht durch die Auslegungsweise ›per modum quaestionis‹ die metaphys. Hauptprobleme als ein geordnetes Ganzes systemat. zu erfassen und darzustellen. Die Abhandlung umfaßt 54 Disputationen: Disputation 1 (de natura primae philosophiae seu metaphysicae) behandelt Natur und Namen der Metaphysik (sapientia, prudentia, prima philosophia, theologia naturalis). Ein 1. Teil des Werkes (Disp. 2–27) hat dann den allgemeinen Begriff des Seienden überhaupt (communis conceptus entis), dessen Eigenschaften (proprietates) und Ursachen (causae) zum Gegenstand. Der Seinsbegriff wird als analog verstanden, und zwar nach der von Suárez sog. analogia attributionis extrinseca. Bemerkenswert ist ferner die für die Neuzeit folgenreiche Variation des Gottesbeweises: statt wie Aristoteles und Thomas vom Begriff der Bewegung auszugehen (omnes quod movetur ab alio movetur), geht Suárez vom Begriff des Werdens aus (omne quod fit ab alio fit) und folgert daraus die Existenz eines Ungewordenen, nämlich Gottes, der als Ursache aller Ursachen gilt. Ein 2. Teil (Disp. 27–53) handelt von den einzelnen Gattungen des Seienden. Obwohl die Metaphysik als Wissenschaft vom Seienden überhaupt die Erforschung der allgemeinen, formalen, allem Seienden zukommenden Eigenschaften zur wesentlichen Aufgabe hat, ist ihr erster und vorzüglichster Gegenstand Gott als das höchste Seiende. Seinslehre und Gotteslehre sind daher verschieden, aber nicht getrennt: denn die erste wird in der zweiten fortgesetzt und gipfelt in ihr. Die erste fundamentale Unterscheidung der Metaphysik ist demnach die zwischen dem göttlichen Seienden als ens infinitum und dem kreaturalen Seienden als ens finitum, die ferner als Unterschied zwischen ens a se und ens ab alio, ens necessarium und ens contingens, ens per essentiam und ens per participationem, ens als actus purus und ens potentiale, ens increatum und ens creatum bestimmt wird. Bei der Behandlung des endlichen Seienden fungiert als Gliederungsprinzip die Aristotelische Kategorientafel. Das unendliche, durch sich selbst bestehende Sein Gottes impliziert notwendig die Einheit von essentia und existentia; beim kreaturalen Seienden besteht dagegen eine Trennung beider, die Suárez weder als distinctio realis (wie die Thomisten) noch als distinctio modalis bzw. formalis (wie die Skotisten), sondern als distinctio rationis versteht. Von Thomas weicht Suárez auch in der Erkenntnistheorie insofern ab, als er als ersterfaßten Formalgegenstand des Intellekts nicht den allgemeinen Seinsbegriff (ens ut commune omnibus), sondern das konkret Einzelne betrachtet. Die letzte, 54. Disputation handelt vom ens rationis, das Suárez im Gegensatz zur früheren Scholastik zum erstenmal als Gegenstand der Metaphysik annimmt. – Das Werk des ›doctor eximius‹, dieses »tantae subtilitatis theologus atque philosophus« (H. Grotius), ja des »Papstes und Fürsten aller Metaphysiker« (A. Heereboord), wurde nicht nur an kathol., sondern auch an reformierten Universitäten als Handbuch für das Studium verwendet. Es prägte in entscheidender Weise sowohl formell als auch inhaltlich Entstehung und Gestaltung der Problemstellungen neuzeitlicher Metaphysik von Descartes über Leibniz und Wolff bis Kant. Noch bei diesem findet sich z. B. die auf Suárez zurückgehende Einteilung der Metaphysik in metaphysica generalis und metaphysica specialis (diese weiter in psychologia rationalis, cosmologia rationalis und theologia rationalis unterteilt). Später wurde das Werk von Schopenhauer gewürdigt, der es als »das ächte Kompendium der ganzen scholastischen Weisheit« bezeichnete; ebenso erwähnte es F. Brentano achtungsvoll, und Heidegger schätzte es so hoch, daß er meinte, Suárez müsse »an Scharfsinn und Selbständigkeit des Fragens noch über Thomas gestellt werden«.

Ausg.: Opera omnia, hg. von C. BERTON, Bd. XXV–XXVI, 1861–1866. – Lat./Span.; hg. von S. RÁBADE ROMEO/S. CABALLERO SÁNCHEZ/A. PUIGCERVER ZANÓN, 7 Bde., 1960–1967. – Lat./Dt.; Über die Individualität und das Individuationsprinzip (Fünfte metaphysische Disputation), hg. von R. SPECHT, 1976.

Lit.: K. WERNER, F. Suárez und die Scholastik der letzten Jahrhunderte, 1881, Neudruck 1889. – M. GRABMANN, Die Disputationes metaphysicae des F. Suárez in ihrer method. Eigenart und Fortwirkung, in ders., Mittelalterliches Geistesleben, Bd. I, 1926. – G. SIEWERTH, Das Schicksal der Metaphysik von Thomas zu Heidegger, 1959. – W. M. NEIDL, Der Realitätsbegriff des F. Suárez nach den Disputationes metaphysicae, 1966. – H. SEIGFRIED, Wahrheit und Metaphysik bei Suárez, 1967.

F. VOLPI

Metaphysik (Aristoteles) → Meta ta physika

Die Metaphysik der Sitten, Immanuel KANT; EA Königsberg 1797.

Das Werk besteht aus zwei Teilen, die im selben Jahr selbstständig erschienen: *Metaphysische Anfangsgründe der Rechtslehre* und *Metaphysische Anfangsgründe der Tu-*

gendlehre. Insgesamt handelt es sich um eine Pflichtenlehre, eine Lehre der Normen des äußeren und des inneren Gebrauchs unserer Willkür. – Für die Rechtslehre wird nur die Legalität als äußere Übereinstimmung der Handlung mit den Richtlinien des Vernunftgesetzes gefordert. Das oberste Rechtsprinzip wird im kategor. Imperativ des Rechts zum Ausdruck gebracht: »Handle äußerlich so, daß der freie Gebrauch deiner Willkür mit der Freiheit von jedermann nach einem allgemeinen Gesetz zusammen bestehen könne« (AA VI 231). Die durch ein allgemeines, für alle gleiches Gesetz eingeschränkte Freiheit ist das Recht von jedermann. Mit dem Recht ist die Befugnis verbunden, jedes Hindernis der rechtlichen Freiheit im Sinne des äußeren Willkürgebrauchs zu beseitigen, also jeden Rechtsübertreter zur Rechtskonformität zu zwingen. Sowohl das Privatrecht als auch das öffentliche Recht (Staatsrecht) sind Derivate des Rechts der Freiheit, das allen Menschen von Natur aus zukommt. – Unter dem Titel ›Privatrecht‹ behandelt Kant die Formen und Bedingungen legitimen Rechtserwerbs in einem vorstaatlichen Zustand (status naturalis). Da ohne staatliche Regelung jeder Rechtserwerb unsicher bleiben muß, folgert Kant aus dem allen Menschen von Natur aus zukommenden Recht der Freiheit die rechtlich-sittliche Pflicht zur Herstellung eines äußeren Rechtszustandes, d. h. die Pflicht zur Staatsgründung. – Das ›öffentliche Recht‹ ist die Lehre vom status civilis. Der Staat als »Vereinigung einer Menge von Menschen unter Rechtsgesetzen« (AA VI 313) ist seiner Idee nach Republik. Dieser republikan. Idee kommt der empir. Staat am nächsten, wenn er organisiert ist als gewaltenteiliges Repräsentativsystem mit der klassischen Dreiteilung von legislativer, exekutiver und judikativer Gewalt. – Auch das Völkerrecht beruht auf dem angeborenen Freiheitsrecht von jedermann; es steht daher im Dienst des Friedens und gebietet die Bildung einer rechtlichen Völkergemeinschaft und eines Weltbürgerrechts, um so die rechtliche Freiheit der Staaten und einen dauerhaften Frieden (vgl. → *Zum ewigen Frieden*) sicherzustellen. – Die ›Tugendlehre‹ ist die Lehre von den Normen des inneren Gebrauchs der Willkür, und ihre Grundregel lautet: »Handle nach einer Maxime der Zwecke, die zu haben für jedermann ein allgemeines Gesetz sein kann« (AA VI 395). Die Zwecke (bzw. Vorschriften materialer Art), die unmittelbar Pflicht sind, d. h. die zu haben moral. Gebot ist, sind die Beförderung der eigenen Vollkommenheit in physischer, intellektueller und moral. Hinsicht und die Beförderung der Glückseligkeit anderer. – Im 2. Teil der Tugendlehre, der in »ethische Diätetik« und »ethische Ascetik« gegliederten »Elementarlehre«, gibt Kant Anleitungen zur Lehre und Übung der Tugend, plädiert für eine »Art von Diätetik für den Menschen, sich moralisch gesund zu erhalten« (AA VI 485) und verwirft zerknirschte oder schwärmerische Mönchsasketik. Kant beendet das Werk mit einer Grenzziehung zwischen reiner Moralphilosophie und Religionslehre: die Tugend im Sinne der Religion als Pflichten gegen Gott aufzufassen, liegt außerhalb der Grenzen der reinen Moralphilosophie.

Ausg.: Gesammelte Schriften (Akademie-Ausgabe), Bd. VI, 1907 (Repr. 1968).
Lit.: G. VLACHOS, La pensée politique de Kant. Métaphysique de l'ordre et dialectique du progrès, 1962. – M. J. GREGOR, Laws of Freedom. A Study of Kant's Method of Applying the Categorical Imperative in the ›Metaphysik der Sitten‹, 1963. – V. DELBOS, La philosophie pratique de Kant, [3]1969. – J. G. MURPHY, Kant: The Philosophy of Right, 1970. – S. GOYARD-FABRE, Kant et le problème du droit, 1975. – S. M. SHELL, The Rights of Reason. A Study of Kant's Philosophy and Politics, 1980. – H. G. DEGGAU, Die Aporien der Rechtslehre Kants, 1983. – W. KERSTING, Wohlgeordnete Freiheit. I. Kants Rechts- und Staatsphilosophie, 1983. – P. RILEY, Kant's Political Philosophy, 1983, – K. KÜHL, Eigentumsordnung. Zur Aktualität der Kantischen Rechts- und Eigentumslehre, 1984. – B. LUDWIG, Kants Rechtslehre (Kant-Forschungen, Bd. 2), 1987.

G. MALUSCHKE

Metaphysische Anfangsgründe der Naturwissenschaft, Immanuel KANT; EA Riga 1786.
Das Werk erschien zwischen der ersten (1781) und der zweiten Auflage der → *Kritik der reinen Vernunft* (1787). Deren Grundeinsichten sind auch in dieser naturphilosoph. Abhandlung maßgebend, insbesondere die gegen Hume gerichtete Annahme synthet.-aprior. Urteile, welche die transzendentalen Bedingungen der Erfahrung bilden, und die Kant zufolge eine Rechtfertigung der allgemeinen Erfahrungsurteile sowie der wahren Gesetzeshypothesen bilden. Die Regeln aller möglichen Erfahrung bezeichnet Kant in der *Kritik der reinen Vernunft* als die Grundsätze des reinen Verstandes, in denen die reinen Verstandesbegriffe als Regeln a priori der reinen Zeitanschauung fungieren. – In den *Metaphysischen Anfangsgründen* entwickelt Kant die Grundsätze einer besonderen Metaphysik der Natur, die zwischen den allgemeinen Grundsätzen des reinen Verstandes und den besonderen erfahrungswissenschaftlichen Sätzen der Physik vermitteln soll. Diese Vermittlung zwischen Vernunftkritik und Naturwissenschaft soll geleistet werden durch eine Darstellung der Vollständigkeit der Merkmale des Begriffs der Materie überhaupt, die mittels der vier Titel der Kategorientafel Größe, Qualität, Relation und Modalität dargelegt werden (AA IV 473 ff). Die nähere Bestimmung des Begriffs der Materie als des Beweglichen entwickelt Kant, der Kategorientafel folgend, in vier Disziplinen: der Phoronomie, der Dynamik, der Mechanik und der Phänomenologie. Die Phoronomie behandelt »die Bewegung als ein reines Quantum nach seiner Zusammensetzung ohne alle Qualität des Beweglichen« (AA IV 477) und bestimmt Bewegung als Änderung des Verhältnisses eines Körpers zu seinem Raum bzw. des Raumes zum Körper. In der Dynamik behandelt Kant die Bewegung »als zur Qualität der Materie gehörig« (ebd.) und deutet die Materie als das Bewegliche, das durch Anziehungs- und Abstoßungskräfte einen Raum erfüllt. Die Mechanik behandelt die Materie unter dem Gesichtspunkt der Relation als Wechselwirkung von Materien. Hier stellt Kant drei ›mechan. Gesetze‹ auf, die den drei Analogien der Erfahrung in der *Kritik der reinen Vernunft* entsprechen: 1. »Bei allen Veränderungen der körperlichen Natur bleibt die Quantität der Materie im Ganzen dieselbe« (AA IV 541); 2. »Alle Veränderung der Materie hat eine äußere Ursache« (AA IV 543); 3. »In aller Mittheilung der Bewegung sind Wirkung und Gegenwirkung einander jederzeit gleich« (AA IV 544). In der Phänomenologie schließlich wer-

den »Bewegung oder Ruhe blos in Beziehung auf die Vorstellungsart oder Modalität, mithin als Erscheinung äußerer Sinne bestimmt« (AA IV 477). In dieser Perspektive erscheint die geradlinige Bewegung im Unterschied zur entgegengesetzten Bewegung des empirischen Raumes als ein »blos mögliches Prädicat« (AA IV 555), die Kreisbewegung dagegen als ein »wirkliches Prädicat« (AA IV 556) beweglicher Materie. Jede Bewegung eines Körpers in Relation auf die Bewegung eines anderen macht die »entgegengesetzte gleiche Bewegung des letzteren nothwendig« (AA IV 588). – Raum und Zeit sind für Kant Ordnungsrelationen zwischen Wahrnehmungsgegenständen. Er hält jedoch an der Idee eines absoluten Raumes als einer Vorstellung fest, die den Vergleich von Relativbewegungen möglich macht. Erst Einstein hat auch die Kreisbewegung als Relativbewegung gedeutet und der Idee eines absoluten Raumes jede Rechtfertigung entzogen.

Ausg.: Gesammelte Schriften (Akademie-Ausgabe), Bd. IV, 1903 (Repr. 1968).
Lit.: P. Plaas, Kants Theorie der Naturwissenschaft, 1965. – L. Schäfer, Kants Metaphysik der Natur, 1966. – B. Tuschling, Kants ›Metaphysische Anfangsgründe der Naturwissenschaft‹ und das Opus postumum, in: Prauss (Hg.), Kant. Zur Deutung seiner Theorie von Erkennen und Handeln, 1973. – K. Gloy, Die Kantische Theorie der Naturwissenschaft, 1976.

G. Maluschke

Ta meta ta physika (gr.; lat.: *Metaphysica; Metaphysik*), Aristoteles, entst. 4. Jh. v. Chr.; ED Venedig 1483 (lat.); Venedig 1498 (gr., Bd. IV der Gesamtausgabe von Aldus Manutius); dt. 1847.

Der Name »Metaphysik«, vom Herausgeber der Schulschriften des Aristoteles im 1. Jh. v. Chr., Andronikos von Rhodos, gebraucht, ist vielleicht schon älter, aber er stammt sicher nicht von Aristoteles selbst. Mehr als eine zufällige Bezeichnung, zeigt er die Untersuchung jener Prinzipien an, die hinter den physischen Dingen liegen. Daher ist im Schulunterricht diese Untersuchung nach dem Studium der Natur anzusetzen. Die Schrift ist das berühmteste, aber auch das schwierigste und problemreichste Werk des Aristoteles. Es umfaßt 14 Bücher, die kein geschlossenes Ganzes bilden, sondern aus verschiedenen Traktaten bestehen. Die Texte sind komprimiert geschrieben und oft nur skizzenhaft ausgeführt. Die Echtheit der Bücher II und XI wurde angezweifelt; heute wird Buch II meistens als echt betrachtet. Buch I (Alpha) behandelt die Philosophie als Wissenschaft der erstenPrinzipien und Ursachen des Seienden und gibt eine Doxographie der Prinzipienlehre der Vorgänger von Aristoteles. Buch II (Alpha elatton) ist eine kurze Einführung in das Studium der Philosophie. Buch III (Bēta) führt 14 Kernprobleme der Metaphysik an, der Form nach als Aporien dargestellt. Buch IV (Gamma) untersucht die Wissenschaft des Seienden als Seienden und den Satz des zu vermeidenden Widerspruchs. Buch V (Delta) ist ein Lexikon, das die verschiedenen Bedeutungen von 30 in der Metaphysik gebrauchten Termini aufführt. Buch VI (Epsilon) handelt über die Dreiteilung des theoretischen Wissens und über die Wahrheit. Die Bücher VII–IX (Zēta, Ēta, Thēta) bilden eine Abhandlung über die usia, das Wesen und die Substanz, Aktualität und Potentialität, Buch X (Jota) untersucht die Begriffe von Eins, Identität und Ähnlichkeit. Buch XI (Kappa) ist eine Kompilation aus den Büchern III, IV, VI und den Büchern III und IV der *Physik* (→ *Physikē akroasis*). Dagegen ist Buch XII (Lambda), auch die Aristotel. Theologie genannt, eine selbständige Abhandlung über die usia, den ›ersten unbewegten Beweger‹ und die übrigen Beweger der Himmelssphären. Die Bücher XIII und XIV (My und Ny) enthalten eine Auseinandersetzung mit der Ideen- und Prinzipienlehre der Akademie. Über die Chronologie der einzelnen Bücher, wie auch die Natur des Werkes selbst, gehen die Ansichten auseinander. Jaeger meinte, Aristoteles habe zuerst eine platon. Theologie gelehrt und danach die Lehre vom Seienden als Seienden. Andere Interpreten dagegen betrachten Buch IV als ein sehr frühes Werk oder meinen, die *Metaphysik* sei eine Aporetik und es habe nie eine Wissenschaft vom Seienden im allgemeinen gegeben. Gesichert ist, daß die einzelnen Bücher zu verschiedenen Zeiten entstanden sind: Gamma und teilweise Lambda dürften zu den älteren Schriften gehören. Dennoch kann man wohl eine gewisse Einheit des Werkes voraussetzen. Es beginnt mit dem Satz »Alle Menschen streben von ihrer Natur her nach Wissen«, um dann die Möglichkeit einer Ersten Philosophie aufzuzeigen, die keine Gattung des Seienden, sondern das Seiende als Seiendes zum Gegenstand hat. Die zentralen Themen sind: die Mannigfaltigkeit des Seienden, die Kategorienlehre, das Widerspruchsprinzip, der Wahrheitsbegriff, die Lehre über Prinzipien und Ursachen, Substanz, Wesen, Aktualität und Potenzialität, der ›erste unbewegte Beweger‹ und dessen Denken. Von großer Bedeutung für die Erkenntnis der ungeschriebenen Lehre Platons, der Ansichten des Speusippos und Xenokrates sind die Ausführungen in den letzten Büchern. – Die Aristotel. *Metaphysik* hat eine epochemachende Bedeutung für die Metaphysik überhaupt: Alle Bemühungen um eine Seinsphilosophie müssen notwendigerweise auf sie zurückgreifen.

Ausg.: Gr.; Aristotelis Opera, Bd. I, hg. von I. BEKKER, [2]1960, 980–1093. – W. D. ROSS, Aristotle's Metaphysics. A Revised Text with Introduction and Commentary, 1924 (Repr. 1966). – W. JAEGER, Aristotelis Metaphysica, 1957 (Repr. 1973). – Gr./Dt., mit Einleitung und Kommentar hg. von H. SEIDL, 2 Bde., 1978/80 (PhB 307/308). – Dt. von F. BASSENGE, 1960.

Lit.: F.-P. HAGER (Hg.), Metaphysik und Theologie des Aristoteles, 1969. – P. AUBENQUE (Hg.), Etudes sur la Metaphysique d'Aristote. Actes du 6e Symposium Aristotelicum, 1979.

L. J. ELDERS

Ta meta ta physika (gr.; lat.: *Metaphysica; Metaphysik*, THEOPHRAST (372–287 v. Chr.); ED Venedig 1497 (in: Aristotelis Opera, Bd. IV), Paris 1515 (lat., hg. von H. Stephanus).

Der Text, das sog. »Metaphysische Fragment«, behandelt klassische Themen der ›metaphysica specialis‹ in zumeist zugespitzt aporet. Weise. Die ontolog. Leitfrage ist diejenige nach der Möglichkeit einer Verbindung (synaphē) zwischen den ersten Prinzipien des Alls und der Natur. Die aristotel. Lösung dieses Problems, wie sie in der Lehre von einem ersten unbewegten Beweger vorliegt, wird von Theophrast in Frage gestellt. Theophrast bezweifelt die aristotel. Erklärung der Beziehung zwischen dem ersten Beweger und der Welt, der gemäß das Bewegungsprinzip wie ein erstrebtes

Ziel die Welt bewege. Der erste Beweger ist selbst nicht in Bewegung, so daß sich die Frage erhebt, warum die Welt, vor allem aber die Himmelskörper, in Bewegung bleiben. Entsprechend kritisiert Theophrast die Unzulänglichkeit der aristotel. Teleologie. Auch die anderen bedeutenden traditionellen Lösungsversuche des Vermittlungsproblems zwischen ersten Prinzipien des Seins und der Natur, wie die platon. Ideen oder die mathemat. Prinzipien Speusipps, werden kritisch diskutiert. Verbunden wird die durchweg skeptische Behandlung der Tradition mit erkenntnistheoret. Erwägungen. Die Frage nach einer dem Problem der synaphē und damit der Vermittlung zwischen übersinnlichen Prinzipien und Sinnesdingen angemessenen Methode wird aufgeworfen, aber nicht beantwortet. Gefordert wird, daß jede Methode induktiv sein müsse, wenngleich dies an den Gegenständen des reinen Denkens scheitere.

Ausg.: Gr., De prima philosophia libellus, hg. von H. Usener, 1890/91. – Gr./Engl., Theophrastus Metaphysics, hg. von W. D. Ross/ F. H. Fobes, 1929 (Repr. [2]1983).
Lit.: Art. ›Theophrast‹, in: Ueberweg, Grundriß der Geschichte der Philosophie, Antike 3 (Ältere Akademie, Aristoteles, Peripatos), hg. von H. Flashar, 1983.

E. Rudolph

Meteōrologika (gr.; lat.: *Meteorologica; Meteorologie*), Aristoteles; ED Padua 1474 (lat.; mit Kommentar des Averroes); Venedig 1497 (gr., Bd. II der Gesamtausgabe von Aldus Manutius); dt. 1955.

Mit dem Titel sind die Naturerscheinungen zwischen Himmel und Erde und an der Oberfläche der Erde gemeint. Die Abfassungszeit dürfte in die mittlere Periode (347–335 v. Chr.) fallen. Die Schrift füllt eine Lücke und versucht, schwierige Fragen über Phänomene zu beantworten, die in anderen Werken Aristoteles' als Sekundärerscheinungen unberücksichtigt bleiben. Aristoteles argumentiert nicht apriorisch, sondern beruft sich auf die Erfahrung. Die Bücher I–III suchen nach Erklärungen etwa für die Bildung der Wolken, Regen, Überschwemmungen, Klimaänderungen, Zyklus der Erdzustände, Hagelschlag, die Entstehung der Winde usw. Dabei wird eine erstaunliche Fülle von Erscheinungen analysiert. Buch IV ist eine Sonderschrift, die an Buch II von → *Peri genēseōs kai phtoras* anschließt, aber von vielen (Jaeger, Ross, Hammer-Jensen) als unecht betrachtet wurde, während sie heute meist für authentisch gehalten wird. Der Text versucht die Kräfte anzugeben, die auf die Elemente einwirken. Wie I. Düring schreibt, können wir die *Meteōrologika* mit einigem Recht als den ältesten Chemie-Traktat überhaupt betrachten. Wenn auch die Erklärungen, die Aristoteles gibt, häufig wegen ungenügender Wahrnehmung oder mangelhafter theoret. Erkenntnisse nicht zutreffen, so sind sie doch als Versuch der rationalen Erklärung der Phänomene des Kosmos zu würdigen.

Ausg.: Gr., Aristotelis Opera, Bd. I, hg. von I. Bekker, [2]1960, 338–390. – F. H. Fobes, Aristotelis Meteorologicum Libri Quattuor, 1919. – Aristotle. Metereologica with an English Translation, von H. D. P. Lee, 1952, Dt., von H. Strohm, 1970.
Lit.: P. Moraux/J. Wiesner (Hg.), Zweifelhaftes im Corpus Aristotelicum. Studien zu einigen Dubia. Akten des 9. Symposium Aristotelicum, 1983. – I. Düring, Aristoteles. Darstellung und Interpretation seines Denkens, 1966.

L. J. Elders

Methods of Ethics (engl.; *Die Methoden der Ethik*), Henry SIDGWICK; EA London 1874, [7]1907 (erw.); dt. 1909.

Das Werk enthält eine Revision aber auch eine kritische Fortentwicklung des Utilitarismus, wie er von Bentham und Mill vertreten wurde. – Im Gegensatz zu anderen utilitarist. Konzeptionen hält Sidgwick (metaeth.) Intuitionismus und (normativen) Utilitarismus für vereinbar, wobei das utilitarist. Moralprinzip weder einen analyt. noch einen empir. Status beanspruchen kann. Wie bei Kant sind Moralurteile synthet. Urteile a priori. Ohne die metaphys. Begründung des kategor. Imperativs aus dem Begriff der Freiheit wird für eine im wesentlichen kantische Version der Moral argumentiert. Das ›Grundprinzip des Utilitarismus‹ (maximiere das allgemeine Wohl) und das ›kantsche Prinzip‹ (handle so, daß die Maxime deines Willens jederzeit zugleich als Prinzip einer allgemeinen Gesetzgebung gelten kann) sind dabei nach Sidgwick ›in vollkommener Übereinstimmung‹. Hauptproblem der Ethik ist das Verhältnis der beiden selbstevidenten Grundsätze menschlichen Handelns: das Moralprinzip, also die Berücksichtigung der Interessen aller, und das Prinzip des klugen Eigeninteresses. Dieses Verhältnis ist bei den anderen beiden Klassikern des Utilitarismus widersprüchlich geblieben. Sidgwick versucht, es auf der Grundlage einer veränderten empir. Psychologie, für die Freude nicht das einzige Ziel menschlichen Handelns ist, und unter Rückgriff auf Butlers These von der Existenz ›uninteressierter‹ oder ›außerhalb liegender‹ Handlungsimpulse zu klären, ohne die Vorstellung zu akzeptieren, »daß das Gewissen eines ehrlichen Mannes (als Handlungsmotiv) genügt« (Butler). – Mit diesem Werk wurde Sidgwick zu einem ›Klassiker‹ des modernen Utilitarismus und zugleich Vorläufer der analyt. Tradition der Moralphilosophie.

Ausg.: Auszüge in: O. HÖFFE (Hg.), Einführung in die utilitarist. Ethik. Klassische und zeitgenöss. Texte, 1975.

Lit.: W. C. HAVARD, H. Sidgwick and Later Utilitarian Political Philosophy 1959. – A. QUINTON, Utilitarian Ethics, New York 1973. – O. HÖFFE, Zur Theorie des Glücks im klassischen Utilitarismus, in: O. Höffe, Ethik und Politik, 1979. – J. L. MACKIE, Ethik, 1981.

J. NIDA-RÜMELIN

Methodus calculandi in logicis, praemissa commentatione de arte characteristica (lat.; *Methodenkalkül in der Logik*, mit einem vorangestellten Kommentar über die ›ars characteristica‹), Gottfried PLOUCQUET; EA Tübingen 1763.

Das Werk zählt zu den wichtigsten logischen Schriften des Tübinger Schulphilosophen und Mentors der südwestdeutschen Spätaufklärung. In der Nachfolge von Lullus und Leibniz setzt Ploucquet die Bemühungen um den logischen Kalkül, eine quasialgebraische Formalsprache des Urteilens und Schließens fort. Er geht dabei von einer extensiven (im Unterschied zu Leibnizens intensiver) Auffassung des Begriffs sowie von der Quantifizierung des Prädikats aus, die er vor W. R. Hamilton begründet. Kernstück des Ploucquetschen Kalküls für die rein formale Herleitung von syllogistischen Modi ist die ›Identitätstheorie des Urteils‹, die die Umfangsgleichheit von Subjekt und partikularisiertem Prädikat in den positiven Urteilen behauptet, die Umfangsidentität von Subjekt und generalisiertem Prädikat in den negativen jedoch bestreitet.

Ausg.: Sammlung der Schriften welche den logischen Calcul Herrn Prof. Ploucquets betreffen, 1766 (Repr. 1970).

Lit.: K. Aner, G. Ploucquets Leben und Lehren, 1909. – A. Menne, Zur Logik von Gottfried Ploucquet, in: Akten d. XIV. Int. Kongr. f. Philosophie in Wien 1968, Bd. III.

W. Riedel

Micromégas (frz.; *Mikromegas*), Voltaire (eigentl. François-Marie Arouet); EA London 1752; dt. 1752.

Die Erzählung vom ›philosophe‹ Micromégas, einem Riesen, der von seinem Heimatstern Sirius wegen der Publikation eines mißliebigen Buchs verbannt wird und auf seiner Reise ins Exil, die ihn durch den Kosmos führt, auch auf die Erde gelangt, wo er die Insekten gleichenden Bewohner durch einen zur Linse geschliffenen Diamanten beobachtet, übernimmt das relativierende Grundprinzip von Swifts *Gullivers Reisen*, die Voltaire wohlbekannt waren. – Begleitet wird Micromégas, dessen Exil auf Voltaires Schicksal nach der Veröffentlichung der *Lettres philosophiques* (→ *Letters Concerning the English Nation*) anspielt, von einem Bewohner des Saturn, der zwar ebenfalls die Erdbewohner weit überragt, im Vergleich mit dem Philosophen vom Sirius jedoch zwergenhaft erscheint. In dieser Figur zeichnet Voltaire in satir. Absicht Fontenelle, der sich im Verlauf des Streits auf die Seite der Gegner Voltaires geschlagen hatte. Durch ihr improvisiertes Mikroskop entdecken die beiden Außerirdischen auf der Ostsee ein Schiff voller reisender Gelehrter, mit denen sie sich in philosoph. Gespräche einlassen. In den Worten eines von ihnen läßt Voltaire die Absurdität der Kriege zwischen Völkern und Religionen deutlich werden, während andere Mitglieder der Gruppe sich als Vertreter verschiedener philosoph. Schulen zu erkennen geben. Voltaire läßt so in satir. Verkürzung die Systeme der Aristoteliker sowie der Descartes-, Malebranche- und Leibnizanhänger Revue passieren und zeigt den Hochmut und die Verständnislosigkeit ihrer Vertreter für die Auffassung des jeweils anderen. Allein ein kleiner Sektierer, der sich als Parteigänger Lockes vorstellt, findet bei den Außerirdischen Zustimmung. Dem beißendsten Spott wird ein Theologe preisgegeben, der unter Berufung auf Thomas von Aquin behauptet, das gesamte Universum sei auf den Menschen hin erschaffen worden. Unter homer. Gelächter verabschieden sich Micromégas und sein Begleiter; sie lassen ein Buch zurück, in dem, wie sie sagen, die Erklärung des Weltgeheimnisses enthalten sei: Beim Öffnen finden die Gelehrten freilich nur weiße Blätter. – Die Erzählung erweist Voltaires Meisterschaft in der witzigen und pointierten Etikettierung philosoph. Systeme, seine spitze und streitbare Feder sowie die Wendung seines Denkens zur Skepsis.

Ausg.: Dt., von I. Lehmann, 1984.

Lit.: I. O. Wade, Voltaire's Micromegas. A Study in the Fusion of Science, Mythology and Art, 1959. – B. L. Knapp, Voltaire's Micromegas. Relativist and Realist, in: The Prometheus Syndrome, 1979.

R. Schwaderer

Mikrokosmos (Ibn Zadiq) – Kitāb Maʿānī an-nafs

Mikrokosmos. Ideen zur Naturgeschichte und Geschichte der Menschheit. Versuch einer Anthropologie, (Rudolf) Hermann

LOTZE; EA Leipzig 1856 (Bd. I), 1858 (Bd. II), 1864 (Bd. III).

Die als Lotzes Hauptwerk geltende, weit ausholende anthropolog.-kulturgeschichtliche Betrachtung sucht im Anschluß an Herders → *Ideen zur Philosophie der Geschichte der Menschheit* die Bedeutung des Menschen in seiner Geschichte und im ›Großen Ganzen der Natur‹ darzustellen. – Die Studie betrachtet in der Triade (Bd. I: 1. Der Leib, 2. Die Seele, 3. Das Leben; Bd. II: 4. Der Mensch, 5. Der Geist, 6. Der Welt Lauf; Bd. III: 7. Die Geschichte, 8. Der Fortschritt, 9. Der Zusammenhang der Dinge) nicht den umfassenden Kosmos des Weltganzen als solchen, sondern die Fragen, die wir aufgrund eines vorgängigen Weltbildes und Naturverständnisses an uns selbst richten. Ausgangspunkt ist die Geltung der Idee einer sinnvoll organisierten Einheit, und unter dieser metaphys. Voraussetzung untersucht Lotze analyt. die Elemente des sich verändernden Wirklichen. Insofern ist ihm die ›empir. Forschung und ihre mathemat. Auslegung‹ die Methode, um »die einzigen sicheren Anschauungen über die Größe und die Gliederung des Weltbaus, über den Zusammenhang der Wirkungen, die in ihm in der Tat stattfinden«, zu analysieren. Erst nach erfolgter Analyse hat die Rede vom metaphys. Zusammenhang der Dinge Berechtigung. Dem Menschen in seinem Mikrokosmos wird seine zugleich universelle und untergeordnete Stellung und Aufgabe im großen Kosmos zugewiesen. – Die deskriptiv-analyt. Verfahrensweise Lotzes hat unter Vermittlung von F. Brentano und C. Stumpf auf Husserl eingewirkt und kann als ein Baustein heutiger Phänomenologie betrachtet werden.

Lit.: O. CASPARI, H. Lotze. Eine kritisch-histor. Studie, 1883, [2]1894.

W. BAUMGARTNER

Milchamot Adonai (hebr.; *Gotteskämpfe*), Lewi ben GERSCHOM (Gersonides), entst. 1317–1329; ED Riva di Trento 1560; dt. 1914–1916 Die Kämpfe Gottes (unvollendet).

Philosoph.-theolog. Werk, das in sechs Büchern die Unsterblichkeit der Seele, den Traum sowie Wahrsagerei und Prophetie, göttliches Wissen, Vorsehung, Himmelskörper, dann das Schöpfungsproblem behandelt. Ausgehend vom averroist. Aristotelismus wird die Bibel rationalist. interpretiert: Menschliche Erkenntnis kann der Religion nicht widersprechen, so daß diese demgemäß auszulegen ist. Die Welt muß einen Anfang haben, da es sonst keinen Fortschritt gäbe. Eine Schöpfung aus dem Nichts ist abzulehnen, da Schöpfung Formgebung ist und das Vorhandensein des zu Formenden erfordert. Der Mensch soll nach intellektueller Vervollkommnung streben, um so das Glück und schließlich die Unsterblichkeit seines Intellekts zu erreichen.

Ausg.: Repr. 1866.
Lit.: CH. TOUATI, La pensée philosophique de Gersonide, 1973.

H. SIMON

Mind, Self and Society. From the Standpoint of a Social Behaviorist (engl.; *Geist, Identität und Gesellschaft.* Vom Standpunkt eines Sozial-Behavioristen), George Herbert MEAD; EA Chicago 1934 (hg. von C. W. Morris); dt. 1968.

Die in diesem Werk gesammelten Aufzeichnungen Meads und Mitschriften seiner Vorlesungen aus den Jahren 1927 bis 1930 erörtern philosoph. Fragen vor dem Hintergrund des damals aktuellsten soziolog. Wissensstands. Dabei lautet Meads Grundthese, die er in teilweise ausführlicher Auseinandersetzung mit seinen Vorbildern Royce, Tarde, J. B. Baldwin, Giddings, Cooley und Wundt zuspitzt, daß erst im Sozialverhalten Geist und Ich-Identität entstehen. – Mead entlehnt für seine Theorie der Entwicklung des menschlichen Geistes und der Ich-Identität das Modell der biolog. Evolutionstheorie des 19. Jh.s: wie der Körper wird auch der Geist im Zusammenspiel von Organismus und Umwelt ständig geprägt und umgeprägt. Organismen sind dabei nicht in erster Linie als Einzelkörper zu verstehen, sondern können umfassende Systeme, etwa ganze Gesellschaften, sein. Der einzelne, bei dem lediglich die Fähigkeit, mit sprachlichen Symbolen umzugehen, vorausgesetzt wird, entwickelt erst durch und in gesellschaftlicher Interaktion Selbstbewußtsein, Rationalität und die Möglichkeit freien Handelns. Dabei spielen Sprache und Kommunikation eine entscheidende Rolle, und zwar so verstanden, daß selbst Privatestes wie die eigenen Empfindungen nur unter Bezugnahme auf Erfahrbarkeit, die auch anderen offensteht, besprochen werden kann. Wissenschaft ist der formalisierte Teil der von allen geteilten verbalen Übereinkommen über die Welt. Moral. richtig ist für jedes separat empfindende und sich artikulierende Ich das, was die an sozialen Vorgaben und Interessen orientierte Vernunft so erscheinen läßt und was damit von allen rationalen Wesen akzeptiert werden muß. Wie mit den Individuen verhält es sich nach Mead, der eine scharfe Trennung zwischen Individual- und Sozialpsychologie für unmöglich hält, auch mit großen gesellschaftlichen Systemen (z. B. Nationen): »Wesentlich für die Gesellschaftsordnung und die vollste Selbstdarstellung auf der Grundlage der Theorie vom Selbst ... ist die Koordinierung gemeinsamer Handlungen aller Individuen.« Den im Untertitel angekündigten ›Standpunkt eines Sozial-Behavioristen‹ vertritt Mead in differenzierter Form: Zwar soll der Behaviorismus von beobachtbarem Verhalten ausgehen, er soll jedoch nicht alles, was nicht direkt zu beobachten ist, in Frage stellen. Auch Nicht-Beobachtbares kann existieren und Bedeutung erlangen. – Die Entwicklung der Sprachpragmatik seit Wittgenstein (→ *Philosophische Untersuchungen*) und ihre Anwendung in der Soziologie hat den soziolog. und sozialphilosoph. Ansatz Meads aufgewertet, was u. a. in einer nach wie vor lebhaften Diskussion der zentralen Themen von Meads Werk zum Ausdruck kommt.

Lit.: J. W. Petras, G. H. Mead: Essays on His Social Philosophy, 1968. – W. R. Cort (Hg.), The Philosophy of G. H. Mead, 1973. – H. Joas, Praktische Intersubjektivität. Die Entwicklung des Werkes von G. H. Mead, 1980.

K.-P. Markl

Minima Moralia. Reflexionen aus dem beschädigten Leben, Theodor W. Adorno; EA Frankfurt a. M. 1951.

Adornos Sammlung von Aphorismen bezieht sich, Einspruch erhebend gegen die Reduktion der Philosophie zur Methode, auf die Lehre vom richtigen Leben, wobei dieser Intention der Gedanke ins Wort fällt, daß es kein richtiges Leben im falschen gebe. Der unaufhebbaren Spannung gemäß wird den entfremdeten Gestalten des Lebens nachgeforscht, den objektiven Mächten, die die individuelle Existenz bis in das Innerste und Verborgenste durchdringen. Wo in der bürgerlichen Gesellschaft die Autonomie des Subjekts beschworen wird, empfindet Adorno gerade seine Auflösung; die Idiosynkrasie gegen den Totalitätsanspruch des Systems, gegen den Hegel angelasteten Gedanken einer harmon. Totalität, die triumphalist. Züge trägt, verkümmert gleichwohl nicht zur Klage über den Weltlauf. In der Ubiquität des Systems, das Menschen zu Teilen der verselbständigten Maschinerie erniedrigt, der Tauschbarkeit aller Leistungen und Menschen, einebnender Produktion und kommerzieller Kälte blitzt doch die Rettung des Einzelwesens auf: die Überwindung der Monade durch Solidarität. Dieser widerstreitet zugleich, daß die Zartheit zwischen Menschen ohnmächtig scheint gegenüber der zweckvollen Behandlung von Menschen als Sachen, gegenüber der Standardisierung und Verwaltung von Mencheneinheiten. Adornos Dialektik, die unruhig und unbotmäßig dogmat. Behauptungen und sichere Werte erschüttert, offenbart die Risse der Welt, die Entstelltheit der Menschen in einem messian. Licht. So wagt die in den Fragmenten sich andeutende Philosophie im Angesicht der Verzweiflung den Versuch, alle Dinge vom Standpunkt der Erlösung zu sehen; und doch muß sie entdecken, daß auch dieser Standort dem Bann des Ganzen nicht entronnen ist. Die negative Philosophie ist als universale Auflösung gezwungen, auch das Auflösende und Versöhnende noch aufzulösen ohne Trost. Der Rebell gegen den Weltlauf zeigt im Zeitalter des Verfalls des Individuums dessen tastende Hoffnung. Adornos verzweifelte Humanität protestiert gegen den Zwang des technischen Fortschritts. Seine Labyrinthen gleichenden Aphorismen, die sich der systemat. Form nicht beugen, deuten die philosoph. Einsicht in die schwache Kraft des Nichtidentischen an: das Licht der Transzendenz auf den Menschen und Dingen.

Ausg.: Gesammelte Schriften, Bd. IV, hg. von R. Tiedemann, 1980.

Lit.: A. Schmidt, Adorno – ein Philosoph des realen Humanismus, in: H. Schweppenhäuser (Hg.), Th. W. Adorno zum Gedächtnis, 1971. – J. Habermas, Th. W. Adorno, in: ders., Philosoph.-polit. Profile, 1973.

A. Köpcke-Duttler

Misère de la philosophie. Réponse à la philosophie de la misère de M. Proudhon (frz.; *Das Elend der Philosophie.* Antwort auf Proudhons Philosophie des Elends); Karl Marx; EA Paris/Brüssel 1847; dt. 1885.

Zentrales Thema des philosoph.-ökonom. Werks ist das Versagen der (idealist.) Philosophie als Basis ökonom. Kritik, was Marx Gelegenheit gibt, seine eigene, materialist. begründete polit. Ökonomie zu entwickeln. – Im 1. Teil der Schrift polemisiert Marx gegen die spekulativ-idealist. Weiterentwicklung der Ricardoschen Werttheorie in Proudhons → *Système des contradictions économiques ou Philosophie de la misère,* dem er vorwirft, zwar die Ursache des Elends der Masse im Klassengegensatz erkannt zu haben, diesen aber für eine bloße, innerhalb des bestehenden Systems korrigierbare Ungerechtigkeit zu halten. Der Gegensatz ist aber nach Marx nicht willkürlich, sondern durch die Produktionsverhältnisse determiniert und somit nicht unabhängig von diesen auflösbar. Im 2. Teil übt Marx methodolog. Kritik an Proudhons Übertragung der idealist. Dialektik Hegels auf die Ökonomie. Am Beispiel der ökonom. Kategorien Arbeitsteilung, Konkurrenz, Monopol, Grundrente und Arbeiterkoalition zeigt Marx, daß diese keine von den ökonom. Realitäten unabhängige Ideen sind, sondern reale, in den Produktionsverhältnissen begründete Prozesse. – Marx legt hier bereits die Grundlagen der im → *Manifest der Kommunistischen Partei* ausformulierten materialist. Geschichtsauffassung.

Ausg.: K. MARX/F. ENGELS, Werke, Bd. IV, 1972.

P. NAGELSCHMIDT

Möglichkeit und Wirklichkeit, Nicolai HARTMANN; EA Berlin 1938.

Nach den präliminar. Ausführungen in → *Zur Grundlegung der Ontologie* geht Hartmann in dieser Schrift, die den 2. Teil und zugleich das ›Kernstück‹ seiner Ontologie ausmacht, auf die fundamentalphilosoph. Problematik der sog. Modalanalytik ein. Diese wird in der *Grundlegung* durch die Einführung der Seinsmomente (Dasein und Sosein) und Seinsweisen (Realität und Idealität) vorbereitet und dient nunmehr besonders dazu, die Disjunktion von Realität und Idealität vermittels der Seinsmodi (Möglichkeit, Wirklichkeit und Notwendigkeit) aufzuklären. Die Abhandlung enthält 4 Hauptteile: 1. Problem der Modalitätsstufen, 2. Modalität des realen Seins, 3. Modalität des Irrealen, 4. Intermodalverhältnisse zweiter Ordnung. Hartmann rekurriert auf das Megar. Modalitätskonzept, wonach es im Realen (anders als in der Idealsphäre) keine ›bloßen Möglichkeiten‹, sondern nur durchgängige Determiniertheit gibt. Damit aber lehnt er ein teleolog. Wirklichkeitsverständnis (wie es vor allem Aristoteles formulierte) ab.

Ausg.: [3]1966.

Lit.: H. BECK, Möglichkeit und Notwendigkeit, 1961. – E. SCHADEL, Wirklichkeit, Möglichkeit und Notwendigkeit als triad.-transzendentaler Seinsdynamismus, in: A. J. BUCH (Hg.), N. Hartmann, 1982.

E. SCHADEL

Monadologie (frz.; *Monadologie*), von Gottfried Wilhelm LEIBNIZ; EA Jena 1720 (dt.); 1737 (lat.); 1840 (frz.).

Der metaphys. Traktat enthält die Grundgedanken des Leibnizschen Systems wie die → *Principes de la nature et de la grace*, jedoch in philosoph. Fachterminologie. Der Titel stammt nicht von Leibniz, sondern von seinem ersten Übersetzer. Zentrales Thema ist die Einheit, die Individualität und Einzigartigkeit jedes Seienden in seinem Verhältnis zum Universum, zur Ureinheit, zum Logos. Als Ausgangspunkt seiner Überlegung wählt Leibniz eine Definition der Monade als einfache Substanz, die auf natürlichem Wege weder entstehen, noch vergehen oder beeinflußt werden kann. Die Grundelemente seiner metaphys. Anthropologie lauten: (1) unbewußte Wahrnehmungen (petites perceptions), (2) Wahrnehmungen (Perzeption als vorübergehender Zustand, als état passager), (3) Selbstbewußtsein (Apperzeption) und (4) Streben (Appetition). Unsere Vernunfterkenntnis beruht nach Leibniz auf dem Widerspruchsprinzip und dem Satz vom zureichenden Grund, der von ihm jedoch keineswegs in einem bloß mechanist. Sinne verstanden wird. Auch die zufälligen oder Tatsachenwahrheiten haben ihren zureichenden Grund. Leibniz behandelt dann Gott als die oberste Instanz, einzig, allumfassend und notwendig. Durch Gott erfolgt die intuitive Gesamtschau des Universums, an der wir nachschaffend teilhaben können. Daher ist jede Monade auf ihre Weise immerwährender lebendiger Spiegel des Universums, das so in den verschiedensten Weisen repräsentiert und dargestellt wird. Insgesamt bildet die Gemeinschaft der Geister innerhalb der natürlichen die moral. Welt, den Gottesstaat. Zwischen den Reichen herrscht vollkommene Harmonie. Eingeflochten in die teilweise polem. Beiträge zu den Diskussionen seiner Zeit – in Briefen, Aufsätzen, Traktaten – arbeitet Leibniz in Auseinandersetzung mit Descartes, Malebranche, Spinoza, Foucher, Bayle, Locke, Newton und Huygens seit dem → *Discours de Metaphysique* an einem metaphys. System. Dieses findet seine konzentrierteste Darstellung in der vorliegenden Schrift, die durch Chr. Wolff zum Ausgangspunkt der deutschen Schulphilosophie im 18. Jh. wurde.

Ausg.: Frz./Dt., übers. von A. Buchenau, [2]1982 (PhB 253).

Lit.: O. Saame, Der Satz vom Grund bei Leibniz, 1961. – W. Janke, Leibniz. Die Emendation der Metaphysik, 1963. – H. Schepers, Leibniz. Die Monadologie. Etappen der Interpretation, 1971.

B. Irrgang

Monologen. Eine Neujahrsgabe, Friedrich Daniel Ernst Schleiermacher; EA Berlin 1800 (anonym), [2]1810 (mit einer Vorrede des Verf.).

Das aus der Erweiterung der Neujahrspredigt von 1792 *Über den Wert des Lebens* und aus den im November 1792 begonnenen Selbstbetrachtungen entstandene Werk enthält philosoph.-moral. Überlegungen, die um das Hauptmotiv einer in der Eigentümlichkeit der Individualitätserfahrung gründenden Sittlichkeit kreisen. – Während die ein Jahr zuvor erschienenen Reden → *Über die Religion* die Anschauung des Universums zum Thema hatten, steht hier die ›hohe Selbstanschauung‹ im Mittelpunkt, für die die äußere Wirklichkeit nichts anderes als ein ›magischer Spiegel‹ unseres inneren Wesens und Geistes ist. Dementsprechend wird auch das dort thematisierte Nichtigkeitsgefühl des Individuums angesichts des Unendlichen zurückgestellt, um einer in sich selbst und seiner innersten, moral. Kraft gründenden Individualität Platz zu machen. Die Berührung mit dem Absoluten entsteht hier aus der Einsicht und Einkehr in den innersten Kern des Selbst. Gegenüber der Abgrenzung von Moral und Religion der *Reden* ist der Horizont der neuen Überlegungen ein ethischer und erinnert insofern an Kant und Fichte, als das innere und wahre Wesen des Menschen praktisch-moral. als inneres Handeln, innerer Wille und innere Freiheit bestimmt wird. Handeln, Wille und Freiheit werden allerdings nicht dem Sittengesetz unterstellt, sondern sind im Hinblick auf das ethische Ideal des Selbstwerdens konzipiert, nicht zuletzt deshalb, weil hier der Mensch nicht in seiner universellen Natur, als Menschheit, sondern als Individuum und eigentümliche Existenz gedacht wird. Aus der inneren, individuellen Freiheit erwächst auch das kritische Bewußtsein, das die ›düstere Sklaverei‹ der herrschenden Zustände und den Verfall von Sprache, Sitte, Ehe, Gesellschaft und Staat anklagt und sich in prophet. Phantasie nach einer neuen Welt sehnt. Gedanken und Themen wie Natur und Sittlichkeit, Individualität und Gemeinschaft, die moral. Bedeutung von Phantasie und Sprache, von freier Geselligkeit, Familie und Staat, die hier angesetzt werden, weisen auf die *Grundlinien einer Kritik der bisherigen Sittenlehre* und auf die späteren Ethik-Entwürfe voraus. – Das Werk, dessen lyrisch anmutende Sprache schon bei Zeitgenossen auf Ablehnung stieß, gehört zweifellos zum Horizont des romant. Kultes der Subjektivität und ist philosoph. vor allem von Platon, Spinoza und Leibniz beeinflußt, wobei die Thematisierung der Einkehr in das Innere des Menschen zugleich ein beliebtes Motiv der Mystik aufnimmt. Seine Filiation vom Idealismus wurde als Popularisierung (Dilthey) oder als Fortführung (R. Haym) dieser Bewegung angesehen.

Ausg.: Hg. von F. M. SCHIELE, 1902; erw. und durchgesehen von H. Mullert, [2]1914 (PhB 84).

Lit.: W. DILTHEY, Leben Schleiermachers (Bd. I), 1870, [3]1970 (hg. von M. Redeker). – R. HAYM, Die romant. Schule. Ein Beitrag zur Geschichte des deutschen Geistes, 1870 (Repr. 1961). – P. SEIFERT, Die Theologie des jungen Schleiermacher, 1960. – E. HIRSCH, Geschichte der neueren evangel. Theologie, [3]1964 (Bd. IV-V). – E. U. H. QUAPP, Barth contra Schleiermacher? Die ›Weihnachtsfeier‹ als Nagelprobe, 1978.

R. OTTE

Monologion (lat.; *Selbstgespräch*), ANSELM VON CANTERBURY, entst. 1076; ED Nürnberg 1491; dt. 1936.

Dieses erste systemat. Werk Anselms behandelt die Gotteslehre (unter Einschluß der Trinität) und ihren Zusammenhang mit der Anthropologie. Neuartig ist die Methode: Der Autor beruft sich nicht auf Schrift und Tradition, sondern auf Vernunft, obschon er sich im Einklang mit der Tradition, besonders mit Augustinus, weiß. – Ausgehend von der Erfahrung unterschiedlicher Grade von Gutheit und Größe der Dinge sowie einer Rangordnung schließt Anselm auf eine einzige höchste Wesenheit (Kap. 1–4). Sie existiert wie das Licht aus sich heraus (Kap. 6). Alle anderen Wesen hängen von ihr ab. Diese Abhängigkeit leitet sich ab vom Schöpfungsakt, der in gewisser Weise mit dem künstler. Schaffen verglichen wird. Er ist ursprunghaftes ›Sprechen der Dinge‹ (Kap. 5–11), das allem Sprechen vorausgeht und in dem die höchste Abstraktion mit der äußersten Einzelheit, das Wort mit der Sache selbst, zusammenfällt. Grundsätzliche Bestimmungen des höchsten Wesens und des Sprechens über dieses (Kap. 12 ff.) führen auf Aussagen über genet. und funktionale Differenzierungen, welche die Struktur einer rationalen Trinitätslehre nahelegen (Kap. 38 ff.), obgleich Anselm sich des Rätselcharakters seiner Darlegungen durchaus bewußt ist (Kap. 64 f.). Das vernünftige Wesen ist Abbild des höchsten Wesens und dazu bestimmt, in ewiger ungeteilter Liebe des höchsten Wesens zu leben (Kap. 66 ff.). Zum Abschluß identifiziert Anselm das höchste Wesen mit Gott, dem höchsten Herrn des Alls (Kap. 80). – Die Methode des Werkes war Anlaß zahlreicher Kontroversen, die mit dem Briefwechsel Anselms mit seinem Lehrer Lanfranc einsetzten.

Ausg.: Lat./Dt., von F. S. SCHMITT, 1964. – Opera omnia, hg. von F. S. SCHMITT, Bd. I, ²1984.

Lit.: P. VIGNAUX, Structure et sens du Monologion, in: Revue des sciences philosophiques et théologiques, 31 (1947). – P. GILBERT, Dire l'Ineffable. Lecture du Monologion de S. Anselme, 1984.

H. KOHLENBERGER

The Moralists, a Philosophical Rhapsody, being a Recital of certain Conversations on Natural and Moral Subjects (engl.; *Die Moralisten, eine philosophische Rhapsodie.* Wiedergabe gewisser Unterhaltungen über natürliche und moralische Gegenstände). Anthony Ashley Cooper, Third Earl of SHAFTESBURY; EA London 1705 u. d. T. *The Sociable Enthusiast, a Philosophical Adventure Written to Palemon;* dt. 1777.

Das Hauptwerk Shaftesburys behandelt das gesamte Spektrum der für seine Philosophie bedeutsamen Ideen: den Begriff der Tugend, den Zusammenhang von Natur und Weltordnung, die Religion und ihr Verhältnis zur Moral, die Harmonie der Welt und ihre Schönheit. Diese Themen sind Gegenstand einer Folge von Gesprächen, die in Briefform wiedergegeben wird. Dialogpartner sind der skeptisch-kritische Philocles, sein scheinbar misanthrop. Freund Palemon und der Philosoph Theokles. Höhepunkt des dialog. Geschehens, in dem logische Erörterungen mit poetischen Darstellungen wechseln, ist ein enthusiast. Hymnus des Theokles über die Schönheit und Vollkommenheit der Natur. Der philosoph. Gehalt der Schrift hängt weitgehend von der Form der Darstellung ab. Im Vordergrund des ›rhapsod.‹, d. h. unsystemat., freien und insofern natürlichen Dialogs steht nicht der logische Wert der vorgetragenen Argumente, sondern ihr Zusammenhang mit dem Charakter der Personen, die sie äußern. Die Briefform ermöglicht es, auch die Bedingungen mitzubedenken, unter denen der Dialog steht. Im Dialog wird nicht dogmat. Gewißheit angestrebt, sondern die Ausbildung der geistigen Kräfte der Partner. Dieser Intention entspricht die Rolle des Moralisten als Lehrer, der keine feste philosoph. Position bezieht, sondern den Gesprächspartnern in der Weise der sokrat. Maieutik die Augen öffnet, ihre Fehlurteile erkennen läßt und sie so – das in ihnen schlummernde Vorwissen um das Gute, Schöne und Nützliche weckend – zur umfassenden Liebe zum Menschengeschlecht führt.

Ausg.: Dt., von W. H. SCHRADER, 1980 (PhB 111).

G. KRÄMLING

Morgenröte. Gedanken über die moralischen Vorurteile, Friedrich NIETZSCHE; EA Chemnitz 1881, ²1887 (mit Vorrede).

Mit diesem zweiten Aphorismenwerk setzt Nietzsche die mit → *Menschliches, Allzumenschliches* begonnene psycholog. und genealog. Kritik an den überlieferten Wertvorstellungen in Philosophie, Religion, Moral und anderen Kulturbereichen fort. »Mit diesem Buche«, schreibt er später in → *Ecce homo,* »beginnt mein Feldzug gegen die Moral«. Diese betrachtet Nietzsche als fragwürdige Grundlage für Religion und Gottesglauben und als ›Circe der Philosophen‹. Deren ›Vertrauen auf die Vernunft‹ sei letztlich ›ein moral. Phänomen‹, und mit ihren

Begriffen von Seele, Geist, freiem Willen usw. erweisen sich die Philosophen als ›versteckte Priester‹. Das jetzt neu hinzutretende Moment in Nietzsches Denken besteht aber im Hinausgehen über die bloße kritische Deskription des Kultur- und Seelenlebens und in einer ersten Andeutung hieraus sich ergebender normativer Konsequenzen. Seine genealog. ›Arbeit der Tiefe‹, die die Entstehungsgeschichte der Moral und ihrer Subsysteme ans Licht bringt, begreift Nietzsche nicht nur als das Abarbeiten überflüssiger Irrtümer, sondern auch als Einsicht in die gattungsgeschichtlich notwendig erfolgte Konstituierung illusionärer Kategorien (Substanz, Ich, freier Wille usw.), die aber für den künftigen Geschichtsverlauf wieder als relativierbar angesehen werden. Zugrunde liegt die anthropolog. Vorstellung von der ›völligen Flüssigkeit und Bildsamkeit‹ des menschlichen Wesens. Demnach werden auch ein überhistor. metaphys. Bedürfnis sowie eingeborene Ideen oder Dispositionen moral. oder religiöser Natur geleugnet. Dennoch wird die Wirksamkeit des histor. Gewordenen anerkannt. Die eigene Philosophie, in der sich ›die Selbstaufhebung der Moral‹ vollzieht, versteht Nietzsche als letzte Konsequenz aus ebendieser Moral, die sich ›keine Lügenbrücken zu alten Idealen‹ mehr gestattet. Das Wahrheitsideal hat dazu geführt, daß es sich nunmehr selbst als unmöglich erkennt. Hinter allen ›objektiven‹ Werten stehen subjektive, ideolog. Interessen. Der von Nietzsche angestrebte philosoph. Paradigmenwechsel intendiert ein neues, neue Möglichkeiten und Kräfte versuchendes Weltverhalten, das mutig und experimentierend die bisher gebundenen, durch diese Bindungen inhaltlich angereicherten Energien des Menschen entfaltet. Die Menschheit befinde sich auf dem Weg zu einem ›Augenblick höchster Selbstbesinnung‹, zu einem »großen Mittag, wo sie zurückschaut und hinausschaut, wo sie aus der Herrschaft des Zufalls und der Priester heraustritt«.

Ausg.: Sämtliche Werke (Kritische Studienausgabe), Bd. IV, 1980.

Lit.: L. KLAGES, Die psycholog. Errungenschaften Nietzsches, [2]1930. – G. ROTHACKER, Die ›Morgenröte‹ F. Nietzsches, 1954. – G. COLLI, Distanz und Pathos, 1982.

R. MARGREITER

Moriae encomium (griech.-lat.; *Lob der Torheit*), Desiderius ERASMUS VON ROTTERDAM; EA Paris o.J. (aber: 1511); dt. 1534 Das theür und künstlich Büchlin Morie Encomion das ist ein Lob der Thorhait.

In dieser Schrift, die Erasmus 1509 beim Ritt über die Alpen konzipierte und anschließend im Hause des Thomas Morus, dessen Namen im Titel (moros = Tor) anklingt, vollendete, hält er teils in scharfer Satire, teils mit hintergründiger Ironie seinen Mitmenschen den Narrenspiegel vor. – Anregungen aus der Antike (Lukian, Libanios) und der zeitgenöss. Narrenliteratur (S. Brant) aufnehmend und eigenständig verarbeitend, läßt Erasmus die Torheit als Person auftreten und ihr Eigenlob verkünden. Zunächst zeigt sie auf, daß das Leben in allen seinen Dimensionen ohne Narrheit nicht denkbar wäre. Der Schein gefällt den Menschen besser als die Wirklichkeit. Sodann nimmt sie die verschiedenen Stände und gesellschaftlichen Gruppen aufs Korn und prangert die eingebildete Weisheit und den Dünkel besonders der Theologen, der Mönche, des hohen und niederen Klerus an. Abschließend spricht die Torheit, im Anschluß an Paulus, von der Narrheit der radikalen Christusnachfolge sowie, hierin Platon folgend, vom Wahnsinn derer, die über die sinnliche Welt hinausgewachsen sind oder die künftige Seligkeit gekostet haben. Nach diesem Verwirrspiel aus Scherz und Ernst bricht die Torheit in ihrer Rede abrupt ab. – Bereits zu seinen Lebzeiten vielfach wieder aufgelegt und übersetzt, ist die Schrift wohl Erasmus' bekanntestes und erfolgreichstes Werk, das auch heute noch nichts von seiner Lebendigkeit eingebüßt hat.

Ausg.: Lat./Dt., in: Ausgewählte Schriften, Bd. II, 1975.

Lit.: B. Könnecker, Wesen und Wandlung der Narrenidee im Zeitalter des Humanismus, 1966. – G. Thompson, Under Pretext of Praise: Satiric Mode in Erasmus Fiction, 1973.

P. Walter

Les mots et les choses. Une archéologie des sciences humaines (frz.; *Die Ordnung der Dinge*. Eine Archäologie der Humanwissenschaften), Michel Foucault; EA Paris 1966; dt. 1971.

In seinem ersten Hauptwerk forscht Foucault nach dem ›histor. Apriori‹ oder der positiven Ordnung der ›epistēmē‹, nach den Erkenntnisbedingungen der Wissensfelder, insbes. von den Lebewesen, der Sprache, der Ökonomie, in der Renaissance, dem klassischen Zeitalter und im 19. Jh., wobei er Verflechtungen, vor allem aber Brüche aufdeckt. – Das Wissen der Renaissance wird nach Foucault beherrscht von dem Prinzip der Ähnlichkeit zwischen den Zeichen und den Dingen. Die klassische Episteme kennzeichnet dagegen die Erstellung eines Tableaus der Identitäten und Differenzen der Dinge, die vollständig durch die Wörter repräsentiert werden. Erst zu Beginn des 19. Jh.s taucht ›der Mensch‹ im Raum der Wissensfelder auf. Dabei stehen für Foucault die eigentlichen Humanwissenschaften Soziologie, Psychologie, Literaturwissenschaft in parasitärer Abhängigkeit zu den positiven Wissenschaften Ökonomie, Biologie, histor. Sprachwissenschaft, die über die Repräsentation hinausgehen, zur Mathematik als Formalwissenschaft und zur Philosophie, in der nach Kant in einem ›anthropolog. Schlummer‹ der Mensch zur empir.-transzendentalen Doublette wird. Foucault stellt den Humanwissenschaften schließlich die ›Gegenwissenschaften‹ Psychoanalyse, Ethnologie, Linguistik gegenüber, die nicht mehr vom Menschen ausgehen. Der Mensch, eine ›Erfindung‹ des 19. Jh.s, wird verschwinden. – Vor allem durch die Diagnose und Prognose des ›Endes des Menschen‹ hat Foucaults Werk eine besondere Wirkung in der Gegenwart erzielt.

Lit.: H. L. Dreyfus/P. Rabinow, M. Foucault. Jenseits von Strukturalismus und Hermeneutik, 1987.

P. Kiwitz

Mutmaßlicher Anfang der Menschengeschichte, Immanuel Kant; EA Berlin 1786.

In dieser Schrift stellt Kant – »eine bloße Lustreise wagend« (AA VIII 109) – über den Übergang von einem hypothet., ahistor. Naturzustand zum Kultur- und Gesellschaftszustand Mutmaßungen an, die »ihre Ansprüche auf Beistimmung nicht zu hoch treiben dürfen« (ebd.). Von der biblischen Schöpfungsgeschichte ausgehend, schildert Kant das Leben im Paradies als einen Zustand der Unwissenheit und Unschuld sowie des Glücks vor aller Freiheit und Selbstverantwortung. Mit dem ersten Versuch einer freien Wahl emanzipierte sich der Mensch von der Vormundschaft der Natur und »entdeckte in sich ein Vermögen, sich selbst eine Lebensweise auszuwählen« (AA VIII 112). Dieser erste Freiheitsakt ist eine Art Sündenfall, aus dem – infolge der menschlichen Triebstruktur – die Übel der Zwietracht und des Krieges resultieren. In kritischer Distanzierung von der Rousseauschen Konzeption des Gesellschaftszustandes als eines Zustandes der Korrumpierung des Menschen (→ *Discours sur l'origine et les fondemens de l'inégalité parmi les hommes*) macht Kant geltend, daß diese Übel auch wohltätige Folgen haben, da sie Triebkräfte der Kultur und der Versittlichung der Menschengattung sind.

Ausg.: Gesammelte Schriften (Akademie-Ausgabe), Bd. VIII, 1912 (Repr. 1968).
Lit.: P. Menzer, Natur und Geschichte im Weltbild Kants, 1924. – R. Sigl, Kants Kulturbegriff, Diss. 1954. – K. Weyand: Kants Geschichtsphilosophie. Ihre Entwicklung und ihr Verhältnis zur Aufklärung, 1963.

G. Maluschke

Das Mutterrecht. Eine Untersuchung über die Gynaikokratie der alten Welt nach ihrer religiösen und rechtlichen Natur, Johann Jakob Bachofen; EA Stuttgart 1861.

In seinem im Anschluß an den *Versuch über die Gräbersymbolik der Alten* (1859) verfaßten philosoph.-religionsgeschichtlichen Werk gibt Bachofen die erste theoret. Begründung des Mutterrechts. Dieser Begriff bezeichnet eine Gesellschaftsordnung, in der die Abstammung in der mütterlichen Linie die rechtlich-soziale Stellung des einzelnen bestimmt. Bachofen setzt das Mutterrecht gleich mit der Mutterherrschaft (Gynaikokratie) und nimmt eine für alle Völker geltende matriarchal. Kulturstufe vor der Wende zum Patriarchat an. Das materialreiche Werk, das z. T. mit intuitiver Mythendeutung arbeitet, setzt die Polarität von Mann und Frau dem Dualismus von Geist und Stoff gleich, wobei die Entwicklung der Familienformen in einem dreiphasigen Geschichtsmodell aufgefaßt wird als stufenweise und notwendige Befreiung des Geistes vom Stoff. Die antiken Quellen aus Kleinasien interpretiert Bachofen mit der Verknüpfung von einem Evolutions-, einem Strukturalismus- und einem Kreislauf-Modell. – Nach anfänglicher Ablehnung hat das Werk eine starke Wirkung auf Religionswissenschaft, Ethnologie, Marxismus, Philosophie u. a. ausgeübt.

Ausg.: Werke, hg. von K. Meuli, Bd. II u. III, 1948.
Lit.: Materialien zu Bachofens ›Das Mutterrecht‹, hg. u. eingeleitet von H.-J. Heinrichs, 1975.

M. Hielscher

Mysterium cosmographicum de admirabili proportione orbium coelestium, deque causis coelorum numeri, magnitudinis, motuumque periodicorum genuinis et propriis, demonstratum per quinque regularia corpora geometrica (lat.; *Das Weltgeheimnis über das wunderbare Zuordnungsverhältnis der himmlischen Kugelschalen* und über die eigentlichen und wirklichen Ursachen für Anzahl, Größe und periodische Bewegungen der Himmelskörper, gezeigt mit Hilfe der fünf regelmäßigen geometrischen Körper), Johannes KEPLER; EA Tübingen 1596; dt. 1923.

Bei der Verwirklichung des im Titel ausgesprochenen Programms seiner neuplaton. inspirierten Jugendschrift geht Kepler vom Prinzip der Vollkommenheit aus, denn in der Architektur des Kosmos drückt sich das Wesen des Schöpfers aus. Das kosmische Geheimnis liegt vor allem in der Entfernung der Planeten von der Sonne und in ihrer Zahl fünf, die zugleich die der regelmäßigen Polyeder ist, deren es nur fünf geben kann. Wenn man diese Polyeder in Kugeln einbeschreibt, so bewegt sich von Außen nach Innen der Saturn auf der Kugelschale, die einen Würfel umschreibt, dem seinerseits eine Kugelschale als Träger des Jupiters einbeschrieben ist, die wiederum das Tetraeder umschreibt, dem die Kugelschalen des Mars mit dem einbeschriebenen Dodekaeder, der Erde mit einem Ikosaeder, der Venus mit einem Oktaeder, dem schließlich die Kugelschale des Merkurs als letzte einbeschrieben ist. Die Entfernung der Planeten von der Sonne als Weltmittelpunkt ergibt sich daraus, daß die Entfernungen der Planeten untereinander annähernd den Radien der Kugelschalen entsprechen. Während in der ersten Auflage des *Mysterium cosmographicum* Kepler als causa efficiens der Planetenbewegung noch eine anima motrix annimmt, spricht er in der zweiten Auflage von einer vis motrix, die er sich als kosmomagnet. Effluviens vorstellt, das von der Sonne ausgeht. Die wissenschaftshistor. Bedeutung des Werkes besteht nicht zuletzt darin, daß Kepler hier erstmals den Versuch unternimmt, die Struktur der machina mundi more geometrico aus einem einzigen Baugesetz heraus zu erklären, das in einem Gefüge von aufeinander bezogenen und ineinander verschränkten Raumgebilden besteht. Wesentlich über Copernicus hinausgehend, deutet das Werk Grundgesetze der späteren Newtonschen Physik (Trägheits- und Gravitationsgesetz) an und schafft die Grundlage für die Aufstellung der Kepler-Gesetze über die Planetenbewegung.

Ausg.: In: Gesammelte Werke, Bd. I, hg. von M. CASPAR, 1938. – Dt., von M. CASPAR 1923.

Lit.: M. CASPAR, Keplers Mysterium cosmographicum, in: Bl. dt. Philos. 12 (1938).

H. M. NOBIS

Le mythe de Sisyphe. Essai sur l'absurde (frz.; *Der Mythos von Sisyphos.* Ein Versuch über das Absurde), Albert CAMUS; EA Paris 1942; dt. 1950.

Von der existentialist. Grunderfahrung der Absurdität des Daseins ausgehend, entwickelt Camus in dem Essay einen atheist. Humanismus, der jeden die Immanenz der Welt überschreitenden Sinngebungsversuch strikt ablehnt. – Der einzelne erfährt das Absurde als den Zwiespalt zwischen der eigenen Vernunft, die nach Einheit und absolutem Sinn sucht, und der Fremdheit und Irrationalität des Daseins. Mit Schrecken stellt er die Unabänderlichkeit dieser Trennung fest: Der Selbstmord scheint die einzig logische Reaktion zu sein. Für Camus ist dieser in zweierlei Weise möglich, als körperlicher und als philosoph.-geistiger Suizid: Mit dem körperlichen Tod wird das absurde Grundverhältnis Mensch-Welt zwar beseitigt, das Grundproblem der Sinnlosigkeit des Daseins aber nicht gelöst. Entsprechendes gilt auch für den geistigen Selbstmord, den Camus den Existentialisten und Phänomenologen vorwirft: Kierkegaard tötet die Vernunft, indem er sich ganz in der Hoffnung auf Gott verliert. Bei Husserl dagegen wird das Konkrete ohne Grenzen rationalisiert. Für Camus liegt die richtige Haltung zwischen diesen beiden Extremen in einer Vernunft, die ihre Grenzen erkennt. Freiheit bedeutet das Aushalten der Sinnlosigkeit. Die ständige Auflehnung in der Revolte gegen das Schicksal gibt dem Leben seinen Wert. An die Stelle der Suche nach dem Absoluten tritt die Intensität als Maßstab des Lebensvollzugs. Die drei Grundfiguren des Don Juan, des Komödianten und des Eroberers sind Beispiele für eine solche intensive, die Vergänglichkeit bejahende Lebenspraxis. Am entschiedensten wird aber der Künstler mit der Absurdität konfrontiert, denn er erlebt sie zweifach: In der Wirklichkeit und im Werk. In der Mythologie ist Sisyphos das Paradigma einer absurden Existenz: Von den Göttern ist er verdammt, einen Stein auf einen Berg zu rollen. Während der Stein immer wieder kurz vor dem Gipfel nach unten rollt, wird sich Sisyphos der Begrenztheit seiner Möglichkeiten bewußt und nimmt sein Schicksal an. Nach Camus muß man sich Sisyphos als einen glücklichen Menschen vorstellen. – Durch die literar. Ausgestaltung in Theaterstücken und Romanen haben die Gedanken Camus' über die fachwissenschaftliche Diskussion hinaus große Popularität erlangt.

Ausg.: Dt., von H. G. Brenner / W. Rasch, 1959.
Lit.: A. Pieper, A. Camus, 1984.

D. v. d. Pfordten

Naming and Necessity (engl.; *Name und Notwendigkeit*), Saul A. Kripke; ED Dordrecht 1972 (in: D. Davidson/G. Harman (Hg.), Semantics of Natural Language); EA Oxford 1980 (erw.); dt. 1981.

Bei dem Werk handelt es sich um den Nachdruck einer Reihe von Vorlesungen, die Kripke 1970 gehalten hat; sie haben Aufsehen erregt, weil Kripke darin in durchweg provokanter, weitgehend überzeugender, aber nicht immer klarer Weise mit einigen Selbstverständlichkeiten bricht, die sich im Grunde schon mit Kant und insbes. in der analyt. Philosophie eingeschlichen haben. – Eine wichtige Einsicht Kripkes ist, daß es sich bei dem erkenntnistheoret. Begriff »a priori« und dem metaphys. Begriff »notwendig« um zwei unabhängige Begriffe handelt (während Kant z. B. den ersten mit dem zweiten definiert); dies führt Kripke u. a. zu der der gesamten philosoph. Tradition widersprechenden These, daß es sowohl Sätze gibt, die nicht notwendig wahr sind und gleichwohl a priori gewußt werden können, als auch Sätze, die notwendig wahr sind und trotzdem nur a posteriori gewußt werden können. Dazu gesellt sich die zweite Einsicht, daß der mittelalterliche Begriff der Notwendigkeit ›de re‹ (eine Notwendigkeit, die den Dingen selbst zukommt) sinnvoll und für die Metaphysik zentral ist; in der analyt. Philosophie war bisher weitgehend nur die Notwendigkeit ›de dicto‹ als sinnvoll anerkannt, die Sätzen aufgrund der in ihnen verwandten Begriffe und Beschreibungen zukommen kann. Beide Einsichten verknüpft Kripke mit brisanten Thesen, er kritisiert alle gängigen sprachphilosoph. Theorien über Namen, d. h. sowohl über Eigennamen, wie über allgemeine Namen oder Bezeichnungen für natürliche Arten und entwirft stattdessen ein neues Bild, welches mit dem Schlagwort ›kausale Referenztheorie‹ bezeichnet ist. Ebenso kritisiert er die gängige Vorstellung von möglichen Welten und ersetzt sie durch eine andere. Schließlich folgert er, daß psychische Zustände mit physischen nicht identisch sein können, daß also die sog. Leib-Seele-Identitätstheorie zu verwerfen ist. Inwieweit Kripke rechtzugeben ist, ist noch überhaupt nicht ausdiskutiert; aber zweifelsohne brachten seine Vorlesungen ungemein fruchtbare Verunsicherungen und Anregungen.

Lit.: W. STEGMÜLLER, Hauptströmungen der Gegenwartsphilosophie, Bd. II, [8]1987.

W. SPOHN

Die natürliche Welt als philosophisches Problem (Patocka) → Prirozeny svet . . .

The Natural History of Religion (engl.; *Naturgeschichte der Religion*), David HUME; EA London 1757; dt. 1757 Über die Geschichte der Religion.

Der für die meisten Autoren der schottischen Aufklärung typische naturgeschichtliche Ansatz wird hier von Hume auf die Religion angewandt. Diese habe kein direktes Fundament in der menschlichen Natur, weshalb sie – nach Auskunft der Historiker und Reisenden – in manchen Gesellschaften gar nicht, in anderen auf höchst unterschiedliche Weise vorkomme. Dennoch läßt sich verallgemeinernd sagen, daß der ›natürliche Fortschritt des menschlichen Denkens‹ vom Polytheismus der primitiven Kulturen zum Theismus der zivilisierten Völker führe (Teil 1). Zunächst sind es die Ängste und Hoffnungen der Menschen, die ihre Aufmerksamkeit auf die vielfältigen Ereignisse im Leben lenken und dahinter unsichtbare intelligente Wesen vermuten lassen (Teil 2, 3). Erst langsam verstehen die Menschen den allgemeinen Zusammenhang und die planmäßige Anordnung der Natur und schließen auf den einen Schöpfer dieser Ordnung (Teil 6). Aber dieser rationale Gottesglaube ist nur wenigen vorbehalten, die ungebildete Masse der Menschen hält sich, auch wenn sie sich zum Theismus bekennt, an intermediäre Gottheiten, Heilige und abergläub. Praktiken (Teil 8). Der Theismus als Volksreligion ist nach Hume in seinen praktischen Konsequenzen schädlicher als der Polytheismus: ›die Korruption des Besten bringt das Schlechteste hervor‹. Die Betonung eines einzigen Gottes und einer wahren Religion führt zu Intoleranz und Verfolgung anderer Religionen (Teil 9). Je mehr positive Attribute die Menschen ausschließlich der Gottheit zuschreiben, desto weniger trauen sie sich selbst zu (Teil 10). Je mehr sie sich vom Willen der Gottheit abhängig wähnen, desto weniger folgen sie ihren eigenen moral. Empfindungen und desto mehr werden sie von ihren Priestern abhängig (Teil 14).

Ausg.: Engl., von H. E. ROST, 1956. – Dt.,

von A. J. SUSSNITZKI, 1911. – Dt., von L. KREMENDAHL, 1984.
Lit.: J. C. A. GASKIN, Hume's Philosophy of Religion, 1978.

K. GRAF BALLESTREM

Nature (engl.; *Natur*), Ralph Waldo EMERSON; EA Boston 1836 (anonym); dt. 1868.
Der erste von Emerson veröffentlichte Essay untersucht Funktion und Essenz der Natur als eine der Komponenten des Beziehungsdreiecks: Natur, Mensch, Gott, das ein Grundkonzept der amerikan. ›transzendentalist.‹ Bewegung darstellt. – Vor dem Hintergrund des universalen Gegensatzes von Seele und Natur ist der Endzweck der Natur die Hinführung des Menschen zum göttlichen Absoluten, in dem der Gegensatz aufgehoben ist. Natur hat nicht nur materiellen Gebrauchswert (commmodity), vielmehr bilden sich das ästhet. Empfinden des Menschen und die Sprache an ihr heraus und sind Ausdruck einer wachsenden Einsicht in das Wesen der Natur als Symbol des Absoluten. Diese Korrespondenz mit der Natur bewirkt eine ›Disziplin‹ des Geistes, die sich als empir. Wirklichkeitserfassung (understanding) und die Empirie übersteigende Erkenntnis der Einheit hinter der Vielfalt alles Seienden (reason) äußert. Die höchste Stufe der Erkenntnis ist erreicht, wenn die Kultur des Idealismus die menschliche Perspektive von ›understanding‹ zu ›reason‹ gewandelt hat und die Natur nicht nur als Symbol, sondern Verkörperung Gottes erfaßt wird. Welt und Mensch werden auf dieser Stufe als aus einem Geist stammend erkannt, womit die Dichotomie von Seele und Natur aufgehoben ist. Der Essay endet mit einem prophet. Ausblick auf die Verwirklichung des Weges zur universellen Einheit durch die amerikan. Nation.
Ausg.: Essays and Lectures, 1983. – Dt., von H. KICZKA, 1982.
Lit.: C. C. HANSEN, R. W. Emersons ›Nature‹: Gospel of Transcendentalism, in: G. HENDRICK (Hg.), The American Renaissance. The History and Literature of an Era, 1961.

P. NAGELSCHMIDT

Naturrecht auf dem Grunde der Ethik, Friedrich Adolf TRENDELENBURG; EA Leipzig 1860.
In diesem auf seiner in den → *Logischen Untersuchungen* entwickelten Theorie der organ. Weltanschauung beruhenden Werk bemüht sich Trendelenburg, gegen den Rechtspositivismus und im Rückgriff auf die antike Naturrechtslehre, vor allem auf Platon und Aristoteles, das Recht in einer überpositiven, sittlichen Norm zu verankern. Als Prinzip der Ethik bestimmt Trendelenburg die Idee des menschlichen Wesens, dessen Hauptzüge aus der Psychologie und aus seiner histor. Entwicklung zu entnehmen sind. Der Mensch als Individuum verwirklicht seine ihm eigentümliche Natur allein in den ethischen Gemeinschaften (Familie, Gemeinde usw.), die ihrerseits Teile des sittlichen Ganzen des Staates sind. Dieser, als Makroanthropos definiert, ist dem Begriff des Organischen gemäß vor den Teilen, während sie nur im Ganzen bestehen. Die vollkommene Integration von Individuum und Gemeinschaft ergibt sich aus der Interdependenz von ›Verstärkung der Individuen‹ in ihrem Trieb nach Selbsterhaltung und ›Gliederung des Ganzen‹, die den einzelnen den richtigen Spielraum gewährt. Im expliziten Gegensatz zu Hobbes, Spinoza und Rousseau sowie zu Thomasius' und Kants

Trennung von Legalität und Moralität ist demnach das Recht »der Inbegriff der allgemeinen Bestimmungen des Handelns«, wodurch »das sittliche Ganze und seine Gliederung sich erhalten und weiter bilden kann«. Im analyt. Teil seines Naturrechtssystems behandelt Trendelenburg die ethische, physische und logische Seite des Rechts. Die physische ist der Zwang, dessen Aufgabe darin besteht, den Menschen seiner sittlichen Vollendung entgegenzuführen, die logische das Instrumentarium zur Begriffsbestimmung des Rechts und zur Anwendung des Gesetzes (Analogie, Definition, Präsumtion; jurid. Syllogismus, Indizienbeweis). Der umfangreichere synthet. Teil thematisiert die Anwendung des Rechtsprinzips in den Rechtsordnungen: im Recht des einzelnen als Person, der Familie, im Staat mit seinen Funktionen (Regierung, Kriegsmacht, Gesetzgebung und Rechtspflege) und schließlich im Völkerrecht. – Das Werk beeinflußte u. a. die Rechtsphilosophie von F. Walter, L. A. Warnkönig und wirkte auf die Renaissance des Naturrechts in Deutschland und Italien zu Beginn des 20. Jh.s.

Ausg.: [2]1868.

Lit.: A. R. Weiss, F. A. Trendelenburg und das Naturrecht im 19. Jh., 1960.

F. Longato

Negative Dialektik, Theodor W. Adorno, EA Frankfurt a. M. 1966.

Adornos Spätwerk deutet in der Logik des Zerfalls noch die Rettung des Hoffnungslosen an. Es ist der Solidarität mit der menschlichen Gattung abgerungen, deren Geschichte Solidarität verhindert und verlangt in einem. Entgegen Hegels Idealismus wird der Weltlauf nicht als in einer Synthesis beschlossen gedacht; wiederum erscheint dem Kritiker des Existentialismus das Labyrinth der Verzweiflung nicht absolut ausweglos. Der negative Dialektiker bricht den Identitätszwang, das zu einem totalen Verstrickungszusammenhang geronnene System, Spuren hinfälliger Menschlichkeit, transzendierendes Licht auf den Menschen und Dingen suchend. Dialektik als Auflösung positiver Wahrheit, als Abdruck und Kritik universaler Verblendung erschöpft sich nicht in der Apologie des Bestehenden; ihr, die die Dinghaftigkeit der Welt und die Verdinglichung der Menschen empfindsam-unbotmäßig kritisiert, schwebt das Nichtidentische vor, das aufbricht im Zergehen des Identitätszwangs. Nichtidentität unterwirft sich nicht dem Einheitsprinzip, der Herrschaft des Begriffs und entfremdeten Verhältnissen. Entgegen Hegels kohärenter Konstruktion des Weltgeistes, die in deduktiver Systematik den Einzelnen unter die Allgemeinheit fügt, tritt Adorno in Sympathie mit den Leidenden für die Fragilität der Wahrheit ein. Verletzt von Produktions- und Konsumbetrieb, weiß sie von dem Schmerz des Nichtidentischen, der Differenz des Besonderen vom Allgemeinen, dem der Verzweiflung nicht erlegenen fragmentarischen Menschen. In heftigen Worten gegen Heideggers Ontologie und Seinshörigkeit (Verhängnis der Verkettung) betont Adorno die Nichtidentität von Besonderem und Begriff, die Leiden des Einzelnen und der Gattung. Nach Auschwitz gerade gebietet er der Philosophie die Scham darüber, daß man ihrer Geschichte die Leiden der Menschheit kaum anmerke. In einer Welt, die Menschen und Dingen Warencharakter verleiht, streitet negative Dialektik gegen aufgezwungene Ohnmacht und Apathie. Doch wird das Leiden an der Entfremdung nicht als Mittel instrumentalisiert zum Zweck repressiver Versöhnung. Gehört sie noch zur Schreckensbahn des Fortschritts, der das Leben jedes Einzelnen verwalt- und ersetzbar ist, so offenbaren die »Meditationen zur Metaphysik« in der Unterdrückung und Beschädigung der Nichtidentität nicht allein die Partikularität des Allgemeinen, sondern auch Sympathie für die unter der Allgemeinheit verschüttete Utopie des sich nicht absondernden Besonderen. Nichtidentität wird zur Idee einer Welt und eines Lebens, in denen bestehendes Leid überwunden, vergangenes widerrufen wäre; doch zugleich weiß Adorno, daß sie durch ihre Widerruflichkeit entstellt bleibt.

Ausg.: Gesammelte Schriften, Bd. VI, hg. von R. TIEDEMANN, [2]1977.

Lit.: A. SCHMIDT, Die Kritische Theorie als Geschichtsphilosophie, 1976. – W. BEIERWALTES, Identität und Differenz, 1980. – L. VON FRIEDEBURG/J. HABERMAS (Hg.), Adorno-Konferenz 1983, 1983.

A. KÖPCKE-DUTTLER/G. METZ

Neue oder anthropologische Kritik der Vernunft, Jakob Friedrich FRIES; EA Heidelberg 1807 (3 Bde.).

In Abgrenzung gegen die nachkant. Philosophien Reinholds, Fichtes und besonders Schellings sucht Fries in dem Werk einen eigenen Zugang zu dem von Kant gestellten Problem der Begründung aprior. Erkenntnis. – Mit der Methode der ›Selbstbeobachtung‹ versucht Fries eine psycholog.-anthropolog. ›Rechtfertigung aller Grundwahrheiten‹. Er fordert einen aposterior. Zugang zu den aprior. Erkenntnisformen, und zwar durch ›innere Erfahrung‹. Kant habe den Fehler begangen, die transzendentale Erkenntnis selbst als Erkenntnis apriori anzusehen und ihre ›empir. psycholog. Natur‹ zu verkennen. Menschliche Erkenntnis bezieht sich stets mittelbar auf vorhandene Erkenntnisse, ausgedrückt in Sätzen, aus denen sie ›bewiesen‹ wird. Die Grundsätze selbst sind als ›unmittelbare Erkenntnis‹ in der Vernunft nur ›aufzuweisen‹, nicht selbst zu deduzieren. Die Frage nach einer Übereinstimmung dieser Grundsätze mit dem Gegenstand bleibt hierbei ausgeklammert. Die ersten beiden Bände befassen sich mit erkenntnistheoret. Fragen, mit der ›Kritik der erkennenden Vernunft‹ nach ihrer logischen und anschaulichen Seite; der III. Band umfaßt die ›Kritik der handelnden Vernunft‹ mit der Erörterung des ›praktischen Vermögens‹, ethischen und ästhet. Fragen. Von der ästhet. Weltsicht wird der Übergang gefunden zur Religionsphilosophie.

Ausg.: Repr. 1967.

Lit.: Th. ELSENHANS, Das Kant-Friessche Problem, 1902. – K.-H. BLOCHING, J. F. Fries' Philosophie als Theorie der Subjektivität, (Diss.) 1971.

TH. NEUMANN

Neues Organon oder Gedanken über die Erforschung und Bezeichnung des Wahren und dessen Unterscheidung vom Irrthum und Schein, Johann Heinrich LAMBERT; EA Leipzig 1764 (2 Bde.).

Einsichten von Euklid, Descartes, Malebranche, Locke und Wolff kritisch aufnehmend, entwickelt der als Naturwissenschaftler, Mathematiker und Philosoph hervorgetretene Autor in seinem ersten philosoph. Hauptwerk, das er vor allem mit der (erst 1915 edierten) *Abhandlung vom Criterium veritatis* vorbereitet, eine umfassende Erkenntnis- und Wissenschaftsphilosophie. – Der 1. Teil, die Dianoiologie oder Lehre von den Gesetzen des Denkens, handelt zunächst von den Begriffen und der Zusammenstellung derselben in Urteilen und Fragen. Sodann wird eine in einem Linienkalkül formal repräsentierte Konzeption syllogist. Schließens geboten. Nach der Erörterung des (wissenschaftlichen) Fragens und der Unterscheidung von drei Arten der Erfahrung (gemeine Erfahrung, Beobachtung, Experiment) wird die wissenschaftliche Erkenntnis bestimmt: diese entsteht durch Emporbildung der fragmentar. histor. Erkenntnis zum System. Der 2. Teil, die Alethiologie oder Lehre von der Wahrheit, liefert Lamberts Lösung des Anfangsproblems: die Lehrsatzwahrheit ist auf die Grundsatzwahrheit reduzibel, die ihrerseits von der Richtigkeit der Grundbegriffe abhängt. Letztere sind richtig, falls sie widerspruchsfrei sind. Dieser Forderung genügen gerade die einfachen Begriffe. Im 3. Teil, der Semiotic oder Lehre von der Bezeichnung der Gedanken und Dinge, werden die Zeichen bezüglich ihrer wahrheitsbekundenden Funktion untersucht. Der letzte Teil, die Phänomenologie oder Lehre vom Schein, siedelt den Schein zwischen Wahrem und Falschem an und sucht Mittel zu dessen Auflösung. – Sieht man von Ausnahmen wie Mendelssohn ab, so blieb dem Werk eine direkte Wirkung versagt. Bis vor kurzem konzentrierte sich die Rezeption vornehmlich auf die Frage nach einem Einfluß Lamberts auf Kant, mit dem er die Skepsis bezüglich der vorliegenden Metaphysik teilte. Gegenwärtig zeichnet sich ein neues Bild ab: Lamberts Originalität findet Anerkennung, sein Beitrag zur Ausbildung einer deutschen philosoph. Sprache wird hervorgehoben, seine Bedeutung als Gesprächspartner analyt. orientierter Philosophen nimmt zu.

Ausg.: Philosophische Schriften, Bd. I u. II, hg. von H. W. ARNDT, 1965.

Lit.: H. W. ARNDT, Einleitung, in: Philosophische Schriften, Bd. I, 1965. – G. WOLTERS, Basis und Deduktion, 1980. – N. Hinske, Lambert-Index, Bd. I u. II, 1983.

G. SIEGWART

Le neveu de Rameau (frz.; *Rameaus Neffe*), Denis DIDEROT, entst. 1761/62; EA Paris 1821; dt. 1805 (übers. von Goethe).

In seinem philosoph.-satir. Meisterwerk wendet Diderot die in früheren Schriften angestellten Spekulationen über den Grund der sensiblen Fähigkeiten des Menschen auf ihn als gesellschaftliches Wesen an. – Als Ort der Handlung wählt Diderot das Pariser Café de la Régence im Palais Royal. Hier treffen sich Jean-François Rameau, Neffe des Komponisten und Musiktheoretikers Jean-Philippe Rameau, und der Philosoph, der Ich-Erzähler (der trotz zahlreicher biograph. Übereinstimmungen nicht einfach mit Diderot gleichgesetzt werden darf), zu einem Dialog über Fragen der Philosophie, Moral und Kunst. Der Neffe, schon in seiner äußeren Gestalt eine lebende Satire, verkörpert den Typus des Gesellschaftsparasiten und zugleich intelligenten, kynisch-zynischen Provokateurs, des radikalen Materialisten und Gegners abstrakter Wissenschaft und leerer Spekulation sowie Anhängers der Sinne, wie ihn bereits die antiken Autoren Lukian, Terenz oder Horaz entworfen hatten. Der Ich-Erzähler tritt dagegen als Propagandist tätiger Lebensführung und konsequenter Moralität, als Verteidiger des Tugendideals und des Genies als Garanten des gesellschaftlichen Fortschritts auf. Doch dieser strenge Gegensatz der beiden Charaktere wird im Laufe des Dialogs immer mehr aufgehoben; der Philosoph zeigt sich in wachsendem Maße fasziniert von der Fähigkeit des Neffen, sich mit aller Macht und ohne jegliche Scham seinen elementaren Trieben hinzugeben und dabei die Empfindungen des Herzens spontan und ursprünglich zum Ausdruck zu bringen. Zugleich ist der Neffe ein scharfzüngiger Kritiker der gesellschaftlichen Korruption und Heucheleien sowie des schmarotzenden Literatentums (besonders eines gewissen Charles Palissots, der sich in seinen Schriften scharf gegen die aufklärer. Philosophen wandte). Es bereitet ihm großes Vergnügen, die hervorstechenden Charakterzüge seiner Mitmenschen in Wort und Körpersprache satir. zu entlarven, wobei er Theophrast, Molière und La Bruyère als seine Lehrmeister bezeichnet. In der Gestalt des Neffen fließt somit all das zusammen, was der zur Herrschaft drängende Vernunftbegriff der Aufklärung zurückgedrängt hat: Die sinnliche Erfahrung, die Triebe, das mimet. Vermögen, also die ästhet. Erfahrungen im engeren und weiteren Sinne. – In den sich selbst entfremdeten und oft mimet. verzerrten Zügen des Neffen in Diderots Satire, die Goethe »das klassische Werk eines hervorragenden Mannes« nannte und in der Hegel in der Gestalt des Neffen eine heikle Stufe des menschlichen Bewußtseins gültig charakterisiert fand, sind der psycholog. Diskurs und die Anthropologie des 19. Jh.s vorweggenommen.

Ausg.: Dt., in: Sämtliche Romane und Erzählungen, Bd. II, 1979.

Lit.: D. O'GORMAN, Diderot the Satirist. ›Le neveu de Rameau‹ and Revailed Works, 1971. – W. E. REX, Two Scenes from ›Le Neveu de Rameau‹, in: Diderot Studies XX (1981). – H. HARTH, Der Aufklärer und sein Schatten. Zynismus im ›Neveu de Rameau‹, in: D. Diderot 1713-1784. Zeit-Werk-Wirkung, hg. von T. HEYDENREICH, 1984.

P. LEMPERT

New Atlantis (engl.; *Neu Atlantis*), Francis BACON de Verulam; EA London 1627 (in: Silva silvarum, or A Natural History in Ten Centuries); dt. 1890.

Bei der Schrift handelt es sich um einen unvollendet gebliebenen Versuch der Darstellung eines vollkommenen Staatswesens im Sinne Platons, das durch die ständig wachsenden Ergebnisse der experimentellen Wissenschaft gesichert ist. Geistiges Zentrum dieses Staats ist das Haus Salomons, das durch ein Kollegium von Gelehrten gebildet wird, die von Zeit zu Zeit Vertreter in alle Teile der Welt senden, um sich mit den neuesten Entdeckungen, technischen Erfindungen und wissenschaftlichen Erkenntnissen vertraut zu machen. Dieses Wissenschaftszentrum verfügt über vielfältige Einrichtungen für chemische, geochem., biochem. und medizin. Experimente; hohe Türme dienen dem Studium der Wettererscheinungen und der regelmäßigen Wetterbeobachtung, während in überird. Laboratorien geophysikal. Vorgänge wie Donner, Blitz, Wetterleuchten usw. nachgeahmt werden können; große Seen erlauben die Zucht von Fischen; in Freilandlaboratorien wird die Dynamik von Meeresströmungen, Strudeln und Katarakten erforscht usw. Es gibt optische, akust. und mechan. Werkstätten und sogar Startplätze für Flugmaschinen. Bacon umreißt in dieser Schrift das Spektrum wissenschaftlicher Möglichkeiten, deren Verwirklichung allerdings von der Gesellschaft unterstützt werden muß und eine Gemeinschaftsarbeit erfordert. Von seiner äußeren Form her reiht sich das Werk in die für das 17. Jh. charakterist. romanhaften Reiseberichte ein.

Ausg.: The Works of F. Bacon, Bd. III, hg. von J. Spedding/R. L. Ellis/D. D. Heath, 1857-1874 (Repr. 1962-1963). – Dt., von K. J. Heinisch, in: Der utopische Staat, 1980.

Lit.: W. Frost, Bacon und die Naturphilosophie, 1927. – R. Ahrbeck, Morus-Campanella-Bacon. Frühe Utopisten, 1977.

H. M. Nobis

The New Science of Politics. An Introduction, (engl.; *Die neue Wissenschaft der Politik*. Eine Einführung), Eric Voegelin; EA Chicago 1952.

Das Werk stellt den Versuch dar, die polit. Wissenschaft in kritischer Abgrenzung zu den vorherrschenden Methoden des Positivismus und in Anlehnung an die von Platon und Aristoteles begründete politikē epistēmē als Ordnungswissenschaft wiederherzustellen; im Zentrum steht daher die Frage nach dem Wesen der Rationalität. – Da sich Rationalität im klassischen Sinne aus der Offenheit des Menschen und seiner Teilhabe an allen Seinsbereichen konstituiert, insbes. durch die Teilhabe am welt-jenseitigen göttlichen Sein, konzentriert sich die Analyse der ›Neuen Wissenschaft‹ auf jene Erfahrungen, in denen sich dem Menschen seine Verbindung zum göttlichen Grund erschließt und in denen er damit das Verständnis seiner Menschlichkeit und der Wahrheit seiner Existenz gewinnt. Da diese Erfahrungen aber nicht konstant sind, ergibt sich aus der Analyse dieser Erfahrungen und ihrer Veränderungen folgerichtig auch eine Theorie der Geschichte. Davon ausgehend beschreibt das Buch im 1. Teil die wichtigsten Epochen des geschichtlichen Prozesses, in denen sich das Verständnis des Menschen von der Struktur der Realität und seiner Stellung in ihr zunehmend differenzierte, bis es im Christentum seine bislang höchste Ausformung fand. Der 2. Teil skizziert den Gegenprozeß, in dessen Verlauf sich der Mensch seit dem 13. Jh. gegenüber dem göttlichen Sein zunehmend verschloß und, von den Erfolgen der Naturwissenschaften verleitet, die Schaffung eines ›neuen Menschen‹ und einer ›neuen Welt‹ in Angriff nahm. Aus dieser Perspektive interpretiert Voegelin die vergangenen 500 Jahre der Geschichte Europas als einen Prozeß geistigen Verfalls und wachsender Irrationalität, der im Aufstieg der modernen ›gnostischen‹ Massenbewegungen und im Zweiten Weltkrieg seinen konsequenten Höhepunkt fand. Vor diesem Hintergrund versteht sich die *Neue Wissenschaft* als ein Beitrag zur theoret. Erneuerung der Polit. Wissenschaft und zur Neubegründung rationaler menschlicher Praxis.

Lit.: P. J. Opitz/G. Sebba (Hg.), The Philosophy of Order, 1981.

P. J. Opitz

A New View of Society; or, Essays on the Principle of the Formation of the Human Character, and the Application of the Principle to Practice (engl.; *Eine neue Auffassung von der Gesellschaft;* oder Abhandlungen über das Prinzip der Bildung des menschlichen Charakters und die Anwendung des Prinzips in der Praxis), Robert OWEN; EA London 1813; dt. 1900 Eine neue Auffassung von der Gesellschaft. Vier Aufsätze über die Bildung des menschlichen Charakters, als Einleitung zu der Entwicklung eines Planes, die Lage der Menschheit allmählich zu verbessern.

Die sozialpolit. Aufklärungsschrift enthält vier auf den Erfahrungen Owens als Teilhaber und Geschäftsführer der Spinnereien von New Lanark basierende Abhandlungen. Der zentrale Gedanke ist, daß kein Mensch seinen ›Charakter‹ selber zu bilden vermag, dieser vielmehr das Produkt des jeweiligen sozialen Milieus ist, in dem ein Mensch heranwächst. Jeder ›Charakter‹, vom besten bis zum schlechtesten, kann, indem entsprechende Mittel angewandt werden, in jedem Gemeinwesen erzeugt werden. Über diese Mittel verfügen im Regelfalle jene, die Macht und Reichtum besitzen. Diese Entscheidungsträger einer Gesellschaft, die sich bislang bloß auf das Bestrafen beschränkt haben, um ihre Vorstellungen durchzusetzen, verfügen mithin über die Möglichkeit, darauf hinzuwirken, daß die Anlässe für Strafen gar nicht erst entstehen. Da Faulheit, Armut, Verbrechen – und Strafe – nur die notwendigen Folgen von Unwissenheit sind, ist der Weg ihrer Aufhebung einfach: Der Staat muß dafür sorgen, daß durch ein öffentlich kontrolliertes Schulsystem alle Gesellschaftsmitglieder zu vernünftigen Menschen herangebildet werden und daß durch die Errichtung von Arbeitsämtern und – in der Wirtschaftskrise – durch staatliche Arbeitsbeschaffung alle Arbeitsbedürftigen auch Erwerbsarbeit finden. Voraussetzung für die Wirksamkeit dieser Maßnahmen bleibt das Schulwesen – der beste Staat ist derjenige, der über das beste nationale Erziehungssystem verfügt. Es zeugt von der Bedeutung des Owenschen Werkes, daß diese ihrer Zeit weit vorauseilenden Gedanken zunehmend politische und gesellschaftliche Realität geworden sind.

Ausg.: A New View of Society and Other Writings. Introduction by G. D. H. COLE, 1963. – Pädagog. Schriften, ausgewählt, eingel. und erläutert von K.-H. GÜNTHER, 1955.
Lit.: J. BUTT (Hg.), R. Owen. Prince of Cotton Spinners, 1971. – S. POLLARD/J. SALT (Hg.), R. Owen. Prophet of the Poor, 1971. – M. VESTER, Die Entstehung des Proletariats als Lernprozeß, ^{2}1972.

R. BAMBACH

Nietzsche, Martin HEIDEGGER, entst. 1936–1946; EA Pfullingen 1961 (2 Bde.).

Das Werk enthält Vorlesungen, die Heidegger in den Jahren 1936 bis 1940 an der Universität Freiburg i. Br. hielt, sowie Abhandlungen aus den Jahren 1940 bis 1946. Heideggers Auseinandersetzung mit Nietzsche ist entscheidend für seine Deutung der Metaphysik. Sie wurde in den Jahren geführt, in denen sich die Weltanschauung des Nationalsozialismus auf Nietzsche berief. – Band I enthält die bis Juli 1939 gehaltenen Vorlesungen; sie sind in drei Abschnitte gegliedert. Im 1. Abschnitt, »Der Wille zur Macht als Kunst«, wird Nietzsche, insbes. anhand seiner Vorarbeiten zum geplanten Hauptwerk

→ *Der Wille zur Macht,* als metaphys. Denker gedeutet. Nietzsche steht, für Heidegger, in der Tradition der Willensmetaphysik (Schelling, Hegel, Schopenhauer) und überschreitet diese in seiner Bestimmung des Seienden als Wille zur Macht. Dabei kommt der Kunst eine ausgezeichnete Stellung zu: Das Schaffen des Künstlers, das Jasagen zum Sinnlichen, ist die höchste Gestalt des Willens zur Macht. Heidegger entfaltet diese Deutung vor dem Hintergrund der Geschichte der Ästhetik. Das Verhältnis von Wahrheit und Kunst tritt vor allem in Nietzsches Umkehrung des Platonismus deutlich hervor. Im 2. Abschnitt, »Die Ewige Wiederkehr des Gleichen«, erörtert Heidegger den Gedanken der ›ewigen Wiederkunft‹ als Grundgedanken von Nietzsches Metaphysik. Es geht dabei vor allem um den ›Tod Gottes‹ bzw. um die ›Vermenschung‹ des Seienden. Der Mensch, und nicht Gott, steht jetzt im Mittelpunkt der ›ewigen Wiederkehr‹ des Weltwerdens. Was ›ewig wiederkehrt‹, ist nicht etwa Gott oder die platonische Idee, sondern der Wille zur Macht selbst, der im Sinne der Metaphysik als ›ständiges Anwesen‹ gedacht wird. Im 3. Abschnitt, »Der Wille zur Macht als Erkenntnis«, wird Nietzsche als ›Denker der Vollendung der Metaphysik‹ gedeutet. Heidegger grenzt diese Deutung von den herkömmlichen (Biologismus, Lebensphilosophie) ab. Erkennen heißt nach Nietzsche »Schematisieren eines Chaos nach praktischem Bedürfnis«. Horizontbildung gehört zum Wesen des Lebens. Die Vernunft hat einen dichter. Charakter, d. h. die Denkkategorien sind Formen der Lebenserhaltung. In Nietzsches ›Perspektivismus‹ gerät die metaphys. Wahrheitsauffassung ins Äußerste, indem das Werdende in seiner Beständigkeit gedacht wird. Für Heidegger ist diese Vollendung der Metaphysik zugleich die Not des ›anderen Anfangs‹. Mit dem Text der vorgesehenen Schlußvorlesungen beginnt der II. Band. In »Die ewige Wiederkehr des Gleichen und der Wille zur Macht« wird das Voraufgegangene zusammengedacht. In der Vorlesung »Der europäische Nihilismus« geht es um Nietzsches (und Heideggers) Auseinandersetzung mit diesem Grundzug unseres Zeitalters. Der Nihilismus, die ›Entwertung der obersten Werte‹, wird von Nietzsche von einer ›passiven‹ oder ›negativen‹ Form in eine ›positive‹ umgewandelt, indem die ›alten Werte‹ nicht nur durch neue ersetzt, sondern auf den wertsetzenden Willen zur Macht zurückgeführt werden. Dabei zeigt Heidegger, wie in dieser Geschichte des Nihilismus, die zugleich Geschichte der Metaphysik von Platon bis Nietzsche ist, ein innerer Zusammenhang der Grundpositionen (besonders zu Descartes und Kant) besteht. Nietzsche, der ›Antimetaphysiker par excellence‹, vollendet in seiner Gegenbewegung die Metaphysik und prägt unser heutiges Zeitalter. Das Sein ›als die Leere und der Reichtum‹ wird ›zweideutiger‹ denn je. In den folgenden Abhandlungen (»Nietzsches Metaphysik«, »Die seinsgeschichtliche Bestimmung des Nihilismus«, »Die Metaphysik als Geschichte des Seins«, »Entwürfe zur Geschichte des Seins als Metaphysik« und »Die Erinnerung an die Metaphysik«) werden diese Grundgedanken weiter vertieft. –

Heideggers Auseinandersetzung mit Nietzsche eröffnete, lange vor der gegenwärtigen ›Nietzsche-Renaissance‹, neue Wege in der Nietzsche-Forschung und bereitete den Boden für eine kritische Reflexion über den Nihilismus unserer Zeit vor.

Ausg.: Gesamtausgabe, Bd. 43, 44, 48, 1985 u. 1986.

Lit.: O. PÖGGELER, Der Denkweg M. Heideggers, 1963. – E. HEFTRICH, Nietzsche im Denken Heideggers, in: V. Klostermann (Hg.), Durchblicke, 1970.

R. CAPURRO

Nomoi (gr.; lat.: *Leges; Gesetze*), PLATON, entst. vor 347 v. Chr.; ED Florenz o. J. (ca. 1482-1484; lat., übers. von M. Ficino); Venedig 1513 (gr., hg. von E. Musuros); dt. 1785-87 Unterredungen über die Gesetze (2 Bde.).

Die *Nomoi* sind Platons letztes und umfangreichstes Werk; es kreist um das Thema ›Staat‹, aber flicht in die Darstellung alle Themen und Motive platon. Philosophie ein. Die *Nomoi* sind Anthropologie und zugleich in einem entsprechenden Begriffssinn Politologie. Der Text ist einzigartig wegen der Fülle des histor.-empir. Materials, das in das Gespräch der drei alten Männer einfließt, die – zum Zeusheiligtum auf dem kretischen Berg Ida wandernd – sich über die Gründung des Staates besprechen. In der Grotte empfing Minos von Zeus die kretischen Gesetze, und der mythische Bezug gibt den *Nomoi* das Leitmotiv: Gott ist das Maß aller Dinge (716c) bzw.: alle Politik unterliegt einer unbedingten moral. Zielsetzung; sie wird in den Präambeln zu den Gesetzen jeweils festgehalten. – Die ersten drei Bücher beschreiben die Verfassungen und ›gesellschaftlichen‹ Lebensweisen bestehender Staaten (Kreta, Sparta) und untersuchen sie auf ihre ›lebensbildende‹ Funktion. Buch III stellt systematisierend Ursprung und Entwicklung der griechischen Poliswelt bis zur athenischen Demokratie dar und gibt damit den Anlaß zum Entwurf einer neuen Staatsgründung. Histor. gesehen, reflektiert er die Praxis der Koloniegründung (z. B. von Thurioi) als Gesetzgebung; systemat. folgt er der Anweisung, daß der Gesetzgeber dreierlei zu beachten habe: »daß der von ihm mit Gesetzen ausgestattete Staat ein freier, daß er unter sich befreundet und daß er einsichtsvoll sei«. Buch IV behandelt die allgemeinen Bedingungen: Geograph. Lage, Herkunft und Art der Siedler und generell die menschliche Situation, eingebunden zu sein zwischen Gott und Zufall und gezwungen zu sein, dieses Zwischensein als (Lebens-)Kunst beherrschen zu müssen. Buch V ist ebenfalls noch Proömium: Es hebt ab auf die Seele als das Göttlichste und Eigentlichste des Menschen, von der her die Lebensführung bestimmt werden muß – gegen die Kriterien von Lust und Schmerz. Bestimmungen über die Verteilung von Land und Besitz schließen sich an. Buch VI handelt entsprechend der favorisierten mittleren, zwischen Allein- und Volksherrschaft angesiedelten Verfassungsform über die staatlichen Ämter und die Art ihrer Vergabe. Unter dem ›Hauptpunkt‹, wie der Mensch gut werden könne, werden dann – beginnend mit den Ehegesetzen – die gesetzlichen Regelungen des Gemeinschaftslebens eingeführt. Buch VII befaßt sich (Männer wie Frauen übrigens gleich stellend) mit der Erziehung und den Lehrgegenständen. Buch VIII nennt und regelt die Grundlagen und -formen des sozialen Lebens: Feste, Opfer, Wettkämpfe; Freundschaft, Liebe; Ernährung. Buch IX führt die Strafgesetze ein und ist (unter dem Kriterium der sokrat. These von der Unfreiwilligkeit des Unrechttuns) wesentlich Strafrechtsstheorie. Das Buch X regelt die Gesetzgebung hinsichtlich des Götterglaubens; gleichsam als Zusammenfassung der platon. ›Theologie‹ und Kosmologie (Bewegungslehre) stellt es den philosophischen Höhepunkt der *Nomoi* dar, auf dem Platon ›naturalist.-mechanist.‹ Weltauffassungen verwirft. Das Buch XI behandelt und begründet privates und bürgerliches Recht, regelt Eigentumsverhältnisse. Buch XII befaßt sich mit den Pflichten der ›Beamten‹, der Regelung der auswärtigen Beziehungen und setzt schließlich mit dem ›nächtlichen Rat‹ eine Institution der Erhaltung der Gesetze ein: Der Rat bewahrt und hütet die Einsicht in die Bezüglichkeit von Staat und Kosmos auf die Götter, die Einsicht in die Priorität der Seele vor der Natur und die Einsicht, daß der Staat als Darstellung des Einen selbst gegründet ist, so wie die vier Tugenden die eine Tugend darstellen. – Hinsichtlich ihrer Wirkung stehen die *Nomoi* (›the masterpiece of Plato's old age‹, P. Shorey) hinter der →*Politeia* zurück; ihre Bedeutung als literar. Quelle für das polit. Denken insbes. der Antike darf allerdings nicht unterschätzt werden.

Ausg.: Platonis Opera, hg. von H. STEPHANUS, Bd. II, 1578, 624–969. – Platonis Opera, hg. von J. BURNET, Bd. V, 1907 (Repr. 1962). – Gr./Dt., Studienausgabe, Bd. VIII, 1977.

Lit.: G. MORROW, Plato's Cretan City, 1960. – M. VANHOUTTE, La Philosophie Politique de Platon dans les ›Lois‹, 1964. – L. STRAUSS, The Argument and the Action of Plato's Laws. 1975. – R. STALLEY, An Introduction to Plato's Laws, 1983.

J. JANTZEN

Le nouveau christianisme. Dialogues entre un conservateur et un novateur. Premier dialogue (frz.; *Neues Christentum.* Zwiegespräche zwischen einem Bewahrer und einem Neuerer. Erster Dialog), Claude-Henri de SAINT-SIMON; EA Paris 1825; dt. 1911.

Ziel dieser sozialtheolog. Schrift, dem letzten, unvollendet gebliebenen Werk Saint-Simons, ist es, in angedeuteter Dialogform darzulegen, daß das Christentum in seinem ursprünglichen Sinne seine Kraft darauf zu richten hat, sich durch die materielle Verbesserung der diesseitigen Verhältnisse zu verwirklichen. Da moral. Richtungssymbolisierung für den Menschen unverzichtbar ist, tangieren sowohl der Verrat des kathol. Klerus, der den Auftrag des wahrhaften Christentums zugunsten des eigenen Machterhalts aufgegeben hat, als auch das Scheitern des Protestantismus, der eine wirksame Alternative nicht zu bieten vermag, keineswegs die Bedeutsamkeit des Christentums für das menschliche Leben. Vielmehr muß das von Gott gesetzte Gebot der Nächstenliebe gleichsam als gesellschaftliche Aufgabe verstanden werden, die ›moral. und materielle Existenz der ärmsten und zahlreichsten Klasse‹ durch eine Verpflichtung zu nützlichem und damit produktivem Verhalten zu verbessern – was zugleich auch den Reichtum der Reichen vermehren wird. Daran zeigt sich die soziale und polit. Interessenidentität aller produktiv Tätigen. Diese Säkularisierung, ja Funktionalisierung der Religion zu einem Utilitätsprinzip stellt eine entscheidende Stufe auf dem Wege zu jener später von L. Feuerbach betriebenen Verweltlichung des Himmels dar, die auf dessen Verwirklichung nicht verzichten will.

Ausg.: Œuvres, 1868–1876 (Repr. Bd. III, 1966).
Lit.: M. Hahn, Präsozialismus: C.-H. de Saint-Simon, 1970. – T. Petermann, C.-H. de Saint-Simon: Die Gesellschaft als Werkstatt, 1979. – R. Bambach, Der französ. Frühsozialismus, 1984.

R. Bambach

Nouveaux essais sur l'entendement humain (frz.; *Neue Abhandlungen über den menschlichen Verstand*), Gottfried Wilhelm Leibniz, entst. 1704; EA Amsterdam/Leipzig 1765; dt. 1778.

Ziel dieser metaphys.-erkenntnistheoret. Untersuchung ist die Lösung der Probleme von Lockes Psychologie und sensualist. Erkenntnistheorie mit den Prinzipien der Logik und Metaphysik. Eingeführt werden Leibniz' Gedanken im kontroversen Disput zwischen Philalethes und Theophilus. Der Dialog schließt die gegenseitige Prüfung und Verbesserung mit ein. Die ganze Schrift erhält so den Charakter eines systematisierenden Eklektizismus: Lockes Sensualismus, die aristotel. Psychologie, das cartes. Analysisideal, die Logikentwürfe von R. Lullus, P. Ramus und J. Zabarella werden vor dem Hintergrund eines christlichen Neuplatonismus geprüft. Was sich bewährt, wird übernommen. Leibniz entwirft in der Vorrede eine Psychologie auf der Grundlage seiner Monadenkonzeption: Reflexion ist Aufmerksamkeit auf das, was in uns ist. In unserem Inneren gibt es eine unendliche Menge von schwachen und verworrenen Wahrnehmungen (petites perceptions) vergleichbar mit der Brandung des Meeres, dessen Rauschen sich aus dem Geräusch ununterscheidbar vieler Wellen ergibt. Aus diesen entsteht ein Teil der uns bewußten Wahrnehmungen, konstituiert sich unsere Individualität wie unser Zeitbewußtsein. Im I. Buch (»Von den eingeborenen Ideen«) argumentiert er gegen skeptische Zweifel an den platon. ›ideae innatae‹ mit Prinzipien wie der Identität, dem Unmöglichkeitsgedanken und dem Satz vom auszuschließenden Widerspruch sowie mit mathemat.-geometr. Grundprinzipien. Das II. Buch (»Von den Ideen«) begreift – im Gegensatz zu der sensualist. Auffassung der Seele als unbeschriebenem Blatt (tabula rasa) – die Psyche als prinzipiengeleitetes Vermögen, nicht als zufälliges Konglomerat. Charakterist. ist das Diktum, das im Nachsatz die ›tabula rasa‹ negiert: »Nichts ist im Intellekt, was nicht vorher in den Sinnen war, außer dem Intellekt selbst.« Das III. Buch (»Von den Worten«) entwirft eine Sprachphilosophie, die den Mißbrauch der Sprache verhindern und die logischen Hilfsmittel verbessern soll. Leibniz begreift den Ursprung der Begriffe als Geschichte unserer Entdekkungen und unterscheidet nominale von kausalen (genet.) Definitionen. Gleichsam nebenbei schlägt Leibniz bei der Einteilung der Arten eine biolog. Klassifikation nach Geschlechtsmerkmalen vor. Im IV. Buch (»Von der Erkenntnis«) geht Leibniz neue Wege, indem er Grade der Erkenntnis unterscheidet und in einen systemat. Zusammenhang bringt. Intuitive, demonstrative und sinnliche Erkenntnis werden unterschieden. Gemäß der Aufteilung in Vernunft- und Tatsachenwahrheiten kritisiert er Descartes' ›cogito ergo sum‹, weil es nur ein Prinzip unter anderen sei, außerdem kein Axiom, sondern nur ein faktischer, auf unmittelbare Erfahrung begründeter Satz. Auch die Grenzen der Analysismethode nach mathemat.-geometr. Vorbild werden bestimmt, und zwar durch die Schwierigkeiten mit der Begründung der Axiome. Neuartig ist, welchen Raum Leibniz der Meinung, dem Glauben und der Wahrscheinlichkeit einräumt. Er fordert eine neue Logik der Wahrscheinlichkeit, da die aristotel. Topik hier völlig unzureichend sei. Begründete Vermutungen haben ihren Wert, bis der Gegenbeweis erbracht ist. Hilfestellung bieten Analogien, Konjekturen und Indizien nach dem Vorbild des jurist. Prozeßverfahrens und der medizin. Diagnose. Auch die Kunst des Disputierens gilt es nach dem Vorbild der Jurisprudenz zu verbessern. Insgesamt bezeichnet Leibniz hier noch die Metaphysik als eine zu suchende Wissenschaft (zetet. Bestimmung der Metaphysik im Anschluß an Aristoteles), erst in den → *Essais de Theodicée* und in der → *Monadologie* glaubt er, sie gefunden zu haben. Durch ihr spätes Erscheinen wirkten die Abhandlungen erst auf Lessing, Herder, auch auf Kant, d. h. auf die deutsche Spätaufklärung, als sich die Schulphilosophie im Anschluß an Chr. Wolff im Niedergang befand.

Ausg.: Dt., übers. von E. CASSIRER, ³1915 (Repr. 1971) (PhB 69).

Lit.: H. WOLFF, Leibniz. Allbeseelung und Skepsis, 1961. – G. MARTIN, Leibniz. Logik und Metaphysik, ²1969. – W. SCHMIDT-BIGGEMANN, Topica Universalis, 1983.

B. IRRGANG

Nova de universis philosophia, libris quinquaginta comprehensa (lat.; *Neue Philosophie von allem*, in 50 Büchern zusammengefaßt), Francesco PATRIZI (eigentl. Frane Petrić); EA Ferrara 1591.

Das philosoph. Grundlagenwerk verarbeitet aristotel. und (neu-) platon. Impulse zu einer eigenständigen, frühneuzeitliche Gedanken entwickelnden Theorie ›von allem‹. Die vier Teile behandeln ›Panarchia‹, ›Panaugia‹, ›Pancosmia‹, ›Pampsychia‹ (All-anfang, All-Licht, Allraum, All-seele: vier Aspekte des Einen). Am Anfang des Universums steht das Eine, Gott, Unomnia (All-eins), das die Idee der Einheit zusammen mit der Idee der Differenz in sich enthält. Vom Urlicht (lux) geht der Lichtschein der Einheit (lumen) aus und emaniert in einer Stufenfolge über den Raum zum Intellekt, zur Seele und zu den individuellen Körpern. Der Lichtschein, zugleich unkörperlich und körperlich, überträgt diese mediale Qualität auf den unkörperlich-körperlichen Raum, der seinerseits damit vermittelndes Prinzip zur Körperwelt, gerade in seiner Dreidimensionalität, wird. Die Grundlegung und Systematisierung der Welt kann also einerseits über die Lichtlehre, andererseits über die Raumlehre erfolgen, genauer: der Raum selbst ist ein Aspekt des Lichts. Raum ist Seinsgrund, von der Weltseele belebt, damit Medium und Einung zwischen der Welt der Sinne und der Welt des Geistigen. Wird der dreidimensionale Raum zum Ermöglichungsgrund des Seienden, dann wird die Geometrie zur Protowissenschaft. So ist Patrizi ein wesentlicher Theoretiker für die Universalisierung der geometr. Methode, denn das Wissen vom Raum ist vorgängig dem Wissen von der Natur und von den menschlichen Handlungen und Leidenschaften, also auch dem Kontingenten.

Ausg.: Repr. (1591) 1979.
Lit.: B. Brickmann, An Introduction to F. Patrizi's ›Nova de Universis Philosophia‹, 1941.

H.-B. Gerl

Novum organum (F. Bacon) → Instauratio magna

Nuovo saggio sull' origine delle idee (ital.; *Neue Abhandlung über den Ursprung der Ideen*), Antonio Rosmini-Serbati; EA Rom 1830.

Die ausführlichen ontolog. und erkenntnistheoret. Studien widmen sich den philosoph. Strömungen, die für die Frage nach dem Ursprung der Ideen von Interesse sind; Rosminis These lautet, daß die Idee des Seins das Fundament unserer Erfahrung ausmacht. Daher kritisiert er Locke, Condillac und die schottische Schule (Reid, Dugald Steward), welche Erfahrung als einzige Quelle unserer Ideen angenommen und folglich kein Apriori zugelassen hatten. Zwar haben Platon, Aristoteles, Leibniz und Kant etwas Apriorisches zu Recht vorausgesetzt, aber ihre Erklärungen erscheinen Rosmini-Serbati oft willkürlich und konstruiert, denn für ihn ist die einfache Idee des Seins die aprior. Form der Vernunft, sie begleitet notwendig alle Erkenntnis und von ihr leiten sich alle bestimmten Ideen her. An der Erkenntnis selbst kann man zwei Elemente unterscheiden: die Materie, die aus der Sinneserfahrung stammt, und die Form, eben die unbestimmte Idee des Seins. Diese Idee ist universell und notwendig und stammt weder aus der Sinneserfahrung noch aus der Idee des Ich, die selbst eine bestimmte ist; sie ist weder das Ergebnis einer Abstraktion, noch von Gott geschaffen; sie ist angeboren. Auf dieser Grundlage unterscheidet Rosmini die Grundprinzipien der Erkenntnis, die reinen Ideen, die allein von der Idee des Seins abhängen (z. B. Identität, Widerspruch, Substanz, Ursache), und die unreinen Ideen, die durch Empfindungen mitgebildet werden (z. B. Leib, Zeit, Bewegung, Raum). – Die Lehre Rosminis hat, indem sie eine Synthese von kantischem Kritizismus und klassischer und scholast. Tradition bietet, die Philosophie christlicher Inspiration erneuert. Rosmini selbst erfuhr durch den Neoidealismus Gentiles eine Auslegung in kantischer Richtung.

Ausg.: Opere, hg. von F. Orestano, 1934.
Lit.: F. Pfurtscheller, Von der Einheit des Bewußtseins zur Einheit des Seins. Zur Grundlegung der Ontologie bei A. Rosmini-Serbati, 1977.

A. Da Re

Objective Knowledge. An Evolutionary Approach (engl.; *Objektive Erkenntnis.* Ein evolutionärer Entwurf) Karl Popper; EA Oxford 1972; dt. 1973, [4]1984 (verb. u. erw.).

Die Aufsatzsammlung enthält wichtige Spätschriften Poppers, in denen die zentralen Lehren seiner Philosophie dargelegt und gegen Einwände verteidigt werden: Realismus, Objektivismus, Fallibilismus, Evolutionismus, Pluralismus und Interaktionismus, Indeterminismus, Korrespondenztheorie der Wahrheit, hypothet. Deduktivismus, evolutionäre Erkenntnistheorie. Ausführliche Kritiken der meisten Gegenpositionen. – In Kap. 1 werden Gültigkeit und Notwendigkeit der Induktion bestritten und Varianten des traditionellen, logischen, psycholog. und pragmat. Induktionsproblems (Hume) behandelt. In Kap. 2 werden Wahrheit (im Sinne der Übereinstimmung einer Theorie mit der Wirklichkeit: Korrespondenztheorie) und Annäherung an sie (verisimilitude) als Ziele der Wissenschaft formuliert. Ein Erkenntnisfortschritt wird für möglich gehalten, als zentrales Problem der Erkenntnistheorie betrachtet und als Annäherung an die Wahrheit (die selbst nie mit Sicherheit erreicht werden kann: Fallibilismus), als fortschreitend zutreffendere Erklärung der Wirklichkeit verstanden. Der hier vertretene Realismus ist hypothet., also weder beweisbar noch widerlegbar, aber mit guten Argumenten vertretbar. In Kap. 3 legt Popper seine 3-Welten-Theorie dar. Er unterscheidet die Welt 1 der physischen Gegenstände oder Zustände von der Welt 2 der Bewußtseinszustände oder geistigen Zustände und der Welt 3 der objektiven Gedankeninhalte, Theorien (auch falschen), Probleme usw. Die Welt 3 ist Produkt des Menschen, jedoch weitgehend autonom und wirkt auf ihn zurück. Die Interaktion von Welt 2 und Welt 3 führt zu Erkenntnisfortschritt, der als Ergebnis eines Prozesses gedeutet wird, der dem natürlichen Ausleseprinzip Darwins ähnelt. In seiner Theorie des Verstehens (Hermeneutik), die Popper in Kap. 4 darlegt, formuliert er das Verstehen von Welt-3-Objekten als zentrales Problem der Geisteswissenschaften. Der subjektive Akt des Verstehens, in der Welt 3 verankert, wird im wesentlichen als Operieren mit Welt-3-Objekten aufgefaßt und mittels eines allgemeinen Problemlösungsschemas dargestellt: Ein Problem (P_1) führt über die Stufen einer vorläufigen Theorie (VT) und der Fehlerelimination (FE) zu einem neuen, oft tieferen Problem (P_2) ($P_1 \rightarrow VT \rightarrow FE \rightarrow P_2$), ein Prozeß ohne Ende. Poppers These der kausalen Offenheit der Welt 1 geht über den Indeterminismus hinaus, indem sie eine dritte Möglichkeit zwischen Zufall und Notwendigkeit aufzeigt. Dem menschlichen Bewußtsein wird so eine biolog. sinnvolle Rolle zugewiesen; mentale Prozesse müssen nicht als Epiphänomene eingestuft werden. Das schwierige Problem der Kontrolle des Menschen durch abstrakte Inhalte wie etwa Regeln oder Ziele (eine Verallgemeinerung des Leib-Seele-Problems) wird u. a. mit folgender Hypothese angegangen: Hierarch. Systeme plastischer Kontrollen sind in den Organismen verkörpert oder entwickeln sich exosomat. wie z. B. die kritische Methode, dank derer der Mensch seine Hypothesen an seiner Stelle sterben lassen kann.

Lit.: J. W. N. WATKINS, K. R. Popper. Die Einheit seines Denkens, in: J. SPECK (Hg.), Grundprobleme der großen Philosophen. Philosophie der Gegenwart, Bd. I, 1972. – P. A. SCHILPP (Hg.), The Philosophy of K. Popper, 1974.

K. PÄHLER

Ökonomisch-philosophische Manuskripte, Karl MARX, entst. 1844; EA Berlin 1932.

Das erste der drei Manuskripte behandelt den Arbeitslohn, den Profit des Kapitals und die Grundrente, wobei Marx Ricardos Arbeitswerttheorie (noch) verwirft. Die entfremdete Lohnarbeit analysiert er in vierfacher Hinsicht, als Entfremdung vom Arbeitsprodukt, Selbstentfremdung,

Entfremdung von der menschlichen Gattung und Entfremdung des Menschen vom Menschen. »Die positive Aufhebung des Privateigentums als menschlicher Selbstentfremdung« wird als Kommunismus und »wirkliche Aneignung des menschlichen Wesens« bestimmt. Das Geld kritisiert Marx als »die Verkehrung und Verwechselung aller menschlichen und natürlichen Qualitäten«. An der Philosophie Hegels wird als Verdienst hervorgehoben, daß sie »die Selbsterzeugung des Menschen« als einen dialekt. Prozeß und somit das »Wesen der Arbeit« erfaßt (wenn sie auch nur die »abstrakt geistige« Arbeit kenne). Als verfehlt wird an seiner Philosophie angesehen, daß sie den Menschen wesentlich als Selbstbewußtsein auffaßt (und nicht als leiblich-geistige Einheit) und daß sie annimmt, das Subjekt übergreife das Objekt (in absoluter Subjekt-Objekt-Einheit). – Die Bedeutung der Manuskripte besteht darin, daß sie in Marx' Entwicklung und darüber hinaus eine neuartige Synthese von Ökonomie und Philosophie bzw. Dialektik darstellen, die aus der Kritik der bürgerlichen politischen Ökonomie und der Hegelschen Philosophie resultiert und auf den sog. westlichen, undogmat. Marxismus (insbes. Lukács und Marcuse) großen Einfluß ausübten.

Ausg.: K. MARX/F. ENGELS, Hist.-kritische Gesamtausgabe: Werke, Schriften, Briefe, Abt. 1, Bd. III, 1970.

Lit.: A. CORNU, K. Marx. Die ökonom.-philosoph. Manuskripte, 1955. – W. JANKE, Vollendeter Humanismus. Die unvollendete Aufhebung der verkehrten Welt in den Pariser Manuskripten, in: Perspektiven der Philosophie, 1977.

E. TREPTOW

O naznačenij čeloveka; opyt' paradoksal'noj ėtiki (russ.; *Von der Bestimmung des Menschen.* Versuch einer paradoxalen Ethik), Nikolai BERDIAJEW; EA Paris 1931. dt. 1935.

Von Pascal und Kierkegaard angesprochen, denkt Berdiajew in dem philosph.-theolog. Werk die Welt der Existenz als Überschreitung einer objektivierten und sozialisierten Welt. Philosophie, die sich weder zu einer substanzialen Ontologie verschließt noch der Ordnung eines Systembaus fügt, wird zur Erkenntnis der Welt aus der Tiefe der menschlichen Existenz heraus. Sie wirft Licht in das Dunkel ungründiger Freiheit und bewahrt das Geheimnis der Existenz, das in sich das Mysterium des Seins, die Öffnung des Sinns wird. Die konkrete Existenzphilosophie sucht nach dem Lebensweg des Menschen, der in sich die Universalität der Liebe, des Mitleids, der Allverantwortung und der schöpfer. Kräfte hervorbringt. Berdiajews Personalismus trägt eine neue christliche Ethik, die normativen ethischen Systemen widersteht. Mit Gogol, Dostojewskij, Nietzsche stellt sie sich der Schwierigkeit, oft Vergeblichkeit, das Gute im Guten zu schauen. Berdiajew zeigt die fundamentale Paradoxie, daß das Gute und das Böse nur zusammen entstehen und gemeinsam überwunden werden können. Die Ethik diesseits von Gut und Böse befreit die Ethik des Gesetzes zu einer der Erlösung und des Schaffens. In der eschatolog. Ethik, einer jenseits von Gut und Böse, wird deutlich, daß die im Nichts aufbrechende Freiheit des Menschen sich zwischen quälender Entzweiung, Tragik des Lebens und heroischer Gottesebenbildlichkeit bewegt.

Lit.: W. DIETRICH, Provokation der Person,

1975–1979. – A. Köpcke-Duttler, N. Berdiajews Weg einer schöpfer. Bildung, 1982.

A. Köpcke-Duttler

One-Dimensional Man, Studies in the Ideology of Advanced Industrial Society (engl.; *Der eindimensionale Mensch*. Studien zur Ideologie der fortgeschrittenen Industriegesellschaft). Herbert Marcuse; EA Boston 1964; dt. 1967.

Die soziolog.-philosoph. Schrift versucht die neomarxist. Theorie der Frankfurter Schule (Kritische Theorie) für eine systemat. und gegenwartsbezogene Gesellschaftsanalyse fruchtbar zu machen. – Die moderne Industriegesellschaft – primär die spätkapitalist. – ist geprägt durch eine zum Selbstzweck gewordene technische Produktivität und durch die Unterwerfung des Menschen unter den Produktionsapparat, dessen immanente Rationalität die Irrationalität des Bestehenden verschleiert. Irrational ist diese Gesellschaft, weil sie die vorhandenen (insbes. technischen) Kapazitäten nicht zur Herstellung eines Zustands nutzt, in dem die Menschen in Freiheit ihre Individualität entwickeln können, sondern zur Aufrechterhaltung von Unfreiheit. Eine immer perfekter werdende Manipulation menschlicher Bedürfnisse sowie der Sprache und des Denkens – sie sind ihrer das Bestehende transzendierenden Funktion beraubt (»eindimensional«) – verhindert, daß die Irrationalität der Wirklichkeit durchschaut wird. Das Proletariat, relativ frei von äußerem Elend und sozial integriert, ist nicht mehr revolutionäres Subjekt. Allenfalls den Randgruppen eröffnet sich noch die Möglichkeit, Utopien von einer besseren Welt zu entwickeln und der bestehenden Gesellschaft zu widerstehen. – Das Werk machte Marcuse in den 60er Jahren zum Mentor der deutschen Studentenbewegung.

Lit.: S. Breuer, Die Krise der Revolutionstheorie. Negative Vergesellschaftung und Arbeitsmetaphysik bei Herbert Marcuse, 1977.

N. Jaron

On Liberty (engl.; *Über die Freiheit*), John Stuart Mill; EA London 1859; dt. 1860.

Dieses Werk der polit. Philosophie Mills beinhaltet den Versuch, die sog. bürgerlichen oder individuellen Freiheiten (wie Gewissens-, Meinungs-, Diskussions-, Handlungs- und Assoziationsfreiheit) vom Standpunkt der utilitarist. Ethik einzuführen und zu rechtfertigen. Die individuellen Freiheiten, die es nach Mill sowohl vor dem ›Terror der öffentlichen Meinung‹ wie vor der ›Tyrannei der Mehrheit‹ (polit. oder nicht-polit. Natur) zu schützen gilt, sollen nur dort ihre Schranken finden, wo sie die Freiheit und das Glück anderer bedrohen. Zu diesem Zweck unterscheidet Mill zwischen Handlungen, die primär selbstbezogen sind, und solchen, die primär auf andere bezogen sind, und diskutiert anhand einer Reihe von Beispielen die Grenzen der Freiheit des einzelnen und die Grenzen der Autorität der Gesellschaft und des Staates gegenüber dem Individuum. Mills leidenschaftliches Plädoyer für die freie Entfaltung des Individuums, für gesellschaftlichen Pluralismus, ja persönliche Exzentrizität, und gegen gedankenlose soziale Anpassung, Tendenzen der Vermassung und Nivellierung des Menschen darf gleichwohl nicht im Sinne einer Rechtfertigung der Freiheit des Individuums als Selbstzweck verstanden werden, denn für Mill rechtfertigen sich individuelle Freiheiten allein durch ihren gesellschaftlichen, die Wohlfahrt steigernden Nutzen. Was die Freiheit des Gedankens und der Diskussion betrifft, so geht Mill davon aus, daß niemand unfehlbar sein kann und der Wahrheitsfindung daher ein schlechter Dienst erwiesen wird, wenn Meinungen unterdrückt werden. Gleiches gilt für die ›Individualität als eins der Elemente der Wohlfahrt‹: Nach Mill garantieren nur die Verschiedenheit der Charaktere, die Fähigkeiten und Möglichkeiten autonomer Individuen Kreativität und langfristig eine Entwicklung der Menschheit zum Fortschritt hin.

Ausg.: Dt., von M. Schlenke, 1974 (RUB 3491). – Dt., 1987.
Lit.: P. Radcliff (Hg.), Limits of Liberty – Studies of Mill's ›On Liberty‹, 1966. – C. L. Ten, Mill on Liberty, 1980.

L. Waas

On Revolution (engl., *Über die Revolution*), Hannah Arendt; EA New York 1963; dt. 1963.

Zentrales Thema des geschichtsphilosoph. Werkes ist das Phänomen der Revolution als Manifestation der menschlichen Fähigkeit, bewußt polit. Initiative zu ergreifen. – Nach der einleitenden Unterscheidung von Krieg, der sich auf Notwendigkeit beruft, und Revolution als Ausdruck freien Willens wendet sich Arendt gegen den modernen Geschichtsbegriff seit Hegel, der von einem notwendig ablaufenden Prozeß ausgeht und sich auf den Modellfall der Französ. Revolution beruft, und stellt dem die Amerikan. Revolution gegenüber. Daß erstere im Desaster, letztere dagegen in der erfolgreichen Gründung einer Republik endete, lag nach Arendt daran, daß die Amerikan. Revolution genuin polit. Ziele, die Französ. Revolution aber die ›soziale Frage‹ in den Mittelpunkt gestellt hatte. Das Eindringen der Ökonomie in die Sphäre der Politik nehme dieser ihren Charakter der Freiwilligkeit und lasse sie als unfreiwillig-notwendigen Prozeß erscheinen. Das zeigt Arendt auch am Beispiel des Marxismus. Allerdings tendiert Amerika nach Arendt dazu, seinen revolutionären Ursprung zu vergessen und revolutionäre Neuerungen in seinem Inneren zu verhindern. Das entspricht ebenso wenig ihrem Ideal von Revolution als spontankreativer Kraft, wie Revolutionsparteien und Berufsrevolutionäre. Um solchen Versteinerungen vorzubeugen, befürwortet Arendt ein Rätesystem, das den direkten Zugang der Bürger zu polit. Tätigkeit sichern soll.

Lit.: R. Nisbet, H. Arendt and the American Revolution, in: Social Research 1 (1977).

P. Nagelschmidt

On the Constitution of Atoms and Molecules (engl.; *Über die Konstitution der Atome und Moleküle*), Niels Bohr; ED 1913 (in: Philosophical Magazine); dt. 1921 (in: Abhandlungen über den Atombau aus den Jahren 1913-1916).

Diese Schrift entwickelt und begründet das bekannte Atommodell von Bohr. Danach ist die gesamte postive Ladung des Atoms im Kern konzentriert. Um den Atomkern kreisen einzeln die Elektronen. Die Stabilität des Atoms wird durch die (mit den elektrodynamischen Gesetzen in Widerspruch stehende) adhoc-Hypothese strahlungsfreier stationärer Elektronenbahnen erklärt. – Dieses Atommodell ermöglichte mit Hilfe des Quantenkonzeptes von M. Planck eine überzeugende Deutung atomarer Phänomene. Daneben erklärt es das Periodensystem der chemischen Elemente. Bohr war überzeugt, daß im Mikrokosmos andere Gesetzmäßigkeiten herrschen, als in dem von uns täglich erfahrbaren Makrokosmos. Mit dem Korrespondenzprinzip sollte eine Brücke zur klassischen Physik geschlagen werden – doch dieser Versuch, Atomistik und Kontinuumsvorstellung (zwei schon in der Antike sich widerstreitende Grundkonzepte) in Einklang zu bringen, mißlang. – Das mit diesem Werk initiierte Forschungsprogramm führte zur Quantenmechanik und Quantenelektrodynamik der 20er Jahre – Theorien, die unsere Vorstellung von der materiellen Struktur der Welt grundlegend verändert haben.

Lit.: U. Röseberg, N. Bohr 1885–1962, Leben und Werk eines Atomphysikers, 1985.

K. H. Wiederkehr

On the Origin and Progress of Language (engl.; *Vom Ursprung und Fortschritt der Sprache*), James Burnett, Lord of Monboddo; EA Edingburgh/London 1773; dt. 1784/85.

In dieser, ein Jahr nach Herders → *Abhandlung über den Ursprung der Sprache* begonnenen sechsbändigen histor.-analyt. Betrachtung beschreibt Monboddo die Voraussetzungen für das Entstehen von Sprache, ihre anfängliche Ausprägung und Entwicklung bei den einzelnen Völkern und schließlich ihre Verfeinerung in Dichtung und Rhetorik. Er versteht unter Sprache das Hervorbringen artikulierter Laute als Ausdruck geistiger Konzepte, in die der Mensch kraft seines Erinnerungs-, Unterscheidungs- und vor allem Abstraktionsvermögens Wahrnehmungen umwandelt. Sprache ist für ihn kein naturgegebenes, sondern ein vom Menschen nur im Gesellschaftsverband erlernbares Gut. Sie entstand aus unartikulierten Naturschreien mit der Bedeutung ganzer Sätze, die dann, durch die Artikulation variiert, naturgemäß, d. h. ohne Rücksicht auf Wortklassen geordnet wurden. Monboddo widerlegt durch den Bezug auf die Indianersprachen die von den philosoph. Grammatikern behauptete Universalität der Redeteile.

Ausg.: Repr. 1967.

M. Lieber

On the Origin of Species by Means of Natural Selection, or the Preservation of Favoured Races in the Struggle for Life (engl.; *Die Entstehung der Arten durch natürliche Zuchtwahl oder die Erhaltung der begünstigten Rassen im Kampf ums Dasein*), Charles Robert Darwin; EA London 1859; dt. 1860 Über die Entstehung der Arten im Thier- und Pflanzenreich durch natürliche Züchtung, oder Erhaltung der vervollkommneten Rassen im Kampf ums Daseyn.

In seinem Hauptwerk stellt Darwin die neuzeitliche Theorie der Evolution der Organismen auf, für die er kausal wirkende Faktoren angibt. – Als Ergebnis von naturhistor. Studien seit seiner Weltumsegelung 1831–1836 nimmt Darwin statt einer Konstanz der Arten ihre Veränderlichkeit an. Als wichtigsten Mechanismus zur Ausprägung und Erhaltung von Abänderungen betrachtet Darwin eine der bei der

Züchtung geübten entsprechende natürliche Auslese. Sie soll vor allem durch den infolge übermäßiger Vermehrung einer Population und unterschiedlicher Anpassung an die Umwelt ausgelösten Existenzkampf zwischen den Organismen in langen Zeiträumen zustande kommen. Darwin stellt ›Gesetze der Abänderung‹ auf, zu denen er das Wiederauftreten scheinbar verlorener Eigenschaften zählt. Er erörtert Einwände gegen die Theorie nebst ihren Schwierigkeiten, die etwa bei der Erklärung einer Veränderlichkeit der Instinkte und der Eigenschaften wie Unfruchtbarkeit bei künstlichen Varietäten auftreten. Die empir. Begründungen für die Evolution entnimmt Darwin den damals nur spärlich erforschten Gebieten Paläontologie, Biogeographie, Morphologie und Embryologie. Die zunächst noch ungelöste Frage des Entstehens und der Vererbung natürlicher Varietäten versucht Darwin anschließend 1868 mit der Hypothese einer ›Pangenesis‹ zu beantworten, indem er in Anlehnung an Lamarck, der eine Vererbung erworbener Eigenschaften annimmt, behauptet, daß alle Körperteile durch materielle Vermittlung zur Bildung des gesamten Organismus beitragen. – Die Evolutionstheorie von Darwin entfaltete eine nachhaltige Wirkung in Biologie, Natur- und Geisteswissenschaften und durchdrang Gesellschaft und Kultur bis in die Gegenwart.

Ausg.: Dt., von C. W. NEUMANN, hg. von G. HEBERER, 1963 (RUB 3071).
Lit.: E. MAYR, Evolution and the Diversity of Life, 1976. – G. ALTNER (Hg.), Der Darwinismus, die Geschichte einer Theorie, 1981. – P. J. BOWLER, Evolution: The History of an Idea, 1984.

B. HOPPE

The Open Society and its Enemies. Bd. I: The Spell of Plato; Bd. II: The High Tide of Prophecy. Hegel, Marx and the Aftermath (engl.; *Die offene Gesellschaft und ihre Feinde*. Bd. I: Der Zauber Platons; Bd. II: Falsche Propheten. Hegel, Marx und die Folgen), Karl POPPER; EA London 1945, dt. 1957.

In dem klassischen Werk der liberalen Sozialphilosophie übt Popper Kritik an Historizismus, Totalitarismus und Utopismus. In Bd. I setzt er sich u. a. mit der platon. Staatstheorie auseinander und wirft Platon vor, er habe, ausgehend von der These einer hist. Verfallstendenz, die Geschichte durch die Gründung eines idealen, aber versteinerten Staates zum Stillstand bringen wollen. Eine derartige umfassende (holist.) Veränderung der Gesellschaft stuft er als utopisch und gefährlich ein und befürwortet dagegen eine Sozialtechnik der Einzelprobleme. Platon habe Sokrates verraten und die Gedankenfreiheit bekämpft, für die dieser gestorben sei. Platons Kriterium für Sittlichkeit sei das Interesse des Staats (kollektivist. Utilitarismus). Dagegen betont Popper die Schutzfunktion des Staats. Platons Frage: Wer soll regieren? ersetzt er durch: Wie lassen sich polit. Institutionen so gestalten, daß von schlechten Herrschern angerichteter Schaden begrenzt bleibt? Ein Regierungswechsel ohne Blutvergießen ist ihm dabei Kennzeichen der Demokratie. In Bd. II übt er Kritik an Hegel, der u. a. zur Unterminierung der Maßstäbe intellektueller Redlichkeit beigetragen und totalitäre Lehren inspiriert habe. Hauptergebnis seiner Identitätsphilosophie sei eine Identifikation von Recht und Macht.

Marx habe histor. Prophezeiungen zur Aufgabe der Sozialwissenschaften gemacht (Historizismus), denen es vielmehr um die Analyse unvorhergesehener Nebenwirkungen planvollen Handelns zu gehen habe (Situationslogik). Von allen polit. Idealen sei der Wunsch, die Menschen glücklich zu machen, das vielleicht gefährlichste.

Lit.: M. BUNGE, The Critical Approach to Science and Philosophy, 1964. – L. N. DANILOVA, Zur Theorie der »offenen Gesellschaft«, 1968. – M. CONFORTH, The Open Society and the Open Philosophy, 1976.

K. PÄHLER

Opus maius. Opus minus. Opus tertium (lat.; *Größeres Werk. Kleineres Werk. Drittes Werk*), Roger BACON, entst. 1266–68; ED London 1733 (opus maius), 1859 (opus minus und opus tertium in opera quaedam hactenus inedita), Florenz 1909, Aberdeen 1912 (zwei Fragmente des opus tertium).

In seinem erkenntnistheoret.-religionsphilosoph. Hauptwerk entwirft Bacon ein für Papst Clemens IV. bestimmtes Reformprogramm des Theologiestudiums, dessen Leitidee eine empir. fundierte Universalwissenschaft ist. – Die Erkenntnis der Wahrheit verlangt eine Methode, die ihrer in der Einheit Gottes begründeten Homogenität entspricht. Von den Hindernissen der Erkenntnis: Autorität, Gewohnheit, Vorurteil und Täuschung ausgehend, die bis dahin eine entsprechende Synthese blockierten, zeigt Bacon, daß die Theologie die Philosophie braucht, um von der rational erfaßbaren Schöpfung ausgehend die überrationale Realität Gottes umso besser zu begreifen. Da die Prinzipien der Philosophie in antiken griech., arab. und hebräischen Quellen liegen, fordert Bacon eine intensivere philolog. Ausbildung. Die zweite Stütze der Theologie ist die Mathematik, mit deren Hilfe Bacon im *Opus maius* eine der kontroversesten metaphys. Thesen seiner Zeit widerlegt, daß nämlich die Vielheit der Substanzen nur von verschiedenen Formen herrühre, während die Materie eins sei, was ihrer pantheist. Gleichsetzung mit Gott entspricht. Sichere Erkenntnis erlangt die Theologie aber erst durch Erfahrung, nicht nur im Sinne einer Nutzbarmachung der Experimentalwissenschaften für die Theologie, sondern auch einer inneren, durch göttliche Inspiration vermittelten Erfahrung. Philosophie und Wissenschaft sind dabei für Bacon nicht Selbstzweck, sondern werden an ihrem praktischen Wert für eine christliche Ethik gemessen. Die nur unvollständig überlieferten Ergänzungen, opus minus und opus tertium, vertiefen die Idee des *Opus maius* für bestimmte Einzelwissenschaften und geben, da sie als dessen Einleitung gedacht waren, einen Abriß von der Intention des Gesamtwerks. – Die Idee der Wissenschaftssynthese wurde besonders von den Franziskanern Ockham und Duns Scotus weiterverfolgt.

Ausg.: Opus Majus, hg. von J. H. BRIDGES, 3 Bde., 1964.

Lit.: St. C. EASTON, R. Bacon and His Search for a Universal Science, 1952.

P. NAGELSCHMIDT

Opus oxoniense (Duns Scotus) → Ordinatio

Opus paramirum (dt.; *Das sehr wunderbare Werk*), PARACELSUS (eigentl. Philippus Theophrastus Bombastus von Hohenheim), entst. 1531; EA Mülhausen 1562

(1. Teil), Köln 1565–66 (2. und 3. Teil; u. d. T. Das Buch Paramirum, darin die ware Ursachen der Kranckheyten erkleret wird). Dieser Entwurf einer Kosmogonie mündet in eine Ätiologie (Ursachenlehre) der Krankheiten. Der gestaltlose Urstoff des Kosmos, Yliaster, teilt sich in die drei Urstoffe Schwefel (Prinzip des Brennbaren), Quecksilber (Prinzip des Beweglichen und Flüchtigen), Salz (Prinzip des Feuerbeständigen und Konsistenten), deren Verbindungen die vier Elemente Wasser, Feuer, Erde, Luft ergeben (1 in 3 in 4). Treibende Kraft aller Veränderung und gegenseitigen Umwandlung ist der Archeus, das unsichtbare schöpfer. Prinzip, der Weltseele der Neuplatoniker nahe. Das Verhältnis der drei Urstoffe zueinander im menschlichen Körper ergibt Gesundheit und Krankheit und läßt sich ärztlich regulieren durch Sublimation, Verbrennung und Auflösung. Dabei dringt der Arzt über das ›Sichtige‹ der Außenseite in das ›Unsichtige‹ der Prinzipien vor. Grundsatz aller Behandlung ist die Ausgewogenheit aller Prinzipien und Elemente, entsprechend dem Mischungsverhältnis im Weltorganismus (Mikrokosmos als Konzentration, ›Auszug‹ des Makrokosmos). Dabei wird nicht von außen her geheilt, sondern durch die Anregung der inneren evolutiven Kraft des Archeus, der als geistige Organisation die Materie durchgestaltet. Der Einfluß auf G. Bruno und – in der Drei-Prinzipien-Lehre – auf F. Bacon ist deutlich; es bildete sich eine deutsche und dänische Paracelsus-Schule, während die beiden van Helmont aus Brüssel die Lehre eigenständig weiterentwickelten.

Ausg.: Sämtliche Werke, hg. von K. Sudhoff/W. Matthiessen, Bd. IX, 1925.
Lit.: W. Pagel, From Paracelsus to van Helmont. Studies in Renaissance Medicine and Science, 1986.

H.-B. Gerl

Opus postumum, Immanuel Kant; EA Berlin 1936/1938 (in: Gesammelte Schriften (Akademieausgabe), Bde. XXI/XXII). Wie aus der Kantischen Korrespondenz der 90er Jahre hervorgeht, plante Kant ein Werk, in dem er die Begründung der Naturwissenschaft und insbes. das Problem des Übergangs von den → *Metaphys. Anfangsgründen der Naturwissenschaft* zur Physik erneut untersuchen wollte, um eine »Lücke im System der kritischen Philosophie« zu schließen (AA XII 257). Das Werk wurde nicht vollendet. Es besteht aus Entwurfskizzen, Notizen und zum Teil bloßen Stichwörtern und ist das Dokument eines unvollendeten Reflexionsprozesses, der nicht frei ist von Widersprüchen, Abschweifungen und Neuansätzen. Das Nachlaßwerk geriet fast ein Jahrhundert lang in Vergessenheit und zog erst in den letzten Jahrzehnten wieder die Aufmerksamkeit der Kant-Forschung auf sich, und zwar im Zusammenhang der Erörterung der Frage, wie sich die transzendentalen Prinzipien konkretisieren und der Graben zwischen Apriorität und Erfahrung überwinden lassen. – Die Grundsätze der → *Kritik der reinen Vernunft* haben Geltung für Natur überhaupt, nicht aber für eine bestimmte (empir.) Natur. Die → *Metaphysischen Anfangsgründe der Naturwissenschaft* liefern eine reine Bewegungslehre, lassen aber die Frage offen, wie eine empir. Physik möglich sein soll. Im *Opus postumum* bemüht sich Kant, am

Leitfaden der Kategorien und in der Orientierung an der empir. Wissenschaftspraxis einen systemat. Weltzusammenhang zu entwerfen, in den auch der experimentierende Wissenschaftler in seiner Leiblichkeit einbezogen ist und als Experimentator, von aprior. Prinzipien ausgehend, zu empir. Gesetzesaussagen gelangt. Umstritten ist in der Kant-Forschung, ob das Nachlaßwerk als eine systemat. Ergänzung der *Metaphysischen Anfangsgründe* ... anzusehen ist, so daß die Kantische Naturphilosophie insgesamt nur eine Metatheorie der Newtonschen Physik wäre, oder ob Kant hier seine eigene Naturphilosophie einer radikalen Kritik unterzogen und sich dabei von der Newtonschen Naturwissenschaft endgültig getrennt hat. Umstritten ist ferner, ob Kant in den Reflexionen des Nachlaßwerks seinen ursprünglichen transzendentalen Ansatz hat durchhalten können, oder ob er sich, je mehr er sich um eine – nicht mehr nur am Newtonschen Modell orientierte – erkenntnistheoret. Begründung der Physik als Wissenschaft bemühte, von einer im eigentlichen Sinne transzendentalphilosoph. Begründung entfernte.

Lit.: G. LEHMANN, Kants Nachlaß und die Kritik der Urteilskraft, 1939. – V. MATHIEU, La filosofia trascendentale et l'›Opus postumum‹ di Kant, 1958. – H. HOPPE, Kants Theorie der Physik. Eine Untersuchung über das Opus postumum, 1969. – B. TUSCHLING Metaphys. und transzendentale Dynamik in Kants Opus postumum, 1971. – Ders., Kants ›Metaphysische Anfangsgründe der Naturwissenschaft‹ und das Opus postumum, in: Prauss (Hg.), Kant. Zur Deutung seiner Theorie von Erkennen und Handeln, 1973. – K. GLOY, Die Kantische Theorie der Naturwissenschaft, 1976.

G. MALUSCHKE

Opus tripartitum (lat.; *Das dreigeteilte Werk*), Meister ECKHART, entst. nach 1311; ED 1886 (in: Archiv f. Literatur- u. Kirchengesch.), EA Leipzig 1935.

Das Hauptwerk, das nur als Fragment erhalten ist, gliedert sich in drei Teile: das opus propositionum (philosoph. Thesen), das opus quaestionum (Probleme) und das opus expositionum (Schriftkommentare und Predigten). Die Prologe lassen den Umriß des Ganzen erkennen. Das Werk, das nur eine Abbreviatur gibt, ist als Metaphysik des Evangeliums konzipiert (evangelium contemplatur ens inquantum ens). – Ein Leitfaden, der die Fragmente durchzieht, dürfte sich im Begriff des ›Seins‹ (esse) finden, das im eigentlichen Sinn mit dem ›ipsum esse‹ Gottes identisch ist, während die Kreatur nur ein begrenztes ›esse hoc et hoc‹ hat. Das, was der Kreatur ›als Kreatur‹ (ut creatura) zukommt, ist nur diese Begrenzung, so daß sie von sich her ›nichts‹ (nihil) ist, während sie ihr Sein von einem und in einem Anderen hat (esse ab alio et in alio). Daher ist die Kreatur, da ihr nichts ›zueigen‹ ist, ontolog. als ein reines Zeichen in sich über sich hinausgezogen, ein ›ecce‹. Dieser Seinsmodus, der auf alle Transzendentalbegriffe übergreift, wird durch eine Variante der Analogielehre interpretiert, während das Sein selbst in allen unterschiedenen Seienden ununterschieden ›eins‹ ist. – Als philosoph. Grundstruktur der Theologie Eckharts ist die neuplaton. Einheitslehre anzunehmen, so daß die vermeintliche Modernität seines Denkens eher in die Tradition zurückführt.

Ausg.: Die lateinischen Werke, Bd. I, 1964.
Lit.: J. Koch, Kleine Schriften, I, 1973. – K. Albert, Meister Eckharts These vom Sein, 1976.

K. HEDWIG

Oráculo manual y arte de prudencia. Sacada de los aforismos que se discurren en las obras de Lorenço Gracián. (span.; *Hand-Orakel und Kunst der Weltklugheit.* Blütenlese der in den Werken Lorenzo Graciáns enthaltenen Aphorismen.), Baltasar GRACIÁN; EA Huesca 1647 (unter dem Pseudonym Lorenzo Gracián); dt. 1686 L'homme de cour oder B. Graciáns Vollkommener Staats- und Weltweise.

Die Sammlung von 300 Aphorismen stellt die Quintessenz des Gesamtwerks von Gracián dar. Sie enthält in unsystemat. Aneinanderreihung fragmentar. Aussagen in Form allgemeingültiger Sätze. Jeder Aphorismus setzt sich aus zwei Bestandteilen zusammen: einer sentenzartigen Überschrift und einer amplifizierten Ausführung. Das *Handorakel* bietet Verhaltensregeln für den kultivierten Menschen. Es stellt ein Beispiel für den conceptismus-Stil dar, bei dem Klarheit und ausführliche Erklärungen bewußt vermieden werden. – Die Aphorismensammlung, die in Spanien erst nach dem Tod Graciáns Beachtung fand, blieb im Ausland über zwei Jahrhunderte wenig beachtet. In Deutschland wurde das Werk durch die Übersetzung Schopenhauers (1862) erfolgreich.

Ausg.: Dt., von A. SCHOPENHAUER, hg. von K. VOßLER, [12]1978.
Lit.: H. JANSEN, Die Grundbegriffe des B. Gracián, 1958. – M. Z. HAFTER, Gracián and Perfection, 1966. – K. BORINSKI, Gracián und die Hofliteratur in Deutschland, 1984.

B. TREFZ

Or Adonai (hebr.; *Gotteslicht*), Chasdai CRESCAS, entst. 1410; ED Ferrara 1556.

Theolog.-dogmat. Schrift, die religiöse Grundlehren des Judentums systematisiert und sich polemisch gegen den Aristotelismus wendet. Durch philosoph. Argumentation soll gezeigt werden, daß die herrschenden aristotel. Lehrmeinungen als Stütze der Religion unbrauchbar sind. Von philosoph. Bedeutung ist die Kritik der aristotel. Definition des Raumes; durch Unterscheidung von Raum und Ort wird die Konzeption des Vakuums und der Pluralität der Welten möglich. Die aristotel. Gleichsetzung von Form mit Wirklichkeit und Materie mit Möglichkeit wird verworfen und als Substrat die unabhängig von der Form existierende Materie angenommen. Damit entfällt die Identifizierung Gottes mit der reinen Form und die Gleichsetzung der göttlichen Tätigkeit mit dem reinen Denken.

Lit.: H. A. WOLFSON, Crescas' Critique of Aristotle, 1929 (mit Teilübers.).

H. SIMON

Order and History (engl.; *Ordnung und Geschichte*), Eric VOEGELIN; EA Louisiana 1956-1987.

Das Hauptwerk Voegelins will sowohl die geistigen Fundamente freilegen, auf denen die abendländ. Kultur basiert, wie auch die Krise beschreiben, in die diese Kultur im Verlauf der Moderne geriet. Auf der Suche nach dem Geist der Geschichte folgen die Studien dem Gang der Geschichte des Geistes, wie er sich in den Ordnungs- und Symbolformen widerspiegelt. Mit diesem Geschichts- und Ordnungsverständnis sollen zudem die progressivist. Geschichtsspekulationen und -konstruktionen des 18. und 19. Jh.s überwunden und eine undogmat. Offenheit der Geschichte zurückgewonnen werden. Die Sequenz beginnt mit einer Darstellung der Formen kosmolog. und histor. Ordnung anhand der Reichsorganisationen des alten Mesopotamien und Ägypten und beschreibt den Auszug der Israeliten aus diesem alten Ordnungsverständnis. (Bd. I: »Israel and Revelation«). Auch die folgenden Bände behandeln den Bruch mit dem kosmolog. Mythos und die Gewinnung neuer Einsichten in das Wesen menschlicher Ordnung in Griechenland. Von ihnen befaßt sich der eine mit der Welt der Polis und der allmählichen Überwindung des homer. und hesiod. Mythos durch die vorsokrat. Denker (Bd. II: »The World of the Polis«), während sich der andere auf die Gründung der Philosophie durch Sokrates, Platon und Aristoteles konzentriert (Bd. III: »Plato and Aristotle«). Der erst 1974 erschienene Bd. IV (»The Ecumenic Age«) behandelt ›das ökumenische Zeitalter‹, das sich zeitlich von der Gründung des Perserreiches bis zum Untergang des Römischen Reiches hinzieht und geograph. den gesamten Bereich zwischen Atlantik und Pazifik umspannt. In dieser Zeit entstand nach Voegelin ein neuer Typus ökumen. Menschlichkeit, der »als eine tausendjährige Konstante bis in die moderne westliche Zivilisation hineinreicht«. Bd. V erschien 1987 postum unter dem Titel »In Search of Order«. – Das Werk stellt wahrscheinlich einen der letzten großen Versuche einer multizivilisator. Geschichts- und Bewußtseinsphilosophie dar. Es hat insbes. in den Vereinigten Staaten auf die Philosophie des Politischen einen großen Einfluß ausgeübt.

Lit.: P. J. Opitz/G. Sebba (Hg.), The Philosophy of Order, 1981. – E. Webb, E. Voegelin, Philosopher of History, 1981. – E. Sandoz (Hg.), Eric Voegelin's Thought. A Critical Appraisal, 1982.

P. J. Opitz

Ordinatio (= *Opus oxoniense*) (lat.), Johannes Duns Scotus, entst. vermutlich nach 1300; ED Venedig 1472 (Buch I).

Der für die bisher nicht kritisch edierten Teile des Scotischen Gesamtwerkes noch heute maßgeblichen Ausgabe von L. Vivès (Nachdruck der Ausgabe von Wadding von 1639) liegt die Annahme zugrunde, daß Scotus die Sentenzen des Petrus Lombardus einmal in Oxford und einmal in Paris kommentiert habe. Aus der Niederschrift seiner Oxforder Kommentierung habe er Material in eine Sammlung für seine Pariser Vorlesung übertragen (= reportare). Dieser Text, dementsprechend *Reportata* oder *Lectura parisiensis* genannt, und die schriftliche Fixierung der Oxforder Vorlesung seien dann später von Schülern des Scotus zum *Opus oxoniense* geordnet worden (= ordinare). Neuere Untersuchungen, deren Ergebnisse der von der Commissio Scotistica herausgegebenen kritischen Werkausgabe (begonnen 1950) zugrundeliegen, haben diese Deutung der Entstehungsgeschichte korrigiert: Zum einen ist von einer mehrmaligen Kommentierung der Sentenzen durch Scotus zwischen 1297 und 1304 auszugehen. Zum anderen handelt es sich bei einer ›reportatio‹ um die Mit- bzw. Nachschrift einer vom Baccalaureus oder Magister gehaltenen Vorlesung, die, wenn sie vom Lehrer selbst geprüft, ›reportatio examinata‹ genannt worden ist. Unter ›ordinatio‹ hat man demgegenüber die letzte vom Autor selbst geordnete Fassung einer für die Veröffentlichung bestimmten Vorlesung zu verstehen. Im Sinne der kritischen Gesamtausgabe bezeichnet man also mit *Ordinatio* die von Scotus selbst vorbereitete, aber von ihm nicht vollständig ausgeführte Revision seiner Oxforder Vorlesung zu den Sentenzen des Petrus Lombardus *(→ Libri quattuors sententiarum)*. Das *Opus oxoniense* der Wadding-Vivèsschen Edition enthält demgegenüber nicht nur die reine *Ordinatio*, sondern darüber hinaus noch zusätzliche Elemente. Einige Teile der von Scotus selbst vorgenommenen letzten Redaktion der *Ordinatio* gehen den Pariser Vorlesungen voraus, während er bei anderen Gebrauch von einer reportatio dieser Vorlesungen gemacht hat. Die frühen Teile werden als ›Lectura oxoniensis‹ bezeichnet. Sie beziehen sich auf die ersten beiden Sentenzenbücher und sind wahrscheinlich nach Manuskripten zu den ersten Oxforder Kommentierungen, die Scotus ›in deposito‹ hatte, angefertigt. Zum III. Buch der Lombardischen Sentenzen gibt es ebenfalls eine bisher noch nicht edierte ›Lectura‹, die man auch ›Lectura completa‹ nennt im Gegensatz zur Pariser reportatio des III. Buches, die nach Distinctio XVII abbricht. Neben der ›Lectura oxoniensis‹ ist die ›Lectura parisiensis‹ oder ›Reportatio parisiensis‹ der zweite Bestandteil, aus dem die *Ordinatio* komponiert worden ist. Die verschiedenen Redaktionen der reportationes zu den Pariser Vorlesungen sind entweder auf eine Vielfalt von Schreibern zurückzuführen oder aber auf Abänderungen, die später vorgenommen worden sind. Die wichtigste dieser reportationes ist die ebenfalls bisher nicht edierte ›Reportatio magna‹ oder ›Reportatio examinata‹, eine von Scotus beglaubigte Vorlesungsmit- bzw. Vorlesungsnachschrift. Die ›Reportatio parisiensis‹ der Wadding-Vivèsschen Edition ist eine Mischung unterschiedlichster Elemente, wozu u. a. auch Teile des *Opus oxoniense* gehören. Entsprechend dem zu kommentierenden Textgefüge des Lombardischen Sentenzenwerkes ist die *Ordinatio* in vier Bücher eingeteilt, die sich wiederum in Distinktionen und Quaestionen gliedern. Behandelt das I. Buch die Trinitätslehre, so das II. die Lehre von der Schöpfung, das III. die Inkarnationslehre und das IV. die Sakramententheologie. Von anderen Sentenzenkommentaren des Mittelalters hebt sich die *Ordinatio* insofern ab, als sie zum einen die von Petrus Lombardus vorgegebenen Themen zwar aufgreift, sie aber in stärkerem Maße spekulativ selbständig behandelt, als dies in früheren Kommentierungen geschieht. Zum anderen gewinnt sie die Lösung der Probleme mit Hilfe einer Fülle feinster Unterscheidungen, was das Verständnis des Textes oft erheblich erschwert und Duns Scotus den Beinamen ›doctor subtilis‹ eingetragen hat. Infolge ihrer spekulativen Eigenständigkeit lassen sich anhand der *Ordinatio* auch die theolog.-philosoph. Grundzüge des Scotischen Denkens erarbeiten. Was das Verhältnis von Theologie und Philosophie betrifft, so gilt für die *Ordinatio*, was auch vom Gesamtwerk des Scotus zu sagen ist: Es versteht sich durchgehend als theolog. Synthese, innerhalb derer die Philosophie für die Theologie die Funktion eines Mediums übernimmt. Von der Philosophie erhält die Theologie ihre Begriffe, mit denen sie den ihr eigentümlichen Gegenstand benennt und mit deren Hilfe sie ihre einzelnen Wahrheiten von ihm aussagt. Diese Dienstfunktion innerhalb der theolog. Synthese hat jedoch keine prinzipielle Unselbständigkeit der Philosophie im Scotischen Denken zur Folge. Vielmehr ist ihr eine doppelte Dimension eigen: Einerseits ist sie Wissen, das aus seinem ihm eigenen Ursprung zu gewinnen ist und das eine von diesem Ursprung sich herleitende eigene Evidenz und Bedeutung unabhängig von den Prämissen des Glaubens besitzt. Andererseits hat die Philosophie, insofern sie von der Theologie in Dienst genommen ist, eine aus der theolog. Sinnordnung sich ableitende Schlüssigkeit. – Wirkungsgeschichtlich relevant im Rahmen theolog. Reflexion ist die *Ordinatio* u. a. durch die in ihr entfaltete Lehre von der unbefleckten Empfängnis Mariens geworden. Innerhalb der philosoph. Tradition kommt dieser Schrift nicht zuletzt dadurch eine besondere Bedeutung zu, als Scotus in ihr und in den → *Quaestiones subtilissimae super libros Metaphysicorum Aristotelis* das Konzept einer Metaphysik als Transzendentalwissenschaft entwickelt, das auch die neuzeitliche Diskussion um die Möglichkeit von Metaphysik geprägt hat.

Ausg.: Opera omnia, Bd. VIII-XXIV, (1893-1894). – Opera omnia, Bd. Iff., 1950ff.
Lit.: E. GILSON, J. Duns Scotus, 1959. – L. HONNEFELDER, Ens inquantum ens. Der Begriff des Seienden als solchen nach der Lehre des J. Duns Scotus, 1979 (= Beitr. Gesch. Philos. Theol. MA, Neue Folge, Bd. XV).

M. DREYER

Organon (gr.; Werkzeug (des Denkens); Aristoteles). Unter dieser Bezeichnung werden im Corpus Aristotelicum die logischen Schriften des Aristoteles zusammengefaßt: → Peri tēs hermeneias, → Peri tōn kategoriōn, → Analytika protera, → Analytika hystera, → Topika, → Peri tōn sophistikōn elenchōn.

Our Knowledge of the External World as a Field for Scientific Method in Philosophy (engl.; *Unser Wissen von der Außenwelt als einem Gebiet für die Anwendung der wissenschaftlichen Methode in der Philosophie*), Bertrand RUSSELL; EA Chicago und London 1914; dt. 1926. Unser Wissen von der Außenwelt.

In acht programmat. und populären Vorlesungen aus dem Frühjahr 1914 illustriert Russell seine logisch-analyt. Methode – die er zusammen mit Whitehead zuvor in → *Principia Mathematica* zur Klärung von mathemat. Grundlagenfragen und zum logischen Aufbau der Mathematik verwendet hatte – an dem klassischen philosoph. Problem des erkenntnistheoret. und ontolog. Status der Außenwelt. Russell geht davon aus, daß die moderne, auf Frege zurückgehende Logik nicht nur die Mathematik, sondern auch die Philosophie auf eine neue Grundlage stellen kann (1. und 2. Vorlesung). Der Skeptiker, der den Schluß von privaten Sinnesdaten auf öffentliche Gegenstände in Frage stellt, wird mit der These konfrontiert, daß die Gegenstände sowohl der Physik als auch der alltäglichen Wahrnehmungswelt nicht aus Sinnesdaten erschlossen werden müssen, sondern aus ihnen logisch konstruiert werden können (3. und 4. Vorlesung). Genährt wurde der Außenwelt-Skeptizismus auch durch die Aporien eines ungeklärten Unendlichkeitsbegriffes (Zenos Paradoxien, Kants Antinomienlehre). Durch Cantors Klärung des mathemat. Unendlichkeitsbegriffes sieht Russell auch diese Quelle des Skeptizismus nunmehr versiegt (5.–7. Vorlesung). Zum Schluß folgen Bemerkungen über den Kausalitätsbegriff und eine Argumentation für die Vereinbarkeit von Kausaldeterminismus und Willensfreiheit (8. Vorlesung). – Russells Programm des logischen Aufbaus der Außenwelt aus Sinnesdaten hat später Carnap durchzuführen versucht (→ *Der logische Aufbau der Welt*); der Versuch gilt heute als gescheitert, das Programm als undurchführbar.

Lit.: C. A. FRITZ, B. Russell's Construction of the External World, 1952.

A. F. KOCH

Paidagōgos (gr.; *Der Erzieher*), KLEMENS VON ALEXANDRIEN (eigentl. Titus Flavius Clemens), entst. um 200/202; ED Florenz 1550; dt. 1875.

Mit dem → *Protreptikos pros Hellēnas* und den → *Strōmateis* bildet diese Schrift eine gelehrte Trilogie, welche eine stufenweise Einführung in das Christentum bietet und das Hauptwerk des Klemens ausmacht. Nachdem im *Protreptikos* zur Annahme des Christentums ermahnt wurde, stellt Klemens nun Jesus Christus als den Erzieher der Menschen vor. Das I. Buch (13 Kap.) enthält allgemeinere Erörterungen über die Erziehungsaufgabe und -methode sowie über die zu erziehenden Kinder; Prinzip der Erziehung ist die Liebe im Gegensatz zur Furcht im Alten Testament. Das II. und III. Buch (je 12 Kap.) besprechen im einzelnen die Vorschriften, nach denen der Christ zu leben hat, und erstrecken sich auf Ernährung und Schlaf, Wohnung, Feste, Schmuck usw.; Verbote und Warnungen häufen sich dabei, während positive Gebote selten sind.

Ausg.: Dt., von O. STÄHLIN, 1934, [3]1972.
Lit.: F. QUATEMBER, Die christliche Lebenshaltung des Klemens von Alexandrien nach seinem Pädagogus, 1946.

H. FROHNHOFEN

La palingénésie philosophique, ou idées sur l'état passé et sur l'état futur des êtres vivants (frz.; *Philosophische Palingenesie, oder Ideen über den vergangenen und über den zukünftigen Zustand der lebenden Wesen*), Charles BONNET; EA Genf 1769; dt. 1769.

Das naturphilosoph. und philosoph.-anthropolog. Hauptwerk Bonnets steht naturalist. und sensualist. Strömungen nahe. Die auf den Ergebnissen seiner empir. biolog. Forschungen, insbes. zur Reproduktion und Restitution von wirbellosen Tieren und zur Pflanzenphysiologie, und auf Betrachtungen zur Morphologie, Physiologie und zum Verhalten von Tieren fußenden biolog. Theorien verbindet Bonnet mit kosmolog., naturphilosoph. und christlichen Ideen zu einem Gedankengebäude, das weniger ein philosoph. System als vielmehr eine nicht widerspruchsfreie Aufstellung von Analogien ist. Er verknüpft die mechanist., von De La Mettrie geprägte Naturdeutung mit der christlichen Religion, wobei er den Materialismus abweist, und stützt sich teilweise auf Leibniz, Malebranche, Montesquieu, Condillac u. a. Die Vorstellung einer Stufenleiter der ›Kette der Wesen‹ und des Universums deutet Bonnet als den dynam. Vorgang einer fortgesetzten Schöpfung, die sich über den materiellen in den metaphys. Bereich erstreckt. Seine sich von einer materiell-morpholog. definierbaren Einheit lösende Deutung eines ›Keims‹, die die Annahme der die Individualisierungen überdauernden Präexistenz der Keime einschließt, sowie die Annahme der Präformation der Entwicklung eines Organismus und des Kosmos lassen ihn eine universelle, Katastrophen überwindende Höherentwicklung des Kosmos annehmen. Wie die Seele jedes Lebewesens soll die denkende Substanz des Menschen unsterblich sein und in einem wiedererweckten Leib auftreten können. Das Werk wirkte in Biologie, Psychologie und Naturphilosophie seiner Zeit u. a. auf F. H. Jacobi, Lessing, Lavater, Goethe und die Romantik.

Lit.: G. Rocci, Ch. Bonnet, Filosofia e scienza, 1975. – J. Marx, Ch. Bonnet contre les Lumières 1738–1850. 2 Bde., 1976. – L. Anderson, Ch. Bonnet and the Order of the Known, 1982.

B. Hoppe

Papirer (dän.; *Tagebücher*), Sören Kierkegaard, entst. 1831–1855; EA Kopenhagen 1909–1948 (20 Bde.); dt. 1962–1974 (Auswahl).
Kierkegaards Tagebücher sind eine bedeutende Quelle für das Verständnis seines Gesamtwerkes. Sie enthalten sowohl eigentliche Tagebuchaufzeichnungen als auch literar. Entwürfe und Aufzeichnungen zu Studium und Lektüre. Wichtige biograph. Hintergründe, wie die Problematik der Beziehung zum Vater, die Verlobungsgeschichte mit Regine Olsen, der ›Corsarenstreit‹ und seine Auseinandersetzung mit der ›bestehenden Christenheit‹ lassen sich hier anhand seiner eigenen Reflexionen verfolgen. Kierkegaards innere Kämpfe und Wandlungen werden nachvollziehbar, wobei seine Eigenart deutlich wird, die äußere Wirklichkeit meist nicht als solche, sondern im Spiegel der innerlichen Verarbeitung zu zeigen. Dabei ist zu berücksichtigen, daß Kierkegaard seine Erlebniswelt oft nur in verschiedenen Brechungen und Einkleidungen mitteilt. Darüber hinaus bieten die Aufzeichnungen Einblicke und Erläuterungen zur Entstehungsgeschichte und Interpretation seiner veröffentlichten Werke.

F.-P. Burkard

Paradoxien des Unendlichen, Bernard Bolzano, entst. 1847/48; EA Leipzig 1851.
In der postum publizierten mathemat.-philosoph. Abhandlung trägt Bolzano systemat. eine Theorie des Unendlichen vor, welche die mit diesem Begriff zusammenhängenden Paradoxien auflösen soll. – Bolzano führt definitor. den Begriff einer unendlichen Menge ein und versucht zu zeigen, daß sich auf ihn die Begriffe unendlich großer Zahlen, Flächen, Entfernungen usw. zurückführen lassen. Unendliche Mengen sind z. B. die Mengen der Zahlen, der Sätze und der Zustände, die ein Wesen in einem beliebigen endlichen Zeitabschnitt erfährt. An einigen Beispielen wird gezeigt, daß sich sämtliche Elemente (›Teile‹) zweier unendlicher Mengen einander paarweise zuordnen lassen, obwohl die eine Menge nur eine Teilmenge der anderen ist, und daß es unendliche Mengen gibt, die sich in unendlich viele unendliche Teilmengen zerlegen lassen. Nach Behand-

lung einiger Summen und Reihen betreffenden Paradoxien argumentiert Bolzano gegen die ›unendlich kleinen Größen‹ im Differentialkalkül seiner Zeit. Dann folgt eine Theorie des Kontinuums, die zur Lösung von Paradoxien in der Raum-Zeit-Lehre herangezogen wird. Die letzten Paragraphen besprechen Paradoxien in der Physik und der Metaphysik. – Mit dieser Schrift wurde Bolzano einer der Vorläufer der eine Generation später von G. Cantor (*Grundlagen einer allgemeinen Mannigfaltigkeitslehre,* 1883) entwickelten Mengenlehre.

Ausg.: Hg. von B. van Rootselaar, ^{2}1975 (PhB 99).

F. Wilckens

Parerga und Paralipomena: Kleine philosophische Schriften, Arthur Schopenhauer; EA Berlin 1851 (2 Bde.).

Mit den »Parerga« (Nebenarbeiten) und »Paralipomena« (Nachgebliebenes), allgemeinverständlichen Zusätzen zu → *Die Welt als Wille und Vorstellung*, gelingt Schopenhauer der Durchbruch zum philosoph. Erfolg und zur Anerkennung als Klassiker der deutschen Sprache. – Band I enthält sechs umfangreichere Abhandlungen über das Ideale und Reale, die Geschichte der Philosophie, die Universitätsphilosophie, die Absichtlichkeit im Schicksal, das Geistersehen und die Lebensweisheit. Die berühmt gewordenen *Aphorismen zur Lebensweisheit* sind konkrete Anweisungen zum glücklichen Leben in einer unheilvollen Welt. Band II umfaßt in 31 Kapiteln mit 396 meist kürzeren Paragraphen vereinzelte, jedoch systemat. geordnete Gedanken über zentrale und beiläufige Gegenstände.

Ausg.: Sämtliche Werke, hg. von W. v. Löhneysen, Bd. IV, 1963, u. Bd. V, 1965. – Sämtliche Werke, hg. von A. Hübscher, Bd. V u. VI, ^{3}1972.

V. Spierling

Parmenidēs (gr.), Platon, entst. vor 347 v. Chr.; ED Florenz o. J. (ca. 1482-1484; lat., übers. von M. Ficino); Venedig 1513 (gr., hg. von E. Musuros); dt. 1792.

Der *Parmenidēs* gehört in den Umkreis der ›dialektischen‹ Dialoge, in denen Platon durch die Reflexion der Verhältnisse von Einheit/Vielheit, Sein/Nicht-Sein, Vernunft/Verstand die Grundlagen der ›Ideenlehre‹ klärt. Nach Hegel enthält er die ›ausgeführte Dialektik‹ Platons. Die Interpretation des Dialogs ist traditionell umstritten und reicht von der (neuplaton.) Auffassung, daß das Werk platon. Theologie sei, bis zur Meinung, es sei bloße Argumentationsübung und ohne eigentliche philosoph. Bedeutung. – Der Dialog berichtet von der (fiktiven) Begegnung Parmenides' und Zenons mit Sokrates; Zenon hat die eleat. Argumentation vorgetragen, das Seiende könne nicht bzw. nur widersprüchlich als Vieles gedacht und ausgesagt werden. Sokrates antwortet auf die Negation von Erkenntnis und logos mit der ›Ideenlehre‹, die das Problem von Einheit und Vielheit durch den Begriff der Idee, d. h. den Vernunftbegriff von Einheit, lösen will. Der Entwurf wird von Parmenides einer systemat. und radikalen Kritik unterzogen, die im Kern Kritik einer ›gegenständlichen‹ Auffassung der Idee ist – einer Auffassung, die, in welcher Form auch immer, die Idee in den Kategorien des ›Wirklichen‹ begreift. Die Kritik (eines der wichtigsten Stücke zur ›Ideenlehre‹) ist nicht Destruktion, sondern führt in den zweiten und längeren Teil des *Parmenidēs*. Der Text – einer der ›schwersten‹ Platons überhaupt – stellt exemplar. Dialektik vor, er untersucht das ›Eins‹ (hen) als formale Bedingung und Bewegung des Denkens. Damit wird zugleich das ›Eins‹ aus seiner ›eleat. Erstarrung‹ (die in die zenon. Paradoxa führt und das Denken und den Logos stillstellt) gelöst und eine Möglichkeit gezeigt, ›methexis‹ (Teilhabe) des Vielen am Einen zu begreifen. Platons Gedanke zielt darauf ab, durch die Reflexion der Kategorien des Erkennens und Begreifens das Erkannte und Begriffene (das Viele, Bewegte, Verschiedene usw.) als ›Seiendsein‹ des ›Eins selbst‹ zu denken. Umgekehrt ist das ›Eins selbst‹ als ontolog. wie als epistemolog. Bedingung für ›Seiendsein‹ überhaupt durch die Reflexion einzuholen. Der äußerst schwierige Denkweg vollzieht sich entsprechend der Hypothesis-Methode (vgl. → *Menōn*, → *Phaidōn*, → *Politeia*) in Hypothesen. Die 1. Hypothese setzt das ›Eins‹ ›absolut‹ bzw. als bloße Bedingung, aber nicht ›Form‹ (noēton) des Denkens: Das ›Eins‹ ist nicht in den Kategorien zu denken, durch die ›Sein‹ gedacht wird, also gar nicht zu denken. Die 2. Hypothese setzt das ›Eins‹ ›positiv‹, d. h. als kategorial Bestimmtes: Das ›Sein‹ wird nicht als ›Eins selbst‹ begriffen, aber als ›seiendes Eins‹. Daraus ergibt sich die Möglichkeit, unter der Bedingung des ›Eins‹ ›Andere‹ (als das ›Eins‹) zu denken, so daß in den folgenden sechs (sehr viel kürzeren) Hypothesen das Verhältnis der ›Anderen‹ zum ›Eins selbst‹ und zum ›seienden Eins‹ gedacht wird; der antithet. Gedankengang (7. und 8. Hypothese negieren das ›Eins‹ und damit auch die ›Anderen‹) schließt mit der Paradoxie von Sein *und* Nicht-Sein, Schein *und* Nicht-Schein und weist insofern reflexiv auf die beiden ersten Hypothesen zurück.

Ausg.: Platonis Opera, hg. von H. Stephanus, Bd. III, 1578, 126-166. – Platonis Opera, hg. von J. Burnet, Bd. II, 1901 (Repr. 1967). – Gr./Dt., hg. von H. G. Zekl, 1972 (PhB 279). – Gr./Dt., Studienausgabe, Bd. V, 1983.

Lit.: H. G. Zekl, Der Parmenides, 1971. – R. Allen, Plato's Parmenides, 1983. – M. Miller, Plato's Parmenides, 1986.

J. Jantzen

La part maudite (frz.; *Der verfemte Teil*), George Bataille; EA Paris 1949; dt. 1975 (in: Das theoretische Werk, Bd. I, hg. von G. Bergfleth).

Dieser »Essay über die allgemeine Ökonomie«, wie Bataille das Werk nannte, macht in immer neuen Anläufen auf Phänomene, Ereignisse und Prozesse aufmerksam, die im Rahmen der bürgerlichen Ökonomie des Mangels keinen Platz haben und doch zum Haushalt des menschlichen Lebens gehören: auf Luxus, auf Totenfeste, auf Verschwendung, aber auch auf Unfälle, Katastrophen, Kriege, die alle mit einer ›unproduktiven Verausgabung‹ zu tun haben. Bataille folgt dem Hinweis Nietzsches, daß nicht die Notdurft der Normalfall des Daseins ist, sondern der Überfluß. Er kommt dabei zu dem Ergebnis, daß der in der ›polit. Ökonomie‹ an den Rand gedrängte oder ausgeschlossene Teil, der ›verfemte Teil‹, in Wirklichkeit die Grundlage der Kultur, der Gesellschaft, selbst der Wirtschaft ist. Die Frage nach dieser seltsamen Verkehrung durchzieht den gesamten Essay und ist verantwortlich für die zum Teil krassen Exempel z. B. die aztek. Blutopfer, die indian. Potlatsch-Rituale, die sozialist. Planwirtschaft, die Straßenverkehrstoten. Dem Autor geht es um eine Umkehr aus der Verkehrung und – über die Analyse von ökonom. Gesetzmäßigkeit hinaus – um ein neues ›richtiges‹ Leben. Dieses soll in einer prekären Verbindung zwischen allgemeiner und beschränkter Ökonomie bestehen, im Wiederfinden einer Souveränität des Menschen, die das Unmaß, den Rausch, den Wahnsinn und das ›große Umsonst‹ einbeziehen kann, ohne ihm zu verfallen. Keineswegs aber plädiert Bataille für eine Rückkehr zum Archaischen. Fülle des Lebens wäre auch in Zukunft immer Überfülle.

D. KAMPER

Parva naturalia (lat., eigentl. gr.; *Kleine Schriften zur Naturphilosophie*), ARISTOTELES, entst. 4. Jh. v. Chr.; ED Venedig 1483 (lat.); Venedig 1497 (gr., Bd. III der Gesamtausgabe von Aldus Manutius); dt. 1847.

Mit dem Titel, der zuerst im Mittelalter (seit Aegidius Romanus) gebraucht wurde, werden sieben kurze Abhandlungen bezeichnet, die ursprünglich wohl eigenständige Schriften waren (*De sensu et sensibilibus, De memoria et reminiscentia, De somno et vigilia, De insomniis, De divinatione per somnum, De longitudine et brevitate vitae, De iuventute et senectute, De vita et morte, De respiratione*). Die noch wenig entwickelte Lehre läßt darauf schließen, daß die Schriften früher als → *Peri psychēs* entstanden sind. In »Über die Sinneswahrnehmung und ihre Gegenstände« übt Aristoteles Kritik an Empedokles, Platon und Demokrit bezüglich ihrer Theorie des Sehens. Die Schrift behandelt nicht den Gehör- und Tastsinn, bietet aber eine wertvolle Klassifikation der Gerüche. In der 2. Abhandlung wird das Gedächtnis untersucht und eine Fülle bemerkenswerter Regeln angegeben, wie man etwas in Erinnerung rufen kann. Es folgen drei Schriften über Schlaf und Wachsein, Träume und Weissagung. Schlaf entsteht durch das Ausschalten des gemeinsamen Sinnes. Träume bilden sich im Vorstellungsvermögen und resultieren aus zurückgebliebenen Vorstellungen. Sie werden nicht von den Göttern geschickt, sondern von gewissen Faktoren ausgelöst. Mitunter sind sie nicht ohne Bedeutung. Die Schrift über Lang- und Kurzlebigkeit ist eine biolog. Untersuchung über die durchschnittliche Lebensdauer der verschiedenen Arten von Pflanzen und Tieren. In »Über Jugend und Alter, Leben und Tod und Atmen« untersucht Aristoteles die Vorrangstellung des Herzens, das er als Sitz des vegetativen Lebens auffaßt.

Ausg.: Gr., Aristotelis Opera, Bd. I, hg. von I. BEKKER, ²1960, 436–480. – W. D. ROSS, Aristotle. Parva Naturalia, 1955. Dt., v. E. ROLFES, 1924 (PhB 6).
Lit.: I. DÜRING, Aristoteles. Darstellung und Interpretation seines Denkens, 1966.

L. J. ELDERS

Das Passagen-Werk, Walter BENJAMIN, entst. 1927–1940; EA Frankfurt a. M. 1982.

Das fragmentar. gebliebene geschichtsphilosoph. und kultursoziolog. Werk, an dem Benjamin seit 1927 arbeitete, ging aus einem zusammen mit Franz Hessel geplanten Essay mit dem Titel »Pariser Passagen« hervor. In der vorliegenden Ausgabe sind drei Texte aus der frühen Konzeption abgedruckt, »Passagen«, »Pariser Passagen II« und »Der Saturnring oder Etwas vom Eisenbau«. Die inhärenten method. Probleme der Konzeption zögerten die Weiterarbeit heraus ebenso wie die Existenzbedingungen des Exils. 1935 entstand ein Exposé »Paris, die Hauptstadt des XIX. Jahrhunderts«, 1939 das französ. Exposé »Paris, Capitale du XIXième siècle«, die den gegenüber der ursprünglich theolog.-metaphys. Interpretationsweise veränderten soziolog. Zugriff widerspiegeln, in dessen Zentrum Marx' Kategorie vom ›Fetischcharakter der Ware‹ steht. Die während der Arbeit an dem Passagenprojekt entstandenen Schriften → *Das Kunstwerk im Zeitalter seiner technischen Reproduzierbarkeit*, die Baudelairearbeiten, schließlich die geschichtsphilosoph. Thesen (→ *Über den Begriff der Geschichte*) stehen in engem Zusammenhang damit. Beeinflußt von Aragons Roman *Le paysan de Paris* wandte sich Benjamin den Pariser Passagen zu, weil sie die ersten Eisen- und Glaskonstruktionen darstellten und als ›Vorläufer der Warenhäuser‹ auf massenhafte Darbietung von Waren ausgerichtet waren. Sollte ursprünglich in einer physiognom. Interpretation die Bilderwelt der Passagen als ›Urgeschichte der Moderne‹ gelesen und als Figur der ›Hölle‹ dechiffriert werden, so intendierte Benjamins spätere soziolog. Methode der mikrolog. Interpretation der Dingwelt eine materiale Geschichtsphilosophie des 19. Jh.s, die die Dingwelt im Sinne des Fetischcharakters der Ware als Phantasmagorie las. Benjamins materialist. Physiognomik versenkt sich in die unter Titeln wie »der Flaneur«, »Mode« oder »die Puppe, der Automat« gesammelten Materialien, um sie als ›dialekt. Bilder‹ zu erkennen, d. h. im Schein des Neuen das ›Von-jeher-Gewesene‹, Mythische der Epoche auszumachen und zugleich im Vergangenen den ›Funken der Hoffnung‹ zu entfachen, was Benjamin emphat. ›Erwachen aus dem Mythos‹ nannte, dem als Katastrophe erfahrenen Kontinuum der Geschichte. Das Fragment gebliebene Werk, im wesentlichen eine Anhäufung von teilweise kommentiertem Material, erfordert vom einzelnen Leser immer neue Rekonstruktion, spiegelt aber wohl auch die Ohnmacht des einzelnen Historikers wider, durch dialekt. Konstruktion das Scheitern der Geschichte umzudeuten. – Benjamins geniale physiognom.-mikrolog. Methode hat zahlreiche entsprechende histor.-soziolog. Arbeiten inspiriert.

Ausg.: Gesammelte Schriften, hg. von R. Tiedemann/H. Schweppenhäuser, Bd. V, 1982.

Lit.: N. Bolz/B. Witte (Hg.), Passagen. Walter Benjamins Urgeschichte des XIX. Jahrhunderts, 1984. – Die Aktion (1984) H. 30/31.

M. Hielscher

Les passions de l'âme (frz.; *Die Leidenschaften der Seele*), René Descartes; EA Amsterdam/Paris 1649; dt. 1723.

Diese letzte Schrift Descartes' enthält eine Psychologie der Leidenschaften (Affekte), die nach der physikal. Methode entwickelt ist. Den Ausgangspunkt bildet die Beschreibung der Affekte im Rahmen einer Skizze einer deskriptiven Psychologie. Leitend ist die Unterscheidung zwischen aktiven und passiven psychischen Phänomenen. Phänomene, in denen wir uns als leidend erleben, werden entweder auf den Körper oder auf die Seele als Ursache bezogen, ohne daß sie in der angenommenen Weise verursacht sein müßten. Handelt es sich um passive Phänomene, die auf die Seele bezogen werden, jedoch von nervösen Vorgängen hervorgerufen sind, spricht man von ›Leidenschaften‹ (›passions‹ im engeren Sinne). Der Verursachung dieser Phänomene (durch Bewegungen der sog. Lebensgeister) gilt Descartes' Hauptaugenmerk, wobei die Erklärung mit Hilfe der Hypothese erfolgt, daß die Zirbeldrüse der bevorzugte Ort der psychophys. Wechselwirkung ist. Im Rahmen der genet. Erklärung der Affekte ergibt sich die Möglichkeit einer Klassifikation, die zu sechs Grundaffekten führt, nämlich Staunen, Liebe und Haß, Begehren, Freude und Trauer. Ausführlich werden die physischen Begleiterscheinungen der Affekte behandelt. Aus den Grundaffekten sollen sich alle besonderen Leidenschaften (wie Stolz, Demut, Großherzigkeit, Reue) ableiten lassen. Affekte haben keine theoret., sondern ausschließlich prakt. tische Funktion, sofern sie zum Handeln motivieren. So gesehen, sind sie immer gut; da aber ihre Wirkungen nicht in allen Fällen positiv sind, kommt es darauf an, die Affekte beherrschen zu können. Das Werk verfolgt auch den Zweck, die Möglichkeiten rationaler Affektkontrolle zu zeigen. In diesem Sinne können sie als (relative) Realisierung von Descartes' moralphilosoph. Programm gelten.

Ausg.: Œuvres complètes, hg. von CH. ADAM/P. TANNERY, Bd. XI, 1967. – Dt., von K. HAMMACHER, 1984 (PhB 345).
Lit.: P. MESNARD, Essai sur la morale de Descartes, 1936.

W. RÖD

Patērikon (anonym) → Apophtegmata patrum

Pēgē gnōseōs (gr.; *Quelle der Erkenntnis*), JOHANNES VON DAMASKOS, entst. nach 742; ED Paris 1712; dt. 1923 (3. Teil).

Diese Schrift faßt das Wissen zusammen, das dem gebildeten Priester der Zeit zuhanden sein sollte, und ist das Hauptwerk des letzten bedeutenden, universal eingestellten und tätigen sowie fast ausschließlich auf Sammlung des Überlieferten bedachten Theologen der alten griechischen Kirche. Das Sammeln und Komponieren der Lehren der großen Konzilien und der hervorragendsten theolog. Lehrer der Frühzeit beherrscht Johannes so meisterlich, daß hierauf im wesentlichen das überaus hohe Ansehen basiert, welches das Werk in der oriental. Kirche gewann. Der 1. Teil der Abhandlung, gewöhnlich ›Dialektik‹ oder ›Philosoph. Kapitel‹ genannt, bildet eine Einleitung in die Dogmatik und erörtert philosoph. Begriffe vorrangig im Anschluß an die Ontologie des Aristoteles. Dessen Kategorienschrift und auch die → *Eisagōgē* des Porphyrios standen hierbei vor allem Pate. Der 2. Abschnitt vermittelt eine ›Geschichte der (103) Häresien‹, welche stark von Epiphanios, Theodoret und anderen Kirchenvätern abhängig ist; allein das über die drei zuletzt aufgeführten Irrlehren (u. a. den Islam) Gesagte ist original, wurde jedoch möglicherweise von fremder Hand später hinzugefügt. Der umfassendste 3. Teil des Werkes bietet in seinen 100 Kapiteln eine erste vollständige Zusammenfassung der Hauptlehren des Christentums, welche sowohl an Pseudo-Dionysios und Gregor von Nazianz als auch an Leontios von Byzanz, Maximus Confessor und Nemesios von Emesa anknüpft.

Vermutlich in nachträglicher Angleichung an die klassische Einteilung der Dogmatik bei Petrus Lombardus enthält er die Abschnitte »Gott«, »Schöpfung und Vorsehung«, »Menschwerdung Jesu Christi« sowie ein Konglomerat von Einzelthemen bis hin zur Eschatologie. In die westliche Theologie findet dieser 3. Teil im 12. Jh. unter dem Titel *De fide orthodoxa* Eingang und gewinnt auch hier große Bedeutung. – Im 10. Jh. wurde das Werk in viele Sprachen übersetzt und nahm dadurch großen Einfluß auf die Kirche.

Ausg.: Hg. von B. KOTTER, 1969. – Dt., von G. RICHTER, 1982 (1. Teil).
Lit.: B. KOTTER, Die Überlieferung der ›Pēgē Gnōseōs‹ des hl. Johannes von Damaskos, 1959. – G. RICHTER, Die Dialektik des Johannes von Damaskos, 1964.

H. FROHNHOFEN

La pensée sauvage (frz.; *Das wilde Denken*), Claude LÉVI-STRAUSS, EA Paris 1962; dt. 1968.
Unter den vielen Untersuchungen, die Lévi-Strauss verfaßt hat, gewährt diese den direktesten Einblick in sein wissenschaftliches Selbstverständnis; in Form einer Interpretation des Totemismus versucht er hier die für sein gesamtes Werk zentrale These zu rechtfertigen, daß die archaischen Denkweisen nicht eine bloße Vorstufe, sondern eine alternative Form der wissenschaftlichen Weltauffassung darstellen. – Wie schon in seinem ursprünglichen Werk über den Totemismus, unternimmt es Lévi-Strauss auch in seinem Buch über das »wilde Denken«, die totemist. Klassifikationen archaischer Gesellschaften als den Sonderfall einer allgemeinen Denkform darzustellen, deren Eigenart in der analogisierenden Klassifizierung der sozialen und natürlichen Umwelt besteht; dieses ›wilde Denken‹, wie Lévi-Strauss es im Unterschied zu den ›domestizierten‹ Denkweisen der fortentwickelten Gesellschaften nennt, setzt konkretist. an den sinnlich wahrnehmbaren Phänomenen an und ordnet sie durch Analogie- und Kontrastbildungen zu einem einzigen Netz von anschaulichen Korrespondenzen zusammen. Mag eine solche Form der Welterschließung auch im Hinblick auf den instrumentellen Ertrag den modernen Wissenschaften unterlegen sein, so übertrifft es sie in den Augen von Lévi-Strauss doch an ästhet. Kreativität und phänomenaler Genauigkeit. Das Buch schließt mit der berühmten Kritik an Sartres Geschichtsverständnis. – Gerade in Zeiten eines wachsenden Zweifels an den modernen Formen der wissenschaftlichen Weltauffassung wird diese Studie eine bedeutsame Diskussionsgrundlage darstellen.

Lit.: M. OPPITZ, Notwendige Beziehungen. Abriß der strukturalen Anthropologie, 1975.

A. HONNETH

Pensées de M. Pascal sur la religion et sur quelques autres sujets, qui ont esté trouvées après sa mort parmy ses papiers (frz.; *Herrn Pascals Gedanken über die Religion und über einige andere Themen,* die nach seinem Tode unter seinen Aufzeichnungen gefunden wurden), Blaise PASCAL; EA Paris 1669/1670 (postum); dt. 1710.
Diese flüchtigen Notizen und Entwürfe für eine geplante Apologie des Christentums sind gehalten von Pascals Willen zur glaubenden Konsequenz, seiner Kraft religiöser Sensibilität. Die nicht-apologet. Apologie, die die

spannungsvolle Einswerdung eines gläubigen Daseins andeutet, zeigt in ihren Fragmenten die Kraft der bewährenden Existenz. Pascal entdeckt in tastenden Schritten jenseits der Selbstgewißheit des Naturforschers die unendliche Größe und die unendliche Kleinheit als Abgründe, bei deren Anblick das Erkennen des endlichen Menschen vom Schwindel ergriffen wird. Angesichts des Labyrinths des absoluten Raumes, des Schweigens der Unermeßlichkeit der Sphären, deren Mittelpunkt überall und deren Begrenzung nirgendwo ist, wird deutlich, daß alle Forschung in Dunkelheit endet. Zugleich bricht im Menschen jener Abgrund auf, der ihn sehen läßt, daß er nur einen Schein von der Mitte der Dinge wahrnimmt, in ewiger Verzweiflung weder ihren Ursprung noch ihr Ende zu fassen vermag. Die schwebende Mitte, der Mensch, bewegt sich zwischen seiner Größe, dem Denken, und seiner Schwäche: Sterblichkeit, Zerstreuung, Langeweile, Eitelkeit und Eigenliebe. Ein zwischen Wahrheit und Falschheit, Gutem und Schlechtem vermischtes Paradox, ist der Mensch in seiner Endlichkeit berufen, seine Vernunft zu demütigen und in der Demut zu lernen, daß kein Mensch sich genügt, der Mensch den Menschen unendlich übersteigt. Nur in Jesus Christus erkennt er sich; im allerunbegreiflichsten Geheimnis wird er sich begreiflich, im Glauben wird ihm die Logik des Herzens zuteil, die in der Liebe gründet. – Pascals Zweifel an der naturwissenschaftlichen Erkenntnis, seine Kritik des Gottes der Philosophen treffen schon den Untergang des neuzeitlichen Menschen, den Kierkegaard, Nietzsche, Dostojewskij und Guardini sehen.

Ausg.: Dt., Werke, Bd. I, [8]1978. – Gedanken, übers. u. hg. von E. Wasmuth, 1979 (RUB 1621).

Lit.: L. Brunschvicg, Descartes et Pascal, 1945. – A. Rich, Pascal. Verwegener Glaube, 1979. – L. Goldmann, Der verborgene Gott, 1984.

A. Köpcke-Duttler

Pensées diverses écrites à un docteur de Sorbonne à l'occasion de la comète qui parut au mois de décembre 1680 (frz.; *Verschiedene einem Doktor der Sorbonne mitgeteilte Gedanken aus Anlaß des Kometen, der im Monat Dezember 1680 erschien*), Pierre Bayle, entst. 1680; EA Köln 1682 (u. d. T. *Lettre à M. L. A. D. C., docteur de Sorbonne,* où il est prouvé par plusieurs raisons tirées de la philosophie et de la théologie que les comètes ne sont point le présage d'aucun malheur. Avec plusieurs reflexions morales et politiques, et plusieurs observations historiques, et la réfutation de quelques erreurs populaires); Rotterdam 1683 (anonym); dt. 1741.

Die philosoph.-theolog., antiröm. Kontroversschrift aus Anlaß des Kometen aus dem Jahr 1680, der nach damaliger Volksmeinung Vorbote von Unglück bedeutete, legt (z. T. ironisch) dar, daß Kometen »weder die wirkende Ursache dieser Unglücksfälle, noch derselben Zeichen« sind. Die »Menge verschiedener Gedanken« enthält auch moral. und polit. Betrachtungen, verschiedene histor. Anmerkungen und die Widerlegung von Vorurteilen des Altertums. Bayle kritisiert neben dem volkstümlichen Kometenaberglauben auch die Astrologie, überhaupt jeden Aberglauben bei Heiden, Christen und Geschichtsschreibern (auch den Glauben an

Wunder und Vorbedeutungen) wie Gottesleugnung und Abgötterei. Bayle spricht das berühmte Wort aus, Unglaube und selbst offene Gottesleugnung sei besser als Aberglaube, der sich schließlich als (religiöser) Fanatismus offenbare, und darum habe der Staat selbst Atheisten Toleranz zu gewähren. Durch Beispiele moral. einwandfreien und glücklichen Lebens von Atheisten steigert sich die Anklage des Aberglaubens zur Verteidigung des Atheismus. Bayles Standpunkt aber ist doppeldeutig; denn eigentlich will er den Nutzen der wahren Religion hervorheben. – Ab ^{2}1683 erscheint das Werk erweitert endgültig u. d. T. *Pensées diverses sur la comète*. Bayle vervollständigt die Schrift 1704 in *Continuation des Pensées diverses*. Das Werk wirkte entscheidend auf die Ausformung der Aufklärung vor allem in Frankreich.

Ausg.: Frz., 1984 (2 Bde.) – Dt., 1975.

K. Bossong

Pensées sur l'interprétation de la nature (frz.; *Gedanken zur Interpretation der Natur*), Denis Diderot; EA o. O. (Paris) 1754; dt. 1948.

In seinem aus 58 Aphorismen bestehenden naturphilosoph. Werk spricht sich Diderot für eine neue wissenschaftliche Methodik aus und entwirft zugleich die Grundlagen für eine im wesentlichen materialist. Erklärung der Natur. – Das Werk läßt sich in drei Teile gliedern: Betrachtungen über den grundsätzlichen Wandel der Naturwissenschaften seit Beginn des 18. Jh.s, methodolog. Überlegungen zur Naturwissenschaft im allgemeinen und zum Verständnis der Natur im besonderen (diese beiden Teile sind stark von F. Bacon beeinflußt), Analyse von Problemen der zeitgenöss. Physik und der neuen Wissenschaft Biologie. Ausgehend von der Erkenntnis, daß die mathemat. Physik die Probleme des Ursprungs und Wachstums animal. Organismen nicht erklären kann, wendet sich Diderot gegen die Vorherrschaft der mathemat., abstrakten, spekulativen Denkweise in den Wissenschaften, deren Grundprinzip allein die quantitative Erfassung aller Naturvorgänge ist. Er will den Weg für eine neue Wissenschaft bereiten, die physique expérimentelle (in etwa der heutigen Biologie/Chemie entsprechend), die als Gegenstand ihrer Betrachtungen die wahrnehmbaren, individuellen Eigenschaften der Körper ansehen und die insbes. das organ. Leben erforschen soll. Die Wissenschaftler sollen nicht mehr nach den Endursachen der Naturvorgänge suchen, sondern sich zunächst bemühen, die sichtbaren Hervorbringungen in allen Bereichen der Natur und ihre Beziehungen zueinander zu deuten. Diderot fordert die Anhänger der Vernunftphilosophie, die reinen Theoretiker, und die Vertreter der empir. Naturphilosophie, die reinen Praktiker, auf, gemeinsam – gestützt auf Experiment und kombinierende Reflexion – die Wunder der Natur zu erkunden. Seine eigene Erklärung für die Entstehung des organ. Lebens wagt Diderot nur in Form von Vermutungen bzw. offenen Fragen zu äußern. Maupertuis folgend geht Diderot von einer Einheit und Kontinuität in der Natur aus und folgert, gestützt auf Buffons materialist. Vorstellungen der Physiologie, daß sich die Organismen aus der belebten Materie – ohne göttliche Mitwirkung – entwikkelt und in unendlichen Mutationen die Vielzahl der Lebewesen hervorgebracht haben. – Mit seinem Eintreten für die experimentelle Methode hat Diderot einen wichtigen Beitrag zur Zurückdrängung des puren Rationalismus in der wissenschaftlichen Forschung geleistet; seine Transformationslehre, die Darwins Evolutionstheorie vorwegnahm, sollte er erst in → *L'entretien entre d'Alembert et Diderot* ausführlich darlegen.

Ausg.: Dt., in: Philosoph. Schriften, 1961.
Lit.: H. DIECKMANN, Der Einfluß F. Bacons auf Diderots Interprétation de la nature, in: H. DIECKMANN, Diderot und die Aufklärung, 1972. – E. DE FONTENAY, Diderot ou le matérialisme enchanté, 1981.

P. LEMPERT

Peri archōn (gr.; *Von den Prinzipien*), ORIGENES, entst. zwischen 220 u. 230; ED Paris 1512; dt. 1776 Über die Grundlehren der Glaubenswissenschaft.

In der Auseinandersetzung mit griechischer Philosophie, jüdischer Gotteserfahrung und häret. Lehren versucht Origenes, das Christentum als die wahre Philosophie darzustellen. Die Vorrede weist darauf hin, daß Gnade und Wahrheit durch Jesus Christus geworden sind und daß den Menschen die Berufung zu einem guten und glücklichen Leben nur durch die Worte und die Lehre Christi zuteil wird. Über diese gegen Gnostiker und Marcioniten gewandte Gestalt des Glaubens denkt Origenes weiter nach, indem er acht Lehren des apostol. Kerygma vertiefend begründet: Gott, der Schöpfer und Gott des alten und neuen Bundes; Jesus Christus, der menschgewordene Erlöser, der in die Leibeswelt absteigt, als Gottes Kraft und Weisheit; der heilige Geist; die Seele, die vernünftige Substanz, die abfällt von dem Leben im Geist und aufsteigt zu ihrem Urgrund; die Willensfreiheit der Geschöpfe; der Teufel und die bösen Mächte; die Schöpfung und der Untergang der Welt; Ursprung und geistiges Verstehen der heiligen Schriften. – Origenes' Aufstieg zu einer divina scientia, seine Theodizee haben nicht allein Augustinus, Abaelard und Dante, sondern auch Pico della Mirandola, Erasmus, Leibniz und Lessing angesprochen.

Ausg.: Vier Bücher von den Prinzipien, hg. u. übers. von H. GÖRGEMANNS/H. KARPP, 1976.
Lit.: H. KOCH, Pronoia und Paideusis, 1932. – H. DE LUBAC, Geist aus der Geschichte, 1968.

A. KÖPCKE-DUTTLER

Peri genēseōs kai phtoras (gr.; lat.: *De generatione et corruptione; Über Entstehen und Vergehen*), ARISTOTELES, entst. 4. Jh. v. Chr.; ED Padua 1474 (lat., mit Kommentar des Averroes); Venedig 1497 (gr., BD. II der Gesamtausgabe von Aldus Manutius); dt. 1857.

Diese Abhandlung in zwei Büchern untersucht, wie Einzeldinge entstehen und welche Ursachen des fortwährenden Entstehens und Vergehens anzunehmen sind (bes. der vier Elemente). Aristoteles widerlegt zunächst die Theorien der Vorsokratiker (vor allem der Atomisten) und Platons; sie betrachteten das Entstehen als Zusammensetzung oder als einen von geometr. Konfigurationen bestimmten Vorgang. Aristoteles führt dagegen seine Lehre von der hylē ein. Als potentielles Substrat der materiellen Substanz kann die hylē eine substantielle Form verlieren und eine neue annehmen. In Buch I/Kap. 4–5 werden die Arten der Veränderung untersucht, auch Aktion und Reaktion. In der Verbindung der Elemente sind diese nur noch potentiell anwesend. Im II. Buch wird dargelegt, daß die hylē durch die Verbindung mit je einer Qualität der beiden Grundgegensätze ›warm – kalt‹, ›feucht – trocken‹ zu einem der vier Elemente wird (Luft: warm – feucht; Feuer: warm – trocken; Wasser: kalt – feucht; Erde: kalt – trocken). Aristoteles erklärt den polaren Wechsel der Qualitäten mit Hilfe der Bewegung der Sonne in der Ekliptik. Der Prozeß ist ein ewiger Kreislauf, so daß immer gilt: »ein Mensch zeugt einen Menschen«. Der Grund für diese Kontinuität ist die Gesetzmäßigkeit der Natur, die nach dem Besseren strebt. Da die Schrift die voll entwickelte Lehre des Aristoteles enthält, muß sie nach → *Peri uranu (De caelo)* datiert werden.

Ausg.: Gr., Aristotelis Opera, Bd. I, hg. von I. BEKKER, [2]1960, 314–338. – Engl., Aristotle on Coming-to-be and Passing-away, hg. von H. H. JOACHIM, 1922.
Lit.: Aristotle's De generatione et corruptione, Translated with Notes by C. J. F. WILLIAMS, 1982.

L. J. ELDERS

Peri hypsus (gr.; *Über das Erhabene*), entst. vermutlich in der 1. Hälfte des 1. Jh.s n. Chr.; vom Manuskript wohl zu Unrecht DIONYSIOS von Halikarnaß oder Cassius LONGINUS zugeschrieben; ED Basel 1554; dt. 1737.

Die gegen das gleichnamige, verschollene Werk des Caecilius von Kalakte gerichtete, selbst nur lükkenhaft überlieferte ästhet.-rhetor. Abhandlung erörtert einleitend das Wesen des Erhabenen (Kap. 1–7), in ihrem Hauptteil (Kap. 8–43) die fünf Quellen, die das Erhabene erzeugen (Fähigkeit, groß zu denken; Pathos; rhetor. Figuren; Ausdrucksweise; Komposition), und abschließend die Gründe für den Verfall von Rhetorik und Literatur (Kap. 44). – Das Erhabene wird vom Überredenden und vom Angenehmen abgesetzt; es ist einerseits nicht an starre Regeln gebunden und von unmittelbarer Ausdruckskraft, andererseits kann es nicht auf jede Methode verzichten. Es transzendiert die Wirklichkeit und verleiht der Seele ein Gefühl schöpfer. Tätigkeit. Sein zentrales Moment ist das Pathos (der Abschnitt über das Pathos ist verloren); die Phantasie erhält einen hohen Stellenwert. Bei der Verwendung der rhetor. Figuren ist es entscheidend, daß sie nicht als solche bemerkt werden. An vielen Beispielen wird gezeigt, daß geniale, mit Fehlern behaftete Größe dem eleganten Mittelmaß vorzuziehen ist. Zur Erreichung des Erhabenen wird die Nachahmung der Alten empfohlen, zumal der (mehr moral. als polit. bedingte) Verfall in der Gegenwart erhabene Gefühle erstickt hat. – Die theoret. Rezeption der Schrift beginnt mit N. Boileau-Despréaux. Die für die klassische Ästhetik wichtige Unterscheidung zwischen ›schön‹ und ›erhaben‹ geht auf diesen Rezeptionsprozeß zurück.

Ausg.: Gr./Dt., hg. von R. BRANDT, 1966.
Lit.: W. BÜHLER, Beiträge zur Erklärung der Schrift vom Erhabenen, 1964.

V. HÖSLE

Peri ideōn (gr.; lat.: *De ideis; Von den Ideen*), ARISTOTELES; ED Berlin 1831 (in: Fragmenta, hg. von V. Rose); dt. 1960.

Es handelt sich um eine zum großen Teil verlorene Streitschrift gegen die platon. Ideen- und Prinzipienlehre, die die Grundlage für die Kritik der Ideen in Buch I und

XIII von → *Ta meta ta physika* bildet; sie entstand wohl in den Jahren, als Aristoteles der Akademie (367–347 v. Chr.) angehörte. Die Kenntnisse über die Schrift und die Fragmente sind fast ausschließlich dem »Metaphysik«-Kommentar Alexanders von Aphrodisias entnommen. Im I. Buch widerlegt Aristoteles die Ideenlehre mit 14 Argumenten. Er weist nach, daß die Ideen eine überflüssige Verdoppelung sind, daß Platon auch Ideen von Relationen annimmt und damit gegen den Substanzcharakter der Ideen verstößt. Ein weiterer Haupteinwand ist, daß Platon allgemeine Begriffe als substantiell Existierendes faßt. Die scharfe, in einem Fall sogar eristische, aber doch sachverständige Kritik dürfte ein fruchtbarer Beitrag zur akadem. Diskussion (vgl. → *Parmenides*) gewesen sein. Im II. Buch wird dargelegt, daß den Ideen für die Erklärung der Welt keinerlei Bedeutung zukommt.

Ausg.: Gr., Aristotelis fragmenta selecta, hg. von W. D. Ross, 1955.

Lit.: P. Wilpert, Zwei aristotel. Frühschriften über die Ideenlehre, 1949. – H. Cherniss, Aristotle's Criticism of Plato and the Academy, 1944. – W. Leszl, Il ›De ideis‹ di Aristotele e la teoria platonica delle idee, 1975.

L. J. Elders

Peri kataskeuēs anthrōpu (gr.; lat.: *De opificio hominis; Über die Schöpfung des Menschen*), Gregor von Nyssa, entst. 379; ED Basel 1567; dt. 1850.

Diese anthropolog.-dogmat. Untersuchung über Genesis 1, 26 ergänzt gemeinsam mit dem Werk *In Hexaemeron* die Homilien des Basileios über das Schöpfungswerk, welche die Erschaffung des Menschen noch ausgespart hatten, und schließt bewußt eng an den Literalsinn der Hl. Schrift an. Die Präexistenz der Seelen und die Seelenwanderung werden abgelehnt. Während Gott wesentlich als die Fülle des Guten dargestellt wird, besteht die naturgemäße Berufung und daher das ›wahre Leben‹ des Menschen in der Teilhabe an Gott bzw. seiner Güte. Bereits von Dionysius Exiguus († um 540) wurde die Schrift ins Latein. übersetzt und damit auch der westlichen Kirche zugänglich gemacht.

Ausg.: Dt., von H. Hand, 1874.

Lit.: H. J. Oesterle, Probleme der Anthropologie bei Gregor von Nyssa, in: Hermes 113 (1985).

H. Frohnhofen

Peri kosmu (gr.; lat.: *De mundo; Über die Welt*), Pseudo-Aristoteles; ED Padua 1473 (lat., mit Kommentar des Averroes); Venedig 1497 (gr., Bd. II der Gesamtausgabe von Aldus Manutius); dt. 1829.

Die kleine Schrift, die sich nicht im Katalog der Werke des Aristoteles findet und zu den unechten Schriften zählt, wird von Bekker nach der → *Meteōrologika* abgedruckt. Das Werk wurde von einem Eklektiker kurz nach dem Tod des Posidonios (und vor 50 n. Chr.) verfaßt und enthält Aristotel., aber auch Stoisches. Die Welt ist das Werk Gottes und wird von Gott erhalten. Obwohl Gott über alle Welt erhaben ist, durchdringt seine Kraft alles (dynam. Pantheismus). Ähnlich wie der (Perser)König durch Vertreter sein Reich verwaltet, lenkt auch Gott die Welt durch Zwischenwesen. Im sublunaren Bereich besteht eine Harmonie von Gegensätzen. Der Autor versucht, den Lesern die Überzeugung der Großartigkeit des wunderbaren Weltgebäudes zu vermitteln. – Im

Mittelalter wurde die Schrift von Bartolomäus von Messina und ein zweites Mal von Nikolaus von Sizilien übersetzt und für echt gehalten; im 15. und 16. Jh. lassen sich nicht weniger als sieben Übersetzungen nachweisen.

Ausg.: Gr., W. L. LORIMER, Aristotelis De mundo, 1933. – Gr./It., G. REALE, Aristotele: Trattato sul cosmo per Alessandro, 1974. – Dt., von H. STROHM, ²1979.

Lit.: E. ZELLER, Über den Ursprung der Schrift von der Welt, in: Sitzungsber. d. Königl.-Preuß. Akademie der Wiss. 23 (1985). – W. L. LORIMER, The Text Tradition of Pseudo-Aristotle De mondo, 1924. – H. STROHM, Studien zur Schrift von der Welt, in: Museum Helveticum 9 (1952).

L. J. ELDERS

Peri Melissu, Xenophanus, Gorgiu (gr.; lat.: *De Melisso, Xenophane, Gorgia; Über Melissos, Xenophanes, Gorgias*), PSEUDO-ARISTOTELES (?); ED Venedig 1497 (Bd. III der Aristoteles-Gesamtausgabe von Aldus Manutius, u. d. T. Peri Xenophanus, peri Zēnōnos, peri Gorgiu); dt. 1860 (in: Aristoteles, Werke, Bd. VII: Geschichtliche und vermischte Schriften).

Die im Corpus Aristotelicum – nach manchen Handschriften unter dem wohl falschen (von Bekker aufgenommenen) Titel *Peri Xenophanus, peri Zēnōnos, peri Gorgiu* und auch unter dem Titel *Peri Zēnōnos, peri Xenophanus, peri Gorgiu* – überlieferte Schrift gilt im allgemeinen (aber mit Vorbehalten) als unecht. Sie enthält informationsreiche Berichte über die ontolog. Lehrmeinungen von Melissos (mit Hinweisen auch auf Anaximander, Anaximenes, Empedokles, Anaxagoras und Parmenides), von Xenophanes und Gorgias, die zur Rekonstruktion der jeweiligen Positionen zum Teil sehr wichtig sind, deren Zuverlässigkeit und Zeugniswert allerdings umstritten sind. Die Schrift ist ähnlich wie Theophrasts → *Physikōn doxai* angelegt und in sechs Kapitel eingeteilt, wobei jedem der drei berücksichtigten Philosophen zwei Kapitel (Darstellung und Kritik) gewidmet sind. Über die Richtigkeit der im heutigen Titel angegebenen Identifizierung der jeweiligen Philosophen ist die Forschung einig. Die Verfasserschaft ist dagegen immer noch sehr umstritten: Der Stoff stammt wohl aus Theophrast, er selbst scheint allerdings als Verfasser nicht in Frage zu kommen, wie in der Renaissance Bessarion und im vorigen Jh. Ch. A. Brandis und Th. Bergk dachten. Nach H. Diels (und E. Zeller) ist die Schrift wohl einem Peripatetiker des 3. Jh.s v. Chr. oder einem eklekt. Peripatetiker des 1. Jh.s n. Chr. zuzuschreiben. Andere wie Hegel, S. Karsten und F. W. A. Mullach meinten, Aristoteles selbst sei der Verfasser, was man heute erneut als Möglichkeit in Betracht zieht. – Die Schrift ist weitgehend (u. a. auch von Kant und vor allem von Hegel, die sie noch unter dem falschen Titel kannten) als philosophiehistor. Quelle für die Kenntnis der eleatischen Philosophie und von Gorgias benutzt worden.

Ausg.: Gr./Lat., hg. von I. BEKKER, 1831 (in: Aristotelis Opera, Bd. II). – Gr./Lat., hg. von F. W. A. MULLACH, 1845, aufgenommen in: ders. (Hg.), Fragmenta Philosophorum Graecorum, Bd. I, 1860 (Repr. 1968). – Gr., hg. von H. DIELS, 1900. – Gr./Frz., hg. von B. CASSIN, 1980.

Lit.: G. G. FÜLLEBORN, Liber de Xenophane, Zenone et Gorgia Aristoteli vulgo tributus passim illustratus, 1789. – Ch. A. BRANDIS, Commentationum Eleaticarum pars prima, 1813. – S. KARSTEN, Philosophorum Graecorum veterum operum reliquiae, 1830. – Th. BERGK, Commentatio de Aristotelis libello de Xenophane, Zenone et Gorgia, 1843. – O. GIGON, Gorgias über das Nichtsein (1936), in: ders., Studien zur antiken Philosophie, 1972. – H.-J. NEWIGER, Untersuchungen zu Gorgias' Schrift ›Über das Nichtseiende‹, 1973. – J. WIESNER, Pseudo-Aristoteles, De Melisso, Xenophane et Gorgia. Der histor. Wert des Xenophanesreferats, 1974. – B. CASSIN, Si Parménide. Le traité anonyme ›De Melisso Xenophane Gorgia‹, 1980 (mit kritischer Ausgabe und Kommentar).

F. VOLPI

Peri mysteriōn logos (gr.; lat.: *De mysteriis; Über die Geheimlehren*), IAMBLICHOS, entst. um 300/330 n. Chr.; ED Oxford 1678; dt. 1922.

Iamblichos will die Menschen von den Schlacken der Körperlichkeit reinigen und alle Götterkulte in ihrer Bedeutung würdigen. Er begreift dabei die primitivsten Formen des Aberglaubens als vollberechtigte Faktoren einer Theologie des Heidentums. – In Form einer Antwort des Priesters Abammon auf einen Brief des Porphyrios schafft Iamblichos das ›Grundbuch spätantiker Religiosität‹. Kenntnis der Götter ist den Menschen angeboren. Vor allem Seienden ist Gott, der unbewegt sowie der Vater des Guten und Grund von allem ist. Es folgt die intelligible Welt, der Ort der Götter. Zwischen den Göttern und den Menschen walten die Dämonen, die Gesundheit schenken und durch Krankheit schaden. Die Menschen können durch Theurgie mit den Göttern in Verbindung treten; sie gewinnen dadurch Befreiung vom ›Rad der Wiedergeburt‹. Gebete führen zur Gemeinschaft der Seele mit den Göttern und bewirken die Vereinigung von Mensch und Gott. Während die ägypt. Lehren als wichtig angesehen werden, wird die griechische Religion abgewertet. – Das Werk übte in der Spätantike große Wirkung aus, u. a. auf Kaiser Julianus Apostata; M. Ficino übertrug 1497 Teile des Werkes ins Lateinische.

Ausg.: Hg. von G. PARTHEY, 1966.
Lit.: M. SICHERL, Die Handschriften, Ausgaben und Übersetzungen von Iamblichus' ›De mysteriis‹, 1957. – F. W. CREMER, Die chaldäischen Orakel und Iamblichus' ›De mysteriis‹, 1969.

O. SCHÖNBERGER

Peri mystikēs theologias (gr.; lat.: *De mystica theologia; Über die mystische Theologie*), DIONYSIOS PSEUDO-AREOPAGITA, entst. ca. 500; ED Brügge 1480 (lat.; übers. von Ambrosius Camaldulensis = Ambrogio Traversari), Florenz 1516 (gr.); dt. 1832.

Die nur fünf Kap. umfassende Schrift, die kürzeste der vier erhaltenen systemat. Abhandlungen des Dionysios dem Pseudo-Areopagiten, erklärt: 1. worin das unaussprechliche Dunkel (gnophos) der Gottheit besteht; 2. wie man zur Einigung mit Gott (henōsthai) gelangt und wie man den transzendenten (hyper panta) Schöpfer aller Dinge verehren soll; 3. die Bedeutung der affirmativen und der negativen Theologie, wobei der letzteren der Vorrang gegenüber der ersteren eingeräumt wird; 4. daß die alle wahrnehmbare Realität transzendierende Ursache selbst nichts Wahrnehmbares ist; 5. daß die alle intelligible Realität transzendierende Ursache selbst nichts Intelligibles ist. – Ziel der mystischen Gotteserkenntnis ist die Einsicht, daß Gott über jedwede Form von Affirmation oder Negation erhaben ist und ihm weder Sein noch Nicht-Sein zugesprochen werden können (zur Wirkungsgeschichte vgl. → *Peri theiōn onomatōn*).

Ausg.: Gr./frz., Dionysiaca I, hg. von Ph. CHEVALLIER, 1937.
LIT.: Œuvres Complètes, übers. und erl. von M. DE GANDILLAC, 1943, [2]1980 (Div. Nom. 67-176; Myst. Theol. 177-184; Cael. Hierar. 185-244; Eccl. Hierar. 245-326; Lettres 327-361). – R. ROQUES, Art. ›Contemplation, extase et ténèbre chez le Pseudo-Denys‹, in:

Dictionnaire de spiritualité, Bd. II/2, 1953. – Art. ›Denys l'Aréopagite (le Pseudo-)‹, ebd., Bd. III, 1957. – Dionigi Areopagita. Tutte le opere. Gerarchia celeste [77-135] – Gerarchia ecclesiastica [147-242] – Nomi divini [251-397] – Teologia mistica [405-414] – Lettere [419-462], übers. P. Scazzoso, Einleitung und Erläuterungen von E. Bellini, [2]1983.

L. Deitz

Peri philosophias (gr.; lat.: *De philosophia; Von der Philosophie*), Aristoteles, entst. 4. Jh. v. Chr.; ED Berlin 1831 (in: Fragmente, hg. von V. Rose); dt. 1960.

Dieser aus drei Büchern bestehende, aber weitgehend verlorengegangene Dialog war in der Antike berühmt. Nach Jaeger und Untersteiner entstand er etwa zur gleichen Zeit wie Buch I von → *Ta meta ta physika,* aber andere setzen ihn früher als den → *Protreptikos* an. Im I. Buch wird ein geschichtlicher Überblick über Vorformen und Entwicklung des philosoph. Denkens geboten, wobei auch oriental. Religionen in die Betrachtung einbezogen werden. In Buch II wird Platons Philosophie kritisch behandelt: die Lehre der Ideenzahlen wird verworfen. Ob Aristoteles in dieser Frühschrift die platon. Ideenlehre akzeptierte, ist umstritten. Das III. Buch enthält eine Darstellung der eigenen Lehre, die geradezu als konsequentes Ergebnis einer geschichtlichen Entwicklung dargestellt wird. Leider bleibt die Rekonstruktion des Textes sehr lückenhaft. Hauptabsicht des Werkes war wohl, die eigenen Ansichten über die Prinzipien der Welt darzulegen und die Existenz Gottes zu beweisen, der als Ordnung der Welt (nach einigen Interpreten auch als ›unbewegter Beweger‹) verstanden wird. Behandelt werden die Quellen der Gotteserkenntnis: die Betrachtung der schönen Weltordnung führt zur Annahme der Existenz Gottes. Aristoteles nimmt die Existenz des Äthers an und spricht von Sphärenbewegern; die Seele sei dem Äther verwandt (nach einigen Interpreten wäre dies eine stoische Umbildung des Textes). Die Philosophie befaßt sich mit transzendenten Realitäten.

Ausg.: Gr., Aristotelis fragmenta selecta, hg. von W. D. Ross 1955.

Lit.: H. D. Saffrey, Le ›Peri philosophia‹ d'Aristote et la théorie platonicienne des idées nombres, 1955. – M. Untersteiner, Aristotele, Della Filosofia, 1963. – J. Pépin, L'interprétation du ›De philosophie‹ d'après quelques travaux récents, in: Revue d'études grecques, 77 (1964). – B. Effe, Studien zur Kosmologie und Theologie der aristotel. Schrift ›Über die Philosophie‹, 1970.

L. J. Elders

Peri philosophu historias (gr.; lat.: *Historia philosopha*; *Über das philosophische Wissen*), Pseudo-Galenos, entst. um 500 n. Chr.; ED Venedig 1497 (gr.; in: Bd. II der Aristoteles-Gesamtausgabe von Aldus Manutius).

Diese unter den Werken des Galenos überlieferte Schrift ist eine vor allem für Studenten der Medizin gedachte Einführung in die Philosophie. Als Vorlagen hat der unbekannte Autor ein ca. 50 bis 150 n. Chr. entstandenes stoisches Handbuch und vor allem Pseudo-Plutarch (→ *Peri tōn areskontōn philosophois physikōn dogmatōn*) benutzt. Die Schrift beginnt mit einem philosophiehistor. Abriß. Während vor Sokrates ausschließlich Naturphilosophie getrieben wurde, hat dieser die Ethik und die Dialektik eingeführt (Kap. 1). Begründer der Philosophie sind Thales, in dessen Tradition Sokrates, Platon, Aristoteles und die Stoa stehen, und Pythagoras, von dem Parmenides, die Atomisten und Epikur abhängen (Kap. 3). Entsprechend der stoischen Lehre wird die Philosophie eingeteilt in Logik, Physik und Ethik (Kap. 6). Der kurzen Darstellung wichtiger logischer bzw. erkenntnistheoret. Begriffe (z. B. Syllogismus, Definition, Kriterium, Wahrheit, Beweis; Kap. 9-15) folgt eine ausführliche der Physik, die mit Grundbegriffen bzw. -problemen beginnt: Ob Gott, die Ursache alles Seienden, unkörperlich oder körperlich (Kap. 16), der Kosmos ewig oder vergänglich (Kap. 17) und welches das stoffliche Prinzip (Kap. 18) sei; erläutert werden u. a. die Begriffe Ursache (Kap. 19), Natur (Kap. 20), Bewegung (Kap. 22), Seele (Kap. 24). Viele der kurzen Kapitel befassen sich mit spezielleren naturphilosoph. Themen, z. B. dem Himmel und den Gestirnen (Kap. 54-75), metereolog. Phänomenen (Kap. 76-80), der Wahrnehmung (Kap. 90-102), Zeugung, Embryologie, Krankheit (Kap. 107-133). Der Verfasser hat sich eine betont einfache Darstellung zum Ziel gesetzt; er kommt über ein äußerst knappes Referat von Meinungen kaum hinaus.

Ausg.: H. Diels, Doxographi Graeci, 1879 (Repr. 1976).

F. Ricken

Peri physeōs (gr.; *Über die Natur*), Anaxagoras von Klazomenai, entst. nach 467 v. Chr.; EA Göttingen 1821 (in: J. T. Hemsen, Anaxagoras Clazomenius).

Anaxagoras versucht die Neubegründung der Kosmologie nach ihrer Destruktion durch Parmenides. Indem die Phänomene als ›Sicht des Verborgenen‹ aufgefaßt werden, wird zugleich ihr Grund nicht mehr als ›Sein‹ gegen das ›Nicht-Sein‹ der Phänomene ausgespielt. Den Grundgedanken bilden drei Prinzipien. (1) In allem ist von allem ein Teil enthalten; anders ist die Entstehung von Verschiedenem aus Verschiedenem (und Entstehung generell) nicht erklärbar. Anaxagoras ersetzt den ›Element‹-Begriff (stoikeion) durch den des ›Samens‹ (Sperma). Der Anfang ebenso wie die entfaltete Welt ist als einziges homogenes Kontinuum zu denken; als Mischung, deren Teile die Mischung wiederholen. (2) Daraus folgt das Prinzip unendlicher Teilbarkeit; es garantiert durchgängige Gleichartigkeit (Homöomerität) und erlaubt, Werden anders denn als Übergang von Sein zu Nicht-Sein und umgekehrt zu denken. (3) Die überwiegenden Bestandteile eines natürlichen Gegenstandes (Substanz) bedingen seine besonderen Eigenschaften; um Verschiedenheit begreifen zu können, denkt Anaxagoras jeden Teil des Kontinuums als jeweils andere Repräsentation des Ganzen. – Anaxagoras begründet das (Welt-) Modell des dynam. Kontinuums. Der – von den Stoikern entwickelte – Gedanke wirkt weiter bis in die Gegenwart als Gegenentwurf zum Atomismus. Über den Gedanken des Verhältnisses von Teil und Ganzem (jeder Teil repräsentiert das Ganze, vgl. → *Monadologie*) impliziert er die Welt als Ordnung, in der es weder materielle noch kausale Sprünge geben kann. Die insofern vollkommene und doch bewegte Weltordnung faßt Anaxagoras als Vernunftordnung auf, wobei Vernunft (nus) zugleich als ›für sich‹ seiend und als die Welt ordnend begriffen wird. Die Vernunft steht nicht über der Welt, aber sie ist mit ihr auch nicht identisch, weil in diesem Fall keine Differenz mehr zwischen Zufall

(Notwendigkeit) und Vernünftigkeit bestünde.

Ausg.: Gr./It., hg. von D. LANZA, 1966. – Gr., hg. von D. SIDER, 1981. – Gr./Dt., Fragmente der Vorsokratiker, hg. von H. DIELS/W. KRANZ, Bd. I, [6]1951 (Repr. 1985). – Die Vorsokratiker, hg. von J. MANSFELD, Bd. II, 1986 (RUB 7966).

Lit.: F. M. CLEVE, The Philosophy of Anaxagoras, 1973. – M. SCHOFIELD, An Essay on Anaxagoras, 1980.

J. JANTZEN

Peri physeōs (gr.; *Über die Natur*), ANAXIMANDER von Milet (610-546 v. Chr.); ED Paris 1841 (gr./lat. in: Fragmenta historicorum Graecorum, hg. von K. U. Th. Müller, Bd. II).

Das einzige überlieferte Fragment der Schrift Anaximanders ist das älteste erhaltene Stück griechischer Prosa: »Woraus aber die Dinge ihre Entstehung haben, darein finde auch ihr Untergang statt, gemäß der Schuldigkeit (kata to chreōn). Denn sie leisten einander Sühne und Buße für ihre Ungerechtigkeit, gemäß der Verordnung der Zeit (kata tēn tu chronu taxin).« Als archē (Ursprung, Ursache) aller seienden Dinge bestimmt Anaximander das apeiron (›das Unbegrenzte‹), aus dem sich Gegensätze wie: feucht-trocken, warm-kalt aussondern, aus denen alles weitere hervorgeht. Die Erde vergleicht Anaximander mit einem Säulenstumpf, der bewegungslos im Apeiron schwebt. Ursprünglich war sie ganz von Wasser bedeckt, das durch Wärmeeinfluß zum Teil verdampfte und so den Kosmos hervorbrachte. Auch der Mensch ist aus dem Feuchten entstanden und ursprünglich einem Fisch ähnlich gewesen. Alle seienden Dinge müssen auch wieder vergehen, allein das Apeiron ist ohne ›Tod‹ und ›Verderben‹. Nietzsche und Heidegger schrieben dem Fragment eine große philosoph. Bedeutung zu.

Ausg.: Gr./Dt., Fragmente der Vorsokratiker, hg. von H. DIELS/W. KRANZ, Bd. I, [6]1951, (Repr. 1985). – Gr./It., Gli Ionici, hg. von A. MADDALENA, 1963.

Lit.: H. DIELS, Über Anaximanders Kosmos, 1897. – C. H. KAHN, Anaximander and the Origins of Greek Cosmology, 1960. – P. SELIGMANN, The Apeiron of Anaximander. A Study in the Origin and Function of Metaphysical Ideas, 1962.

CH. CHWASZCZA

Peri physeōs (gr.; *Über die Natur*), ANAXIMENES von Milet (585-525 v. Chr.); ED Paris 1860 (in: Fragmenta philosophorum Graecorum, hg. von F. W. A. MULLACH, Bd. I).

Anaximenes' Hauptinteresse in der nur in spärlichen Fragmenten erhaltenen Schrift gilt dem Entwurf einer Kosmogonie und der Erklärung verschiedener Naturphänomene. Die archē (Ursache, Ursprung) aller seienden Dinge sieht er in der Luft, die er als unendlich bestimmt. Auch die Seele ist luftartig: »Wie unsere Seele, die Luft ist, uns regiert, so umfaßt auch den Kosmos Hauch und Luft.« Durch die der Luft innewohnende Bewegung kommt es zu Verdünnung oder Verdichtung derselben. Bei Verdünnung wird Luft zu Feuer, bei Verdichtung zu Wolken und dann fortschreitend zu Wasser, Erde und Stein – so entstand der Kosmos. Die Erde ist von flacher Gestalt und schwebt auf Luft. Von der Erde abgespalten hat sich die Sonne; durch Bewegung erhitzt, befindet sie sich in brennendem Zustand. Mehrere Fragmente geben den Versuch wieder, Phänomene wie: Blitz, Hagel, Donner, Regenbogen und Erdbeben rein physikal. zu erklären.

Ausg.: Gr./Dt., Fragmente der Vorsokratiker, hg. von H. DIELS/W. KRANZ, Bd. I, [6]1951, (Repr. 1985).

Lit.: O. GIGON, Der Ursprung der griechischen Philosophie von Hesiod bis Parmenides, [2]1968.

CH. CHWASZCZA

Peri physeōs (gr.; *Über die Natur*); EMPEDOKLES von Akragas, entst. nach 492 v. Chr.; ED Paris 1573 (in: Poesis Philosophica, hg. von H. Stephanus), Leipzig 1805 (2 Bde. mit Kommentar, hg. von W. Sturz).

Das fragmentar. erhaltene, in Hexametern verfaßte Gedicht versucht, eine Antwort auf die eleat. Philosophie zu geben. Empedokles setzt gegen ihre grundsätzliche Dichotomie wahren und unwahren (= empir.) Erkennens einen einzigen Weg des Denkens, der jegliches in seiner Erscheinung als darin Offenbares ergreift. Inhaltlich ist Empedokles' ›Physik‹ von vier Grundannahmen geleitet. (1) Nichts kann aus nichts entstehen und zu nichts werden; die Summe dessen, was ist, ist konstant, und insofern braucht das Werden und Vergehen nicht als Verhältnis von Sein und Nicht-Sein angesehen zu werden. (2) Das undenkbare Nicht-Sein müßte physikal. ein ›Leeres‹ bedeuten; aber aus der Annahme der Konstanz folgt, daß die Wirklichkeit des Kosmos ›voll‹ ist. (3) Empedokles begegnet dem Einwand, daß aus dem ursprünglichen Grund nicht die Vielheit des Kosmos folgen könne, dadurch, daß er nicht von einem Einzigen ausgeht, das die Wirklichkeit des Kosmos konstituiert, sondern von einer Vielheit, d. h. von den vier Elementen, mit denen die Bewegungsphasen Heraklits substantiiert werden: Feuer, Wasser, Luft, Erde. Empedokles begründet damit eine Tradition, die über Aristoteles vermittelt bis ins 18. Jh. reicht. An die Stelle des parmenideischen ›Eins‹, das dem Vielen entgegengesetzt ist, tritt die Vorstellung des einen ›vollen‹ (insofern homogenen) Kosmos als Durchmischung der ursprünglichen Elemente. (4) Die Vorstellung ursprünglicher und einfacher Elemente impliziert den Gedanken der Teilung in Unteilbares, das allerdings im Gegensatz zum Atomismus qualitativ bestimmt ist. Zugleich ist gefordert, die Mischung als Bewegung zu denken. Empedokles setzt als ihre Prinzipien Liebe (philia) und Streit (neikos), d. h. er denkt Bewegung (Werden und Vergehen) als Gegenläufigkeit von Vereinigung und Vereinzelung. In den Termini von Diastole und Systole, Attraktion und Repulsion (Expansion) wird der Gedanke z. B. bei Goethe, Kant, Schelling fortgeführt. Streit folgt nicht der Liebe usw., sondern ihr Zugleich stellt als Zugleich von Werden und Vergehen den Kosmos als Eins dar. Für Empedokles ist das Eins nicht wie für Parmenides Gegensatz zum Vielen des wirklichen Kosmos, sondern läßt sich in der philosoph. Einsicht einholen, daß die Verschiedenheit der Elemente in ihrer gegenläufigen Bewegung das Eins als ursprünglicher und gegenwärtiger Sphairos ist. – Empedokles hat vor allem durch seine bis in die frühe Neuzeit paradigmatische Elementenlehre gewirkt.

Ausg.: Gr./Dt., Fragmente der Vorsokratiker, hg. von H. DIELS/W. KRANZ, Bd. I, [6]1951 (Repr. 1985). – Gr., hg. von M. R. WRIGHT, 1981.

Lit.: E. BIGNONE, Empedocle, 1916. – J. BOLLACK, Empédocle, 4 Bde., 1965-69.

J. JANTZEN

Peri physeōs (gr.; *Über die Natur*), EPIKUR (ca. 341-270 v. Chr.);

ED Neapel 1793–1855 (in: Herculanensium voluminum collectio). Die Lehre Epikurs gliedert sich in Kanonik (Erkenntnistheorie), Ethik (→ *Kyriai doxai*) und Physik. Von den ursprünglich 37 Büchern *Über die Natur* (Physik) sind nur wesentliche Teile des II. und des XI. Buches sowie einige Fragmente erhalten. Die Epikurbiographie des Diogenes Laertios (→ *Philosophōn biōn kai dogmatōn synagogē*), in der vier kleinere Schriften vollständig wiedergegeben sind, von denen besonders der »Brief an Herodot« Aufschluß über die Physik gibt, das Gedicht → *De rerum natura* des Lukrez und verschiedene Berichte und Zitate antiker Autoren, etwa in den antiepikureischen Schriften Plutarchs und in den Dialogen Ciceros sind weitere Quellen für die Rekonstruktion des Werkes. – Wie bei Demokrit haben nur die Atome und der leere Raum absolute Realität. Ein Atom ist ein fester Körper, der keinen leeren Raum in sich hat; der leere Raum ist ungreifbarer Natur. Die Welt besteht aus Körpern und leerem Raum. Die Atome unterscheiden sich nach Gestalt, Größe und Schwere, »die einen kugelförmig, die anderen eiförmig, andere noch anders geformt; freilich können sie nicht jede Gestalt haben«. Sie weichen bei ihrem Fall im leeren Raum von der Senkrechten ab (parenklisis). Mit der Annahme, es gebe unwillkürliche Atombewegungen, verläßt Epikur die streng determinist. Ausrichtung der Atomisten und erklärt das Phänomen der menschlichen Willensfreiheit. Dennoch bleibt die Naturphilosophie Epikurs konsequent materialist.: »to pan esti sōma« – alles ist Körper. Die Seele besteht aus besonders feinen Atomen, die zum Teil mit Vernunft ausgestattet und im Brustkorb angesiedelt sind. Nach dem Tod zerstreuen sich die Seelenatome und damit verschwindet auch jede Empfindungsfähigkeit: Es gibt kein Leben nach dem Tod. Naturerkenntnis hat für Epikur keinen Wert an sich, sie dient vielmehr einem ethischen Zweck, insofern sie falsche Vorstellungen (etwa die einer göttlichen Bestrafung nach dem Tod) beseitigt, die der seelischen Ruhe (ataraxia) abträglich sind. – Epikurs Physik wirkte nicht nur auf den Kreis seiner Schüler und das hellenist. Denken insgesamt, sondern beeinflußte auch Cicero und besonders Lukrez (→ *De rerum natura*) und erreichte seine weiteste Verbreitung in der römischen Kaiserzeit. Mit dem Niedergang des Aristotelismus lebte der Atomismus Epikurs wieder auf und wurde zum ›Geburtshelfer‹ der neuen ›mechanist.‹ Philosophie, wie sie in unterschiedlichen Ausformungen von Descartes, Gassendi und Hobbes vertreten wurde und die schon gegen Ende des 17. Jahrhunderts zur vorherrschenden wissenschaftlichen Weltanschauung geworden war.

Ausg.: W. Charleton, Physiologia Epicuro-Gassendo-Charletoniana: Or a Fabrick of Science Natural, upon the Hypothesis of Atoms, Founded by Epicurus, Repaired by Petrus Gassendi, Augmented by Walter Charleton, 1654 (Repr. 1966). – Gr., Epicurea, hg. von H. Usener, 1887. – Gr., Opere, hg. von G. Arrighetti, ^{2}1973. – Dt., in: W. Nestle, Die Nachsokratiker, 1923 (Auswahl). – Gr./Dt., in: Briefe, Sprüche, Werkfragmente, hg. von W. Krantz, 1985 (RUB 9984).

Lit.: K. Marx, Differenz der demokrit. und epikureischen Naturphilosophie, 1841 (Repr. 1964). – J. Mewaldt, Die geistige Einheit Epikurs, 1927. – C. Bailey, The Greek Atomists and Epikur, 1959. – D. Furley, Two Studies in the Greek Atomists. Study I: Indivisible Magnitudes. Study II: Aristotle and Epicurus on Voluntary Action, 1967. – E. Treptow, Aspekte zu Epikur, Lukacs, Habermas, 1978. – R. PHILIPPSON, Studien zu Epikur und den Epikureern, 1983.

J. NIDA-RÜMELIN

Peri physeōs (gr.; *Über die Natur*), HERAKLIT von Ephesos (544-483 v. Chr.); ED Paris 1573 (in: Poesis Philosophica, hg. von H. Stephanus).

Die Schwierigkeit seiner Aussprüche trug Heraklit bereits in der Antike den Namen ›der Dunkle‹ (skoteinos) ein. Neben ethischen, theolog. und vereinzelten naturphilosoph. Aspekten steht der Streit, aber auch wiederum die Einheit der Gegensätze – nach Plotin: coincidentia oppositorum – im Zentrum der nur in Fragmenten erhaltenen Schrift: »Der Krieg ist der Vater aller Dinge« (polemos pantōn men patēr esti), »aller Dinge König«. An anderer Stelle: »Der Weg hin und her ist ein und derselbe« (hodos anō katō mia kai autē). – Betrachtet werden nicht Phänomene an sich, sondern ihr Wandel, das Umschlagen in ihr spezif. Gegenteil. Die Dinge finden ihre Einheit im Prozeß des Werdens: »Alles ist im Fluß« (panta rei). Die Erkenntnis dieses Prozesses in einem Prinzip ist weiteres Anliegen des Werkes. Zahlreiche Fragmente wenden sich gegen die sinnliche Wahrnehmung und vorangegangene Lehren und verweisen auf den einen Sinn, nach dem sich der Wandel der Dinge vollzieht. So heißt es: »Habt ihr nicht mich, sondern den Sinn (logon) vernommen, so ist es weise, im gleichen Sinn zu sagen (homologein): Eins ist Alles (hen panta einai)«. An mehreren Stellen steht auch ›Feuer‹ oder ›Blitz‹ synonym für ›Logos‹. – Heraklits Einfluß auf das philosoph. Denken reicht bis in die Gegenwart. Platon soll Schüler des Heraklit-Anhängers Kratylos gewesen sein. Die Stoa hat Heraklit in großem Ausmaß rezipiert und zur Verbreitung seiner Gedanken beigetragen. In der Neuzeit waren es vor allem Hegel, Nietzsche und Heidegger, die sich intensiv mit Heraklit auseinandergesetzt haben.

Ausg.: Gr./Dt., Fragmente der Vorsokratiker, hg. von H. DIELS/W. KRANZ, Bd. I, [6]1951, (Repr. 1985). – Gr., hg. von M. MARCOVICH, 1967.

Lit.: F. LASSALLE, Die Philosophie Herakleitos des Dunklen von Ephesos, 1858. – F. NIETZSCHE, Die Philosophie im tragischen Zeitalter der Griechen, Nachgelassene Schriften, 1873. – M. HEIDEGGER/E. FINK, Heraklit, 1965. – K. HELD, Heraklit, Parmenides und der Anfang von Philosophie und Wissenschaft, 1981.

CH. CHWASZCZA

Peri physeōs (gr.; *Über die Natur*), PARMENIDES von Elea, entst. nach 515 v. Chr.; ED Paris 1573 (in: Poesis Philosophica, hg. von H. Stephanus).

Das fragmentar. in wesentlichen Teilen überlieferte Werk begründet (neben Heraklit) die abendländ. Philosophie; mit ihm wendet sich das Denken vom Kosmos als dem unreflektiert vorgegebenen Erkenntnisgegenstand ab und sich selbst zu, indem es nach der Wahrheit des Denkens fragt. Die Schrift ist in der Form eines Lehrgedichts in Hexametern verfaßt, das die Auffahrt des Jünglings zur Göttin des Rechts (Dike) (d. h. zu einer grundsätzlichen Unterscheidung, krisis) schildert. Das Gedicht ist die Offenbarung über Wahrheit und Schein und beansprucht als solche selbst Wahrheit. Sie besteht in der Unterscheidung zweier Wege, von denen der eine als Weg der Wahrheit sagt, ›daß (es) ist und daß (es) ist nicht unmöglich ist‹, und von denen der andere als Weg der Unwahrheit sagt, ›daß (es) nicht ist und nicht zu sein notwendig ist‹. Der erste Weg ist wahr, weil nur das, was ist, gedacht und ausgesagt werden kann; der zweite Weg ist darum notwendig unwahr, denn was nicht ist, kann als solches auch nicht gedacht und nicht ausgesagt werden. Im menschlichen, d.h. alltäglichen empir. Denken und Reden sind die beiden Wege allerdings schon immer miteinander verbunden; denn indem ein Seiendes bestimmt gedacht und ausgesagt wird, wird es gegen anderes, das es nicht ist, abgegrenzt. Logisch ist die Behauptung von Differenz (Nicht-Sein) Grundlage der Erfahrungserkenntnis, die das Wirkliche als Vieles und Bewegtes sieht und damit schon ein Verhältnis von Sein und Nicht-Sein als Struktur der Wirklichkeit annimmt. Parmenides ist so als der Antipode Heraklits interpretiert worden, der diese Struktur als die Harmonie des Entgegengesetzten und Widersprüchlichen behauptet. Parmenides' Gedanke verlangt dagegen Eindeutigkeit, die konsequent jedes Denken als unwahr ausschließt, das Vielheit und Bewegtheit impliziert. Weil Denken des Seins und Denken selbst identisch sein müssen, bleibt nur ein einziger Gedanke, in dem zugleich die Vernunft allein gegenwärtig ist: der Gedanke des Seins (to on) als eines ›Eins‹ (hen), dessen formal-ontolog. Begriff Parmenides der Philosophie vorgibt. Jedes andere, empir., Denken ist prinzipiell unwahr und bloße Meinung bzw. Annahme (doxa); es geht immer von Vielheit bzw. von einer prinzipiellen Entgegensetzung und Dualität (Licht und Dunkel) aus, die zwar ein Ganzes darstellt, aber nur scheinbar ein ›Eins‹ ist und durch die darum das Sein nicht begriffen wird. Als Erkenntnis der Erscheinungswelt bleibt so nur die doxa übrig; im zweiten Teil des Lehrgedichts gibt Parmenides ihr eine exemplar. Gestalt, in der ausgehend von der Zweiheit von Licht und Dunkel eine Kosmologie entworfen wird. Als Auseinandersetzung mit dem Seinsgedanken (Ontologie) ist die Geschichte der Philosophie gleichsam die Wirkungsgeschichte Parmenides‹; ihren ersten Höhepunkt findet sie bei Platon (vgl. u. a. → *Sophistēs*, → *Parmenides*).

Ausg.: Gr./Dt., Fragmente der Vorsokratiker, hg. von H. Diels/W. Kranz, Bd. I, [6]1951 (Repr. 1985). – Gr./Dt., mit Kommentar u. Bibliogr., hg. von U. Hölscher, 1969. – Gr./Dt., Die Vorsokratiker, hg. J. Mansfeld, Bd. II, 1986 (RUB 7965).

Lit.: K. Reinhardt, Parmenides und die Geschichte der griechischen Philosophie. – G. Calogero, Studi sull' Eleatismo, 1932. – J. Mansfeld, Die Offenbarung des Parmenides, 1964. – L. Tarán, Parmenides, 1965. – A. Mourelatos, The Route of Parmenides, 1970. – K. Bormann, Parmenides, 1971. – J. Jantzen, Parmenides. Zum Verhältnis von Sprache und Wirklichkeit, 1976. – D. Gallop, Parmenides of Elea, 1984. – A. Coxon, The Fragments of Parmenides, 1986.

J. Janzten

Peri physeōs anthrōpu (gr.; lat.: *De natura hominis*; *Über die Natur des Menschen*), Nemesios von Emesa, entst. um 400 n. Chr.; ED Antwerpen 1565 (gr./lat.); dt. 1925 Anthropologie.

Dieses Werk ist die älteste anthropolog. Abhandlung auf christlich-theolog. Grundlage. Es stützt sich jedoch weitgehend auf heidnische Quellen der griechisch-römischen Antike: Die Darstellung der Körperfunktionen durch den Arzt Galenos, die Gedanken des Neuplatonikers und Aristoteles-Kommentators Porphyros, auf Poseidonios, aber auch den Genesis-Kommentar des Origenes. – Ausgehend von der Rolle des Menschen in der Schöpfung und der christlichen Leib-Seele-Dichotomie werden unterschiedliche körperliche und seelische Funktionen, wie das Gedächtnis, die Vernunft, die Sprachfähigkeit, aber auch die für den Menschen typischen Leidenschaften, die Rolle des Schicksals und der Vorhersehung detailliert dargestellt. Das Werk wendet sich dabei gegen die Lehre der Stoa und argumentiert für weitgehende menschliche Willensfreiheit und die Unsterblichkeit der Seele. – Das Werk zeigt method. eine große Nähe zur alexandrin. Schule des Neuplatonismus, für die das Zurücktreten metaphys. Spekulationen gegenüber der einzelwissenschaftlichen Forschung charakterist. ist. Es wurde im Mittelalter viel gelesen.

Ausg.: Gr./Lat., De natura hominis, 1857 (in: Migne (Hg.), Patrologia Graeca, Bd. 40; Repr. 1967). – Dt., Anthropologie, hg. von E. Orth, 1925.

Lit.: W. Jaeger, Nemesios von Emesos, 1914. – E. Skard, Nemesiosstudien, in: Symbolae Osloenses, 15/16 (1936); 17 (1937); 18 (1938); 19 (1939); 22 (1942).

J. Nida-Rümelin

Peri poiētikēs (gr.; lat.: *De arte poetica; Über die Dichtkunst*), Aristoteles; ED Venedig 1481 (lat. auszugsweise übers. aus dem Arabischen); Venedig 1498 (lat.); Venedig 1508 (gr.); dt. 1753.

In dieser wohl in der Akademie (367–347 v. Chr.) entstandenen Schrift betrachtet Aristoteles die Dichter als die besten Lehrer des Volkes. Zunächst (Kap. 1–5) wird der Begriff mimēsis erklärt, das schöpfer. Nachbilden der Wirklichkeit im Kunstwerk. Dichtkunst entsteht aus dem Antrieb nachzubilden und aus dem Sinn für Rhythmus. Sie bringt das Allgemeine im Partikulären zum Ausdruck und enthält deshalb ›mehr Wahrheit‹ als die Geschichtsschreibung, die kontingente Ereignisse darstellt. Kap. 6–22 untersuchen die Tragödie, die höchste Ausdrucksgestalt der Dichtkunst. Als Ziel der Tragödie wird die katharsis tōn pathēmatōn angegeben. Die genaue Bedeutung dieser Bestimmung ist umstritten, wahrscheinlich handelt es sich um die Erleichterung oder Befreiung vom Schauder oder ähnlichen Gefühlszuständen, die auf der Identifikation der Zuschauer mit den handelnden Personen beruht. Kap. 23–24 handeln von der epischen Dichtung, die vier Hauptformen hat. Bei der Beurteilung literar. Inhalte darf nicht die gleiche Richtigkeit wie im sittlichen Bereich gefordert werden. Der Zweck der Dichtung liegt darin, durch Erkenntnis und Schönheit dem Menschen Genuß zu vermitteln. Kap. 26 bringt den Vergleich zwischen Epos und Tragödie, wobei letzterer der Vorzug gegeben wird. – Obwohl die Schrift in der Antike keine Nachwirkung hatte, spielte sie eine große Rolle im literar. Leben der Renaissance. Fast die ganze spätere literar. Kritik ist in irgendeiner Weise auf sie bezogen. »Alles, was Aristoteles sagt, wirkt klärend für die literar. Gattung, die Anlaß war, es zu sagen.« (T. S. Eliot).

Ausg.: Gr., Aristotelis Opera, Bd. II, hg. von I. Bekker, [2]1960, 1447–1462. – R. Kassel, Aristoteles De arte poetica, 1965. – Dt., von O. Gigon, 1961.

Lit.: G. Else, Aristotle's Poetics. The Argument, 1957.

L. J. Elders

Peri psychēs (gr.; lat: *De anima; Über die Seele*), Aristoteles; ED Padua 1472 (lat., mit Kommentar des Averroes); Venedig 1497 (gr., Bd. III der Gesamtausgabe von Aldus Manutius); dt. 1794.

Die wohl im Lykeion (335–323 v. Chr.) entstandene Schrift, die eine Einheit bildet, umfaßt drei Bücher (von einigen Texten gibt es eine zweite, etwas erweiterte Fassung) und ist im wesentlichen eine Untersuchung über das Lebensprinzip im allgemeinen und die Seele des Menschen im besonderen. Buch I enthält einen Überblick über die geläufigen philosoph. Meinungen hinsichtlich der Seele als bewegender Kraft, als Harmonie oder feinteiliges Feuer usw. Im II. Buch gibt Aristoteles zwei Definitionen der Seele (Seele als erste Entelechie eines natürlichen, mit Organen versehenen Körpers; Seele als Prinzip des Lebens), um dann eingehend die fünf Sinne und ihre Objekte zu besprechen. Aus sichtbaren Wirkungen schließt Aristoteles auf das Innere. In Buch III, Kap. 1–3 behandelt er die inneren Sinne, die Wahrnehmung und die Vorstellung. Kap. 4–8 bringen die bekannten Texte zum denkenden Teil der Seele: der sog. Geist ist nicht mit dem Körper vermischt, leidensunfähig und kann alles denken. Aristoteles unterscheidet zwischen dem rezeptiven Verstand, der wie Wachs alle Formen aufnehmen und so in gewisser Weise zu allem werden kann, und der aktiven Kraft, die wie das Licht alles erhellt. Kap. 5 ist so knapp formuliert, daß viele Fragen offenbleiben; es war vor allem im Mittelalter Gegenstand zahlreicher Kontroversen. Die vier letzten Kap. untersuchen das Bewegungsvermögen, das Streben und fügen einige Bemerkungen zum Ernährungsvermögen hinzu. – Die Schrift ist als eine der vielen bahnbrechenden Leistungen des Aristoteles anzusehen. Er hat nicht nur Methode und Grundplan der Psychologie sowie der philosoph. Biologie entworfen, sondern auch eine Analyse der Vermögen und der Erkenntnis durchgeführt, die eine starke Nachwirkung hatte.

Ausg.: Gr., Aristotelis Opera, Bd. I, hg. von I. Bekker, [2]1960, 402–435. – A. Torstrik, Aristotelis De Anima, 1862. – R. D. Hicks, Aristotle, De Anima with Translation, Introduction and Notes, 1907. – W. D. Ross, Aristotle. De Anima, Edited with Introduction and Commentary, 1961. – Dt. von W. Theiler, 1959.

Lit.: H. Cassirer, Aristoteles' Schrift ›Von der Seele‹ und ihre Stellung innerhalb der aristotelischen Philosophie, 1932 (Repr. 1968). – Chr. Lefèvre, Sur l'évolution d'Aristote en biologie, 1972. – G. Picht, Aristoteles' ›De anima‹, 1987.

L. J. Elders

Peri t'agathu (gr.; lat.: *De bono*; *Über das Gute*), Numenios (2. Hälfte 2. Jh. n. Chr.); ED Bonn 1875 (in: F. Thedinga, De Numenio philosopho Platonico; Diss.).

Die fragmentar. erhaltene Schrift enthält in Dialogform eine systemat. Darstellung von Numenios' Metaphysik. Soweit sich die Schrift – deren Titel wohl nicht zufällig mit dem der berühmten Vorlesung Platons identisch ist – rekonstruieren läßt, ergibt sich folgendes Bild: Das I. Buch bewies die Unkörperlichkeit des reinen Seins (Sein, Gutes und Gott in ihrem Gegensatz zur Materie) sowie die Übereinstimmung der Auffassungen aller Völker (Ägypter, Perser, Juden) in diesem Punkte; im II. Buch wurde das reine Sein näher definiert (Unvergänglichkeit, Unwandelbarkeit, Zeitenthobenheit usw.); das III. und IV. Buch enthielten u. a. eine allegor. Auslegung des Guten im Alten und Neuen Testament, während das V. und VI. Buch die Verbindungen zwischen Erstem Gott (autoagathon: das Gute an sich), Zweitem Gott (dēmiurgos: Weltschöpfer), Substanz (usia) und Welt (kosmos) behandelten. Numenios' Schrift hat im Neuplatonismus über mehrere Jahrhunderte hinweg großen Einfluß ausgeübt, aber auch der Kirchenvater Eusebios von Cäsarea hat manche Anregungen aus ihr erfahren.

Ausg.: Gr./Frz., hg. von É. DES PLACES, S. J., 1973.
Lit.: H. J. KRÄMER, Der Ursprung der Geistmetaphysik. Untersuchungen zur Geschichte des Platonismus zwischen Platon und Plotin, [2]1967.

L. DEITZ

Peri ta zōa historia (gr.; lat.: *De historia animalium; Über die Naturgeschichte der Tiere*), ARISTOTELES; ED Venedig 1497 (gr., Bd. III der Gesamtausgabe von Aldus Manutius); dt. 1868 Aristoteles' Thierkunde.

Die Schrift, entstanden in Assos, Mytilene und Mazedonien (ca. 347–335 v. Chr.), umfaßt zehn Bücher, wobei die Bücher VII, IX und X aber wahrscheinlich nicht von Aristoteles stammen. Das Werk wurde im Peripatos überarbeitet und weist Einschübe auf; die ersten sechs Bücher bilden eine Einheit. Das Werk beabsichtigt, die Unterschiede der Tiere darzustellen, nicht jedoch primär mit dem Ziel einer Klassifikation; es bietet eine beschreibende Anatomie und Morphologie und untersucht den Menschen in seiner Verwandtschaft mit den Tieren. Dabei finden sich wichtige Ansätze für eine Taxonomie der Tierwelt (z. B. die geniale Einteilung in Bluttiere und blutlose Tiere). Der Gedanke einer Evolution der Arten war Aristoteles fremd: die Gattungen sind ewig. – Im I. Buch werden zunächst allgemeine Bemerkungen zur Anatomie gebracht, dann wird der Mensch, als höchstentwickeltes Wirbeltier, in seinen äußeren und inneren Teilen untersucht. Buch II und III beschreiben die gleichartigen Teile (wie Blut, Fleisch, Membrane) der Säugetiere, Amphibien, Vögel, Fische, Schlangen. In Buch IV werden die blutlosen Tiere (Weichtiere, Krustentiere, Schaltiere, Insekten) behandelt. Die Bücher V und VI sind ein Traktat über die Fortpflanzung, die einer aufsteigenden Linie folgt, während in Buch I bis IV die Untersuchung von den höheren Tieren zu den niedrigeren fortschreitet. Buch VII befaßt sich mit der Zeugung des Menschen, Buch VIII dagegen spricht über die Diät und den Einfluß des Aufenthaltsortes, des Klimas und der Jahreszeiten. Buch IX trägt Daten über Freundschaft und Feindschaft unter den Tieren zusammen, während Buch X die Ursachen der Sterilität untersucht. Aristoteles hat nicht nur die Literatur, die ihm zur Verfügung stand, eingehend studiert und Erfahrungen gesammelt, er hat auch selbst Experimente und systemat. Beobachtungen durchgeführt. Die Lebensvorgänge sind gekennzeichnet durch Regelmäßigkeit und Zielstrebigkeit. Alles in der Natur hat eine spezifische Aufgabe. Die Natur erstrebt immer das Bestmögliche im Rahmen des Ganzen. – Das Werk ist die erste wissenschaftliche Abhandlung der vergleichenden Biologie, die durch die außerordentliche Fülle der Informationen und die ordnende Kraft des Verfassers beeindruckt. Sie hatte eine große Nachwirkung und wurden von Linnaeus, W. Harvey, Cuvier und Saint-Hilaire sehr geschätzt.

Ausg.: Gr., Aristotelis Opera, Bd. I, hg. von

I. Bekker, ²1960, 486–638. – L. Dittmeyer, Historia Animalium, 1907. – Dt., von P. Gohlke, 1957. – Engl., von A. L. Peck, 2 Bde., 1965ff.

L. J. Elders

Peri tēs hermēneias (gr.; lat.: *De interpretatione; Über die Sprachform der Sätze*), Aristoteles, entst. 4. Jh. v. Chr.; ED Neapel o. J. (1473–1478; lat., hg. bei S. Riessinger); Venedig 1495 (gr., Bd. I der Gesamtausgabe von Aldus Manutius); dt. 1836 Von der Rede, als Ausdruck der Gedanken.

In dieser Abhandlung über die Sätze stellt Aristoteles zunächst fest, daß das Wort ein Zeichen für einen seelischen Vorgang und die Schrift Zeichen für das gesprochene Wort ist. Die Dinge, die durch die Sprache und durch die gedanklichen Vorgänge bezeichnet werden, sind für alle Menschen dieselben, während die bezeichnenden Wörter in den verschiedenen Sprachen verschieden sind. Die Sprache spiegelt den Gedanken, so wie der Gedanke die Sache erfaßt. Daher drücken Sätze Sein oder Nicht-Sein, Wahres oder Falsches aus. Aristoteles definiert Nomina, Verba und die Weisen der Entgegensetzung (›ein Mensch existiert‹, ›ein Mensch existiert nicht‹, ›ein Nicht-Mensch existiert‹ usw.). Er beschreibt auch die Aufgabe der Kopula: außerhalb des Satzes besagt kein einziges Wort, nicht einmal der Terminus »sein«, daß etwas existiert. Im Kap. 7 werden die Urteile hinsichtlich ihrer Quantität eingeteilt. Kap. 9 behandelt Aussagen über zukünftige kontingente Ereignisse und kommt zu dem Ergebnis, daß ein Satz wie »Morgen wird eine Seeschlacht stattfinden« weder wahr noch falsch ist. – Die Analysen und Lösungen des Aristoteles hatten bis ins 19. Jh. großen Einfluß in der Sprachanalyse.

Ausg.: Gr., Aristotelis Opera, Bd. I, hg. von I. Bekker, ²1960, 16–24. – L. Minio Paluello, Aristotelis categoriae et liber de interpretatione, 1949. – Dt. von E. Rolfes, 1920 (Repr. 1974; PhB 8/9). – Engl., Aristotle's Categories and De Interpretatione, hg. von J. L. Ackrill, 1963.

L. J. Elders

Peri tēs kata Platōna theologias (gr.; lat.: *De theologia Platonica; Über die platonische Götterlehre*), Proklos (412-485); ED Frankfurt a. M. 1568 (gr./lat.).

Die *Theologia Platonica*, Proklos' systemat. Hauptschrift, ist die ausführlichste aller erhaltenen Schriften des späteren Neuplatonismus, die eine vollständige Darstellung des Seinsaufbaus und der innerhalb dieser hierarch. Struktur vorherrschenden Beziehungen und Gesetzmäßigkeiten bietet. Die ersten sechs Bücher behandeln (nach einigen methodolog. Vorüberlegungen; Buch I, Kap. 1–13) die allgemeinen Attribute der Götter (Buch I, 14-29), das Eine als höchsten Gott (Buch II), die Henaden als vermittelnde Instanzen zwischen reiner Einheit und erster Vielheit (Buch III, 1-6), die intelligiblen (noētos) Götter (Buch III, 7-28), die intelligibel-intellektuellen (noeros) Götter (Buch IV), die intellektuellen Götter (Buch V) und die hyperkosm. Götter (Buch VI). Aus der Einleitung (Buch I,2) geht hervor, daß Proklos noch Ausführungen zu den enkosm. Göttern, den göttlichen Seelen und der Weltseele, den oberen Wesenheiten des enkosm. Reiches (Engel, Dämonen und Heroen) und schließlich zu den einzelnen in den platon. Dialogen genannten Gottheiten geplant hatte; leider ist dieser Teil seines Werkes nicht überliefert.

Zum Fortleben des proklischen Systems siehe → *Stoicheiōsis theologikē*.

Ausg.: Gr./Frz., hg. von H. D. SAFFREY/ L. G. WESTERINK, 1968 ff.

Lit.: W. BEIERWALTES. Proklos. Grundzüge seiner Metaphysik, [2]1979.

L. DEITZ

Peri tēs tōn Akadēmikōn pros Platōna diastaseōs (gr.; lat.: *De Academicorum a Platone defectione; Über den Abfall der Akademiker von Platon*), NUMENIOS (2. Hälfte 2. Jh. n. Chr.); ED Bonn 1875 (in: F. Thedinga, De Numenio philosopho Platonico; Diss.).

In der nur fragmentar. erhaltenen Schrift beklagt Numenios die Schulstreitigkeiten und endlosen Zerwürfnisse aller nachplaton. Philosophen. – Die erhaltenen Fragmente zeigen Numenios als scharfzüngigen Satiriker, der die fruchtlosen Streitereien insbes. der sog. ›skeptischen‹ Akademiker und der Stoiker um philosoph. Modebegriffe (z. B. epochē: Urteilsenthaltung; phantasia: Vorstellung; pithanon: Wahrscheinliches usw.) schonungslos verspottet und mit Anekdoten aus dem persönlichen Leben der Philosophen die völlige Diskrepanz zwischen dem öffentlich Gelehrten und dem privat Gelebten aufzeigt. Eusebios von Cäsarea (um 260/65-339/40), aus dessen *Praeparatio evangelica* alle unsere Fragmente stammen, benutzte Numenios' Schrift, um aus ihr Belege für die Widersprüchlichkeiten und Inkonsequenzen der ›heidnischen‹ Philosophen zu schöpfen.

Ausg.: Gr./Frz., hg. von E. DES PLACES, S. J., 1973.

Lit.: G. MARTANO, Numenio d'Apamea, [2]1960.

L. DEITZ

Peri tēs uranias hierarchias (gr.; lat.; *De coelesti hierarchia; Über die Rangordnung im Himmel*), DIONYSIOS PSEUDO-AREOPAGITA, entst. ca. 500; ED Brügge 1480 (lat.; Übers. von Ambrosius Camaldulensis = Ambrogio Traversari), Florenz 1516 (gr.); dt. 1832.

Die in 15 Kap. gegliederte Schrift handelt von dem Reich der angelischen Intelligenzen. Nach einigen Vorbemerkungen über die von der Gottheit ausgehende Erleuchtung und deren einigende Kraft (Kap. 1), über die in der Hl. Schrift gebrauchten Symbole (Kap. 2 [und 15]) sowie über Zweck und Inhalt der Hierarchie, erklärt Dionysios Namen, Funktion und Ordnung der Engel (Kap. 4-6): Sie teilen sich in drei Triaden ein, von denen die erste aus Seraphim, Cherubim und Thronen, die zweite aus Mächten, Herrschaften und Gewalten und die dritte aus Fürsten, Erzengeln und Engeln besteht. Nur die erste Triade hat direkten Kontakt zur Thearchie (oder Gott), während die beiden anderen der ersten als vermittelnder Instanz bedürfen. Der Hauptteil der Schrift (Kap. 7-14) ist der näheren Erläuterung dieser Triaden, ihres Verhältnisses untereinander, ihrer Struktur und ihrer Funktion gewidmet, wobei die Propria einer jeden Stufe anhand von meist unhaltbaren Etymologien bestimmt werden. Den systematisierten Triadismus hat Dionysios von dem Neuplatoniker Proklos übernommen, ersetzt aber dessen Emanationslehre durch den Gedanken einer stufenweisen Parusie des Göttlichen im Endlichen. Jede Stufe des Endlichen versucht durch eine schrittweise Annäherung durch die ihr vorgeordneten Stufen hindurch dem Göttlichen ähnlich zu werden (homoiosis theō). Das zentrale Problem der Gotteserkenntnis wird dabei durch eine diskursive Dialektik der Symbole zu lösen versucht (zur Wirkungsgeschichte vgl. → *Peri theiōn onomatōn*).

Ausg.: Die Hierarchien der Engel und der Kirche, übers. von W. TRITSCH, Einführung von H. BALL, 1955. – Gr./Frz., La Hiérarchie Céleste, 1958 (= Sources chrétiennes, Bd. 58).
Lit.: Siehe unter → *Peri mystikēs theologias.*

L. DEITZ

Peri theiōn onomatōn (gr.; lat.: *De divinis nominibus; Über die göttlichen Namen*), DIONYSIOS PSEUDO-AREOPAGITA, entst. ca. 500; ED Brügge 1480 (lat.; übers. von Ambrosius Camaldulensis = Ambrogio Traversari), Florenz 1516 (gr.); dt. 1832.

Die aus 13 Kapiteln bestehende Schrift enthält eine Auflistung und einen Kommentar der hauptsächlichsten intelligiblen Attribute, die die Hl. Schrift und der menschliche Verstand der Gottheit zuschreiben. Nach einleitenden Bemerkungen über das Gebet und die Dreifaltigkeit (Kap. 1-3) untersucht Dionysios in Kap. 4 die Attribute Güte (agathon), Licht (phōs), Schönheit (kalon) und Liebe (erōs); am Ende des Kapitels eine Gegenüberstellung von erōs und agapē; dort auch z. T. wörtliche Zitate aus der Schrift → *De malorum subsistentia* von Proklos; Kap. 5-7 sind hauptsächlich der neuplaton. Trias Sein (on) – Leben (zōē) – Denken (nus) gewidmet; Macht (dynamis), Gerechtigkeit (dikaiosynē), Errettung (sōtēria) und Erlösung (apolytrōsis) sind Gegenstand des 8. Kap.; Kap. 9 und 10 prädizieren kontradiktor. Gegensätze von der Gottheit (z. B. mega-mikron: Groß-Klein); Kap. 11 und 12 haben einige biblische Namen (z. B. ›Heiliger der Heiligen‹) zum Inhalt und Kap. 13 schließlich behandelt mit stark neuplaton. Färbung die Attribute der Perfektion (teleion) und der Einheit (hen). Aufgrund seiner für authent. gehaltenen fiktiven Identifikation mit dem vom Apostel Paulus bekehrten athenischen Areopagiten (Apostelgeschichte 17,34) galt Dionysios in der Ost- und Westkirche über Jahrhunderte hinweg als unanfechtbare Autorität. Besonders folgenreich für die Verbreitung seines Schrifttums im Westen war die im 9. Jh. erfolgte latein. Übersetzung des ganzen Corpus Dionysiacum durch den Iren J. Scotus Eriugena. Zwar vermutete schon im 15. Jh. der Humanist L. Valla die Unechtheit der Schriften, doch konnte ihre Abhängigkeit vom späten Neuplatonismus (insbes. von Proklos) erst im 19. Jh. nachgewiesen werden.

Ausg.: Dt., Des heiligen Dionysius Areopagita angebliche Schriften über ›Göttliche Namen‹ ..., übers. von J. STIGLMAYR S. J. (Bibl. der Kirchenväter, 2. Reihe/Bd. II), 1933. – Dionysiaca I, hg. von Ph. CHEVALLIER, 1937.
Lit.: Siehe unter → *Peri mystikēs theologias.*

L. DEITZ

Peri theōn (gr.; *Über die Götter*), PROTAGORAS (um 480-410 v. Chr.); ED Bonn 1845 (in: J. Frei, Quaestiones protagoreae; vervollständigt von O. Weber, Quaestiones protagoreae, Marburg 1850).

Das nur in einem Fragment überlieferte religionsphilos. Werk formuliert einen empir. begründeten Agnostizismus, der die Vorstellungen des religiösen Kultes als Produkte bloßen menschlichen Meinens relativiert. – Aufgrund der Begrenztheit des menschlichen Erfahrungshorizontes und des Nichtoffenbarseins alles Göttlichen wird die Möglichkeit eines objektiven Wissens über Existenz und Wesen der Götter in Abrede gestellt. Die Darstellung der Position des Protagoras in Platons gleichnamigem Dialog legt die Vermutung nahe, daß die Inhalte des Götterglaubens in den verlorengegangenen Teilen des Werkes anthropomorph. als Spiegelungen und Projektionen menschlicher Verhaltensweisen und Zielvorstellungen gedeutet wurden. Der Aufweis der Bedingtheit der religiösen Vorstellungen durch den Menschen, dem der Zugang zu einem absoluten Wissen unmöglich ist, steht in engem Zusammenhang mit dem relativist. Wahrheitsbegriff des Protagoras, wie er in den → *Antilogiai* entwickelt wird. – Das Werk bringt die kritische Einstellung der Sophistik gegenüber den tradierten religiösen Inhalten zum Ausdruck und setzte Protagoras in der Antike dem Vorwurf einer atheistischen Grundhaltung aus.

Ausg.: Gr./Dt., Fragmente der Vorsokratiker, hg. von H. DIELS/W. KRANZ, Bd. II, [6]1952, (Repr. 1985).

Lit.: A. CAPIZZI, Protagora. Le testimonianze e i frammenti, 1955 (mit Ausg. der Fragmente u. Testimonien). – C. W. MÜLLER, Protagoras über die Götter, in: Hermes 95 (1976).

J. MONAR

Peri tōn areskontōn philosophois physikōn dogmatōn (gr.; lat. *Placita philosophorum; Über die Lehrmeinungen der Naturphilosophen*), ANONYM, entst. um 150 n. Chr.; ED Paris 1544 (von G. Budé; mit latein. Übers.); dt. 1797 (in: Plutarchs moralisch-philosophische Werke).

Die mit den *Moralia* (1509; → *Ēthika*) des Plutarch überlieferte, von einem kritiklosen Verfasser stoischer Prägung zusammengestellte doxograph. Kompilation, die auf ein verlorenes philosoph. Handbuch des ansonsten völlig unbekannten Aetios (um 100 n. Chr.) und über eine weitere Zwischenstufe auf Theophrast (4. Jh. v. Chr., → Physikōn doxai) zurückgehen soll, enthält, nach Problemen geordnet, die gesamte Naturphilosophie von den Anfängen bis in die Zeit des Poseidonios (2.-1. Jh. v. Chr.) und ist eine der wichtigsten Quellen für die Kenntnis der vorsokrat. Philosophie. Das I. Buch referiert die Lehrmeinungen über die Prinzipien und Elemente (archai kai stoicheia) der Welt; das II. Buch behandelt das aus diesen Elementen Hervorgegangene (apotelesmata); im III. Buch werden die sublunaren Erscheinungen (Milchstraße [!], meteorolog. Phänomene, Erdbeben u. a.) aufgezählt; das IV. Buch hat die Nilschwelle, die Seele, die Sinneswahrnehmungen, die Sprache, die Atmung und das Leib-Seele-Verhältnis zum Thema; im V. Buch endlich werden Mantik, Träume, Zeugung, Empfängnis, Geburt, Schlaf und andere physiolog. Probleme abgehandelt. – H. Diels hat die pseudo-plutarch. *Placita* mit einer großen Anzahl ausführlicher Exzerpte aus dem I. Buch der *Eclogae* von Stobaios (um 470) verbunden und auf diese Weise versucht, den Inhalt der *Placita* von Aetios zu erschließen. – Die *Placita* waren ein weit verbreitetes Handbuch, aus dem u. a. Athenagoras (177 n. Chr.), Eusebios (3.-4. Jh.) und Kyrillos von Alexandrien (1. H. 5. Jh.) einen Teil ihrer Kenntnisse schöpften. In der Mitte des 9. Jh.s entstand eine (möglicherweise von Qostā Ibn Lūqā angefertigte) arabische Übersetzung, deren Text allerdings auf eine vorplutarch. Rezension zurückgeht.

Ausg.: Gr., in: H. DIELS, Doxographi Graeci, mit ›Prolegomena‹ von H. Diels, 1879 (Repr.

1976). – It., I dossographi Greci, übers. v. L. TORRACA, 1961. – Text des Ps.-Plutarch in: Plutarchi Moralia V 2,1 (Hg. J. MAU), 1971. – Arab./Dt., in: H. DAIBER, Aetius Arabus, 1980.

Lit.: W. CAPELLE, Die Vorsokratiker. Die Fragmente und Quellenberichte, [8]1968. – B. WYSS, Art. ›Doxographie‹, in: Reallex. f. Antike u. Christentum, Bd. IV, 1959.

L. DEITZ

Peri tōn katēgoriōn (gr.; lat.: *Categoriae; Von den Kategorien*), ARISTOTELES, entst. 4. Jh. v. Chr.; ED Neapel o. J. (1473–1478; lat., hg. bei S. Riessinger); Venedig 1495 (gr., Bd. I der Gesamtausgabe von Aldus Manutius); dt. 1794 Die Kategorien. Mit Anmerkungen erläutert und als Propädeutik zu einer neuen Theorie des Denkens dargestellt von S. Maimon.

Diese kurze Schrift eröffnet die Reihe der Werke des Aristoteles zur Logik. Die Echtheit wurde in der Neuzeit wegen des 2. Teils (über die Postprädikamente) und einer angeblich von der *Metaphysik* (→ *Ta meta ta physika*) abweichenden Auffassung der Substanz (usia) bezweifelt. Die Ergebnisse der neuesten Forschung gehen jedoch in Richtung einer Bestätigung der Echtheit. Die Kategorienschrift ist nicht nur stets die Grundlage der Logik gewesen, sie hat auch die philosoph. Frage aufgeworfen, ob die Kategorien eine nur logische (O. Apelt) oder auch eine ontolog. Bedeutung haben (H. Bonitz, H. Maier). Die kantische Trennung der Begriffe vom ›Ding an sich‹ erschwerte wohl das richtige Verständnis der Lehre, die Aristoteles vertritt. Heute nimmt man an, daß die Klassifizierung der hauptsächlichen Wortverbindungen, aus denen sich Sätze ergeben, zu einer Klassifizierung des Seienden führt. Die Schrift unterscheidet zwischen Wörtern außerhalb und innerhalb der Satzverbindung. Letztere werden in zehn Klassen eingeteilt: Substanz, Quantität, Qualität, Relation, Wo, Wann, Lage (situs), Haben (habitus), Wirken, Leiden. Aristoteles nennt diese Klassen ›Kategorien‹ (Prädikatsklassen), um den semant. Charakter seiner Analyse zu unterstreichen. Der Bruch mit dem Platonismus kommt darin zum Ausdruck, daß keine Kategorie aus einer anderen hergeleitet werden kann, sondern jede eine irreduzible Klasse des Seienden ist. Die Kategorien werden in allen Werken des Aristoteles erwähnt, wenngleich die Zahl variiert. Die Unterscheidung zwischen erster und zweiter Substanz wurde Anlaß zu Kontroversen (gemeint sind die individuellen Substanzen und die von ihnen ausgesagten Species). Die Kap. 5–9 geben die Eigenschaften der Hauptkategorien an. Der letzte Teil der Schrift behandelt die Postprädikamente, generelle, logische Prädikate, die für das Studium der Wirklichkeit von Bedeutung sind, ebenso die vier Arten der Gegensätze, die Arten der Bewegung und des Habens.

Ausg.: Gr., Aristotelis Opera, Bd. I, hg. von I. BEKKER, [2]1960, 1–15. – L. MINIO-PALUELLO, Aristotelis Categoriae, 1949. – Dt., von E. Rolfes, 1920 (Repr. 1974; PhB 8/9). – Dt., von O. GIGON, 1961. – Dt., von K. OEHLER, 1984, [2]1986.

Lit.: H. BONITZ, Über die Categorien Aristotelis, 1853. – F. A. TRENDELENBURG, Geschichte der Kategorienlehre, in: Hist. Beiträge zur Philosophie, I, 1876. – L. M. DE RIJK, The Place of the Categories of Being in Aristotle's Philosophy, 1952.

L. J. ELDERS

Peri tōn pente phōnōn (Porphyrios) → Eisagōgē

Peri tōn sophistikōn elenchōn (gr.; lat.: *Sophistici elenchi*; *Sophistische Widerlegungen*), ARISTOTE-

LES, entst. 4. Jh. v. Chr.; ED Köln o. J. (um 1488; lat.; in: Copulata novae logicae), Venedig 1495 (gr.; in: Bd. I der Gesamtausgabe von Aldus Manutius); dt. 1872.

Die von Aristoteles selbst als Fortsetzung der → *Topika* betrachtete Schrift, die in manchen Handschriften als Buch IX dieses Werkes überliefert ist, handelt von den Trugschlüssen und deren Widerlegung. – Die ersten beiden Kap. führen in den Gegenstand der Untersuchung ein, indem sie die sophist. Beweisform, die Aristoteles ›agonist.‹ bzw. ›erist.‹ nennt, gegen andere Beweisformen (die apodikt. bzw. didaskal. oder wissenschaftliche, die dialekt. und die erprobende bzw. peirast.) abgrenzen. Ein erster Teil der Schrift (Kap. 3–15) enthält die Darstellung der Trugschlüsse, deren sich die Sophisten beim Disputieren bedienen, um ihren scheinbaren Sieg zu erringen. Sie verfolgen folgende fünf Ziele: 1. den Nachweis eines Widerspruchs (elenchos) bei einer Schlußfolgerung: widersprüchlich, also formal inkonsistent kann ein Schluß sprachlich (in sechs Weisen) und begrifflich (in sieben Weisen) sein; 2. die Aufdeckung von Falschheit (pseudos); 3. die Verleitung zu außergewöhnlichen und daher unglaubwürdigen Behauptungen (paradoxa); 4. zu Sprachfehlern (soloikismoi) und 5. zu leerem Gerede (adoleschēsai). Ein weiterer Teil (Kap. 16–33) enthält dann die Lösung der dargestellten Formen von Trugschlüssen. Im 34., letzten Kapitel wird eine allgemeine Schlußbetrachtung zu dieser Schrift und zu den *Topika* angestellt, wobei Aristoteles zu den Untersuchungen seiner Vorläufer auf diesem Feld Stellung nimmt und seine Leistung als die erste systemat. Darstellung der dialekt. Schlüsse vorstellt. – Die Wirkung der Schrift geht mit der Wirkung der *Topika* einher.

Ausg.: Gr., Aristotelis Opera, hg. von H. BONITZ, Bd. I, 1831. – Gr., hg. von W. D. ROSS, 1958. – Dt., hg. von O. KIRCHMANN, 1883 (neu übers. von E. ROLFES, 1918; Repr. 1968, PhB 13).

Lit.: C. PRANTL, Über die Entwicklung der Aristotel. Logik aus der Platon. Philosophie, 1853. – F. A. TRENDELENBURG, Elementa logices aristoteleae, 1892. – E. HAMBRUCH, Logische Regeln der Platon. Schule in der Aristotel. Topik, 1904 (Repr. 1976). – F. SOLMSEN, Die Entwicklung der Aristotel. Logik und Rhetorik, 1929. – E. BRAUN, Die Einheit der Aristotel. Topik, 1959. – Aristotle on Dialectic. The Topics, 1968.

F. VOLPI

Peri tu mē ontos ē peri physeōs (gr.; *Über das Nicht-Seiende oder über die Natur*), GORGIAS von Leontinoi (ca. 480-380 v. Chr.); ED Halle 1828 (hg. von H. E. Fossius), Stuttgart 1828 (hg. von L. Spengel).

Obwohl zwei weitgehend übereinstimmende Fragmente (bei Sextus Empiricus und in der pseudoaristotel. Schrift → *Peri Melissu, Xenophanus, Gorgiu*) erhalten sind, ist die Echtheit der ontolog. und erkenntniskrit. Schrift des berühmten Rhetorikers und Sophisten nicht gesichert. Im Stil der eleat. Schule werden drei Annahmen begründet: 1. Es gibt nichts, 2. Wenn es etwas gäbe, könnte es nicht erfaßt werden, 3. Wäre es erfaßbar, könnte man es nicht mitteilen. Der Argumentationsstil läßt vermuten, daß Gorgias die eleat. Schule mit ihrer eigenen Methodik ad absurdum führen wollte. Diese Schrift ist zugleich eine generelle Absage an die Philosophie. – Die hier prägnant formulierte erkenntnistheoret. Skepsis, gepaart mit einem ontolog. Nihilismus, hat zur Abkehr der aufkommenden Sophistik von der Naturphilosophie beigetragen.

Ausg.: Gr., Fragmente der Vorsokratiker, hg. von H. DIELS/W. KRANZ, Bd. II, ^{6}1952 (Repr. 1985). – Dt., von W. NESTLE in: Vorsokratiker ^{4}1956.
Lit.: O. GIGON, Gorgias über das Nichtsein (1936), in: ders., Studien zur antiken Philosophie, 1972. – H.-J. NEWINGER, Untersuchungen zu Gorgias' Schrift ›Über das Nichtseiende‹, 1973.

J. NIDA-RÜMELIN

Peri uranu (gr.; lat.: *De caelo; Über den Himmel*), ARISTOTELES, entst. 4. Jh. v. Chr.; ED Padua 1473 (lat.; mit dem Kommentar des Averroes); Venedig 1497 (gr., Bd. II der Gesamtausgabe von Aldus Manutius); dt. 1857 Vier Bücher über das Himmelsgebäude.

Der Titel bezeichnet nicht nur die äußere Himmelssphäre, sondern auch das, was davon umgeben wird. Die Schrift enthält drei Hauptteile: die Bücher I und II untersuchen die Existenz und die Natur des ersten Körpers (der Fixsternsphäre) sowie der Sphären der fünf Planeten, der Sonne und des Mondes. Der erste Körper besteht aus dem sog. Äther. In anderen Werken des Corpus Aristotelicum wird dieses fünfte Element nicht mehr erwähnt. Aristoteles versucht zu beweisen, daß die Bewegung des Himmelskörpers dessen Natur entspricht: sie ist ewig, wie der Himmel selbst. Die Kreisbewegung ist ohne Anfang und Ende. Es ist umstritten, wie diese Lehre mit späteren Texten, nach denen die Himmelskörper von Seelen bewegt werden, zu vereinbaren ist. Die Schrift ist auch nicht eindeutig bezüglich der Bestimmung der höchsten Realität: mitunter wird der erste Himmel so genannt, mitunter ist die Rede von einer Realität außerhalb des Himmels. Buch III untersucht die vier Elemente und macht sie abhängig vom Platz im Weltraum, in dem sich Materie befindet. Damit gibt es neben den Sphären der Himmelskörper vier Schichten im Weltall, die den sublunaren Raum bis zum Mittelpunkt des Weltalls füllen. Jedes Element hat eine natürliche Bewegung, entweder zum Umkreis oder zur Mitte der Welt hin. Buch IV untersucht die Begriffe ›leicht‹ und ›schwer‹. Das Schwere fällt senkrecht zum Erdmittelpunkt hin, während das Leichte sich gemäß seiner Natur aufwärts bewegt. – Geschichtlich gesehen, ist das Werk die erste wissenschaftliche Kosmologie, die versucht, in einer Synthese den Kosmos mit allen Körpern und ihren Bewegungen rational zu erklären. Auch wenn das Weltsystem als solches überholt ist, sind viele Grundbegriffe und Ansichten des Aristoteles überraschend modern, wie z. B. die Verbindung der Elemente mit dem Raum und der Zusammenhang aller Vorgänge im Weltall. Die wichtigsten Kommentare sind von Simplicius und Thomas von Aquin verfaßt worden.

Ausg.: Gr., Aristotelis Opera, Bd. I, hg. von I. BEKKER, ^{2}1960. – D. J. ALLAN, Aristotelis De caelo, 1936. – Gr./Frz., Aristote. Du ciel. Texte établi et traduit par P. MORAUX, 1965. – Dt., von O. GIGON, 1950.
Lit.: F. SOLMSEN, Aristotle's System of the Physical World, 1960. – L. J. ELDERS, Aristotle's Cosmology. A Commentary on the De caelo, 1966.

L. J. ELDERS

Peri zōōn genēseōs (gr.; lat.: *De generatione animalium; Von der Zeugung der Tiere*), ARISTOTELES. ED Venedig 1497 (gr., Bd. III der Gesamtausgabe von Aldus Manutius); dt. 1860 Fünf Bücher von der Zeugung und Entwicklung der Thiere.

Die Schrift, entstanden in der mittleren Schaffensperiode (347–335 v. Chr.), umfaßt fünf Bücher. Buch I enthält eine Beschreibung der männlichen und weiblichen Geschlechtsorgane bei den Bluttieren. Der männliche Samen ist wirkendes Formprinzip. Es folgt ein Überblick über die verschiedenen Theorien der Zeugung. In Buch II und III werden die Weisen der Zeugung untersucht. Der Unterschied der Geschlechter wird teleologisch im Hinblick auf die Zeugung bestimmt, bei der es einen aktiven männlichen Faktor und ein Empfangendes, Weibliches geben soll. Als Erklärung der Organbildung lehnt Aristoteles den Präformismus zugunsten der Epigenesis ab und führt die Pneumatheorie ein: Der Organbildung liegt keine äußere Ursache zugrunde, sondern sie wird durch die substantielle Form bestimmt. Dann wird die Zeugung bei den lebendig gebärenden Tieren und dem Menschen untersucht sowie die Entwicklung des Embryos. Das III. Buch handelt von der Zeugung bei den Vögeln, Fischen usw. (mit einem Kapitel über die Fortpflanzung bei den Bienen und Schaltieren). Im 3. Teil (Buch IV) werden die embryonale Entwicklung und die Vererbung untersucht. Es folgen einige Angaben über Deformationen, Schwangerschaft und Geburt. Im Buch V werden Fakten untersucht, die nicht von der Finalursache, sondern von der Materie oder der Wirkursache abhängig sind (wie z. B. Farbe der Augen, der Haare). Die Schrift gibt eine beeindruckende klar gegliederte und gut formulierte Zusammenstellung des Materials. Der Text weist zahlreiche Einschübe auf. Trotz mancher Irrtümer im einzelnen enthält das Werk sehr viele präzise und treffende Beobachtungen. – Zunächst kaum beachtet, übte das Werk später eine breite Wirkung aus. Galen benutzte es weitgehend in seiner Abhandlung *De semine*.

Ausg.: Gr. Aristotelis Opera, Bd. I, hg. von I. BEKKER, ²1960, 715–739. – J. DROSSAART-LULOFS, 1965. – Dt., von H. AUBERT/FR. WIMMER, 1860.

Lit.: A. L. PECK, Aristotle's Generation of Animals, 1853. – E. LESKY, Die Zeugungs- und Vererbungslehre der Antike, Ak. d. Wiss. u. Lit. in Mainz, Geist.soz.wiss.Kl., 1950, Nr. 19.

L. J. ELDERS

Peri zōōn kinēseōs (gr.; lat.: *De motu animalium; Von der Bewegung der Tiere*), ARISTOTELES; ED Venedig 1497 (gr., Bd. III der Gesamtausgabe von Aldus Manutius); dt. 1959.

Die Echtheit der Schrift wurde im 19. Jh. von mehreren Forschern verneint, heute wird sie aber allgemein anerkannt. Mitunter wird das Werk mit *Peri poreas zōōn (De progressu animalium)* verwechselt. Es ist vermutlich während des zweiten Aufenthalts in Athen (ca. 335–323 v. Chr.) entstanden. Die Abhandlung untersucht die Bewegungsfähigkeit der Tiere. Aristoteles betrachtet dasjenige, was der Fortbewegung der Tiere gemeinsam ist (gehen, kriechen, schwimmen, fliegen usw.), und betont die Analogie zwischen den Fortbewegungsorganen. Eine Grundregel lautet: es gibt wenigstens vier Punkte, auf die sich die Bewegung stützt. Füße sind immer in Paaren angeordnet und die Bewegung geht immer vom rechten Fuß aus. Ein Zentralorgan im Körper ist das Bewegungszentrum. Die Selbstbewegung ist insofern ein schwieriges Problem, als nach dem Kausalgesetz alles, was sich bewegt, von einem anderen bewegt wird (→ *Physikē akroasis*, Buch VIII). Im Lebewesen ist ein Streben nach einem Gegenstand des Verlangens vorhanden,

den Tiere durch die Bewegung zu erreichen suchen. Das angeborene Pneuma überträgt dieses Streben: es kann sich zusammenziehen und ausdehnen. Die Schrift erklärt die Bewegung also auf zwei Ebenen: auf der physiolog. und der psycholog., die aber in der Einheit des Lebewesens verbunden sind und dem Kausalgesetz unterstehen.

Ausg.: Gr., Aristotelis Opera, Bd. I, hg. von I. Bekker, [2]1960, 698–704. – E. S. Forster, Aristotle. Movement of Animals, 1955.
Lit.: M. Craven Nussbaum, Aristotle's De motu animalium, 1978.

L. J. Elders

Peri zōōn moriōn (gr.; lat.: *De partibus animalium; Über die Teile der Tiere*), Aristoteles, entst. 4. Jh. v. Chr.; ED Venedig 1497 (gr., Bd. III der Gesamtausgabe von Aldus Manutius); dt. 1853.
Die umfangreiche Schrift handelt in vier Büchern über die Zweckursache, die die Zusammensetzung der Organismen bestimmt. Die Teile sind auf das Ganze bezogen, weshalb die Untersuchung des bereits entwickelten Individuums vorausgehen muß. Buch I ist eine Einleitung, die methodolog. Fragen behandelt und wohl später als die Bücher II–IV entstanden ist. Nach Aristoteles muß man zuerst die Tatsachen studieren und dann zu den Ursachen weitergehen (besonders zu den Final- und Formalursachen). Die Klassifizierungsmethode der Akademie wird kritisiert. Es folgt eine Aufforderung zum Studium der Tierwelt: denn obwohl die göttlichen Dinge erhabener sind, können wir ein umfassenderes Wissen der materiellen Welt erwerben; die Erkenntnis der Tierwelt überrascht, da auch in den niedrigsten Tieren noch etwas Wunderbares liegt. Die Bücher II–IV bilden ein Ganzes: es gibt drei Weisen der Zusammensetzung, nämlich aus Elementen, aus gleichartigen Teilen und aus heterogenen Teilen (wie die Hände). Viele Organe werden eingehend beschrieben (Gehirn, Ohren, Augen, Herz, Lippen, Zunge, Zähne); Aristoteles hebt die Bedeutung des Blutes hervor. In Buch IV/Kap. 5 werden die inneren und äußeren Organe der blutlosen Tiere behandelt. Die Untersuchung ist nicht vollständig: gewisse Organe und Funktionen werden in kleineren Abhandlungen wie in *Peri poreas zōōn*, → *Peri zōōn kinēseōs* und → *Parva naturalia* untersucht.

Ausg.: Gr., Aristotelis Opera, Bd. I, hg. von I. Bekker, [2]1960, 639–697. – Engl. von A. L. Peck, [3]1955.
Lit.: W. Ogle, Aristotle on the Parts of the Animals, 1885. – I. Düring, De partibus animalium. Critical and Literary Commentaries, 1943.

L. J. Elders

Perspectiva (lat.; *Wissenschaft der Perspektive*), Witelo, entst. um 1270; ED Nürnberg 1535.
Die Untersuchung, die sich für die meisten Theoreme der mittelalterlichen Optik auf Alhazen stützt, gibt in zehn Büchern eine Darstellung der Emission, Refraktion und Reflexion des Lichtes, der Anatomie des Auges und der physikal., geometr. und psycholog. Bedingungen des Sehens. Die Lichttheorie, die partiell bereits durch Experimente geprüft wird, ist in eine neuplaton. Kosmologie integriert. In einem Prolog legt Witelo dar, daß das körperliche Licht (lumen sensibile) das Medium ist, durch das die intelligiblen Formen in der Materie eingehen, aber auch selbst ›primum omnium formarum sensibilium‹. Damit liefert die Optik nicht nur das Modell, die Kosmo-

gonie zu klären, sondern auch die Naturvorgänge entsprechend den Lichtgesetzen geometr. auszulegen und experimentell zu prüfen. – Die *Perspectiva,* die noch von Kepler ergänzt wurde, ist für die Methodendiskussion der beginnenden Naturwissenschaft bedeutsam. Dagegen steht die Lichtkosmogonie – von Cl. Baeumker erstmals ›Lichtmetaphysik‹ genannt – in einer typisch neuplaton. Tradition, die erst in der Gegenwart durch die Aufdeckung der optischen Strukturmodelle der Vernunft grundsätzlich in Frage gestellt wurde.

Ausg.: In: Opticae thesaurus Alhazeni, 1572 (Repr. 1972).

Lit.: Cl. BAEUMKER, Witelo, 1908 (mit Textauszügen). – K. HEDWIG, Sphaera lucis, 1980.

K. HEDWIG

Phaedon oder über die Unsterblichkeit der Seele, in drey Gesprächen, Moses MENDELSSOHN; EA Berlin/Stettin 1767.

Sein philosoph. Hauptwerk hat Mendelssohn nach eigenem Zeugnis als »Mittelding zwischen Übersetzung und Ausarbeitung« des Platonischen →*Phaidon* verfaßt. Im Mittelpunkt stehen die von Sokrates im Gespräch mit den Freunden vorgebrachten Beweise für die Unsterblichkeit der Seele, die Mendelssohn im 1. Teil seiner Abhandlung noch weitgehend in Anlehnung an die Vorlage ausarbeitet und dann in den beiden folgenden Teilen frei – unter Beibehaltung der Sokratischen Fragetechnik – vom Standpunkt der Leibniz-Wolffschen Schulphilosophie aus weiterentwickelt. Beruht der Unsterblichkeitsbeweis im ersten Gespräch des *Phaedon* auf der These von der prinzipiellen Unmöglichkeit eines Sprunges vom Sein zum Nichts, so wird dies im zweiten Gespräch durch das Argument untermauert, daß die Seele als eine einfache, d. h. nicht zusammengesetzte Substanz nach dem Tod keiner Transformation durch Auflösung in einzelne Teile unterliegen kann. Das Werk schließt im dritten Gespräch mit einer Art moral. Beweis: Wäre die Seele sterblich, dann müßte das irdische Leben als das höchste Gut und die Selbsterhaltung als die oberste Pflicht des einzelnen gelten, was freilich gegebenenfalls – beispielsweise im Krieg – den Pflichten des Individuums gegenüber der Gemeinschaft zuwiderlaufen und somit eine Untugend bedeuten würde. – Das vornehmlich gegen den französ. Materialismus gerichtete populärphilosoph. Werk wurde vor allem von Kant stark kritisiert.

Ausg.: Gesammelte Schriften, Bd. III/1, 1932 (Repr. 1972). – 1979 (PhB 317).

Lit.: A. ALTMANN, Die trostvolle Aufklärung. Studien zur Metaphysik und polit. Theorie M. Mendelssohns, 1982.

J. LINDER

Phänomenologie des Geistes, Georg Wilhelm Friedrich HEGEL; EA Bamberg/Würzburg 1807.

Die Einführung in die spekulative Vernunfterkenntnis konzipierte Hegel nicht im Sinne einer bloßen Propädeutik, sondern als die ›Geschichte der Bildung des Bewußtseins‹, das alle Formen seines Verhältnisses zum Objekt durchläuft und zum absoluten Wissen gelangt, in dem sich Subjekt und Objekt vollkommen decken. Dieses Ziel ist der sich selbst durchsichtig gewordene Geist, dessen Entwicklungsprozeß durch die ›er-innernde‹ Nachzeichnung des im Bewußtsein erscheinenden Wissens begriffssystemat. organisiert wird. So erklärt sich die Phänomenologie des Geistes selbst schon als ›Wissenschaft der Erfahrung des Bewußtseins‹ und zwar der Menschheit in der Selbstvergewisserung ihrer selbst und der gegenständlichen Welt. Diese Erfahrung folgt weder der deduktiv-mathemat. Methode, noch stützt sie sich auf eine vorhergehende Reflexion über die Bedingungen ihrer Möglichkeit (Kant) und auch nicht auf unmittelbares oder intuitives Wissen (F. H. Jacobi, Schelling), sondern konstituiert sich stufenweise aus der Selbstprüfung des Bewußtseins in seinem Wahrheitsanspruch anhand eigener Maßstäbe, die ihrerseits korrigiert werden, wenn sie für den jeweiligen Gegenstand unangemessen erscheinen. Das naive Bewußtsein unterscheidet zunächst zwischen dem Sein des Gegenstandes und dem Ansich desselben und reflektiert dann darauf, daß sein Wissen den Gegenstand mitbedingt. Dieser stets neu zu vollziehende Korrekturvorgang, den Hegel ›Umkehrung des Bewußtseins‹ nennt, geschieht durch eine dialekt. Bewegung. Deren Kern ist die bestimmte Negation der jeweiligen Bewußtseinshaltung und des vermeintlichen Ansich des Gegenstandes, wobei der daraus resultierende neue Gegenstand und die ihm entsprechende Wissensart das Negierte zugleich enthalten. In dieser doppelten Funktion der Negation besteht Hegels Grundbegriff von Aufhebung. Die Infragestellung des jeweils erreichten Wissens bezeichnet Hegel ferner als ›sich vollbringenden Skeptizismus‹, wodurch das Bewußtsein – in der Konfrontation mit seinen Gestalten – seine Einseitigkeit ablegt. Erst die Philosophie begreift eine Notwendigkeit in der Reihenfolge der Bewußtseinsgestalten und macht sie zu Momenten einer geordneten Totalität, in der das Wahre und das Ganze zusammenfallen. – In den Hauptabteilungen des Werkes werden Bewußtsein, Selbstbewußtsein, beobachtende und handelnde Vernunft, sittlicher, gebildeter und moral. Geist, religiöser Geist und das absolute Wissen abgehandelt. Als sinnliche Gewißheit versucht das Bewußtsein den konkreten Gegenstand in seiner Einzelheit zu erfassen. Da aber das Dieses-da nicht direkt aussprechbar ist – denn die Sprache tendiert zu verallgemeinerten Aussagen –, geht die sinnliche Gewißheit in wahrnehmendes Bewußtsein über, das den Gegenstand als komplexes Ding mit mannigfaltigen Eigenschaften betrachtet. Im Bereich des Verstandes, dessen Grundzug im Setzen unbeobachtbarer Gegenstände für die Erklärung der Phänomene besteht, erweist sich das Ding als Wechselspiel von Kräften und ihren Äußerungen. Die formalen Verstandesgesetze erscheinen zunächst als eine hinter den Sinnesdaten liegende ›verkehrte Welt‹, bis das Bewußtsein sie und das Ansich des Dinges als sein eigenes Produkt anerkennt. Damit wird es zum Selbstbewußtsein, das sich zuerst als Streben nach Selbsterhaltung manifestiert und dann im Kampf um Leben und Tod zur Anerkennung durch seinesgleichen kommt. In dieser Interaktion selbständiger Selbstbewußtseine zeichnet sich der Begriff des Geistes ab. Im Herr-Knecht-Verhältnis befreit sich der Knecht durch seine Arbeit von dem bloß konsumierenden Herrn und mittels dieser formierenden Tätigkeit an den Dingen erhebt er sich über das unmittelbare Verhaftetsein mit dem Naturgegebenen. Das histor.

Modell des auch in Sklavenketten freien Menschen ist der Stoiker, dessen gleichgültige Einstellung zur Welt dann zum Skeptizismus führt. Auf der Suche nach einer Haltung im Zustand der Verwirrung erlebt der Mensch in der jüdisch-christlichen Religion des Mittelalters die innere Zerrissenheit des ›unglücklichen Bewußtseins‹, das den Gegensatz zwischen wandelbarem Diesseits und unwandelbarem Jenseits durch Andacht und Aufopferung vermittelt. Auf der Ebene der Vernunft schlägt das negative Verhältnis des Selbstbewußtseins zum anderen in ein positives um. Mit der Gewißheit, alle Realität zu sein, d. h., daß das Gegebene nur im Medium des Denkens gegenwärtig sei – darin besteht für Hegel der Idealismus –, forscht die Vernunft nach den Gesetzen der an- und organ. Welt und selbst des Bewußtseins. Darin findet sie aber ihre Grenzen, weil letzteres somit als ein bloßes Ding behandelt wird. Hierin liegt Hegels Kritik an der Physiognomik und Phrenologie seiner Zeit. Das Innere des Selbstbewußtseins äußert sich allein im sittlichen Bereich, in dem die einzelnen ihre Bedürfnisse durch gemeinsame Arbeit befriedigen und sich in die Sitten und Gesetze, in die ›allgemeine Substanz‹ eines Volkes einfügen. Dieses Ziel erreicht man durch Aufhebung verschiedener individualist. Verhaltensweisen. Solche sind etwa das Streben nach Glück, das ›Gesetz des Herzens‹, das, indem es die Welt verbessern will, auf die wirkliche Ordnung stößt und somit zum ›Wahnsinn des Eigendünkels‹ wird, und der Kult der Tugend, der, sofern er sich dem Weltlauf entgegenstellt, zu tatenloser Erbauung wird. Am Anfang des Geistkapitels bemerkt Hegel, daß die bisherigen Bewußtseinsgestalten nur analyt. Momente des Wesens des Geistes sind. Der Geist als »das allgemeine Werk, das sich durch das Tun aller und jeder als ihre Einheit erzeugt«, wird für sich, d. h. verwirklicht sich, erst in der Geschichte. Damit beginnt abermals eine Reihe von Gestalten, die der Antike, der Neuzeit und der Romantik entsprechen. In ihnen erneuern sich die Gegensätze von Allgemeinem und Individuellem. Die sittliche Einheit der Polis zerfällt durch innere Konflikte (vgl. die Tragödie Antigones) und geht in den Formalismus des römischen Rechtszustandes über. Auf der Suche nach Wiederherstellung der sittlichen Substanz errichtet ›der sich entfremdete Geist‹ das Reich der Kultur mit seinen Grundwerten, nämlich Staatsmacht und Reichtum, an denen sich das die bestehende Ordnung bejahende ›edelmütige‹ Bewußtsein von dem zum Aufruhr bereiten ›niederträchtigen‹ scheidet. Selbst die Begriffe ›gut‹ und ›schlecht‹ verkehren sich je nachdem, ob sie auf das Allgemein- oder auf das Einzelinteresse bezogen werden. Aus dem Bewußtsein der Eitelkeit aller Dinge entsteht einerseits der Glaube als Flucht in eine bessere Welt, andererseits die ihn bekämpfende ›reine Einsicht‹ der Aufklärung, welche die Dinge auf Nützlichkeit reduziert und – durch die Französ. Revolution – die von allen sozialen Bindungen emanzipierte Freiheit des Subjekts bis zur Willkür proklamiert. Aus der Zuspitzung der Entzweiung kehrt der sich entfremdete Geist zu sich zurück, indem er der Freiheit einen positiven Sinn in der Moralität als

Selbstbestimmung verleiht. Um die Wirklichkeit durchdringen zu können, muß sich letztere für Hegel über das inhaltslose Sollen des kantischen kategor. Imperativs und die isolierte Selbstbespiegelung der romant. ›schönen Seele‹ erheben. Damit wird sie zur ›wahren Moralität‹ als der Einheit des handelnden und des urteilenden Bewußtseins im Horizont gegenseitiger Anerkennung und Nachsicht unter Menschen. In der Erfahrung der Verzeihung, in der der einzelne die Fremdheit des anderen überwindet und in ihm sich selbst wiederfindet, erblickt Hegel den absoluten oder religiösen Geist. Auch die Religion durchläuft eine Reihe von geschichtlichen wie übergeschichtlichen Erscheinungsformen, in denen die früheren Beziehungen des Bewußtseins zur Welt wiederaufgenommen werden. Auf die ›natürliche Religion‹, die Gegenstände der Natur vergöttlicht, folgt die ›Kunstreligion‹ des Griechentums, die das Göttliche als Geist in menschlicher Gestalt repräsentiert und verehrt. Die Ablösung des Geistes von der Dinghaftigkeit vollzieht sich für Hegel erst in der ›geoffenbarten Religion‹ des Christentums durch die Menschwerdung Gottes selbst, der durch seine ›geistige Auferstehung‹ nach dem Tode im Bewußtsein der somit versöhnten Gemeinde weiterlebt. Dieser in der Religion durch die Vorstellung ausgedrückte Gehalt, daß nämlich das Absolute nicht nur die Substanz der Welt, sondern ebensosehr Subjekt, lebendiger Geist ist, wird im Medium des Denkens zum absoluten Wissen, das zugleich Sichwissen des Absoluten ist. – Die Wirkungsgeschichte des Werkes reicht von den durch Existentialismus und Marxismus beeinflußten Positionen (J. Wahl, A. Koyré, A. Kojève, J. Hyppolite, Sartre, Merleau-Ponty), die in Frankreich eine Hegelrenaissance einleiteten, über den Neomarxismus (Lukács, Bloch) bis zur Hermeneutik (Gadamer) und zu einigen Interpretationen der Psychoanalyse (H. Marcuse, Ricœur, Habermas).

Ausg.: Gesammelte Werke, Bd. 9, 1980. – Werke, 20 Bde., Bd. III, 1986 (stw 603).
Lit.: O. PÖGGELER, Hegels Idee einer Phänomenologie des Geistes, 1973. – H.-F. FULDA/ D. HENRICH (Hg.), Materialien zu Hegels ›Phänomenologie des Geistes‹, 1973.

F. LONGATO

Phaidōn (gr.), PLATON, entst. vor 347 v. Chr.; ED Florenz o. J. (ca. 1482-1484; lat., übers. von M. Ficino); Venedig 1513 (gr., hg. von E. Musuros); dt. 1679 Phaedon (in: Ch. Hofmann von Hofmannswaldau, Deutsche Übersetzungen und Getichte).

Der *Phaidōn* gehört zu Platons ›mittlerer‹ Periode (mit u. a. → *Phaidros*, → *Symposion*, → *Politeia*). Er ist als die vielleicht größte Leistung der griechischen Prosa bezeichnet worden. Die philosoph. Leistung ist nicht geringer. – Phaidon, der Namengeber des Dialogs, gibt dem Pythagoreer Echekrates einen Bericht über den letzten Lebenstag Sokrates' und über seine Gespräche mit den anwesenden Freunden (»Platon aber, glaube ich, war krank«). Im Mittelpunkt steht die Vergewisserung über die menschliche Seele; der (von pythagoreischen und orphischen Tönen durchzogene) *Phaidon* entwirft im Kontext der oben genannten Dialoge eine ›Seelenlehre‹, die von der (in ihm erstmals entfalteten) ›Ideenlehre‹ unabtrennbar ist (wie umgekehrt). Er setzt ein mit der Bestimmung von Philosophie als Streben, zu sterben; Sterben ist Trennung der Seele vom Leib, die Trennung ist philosoph., weil sie reine, sinnlich ungetrübte Erkenntnis und damit das Sein der Seele bei sich selbst bedeutet. Die ›Korrelation‹ der Seele ›selbst‹ mit dem (Vernunft-) Gegenstand von Erkenntnis, der Idee, ist Wahrheit im ursprünglichsten Sinn, von der her der Wahrheitsbegriff der propositionalen Übereinstimmung erst denkbar ist. Die Überzeugung von der Möglichkeit und Notwendigkeit solcher ›Korrelation‹ fundiert den sokrat.-platon. Lebensentwurf. Sie entstammt dem Gespräch, das die Seele mit sich selbst über das ihr wahrhaft Angehörige führt; um sich selbst besorgt, setzt sie sich wahrhaft Seiendes (nicht bloß Erscheinendes) als das ihr ursprünglich Eigene voraus. Aber die Überzeugung von der Möglichkeit einer solchen Korrelation von Seele und Sein (Idee) muß als Eigenart der Seele ihre genuine Unzerstörbarkeit behaupten. Sie impliziert, daß ihr Sein nicht im Dasein aufgeht, sie wesentlich nicht Erscheinung (und sei diese auch Erscheinung für sie selbst) ist. Die ›Unsterblichkeitsbeweise‹ versuchen, die Behauptung zu beglaubigen. Sie argumentieren erstens aus dem kreisläufigen Prozeß und Ineinanderübergehen der natürlichen Gegensätze; zweitens aus der die Erkenntnis begründenden These, Lernen und Erkennen seien Wiedererinnerung (anamnesis, vgl. → *Menōn*); drittens aus der Verwandtschaft der Seele mit dem »Göttlichen, Unsterblichen, Vernünftigen, Eingestaltigen, Unauflöslichen und immer einerlei mit sich selbst gleich Verhaltenden«. Der *Phaidōn* erreicht damit einen Höhe- und zugleich Wendepunkt; gegenüber den Zweifeln der Mitunterredner Kebes und Simmias muß Sokrates' Philosophie prinzipiell legitimieren und reflektieren. Sie ist der mittlere Weg zwischen einer auf materielle Ursachen fixierten Naturphilosophie (die Sokrates in der sog. Autobiographie kritisiert) und dem untauglichen, d. h. die Seele blendenden Versuch, den Grund des Seienden unmittelbar anschauen zu wollen. Philosophie geht vermittelt vor, d. h. unternimmt es, »das wahre Wesen der Dinge in Gedanken (logoi) anzuschauen«; dies Vorgehen ist die Methode der Hypothesis (vgl. *Menōn, Politeia*): als ›Ursachen‹ der Erscheinungen werden Ideen gesetzt, und zugleich werden die logischen Verhältnisse zwischen den Setzungen innerhalb der ›idealen Sprache‹ geprüft. Die Ideen sind insofern einerseits das Fundament von Erkenntnis und andererseits der Gegenstand wie die Form der Vernunft. Die umfangreiche Darlegung der ›Ideenlehre‹ mündet in den letzten ›Beweis‹ der Unsterblichkeit: Die Seele, die als solche von der ›Idee des Lebens‹ bestimmt ist, kann unmöglich das Gegenteil dessen, was sie mitbringt (Leben), annehmen. Darin liegt nicht bloß ›Trost‹, sondern auch Verhängnis: Die Sorge um die Seele gilt nicht nur für den ›Leben‹ genannten Zeitraum, sondern sie gilt prinzipiell. – Der Dialog endet mit der mytholog. Beschreibung von Welt und Unterwelt und mit dem Bericht der Sterbeszene. – Mit dem philosophischen Gedanken der unsterblichen Seele hat der *Phaidōn* wie kaum ein anderer antiker Text die abendländische Geistestradition geprägt.

Ausg.: Platonis Opera, hg. von H. STEPHANUS, Bd. I, 1578, 55-118. – Platonis Opera, hg. von J. BURNET, Bd. I, 1900 (Repr. 1967). – Gr./Dt., Studienausgabe, Bd. III, 1974. – Dt., von F. Schleiermacher, 1984 (RUB 918). *Lit.:* R. BLUCK, Plato's Phaedo, 1955. – R. HACKFORTH, Plato: Phaedo, 1972. – R. BURGER, The Phaedo, 1984.
Lit.: Kommentare von R. D. ARCHER-HIND (1894), R. S. BLUCK (1955), R. HACKFORTH (1955), D. GALLOP (1975), K. DORTER (1982), R. BURGER (1984), D. BOSTOCK (1986). – H. BARTH, Die Seele in der Philosophie Platons, 1921.

J. JANTZEN

Phaidros (gr.), PLATON, entst. nach 399 v. Chr.; ED Florenz o. J. (ca. 1482-1484; lat., übers. von M. Ficino); Venedig 1513 (gr., hg. von E. Musuros); dt. 1783.
Der *Phaidros* gehört zusammen mit dem → *Phaidōn* und dem → *Symposion* zu Platons ›Meisterdialogen‹, er teilt mit ihnen die literar. Vollendung und entwirft wie sie den platon. Seelenbegriff. – Schon der Handlungsort ist ausgezeichnet: Der *Phaidros* spielt als einziger Dialog ›vor der Stadt‹ an einem geweihten Platz, der ebenso inspiriert wie der Gesang der Zikaden (Musen) und die mittägliche Gegenwart Pans, an den Sokrates am Ende das Gebet richtet, ihn schön werden zu lassen im Innern »und daß, was ich Äußeres habe, dem Innern befreundet sei«. – Der Dialog geht aus von einer (von Phaidros vorgelesenen) Rede des Lysias, der mit bemühter Paradoxie den gegenseitigen Nutzen als Ziel und Wesen der Liebe darstellt. Sokrates, der die rhetor. Ausführung tadelt, übernimmt zunächst die Auffassung und setzt dann seinerseits die Liebe ins Unrecht der Unvernunft, um allerdings seine These palinod. sogleich zu widerrufen: Sie ist Blasphemie, Leugnung der Göttlichkeit des Eros; zu zeigen ist, daß Liebe nicht Unvernunft, sondern (wie die Dichtung) göttliche Begeisterung ist. Dazu bedarf es der Einsicht in das Wesen der Seele; Platon umreißt sie zweifach: (1) Seele ist Selbstbewegung; sie ist Prinzip, nicht prinzipiiert (vgl. → *Nomoi* X); (2) gleichnishaft und mytholog. wird die menschliche Seele als ›gefallen‹ und dreigeteilt (in einen vernünftigen, begehrenden, lenkenden Teil – vgl. → *Politeia*) dargestellt. Vor Zeiten hat sie das ›außerhalb des Kosmos‹ Befindliche, das jenseits der Erscheinung (wahrhaft) Seiende geschaut; als philosoph. erinnert sie es und ist in der Erinnerung göttlich begeistert. Auch wenn Liebe in ihren Formen ganz verschieden ist, muß sie als diese Begeisterung gedacht werden. Sie entzündet sich am Schönen, in dem das Noetische sinnenfällig ist, und insofern ist sie Erinnerung des vor Zeiten Geschauten. Die schlechte Rhetorik der Lysias-Rede und ihrer sokrat. Verbesserung muß aufgegeben und stattdessen die Wende zur Philosophie vollzogen werden. Dies geschieht im 2. Teil des *Phaidros*, in dem als Kritik an der Rhetorik die Frage nach dem Kunstgemäßen der Rede (logos) gestellt wird. Rede ist Seelenleitung, setzt Wissen um die Seele voraus: Die wirklich kunstgemäße Rede ist demnach nicht die ›regelgerechte‹ und virtuose Rede (die »den Hörenden dasselbe ähnlich und unähnlich erscheinen läßt«) und nicht die Rede, die sich mit dem Wahrscheinlichen und dem Schein begnügt (bzw. darauf fußt). Kunstgerechte Rede erschließt vielmehr Wahrheit: Der *Phaidros* führt die (dann in ›späteren‹ Dialogen reflektierte) dialekt. Methode der Begriffsbestimmung ein; ohne sie ist jedes Vorgehen ›wie eines Blinden

Wanderung‹. Dialektik zielt auf das Wesen des jeweils Erscheinenden; sie setzt Vielgestaltigkeit ins Verhältnis zum Einheits›begriff‹ und umgekehrt. Sie überführt das vielfach Zerstreute in eine Gestalt (1), und sie teilt umgekehrt wieder das Eine begrifflich in die Gestalten seiner Vielheit auf (2). Mit der Thematisierung der Dialektik als Gegenentwurf zur Rhetorik (und als ›Liebe‹ in der philosoph.-method. Erinnerung des wahrhaft Seienden) wird auch der geschriebene Logos problemat. Er ist Mittel zum Erinnern, aber nicht selbst Erinnerung; er ist Schein der Weisheit, aber nie Ausdruck der Sache selbst. Die Kritik der Schriftlichkeit (vgl. *Epistola* VII) ist aber nicht unbedingt der Verweis auf eine ›esoter.‹ Lehre Platons, sondern darauf, daß der philosoph. Gedanke als ›Rede‹ nicht festgehalten werden kann, sondern vollzogen werden muß. – Der *Phaidros* hat nicht nur den abendländ. Seelen- und Erosbegriff, sondern auch die Dichtungs- und Kunsttheorie tief geprägt.

Ausg.: Platonis Opera, hg. von H. Stephanus, Bd. III, 1578, 227-279. – Platonis Opera, hg. von J. Burnet, Bd. II, 1901 (Repr. 1967). – Gr./Dt., Studienausgabe, Bd. V, 1983. – Dt., von K. Hildebrandt, 1985 (RUB 5789).

Lit.: R. Hackforth, Plato's Phaedrus, 1952. – J. Pieper, Begeisterung und Göttlicher Wahnsinn, 1962. – H. Sinaiko, Love, Knowledge and Discourse in Plato, 1965. – G. J. de Vries, A Comm. on Plato's Phaedrus, 1969. – W. K. C. Guthrie, A History of Greek Philosophy, Bd. IV, 1975. – R. Burger, Plato's Phaedrus, 1980.

J. Jantzen

Le phénomène humain (frz.; *Der Mensch im Kosmos*), Pierre Teilhard de Chardin, entst. um 1940; EA Paris 1955; dt. 1959.

Das postum erschienene Hauptwerk – vom Verfasser als naturwissenschaftliche Arbeit bezeichnet – bietet eine zusammenhängende Phänomenologie des kosmischen Prozesses wachsender Komplexität und wachsenden Bewußtseins und ordnet in diese gerichtete Entwicklung das ›Phänomen Mensch‹ als Achse und Spitze der Evolution ein. – Der Prozeß hebt an beim Weltstoff, der sich zu komplexeren Einheiten bis hin zu Makromolekülen aufbaut. Das Erscheinen des Lebens markiert eine erste Schwelle. Die physische Einfaltung (Außenaspekt), von Anfang an koextensiv mit der Entwicklung des Psychischen (Innenaspekt), erreicht dann in der Emergenz des menschlichen Ich-Bewußtseins und Denkens wiederum eine neue Qualität der Zentrierung. Der Mensch ist die zu ihrem Bewußtsein gekommene Evolution. Nach Kosmo- und Biogenese bricht mit ihm das Zeitalter der Noogenese (Geistwerdung) an, die durch die Assoziation und gleichzeitige Personalisation der Individuen einen gesellschaftlichen Super-Organismus hervorzubringen im Begriff ist. In einem Akt totaler Konvergenz, getrieben durch die Energie der Liebe, wird die Super-Aggregation menschlicher Bewußtseinszentren den Punkt Omega erreichen: das personale Zentrum im Herzen eines Systems von Zentren. Diese Einigung der Welt enthüllt sich dem Christen als Erschaffung und Vollendung der Welt durch Gott in Christus (Christogenese). – Teilhards Werk hat eine neue Epoche im Dialog zwischen der kathol. Theologie und der Naturwissenschaft eingeleitet.

Lit.: A. Gosztonyi, Der Mensch und die Evolution, 1968.

K. Schanné

Phénoménologie de la perception (frz.; *Phänomenologie der Wahrnehmung*), Maurice MERLEAU-PONTY; EA Paris 1945; dt. 1966.

In seinem Hauptwerk unternimmt Merleau-Ponty den Versuch einer Überwindung der Bewußtseinsphilosophie in Richtung auf eine Theorie der leiblichen Existenz, wobei er von der Wahrnehmung als deren ›Grundphänomen‹ ausgeht. – Phänomenolog. Philosophie wird als Verwirklichung von Wahrheit, nicht als Reflex einer ihr vorausgehenden Wahrheit verstanden; es geht ihr um die Entstehung der Rationalität in der Erfahrung, wobei die Antwort auf diese radikale Fragestellung im Gegensatz zum Spätwerk ›zweideutig‹ bleibt, indem der Ort der Sinnbildung vom Subjekt lediglich auf ein inkarniertes ›Vorsubjekt‹ verlagert wird. Das gegenüber der fertigen, objektiven Welt ursprüngliche ›Feld der Phänomene‹ untersucht Merleau-Ponty im 1. Teil von der Seite des Leibes her, der weder auf ein ›Körperding‹ noch auf ein reines Bewußtsein reduziert werden kann und der unser Medium zur Welt und unsere Verankerung in der Welt darstellt. Vom Gesichtspunkt des Leibes aus werden die Phänomene der Räumlichkeit und Motorik, der Sexualität, der Sprache und des Ausdrucks analysiert. Der 2. Teil befaßt sich von der Seite der Welt her mit dem Empfinden, dem Raum, dem Ding und der natürlichen Welt und schließlich mit den Anderen und der sozialen Welt. Die Welt erweist sich als eine offene, unfertige; ich und die anderen fügen sich ein in eine ›Zwischenwelt‹. In der Behandlung von Cogito, Zeitlichkeit und Freiheit geht Merleau-Ponty im 3. Teil vom phänomenalen zum transzendentalen Feld über. Doch die Zeitlichkeit der Existenz verhindert die Rückkehr zu einem transparenten, überschauenden Bewußtsein und bindet die Freiheit an die konkreten Bedingungen der Situation. – Merleau-Pontys Werk hat einen indirekten Einfluß auf fast alle bedeutenden französ. Philosophen der Gegenwart, auch auf die strukturalist. orientierten, ausgeübt.

Lit.: B. WALDENFELS, Phänomenologie in Frankreich, 1983.

P. KIWITZ

Philēbos (gr.), PLATON, entst. vor 347 v. Chr.; ED Florenz o. J. (ca. 1482-1484; lat., übers. von M. Ficino); Venedig 1513 (gr., hg. von E. Musuros); dt. 1778.

Der *Philēbos* nimmt mit dem Thema der Lust (hēdonē) eine Grundfrage platon. Philosophie (vgl. → *Prōtagoras*, → *Gorgias*) auf, deren Behandlung für die antike Philosophie bestimmend gewesen ist. Die These des Philebos, der dem Dialog den Namen gibt und der mit Ironie als weitgehend passiver Gesprächspartner dargestellt wird, setzt die Lust mit dem Guten gleich; sie gibt der Naturalität des Menschen und d. h. dem Selbstverhältnis, das er in der Lust mit sich eingeht und begründet, unbedingte ontolog. Priorität. Die sokrat. Diskussion arbeitet die innere Verschiedenheit von Lust in ihrem Bezug auf das Gute heraus und kommt von hier zu einer der vielleicht eingehendsten Darstellungen der Dialektik als Reflexion des Verhältnisses von Eins und Vielem (daneben → *Politeia* VII, → *Parmenidēs*, → *Sophistēs*). Aus der Darstellung ergibt sich zwar die Vernunft als ›Höchstes‹

(Göttliches), aber zugleich die Einsicht, das menschliche Leben als ein Mittleres entwerfen zu müssen. Platon führt den Entwurf in einer (von pythagoreischen Termini bestimmten) Prinzipienlehre durch, die die Dialektik gleichsam metaphys. bestimmt: Wirklichkeit, die sich selbstbezüglich immer als Mehr und Weniger von Qualität (zumal der Lust) zeigt, muß begriffen werden als Mittleres, d. h. als Mischung. Prinzipiiert ist sie vom Unbegrenzten (Unbestimmten, apeiron) und von Grenze (Bestimmtheit, peras), wobei diese Prinzipiierung in der Vernunft (nus) ihre Ursache hat; und Vernunft ist wiederum (vgl. → *Sophistēs*) lebendig, d. h. in der Seele zu denken. Wirklichkeit ist mithin nicht Zufall und vernunftlos und bloß auf sich selbst bezogen, sondern sie ist ein bestimmtes Ganzes, das auf eine Bestimmtheit ›selbst‹ ebenso verweist wie auf eine Ursache, bestimmt (und nicht als bloßes Mehr und Weniger unbestimmt) zu sein. Der Sinn der Prinzipienlehre ist, Wirklichkeit, Vielheit und Veränderung als ›gewordenes Sein‹ bzw. als ›Werden zum Sein‹ zu begreifen. – In seinem umfangreichsten Teil ist der *Philēbos* sowohl Entwurf des Lebens als eines ›gemischten‹ als auch der phänomenolog. Aufweis, daß Leben sich selbst als Mischung (aus Naturalität und Vernunft) versteht und daß es sich in dieser – vom *Philēbos* entfalteten – Hermeneutik schon immer transzendiert. Dieses Transzendieren, das Platon auf die ›Ideenlehre‹ bezogen als ›reine Lust‹ (ähnlich *Politeia*) beschreibt, ist indes nicht Hinausgehen aus der ›Mischung‹, sondern ihr Begreifen: »Also wurde in dieser Rede gänzlich sowohl die Vernunft abgewiesen als die Lust, daß keins von beiden das Gute selbst sein könne, da sie der Selbständigkeit ermangelten und der Kraft des Hinreichenden und Vollkommenen.« Aber die Vernunft ist diesem (›Siegenden‹) »tausendmal mehr als die Lust verwandt und anhänglich«. – Der *Philēbos* (der nach Schelling die Essenz des platon. Denkens enthält) ist der grundlegende Text für die antike hēdonē-Diskussion.

Ausg.: Platonis Opera, hg. von H. Stephanus, Bd. II, 1578. 11-67. – Platonis Opera, hg. von J. Burnet, Bd. II, 1901, (Repr. 1967). – Dt., übers. und erl. von O. Apelt, 1955 (PhB 1459). – Gr./Dt., Studienausgabe, Bd. VII, 1972. – Engl., übers. und erl. von J. C. B. Gosling, 1975.
Lit.: R. Hackforth, Plato's Examination of Pleasure, ^{2}1960. – H.-D. Voigtländer, Die Lust und das Gute bei Platon, 1960. – H.-G. Gadamer, Platos dialekt. Ethik, ^{2}1968. – K. M. Sayre, Plato's Late Ontology, 1983.

J. Jantzen

Le philosophe ignorant (frz.; *Der unwissende Philosoph*), Voltaire (eigentl. François-Marie Arouet); EA Genf 1766; dt. 1767 Unwissender Weltweise.

Voltaire entwickelt in diesem Alterstraktat seine endgültige Welt- und Lebensanschauung. – Zwar verneint er die Existenz angeborener Ideen und eines präexistenten Sittengesetzes, doch ist nach seiner Überzeugung das menschliche Wesen so eingerichtet, daß es im Laufe des Lebens lernt, die Begriffe Recht und Unrecht zu unterscheiden. Ebenso lehrt uns unsere Erfahrung, daß in der Natur Ordnung und Vernunft herrschen. Diese, die Welt lenkende, logisch-mathemat. Intelligenz dürfen wir als Gott betrachten. Die traditionellen Vorstellungen von Gott, insbes. seine Allmacht und Allgüte, werden von Voltaire angesichts des menschlichen Leidens jedoch abgelehnt. Damit stellt er sich wiederum gegen Leibniz' Lehre von der besten der möglichen Welten. Denn angesichts des menschlichen Leidens ist es müßig, sich Spekulationen über das Theodizee-Problem hinzugeben. Diese Tendenz zu einer agnost. Haltung führt freilich nicht zur Passivität. Vielmehr sollen aus dem Anblick des Leidens diejenigen Kräfte geschöpft werden, die notwendig sind, um sich um Milderung der Übel zu bemühen und um der Gerechtigkeit zum Siege zu verhelfen. Auch hieraus rechtfertigt sich letztlich die Gegenwart Gottes im Denken Voltaires: »Si Dieu n'existait pas, il faudrait l'inventer«. – Im Mittelpunkt der einflußreichen Schrift steht die lebensprakt. Aufgabe, die Herrschaft des Guten und der Gerechtigkeit zu verwirklichen.

Ausg.: Dt., von M. FONTIUS (in: VOLTAIRE, Erzählungen, Dialoge, Streitschriften, 3 Bde.), 1981.
Lit.: I. O. WADE, The Intellectual Development of Voltaire, 1969.

R. SCHWADERER

Philosophiae consolationis libri V (lat.; *Trost der Philosophie,* fünf Bücher), Anicius Manlius Torquatus Severinus BOETHIUS, entst. ca. 524; ED Nürnberg 1473 (nur dt.), Savigliano o. J. (um 1474; lat.)

Die bedeutendste Trostschrift am Übergang von Spätantike und Mittelalter entstand, während Boethius', ein hoher Beamter unter Theoderich, aufgrund einer ungerechtfertigten Anklage zum Tode verurteilt, auf seine Hinrichtung wartete. Das Werk, gegliedert in fünf Bücher, entwickelt in einem Wechsel prosaischer und lyrischer Passagen die Frage nach der Schicksalsunterworfenheit und Freiheit des Menschen in Form eines Dialogs zwischen Boethius und der ihn im Kerker aufsuchenden allegor. Erscheinung der Philosophie. – Die Klage über die Wankelmütigkeit des Schicksals mündet in die Erkenntnis der mangelnden Standfestigkeit des Menschen, der sich durch Rückerinnerung aus seiner Verirrung zu lösen vermag in der steten Orientierung auf Gott (Buch I). Das kostbarste Gut ist der Selbstbesitz, der sich der Ordnung des Glückes entzieht, die ihrerseits gerade in der Veränderlichkeit ihre Beständigkeit besitzt. So kann das Schicksal einerseits nichts wahrhaft Menschliches gewinnen oder verlieren lassen, andererseits kann selbst der Glücklichste mit seiner schicksalbestimmten Lage nicht eins werden. Somit stellt Gleichmut die gegenüber dem Glück geforderte Tugend dar (Buch II). Alles Seiende trägt in sich den Drang nach Beständigkeit und die Orientierung auf die alles begründende Einheit und Vollkommenheit, das Böse ist ungeschaffen und besitzt kein Sein, aktiviert jedoch als deren Verfallsgestalt die Ordnungskräfte des Guten (Buch II u. III). Die menschliche Willensfreiheit im Urteil über Wünschens- und Vermeidenswertes bleibt gegenüber der Vorsehung Gottes, die als Vorwissen Vergangenheit, Gegenwart und Zukunft in ewiger Gegenwart schaut, gewahrt (Buch V). Das Werk, trotz des Lebensplanes seines Autors, Platon und Aristoteles in ihrer Einheit darzustellen, deutlich neuplaton. geprägt, besaß größten Einfluß auf die Philosophie der Scholastik, insbes. durch die Lat. Definition des Menschen als ›rationale animal‹ (Buch I u. V), durch die Formulierung des Universalienproblems (Buch V), durch die Bindung der Erkenntnis an die Fähigkeit des Erkennenden sowie durch die die Inkommensurabilität mit der Zeit implizierende Definition der Ewigkeit (interminabilis vitae tota simul et perfecta possessio; Buch V); die differenzierte Diskussion des Schicksalsbegriffes hat bis in die Renaissance fortgewirkt.

Ausg.: Lat., hg. von L. BIELER, Corpus Christianorum, Series Latina 94 (1957). – Dt., hg. von K. BÜCHNER, 1971.

Lit.: V. SCHMIDT-KOHL, die neuplaton. ›Consolatio philosophiae‹ 1965. – J. GRUBER, Kommentar zu Boethius ›De consolatione philosophiae‹, 1978. – M. FUHRMANN/J. GRUBER (Hg.), Boethius, 1984.

C.-H. HOEFER

Philosophiae naturalis principia mathematica (lat.; *Die mathematischen Grundlagen der Naturphilosophie*), Isaac NEWTON; EA London 1687, [2]1713 (um ein »Scholium generale« erw.); dt. 1872 Mathematische Prinzipien der Naturlehre.

Das aus drei Büchern bestehende Werk enthält eine auf dem Kraftbegriff beruhende Theorie von Bewegungen ohne Widerstand (Buch I), eine Theorie der Bewegung von Körpern in Widerstand leistenden Medien (Buch II) und den Entwurf eines mit dem Sonnensystem gleichzusetzenden Weltsystems auf der Basis des Gravitationsprinzips. – Im Gegensatz zu Descartes trennt Newton den Ort eines Körpers vom Körper: er betrachtet Körperbewegungen zunächst absolut, bezogen auf das körperunabhängige stabile Bezugssystem des absoluten Raumes und der absoluten Zeit. Die Existenz des absoluten Raumes sucht er theolog. durch die Existenz eines ewigen und unendlichen Gottes und physikal. durch die für ihn mit seinem Eimerversuch nachgewiesene Existenz absoluter Bewegung zu sichern. Grundlage der *Principia* sind die drei Bewegungsgesetze: das Trägheitsgesetz, die Wirkung einer Kraft als Veränderung der Bewegungsgröße Masse × Geschwindigkeit (mv) in der Zeit, und die Forderung, daß jeder Kraft eine gleich große Gegenkraft entspricht. Ausgehend von Zentralkräften konnte Newton die Gültigkeit der Keplerschen Gesetze nachweisen, die durch die Berücksichtigung des dritten Bewegungsgesetzes, das heißt durch den Übergang zum Zweikörper- und dann zum Mehrkörperproblem, nur noch angenähert gültig sind. Die Hauptfunktion des zweiten Buches bestand darin, die Unhaltbarkeit der Cartes. Wirbeltheorie für die Planetenbewegungen unter allen möglichen Annahmen von Reibungskräften nachzuweisen. Der Erfolg von Newtons *Principia* bestand in der Möglichkeit, mit dem im dritten Buch ausgesprochenen Prinzip der allgemeinen Gravitation die beobachteten Bewegungen der Planeten und ihrer Satelliten im Sonnensystem mathemat. ebenso angemessen beschreiben zu können wie die Gezeitenbewegung der Weltmeere, die Präzessionsbewegung der Erdachse und die Kometenbahnen. Gegenüber dem u. a. von Descartes und Gassendi vertretenen mechanist. Erklärungsprogramm begnügt sich Newton im Sinne seines ›hypotheses non fingo‹ – wie er im »Scholium generale« der 2. Aufl. erläutert – mit einer mathemat. Beschreibung der beobachteten Erscheinungen durch abstandsabhängige Kräfte. – Der Erfolg des Newtonschen Weltsystems sicherte in der nachfolgenden Entwicklung der Naturwissenschaften dem Newtonschen Programm einer Beschreibung aller physikal. Erscheinungen durch Fernwirkungskräfte gegen den Widerstand von Cartesianern und Leibnizianern den Status von zulässigen und ausreichenden Erklärungen der Erscheinungen.

Ausg.: Lat., hg. von A. KOYRE/I. B. COHEN, 2 Bde. 1972. – Dt., hg. von J. Ph. WOLFERS, 1872 (Repr. 1963).

Lit.: L. BLOCH, La philosophie de Newton, 1908. – F. DESSAUER, Weltfahrt der Erkenntnis. Leben und Werk I. Newtons, 1945. – A. PALA, I. Newton, Scienzia e filosofia, 1969. – I. SCHNEIDER, I. Newton, 1988.

I. SCHNEIDER

Philosophia mundi (lat.; *Philosophie der Welt*), WILHELM V. CONCHES, entst. zwischen 1125 und 1130; ED Basel 1563.

Dieses erste und wichtigste systemat. Werk des Wilhelm von Conches macht wie andere aus der Schule von Chartres den Versuch, die Schöpfungstheologie der ›Genesis‹ mit den Mitteln der antiken Naturphilosophie zu reformulieren. – Unter Rückgriff auf Lukrez, der Wilhelm zu einer originellen Elementenlehre inspiriert, aber insbes. auf den platon. → *Timaios,* soll aus der natürlichen Verfassung des Geschaffenen Bildung und Aufbau des Kosmos erklärt werden. Deshalb konzentriert sich Wilhelm – anders als die Enzyklopädien seiner Zeit – auf die Abfolge der Erklärungsinstanzen: zunächst der Begriff des Schöpfers, der seiner trinitar. Struktur nach auf die verschiedenen Schöpfungsfunktionen hin ausgelegt wird, sodann die Phänomene der Astronomie, der Meteorologie und Geographie. Daran fügt sich im letzten Buch (IV) eine Anthropologie unter anatom. und erkenntnistheoret. Gesichtspunkten. Das Werk schließt mit einer Betrachtung über die Wissenschaft und das Verhältnis von Lehrendem und Lernendem. Trotz späterer, theolog. bedingter Korrekturen, die Wilhelm in einem anderen Werk *(Dragmaticon)* niederschrieb, fanden die Hauptgedanken dieser Schrift im 12. Jh. weite Verbreitung.

Ausg.: MIGNE (Hg.), Patrologia Latina, Bd. 90 und Bd. 172 unter fremdem Namen).

Lit.: J. PARENT, La doctrine de la création dans l'école de Chartres, 1938. – T. GREGORY, Anima mundi. La filosofia di Guglielmo di Conches e la scuola di Chartres, 1955.

R. SCHÖNBERGER

Philosophia sensibus demonstrata in octo disputationes distincta ... Cum vera defensione B. Telesii (lat.; *Philosophie aus den Sinnen hergeleitet*, in acht Disputationen, mit einer wahrhaften Verteidigung des B. Telesius), Tommaso CAMPANELLA; EA Neapel 1591.

Diese 1589 begonnene Streitschrift wendet sich gegen den Angriff eines Aristotelikers auf die Philosophie des Telesius. – Campanella führt biograph., philosoph. und religiöse Argumente an, um die Autorität des Aristoteles in Frage zu stellen. Er bezeichnet diesen als gottlos und ungebildet; er kritisiert die Ablehnung der Lehren von der Schöpfung, der Allmacht Gottes, der Vorsehung usw. durch Aristoteles und wirft ihm Widersprüchlichkeiten in seiner Naturphilosophie vor; Telesius wird demgegenüber als ein wahrer, christlicher Philosoph dargestellt. Im Anschluß an Telesius vertritt Campanella eine sensualist. Erkenntnistheorie, nach der alles Erkennen im Denken, Urteilen und Schließen nicht nur von der Empfindung ausgeht oder auf ihr beruht, sondern selbst

Empfindung in modifizierter Form ist. Er bekennt sich zu einer neuen Art der Naturauffassung und des Studiums der Natur, nach welcher nicht mehr nur die Werke des Aristoteles und die Hl. Schriften als primäre Erkenntnisquellen herangezogen werden sollen. Campanella fordert eine direkte Auseinandersetzung mit der Natur und möchte diese zum Gegenstand empir. Betrachtungen machen. Damit wendet er sich – ebenso wie Telesius – gegen das herrschende Dogma und versucht, der christlichen Philosophie eine neue Grundlage zu geben. Die Streitschrift des Dominikanermönchs Campanella wurde neben anderen dazu herangezogen, den gegen ihn gerichteten Vorwurf der Häresie zu begründen.

Ausg.: It., von L. FIRPO, 1974.
Lit.: B. M. BONANSEA, T. Campanella, Renaissance Pioneer of Modern Thought, 1969.

G. FUCHS

A Philosophical Enquiry into the Origin of our Ideas of the Sublime and Beautiful (engl; *Philosophische Untersuchung über den Ursprung unserer Vorstellungen vom Erhabenen und Schönen*), Edmund BURKE; EA London 1757, [2]1759 (erw.); dt. 1773.

Die Sinne und die Einbildungskraft sind die alleinigen, für alle Menschen prinzipiell gleichen, nur individuell unterschiedlich entwickelten Grundlagen des ästhet. Empfindens. Das Riesige und das Unendliche stellen – wie das Kleine und das Glatte – objektive Qualitäten dar, die das Gefühl des Erhabenen bzw. Schönen wecken. Das Erhabene und das Schöne sind für Burke die beiden gegensätzlichen Grundkategorien der Ästhetik, die ihren Ursprung im Selbsterhaltungs- und Geselligkeitstrieb des Menschen haben. Dem Geselligkeitstrieb entspringen Vergnügen bereitende Handlungen der Sympathie und des Wohlwollens, die – sind sie frei von Begierden – das Gefühl des Schönen auslösen. Das Gefühl des Erhabenen resultiert aus der Erfahrung der Furcht und wird empfunden, wenn die Selbsterhaltung als nicht gefährdet erscheint. Burkes Ästhetik beeinflußte u. a. Lessing und Kant.

Ausg.: The Works, hg. von W. WILLIS u. a., Bd. I, 1906. – Hg. von J. T. BOULTON, 1958. – Vom Erhabenen und Schönen, hg. von F. BASSENGE, 1956.
Lit.: G. CANDREA, Der Begriff des Erhabenen bei Burke und Kant, 1894. – A. QUINTON, Burke on the Sublime and Beautiful, in: Philosophy 36 (1961).

K. SCHÜTZE

Philosophical Papers (engl.; *Philosophische Aufsätze*), Hilary PUTNAM; EA Cambridge 1975–1983 (Bd. I: Mathematics, Matter and Method, 1975; Bd. II: Mind, Language and Reality, 1975; Bd. III: Realism and Reason, 1983).

Die drei Bände enthalten 57 Aufsätze Putnams, entstanden zwischen 1957 und 1981. Ihre Thematik ist weitgespannt: sie reicht von der Philosophie der Mathematik und Physik (Relativitätstheorie, Quantenmechanik) über die Wissenschaftstheorie, die Grundlagen der Logik, der Linguistik und der Psychologie und die Philosophie des Geistes bis hin zur Sprachphilosophie, Erkenntnistheorie und Metaphysik. Gleichwohl durchzieht vor allem eine Gedankenlinie Putnams Schriften: nämlich die Entwicklung vom Empirismus zum Realismus und von da zu dem, was er internen Realismus nennt. – Die Philosophie, der sich Putnam in erster Linie konfrontiert sah, ist die des logischen Empirismus, der in den USA bis etwa 1960 die Szene dominierte und ziemlich das einzige kohärente Lehrgebäude lieferte, das den Standards genügte, die sich mit Freges Revolution der Logik etabliert haben. Davon beeindruckt, hielt Putnam den logischen Empirismus gleichwohl für einen grundsätzlich irregeleiteten, verkappten Idealismus und setzte sich daher die Aufgabe, dem logischen Empirismus auf dessen ganzer Breite eine konsequent realist. Position gegenüberzustellen. Dieses Ziel beherrscht seine Aufsätze bis etwa 1975. Dazu galt es, die empirist. Verifikationstheorie der Bedeutung, in deren Konsequenz es lag, daß eine Person letztlich selbst festlegt, worauf sich ihre sprachlichen Ausdrücke beziehen, durch eine realist. Sprachphilosophie zu ersetzen, die dem Beitrag der Sprachgemeinschaft und der Umwelt zur Bestimmung des Bezugs sprachlicher Ausdrücke gerecht wird. Dazu galt es auch, eine Wissenschafts- und Erkenntnistheorie zu entwickeln, die z. B. Elektronen nicht als begriffliche Konstruktionen aus der Beobachtungsbasis, sondern als reale Gegenstände begreift und die den Wahrheitsbegriff nicht auf Theorien relativiert, sondern ihnen überordnet; etc. Doch dann bemerkte Putnam, daß man seinen Realismus als einen metaphys. verstehen konnte, wonach Wahrheit absolut nichts mit den menschlichen Erkenntnisfähigkeiten zu tun hat. Dies hielt er für absurd; und so sind seine Aufsätze seit 1976 von dem Bemühen gekennzeichnet, seinen Realismus als einen internen, nicht-metaphys. zu beschreiben, d. h. den Wahrheitsbegriff erkenntnistheoret. anzubinden, ohne dabei seine früheren Einsichten zu verraten und in den Empirismus zurückzufallen. Er gelangt dabei zu faszinierenden Schlußfolgerungen, z. B. daß Rationalität, Begründung, Kausalität, Referenz etc. sich allesamt auch im weitesten Sinne nicht als objektive, physikal. Begriffe verstehen lassen. – Putnams Gedankenbewegung ähnelt ein wenig dem Übergang von Hume zu Kant. Dabei darf man freilich nicht verkennen, daß er heute in einer wesentlich veränderten und bereicherten Wissenssituation steht, die alte Weisen des Philosophierens verbietet. Insofern ist Putnam ein durchweg originärer Denker, der die zeitgenöss. Philosophie entscheidend vorangetrieben hat. Die Kehrseite davon ist, daß insbes. seine neueren Schriften einen provisor., suchenden Charakter haben und schwer einem präzisen Verständnis zuzuführen sind.

Lit.: H. PUTNAM, Die Bedeutung von »Bedeutung«, 1979. – Ders., Vernunft, Wahrheit und Geschichte, 1982. – W. STEGMÜLLER, Hauptströmungen der Gegenwartsphilosophie, Bd. II, [8]1987.

W. SPOHN

Philosophie. Philosophische Weltorientierung – Existenzerhellung – Metaphysik, Karl JASPERS; EA Berlin 1932 (3 Bde.)

In dem Werk entfaltet Jaspers seine Vorstellung von Aufgabe, Methode und Gegenstand der Philosophie anhand der Grundbegriffe Welt, Existenz und Transzendenz. – Der Dreigliederung entspricht das method. Vorgehen der Philosophie: sie transzendiert die erforschbare objektive Wirklichkeit in Richtung auf das – alles bloße Objektsein übersteigende, sich aus eigenem Ursprung entwerfende – Selbstsein und erkennt von da aus die Transzendenz als Grund allen Seins. »Philosophische Weltorientierung«: Welt ist das Ganze dessen, was als jeweils bestimmtes Sein von Objekten vorkommt und dem allgemeingültigen Erkennen als ein zwingend wißbarer Inhalt zugänglich ist. Sie wird erforscht von den Wissenschaften, die die Grenzen menschlichen Wissens und Einflußbereiches erweitern und deren method. Vorgehen zur Klarheit des Denkens erzieht. Aber diese wissenschaftliche Weltorientierung gerät an Grenzen: was nämlich so erkennbar ist, ist immer je bestimmtes Weltsein, nicht die Welt als Ganzes. Die Einheit eines sich rundenden Weltbildes (wie es z. B. Idealismus und Positivismus versuchen) scheitert an der prinzipiellen Unabschließbarkeit unseres Wissens. Dem geweckten Grenzbewußtsein wird weiterhin klar, daß mit allem Objektsein das Sein als Ganzes noch nicht erfaßt ist, weil das objektive Wissen nicht den Ursprung meines eigentlichen Selbstseins zu erfassen vermag. Es ist daher Aufgabe philosoph. Weltorientierung, im Aneignen und Durchschreiten der wissenschaftlichen Welterkenntnis an deren Grenzen vorzudringen und auf das dahinterliegende Sein zu verweisen. »Existenzerhellung«: Was der Mensch eigentlich sein kann, ist mit seinem empir. Dasein noch nicht gegeben, sondern zu verwirklichende Aufgabe. Existenz bezeichnet daher nach Jaspers das Selbst, das sich zu seinem Selbstseinkönnen verhält, dergestalt, daß es im Denken, Entscheiden und Handeln Ursprung seines Wesens wird. Aufgabe der Existenzerhellung ist daher, dem einzelnen sein mögliches Selbstsein bewußt zu machen und ihn aufzufordern, dieses im Handeln zu verwirklichen. Die Erscheinungsweise der Existenz ist ihre Geschichtlichkeit: obwohl selber zeitlos und unbedingt, ist Existenz nur wirklich, wo sie zeitlich unter den Gegebenheiten der Situation in Gestalt des Daseins erscheint. Für die Selbstverwirklichung von Existenz ist die Kommunikation von entscheidender Bedeutung, denn nur durch den anderen und mit ihm erlange ich Klarheit über mich selbst. Existentielle Kommunikation ist das gegenseitige Hervortreiben des Selbst im anderen im ›liebenden Kampf‹. Um aber überhaupt auf mein existentielles Selbst zurückgeworfen zu werden, bedarf es der Erfahrung von Grenzsituationen (Tod, Leiden, Kampf, Schuld). Ihre Unauflösbarkeit läßt den scheinbaren Halt am bloßen Dasein zusammenbrechen und verweist den Menschen radikal auf sein inneres Selbst. »Metaphysik«: Transzendenz nennt Jaspers das eine übergreifende Sein, das Ursprung allen Seins ist. In ihr als der Quelle ihrer Freiheit weiß Existenz sich gegründet. Die Annäherung an die Transzendenz kann sich vollziehen im formalen Transzendieren über die Denkkategorien, durch Aufnahme existentieller Bezüge zu ihr und vor allem im Lesen der Chiffren (Symbole), die für die Existenz die Sprache der Transzendenz sind, indem sie in der Immanenz das Transzendente erscheinen lassen. Zu solchen Chiffren können z. B. Natur, Freiheit und das Scheitern werden. Transzendenz wird nie ein gegenständlich Wißbares, sie scheint auf im existentiell erfüllten Augenblick, um im Erfassen sogleich wieder zu verschwinden. – Außer in Deutschland, wo Jaspers auch auf die Pädagogik wirkte, wurden seine Gedanken in Frankreich, Italien und besonders in Japan aufgegriffen, wo er neben wenigen anderen westlichen Philosophen große Beachtung gefunden hat.

Lit.: F.-P. BURKARD, K. Jaspers. Einführung in sein Denken, 1985. – K. SALAMUN, K. Jaspers, 1985.

F.-P. BURKARD

Philosophie. Ihr Problem und ihre Probleme. Einführung in den kritischen Idealismus, Paul NATORP; EA Göttingen 1911.

In dieser ersten und einzigen Gesamtdarstellung seiner systemat. Philosophie erfaßt Natorp den Gesamtbereich der philosoph. Wissenschaften unter dem Gesichtspunkt ihrer Problemeinheit in der Arbeit der Kultur. – Das Einleitungskapitel fundiert kritische Philosophie auf den Begriff der Methode. Denken ist ewiger Prozeß, in dem das Sein konkret fortbestimmt wird. Die Momente dieses Erkenntnisprozesses entfaltet die ›Logik‹ als philosoph. Primärwissenschaft. Sie ist als Logik des Gegenstandes durch ihren Bezug auf Mathematik und Naturwissenschaft definiert. Ihr Aufbau ergibt sich aus der Auseinanderlegung der Urfunktion des Denkens, der Einheit des Mannigfaltigen, in den drei Stufen der Grundsetzung, des Fortgangs und des Abschlusses. Im Resultat bleibt es bei der Differenz zwischen der Idee der definitiven Bestimmung des Gegenstandes als einem wirklichen und der nur bedingterweise erreichten Tatsächlichkeit. Die Logik des Seins berührt sich an ihrer Grenze mit der Logik des Sollens. Die Unendlichkeit der Erkenntnisaufgabe führt über die Erfahrung hinaus auf eine bedingungslose Setzung. Ihr Inhalt ist die ›reine Form der Gesetzlichkeit‹, allerdings auf die endliche Erfahrung zurückbezogen gedacht. Das Sollen selbst ist nicht empir. Natur, das Streben ist nur im Trieb noch ans Sinnliche gebunden, nimmt aber schon auf der Stufe der Arbeit den Trieb in den Dienst der Sittlichkeit; die Aktivität steigert sich über das eigentliche Wollen und seine praktische Objektsetzung bis zum ›Vernunftwillen‹, der alles Wollen auf das unbedingte Ziel, die Idee des Guten, ausrichtet. Trieb, Wille und Vernunft organisieren das praktische Leben sowohl des Individuums wie der Gemeinschaft (wirtschaftliche, regierende und bildende Tätigkeiten). Die künstler. Objektsetzung arbeitet mit Elementen der wissenschaftlichen und ethischen Objekte, überwindet aber den Gegensatz von Sein und Sollen in der individuell-konkreten Anschauung der ›Idee‹. Das ästhet. Erleben bleibt dem Kunstwerk selbst eingeschrieben. Auch Religion – deren Philosophie Natorp unmittelbar an die Ästhetik anschließt – findet objektive Darstellung, geht aber in ihrem Wahrheitsanspruch auf die Subjektivität des Erlebens (Schleiermachers ›Gefühl‹) zurück. Kritisch gegenüber jedweder Setzung von Transzendentem umreißt Natorp eine Religion der Immanenz, in der wir uns dem ewigen Prozeß oder ›Leben im Ewigen‹ zugehörig wissen. Als letzte philosoph. Teildisziplin macht die ›Psychologie‹ die Subjektivität selbst als den konkreten Prozeß des Lebens themat., indem sie der Stufenreihe der Objektivierung reziprok eine solche der subjektiven Erscheinung zuordnet: Was sich mir als Gegenstand darstellt, ist mir zugleich bewußt. Natorp vertritt einen method. Monismus, der auf dem Wechselbezug zwischen objektivierender Kulturarbeit und subjektivierender psycholog. Erkenntnis im einigen Erfahrungsprozeß basiert.

Ausg.: [4]1929.
Lit.: H. SCHNEIDER, Die Einheit als Grundprinzip der Philosphie P. Natorps, 1936.

H. HOLZHEY

Philosophie als strenge Wissenschaft, Edmund HUSSERL; ED Tübingen 1910/11 (in: Logos I).

In kritischer Auseinandersetzung mit der an den Naturwissenschaften orientierten naturalist. Philosophie einerseits und der mit dem Historizismus verbundenen Weltanschauungsphilosophie andererseits fordert Husserl eine streng wissenschaftliche Neubegründung der Philosophie durch die Phänomenologie. – Der Naturalismus hält zwar, hierin liegt sein Verdienst, an der Idee einer wissenschaftlich begründeten Philosophie fest, die verborgene Konsequenz aber der Naturalisierung des Bewußtseins und der Ideen ist ein theoret. wie praktisch widersinniger Skeptizismus. Nur eine phänomenolog. Wesenserforschung des Bewußtseins ermöglicht eine wissenschaftliche Theorie der Vernunft, durch die die empir. Wissenschaften, einschließlich der experimentellen und beschreibenden Psychologie, begründet werden können. Der Historizismus mit seiner Lehre von der Relativität der Lebensformen – Husserl zitiert Dilthey – führt in seinen Konsequenzen ebenfalls in einen extremen Skeptizismus, was die Möglichkeit strenger Wissenschaft betrifft. Auch für die Geisteswissenschaften gilt, daß sie allein durch eine phänomenolog. Wesenslehre ihre Grundlegung finden können. Die Weltanschauungsphilosophie ist eine Konsequenz des historizist. Relativismus. Husserl bestreitet nicht den Wert der Weltanschauungsphilosophie, aber sie muß von einer echt wissenschaftlichen Philosophie streng geschieden werden. – Die programmat. Abhandlung ist durch ihre Auseinandersetzung mit Dilthey für das Verhältnis zwischen Hermeneutik und Phänomenologie von Bedeutung gewesen.

Ausg.: Gesammelte Werke, Husserliana Bd. XXV, 1987.

U. MELLE

Philosophie de l'art (frz.; *Philosophie der Kunst*), Hippolyte TAINE; EA Paris 1865; dt. 1866.

Taine legt seiner Kunsttheorie, die aus einer Vorlesungsreihe an der Pariser École des Beaux Arts hervorging, die ›Analogie von Ästhetik und Botanik‹ zugrunde und versucht, die Entstehung und das Wesen von Kunstwerken mittels der Übertragung von naturwissenschaftlichen Klassifikationen und Gesetzmäßigkeiten zu erklären. – Die Ordnungskategorien ›Gesamtwerk‹, ›Schule‹ und ›Epoche‹ erlauben zunächst eine Situierung jedes Kunstwerks, dessen Entstehung wiederum durch die Faktoren ›Rasse‹, ›Milieu‹ und ›Historischer Augenblick‹ determiniert wird. Ersterer bringt bestimmte künstler. Talente hervor, letztere bilden die allgemeinen Rahmenbedingungen für deren potentielle Entfaltung. Diese Verknüpfung von soziolog. und völkerpsycholog.-naturbedingten Faktoren der Kunstproduktion erläutert Taine ausführlich an den Beispielen der italien.

Renaissancemalerei, der niederländ. Malerei des 14. bis 17. Jh.s und der griechischen Plastik. Der Wert eines Kunstwerks richtet sich danach, ob es die Wesenszüge (›caractère essentiel‹) seiner Epoche erfaßt. Im Schlußteil »L'idéal dans l'art« (1867) modifiziert Taine diese relativist. ästhet. Kategorien und erhebt menschliche Tiefe und moral. Wirkung zu idealen Leitlinien künstler. Schaffens, die in den Meisterwerken der Weltkunst konvergieren. – Das klare und systemat. Werk, das freilich die schöpfer. Freiheit des Künstlers zur quantité négligeable herabstuft, übte einen nachhaltigen Einfluß auf die akadem. Kunst- und später auch Literaturwissenschaft des späten 19. und des 20. Jh.s aus.

Ausg.: Dt., von E. HARDT, 2 Bde., [3]1922.
Lit.: J. ZEITLER, Die Kunstphilosophie von H. Taine, 1901. – J.-F. REVEL, La philosophie de l'art de Taine, in: Preuves 163 (1964). – C. EVANS, Taine. Essai de biographie intérieure, 1975. – D. HOEGES, Literatur und Evolution. Studien zur französ. Literaturkritik im 19. Jh., 1980. – PH. DESAN, Taine. Positiviste ou idéaliste?, in: Dialogue 21 (1982).

R. SCHWADERER

Philosophie der Arithmetik. Psychologische und logische Untersuchungen, Edmund HUSSERL; EA Halle a. d. Saale 1891.

In seinem ersten Buch geht es Husserl um eine psycholog. Aufklärung der arithmet. Grundbegriffe, die trotz der darin wirksamen ›psychologist.‹ Vorurteile das Programm einer phänomenolog. Fundierung der mathemat. und logischen Gegenstände im Wesen der Denkakte deutlich antizipiert. – Die Kapitel 1–6 geben den Text von Husserls Habilitationsschrift (1887) wieder und untersuchen den psycholog. Ursprung des Begriffs der Zahl. Die Zahl wird als eine komplexe Gegenständlichkeit gesehen, deren logischer Begriff sich aus der Reflexion auf die psychischen Akte des Aussonderns von ›Einheiten‹ und des kollektiven Verbindens dieser Einheiten zu – in ihrem ›Wieviel scharf bestimmten‹ – Vielheiten ergeben soll. ›Psychologist.‹ ist diese Lehre u. a. insofern, als eine deutliche Unterscheidung zwischen dem objektiv-logischen Wesen der kollektiven Verbindung und dem psycholog. Wesen des Kolligierens versäumt wird. Die Aufklärung der ›eigentlichen Anzahlenbegriffe‹ im anschaulichen Zählen wird im 2. Teil ergänzt durch eine psycholog. Analyse der ›symbol. Anzahlenbegriffe‹. Nach Husserl können auch die im arithmet. Kalkül implizierten ›symbol. Vielheitsvorstellungen‹ oder die damit verwandten sinnlichen Mengen (›Gestalten‹) letztlich im ›eigentlichen‹, d. h. intuitiven Zählen fundiert werden. – Man hat sich in der Rezeption des Werkes lange ausschließlich an dem insbes. in Freges Besprechung formulierten Vorwurf des Psychologismus orientiert und dabei den wichtigen Beitrag etwa zur Gestaltpsychologie und vor allem zur Ausbildung der Phänomenologie übersehen.

Ausg.: Gesammelte Werke, Husserliana Bd. XII, 1970.
Lit.: J. P. MILLER, Numbers in Presence and Absence, 1982.

R. BERNET

Philosophie der Kunst, Friedrich Wilhelm Joseph SCHELLING; EA Stuttgart/Augsburg 1859.

Das Werk, das in eine Einleitung, einen allgemeinen Teil (Konstruktion der Kunst) und drei Hauptteile gegliedert ist, gibt den

Text einer in Jena (1802/03) und Würzburg (1804/05) gehaltenen Vorlesung wieder, in der die Entwicklung der Kunst in den einzelnen Kunstformen dargestellt wird. Das Schema der von A. W. Schlegel beeinflußten Darstellung ergibt sich aus dem Grundgedanken, daß Kunst in Mythologie (als ursprünglicher Offenbarung des Göttlichen) wurzele. Die Weltentwicklung löst sie auf in eine ›reale‹, griechische Reihe – die bildenden Künste, die das Unendliche im Endlichen darstellen – und in eine ›ideale‹, christliche Reihe – die ›redenden‹ (poetischen) Künste, die das Endliche ins Unendliche aufnehmen. Mit der Thematisierung der Mythologie (in der Schelling früheste Gedanken verfolgt, vgl. *Das Älteste Systemprogramm* und die Magisterarbeit *De Malorum Origine* (1792)) und des Entwicklungsgedankens knüpft Schelling an den Gedanken einer künftigen ›neuen Mythologie‹ an, den er im *System des transzendentalen Idealismus* äußert (gleichzeitig mit Friedrich Schlegel). Die neue Mythologie ist die Aussicht auf neue Einheit des Idealen und Realen. Die systemat. Stelle der Philosophie der Kunst kommt hierin zum Ausdruck: In der Kunst, sei sie Produkt des einzelnen Genies oder eines genialen Volkes, ist die Selbstanschauung des Ich als Identität bewußter und bewußtloser Tätigkeit ›wirklich‹. Das subjektive Kunstwerk ist zugleich Ausdruck des Objektiven und Unendlichen. Philosophie postuliert und (re-) konstruiert die intellektuelle Anschauung; Kunst hingegen ist in jedem Moment ihrer Entwicklung diese Anschauung; in der Kunst liegt die ›Geschichte des Selbstbewußtseins‹ (die Schelling in den *Abhandlungen zur Erläuterung des Idealismus der Wissenschaftslehre* (1797) und dann im → *System des transzendentalen Idealismus* erstmals thematisiert) gleichsam vor Augen. In der Kunst kommen Handeln und Erkennen schon immer zur Identität, und so ist die Kunst das ›wahre‹ Gegenstück zur Natur, die höchstes Produkt des unbewußten Geistes ist: Im Kunstwerk kommt der bewußte Geist zu sich und d. h. zugleich, daß er zu sich in die Anfänglichkeit der Anschauung ›zurückkommt‹.

Ausg.: Sämmtliche Werke, 1. Abt. Bd. V, 1859 (= Erstedition aus dem handschriftlichen Nachlaß; Repr. 1968). – Texte zur Philosophie der Kunst, hg. W. BEIERWALTES, 1982.

Lit.: D. JÄHNING, Schelling. Die Kunst in der Philosophie, 2 Bde., 1966, 1969.

J. JANTZEN

Philosophie der Mythologie und Philosophie der Offenbarung, Friedrich Wilhelm Joseph SCHELLING; EA 1856-1858 (aus dem Nachlaß).

Nach 1809 hat Schelling mit Ausnahme der Polemik gegen Jacobi (*Denkmal der Schrift von den göttlichen Dingen des Friedrich A. Jacobi,* 1812) und der Schrift *Über die Gottheiten von Samothrake* (1815) kein philosoph. Werk mehr publiziert. Die *Weltalter*, an denen er seit 1810 arbeitete, blieben Fragment. Die letzte und längste Periode seiner Philosophie ist anhand der Vorlesungen und Nachschriften rekonstruierbar. – Nach 1809 wird die zur Freiheitslehre ausgeformte Identitätslehre zur ›positiven‹ Philosophie vertieft und zugleich zum metaphys. Geschichtssystem erweitert. Vertiefung wie Erweiterung kreisen um den unablässig unternommenen Versuch, das Universum als ›Evolution Gottes aus sich‹, als seine Selbstoffenbarung (›Gott macht sich selbst‹) zu beschreiben und zu legitimieren: Die ›Unvordenklichkeit der Existenz‹ soll als Prozeß der ›Bewußtwerdung, der vollendeten Personalisierung Gottes‹ religionsphilosoph. eingeholt werden. Die letzte Periode des Prozesses ist die »völlige Menschwerdung Gottes, wo das Unendliche ganz endlich geworden, ohne Nachteil seiner Unendlichkeit. Dann ist Gott wirklich Alles in Allem, der Pantheismus wahr.« In den Stuttgarter Privatvorlesungen (1810) wird der Prozeß als Potenzierung der Unterschiedenheit in Gott vorgestellt (der Eins ist, aber insofern er ist, nach seiner Existenz und dem Grund seiner Existenz unterschieden werden muß). Die *Weltalter* scheitern mit der Absicht, die Potenzierung geschichtlich als Folge göttlicher Äonen zu beschreiben; aber in den Vorlesungen seit 1820 verfolgt Schelling den Ansatz gleichsam indirekt weiter: Er begründet systemat. die ›positive‹ Philosophie, um sie als Offenbarung (der Mythologie und Philosophie vorangehen) nachzuzeichnen. Die Vorlesungen (an denen Schelling bis zum Tod 1854 arbeitete) liegen kompiliert und gleichsam zusammengefaßt in der *Philosophie der Mythologie und der Offenbarung* vor; insofern sie die göttliche Bewußtwerdung als Geschichte des Geistes darstellen, sind sie Geschichts- und Religionsphilosophie; sie wollen aber zugleich als System ›negativer‹ und ›positiver‹ Philosophie, philosoph. System selbst sein. Schelling beschreibt das Verhältnis der beiden Philosophien wie folgt: »Um den Unterschied aufs schärfste und kürzeste auszudrükken: die negative Philosophie ist apriorischer *Empirismus*, sie ist der Apriorismus des Empirischen, aber eben darum nicht selbst Empirismus; dagegen umgekehrt ist die positive Philosophie empirischer *Apriorismus*, oder sie ist der Empirismus des Apriorischen, inwiefern sie das Prius per posterius als Gott seyend erweist.« Das System erklärt er wie folgt: Die negative (›rationale‹) Philosophie wie die der Mythologie stehen der Philosophie der Offenbarung gegenüber; sie zeigen, wie weit der auf Trennung vom göttlichen Selbst beruhende Bewußtwerdungsprozeß kommt: Zu Prinzipien bzw. zu (mytholog.) Religion. Von hier ist der Übergang zur positiven Philosophie (Offenbarung) nachzuvollziehen, der »dem Übergang vom alten zum neuen Bunde, vom Gesetz zum Evangelium, von der Natur zum Geist entspricht«. – Das opus magnum gliedert sich wie folgt: »Historisch-kritische Einleitung in die Philosophie der Mythologie« (Bd. I, Buch I); Aufgabe ist, die wirklichen Religionen zu begreifen, um zum Begriff philosoph. Religion zu kommen. »Philosophische Einleitung in die Philosophie der Mythologie oder Darstellung der reinrationalen Philosophie« (Buch II); Klärung von Aufgabe und Stellung der negativen Philosophie. »Bedingung der Möglichkeit von Religion« (Bd. II, Buch I). »Die Mythologie« (Bd. II, Buch 2); Darstellung der mytholog., ersten Periode von Religion. »Einleitung in die Philosophie der Offenbarung« (Bd. III, Buch I); Ergänzung der »Philosoph. Einleitung« in die *Philosophie der Mythologie*. »Philosophie der Offenbarung« (Bd. III, Buch II u. Bd. IV); Entwicklung der Personalität Gottes als seine Offenbarung. Die wirkliche Religion ist damit (über die philosoph. Prinzipien von Sein und Werden hinaus) begriffen. In Bd. IV wird die christliche Religion als ›höchste‹ dargelegt, d. h. als die des Geistes. Im Zentrum steht die Christologie: Der göttliche Prozeß als die Perioden der Person Christi (Präexistenz in Einheit mit Gott, Präexistenz in Differenz zu Gott, Menschwerdung und Welthaftigkeit bis zur Rückkehr, das ist Erlösung vom satan. Abfall, vom Selbstseinwollen des Endlichen, und die Wiederbringung aller Dinge in Gott. Die drei Perioden gründen ihrerseits im Trinitätsschema: Gott-Vater ist mit dem Urgrund (dem Drang zur Selbstoffenbarung) korreliert, Gott-Sohn mit der Idee (der Offenbarung in Gott = Möglichkeit der Abkunft des Endlichen), der heilige Geist mit ihrer Identität (von Wesenseinheit und Wesensverschiedenheit). – Die *Philosophie der Mythologie und Offenbarung*, die schon den Zeitgenossen (insbes. nach dem programmat. Vortrag in Berlin, 1841) als obsolet galt, wurde kaum rezipiert und wird erst heute wiederentdeckt.

Ausg.: Sämmtliche Werke, 2. Abt., Bd. I-IV, 1856-1858 (Repr. 1965-1969). – Philosophie der Offenbarung, hg. u. eingel. von M. FRANK, 1977 (stw 181).
Lit.: W. SCHULZ, Die Vollendung des deutschen Idealismus in der Spätphilosophie Schellings, 1955. – W. KASPER, Das Absolute in der Geschichte. Philosophie und Theologie der Geschichte in der Spätphilosophie Schellings, 1965. – K. H. VOLKMANN-SCHLUCK, Mythos und Logos. Interpretationen zu Schellings Philosophie der Mythologie, 1969. – X. TILLIETTE, La mythologie comprise, 1984.

J. JANTZEN

Philosophie der neuen Musik, Theodor W. ADORNO; EA Tübingen 1949.

Adorno denkt in dieser philosoph. gemeinten Betrachtung über die Musik Schönbergs und Strawinskys nach. Gegen die Mechanisierung der Kunstware, die industrielle Verwaltung von Kulturgütern und die Herabsetzung der Kunst zu einem ›bloß angenehmen oder nützlichen Spielwerk‹ (Hegel) verfolgt er in der neueren Musik eine Entfaltung der Wahrheit. Bei Schönberg entdeckt Adorno eine totale Rationalisierung des musikal. Materials in der Zwölftontechnik, die Freisetzung neuer Materialschichten und die fortschreitende Naturbeherrschung. Der Zwölftonkonstruktivismus wird als Verhärtung einer Musik gesehen, die als atonales Chaos gegen gepanzerte Systemzwänge zu rebellieren beginnt, reales Leid, Schocks und Traumata in sich austrägt. Die Universalität der Dissonanz, die Empfindlichkeit der neuen Musik gegen alles Konsonante, Spannung und Schmerz verflüchtigen sich schließlich zur monad. Beziehungslosigkeit der Klänge, in eine stählerne Apparatur der Reihentechnik, in der Naturbeherrschung und gefesselte Gesellschaft ihre unmenschliche Kälte verlauten lassen. Hört Adorno bei dem frühen Schönberg die Klänge des subjektiven Leidens, so bedenkt er zugleich, daß in der Musikgeschichte die Emanzipation der Dissonanz als Nachtseite die bürgerliche Musik seit Bach begleitet. Diese Nachtseite wird entsprechend der Rolle des Unbewußten in der Geschichte der Vernunft gesehen. Strawinsky jedoch verfällt nach Adorno ganz der Suche nach der Authentizität des Archaischen, mißachtet die Individuation und tilgt die Zeit durch Verräumlichung. Solcher Regression, in der die Kollektiv-Phantasie und die archaisch-musikal. Bilder den Einzelnen dem Kollektiv und der Maschinerie der technischen Zivilisation opfern, solcher reflexhaften Musik hält Adorno vor, die Form atme nicht, das Amorphe bleibe zwanghaft bloße Natur. Strawinskys Musik gehört so zum Positivismus, für den das Ich nicht zu retten ist. Sein Harmonismus ist besessen von dem Grauen vor der Zukunft, sein Totentanz überbietet noch die Kälte der Welt. Keiner der beiden Komponisten gilt Adorno als der Kulturindustrie entronnen, wenn auch Schönberg den harmon.-melod. Zirkel verläßt. Adornos Suche nach Künstlern, die der industriellen Warenwelt widersprechen und Kunst als Ferment ihrer Veränderung verstehen, geht weiter. Seine ›atonale Philosophie‹ (Picht) verfällt gleichwohl nicht der Apologie der kommenden Gesellschaft, die er mit einer positiven Geschichtsphilosophie verbunden sieht.

Ausg.: Gesammelte Schriften, Bd. XII, hg. von R. TIEDEMANN, 1975.
Lit.: J. KAISER, Musik und Katastrophe, in: Frankfurter Hefte 1951.

A. KÖPCKE-DUTTLER

Philosophie der symbolischen Formen, Ernst CASSIRER; EA Berlin 1923–1929 (Bd. I: Die Sprache, 1923; Bd. II: Das mythische Denken, 1925; Bd. III: Phänomenologie der Erkenntnis, 1929).

Dem Aufbau des Werks liegt eine komplexe Verbindung von histor. und systemat. Untersuchungen zugrunde, die in den drei Bänden jeweils neu verknüpft werden. Der I. Band knüpft an Ergebnisse an, die Cassirer in seiner Schrift → *Substanzbegriff und Funktionsbegriff* vorgelegt hatte. Mit seiner Relativierung der Auffassung der älteren Marburger Schule von der mathemat.-naturwissenschaftlichen Erkenntnis als Prototyp des menschlichen Welt- und Selbstbewußtseins legt Cassirer den Grundstein für eine allgemeine theoret. Analyse der geistigen Funktionen und Ausdrucksformen. Die naturwissenschaftliche Begriffsbildung ist nur eine besondere Form der Auslegung überhaupt, denen andere Weisen, Bedeutungen zu schaffen, zur Seite treten, von denen jede sich eigene symbol. Gestaltungen schafft. Die Sprache, deren Analyse der I. Band gewidmet ist, Religion und Mythos, die im II. Band untersucht werden, und die Formen wissenschaftlicher Erkenntnis, die im Zentrum des III. Bandes stehen, sind ›Glieder eines einzigen großen Problemzusammenhanges‹, der Konstruktion einer Welt der Bedeutungen. Ziel der geistigen Aktivität des Menschen ist es, in allen verschiedenen Formen – Sprache, Mythos, Religion, Kunst und Wissenschaft –, die Cassirer in ihren spezif. Wesensmerkmalen und gemeinsamen Funktionen untersucht, »die passive Welt der bloßen Eindrücke, in denen der Geist zunächst befangen scheint, zu einer Welt des geistigen Ausdrucks umzubilden«. Das sie Verbindende und zugleich Wesensmerkmal des Menschen ist seine symbolbildende Kraft. Mit dem Begriff der ›symbol. Formen‹ für die verschiedenen Weisen der Weltdeutung vermeidet Cassirer die Bevorzugung der intellektuellen Funktion, verdeutlicht, daß wir immer schon in einer symbol. Welt sind, die uns außerhalb einer dieser ›Bildwelten‹ nicht gegeben ist, und findet schließlich im Symbolbegriff auch die Vermittlung zwischen Sinnlichkeit und geistiger Aktivität. Dabei nimmt Cassirer drei Grundtypen symbol. Formen an, die er als ›Ausdrucks-‹, ›Darstellungs-‹ und ›Bedeutungsfunktion‹ bezeichnet. Raum, Zeit und Zahl werden in der ›Ausdrucksform‹ als ›Bilder‹ oder Eigennamen, in der ›Darstellungsfunktion‹ als sprachliche Kennzeichnungen und in der Wissenschaft als formales Zeichen versinnbildlicht. Das Medium, in dem sich die Symbole ereignen, ist die Kultur, sind Sprachgemeinschaften und Lebensformen, und das Medium, in dem Kultur erfahren wird, ist die Geschichte. Die Theorie der ›symbol. Formen‹ wird zur ›Kulturphilosophie‹, indem die Erzeugnisse der geistigen Kultur als organ. Ganzes betrachtet werden, wobei sich bestimmte Strukturprinzipien durch den geschichtlichen Prozeß hindurch erhalten und im Prozeß der Selbstbefreiung des Menschen, der für Cassirer den kulturellen Prozeß ausmacht, nur unterschiedlichen Vorrang genießen. So kommt der III., vornehmlich systemat. argumentierende Band zu einer Anerkennung der ›natürlichen Weltansicht‹, die sich auch ohne die bestimmten Bedingungen theoret.-wissenschaftlicher Erkenntnis als ein Gebiet von bestimmter theoret. Struktur, mit gedanklicher Formung und Fügung erweist. – Cassirers voluminöses Werk, das Methoden und Erkenntnisse zahlreicher Einzelwissenschaften verarbeitet, hat neben der starken Wirkung im angelsächs. Raum, etwa in der Philosophie S. Langers, besondere Wirkung auf E. Panofsky und K. Lorenz sowie in gewissem Sinne auch auf Habermas ausgeübt.

Ausg.: Repr. (Bd. I) ^{8}1985, (Bd. II) ^{7}1977, (Bd. III) ^{8}1982.

Lit.: C. H. Hamburg, Symbol and Reality. Studies in the Philosophy of E. Cassirer, 1956. – J.-P. Peters, Cassirer, Kant und die Sprache, 1983.

M. Hielscher

Die Philosophie des Als Ob. System der theoretischen, praktischen und religiösen Fiktionen der Menschheit auf Grund eines idealistischen Positivismus. Mit einem Anhang über Kant und Nietzsche, Hans Vaihinger; EA Berlin 1911.

Das aus idealist. und positivist. Anregungen hervorgegangene Hauptwerk Vaihingers, dessen 1. und 2. Teil schon 1876–1878 verfaßt wurden, will ein System der Erkenntnistheorie und zugleich eine befriedigende Welt- und Lebensanschauung sein. – Das Denken wird als Instrument der Selbsterhaltung gedeutet und dem Handeln bzw. den Lebensvorgängen untergeordnet. Da seine Wege nicht die des Seins sind, kann es neben den gewöhnlichen Regeln der Logik und Methodologie auch Fiktionen geben: nämlich gewisse bewußt gewählte, von der Wirklichkeit abweichende und teilweise in sich widersprüchliche Begriffe, Annahmen und Methoden, mit denen wir doch Sinnvolles erreichen. Ihr Wert besteht in ihrer praktischen Zweckmäßigkeit; ihre häufigste sprachliche Form ist der ›Als ob‹-Satz. Vaihingers Hauptthese besagt, daß alle Erkenntniskategorien und Idealvorstellungen Fiktionen sind, diese jedoch im wissenschaftlichen, praktischen, ästhet. und religiösen Bereich unentbehrlich sind. Auf die prinzipielle Grundlegung im 1. Teil des Buches folgen im

2. Teil spezielle Ausführungen über einzelne Fiktionen; der 3. Teil soll die Als-Ob-Philosophie histor. bestätigen und greift auf Kant, Forberg, F. A. Lange und Nietzsche zurück. – Das Werk fand sofort breite Anerkennung und wurde in der Folgezeit in vielen Bereichen angewendet.

Ausg.: 9./10. Aufl. 1927 (Repr. 1986).
Lit.: M. Vlach, H. Vaihinger's ›Philosophie des Als-Ob‹, 1926. – S. Willrodt, Semifiktionen und Vollfiktionen in Vaihingers Philosophie des Als Ob, 1934.

W. Büttemeyer

Philosophie des Geldes, Georg Simmel; EA Leipzig 1900.
In dem sozial- und kulturphilosoph. Werk wird das moderne Geldwesen als ein Schlüsselphänomen der neuzeitlichen Kultur betrachtet, das sowohl den universalen Relativismus des modernen Lebens als auch die prinzipielle Bewegtheit von Welt und Leben widerspiegelt. – Der Wert des Geldes ergibt sich aus der Objektivierung subjektiver Werte, die wirtschaftliche Tauschrelationen ermöglicht. Das Geld selbst stellt somit einen verselbständigten Ausdruck des Prinzips des Tauschgeschäftes dar, durch den Objekte verschiedenster Art relativ zueinander bewertbar und damit durch einander ersetzbar werden. In seiner geschichtlichen Entwicklung war das Geld einem Bedeutungswandel ausgesetzt, der es fortschreitend an Substanzwert verlieren und an Funktionswert gewinnen ließ. Dies hat dazu geführt, daß das Geld in der modernen Gesellschaft zwar über größere Bedeutung als je zuvor verfügt, gleichzeitig aber nurmehr ein relatives Bewertungskriterium ohne entsprechenden substantiellen Wert darstellt, dessen Qualität in seiner Quantität besteht. Mit dieser Veränderung der Geldbedeutung korrespondierte im geistigen Leben die Wandlung des Wahrheitsbegriffes von einem absoluten zu einem relativen sowie der Übergang vom Substanzdenken zum Funktionsdenken, so daß das Geld als ein Symbol für das veränderte Bewußtsein des modernen Menschen angesehen werden kann. Hinsichtlich der Beziehungen zwischen dem einzelnen und der Gesellschaft hat das neuzeitliche Geldwesen einerseits zwar zu einer Ausweitung der individuellen Freiheit geführt, indem es einen objektiveren und emotionsfreieren Umgang mit den Dingen erlaubte, andererseits aber auch eine fortschreitende Objektivierung des Menschen und seiner Leistungen selbst erzeugt und damit die geistige und gefühlsmäßige Entwurzelung des modernen Menschen gefördert. Allgemeiner Ausdruck dieser Ambivalenz des Geldwesens ist zum einen die gesteigerte Mobilität des sozialen Lebens, die symbol. die absolute Bewegtheit des Lebens verkörpert, zum anderen aber auch die verstärkte Veräußerlichung des Menschen, wie sie sich vor allem in stereotypen Verhaltensweisen und Wertentscheidungen der Individuen sowie in der Entfremdung zwischen dem Arbeitenden und seinem Produkt zeigt. – Das Werk war in seinem kulturphilosoph. Gehalt von Einfluß auf das zeitkrit. Denken der ersten Hälfte des 20. Jh.s, blieb jedoch ohne dauerhafte philosoph. Nachwirkung.

Ausg.: ^{7}1977.
Lit.: H. L. Woyslawski, G. Simmels Philosophie des Geldes, 1931.

J. Monar

Philosophie des Lebens. In fünfzehn Vorlesungen gehalten zu Wien im Jahre 1827, Friedrich SCHLEGEL; EA Wien 1828.

Bei der Betrachtung des Schlegelschen Denkweges zeichnen sich drei Phasen ab: die erste Phase – die originäre frühromant. Programmatik – reicht bis 1801; in einer zweiten Phase – nach der Konversion zum Katholizismus – entwirft Schlegel Ansätze eines theist. Weltbildes (sein Meisterwerk aus dieser Periode ist und bleibt sein Buch *Über die Sprache und Weisheit der Indier,* 1808); die Zäsur zum Spätsystem Schlegels, seine dritte Phase, kann mit 1812 angesetzt werden. Die vorliegende Schrift erhellt nun grundlegende Denkstrukturen Schlegels aus jener dritten Periode; sie entstand aus einem der drei großen Vorlesungszyklen Schlegels aus den 20er Jahren des 19. Jh.s, die ihrer Idee nach ein Ganzes einer triad. strukturierten Weltvernunft repräsentieren sollten. Die ›Philosophie des Lebens‹ figuriert in dieser Triade als theoret. Vernunft, eine ›Philosophie der Geschichte‹ als praktische Vernunft und die ›Philosophie der Sprache und der Worte‹ als symbol. Vernunft. Man erkennt – bei allen Unterschieden – in dieser Systematisierung des späten Schlegel seine Herkunft aus dem Umkreis der großen idealist. Systemprogramme der Zeit um 1800 (Fichte, Schelling und Hegel), wenngleich er die method. Ansprüche auf theoret. Stringenz und ›architekton.‹ Geschlossenheit jener Vernunftsysteme nicht annähernd erfüllt. In den 15 Vorlesungen versucht Schlegel eine umfassende Kritik des Logizismus in der Philosophie; die ersten fünf Vorlesungen handeln von der Seele als dem Mittelpunkt des Bewußtseins und des sittlichen Lebens sowie von der Seele in Verbindung mit dem Geist in den Wissenschaften, der Natur und Gottes. Danach entwickeln die Vorlesungen (sechste bis achte) die Gesetze der Weisheit und der göttlichen Ordnung in Natur, Geschichte und Gesellschaft. Der Gegenstand der letzten sieben Vorlesungen ist eine an Hegels →*Phänomenologie des Geistes* orientierte Darstellung der Entfaltung des Geistes im Bewußtsein des Menschen, der Wissenschaft, dem äußeren Leben und der allgemeinen Weltverhältnisse als den verschiedenen Stadien in der Entfaltung des Menschengeschlechts bis hin zu seiner Vollendung. Von Bedeutung ist die antizipierende Kraft dieser Ideen der Schlegelschen Lebensphilosophie; sie ist keine Form kathol. Philosophierens (ein verbreitetes Mißverständnis); Schlegel weist im Gegenteil, namentlich bei seinen Überlegungen zur Mythologie (etwa des Dionysischen und Apollinischen) oder in seinem philosophiekrit. Historizismus auf die europäische Lebensphilosophie (Nietzsche, Dilthey, Bergson) voraus.

Ausg.: Kritische Ausgabe, hg. von E. BEHLER, Bd. X, 1969.

ST. DIETZSCH

Die Philosophie des Rechts nach geschichtlicher Ansicht, Friedrich Julius STAHL; EA Heidelberg 1830–1837 (2 Bde.).

Das rechts- und staatsphilosoph. Werk bezieht eine vermittelnde Position zwischen der Historischen Schule Savignys einerseits, dem ›Recht‹ als ein den individuellen Lebensbedingungen einzelner Staaten angepaßtes, relatives und daher steten Wandlungen unterworfenes Gebilde erschien, sowie dem naturrechtlichen Denken andererseits, das von der Annahme einer unwandelbar feststehenden, für alle Zeiten und Völker gültigen und auf sämtliche Staatsordnungen gleichermaßen übertragbaren Rechtsnorm ausging. Stahl betrachtet jede Rechtsverfassung als organ. sich entwikkelnde und daher variable Einrichtung, sieht sie aber zugleich im steten Rückbezug zu den Geboten Gottes, deren verpflichtende Basis bei aller Originalität von keiner Rechtsschöpfung verlassen werden darf. Auch der Staat ist als eine von Gott geschaffene Institution dem Willen seines Stifters unterworfen. Sein Hauptzweck ist die Verwirklichung des ›sittlichen Reiches‹ als der auf Erden möglichen Realisierungsform der göttlichen Weltordnung. Konstitutive Elemente eines in diesem Sinne ›christlichen‹ Staatswesens sind für Stahl die göttlich sanktionierten Grundsätze der Legitimität und Autorität (im Gegensatz zur Volkssouveränität) sowie – unter Bezugnahme auf spezif. deutsche Verhältnisse – die Lehre vom ›monarch. Prinzip‹ mit ihrer gängigen Unterscheidung zwischen repräsentativ-ständischem und parlamentar. Regierungssystem. – Stahls Rechtsphilosophie – entscheidend geprägt durch Schelling und in kritischer Distanz gegenüber Hegel konzipiert – zählt zu den repräsentativen Hauptschriften des religiös motivierten Konservativismus im 19. Jh. Polit. Bedeutung erlangte das Werk vor allem in Preußen unter Friedrich Wilhelm IV., welcher zentrale Gedanken Stahls unmittelbar zu realisieren versuchte.

Ausg.: 3., erw. Aufl., 1854–1856 (Repr. 1963).

Lit.: D. Grosser, Grundlagen und Struktur der Staatslehre F. J. Stahls, 1963. – Ch. Wiegand, Über F. J. Stahl (1802–1861). Recht, Staat, Kirche, 1981. – A. Nabrings, F. J. Stahl. Rechtsphilosophie und Kirchenpolitik, 1983.

F.-L. Kroll

Philosophie des Unbewußten. Versuch einer Weltanschauung, Eduard von Hartmann; EA Berlin 1869.

In dem spekulativen Werk, das die naturwissenschaftliche Forschung seiner Zeit einbezieht, versucht v. Hartmann, die Metaphysik auf den Begriff des Unbewußten zu gründen. – Anknüpfend an Schellings Thematisierung des Unbewußten *(→ Erster Entwurf eines Systems der Naturphilosophie)* unterscheidet v. Hartmann ein relatives und ein absolutes Unbewußtes. Relativ unbewußt sind psychische Phänomene, die in bezug auf das Gesamtbewußtsein des Organismus, nicht aber in bezug auf seine untergeordneten Funktionen unbewußt sind. Das absolute, in jeder Hinsicht Unbewußte gliedert sich in ein physio-psycholog. und ein metaphys. Unbewußtes. Das metaphys. Unbewußte, dem die Attribute des unendlichen Willens und der unendlichen Vorstellung zukommen, ist das Wesen aller Tätigkeiten des Universums. Aus ihm entspringen die beiden Erscheinungsweisen der Wirklichkeit: die objektiv-reale Natur und das subjektiv-ideale, bewußte Geistesleben. Über eine Phänomenologie des Unbewußten gelangt v. Hartmann zu seiner eigentlichen Metaphysik. In ihr geht er davon aus, daß das Sein, da es jenseits des Bewußtseins liegt und unbewußt ist, dem Bewußtsein nur vermittelt in der Reflexion zugänglich wird. Gegen Hegel und unter dem Einfluß Schopenhauers siedelt er diese Vermittlung nicht in der dialekt. Selbstbewegung des Denkens an, sondern im Willen, der die Existenz in der Kollision mit einem fremden Willen erfährt. Der Weltprozeß besteht im Bewußtwerden des Unbewußten. Gestützt auf verschiedene Begründungsversuche des Pessimismus formuliert v. Hartmann das Programm einer Selbsterlösung des Willens durch seine eigene Verneinung, die den Akt der Weltentstehung rückgängig machen soll. – Die der Zeitströmung entsprechende Behandlung des Pessimismus verschaffte dem Werk kurzzeitig außergewöhnliche Beachtung.

Lit.: D. N. Kenedy Darnoi, The Unconscious and E. v. Hartmann. A Historico-critical Monography, 1967.

G. Krämling

La philosophie du non. Essai d'une philosophie du nouvel esprit scientifique (frz.; *Die Philosophie des Nein,* Versuch einer Philosophie des neuen wissenschaftlichen Geistes), Gaston Bachelard; EA Paris 1940; dt. 1978.

Bachelard kritisiert in diesem Werk auf der Basis seiner epistemolog. Studien die traditionelle Philosophie der absoluten und unveränderlichen Vernunft. Im Gegensatz zu ihr führt die philosoph. Reflexion der Naturwissenschaft (insbes. der zeitgenöss. Physik) zu einer offenen Philosophie. Diese setzt sich bewußt der Dialektik der Erfahrung und damit Korrekturen und Revisionen aus. Sie weiß, daß Wissensfortschritt stets durch Akte des Nein entsteht. So ist vom Bohrschen Atommodell infolge der vielen Kritiken nichts mehr übrig geblieben, aber genau durch die Summe dieser Akte des Nein wurde die wissenschaftliche Auffassung des Atoms konstituiert. Kohärente Erkenntnis ist ein Produkt polem. Vernunft. Die Philosophie der Wissenschaften ist – anders als die überholte integrale Philosophie der Philosophen – eine plurale, gestreute und differentielle Philosophie. Bachelard behandelt Erweiterungen und Transformationen klassischer Kategorien, der Intuition und der Logik. Die Philosophie des Nein vertritt keinen Negativismus oder Nihilismus, sondern legt dar, wie der Geist in seiner konstruktiven Tätigkeit voranschreitet.

Ausg.: Dt., mit einem Essay von J. Kopper und einer Einleitung von G. Schmidt und M. Tietz, 1978.

Lit.: M. de Gandillac u. a. (Hg.), Bachelard (Colloque de Cerisy), 1974. – F. Lapointe, G. Bachelard und seine Kritiker. Bibliographie der internationalen Kritik (1928–1977), in: Philos. Jb. 86 (1979).

W. Welsch

Philosophie und Religion, Friedrich Wilhelm Joseph Schelling; EA Tübingen 1804.

Die Schrift erwächst aus der Identitätslehre, enthält aber nach Schellings späterem Urteil ›die Anfänge der veränderten Lehre‹, d. h. der Theosophie. Schelling nimmt in dem Werk Stellung zu J. G. Eschenmayer, der gegen ihn eingewandt hatte, das Absolute der Philosophie habe nicht die Unmittelbarkeit des Glaubens, und der vor allem nach dem Grund des Hervorgehens des Endlichen aus dem Absoluten fragt (*Die Philosophie in ihrem Übergange zur Nichtphilosophie,* 1803). Schelling antwortet, daß die Leugnung philosoph. Gotteserkenntnis auch die Religion in Frage stellt und daß die Identitätslehre aus dem Prinzip des Absoluten folge und nicht umgekehrt das

Absolute nur als Folge behauptet. Das Absolute ist absolute Indifferenz in Form der Selbstanschauung, durch die es sich (für sich selbst) als sein ›Gegenbild‹ (Idee) darstellt. Schelling nennt diese Selbstobjektivierung ›transzendentale Theogonie‹, sie ist Bedingung alles Erkennens, also Prinzip der Philosophie. Aber Philosophie muß ihre andere Bedingung, d. h. ihre Endlichkeit, auch aus diesem Prinzip erklären und mithin »die Abkunft der endlichen Dinge aus dem Absoluten und ihr Verhältnis zu ihm« begreifen. Schelling verwirft Dualismus und Emanation und sieht die Abkunft als ›Abfall vom Absoluten‹. Der Grund seiner Möglichkeit ist das göttliche Gegenbild, dem als solchem ›Selbständigkeit‹, die Freiheit, selbst sein zu wollen, zukommt. Insofern ist das Absolute, ohne eingeschränkt werden zu müssen, die Möglichkeit des Endlichen. Der Grund der Wirklichkeit ist genet. unerklärbar; er ist Tat-Handlung, Selbstwollen. Deswegen bringt Fichte das endliche Bewußtsein genau auf das Prinzip: »Die Ichheit ist *nichts*, abgesehen von diesem Handeln, und nur für sich selbst, nicht an sich selbst.« Der Abfall vom Absoluten bedeutet das Dasein außer Gott; er hebt die Einheit von Freiheit und Notwendigkeit auf, als die das Gegenbild ursprünglich konstituiert ist: Die Freiheit wird zum nichtigen Willen (»die letzte Spur der in die abgefallene Welt hineingeschauten Göttlichkeit«), und die Notwendigkeit zum Universum der Materie. Die Trennung von Gott ist indes Moment einer Geschichte im Ganzen (wozu auch die Natur gehört), deren Ziel die Rückkehr zu Gott und seine vollendete Offenbarung ist.

Ausg.: Sämmtliche Werke, 1. Abt., Bd. VI, 1860 (Repr. 1965, 1981).
Lit.: H. Holz, Spekulation und Faktizität, 1970.

J. Jantzen

Philosophie zoologique, ou exposition des considérations relatives à l'histoire naturelle des animaux (frz.; *Zoologische Philosophie,* oder Darlegung von Betrachtungen bezüglich der Naturgeschichte der Tiere), Jean Baptiste Pierre Antoine de Monet de Lamarck; EA Paris 1809; dt. 1876.

Das naturphilosoph. Hauptwerk von Lamarck enthält den ersten ausführlich begründeten Entwurf einer Evolutionstheorie der Organismen. In den ersten beiden Teilen des Werks behandelt Lamarck die Struktur und die natürlichen Bedingungen des hierarch. Aufbaus der belebten Natur. Seine Gedanken zu dieser Thematik trug er erstmals 1800 in Paris in einem Kurs über wirbellose Tiere vor und veröffentlichte sie in *Système des animaux sans vertèbres* (1801). Aufgrund der abgestuften morpholog. und physiolog. Ähnlichkeiten der Organismen, die nur für die systemat. Hauptgruppen eine Reihe wachsender Mannigfaltigkeit, für Untereinheiten jedoch viele Übergangsformen erkennen lassen, aufgrund der Anpassung der Lebenserscheinungen an ihre jeweilige Umwelt, der Möglichkeit der zum Teil zwischenartlichen Hybridbildung und der fossilen Überreste ausgestorbener Arten nimmt Lamarck eine naturgesetzliche Hervorbringung und Umwandlung der nur zeitweilig konstanten Tier- und Pflanzenarten in langen Zeiträumen an. Als treibende Faktoren dieses fortwährenden Prozesses betrachtet er eine natürliche Tendenz zur Ausbildung einer zunehmend zusammengesetzteren Organisation der Lebewesen und die Einflüsse der unbelebten (bewirken Gebrauch oder Nichtgebrauch von Organen) und belebten Umwelt. Voraussetzung für deren Wirksamkeit – wobei Veränderungen durch Vererbung erhalten bleiben sollen – ist die Gültigkeit derselben Gesetze in der anorgan. und organ. Natur, in der sich jedoch Tiere von Pflanzen durch ihre Reizbarkeit unterscheiden sollen. Aus derselben Materie konnten sich nach ›Urzeugungen‹ über eine zelluläre Grundstufe die höheren Lebensformen entwikkeln. Der 3. Teil legt anknüpfend an den Sensualismus von Condillac und die physiolog. begründete Psychologie von G. Cabanis die physischen Grundlagen der Empfindungs- und Verstandestätigkeiten der höheren Tiere dar, die einer zunehmenden Ausbildung von Nervensystem und Gehirn entsprechen. Lamarcks Theorie wirkte in Frankreich und nach 1859 (in Auseinandersetzung mit Darwins Werk) in ganz Europa und den USA und führte zwischen 1895 und 1915 zum sog. Neolamarckismus.

Ausg.: Historiae naturalis Classica, Bd. X, 1960. – Engl., von H. Elliot, hg. von D. L. Hull/R. W. Burkhardt jr., 1984.

Lit.: A. Pauly, Darwinismus und Lamarckismus. Entwurf einer psychophys. Teleologie, 1905. – A. Wagner, Geschichte des Lamarckismus, 1908. – R. W. Burkhardt jr., The Spirit of System. Lamarck and Evolutionary Biology, 1977.

B. Hoppe

Philosophische Bemerkungen zu mehrwertigen Systemen des Aussagenkalküls, Jan Lukasiewicz; ED Warschau 1930 (in: Comptes rendues des séances de la Société des Sciences et des Lettres de Varsovie 23).

Lukasiewicz versucht in dieser Schrift, den Ursprung und die philosoph. Bedeutung seiner 1920 entwickelten dreiwertigen Aussagenlogik zu verdeutlichen. – Die Grundlage der klass. Logik ist das Bivalenzprinzip: jeder Satz ist entweder wahr oder falsch. Nach Lukasiewicz führt diese zweiwertige Logik zu einer determinist. Weltanschauung, denn ist jede Aussage über ein zukünftiges Ereignis schon heute wahr (oder falsch), so ist dessen Eintreten notwendig (bzw. unmöglich), also vorherbestimmt. Aussagen über nichtvorherbestimmte Ereignisse müssen daher einen dritten Wahrheitswert (›möglich‹) erhalten. Lukasiewicz' dreiwertiges System ist formal gesehen eine natürliche Erweiterung der klassischen Aussagenlogik; ihre Wahrheitsfunktionen stimmen eingeschränkt auf die klassischen Wahrheitswerte mit ihren zweiwertigen Gegenstücken überein. Den determinist. Geist der klassischen Logik versucht Lukasiewicz auch auf formalem Weg zu verdeutlichen: er beweist, daß jedes System der Modallogik, das gewisse Adäquatheitsbedingungen erfüllt, in der zweiwertigen Logik zu Widersprüchen führt; in widerspruchsfreien Systemen fallen entweder die notwendigen und die möglichen Sätze mit den wahren zusammen oder es folgt, daß alles möglich ist. In der dreiwertigen Logik dagegen läßt sich ein adäquates und widerspruchsfreies System der Modallogik konstruieren. In einem Anhang untersucht Lukasiewicz die Geschichte des Bivalenzprinzips.

Ausg.: Engl., in: Selected Works, hg. von L. Borkowski, 1970.

F. Wilckens

Philosophische Briefe, Friedrich SCHILLER; ED 1786 (in: Thalia, hg. v. Schiller, Bd. I/3).

Der fragmentar. Briefdialog schildert die Weltanschauungskrise eines Jünglings, Julius, der unter Anleitung seines Mentors Raphael über die Stufen der Religions- und Metaphysikkritik zur dramat. erlebten Konfrontation mit dem Skeptizismus als problemat. Konsequenz der Aufklärung geführt wird. U. d. T. *Theosophie des Julius* ist ein philosoph. Essay eingefügt, der populärmetaphys. Konzepte leibnizian. (J. J. Spalding, Ch. Garve) und hermet.-theosoph. Ursprungs (J. F. Oetinger, J. H. Obereit) aufnimmt und in der Idee der Entäußerung Gottes in seinen Geschöpfen und der Wiederherstellung der göttlichen Einheit durch die Liebe, mit der die geschaffenen Individuen zueinander streben, gipfelt. Dieser bereits um 1779 entstandene Text repräsentiert nicht nur die verlorenen metaphys. Hoffnungen des Julius, sondern Schillers eigene, auch von ihm selbst nunmehr bezweifelte Jugendphilosophie.

Ausg.: Sämtliche Werke, Bd. V, [7]1984.
Lit.: W. RIEDEL, Die Anthropologie des jungen Schiller, 1985.

W. RIEDEL

Philosophische Briefe über Dogmaticismus und Kriticismus, Friedrich Wilhelm Joseph SCHELLING (nicht unterzeichnet); ED 1795 (in: Philosophisches Journal, hg. von Friedrich Immanuel Niethammer, Bd. II, H. 3; Bd. III, H. 3).

Mit den *Briefen* kommt Schellings früheste, stark von Fichte beeinflußte, Philosophie (*Über die Möglichkeit einer Form der Philosophie überhaupt*, 1795; *Vom Ich als Princip der Philosophie*, 1795) zu einem ersten Abschluß; er läßt deutlicher als zuvor den Spinozismus als Moment seines Denkens hervortreten. – Schelling wendet sich zunächst gegen eine Tendenz der zeitgenöss. Kant-Interpretation (Storr, Flatt), die zwar die Kritik am Erkenntnisvermögen akzeptiert, aber mit der praktischen Philosophie und der Postulatenlehre Kants den dogmat. Supranaturalismus wieder ins Recht setzen will. Gegen die verkürzte Sicht des Problems von Dogmatismus und Kritizismus setzt Schelling als eigentliches (und ihm zufolge von Kant so angedeutetes) Problem der Philosophie die Frage nach der Vermittlung des Absoluten mit dem Unendlichen. Im Anschluß an Kants Frage: Wie sind synthet. Urteile a priori möglich? formuliert er (im Blick auf Fichte) das Problem neu: »Wie komme ich überhaupt dazu, aus dem Absoluten heraus, und auf ein Entgegengesetztes zu gehen?« Die Frage thematisiert das Ich, das sich (mit Hölderlin gesagt) nur in der Form des Urteils, der kopulativen Einheit von Ich und Nicht-Ich, von Subjekt und Objekt, selbst hat. Spinozas Dogmatismus hebt die Zweideutigkeit auf, indem er das Subjekt sich im Absoluten des Objektiven verlieren lassen will. Der (unvollendete) Kritizismus verliert es andererseits nicht weniger, indem er es entweder selbst absolut setzt oder es unter die Bedingung eines Absoluten selbst setzt und also nicht mehr Subjekt sein läßt. Schelling will den Gegensatz der Systeme aufheben: Das Absolute ist weder objektiv noch subjektiv gegeben, sondern stellt sich in der (synthet.) Tätigkeit des Subjekts dar. Die problemat. Einheit von Ich und

Nicht-Ich (Subjekt und Objekt), als welche sich das Ich hat, ist weder durch die Annahme eines absoluten Ich noch durch die eines absoluten Nicht-Ich aufzulösen, sondern ist Darstellung des nur so zu begreifenden Absoluten. Als Tätigkeit bedeutet sie praktisch Freiheit, die allerdings zugleich als Freiheit oder Tätigkeit des Nicht-Ich (des Objektiven) vorgestellt werden muß. Die *Briefe* deuten insofern auf Schellings Naturphilosophie voraus. – Zusammen mit *Vom Ich als Prinzip der Philosophie* (1795), begründen die *Briefe* Schellings frühen Ruhm. Obgleich von seinen Zeitgenossen noch zum Teil als eine populäre Darstellung Fichtes aufgefaßt, führen sie mit dem Begriff des Absoluten (bzw. Unbedingten), in dem die Standpunkte des Dogmatismus (Spinoza) und des Kritizismus (Kant, Fichte) vereinigt sein sollen, über Fichte schon hinaus. Bedeutend sind sie auch als Dokument der Diskussion der ›Tübinger‹ – Hölderlin, Hegel, Schelling.

Ausg.: Sämmtliche Werke, 1. Abt., Bd. I, 1856 (Repr. 1965, 1980).
Lit.: H. M. BAUMGARTNER (Hg.), Schelling. Einführung in seine Philosophie, 1975. – M. FRANK/G. KURZ (Hg.), Materialien zu Schellings philosoph. Anfängen, 1975 (stw 139).

J. JANTZEN

Philosophische Brocken (Kierkegaard) – Philosophiske Smuler

Philosophische Kultur. Gesammelte Essays, Georg SIMMEL; EA Leipzig 1911.

Die kulturphilosoph. Essaysammlung enthält die Grundzüge der Simmelschen Konzeption von der Kultur als einer dynam. Beziehung zwischen dem Leben und Nichtleben der Formen, die es hervorbringt. – Die Inhalte der Kultur sind einem beständigen Werden und Vergehen unterworfen und lassen sich nicht von diesem lebendigen Prozeß abgelöst begreifen. Im Rahmen des unaufhörlichen kulturellen Wandels können Sinn und Wert einzelner Kulturelemente nur relativ zueinander bestimmt werden, d. h. einen absoluten Punkt der Sinngebung gibt es nicht. In dem Aufsatz »Zur Philosophie der Kultur« wird die letztere allgemein als Weg der Seele zu sich selbst, als ewiges Werkzeug menschlicher Selbstentwicklung betrachtet. Die Kultur ist hierbei als ein Prozeß zu verstehen, in dessen Verlauf Menschen Sinnformen hervorbringen, die sich von ihrem lebendigen Existenzgrund ablösen und schließlich zu selbständigen Gebilden werden. Da aber das Leben weiterströmt und fortwährend neue Bedürfnisse erzeugt, kommt es mit der Zeit zwangsläufig zu ›Antinomien‹ zwischen diesen verfestigten kulturellen Sinnformen und dem dynam. Lebensprozeß, wobei die ersteren das Leben einengen und vergewaltigen. Zwar kann das Leben diese erstarrten Gebilde sprengen und durch neue, seinen aktuellen Bedürfnissen gemäßere ersetzen, aber dies kann nicht verhindern, daß immer wieder aufs neue Kulturformen dem Leben, aus dem sie ursprünglich hervorgegangen sind, zerstörend gegenübertreten, was Simmel als die »Tragödie der Kultur« bezeichnet. – Die Sammlung zählt zu den grundlegenden Schriften der deutschen Lebensphilosophie.

Ausg.: Repr. 1983.
Lit.: R. H. WEINGARTNER, Experience and Culture. The Philosophy of G. Simmel, 1962.

J. MONAR

Philosophische Untersuchungen, Ludwig WITTGENSTEIN, entst. ca. 1935–1945 (1. Teil) bzw. 1947–1949 (2. Teil); EA Philosophical Investigations 1953 (engl.), 1958 (dt./engl.).
Die von Wittgenstein selbst zur Veröffentlichung vorbereiteten Bemerkungen (Teil 1) über den Begriff der Sprache, der Bedeutung, über seelische Vorgänge und Zustände usw. gelten zu Recht als Summe seiner späteren Philosophie. – Die Bedeutung von Ausdrücken hängt nicht bloß von ihrer Einbettung im Satz ab; vielmehr muß die bedeutungsrelevante Rolle der Einbettung von Sätzen bzw. Äußerungen in Sprachspielen (und letztlich in Lebensformen) beachtet werden. Der Sprachspielbegriff, der gegenüber dem in → *The Blue Book/The Brown Book* erweitert ist, umfaßt alle geregelten Formen menschlichen Handelns, bei denen sprachliches und nichtsprachliches Verhalten miteinander verwoben sind; er umfaßt sogar die Gesamtheit der Sprache und die mit ihr verknüpften Tätigkeiten. Kritisiert werden Bedeutungstheorien, die auf die eine oder andere Weise annehmen, die Bedeutung von Zeichen sei vor und unabhängig von der übereinstimmenden Praxis ihres Gebrauchs festlegbar und auch so festgelegt. Die Vorstellung, es gebe absolut einfache Gegenstände, denen die eigentlichen Namen entsprechen (von Wittgenstein selbst noch im → *Tractatus logico-philosophicus* vertreten) wird ebenso verworfen wie die platonist. Theorie des Allgemeinbegriffs, derzufolge die Gegenstände, auf die ein Begriffswort angewandt wird, darüber hinaus etwas gemeinsam haben müssen, nämlich das Wesen der Dinge, das diesen Gebrauch festlegt und rechtfertigt. Offenbar besitzen z. B. die Dinge, die man als Spiele bezeichnet, gar kein solches gemeinsames Wesen, stattdessen sind sie durch Familienähnlichkeiten verknüpft. Insbes. gibt es kein Wesen des Satzes oder der Sprache, sondern eine weitverzweigte Familie von Sprachspielen. Ebenso wird ein platonist. Verständnis von Regeln verworfen, nach dem die Regeln (etwa der Sprache) unabhängig von menschlichem Verhalten ihre eigene Anwendung festlegen. Ohne die einschränkende Kraft der auf Lernen beruhenden gemeinsamen Handlungsweise käme es zu einem unendlichen Regreß von Regeln und Deutungen dieser Regeln. Selbst die Annahme spezieller bedeutungs- bzw. regelfestlegender geistiger Akte, Vorgänge oder Zustände (Meinen, Verstehen, geistige Bilder etc.) ist ein Fehler: zum einen liegen offenbar beim bedeutungsvollen Reden normalerweise keine solchen begleitenden Akte vor; zum anderen könnten sie nicht das leisten, was mentalist. Sprachtheoretiker von ihnen erhoffen – Meinen, Verstehen oder geistige Bilder legen die richtige Anwendung von Zeichen oder Regeln nicht aus eigener Kraft fest. Anhand der (häufig konstruierten) Sprachspiele kann erstens demonstriert werden, wie Sprachen aussehen müßten, falls die falschen Sprachtheorien zuträfen. Zweitens kann vorgeführt werden, daß schon für primitivste Sprachformen die genannten Einbettungsverhältnisse gelten. Drittens kann in übersichtlicher Weise dargestellt werden, wie Teile der Sprache wirklich funktionieren. Gegen die These, die Bedeutung ei-

nes Zeichens sei nicht unabhängig von der allgemeinen Praxis der Verwendung dieses Zeichens festgelegt, scheint zunächst die Vorstellbarkeit einer privaten Sprache zu sprechen, in der eine Person allein ihre Empfindungen meint, sie benennt, über sie spricht, Empfindungen, zu denen nur sie Zugang hat. Die Idee einer privaten Empfindungssprache (und einer privaten Sprache überhaupt) erweist sich aus mehreren Gründen als inkohärent: Erstens scheint es keine Deutung von ›privat‹ zu geben, unter der eine private Empfindungssprache ein Gegenbeispiel zu Wittgensteins Sprachtheorie wäre. Weder hat es Sinn zu sagen, nur der Empfindende wisse, ob er die Empfindung hat, noch gibt es ein Kriterium der Identität, nach dem es notwendig wäre, daß er seine Empfindungen allein hat, noch sind Empfindungen in dem Sinne privat, daß es solche ohne öffentlich zugängliches Ausdrucksverhalten gebe. Zweitens könnten Zeichen einer privaten Sprache keine Bedeutung haben, da es kein Kriterium gäbe, nach dem sie richtig oder falsch verwendet würden (daher kann von Regelfolgen, von einem Sprachspiel oder einer Sprache hier nicht gesprochen werden). Private Hinweisdefinitionen können aus logischen Gründen nicht gelingen. Jede folgende Verwendung des privaten Zeichens ließe sich nur in zirkulärer Weise rechtfertigen. Sprachphilosoph. und erkenntnistheoret. Positionen, aus denen folgt, daß eine Privatsprache möglich ist oder gar daß Teile unserer öffentlichen Sprache aus privaten Sprachen hervorgegangen sind, sind damit widerlegt, falls Wittgensteins Argumentation korrekt ist. Schließlich zeigt eine Untersuchung unserer Empfindungssprache, daß Empfindungswörter und -äußerungen eine andere Rolle in der Sprache spielen, als durch das Gedankenexperiment mit der Privatsprache nahegelegt wird: Empfindungswörter der öffentlichen Sprache sind keine Namen für Empfindungen; Empfindungsäußerungen in der ersten Person sind keine Berichte über bei sich selbst beobachtete private Vorgänge, sondern sprachliches Ausdrucksverhalten, das das ursprüngliche Ausdrucksbenehmen – etwa Schreien – ersetzen kann. Typ und Inhalt der geistigen Zustände bzw. Vorgänge einer Person (Gedanken, Vorstellungen, Erwartungen etc.) werden durch ihr sprachliches und nicht-sprachliches Ausdrucksverhalten, ihr übriges Verhalten und durch die Reaktionen anderer Personen festgelegt. Untersuchungen der tatsächlichen Verwendung psycholog. Verben wie ›denken‹, ›meinen‹, ›verstehen‹, ›sich etwas vorstellen‹, ›wollen‹ etc. ergeben, daß es eine Illusion ist zu glauben, diesen Ausdrücken müßten jeweils einheitliche innere Sachverhalte entsprechen. In den Fällen, in denen Meinen, Bedeutungsverstehen oder Sagenwollen eine bedeutungsrelevante Rolle spielen, kann gezeigt werden, daß sie dies nicht qua innere seelische Sachverhalte tun. – Die Schrift zählt zu den Hauptwerken der sog. ordinary language philosophy.

Ausg.: Werkausgabe, Bd. I, 1984.

Lit.: E. v. SAVIGNY, Die Philosophie der normalen Sprache, [2]1974. – C. MC GINN, Wittgenstein on Meaning, 1986.

O. R. SCHOLZ

Philosophische Untersuchungen über das Wesen der

menschlichen Freiheit und die damit zusammenhängenden Gegenstände, Friedrich Wilhelm Joseph SCHELLING; EA Landshut 1809 (in: Philosophische Schriften. Erster (= einziger) Band).

Dem erst 1834 selbständig erschienen Werk kommt eine Schlüsselstellung im Gesamtwerk zu. Es transformiert die Identitätslehre zur Religionsphilosophie, an der Schelling bis zum Tod 1854 arbeitet. Der Kern der (von Böhme und Baader beeinflußten) Freiheitsschrift ist der Versuch, das Verhältnis Gott/ Schöpfung als Entwicklung absoluter und nicht endender Identität zu denken. Sie ist indes Selbstentfremdung Gottes in die Schöpfung, und so wird Schellings Frage nach der Ankunft des Endlichen (»Was war ich, ehe ich zu Bewußtsein kam?«) zur Frage nach der Herkunft des Bösen, die der »tiefen unzerstörlichen Melancholie alles Lebendigen« entspringt. Die Frage ist verknüpft mit der These Kants von der Unbegreiflichkeit der Herkunft des (moral.) Bösen, die das Böse radikal an die Existenz bindet. Die Unbegreiflichkeit läßt das Denken abbrechen und konstituiert so die zwiefache Situation des Ursprungs, die zugleich Willkür und Faktizität, Existenz, bedeutet. Schelling interpretiert diese Situation durch die Unterscheidung des Wesens, sofern es existiert und sofern es Grund seiner Existenz ist. Die Unterscheidung markiert das ›Innerste‹ von Schellings Philosophie; sie verlangt den Bezug von Grund und Existenz auf ein Vorgängiges, das Schelling als ›Urgrund‹, Indifferenz (Gleichgültigkeit) bestimmt – dem »einzigen vom Absoluten möglichen Begriff«. Von dem Ungrund ist »weder das eine noch das andere, noch auch beides zugleich (zu) prädizieren«; aber Grund und Existenz können von ihm (weil er Indifferenz ist) als Nichtgegensätze jeweils für sich prädiziert werden. Zu denken ist also Dualität bzw.: das unmittelbare Hervorbrechen der Dualität aus dem Weder-Noch der Indifferenz. Denn weil sie nicht Einheit ist, kommt es zur Teilung ›in die zwei gleich ewigen Anfänge‹, damit endlich Einheit durch Liebe in personaler Existenz möglich wird. Anfang und Endabsicht der ›Weltgeschichte‹ sind damit genannt: Sie ist zunächst Gottes Einheit von Existenz und Grund als Geburt des Lichts (des schaffenden Wortes); mit dem Licht ist aber auch der Grund wirklich – als Finsternis. So kündigt das Böse sich an: der Grund will selbst sein, die Schöpfung wird Natur und Reich der Notwendigkeit. So geht über dem Wort der Geist auf, das Reich der Freiheit über der Natur. Mit dem Geist offenbart Gott sich im Menschen (= Anfang des ›neuen Bundes‹), in dem der göttliche Licht-Blick wieder erscheint und in dem allein Gott die Natur (= das ›alte Testament‹) liebt, um sie zu erlösen. Als Natur hat der Mensch jedoch auch das von Gott unabhängige Prinzip des Grundes, der Finsternis, in sich. Die Seele vereinigt Finsternis und Licht und ist Geist; aber anders als die göttliche Einheit ist die menschliche zertrennlich, »und dieses ist die Möglichkeit des Guten und des Bösen«. – Das Böse pervertiert die wahre Ordnung, in der der Grund immer nur Potenz, nie Actus ist. Im Menschen wird er in Freiheit gesetzt: Der Grund, den die Offenbarung Gottes ›zur Aktualisierung erregt‹ hat, wird umgekehrter Gott, der sein will. Aber indem dieser Wille zum Selbstsein Scheidung vom Licht (Gott) sein will, bewirkt er »eben damit die vollkommene Aktualisierung Gottes«. So tritt die ›Endabsicht‹ hervor: Durch die Behauptung der anfänglichen Dualität in der Scheidung vom Guten setzt sich das Böse (Grund) selbst herab und wird ›Grund‹ des Guten. – Das Werk, das Schellings Zeitgenossen als Ausdruck einer neuen Gnosis empfanden, ist von grundlegender Bedeutung für die neuere Existenzphilosophie.

Ausg.: Sämmtliche Werke, 1. Abt., Bd. VII, 1860 (Repr. 1965, 1983). – 1975 (mit Einleit. von W. SCHULZ).

Lit.: W. KASPER, Das Absolute in der Geschichte, 1965. – M. HEIDEGGER, Schellings Abhandlung Über das Wesen der menschlichen Freiheit, 1971.

J. JANTZEN

Philosophische Versuche über die menschliche Natur und ihre Entwickelung, Johann Nicolas TETENS; EA Leipzig 1777 (2 Bde.).

In seinem aus 14 eigenständigen Untersuchungen bestehenden Hauptwerk versucht Tetens eine philosoph.-psycholog. Analyse der menschlichen Seele und ihrer Funktionen. – Tetens will nicht Ergebnisse seines Nachdenkens fertig vorlegen, sondern den ganzen Weg seiner subtilen Analysen mitteilen. Der umständliche und verwickelte Aufbau des Werks spiegelt das Konzept sich orientierender, nicht deduzierender Vernunft wider. Die Methode ist ›naturwissenschaftlich‹, d. h. gestützt auf Beobachtung und Versuch. Hypothesen und Tatsachen müssen sorgfältig auseinandergehalten werden. Der Ausgangspunkt liegt in der Selbstbeobachtung. Gegenüber Wolff und der Seelenlehre der deutschen Schulphilosophie betont Tetens, daß die Untersuchung der Seele nicht mit metaphys. Spekulationen beginnen, sondern nur mit ihnen enden darf. Er erkennt in Auseinandersetzung mit dem englischen und französ. Sensualismus die Bedeutung der rezeptiven Sinnlichkeit sowie, mit Bezug auf Leibniz, der Aktivität der Seele. Die Seele kann Eindrücke empfangen und selbständig tätig sein. Der Stoff für Allgemeinbegriffe stammt aus den Empfindungen. Doch gibt es »erste Grundsätze des Verstandes«, »die von keinen besonderen Beschaffenheiten der Vorstellungen abhangen«, sondern von der Denktätigkeit selbst. Solche ursprünglichen ›Verhältnisgedanken‹, etwa das ›Prinzip der Identität‹, liegen aller Erkenntnis zugrunde. Tetens unterscheidet drei ›erste Grundkräfte‹ der Seele: Gefühl (Modifikabilität der Seele), Verstand und Willen. Die Dreiteilung ist jedoch keine Abgrenzung wirklicher Kräfte, sondern eine Klassifikation von rein hypothet. Wert. – Tetens schrieb das Werk bereits unter dem Eindruck von Kants Dissertation von 1770, die er mehrfach zitiert. Kant hat Tetens' Versuche gründlich studiert und hatte das Buch nach J. G. Hamanns Zeugnis in der Zeit der Abfassung der → *Kritik der reinen Vernunft* immer vor Augen.

Ausg.: Die philosoph. Werke, Bd. I u. II, 1979.

R. BEZOLD

Philosophiske Smuler eller En Smule Philosophi (dän.; *Philosophische Brocken* oder Ein Bißchen Philosophie), Sören KIERKEGAARD; EA Kopenhagen 1844 (unter dem Pseud. Johannes Climacus. Hg. von S. Kierkegaard);

dt. 1890 Philosophische Bissen.

Thema der philosoph.-theolog. Schrift ist die Frage: »Kann es einen historischen Ausgangspunkt für ein ewiges Bewußtsein geben?« Kierkegaard beschäftigt sich hier mit dem Verhältnis von Geschichte, Wissen und Glauben. Den Hintergrund bilden die in der Nachfolge Hegels entstandenen theolog. Versuche, Vernunft (-wahrheit) und Christentum miteinander zu versöhnen (besonders H. L. Martensen), gegen die sich Kierkegaard polem. wendet, indem er den Glauben an das vom Verstand nicht einholbare Paradox bindet. – Als Ausgangspunkt dient die Gestalt des Lehrers Sokrates im Verhältnis zu seinen Schülern. Sokrat. gesprochen befindet sich der Schüler bereits im Besitz der Wahrheit und der Lehrer ist für ihn nur Anlaß, sich dieser zu erinnern (Anamnesis). Anders aber verhält es sich angesichts der christlichen Offenbarung. Hier ist der Schüler nicht im Besitz der Wahrheit (sondern durch die Sünde im Stande der Unwahrheit), und er muß sie vollkommen vom Lehrer (dem Gott in der Zeit) erhalten, zusammen mit der Bedingung, sie verstehen zu können. Der Augenblick, in dem der Schüler die Bedingung empfängt, erhält hier entscheidende Bedeutung, denn es ist der Einbruch der Ewigkeit in die Zeitlichkeit, in dem eine Wiedergeburt stattfindet. Damit der Gott dem Schüler die Wahrheit bringen konnte, mußte er in die Zeit eintreten und Mensch werden. Das Paradox, daß der Gott Mensch geworden und gestorben ist, gegen das der Verstand anrennt, ist der Inhalt und die Leidenschaft des Glaubens. Da jeder zu jeder Zeit vom Gott selbst die Bedingung der Wahrheit empfangen und den Glauben an das Paradox von neuem ursprünglich vollziehen muß, gibt es in bezug auf den Glaubensakt keinen wesentlichen Unterschied zwischen dem mit dem Gott Gleichzeitigen und dem Späteren. – Hinsichtlich der theolog. Wirkungsgeschichte ist besonders Kierkegaards Einfluß auf die sog. ›dialekt. Theologie‹ (K. Barth, E. Brunner, F. Gogarten) hervorzuheben.

Ausg.: Dt. von L. Richter, 1984. – Dt., von E. Hirsch, 1985.
Lit.: C. A. Scheier, Kierkegaards Ärgernis. Die Logik der Faktizität in den ›Philosophischen Bissen‹, 1983.

F.-P. Burkard

Philosophōn biōn kai dogmatōn synagogē (gr.; lat.: *De vitis dogmatis et apophtegmatis clarorum philosophorum libri X*; *Sammlung der Lebensbeschreibungen und Lehrmeinungen der Philosophen*), Diogenes Laertios, entst. erste Hälfte des 3. Jh.s n. Chr.; ED Rom ca. 1472 (lat.), Basel 1533 (gr.); dt. 1807.

Diese vollständigste aus dem Altertum überlieferte Geschichte der antiken Philosophie bis zum Neuplatonismus ausschließlich folgt im Aufbau dem nach Ansätzen bei Aristoteles von dem Peripatetiker Sotion aus Alexandrien (erste Hälfte des 2. Jh.s v. Chr.) entwikkelten Schema der Sukzession (diadochē) von Lehrern und Schülern, auf der nicht nur die Einheit der einzelnen Schulen, sondern auch die Verbindung der verschiedenen Schulen untereinander beruht. Die Philosophie ist eine Schöpfung der Griechen (Buch I, 1-11). Diogenes Laertios unterscheidet zwei Entwicklungslinien, die er nicht mehr auf einen gemeinsamen Ursprung zurückführt: die mit Anaximander beginnende ionische und die auf Pythagoras zurückgehende italische Richtung (I,13). Vorgänger der Philosophen sind die (sog. sieben) Weisen, deren Reihe mit Thales, dem Lehrer des Anaximander, beginnt und zu denen Diogenes Laertios auch Pherekydes, den Lehrer des Pythagoras, zählt (I,22-122). Die ionische Sukzession führt von den Milesiern Anaximander und Anaximenes über Anaxagoras und Archelaos zu dessen Schüler Sokrates, wo sie sich verzweigt. Der Sokratiker Antisthenes gründet die kynische Schule (Buch VI), aus der die Stoa (Zenon, Kleanthes, Chrysipp) hervorgeht (Buch VII). Über Platon (Buch III) gehen die Akademie (Buch IV) und Aristoteles mit dem Peripatos (Buch V) auf Sokrates zurück. Zur italischen Reihe zählt Diogenes Laertios außer den Pythagoreern Empedokles (Buch VII), Heraklit, Xenophanes und dessen Schüler Parmenides von Elea. Der Eleat Zenon ist Lehrer des Atomisten Leukipp. Dessen Schüler Demokrit ist Lehrer des Sophisten Protagoras; in Demokrits Tradition steht Pyrrhon, der Gründer der Skepsis (Buch IX); Demokrits Atomismus wird von Epikur (Buch X) fortgeführt. – Das Werk, eine Sammlung von Exzerpten, hat keine abschließende Redaktion erfahren. Die meisten seiner Quellen sind ihrerseits Kompilationen, so daß Diogenes Laertios vieles aus dritter und vierter Hand übernommen hat. Die Biographien bestehen überwiegend aus Anekdoten und Klatsch. Dennoch findet sich auch wertvolles Material (z. B. in den Biographien von Platon und Aristoteles; die Liste der Schriften des Aristoteles; der Abriß der stoischen Lehre; die Briefe und der Katechismus Epikurs).

Ausg.: Dt., von O. Apelt, ^{2}1967 (PhB 53/54).
Lit.: R. Hope, The Book of Diogenes Laertios, 1930. – J. Mejer, Diogenes Laertios and His Hellenistic Background, 1978. – M. Gigante, Diogenes Laertios, ^{3}1983.

F. Ricken

Philosophy and The Mirror of Nature (engl.; *Philosophie und der Spiegel der Natur*), Richard Rorty; EA Princeton 1979; dt. 1981 Der Spiegel der Natur. Eine Kritik der Philosophie.

Rortys Thema ist das neuzeitliche Projekt einer ›ersten Philosophie‹, die als Erkenntnistheorie den übrigen Disziplinen Gebiete zuweist und deren Grenzen zieht. Im 1. Teil verfolgt er die Entstehung des Projektes zurück bis ins 17. Jh. zur ›Erfindung‹ des Mentalen durch Descartes und Locke als eines privaten Schauplatzes, der den äußeren, öffentlichen Schauplatz spiegelt und dabei so Heterogenem wie Überzeugungen und Empfindungen Raum gibt (zusammengefaßt unter dem Lockeschen Titel ›Idee‹). Rorty vertritt die These, daß das Cartesian. Kriterium des Mentalen, Unbezweifelbarkeit, nicht dazu benutzt werden darf, einen eigenen – inneren – Seinsbereich zu postulieren. Unbezweifelbarkeit ist vielmehr als eine durch soziale Praktiken sanktionierte Unkorrigierbarkeit zu verstehen. Im 2. Teil wird, beginnend mit Kant, die Konzeption der Philosophie als aprior. Erforschung des mentalen Spiegels zum Zweck der Fundierung der Wissenschaften kritisch untersucht. Rorty macht mit Sellars und Quine gegen das Fundierungsunternehmen geltend, daß Wissen nicht das Beeindrucktwerden durch Gegenstände, sondern das Ergebnis argumentierender Unterredung ist. Versuche, die ›erste Philosophie‹ durch Psychologie oder Sprachphilosophie zu ersetzen, werden zurückgewiesen. Nicht als Ersatz, sondern als Alternative skizziert Rorty im 3. Teil eine ›Hermeneutik‹ genannte Weise des Philosophierens, die nicht Wissenschaft, sondern vielmehr die Kunst ist, ein Gespräch fortzuführen, insbes. das von Platon begonnene und trotz vielfachem Themawechsel andauernde Gespräch der Philosophie.

A. F. Koch

The Philosophy of the Inductive Sciences, Founded upon their History, (engl.; *Die Philosophie der induktiven Wissenschaften,* begründet auf deren Geschichte), William Whewell; EA London 1840.

Mit seinem in Anlehnung an F. Bacon konzipierten und unter dem Einfluß von Kant geschriebenen philosoph. Hauptwerk leistet Whewell einen wichtigen Beitrag zur erkenntnistheoret. Grundlegung des Positivismus. – Seine in zwei Teile und 13 Bücher gegliederte Wissenschaftsphilosophie will eine vollständige Einsicht in Wesen und Bedingungen des Wissens geben sowie die Methoden für die Entdeckung neuer Wahrheiten darlegen. Der method. Weg beinhaltet den Prozeß der Induktion, d. h. den Aufstieg von einzelnen Fakten zu allgemeinen Erfahrungswahrheiten oder Theorien. Zwar bildet sich eine wissenschaftliche Theorie stets auf empir. Grundlage, in Abgrenzung zum Lockeschen Empirismus ist aber nach Whewell eine Wahrnehmung (perception) auch mit einem Geistesakt verbunden, indem in sie Ideen wie Raum und Zeit einfließen und so allgemeine Beziehungen zwischen den Wahrnehmungen hergestellt werden. In dieser Einheit von Idee und Wahrnehmung vollzieht sich die Entstehung des Wissens. In Teil 1 werden die wichtigsten Ideen vorgestellt und die philosoph. Grundlagen der verschiedenen Wissenschaften behandelt. Insofern der induktive Schritt vom Faktum zur Theorie nicht nur die wissenschaftliche Einzelentdekkung charakterisiert, sondern auch die gesamte wissenschaftliche Entwicklung begleitet, betrifft die innere Logik (Whewell: die ›induktive Logik‹) die Entdekkung selbst wie die Struktur des wissenschaftlichen Fortschritts. Dazu werden im 2. Teil die logischen Konstruktionselemente des Wissens erörtert; ferner wird hier ein geschichtlicher Überblick über die Entstehung des Wissens von Platon bis Comte gegeben. – Whewell hat J. St. Mills Logik der naturwissenschaftlichen Forschung *(→ A System of Logic)* beeinflußt.

Lit.: M. R. Stoll, Whewell's Philosophy of Induction, 1929.

V. Bialas

Physics and Reality (Einstein) → Physik und Realität

Physik (Aristoteles) → Physikē akroasis

Das physikalische Weltbild, Hugo Dingler; EA Meisenheim an d. Glan 1951.

Die Monographie enthält eine Kritik des logischen Positivismus und eine Beschreibung der ›method.‹ Wissenschaftstheorie Dinglers. Nach Dingler ist sowohl der Positivismus als auch seine eigene Philosophie ein Ausdruck der ›certist. Tendenz‹, welche nach absolut sicheren und inhaltlich unzweideutigen wissenschaftlichen Grundsätzen strebt. Der Positivismus versage jedoch aus zwei Hauptgründen: (1) Wenn die Positivisten die Metaphysik ablehnen, so lehnen sie damit das Apriori ab, was lobenswert sei, wenn damit das Kantische Apriori gemeint sei, sie beachteten jedoch nicht die Möglichkeit eines ›operativen Apriori‹, obwohl letzteres eine sichere, nichtmetaphys. Begründung der Wissenschaft liefere. Diese Einsicht sei den Positivisten dadurch verschlossen, daß sie alle Wissenschaft für a posteriori erklären. (2) Indem der logische Positivismus sich mit der Analyse von Zeichensystemen beschäftige, verliere er den unmittelbaren Kontakt mit der physikal. Realität. Als Alternative dazu schlägt Dingler eine normative Wissenschaftstheorie vor, die Ziele für das Verhalten des Wissenschaftlers festlegt und daraus operative Vorschriften ableitet. Letztere sei auf Elementaroperationen begründet, deren Sicherheit außer Zweifel stehe. Als Grundlage einer so aufgebauten Wissenschaft betrachtet Dingler die ›Idealwissenschaften‹ – Arithmetik, Euklidische Geometrie und Newtonsche Mechanik –, deren Anwendbarkeit durch operative Normen für die Konstruktion von Meß- und Experimentalapparaten gesichert sei. – Die Ansichten Dinglers haben einen großen Einfluß auf den Konstruktivismus der sog. Erlanger Schule von P. Lorenzen ausgeübt.

Lit.: J. Willer, Relativität und Eindeutigkeit, H. Dinglers Beitrag zur Begründungsproblematik, 1973.

D. A. Howard

Physikē akroasis (gr.; lat.: *Physica; Physikvorlesung*), Aristoteles, entst. 4. Jh. v. Chr.; ED Löwen 1475 (lat.); Venedig 1497 (gr., Bd. II der Gesamtausgabe von Aldus Manutius); dt. 1829.

In dem acht Bücher umfassenden Werk begründet Aristoteles als erster die Naturphilosophie als eine eigenständige Wissenschaft. Im Corpus Aristotelicum eröffnet die *Physik* die Reihe der naturphilosoph. und naturwissenschaftlichen Schriften. – Die Bücher V bis VIII bilden die Abhandlung »Über die Bewegung« (VII unterbricht den Zusammenhang). Buch I wird auch unter dem Titel »Über die Prinzipien« zitiert. Die Meinungen bezüglich der Datierung der einzelnen Bücher gehen auseinander. Wahrscheinlich sind V–VIII später als II–IV anzusetzen. Wie auch in anderen Schriften, gibt Aristoteles in I zunächst einen Überblick über die Meinungen seiner Vorgänger, die als Vorstufe der Wahrheitsfindung zu betrachten sind. Danach entwickelt Aristoteles seine bekannte Lehre der drei Prinzipien des Entstehens und der materia prima. Buch I/Kap. 1 ist nach Heidegger die klassische Einführung in die Philosophie überhaupt. Buch II, ein Lehrvortrag über die Natur als Quelle der Veränderung, legt die vier Arten der Kausalität dar und untersucht Zufall und Teleologie in der Natur. Buch III gibt die Definition der Bewegung und untersucht die Frage des Unendlichen. ›Ort‹, Leere und Zeit werden in Buch IV behandelt, während Buch V eine Einteilung der Bewegungsarten gibt und die Gegensätzlichkeit von Bewegungen untersucht. Buch VI setzt sich mit dem Kontinuum auseinander, während Buch VIII das berühmte

Grundgesetz der Kausalität formuliert (»Was immer sich bewegt, wird von einem anderen bewegt«) und damit die Existenz eines ›unbewegten Bewegers‹ nachweist. Während die *Physik* in der Antike und im Mittelalter als Grundlage der Naturphilosophie betrachtet wurde, ist sie in der Neuzeit oft als eine Sammlung überholter Ansichten und anthropomorpher Darstellungen kritisiert worden. Man erkennt jedoch zunehmend, daß in mancher Hinsicht kein Gegensatz zwischen der modernen Naturwissenschaft und der Physik des Aristoteles besteht; die aristotel. Auffassung des potentiell Unendlichen, des endlichen Weltalls, der Zeit und des natürlichen Ortes werden heute als der Wirklichkeit angemessener als Newtons Mechanik verstanden. Es handelt sich um eine Gesamtschau, in der die Metaphysik auf die Physik folgt und die Prozesse im Kosmos vom ›ersten unbewegten Beweger‹ herrühren. – Die bedeutendsten Kommentare wurden von Simplicius, Averroes und Thomas von Aquin geschrieben.

Ausg.: Gr., Aristotelis Opera, Bd. I, hg. von I. BEKKER, [2]1960, 184–267. – W. D. ROSS, Aristotle's Physics. A Revised Text with Introduction and Commentary, 1936. – Gr./Dt., von H.-G. ZEKL, 1986/87 (PhB 380/81).
Lit.: A. MANISON, Introduction à la Physique aristotélicienne, 1945. – W. WIELAND, Die aristotel. Physik, 1962.

L. J. ELDERS

Physikōn doxai (gr.; *Lehren der Naturphilosophen*), THEOPHRAST, entst. ca. 335-323 v. Chr.
Die 18 Bücher sind die Grundlage der gesamten doxograph. Überlieferung der griechischen Philosophie von Thales bis Platon. Das Werk ist nicht erhalten; ob das umfangreiche Fragment über die Sinneswahrnehmung (*Peri aisthēseōs*, Venedig 1552; *De sensu*, Venedig 1497) ihm oder einer anderen Schrift des Theophrast entstammt, ist neuerdings umstritten. Unsere Kenntnis beruht vor allem auf Exzerpten antiker Autoren. Die Überlieferung wurde von H. Diels rekonstruiert. Die beiden wichtigsten Quellen sind die unter dem Namen des Plutarch überlieferte Epitome der naturphilosoph. Lehren (→ *Peri tōn areskontōn philosophois physikōn dogmatōn*) und die *Anthologie* des Stobaios (5. Jh. n. Chr.). Beide hängen von der nicht erhaltenen Sammlung der »Lehren« des Aetios (ca. 100 n. Chr.) ab. Aber auch er hat Theophrast nicht unmittelbar benutzt, sondern ein verlorenes Kompendium, von Diels »Vetusta Placita« genannt (vor 50 v. Chr.), das neben anderem Material Auszüge aus Theophrast enthielt. – Wie das Werk aufgebaut war, hängt vor allem davon ab, ob ihm das Fragment über die Sinneswahrnehmung zuzuordnen ist. Nimmt man das mit Diels an, so war die Schrift nach Sachgebieten, beginnend mit den Prinzipien des Seienden, geordnet, innerhalb deren die Lehren (doxai) früherer Philosophen in den Schulzusammenhängen und möglichst auch in ihrer zeitlichen Abfolge dargestellt und kritisiert wurden. Dagegen vertritt P. Steinmetz eine Gliederung nach Personen; das Werk sei eine Sammlung von Monographien gewesen, die jeweils die Lehre eines Naturphilosophen referierten, interpretierten und beurteilten.

Ausg.: H. DIELS, Doxographi Graeci, 1879 (Repr. 1976).
Lit.: O. REGENBOGEN, Theophrast, in: Realenc. d. class. Altertumswiss. Suppl. 7 (1940). – P. STEINMETZ, Die Physik des Theophrastos von Eresos, 1964. – F. WEHRLI, Theophrast,

in: H. Flashar (Hg.), Ältere Akademie, Aristoteles, Peripatos, 1983.

F. Ricken

Physik und Realität, Albert Einstein; ED 1936 (in: Journal of the Franklin Institute, 221; mit engl. Übers. *Physics and Reality*).
Einstein vertritt in diesem Aufsatz eine Wissenschaftstheorie, die als eine Art kritischer Realismus mit bedeutsamen empirist., holist. und konventionalist. Aspekten zu charakterisieren ist und eine Ablehnung des Kantischen Apriorismus einschließt. Nach Einstein ist die Wissenschaft eine Verfeinerung des Alltagsdenkens, aus der die Setzung einer ›realen Außenwelt‹ ursprünglich dadurch hervorgeht, daß man zunächst den Begriff des körperlichen Objekts einführt, mit dem sich wiederholende Komplexe von Sinnesempfindungen ›intuitiv‹ verbinden, und man dann diesen Objekten eine ›reale Existenz‹ zuschreibt. Auf der Grundschicht des wissenschaftlichen Systems befinden sich weitere ›primäre Begriffe‹, die ebenfalls mit Sinnesempfindungen ›intuitiv‹ verbunden sind. Im Bestreben nach Einfachheit werden fundamentalere Begriffe und Relationen eingeführt, die zwar als freie Setzungen von den Sinnesempfindungen logisch unabhängig sind, sich jedoch nur dann rechtfertigen lassen, wenn die entsprechende Gesamttheorie in der Lage ist, Sinneserlebnisse zu organisieren. Die Fundamentalbegriffe werden mit den primären Begriffen durch Sätze in Verbindung gebracht, von denen einige als Definitionen, andere als Naturgesetze bzw. Behauptungen über die Realität betrachtet werden können. Die Unterscheidung zwischen Definition und Naturgesetz ist jedoch nicht absolut; sie ist nur dann notwendig, wenn man den physikal. Inhalt einer Theorie untersuchen will; dabei bestimmt die gewählte Darstellung der Theorie, was als Definition und was als Naturgesetz gilt. Ziel eines wissenschaftlichen Systems ist eine vollständige begriffliche Erfassung der Sinneserlebnisse, unter Verwendung der kleinstmöglichen Zahl von Begriffen und Relationen.

Ausg.: Aus meinen späten Jahren, 1979.

D. A. Howard

Physiognomische Fragmente zur Beförderung der Menschenkenntniß und Menschenliebe, Johann Caspar Lavater; EA Leipzig/Winterthur 1775–1778 (4 Bde.).
Im Anschluß an die Renaissance-Physiognomik (G. B. della Porta, *De humana physiognomia*, 1586) sucht Lavaters monumentales Werk die Kunst, »durch das Äußerliche eines Menschen sein Innres zu erkennen«, auf theolog. Grundlage und breiter empir. Basis zu begründen: der Körper ist Spiegel der Seele wie diese das Abbild Gottes. Physiognomik erschöpft sich nach Lavater jedoch nicht in der Deutung mimisch prägender Ausdrucksgebärden (Pathognomik), sondern zielt auf die Interpretation der ›festen Formen‹ (Knochenbau, Schädelform), die aufgrund jener ›natürlichen Analogie‹ das Wesen der Seele offenbaren sollen: »Je moralisch besser; desto schöner. Je moralisch schlimmer; desto häßlicher.« Hieran entzündet sich der zeitgenöss. Physiognomenstreit (G. Ch. Lichtenberg, *Über Physiognomik*, 1777; F. Nicolai u. a.).

Ausg.: Repr. (1775–1778), mit Nachwort von W. Brednow, 1968.

W. Riedel

Poetik (Aristoteles) → Peri poiētikēs

La poétique de la rêverie (frz.; *Die Poetik der Träumerei*), Gaston Bachelard; EA Paris 1961.
In diesem Spätwerk führt Bachelard die Philosophie der Imagination, die komplementär zu den epistemolog. Analysen den zweiten Strang seines Werkes bildet, als Untersuchung der Träumerei fort. Träumerei unterscheidet sich vom Traum dadurch, daß im letzteren das Ichbewußtsein ausgeschaltet, in der Träumerei hingegen noch erhalten ist. Das Untersuchungsmaterial entnimmt Bachelard der Dichtung. Method. erfolgt eine Anlehnung an die Phänomenologie. Konzeptionell ist Jungs Tiefenpsychologie mit der Polarität von Animus (männlich) und Anima (weiblich) leitend. Die Träumerei korrespondiert der Anima. Sie repräsentiert einen weiblichen Seelenzustand, dem zugleich die Grundelemente einer Philosophie der Ruhe zu entnehmen sind. Eine zweite Bezugsachse liegt im Verhältnis zur Kindheit. Je klarer die Träumerei dem Anima-Pol zugeordnet ist, um so mehr bewegt sie sich in Richtung Kindheit. Diese Kindheit durchzieht das ganze Leben, und daher skizziert Bachelard eine ontolog. Philosophie der Kindheit in ihrem Dauercharakter zusammen mit einer Metaphysik des Unvergeßlichen. Die dritte Bezugsachse ist die kosmische. In den Bildern der Träumerei kommt es zu einer Seinsexpansion; die Welt wird weit. Solcherart einen Kosmos zu imaginieren, ist die natürliche Bestimmung der Träumerei.

Lit.: M. de Gandillac u. a. (Hg.), Bachelard (Colloque de Cerisy), 1974. – F. Lapointe, G. Bachelard und seine Kritiker. Bibliographie der internationalen Kritik (1928–1977), in: Philos. Jb. 86 (1979).

W. Welsch

Poimandrēs (anonym) → Hermētika

Pojęcie prawdy w językach nauk dedukcyjnych (poln.; *Der Wahrheitsbegriff in den formalisierten Sprachen*), Alfred Tarski; EA Warschau 1933 (Prace Towarzystwa Naukowego Warszawskiego, Wydział III, Nr. 34); dt. 1935.
In dieser logisch-sprachphilosoph. Abhandlung entwickelt Tarski eine widerspruchsfreie Definition des Begriffs der Wahrheit für formalisierte Sprachen. – Ausgangspunkt seiner Untersuchungen ist das folgende Adäquatheitskriterium für Wahrheitsdefinitionen: X ist eine wahre Aussage genau dann, wenn p (wobei ›p‹ durch eine Aussage der zugrundegelegten Sprache ersetzt wird und ›X‹ durch den Namen dieser Aussage). Dieses intuitiv plausible Wahrheitskriterium führt in der Umgangssprache zu Widersprüchen, wie etwa zur bekannten Antinomie des Lügners. Der Grund hierfür liegt in dem Universalismus oder der semant. Geschlossenheit dieser Sprache. Neben ihren Ausdrücken enthält sie deren Namen sowie Prädikate von ihren Ausdrücken und insbes. auch semant. Begriffe wie den der Wahrheit. Die Möglichkeit einer adäquaten und konsistenten Definition des Wahrheitsbegriffs in der Umgangssprache ist nach Tarski deshalb in Frage zu stellen. Erst in einer Sprache, deren Struktur durch ein System der deduktiven Logik exakt bestimmt ist und in der zwischen der Sprache, in der wir über die Welt sprechen (Objektsprache) und der

Sprache, in der wir über diese Sprache sprechen (Metasprache), unterschieden wird, kann eine befriedigende Lösung dieses Problems gefunden werden. Zum Aufbau einer solchen formalisierten Sprache werden zunächst die objektsprachlichen Zeichen angegeben, aus denen sich ihre Ausdrücke zusammensetzen. In der Metasprache wird dann definiert, welche Zeichenzusammenstellungen sinnvolle Aussagen der Objektsprache sind, welche Aussagen als Axiome zu gelten haben und was ein beweisbarer Satz dieser Sprache ist. Die Metasprache enthält u. a. zu jedem objektsprachlichen Ausdruck deren Übersetzung sowie deren Namen. Das Wahrheitskriterium läßt sich somit für formalisierte Sprachen in folgender metasprachlichen Konvention ausdrücken: Eine Definition des Wahrheitsprädikates ›Wr‹ ist dann korrekt, wenn aus ihr folgt, daß man einen Satz der Gestalt »X ∈ Wr dann und nur dann, wenn p« durch Einsetzen eines Namens einer Aussage für ›X‹ und durch Einsetzen der Übersetzung dieser Aussage in die Metasprache für ›p‹ gewinnt und daß aus X ∈ Wr folgt, daß X eine sinnvolle Aussage der zugrundegelegten Sprache ist. Über den semant. Begriff der Erfüllung entwickelt Tarski die angestrebte Wahrheitsdefinition. Der Begriff der Erfüllung wird rekursiv definiert, indem zunächst angegeben wird, wann Gegenstände einfache Aussagefunktionen erfüllen, um darüber auf das Erfülltsein von logisch zusammengesetzten Aussagefunktionen zu gelangen. Die Wahrheitsdefinition lautet dann: X ist genau dann eine wahre Aussage, wenn sie eine sinnvolle Aussage der Sprache ist und wenn jede Zuordnung von Gegenständen zu freien Variablen sie erfüllt. Diese Definition ist korrekt, und sie genügt der Wahrheitskonvention. Es ergeben sich einige interessante Konsequenzen; so läßt sich etwa der Satz vom ausgeschlossenen Widerspruch und vom ausgeschlossenen Dritten aus ihr ableiten, und es folgt, daß jede beweisbare Aussage auch eine wahre Aussage ist. Die Tarskischen Ergebnisse lassen sich auch auf andere semant. Begriffe übertragen, so daß sie zugleich als Grundlegung der wissenschaftlichen Semantik für formalisierte Sprachen angesehen werden können. – Neben einer befriedigenden Lösung des Antinomienproblems ist Tarskis Arbeit von grundlegender Wichtigkeit für die Entwicklung der modernen Semantiktheorie wie auch für die Metamathematik und Modelltheorie.

Ausg.: In: K. Berka/L. Kreiser (Hg.), Logik-Texte. Kommentierte Auswahl zur Geschichte der modernen Logik, 1971.
Lit.: W. Stegmüller, Das Wahrheitsproblem und die Idee der Semantik, [2]1977.

E. Brendel

Policraticus sive de nugis curialium et vestigiis philosophorum (lat.; *Polycraticus* oder über die Zerstreuungen der Höflinge und die Kennzeichen der Philosophen), Johannes von Salisbury, entst. vor 1159 (Abschluß des Werkes); ED Köln 1480.

Das Th. Becket gewidmete und als Niederschlag der ernüchternden Erfahrungen des Hoflebens und der Spannungen zwischen Politik und Religion zu verstehende Werk bietet nicht nur einen satir. Hofspiegel, sondern vor allem eine Theorie gerechter Herrschaft. Die ersten drei Bücher stellen den Wahncharakter einer Hofgesellschaft dar, die der Jagd, dem Spiel und dem Aberglauben verfallen in einem Teufelskreis von Stolz und Schmeichelei befangen ist. Johannes stellt fest, daß es unmöglich ist, zugleich Höfling und Philosoph zu sein. Ein unersättlicher, die sieben Todsünden verkörpernder Hof, spiegelt aber nur seinen Herrn, den Tyrannen. In der Abgrenzung von ihm (IV. Buch) zeichnet Johannes das Bild des rechten Herrschers, der seine Souveränität der göttlichen Ordnung verdankt, sich ihren Repräsentanten (Kirche) und dem Gesetz (der aequitas rechtlicher Gleichheit im Gegensatz zur iniquitas des Tyrannen) unterstellt und der außer der Gesetzesbefolgung und der Sorge um das Gemeinwohl keinen Eigenwillen kennt, denn »er gehört sich nicht einmal selber, sondern ganz seinen Untertanen«. Entsprechend entfaltet das V. Buch den Mikrokosmos des Gemeinwesens im Bild des menschlichen Leibes: Seele (Kirche), Haupt (Herrscher), Herz (Senat), Gesicht (Magistrat), Hände (Militär), Flanken (Hof), Magen (Handel) und Füße (Bauern). Während das Haupt darauf achtet, daß jedes Glied das Seine tut und erhält, wird der Tyrann zum Verräter am Ganzen. Die polit. Theorie von Johannes rechtfertigt daher den Tyrannenmord (III. Buch): Es ist nicht nur legitim, sondern sogar geboten, den Tyrannen als öffentlichen Feind zu behandeln und zu beseitigen (tyrannum licet occidere), denn »wer ihn nicht anklagt, sündigt gegen sich selber und das Staatsganze«. – Johannes entwikkelt in seinem Werk einen sokrat. orientierten Humanismus. Die Wirkung der Schrift reichte von seinen Zeitgenossen (W. Map) über Thomas von Aquin bis in die Renaissance.

Ausg.: Engl., hg. von C. C. J. Webb, 2 Bde., 1909.

Lit.: C. C. J. Webb, John of Salisbury, 1932 (Repr. 1971). – H. Liebeschütz, Mediaeval Humanism in the Life and Writings of John of Salisbury, 1950 (Repr. 1980, erw.). – M. Kerner, Johannes von Salisbury und die logische Struktur seines Policraticus, 1977.

F. J. Fuchs

Politeia (gr.; lat.: *Res publica; Staat*), Platon, entst. vor 347 v. Chr.; ED Florenz o. J. (ca. 1482–1484; lat., übers. von M. Ficino); Venedig 1513 (gr., hg. von E. Musuros); dt. 1572 (in: G. Lauterbeck, Regentenbuch; Ausz.), 1780 Die Republik oder ein Gespräch über das Gerechte.

Die *Politeia* – im Umfang nur von den → *Nomoi* übertroffen – gilt als ›Hauptwerk‹ Platons; in ihr kulminieren die ›frühe‹ und ›mittlere‹ Philosophie, deren Themenvielfalt zur Einheit des Staatsentwurfs gebracht wird. Am Beginn stehen die sokrat. Frage nach dem Wesen der Gerechtigkeit und die sophist. These, das Gerechte sei nichts anderes als das dem Stärkeren Nützliche. Als Antwort setzt der Dialog sich den Entwurf eines Paradigmas (einer ›Idee‹, nicht Utopie) von Staat zum Ziel. Staat ist zunächst Organisation von Bedürfnissicherung, aber weder in dieser Funktion noch ökonom. und kulturell entwickelt ist er gerecht: Er gründet nicht in der Erkenntnis von Wesen und Ziel des Staats und ist darum immer dem inneren Streit seiner Teile über das Ziel ausgeliefert. Platon konzipiert insofern die Staatsbegründung als Unterrichtung (paideia) und Erkenntnis. Vorbild ist der einzelne Mensch (der ›kleingeschriebene‹ Staat, der wiederum ›großgeschriebener‹ Mensch ist):

Um sich besorgt, bestimmt er seine Lebenspraxis durch Erkenntnis und konstituiert sich derart als ›gerecht‹, d. h. als einheitliches Ganzes. Dies gilt analog für den Staat, der also weder in einem ›Urvertrag‹ noch in einer angeborenen Staatlichkeit wurzelt, sondern im ›erkennenden, vernünftigen‹ Teil des Staats. Platons Überlegungen gehen aus vom Modell der (in Vernunft, Lenkung, Begehren) dreigeteilten Seele (ein zentrales Thema der *Politeia*) und transponieren den Vernunftteil der Seele als ›Wächterstand‹ in den Staat. Von ihm unterschieden ist der Stand derjenigen, die als mittlerer, ›lenkender‹ Teil die eigentlichen Staatsgeschäfte besorgen, und endlich macht die gesamte ›zivile‹ Bevölkerung den dritten und gleichsam ›leiblichen‹ Teil des Staates aus. Die Erhaltung des so begründeten Staates obliegt wesentlich den ›Wächtern‹, d. h. den Philosophen; dabei ist nicht faktische Herrschaft, sondern die Herrschaft der Erkenntnis gemeint. Die Staatslehre der *Politeia* ist deswegen vor allem der Entwurf von Philosophie. Eingebettet in die Überlegungen zur Erziehung der künftigen ›Wächter‹ (Überlegungen, die ein Programm der Wissenschaften als philosoph. Propädeutik bedeuten) entfaltet Platon in der *Politeia* so umfangreich wie in keinem anderen Text die Grundzüge von Ideen-, Erkenntnislehre und Dialektik (Logik). Sie gipfeln im Sonnen-, Linien- und Höhlengleichnis, in denen Platon Erkenntnis in Vernunfterkenntnis begründet (der Erkenntnis des der Vernunft ›Eigenen‹) und zugleich die Vernunft (nus) auf ein ihr absolut Vorausgesetztes sehen läßt: Auf die Idee des Guten, die zugleich Bedingung der Wahrheit der Vernunft und Grund von Sein ist. Platon, der mit dem (von der Vernunft selbst gefaßten) Gedanken solcher ›Transzendenz‹ die abendländ. Metaphysik begründet, vergleicht die Idee des Guten mit der Sonne, die beides ist: Bedingung von Leben und von Sehen. Wie die Sonne die Bedingung von Leben und Sehen ist, ist die Idee des Guten die Bedingung von Sein und von Erkennen. Das Liniengleichnis beschreibt die Stufen des Erkennens: die eine Hälfte der Linie wird von der bloßen Wahrnehmung von Gegenständen durch ihre Bilder und von der Meinung (doxa) über sie gebildet. Die andere Hälfte ist erneut geteilt; ihr erster Teil besteht aus der Verstandeserkenntnis (dianoia, insb. Mathematik), die ihre Begriffe in der Anschauung konstruiert. So wie die doxa über der Wahrnehmung steht, steht nun wieder als zweiter Teil über dem Verstand die Vernunft (nus); der Verstand setzt sich die Begriffe voraus, die Vernunft erkennt in ihnen sich selbst. Sie begreift und sieht die Hypothesen als Ideen, d. h. als ihre eigenen Formen. Damit ist einerseits die Möglichkeit empir. Erkenntnis (beginnend mit der Wahrnehmung) fundiert, und andererseits ist zugleich die Vernunfterkenntnis als Ziel allen Erkennens bestimmt. Das Höhlengleichnis variiert die Linearität durch das Bild von Auf- und Abstieg: Aufsteigend bewegt sich das Erkennen (bzw. die erkennende Seele) von der Sicht bloßer Schatten in der Höhle zur Sicht der Dinge und endlich der Ideen außerhalb der Höhle. Absteigend bringt der Erkennende (d. h. der Philosoph) das Licht seines Wissens in die Höhle. Dem Bild von Auf- und Abstieg korrespondiert der Vorgang der platon. Dialektik: Aufsteigend führt sie das Viele und Verstreute in die Einheit des Begriffs, absteigend zeigt sie, wie der eine Begriff mannigfaltig erscheinen kann. Im Abstieg vom Paradigma des Staates beschreibt Platon die faktischen Staaten als Wechsel der Verfassungen (Timokratie, Oligarchie, Demokratie), die jeweils als bestimmte, nicht zur Einheit kommende Seelenverfassungen dargestellt werden. Mit der Beschreibung der Tyrannis, die als Gesetzlosigkeit Unordnung schlechthin und damit das Gegenstück zum Staat ist, kehrt Platon zum Ausgang zurück und bindet die staatliche Ordnung an die unbedingte ethische Forderung, die im sokrat. Begriff der ›Sorge um die Seele‹ ausgesprochen ist. Der allerdings fortwährenden Drohung der Tyrannis durch die tyrannische Seele begegnet der Unsterblichkeitsgedanke, der der ›tyrannischen‹ Seele im ›Mythos von Er‹ (Platons drittem großem Jenseitsmythos, vgl. → *Gorgias,* → *Phaidōn)* das äußerste Strafmaß zuspricht: Es besteht im Herumirren der Seele als ihrer Selbstverfehlung, die auf den Staat bezogen seine Geschichtlichkeit bedeutet. – Obschon die *Politeia* in entscheidenden Zügen von der Tradition der späteren abendländ. Staatsphilosophie abweicht, ist sie doch ihr vielleicht wirkungsreichstes Werk. Platons Versuch einer ontolog. Begründung des Staates ist dabei vielfach als Utopie im neuzeitlichen Sinn mißverstanden worden (vgl. Thomas Morus' *Utopia;* → *De optimo reip. (ublicae) statu . . .*).

Ausg.: Platonis Opera, hg. von H. Stephanus, Bd. II, 1578, 327–621. – Platonis Opera, hg. von J. Burnet, Bd. IV, 1902 (Repr. 1962). – Gr./Dt., Studienausgabe, Bd. IV, 1971. – Dt., hg. von K. Bormann, 10 1979 (PhB 80). – Dt., von K. Vretska, 1985 (RUB 8205).

Lit.: R. C. Cross/A. D. Woozley, Plato's Republic. A Philosophical Commentary, 1954. – R. Maurer, Platons ›Staat‹ und die Demokratie, 1970. – W. C. K. Guthrie, A History of Greek Philosophy, Bd. IV, 1975 (Bibl.). – J. Annas, An Introduction to Plato's Republic, 1981. – W. Wieland, Platon und die Formen des Wissens, 1982.

J. Jantzen

Political Discourses (engl.; *Politische Diskurse*), David Hume; EA Edinburgh 1752; dt. 1795 David Humes Geist I: Politik.

Als Teil 2 der *Essays Moral, Political and Literary* (1741) veröffentlicht, enthalten die Abhandlungen zum einen Humes Beiträge zur polit. Ökonomie, zum anderen Untersuchungen zu Fragen der polit. Theorie und schließlich eine umfangreiche Studie über das Problem der Bevölkerungsdichte in antiken Staaten. Die ökonom. Beiträge enthalten Gedanken, die später von A. Smith ausführlich begründet wurden, z. B. die Verteidigung des Freihandels (am wichtigsten sind die Essays »Of Commerce«, »Of Interest« und »Of the Balance of Trade«). Von den Untersuchungen zu Fragen der polit. Theorie sind vor allem die fundamentale Kritik der Vertragstheorien (»Of the Original Contract«) sowie der Entwurf zu einer konsequent repräsentativen und föderalist. Republik (»Idea of a Perfact Commonwealth«) hervorzuheben. Der Essay »Of the Populousness of Ancient Nations« ist über das spezielle Thema hinaus eine Auseinandersetzung mit den Verherrlichern der Antike, insbes. eine Kritik an der Institution der Sklaverei, deren negative moral. und ökonom. Folgen aufgezeigt werden. Eine philosoph. Betrachtung der Geschichte und Politik hat nach Humes Auffassung objektiv zu sein und den Standpunkt der Parteien, vor allem den der herrschenden Partei zu kritisieren. – Humes Kritik der Vertragstheorien war eine Auseinandersetzung mit der Whig-Ideologie seiner Zeit, hatte aber darüber hinaus die histor. weitreichende Folge, das naturrechtlich-vertragstheoret. Denken in England gründlich zu diskreditieren.

Ausg.: Works, hg. von T. H. Green/T. H. Grose, Bd. III, 1882 (Repr. 1964).
Lit.: D. Forbes, Hume's Philosophical Politics, 1975.

K. Graf Ballestrem

Politica methodice digesta; atque exemplis sacris et profanis illustrata (lat.; *Politik, methodisch dargestellt* und durch heilige und profane Beispiele veranschaulicht), Johannes Althusius; EA Herborn 1603, [3]1614 (endgültige Fassung).

Die staatsphilosoph. Schrift steht in der Tradition des vertragstheoret. Denkens, wobei sie eine Zwischenstellung zwischen den die bestehende Ordnung legitimierenden Theorien mittelalterlicher Provenienz und den neuzeitlichen Ansätzen einer Neubegründung staatlicher Ordnung einnimmt. – Für den vom Calvinismus geprägten, mit der städtischen Kultur in Deutschland und den Niederlanden vertrauten Althusius sind andere Prinzipien von Bedeutung als für den nur wenige Jahrzehnte jüngeren Th. Hobbes: 1. Althusius vertritt eine korporatist. Theorie mit der Vorstellung von mehr als einer legitimen polit. Körperschaft. 2. Die Ordnungsstruktur zwischen den unterschiedlichen polit. Einheiten hat einen föderativen Charakter mit aufgeteilten Hoheitsaufgaben. 3. Obwohl die polit. Strukturierung vom vertragsschließenden Herrscher ausgeht, bleibt die Souveränität beim Volk als ganzem. 4. Die polit. Entscheidungen sind vom Gedanken der Repräsentation geprägt. Die diesen Prinzipien entsprechende Ordnung – vom Einzelmenschen, von der Familie, dem Kollegium, der Stadt, bis zum Staat und schließlich dem Reich als äußerem Rahmen – gilt Althusius als ebenso natürlich, wie gottgewollt. – Das Werk blieb lange Zeit wenig beachtet. Erst um die Jahrhundertwende wurde es ›neu entdeckt‹, wozu besonders O. Gierke beitrug.

Ausg.: Lat., 1961 (Faksimiledruck der Ausg. von 1614). – Dt., in Auszügen: Grundbegriffe der Politik aus ›Politica methodice digesta 1603‹, [2]1948.
Lit.: O. Gierke, J. Althusius und die Entwicklung der naturrechtlichen Staatstheorien, 1880 (Repr. 1981). – P. J. Winters, Die ›Politik‹ des Althusius und ihre Quellen, 1963. – H. U. Scupin/U. Scheuner, Althusius-Bibliographie, 1973. – C. J. Friedrich, J. Althusius und sein Werk im Rahmen der Entwicklung der Theorie von der Politik, 1975.

K.-P. Markl

Politicorum sive civilis doctrinae libri sex qui ad principatum maxime spectant (lat.; *Sechs Bücher über Politik oder über die Lehre von der Politik,* die vor allem das Fürstentum betreffen), Justus Lipsius; EA Leiden 1589; dt. 1599 Von Unterweisung zum weltlichen Regiment: Oder, von burgerlicher Lehr.

Das Werk ist der wichtigste Beitrag von Lipsius zur praktischen und insbes. politischen Philosophie, die indirekt jedoch auch sein umfangreiches philolog. Werk bestimmte. – Während die Bücher I bis III der Abhandlung weitgehend aus sorgfältig ausgewählten

Zitaten aus der griechischen und latein. Literatur zusammengestellt sind, ergreift Lipsius vom IV. Buch an vermehrt selbst das Wort und äußert sich konkret zu polit. und militär. Gegenwartsfragen. Überhaupt geht es Lipsius – ganz im Sinne seiner stoischen Moral – mehr um eine optimale gesellschaftliche und staatliche Lebensgestaltung als um theoret. Fragen wie etwa den Staatsvertrag. Beeinflußt durch Machiavellis Auffassung von der Staatsräson behandelt Lipsius in seinem eigenen Fürstenspiegel ausschließlich die Staatsform der Monarchie, welche nach den Wirren der konfessionellen Kriege und in einer Zeit verfallender polit. Autorität für Ordnung und eine vernunftgerechte Ausübung der staatlichen Macht sorgen muß. Im ganzen Werk spielen diese Bemühungen um die Begründung der gesellschaftlichen und staatlichen Ordnung eine zentrale Rolle: Die ersten zwei Bücher befassen sich mit dem fürstlichen Regiment als sittlicher Ordnung, die Bücher III und IV sind dem Staat als Herrschafts- und Machtsordnung gewidmet und die beiden letzten Bücher behandeln die Mittel der äußeren und inneren Machtsordnung. – Das Werk hatte beim Erscheinen einen überwältigenden Erfolg und polit. Einfluß, auch im 17. Jh. wurde es noch wiederholt aufgelegt und übersetzt und erst vom 18. Jh. an geriet es zunehmend in Vergessenheit.

Ausg.: Opera omnia, postremum ab ipso aucta et recensita. Antwerpen 1637.

Lit.: G. Oestreich, J. Lipsius als Theoretiker des neuzeitlichen Machtstaates, in: Histor. Zeitschrift 181 (1956). – G. Abel, Stoizismus und frühe Neuzeit. Zur Entstehungsgeschichte modernen Denkens im Feld von Ethik und Politik, 1978. – K. Siedschlag, Der Einfluß der niederländ.-neustoischen Ethik in der polit. Theorie zur Zeit Sullys und Richelieus, 1978.

R. Bernet

Politika (gr.; lat.: *Politica; Politik*); Aristoteles, entst. 4. Jh. v. Chr.; ED Straßburg o. J. (aber vor 1469; lat.; von Leonardus Brununs Aretinus); Venedig 1498 (gr., Bd. V der Gesamtausgabe von Aldus Manutius); dt. 1798.

Die Lehre vom Staat gehört zur praktischen Philosophie, ist aber von der Ethik unterschieden, da sie vom Menschen handelt, der in einer Gemeinschaft seine Aufgaben erfüllt. »Von Natur aus ist der Mensch ein politisches Wesen«: Er gründet eine Familie, zu der auch Sklaven gehören, mehrere Familien bilden eine Dorfgemeinschaft; aus Dörfern entsteht der autarke Stadtstaat. Der Staat ist auf der menschlichen Natur gegründet. Aristoteles nimmt an, daß das menschliche Leben sich am besten in einem relativ kleinen Staat entfaltet, in dem jeder Bürger die anderen kennt. – Die Schrift, die acht Bücher umfaßt, stellt uns vor große Schwierigkeiten bezüglich Komposition und Reihenfolge der einzelnen mitunter lückenhaften Abhandlungen. Buch I ist eine allgemeine Einführung, die untersucht, wie die Polis als Gemeinschaft entsteht. Hier finden sich auch die umstrittenen Ausführungen zur Sklaverei. Im II. Buch erwähnt Aristoteles einige ihm bekannte Staatsverfassungen und -utopien, kritisiert besonders die Auffassungen Platons und betont die große Bedeutung der Familie und des Privateigentums. Buch III bringt wichtige Ausführungen zur Frage, was der Staat ist und für welche Handlungen er verantwortlich ist. Die Verfassung ist der wesentliche Teil der Polis und muß auf das

Gemeinwohl gerichtet sein. Drei Staatsformen sind hier möglich (Königtum, Aristokratie und die Demokratie in ihrer Idealform, die Politie), die aber degenerieren (zu Tyrannis, Oligarchie und (entarteter) Demokratie), wenn die Regierenden nicht das Gemeinwohl anstreben. Aristoteles begründet außerdem, warum in polit. Fragen die Urteilskraft der Bürger zusammen größer ist als die einiger Fachleute. Die Bücher IV, V und VI untersuchen die Politik des Möglichen. Die beste Verfassung ist eine Mischform. Arme und Reiche müssen dieselben Rechte haben. Die Gewaltentrennung zwischen Volksversammlung, Exekutive und Richter dient dem Gleichgewicht. Eine Mittelklasse ist die Garantie für Stabilität. In den Büchern VII–VIII wird die beste Staatsform aus der Erkenntnis der besten Form des menschlichen Lebens abgeleitet. Der ideale Staat soll nicht sehr groß sein und sechs Klassen umfassen. Kap. 11–12 schildern ihn nach Lage, Wasserversorgung usw. Schließlich wird noch ein Erziehungsprogramm für die Jugend aufgestellt. – Anfänglich blieb die Wirkung der *Politik* wohl auf die Schule des Aristoteles beschränkt (Dikaiarchos). Das Werk übte aber einen großen Einfluß auf die Gründungsväter der USA und auf das staatsrechtliche Denken im 19. Jh. aus. Obwohl Aristoteles' polit. Philosophie durch den histor. Horizont der griechischen Stadtstaaten geprägt war, enthält das Werk eine Fülle wertvoller Beobachtungen und scharfe Analysen, die über diesen Kontext hinausgehen.

Ausg.: Gr., Aristotelis Opera, Bd. II, hg. von I. BEKKER, ²1960, 1252–1342. – W. D. ROSS, Politica, 1957. – Dt. von O. GIGON (Politik und Staat der Athener), 1955.

Lit.: W. L. NEUMAN, The Politics of Aristotle, 1887ff. (4 Bde.). – W. ONCKEN, Die Staatslehre des Aristoteles, 1870–75 (2 Bde.). – H. VON ARNIM, Zur Entstehungsgeschichte der Aristotel. Politik, 1923. – La »Politique« d'Aristote. Entretiens sur l'antiquité classique, XI, 1964. – P. STEINMETZ (Hg.), Schriften zu den Politika des Aristoteles, 1973.

L. J. ELDERS

Politik als Beruf, Max WEBER; EA München/Leipzig 1919 (in: Geistige Arbeit als Beruf, Vorträge vor dem Freistudentischen Bund, 2. Vortrag).

In diesem Vortrag, gehalten in München im Revolutionswinter 1919, übt Weber Kritik am ›Gesinnungspolitiker‹, indem er ihm den Berufspolitiker gegenüberstellt, dessen Entstehung, Funktion, Qualifikationen und Ethos erörtert werden. – Politik ist nach Weber Konkurrenz um die Leitung oder um die Beeinflussung der Leitung eines politischen Verbandes, heute also um Macht im Staat. Im Gegensatz zum Fachbeamten, der die ›Maschine‹ des modernen Staats für fremde Verantwortung bereithält, ist vom Berufspolitiker – im Zuge der Auslese durch öffentlichen und parlamentar. Streit – Leidenschaft, Verantwortlichkeit und Augenmaß für die ›Sache‹ gefordert. Das ›Ethos der Politik‹ darf daher nicht allein durch eine Gesinnungsethik mit ihrem Glauben an unbedingte Werte bestimmt sein, sondern muß durch eine Verantwortungsethik mit dem Kalkül der Folgen und Nebenfolgen des politischen Handelns ergänzt werden.

Ausg.: Gesammelte polit. Schriften, ⁴1980.

Lit.: R. BENDIX, M. Weber – Das Werk, 1964. – W. J. MOMMSEN, M. Weber und die deutsche Politik, ³1987. – W. SCHLUCHTER, Wertfreiheit und Verantwortungsethik, 1971. – R. EDEN, Political Leadership and Nihilism, 1983.

H. BAIER

Politikos (gr.; *Der Staatsmann*), PLATON, entst. vor 347 v. Chr.; ED Florenz o. J. (ca. 1482–1484; lat., übers. von M. Ficino); Venedig 1513 (gr., hg. von E. Musuros); dt. 1786 Der Staatsweise.

Der späte *Politikos* steht im dreifachen Zusammenhang mit: 1. der Staatsphilosophie (→ *Politeia*, → *Nomoi*), 2. der Dialektik und Ontologie (→ *Sophistēs*, → *Philēbos*), 3. der Kosmologie (→ *Timaios*, → *Nomoi* X). – Nach der *Politeia* stellt Platon den polit. Bereich zwischen den Extremen des paradigmat. Staats und der Verfallsform der Tyrannis in den Vordergrund, der Gesetzesstaat vertritt nun als die Darstellung von Ordnung das Paradigma. An die Stelle der gleichsam göttlichen Hütung des Gemeinwesens durch seinen erkennenden Teil (die Philosophen-Könige in *Politeia*) tritt die Lenkung durch die Gesetze. Der grundlegende Gedanke des Staates als eines funktionalen Ganzen wird darin neu gefaßt: Der Staat ist das geregelte Geflecht der nach Herkunft, Art und Tätigkeiten verschiedenen Bürger. – Der *Politikos*, in dem Platon ausführlich die dihairet. Methode der Begriffsbestimmung vorführt, knüpft an die Begründung der Dialektik im *Sophistēs* an und geht zugleich über die dort geleistete Durchsetzung der Rede vom ›Nichtseienden‹ hinaus; der *Politikos* ist (wie der *Philēbos*) der Versuch, die Wirklichkeit von Werden und Handeln als Darstellung von ›Sein‹ und als Verwirklichung des ›Angemessenen‹ zu denken. Er versucht, den Gedanken durchzusetzen, daß das »Mehr und Weniger (= die Kategorie von Dasein und Wirklichkeit) meßbar sein muß nicht nur gegeneinander, sondern auch gegen die Entstehung dessen, was angemessen ist«; gefordert ist ein absoluter Maßstab. (Der Begriff der ›Meßkunst‹ weist auf den *Prōtagoras* zurück, in dem Platon zeigt, daß das Mehr und Weniger der Lust einen Kalkül impliziert, der über die bloße Lust hinausgeht). – Durch den Mythos im *Politikos*, der die Struktur der Geschichte des Universums entwirft, bettet Platon die Frage nach dem richtigen Staat ins Universum ein: Nicht eine unbegreifliche Dualität (von Gut und Böse) beherrscht das Universum, sondern die Spannung zwischen seiner göttlichen Lenkung und seinem Willen zur Autonomie, durch den das Universum ›im Meer der Unähnlichkeit zu versinken‹ droht, d. h. sich nicht mehr als Bild des göttlichen zu begreifen vermag. – Zumal im Staatsdenken der Renaissance hat der *Politikos* eine Rolle gespielt.

Ausg.: Platonis Opera, hg. von H. STEPHANUS, Bd. II, 1578, 257–311. – Platonis Opera, hg. von J. BURNET, Bd. I, 1900 (Repr. 1967). – Gr./Dt., Studienausgabe, Bd. VI, 1970.
Lit.: Kommentare von L. CAMPBELL (1867), J. B. SKEMP (1952), S. BENARDETE (1984). – E. M. MANASSE, Platons Sophistes und Politikos, 1937. – H. HERTER, Gott u. d. Welt bei Platon, Bonner Jb. 158 (1958). – M. MILLER, The Philosopher in Plato's Statesman, 1979.

J. JANTZEN

Politische Romantik, Carl SCHMITT; EA München/Leipzig 1919.

Die frühe Schrift des Staats- und Völkerrechtlers Schmitt bestimmt die Romantik nicht durch ihre Objekte (wie Nacht, Mond, Mittelalter usw.), sondern durch ihr Subjekt. Romantik ist ›subjektivierter Occasionalismus‹. In ihr wird die Welt Anlaß (occasio) für die Produktivität des romant. Subjekts. Schmitt führt die Romantik auf den Subjektivismus der Neuzeit zurück. Frühe Ursprünge sind der Rationalismus von Descartes auf der einen (gegen den die Romantik opponiert) und die Systeme der Occasionalisten wie Malebranche auf der anderen Seite (deren Denkstil die Romantik fortsetzen wird). Polit. läßt sich die Romantik nach Schmitt weder als eindeutig reaktionär (wie zeitweilig in Deutschland) noch als eindeutig revolutionär (wie zeitweilig in Frankreich oder im Rousseauismus) verorten. Romantik ist Nicht-zum-Ende-Kommen-Können und Sehnsucht, ewiges Werden und nie sich vollendende Möglichkeiten. Sie ist geprägt von der Idee des Gesprächs, worin sich für Schmitt eine Romantisierung bürgerlicher Politik des Ausgleichs und der Balance, der Diskussion und der Öffentlichkeit verbirgt. Solche Romantik wird dialekt. Ihre Scheinfreiheit subjektivierter Occasionalität tritt ›unbewußt‹ in den Dienst der ›nächsten und stärksten Macht‹. – Schmitts Schrift nimmt seine spätere Polemik gegen bürgerliche und liberale Politik vorweg. Die Stilisierung der Romantik zum Gegenpol dezisionist. Politik verdeckt allerdings, daß Romantik und (Schmittscher) Dezisionismus Söhne vom gleichen Stamm der Moderne sind (Krockow) und sich Schmitts Position selbst als ›okkasioneller Dezisionismus‹ (Löwith) umschreiben läßt.

Ausg.: ^{4}1982.

Lit.: F. MEINECKE, Rezension, in: Hist. Ztschr. 121 (1920). – A. v. MARTIN, Vom Wesen der romant. Religiösität, in: Dt. Vierteljahresh. f. Literaturwiss. u. Geistesgesch. 2 (1924). – C. BRINKMANN, C. Schmitts Polit. Romantik, in: Arch. Sozialwiss. u. Sozialpol. 54 (1925). – K. LÖWITH, Der okkasionelle Dezisionismus von C. Schmitt (1936), in: Gesammelte Abh., 1960, jetzt in: Sämtliche Schriften, Bd. VIII, 1984. – Ch. GRAF KROKKOW, Die Entscheidung, 1958.

H. OTTMANN

Potestas clavium (Schestow) → Vlast' Kljutej

Pour Marx (frz.; *Für Marx*), Louis ALTHUSSER; EA Paris 1965; dt. 1968.

Die Auswahl philosoph. Essays der Jahre 1960–64 schreibt den Stand der Bemühungen um eine epistemolog. Fundierung des Marxismus fest, deren Notwendigkeit ein Hauptargument der Strukturalisten gegen subjektivist. Marx-Deutungen bildet. – Da nach Althusser die ökonom. Schriften Marx' bereits eine epistemolog. Theorie vorzeichnen, behandeln die beiden ersten Essays deren Interpretation in bezug auf ihr ideolog. Umfeld. Danach besteht zwischen den humanist.-feuerbachian. Frühschriften bis 1845 und dem ›reifen Marx‹ ein epistemolog. Bruch, der auch den Unterschied zwischen der philosoph. Tradition Hegels und der marxist. Wissenschaft markiert. Letztere zeichnet sich durch eine neue ›Problematik‹, d. h. Terminologie und Methode, aus, wie am Begriff des ›überdeterminierten Widerspruchs‹ deutlich wird: im Gegensatz zur einfachen Dialektik Hegels entwickelt sich die marxist. auf verschiedenen Ebenen der komplex strukturierten Gesellschaft. Die im dogmat. Marxismus allein bestimmende ökonom. Basis dominiert bei Althusser nur ›in letzter Instanz‹ und läßt den Überbau relativ autonom. Auch die marxist. Theorie (Dialektischer Materialismus) wird allein durch ihre Stellung in der Gesamtstruktur definiert: Sie ist eine Art Praxis, d. h. ein Produktionsprozeß, der aber im Gegensatz zu anderen Praxis-Arten völlig autonom arbeitet. Ihr Zweck ist rein theoret.: wissenschaftliche Wahrheit; das unterscheidet sie von einer Ideologie mit praktisch-gesellschaftlicher Funktion. Als Ideologie interpretiert Althusser auch den Humanismus und postuliert deshalb den ›theoret. Anti-Humanismus‹. Dies bedeutet seine Diskreditierung als marxist. Theorie, schließt seine Fortdauer als Ideologie aber auch im Kommunismus nicht aus.

Lit.: S. B. SMITH, Reading Althusser, 1984.

P. NAGELSCHMIDT

The Poverty of Historicism (engl.; *Das Elend des Historizismus*), Karl POPPER; EA London 1944/45 (in: Economica, New Series, Bd. XI u. XII); dt. 1965.

In dem Werk unternimmt Popper den Versuch, den Historizismus (z. B. Marx, Spengler), die Lehre von Geschichtsgesetzen, zu widerlegen und aufzuzeigen, daß der Lauf der Geschichte nicht rational vorhersagbar ist. Im einzelnen werden antinaturalist. und pronaturalist. Doktrinen des Historizismus sowie Utopismus, Holismus und Essentialismus dargestellt und kritisiert. Befürwortet werden u. a. eine Sozialtechnologie der Einzelprobleme und die Analyse der Logik von Situationen. Das Werk richtet sich primär gegen die marxist. Geschichtsphilosophie. Es ist als Mahnung gedacht, die ›Träume der Weltenbeglückung‹ aufzugeben. Nach Popper ist stattdessen eine bescheidene Form der Weltverbesserung nach dem Prinzip der dauernden Fehlerkorrektur notwendig. – Das Werk hatte großen Einfluß auf die demokratie- und totalitarismustheoret. Diskussion der Nachkriegszeit sowie auf die Sozialphilosophie.

Lit.: A. DONAGAN, Popper's Examination of Historicism, in: P. A. Schilpp (Hg.), The Philosophy of K. Popper, 1984.

K. PÄHLER

Präludien. Aufsätze und Reden zur Einleitung in die Philosophie, Wilhelm WINDELBAND; EA Freiburg/Tübingen 1884, [3]1907 (erw.), [4]1811 (2 Bde.).

Die vorliegenden Essays waren als allgemeinverständliche ›Vorstudien für eine systemat. Behandlung der Philosophie‹ auf dem Grundriß des Kritizismus gedacht. Dieser wurde allerdings nach dem Grundsatz interpretiert: »Kant verstehen, heißt über ihn hinausgehen.« – In der 3. Auflage verdeutlicht der Aufsatz »Über die gegenwärtige Lage und Aufgabe der Philosophie« diesen Satz, wobei zugleich die Thesen der Straßburger Rektoratsrede »Geschichte und Naturwissenschaft« (1894) ergänzt und erläutert werden. Die 4. Auflage wurde in einen mehr histor. und einen mehr systemat. orientierten Band geteilt. Die Erstausgabe enthält Abhandlungen über Begriff und Geschichte der Philosophie, über die kritische oder genet. Methode und zur Moralphilosophie, außerdem die Freiburger Antrittsrede (1877), Vorträge über Sokrates, Spinoza, Kant und Hölderlin sowie eine Meditation. In Weiterführung des Kantischen Ansatzes wird Philosophie zur kritischen Wissenschaft der allgemeingültigen Werte; ihre Grundwissenschaften sind Logik, Ethik und Ästhetik; die anderen Disziplinen lassen sich als Zweige und Anwendungen derselben auf diese zurückführen. Absolutes Maß der logischen, ethischen und ästhet. Beurteilung ist die Geltung des Normalbewußtseins, d. h. eines Systems von Normen, die gelten sollen und die allgemeingültige Beurteilungen möglich machen. Philosophie muß zum Ganzen Stellung nehmen, also Natur- und Geisteswissenschaften gerecht werden. »Die einen [nomothet. Wissenschaften] suchen allgemeine Gesetze, die anderen [idiograph. (Kultur-) Wissenschaften] besondere geschichtliche Tatsachen.« – Der Kantianismus ist durch die Betonung der geschichtlichen Wissensbereiche durchbrochen. Windelbands Ansätze fanden in der Badischen Schule des Neukantianismus systemat. Ausgestaltung und Weiterentwicklung.

Ausg.: 91924.

K. Bossong

Pragmatism. A New Name for Some Old Ways of Thinking. Popular Lectures on Philosophy (engl.; *Der Pragmatismus.* Ein neuer Name für alte Denkmethoden. Volkstümliche philosophische Vorlesungen), William James; EA New York 1907; dt. 1908.

Im Zentrum des erkenntnistheoret. Hauptwerkes von James steht die Entwicklung einer Wahrheitstheorie auf pragmat. Grundlage. – Alles menschliche Handeln und Erkennen ist seinem Wesen nach zweck- bzw. interessengeleitet. Hierbei kommt jeder Form von Wahrheit die grundlegende Funktion zu, Handeln und Erkennen so zu steuern, daß der einzelne im Hinblick auf seine individuellen Zwecke und Interessen zu einem möglichst befriedigenden Umgang mit der Wirklichkeit gelangen kann. In diesem Sinne ist nicht die Übereinstimmung mit der Wirklichkeit das entscheidende Kriterium der Wahrheit, sondern der praktische Nutzen, für den die erstere nur eine eventuelle Voraussetzung darstellt. Hieraus folgt, daß eine Vorstellung nur durch die praktische Erfahrung ›wahr gemacht‹ werden kann, d. h. über ihren Wahrheitscharakter entscheidet in Gestalt eines Selbst-Bewahrheitungsprozesses (›veri-fication‹) der konkrete Lebensvollzug. Veränderte Bedingungen führen daher auf dem Weg über neue Erfahrungen zu Wandlungen der Wahrheiten, so daß ›Wahrheit‹ insgesamt als ein dynam. Prozeß der Angleichung an die im Fluß befindliche Wirklichkeit zu verstehen ist. Aufgrund der Verschiedenheit der individuellen Bedürfnisse und Zielvorstellungen sind hierbei jedoch durchaus verschiedene Erfahrungen in bezug auf denselben Gegenstand möglich, so daß es eine Vielheit von sich zumindest partiell widersprechenden Wahrheiten gibt, die ihre parallele Gültigkeit der Tatsache verdanken, daß sie sich im Lebensvollzug ihrer jeweiligen individuellen Träger bewähren. Entsprechend ist auch die Hypothese der Existenz Gottes als wahr anzusehen, wenn sie dem Bewußtsein des einzelnen im weitesten Sinne als befriedigend gilt. – Die Schrift ist als das programmat. Hauptwerk des amerikan. Pragmatismus anzusehen und hat u. a. die pragmat. Wahrheitstheorie J. Deweys und die Anthropologie A. Gehlens beeinflußt (vgl. → *The Principles of Psychologie*).

Ausg.: Dt., von W. Jerusalem, 1977 (PhB 297).

Lit.: A. J. Ayer, The Origins of Pragmatism, 1974. – E. Herms, Radical Empirism: Studien zur Psychologie, Metaphysik und Religionslehre W. James, 1977.

J. Monar

La présence totale (frz.; *Die totale Gegenwart*), Louis Lavelle; EA

Paris 1934; dt. 1952 Die Gegenwart und das Ganze. Entwurf einer Philosophie des Seins und der Teilhabe.

Mit diesem Werk wollte Lavelle eine neue und einfachere Darstellung der Grundgedanken von *De l'être* (Vom Sein; 1928) geben, dem I. Buch seines auf fünf Bände berechneten Hauptwerks *La dialectique de l'éternel présent* (Die Dialektik der ewigen Gegenwart; 1946–1951). – Drei Grundprobleme der Lavelleschen Philosophie werden behandelt: die Entdekkung des Seins in der Erfahrung der Gegenwart, die Identität von Denken und Sein, das Verhältnis von Sein und Zeit. Der 1. Teil des Buches beschäftigt sich mit dem Problem der Entdeckung des Seins im Ich. Das Sein wird erfahren in einer ›ersten‹ oder ›reinen Erfahrung‹, einer ›metaphys.‹ oder ›ontolog. Erfahrung‹, die in allen anderen Erfahrungen enthalten ist und ihnen zugrunde liegt. Ihr Inhalt ist die ›totale Gegenwart des Seins‹. Diese Erfahrung bildet die Grundlage des philosoph. Denkens, aber auch sein Ziel. In ihr ist alles beschlossen, was von der Philosophie zur Weisheit führt, denn sie gibt dem Leben erst seinen Ernst, seine Tiefe und seine Freude. Der 2. und 3. Teil des Buches betrachten das Verhältnis des Denkens und des Seins. Aus der Analyse der Erfahrung der Gegenwart des Seinsganzen ergibt sich zunächst ›die Identität von Denken und Sein‹. In dem Dem-Ich-Gegenwärtigsein des Seins wird das Dem-Sein-Gegenwärtigsein des Ich miterfahren: wenn das Ich das Sein denkt, erfaßt es das Sein nicht als von sich verschieden und geschieden, vielmehr erfährt das Ich sich als am Sein teilhabend. Das Sein, an dem das Ich im Denken des Seins teilhat, ist aber das Sein des Ganzen des Seienden. Neben der Identität von Denken und Sein erscheint jedoch auch eine ›Dualität von Denken und Sein‹, die im 3. Teil des Buches entfaltet wird. Das Denken des Ich ist nämlich ein endliches Sein, zwar Sein vom Sein des Ganzen, jedoch nicht das totale Sein selbst. Im 4. Teil (»Die zerteilte Gegenwart«) und ebenso im 5. Teil (»Die wiedergefundene Gegenwart«) wird das Zeitproblem erörtert. Dabei legt Lavelle dar, daß die vielen erfahrenen Einzelgegenwarten in der ›reinen Gegenwart‹ gründen, die als ›unteilbarer Akt‹ beschrieben wird. Sodann geht es um das Verhältnis von Zeit und Ewigkeit, die sich im ›Augenblick‹, dem Zugang zum Sein als der ewigen Gegenwart, schneiden. – Die Lavellesche Philosophie steht in der Tradition des französ. Spiritualismus, doch lassen sich auch Einflüsse der Lebensphilosophie Bergsons, später auch der Existenzphilosophie erkennen.

Lit.: J. Ecole, La métaphysique de l'être dans la philosophie de Louis Lavelle, 1957. – K. Albert, Zur Metaphysik Lavelles, 1975.

K. Albert

Il Principe, dedicato a Lorenzo duca d'Urbino (it.; *Der Fürst,* Lorenzo, dem Herzog von Urbino gewidmet), Niccolo Machiavelli, entst. 1513 (unter dem Titel *De principatibus*); EA Rom 1532 (postum); dt. 1714 Niccolò Machiavellis Lebens- und Regierungs-Maximen eines Fürsten.

Das Werk entwickelt Techniken und Strategien zum Erwerb, Ausbau und Erhalt polit. Macht. Im Jahre 1513 – nach der Entlassung Machiavellis aus dem Staatsdienst – begonnen und fertiggestellt, behandelt es in geraffter Form anhand von Fallbeispielen aus der antiken Geschichte Regeln polit. Klugheit. Der Fürst muß darauf achten, immer Herr der Lage zu sein. Dazu bedarf es der virtù (Tugend). Die virtù ist die Triebkraft polit. Gestaltung, ohne sie sind die polit. Handelnden schwach, ohne Machtwillen und Durchsetzungsfähigkeit. Ein Fürst ohne virtù kann aus den Wechselfällen der fortuna keinen Nutzen ziehen. Aber virtù zu haben heißt nicht, sich dem traditionellen Tugendkatalog von Ehrlichkeit und Anstand zu unterwerfen. Wer vom Fürsten Großzügigkeit, Freigebigkeit und Milde verlangt, verdammt ihn zur Erfolglosigkeit – und damit ist auch seinem Volk nicht gedient. Vordergründig scheint sich diese Schrift ausschließlich mit dem persönlichen Vorteil des Fürsten zu befassen. Sieht man die Ausführungen jedoch im Zusammenhang mit den → *Discorsi*, so wird deutlich, daß sich in diesem Werk ein radikaler und folgenreicher Bruch mit der Idee einer universalen christlichen Seinsordnung manifestiert. Der Staat ist nun auch in der Theorie nicht mehr der bloße Diener christlichen Naturrechts, und die Politik ist ein besonderer Bereich menschlichen Handelns, für den die gängigen Moralvorstellungen nicht gelten. – Die polit. Maximen der Schrift, die bereits im Manuskript zirkulierte und 1522 in einer latein. Übersetzung von A. Nifo veröffentlicht wurde (in: *De regnandi perita*, Rom), lösten sofort nach dem Erscheinen heftige Kontroversen aus, die zum Teil bis heute andauern. Zu den Antimachiavellisten zählen u. a. Gentillet und Bodin; Friedrich der Große schrieb eine leidenschaftliche Polemik unter dem Titel *Der Antimachiavell*.

Ausg.: It., 1972. – Dt., übers. von R. ZORN, [6]1978.

Lit.: G. RITTER, Die Dämonie der Macht, [6]1948. – F. MEINECKE, Die Idee der Staatsräson, [2]1960. – G. SASSO, Machiavelli, Geschichte seines polit. Denkens, 1965. – J. G. A. POCOCK, The Machiavellian Moment, 1975. – M. HULLING, Citizen Machiavelli, 1983. – A. BUCK, Machiavelli, 1985.

J. NIDA-RÜMELIN

Principes de la nature et de la grace fondés en raison (frz.; *In der Vernunft begründete Prinzipien der Natur und der Gnade*), Gottfried Wilhelm LEIBNIZ, entst. 1714; ED 1718 (in: L'Europe Savante); dt. 1780.

Wie in der → *Monadologie* entwirft Leibniz in diesem metaphys. Traktat einen systemat. Überblick der Grundsätze seines Systems, jedoch in terminolog. einfacherer Diktion. Ausgangspunkt seiner Überlegungen ist wiederum seine Lehre von den einfachen Substanzen, charakterisiert durch Wahrnehmung und Begehren, in diesem Falle jedoch vor dem Hintergrund der Diskussion um das Vakuum. Hier findet implizit eine Auseinandersetzung mit Huygens und Pascal statt. Leibniz geht von einer durchgängigen Erfüllung der Welt aus, eben durch jene einfachen Substanzen, genannt Monaden. Diese können sich mit Körpern verbinden oder mit Seelen, wobei es sich im letzteren Fall um Tiere handelt. Eine Verbindung von Monade, Seele und Vernunft nennt man Mensch. Monaden ganz allgemein sind lebendige, repräsentierende (darstellende) Spiegel des Universums, wobei vollkommene Harmonie zwischen den Wahrnehmungen der Monade und den Bewegungen der zugehörigen Körper besteht. Leibniz entwickelt hier den Gedanken der Individualität und des Universums von Nikolaus Cusanus weiter. Gegen Descartes unterscheidet Leibniz ausdrücklich zwischen Apperzeption (Selbstbewußtsein, reflexive Erkenntnis) und Perzeption (Wahrnehmung). Den Menschen hingegen bleibt der Vernunftschluß vorbehalten. Letztendlich zielt das vernünftige Schlußfolgern auf die notwendigen und ewigen Wahrheiten. In dem sechsten der 18 durchnumerierten Abschnitte formuliert Leibniz eine Konsequenz seiner Monadenkonzeption, nämlich daß Lebewesen aus präformiertem Samen entstehen. Leibniz' Beitrag zu einer Theorie der Generation (Lehre von der Entstehung der Lebewesen) nimmt dabei Gedanken der Evolutionstheorie vorweg. Insgesamt entwirft Leibniz eine auf dem Satz vom zureichenden Grund basierende Metaphysik. Die Antwort auf die berühmte Frage, warum ist überhaupt Etwas und nicht vielmehr Nichts, also der systemat. Ausgangspunkt der Theodizeeproblematik, der auch Heidegger inspirierte, lautet: der zureichende Grund für die Existenz des Universums liegt in Gott. Ihm werden Allmacht, Allwissenheit, Allgüte und Gerechtigkeit zugeschrieben. Aus diesem Begriff Gottes folgt schließlich, daß bei der Hervorbringung des Universums der bestmögliche Plan zugrunde gelegt wurde. Daher sind alle Dinge ein für allemal nach der größtmöglichen Ordnung und Übereinstimmung eingerichtet. Die grundlegende Lehre von Leibniz' metaphys. Anthropologie ist die christliche Bestimmung des Menschen als Ebenbild Gottes, jetzt jedoch in dem Sinne, daß er Spiegel des Universums ist und Gemeinschaft mit Gott kraft der ewigen Wahrheiten besitzt. Gott als Baumeister der Welt, das besagt: die Natur führt zur Gnade hin, und: die Gnade vervollkommnet die Natur. In seinen letzten Fundamenten – den ewigen Wahrheiten – ist das Universum dem Menschen einsichtig. Diese Einstellung ist Ausdruck eines Intellektualismus, der auch Sinnesfreuden auf unklar erkannte intellektuelle Freuden zurückführt. So wird Leibniz im 18. Jh. als Vertreter eines metaphys. Optimismus verstanden, nicht zuletzt, weil er unser Glück in einem immerwährenden Fortschritt zu neuen Glückseligkeiten sieht. Die Schrift wurde daher neben der →*Monadologie* zum Ausgangspunkt der Schulphilosophie eines Chr. Wolff, aber auch Anlaß zu beißendem Spott, etwa in Voltaires →*Candide*.

Ausg.: Frz./Dt., übers. von H. Herring, 1982 (PhB 253).
Lit.: K. Hildebrandt, Leibniz und das Reich der Gnade, 1953.

B. Irrgang

Principia Ethica (engl.; *Grundlagen der Ethik*), George Edward Moore; EA Cambridge 1903; dt. 1970 Principia ethica.

Moore beabsichtigte, mit diesem Buch »Prolegomena zu einer jeden künftigen Ethtik, die als Wissenschaft wird auftreten können«, vorzulegen, wie er, Kant zitierend, im Vorwort schreibt. Dargestellt werden die grundlegenden Prinzipien des ethischen Vernunftgebrauchs – erst in zweiter Linie wird eine normative Handlungstheorie entwickelt. – Das 1. Kap. behandelt die Frage, was der Ausdruck ›gut‹ bedeutet und kommt zu dem Ergebnis, ›gut‹ sei undefinierbar. Theorien, die das Prädikat ›gut‹ mit einer bestimmten Eigenschaft eines natürlichen Gegenstandes gleichsetzen, nennt Moore ›naturalist.‹ und zeiht sie des ›naturalist. Fehlschlusses‹, also der (vermeintlichen) Ableitung von Sollensurteilen allein aus Tatsachenfeststellungen (2. Kap.). Das 3. und 4. Kap. setzen sich mit zwei Ausformungen naturalist. Ethik auseinander: der hedonist. und der metaphys. Ethik. Es schließt sich eine Untersuchung an, welches Verhalten als geeignetes Mittel zur Verwirklichung des Guten gelten kann. Idealiter vertritt Moore einen reinen Handlungskonsequentialismus: »Diese Handlung ist meine Pflicht« ist gleichbedeutend mit der Feststellung, daß das Gesamtergebnis der betreffenden Handlung das Gute maximiert. Aus epistemolog. Gründen wird diese Position jedoch zugunsten einer regelutilitarist. abgeschwächt (5. Kap.). Das letzte Kap. untersucht, was ideal im Sinne von ›gut an sich‹ (intrinsically good) ist und welche Rolle dabei ästhet. Genüsse, persönliche Zuneigung und Wissen um seiner selbst willen spielen. Die hier ausgeführte Werttheorie begründet die Bezeichnung ›idealer Utilitarismus‹ für Moores ethische Theorie. – Die in diesem Werk entwickelte intuitionist. Ethik Moores hatte einige Jahrzehnte bis zur Entstehung des Emotivismus prägenden Einfluß auf die angelsächs. Moralphilosophie.

Ausg.: Dt., von B. WISSER, 1970.
Lit.: W. R. KÖHLER, Zur Geschichte und Struktur der utilitarist. Ethik, 1979.

J. NIDA-RÜMELIN

Principia Mathematica (engl.; *Mathematische Prinzipien*), Alfred North WHITEHEAD/Bertrand RUSSELL; EA Cambridge 1910, 1912, 1913 (3 Bde.); dt. 1984.

Das klassische Werk der mathemat. Logik wiederholt den zuvor von Frege (→*Grundgesetze der Arithmetik*) unternommenen Versuch, die Grundbegriffe und die Sätze der Mathematik auf Begriffe und Sätze der Logik zurückzuführen (Programm des Logizismus). Dabei verfolgen die Autoren das doppelte Ziel, sowohl die sog. Russellsche Antinomie zu vermeiden, an der Freges Versuch gescheitert war, als auch das logizist. Programm von der Arithmetik auf die ganze Mathematik auszudehnen. Russell hatte 1901 entdeckt, daß Freges Grundgesetze die Bildung einer Menge zulassen, deren Elemente gerade diejenigen Mengen sind, die sich nicht selbst als Element enthalten; diese Menge ist folglich dann und nur dann Element ihrer selbst, wenn sie es nicht ist. Zur Vermeidung dieser Antinomie benutzen die *Principia* die zuvor von Russell entwickelte ›Typentheorie‹ (theory of types). Sie gehört zu der logischen Ausgangsbasis (dargestellt in Teil 1 des Werkes), die für den Aufbau der Mathematik (in den übrigen fünf Teilen) benötigt wird. Ihr Grundgedanke ist, daß die Gesamtheit der logisch-mathemat. Gegenstände eine Hierarchie von Stufen oder Typen bildet. Aus der Art der Typenhierarchie folgt dabei, daß ein Element einer Menge stets einem niedrigeren Typus angehört als diese selbst. Die Autoren liefern neben der Beseitigung der Russellschen Antinomie auch eine Diagnose dieser und verwandter Antinomien: Sie entstehen durch eine Art Zirkel im Definieren. Aufgrund dieser Diagnose und der aus ihr hergeleiteten Ablehnung imprädikativer Definitionen (d. h. Definitionen, die im Definiens auf einen Bereich Bezug nehmen, dem das Definiendum angehört) hat die Typentheorie eine weitere Komplizierung erfahren (verzweigte Typentheorie). Da die Ausschaltung der imprädikativen Definitionen die mathemat. Theoriebildung erheblich beeinträchtigt hätte, boten die Autoren (mit dem sog. Reduzierbarkeitsaxiom) eine Kompensation an, die ihnen selbst als eine ad-hoc-Maßnahme erschien. Immerhin wurde so zum ersten Mal das Ziel erreicht, die Mathematik – Arithmetik, Algebra und Analysis, indirekt damit auch die Geometrie, die in einem geplanten, aber nicht erschienenen IV. Band auch eigens behandelt werden sollte und die noch Frege für immun gegen das logizist. Programm gehalten hatte – logisch zu konstruieren. De facto haben Russell und Whitehead die Mathematik nicht auf Logik im engen Sinn, sondern auf Logik und Mengenlehre zurückgeführt. – In der Folge sind andere Diagnosen der Russellschen Antinomie vorgeschlagen und alternative Systeme eines mengentheoret. Aufbaus der Mathematik entwickelt worden, etwa das Zermelo-Fraenkelsche und das Bernays-Gödelsche Axiomensystem, die sich beide einer typenfreien Mengenkonzeption bedienen.

Lit.: F. P. Ramsey, The Foundations of Mathematics, 1965. – W. V. O. Quine, Withehead and the Rise of Modern Logic, in: P. A. Schilpp (Hg.), The Philosophy of A. N. Whitehead, [3]1971.

A. F. Koch

Principia philosophiae (lat.; *Die Prinzipien der Philosophie*), René Descartes; EA Amsterdam 1644; dt. 1863 (in: Hauptschriften zur Grundlegung seiner Philosophie).

Obwohl als umfassende Darstellung der Cartesian. Philosophie geplant, wurde das Werk nicht in der ursprünglich vorgesehenen Weise vollendet. Es enthält nur die Teile über die Prinzipien der menschlichen Erkenntnis, über die Prinzipien der körperlichen Dinge, über die sichtbare Welt und über die Erde; die Teile über die Natur der Tiere und Pflanzen sowie über die Natur des Menschen blieben unausgeführt. Teil 1 rekapituliert die Grundgedanken der → *Meditationes de prima philosophia* in gedrängter Form (über den method. Zweifel, die Gewißheit der eigenen Existenz, die Gottesbeweise und die göttliche Wahrheitsgarantie). Im Unterschied zu dem metaphys. Hauptwerk werden auch verschiedene ontolog. Probleme abgehandelt (Verhältnis von realer und modaler Unterscheidung, Universalienproblem, Substanz und Attribut, infinit und indefinit). Über die *Meditationes* hinausgehend werden auch die Ausdrücke ›klar‹ und ›distinkt‹ definiert. Teil 2 hat mit den *Meditationes* den Beweis gemeinsam, daß es bewußtseinsunabhängige Dinge gibt und daß das Wesen materieller Dinge ausschließlich in der Ausdehnung besteht. Konsequenz ist die Ablehnung des Vakuums und der atomist. Hypothese. Die Aufstellung der Grundprinzipien der Kinematik erfolgt mit Hilfe der Voraussetzung, daß die Quantität der Bewegung im Universum, da von Gott geschaffen, konstant ist. Als erstes fundamentales Naturgesetz wird das Trägheitsprinzip aufgestellt. Zusammen mit zwei ähnlich fundamentalen Bewegungsgesetzen erlaubt es die Ableitung von sechs Stoßregeln als Gerüst einer aprior. Physik. Teil 3 behandelt Entstehung und Form des Sonnensystems als Sonderfall der Theorie der Gestirne im allgemeinen. Descartes suchte nach einem Kompromiß zwischen ptolemäischer und kopernikan. Theorie, um verbal an der These von der Unbeweglichkeit der Erde festhalten zu können. Die Entstehung von Planetensystemen wird mit Hilfe der Unterscheidung von drei Materiearten aufgrund der Annahme von Materiewirbeln erklärt. Der 4. Teil bietet eine mechanist. Theorie des Lichts, der Schwere und der Wärme sowie eine Erklärung der Entstehung von Feuer, Wasser, Erde und Luft, wobei auch auf bestimmte Stoffarten (Metalle, Öle, Säuren, Dünste usw.) eingegangen wird. Besonders ausführlich wird der Magnetismus behandelt. Im Zusammenhang mit Andeutungen über das zur Vervollständigung noch Fehlende wird auf die Theorie des Leib-Seele-Zusammenhangs hingewiesen und die Funktion der Nerven erläutert. Das Werk läßt erkennen, in welch umfassender Bedeutung der Ausdruck ›Philosophie‹ von Descartes verwendet wurde. Die Metaphysik, namentlich die Erkenntnismetaphysik, bildet nur einen Teil der Philosophie im weiten Wortsinn, deren Fundierung sie dient. – Das Werk, von Descartes als Summe seiner Philosophie konzipiert, wurde in ganz Europa diskutiert (so z. B. von Spinoza in → *Renati Des Cartes principiorum philosophiae pars I et II*).

Ausg.: Œuvres, hg. von CH. ADAM/P. TANNERY, 1897–1910, Bd. VIII (lat.), Bd. IX/2 (frz.), (Repr. 1966). – A. BUCHENAU, 1965 (PhB 28).
Lit.: F. ALQUIÉ, Notes sur la première partie des Principes de la Philosophie de Descartes, 1933. G. H. v. WRIGHT, Descartes och den vetenskapliga idéutvecklingen, in: Ajatus 16 (1950). – R. DUGAS, La mécanique au 17e siècle, 1954.

W. RÖD

Principj di una scienza nuova intorno alla natura delle nazioni, per la quale si ritruovano i principj di altro sistema del diritto naturale delle genti (ital.; *Grundzüge einer neuen Wissenschaft über die Natur der Völker*, mit deren Hilfe die Prinzipien eines neuen Systems des Naturrechts der Völker wiederhergestellt werden), Giambattista VICO; EA Neapel 1725; dt. 1822.

In seinem geschichtsphilosoph. Hauptwerk unternimmt Vico in Abgrenzung von der bisherigen Metaphysik, welche die ewigen Gesetze der Natur erforschte, die Begründung einer Wissenschaft vom menschlichen Geist und seiner Geschichte. – Im I. Buch der maßgebenden dritten Ausgabe von 1744 erläutert Vico die Prinzipien der neuen Wissenschaft. Da als wahr bzw. als erkennbar nur das vom Erkennenden Konstruierte gelten kann (wie Vico in → *De antiquissima Italorum sapientia* ausgeführt hatte), und nicht die Natur, wohl aber die Geschichte ein Produkt des Menschen darstellt, ist ihm im Unterschied zu Gott nur von letzterer ein sicheres Wissen möglich. Dieses besteht in der Erkenntnis eines inneren Gesetzes der Geschichte, das Vico als Ausfluß der göttlichen Vorsehung deutet, so daß auch die Geschichte als ein Werk Gottes, d. h. weder des bloßen Zufalls noch eines blinden Fatum, und die Wissenschaft von ihr als eine rationale Theologie zu verstehen ist. Da der Geist des Menschen immer der gleiche war, läßt sich das Wesen früherer Epochen mittels einer

Selbstauslegung des nach seiner Geschichte fragenden Geistes erschließen. Insofern ist die Geschichtswissenschaft in erster Linie Philosophie; freilich muß das philosoph. Wahre auch von der Philologie, die alle überlieferten Äußerungen des Geistes sichtet, als das Richtige bestätigt werden. Der menschliche Geist ist dadurch gekennzeichnet, daß er stets auf das Allgemeine bezogen und insofern metaphys. ist, und daß er zunächst durch die Sinne, dann erst mit dem Verstand erkennt. Entsprechend muß die geistesgeschichtlich früheste Epoche von einer anschaulichen, kindlichen Metaphysik geprägt gewesen sein. In Abgrenzung von der bisherigen Historie will Vico daher die Geschichte nicht erst vom Anfang der Geschichtsschreibung an betrachten, und er will auch nicht eine genet. Verwandtschaft zwischen den Völkern annehmen, sondern in der Geschichte als Ideengeschichte die Gesetze einer ewigen idealen Geschichte aufzeigen im Sinne struktureller Verwandtschaften einzelner Völker, wie sie vor allem beim etymolog. Vergleich ihrer Sprachen deutlich werden. – Das II. Buch schildert die verschiedenen Facetten jener ersten Epoche, die als solche insgesamt kein goldenes, sondern ein primitives und brutales Zeitalter war. So bildete sich eine noch erst poetische Weisheit aus, weil das archaische Denken, unfähig zur rationalen Abstraktion, das Allgemeine nur in Form von Mythen, von poetischen, phantast. Gattungsbegriffen und Charakteren fassen konnte. Und ihrer eigentlichen, geselligen Natur noch fremd, lebten die Urmenschen in tierischer Rohheit, bevor sie sich allmählich in sittlichen Verhältnissen zusammenfanden. Im III. Buch beansprucht Vico die Entdeckung des wahren Homer mit der These, daß dieser keine wirkliche Person, sondern selbst ein poetischer Charakter des griechischen Volkes war, das auch die Mythen in vielen Jahrhunderten hervorgebracht hatte, denen ein späterer Dichter die Gestalt der beiden Epen *Ilias* und *Odyssee* gab. Obwohl diese recht unterschiedliche Zivilisationsstufen zeigen, sind sie das histor. aufschlußreichste Zeugnis der rohen Anfänge der griechischen Kultur und die erhabenste, weil reflexionsloseste Dichtung. Gegenstand des IV. Buches ist der bei allen heidnischen Völkern gleiche Entwicklungsverlauf, den Vico in ein Zeitalter der Götter, dann der Heroen, schließlich der Menschen unterteilt, wobei jede Stufe eine ihr gemäße Interpretation jedes kulturellen Aspektes verlangt. Im Vordergrund steht aber die Rechts- und Staatsgeschichte, auf die sich Vico schon in der Schrift *Il diritto universale* (1720–1722) konzentriert hatte. Ihren Anfang nimmt die Vermenschlichung der Urwesen mit der Gottesfurcht, d. h. mit der Religion, die sie zur Bestattung Verstorbener, zur Ehe und später zur Gründung theokrat. regierter Gemeinden führt. Vor allem anhand der römischen Geschichte stellt Vico dann die Entstehung der ersten Städte und ihrer aristokrat. Verfassung dar, um schließlich zu illustrieren, wie die Adligen gerade durch ihre besonderen Interessen dazu genötigt werden, dem Volk mehr Rechte einzuräumen und der Demokratie den Weg zu ebnen, also das der Vorsehung entsprechende Allgemeinwohl zu befördern. – Das V. Buch handelt von Wiederholungen in der Geschichte der Menschheit: So war der Anfang des Mittelalters eine Wiederkehr der Barbarei, aus der sich dann aber eine sehr hohe Zivilisationsstufe entwickelte. Die Demokratie ist jedoch stets in Gefahr, mit einer Entartung der Philosophie zum Skeptizismus in einer Barbarei der Reflexion bzw. in Anarchie und Tyrannei unterzugehen, wenn sich nicht eine Monarchie platon. Musters einrichten läßt, oder ein weniger degeneriertes Volk die Herrschaft übernimmt: Andernfalls bleiben nur weitere Verrohung, Verblödung, Selbstzerstörung und ein völliger Neubeginn. – Daß Vico die Ergebnisse der Wissenschaften seiner Zeit kaum zur Kenntnis nahm, hat die Wirkung seines Werks beeinträchtigt, dem erst durch J. Michelet und B. Croce ein breites Interesse zuteil wurde.

Ausg.: Dt., von E. FELLMANN, 1924.
Lit.: F. NICOLINI, Das Vico-Axiom: Der Mensch macht die Geschichte, 1976. – Ders., Commento storico alla seconda Scienza nuova, [2]1978.

CHR. JERMANN

Principles of Moral and Political Science, Being Chiefly a Retrospect of Lectures Delivered in the College of Edinburgh (engl.; *Prinzipien der Moral- und Politikwissenschaft*, hauptsächlich ein Rückblick auf Vorlesungen, gehalten im College von Edinburgh), Adam FERGUSON; EA Edinburgh 1792 (2 Bde.); dt. 1796 Darstellung der Gründe der Moral und Politik.

Bezugnehmend auf neueste zeitgenöss. Strömungen erschließt Ferguson seine in den → *Institutes of Moral Philosophy* skizzierten Gedanken in detaillierter Form einem breiten Publikum. – Band I beschreibt den geistesgeschichtlichen Fortschritt als Resultat irdischer Übel, die den Wunsch nach Besserem erzeugen, was nach Ferguson einen letzten Zweck impliziert, nämlich das Gute für die Menschheit. Das Gute ist somit natürlich gegeben und bedarf keiner Begründung durch Sympathie, Allgemeinwohl- oder Utilitätskriterien. Aus der Kenntnis des natürlichen Zwecks leitet Ferguson in Band II die Grundsätze des positiven Rechts, der Ethik und der Politik ab, wobei er von konkreten Vorschriften absieht: Entscheidungsregeln für freiwillig Handelnde können nur durch Motive, nicht aber durch Autorität wirken; ihr Ziel ist generell das Gute, Übel wie gesellschaftliche Ungleichheit sind durch die Sicherheitsfunktion des Staates gerechtfertigt, selbst Krieg ist dem Frieden vorzuziehen, insofern er das altruist. Element fördert. – Diese Rolle spielt sozialer Konflikt zuvor nur bei Machiavelli oder Hobbes und später wieder bei Marx.

Ausg.: Repr. (1792) 1975.
Lit.: D. KETTLER, The Social and Political Thought of A. Ferguson, 1965.

P. NAGELSCHMIDT

The Principles of Psychology (engl.; *Die Prinzipien der Psychologie*), William JAMES; EA New York 1890 (2 Bde.); dt. 1909 Psychologie.

Das unter dem Einfluß der Darwinschen Evolutionstheorie stehende psycholog. Hauptwerk James' beinhaltet eine konsequente Interpretation des Denkens als eines natürlichen Prozesses zur Bewältigung von Umweltsituationen. – Geistiges Leben liegt überall dort vor, wo es um die Wahl von Mitteln zur Erreichung eines Zieles, d. h. im Sinne des Überlebenskampfes um die Beseitigung von Hindernissen geht. Obwohl alle Bewußtseinszustände auf physische Prozesse zurückzuführen sind, stellen sie aufgrund dieser besonderen Funktion eigenständige Realitäten dar, die gesondert beschrieben werden können. Das Denken selbst ist ein Strom von Bewußtseinszuständen (›stream of thought‹), der unaufhebbar zu einem bestimmten Individuum gehört und sich unaufhörlich wandelt. Er wird im Rahmen des individuellen Bewußtseins als ein Kontinuum erfahren, ist auf Objekte ausgerichtet, die unabhängig von ihm existieren, und stellt schließlich eine selektive, interessengeleitete Tätigkeit dar. Im Rahmen des Denkens besteht das einzige Kriterium für die Wahrheit bestimmter Annahmen darin, ob diese sich letztendlich mit den übrigen, über den jeweiligen Erkenntnisgegenstand im Bewußtsein vorliegenden Daten in Übereinstimmung (›final consensus‹) befinden (→ *Pragmatism*), so daß sie dem handelnden Individuum ein erfolgreiches Reagieren auf Problemsituationen ermöglichen können. – Das Werk gehört zu den grundlegenden Schriften des amerikan. Pragmatismus und hatte u. a. Einfluß auf die Entwicklung des logischen Empirismus der Wiener Schule.

Lit.: J. Linschofen, Auf dem Wege zu einer phänomenologischen Psychologie. Die Psychologie von W. James, 1961. – R. Stevens, James and Husserl. The Foundations of Meaning, 1974.

J. Monar

Das Prinzip Hoffnung, Ernst Bloch, entst. 1938–1947; EA Berlin (DDR) 1954, 1955 u. 1959 (Teile 1–3), Frankfurt a. M. 1959 (vollständig).

In Fortführung, ontolog. Begründung und systemat. Durchdringung bereits im Frühwerk *Geist der Utopie* angelegter Gedanken, entwirft Bloch eine Enzyklopädie menschlichen Hoffens und menschheitlicher Hoffnungen, getragen von einer undogmat.-marxist. Grundposition, bestimmt vom Geiste jüdisch-christlicher Apokalyptik, geprägt von Motiven mystischer und chiliast. Tradition, eingebunden in einen expressionist. Stil. – Ansatzpunkt jeglichen menschlichen Hoffens ist die Erfahrung des ›Noch-nicht‹, der unerfüllte Augenblick, die ›noch unabgeschlossene Daseinsbestimmtheit über jeder res finita‹. In formaler Parallelität zur Existenzphilosophie, jedoch radikaler inhaltlicher Absetzung von ihrem tendenziell individualist. Heroismus (›Angstontologie‹), bestimmt Bloch das Wesen der Welt und ihres Prozesses durch die ›Tendenz‹ auf ein ›Plus ultra‹, eine Überwindung jeglicher Entfremdung im Horizont des faustischen Fahrtmotives vom verweilenswerten Augenblick (›Latenz‹): »Der letzte Wille ist der, wahrhaft gegenwärtig zu sein.« Solches Hoffen kann sich nicht mit bloßem Sehnen oder abstrakten Uminterpretationen der Wirklichkeit begnügen, es muß vielmehr als ›docta spes‹ seines prinzipiellen Anspruchs innewerden. Unter Maßgabe von Marx' Elfter Feuerbachthese, in Kritik platon.-idealisierender Tradition Anamnesisverfaßter Zukunftsfremdheit bis hin zu Husserl verlangt Bloch der Philosophie ›Gewissen des Morgen, Parteilichkeit für die Zukunft, Wissen der Hoffnung‹ ab. Die anthropo-ontolog. Grundlegung des Hoffens als eines konstitutiven Weltprinzips ist in ihrem anthropolog. Pol im Selbsterhaltungstrieb – mit dem biolog. wie transzendental verstandenen ›Hunger‹ – begründet, in ihrer geschichtlichen Verwirklichung andererseits konkret-gesellschaftlich vermittelt und gebunden: »Letzte Instanz im geschichtlich vorliegenden Triebgefüge bildet das wirtschaftliche Interesse.« Der Verdichtungsprozeß menschlichen Tendierens erscheint in der Abstufung von Erregung, Drang, Streben (Sehnsucht), Sehnen (Suche, Sucht), Trieb (Affekt, Leidenschaft), Wunsch, Wille – in kritischer Absetzung von der Psychoanalyse, besonders Jungscher Prägung einerseits, vom ›élan vital‹ Bergsons andererseits, denen beiden das Novum als Horizont alles Vorantreibenden ermangele. Medium, Spiegel, Brennglas zumal allen Hoffens sind die Wunschbilder, Visionen, Phantasien in den Nacht- und Tagträumen, wobei die letzteren in ihrer Tendenz zur Konkretion als Vorstufe der konkretisierten Latenz der Kunst erscheinen. So interpretiert Bloch die Konkretion des bloß Geträumten in ›Produktivität‹ mit den genieästhet., von neuplaton. Emanation, joachimit. Millenarik und hegelschem Weltgeist gleichermaßen bestimmten Kategorien ›Inkubation‹, ›Inspiration‹ und ›Explikation‹: »Die Zündungsgegend der Inspiration liegt in der Zusammenkunft einer spezifisch genialen, das heißt schöpferischen Anlage mit der Anlage einer Zeit, den spezifischen Inhalt zu liefern, der für die Aussage, Formung, Durchführung spruchreif geworden ist.« Kunst selbst ist, wie jede bedeutende Kulturleistung, ›Vorschein eines Gelungenen‹. Blochs eschatolog.-apokalypt. Denkstil zeigt sich in der Bestimmung des ›Paradiesischen‹ als positivem Pol der Tendenz einerseits, des ›Höllenhaften‹ als negativem andererseits – dem Duktus des Werkes entsprechend freilich gänzlich unmanichäist., eher monist. im Sinne einer privatio spei. Kern der Ontologie des ›Noch-nicht‹ bildet die Bestimmung der Materie – vor dem Hintergrund ihrer Interpretation von Aristoteles über die arabische Philosophie bis Schelling – als ›reales Möglichkeitssubstrat des dialekt. Prozesses‹ und die Entfaltung der Schichten der Kategorie ›Möglichkeit‹ in formal, sachlich-objektiv, sachhaft-objektgemäß und objektiv-real Mögliches. ›Heimat‹ als Chiffre der äußersten Verwirklichung bleibt sich freilich noch immer selbst im Lichte stehen, sie bleibt stets mystisch-chiliast. auf Einheit hin entworfen, in unüberholbarer Differenz auf ein ›Plus ultra‹ verwiesen: »Nur wenn ein Sein wie Utopie wäre, wenn folglich die noch völlig ausstehende Realitätsart Gelungensein den Treibens-Inhalt des Jetzt und Da selber präsent gemacht hätte, wäre auch der Grundbestand dieses Treibens: die Hoffnung als solche ganz in die verwirklichte Wirklichkeit einbezogen. Der Inhalt des Verwirklichten wäre dann der Inhalt des Verwirklichenden selber, das Was-Wesen (quidditas) der Lösung wäre genau der aufgeschlagene Daß-Grund (quodditas) der Welt.« Bloch öffnet auf ca. 1600 Seiten ein Panopticum der Sperata und Sperabilia, getragen von prophet.-messian. Impetus mystisch-pansoph. Einheitsschau. Enzyklopäd.-systemat. Strenge tritt hinter symbol., archetyp., metaphor. Eindringlichkeit zurück, wenn Bloch in den ›Wunschbildern im Spiegel (Auslage, Märchen, Reise, Film, Schaubühne)‹, den ›Grundrissen einer besseren Welt (Heilkunst, Gesellschaftssysteme, Technik, Architektur, Geographie, Perspektive in Kunst und Weisheit)‹ und den ›Wunschbildern des erfüllten Augenblicks (Moral, Musik, Todesbilder, Religion, Morgenland, Natur, Höchstes Gut)‹ Erhofftes und Hoffendes in mehr poetischer – cum ira et studio – als nüchtern deskriptiver Sprache ausbreitet. – Der wirkungsgeschichtliche Einfluß des Werks läßt sich insbes. in undogmat. Positionen des Marxismus der Gegenwart nachweisen sowie in der – besonders protestant. – Theologie, hier verstärkt durch das 1968 erschienene Werk Blochs *Atheismus im Christentum,* das die in *Das Prinzip Hoffnung* grundgelegten Thesen auf theolog. Fragestellungen hin präzisiert.

Lit.: R. DAMUS, E. Bloch – Hoffnung als Prinzip – Prinzip ohne Hoffnung, 1971. – J. HABERMAS, E. Bloch – Ein marxist. Schelling, in: ders., Philosoph.-polit. Profile, 1971. – E. Blochs Wirkung – Ein Arbeitsbuch zum 90. Geburtstag, 1975. – B. SCHMIDT (Hg.), Materialien zu E. Blochs ›Prinzip Hoffnung‹, 1978. – A. F. CHRISTEN, E. Blochs Metaphysik der Materie, 1979.

C.-H. HOEFER

Přirozený svět jako filosofický problém (tschech.; *Die natürliche Welt als philosophisches Problem*), Jan PATOČKA; EA Prag 1936; dt. i. E.

In diesem der Phänomenologie Husserls verpflichteten philosoph. Werk soll die natürliche Welt als eigenständiger Bereich des Denkens erschlossen werden. Die wissenschaftliche Weltauffassung kann von der natürlichen nicht getrennt werden und wird als späte Stufe der Weltauffassung ausgegrenzt. – Husserls phänomenolog. Reduktion ist für Patočka ein Versuch, die Verwirklichung schöpfer. Subjektivität in der Erfassung des Gegebenseins von Gegenständen zu thematisieren, aus der sich die innere Zeitlichkeit und die Horizontalität des Bewußtseins erschließt. Patočka betont die Ursprünglichkeit einer Alltagspragmatik, die zu einer typolog. Sicht materialer Kategorien führt und über die Trennung von apriorischen und aposteriorischen Strukturen hinausführt. In der Sprache sieht er das Medium freier Aktivität schlechthin; er unterscheidet den symptomat. vom symbol. Akt des Sprechens, der uns mit anderen verbindet. Die Phoneme werden als absolute Impressionen angesehen. Aller Analyse zum Trotz entzieht sich jede Weltansicht der totalen Erfassung. – Patočkas Werk wird heute als frühes Zeugnis der Verbindung phänomenolog. und strukturalist. Denkens gewürdigt.

Ausg.: Le monde naturel comme problème philosophique, 1976.

Lit.: E. KOHÁK, Jan Patočka's Search for the Natural World, in: Husserl Studies 2 (1985).

H. KOHLENBERGER

Das Problem des geistigen Seins, Untersuchungen zur Grundlegung der Geschichtsphilosophie und der Geisteswissenschaften, Nicolai HARTMANN; EA Berlin 1933.

Unter einem systemat. Aspekt ist diese Abhandlung ebenso wie Hartmanns *Philosophie der Natur* (1950) als ›spezielle Kategorienlehre‹ zu kennzeichnen und (im Sinne seiner Schichtenontologie) einzuordnen. In der Entstehungsreihe seiner kritischen Hauptwerke liegt sie allerdings vor der Ausarbeitung der dreibändigen Ontologie, die 1940 mit der allgemeinen Kategorienlehre (vgl. → *Aufbau der realen Welt*) abgeschlossen wurde. Das geistige Sein ist Hartmann während seiner inneren Distanzierung vom deduktiven Idealismus zum Problem geworden. Er entfaltet es in langjähriger Auseinandersetzung mit der Geist- und Geschichtsphilosophie Hegels (den er als ›Entdecker des objektiven Geistes‹ würdigt) und arbeitet hierbei drei Stufen des realen Geistseins heraus: 1. den personalen Geist, durch den sich das menschliche Individuum auf bewußte Weise zu der es umgebenden Welt verhält, 2. den objektiven Geist als bewußtlose überindividuelle Gemeinsamkeit (in Sprache, Kunst, Religion usw.) und 3. den objektivierten Geist als materielles Kunst- und Kulturprodukt, in welchem ein realer Vordergrund und ein irrealer geistiger Hintergrund zu unterscheiden sind.

Ausg.: ³1962.

Lit.: H. OBERER, Zum Problem des objektivierten Geistes, 1965. – K. ZIMMERMANN, N. Hartmann und das Problem des geistigen Seins, in: Symposium zum Gedenken an N. Hartmann, 1982.

E. SCHADEL

Die Probleme der Geschichtsphilosophie. Eine erkenntnistheoretische Studie, Georg SIMMEL; EA Leipzig 1892, 2. verb. Aufl. 1905.

In seinem geschichtsphilosoph. Hauptwerk geht Simmel der Frage nach, wie aus gelebter Wirklichkeit das theoret. Gebilde ›Geschichte‹ entsteht. – Geschichtliche Erkenntnis ist nicht eine bloße Spiegelung des ehemals Wirklichen im menschlichen Bewußtsein, sondern stellt eine schöpfer. Umgestaltung des Vergangenen durch den Geist dar: So wie Kant gezeigt hat, daß die Erkenntnis der Natur nur als ein Ergebnis der Umformung von Sinnesdaten durch die aprior. Strukturen des Bewußtseins möglich ist, so ist auch geschichtliches Erkennen nur als Umgestaltung histor. Inhalte durch die Kategorien des Bewußtseins denkbar. Der Mensch stellt daher zwar als ein erkanntes Objekt im Rahmen von Natur und Geschichte nur ein Produkt verschiedener natürlicher bzw. geschichtlicher Umstände dar, ist aber als erkennendes Subjekt diejenige Instanz in der Welt, die so etwas wie ›Natur‹ und ›Geschichte‹ überhaupt erst hervorbringt und gestaltet. In diesem Sinne tritt der Mensch der Geschichte als freies geistiges Wesen gegenüber, das über dem Geschehen und seinen Determinanten steht. Der diese Überlegenheit ausdrückende Akt der histor. Erkenntnis besteht in einer vom Gefühl der Richtigkeit begleiteten Rekonstruktion des Bewußtseinslebens geschichtlicher Individuen. – Der im Zentrum der Schrift stehenden konsequenten Anwendung des transzendentalphilosoph. Ansatzes Kants auf den Erkenntnisgegenstand Geschichte blieb ein dauerhafter Einfluß auf die Geschichtsphilosophie versagt.

Lit.: J. MAMELET, Le relativisme philosophique chez Simmel, 1914. – S. KITAGAWA, Die Geschichtsphilosophie G. Simmels, 1982.

J. MONAR

Process and Reality. An Essay in Cosmology (engl.; *Prozeß und Realität.* Entwurf einer Kosmologie) Alfred North WHITEHEAD; EA New York 1929; dt. 1979.

Whiteheads außerordentlich komplexes und daher wohl bis heute wenig rezipiertes philosoph. System ist (auch nach seinen eigenen Worten) als metaphys.

einzustufen, da es a) alle wissenschaftliche Forschung sowie alles menschliche Erfahren und Streben zu fundieren versucht und b) diese Verschmelzung von Ontologie und Erkenntnistheorie in der Darstellung eines einheitlichen Seinscharakters unternimmt. Alle Wirklichkeit liegt beschlossen in der Selbstorganisation konkreter Einzelwesen: das ist Whiteheads ›ontolog. Prinzip‹. Daraus ergeben sich zwei wichtige Konsequenzen: 1. Philosophie muß die Verbundenheit alles Gegebenen aufzeigen, da das in die Selbstorganisation Einbezogene nach außen hin grundsätzlich nicht abschließbar ist. Sie muß Zusammenhang stiften; Dualitäten wie ›Körper und Geist‹, ›Substanz und Qualität‹ dürfen sich nicht als unhintergehbar erweisen, sondern nur als Funktionen eines letztlich abstrakten Zugriffs auf die Wirklichkeit. 2. Die einheitsstiftende Gewähr aller lebendigen Tätigkeit, auch aller bewußten Bemühung um Ordnung und Harmonie – ist wiederum nur als Organismus verstehbar. So ergibt sich für Whitehead eine Gottesvorstellung, deren statischer Charakter als abstrakte Wesensschau mit ihrer sich histor. entwickelnden, konkret gegebenen Erfüllung schließlich verschmilzt und dadurch erst wahre Realität erfährt. Im Gedanken einer für die Ideen notwendigen Realisierung in konkreten Einzelwesen liegt die entscheidende systemat. Differenz von Whiteheads organist. Philosophie zu der Platons. (Der Autor betrachtet sein System – wie die gesamte abendländ. Philosophie – im übrigen als bloße ›Fußnote‹ zu dessen Spätdialogen.) Der ›überzeugenden Kraft‹ göttlicher Harmonie entspricht die Kreativität als Grundcharakter aller Realität; beides zusammen bestimmt den Prozeß als das eigentlich Elementare. Platons ›Eros‹, als affektive Tönung und subjektive Form gewendet, ist deshalb grundlegend für jede Erfahrung und jedes Erfassen. Auch dieser erkenntnistheoret. Ansatz mit seiner Kritik an einer Konzentration auf isoliertes Bewußtsein und propositionale Wahrheit führt in das Zentrum von Whiteheads Denken. Unter dem Titel ›Prozeßphilosophie‹ bzw. ›-theologie‹ stößt Whiteheads systemat. Ansatz während der letzten Jahre – auch im deutschen Sprachraum – auf wachsendes Interesse.

Ausg.: Engl., 1978. – Dt., von H.-G. Holl, 1979.

Lit.: P. A. Schilpp (Hg.), The Philosophy of A. N. Whitehead, III, 1951. – W. A. Christian, An Interpretation of Whitehead's Metaphysics, 1959. – E. Wolf-Gazo (Hg.), Whitehead, 1980. – H. Holz/E. Wolf-Gazo (Hg.), Whitehead und der Prozeßbegriff, 1984.

O. Müller

Prodromus pansophiae (lat.; *Vorspiel zur Pansophie*), Johann Amos Comenius (eigentl. Jan Amos Komenský), entst. 1634–1636; EA Oxford 1637 (in: Porta sapientiae reserata sive pansophiae christianae seminarium), dt. 1963.

Deutlich abgehoben vom hermet. Programm einer Pansophie, den Methodos (gegen Descartes' ›Mathesis universalis‹) entschieden im Sinne der ›via lucis‹ aristotel.-neuplaton. in die Wesensordnung der Dinge rückbindend, kehrt sich der – im Alterswerk *De rerum humanarum emendatione consultatio catholica* unvollendet gebliebene – Entwurf einer Allweisheit auch gegen die künstliche (catenae anulis multis eleganter contextae), dem labyrinth. Welt- und Scheinwissen verhaftete Aneinanderreihung enzyklopäd. Stoffsammlungen. Pansoph. Wissen ist dagegen uni-versales, weil in die göttliche Einheit als Quelle des harmon. Miteinanderverspanntseins (pansophiam, id est plenam, omnia intra se complectentem sibique undique cohaerentem sapientiam) rückgebundenes Wissen; eingelassen durch das Tor (ianua) der Sprache, geführt durch die Spuren (vestigia) der durch Idee (Prinzip) und Differenz sich erschließenden Dinge, aufgenommen in das Gebäude (templum) einer alle Lebensalter, Menschen und Völker umschließenden friedlichen, ihrer Gottesebenbildlichkeit in der sancta ignorantia bewußten Gemeinschaft. In der Schätzung des Universums der Dinge (›Sachlichkeit‹) selbst, ihrer Organisierung zu einem Weltganzen und ihrer Erschlossenheit für die ›Autopsie‹ zeigen sich Elemente phänomenolog. Methodik.

Ausg.: Vorspiele. Prodromus Pansophiae. Vorläufer der Pansophie, hg. und übers. von H. Hornstein, 1963.
Lit.: K. Schaller, Die Pampaedia des J. A. Comenius, ^{3}1963. – M. Blekastad, Comenius, 1969.

C.-H. Hoefer

Le progrès de la conscience dans la philosophie occidentale (frz.; *Der Fortschritt des Bewußtseins in der abendländischen Philosophie*), Léon Brunschvicg; EA Paris 1927.

Das philosophiegeschichtliche Werk gilt als summa philosophica des an Kant orientierten Denkers. – Den Stufengang der europäischen Philosophie nachzeichnend, gelangt Brunschvicg zu der Auffassung, daß das Philosophieren seiner Zeitgenossen ausschließlich in der Reflexion aufgeht, wobei diese ihren natürlichen Gegenstand in der Geschichte des menschlichen Denkens findet. Der Intuitionismus Bergsons und der Spiritualismus bilden das philosoph. Umfeld, wohingegen der Hegelianismus und Comteismus abdanken mußten. Brunschvicg stellt sich damit in die Reihe des Neuidealismus, der die begrifflich erkennbare Welt für die letzthin seiende hält. Wesentlich ist, daß Erfahrung und Tatsachen von den Theorien getrennt und somit zu elementaren Wissenschaftsgrundlagen aufgewertet werden. Philosoph. Systeme sind histor. abhängig von der Entwicklung der Wissenschaft, eine Annahme, die für spätere Epistemologen wie Bachelard und Canguilhem zum Kern ihrer Theorien wurde.

W. Donner

Prolegomena zu einer jeden künftigen Metaphysik, die als Wissenschaft wird auftreten können, Immanuel Kant; EA Riga 1783.

In der Schrift nimmt Kant die Fragestellung der → *Kritik der reinen Vernunft* wieder auf, in der Absicht, die dort vorgestellten Entdeckungen näher zu erläutern. Die angewandte Methode ist analyt. bzw. regressiv. Durch David Humes Zweifel an dem aprior. Ursprung des für die Naturwissenschaften unentbehrlichen Kausalitätsbegriffs aus dem »dogmatischen Schlummer« geweckt (AA IV 260), versucht Kant nicht nur die Apriorität (Erfahrungsunabhängigkeit) des Begriffs der Kausalität, sondern einer Reihe von Verstandesbegriffen nachzuweisen, die er daher als »reine Verstandesbegriffe« bezeichnet. Allein auf der Basis einer Deduktion der objektiven Gültigkeit dieser aus dem reinen Verstande entsprungenen Begriffe ist, wie Kant in der Vorrede feststellt, auch die Möglichkeit einer wissenschaftlichen Metaphysik sowie ihre Grenzen, ihr Umfang und Inhalt zu klären. – Im 1. und 2. Teil geht Kant von der synthet. Erkenntnis a priori aus, die in der reinen Mathematik und der reinen Naturwissenschaft wirklich sind, und er fragt, wie (nicht ob) sie möglich sind. Reine Mathematik beruht auf den aprior. Formen der Anschauung: Raum und Zeit. Die Notwendigkeit der Naturwissenschaft beruht auf der Gültigkeit des Kausalitätsbegriffs bezogen auf den Bereich der Erfahrung. Naturerkenntnis ist möglich durch das Zusammenspiel der Leistungen unserer Sinnlichkeit und unseres Verstandes. Im 3. Teil legt Kant dar, daß Metaphysik als Naturanlage, d. h. aufgrund der in unserer Vernunft vorgegebenen Vernunftbegriffe, unabweisbar ist, daß die Vernunft sich aber in eine Dialektik des Scheins verwickelt. Die deshalb notwendige Grenzbestimmung der Vernunft zeigt zwar, daß unsere Seele, das Ganze der Welt, die Realität unserer Freiheit und das Dasein Gottes wissenschaftlich unbegreiflich sind, daß aber gleichwohl ein vernünftiger Glaube in bezug auf diese Ideen gerechtfertigt ist.

Ausg.: Gesammelte Schriften (Akademie-Ausgabe), Bd. IV, 1903 (Repr. 1968).
Lit.: B. Erdmann, Histor. Untersuchungen zu Kants Prolegomena, 1904. – M. Apel, Kommentar zu Kants Prolegomena, [2]1923. – M. E. Williams, Kant's Reply to Hume, in: Kant-Studien 56 (1965/66). – G. Prauss, Erscheinung bei Kant, 1971.

G. Maluschke

Pros Eratosthenen methodos (gr.; *Methodenlehre*), Archimedes, entst. im 3. Jh. v. Chr.; ED 1907 (in: Hermes 42); dt. 1906/7, Bibliotheca Mathematica VII/3.

Der erst 1906 entdeckte Text unterscheidet zwischen einem heurist. Verfahren zur Erstellung geometr. Lehrsätze und dem davon unabhängigen strengen Beweis. – Die von Archimedes eingeführte ›eigentümliche‹ mechan. Methode ermöglicht mit Sätzen über Hebel- und Schwerpunkt Gleichgewichtsbetrachtungen zur Bestimmung des Inhalts von Flächen und Körpern, indem diese in schmale Streifen bzw. Schichten gleicher Dichte zerlegt und an Hebelarmen aufgehängt gedacht werden. Da somit Flächen als Summen von Linien und Körper als Summen von Flächen aufgefaßt sind, können die mechan. Hilfsbetrachtungen nicht als strenge mathemat. Beweise gelten, weswegen Archimedes auf die orthodoxe Methode der Exhaustion zurückgreift. Das mechan. Vorgehen liefert die heurist. Mittel, um Theoreme zu finden und deren Wahrheit nahezulegen, befähigt aber nicht zum endgültigen Beweis. – Der Text bietet einen seltenen Einblick in die Arbeitsweise eines antiken Mathematikers, die über abstrakte naturphilosoph. Spekulation hinausweist.

Ausg.: Werke, hg. v. A. Czwalina (im Anhang: Des Archimedes Methodenlehre von den mechan. Lehrsätzen, übers. von J. L. Heiberg), 1963.
Lit.: I. Schneider, Archimedes. Ingenieur, Naturwissenschaftler und Mathematiker, 1979.

R. Wesel

Proslogion (lat.; *Anrede*), Anselm von Canterbury, entst. um 1077/78; ED Nürnberg 1491; dt. 1836 Selbstgespräch.

In diesem Schlüsseltext der Geschichte des Denkens rationalisiert Anselm den Gottesbegriff in vorher unbekannter Weise. Den Hintergrund bildet der Glaube der latein. Kirche. – Es geht um die Darlegung eines einzigen sich selbst genügenden, rein aprior. Arguments dafür, daß Gott existiert und er das höchste Gut ist. Einsetzend mit einem Gebet (Kap. 1) wendet sich Anselm im Wechsel von Anrede und logischer Darlegung den Themen zu, »daß Gott in Wahrheit existiert« und »daß nicht gedacht werden kann, er existiere nicht« (Kap. 2, 3). Aus dem Unterschied der Existenz einer Sache im Verstand und der Existenz derselben in Wirklichkeit, zugleich aus der Annahme, daß die Existenz in Wirklichkeit größer ist als die im Verstand, folgert Anselm, daß Gott als das Seiende, »über dem nichts Größeres gedacht werden kann« (ens quo nihil maius cogitari potest), notwendig existiert. Es kann auch gar nicht gedacht werden, daß dieses Seiende nicht existiert. Von daher folgert Anselm, daß Gott von sich selbst her ist und alles andere geschaffen hat (Kap. 5). Antinomien z. B. zwischen Gerechtigkeit und Güte betreffen Gott nicht (Kap. 6ff.) – denn Gott ist größer, als er gedacht werden kann (Kap. 15). Mit der Erörterung der Wesensbestimmungen Gottes (Kap. 16ff.), der Trinität (Kap. 23) und der Ausrichtung des Menschen auf Gott (Kap. 24–26) mündet das *Proslogion* in ein Schlußgebet. Seit Anselms Tagen hat die Kontroverse um das sog. ontolog. Argument nicht nachgelassen. Die Einwände des ersten Kritikers, des Gaunilo, werden mit Anselms Antwort dem *Proslogion* als Anhang (→ *Quid ad haec respondeat quidam pro insipiente*) beigegeben. Viele große Autoren haben zum Argument Stellung genommen – ablehnend z. B. Thomas von Aquin und Kant, bejahend und weiterführend z. B. Bonaventura, Descartes, Leibniz und Hegel. Ging es in der traditionellen Diskussion um die Frage, ob und gegebenenfalls unter welchen Bedingungen die Existenz von etwas aus dem bloßen Begriff der Existenz desselben gefolgert werden kann, so geht es in der neueren Forschung um die Bedingungen theolog. bzw. religiöser Sprache überhaupt oder um modallog. Probleme.

Ausg.: Lat./Dt., von F. S. Schmitt, [2]1984. – Opera omnia, hg. von F. S. Schmitt, Bd. I, [2]1984.

Lit.: K. Barth, Fides quaerens intellectum, 1931. – J. Vuillemin, Le Dieu d'Anselme et les apparences de la raison, 1971. – R. A. Herrera, Anselm's Proslogion: An introduction, 1979.

H. Kohlenberger

Prōtagoras (gr.), Platon, entst. nach 399 v. Chr.; ED Florenz o. J. (ca. 1482–1484; lat., übers. von M. Ficino); Venedig 1513 (gr., hg. von E. Musuros); dt. 1783.

Der umfangreiche und in sich verzweigte Dialog schließt zusammen mit dem → *Gorgias* die Reihe der ›sokrat.‹ Dialoge Platons ab, die in der Auseinandersetzung mit der Sophistik die ›Tugendfrage‹ stellen und die damit (ausgehend von der sokrat. ›Sorge um die Seele‹) zugleich die historist. und naturalist. Lebensbestimmungen kritisieren; die Tugendfrage stellt dagegen das Problem des Guten in einem prinzipiellen Sinn. – Ausgangspunkt des Dialogs ist Protagoras These, daß die Sophistik den Menschen zur Klugheit in den eigenen Angelegenheiten und in denen des Staates erziehen könne. Auf den sokrat. Einwand, Tugend sei nicht lehrbar, antwortet

Protagoras mit dem berühmten (Kulturentstehungs-)Mythos, demzufolge Zeus jedem Menschen ›Scham‹ (aidos) und ›Recht(lichkeit)‹ (dikē) verliehen habe: Erst sie (und nicht allein technische Fertigkeiten) ermöglichen es dem Menschen, sich zu erhalten. Protagoras interpretiert den Mythos durch die These der Lehr- und Lernbarkeit der Tugend. Deren offensichtliche Pluralität führt zur Frage nach Einheit und Vielheit der Tugend(en) (eine einzige Tugend mit verschiedenen Namen oder ›Teile‹ von Tugend?); unabhängig vom grundsätzlichen logischen Problem, daß ein Begriff an sich vielfältig ist, thematisiert die Frage die spezif. Leistung einer Tugend: Ist Klugheit für sich ›gut‹, d. h. auch als Klugheit im unrechten Tun (vgl. → *Hippias II*)? Gefordert ist ein einheitlicher, formaler wie materialer, Begriff des Guten; Protagoras nennt dafür das ›Nützliche‹, aber läßt eben dadurch das Gute ›ganz und gar schillernd‹ sein. Der Gedankengang wird unterbrochen durch die Interpretation eines (sonst nicht bekannten) Gedichts von Simonides, in der Sokrates seine Grundthese entwickelt: Niemand fehlt freiwillig bzw. wissentlich; denn niemand will das für ihn Schlechte (→ *Gorgias*). Sie setzt Handeln und Wissen in ein prinzipielles Verhältnis und ermöglicht die Fortführung der Diskussion als Diskussion über den Begriff des Guten. Gleichsam probehalber setzt sie das Gute mit der Lust gleich (vgl. → *Philēbos*), muß aber sogleich einen hedonist. Kalkül zugestehen: Er bindet die mit dem Guten gleichgesetzte Lust unabdingbar an Erkenntnis und bestätigt zugleich die sokrat. These; anders gesagt: Der Kalkül muß tatsächlich eine über den Hedonismus hinausgehende Meßkunst (vgl. → *Politikos*) sein, die auf das Ganze sieht und nicht der Gewalt des momentanen Scheins (dynamis tu phainomenu) anheimfällt. – Erkenntnistheoret. wird das Thema des Scheins (Phänomen) wieder aufgenommen im → *Theaitetos*, der zweiten großen Auseinandersetzung mit Protagoras.

Ausg.: Platonis Opera, hg. von H. Stephanus, Bd. I, 1578, 309–362. – Platonis Opera, hg. von J. Burnet, Bd. III, 1903 (Repr. 1968). – Engl., übers. und erl. von C. C. W. Taylor, 1975. – Gr./Dt., Studienausgabe, Bd. I, 1977.

Lit.: L. Bodin, Lire le Protagoras, 1975. – M. C. Stokes, Plato's Socratic Conversations, 1986 (Bibl.).

J. Jantzen

Die protestantische Ethik und der Geist des Kapitalismus, Max Weber; ED 1905 (in: Archiv für Sozialwissenschaft und Sozialpolitik, 20/21) EA 1920/21 (in: Gesammelte Aufsätze zur Religionssoziologie, 3 Bde., Bd. I).

In der soziolog.-methodolog. Abhandlung über die Entstehungszusammenhänge des modernen Kapitalismus entwickelt und begründet Weber die These, daß die asket. Lebensführung des Kalvinismus einen entscheidenden Einfluß auf die Entstehung des modernen Kapitalismus hatte. Die ›protestant. Ethik‹ wird – entgegen monokausalist. Erklärungsversuchen – als eine mitentscheidende Antriebsfeder eines histor. einmaligen, aber universell bedeutsamen Prozesses der Rationalisierung interpretiert. Methode und Ergebnis der soziolog.-methodolog. Analyse bestimmen die Diskussion bis heute. Weber geht von der empir. Tatsache aus, daß gegen Ende des 19. Jh.s besonders Protestanten ökonom. erfolgreich waren. Er führt dies vor allem auf den ›Geist des Kapitalismus‹, die dem Puritanismus bzw. Protestantismus eigene, religiös motivierte Lebensführung (innerweltliche Askese) zurück. Die ›protestantische Ethik‹ entsprach einer Berufsethik, die im Sinne der Prädestination als Selbstzweck verstanden wurde. Der Beruf wird zur Berufung, die den normativen Kriterien des modernen Kapitalismus entspricht: der rationalen Arbeitsorganisation und Kapitalverwertung. – Webers ›Protestantismus-These‹ löste eine intensive Diskussion über die Grundlagen und die methodolog. Vorgehensweise der Sozialwissenschaften aus. Zunächst wurde die Arbeit vornehmlich als Widerlegung einer materialist. Geschichtsauffassung interpretiert. Nach verschiedenen Widerlegungsversuchen präzisierte Weber seine Thesen in einer Reihe von ›Antikritiken‹. In jüngster Zeit kehrt man zu den methodolog. Grundaussagen des Werkes zurück, indem man die komplexen Zusammenhänge und Entstehungskriterien von kapitalist. Verhalten erneut hinterfragt.

Ausg.: J. Winckelmann (Hg.), M. Weber. Die protestant. Ethik. Kritiken und Antikritiken, 1968.

U. Nimsdorf

Protreptikos (gr.; *Mahnrede*), Iamblichos, entst. etwa 300/330 n. Chr.; ED Franeker 1598; dt. 1984 Aufruf zur Philosophie.

Das Werk stellt die erste vollständig erhaltene heidnische Mahnschrift zur Philosophie dar (nachdem um 200 n. Chr. Klemens von Alexandrien eine Mahnschrift zur christlichen Glaubenswahrheit (→ *Protreptikos pros Hellēnas*) verfaßt hatte); Iamblichos hatte im I. Buch seiner großen pythagoreischen Dogmatik (→ *Synagōgē*) Pythagoras als das überragende Lebensvorbild hingestellt und mahnt nun den Leser mit allen Mitteln antiker Psychagogik zur inneren Umkehr und zur Nachfolge des Meisters. Der Autor geht in seiner Mahnschrift vom Alltäglichen und Einleuchtenden aus (Kap. 1–3); dann folgen wissenschaftliche Begründungen für das Philosophieren (Kap. 4), speziell pythagoreische Gründe (Kap. 5) und solche, die im bürgerlichen Leben liegen (Kap. 6 u. 7). Zur philosophischen Einkehr mahnen die allgemeinen Einsichten (koinai ennoiai) (Kap. 8–11), die Fähigkeit der Philosophie, die Seele aus dem Gefängnis des Körpers zu retten (Kap. 12 u. 13), dann das vorbildliche Leben der Philosophen, die zur Nachahmung auffordern (Kap. 14), der Nutzen des Philosophierens für die Seele im Diesseits und im Jenseits (Kap. 15 u. 16), alte Überlieferungen (Kap. 17), die Notwendigkeit, die Seele zu pflegen (Kap. 18–20), und schließlich die pythagoreische Geheimlehre. Iamblichos verwendet Stücke aus platon. Dialogen, Teile des verlorenen aristotel. →*Protreptikos*, einiges aus dem sog. Anonymus Iamblichi, der sonst verlorenen Schrift eines idealist. Ethikers aus dem 5. Jh. v. Chr., dessen Haltung an Platon erinnert. Doch schuf Iamblichos ein Kunstwerk eigenen Ranges, indem er mit den Mitteln antiker Seelenführung das Textbuch einer Bekehrung und Erlösung der Seele aus den Banden des Irdischen bis hin zum Anblick des Guten schrieb.

Ausg.: Hg. von H. Pistelli, 1967.

Lit.: G. Schneeweiss, Der Protrepticus des Aristoteles, 1966. – I. Düring, Der Protrepticus des Aristoteles. Einleitung, Text, Übers. und Kommentar, 1969.

O. Schönberger

Protreptikos (gr.; lat.: *Protrepticus; Mahnschrift*), ARISTOTELES; ED Berlin 1831 (in: Fragmenta, hg. von V. Rose); dt. 1961.

Die nur fragmentarisch überlieferte Schrift ist eine Aufforderung zum philosoph. Leben, die sich an Themison, den Herrscher Zyperns, richtet. Die meisten Fragmente sind dem gleichnamigen Werk des Neuplatonikers Iamblichos entnommen (→ *Protreptikos*). Aufgrund der Beziehungen zwischen dem *Protreptikos* und der *Antidosis*-Rede des Isokrates glaubt man, die Entstehungszeit etwa zwischen 353 und 348 v. Chr. ansetzen zu können. In der Anordnung der Fragmente folgt man traditionell dem Iamblichos, aber I. Düring und K. Gaiser sind andere Wege gegangen. Vieles in dieser Frühschrift des Aristoteles weist auf seine endgültige Lehre hin: das Ideal der Erkenntnis um ihrer selbst willen, der Unterschied zwischen Aktualität und Potenzialität, die Teleologie der Natur. Übereinstimmungen mit der → *Ethika Nikomacheia* und der → *Politika* lassen sich auch nachweisen. Platon. ist dagegen die Beteuerung der Überlegenheit der Seele über den Körper und der Unwichtigkeit des irdischen Lebens; die platon. Ideenleere wird jedoch im *Protreptikos* wohl nicht vertreten (im Gegensatz zu der These W. Jaegers, der als Beweis für die Rezeption der Ideenlehre den Gebrauch des Begriffs ›phronēsis‹ anführt – der sich hier freilich nicht eindeutig im Sinn der kontemplativen Wahrheitserkenntnis festlegen läßt). Mit C. J. de Vogel betrachtet man den *Protreptikos* am besten als Übergangsschrift. – Über die Wiedergabe in Ciceros → *Hortensius* hat der Dialog auf Augustinus und Boethius gewirkt.

Ausg.: Gr., Aristotelis fragmenta selecta, hg. von W. D. Ross, 1955.

Lit.: I. BYWATER, On a Lost Dialogue of Aristotle, in: The Journal of Philology 2 (1868). – I. DÜRING, Aristotle's Protrepticus. An Attempt at Reconstruction, 1961. – P. MORAUX (Hg.), Frühschriften des Aristoteles, 1975.

L. J. ELDERS

Protreptikos pros Hellēnas (gr.; *Mahnrede an die Heiden*), KLEMENS VON ALEXANDRIEN (eigentl. Titus Flavius Clemens), entst. vermutlich vor 200; ED Florenz 1550; dt. 1875.

Gemeinsam mit dem → *Paidagōgos* und den → *Strōmateis* bildet diese Schrift eine gelehrte Trilogie, welche eine stufenweise Einführung in das Christentum bietet und das Hauptwerk des Klemens ausmacht. Nachdem zunächst Christus als Lehrer einer neuen Welt vorgestellt wird (Kap. 1), entwirft Klemens nach apologet. Beispiel ein abschreckendes Bild von der Torheit und Verwerflichkeit der nichtchristlichen Götter-vorstellungen und Mysterienkulte und argumentiert dann gegen die Lehren der griechischen Philosophen über das Wesen Gottes (Kap. 2–5). Im 2. Teil wird die Lehre der Philosophen wie diejenige der Propheten dagegen auch anerkannt, da an alle der Anruf Gottes ergeht (Kap. 6–9). Die überlieferte Religion soll aber verlassen und der den Menschen allein heilbringende Christus als Logos verehrt werden (Kap. 10–12).

Ausg.: Dt., von O. STÄHLIN, 1934 (Repr. 1968). – O. STÄHLIN, ³1972.

Lit.: H. STENEKER, Peithous demiourgia. Observations sur la fonction du style dans le ›Protreptique‹ de Clément d'Alexandrie, 1967.

H. FROHNHOFEN

Les provinciales, ou les lettres escrites par Louis de Montalte à un provincial de ses amis et aux pp. jésuites sur le sujet de la morale, et de la politique de ces pères (frz.; *Provinzialbriefe* oder Briefe von Luis de Montalte an einen Provinzial seiner Freunde und an die ehrwürdigen Jesuitenpatres über die Sittenlehre und Politik dieser Patres), Blaise PASCAL; EA Cologne 1657; dt. 1742.

In diesen Briefen dialekt. Schärfe und sprachlicher Kraft, die kurz nach ihrem Erscheinen durch ein päpstliches Dekret verdammt wurden, nahm Pascal Anteil an den Fragen und Gedanken der Jansenisten, in deren Kloster Port-Royal er sich 1655 zurückgezogen hatte. Die Fragment gebliebenen Briefe rufen auf zur Strenge des Glaubens, die durch die weltlich-polit. Klugheit der Jesuiten verletzt werde, zur ›beschwerlichen Pflicht der Liebe gegen Gott‹, zur ernsten Lektüre der Bibel. Daß in der Wahrheit des Christentums göttliche Schönheit und Liebe aufscheinen, weckt die Scham des Friedliebenden darüber, daß viele Christen in Häßlichkeit und Gewalt leben. Im Streit um das Wesen der Gnade, um das Verhältnis von Willensfreiheit und Prädestination betont Pascal gegen Kunstgriffe der Lehre vom Probabilismus (Laxismus) die Verfallenheit der Menschen an die Sünde und mit Augustinus ›eine allmachtsvolle Gnade‹ Gottes. Den Casuisten wirft er vor, gegen göttliches Gebot den Mord zu erlauben, Ehre und Güter zu schützen. Pascals Forderung, der Christ dürfe nicht einmal Beisitzer bei Blutgerichten sein, sein asket. Zug, sein Eintreten für die Verdammten und gegen die Gerechten zeigen heilige Achtung vor dem Menschen. Die Sünde der Christen, die Böses mit Bösem vergelten, hält der Glaubende den Katholiken vor. Der sterbende Pascal sah, daß die menschliche Wahrheit nie die Wahrheit sein kann, die Jesus Christus als Weg, Wahrheit und Leben ist. Pascals Kampf um eine Durchchristlichung seiner Existenz steht am Anfang der langen Tradition des französ. Spiritualismus.

Ausg.: Dt., von A. SCHORN, Werke, Bd. II, ^{2}1983.

Lit.: R. GUARDINI, Christliches Bewußtsein, ^{3}1956. – E. WASMUTH, Der unbekannte Pascal, 1962.

A. KÖPCKE-DUTTLER

La psychanalyse du feu (frz.; *Psychoanalyse des Feuers*), Gaston BACHELARD; EA Paris 1938; dt. 1950.

In dieser Fallstudie zum generellen Konzept des im gleichen Jahr erschienenen Werkes → *La formation de l'esprit scientifique* untersucht Bachelard die psycholog. Problematik der Vorstellungen vom Feuer. Stets sind die ersten Überzeugungen falsch, und das wissenschaftliche Bewußtsein muß sich gerade von den liebsten Anfangsüberzeugungen radikal lösen. Hinsichtlich des Feuers steht der Übergang zu einer objektiven, wissenschaftlichen Betrachtung noch aus. Auch der Ingenieur ist hier noch Alchemist. Ausgehend von Prometheus, Empedokles, Novalis und E. T. A. Hoffmann untersucht Bachelard die Permanenz primitiver, vorwissenschaftlicher Vorstellungen (Feuer als zum Raub lockendes Symbol höheren Vaterwissens, Ruf der Flammen zur kosmischen Todesverschmelzung, wärmendes häusliches Feuer, durch Reibung erzeugtes Feuer der Leidenschaft, alkohol. Selbstverbrennung des Körpers) und zeigt, wie solche Vorstellungen sowie substantialist. und animist. Auffassungen den Fortschritt der Wissenschaft behinderten. Es geht darum, den Geist von diesen irrtümlichen Überzeugungen zu befreien. Man soll sie – gut szientist. – in sich zerstören. Andererseits bilden sie weiterhin den Stoff der poetischen Imagination. – Später hat Bachelard diese szientist. Perspektive überschritten und die Rechte der Imagination (freilich noch immer nur jenseits der Wissenschaft) voll anerkannt. Im Sinn einer Analyse der materiellen Imagination folgten auf dieses Werk weitere Untersuchungen zu anderen Elementarphänomenen (Wasser, Luft, Erde).

Ausg.: Dt., übers. u. mit Nachbemerkung von S. WERLE, 1985.

Lit.: M. DE GANDILLAC u. a. (Hg.), Bachelard (Colloque de Cerisy), 1974. – F. LAPOINTE, G. Bachelard und seine Kritiker. Bibliographie der internationalen Kritik (1928–1977), in: Philos. Jb. 86 (1979).

W. WELSCH

Psyche. Zur Entwicklungsgeschichte der Seele, Carl Gustav CARUS; EA Pforzheim 1846.

Im Mittelpunkt des Werkes, das Philosophie und Psychologie vereinigt, steht die Reflexion über die Seele und ihre Stellung zwischen Unbewußtem und Bewußtem; zugleich wird das geistige Erbe der deutschen Romantik mit dem gerade entstehenden und sich immer stärker durchsetzenden Positivismus zusammengeführt. Aus der Behauptung Carus', der Schlüssel zum Verständnis des psycholog. Lebens sei im Unbewußten zu suchen, leitet sich sein Anspruch an die Psychologie ab, seelische Prozesse anhand von deren Polarität zu untersuchen. Eine auf drei Stufen sich vollziehende Entwicklung – ausgehend vom Unterbewußtsein über einfache Wahrnehmung zum Bewußtsein – findet ihrerseits wiederum ihre Entsprechung im Leben selber als einem vegetarischen, animalischen (ohne den Menschen) und humanen Leben. Carus bezieht sich dabei auf Goethes *Pandora*, wenn er im Unbewußten zwischen einem epimeteischen Moment (Erinnerung) und einem prometeischen Moment (Vorahnung) unterscheidet. Die Beziehung Körper-Seele stellt für Carus eine Einheit dar, deren Relata sich eher quantitativ als qualitativ unterscheiden lassen. In Übereinstimmung mit seiner allgemeinen symbol. Anschauung vertritt Carus eine psycholog. Theorie, die sowohl Wissenschaft als auch Kunst ist. In der Verbindung von Wissenschaft und Kunst sowie der zentralen Bedeutung der Analyse des Schlafs, des Traums und des Unbewußten ist der Einfluß der Romantik deutlich erkennbar. – Das Denken von Carus hat anthropolog. und psycholog. Strömungen beeinflußt, besonders die symbol. Psychologie (bis z. B. E. Neumann) sowie die Lebensphilosophie des 20. Jh.s (vor allem L. Klages, → *Der Geist als Widersacher der Seele*).

Ausg.: Repr. 1975.

Lit.: W. GENSCHOREK, C. G. Carus. Arzt, Künstler, Naturforscher, 1978.

G. MORETTI

Psychologie als Wissenschaft, neu gegründet auf Erfahrung, Metaphysik und Mathematik, Johann Friedrich HERBART; EA Königsberg 1824/25 (2 Bde.).

Im Gegenzug zur Vermögenspsychologie versucht das Werk durch Anwendung mathemat. Methoden auf Vorgänge der inneren Erfahrung die Psychologie als strenge Wissenschaft zu etablieren. – Psychologie ist ›angewandte Metaphysik‹, indem sie zu innerlich wahrgenommenen ›Tatsachen des Bewußtseins‹ die zum Verstehen notwendigen ›Ergänzungsbegriffe‹ bildet. Der inneren Erfahrung gegeben sind zunächst ›Vorstellungen‹. Um aber die Einheit des Bewußtseins zu erklären, muß als einfache, immaterielle ›Substanz‹ die ›Seele‹ postuliert werden, die als einheitlicher ›Träger‹ der Vorstellungen fungiert. Da nicht beliebig viele Vorstellungen zugleich ins Bewußtsein dringen können, wird die Möglichkeit gegenseitiger ›Verbindung‹ oder ›Hemmung‹ angenommen. Durch ›Hemmung‹ kann eine Vorstellung von einer anderen unter die ›Schwelle des Bewußtseins‹ gedrängt werden (dann bleibt ein bloßes ›Streben, vorzustellen‹); verschwindet die Hemmung, so kann die Vorstellung – auch ohne Assoziation – als ›freischwebende‹ wieder auftauchen. Um die Gesetze dieses ›Sinkens‹ und ›Wiedererweckens‹ exakt zu bestimmen, wird eine ›Statik und Mechanik des Geistes‹ entworfen: für ›Gleichgewicht‹ und ›Bewegung‹ von Vorstellungen ist u. a. die ›Hemmungssumme‹ maßgebend – das zu verteilende Gesamtquantum hemmender Energie. Im ›Hemmungsverhältnis‹ soll die spezielle Verteilung der Energie ausgedrückt werden. Beide Größen hängen ab von der ›Stärke‹ der einzelnen Vorstellungen und vom ›Grad‹ des zwischen ihnen bestehenden Gegensatzes. Je größer die ›Stärke‹, desto geringer die Hemmung durch andere Vorstellungen (indirekte Proportionalität); je größer der ›Grad‹ des Gegensatzes, desto größer die hemmende Wirkung der Vorstellungen untereinander (direkte Proportionalität). ›Fühlen‹ und ›Begehren‹ ergeben sich allein aus den Verhältnissen der Vorstellungen (Intellektualismus): ›Steht‹ eine Vorstellung ungehemmt im Bewußtsein, so herrscht reines Vorstellen; steht sie ›verschmolzen‹ zwischen anderen in einem bestimmten Gleichgewicht, so wird ein ›Gefühl‹ erzeugt; steigt sie gegen Hindernisse empor, so wird ›Begehren‹ empfunden. – Die Psychologie Herbarts diente seiner eigenen Pädagogik als Grundlage und hatte u. a. Einfluß auf G. Th. Fechner (→ *Elemente der Psychophysik*) und Freud.

Ausg.: Sämtliche Werke, hg. von K. Kehrbach/O. Flügel, 1887–1912, Bd. V u. VI (Repr. 1964).

Lit.: O. Flügel, Herbarts Lehre und Leben, [2]1912. – D. Brenner/W. Schmied-Kowarzik, Herbarts praktische Philosophie und Pädagogik, 1967.

Th. Herfurth

Psychologie der Weltanschauungen, Karl Jaspers, EA Berlin 1919.

Die Schrift bewegt sich im Grenzbereich von Philosophie und Psychologie und versucht, das seelische Leben von seinen »äußersten Horizonten und letzten Kräften« her zu begreifen. – Als die statischen Elemente einer Weltanschauung betrachtet Jaspers die Einstellungen (gegenständliche, selbstreflektierte, enthusiast.) als generelle Verhaltensweisen des Subjekts sowie die Weltbilder (sinnlich-räumliche, seelisch-kulturelle, metaphys.) als Objektivationen, deren sich die Einstellungen bemächtigen. Übergreifend ist der Bewegungsprozeß, den das Leben des Geistes darstellt, die geistigen Kräfte, für die und aus denen heraus die beiden Elemente sich zu Ganzheiten fügen. Für das Verständnis der Geistestypen sind (neben den Wertungen) die Grenzsituationen (Leiden, Kampf, Tod, Zufall, Schuld) notwendig: in ihnen vollzieht sich die Auflösung erstarrter Lebens- und Denkhaltungen und muß der Mensch entscheiden, worin er seinen Halt finden will. Wird die Geisteshaltung des Auflösungsprozesses (Skeptizismus und Nihilismus) überwunden, so kann der Weg zurück ins Begrenzte fester ›Gehäuse‹ genommen werden oder ins Unendliche einer offenbleibenden geistigen Bewegung, in der sich die äußersten seelischen Kräfte offenbaren. – Das Buch wird von Jaspers später selber als das früheste Zeugnis der sog. modernen Existenzphilosophie bezeichnet.

Lit.: H. Saner (Hg.), Jaspers in der Diskussion, 1973.

F.-P. Burkard

Psychologie vom empirischen Standpunkt, Franz Brentano; EA Leipzig 1874 (I. Bd.), 1911 (II. Bd.; Von der Klassifikation psychischer Phänomene), 1911 (I. u. II. Bd., hg. v. O. Kraus), 1928 (III. Bd.; Vom sinnlichen und noetischen Bewußtsein, hg. v. O. Kraus).

Im Zentrum der bewußtseinspsycholog. Untersuchungen steht die Beschreibung und Analyse des Psychischen. – Brentano definiert Psychologie als empir. orientierte Wissenschaft von den psychischen Erscheinungen oder Phänomenen. Aus dieser Definition lassen sich das Programm und die Methode des Werkes ablesen, dessen erklärte Absicht es ist, an die Stelle der »Psychologien ... eine wissenschaftliche Psychologie« zu setzen. Demgemäß nimmt die Untersuchung ihren Ausgang in dem Kapitel »Über Begriff und Aufgabe der psychischen Wissenschaft«, reflektiert dann über ihre Methode und stellt dabei die Erfahrung, näherhin die ›innere Erfahrung‹ als die sichere Quelle der Psychologie dar: psychische Phänomene werden durch eine ›innere Wahrnehmung‹ festgestellt und müssen auf die Gesetze ihrer Erscheinungsweisen und ihres Zusammenhangs hin untersucht und klassifiziert werden. Die Psychologie hat dabei ›ähnlich wie die Naturwissenschaft‹ zu verfahren, welche die Erscheinungen beobachtet und unter Gesetze faßt. Die Psychologie hat sich somit, wie die Naturwissenschaft, der gleichen induktiven Verfahrensweise zu bedienen; und beide haben ohne metaphys. Voraussetzungen zu operieren. In ihren Gegenständen jedoch, hier dem psychischen Innenbereich, dort dem physischen Außenbereich, unterscheiden sich die beiden Disziplinen. Die psychischen Gesetzmäßigkeiten können nicht aus physischen Gesetzen abgeleitet werden, obgleich sie von physiolog. Vorgängen abhängig sind. Um der Psychologie eine strenge Gesetzmäßigkeit zu geben, müssen die empir.-induktiv gewonnenen Tatsachen und allgemeinen Gesetze aus einer Einheit, einem Prinzip begriffen werden: eine Vielheit von Tatsachen ist selbst eine Tatsache. Die Einheit ist gesichert in der Einheitlichkeit des Bewußtseins, das zugleich mit vielen Gegenständen zu tun hat. Bewußtsein (die psychischen Akte: Vorstellungen, Urteile, Gemütsbewegungen), so zeigt die deskriptive Analyse, hat immer intentional in ›primärem Bewußtsein‹ etwas zum Gegenstand: man stellt sich bewußt etwas vor, beurteilt etwas, liebt/haßt etwas und ist sich dabei seiner selbst bewußt. Diese innere Wahrnehmung der eigenen psychischen Akte im ›sekundären Bewußtsein‹ verbürgt die Einheit und Wirklichkeit des Bewußtseins. Durch Brentanos weitere method. Untersuchungen über die ›Tatsachen des Bewußtseins‹ selbst und die Gegenstände seiner Beziehung, insbes. durch seine *Deskriptive Psychologie* (entst. 1887–1891), seine *Philosophischen Untersuchungen zu Raum, Zeit und Kontinuum* (entst. ab ca. 1900) und seine *Abkehr vom Nichtrealen* (entst. ab ca. 1901) ist er zu einem der Initiatoren der ›Analysis des Geistes‹, der ›Phänomenologie‹, der ›Gegenstandstheorie‹ (Meinong) und des ›Reismus‹ (Kotarbinski) geworden.

Ausg.: Repr. (1924–1928) 1971–1974 (PhB 192, 193, 207).

Lit.: O. Kraus (Hg.), F. Brentano. Zur Kenntnis seines Lebens und seiner Lehre. Mit Beiträgen von C. Stumpf und E. Husserl, 1919. – L. L. McAlister (Hg.), The Philosophy of Brentano, 1976. – R. M. Chisholm, Brentano and Meinong Studies, 1982.

W. Baumgartner

Pyrrhoneiōn hypotypōseis (gr.; lat.: *Hypotyposes; Pyrrhoneische Grundzüge*), Sextus Empiricus, entst. ca. 180–200 n. Chr.; ED Paris 1562 (lat.), Köln/Paris/Genf 1621 (gr.); dt. 1801 Entwurf des Pyrrhonismus.

Sextus Empiricus (der Beiname bezeichnet vermutlich seine Zugehörigkeit zur empir. Ärzteschule) ist die wichtigste Quelle unserer Kenntnis der pyrrhon. Skepsis. Er benutzte vor allem das nicht erhaltene Werk des Ainesidemos (1. Jh. v. Chr.), der seine Schule nach Pyrrhon von Elis (ca. 360–270 v. Chr.), dem Begründer des griechischen Skeptizismus, nannte. Die früheste und grundlegende Schrift sind die *Hypotyposeis*. Buch I erläutert den Charakter der skeptischen Philosophie. Buch II und III wenden sich, nach den Disziplinen Erkenntnistheorie (Logik), Physik und Ethik gegliedert, gegen die Dogmatiker. Darunter versteht Sextus Philosophen, die, wie z. B. Aristoteles, Epikur oder die Stoiker, behaupten, die Wahrheit gefunden zu haben. Ziel der Skepsis wie der anderen hellenist. Schulen ist die Seelenruhe. Der Weg dorthin ist die Enthaltung (epochē) vom Urteil. Sie ergibt sich, wenn wir jedem Argument ein anderes, mit ihm unverträgliches entgegensetzen, so daß beide ›gleichstark‹ (isosthenie), d. h. in gleichem Maß glaubwürdig und unglaubwürdig sind. Dazu hat Ainesidemos zehn ›Tropen‹ zusammengestellt, denen später fünf weitere hinzugefügt wurden. Der erste z. B. verweist auf die Verschiedenheit der Lebewesen. Sie bewirkt, daß dieselben Dinge in den unterschiedlichen Wesen verschiedene Vorstellungen hervorrufen. Wir können deshalb nur sagen, wie ein Gegenstand uns erscheint; darüber, wie er ist, müssen wir uns des Urteils enthalten. Um die Verweigerung der Zustimmung zu formulieren, gebraucht der Skeptiker bestimmte Schlagworte, z. B. ›Nicht eher‹, ›Vielleicht‹, ›Es kann sein‹. Mit ihnen behauptet er nichts, sondern drückt lediglich aus, was er erlebt. Im praktischen Leben orientiert er sich an der Alltagserfahrung: der Wahrnehmung und dem Denken, den notwendigen Bedürfnissen wie Hunger und Durst, den überlieferten Sitten und den erlernten Techniken. Die Destruktion der Erkenntnistheorie zeigt u. a., daß der Streit um das Wahrheitskriterium unentscheidbar ist, weil zu seiner Entscheidung bereits ein Wahrheitskriterium vorausgesetzt werden müßte. Sextus kritisiert den für die stoische Beweistheorie fundamentalen Begriff des ›anzeigenden Zeichens‹, d. h. eines Zeichens, das den Schluß auf eine nicht beobachtbare Wirklichkeit, z. B. die Seele, ermöglicht. Zeichen und Bezeichnetes sind korrelative Begriffe; das eine kann nicht ohne das andere erkannt werden. Um das Zeichen als Zeichen zu erkennen, müssen wir bereits das Bezeichnete erkannt haben, womit das Zeichen nutzlos wird. Die Kritik der Physik entwickelt Aporien, in die deren Grundbegriffe, z. B. Gott, Ursache, Bewegung, Zeit, führen; die der Ethik wendet sich gegen die stoische Unterscheidung zwischen Gütern, Übeln und indifferenten Dingen. – Ein zweites Werk des Sextus in elf Büchern ist unter dem Titel *Adversus mathematicos* überliefert. Dabei handelt es sich aber um zwei verschiedene Schriften. Die frühere umfaßt die Bücher VII bis XI; sie wird auch mit dem Sammeltitel *Adversus dogmaticos* zitiert. Sie ist eine Ausarbeitung von Buch II und III der *Hypotyposeis*; die griechischen Titel lauten: »Gegen die Logiker« (2 Bücher), »Gegen die Physiker« (2 Bücher), »Gegen die Ethiker« (1 Buch). Die spätere Schrift (Buch 1–6; zitiert als *Adversus mathematicos*) ist, wie die Titel der einzelnen Bücher zeigen, eine Widerlegung der nichtphilosoph. Fächer, die seit dem Hellenismus zur allgemeinen Bildung gehörten; sie richtet sich »Gegen die Grammatiker«, »Rhetoren«, »Geometer«, »Arithmetiker«, »Astrologen«, »Musiker«. Entsprechend der Methode der Bücher II und III der *Hypotyposeis* werden vor allem die Grundbegriffe dieser Disziplinen kritisiert. – Herausragende Vertreter des Skeptizismus sind in der Renaissance Montaigne und in der beginnenden Aufklärung P. Bayle: Nur durch Offenbarung und Glaube könne der Mensch zur Wahrheit kommen.

Ausg.: Hg. von H. MUTSCHMANN/J. MAU/K. JANÁČEK, 4 Bde., 1914–1962. – Gr./Engl., übers. von R. G. BURY, 4 Bde., 1933–1949. – Grundriß der pyrrhonischen Skepsis, Einl. und Übers. von M. HOSSENFELDER, [2]1985.
Lit.: A. GOEDECKEMEYER, Die Geschichte des Griechischen Skeptizismus, 1905. – M. HOSSENFELDER, Die Philosophie der Antike 3, 1985.

F. RICKEN

Quaestio disputata de malo (lat.; *Erörterung der Frage nach dem Bösen*), THOMAS VON AQUIN, entst. in Paris 1269–72 (1265–67); ED Venedig o. J. (nach 1478).
Thomas behandelt in 16 Fragen, die in der akadem. Öffentlichkeit diskutiert wurden, wichtige Aspekte der Themen: das Übel, die Sünde, ihre Ursachen, der freie Wille, die Laster und der Teufel. Die Reihenfolge wird in gewisser Weise durch die sechste Frage unterbrochen, in der Thomas seine Lehre über den freien Willen darlegt; diese Darlegung wirkt klärend im Hinblick auf die durch Bischof Tempier verurteilte Auffassung, nach der der Wille passiv sei. In der Lehrentwicklung kann man, im Vergleich mit den → *Quaestiones disputatae de veritate*, einen gewissen Fortschritt feststellen. Mit Bezug auf die Diskussion (Gauthier von Brügge, Gerard von Abbeville und Albertus Magnus) über die Frage, ob der

Verstand und sein Objekt den Willen bestimmen, erklärt Thomas, daß der Verstand nur causa formalis, nicht aber causa efficiens oder causa finalis des freien Aktes sei.

Ausg.: Opera omnia, Bd. XXIII, 1982. – Dt., von G. SIEWERT, 1954 (Teilübersetzung).
Lit.: O. LOTTIN, Psychologie et morale aux XIIe et XIIIe siècles, I: Problèmes de psychologie, [2]1957.

L. J. ELDERS

Quaestiones disputatae de potentia (lat.; *Erörterungen der Fragen nach der Macht*), THOMAS VON AQUIN, entst. 1265 ff. in Rom; ED Köln um 1475.

Die zehn quaestiones enthalten eine Fülle tiefgreifender Ausführungen über die Schöpfung, die Analogie zwischen Gott und den Geschöpfen, den Ursprung der Seele und die hl. Dreifaltigkeit. Der Titel bezieht sich auf die ersten sechs Fragen, die Gottes Macht in sich (Quaestiones 1 u. 2) und nach außen (Schöpfung, Erhaltung, Wunder) behandeln. Besonders zu erwähnen sind die Ausführungen über die Tätigkeit (2,1), die Begründung des Unterschieds zwischen den Geschöpfen (3,16), die Notwendigkeit der Mitwirkung Gottes in aller Aktivität, auch im freien Willensakt des Menschen (3,7), die Neufassung der Analogie zwischen Gott und den Geschöpfen (7,7).

Ausg.: Lat., Quaestiones disputatae, hg. von R. SPIAZZI, Bd. II, 1949. – Engl., von L. SHAPCOTE, 1932/34 (3 Bde.).
Lit.: P. GLORIEUX, Les Questions disputées de S. Thomas et leur suite chronologique, in: Recherches de théologie ancienne et médiévale 4 (1932).

L. J. ELDERS

Quaestiones disputatae de veritate (lat.; *Erörterungen der Fragen nach der Wahrheit*), THOMAS VON AQUIN, entst. in Paris 1256–59; ED Köln 1475.

Das Werk enthält 29 Fragen, die im Laufe von drei Jahren an der Pariser Universität unter Leitung des Thomas diskutiert und von ihm später ausgearbeitet wurden. – Die Erörterungen zeichnen sich in Form und Inhalt durch ein hohes wissenschaftliches Niveau aus. Der Titel bezieht sich auf das Thema der ersten Frage, während die übrigen Quaestiones Themen behandeln, die sich mit der Erkenntnis oder dem Guten befassen. Die Schrift, die in der philosoph. Tradition stets hoch geschätzt wurde, ist zu Recht wegen der eingehenden Behandlung des Seienden und der Ableitung seiner Eigenschaften berühmt; wichtig sind die Ausführungen über die Wahrheit, den Unterricht, die prophet. Erkenntnis, die inneren Vermögen, das Gewissen, das Gute und die Strebevermögen.

Ausg.: Lat., Opera omnia, Bd. XXII, 1970. – Dt., von E. STEIN, 1952. – Dt., von A. ZIMMERMANN, 1986 (Teilübersetzung).
Lit.: W. SCHNEIDER, Die Quaestiones disputatae ›de veritate‹ des Thomas von Aquin in ihrer philosophiegeschichtlichen Beziehung zu Augustinus, 1930.

L. J. ELDERS

Quaestiones in tertium de anima (lat.; *Quaestionen über das dritte Buch Über die Seele*), SIGER VON BRABANT, entst. vermutlich 1269/70; ED Löwen 1972.

Siger erörtert 18 Fragen, die sich aus der aristotel. Seelenlehre (→ *Peri psychés*) ergeben. Der Intellekt ist von den anderen Seelenpotenzen, der vegetativen und der sensitiven Seele, zu unterscheiden, denn er kommt gewissermaßen von außen. Er ist ewig, immateriell und wird durch die menschlichen Individuen nicht vervielfältigt. Die Vernunftseele ist zwar Akt des Körpers, aber die Einheit besteht nicht auf der Seinsebene, sondern nur hinsichtlich der Erkenntnistätigkeit. Beide kommunizieren lediglich über die Vorstellungsbilder (intentiones imaginatae oder phantasmata) miteinander; diese sind dafür verantwortlich, daß Erkenntnis überhaupt den Individuen zuschreibbar ist. Siger unterscheidet wie Aristoteles aktiven und passiven Intellekt, welche zwei Vermögen derselben Substanz sind. In seiner Beziehung zum intellectus agens ist der intellectus possibilis ewig und abgetrennt, durch die Hinwendung zu den Phantasmata aber vergänglich. Mit der averroist. Lehre von der Einheit des Intellekts in allen Menschen hat sich Siger die Kritik kirchlicher Instanzen zugezogen, die die persönliche Unsterblichkeit bedroht sahen. Die Verurteilung vom 10. Dezember 1270 durch den Pariser Bischof E. Tempier bezog sich auch auf Thesen dieser Schrift.

Ausg.: Hg. von B. Bazán, 1972.

B. Kible

Quaestiones Parisienses (lat.; *Pariser Quästionen*), Meister Eckhart, entst. um 1302/03 u. 1311/13; ED Bonn 1931, 1936.

Aus den beiden Pariser Lehraufenthalten Eckharts (1302 und 1311) ist die Behandlung der Frage »Ob in Gott Erkennen und Sein dasselbe sind« (1302/03) grundlegend. Die Einfügung in das Gesamtwerk, die kontrovers ist, dürfte bei Berücksichtigung des Kontextes nicht unmöglich sein. – Der Vorrang des Erkennens vor dem Sein in Gott (Deus est intellectus et intelligere et est ipsum intelligere fundamentum ipsius esse) ist in Absetzung zum kreatürlich-eingeschränkten Seinsbegriff formuliert, während philosophiegeschichtlich, neben der Abgrenzung zu Thomas von Aquin, die These durch eine neuplaton. Interpretation des Johannes-Prologs gestützt wird. Die Prävalenz der Erkenntnis ist für die Mystik Eckharts entscheidend. Wenn im Sicherkennen Gottes das ›Wort‹ (Verbum Dei) geboren wird, in dem alles, was geschaffen ist, ungeschaffen lebt, dann erkennt sich im göttlichen Wort auch der Mensch als geboren, sofern er das Geschaffene verläßt und arm geworden in die lautere, ledige Substanz seines Geistes einkehrt. – Die Frage der Nachwirkung, vor allem wenn sie auf Baader, Fichte und Hegel ausgeweitet wird, ist gerade wegen der Affinitäten strikt von der histor. Quellenlage her zu beantworten.

Ausg.: Lat./Dt., Die latein. Werke, Bd. V, 37–48, 1936, [2]1963.

Lit.: R. Imbach, Deus est intelligere, 1976.

K. Hedwig

Quaestiones subtilissimae super libros Metaphysicorum Aristotelis (lat.; *Scharfsinnigste Fragen zu den Büchern der Metaphysik des Aristoteles*), Johannes Duns Scotus, entst. um 1300; ED Lyon 1639.

Die Kommentierung der aristotel. Metaphysik in diesem Werk ist nicht zu verwechseln mit zwei weiteren Scotus zugeschriebenen Werken, nämlich der Schrift *In XII libros Metaphysicorum Aristotelis expositio* und den *Conclusiones utilissimae ex XII libris Metaphysicorum Aristotelis collectae*, die inzwischen als nichtauthent. erwiesen wurden. Die Bücher I–IX der *Quaestiones* sind authent.; sie sind in zahlreichen Handschriften seit der ersten Hälfte des 14. Jh.s gut bezeugt. Buch XI ist nicht kommentiert; die Bücher X und XII sind sicher unecht, durch schemat. Stil heben sie sich von den ersten deutlich ab. – Scotus gibt in kritischer Auseinandersetzung mit Aristoteles und der aristotel. Tradition keinen fortlaufenden Kommentar zu dessen Metaphysik. Er greift deren Hauptthemen und Grundbegriffe auf (Gegenstand und Umfang der Metaphysik sowie erkenntnis- und wissenschaftstheoret. Fragestellungen), behandelt sie aber in eigenständiger Weise. Im Prolog wird ein Begriff der Metaphysik von deren Voraussetzungen her entwickelt, der Möglichkeit und Grenzen dieser Wissenschaft für den Menschen umreißt. Gegenstand der Metaphysik ist der Begriff des alles Kategoriale übersteigenden Seienden als solchen, unter dessen Bestimmtheit alle Betrachtungsgegenstände fallen. Unter dieser Voraussetzung wird Metaphysik als ›Transzendentalwissenschaft‹ (scientia transcendens) verstanden. Sie ist nicht eine die disjunktiven Eigenschaften und Gott als unendlich Seiendes aus der Erkenntnis des Seienden als solchen deduzierende Wissenschaft ›propter quid‹, sondern eine auf der Grundlage des abstraktiv erkannten Begriffs des Seienden das unendliche Seiende aposterior. beweisende demonstratio quia. Unter dieser vor allem gegenüber der thomist. Tradition neuen Bestimmung werden die klassischen Themen der Metaphysik behandelt. Inhaltlich lassen sich bei einigen Themen (z. B. Individuation, Univokation) Differenzen gegenüber der Darstellung in der → *Ordinatio* feststellen. Eine endgültige Entscheidung, ob es sich bei den *Quaestiones* um ein sehr frühes oder ein spätes Werk handelt, läßt sich anhand dieser Kriterien bisher nicht treffen. Jedenfalls blieb der Kommentar unvollendet, worauf zahlreiche Zusätze deuten, die nicht abschließend überarbeitet wurden. – Das scotische Konzept der Metaphysik als Transzendentalwissenschaft wird in der Entfaltung der neuzeitlichen Metaphysik rezipiert und von Kant kritisch transformiert.

Ausg.: Opera omnia, Bd. VII, 1893.
Lit.: A. B. Wolter, The Transcendentals and Their Function in the Metaphysics of Duns Scotus, 1946. – L. Honnefelder, Ens inquantum ens, 1979.

M. Burger

Quaestiones super geometriam Euclidis (lat.; *Quaestionen über die Geometrie Euklids*), Nikolaus von Oresme, entst. um 1350; ED Leiden 1961.

In diesem Euklidkommentar erörtert Oresme neben den typischen Fragen der mittelalterlichen Mathematik auch das Problem der intensiven Größen (etwa die Geschwindigkeit) und ihrer Veränderung. Während man jedoch in der Merton-Schule in Oxford seit Thomas Bradwardine vor allem die arithmet. Darstellung solcher Sachverhalte bevorzugte, wendet sich Oresme der geometr. Methode zu, indem er solche Qualitäten graphisch darstellt. Die cartes. Koordinaten antizipierend trägt er auf der horizontalen Linie die Extension einer Qualität ein und auf der vertikalen ihre Intension. Diese Anwendung themat. Methoden in der Naturbetrachtung, durch die zugleich eine Quantifizierung erreicht wird, soll auch auf die Darstellung der Kräfte der Lebewesen und der unbelebten Natur ausgedehnt werden. Mit diesem Methodenwechsel macht Oresme einen bedeutenden Schritt von der aristotel. Naturphilosophie zur klassischen Physik der Neuzeit.

Ausg.: Lat., hg. von H. L. L. Busard, mit Einleitung u. Kommentar, 1961.

R. Schönberger

Quaestiones super libros De anima (lat.; *Quaestionen über die Bücher Von der Seele*), Johannes Buridan, entst. um 1350; ED Paris 1516.

Buridans Quaestionen zu Aristoteles' → *Peri psychēs* gehen in vielen Fragen über die Positionen Wilhelms von Ockham hinaus. Besonders augenfällig ist dies bei Buridans Bestimmung des Verhältnisses von natürlicher Vernunft (ratio naturalis) und kathol. Glauben (fides catholica) im Zusammenhang mit der Frage, ob der menschliche Intellekt sterblich oder unsterblich sei. Hier schließt er sich, secundum rationem naturalem, ganz offen der materialist. Theorie des Alexander von Aphrodisias an, für den der menschliche Intellekt eine Funktion des Körpers ist (forma materialis, educta de potentia materiae). Ein Mensch, der allein seiner natürlichen Vernunft folgt, wird, wie Buridan ausführt, mit Alexander von Aphrodisias die Materialität und Sterblichkeit des menschlichen Intellekts vertreten. Diese Auffassung Buridans ist von zahlreichen Autoren des späten Mittelalters übernommen worden – Peter von Ailly, Lorenz von Lindores, Heinrich Olting von Oyta, Marsilius von Inghen, Paul von Worczyn, Benedikt Hesse von Krakau, Biagio Pelacani von Parma – und hat noch Pietro Pomponazzi beeinflußt.

Ausg.: Lib. 3, qq. 3 u. 5, in: O. Pluta, Kritiker der Unsterblichkeitsdoktrin in Mittelalter und Renaissance, 1986.

Lit.: M. E. Reina, Note sulla psicologia di Buridano, 1959. – O. Pluta, Kritiker der Unsterblichkeitsdoktrin in Mittelalter und Renaissance, 1986.

O. Pluta

Quaestiones super libros De caelo et mundo (lat.; *Quaestionen über die Bücher Vom Himmel und von der Welt*), Johannes Buridan, entst. Paris um 1350; EA Cambridge, Mass. 1942.

Buridans Quaestionen zu Aristoteles' *De caelo et mundo* (→ *Peri kosmu*, → *Peri uranu*) enthalten in der 2. Frage zum III. Buch (»Utrum lapis proiectus vel sagitta emissa ab arcu, et sic de consimilibus, post exitum a proiciente moveatur a principio intrinseco vel a principio extrinseco«), ebenso wie seine → *Quaestiones super octo libros Physicorum*, eine Darstellung seiner berühmten Impetustheorie. Darüber hinaus findet sich in der 22. Frage zum II. Buch (»Utrum terra semper quiescat in medio mundi«) eine ausführliche Diskussion der Theorie der Erdrotation, die nach dem Zeugnis Buridans von Vielen (multi) für wahrscheinlich gehalten wurde. Unbestreitbar ist nach Buridan, daß diese Theorie alle astronom. Phänomene ebenso gut erklären kann wie die gegenteilige Theorie (»indubitanter verum est, quod si esset ita sicut ista positio ponit, omnia in caelo apparerent nobis sicut nunc apparent«); gleichwohl hält Buridan die gegenteilige Lehre mit Aristoteles für wahrscheinlicher, vor allem aufgrund der Erfahrung, daß ein senkrecht nach oben geschossener Pfeil an derselben Stelle zu Boden fällt, an der er abgeschossen wurde. Die Erklärung dieses Phänomens durch den Umstand, daß die Luft bei der Drehung der Erde mitbewegt wird, bezeichnet er als Ausflucht (evasio). Kopernikus hat Buridans Quaestionen zu *De caelo et mundo* wahrscheinlich während seiner Studienzeit in Krakau kennengelernt, wo die physikal. Schriften Buridans zum verbindlichen Lehrstoff gehörten.

Ausg.: Repr. (1942, hg. von E. A. MOODY), 1970.

Lit.: J. BULLIOT, Jean Buridan et le mouvement de la terre, in: Revue de Philosophie 25 (1914).

O. PLUTA

Quaestiones super libros Sententiarum (lat.; *Quaestionen über die Bücher der Sentenzen*), PETER VON AILLY, entst. Paris 1376–1377; ED Brüssel 1478.

Der Sentenzenkommentar Peters von Ailly gehört zu den bedeutendsten philosoph.-theolog. Werken der ›via moderna‹. Anknüpfend an die Sentenzenkommentare Wilhelms von Ockham und Gregors von Rimini hat Peter von Ailly ein Lehrbuch von außerordentlicher Prägnanz geschrieben, das im späten Mittelalter große Verbreitung fand. Martin Luther, der das Werk nach einem Bericht Melanchthons fast auswendig kannte, wurde in seiner Abendmahlslehre maßgeblich davon beeinflußt. In seiner Schrift *Von der Babylonischen Gefangenschaft der Kirche* (1520) erinnert er sich: »Einst, als ich die scholastische Theologie in mich aufnahm, gab mir Peter von Ailly Anlaß zum Nachdenken beim vierten Buch der Sentenzen, wo er überaus scharfsinnig erörtert, es sei viel wahrscheinlicher und man brauche viel weniger dieser überflüssigen Wunder vorauszusetzen, wenn man hinzufügen würde, auf dem Altar seien wahres Brot und wahrer Wein, nicht dagegen allein die bloßen Akzidentien.« Ein Kommentar zum II. Buch der Sentenzen fehlt; die demselben angehörenden Erörterungen anthropolog.-psycholog. Fragen finden sich in Peters von Ailly → *Tractatus de anima*.

Ausg.: Repr. (1490) 1968.

Lit.: M. DE GANDILLAC, De l'usage et de la valeur des arguments probables dans les questions du Cardinal Pierre d'Ailly sur le ›Livre des Sentences‹, in: Arch. hist. doctr. litt. moyen-âge 8 (1933).

O. PLUTA

Quaestiones super octo libros Physicorum (lat.; *Quaestionen über die acht Bücher der Physik*), Johannes BURIDAN, entst. um 1350; ED Paris 1509.

Buridans Quaestionen zu Aristoteles' *Physica (→ Physikē akroasis)* sind berühmt für die hier erstmalig formulierte Impetustheorie der Bewegung. Aristoteles faßte Bewegung als eine stetige Zustandsänderung auf, die einer ständigen äußeren Ursache bedarf. Im für diese Theorie kritischen Fall der Wurfbewegung (motus proiectionis) ist dies nach Aristoteles die den geworfenen Gegenstand (proiectum) umgebende Luft. In seiner 12. Frage zum VIII. Buch der *Physik* (»Utrum proiectum post exitum a manu proicientis moveatur ab aere vel a quo moveatur«) verwirft Buridan die Theorie des Aristoteles und führt ganz allgemein jede Bewegung (motus) auf einen anfänglich mitgeteilten impetus zurück: »videtur mihi dicendum, quod motor movendo mobile imprimit sibi quendam impetum vel quandam vim motivam.« Unter einem impetus versteht Buridan dabei eine qualitas innata des Werfenden (proiciens), die dieser dem geworfenen Gegenstand mitteilen kann – wie beispielsweise ein Magnet Eisen zu bewegen vermag. Würden nicht Luftwiderstand (aer resistens) und Schwerkraft (gravitas) diesem impetus entgegenwirken, würde die Bewegung ad infinitum andauern. Bewegung ist nach Buridan also – im Gegensatz zu Aristoteles – ein Zustand. Buridans Impetustheorie war ein bedeutender Schritt hin zu Galileis und Newtons Bewegungslehre. Eine kurze Darstellung der Impetustheorie findet sich auch in Buridans → *Quaestiones super libros De caelo et mundo*. Eine weite Verbreitung erfuhr die Impetustheorie durch Albert von Sachsens vielgelesene *Quaestiones de caelo et mundo*. Galilei übernimmt in seinen *Sermones de motu gravium* (ca. 1590) nahezu wörtlich Buridans Argumente gegen Aristoteles' Theorie der Wurfbewegung.

Ausg.: Repr. (1509) 1964.
Lit.: A. MAIER, Die naturphilosoph. Bedeutung der scholast. Impetustheorie, in: Scholastik 30 (1955).

O. PLUTA

Qu' est-ce-que la propriéte? ou Recherches sur le principe du droit et du governement (frz.; *Was ist das Eigentum?* oder Untersuchung über das Prinzip des Rechts und der Staatsgewalt). Pierre-Joseph PROUDHON; EA Paris 1840; dt. 1844.

In der sozialkrit. Abhandlung, die Proudhon als Antwort auf eine von der Akademie von Besançon gestellte Preisfrage einreichte, stellt er zu Beginn die 1780 bereits von J. P. Brissot vertretene, provozierende These auf, daß Eigentum Diebstahl ist, Diebstahl nämlich am Besitz des unmittelbaren Produzenten. Nach Proudhon kann weder die erste Inbesitznahme noch das positive Recht Eigentum wirklich legitimieren. An die Stelle des Eigentums soll der ausschließlich auf eigene Arbeit gegründete Besitz treten. Die Existenz des Eigentums und der aus ihm erwachsenden sozialen Mißstände resultiert letztlich aus der Unkenntnis der Gerechtigkeit. Gerechtigkeit setzt Gleichheit voraus, nicht im proportionalen Sinn von Saint-Simon und Fourier, welche die soziale Stellung der Menschen an ihren natürlichen Unterschieden ausrichten wollen, sondern im arithmet. Sinn einer völligen Gleichstellung. Die Verwandlung aller Gesellschaftsmitglieder in Kleinproduzenten und der gerechte Tausch auf der Basis gleicher Arbeitsmengen machen Akkumulation, Eigentum und soziale Gegensätze unmöglich. Der (utopische) Kommunismus kennt zwar kein Eigentum, aber auch nicht die Selbständigkeit des Individuums; das Eigentum anerkennt die Selbständigkeit des Individuums, führt aber zu Pauperismus, Despotismus und Krieg. Erst die Anarchie ersetzt nach Proudhon die Herrschaft des Menschen über den Menschen durch die alleinige Autorität der Vernunft und garantiert die individuelle Freiheit auf der Grundlage der Gerechtigkeit. Proudhons Preisschrift stellt ein bis heute anerkanntes Manifest des Anarchismus dar.

Ausg.: Eigentum ist Diebstahl, ^{4}1981.
Lit.: K. DIEHL, P.-J. Proudhon, seine Lehre und sein Leben, 3 Bde., 1888/1896, (Repr. 1968).

K. LOTTER

Quid ad haec respondeat quidam pro insipiente (lat.; *Was man als Anwalt des Unwissenden antworten kann*), GAUNILO VON MARMOUTIERS, entst. nach 1077/78; ED Nürnberg 1491.

Die viel beachtete Entgegnung des Mönchs Gaunilo auf Anselm von Canterburys ontolog. Beweis der Existenz Gottes ist – zusammen mit Anselms Antwort darauf – dem → *Proslogion* als Anhang beigegeben. – Für Gaunilo, der sich zum Anwalt des Unwissenden macht, besteht ein Unterschied zwischen Hören, Sprechen bzw. Denken und Einsehen bzw. Wissen; er bestreitet, daß von dem Begriff »etwas über das hinaus nichts Größeres gedacht werden kann« (ens quo nihil maius cogitari potest) auf die Existenz des Gemeinten geschlossen werden müsse, da derselbe Schluß auch auf Falsches, Zweifelhaftes und Nichtexistierendes zutreffen würde. Erkannt wird grundsätzlich gemäß der Unterscheidung von Gattung und Art. Erst wenn nachgewiesen ist, daß etwas irgendwo existiert, können alle weiteren Eigenschaften zugesprochen werden. Der Vergleich der Argumentation Anselms mit dem Versuch, die Existenz einer verlorenen Insel aufzuzeigen bzw. die Gewißheit der eigenen Existenz, nimmt Argumentationen voraus, die in der neuzeitlichen Diskussion um den ontol. Gottesbeweis wieder aufgegriffen wurden. Anselms Antwort differenziert die Position des → *Proslogion* besonders in metatheoret. Hinsicht.

Ausg.: IN: ANSELM V. CANTERBURY, Proslogion, lat./dt. von F. S. SCHMITT, ²1984.
Lit.: J. MOREAU, Pour ou contre l'insensé? 1967.

H. KOHLENBERGER

Rapports du physique et du moral de l'homme (frz.; *Beziehungen zwischen dem Physischen und dem Moralischen im Menschen*), Pierre-Jean Georges CABANIS; EA Paris 1802; dt. 1808 Über die Verbindung des Physischen und Moralischen in dem Menschen.

In seinem philosoph. Werk führt der Mediziner Cabanis, ›Ideologe‹ am Institut de France, physische wie psychische Abläufe im menschlichen Organismus auf die gemeinsame Basis der allgemeinen Empfindung, als Sinneswahrnehmung oder auch als körpereigene Reaktion verstanden, zurück. Damit unterlegt er, die Metaphysik ausklammernd, der Morallehre den Determinismus der exakten Wissenschaften und macht die intellektuellen und moral. Anlagen des Menschen von physikal. meßbaren Faktoren wie Alter, Geschlecht, Temperament, Krankheit, Nahrung und Klima abhängig, deren Bedeutung er in zwölf Abhandlungen bespricht. Von den sensualist. Theorien Condillacs und vor allem Lockes beeinflußt, weisen die Ideen Cabanis' auf die positivist. Lehren Comtes und Taines.

Ausg.: Repr. 1980.
Lit.: F.-J. PICAVET, Les Idéologues; essai sur l'histoire des idées et des théories scientifiques, philosophiques, religieuses, etc. en France depuis 1789, 1972.

M. LIEBER

Raum und Zeit in der gegenwärtigen Physik. Zur Einführung in die allgemeine Relativitätstheorie, Moritz SCHLICK; EA Berlin 1917.

In dem wissenschaftstheoret. Werk vertritt Schlick die These, daß in der allgemeinen Relativitätstheorie erstmals eine erkenntnistheoret. befriedigende physikal. Theorie entwickelt wurde, in der deutlich wird, daß weder Raum noch Zeit eigenständig ›real‹ sind (»Wirklich ist nur . . . die Einheit von Raum, Zeit und Dingen«). Auch für die These der Relativität aller Bewegung (keine ausgezeichneten Bezugssysteme) lassen sich nach Schlick erkenntnistheoret. Argumente vorbringen. Physikal. Theorie und Erkenntnistheorie stimmen nach Schlick ferner in der fundamentalen Rolle raum-zeitlicher Koinzidenz von Ereignissen überein. Grundlage der Argumentation ist eine auch heute noch diskutierte operationalist. Position, dergemäß verschiedenen Weltbeschreibungen nur dann ein realer Unterschied entspricht, wenn sich dieser prinzipiell mit Meßinstrumenten nachweisen ließe.

Lit.: N. Gonçalues Gomes, Zur Erkenntnistheorie und Ethik von M. Schlick. Eine histor.-philosoph. Untersuchung ihrer Entwicklung, (Diss.) 1975.

M. Nida-Rümelin

Die Realisierung. Ein Beitrag zur Grundlegung der Realwissenschaften, Oswald Külpe; EA Leipzig 1912 (Bd. I), 1920–1923 (Bd. II u. III, postum).

Sein während eines Vorlesungszyklus über ›erkenntnistheoret. Probleme‹ vom Wintersemester 1901/02 bis einschließlich 1908/09 entstandenes und dabei schon bis ins Detail ausgearbeitetes Werk versteht Külpe als eine Kritik der empir. Vernunft, die in Ergänzung zu Kants Einschränkung aller Wissenschaften auf die apriorist. Disziplinen von Mathematik und Mechanik erst den Realwissenschaften (dazu gehören Naturwissenschaft, Geisteswissenschaft und Metaphysik) eine theoret. Rechtfertigung verschaffen soll. Das in diesen Wissenschaften verwendete Verfahren, welches einen vom Denken unabhängigen Gegenstand sicherstellt, nennt er die Realisierung. Im Problem der Realität sind die folgenden vier Aufgaben enthalten: Zunächst muß geklärt werden, ob eine Setzung von Realität überhaupt zulässig ist. Diese Frage wird von zwei einflußreichen erkenntnistheoret. Richtungen, dem Konszientialismus und dem objektiven Idealismus, verneint. Nach der ersteren haben sich die Wissenschaften auf die im Bewußtsein vorgefundenen Sinneseindrücke zu beschränken; der objektive Idealismus identifiziert dagegen die realen Objekte mit denen der Idealwissenschaften und versucht aus dem reinen Denken seine Objekte zu konstruieren. Die Einwürfe dieser beiden Standpunkte werden zurückgewiesen und dadurch die Zulässigkeit des Realismus aufgewiesen. In einem zweiten Schritt werden die positiven Gründe erörtert, die zur Annahme realer Objekte führen. Deren Beweiskraft fordert eine Setzung von Realitäten, aus der nicht die Existenz bzw. der Bestand von Realitäten abgeleitet werden kann. Die ontolog. Frage nach der Existenz realer Objekte klammert Külpe aus seinen Überlegungen aus. Die dritte Frage prüft die Zulässigkeit einer Bestimmung von Realität. Sie beinhaltet eine Auseinandersetzung mit dem Phänomenalismus, der diese Frage verneint. Namentlich die durch Kant vertretene Lehre, nach der ein vom Denken unabhängiges Objekt zwar gesetzt, aber nicht erkannt werden könne, wird zurückgewiesen. Die vierte Teilaufgabe stellt sich die Frage, wie eine Bestimmung von Realitäten möglich sei. Sie bietet erst eine spezielle Grundlegung des Realismus. Dazu wird zunächst eine allgemeine Theorie des Denkens benötigt. Dieser folgt eine Angabe der speziellen Kriterien, die eine Bestimmung von Realem ermöglichen. Die im Anschluß an die letzten Fragen aufgestellte Lehre vom Denken und Bezeichnen hat die von Külpe begründete Würzburger Schule der Psychologie nachhaltig beeinflußt.

K. LEIDLMAIR

The Reasonableness of Christianity as delivered in the Scriptures (engl.; *Die Vernünftigkeit des Christentums, wie es in der Heiligen Schrift überliefert ist*), John LOCKE; EA London 1695 (anonym); dt. 1733 Gründlicher Beweiß, daß die Christliche Religion, so wie sie uns in der Heiligen Schrift vorgestellt wird, höchst billig, vernünftig und raisonable sey.

In dieser religionsphilosoph. Abhandlung knüpft Locke an seine theolog. Studien in → *Epistola de tolerantia* an und versucht, sowohl die Vernünftigkeit als auch die Zweckmäßigkeit der christlichen Religion zu belegen. – Lockes zentrale These lautet, daß die christliche Lehre und das in ihr geoffenbarte göttliche Gesetz mit dem durch die Vernunft erkennbaren natürlichen Gesetz identisch ist. Dabei ergibt sich die besondere Bedeutung der Offenbarung für Locke aus dem Umstand, daß der bulk of mankind, der mangels intellektueller Fähigkeiten nicht aus eigener Kraft zu einem Verstehen des Naturgesetzes befähigt ist, durch die plain propositions der biblischen Offenbarung zu einem vernünftigen Handeln angeleitet werden kann. Aus diesem Grunde tritt er auch für eine radikale Vereinfachung der christlichen Glaubenslehre ein und läßt letztlich nur noch einen einzigen Glaubensartikel zu, nämlich den Glauben an Gott und an Jesus Christus, den Messias, dessen in der Bibel nachvollziehbare Offenbarung dem Moralgesetz der Natur entspricht und als solches zu befolgen ist. – Die Abhandlung hat ambivalente Züge, da sie einerseits für eine Reduktion der christlichen Glaubenslehre und damit implizit für einen Bruch mit der patrist. und scholast. Tradition eintritt, andererseits jedoch die Notwendigkeit der Offenbarung für die Erkenntnis des ›Guten‹ betont. Im 18. Jh. wurde sie daher sowohl von Deisten als auch von Vertretern der kirchlichen Orthodoxie in Anspruch genommen.

Ausg.: Works, 10 Bde., Bd. VI, 1823 (Repr. 1963). – Dt., von C. WINKLER, 1914.
Lit.: S. P. LAMPRECHT, The Moral and Political Philosophy of J. Locke, ^{2}1961. – R. I. AARON, J. Locke, ^{2}1963. – J. W. YOLTON, J. Locke and the Way of the Ideas, ^{2}1968.

W. BRECHT

La rebelión de las masas (span.; *Der Aufstand der Massen*), José ORTEGA Y GASSET; EA Madrid 1929; dt. 1931.

In seinem kultur- und sozialphilosoph. Hauptwerk entwickelt Ortega y Gasset auf der Grundlage einer Beschreibung der zunehmenden Vermassung des sozialen Lebens in Europa eine aristokrat. Kulturtheorie. – Jede Kultur befindet sich in einem Zustand fundamentaler Unsicherheit und es bedarf kontinuierlicher Anstrengungen, um sie vor einem Abgleiten in die Barbarei zu bewahren. Diese Anstrengungen können ausschließlich von Menschen geleistet werden, die bereit sind, sich selbst und die Umstände ihrer Existenz überschreitend nur noch nach dem zu leben, was sie sich als übergreifende Pflicht und Forderung vornehmen. Diese Menschen konstituieren den ›Adel‹ einer jeden Kultur. Ihnen gegenüber stehen die ›Massenmenschen‹, die nur auf die unmittelbaren äußeren Notwendigkeiten ihres Lebensvollzuges reagieren, ansonsten aber träge im Rahmen ihrer nur einer naiven Selbstzufriedenheit dienenden Sinn- und Wertgefüge verbleiben. Das Grundproblem der modernen europäischen Kultur besteht nun darin, daß die liberale Demokratie den Durchschnittsmenschen ein Maß an Sicherheit und Entfaltungsmöglichkeiten gegeben hat, das früher ausschließlich den Eliten zukam und es nunmehr den Massen ermöglicht, das kulturelle und soziale Leben fortschreitend ihren entwicklungsfeindlichen und die schöpfer. individuellen Kräfte hemmenden Gesetzen zu unterwerfen. Ihren Ausdruck findet diese Herrschaft der Massen vor allem in dem beschränkten geistigen Horizont des Spezialistentums und der allgegenwärtigen Kontrollgewalt eines erstarrten Staates, der nur noch der Sicherung der Massenexistenz dient. Dem Niedergang der europäischen Kultur kann in dieser Situation nur noch durch den elitären Willen zur Schaffung und Gestaltung eines vereinten Europas und damit verbundenen neuen, dynam. Lebensgrundsätzen begegnet werden. – Das Werk zählt zu den bedeutendsten zeitkrit. Studien des 20. Jh.s und beeinflußte die Gedankenwelt der europäischen Einigungsbewegung.

Ausg.: Dt., von H. Weyl, 1984.
Lit.: B. v. Galen, Die Kultur und Gesellschaftsethik Ortegas y Gassets, 1959.

J. Monar

Rechtsphilosophie, Gustav Radbruch; EA Leipzig 1914 (u. d. T. Grundzüge der Rechtsphilosophie), ³1932 (völlig neubearb. u. erw. Auflage).

Auf der Wertphilosophie des Südwestdeutschen Neukantianismus aufbauend, entwickelt Radbruch in seinem rechtsphil. Hauptwerk eine Theorie des Rechts als wertbezogener Kulturtatsache, die sich sowohl vom Positivismus der damals noch vorherrschenden Allgemeinen Rechtslehre als auch vom Naturrechtsdenken abgrenzt. – Ausgangspunkt ist die neukantian. strikte Trennung zwischen Sein und Sollen. Akzeptiert man diesen Methodendualismus, so können aus der Wirklichkeit keinerlei Werte gefolgert werden. Diese entspringen vielmehr der menschlichen Subjektivität und sind deshalb weder verabsolutierungs- noch verallgemeinerungsfähig, können aber deduktiv aus anderen Werturteilen geschlossen werden. Methode der Rechtsphilosophie ist demzufolge der systemat. Relativismus. Ihr Untersuchungsgegenstand ist die Rechtsidee, der Wert der Gerechtigkeit. Das Recht als Begriff läßt sich nur aus dieser obersten Idee deduzieren. Umgekehrt strebt das Recht notwendigerweise auf den Gerechtigkeitswert hin und setzt die Suche nach dem richtigen Recht voraus, mag dieses Ziel auch im Einzelfall verfehlt werden. Zwischen Wirklichkeit und Wert tritt für Radbruch somit noch ein spezieller Wirklichkeitsbereich: die Kultur. Neben Wissenschaft, Kunst u. a. ist das Recht als wertbezogene Gemeinschaftsregelung eine ihrer Ausprägungen. Radbruch hält neben der Gerechtigkeit die Zweckmäßigkeit und die Rechtssicherheit für notwendige Bestandteile der Rechtsidee, wobei diese drei Werte in einem antinom. Verhältnis stehen. Im Bereich der Zweckmäßigkeit unterscheidet er Individual-, Kollektiv- und Werkwerte, denen sich jeweils differierende parteipolit. Grundtendenzen zuordnen lassen. – Das Werk war bis in die 50er Jahre in Deutschland die einflußreichste rechtsphilosoph. Abhandlung; es leistete einen wesentlichen Beitrag dazu, die Vormachtstellung des Rechtspositivismus zu beenden.

Ausg.: Gesamtausgabe, Bd. I, hg. u. eingeleitet von A. Kaufmann, 1987.
Lit.: W. LOHMANN, Versuch einer methodolog. Erörterung der Radbruchschen Rechtsphilosophie, 1964. – P. BONSMANN, Die Rechts- und Staatsphilosophie G. Radbruchs, 1966. – Z. TJONG, Der Weg des rechtsphilosoph. Relativismus bei G. Radbruch, 1967.

D. V. D. PFORDTEN

Reden an die Deutsche Nation, Johann Gottlieb FICHTE; EA Berlin 1808.

Fichtes berühmte Reden, 1807/08 in Berlin im Angesicht der französ. Besatzer gehalten, entwikkeln den Plan einer allgemeinen deutschen Nationalerziehung und den Begriff des Staates als einer geistigen Größe, welche die zu ihr gehörende menschliche Gemeinschaft zur Einheit sittlich verpflichteten Handelns führt. – Erziehung wird begriffen als Dienst an der sittlichen Wahrheit, als Führung des Menschen zum wahren Leben. Den Sinn aller Erziehung gibt die Philosophie vor. Die Voraussetzungen, das Ziel der Erziehung zu erreichen, sieht Fichte an dieser Stelle jedoch unter nationalist. Blickwinkel. Nur das deutsche Volk sei fähig, in Stellvertretung und Vorreiterschaft für das ganze Menschengeschlecht sich aus der Verderbtheit zu erheben und die ihm allein verbliebenen reinen, guten Anlagen mit der Kraft seiner unverbildeten Sprache zu allgemeiner Verwirklichung zu bringen. Träger der Erziehung muß demnach der Staat sein, dessen Aufgabe darin liegt, die Menschen, auch wenn sie es zunächst als Zwang empfinden, zum Guten und damit zur Freiheit – die er ihnen, wenn sie ihn und sich verstanden haben, voll zurückgibt – zu führen. – Fichtes Erziehungsgedanken sind aus seiner Beschäftigung mit den Ideen Pestalozzis hervorgegangen; der Gedanke der Nationalerziehung hat eine sehr große, bis heute nicht völlig verlorengegangene Wirkung gehabt. Der Nationalismus der Reden freilich hat immer in der Gefahr gestanden, vom sittlichen Idealismus, dem er bei Fichte bedingungslos unterworfen bleibt, getrennt zu werden.

Ausg.: Fichte's Sämmtliche Werke, Bd. VII, hg. von I. H. FICHTE, 1846 (Repr. 1965).
Lit.: R. SCHOTTLÄNDER, Der Ursprung der Verbindung von Idealismus und Nationalismus bei Fichte, in: Philos. Studien, I (1949) H. 2–4. – I. FETSCHER, Diskussionsbeitrag zu Schottländer, in: Philos. Studien, II (1950) H. 1/2. – J. OFFERMANN, Das Element des Polit.-Religiösen in seiner Grundbedeutung für das Pädagog. im Werke von Pestalozzi und Fichte, 1965.

W. SCHWEIDLER

Rede über die Moral der Chinesen (Wolff) → Vernünftige Gedanken von der Menschen Tun und Lassen ...

Reflections on the Revolution in France, and on the Proceedings in Certain Societies in London relative to that Event. In a Letter intended to have been sent to a Gentleman in Paris (engl.; *Betrachtungen über die Französische Revolution und über die Reaktion gewisser Londoner Kreise auf dieses Ereignis*. In Form eines ursprünglich für einen Herrn in Paris bestimmten Briefes), Edmund BURKE; EA London 1790; dt. 1793.

In seiner klassisch gewordenen Abhandlung bekämpft der Publizist, Philosoph und Whig-Parlamentarier die Französ. Revolution als eine die Wirklichkeit verkennende Revolution des theoret. Dogmas; die polit., sozialen und rechtlichen Vorgänge im ersten Jahr der Revolution werden kritisch dargestellt und philosoph. durchleuchtet. – In Ablehnung der rationalen und abstrakten Grundprinzipien der Revolution – Gleichheit, Menschenrechte, Volkssouveränität – vertritt Burke einen liberalen, reformer. Konservatismus, der Staat und Gesellschaft als organ. gewachsene Gebilde begreift, die nicht geschaffen, wohl aber im Rahmen der bestehenden Traditionen verbessert und an veränderte Anforderungen angepaßt werden können. Burkes ablehnende Haltung gegenüber der Französ. Revolution widersprach der damaligen öffentlichen Meinung in England und provozierte eine Flut von Gegenschriften, deren bekannteste Th. Paines *The Rights of Man* (1791/92) war. Burke beeinflußte sowohl legitimist. Konservative wie de Maistre und Cortes als auch A. Müller und mit ihm die gesamte romant. Staatslehre.

Ausg.: Engl., hg. von T. H. D. Mahoney, 1955. – Dt., hg. von F. v. Gentz, 1967.
Lit.: D. Hilger, E. Burke und seine Kritik der Französ. Revolution, 1960. – F. P. Lock, Burke's Reflections on the Revolution in France, 1985.

K. Schütze

Réflexions ou sentences et maximes morales (frz.; *Reflexionen oder Sentenzen und moralische Maximen*), François VI. Duc de La Rochefoucauld; EA Den Haag 1664 (unvollständig u. nicht autorisiert), Paris 1665 (anonym); dt. 1669 Gemüths-Spiegel, durch die köstlichsten moralischen Betrachtungen, Lehrsprüche und Maximen die Erkäntniß seiner selbst und anderer Leute zeigend.

Die Maximen von La Rochefoucauld zählen zu den Höhepunkten der Moralistik, d. h. der Moralphilosophie im Sinne einer Theorie der Lebensführung und Menschenanalyse, welche die kritische Beobachtung menschlichen Verhaltens und seiner Triebfedern anvisiert. – In über 500 geistreichpointierten Aphorismen, die, obwohl scheinbar lose aneinandergereiht, einem Kompositionsprinzip gehorchen, formuliert der Autor die Ergebnisse einer skeptischen Betrachtung der Lebenswirklichkeit, die seine pessimist. Einschätzung des Menschen offenbaren. Als dessen stärkste Antriebskraft wertet er die Eigenliebe (amour-propre), durch die auch scheinbar selbstloses Verhalten motiviert sei, und demaskiert jegliche Tugend als Ergebnis von Geltungsdrang, Egoismus und gesellschaftlich notwendiger Heuchelei. Menschliches Handeln wird ihm zufolge durch psychische Mechanismen gesteuert, die sich der rationalen Kontrolle und damit der freien Entscheidung entziehen. Persönliche und histor.-polit. Gründe mögen La Rochefoucauld als Vertreter des entmachteten Schwertadels zu dieser ernüchternden Einschätzung des Menschen und radikalen Infragestellung seiner Autonomie bewogen und zu der bitteren Resignation geführt haben, die sich auch in einem literar. Selbstportrait (1659), in dem er sich zum Melancholiker stilisiert, niederschlägt. – Die Wirkung der Aphorismensammlung beruht vor allem auf der brillanten Formulierungskunst, deren Einfluß sich auch

Kritiker (La Bruyère, Vauve nargues, Chamfort) nicht entziehen konnten und die bis zu Voltaire und Nietzsche reicht.

Ausg.: Maximen und Reflexionen, von K. NUSSBÄCHER, 1983 (RUB 678).
Lit.: M. KRUSE, Die Maxime in der französ. Literatur, 1960. – L. ANSMANN, Die ›Maximen‹ von La Rochefoucauld, 1972.

S. SCHAUF

Les règles de la méthode sociologique (frz.; *Regeln der soziologischen Methode*), Emile DURKHEIM; EA Paris 1895; dt. 1908 Die Methode der Soziologie.

Die Schrift stellt den systemat. angelegten Versuch dar, auf dem Weg einer Bestimmung des soziolog. Gegenstandsbereiches die Soziologie als eine methodolog. eigenständige Wissenschaft zu begründen. – Durkheim ist von Anfang an davon überzeugt, daß sich die Soziologie nur dann als eine konkurrenzfähige Disziplin wird behaupten und etablieren lassen, wenn es gelingt, ihr einen autonomen Wirklichkeitsbereich als Untersuchungsgegenstand zuzuordnen; den Schritt zur systemat. Durchführung der damit umrissenen Zielsetzung hat er in diesem Werk vollzogen. Ausgangspunkt ist die programm. Aufforderung an die Soziologie, soziale Phänomene ›wie Dinge‹ zu betrachten. Mit dieser mißverständlichen Formulierung hat Durkheim hervorheben wollen, daß die Ereignisse und Vollzüge des gesellschaftlichen Lebens nur dann als soziolog. Tatbestände gelten können, wenn sie eine von den individuellen Motiven und Absichten unabhängige Geltung besitzen: von soziolog. Interesse sind soziale Phänomene insofern, als sie mit einem gewissen Zwang extern auf die individuellen Psychen einwirken. Eine subjektübergreifende Realität dieser Art stellt im gesellschaftlichen Lebenszusammenhang nun für Durkheim das Kollektivbewußtsein dar; ihm rechnet er sowohl die sozialen Sitten und Gebräuche als auch die herrschenden Wert- und Moralvorstellungen zu. Auf den gesamten Komplex solcher kollektiven Bewußtseinsformen hat sich die Soziologie in erklärender Absicht zu richten; wie sie das zu tun hat, sollen die method. Regeln bestimmen, die Durkheim im Anschluß an seine einleitende Bestimmung des soziolog. Gegenstandsbereichs entfaltet. Unter diesen Regeln darf als die zentrale wohl die gelten, die besagt, daß die Soziologie jene kollektiven Formen des Bewußtseins nicht bloß anhand ihrer jeweiligen Funktionen, sondern kausal aus dem internen Milieu der jeweiligen Gesellschaft, nämlich ihrem Volumen und ihrer sozialen Dichte, zu erklären hat; dabei kommt ihr eine komparative Untersuchung anderer Gesellschaftsformen zu Hilfe, die Durkheim durch gesonderte Regeln der Bildung von ›sozialen Typen‹ method. zu formalisieren versucht. – Wenn auch bald als zu eng und objektivist. empfunden, hat das Werk doch eine kaum zu überschätzende Wirkung ausgeübt; vor allem Durkheims Bestimmung des soziolog. Gegenstandsbereichs sowie seine Relativierung funktionalist. Erklärungsprinzipien haben methodenbildend auf die Sozialwissenschaften dieses Jahrhunderts gewirkt.

Ausg.: Dt., [5]1976.
Lit.: St. Lukes, E. Durkheim. His Life and Work, [2]1985.

A. HONNETH

Regulae ad directionem ingenii (lat.; *Regeln zur Leitung des*

Geistes), René DESCARTES, Endfassung wahrscheinlich 1628/29 nach mehrjährigen Vorarbeiten; EA Amsterdam 1684 (niederländ.), 1701 (lat.); dt. 1906.

Von den geplanten drei Teilen des Werkes ist nur Teil 1 vollendet (Reg. I–XII), Teil 2 (Reg. XIII ff.) ist zum großen Teil ausgearbeitet, Teil 3 fehlt völlig. In den ersten drei Regeln wird als Ziel der Erkenntnis die eine Wissenschaft, die die einzelnen Wissenschaften als Teile enthält, bezeichnet. Wegen der Einheit der Vernunft kann es nur eine Methode geben; was dieser Methode unterworfen ist, gehört zur allgemeinen Wissenschaft, die als systemat. Zusammenhang von vollkommen sicheren Sätzen aufgefaßt wird – sie mögen durch Intuition unmittelbar eingesehen oder aus intuitiv gewissen Sätzen deduktiv abgeleitet sein. In Reg. IV (die zwei zunächst nicht zusammengehörige Teile umfassen dürfte) wird die Idee einer Universalmathematik eingeführt, die als Wissenschaft von allem, was der Ordnung und dem Maß unterworfen werden kann, nicht selbst Methode, sondern ein besonders wichtiger Anwendungsfall der Methode ist. Die zentrale methodolog. Forderung betrifft die Zurückführung komplexer Sätze auf einfache, intuitiv als wahr einsehbare Sätze, aus denen die ersteren ableitbar und damit begründbar sein müssen. Wahren Sätzen entsprechen ›Naturen‹ und einfachen wahren Sätzen entsprechen ›einfache Naturen‹, d. h. ideale Gegenstände, die unmittelbar einsichtig sind, ohne daß es hierzu der Methode bedürfte. Aufgabe der Methode kann daher nur die Herstellung einer Ordnung von Sätzen sein, die den deduktiven Zusammenhang der komplexen mit den intuitiv einfachen Sätzen deutlich macht, wobei die Erkenntnisordnung nicht mit der Seinsordnung übereinzustimmen braucht. Die Intuition betrifft immer etwas Einfaches, jedoch können einfache Naturen den Charakter von (simultanen) Beziehungen haben. Reg. XII enthält die Skizze einer Erkenntnistheorie, der zufolge Erkenntnis dadurch zustandekommt, daß aufgrund von Reihen Sinneseindrücke entstehen, auf die sich (vermittelt durch Gemeinsinn und Einbildungskraft) die geistige Erkenntniskraft richtet. In den Regeln XII bis XXI ist von vollkommen durchschaubaren, d. h. im wesentlichen mathemat. Problemen die Rede. In bezug auf sie wird zwischen wesentlichen und unwesentlichen Ausdrücken, die bei ihrer Formulierung eine Rolle spielen, unterschieden und erörtert, inwiefern die Anschauung ihre Lösung erleichtert. – Die in dem Werk entwickelte Methode wurde in Descartes' Mathematik und Physik, aber auch in seiner Metaphysik zur Geltung gebracht, weshalb dieses frühe methodolog. Werk für das Verständnis seiner Philosophie von größter Bedeutung ist.

Ausg.: Œuvres, hg. von CH. ADAM/P. TANNERY, 1897–1910, Bd. X (Repr. 1966). – Lat./Dt. (Regeln zur Ausrichtung der Erkenntniskraft), übers. u. hg. von H. SPRINGMEYER/L. GÄBE/H. G. ZEKL, 1973 (PhB 262 a). – Regulae ad directionem ingenii, hg. von G. CRAPULLI, mit der niederländ. Übers. des 17. Jh.s, 1966. – Règles utiles et claires pour la direction de l'esprit et la recherche de la vérité, übers. u. hg. von J.-L. MARION, 1977.

W. RÖD

Reine Rechtslehre. Einleitung in die rechtswissenschaftliche Problematik, Hans KELSEN; EA Wien 1934, [2]1960 (vollständig neu bearb. u. erw. Aufl.).

Die Untersuchung, die auf dem früheren Werk *Hauptprobleme der Staatsrechtslehre* (1911) aufbaut, stellt das Hauptwerk des normlog. Rechtspositivismus dar. – Die Anknüpfung an soziolog. oder psycholog. Tatsachen (Skandinavische Schule), naturrechtliche Theorien, polit. und ideolog. Intentionen oder die Berücksichtigung ethischer Werte werden zugunsten einer Rechtswissenschaft verworfen, die nur Erkenntnisse über den normativen Charakter des Rechts erarbeiten soll. Im Anschluß an den Neukantianismus der Marburger Schule geht Kelsen dabei von einer strikten Trennung zwischen Sein und Sollen aus (Methodendualismus). Das subjektive Sollen einer rechtssetzenden Autorität als Seinstatsache wird erst aufgrund der Legitimation durch eine höhere Norm zu dem objektiven Sollen einer gültigen Rechtsnorm. Der Inhalt oder die Übereinstimmung mit irgendwelchen Werten hat auf die Geltung keinen Einfluß. Auch die Wirksamkeit ist hierfür nicht konstitutiv. Allerdings führt ein völliges Fehlen zur Aufhebung der Norm. Eine Rechtsnorm ist insgesamt weder gerecht noch ungerecht, sondern nur gültig oder ungültig. Die Legitimation der Norm begründet weiterhin ihre Zugehörigkeit zu einer Rechtsordnung, die sich durch die Sanktionierung normwidrigen Verhaltens als Zwangsordnung ausweist. Moral. Normen fehlt dieser Zwangscharakter. Da sich die einzelnen Normen durch Syllogismen aus höheren deduzieren lassen, ergibt sich insgesamt das geschlossene, widerspruchsfreie System einer Stufenordnung des Rechts, an dessen Spitze die Verfassung eines Landes steht. Diese bedarf jedoch nach Kelsen ihrerseits der Legitimation durch eine bloß gedachte Grundnorm, die letztendlich den lediglich formalen, überpositiven Geltungsgrund aller anderen Normen darstellt. – Die radikal positivistischen Positionen des Werkes sind bis heute kontrovers.

Lit.: R. Hofmann, Logisches und metaphys. Rechtsverständnis – Zum Rechtsbegriff H. Kelsens, 1965. – K. Leiminger, Die Problematik der Reinen Rechtslehre, 1967.

D. v. d. Pfordten

Reipublicae christianopolitanae descriptio (lat.; *Beschreibung des Gemeinwesens Christianopolis*), Johann Valentin Andreae, entst. 1618; EA Straßburg 1619; dt. 1741 Reise nach der Insel Caphar Salama und Beschreibung der darauf gelegenen Republik Christiansburg.

Dem Reformwillen eines Th. Morus verbunden, von Campanellas Sonnenstaat unmittelbar beeinflußt, vom Genfer Reformatoren-Staat inspiriert, hebt sich Andreaes Utopie umso deutlicher vom Wissenschaftsglauben Bacons in der – später entstandenen – *Nova Atlantis* ab. Die Neugier (curiositas) als Hinkehr zu den Eitelkeiten der Welt verurteilend (darin wie in Grundmotiven aus → *De civitate Dei* Augustinus verpflichtet), transponiert Andreae seinen zuvor in den Rosenkreuzerschriften entwickelten Gedanken einer Chiliasmus und Wiedertäufertum nahestehenden Bruderschaft auf die Ebene der Utopie. Diese, hinsichtlich des geometr. entworfenen Grundrisses, der egalitären Eigentumsordnung, der staatlich durchorganisierten Erziehung, der aristokrat. Herrschaftsform, klassische Utopie verdient dieses Prädikat in einem radikaleren Sinne als die genannten Staatsromane, liegt sie doch nicht, bestimmte Verhältnisse in Andersheit negierend oder postulierend, innerhalb der bestehenden Welt, sondern negiert Weltlichkeit und Weltverfangenheit, gerade der erstarrten lutheran. Orthodoxie, selbst. Als Reformprogramm mit dem Ziel einer Societas Christiana geschrieben, hat das Werk neben seinem unmittelbaren Einfluß auf Comenius inbes. in der Aufklärung und im Neuhumanismus gewirkt.

Ausg.: Dt., Christianopolis, übers. von W. Biesterfeld, 1975.
Lit.: H. Scholtz, Evangel. Utopismus bei J. V. Andreae, 1957. – F. A. Yates, Aufklärung im Zeichen des Rosenkreuzes, 1975. – R. van Dülmen, Die Utopie einer christlichen Gesellschaft, 1978.

C.-H. Hoefer

Die Religion innerhalb der Grenzen der bloßen Vernunft, Immanuel Kant; EA Königsberg 1793, ²1794.

In dem Spätwerk will Kant nachweisen, daß in der christlichen Religion Elemente einer Vernunftreligion enthalten sind, ja daß gerade die christliche Religion in einer kritisch-philosoph. Auslegung als ein Inbegriff von Grundwahrheiten eines praktischen Vernunftglaubens zu begreifen ist. Im 1. Teil wird die Lehre von der Erbsünde von Kant interpretiert als das radikal Böse im Menschen, als jener Hang zum Bösen, der uns treibt, in unseren Handlungsmaximen vom erkannten Moralgesetz abzuweichen. Von diesem Hang zum Bösen kann nur eine »Revolution in der Gesinnung«, eine »Umwandlung der Denkungsart« (AA VI 47f) befreien, derart daß der Mensch seine ursprüngliche Anlage zum Guten wiederherstellt, indem er sich entschließt, allein aus Pflicht tugendhaft zu sein. Wie Kant im 2. Teil zeigt, gibt die Religion dazu den Hinweis auf das Urbild moral. Vollkommenheit, d. h. auf Christus als personifizierte Idee des guten Prinzips. Im 3. Teil deutet er die Idee des Reiches Gottes im Sinne der Gemeinschaft, die unter Tugendgesetzen steht, als ein regulatives Prinzip des Handelns, d. h. als Aufforderung, den ethischen Naturzustand, in welchem das gute Prinzip unaufhörlich mit dem Bösen im Streit liegt, zu überwinden. Im 4. Teil folgt eine Kritik an übertriebenem religiösem Ritualismus.

Ausg.: Gesammelte Schriften (Akademie-Ausgabe), Bd. VI, 1907 (Repr. 1968).
Lit.: J. Bohatec, Die Religionsphilosophie Kants in ›Die Religion innerhalb der Grenzen der bloßen Vernunft‹, 1938 (Repr. 1966). – T. M. Greene: The Historical Context and Religious Significance of Kant's Religion. Introductory Essay to Religion within the Limits of Reason Alone, 1960. – J.-L. Bruch, La philosophie religieuse de Kant, 1969. – A. W. Wood, Kant's Moral Religion, 1970. – G. Picht, Kants Religionsphilosophie, 1985.

G. Maluschke

Renati Des Cartes principiorum philosophiae pars I et II, more geometrico demonstratae per Benedictum de Spinoza Amstelodamensem. Accesserunt ejusdem cogitata metaphysica, in quibus difficiliores, quae tam in parte metaphysices generali, quam speciali occurrunt, quaestiones breviter explicantur (lat.; *Descartes' Prinzipien der Philosophie Teil I und II,* auf geometrische Weise begründet von B. de Spinoza aus Amsterdam. Hinzugefügt wurden metaphysische Gedanken desselben, in denen in Kürze schwierigere Fragen, die sich in den metaphysischen Schriften, sowohl im allgemeinen wie im speziellen Teile, finden, erörtert werden), Baruch de Spi-

NOZA; EA Amsterdam 1663; dt. 1871 René Descartes' Prinzipien der Philosophie, erster und zweiter Theil. In geometr. Weise begründet von B. von Spinoza. Mit einem Anhang ›metaphys. Gedanken‹.

Die einzige von Spinoza zu Lebzeiten unter seinem Namen publizierte Schrift ist eine immanentkritische Darstellung der cartes. Philosophie und im Anhang eine Diskussion von Grundproblemen der Metaphysik in Orientierung an traditioneller Begrifflichkeit. Die kleine Lehrschrift kam auf Wunsch von Spinozas Schüler Caesarius zustande, wurde auf Drängen von Freunden erweitert und mit einem Vorwort von Lodewijk Meyer veröffentlicht. Bereits die Darstellung von Descartes' →*Principia philosophiae* nach geometr. Methode impliziert die grundlegende Kritik Spinozas an dessen Vorgehen. Betrachtet Descartes die geometr. Methode als der darzustellenden Sache äußerlich, da die letzte Gewißheit, das ›Ich denke‹, nur analyt. plausibel zu machen sei, so ist für Spinoza die geometr. Methode Ausdruck dafür, daß die Dinge in der Kausalität Gottes ihren Entstehungsgrund haben und daher nur aus dieser genet. zu begreifen sind, so wie das Ich als Modus der göttlichen Substanz keiner nachträglichen Erkenntnisgarantie durch Gott bedarf wie bei Descartes. Spinozas Referat, das aus strateg. Gründen nur implizit Kritik übt, zeigt im 1. Teil eine veränderte Stellung des Ich innerhalb des Systems, in dem es nicht mehr als oberstes Prinzip fungiert, und bringt eine über Descartes hinausgehende Vermehrung der Lehrsätze über Gott, die ansatzweise Spinozas These von der Ableitbarkeit der Dinge aus Gott erklärbar machen soll. Die affirmative Darstellung von Descartes' Lehre vom Irrtum, die Willensfreiheit voraussetzt, kollidiert mit Spinozas eigenen, indirekt schon durch die Darstellung demonstrierten determinist. Ansichten. Das Referat des 2. und, nur fragmentar., des 3. Teils der *Principia* bleibt weitgehend in cartes. Bahnen bei der Behandlung der Prinzipien der körperlichen Dinge. Die im Anhang beigegebenen ›Metaphys. Gedanken‹, die sich der Terminologie der zeitgenöss. Spätscholastik bedienen und sich mit ihr auseinandersetzen, geben vor allem Einblick in die Genese von Spinozas eigenem Denken, das sich von den tradierten Bestimmungen Gottes absetzen mußte, wenn es sein Programm eines konsequenten Rationalismus realisieren wollte. – Die Schrift hat auf die zeitgenöss. Leser, die Spinoza nicht kannten, als wenig eigenständige Paraphrasierung gewirkt und ihm nicht die erhoffte öffentliche Anerkennung verschafft. Heute findet sie aber sowohl in textgeschichtlicher, als auch in hermeneut. Hinsicht Interesse.

Ausg.: Sämtliche Werke in sieben Bänden. Übers. von A. BUCHENAU, Einleitung und Anmerkungen von W. BARTUSCHAT, [5]1978 (PhB 94).

Lit.: M. GUEROULT, Études sur Descartes, Spinoza, Malebranche et Leibniz, 1970.

M. HIELSCHER

Representative Men (engl; *Repräsentative Menschen*), Ralph Waldo EMERSON; EA London 1849.

Angeregt durch das Primat von Persönlichkeit und Selbstbewußtsein im deutschen Idealismus behandelt Emerson in dem auf seiner Bostoner Vortragsreihe (1845/46) beruhenden geschichtsphilosoph.-metaphys. Werk die

Bedeutung von Genies und Helden. – Mit dem grundsätzlichen ›Nutzen großer Männer‹ befaßt sich der erste Vortrag. Ausgehend von der bereits in seinem frühesten Werk → *Nature* (1836) niedergelegten Kernthese, die Seele sei das Zentrum der Natur, schließt Emerson einen direkten materiellen Nutzen aus. Wir profitieren vielmehr mittelbar, geistig und emotional. Grundvoraussetzung dafür ist eine seelische Verwandtschaft jedes Menschen mit dem Genie, denn was dieses allen anderen zuteil werden läßt, zeichnet sich nicht durch Originalität aus, sondern ist allein repräsentativer Ausdruck der Ideen und Bedürfnisse seiner Zeitgenossen. Schließlich ist das Genie nur Hinweis auf die absolute Wahrheit, deren Quelle Gott oder eine ›All-Seele‹ ist, und kann nur als solches von Nutzen sein, nicht aber als originelle Kraft. Dieses Prinzip wird in den darauffolgenden sechs Vorträgen für verschiedene Bereiche der Kultur an den Leistungen Platons, Swedenborgs, Montaignes, Shakespeares, Napoleons und Goethes illustriert. – Emersons Idee der repräsentativen Persönlichkeit beeinflußte H. Bergsons Konzept des ›moral. Virtuosen‹ in → *Les deux sources de la morale et de la religion* (1932).

Ausg.: Essays and Lectures. 1983.
Lit.: J. L. Blau, Emerson's Transcendentalist Individualism as a Social Philosophy, in: Review of Metaphysics, 1977.

P. Nagelschmidt

Rhetorik (Aristoteles) → Technē rhēthorikē

Le rire. Essai sur la signification du comique (frz.; *Das Lachen.* Versuch über die Bedeutung des Komischen), Henri Bergson; EA Paris 1900; dt. 1914.

In Anlehnung an die Konzeption der schöpfer. Lebensenergie entwickelt Bergson eine Theorie des Komischen, die auf der Entgegensetzung von Starrheit und Mechanik einerseits und Elastizität des Lebens andererseits beruht. Komisches entsteht für den Beobachter vornehmlich dann, wenn starre Kontinuität an die Stelle von Anpassung gesetzt wird. Das Lachen, das sowohl einen sozialen Kontext wie auch eine seelische Grundhaltung voraussetzt, kann als Strafe für die Fortsetzung von Mechanik anstelle von Anpassung angesehen werden. Die Kruste des Mechanischen über der Lebendigkeit kann sowohl in der Situationskomik als auch in der Wort- oder Charakterkomik als deren entscheidende Grundstruktur bestimmt werden. Die Komödie führt in den Ablauf des Lebens einen Mechanismus ein, wobei nach den Gesetzen der Repetition, der Inversion und der Interferenz der Reihen komische Effekte erzielt werden. Gegensatz des Komischen ist die Anmut, die dort entsteht, wo Bewegung und Zeit des Lebens nicht auf starre Mechanik prallen, sondern sich selbst darstellen. Wenn auch indirekt, steht die Komik in jenem die Kunst als solche auszeichnenden Verhältnis zur Wirklichkeit, in dem diese von ihren Verschleierungen, vornehmlich den sozialen und praktischen Verallgemeinerungen, befreit und in ihrer Individualität sichtbar wird.

Ausg.: 1972.

P. Kampits

The Rise of Scientific Philosophy (engl.; *Der Aufstieg der wissenschaftlichen Philosophie*), Hans Reichenbach; EA Berkeley/Los Angeles 1951; dt. 1953.

Die populäre Summe von Reichenbachs eher technischem Lebenswerk zeichnet ein umfassendes Bild seiner Philosophie des logischen Empirismus. – In einem kursor. Streifzug durch die traditionelle ›rationalist.‹ Philosophie versucht Reichenbach zunächst ›die Wurzeln der spekulativen Philosophie‹ auszumachen: sie habe, in übersteigertem Streben nach größter Allgemeinheit und absoluter Gewißheit, das jeweils zeitgenöss. Weltbild zur ›Vernunft‹ idealisiert und versucht, Fragen zu beantworten, die den Wissensstand seinerzeit überforderten. Der 2. Teil des Buchs diskutiert ›die Ergebnisse der wissenschaftlichen Philosophie‹ des 19. und 20. Jh.s: die Entdeckung nichteuklid. Geometrien, die Darstellung von Raum und Zeit in der Relativitätstheorie, die Wendung vom streng kausalen zum probabilist. Denken, die quantentheoret. Modelle des Mikrokosmos sowie die evolutionstheoret. Modelle des Makrokosmos – alle modernen wissenschaftlichen Erkenntnisse liefern Gründe für eine Zurückweisung des synthet. Apriori, d. h. für die These, daß jede nichtleere, informative Aussage nur aus der Beobachtung ›abgeleitet‹ und deshalb nicht absolut gewiß sein kann (vgl. → *Kritik der reinen Vernunft*). Eckpfeiler dieser wissenschaftsorientierten empirist. Philosophie sind die deduktive Logik, Reichenbachs pragmat. Rechtfertigung der Induktion mit dem zentralen Begriff der ›Setzung‹ und sein Verifizierbarkeitskriterium des kognitiven Sinnes. Schließlich wendet sich Reichenbach auch gegen den Rationalismus in der Ethik, den ›kognitiv-ethischen Parallelismus‹, und argumentiert, daß die grundlegenden ethischen Prinzipien Ergebnisse von Willensakten seien, die sich einer kognitiv-wissenschaftlichen Kritik entziehen.

Ausg.: Gesammelte Werke, 9 Bde., Bd. I, 1977.

H. Rott

Der Römerbrief, Karl Barth; EA Bern 1919, München ²1922 (wesentlich überarbeitet).

Das Werk enthält einen mit Philosophemen durchsetzten Kommentar zu dem Brief des Apostels Paulus an die Römer. – Die die Ergebnisse der 1. Auflage z. T. revidierende zweite Fassung wurde nach Barths eigenen Angaben insbes. auch durch eine Rezeption der Gedanken Overbecks, Platons, Kants, Dostojewskis und (vor allem) Kierkegaards motiviert. Gegen jegliche ›religiöse‹ Anmaßung des Menschen, die von Gott zu reden glaubt, indem sie sich mit dem Menschen beschäftigt, gilt es nach Barth, den ›unendlichen qualitativen Unterschied‹ von Zeit und Ewigkeit, die Souveränität Gottes und die Autorität der Schrift zu betonen. Gott ist ›ganz anders‹ und als solcher hat er sich im ›Paradox‹ Jesus Christus, »der die Distanz zwischen Gott und Mensch überbrückt, indem er sie aufreißt«, offenbart. Nur durch den Zorn Gottes hindurch kann der Mensch auf dessen Barmherzigkeit hoffen. – Das Werk begründet die ›Dialektische Theologie‹, eine der wichtigsten theolog. Bewegungen des 20. Jh.s (u. a. Gogarten, Bultmann).

Lit.: G. Krüger, Dialekt. Methode und theolog. Exegese. Logische Bemerkungen zu Barths ›Römerbrief‹, in: Zwischen den Zeiten 5 (1927).

G. Seubold

Saggiatore nel quale con bilancia esquisita e giusta si ponderano le cose contenute nella libra astronomica e filosofica di Lotario Sarsi Sigensano, scritto in forma di lettera all'illustrissimo e reverendissimo Monsignore D. Virginio Cesarini (it.; *Die Goldwaage*, in der man mit vortrefflicher Genauigkeit die Dinge wägt, die in der astronomischen und philosophischen Waage des L. S. S. enthalten sind, geschrieben in Form eines Briefes an den sehr berühmten und verehrten M. D. V. C.), Galileo GALILEI; EA Rom 1623.

Der *Saggiatore* ist eine Streitschrift Galileis gegen P. Orazio Grassi S. J. im Zusammenhang einer Auseinandersetzung über die Natur und den Ort von Kometen. Grassi hatte aufgrund der geringen Parallaxe eines Kometen, der im November 1618 erschien, die (richtige) Meinung geäußert, daß die Kometen zu den Himmelskörpern gehörten, und, wie auch Tycho Brahe, behauptet, daß sie eine Kreisbewegung ausführten. Galilei dagegen hielt im *Saggiatore* noch an der (falschen) pythagoreischen Meinung fest, die Kometen seien eine Erscheinung, die unterhalb des Mondes durch materielle Ausdünstungen der Erde zustande käme, welche von der Sonne angestrahlt würden. Die grundsätzliche Kritik Galileis im *Saggiatore* erfolgt in drei Schritten. Zuvor prüft er die einzelnen Thesen Grassis, insgesamt in 53 Abschnitten, indem er jeden einzelnen Satz zu widerlegen sucht. Im ersten Schritt versucht Galilei, den Beweis Tychos hinsichtlich der Parallaxe von Kometen durch die Behauptung zu entkräften, deren Parallaxe besage nichts über ihren Ort, da sie eben bloße Erscheinungen seien, und behauptet, daß ihre Bahn weder kreisförmig, noch oval sei. Im zweiten Schritt trägt er neue Argumente über die Natur, den Ort und die Form der Kometen vor, die alle unter der genannten Voraussetzung stehen. Im dritten Schritt diskutiert er u. a. die Beziehungen zwischen Reibung und Wärme und neigt dazu, die Existenz einer feinen ätherischen Substanz zwischen den Himmelskörpern anzunehmen. Die Schrift bildet einen ersten Höhepunkt des Streites von Galilei mit dem römischen Kolleg und des späteren Zerwürfnisses mit den Jesuiten. Ihre Bedeutung liegt nicht in den Behauptungen über die Natur der Kometen, sondern in den methodolog. Ausführungen: wissenschaftliches Wissen entsteht aus ›sinnvollen Erfahrungen (= Experimenten)‹ (sensate esperienze) und ›sicheren (= mathemat.) Beweisen‹ (certe dimostrazioni). In der Schrift findet sich außerdem die erste neuzeitliche Formulierung der Unterscheidung zwischen primären und sekundären Eigenschaften der Körper, die dem mechanist. Denken des 16. und 17. Jh.s zugrunde liegen sollte. Method. wichtig ist schließlich die Ablehnung jeglicher Autorität in der Wissenschaft und die Überzeugung, daß das ›Buch der Natur‹ mit mathemat. Buchstaben geschrieben sei.

Ausg.: Le opere, Bd. V, 1890–1909 (Repr. 1964–1966).

Lit.: E. WOHLWILL, Galilei und sein Kampf um die copernican. Lehre, Bd. I u. II, 1909, (Repr. 1969). – J. MITTELSTRASS, Die Galileische Wende. Das histor. Schicksal einer method. Einsicht, in: L. LANDGREBE (Hg.), Philosophie und Wissenschaft, 1972.

H. M. NOBIS

Der Satz vom Grund, Martin HEIDEGGER; EA Pfullingen 1957.

Der Band enthält den Text einer im Wintersemester 1955/56 in

Freiburg i. Br. gehaltenen Vorlesung Heideggers; mitveröffentlicht wurde ein Vortrag zum gleichen Thema, der 1956 in Bremen sowie an der Universität Wien gehalten wurde. Es handelt sich also um Schriften des ›späten‹ Heidegger, in denen er die Grundfrage der Metaphysik ›wieder-holt‹ und sie in ihrer geschichtlichen Entfaltung, d. h. in der Fragwürdigkeit ihres eigenen Grundes, erscheinen läßt. Der Satz vom Grund (»Nichts ist ohne Grund«) besagt, daß unser Verstand stets und überall nach dem Grund Ausschau hält bzw. daß das menschliche Vorstellen notwendigerweise immer nach einer Begründung sucht. Dieses Tun ist Heidegger zufolge älter als der Satz selbst, der es ausspricht. Genaugenommen ist er (in seiner latein. Fassung »Nihil est sine ratione«) zuerst bei Leibniz formuliert, also im 17. Jh. Positiv ausgedrückt lautet der Satz: »Jedes Seiende hat einen Grund.« Da wir nicht alles Seiende, vergangenes, zukünftiges und gegenwärtiges, überprüfen können, bleibt er zunächst ungeprüft. Dennoch besagt der Satz etwas Notwendiges, er ist ein Grundsatz, und zwar der Grundsatz aller Grundsätze, wozu der Satz der Identität, der des Unterschiedes, der des Widerspruchs sowie der Satz vom ausgeschlossenen Dritten gehören. Der Satz vom Grund setzt aber ein Wissen, wovon er handelt, voraus. Heidegger entfaltet die verschiedenen Auffassungen eines Grundes vom griechischen ›Axiom‹ bzw. ›Hypothese‹, über seine metaphys.-theolog. Auffassung bei Leibniz bis hin zu seiner ›Herrschaftsform‹ im gegenwärtigen Atom- und Informationszeitalter. In seiner ›Ausdrucksform‹ »Nichts ist ohne Warum« stellt Heidegger den Satz vom Grund der dichter. Erfahrung des Angelus Silesius mit seinem Wort: »Die Ros ist ohn warum« gegenüber. Mensch und Rose, präzisiert Heidegger, sind zwar nicht ›ohne Grund‹, aber so wie die Rose, kann auch der Mensch ›ohne das suchende, um sich blickende Zustellen der Gründe‹ sein. Der Satz vom Grund besagt etwas über das Seiende, und zwar, daß zum Sein des Seienden dergleichen wie Grund gehört. Dennoch sind, nach Heidegger, Grund und Sein zu unterscheiden: Der Grund bleibt ab vom Sein, Sein ist ›Ab-Grund‹. Von hier aus liest Heidegger den Satz vom Grund in einer anderen ›Tonart‹, d. h. anstelle von *»Nichts* ist *ohne* Grund«, also anstelle des Bezugs des Satzes zum Seienden, hören wir jetzt »Nichts *ist* ohne *Grund«,* also den Bezug zum Sein. Das bedeutet wiederum, daß in der ›Incubationszeit‹ dieses Satzes ›das Geschick des Seins‹ sich mehrmals wendet, ohne daß das Sein selbst zum Vorschein kommt. Im Gegensatz zum Offenkundig-sein des Seienden ist das ›Sichtentbergen‹ ein Grundzug des Seins. Das Sein läßt sich nie durch Seiendes erklären. Diese Grenze des Seienden wird für Heidegger in Kants → *Kritik der reinen Vernunft* deutlich, in der die Vernunft nichts anderes ist als das Setzen des zureichenden Grundes für das Erscheinen des Seienden. Im ›Gegenüber‹ des Gegenstandes erblickt Heidegger aber den Hinweis auf eine mögliche gewandelte Beziehung zum Erscheinenden, etwa im Sinne von → *Sein und Zeit,* daß der Mensch ›im Offenen des Entwurfes des Seins‹ steht und so dem Seienden (verstehend) zu entsprechen vermag. Dadurch wird das Sein nicht vermenschlicht, sondern das Denken öffnet sich dem geschichtlichen, ihn ansprechenden, in den Erscheinungen des Seienden sich zuschickenden Seinsgeschick. Das bedeutet wiederum die Möglichkeit, Sein nicht nur, wie die bisherige Metaphysik, als Grund zu denken, sondern: »insofern Sein gründen ›ist‹, und nur insofern, hat es keinen Grund«. Dieser Sprung in den ›Ab-Grund‹ ist für Heidegger frei von jeder Willkür, solange wir ihn, etwa im Sinne Heraklits, aus dem ›Geheimnis des Spiels‹ bzw. des ›ohne Warum‹, denken. Wir dürfen Heidegger zufolge eine solche denker. Entsprechung ›zugunsten der Raserei des ausschließlich rechnenden Denkens‹ nicht preisgeben.

Lit.: O. PÖGGELER, Der Satz vom Grund (Rezension), in: Philos. Literaturanzeiger, 11 (1958).

R. CAPURRO

Scheinprobleme in der Philosophie. Das Fremdpsychische und der Realismusstreit, Rudolf CARNAP; EA Leipzig/Berlin 1928.

Die kleine Schrift deutet das empirist. Verfahren an, durch logisch fundierte Erkenntnistheorie die Metaphysik zu überwinden. – Die Aufgabe erkenntnistheoret. Analyse besteht in der Rechtfertigung von Erkenntnissen durch deren Rückführung auf ein als gültig angenommenes Wissen. Method. leistet dies die logische und erkenntnistheoret. Zerlegung der Wissensinhalte; sie zeigt Fremdpsychisches als rückführbar auf Physisches, das seinerseits auf Eigenpsychisches zurückgeht. Wissensrelevant können nur sinnvolle Aussagen sein, deren Kriterium ihre Sachhaltigkeit ist, d. h. ihr Inhalt ist Gegenstand möglicher Erfahrung. Da die metaphys. Thesen von Realismus und Idealismus jenseits des Erfahrbaren liegen, erweisen sie sich als sinnlose Scheinaussagen. – Detailliert behandelt Carnap die Themen der Schrift in → *Der logische Aufbau der Welt*.

C. ORTNER

Science and Metaphysics. Variations on Kantian Themes (engl.; *Wissenschaft und Metaphysik. Variationen zu Kantischen Themen*), Wilfrid SELLARS; EA London 1968.

Das aus einer Vorlesungsreihe entstandene Buch entwickelt ausgehend von Kantischen Unterscheidungen eine philosoph. Theorie, die sich als Vermittlung zwischen klassischer Metaphysik und sprachanalyt. Empirismus versteht. Ihre Grundthesen sind, daß die Bedeutung eines Ausdrucks sein Beitrag zu Folgerungsverhältnissen zwischen Sätzen ist (keine Beziehung auf Außersprachliches) und daß Denken eine Art unverlautbartes Sprechen ist. Letzteres gestattet die Anwendung der ersten, semant. These in der Philosophie des Geistes. Sellars' Ziel ist es, dem Leib-Seele-Dualismus und dem Realismus bezüglich abstrakter Entitäten die Grundlage zu entziehen. Dabei hilft eine weitere semant. These: daß Wahrheit im allgemeinen keine Sprache-Welt-Korrespondenz einschließt (es gibt moral. Wahrheiten, aber keine moral. Werte als Gegenstände). Allein die einfachsten empir. Sätze stehen in Abbildverhältnissen zu Gegenständen (nicht Tatsachen). Diese Bildbeziehung fungiert als Garant des wissenschaftlichen Realismus, dem zufolge das ›Ding an sich‹ die

Welt in derjenigen kategorialen Form ist, in der die empir. Wissenschaft sie am idealen Ende der Forschung repräsentieren würde. – Mit der Unterscheidung zwischen kategorialer Form und empir. Gehalt ist Sellars auf eine Position festgelegt, die durch Quines Kritik in den Verruf eines unhaltbaren empirist. Dogmas (*Two Dogmas of Empiricism*, 1951) gekommen ist.

A. F. Koch

Science and the Modern World (engl.; *Wissenschaft und moderne Welt*), Alfred North Whitehead; EA New York 1925; dt. 1984.

Übergreifendes Thema der Vorlesungen und Aufsätze ist die Entwicklung der modernen Wissenschaft, insbes. der Physik oder genauer: der Mechanik und des ihr zugrundeliegenden Weltbildes vom 16. Jh. an bis zur Gegenwart. – Obwohl der Verfasser hierbei im wesentlichen chronolog. vorgeht, sind die Vorträge nur partiell wissenschaftshistor. Natur. Denn bei aller Würdigung der bedeutenden theoret. Erfolge moderner Wissenschaft geht es Whitehead vor allem um die Problematisierung ihres Weltbildes. Das Ungenügen der mechanist. Naturauffassung ergibt sich für ihn nicht nur aus der Emanzipation der Biologie – die moderne Physik selbst hat vielmehr mit der Quantentheorie ihre mechanist. Orientierung aufgegeben. Erfolge und Mißerfolge hängen dabei eng zusammen, beruhen doch die ersteren auf einer für die physikal. Arbeit ursprünglich äußerst gelungenen Abstraktion unserer Wirklichkeit, und nur die Täuschung über diesen Abstraktionsgrad führt zu den heute schier unüberwindlich gewordenen Schwierigkeiten, aus denen nur philosoph. Reflexion heraushelfen kann. Whitehead wendet sich grundsätzlich dagegen, eine Substanz – etwa die in Zeit und Raum eindeutig lokalisierbare Materie der klassischen Mechanik – zur letzten Einheit der Metaphysik zu machen. Das philosoph. Bemühen um Metaphysik allerdings bejahend, vertritt er eine Position, die sich partiell an Leibniz anlehnt. Whiteheads Monaden sind Organismen: jede Rückführung dieses Begriffs auf eine wie auch immer organisierte Materie, also letztlich wieder eine von ihrer Organisation abstrahierbare Substanz, würde zu einem falschen Verständnis seiner Philosophie führen. Was einen Organismus vielmehr ausmacht, ist das In-Beziehung-Stehen zu einer gar nicht genau abgrenzbaren Umgebung, das aktive Erfassen des Zusammenhangs, woraufhin dieser Akt bei dauerhaften Organismen zu einem Moment der eigenen Vergangenheit und Gegenstand neuer Erfassungsakte wird. Unterschiede gibt es dabei vor allem in Hinsicht auf den Bewußtseinsgrad, mit dem sich solche Akte vollziehen: von der naturgesetzlich erfaßbaren gleichförmigen Wiederholung bei ›unbeseelten‹ Organismen bis zur gestaltenden Kraft der Person. Als Konsequenz dieser metaphys. Position hören Zeit und Raum auf, unabhängige Koordinaten der den wirkenden Kräften gegenüber passiven Materie zu sein. Sie sind zu Momenten der Perspektive geworden innerhalb derjenigen Erfassensakte, die die Organismen ausmachen. Ihre Gleichförmigkeit und Kontinuität sind somit lediglich unter gewissen Umständen sinnvolle Abstraktionen.

Ausg.: Engl., 1967. – Dt., von H.-G. HOLL, 1984.

Lit.: J. M. BURGERS, Experience and Conceptual Activity, 1965. – W. W. HAMMERSCHMIDT, Whitehead's Philosophy of Time, 1970. – E. WOLF-GAZOL, Whitehead, 1980. – F. RAPP/R. WIEHL (Hg.), Whiteheads Metaphysik der Kreativität, 1986.

O. MÜLLER

La science et l'hypothèse (frz.; *Wissenschaft und Hypothese*), Henri POINCARÉ; EA Paris 1902; dt. 1904.

Hauptthema der Aufsatzsammlung ist die konventionalist. Wissenschaftstheorie, die zwischen dem radikalen Empirismus J. S. Mills und dem Apriorismus Kants steht. Poincaré behauptet, daß die meisten für den Aufbau einer Wissenschaft notwendigen Prinzipien Hypothesen seien, die, logisch betrachtet, als Konventionen bzw. verkleidete Definitionen angesehen werden müssen. Darunter fallen u. a. die Axiome der physikal. Geometrie und die Elementarprinzipien der Mechanik. Solche Konventionen seien frei gewählt, nicht durch die Erfahrung bestimmt, sondern nur von dem Streben nach Einfachheit geleitet. Aus diesem Grund kritisiert Poincaré den geometr. Empirizismus, indem er behauptet, wir könnten die Euklid. Geometrie dadurch in allen Fällen vor scheinbarer empir. Widerlegung schützen, daß wir angemessene ausgleichende Änderungen in der Physik vornehmen (z. B. können wir leugnen, daß das Licht stets geraden Bahnen folgt). – Der Poincarésche Konventionalismus hat u. a. auf A. Einstein, H. Reichenbach und M. Schlick großen Einfluß ausgeübt.

Lit.: J. GIEDYMIN, Science and Convention: Essays on H. Poincarés Philosophy of Science and the Conventionalist. Tradition, 1982.

D. A. HOWARD

Science, Perception and Reality (engl.; *Wissenschaft, Wahrnehmung und Realität*), Wilfrid SELLARS; EA London 1963.

Sellars' erste Buchveröffentlichung behandelt in elf Aufsätzen aus den Jahren 1952–62 wissenschafts-, wahrnehmungs-, erkenntnis- und bewußtseinstheoret. sowie semant. und ontolog. Themen. Im längsten und bekanntesten Text der Sammlung, »Empiricism and the Philosophy of Mind«, kritisiert Sellars die fundamentalist. These, daß es sprachlich nicht vermittelte Erkenntnis gibt, als ›Mythos vom Gegebenen‹. Sätze werden durch Sätze begründet; d. h. das Wissen bedarf keines Fundamentes, sondern des Zusammenhanges einer Vielzahl von Sätzen. Zugleich entwirft Sellars nichtdualist. Theorien der inneren begrifflichen und der inneren sensor. Vorgänge (Gedanken bzw. Empfindungen). Seine hier in Einzelarbeiten vorgetragene Philosophie hat er 1968 in → *Science and Metaphysics* zusammengefaßt.

A. F. KOCH

Scriptum in librum primum sententiarum/Ordinatio (lat.; *Scriptum über das erste Buch der Sentenzen*), Wilhelm von OCKHAM, entst. 1317/19 und 1323/24 (vermutlich in London); ED Straßburg 1483.

Nur das I. Buch des Sentenzenkommentars, neben der → *Summa logicae* Ockhams Hauptwerk, liegt als ›Ordinatio‹, d. h. in vom Autor revidierter, autorisierter und zur Verbreitung freigegebener Fassung vor, während die Bücher II bis IV nur als ›Reportationes‹, d. h. als nicht autorisierte Vorlesungsnachschriften überliefert sind. Vorlage der zwischen dem 13. und dem 15. Jh. weitverbreiteten literar. Gattung des Sentenzenkommentars sind die 1150/52 verfaßten → *Libri quattuor sententiarum* des Petrus Lombardus, welche lange Zeit das zentrale Textbuch des philosoph.-theolog. Unterrichts bildeten und die jeder angehende Theologe zu kommentieren hatte, bevor er zum Erwerb des theolog. Magistrats bzw. Doktorats zugelassen werden konnte. Ockhams *Ordinatio* liegt in zwei Redaktionen vor, wobei die zweite, erweiterte Fassung eine Reihe von wichtigen doktrinellen Zusätzen enthält, die in der kritischen Edition jeweils gekennzeichnet sind. – Buch I der Sentenzen, welches wie üblich 48 Distinktionen enthält, deren jede aus einer oder mehreren Fragen besteht, befaßt sich traditionell mit der Gotteslehre, deren logisch-philosophische Ermöglichungsgründe Ockham in einem mehr als 300 Seiten umfassenden Prolog ausführlich diskutiert. Am Beginn steht die Frage, ob die natürliche Vernunft des Menschen zu evidenter Einsicht in theolog. Wahrheiten zu gelangen vermag, sowie generell die Frage nach dem wissenschaftstheoret. Status der Theologie. Es folgen Untersuchungen zur Frage der innertrinitar. Relationen, der Art des Unterschiedes zwischen göttlichem Wesen und seinen Eigenschaften, der Einheit Gottes und der Dreiheit der Personen usw. Zwecks Vorbereitung wissenschaftlich begründeter Antworten behandelt Ockham diese theolog. Fragenkomplexe jeweils auf der Grundlage logischer, wissenschaftstheoret. und ontolog. Prinzipien und Reflexionen. So findet sich in der Dist. 2 (quaestio 4–9) eine umfangreiche Auseinandersetzung mit dem Universalienproblem und der entsprechenden Diskussion seiner Zeit, in der Ockham eine Reihe von Standpunkten, darunter die extremrealist. Position des universale extra animam, verwirft und die Lehre des Duns Scotus vom Formalunterschied mit ausführlicher Begründung widerlegt. Für Ockham ist alle Realität singulärer Natur, so daß für die Universalien nach der ersten Fassung der *Ordinatio* nur der Status reinen Vorgestelltseins (esse obiectivum in anima bzw. quoddam fictum) übrig bleibt, getreu dem später ›Ockhams Rasiermesser‹ genannten Grundsatz, daß unnötige Vervielfältigungen zu vermeiden sind (›pluralitas non est ponenda sine necessitate‹ bzw. ›frustra fit per plura quod fieri potest per pauciora‹). In der zweiten Fassung hat Ockham dann, vermutlich unter dem Eindruck der Kritik von Zeitgenossen wie Walter Chatton und anderer, eine gewichtige Erweiterung vorgenommen, indem er auch die Theorie von der intramentalen Realität der Universalien für zulässig erklärt. Als weitere Beispiele für die durchgängig philosoph. Diskussion theolog. Sachverhalte in Ockhams *Ordinatio* seien die umfangreiche Diskussion der Frage nach dem Erstobjekt unserer Erkenntnis in Dist. 3 (quaestio 5–8), die Darlegung des logischen Bezugs zwischen Gattungs- und Artbegriffen in Dist. 8 (quaestio 3), die Theorie der Relation in den Dist. 26, 30 und 31, die Lehre von den Ideen als Gedanken Gottes in Dist. 35 (quaestio 5 und 6) sowie die Frage nach den futura contingentia in Dist. 38 genannt.

Ausg.: Opera Theologica, Bd. I–IV (hg. von G. Gál/St. Brown/G. I. Etzkorn/F. C.

KELLEY), St. Bonaventure/N.Y. 1967–1979.
Lit.: R. GUELLUY, Philosophie et théologie chez G. d'Ockham, 1947. – G. MARTIN, W. von Ockham. Untersuchungen zur Ontologie der Ordnungen, 1949. – J. MIETHKE, Ockhams Weg zur Sozialphilosophie, 1969. – J. P. BECKMANN, Zur Transformation von Metaphysik durch Kritik, in: Philos. Jb. 92 (1985).

J. P. BECKMANN

Scriptum super libros Sententiarum (lat.; *Schrift zu den Büchern der Sentenzen*), THOMAS VON AQUIN, entst. zwischen 1252 und 1256; ED Mainz 1469 (zum IV. Buch), Köln 1476 (zum III. Buch), Köln 1480 (zum I. Buch), Köln 1481 (zum II. Buch); Straßburg 1490 (vollständig).

Die von Petrus Lombardus 1150–1152 verfaßten → *Libri quattuor sententiarum* (über Gott, die Schöpfung, die Menschwerdung, die Sakramente und die letzten Dinge) dienten jahrhundertelang als Grundtext im Unterricht der systemat. Theologie. – Das von Thomas als Baccalaureus (1252–1256) verfaßte *Scriptum,* das von der Literaturgattung her zu den Traktaten gehört, die über das Werk des Lombarden geschrieben wurden und aus den Vorlesungen an den Universitäten hervorgingen, ist weniger ein Kommentar als eine selbständige Darstellung. Obwohl es ein theolog. Werk ist, enthält es Wichtiges über die philosoph. Grundansichten des jungen Thomas, der später seine Schrift z. T. revidiert zu haben scheint; von der revidierten Fassung ist jedoch nur ein Bruchteil erhalten. In der umfangreichen Frühschrift sind bereits die in vieler Hinsicht neuen Konzeptionen des Aquinaten klar und eingehend dargestellt. Während Lombardus in der augustin. Tradition steht und die Möglichkeit eines rein wissenschaftlichen Studiums der Welt nicht erwähnt, besteht Thomas darauf, daß die Erfahrungstatsachen philosoph. erarbeitet werden müssen. Gegenüber der herrschenden augustin. Erleuchtungstheorie entwickelt er eine aristotel. Erkenntnislehre, die er mit der eigenen Anthropologie verbindet. Der menschliche Verstand ist auf die Erfassung der ganzen Wahrheit gerichtet. Das Sein, dem eine zentrale Bedeutung zukommt, wird als das Grundlegendste und Wertvollste verstanden. Da das Sein, das wir kennen, begrenzt und kontingent ist, muß es ein Sein durch Teilnahme an einem Seinsgrund sein, der das Sein selbst (ipsum esse) ist. Die Anschauung Gottes ist das natürliche Ziel des menschlichen Verstandes. Wichtig sind auch die Ausführungen über die Analogie der Gotteserkenntnis und den Wert der theolog. Sprache.

Ausg.: Scriptum super sententiis magistri Petri Lombardi, hg. von M. F. MOOS/P. MANDONNET, 1947–56. – Dt., hg. von J. PIEPER, 1965 (Auszüge).
Lit.: B. MONDIN, St. Thomas Aquinas' Philosophy in the Commentary to the Sentences, 1975.

L. J. ELDERS

The Secret of Hegel (engl.; *Das Geheimnis Hegels*), James Hutchinson STIRLING; EA London 1865 (2 Bde.), 1898 (rev., einbändige Ausgabe).

Die Abhandlung gilt als die erste umfassende Darstellung Hegels in englischer Sprache. Der I. Band enthält ein Vorwort, in dem die Bedeutung der Hegelschen Philosophie skizziert wird, ein Prolegomenon, das diese Erträge kontextuell aufarbeitet, und eine Übersetzung des Kapitels über Bestimmtheit (Qualität) aus der → *Wissenschaft der Logik*. Der II. Band bietet eine Interpretation dieses Textes, ferner eine Übersetzung und einen Kommentar der Hegelschen Abhandlung über Quantität. Erst am Schluß kommt Stirling zu einer kritischen Stellungnahme und einer eigenen Gesamtwürdigung, wenn er unter Bezugnahme auf Hegel Beschränkungen und Einseitigkeiten der zeitgenöss. polit. Ökonomie und des atheist. Materialismus angreift.

R. L. BERNASCONI

Die Seele des Menschen, Alexander PFÄNDER; EA Halle 1933.
Das Buch ist die Erfüllung einer zentralen Aufgabe, die sich Pfänder zu Anfang seiner wissenschaftlichen Tätigkeit stellte: eine Psychologie des Menschen als wissenschaftlich gegründete Erfahrungslehre zu gewinnen. Schopenhauer und Nietzsche hatten in dieser Richtung Erwartungen geweckt, denen weder die im Werden befindliche empir. Psychologie noch die tradierte philosoph. Seelenlehre entsprachen. Pfänder schreibt: »Allmählig wurde mir klar, daß ich sie mir selbst schaffen müßte, wenn ich nicht darauf verzichten wollte.« Seine phänomenolog. Vorgehensweise mit den drei Stufen Sinnklärung, Epoché, phänomenolog. Verifizierung eröffnete dazu neue Wege. Neben den Wissenschaften vom menschlichen Körper und vom Menschen als leiblichem Lebewesen bedarf es einer selbständig ansetzenden Wissenschaft vom Menschen als seelischem Lebewesen. In einer reinen Psychologie, die hier als verstehende ausgeführt wird, sind die menschliche Seele und das menschliche Seelenleben eigenes, sich Schritt für Schritt legitimierendes und zunächst selbständiges Forschungsthema. Die zentrale Einsicht in den ausführlichen Analysen erweist die Seele als ein in fortschreitender und stationärer Auszeugung befindliches Grundwesen, das beim Menschen personal angelegt ist. Im Urtrieb der menschlichen Seele wurzeln alle aufweisbaren (transitiven und reflexiven) seelischen Grundtriebe und die intransitiven Seelenregungen; aus dem Urtrieb entfaltet sich beim Menschen auch das Ich als Vollzieher freitätiger Akte. Im Grundwesen ist sowohl die individuelle wie die allgemeine Verwirklichung der menschlichen Seele angelegt. Faktisch ist es aber, wie die Erfahrung zeigt, im empir. Wesen der menschlichen Seelen meist nur unvollkommen realisiert. Mitbestimmende Faktoren lassen die Seele während ihres irdischen Lebens gewöhnlich ihr Urziel, wie es als ihre Idee erkannt werden kann, mehr oder weniger verfehlen. Die Sorge für die rechte Verwirklichung des eigenen Grundwesens und dessen der Mitmenschen ist eine selbst im seelischen Urtrieb verankerte ethische Aufgabe. Das Spannungsfeld zwischen seelischem Grundwesen und empir. Wesen bestimmt den Rahmen für die wissenschaftliche Psychologie, damit wesentlich auch den jeder Anthropologie.

Lit.: H. SPIEGELBERG/E. AVÉ-LALLEMANT, Pfänder-Studien, 1982.

E. AVÉ-LALLEMANT

Die Seele und die Formen. Essays, Georg LUKÁCS; EA Berlin 1911.
In seinen einzelnen Autoren gewidmeten und durch die zeitgenöss. lebensphilosoph. Tradition geprägten Essays versucht der junge Lukács, den Zusammen-

hang von Leben und Kunst, Leben und Form aus verschiedenen Perspektiven zu analysieren. – Ein zentraler Unterschied zwischen Leben und Kunst besteht darin, daß das Leben chaotisch ist, die Kunst aber Form hat. Das Kunstwerk steht, ebenso wie der Essay, dem Leben gegenüber, verleiht ihm Ordnung kraft der Formen und bringt zugleich eine Einstellung zum Leben zum Ausdruck. Die menschliche Seele verhält sich zur Wirklichkeit durch die Formen, an deren Spitze die Tragödie steht. Während das gewöhnliche Leben eine ›Anarchie des Helldunkels‹ ist, welches nur verneinend beschrieben werden kann, da sich in ihm nichts erfüllt und nichts zum Ende kommt, stellt die Tragödie als die Form der Höhepunkte des Daseins das reine Erlebnis menschlicher Selbstheit dar, in welchem alles eindeutig wird und zur Vollendung kommt. – Lukács' Frühwerk, das als proto-existenzialist. bezeichnet worden ist, nimmt entscheidende Themen von Heideggers existenzialer Analytik, wie z. B. die der Eigentlichkeit, Alltäglichkeit und Selbstheit, vorweg.

Ausg.: 1971.
Lit.: L. GOLDMANN, Lukács et Heidegger, 1973.

I. FEHÉR

Sefer ha-Iqqarim (hebr.; *Buch der Grundlehren*), Josef ALBO, entst. 1425; ED Soncino 1485; dt. 1844 Das Buch Ikkarim.

Das theolog.-dogmat. Werk stellt ein System für das Judentum grundlegender Glaubenslehren auf. Aus drei fundamentalen Grundsätzen, der Existenz Gottes, der Vorsehung sowie Lohn und Strafe, ohne die Religion unmöglich sei, folgen acht weitere ›Dogmen‹, so daß jede wahre Religion auf elf ›Wurzeln‹ basiere. Außerdem gibt es noch eine Reihe von speziell jüdischen ›Zweigen‹, Glaubenssätzen, die unterschiedliche Deutungen zulassen. Es wird zwischen irdischem und göttlichem Gesetz unterschieden; letzteres führt zum wahren Glück und zum ewigen Heil, das man durch Befolgung der jüdischen religiösen Vorschriften erlangen kann. Das Werk hat apologet. Charakter und richtet sich polemisch gegen das Christentum. Das Judentum entspreche dem göttlichen Gesetz vollkommen.

Ausg.: Hebr./Engl., übers. von I. HUSIK, ^{2}1946.

H. SIMON

Sefer ha-Olam ha-katan (hebr.; *Mikrokosmos*), Josef ibn ZADIQ, entst. 1. Hälfte des 12. Jh.; ED Leipzig 1854.

Das Werk, dessen arab. Original verloren ist, stellt eine theolog.-anthropolog. Abhandlung dar, die sich im Rahmen eines neuplaton. Systems vorwiegend mit den beiden Polen Gott und Mensch sowie ihrer Beziehung zueinander beschäftigt. Der Mensch wird als eine Welt im Kleinen betrachtet, denn er begreift durch seine Seele das Wesen der Dinge und enthält so die geistige und körperliche Welt in sich. Erkenntnis ist das Ziel des Menschen; durch den Erwerb von Weisheit gelangt er zum sittlichen Handeln und zur Gottesverehrung. Glück und Tugend sind identisch und werden rein intellektuell gefaßt. Durch Erfüllung der Religionspflichten, die auf Einsicht beruhen muß, gewinnt der Mensch das jenseitige ewige Glück, das daher nur für eine geistige Elite erreichbar ist.

Ausg.: Hebr., von S. HOROVITZ, 1903.

Lit.: G. Vajda, La philosophie et la théologie de J. Ibn Çaddiq, in: Arch. hist. doctr. litt. moyen-âge 24 (1949).

H. Simon

Das Sein, Hedwig Conrad-Martius; EA München 1957.
In dem Werk faßt Conrad-Martius die fundamentalen ontolog. Bestimmungen vom Standort einer durch die Phänomenologie als Wesenswissenschaft vermittelten Seinsphilosophie tiefer und charakterisiert sie neu. Eine zentrale Rolle spielt dabei die existenziale Bestimmung des realen Seins. Alle Seinsbedeutungen stehen zum realen Sein in einem Analogieverhältnis (analogia essendi). Von den beiden Grundmodi aktuellen Seins (›hypokeimenale‹ und ›archonale‹ Seinsform, entsprechend den Bereichen von ›Natur‹ und ›Geist‹) ist das potenzielle Sein zu unterscheiden. Die archonale Seinsform ist die ontolog. gefaßte transzendentale Subjektivität. Das ideelle Sein hat seine letzte materiale Grundlage im Sein der Wesenheiten (J. Hering). Letztere, zugleich Sachfundament der phänomenolog. Wesensanalysen, haben ein reines Sinnsein, gegenständlich faßbar nur durch Ideation (Husserl), d. h. vermittelt durch Ideen, denen ein transzendentales Sein zukommt. Abzuheben sind die idealen Gegenstände (z. B. Zahlen) mit den in ihnen gründenden aprior. Gesetzen. Im Bereich des kategorialen Seins geht es um die ontolog. Relevanz der Sachverhalte und Gegenstände als solcher. Eine allgemeinste Seinsbedeutung ist schon im Sachverhalt selbst aufweisbar. Ihr entspricht das Sein von Begriffsgegenständen. – Eine Ergänzung der ursprünglich auf Weiterführung angelegten Untersuchungen findet sich in *Schriften zur Philosophie*, Bd. I (1963) der Verfasserin.

Lit.: J. Wahl, Hedwig Conrad-Martius et l'ontologie, in: Philos. Jb. 66 (1958). – F. G. Schmücker, Das Wesen des Seins, ebd. – J. Hering, Das Problem des Seins bei H. Conrad-Martius, in: Z. philos. Forsch. 13/3 (1959).

E. Avé-Lallemant

Sein und Zeit, Martin Heidegger, entst. 1922(?)–1926; EA Halle 1927 (in: Jahrbuch für Philosophie und phänomenologische Forschung Bd. VIII).
Heideggers Hauptwerk stellt einen der philosoph. Höhepunkte dieses Jahrhunderts sowie des abendländ. Denkens überhaupt dar. Ziel des Werkes (dessen 2. Teil nicht erschien) ist die Ausarbeitung der Frage nach dem Sinn von Sein, d. h. jener Frage, die seit Platon und Aristoteles den Kern philosoph. Forschung (als Ontologie bzw. Metaphysik) bildet. Heideggers Originalität kommt bereits im Zugang zu dieser Frage zum Ausdruck: Keine abstrakte Seinslehre soll entwickelt werden, sondern die Frage soll ihren Sinn zunächst bei demjenigen Seienden, das sie stellt, also bei uns selbst, aufweisen. Da wir als Menschen, im Unterschied zu allem anderen Seienden, uns zum Sein und insbes. zu unserem Sein (unserer ›Existenz‹) in fragender Form verhalten, hebt Heidegger die Seinsart des Menschen ab und nennt sie ›Dasein‹. Die Abhandlung will jedoch nicht als eine philosoph. Anthropologie verstanden werden. In der Einleitung wird der Seinsfrage ein ›ontolog. Vorrang‹ gegenüber den in den Wissenschaften umgrenzten und immer wieder in ›Krisen‹ geratenden Sachgebieten und ihren Grundbegriffen eingeräumt. Die Grundlegung dieser Ontologien

wird durch eine ›Fundamentalontologie‹ geleistet, die in einer ›existenzialen Analytik des Daseins‹ gesucht wird. Kernpunkt dieser Analytik ist die Einsicht, daß das Dasein sich nicht nur ›ontisch‹ zu den Seienden verhält, sondern daß es sie zugleich auch in ihrem jeweiligen Sein zu verstehen sucht. Dieses Seinsverständnis nennt Heidegger ›ontolog.‹ Die Methode der Untersuchung ist eine phänomenolog.: Das ›Phänomen‹, ›das Sich-an-ihm-selbst-zeigende‹, d. h. die je besondere Art, wie uns Seiendes begegnet, liegt nicht offen zutage, sondern wird im ›logos‹ erschlossen und somit ›offenbar‹. Von den drei vorgesehenen Abschnitten des 1. Teils, nämlich: 1. »Die vorbereitende Fundamentalanalyse des Daseins«; 2. »Dasein und Zeitlichkeit«, 3. »Zeit und Sein«, wurden zunächst nur die beiden ersten ausgearbeitet. Heidegger hat später sowohl Beiträge zum 3. Abschnitt als auch zum 2. Teil geliefert. Im 1. Abschnitt wird die ›Grundverfassung‹ des Daseins als das ›In-der-Welt-sein‹ bestimmt. Heidegger hebt die Art und Weise, wie das Dasein in der Welt ist, vom sonstigen nicht ›daseinsmäßigen‹ Seienden ab. Die Seinscharaktere des Daseins nennt er ›Existenzialien‹, im Gegensatz zu den ›Kategorien‹. Eine Kernthese lautet, daß die herkömmliche Ontologie (etwa bei Descartes) das Dasein durch ihm unangemessene ›Kategorien‹ bestimmt hat. Nur der Mensch ›existiert‹, d. h. verhält sich zum nicht-menschlichen Seienden sowie zu sich selbst in der Form des Seinsverstehens. Er hat sein eigenes Sein zu sein, er kann sich aus seinen Möglichkeiten wählen. Die Ausarbeitung der ›Existenzialien‹, die im Dienste der Seinsfrage steht, geht hermeneut. bzw. ›zirkelartig‹ vor: Während im 1. Abschnitt die Modi des ›uneigentlichen‹ Seins des Daseins phänomenolog. ans Licht kommen, werden diese im 2. Abschnitt im Zusammenhang mit der Zeitlichkeit, d. h. vor dem ›eigentlichen‹ Horizont menschlichen Lebens, wiederholt. Der im 1. Abschnitt zentrale Ausdruck ›In-der-Welt-sein‹ deutet auf ein einheitliches Phänomen hin; dessen Strukturmomente sind: (a) die ›Weltlichkeit‹ der Welt, d. h. das Gefüge von ›pragmat.‹ Sinnzusammenhängen, in denen wir alltäglich eingebettet sind (›Umwelt‹), wozu das ›Besorgen‹ und unser Verhältnis zu den Dingen als dem ›Zuhandenen‹ (im Gegensatz zu ›Vorhandenem‹) gehört; (b) das ›Wer‹, d. h. das Dasein, sofern es im Modus der durchschnittlichen Alltäglichkeit (›Man‹) ist; (c) das ›In-sein‹, d. h. die Phänomene der ›Befindlichkeit‹, ›Verstehen‹ und ›Rede‹. Die ›Grundbefindlichkeit‹ der ›Angst‹ gibt Aufschluß über die wesenhafte Endlichkeit des eigenen Seinkönnens. Das Dasein ist als existierend seiner Faktizität (bzw. ›Geworfenheit‹) überantwortet und der Alltäglichkeit ›verfallen‹; seine einheitliche Grundstruktur faßt Heidegger im Ausdruck ›Sorge‹ zusammen. Im 2. Abschnitt (»Dasein und Zeitlichkeit«) stellt Heidegger die Frage, ob das Dasein im ›Vorlaufen‹ zu seinen Möglichkeiten als eine ›Ganzheit‹ aufgefaßt werden kann. Dabei zeigt sich, daß es in unserer faktischen Existenz eine äußerste, unüberholbare Möglichkeit gibt, nämlich den Tod. Während das alltägliche Dasein den Tod flieht, besteht auch die Möglichkeit eines ›eigentlichen‹ Seins zum Tode, d.

h. eines ›Vorlaufens‹ in diese letzte Möglichkeit, die zugleich die Unmöglichkeit jeglichen ›Seinkönnens‹ ist. Die Möglichkeit eines ›eigentlichen Selbstseinkönnes‹ wird auch von der ›Stimme des Gewissens‹ bezeugt: das Dasein bleibt grundsätzlich seine Existenz ›schuldig‹, da seine Möglichkeiten aus einer letzten Unmöglichkeit entspringen. Das Dasein ist nicht nur nichtig hinsichtlich seiner Faktizität (oder ›Geworfenheit‹), sondern auch in seinem konkreten ›Entwurf‹. Erst in der ›Entschlossenheit‹ erschließen sich dem Dasein seine faktischen Möglichkeiten, denen gegenüber das ›eigentliche Selbstsein‹ im ›fürsorgenden Mitsein‹ handeln kann. Als ›Sich-vorweg‹ gründet das Dasein in der Zukunft, als ›Schon-sein-in . . .‹ in der ›Gewesenheit‹, als ›Sein-bei . . .‹ in der Gegenwart. Die Einheit der Strukturmomente der ›Sorge‹ liegt in der Zeitlichkeit: »Zeitlichkeit zeitigt sich ursprünglich aus der Zukunft: Die ursprüngliche Zeit ist endlich« (§ 65). Die Analyse kehrt nun zum alltäglichen Dasein zurück und erschließt ›Verstehen‹, ›Befindlichkeit‹, ›Verfallen‹ und ›Rede‹ sowie die Phänomene des praktischen Umgangs mit ›Zuhandenem‹, des ›theoret. Entdeckens‹ (d. h. der Wissenschaft) und der Räumlichkeit von der Zeitlichkeit her. Das Seiende ›zwischen Geburt und Tod‹ zeitigt seine Möglichkeiten als ›Geschichte‹. In der Alltäglichkeit lebt das Dasein lediglich ein ›Heute‹. Die traditionelle Ontologie hat es nach Heidegger verfehlt, das Sein des Daseins ursprünglich von der Zeitlichkeit her aufzufassen, so daß von ihr aus kein Weg »von der ursprünglichen Zeit zum Sinn des Seins« führt (§ 83). – *Sein und Zeit* wirkte nachhaltig nicht nur in der philosoph. Forschung vor und nach dem Zweiten Weltkrieg, sondern auch in den Wissenschaften (z. B. Medizin/Psychoanalyse: M. Boss; Physik: C. F. von Weizsäcker). Die ›Hermeneutik‹ wurde insbes. von H.-G. Gadamer in bezug auf die Phänomene der Kunst und Literatur weiter ausgebaut.

Ausg.: Gesamtausgabe, Bd. II (unveränderter Text mit Randbemerkungen des Autors aus dem ›Hüttenexemplar‹), 1977.

Lit.: Feick, Index zu ›Sein und Zeit‹, 1961. – O. Pöggeler, Der Denkweg M. Heideggers, 1963. – F.-W. von Herrmann, Hermeneut. Phänomenologie des Daseins, 1987.

R. Capurro

Sententia in librum De anima (lat.; *Kommentar zum Buch Über die Seele,* Thomas von Aquin, entst. etwa 1267 in Rom oder Viterbo; ED Venedig 1481.

Thomas verfaßte (zwischen 1266 und 1273) zu den zwölf Hauptschriften des Aristoteles umfangreiche und detaillierte Kommentare. Ziel des Unternehmens war wohl, die eigenen systemat. Traktate vorzubereiten (z. B. waren die Kommentare für die → *Summa theologica* wichtig), die Prinzipien, Hauptlehren und Methoden des Aristoteles gegen falsche Deutungen zu sichern und zu klären und ihre Vereinbarkeit mit dem Glauben nachzuweisen. Die Kommentare, die eine Einteilung und Ordnung des Textes vornehmen, sind in Lektionen aufgeteilt. Als Kommentator der Aristotelischen Schrift *De anima (→ Peri psychēs),* deren Text ihm in der nova, d. h. der von Wilhelm von Moerbeke verbesserten Übersetzung vorlag, hatte Thomas mehrere Vorgänger. Quellen für ihn waren der große Kommentar des Averroes, Avicennas *De anima* und die Paraphrase des Themistius. – Der Kommentar des Thomas ist vor allem wegen seiner detaillierten Analyse der Sinneserkenntnis wichtig (Teil 2). Der Realismus der Erkenntnis wird begründet. Die wichtigsten Ausführungen finden sich im 3. Teil, in dem Thomas in Auseinandersetzung mit Averroes die Stellung und Wirkweise des Intellektes erklärt. Der Verstand, der in der Einzelseele anzunehmen ist, hat die Fähigkeit, in der Erkenntnis alles zu werden. Thomas betont die Geistigkeit der Seele, die forma substantialis des Körpers ist. – Die Aristoteles-Kommentare des Thomas haben bisher zu Unrecht wenig Interesse gefunden. Hier sei folgendes bemerkt: 1. Bei den Kommentaren handelt es sich um eine kaum zu übertreffende Erfassung der aristotel. Lehre. Ihre Bedeutung für das philosoph. Verständnis des Aristoteles wird heute weitgehend anerkannt. 2. Thomas interpretiert die Texte im Gesamtgefüge des aristotel. Denkens und legt dabei dessen Prinzipien zugrunde (secundum intentionem Aristotelis). Die Texte werden häufig in einem Sinn erklärt, der mit der christlichen Lehre vereinbar ist, gelegentlich wird jedoch auf die Unvereinbarkeit gewisser Aussagen hingewiesen. 3. Thomas benutzt den Text des Aristoteles für den Ausbau einer realist. Philosophie, die er selbst bereits entworfen hat und die seinem Kommentar eine große Tiefe und Sicherheit gibt.

Ausg.: Lat., Opera omnia, Bd. XL,1, 1985. – Dt., von A. Mager, 1937.
Lit.: A. Caparello, Tommaso d'Aquino. Commentario al ›De anima‹, 1975 (2 Bde.).

L. J. Elders

Sententia in librum Ethicorum (lat.; *Kommentar zur Nikomachischen Ethik*), Thomas von Aquin, entst. vermutlich 1269–1271 in Paris; ED Barcelona 1478, Vicenza o. J. (1482).

Die von Thomas benutzte Textvorlage ist die von R. Grosseteste überarbeitete, aber noch mangelhafte latein. Übersetzung der → *Ethika Nikomacheia* des Aristoteles. Thomas stützt sich auf verschiedene Quellen, wie etwa die Kommentare des Averroes und des Albertus Magnus, auch klassische Autoren und Nemesius werden herangezogen, während die griechischen Kommentare nicht zur Verfügung standen. – Der kognitive Aspekt der Ethik wird unterstrichen: das Endziel des Menschen kann sicher erkannt werden. Während die Ethik für Aristoteles prudentiales Wissen war, wird sie bei Thomas zu einer Wissenschaft. Das Strebevermögen richtet sich naturgemäß auf das Gute, so daß der Verstand, der ihm folgt, sittlich wird und die Mittel zum Ziel erkennt, die dann vom Willen erstrebt werden. Damit bleibt die rechte Mitte zwischen Emotionalismus und Rationalismus erhalten. Die in der Ethik angemessene Methode ist der modus compositivus, d. h. die Anwendung allgemeiner Regeln auf die Einzelfälle. Diese Regeln sind die ersten Prinzipien der Synderesis, aber auch Normen, die der Erfahrung entnommen sind. Die Lehre vom menschlichen Endziel, die Thomas entwickelt, betont den objektiven Aspekt des Glücks, während Aristoteles nur das unvollkommene irdische Glück betrachtete. In der schwierigen Frage der Norm des sittlichen Handelns verbindet Thomas die von Aristoteles aufgezeigten Normen (das Beispiel des ›Weisen‹, die recta ratio, die Mitte zwischen den Extremen, die Übereinstimmung mit der Natur) mit den Grundeinsichten, die auf die ersten Prinzipien des praktischen Handelns zurückzuführen sind. Die Ethik gewinnt damit eine sichere axiomat. Grundlage. Auch die aristotel. Lehre von der tugendhaften Handlung als Mitte zwischen Übermaß und Mangel und vom Naturrecht werden weiterentwickelt. – Man hat Thomas vorgeworfen, Aristoteles zu verfälschen (H. Jaffa). Thomas selbst war jedoch der Meinung, daß er sich innerhalb des Rahmens der aristotel. Grundeinsichten bewegte. Er vermeidet es im allgemeinen, seine Ergänzungen und Korrekturen so zu formulieren, daß sie als Kritik an Aristoteles verstanden werden können. Inhalt und Einteilung der *Ethika Nikomacheia* werden respektiert.

Ausg.: Lat., Opera omnia, Bd. XVIIL, 1969. – Engl., von C. I. LITZINGER, 1964.

Lit.: H. V. JAFFA, Thomism and Aristotelism. A Study of the Commentary by Thomas Aquinas on the Nicomachean Ethics, 1952. – L. J. ELDERS, St. Thomas Aquinas' Commentary on the Nicomachean Ethics, in: L. J. ELDERS/K. HEDWIG (Hg.), The Ethics of St. Thomas Aquinas, 1984.

L. J. ELDERS

Sententia in librum Metaphysicae (lat.; *Kommentar zur Metaphysik*), THOMAS VON AQUIN, entst. zwischen 1266 und 1272; ED Pavia 1480.

Der Kommentar, der eine eingehende Erklärung der ersten 12 Bücher der *Metaphysik* des Aristoteles gibt, wurde von Thomas teilweise überarbeitet und zeigt eine tiefe Einsicht in die von Aristoteles behandelten schwierigen Fragen. Hier sei nur einiges erwähnt: Thomas versucht, die mitunter divergierenden Lehren in den Abhandlungen des Aristoteles zu verbinden, wie etwa im Kommentar zu den Büchern IV und VI über den Gegenstandsbereich der Mataphysik. Dabei wird dargelegt, daß die Metaphysik nicht durch eine Assimilation des Verstandes an die verschiedenen Bereiche der Wirklichkeit konstituiert wird, sondern im Durchdenken der gegebenen Realität bis zum Seinsakt, wobei von der Materialität des Seienden zu abstrahieren ist. Auch wenn Thomas der Ablehnung der platon. Ideenlehre zustimmt, so schwächt er doch gewisse Aussagen gegen die Partizipationslehre ab und hält damit die Möglichkeit der Teilnahme am Sein Gottes offen. In der *Metaphysik* spricht Aristoteles wiederholt von getrennt für sich bestehenden Substanzen, die erste Ursachen sind. Thomas läßt zunächst eine gewisse Unklarheit bestehen hinsichtlich der Frage, was diese Substanzen sind, um dann im Kommentar zu Buch XII die Möglichkeit zu erwähnen, daß reine Geister die Himmelskörper bewegen, ohne auf das Argument in Buch XII,10 vorzugreifen, daß Gott eins ist. Der Kommentar ist strikt philosoph. Bezüglich der Frage, ob Gott die Welt kennt (Buch XII,9), schränkt Thomas die negative Antwort des Aristoteles ein: Aristoteles schließe nur die Erkenntnis aus, durch die der Verstand Gottes vervollkommnet würde. Thomas versteht den Satz ›Gott ist Denken des Denkens‹ so, daß in Gott Erkennen und Erkanntes dasselbe sind. Er interpretiert den Text mit Hilfe aristotel. Prinzipien, um ihm eine Offenheit zu verleihen, die der christlichen Offenbarung gemäß ist. Es wäre aber nicht richtig, mit J. Owens zu behaupten, daß die Interpretation des Thomas wegen der Interferenz des christlichen

Gedankengutes falsch ist. Thomas hält sich an den Text und ergänzt ihn auch nicht, um etwa eine vollständigere Metaphysik zu schreiben. Die Übereinstimmung mit Aristoteles reicht so weit, daß der Kommentar eine wichtige Fundstelle der metaphys. Ansichten ist, die Thomas selbst vertritt. Dort, wo Thomas von Aristoteles abweicht, wird der Abstand stets angedeutet (z. B. mit »considerandum« oder »advertendum est autem«, »hic Aristoteles supponit« usw.).

Ausg.: Lat., In duodecim libros Metaphysicorum Aristotelis expositio, hg. von R. M. SPIAZZI, 1950. – Engl., von J. P. ROWAN, 1961.

Lit.: J. C. DOIG, Thomas Aquinas on Metaphysics, The Hague 1972. – J. OWENS, Aquinas as Aristotelian Commentator, in: St. Thomas Aquinas Commemorative Studies, Bd. I, 1974. – L. J. ELDERS, St. Thomas Aquinas'Commentary on the Metaphysics of Aristotle, in: Divus Thomas (1983).

L. J. ELDERS

Sententia in librum Peri hermeneias (Lat.; *Kommentar zu Peri hermeneias*), THOMAS VON AQUIN, entst. 1268–71 in Paris (unvollendet); ED Venedig 1477.

Thomas hat das I. Buch und die zwei ersten Lektionen des II. Buches des Aristotelischen Werks → *Peri tēs hermēneias* kommentiert, das als wichtiger, aber auch schwieriger Text galt und wiederholt kommentiert wurde, wie etwa von Ammonios und Boethius, die Thomas als Quellen benutzte. In den Ausgaben wird der Kommentar des Thomas durch den Cajetans, früher des Gratiadeus von Esculo, ergänzt. – Das Buch handelt über Sätze, die Wahres oder Falsches enthalten, und über ihre Teile (das Nomen und das Verbum). Der Kommentar bringt Wichtiges zur Sprachphilosophie (Buch I,2), über die Wahrheit und besonders über die Bedeutung des Verbums ›sein‹: durchaus im Gegensatz zur damals vorherrschenden Meinung nimmt Thomas an, daß die Grundbedeutung nicht in der Kopula liegt, sondern im Wirklich-Sein schlechthin (Buch I,14). Die Frage einer letzten Erklärung der Kontingenz in der Welt wird eingehend behandelt. Thomas verweist auf die Überzeitlichkeit der Erkenntnis Gottes, in deren Ewigkeit alles gegenwärtig ist. Daher steht die Sicherheit der göttlichen Erkenntnis nicht im Gegensatz zur kontingenten Existenz der Dinge. Da Gott das Sein in allen seinen Differenzen gibt, kann er die Geschöpfe notwendig oder kontingent existieren lassen.

Ausg.: Lat., Opera omnia, Bd. I, 1882. – Engl., von J. OESTERLE, 1962.

Lit.: J. ISAAC, Le Peri Hermeneias en occident, 1953.

L. J. ELDERS

Sententia in librum Physicae (lat.; *Kommentar zur Physik*), THOMAS VON AQUIN, entst. wahrsch. in Paris 1268–1272; ED Neapel 1476/77, Genua um 1474–80.

Die allgemeinen Ausführungen über die Aristoteles-Kommentare des Aquinaten unter → *Sententia in librum De anima* gelten auch für den zur → *Physikē akroasis*. Thomas benutzte zunächst die vetus-Übersetzung, später die nova, aber er hat die griech. Kommentare des Simplicius nicht unmittelbar, sondern nur durch Averroes gekannt. Im Buch I,1 finden wir eine wertvolle Abhandlung über das Wesen und die Einteilung der Naturphilosophie, die als einzige Disziplin die vier Ursachen des Seienden untersucht. Der Begriff der materia prima wird eingehend besprochen (Buch I,13). Thomas gibt wichtige Erklärungen zum

Naturbegriff, zur Abstraktion, zum Status der Naturwissenschaften und zur Kausalität (Buch II). In manchen Punkten wird die aristotel. Darstellung weitergeführt, wie in der Definition der causa per accidens. Der Untersuchung der Finalursache sind drei Lektionen gewidmet. Im Buch III,4 wird eine Ableitung der Prädikamente gegeben. Der Kommentar zum IV. Buch erörtert differenziert den Zeitbegriff, und im Buch VI,11 gibt Thomas eine Lösung der Paradoxien Zenons. An vielen Stellen des Kommentars werden die Erklärungen des Averroes zurückgewiesen, offenbar auch um zu zeigen, daß die Autorität des arabischen Kommentators nicht über Kritik erhaben ist. Die Ansichten des Averroes dürfen nicht mit der Lehre des Aristoteles identifiziert werden. An Textstellen, die dem christlichen Glauben zu widersprechen scheinen, fügt Thomas Bemerkungen ein, die die Tragweite des Gesagten einschränken. Daß die Materie z. B. nicht von selbst entsteht, bedeutet nicht, daß sie nicht durch Schöpfung verursacht wurde (Buch I,15). Auch die Behauptung, die Zeit sei zyklisch, wird eingeschränkt (Buch IV,23). Thomas bemerkt ausdrücklich, daß einige Aussagen des Aristoteles nicht mit dem Glauben im Einklang stehen (Buch VIII,2). In der Kommentierung widmet Thomas der Art und Beweiskraft der von Aristoteles vorgebrachten Argumente große Aufmerksamkeit.

Ausg.: Lat., Opera omnia, Bd. II, 1884. – Engl.; von R. J. BLACKWELL u. a., 1963.
Lit.: L. J. ELDERS, St. Thomas Aquinas' Commentary on the Physics of Aristotle, in: L. J. ELDERS (Hg.), La philosophie de la nature de Saint Thomas d'Aquin, 1982.

L. J. ELDERS

Sermonis de providentia Dei anamnema (lat.; *Erinnerung an die Predigt von der Vorsehung Gottes*), Huldrych ZWINGLI; EA Zürich 1530; dt. 1531 Von der Fürsichtigkeyt Gottes, ein büchlin inn Latin beschriben durch Meister Huldrich Zwinglin.

Die Schrift ist eine systemat.-theolog. Abhandlung mit stark philosoph. Einschlag über das Verhältnis von Gott und Mensch. – In dieser als erweiterte Ausarbeitung einer Predigt entstandenen Schrift leitet Zwingli die göttliche Vorsehung aus dem Wesen Gottes ab. Gottes Güte, Allwissen und Allmacht finden hier ihre Verwirklichung. Der Mensch, dessen Willensfreiheit bestritten wird, ist Gottes Instrument. In seiner Prädestinationslehre ist Zwingli, da er auch hier von der Güte Gottes her argumentiert, mehr an der Vorherbestimmung des Menschen zum Heil als an der zur Verdammnis interessiert. – Wegen ihrer ›unbibl.‹ philosoph. Argumentationsweise ist diese Schrift Zwinglis bis heute umstritten.

Ausg.: Dt., nach der Übers. von 1531 bearb. von O. FARNER, in: H. ZWINGLI, Hauptschriften, Bd. II, 1941.
Lit.: C. CALVETTI, Presupposti e postulati filosofici nel pensiero di Zwingli, in: Rivista di filosofia neoscolastica 49 (1957). – G. W. LOCHER, Die Prädestinationslehre H. Zwinglis, in: ders., H. Zwingli in neuer Sicht, 1969.

P. WALTER

Sic et non (lat.; *Ja und Nein*), Petrus ABAELARDUS, entst. zwischen 1121 und 1140; ED Paris 1616.

In seiner theolog. Schrift behandelt Abaelard nach scholast. Methode 158 Streitfragen der Bibel, der Schriften der Kirchenväter sowie einiger Konzilbeschlüsse. Dabei stellt er in mehr als 1800 Zitaten die Meinungen der Gelehrten in Form von ›diversa‹ und ›adversa‹ ohne einen eigenen Kommentar gegenüber. Die Quaestiones 1–105 beschäftigen sich mit Glaubensfragen, wobei sich Quaestiones 1–58 auf das Alte, Quaestiones 59–105 auf das Neue Testament beziehen. Quaestiones 106–158 sprechen von den Sakramenten (Taufe, Beichte und Ehe). Im Prolog gibt Abaelard, der die Rechtfertigung des Glaubens in der Vernunft fordert, dem Leser, den er zur grundsätzlichen Infragestellung aufruft, zu bedenken, daß der Vergleich der divergierenden Meinungen durch Wortgleichheit, aber Sinnverschiedenheit, sowie durch andere Einflüsse erschwert sein könne. Übergeordnete Instanz ist die Hl. Schrift, deren Wortlaut nur bei fehlerhafter Textüberlieferung angezweifelt werden darf. – In der Schule Abaelards gelangt die Sic-et-non-Methode, die bereits auf Augustinus zurückgeht, durch die systemat. Darstellung der ›diversa‹ und ›adversa‹ zu einem Höhepunkt.

Ausg.: 1851 (Repr. 1981).
Lit.: L. Grane, P. Abaelardus. Philosophie und Christentum im Mittelalter, 1964.

M. Lieber

Silva silvarum (F. Bacon) → Instauratio magna

Der Sinn der ›Wertfreiheit‹ der soziologischen und ökonomischen Wissenschaften, Max Weber; EA 1917 (in: Logos. Internationale Zeitschrift für Philosophie der Kultur 7, H. 1).

Im Zeichen zunehmender Verwissenschaftlichung der Politik, z. B. der Wirtschafts- und Sozialpolitik, zeigten sich Gefahren der Politisierung der Wissenschaft. Weber erläutert deshalb den Sinn der Forderung nach ›Wertfreiheit‹ in den Wirtschafts- und Sozialwissenschaften dahingehend, daß der Wissenschaftler zu unterscheiden habe, was ›rein logisch erschlossen oder rein empir. Tatsachenfeststellung und was praktische Wertung ist‹, und insbes. seine weltanschaulich und politisch bewertenden Stellungnahmen nicht in die Feststellung von Tatsachen einfließen lassen dürfe. Mit dieser Forderung wird weder die nötige logische Auswahl von Erkenntnisgegenständen unter Wertgesichtspunkten noch die Möglichkeit der empir. Erforschung von wertbezogenen Handlungen und Wertentscheidungen bestritten. Die Systematisierung der wertenden Stellungnahme und die Herausarbeitung letzter Wertaxiome gehört vielmehr ebenso wie die Darstellung der faktischen Folgen ihrer praktischen Durchführung zu den Aufgaben der Sozialwissenschaft. Für die empir. Kunst- und Musikwissenschaft besagt die Forderung nach ›Wertfreiheit‹, daß sich der Soziologe jeder ästhetischen Bewertung zu enthalten hat. Bei der empir. Erforschung der Geschichte von Kunst und Musik, aber auch von Wirtschaft und Staat sind Entwicklungs- und Fortschrittshypothesen auszuschließen, die über den Fortschritt im Sinn einer Verbesserung technischer Mittel bzw. einer ›technischen Rationalisierung‹ hinausgehen. Werturteilsfreiheit setzt eine logische Trennung von Wertungssphäre und Sphäre des empir. Erkennens voraus. Die erste ist Thema der Wertphilosophie und Ethik, die zweite der Logik und Methodik der Sozialwissenschaften. – Das Postulat der Werturteilsfreiheit der Sozialwissenschaft ist bis heute Gegenstand einer wissenschaftlichen Kontroverse, die durch die ›Rehabilitierung der praktischen Philosophie‹ seit Anfang der 60er Jahre wieder größere Aktualität gewonnen hat.

Ausg.: Gesammelte Aufsätze zur Wissenschaftslehre, ^{6}1985.

Lit.: H. RICKERT, Die Grenzen der naturwissenschaftlichen Begriffsbildung, ^{5}1929. – H. ALBERT/E. TOPITSCH (Hg.), Werturteilsstreit, 1979. – G. SCHÖLLGEN, Handlungsfreiheit und Zweckrationalität, 1984.

H. BAIER

Der sinnhafte Aufbau der sozialen Welt. Eine Einleitung in die verstehende Soziologie, Alfred SCHÜTZ; EA Wien 1932.

Programm des soziolog. Grundlagentextes ist es, Husserls Phänomenologie auf die Probleme der sozialen Realität in der verstehenden Soziologie systemat. anzuwenden und sie mit dem Ansatz des sinnhaften Handelns von M. Weber method. zu verknüpfen. – Schütz' Motiv ist die Fundierung der Sozialwissenschaften auf der Analyse der Erlebniserfahrung des ›Anderen‹ aufgrund der Konstitution des ›wir‹ im leibhaft erfahrenen ›du‹ (Generalthesis des alter ego). Die Handlungstheorie muß auf das Erleben des einzelnen Ich zurückgehen, dessen intentional auf den ›Anderen‹ bezogene Bewußtseinserlebnisse eine Reihe von Sinnzusammenhängen konstituieren, die sich zum umfassenden Erfahrungszusammenhang des sozialen Alltags verknüpfen und so ›die Welt‹ sozial erst ›aufbauen‹. Das soziolog. Ziel ist die Aufklärung der intersubjektiven Struktur des Erlebnishandelns und dessen Objektivierung in der empir. Analyse der Sozialwelt: Verstehende Soziologie als ›konstitutive Phänomenologie der natürlichen Einstellung‹ analysiert – von ›natürlichen‹ Begriffsvorstellungen ausgehend – die von den in der alltäglichen Sozialwelt lebenden Menschen vollzogenen Sinndeutungs- und Sinnsetzungsvorgänge in ihrer Zeitstruktur und hinsichtlich ihrer kulturellen und sprachlichen Typifikationen. – Das seit den 70er Jahren wieder stärker beachtete Werk begründete mit der Überleitung phänomenolog. Konzepte von der Wahrnehmung auf die soziale Handlung ein eigenständiges soziolog. Gebiet.

Ausg.: 1981.

Lit.: P. L. BERGER/Th. LUCKMANN, Die gesellschaftliche Konstruktion der Wirklichkeit, 1970. – R. GRATHOFF, A. Schütz, in: D. KÄSLER (Hg.), Klassiker des soziolog. Denkens, Bd. II, 1978.

R. WESEL

Sistema di logica come teoria del conoscere (ital.; *System der Logik als Theorie des Erkennens*), Giovanni GENTILE; EA Pisa 1917–1923 (2 Bde.).

Das Werk stellt eine systemat. erkenntnistheoret. Fortentwicklung des von Gentile in → *Teoria generale dello spirito come atto puro* entwickelten aktualist. Idealismus dar. – Mit dem Akt des Begreifens vollzieht der Geist eine Synthese von Ich und Nicht-Ich, die ihrem Wesen nach ein Selbstbegreifen darstellt. Der reine Begriff, der die Grundlage aller empir. konstituierten Begriffe bildet, ist somit ›Selbstbegriff‹ (›autoconcetto‹) des Geistes. Aus dem dynam. Selbstbegreifen des Geistes läßt sich eine ›Dialektik des Denkens‹ ableiten, die im Gegensatz zur traditionellen ›Dialektik des Gedachten‹ nicht vergeblich eine als vorgegeben vorausgesetzte Wirklichkeit zu erkennen sucht, sondern die Welt als eine in unaufhörlichem Wandel begriffene, aktuale

Gestaltung des Geistes auffaßt und daher die Geschichte des Denkens mit der Geschichte der Welt sowie die dialekt. Logik des Denkens mit der Logik des Seins gleichsetzen kann. – Die Schrift zählt zu den bedeutendsten Werken des italien. Neoidealismus.

Ausg.: Opere, Bd. V u. VI, 1955–1959.
Lit.: F. Pardo, La filosofia di G. Gentile, sviluppo, unità, sistematica, critica, 1972. – A. Negri, G. Gentile, 1975 (2 Bde.).

J. Monar

Les six livres de la république (frz.; *Sechs Bücher über den Staat*), Jean Bodin; EA Paris 1576 (abweichende lat. Ausgabe, Leyden 1586); dt. 1592.

In seinem staatsphilosoph. Hauptwerk formuliert Bodin auf der Grundlage des Souveränitätsgedankens eine Gesamtkonzeption des geordneten Staatswesens. – Der Staat wird als eine rechtmäßige Regierung (›droit gouvernement‹) mehrerer Haushaltungen (›mesnages‹) und des ihnen Gemeinsamen definiert, die mit einer souveränen Gewalt ausgestattet ist. Die Souveränität (›souveraineté‹ bzw. ›majestas‹) bildet das zentrale Prinzip des Staates; sie ist als die absolute und immerwährende Gesetzgebungs- und Regierungsgewalt zu verstehen, deren Entscheidungen für den als Untertan begriffenen Bürger ohne jede Widerspruchsmöglichkeit verbindlich sind. Ihre Grenzen findet die Souveränität ausschließlich in der Unantastbarkeit des göttlichen und natürlichen Rechts sowie in den mit den Untertanen bzw. mit dem Ausland geschlossenen Verträgen. Der jeweilige Träger der Souveränität ist im Rahmen dieser Grenzen ein irdisches Abbild Gottes und kann daher nur das Rechte wollen, so daß sein Wille die lebendige Quelle aller gerechten Gesetzgebung darstellt. Nur die dergestalt absolute, einheitliche und unübertragbare Souveränität vermag die Sicherung des Eigentums und der Familie, welche die eigentliche Aufgabe des Staates darstellt, zu gewährleisten. Nach dem jeweiligen Träger der souveränen Gewalt sind die drei Staatsformen Monarchie, Aristokratie und Demokratie zu unterscheiden. Im ersten Fall liegt die Souveränität beim Fürsten, im zweiten bei einer Minderheit und im dritten bei einer Mehrheit des Volkes. Keine dieser drei Formen ist an sich als gut oder schlecht zu bewerten, praktisch aber verdient die Monarchie den Vorzug, da sie die Einheitlichkeit der Souveränität am vollkommensten bewahrt. Im Rahmen einer bestimmten Staatsform sind jedoch auf der Ebene der Regierungen Kombinationen zwischen den verschiedenen Prinzipien möglich: Hierbei ist diejenige Regierung als die beste anzusehen, die alle Stände eines Staates harmon. miteinander verbindet und sie gemäß ihrer jeweiligen Bedeutung an den Regierungsgeschäften teilhaben läßt, so daß monarch., aristokrat. und demokrat. Elemente verfassungsmäßig optimal zusammenspielen. Da aber die geograph., histor. und charakterlichen Voraussetzungen der Völker verschieden sind, kann die ideale Staatsverfassung nur von Fall zu Fall bestimmt werden. Der Staat stellt zudem einen lebendigen, geschichtlicher Veränderung unterworfenen Organismus dar; zu den wesentlichen Aufgaben des Souveräns gehört es, einer drohenden Umwälzung der Ordnung, die auf einer Veränderung der innerstaatlichen Bedingungen beruht, vorzubeugen, indem er unter Berücksichtigung des Nationalcharakters rechtzeitig die Verfassung den neuen Umständen anpaßt. – Die Staatskonzeption Bodins bereitete geistig den Absolutismus des 17. und 18. Jh.s vor, der ihr zugrundeliegende Souveränitätsbegriff beeinflußte maßgeblich die Entwicklung der modernen Staatslehren.

Ausg.: Repr. (1583) 1977. – Dt., von B. WIMMER, 1981.

J. MONAR

Les soirées de Saint-Pétersbourg ou Entretiens sur le gouvernement temporel de la providence (frz.; *Die Soiréen von Petersburg* oder Gespräche über die zeitliche Herrschaft der göttlichen Vorsehung), Joseph Marie de MAISTRE; entst. zwischen 1809 u. 1817; EA Paris 1821 (2 Bde.); dt. 1824 Abendstunden zu St. Petersburg oder Gespräche über das Walten der göttlichen Vorsehung in zeitlichen Dingen.

Das Werk – wie viele andere Hauptschriften Maistres entstanden während seiner Zeit als sardin. Gesandter in Petersburg (1802–1817) – besteht aus einer Reihe von philosoph. Gesprächen zwischen einem Grafen (Maistre selbst), einem russischen Senator und einem jungen französ. Aristokraten. Hauptthemen der Gespräche sind das Wesen der göttlichen Gerechtigkeit und die Folgen der Erbsünde; im besonderen werden die Ursachen menschlichen Leidens untersucht. Maistre betont die Eigenverantwortung des Menschen für sein Leiden: es ist die Bestrafung für sündiges Verhalten und Maßlosigkeit. Soldat und Scharfrichter spielen daher eine notwendige Rolle im menschlichen Zusammenleben. In der pessimistischen Einstellung Maistres, die in seiner Schilderung düsterer Bilder vom ewigen menschlichen Leiden deutlich zum Ausdruck kommt, hat man häufig eine Vorwegnahme Nietzsches, des Sozialdarwinismus und sogar des Faschismus des 20. Jh.s gesehen. Diese Sicht scheint durch Maistres Betonung, daß der Mensch ein irrationales Wesen sei, zusätzlich gerechtfertigt. Maistre betrachtet den Menschen als nur begrenzt vernunftbegabt. Er wirft den ›Philosophen‹ vor, die Vernunft des Menschen zu überschätzen, und fordert den modernen Menschen auf, nach einer Einigung des Rationalen und des Irrationalen in einer neuen theokrat. Gesellschaftsform zu streben, die auf einer einigen christlichen Kirche basiert. In mancher Hinsicht scheint dies ein Versuch zu sein, das Mittelalter wiederzubeleben; gleichzeitig weist es auf romant. Gedankengut der 20er und 30er Jahre des 19. Jh.s voraus.

Lit.: E. RHEINLÄNDER, Die Geschichtsphilosophie des Grafen J. de Maistre, 1926. – M. HUBER, Die Staatsphilosophie des J. von Maistre im Licht des Thomismus, 1958.

K. TAYLOR

Sokratische Denkwürdigkeiten für die lange Weile des Publicums zusammengetragen von einem Liebhaber der langen Weile. Mit einer doppelten Zuschrift an Niemand und an Zween, Johann Georg HAMANN; EA Amsterdam (eigentl. Königsberg) 1759 (anonym).

In der u. a. an Kant gerichteten Streitschrift verbinden sich Hamanns Apologie des Christentums und sein an Hume geschulter Sensualismus zu einer Grundsatzkritik an der rationalist. Aufklärung. Seinen Gewährsmann

Sokrates, in dessen Opposition zu den Sophisten er seine eigene Lage gespiegelt sieht, interpretiert Hamann im Sinne einer heilsgeschichtlichen Typologie, die auch die antike Überlieferung einbezieht, zum heidnischen Propheten des christlichen Glaubens, zur Praefiguratio Christi um: sein Tod wird zum Martyrium, sein ›Ich weiß, daß ich nichts weiß‹ als göttlich inspirierte ›Empfindung‹ der Ohnmacht der Vernunft zur ersten Ahnung sündenfallbedingter Unvollkommenheit und Erlösungsbedürftigkeit des Menschen. – Das frühe Hauptwerk der Religionsphilosophie Hamanns beeinflußte u. a. Kierkegaard.

Ausg.: Sokratische Denkwürdigkeiten. Aesthetica in nuce, [2]1983 (RUB 926).
Lit.: J. G. Hamanns Hauptschriften erklärt, Bd. II, von F. Blanke, 1959. – S.-A. Jørgensen, Johann Georg Hamann, 1976.

W. Riedel

Soliloquia (lat.; *Selbstgespräche*), Aurelius Augustinus; EA Paris 1689; dt. 1938.

Die philosoph.-theolog. und erkenntnistheoret. Abhandlung ragt aus der frühen Schaffensperiode Augustins heraus, in der er häufig die Form platonisierender Dialoge verwendete. Nun ist der Dialog gewissermaßen nach innen verlegt und zum Selbstgespräch der Seele mit sich, genauer ihres vernünftigen Teils (ratio) mit ihrem persönlichen (Augustinus) geworden. Das erste Gespräch formuliert als einzige Gegenstände des Wissens Gott und die Seele, weil diese alles andere einschließen würden; es reflektiert die Bedingungen eines solchen Wissens in zweierlei Hinsicht: Zunächst werden die kognitiven Kriterien untersucht, denen es genügen müßte, wobei der Typus des empir. Wissens ebenso ausscheidet wie das Glauben (credere). Allein der Erkenntnistyp der Geometrie scheint sicheres und zweifelfreies Wissen zu liefern. Aber auch er genügt nicht zur Bestimmung der Erkenntniskriterien, weil sich die Gotteserkenntnis zur wissenschaftlichen Erkenntnis verhält, wie die Sonne als Lichtquelle zu den beleuchteten Gegenständen. Die Suche endet aporet. im platon. Lichtmythos. Danach untersucht Augustin die volitiv-sittlichen Bedingungen eines solchen Wissens. Dabei erscheinen Glauben, Hoffen und Lieben als unerläßliche Vorbedingungen, von denen insbes. das Lieben die Voraussetzung für die Seelen- und Gotteserkenntnis schafft. Deshalb muß die Liebe von allen anderen Zielen als der Liebe zur Weisheit (sapientia) gereinigt werden, die in der Schau des Sonnenlichtes selbst besteht. Das zweite Gespräch zielt darauf ab, die sinnlichen Elemente des Wissens (sensibilia) von den geistigen (intelligibilia) zu trennen, weil beständiges Wissen (incommutabilis) nicht im unbeständigen (mutabilis) gefunden werden kann. Auf der Suche nach der Wahrheit selbst (veritas ipsa) schlägt Augustin den Weg in die Innerlichkeit der Seele ein, die ihre eigene Existenz, ihr Leben und Erkennen gegenüber den skeptischen Zweifeln als gesichert erkennt, weil sie in allen Erkenntnisakten notwendig vorausgesetzt sind. Allein die Sinnenerkenntnis ist zweifelhaft, weil sie keine Wahrheit liefert, die der Sinnestäuschung gegenüber gesichert wäre. Augustin beschäftigt sich damit, definitor. Täuschung von Wahrheit abzugrenzen und ontolog. zu erklären, wie ein Fürwahr-halten des Scheins zustande kommt. Die anschließenden Definitionsversuche der Wahrheit, teils im ontolog.-realist., teils im gnoseolog.-idealist. Sinne schlagen jedoch fehl. Augustin zieht sich auf die geistige Erkenntnis zurück, die die Grundlage der Wissenschaften ausmacht. Insbes. Sätze der Logik, wie die kontradiktor. Gegensätze einschließenden Entweder-oder-Aussagen (z. B. die Welt existiert oder existiert nicht) sind unanfechtbar und daher wahr. Weil sie in unserer Seele sind, muß in ihr die Wahrheit sein. Wenn es aber Wahrheit in der Seele gibt, dann ist an ihr auch etwas unsterblich. Die Suche nach der Wahrheit des Erkennens verbindet sich hier also mit der Frage der Unsterblichkeit der Seele. Allerdings ist klar, daß die Sätze der Logik nur etwas Wahres sind, nicht die Wahrheit selbst. Die Art und Weise, wie sie in jenen Sätzen enthalten ist oder jene Sätze in ihr, entzieht sich in diesen Selbstgesprächen der Erkenntnis.

Ausg.: Lat./Dt., hg. von H. Müller, bearb. von H. Fuchs, ²1986.

Lit.: H. M. Marrou, Augustinus in Selbstzeugnissen und Bilddokumenten, 1958. – C. Andresen, Bibliographia Augustiniana, 1962. – A. Schoepf, Augustinus. Einführung in sein Philosophieren, 1970. – K. Flasch, Augustinus. Einführung in sein Denken, 1980.

A. Schoepf

Some Thoughts Concerning Education (engl.; *Gedanken über die Erziehung*), John Locke, entst. zwischen 1684 und 1690; EA London 1693 (anonym); dt. 1729 Herrn J. Lockes Unterricht von Erziehung der Kinder.

In enger gedanklicher Verbindung mit der in seinem → *Essay Concerning Human Understanding* formulierten erkenntnistheoret. Position begründet Locke in dieser Schrift seine Erziehungsphilosophie. – Das Werk ist im wesentlichen durch drei Hauptgedanken geprägt: Zum einen durch den Empirismus, der sich in Lockes Prämisse manifestiert, daß sich Charakter und Wissen des Kindes erst durch Erfahrung entwickeln; dabei verwendet er das Bild vom unbeschriebenen Blatt. Zum anderen durch die Betonung einer individuellen Erziehung, die auf unterschiedliche Fähigkeiten, Bedürfnisse und Möglichkeiten des Kindes eingeht, und schließlich drittens durch einen liberalen Erziehungsbegriff, der in Lockes Überzeugung wurzelt, daß zwar einerseits Disziplin erforderlich ist, andererseits aber auf eine körperliche Züchtigung verzichtet und sowohl das spieler. Lernen als auch das natürliche Nachahmungsbedürfnis der Kinder gebührend berücksichtigt werden sollten. In diesem Zusammenhang betont Locke nachdrücklich das ›gute‹ Beispiel des Erziehers. Dabei entwickelt er eine Fülle von pädagog. Anregungen, die vom Körperlichen über die Kleidung bis hin zu Anweisungen für die wissenschaftliche Lektüre reichen. Oberstes Ziel der Erziehung soll jedoch weniger ein allumfassendes Wissen als vielmehr Tugendhaftigkeit und ein vernunftbetontes Handeln sein. – Obwohl Locke seine pädagog. Vorstellungen ausschließlich im Hinblick auf die englische Oberschicht entworfen hatte, trugen sie wesentlich zur Entwicklung einer allgemeinen Erziehungstheorie bei und beeinflußten maßgeblich Rousseaus Erziehungsroman → *Émile* . . .

Ausg.: The Educational Writings of John Locke, hg. von J. L. Axtell, 1968. – Dt., von H. Wohlers, 1962.

Lit.: G. C. Brauer, The Education of a Gentleman: Theories of Gentlemanly Education in England, 1959. – M. G. MASON, How J. Locke wrote ›Some Thoughts Concerning Education‹, in: Paedagogica Historica, 1 (1961). – M. V. C. JEFFREYS, J. Locke, 1967.

W. BRECHT

Somme athéologique (frz.; *Atheologische Summe*), George BATAILLE; EA Paris 1954 (1. Teil), 1961 (2. Teil).

Das Werk enthält neben anderen religionswissenschaftlichen Abhandlungen wie »Méthode de méditation« und »Le coupable« das für das Thema wichtigste Werk Batailles: »L' expérience intérieure«, den groß angelegten Versuch, eine andere ›Theorie‹ der Religion neben der und gegen die europäische Theologie zu entwerfen. Das Thema ist das Sakrale in seiner Beziehung zum Profanen, aber auch zur Gewalt, zum Wahnsinn, zur Intimität und zur Souveränität, soweit sie subversiv ist. Auf den Spuren von Pascal wird die irreduzible ›Erfahrung des Feuers‹ bezeugt, gegen den Gott der Philosophen, aber auch gegen den Gott der jüdischen und christlichen Offenbarung. Bataille insistiert auf der Sprengkraft des Sakralen noch nach dem Tode Gottes, was für die Theorie insgesamt eine Reihe zum Teil inkommensurabler Konsequenzen hat. Die Idee, eine Form des Denkens zu entwickeln, die von dem ausgeht, was das herkömmliche Denken gerade verdrängt, ausgeschlossen und depraviert hat, muß notwendigerweise zu einer ›Paradoxologie‹ führen, die im harten Schnitt die ›homologe‹ Erkenntnis mit einem ›heterologen‹ Wissen konfrontiert. Die Überwältigung, die davon ausgeht, kann sprachlich nur noch fragmentar. aufgefangen werden. Das Werk ist deswegen keine gelassene Abhandlung, sondern eine provozierende, auch den Leser verzehrende, leidenschaftliche Verteidigung des ergriffenen Sprechens und Schreibens, wie es in Europa einzig in der Poesie überlebt hat.

D. KAMPER

Sophismata (lat.), SIGER VON COURTRAI, entst. zwischen 1300 und 1340; ED Amsterdam 1977.

›Sophismata‹ ist weniger der Titel eines Buches als einer Literaturgattung, nämlich für Sammlungen von Fragen, die, vorgelegt zur Übung in der Disputationstechnik, absurden Inhalt und/oder absurde Konsequenzen zu haben scheinen. Siger entwickelt in der Beantwortung derartiger Fragen Elemente einer philosoph. Linguistik: Schon durch den aristotel. Wissenschaftsbegriff ist gefordert, daß die konkreten Sprachen allgemeine, mit dem Wesen von Sprache überhaupt gegebene Charakteristika aufweisen. Die Suche nach den Organisationsregeln der Sprache wird auf dem Weg über die Untersuchung der Bedeutung und Funktion von Worten und Worttypen (Substantive, Verben, Adverbien) unternommen. Zunächst unterscheidet Siger den Wahrheitsaspekt der Logik von dem Gesichtspunkt des Übereinstimmenden, den die Grammatik abhandelt. Sodann begründet er die Unterscheidung abstrakter und konkreter Termini und untersucht die Relationen der Worttypen im Satz, die realist. Wahrheitsdefinition (als Übereinstimmung von Sache und Erkenntnis) sowie schließlich den Status des Allgemeinen. – Obwohl man später in der Neuzeit wieder analoge Versuche findet, steht das Werk zunächst doch am Ende einer Periode, in der man eine solche ›spekulative Grammatik‹ genannte Sprachlogik für aussichtsreich hielt.

Ausg.: J. Pinborg (Hg.), Siger von Courtrai. Summa modorum significandi. Sophismata, 1977.

R. Schönberger

Sophistēs (gr.; *Sophist*), Platon, entst. vor 347 v. Chr.; ED Florenz o. J. (ca. 1482–1484; lat., übers. von M. Ficino); Venedig 1513 (gr., hg. von E. Musuros); dt. 1786.

Der Dialog schließt an den → *Theaitetos* und das dort gestellte Problem des Falschen an; die Gesprächsführung liegt wie im → *Politikos* beim ›Fremden aus Elea‹ (als Anspielung auf die parmenideische Philosophie, die den Hintergrund bildet). Der *Sophistēs* sollte mit dem *Politikos* und einem (nicht geschriebenen) Dialog *Philosophos* offenbar eine Einheit bilden. – Der Dialog, der das Wesen des Sophisten zu bestimmen sucht, beginnt als Einführung in die dihairet. Methode, d. h. die Bestimmung eines Sachverhaltes durch fortlaufende ›Begriffsspaltung‹; die Dihairese bestimmt seinen logischen Ort in einer ›Begriffspyramide‹. Definiert wird der Sophist als Verfertiger von scheinbarer Erkenntnis; daraus ergibt sich das Problem des *Sophistēs*: Was ist Schein (bzw. Bild)? Er bedeutet ein Nicht-sein, das aber ist; dies verstößt gegen die parmenideische These, daß ein solches ›Sein‹ weder aussag- noch denkbar ist. Der Dialog ist darum vor allem eine Auseinandersetzung mit Parmenides; Platon hebt die starre Entgegensetzung von Eins (= Sein) und Vielheit (= der nach Parmenides undenkbare Schein eines Zugleich von Sein und Nicht-sein) auf, indem er die Vielheit als ein Ganzes, d. h. als Darstellung des Eins zu denken versucht. Platons berühmte ›Gigantomachie‹ der Philosophie um den Seinsbegriff verdeutlicht die Absicht seines Ansatzes: Er überwindet die ›materialist.‹ Weltanschauung, die ›Sein‹ gleich Materie setzt, ebenso wie die ›idealistische‹, die in den ›Ideen‹ das Sein abgeschieden für sich sein läßt. Platon setzt das Sein der Ideen ins Verhältnis zu Vernunft und Seele; er bringt die Ideen insofern in ›Bewegung‹, d. h. in Beziehung zueinander. Der Nachvollzug dieser Beziehung bzw. ›Verknüpfung‹ (in der der Logos fundiert ist) ist die platon. Dialektik: Sie denkt (über den Begriff des Ganzen vermittelt) das Eine und Viele als Gefüge der Idee und überhaupt als Ideengefüge. Der *Sophistēs* begreift die konstitutiven Bedingungen dieses Gefüges durch die sog. ›größten Gattungen‹ (megista genē) von Sein, Identität und Verschiedenheit, zu denen Ruhe und Bewegung treten (an ihrem Verhältnis wird die kategoriale Funktion von Sein, Identität und Verschiedenheit entwickelt). Platons Konstitution von Verknüpfungs- und Ausschließungsverhältnissen begreift ›Nicht-sein‹ schließlich als Verschiedenheit; der *Sophistēs* versucht, von hier aus das anfänglich gestellte Problem des Scheins und der falschen Aussage zu lösen: Die falsche Aussage (in deren Untersuchung die neuere Interpretation den Ansatz einer Prädikationstheorie zu erkennen vermeint) sagt (als empir.) Nicht-seiendes nicht in einem absoluten Sinn aus, sondern als das von den Bestimmungen des Subjekts Verschiedene. Abschließend wird der Sophist als nicht nur unwissender, sondern auch unaufrichtiger Hersteller von ›Bildern‹ und ›Nachahmungen‹ definiert. Diese Definition ist eingebettet in den Entwurf einer Ontologie, die das Seiende bzw. Wirkliche durch den Begriff von göttlich angefertigten und insofern wahren Bildern denkt. – In der neueren, analytisch geprägten Platon-Interpretation spielt der *Sophistēs* eine herausragende Rolle.

Ausg.: Platonis Opera, hg. von H. STEPHANUS, Bd. I, 1578, 216–268. – Platonis Opera, hg. von J. BURNET, Bd. I, 1900 (Repr. 1967). – Gr./Dt., 1967 (PhB 265). – Gr./Dt., Studienausgabe, Bd. VI, 1970.

Lit.: KOMMENTARE VON F. M. CORNFORD (1935), S. ROSEN (1983), S. BENARDETE (1984), L. M. de RIJK (1986).

J. JANTZEN

Soziale Systeme. Grundriß einer allgemeinen Theorie, Niklas LUHMANN; EA Frankfurt a. M. 1984.

Im Zentrum der ebenso bilanzierenden wie systematisierenden Gesamtdarstellung soziolog. Systemforschung steht die Verabschiedung ›alteuropäischer‹ Denkfiguren; die Bewußtseinsphilosophie (von Descartes über Kant bis Husserl) mit ihren Grundbegriffen und Fragestellungen soll systemtheoret. beerbt und zugleich in ihrer Problemlösungskapazität überboten werden. – Die durchlaufende Perspektive des Werkes besteht in einer Transformation der funktionalen Gesellschaftstheorie zu einer ›Theorie selbstreferentieller Systeme‹: Da ein soziales System in einer komplexen Welt und aus kontingenten Strukturen besteht, gibt es keine Gewißheit über seinen Fortbestand. Handlungen, die ein System konstituieren, können ebenfalls keine Dauer haben, sondern müssen durch das System unaufhörlich selbst reproduziert werden. Die nähere Bedingung seiner Selbsterhaltung ist, daß es die Differenz zwischen System und Umwelt zur Bezugsgröße seiner Selbstreproduktion macht. Systeme müssen diese Differenz intern auf sich selbst anwenden und als Prinzip der Konstitution ihrer Elemente, Grundvollzüge und Funktionen handhaben. Darin besteht ihre Selbstreferenz. In der Bewußtseinsphilosophie haben Welt- und Selbsterkenntnis des Individuums das Bezugsproblem gebildet. Die Systemtheorie bricht mit diesem Ausgangspunkt und hat daher keine Verwendung für den Subjektbegriff. Sie ersetzt ihn durch den Begriff des selbstbezüglichen Systems und statuiert, daß jede Einheit, die in dem System vorkommt, durch dieses System selbst konstituiert wird und nicht aus dessen Umwelt bezogen werden kann. Die Umstellung auf das Systemparadigma hat eine weitreichende Entwertung des ontolog. Bezugsrahmens der abendländ. Denktradition zur Folge. Das einzig Unhintergehbare ist nun die vom System aufrechterhaltene Differenz zur Umwelt.

Lit.: D. ZOLO, Reflexive Selbstbegründung der Soziologie und Autopoiesis, in: Soziale Welt 36 (1985). – J. HABERMAS, Der philosophische Diskurs der Moderne, 1985. – H. HAFERKAMP/M. SCHMID (Hg.), Sinn, Kommunikation und soziale Differenzierung, 1987. – O.-P. OBERMEIER, Zweck-Funktion-System, 1987.

H.-J. HÖHN

Die Soziallehren der christlichen Kirchen und Gruppen, Ernst TROELTSCH, entst. 1904–1912; EA Tübingen 1912.

Das theolog.-kulturphilosoph. Werk, mit dem Troeltsch seinen Interessenschwerpunkt von theolog. auf philosoph.-soziolog.

Themen verlagert, untersucht die Möglichkeit des Christentums, zur Lösung sozialer Fragen beizutragen, anhand der histor. Entwicklung im Verhältnis christlicher Idee und weltlicher Kultur. – Vorab klärt Troeltsch seine begrifflichen Kategorien: Christentum und die ökonom. bestimmte Gesellschaft sind eigenständige, grundverschiedene Typen der sozialen Organisation, die sich nicht voneinander ableiten lassen, wie sozialist. Dogmatismus und kirchlicher Supranaturalismus behaupten. Da ein konstantes soziolog. Grundschema der gegenseitigen Beeinflussung beider Bereiche nur eine abstrakte Konstruktion ohne praktischen Wert für die Gegenwart wäre, durchmißt der Hauptteil die gesamte Sozialgeschichte des Christentums in drei Kapiteln von den Grundlagen in der alten Kirche, über den mittelalterlichen Katholizismus und den Protestantismus bis zum Ende des 18. Jh.s. Anknüpfend an Methode und Terminologie M. Webers analysiert Troeltsch zuerst die soziale Selbstorganisation der verschiedenen Kirchentümer, wobei er Kirche, Sekte und Mystik als Haupttypen differenziert, denen je eigene religiös-sittliche Dogmatiken entsprechen: universeller Absolutheitsanspruch (Kirche), Toleranz (Sekten) und individuelle Verinnerlichung (Mystik). Die Religion ist so zwar in ihrer konkreten Form von der sozialen Wirklichkeit beeinflußt, aber nicht einfach ideolog. ›Überbau‹ des ökonom. ›Unterbaus‹. Die Versuche der Religion, die Welt nach ihrem sittlichen Ideal zu formen, sind durch zwei Tendenzen gekennzeichnet: weltflüchtige Askese und Kompromiß. Obwohl der Protestantismus durch seine Prädestinationsidee sehr diesseitig war, konnte er keinen genuin christlichen Beitrag zur sozialen Frage leisten, weil er mit den weltlichen Strömungen des Liberalismus, Utilitarismus und Kapitalismus verschmolz. Die letzte Chance für ›eine christlich-soziale Bemeisterung der Lage‹ sieht Troeltsch in neuen christlichen Ideen, die sich nicht aus dem statischen Bestand des Neuen Testaments, sondern nur aus der inneren Triebkraft der Gegenwart ableiten lassen.

Ausg.: Gesammelte Schriften, Bd. I, [6]1977.

P. NAGELSCHMIDT

Sozialpädagogik. Theorie der Willenserziehung auf der Grundlage der Gemeinschaft, Paul NATORP; EA Stuttgart 1899.

Die Grundlegung einer Sozialpädagogik als Theorie der ›Wechselbeziehungen zwischen Erziehung und Gemeinschaft‹ – Frucht der Jahre nach Übernahme des Lehrstuhls für Philosophie und Pädagogik in Marburg (1893) – ist Natorps wirkungsvollste geistige Leistung geworden. Das Werk fußt auf der Unterscheidung von drei Aktivitätsstufen: Trieb, Wille im engern Sinn, Vernunftwille. Daran wird zunächst das System der individuellen Tugenden (Reinheit, Tapferkeit, Wahrheit – und Gerechtigkeit) geknüpft, das in der Gerechtigkeit die Basis der Gemeinschaftstugenden ausbildet. Diese beziehen sich auf die drei Grundklassen sozialer Tätigkeiten: Arbeit, Recht (äußere Willensregelung), soziale Pädagogik (Bildung bzw. Kritik). Sind so die Elemente und Funktionen des sozialen Lebens umrissen, gilt es, das Gesetz der sozialen Entwicklung zu suchen. Im Ausgang von der vernünftigen ›Idee‹ bestimmt

Natorp diese Entwicklung als Fortschritt der sozialen Organisation – gemäß den Kantischen Prinzipien der Homogenität, Spezifikation und Kontinuität – in Richtung auf eine Vereinheitlichung, die zugleich ›Befreiung der Individualitäten‹ und ›allmähliche Ausmerzung der schroffen sozialen Diskontinuitäten‹ impliziert. Auf die grundlegende Dreiheit von Trieb, Wille und sittlichem Tun ist auch die Trias der ›sozialen Organisationen zur Willensentwicklung‹ gegründet: Haus, Schule, freie Selbsterziehung im Gemeinleben der Erwachsenen. Natorp argumentiert dabei für die ›Nationalschule‹, für allgemeinen Zugang auch zur höheren Schulbildung ohne Privilegierung der höheren Klassen, für die Gleichrangigkeit von Mathematik und Naturwissenschaft neben den klassischen Sprachen sowie für den besonderen Erziehungswert der Geschichte. Die freie Selbsterziehung nach der Schule ist in ihren philosoph. und religiösen Bestimmungsgründen aufs engste mit dem Leben in der Gemeinschaft selbst verknüpft. – Natorps Sozialpädagogik hatte bis 1933 erheblichen Einfluß auf die erziehungswissenschaftliche Diskussion in Deutschland.

Ausg.: ^{7}1974.
Lit.: J. Ruhloff, P. Natorps Grundlegung der Pädagogik, 1966.

H. Holzhey

Soziologie. Untersuchungen über die Formen der Vergesellschaftung, Georg Simmel; EA Leipzig 1908.

Das sozialphilosoph. Hauptwerk Simmels enthält die Grundzüge einer auf die Formen menschlicher Vergesellschaftung bezogenen Soziologie. – Die Gesellschaft stellt einen Prozeß dar, der aus dem gemeinschaftlichen Handeln miteinander verknüpfter Individuen und den hierbei erzeugten Beziehungen erwächst. Demnach existiert Gesellschaft überall da, wo Menschen bestimmte Zwecke – z. B. religiöser oder erotischer Art – verfolgen und dabei in Wechselbeziehung treten, ein Vorgang, den Simmel als ›Vergesellschaftung‹ bezeichnet. Form und Inhalt jeder dieser Vergesellschaftungen bilden zwar in ihrer konkreten Gegebenheit eine untrennbare Einheit, aber es lassen sich hieraus zeitlose Vergesellschaftungsformen abstrahieren, die den eigentlichen Inhalt soziolog. Erkenntnis ausmachen. Diese Formen, zu denen z. B. das Phänomen der Über- und Unterordnung zählt, lassen sich nicht nur in gesellschaftlichen Organisationen, wie etwa Staat oder Kirche, finden, sondern in allen Fällen, wo es auf der Grundlage psychischer Vorgänge zu Beziehungen zwischen Menschen kommt. Da die Formen der Vergesellschaftung konkret nie in der zur Bestimmung sozialer Gesetzmäßigkeiten erforderlichen abstrakten Reinheit auftreten, muß sich der soziolog. Erkenntnisvorgang dergestalt vollziehen, daß geschichtliche Erscheinungen unter Berücksichtigung des sie umgebenden Sinngefüges in ihre Komponenten zerlegt und auf ihre formalen Aspekte hin untersucht werden, um schließlich auf der Grundlage sorgfältiger Vergleiche zwischen formal ähnlichen Phänomenen zu prinzipiellen Aussagen über gesellschaftliche Zusammenhänge gelangen zu können. – Das Werk hat maßgeblich zur Entwicklung der formalsoziolog. Theorien im 20. Jh. beigetragen.

Ausg.: [6]1983.
Lit.: N. J. SPYKMAN, The Social Theory of G. Simmel, [2]1964.

J. MONAR

Soziologische Aufklärung (Bd. I: Aufsätze zur Theorie sozialer Systeme; Bd. II: Aufsätze zur Theorie der Gesellschaft; Bd. III: Soziales System, Gesellschaft, Organisation), Niklas LUHMANN; EA Opladen 1970/1975/1981.

Die drei Aufsatzsammlungen enthalten Einzelstudien zur Grundlegung und Konkretisierung einer funktionalen Systemtheorie der Gesellschaft. – Band I bietet anhand ihrer method. Leitprinzipien und Grundbegriffe eine Einführung in Luhmanns funktional-strukturelle Theorie sozialer Systeme. In diesem Kontext gibt der Ansatz Luhmanns eine sozialtheoret. Antwort auf eine traditionell philosoph. Frage: die sinnhafte Orientierung menschlicher Existenz in Geschichte und Gesellschaft. Nach der Auflösung religiös-metaphys. Weltbilder und des teleolog. Geschichtsverständnisses kann in der Moderne dieser ›Sinn‹ nicht mehr durch die Berufung auf bestimmte Werte und Normen gesichert werden. Sinnvoll ist es lediglich, überhaupt eine Ordnung in die Bezüge zu einer überkomplexen Umwelt zu bringen. Diese Funktion wird von sozialen Systemen erfüllt, die Inseln geringerer Komplexität innerhalb einer risikoreichen und chaot. Welt bilden. Indem diese sich auf bestimmte Merkmale ihrer Umwelt einstellen und dafür spezif. Reaktions- und Verarbeitungsweisen entwickeln, entsteht erst die Möglichkeit, zumindest einen überlebenswichtigen Bereich der Wirklichkeit beherrschen zu können. Damit schaffen sie die Voraussetzung, daß die Vollzüge von Individuen und Gruppen Orientierung und Stabilität finden. Band II dokumentiert Luhmanns Bemühungen, den Begriff der Gesellschaft, des sozialen Ganzen, nicht nur gegen Individuen abzugrenzen, sondern zusätzlich gegen andere Typen gesellschaftlicher Systeme (z. B. Organisationen). Der funktionale Ansatz wird angewandt auf die Themen: gesellschaftliche Evolution, Kommunikationsmedien, funktionale Differenzierung. Band III ist gegliedert in Studien zur allgemeinen Theorie sozialer Systeme, zur Theorie gesellschaftlicher Teilsysteme (u. a. Politik, Wirtschaft, Kunst) und zur Organisationstheorie. – Luhmanns Beiträge über die Grundlagen und Dimensionen des sozialen Lebens sind Resultate eines ›work in progress‹; die hierbei vermißte Synthese und systemat. Ausarbeitung seines Theoriekonzeptes liegt in dem Hauptwerk → *Soziale Systeme* vor.

Lit.: K. GRIMM, Niklas Luhmanns »Soziologische Aufklärung«, 1974. – F. SCHOLZ, Freiheit als Indifferenz, 1982.

H.-J. HÖHN

Spaccio de la bestia trionfante, proposto da Giove, effettuato dal conseglio, revelato da Mercurio, recitato da Sophia, udito da Sarlino, registrato da Nolano (ital.; *Die Vertreibung der triumphierenden Bestie,* vorgeschlagen von Zeus, ausgeführt vom Rat, offenbart von Merkur, berichtet von Sofia, gehört von Saulino, aufgeschrieben vom Nolaner), Giordano BRUNO; EA Paris 1584 (eigentl. London 1584); dt. 1889 Reformation des Himmels.

In dem moralphilosoph. Hauptwerk Brunos wird der Mensch in einer bilderreichen Allegorie zum autonomen Gestalter seines Daseins erhoben. – Nach der symbol. Vertreibung der kosmischen Schicksalsmächte (der ›triumphierenden Bestie‹) aus der Welt ist der Mensch nicht mehr vom Schicksal abhängig und kann daher sein Leben im Sinne tugendhafter Zielsetzungen selbständig gestalten: Die tugendhafte Selbstgestaltung steht demnach der früheren Hingabe an das schicksalhafte Geschehen als neues Prinzip des Handelns gegenüber. – Die Schrift manifestiert den im Anthropozentrismus der Renaissance angelegten machtvollen Autonomieanspruch des Menschen.

Ausg.: Gesammelte Werke, Bd. IV, übers. von L. KUHLBACH, 1904.
Lit.: E. NAMER, La pensée de Giordano Bruno et sa signification dans la nouvelle image du monde, 1959. – H. GRUNEWALD, Die Religionsphilosophie des N. Cusanus und die Konzeption einer Religionsphilosophie bei G. Bruno, 1970.

J. MONAR

Speculum maius (lat.; *Der größere Spiegel*), VINCENT VON BEAUVAIS, entst. um 1244; ED Straßburg 1474.

Dieser ›Spiegel‹ (speculum) der Welt, die wohl inhaltsreichste Enzyklopädie des Mittelalters, behandelt in vier Teilen, entsprechend der scholast. Methode und Systematik der tradierten Inhalte, das gesamte Wissen der Hochscholastik, das sich auf antike, biblisch-patrist. und arabische Überlieferungen stützt und sie in ein christliches Weltbild einbindet: die Schöpfung und Ordnung der Natur (speculum naturale), der Fortschritt von Wissenschaft, Kunst und Recht (speculum doctrinale) und die Darstellung der Geschichte von Anfang an (speculum historiale), während das speculum morale eine spätere Kompilation von Texten verschiedener Autoren (auch des Thomas v. Aquin, → *Summa theologica*) ist. – Das Speculum, das vor allem über Auszüge tradiert wurde, lieferte der Spätscholastik eine beeindruckende Materialfülle von literar., philosoph. und theolog. Themen, die auch in die religiöse Kunst (É. Mâle) eingegangen sind.

Ausg.: Repr. (1624) 1965.
Lit.: A. L. GABRIEL, The Educational Ideas of V. of Beauvais, 1956. – PH. DELHAYE, Une dictionnaire d'éthique attribué à V. de Beauvais, 1951.

K. HEDWIG

Speech Acts. An Essay in the Philosophy of Language (engl.; *Sprechakte.* Ein sprachphilosoph. Essay), John R. SEARLE; EA Cambridge 1969; dt. 1971.

Ausgangspunkte des Essays, der sich in einen Theorie- und einen Anwendungsteil gliedert, sind das ›Prinzip der Ausdrückbarkeit‹ (›alles, was man meinen kann, kann man auch sagen‹) und die Hypothese, daß Sprechen eine Form regelgeleiteten intentionalen Verhaltens, die Sprechakttheorie mithin Teil einer allgemeinen Handlungstheorie ist. Neben einer Erstellung von gemeinsamen Regeltypen (z. B. Einleitungsregeln, Aufrichtigkeitsregeln und wesentlichen Regeln), denen die verschiedenen ›illokutionären Rollen‹ (z. B. Auffordern, Warnen) unterstehen, ist Searle vor allem an der Analyse des ›propositionalen Aktes‹ interessiert, d. h. der Äußerung eines intendierten Gehaltes (der ›Proposition‹), die bei Austin ›rhetischer Akt‹ hieß. Der propositionale Akt zerfällt einerseits in den selbständigen Akt der ›Referenz‹, d. h. der mit Hilfe eines hinweisenden

Ausdrucks vollzogenen isolierenden Identifikation eines oder mehrerer Einzeldinge, auf die sich der Sprecher bezieht, und andererseits in den unselbständigen Akt der ›Prädikation‹, mit dem der Sprecher dem Bezugsgegenstand eine Bestimmung zuordnet: z. B. ›Sam‹ (Referenz) ›ist ein Gewohnheitsraucher‹ (Prädikation). Beide Propositionsfaktoren, deren Verwendungsregeln Searle klassifiziert, können Bestandteile verschiedenster illokutionärer Rollen sein, z. B. der Frage: ›Raucht Sam gewohnheitsmäßig?‹ oder der Bitte: ›Sam, rauche gewohnheitsmäßig!‹ Sie können aber auch fehlen, z. B. in der Schmerzäußerung ›Aua!‹ Eine zentrale These Searles besagt, daß der ›propositionale Gehalt‹ in unterschiedlichen Äußerungsakten und Sprachverhaltensrollen seine Identität neutral bewahren kann. Die zweite Hälfte des Essays, der seine Kreise weit in die sprachanalyt. Metaethik und die Universalpragmatik gezogen hat, enthält eine Kritik der ›drei Fehlschlüsse der modernen Sprachphilosophie‹. 1. Den Kritikern des ›naturalist. Fehlschlusses‹ (Ableitbarkeit von Bewertungs- und Sollens-Sätzen aus deskriptiven) unterstellt Searle selbst den Fehlschluß, die bloße Verschiedenheit zweier illokutionärer Rollen für einen Bedeutungsunterschied zu halten – eine Metakritik, die Searle's eigene Befangenheit im Bedeutungspositivismus offenbart. 2. Im ›Sprechakt-Fehlschluß‹ wird die Frage: Was bedeutet x? verwechselt mit der Frage: Wie wird x verwendet?, also der Unterschied zwischen der Wortbedeutung und den Bedingungen der Gesamtäußerung eingetrübt. 3. Auch der ›Behauptungs-Fehlschluß‹ krankt an der unmittelbaren Identifizierung von Bedeutung und Gebrauch, insofern redundante Äußerungen (z. B. ›Ich weiß, daß ich Schmerzen habe.‹) durch Analyse der Anwendungsvoraussetzungen von Begriffen erklärt werden statt durch Rekurs auf allgemeinere Bedingungen für das sinnvolle Aufstellen von Behauptungen.

Lit.: R. B. NOLTE, Einführung in die Sprechakttheorie J. R. Searles. Darstellung und Prüfung am Beispiel der Ethik, 1978.

H. BUSCHE

Sprachtheorie. Die Darstellungsfunktion der Sprache, Karl BÜHLER; EA Jena 1934.

In seinem zwischen den Bereichen von Sprachpsychologie, Sprachphilosophie, Linguistik, Zeichen- und Kommunikationstheorie oszillierenden sprachtheoret. Hauptwerk entwirft Bühler erstmalig die Konzeption einer zwischen empir. Forschung und Philosophie situierten Wissenschaftstheorie der Sprachwissenschaften. – Das Kernstück bildet die in Auseinandersetzung mit der philosoph. Tradition (Aristoteles, Kant, Husserl) wie der Sprachforschung des 19. und frühen 20. Jh.s entwickelte Formulierung von vier grundlegenden ›Prinzipien‹, die den Gegenstand ›Sprache‹ konstituieren und bei jeglicher sprachwissenschaftlichen Theoriebildung vorausgesetzt werden: (1) die (bereits bei Platon angelegte) These von der Sprache als (Kommunikations-) Instrument, die zu einem kombinierten Zeichen- und Kommunikationsmodell (›Organon-Modell‹) ausgebaut wird (mit den drei Elementen Sender/Empfänger/Gegenstände und Sachverhalte, zu denen das komplexe Sprachzeichen in Relation steht, und denen die drei

Haupt-Sprachfunktionen Ausdruck, Appell und Darstellung korrespondieren); (2) der Grundsatz von der Sprache als Zeichensystem, dessen Elemente mit Hilfe des Prinzips der ›abstraktiven Relevanz‹ definiert werden; (3) die (Dichotomien Humboldts und Saussures aufnehmende) Unterscheidung von vier zentralen Aspekten, unter denen Sprache zu betrachten ist (Handlung/Werk/Akt/Gebilde); (4) die Charakterisierung der Sprache als zweiklassiges System, bestehend aus der Klasse der Wörter und der der Sätze (›Dogma von Lexikon und Syntax‹). – Die folgenden Teile des Werks sind der Analyse des Zeigfelds und des Symbolfelds der Sprache (d. h. von Situation und Kontext) als den zwei Klassen von Konstruktions- und Verständnishilfen in der sprachlichen Kommunikation sowie dem Aufbau der Rede (vom Phonem bis hin zum Satzgefüge) gewidmet. Von besonderem Gewicht ist dabei Bühlers Behandlung der Rolle des Zeigfelds bei der Bedeutungsfestlegung der Zeigwörter (indexikal. Ausdrücke), in deren Rahmen drei Haupttypen der Deixis unterschieden werden: demonstratio ad oculos, anaphor. Deixis und Deixis am Phantasma. – In den Jahren nach Erscheinen kaum rezipiert, gilt das Werk heute als ›klassischer‹ Grundlagentext der sprachthematisierenden Disziplinen; das oft zitierte ›Organon-Modell‹ hat, auch vermittelt über die Erweiterung Jakobsons, die semiot.-kommunikationstheoret. Debatte seit den 60er Jahren beeinflußt; die Theorie der Deixis gehört zu den bleibenden Leistungen Bühlers.

Ausg.: ²1965.
Lit.: R. Kamp, Axiomatische Sprachtheorie, 1977. – K. Bühlers Axiomatik, hg. von C. F. Graumann/Th. Herrmann, 1984. – Bühler-Studien, 2 Bde., hg. v. A. Eschbach, 1984.

J. S. Koch

Stadien auf dem Lebensweg (Kierkegaard) → Stadier paa Livets Vei

Stadier paa Livets Vei. Studier af Forskjellige (dän.; *Stadien auf dem Lebensweg.* Studien von Verschiedenen), Sören Kierkegaard; EA Kopenhagen 1845 (hg. unter dem Pseudonym Hilarius Buchbinder); dt. 1886.

Das Werk nimmt die Thematik von → *Enten-Eller* wieder auf, fügt aber dem ästhet. und dem ethischen das religiöse Existenzstadium hinzu. – Der 1. Teil (ästhet. Stadium) schildert ein Symposion, dessen Gespräche von der Liebe und dem problemat. Verhältnis von Mann und Frau handeln. Im 2. Teil (ethisches Stadium) wartet der Gerichtsrat Wilhelm mit einer Verteidigung der Ehe gegen die Einwände der Symposiaten auf. Seine These: Die Ehe ist eine Synthese zwischen dem Erotischen und dem Entschluß, mit dem der Ernst und der Glaube hinzutreten und das Erotische erhöhen. Den anschließenden Schwerpunkt der Schrift bildet die Geschichte der unglücklichen Verlobung des jungen Mannes Quidam (Kierkegaards eigene Verlobungsproblematik) und der Kommentar des Experimentators Frater Taciturnus zum Verständnis des Religiösen. Quidams Schwermut und die Verschiedenheit zwischen ihm und seiner Braut zwingen ihn, die Verlobung zu lösen. Er lebt »in der Potenz des Geistes mit Richtung auf das Religiöse, sie in ästhetische Kategorien«. Nun aber quält ihn die Frage, ob er dadurch schuldig geworden sei. In der Schwebe zwischen dem ›Schuldig-Nichtschuldig‹ gelingt es Quidam nicht, bis zum eigentlich Religiösen vorzudringen. Die Voraussetzung für das Religiöse ist nämlich das Anerkennen der Schuld (Sündenbewußtsein). Die dadurch mögliche Reue vollzieht die Bewegung nach Innen, ein inneres Handeln (»durch sich selbst sich etwas widerfahren lassen«), das unendlichen Raum schafft für das Religiöse als die Erfüllung.

Ausg.: Dt. von E. Hirsch, 1982.
Lit.: A. Paulsen, S. Kierkegaard. Deuter unserer Existenz, 1955.

F.-P. Burkard

Die Stellung des Menschen im Kosmos, Max Scheler; EA Darmstadt 1928.

Der Inhalt des Werks kennzeichnet den Anfang der modernen philosoph. Anthropologie. Ihm liegt ein Vortrag zugrunde, in dem Scheler die Grundlinien seiner in den vorausgehenden Jahren erarbeiteten und in Universitätsvorlesungen vorgetragenen philosoph. Menschenlehre komprimiert darbietet. Die Akzente des Vortragsthemas liegen bei der abhebenden Charakterisierung des Menschen als Vitalwesen im Verhältnis zu Tier und Pflanze und der seiner metaphys. Sonderstellung als geistige Person. Die Fragmente der geplanten ausführlichen Gesamtdarstellung sind in Band XII der ›Gesammelten Werke‹ enthalten (Nachlaßedition 1987). – Scheler konstatiert in der europäischen Bildung drei unvereinbare Ideen vom Menschen, die je zu einer theolog., philosoph. und naturwissenschaftlichen Anthropologie geführt hätten; aufgrund dieser Zergliederung betrachtet er es als Aufgabe, eine umfassende Menschenlehre zu entwickeln. In diesem Sinne unterscheidet er zunächst zwischen dem natursystemat. Begriff vom Menschen und dem Wesensbegriff des Menschen, der allererst dessen Sonderstellung im Kosmos zu erfassen ermöglicht. Während die Wissenschaften nur die spezielle sinnliche und motor. Organisation des Erdenmenschen zum Gegenstand erheben, beachtet die Philosophie auch die vitale Organisation des Erkenntnissubjekts und seinen Herrschaftswillen. Kraft seiner Teilhabe am biopsych. Lebensdrang steht der Mensch in der Stufenfolge psychischer Kräfte und Fähigkeiten, die von den Pflanzen über die niederen bis zu den höheren Tieren reicht. Sein Novum ist nicht in einer weiteren Stufe organ.-vitalen Seins begründet, sondern im gleichursprünglich ihm zugehörigen Geist. Als Person sind ihm Weltoffenheit, Selbstbewußtsein, Gegenstandsfähigkeit eigen, und er ist auf Sachlichkeit angelegt. Anteil am fremden und übersingularen Geist gewinnt er im Mitvollzug. Geist umgreift außer Vernunft als Ideendenken auch Anschauung von Urphänomenen, emotionale und volitive Akte. Im Akt der Ideierung, dessen Vollzug die ›phänomenolog. Reduktion‹ ermöglicht, wird das faktisch Reale in Richtung auf die ihm entsprechenden Wesensgehalte transzendiert. Hier liegt der Sinnmaßstab aller Kulturgestaltung, deren Verwirklichung aber nur durch die realitätschaffende und die zufälligen Bilder bestimmende Drangphantasie unter Leitung und Lenkung des Geistes möglich ist. Der Geist in seiner reinen Form ist ursprünglich ohne

Macht, der Lebensdrang ohne Sinnrichtung. Ziel und Ende alles endlichen Seins und Geschehens ist die gegenseitige Durchdringung des ursprünglich ohnmächtigen Geistes und des ursprünglich ›dämon.‹ d. h. gegenüber allen geistigen Ideen und Werten blinden Dranges – durch Vergeistigung des Lebens und Verlebendigung des Geistes. Im seinsgerechten Mitvollzug dieses metaphys. Geschehens ist der Mensch ›Mitarbeiter Gottes‹, in dessen absolutem Sein Natur und Geist ihre letzten Grundlagen haben.

Ausg.: Gesammelte Werke, Bd. IX, 1976. – [10]1983.

Lit.: P. GOOD (Hg.), M. Scheler im Gegenwartsgeschehen der Philosophie, 1975.

E. AVÉ-LALLEMANT

Der Stern der Erlösung, Franz ROSENZWEIG, entst. 1918–19; EA Frankfurt a. M. 1921.

In den Denkformen hegelian. geprägt, vielfältig an die mittlere (bes. ›Weltalter‹-Fragment) und späte Philosophie Schellings anknüpfend, versteht sich das Hauptwerk Rosenzweigs doch als fundamentaler Neuansatz des Philosophierens nach Hegel. – Wegen der Schwierigkeit seiner dialekt. Kombinatorik und des einseitigen Verständnisses als rein jüdisch-religionsphilosoph. Programmschrift rezeptionsgeschichtlich unterbewertet, muß das Werk doch als Bindeglied zwischen deutschem Idealismus, Neukantianismus (Rosenzweig ist Schüler H. Cohens), Lebensphilosophie und Existenzphilosophie als ein grundlegendes philosoph. Werk dieses Jahrhunderts gewertet werden. Wenige Jahre vor Heideggers → *Sein und Zeit* erschienen, setzt auch Rosenzweig bei der Todeserfahrung an, um in einer radikalen Kritik jeglicher ›Wesens‹-Philosophie, Gott (›metaphys.‹), Welt (›metalog.‹) und Mensch (›metaeth.‹) als irreduzible Grundereignisweisen des Seins auf den Stufen der Schöpfung, der Offenbarung und der Erlösung auf ihr stets ›Leben‹ meinendes Sosein, die Tatsächlichkeit ihrer Existenz freizugeben. Allgemeines in seine Besonderung entdinglichend (Überraschung, Gabe, nicht Gegebenes), mit Schelling system. Verdichtetes in strukturales Geschehen entlassend (die ›Eindimensionalität‹ des Idealismus kritisierend), werden, den Logos zu einer dynam. Grammatik entbindend, Gott, Welt und Mensch in einem dialog. Steigerungsgeschehen gesehen, dessen innere Dynamik Gestaltwerdung in der ›Augenblicksentsprungenheit‹ der Offenbarung ist, dessen Symbol die dynam. ineinander und auseinander wirkenden Dreiecke des Davidsstern bilden. Das Werk, das sich als Neuansatz jüdischen Philosophierens im 20. Jh. versteht, leistet zugleich eine subtile Auseinandersetzung zwischen christlichem Weg und jüdischer Existenz, die Differenzen zu Islam und den Formen der asiatischen Geistigkeit stets mitreflektierend, sich spiegelnd zugleich auf den Ebenen von Ästhetik, Ethik und Geschichtsphilosophie.

Ausg.: Gesammelte Schriften, II. Abt. (3 Bde. in einem Band), 1976.

Lit.: K. LÖWITH, M. Heidegger und F. Rosenzweig, in: Z. philos. Forsch. XII/2 (1958). – E. FREUND, Die Existenzphilosophie F. Rosenzweigs, 1959. – H. L. GOLDSCHMIDT, Dialogik, 1964. – B. CASPER, Das dialog. Denken, 1967. – H. LIEBESCHÜTZ, Von G. Simmel zu F. Rosenzweig, 1970. – H. H. SCHREY, Dialog. Denken, 1970. – J. TEWES, Zum Existenzbegriff F. Rosenzweigs, 1970. – Y. AMIR u. a., Offenbarung im Denken F. Rosenzweigs, 1979.

C.-H. HOEFER

Stoicheia (gr.; lat.: *Elementa; Elemente* [sc. der Mathematik bzw. Geometrie]), EUKLID, entst. um 300 v. Chr.; ED Venedig 1482 (lat.); Basel 1533 (gr., mit dem Kommentar von Proklos); dt. 1532 (Buch I), 1555 (Buch VII–IX), 1562 (Buch I–VI), 1723 (Buch I–XV).
Das Werk war nicht nur in der klassischen Antike und im arabischen und latein. Mittelalter das Hand- und Lehrbuch der Mathematik (vor allem der Geometrie), sondern es lag bei allen direkt oder indirekt von griechischer Kultur beeinflußten Völkern auch bis tief in die Neuzeit dem Unterricht zugrunde. Schon vor Euklid waren »Elemente« verfaßt worden, und neuere Forschungen haben auch die Inhalte einzelner Bücher und gewisse Formalien älteren Autoren zuweisen können. Die Leistungen Euklids hinsichtlich der systemat. Erfassung und Ergänzung des vorliegenden Materials, der Auswahl und Anpassung der Axiome, Sätze und Beweise und der Modernisierung unterschiedlicher älterer Verfahrensweisen sind jedoch sehr hoch einzuschätzen. Sie haben zu einem Umbau im System der Mathematik geführt, der bewirkte, daß sämtliche älteren mathemat. Werke der Griechen als überholt in Vergessenheit gerieten und verlorengingen. Euklid wirkte am Museion in Alexandria, doch scheint er seine Ausbildung direkt an der Platon. Akademie in Athen erhalten zu haben. Die von dort herrührende Annahme einer ideellen (Prä-) Existenz aller mathemat. Gegenstände ist Voraussetzung für die zugrundegelegte Axiomatik. Die Bücher I–VI mit der Planimetrie (I: Dreiecks- und Parallelenlehre, II: geometr. Algebra, III: Kreislehre, IV: regelmäßige Vielecke, V: Proportionenlehre nach Eudoxos von Knidos und VI: deren Anwendung auf ähnliche Figuren) haben die breiteste und längste Wirkung gehabt; die Bücher VII–IX enthalten, teilweise nach altpythagoreischen Vorbildern, die Arithmetik und Zahlentheorie, Buch X die Lehre vom Irrationalen nach Theaitetos und die Bücher XI–XIII die Stereometrie (Exhaustionsmethode nach Eudoxos, Nachweis der Existenz von nur fünf regulären Polyedern nach Theaitetos). Die ebenfalls reguläre Körper behandelnden Bücher XIV und XV stammen von Hypsikles (2. Jh. v. Chr.) bzw. aus der Schule des Isidoros von Milet (6. Jh. n. Chr.) und sind später dem Werk angehängt worden. Erste latein. Übersetzungen und Bearbeitungen des Werks entstanden bereits in der Spätantike (Boethius), davon unabhängige wurden im 12. Jh. aus dem Arabischen erstellt. Als Grundlehrbuch der Geometrie (und Arithmetik) bei den Muslimen und an den Kloster-, Dom- und Hochschulen (innerhalb der Artistenfakultät) des latein. Mittelalters und der Neuzeit bis ins 18. Jh. (im Elementarunterricht mit unterschiedlichem Bearbeitungsgrad teilweise bis fast in die Gegenwart) erreichten die *Elemente* und daraus speziell die Bücher I–VI neben der Bibel die höchsten Auflagenzahlen eines Buches. Seit dem ersten Druck einer mittelalterlichen latein. Übers. (1482) sind etwa 1000 Gebrauchs-Druckausgaben bis in die Mitte des 19. Jh.s erschienen, vorwiegend in latein. Sprache, aber auch in allen wichtigen Kultursprachen, einschließl. des Chines. (1595) und Arabischen (Rom 1594).

Ausg.: Gr., Opera omnia, hg. von J. L. Heiberg, Bd. I–V, 1883–1888 (Repr. ^{2}1969–1973). – Dt., von C. Thaer, 1933–1937 (Repr. 1962).
Lit.: Th. L. Heath, The Thirteen Books of Euclid's Elements, 3 Bde., ^{2}1925 (Repr. 1956). – Á. Szabó, Die Anfänge der griechischen Mathematik, 1969. – I. Mueller, Philosophy of Mathematics and Deductive Structure of Euclid's Elements, 1981. – M. Steck, Bibliographia Euclideana, 1981.

F. Krafft

Stoicheiōsis theologikē (gr.; lat.: *Elementatio theologica; Theologische Elementarlehre*), Proklos (412–485); ED Ferrara 1583 (lat.; übers. von Francesco Patrizi), Hamburg 1618 (gr., in: Procli successoris Platonici in Platonis theologiam libri sex, übers. von Aemilius Portus).

Die *Stoicheiōsis*, eine systemat. Darstellung der neuplaton. Metaphysik, besteht aus 211 Lehrsätzen mit ihren jeweiligen Beweisen und schließt sich method. (reine aprior. Deduktion) eng an das synthet. Verfahren von Euklids *Elementen* an. Ziel der Schrift ist eine vollständige und kohärente Exposition der späten neuplaton. Metaphysik. Im 1. Teil (Sätze 1–112) führt Proklos die für den Neuplatonismus grundlegenden metaphys. Antithesen ein (z. B. Einheit und Vielheit; Ursache und Verursachtes; verschiedene Arten der Bewegung; Transzendenz und Immanenz; Ewigkeit und Zeit; Teil und Ganzes; Grenze und Unbegrenztes usw.), während der 2. Teil (Sätze 113–211) mit Hilfe dieser Antithesen die wichtigsten Beziehungen verdeutlicht, die innerhalb der drei großen Bereiche des geistigen Seins (Götter bzw. Henaden, Intelligenzen und Seelen) bestehen, sowie diejenigen, die zwischen diesen Bereichen und den niedrigeren Ebenen der Realität (Körperwelt) vorherrschen. Die Grundvoraussetzung der Schrift besteht nach E. R. Dodds in der »Annahme, daß die Struktur des Kosmos genau die Struktur der griechischen Logik widerspiegelt«. – Die *Stoicheiōsis* hat auf indirektem Weg einen kaum zu überschätzenden Einfluß auf das Denken des europäischen Mittelalters ausgeübt, da sie als Exzerpt Eingang in den weitverbreiteten → *Liber de causis* fand. Im deutschen Idealismus (besonders bei Hegel) erlebte die Beschäftigung mit Proklos eine Art von Renaissance, da man in ihm aufgrund seines Triadismus und seines Systemanspruchs einen direkten Vorläufer erblickte. Verständlicherweise konnte Schopenhauer dagegen in ihm nur den ›schalen Begriffsphilosophaster‹ sehen.

Ausg.: Gr., hg. von E. R. Dodds, ^{2}1963.
Lit.: J. M. P. Lowry, The Logical Principles of Proclus' Stoicheiosis theologike as Systematic Ground of the Cosmos, 1980.

L. Deitz

Stoicorum veterum fragmenta I–III (*Fragmente der älteren Stoiker*), gesammelt von Hans von Arnim, 1903–1905; Band IV (= Indices) von M. Adler, EA Leipzig 1924.

Die aus Cicero, Philon von Alexandrien, Plutarch, Alexander von Aphrodisias, Galen, Sextus Empiricus, Stobaios u. v. a. gewonnenen Fragmente zerfallen in zwei Hauptteile: Bd. I enthält die Sammlung der Fragmente des Begründers der Stoa, Zenon von Kition (ca. 334–263 v. Chr.), und seiner Schüler (Ariston von Chios, Apollophanes, Herillos von Karthago, Dionysios von Herakleia [»der Überläufer«], Persaios von Kition, Kleanthes von Assos und Sphairos); Bd. II und Bd. III enthalten die Fragmente des wichtigsten Stoikers nach Zenon, Chrysipp von Soloi (ca. 281–208 v. Chr.), und seiner Schüler bzw. Nachfolger (Zenon von Tarsos, Diogenes von Babylon, Antipater von Tarsos, Boethos von Sidon, Basilides, Eudromos und Krinis). Den Fragmenten jedes Autors werden zunächst die Testimonien zur Vita vorausgeschickt; die Fragmente selbst werden – soweit die Überlieferung dies zuläßt – in die seit der Älteren Akademie üblichen drei Hauptdisziplinen der Philosophie: Logik (bzw. Dialektik), Physik und Ethik untergliedert. Daß die Sammlung der Chrysipp-Fragmente bei weitem die umfangreichste ist, erklärt sich aus der Tatsache, daß v. Arnim in der Regel (d. h. wenn keine triftigen Gründe dagegen sprachen) alle Texte allgemein-stoischen Inhaltes ihm zuschrieb. Die seinerzeit epochemachende Ausgabe der Stoikerfragmente hat erst die Stoaforschung ermöglicht, die die Unzulänglichkeiten dieser Sammlung aufzeigte: 1. Die Beschränkung auf die ältere Stoa ist wenig sinnvoll, da man aus ihr nicht ersehen kann, in welchen Punkten die jüngeren Stoiker Chrysipp nicht gefolgt sind; 2. die Aufgliederung der Fragmente nach Personen geschieht auf Kosten der Systematik; 3. die zitierten Texte sind ohne ihren oft zusätzliche klärende Information bietenden Kontext abgedruckt; 4. die Sammlung weist schließlich ganz empfindliche Lücken (insbes. in bezug auf die stoische Logik) auf. Eine vollständige Sammlung der Stoikerfragmente mit Übersetzung und Kommentar bleibt somit ein Desiderat; einen ersten Teilschritt zur Auffüllung dieser Lücke stellen die neuen und umfassenden *Fragmente zur Dialektik der Stoiker* dar.

Ausg.: Repr. (1903/1905/1924) 1978/79. – K. Hülser, Die Fragmente zur Dialektik der Stoiker. Neue Sammlung der Texte mit deutscher Übersetzung und Kommentaren von K. Hülser, 1987ff. (4 Bde.).

L. Deitz

Les strategies fatales (frz.; *Die fatalen Strategien*), Jean Baudrillard; EA Paris 1983; dt. 1985.

Im Unterschied zu →*L'échange symbolique et la mort* hält Baudrillard in den Essays dieses Buches den beschleunigten Gesellschaftsprozeß, wie er sich den Bedürfnissen und den Wünschen der beteiligten Menschen verdankt, für unaufhaltsam. Fatal heißt tödlich. Die Strategien des Begehrens des Subjekts sind ausnahmslos über eine Grenze hinausgetrieben, die ihnen früher einen gewissen Sinn gab. Wenn Baudrillard überhaupt noch Einsprüche zuläßt, dann einzig von der Seite der Objekte. Diesen ›Objekten‹, ihrem Schicksal und ihrer Sprache, die eine der Verführung ist, die dem Begehren entgeht, sind die Hauptabschnitte des Buches gewidmet. Es geht immer um eine ›Rache‹, um eine ›Ironie‹, um eine ›Gleichgültigkeit‹ in der zeremoniellen Ordnung der Dinge. Abschließend wird die Vermutung geäußert, daß die genannten Einsprüche durch ein ›Prinzip des Bösen‹ zusammengehalten werden. »Es gibt vielleicht nur eine einzige fatale Strategie: die Theorie.«

D. Kamper

Der Streit um die Existenz der Welt, Roman Ingarden; EA Tübingen 1964/65, 1974 (3 Bde.; veränd. u. erw. Fassung des 1947–1948 in Krakau u. d. T. *Spór o Istnienie Świata* erschienenen Werks).

In seinem ontolog. Hauptwerk versucht Ingarden, auf der Grundlage sorgfältiger Analysen der verschiedenen Seinsweisen den Boden für eine Entscheidung der Kontroverse um das Sein der realen Welt zu bereiten. – Die Bezweifelbarkeit der Existenz der Welt gründet in der ontolog. Sachlage ihrer Transzendenz den Bewußtseinserlebnissen gegenüber, so daß es sich hier um kein erkenntnistheoret., sondern um ein ontolog. Problem handelt. Auf der Basis einer Differenzierung zwischen vier ›Seinsweisen‹ (absolutes überzeitliches Sein, außerzeitliches ideales Sein, zeitlich bestimmtes reales Sein, rein intentionales Sein) und mehreren, diese jeweils charakterisierenden Gegensatzpaaren ›existentialer Momente‹ (z. B.: ›Seinsursprünglichkeit-Seinsabgeleitetheit‹) kann die ontolog. Analyse den Nachweis der Unhaltbarkeit mehrerer Positionen der Idealismus-Realismus-Kontroverse führen und die Lösungsmöglichkeiten des Problems auf zwei kreationist. Ansätze einengen. – Die den Ausgangspunkt des Werkes bildende Kritik am transzendentalen Idealismus Husserls hat maßgeblich auf die Diskussion um eine ontolog. Fundierung der Phänomenologie eingewirkt.

Lit.: W. Schopper, Das Seiende und der Gegenstand. Zur Ontologie R. Ingardens, 1974.

J. Monar

Strōmateis (gr.; *Teppiche*), Klemens von Alexandrien (eigentl. Titus Flavius Clemens), entst. zwischen 202 und 215; ED Florenz 1550; dt. 1936.

Nach der Ermahnung des → *Protreptikos pros Hellēnas* und der Erziehung des → *Paidagōgos* soll dieses Werk anstatt des ursprünglich geplanten *Didaskalos* die christliche Offenbarungswahrheit darlegen und greift dabei auf jene in der Antike geläufige, durch den Titel angedeutete Literaturgattung zurück, welche es erlaubt, Fragen in bunter Reihenfolge zu behandeln. Zunächst wird das Verhältnis der griechischen Philosophie zum Christentum (Buch I) sowie die Überlegenheit des letzteren (II) erörtert; danach wird auf die Unterschiede zwischen kirchlicher und häret. Gnosis hingewiesen (III/IV). Das V. Buch behandelt neben dem Verhältnis der echten Gnosis zum Glauben auch die symbol. Darstellung religiöser Wahrheiten, während die beiden anschließenden Bücher den wahren Gnostiker als den idealen Christen vorstellen. Das VIII. Buch enthält nur Vorarbeiten und Skizzen und war wahrscheinlich nicht zur Veröffentlichung bestimmt.

Ausg.: O. Staehlin, [4]1985.

Lit.: D. Wyrwa, Die christliche Platonaneignung in den ›Strōmateis‹ des Clemens von Alexandrien, 1983.

H. Frohnhofen

Le structuralisme (frz.; *Der Strukturalismus*), Jean Piaget; EA Paris 1968; dt. 1973.

In der erkenntnistheoret.-methodolog. Abhandlung über Strukturen und Strukturtheorien liefert Piaget eine Einführung in die Methode des Strukturalismus, stellt dessen Hauptströmungen in den verschiedenen wissenschaftlichen Disziplinen vor und leitet aus deren Vergleich und Kritik ein interdisziplinär-strukturalist. Methodenraster für die Ontogenese von Bewußtseinstrukturen ab. – Ausgehend von der Bestimmung des Strukturbegriffs als systemat. Einheit selbstregulierender

Transformationen – Ganzheitlichkeit, Transformation und Selbstregulierung sind die entscheidenden Charakteristika einer jeden ›Struktur‹ –, setzt sich Piaget mit den strukturalist. Ansätzen in der Mathematik und Logik (Bourbaki-Gruppe, K. Goedel), physikal., biolog., psycholog., linguist. (Saussure, Chomsky), anthropolog. (Lévy-Strauss) und anderen sozialwissenschaftlichen strukturalist. Positionen auseinander, um dieses ›Spektrum möglicher Strukturen‹ im Rahmen einer interdisziplinär angelegten genet. Erkenntnistheorie vergleichbar und fruchtbar zu machen. Dabei wendet er sich gegen Ansätze, die a priori ein erkennendes Subjekt voraussetzen, gegen ›unreflektierte Abstraktionen‹ bzw. unfruchtbare Formalisierungen, welche die Genese von Strukturen vernachlässigen (logischer Positivismus), gegen alle Formen eines determinist. Konstruktivismus, die den subjektiven Aspekt ausklammern, gegen Empirismus und Vitalismus. Entgegen atomist. und ganzheitlichen Erklärungsversuchen, aber auch entgegen der ›unreflektierten Modeerscheinung‹ strukturalist. Positionen, fordert Piaget einen ›authent. analyt. Strukturalismus‹ als interdisziplinären, andere Forschungsmethoden intergrierenden Ansatz. – Die Abhandlung über den Strukturalismus zählt im Rahmen des voluminösen Gesamtwerks Piagets zu den späteren grundlegenden erkenntnistheoret.-methodolog. Schriften, ist aber im Vergleich zu den anderen Veröffentlichungen nur wenig gewürdigt worden.

Lit.: H. Gardner, The Quest of Mind: Piaget, Lévi-Strauss, and the Structuralist Movement, 1973.

U. Nimsdorf

La structure du comportement (frz.; *Die Struktur des Verhaltens*), Maurice Merleau-Ponty; EA Paris 1942; dt. 1976.

Das Erstlingswerk Merleau-Pontys macht das Verhältnis von Bewußtsein und Natur zum zentralen Thema; die Alternative zwischen szientist. Naturalismus und philosoph. Intellektualismus soll durch eine Untersuchung des leiblichen Verhaltens unterlaufen werden. – Gegen den Behaviorismus wird verhalten als ›Auseinandersetzung‹ des Organismus mit der Umwelt begriffen, wobei Bewußtsein dem Verhalten nicht äußerlich bleibt, sondern sich in einem Gestaltbildungs- und Strukturierungsprozeß als eine höhere Struktur aus ihm entwikkelt. Merleau-Ponty zeigt im 1. Abschnitt zunächst am Reflexverhalten und im 2. Abschnitt an höheren Verhaltensweisen, daß die Wissenschaften in der Erklärung dieser Phänomene ohne die Begriffe Struktur, Gestalt und Sinn nicht auskommen können. Eine Situation als ›Reizgestalt‹ hat für den Organismus stets Bedeutung und Wert. Struktur und Gestalt sind dadurch ausgezeichnet, daß sie weder Ding noch Idee sind, sondern die Organisation der Wirklichkeit darstellen. Der 3. Abschnitt behandelt die vertikale Gliederung der Strukturebenen der physischen, der vitalen und der menschlichen Ordnung, wobei die letztere sich dadurch hervorhebt, daß Strukturen überschritten werden können. Im 4. Abschnitt fragt Merleau-Ponty nach der Fundierung der Strukturen und fordert eine ›neue Transzendentalphilosophie‹, die das Wahrnehmungsbewußtsein mit seinen widerständigen Strukturen zu denken vermag, jenseits der

Alternative einer fertigen Natur und eines transparenten Bewußtseins. – Das Werk kann als einer der ersten Versuche der Anwendung einer dynam.-strukturalen Denkweise angesehen werden.

Lit.: B. WALDENFELS, Phänomenologie in Frankreich, 1983.

P. KIWITZ

The Structure of Scientific Revolutions (engl.; *Die Struktur wissenschaftlicher Revolutionen*), Thomas S. KUHN; EA Chicago 1962; dt. 1976.

Das Werk beinhaltet eine Neuinterpretation der Wissenschaftsgeschichte und entwickelt zugleich einen eigenständigen wissenschaftsphilosoph. Ansatz. – Induktivisten wie etwa Hume oder Carnap und Deduktivisten wie Popper sind sich in einer kontinuierlich-kumulativen Sicht der Wissenschaftsentwicklung weitgehend einig. Kuhn setzt dem eine doppelte Differenzierung entgegen: Eine wissenschaftliche Disziplin ist nicht durch einen bestimmten Gegenstandsbereich und eine bestimmte Forschungsmethode gekennzeichnet, sondern wird durch sich verändernde Paradigmata geprägt, dabei sind Perioden normaler und außerordentlicher Forschung zu unterscheiden. Ein ›Paradigma‹ beinhaltet gemeinsame intuitive Einstellungen einer Gruppe von Wissenschaftlern gegenüber den Gegenständen ihrer Forschung, aber auch bestimmte als zulässig anerkannte Regeln (eine wissenschaftliche Methode). ›Normale Wissenschaft‹ bleibt innerhalb eines oder mehrerer nicht als konkurrierend empfundenen Paradigmata, während außerordentliche Forschung darauf hinzielt, ein tradiertes Paradigma durch ein neues zu verdrängen. Außerordentliche Forschung wird im allgemeinen durch das Auftreten von Anomalien angeregt, die im Rahmen der bestehenden Paradigmata nicht befriedigend behoben werden können. Der Übergang zu einem neuen Paradigma ist ein überwiegend irrationaler Vorgang, der nicht den Charakter eines begründungsorientierten wissenschaftlichen Diskurses, sondern eher den eines Generationenkonfliktes oder eines Glaubenskampfes hat. – Das Werk löste eine heftige wissenschaftstheoret. Kontroverse aus. Da viele Kritiker zum Kreis der Popperianer gehörten, wird sie vielfach als Popper-Kuhn-Kontroverse bezeichnet, was jedoch insofern irreführend ist, als sich die Theorie Kuhns gegen die gesamte traditionelle Wissenschaftsphilosophie richtet. Ein unbestreitbares Verdienst des Werkes ist es, den Weg für eine engere Verkoppelung wissenschaftstheoret. und -histor. Forschungen bereitet zu haben.

Lit.: T. S. KUHN, Die Entstehung des Neuen. Studien zur Struktur der Wissenschaftsgeschichte, 1976. – W. STEGMÜLLER, Hauptströmungen der Gegenwartsphilosophie, Bd. III, [8]1987.

J. NIDA-RÜMELIN

The Structure of Social Action. A Study in Social Theory with Special Reference to a Group of Recent European Writers (engl.; *Die Struktur sozialen Handelns*. Eine gesellschaftstheoretische Studie unter besonderer Berücksichtigung einer Gruppe neuerer europäischer Autoren), Talcott PARSONS; EA New York 1937.

In seinem ersten Hauptwerk entwickelt Parsons aus der vergleichenden Analyse der Werke des Ökonomen Marshall und der Soziologen Pareto, Durkheim und M. Weber einen normativen handlungstheoret. Rahmen als letzten Bezugspunkt einer systemat. soziolog. Theorie – Die scheinbar theoriegeschichtliche Interpretation verfolgt ein systemat. Anliegen: Eine umfangreiche Textanalyse soll zeigen, daß sich bei den erwähnten Theoretikern ein gemeinsamer theoret. Bezugsrahmen herausarbeiten läßt, der entscheidend über die soziolog. Ansätze des 19. Jh.s hinausführt und als das Konzept einer allgemeinen Handlungstheorie gedeutet werden muß. Zunächst bestimmt Parsons sehr abstrakt die analyt. Grundstruktur der Handlung, wobei vor allem auf die nicht-rationalen und normativen Komponenten Wert gelegt wird. Als ›voluntarist.‹ Handlungsmodell wird es der damals üblichen behaviorist. und utilitarist. Auffassung entgegengesetzt. In den folgenden weitaus umfangreicheren Teilen analysiert er die vier Autoren und will zeigen, daß sowohl die positivist. Richtung der Gesellschaftstheorie wie auch die idealist. in dieser voluntarist. Handlungstheorie konvergieren. Der von einzelnen Handlungen abstrahierte Begriffsrahmen, der diese in den Begriffen von Handlungsorientierungen analysiert, die einem Aktor in einer Handlungssituation zugeschrieben werden, muß die Grundlage einer umfassenden soziolog. Theorie werden. – Die normative Handlungstheorie markiert zwar den Durchbruch zu einer globalen soziolog. Theorie, hat aber mittlerweile wegen ihrer einseitigen Ausrichtung am Individuum (trotz gewisser Korrekturen durch Parsons' Weiterentwicklung zur strukturell-funktionalen Systemtheorie) gegenüber rein systemtheoret. (Luhmann) oder kommunikationstheoret. Ansätzen (Habermas) an Boden verloren.

Lit.: R. MÜNCH, Theorie des Handelns, 1982.

H. SCHEIT

Les structures élémentaires de la parenté (frz.; *Die elemtaren Strukturen der Verwandtschaft*), Claude LÉVI-STRAUSS, EA Paris 1949; dt. 1981.

Mit seiner Untersuchung über die elementaren Strukturen der menschlichen Verwandtschaftsformen hat Lévi-Strauss seinen Ruhm als Ethnologe begründet; der empir. geführte Nachweis, daß sich die verschiedenen Formen der Verwandtschaft aus zwei unterschiedlichen Mustern eines für alle Gesellschaften konstitutiven Frauentausches herleiten lassen, stellt die bahnbrechende Leistung dieser Schrift dar. – Lévi-Strauss schließt method. an eine Vorstellung Durkheims an, wenn er es sich zum Ziel setzt, die komplexen Formen der menschlichen Verwandtschaftsbeziehungen dadurch zu erklären, daß er sie auf elementare Grundmuster zurückführt; die theoret. Mittel, die er dabei zur Anwendung bringt, ergeben sich aus einer Verallgemeinerung der von M. Mauss entwickelten Thesen über die vergesellschaftende Funktion des Gabentausches. Lévi-Strauss geht davon aus, daß das allen Heiratsregeln zugrundeliegende Inzesttabu dazu dient, durch das Verbot von Heiraten innerhalb bestimmter Verwandtschaftsgrade den Austausch von Frauen mit jeweils anderen Gruppen zu gewährleisten; auf diese Weise sorgt die Exogamieregel – wie die menschliche Sprache – für einen ständigen

Kommunikationsfluß zwischen den sozialen Gruppen und trägt damit konstitutiv zur Integration der Gesellschaft bei. Zwei unterschiedliche Formen des Frauentausches sind es, die als alternative Grundregeln der Bildung von Verwandtschaftsbeziehungen zugrundeliegen: im eingeschränkten Tausch werden die Frauen stets zwischen paarweisen Gruppen ausgetauscht, während sich der verallgemeinerte Tausch indirekt über mindestens drei beteiligte Gruppen vollzieht. Aus diesen beiden Grundmodi des Frauentausches versucht Lévi-Strauss nun in seiner Untersuchung, alle empir. anzutreffenden Formen der Verwandtschaftsbeziehung zu rekonstruieren. – Innerhalb der ethnolog. Verwandtschaftsforschung hat die Studie von Lévi-Strauss, auch wenn sie in einzelnen Hypothesen höchst umstritten ist, längst die Rolle eines ›Klassikers‹ übernommen.

Lit.: M. Oppitz, Notwendige Beziehungen. Abriß der strukturalen Anthropologie, 1973.

A. Honneth

Strukturwandel der Öffentlichkeit. Untersuchungen zu einer Kategorie der bürgerlichen Gesellschaft, Jürgen Habermas; EA Neuwied/Berlin 1962.

Der für die Sozialwissenschaften grundlegende Begriff der ›polit. Öffentlichkeit‹ wird in diesem philosoph.-soziolog. Werk auf seine histor. Voraussetzungen hin analysiert. In dialekt. Verschränkung rekapituliert Habermas chronolog. Erscheinungsweisen des Selbstverständnisses polit. Öffentlichkeit und stellt sie den jeweiligen gesellschaftlichen Wirklichkeiten gegenüber. Dabei weist er nach, daß die ›Behauptung bürgerlicher Öffentlichkeit‹, eine aus der Kraft des besseren Arguments geborene öffentliche Meinung hervorbringen zu können, auf der angenommenen Gültigkeit spezif. Bedingungen beruht, die die Ökonomie im Modell der vollständigen Konkurrenz exemplar. zusammengefaßt hat. Auf der Grundlage dieser Analogie konnte für Kant die ›intelligible Einheit des transzendentalen Bewußtseins‹ der sich in der Öffentlichkeit herstellenden ›Einigung aller empir. Bewußtseine‹ entsprechen. Mit dem histor. Zerfall bürgerlicher Öffentlichkeit als Folge der wechselseitigen Durchdringung von Staat und Gesellschaft ist Öffentlichkeit jedoch zum formalen Postulat sozialstaatlicher Legitimation verkommen. ›Refeudalisierte‹ Öffentlichkeit geschieht vor dem Publikum, ›demonstrative‹ hat kritische Publizität ersetzt. Obwohl der Begriff der bürgerlichen Öffentlichkeit dem partikularen Emanzipationsinteresse des liberalen Bürgertums entstammt, gewinnt er für Habermas idealtyp. Universalität durch seinen Anspruch, Herrschaft durch Vernunft zu ersetzen. Die in diesem Werk ausgesprochene Diagnose eines Strukturwandels der Öffentlichkeit ist zum Paradigma kommunikationstheoret. Gesellschaftsanalyse geworden. Die Forderung, die legitimator. Kraft der öffentlichen Meinung wiederherzustellen, avancierte zu einem Leitmotiv im Gesamtwerk von Habermas.

Lit.: W. Kunstmann, Gesellschaft, Emanzipation, Diskurs, 1977.

H. Wittig

A Study of History (engl.; *Eine Untersuchung der Geschichte*), Arnold Joseph Toynbee; EA London 1934–1961 (12 Bde.); dt. 1949, ab [2]1949 Der Gang der

Weltgeschichte. Aufstieg und Verfall der Kulturen.
Die geschichtsphilosoph. Studie will durch vergleichende Betrachtung aller jemals existierenden Zivilisationen jene typischen Gesetze ermitteln, die Entstehung, Wachstum, Niedergang und Zerfall einer Kultur bestimmen. – Toynbee unterscheidet insgesamt 21 eigenständige, gleichwertig neben- bzw. nacheinander bestehende und sich dabei wechselseitig beeinflussende Kulturkreise, deren Bildung bzw. Formung nach dem Schema von ›Herausforderung und Antwort‹ erfolgt (›challenge and response‹): Eine vorgegebene Problemlage wird durch schöpfer. Einfälle ›gelöst‹, schwierigen Situationen wird nach Freisetzung neuartiger Kräfte Abhilfe geboten. Kulturen sind demnach gestaltgewordene Reaktionen des Menschen auf die Ansprüche seiner Umgebung, Selbstentfaltungen eines lebenssichernden ›élan vital‹ (Bergson). Im Unterschied zu Spengler (→ *Der Untergang des Abendlandes*), der die Zukunftsaussichten der westeuropäischen Zivilisation in trüben Farben zeichnet, sieht Toynbee durchaus ihre positiven Entwicklungszüge. Vor allem die ›höheren Religionen‹ (Weltreligionen) bieten dem gegenwärtigen Menschen frei zu wählende Möglichkeiten geistiger Evolution und moral. Fortschritts und führen so den einheitlich zusammenhängenden Geschichtsverlauf zu einem in sich sinnvollen Abschluß. – Toynbees großangelegte Studie ist der vorerst letzte Versuch einer philosoph. Denken und histor. Forschen miteinander verbindenden, alle Zeiten und Räume umspannenden Universalgeschichte.

Ausg.: Dt., Kurzfassung von D. C. SOMERVELL, übers. von J. v. KEMPSKI, 1970.
Lit.: M. HENNINGSEN, Menschheit und Geschichte, Untersuchungen zu A. J. Toynbees ›A Study of History‹, 1967. – E. SCHULIN (Hg.), Universalgeschichte, 1974.

F.-L. KROLL

Die Stufen des Organischen und der Mensch, Helmuth PLESSNER; EA Berlin 1928.
Das Werk behandelt Probleme einer philosoph. Biologie und Anthropologie. In der Auseinandersetzung mit Driesch sowie der Phänomenologie Husserls und Schelers greift Plessner auf der Suche nach dem dem Menschen eigenen Sein Diltheys Lebensphilosophie auf und verlangt, das Lebe- und Geistwesen Mensch auf sich selbst hin freizugeben. Der naturwissenschaftlich Gebildete konstruiert dabei nicht ein metaphys. Wesensgepräge des Menschen, behauptet nicht seine Sonderstellung gegenüber und jenseits der Natur und anderen Lebewesen; vielmehr bedenkt er nicht allein das Verhältnis von Leib und Umwelt, Person und Mitwelt, sondern gelangt auch zu einer Korrelationsstufentheorie von Lebensform und -sphäre, die den pflanzlichen, tierischen (offene Organisationsform der Pflanze, geschlossene des Tieres) und menschlichen Lebenstyp einander annähert. Daß der Untersuchung außermenschlichen Seins notwendig eine Existentialanalytik des Menschen vorgehe, erscheint ebenso als dogmat. oder method. Anthropozentrismus wie der Grundgedanke der exakten Naturwissenschaft, die Herrschaft über die Natur verlangt. In der dynam. und begrenzten Gestalt des Menschen, seiner Reifung zur Hinfälligkeit, der Verschlingung von Leben und Sterben findet

Plessner anthropolog. Grundgesetze (natürliche Künstlichkeit, vermittelte Unmittelbarkeit, utopischer Standort), die Eigenheit des Menschen, sich weder der Nächste noch der Fernste zu sein und sich durch diese Exzentrizität seiner Lebensform mit allen Lebewesen der Welt zusammengehörig zu finden. Die Situation der Exzentrizität und Positionalität des Menschen führt Plessner zu einer heute erneuerten Kritik eines vor allem dem Menschen zugewandten Fortschrittsprozesses.

Ausg.: [3]1975.
Lit.: G. DUX u. a. (Hg.), Sachlichkeit, 1974.

A. KÖPCKE-DUTTLER

Substanzbegriff und Funktionsbegriff. Untersuchungen über die Grundfragen der Erkenntniskritik, Ernst CASSIRER; EA Berlin 1910.

Cassirers erste systemat. Schrift, dem Neukantianismus Marburger Prägung, speziell H. Cohens, verpflichtet, ist eine am Paradigma der mathemat. Begriffstheorie entwickelte Begriffs- und Abstraktionstheorie. Fragt Cassirer mit Kant nach Umfang und Grenzen des von der Erfahrung unabhängigen reinen Vernunftvermögens und geht es ihm um die Aufdeckung der allgemeingültigen Formelemente in der Erkenntnis, um eine transzendentale Logik, so betont er gegen Kant, daß die ausgearbeiteten wissenschaftlichen Begriffssysteme selbst dem Geschichtsprozeß unterworfen sind. Es kann allein darum gehen, ›Konstanten der theoret. Konstruktion‹ herauszuarbeiten, allgemeingültige ›Grundrelationen‹ oder ›Funktionsformen‹ rationaler und empir. Erkenntnis. Zu diesen ›Invarianten‹ zählt Cassirer Zahl, Größe, Raum, Zeit, Kausalität, Wechselwirkung u. a. Nur auf der Basis dieser die Struktur des reinen Bewußtseins bildenden Formen sind im Prozeß der Erkenntnis Objektivation und Systematisierung möglich. Gegenständliche Erkenntnis ist immer Fixierung von Verknüpfungszusammenhängen, ein aktiver Prozeß, der symbolvermittelt ist. Dabei ist für Cassirer das Verfahren systemat. Reihenbildung Prototyp aller Begriffsbildung überhaupt. Dehnt Cassirer seine transzendentalphilosoph. Reflexion der Prinzipien der Erkenntnis weit über das von Kant Gedachte hinaus aus, so betont er damit zugleich, daß die mathemat.-naturwissenschaftliche Erkenntnisform nicht die einzige ist, die ›Wirklichkeit‹ logisch konstituiert. An diesem Gedanken hat Cassirer in → *Philosophie der symbolischen Formen* später systemat. weitergearbeitet. – Die Schrift begründete zusammen mit seinem Werk über → *Das Erkenntnisproblem in der Philosophie und Wissenschaft der neueren Zeit* den Ruhm Cassirers, zog aber auch die Kritik H. Cohens auf sich.

Ausg.: Repr. 1976.
Lit.: H. SMART, Cassirers Theorie der mathemat. Begriffsbildung, in: P. A. SCHILPP (Hg.), E. Cassirer, 1966. – K. NEUMANN, E. Cassirer. Das Symbol, in: J. SPECK (Hg.), Grundprobleme der großen Philosophen. Philosophie der Gegenwart II, [2]1981.

M. HIELSCHER

Sudelbücher, Georg Christoph LICHTENBERG, entst. 1765–99; EA Göttingen 1801 (Auswahl u. d. T. *Bemerkungen vermischten Inhalts*, in: Vermischte Schriften, Bd. I u. II).

Im strengen Sinn kein ›Werk‹, stellen die *Sudelbücher* eine nur zum eigenen Gebrauch, nicht zur Publikation, bestimmte Sammlung philosoph., psycholog., physikal., polit., literar. und privater Aufzeichnungen dar, die Lichtenberg über 35 Jahre hinweg bis zu seinem Tod in über 15 (z. T. verschollenen), A bis L überschriebenen Notizheften angelegt hat. Die postume Veröffentlichung dieser fortlaufenden Protokolle eines rastlosen Ingeniums offenbarte jedoch, daß hier Lichtenbergs eigentliches Hauptwerk vorlag, welches allein seinem außerordentlichen Rang als Naturforscher und Aufklärer im späten 18. Jh. entsprach. In scharfsinnigen, witzigen und eleganten Aphorismen reflektiert er nicht nur das nahezu gesamte intellektuelle Spektrum jener Umbruchsjahre: von den Entdeckungen der nachnewton. Physik (B. Franklin, W. Herschel, A. Volta) über die neue Anthropologie aus dem Geist der empir. Psychologie (D. Hartley) und analyt. Autobiographik (Rousseau), die zwischen Mystik (Böhme) und Spinozismus schwankende Religionsdebatte bis hin zur Auseinandersetzung mit der Kantischen Vernunftkritik und der Französ. Revolution. Als Virtuose des ›Möglichkeitssinns‹, des Denkens im Konjunktiv, sucht er darüber hinaus unter der Devise »Man muß mit Ideen experimentieren« gezielt und ohne Rücksicht auf geistige Tabus in einer Vielzahl hypothet. Gedankenspiele die Grenzen des seiner Zeit gezogenen Denkraumes zu überschreiten. – Dank ihrer gedanklichen Schärfe und ihrer stets treffsicheren Sprache haben Lichtenbergs Aphorismen ihre Epoche überdauert und nicht nur Goethe und Schopenhauer, sondern u. a. auch Nietzsche, Freud, K. Kraus und R. Musil in ihren Bann gezogen.

Ausg.: Schriften und Briefe, [3]1980 (Bd. I), [2]1975 (Bd. II). – Hg. von F. H. MAUTNER, 1984.

Lit.: P. REQUADT, Lichtenberg, [2]1964. – F. H. MAUTNER, Lichtenberg, 1968. – A. SCHÖNE, Aufklärung aus dem Geist der Experimentalphysik, 1982.

W. RIEDEL

Suite du quatrième livre de l'Odyssée d'Homère, ou les aventures de Télémaque, fils d'Ulysse (frz.; *Fortsetzung des vierten Buches der Odyssee von Homer oder Die Abenteuer des Telemach, Sohn des Odysseus*), François de Salignac de la Mothe FÉNELON, entst. 1695/96; EA Paris 1699 (unvollständig), Den Haag/Brüssel 1699; dt. 1700 Staats-Roman, welcher unter der denckwürdigen Lebens-Beschreibung Telemachi . . . vorstellet, wie die königl. und fürstlichen Printzen zur Staats-Kunst und Sitten-Lehre anzuführen.

Der Bildungsroman wurde u. d. T. *Les aventures de Télémaque* bekannt; die als Fürstenspiegel für den Duc de Bourgogne konzipierte romaneske Anknüpfung an die *Odyssee* schildert die abenteuerliche Reise Telemachs auf der Suche nach seinem Vater Odysseus, die ihm Gelegenheit gibt, verschiedene Herrscher und Staatsformen kennenzulernen und daraus in Gesprächen mit dem weisen Mentor, in dessen Gestalt ihn die Göttin Minerva begleitet, Lehren für seine spätere Regierungsaufgabe zu ziehen. Obwohl in Hinblick auf den potentiellen Thronfolger und seine Regierungsaufgaben geschrieben, erzielte das Buch große Breitenwirkung; Zeitgenossen erkannten in ihm Kritik am Absolutismus, spätere Autoren würdigten es als Manifest fortschrittlichen staatspolit. Denkens.

Ausg.: Dt., von F. Rückert, 1984 (RUB 1327).
Lit.: V. Kapp, ›Télémaque‹ de Fenelon. La signification d'une œuvre littéraire à la fin du siecle classique, 1982.

S. Schauf

Summa contra Gentiles seu Liber de veritate catholicae fidei contra errores infidelium (lat., *Summe gegen die Heiden* oder Buch der Wahrheit des christlichen Glaubens gegen die Irrtümer der Ungläubigen), Thomas von Aquin, entst. 1258–1264 (Paris, Neapel, Orvieto); ED Straßburg 1472; dt. 1935–37 (3 Bde.).
Dieses große theolog. Werk in vier Büchern (mit jeweils etwa 100 oder mehr Kap.) enthält in den ersten drei Büchern hauptsächlich Philosophisches über Gott (Buch I), die Schöpfung (Buch II), die Tätigkeit der Geschöpfe und ihr Streben nach Gott (Buch III). Wenn Glaubenswahrheiten erwähnt werden (wie die visio beatifica, der Anfang der Welt), sind es Wahrheiten, die in gewisser Weise dem Verstand zugänglich und Christen, Juden und Moslems gemeinsam sind. Die philosoph. Argumente sind als Konvenienzgründe für die Glaubenswahrheiten gemeint. Der Titel ›Summa‹ wurde bereits im 12. Jh. gebraucht, zuerst um eine Sammlung, später auch um die systemat. geordnete Zusammenstellung von Lehrsätzen zu bezeichnen. Thomas soll vom hl. Raymund von Peñafort angeregt worden sein, ein Handbuch für die Ausbildung der Dominikanermissionare zu schreiben. Es ist bemerkenswert, daß Thomas sich auf philosoph. Meinungen konzentriert und den Koran und die mohammedan. Religion ignoriert (außer einer Anspielung in Buch I,6: armorum violentia, .. voluptatum promissione). Hauptzweck ist die Widerlegung falscher Ansichten von Philosophen wie Averroes, um so den Weg für den Glauben zu ebnen. Das Werk, dessen philosoph. Gehalt überaus reich ist, gibt in den meisten Punkten die endgültige Lehre des Aquinaten, wie etwa über die Existenz und die Attribute Gottes, die Wirkungen Gottes und die Schöpfung. Sehr ausführlich behandelt werden die Immaterialität der vernunftbegabten Substanzen (Buch II, 46ff.), der Verstand und seine Wirkungen, die Einheit des Menschen, der Ursprung des Denkens. Ein wichtiges Thema ist das Streben aller Dinge zu Gott (Buch III, 114ff.). Berühmt ist Buch IV, 11, das die ewige generatio des Wortes Gottes im Geheimnis der Trinität mit Hilfe einer tiefgreifenden Philosophie der Innerlichkeit erläutert. Die *Summa* gilt als ein Hauptwerk des Thomas.

Ausg.: Lat., Opera omnia, Bd. XIII–XV, 1918–30. – Dt. von K. Albert/P. Engelhardt, 1974ff.
Lit.: A. Weisheipl, Friar Thomas d'Aquino. His Life, Thought and Works, 1983. – E. Gilson, Le thomisme. Introduction à la philosophie de saint Thomas d'Aquin, 1972.

L. J. Elders

Summa de creaturis (lat.; *Summe über die Geschöpfe*), Albertus Magnus, entst. nach 1240; ED Venedig 1498/99.
Unter dem nicht ursprünglichen Titel *Summa de creaturis* wurden die Schriften *De quattuor coaequaevis* (Über die vier gleich ewigen Dinge) und *De homine* (Über den Menschen) zusammengefaßt. Zu diesem Komplex gehören aber auch die lange verschollenen und in den 50er Jahren zum ersten Mal gedruckten Summen *De sacramentis, De Incarnatione, De resurrectione*

und *De bono*. Alle diese Schriften sind vermutlich Ergebnis von Alberts Pariser Disputationen und stellen sein erstes großes Werk dar. *De quattuor coaequaevis* handelt von den vier Wirklichkeiten, die am Anfang der Schöpfung gleichzeitig ins Dasein gerufen wurden. Das aevum steht zwischen Zeitlichkeit (temporalitas) und Ewigkeit (aeternitas), die Gott allein zukommt; es ist das Maß der Dinge, die zwar einen Anfang durch Schöpfung haben, aber kein Ende. Es handelt sich dabei um folgende vier ›Dinge‹: 1. die materia prima, die als reine Bestimmbarkeit das passive Moment bei der Konstitution der körperlichen Dinge ist, 2. die Zeit als Maß der Bewegung, 3. der oberste Himmel, das Empyreum, und 4. die Engel als geschaffene, immaterielle geistige Substanzen. Die Terminologie ist zwar aristotel. Ursprungs, doch die christliche Umdeutung durch den Schöpfungsgedanken ist unverkennbar. *De homine* behandelt vornehmlich die Seelenlehre. Wie Aristoteles unterscheidet Albert vegetative, sensitive und Vernunftseele. Aktiver und passiver Intellekt sind Vermögen der individuellen, unmittelbar von Gott geschaffenen Menschenseele. Bei Albert fällt auf, daß er daran interessiert ist, die Seele nicht nur in ihrer Funktion als Wesensform des Körpers, sondern auch in ihrer Eigenwirklichkeit als geistige Substanz zu verstehen. Die fünf Sinne, Schlafen und Wachen, Gedächtnis, Phantasie, aber auch Freiheit und Gewissen (synderesis und conscientia) sind weitere Themen. Abschließend erörtert Albert kurz den Wohnort des Menschen (Paradies, Welt, Universum).

Ausg.: Opera omnia, hg. von A. u. E. Borgnet, Bd. 34/35, 1890. – De sacramentis, de incarnatione, de resurrectione, in: Opera omnia, Bd. XXVI, 1958. – De bono, in: Opera omnia, Bd. XXVIII, 1951.
Lit.: O. Lottin, Ouvrages théologiques de S. Albert le Grand, in: Psych. et morale aux XIIe et XIIIe siècles, 1960.

B. Kible

Summa quaestionum ordinarium (lat.; *Summe der Disputationsfragen*), Heinrich von Gent, entst. in den Jahren 1276–1292; ED Paris 1520.

Das vermutlich unvollendet gebliebene Werk hat neben den *Quodlibeta* sicherlich das Hauptgewicht in Heinrichs Œuvre; er stellt darin in großer Ausführlichkeit seine theolog. Gotteslehre dar. Dabei wird zunächst in vielen Einzelartikeln die Möglichkeit und Bedingung menschlichen Wissens und seiner Gewißheit im Sinne der augustin. Erkenntnislehre geklärt: Die aristotel. Lehre von der Abstraktion des Allgemeinen aus den Sinnesdingen ist für Heinrich nicht hinreichend, so daß die Gewißheit des Allgemeinen in einer göttlichen Erleuchtung gründen muß. Sodann wird der Status der über alles andere Wissen hinausgehenden Theologie und ihre Vermittlung diskutiert. Den Hauptteil des Werkes bildet die Lehre vom Sein Gottes, den ihm zukommenden Attributen und den Grundlagen ihrer Erkennbarkeit. Die Gotteserkenntnis basiert auf einer nicht-kosmolog. Metaphysik des Seins. Der Begriff Sein besagt zunächst nur Vorstellbarkeit überhaupt; daraus wird nach dem Kriterium der Widerspruchsfreiheit das wesenhafte Sein, das somit soviel wie Möglichkeit besagt, ausgegliedert; erst das noch hinzukommende Moment der Existenz läßt zum realen Sein gelangen. Dies nun bildet keinen logischen Oberbegriff zum unendlichen Sein (Gott) und zum endlichen Sein (Geschöpfe), sondern ist in sich differenziert. Die Ähnlichkeit der unterschiedenen Gehalte nennt Heinrich Analogie. Dasein und Wesen bilden keine metaphys. Komponenten der Dinge, sondern besagen nur einen je verschiedenen kausalen Bezug zum reinen Sein. Schon in diesem Teil über die Attributenlehre (Wahrheit; Gutheit; Leben usw.) wie auch im folgenden über die Trinitätslehre spielt Heinrichs Theorie der Relationen eine hervorragende Rolle: Relation kann nicht als Dingkategorie gefaßt werden. Heinrichs zwischen Platonismus und Nominalismus changierender Augustinismus machte ihn zu einem viel zitierten, aber auch viel kritisierten – etwa bei Duns Scotus und Ockham – Autor des 13. Jh.s.

Ausg.: Repr. (1520) 1953.

Lit.: J. Paulus, Henri de Gand. Essai sur les tendances de sa métaphysique, 1938. – J. Gómez Caffarena, Ser participado y ser subsistente en la metafisica de Enrique de Gante, 1958.

R. Schönberger

Summa theologiae (lat.; *Summe der Theologie*), Albertus Magnus, entst. nach 1270, Teil II wurde nach 1274 vollendet; ED Basel 1507.

Die Echtheit der *Summa* wurde angezweifelt, weil Albert hier z. T. Ansichten vertritt, die von seinen früheren Äußerungen abweichen und weil die Abhängigkeit von der *Summa fratris Alexandri (→ Summa theologica)* erstaunlich groß ist. Trotzdem kann man das Werk als authent. ansehen. Geplant hatte Albert vier Bücher in Anlehnung an die → *Libri quattuor sententiarum* des Petrus Lombardus, der die Lehrgegenstände in Dinge (res) und Zeichen (signa) einteilt. Vollenden konnte er nur zwei Bücher, die *Summa de mirabili scientia Dei* (Summe über die wunderbare Erkenntnis Gottes) und die *Summa de consideratione creaturarum* (Summe über die Betrachtung der Geschöpfe). Der 1. Teil beginnt mit Traktaten über den Wissenschaftscharakter der Theologie und ihren Gegenstand: Gott und die Erlösung durch Christus. Gott ist eigentlich nicht benennbar, man kann ihn mit der Vernunft nur berühren, nicht erfassen. Die Abschnitte über die Erkenntnis Gottes aus den Spuren (vestigia) in der Schöpfung und dem menschlichen Geist als Bild (imago) der Trinität verraten die Nähe zu Augustinus. Die Lehre über das Wesen Gottes und seine Bestimmungen Einheit, Wahrheit und Gutheit geben Anlaß zu einer ausführlichen Erörterung dieser transzendentalen Begriffe. Schließlich wird in den Traktaten 7–12 die Trinitätslehre entfaltet. Das II. Buch behandelt Schöpfung (Engel und Menschen) und ethische Fragen. Bei der Lehre vom Menschen interessiert sich Albert vor allem für das Wesen der Seele. Er diskutiert zehn Definitionen von kirchlichen Autoren und Philosophen und zeigt Sympathien für die aristotel. Auffassung der Seele als Form des Körpers, doch Albert betont die relative Selbständigkeit der Seele gegenüber dem Körper in ihrer Eigenschaft als geistige Substanz. – Alberts große Leistung, Aristoteles und die arabische Tradition aufgearbeitet und damit die theologische Diskussion auf die Höhe der Zeit geführt zu haben, sollte trotz unübersehbarer Schwächen dieses Spätwerks anerkannt werden.

Ausg.: Opera omnia, hg. von A. BORGNET, Bd. 31–33, 1890–1899. – Opera omnia, hg. von D. SIEDLER, Bd. 34/35, 1978.

B. KIBLE

Summa theologica (lat.; *Theologische Summe*), ALEXANDER VON HALES, entst. nach 1235; ED Venedig 1475 (Buch III), Nürnberg 1481/82 (u. d. T. *Summa universae theologiae*).

Die Frage, ob das Werk den Namen *Summa fratris Alexandri* verdient, wird heute wieder zunehmend positiv beantwortet. Wahrscheinlich waren unter Alexanders Anleitung mehrere Gelehrte mit der Abfassung beschäftigt. Bei Alexanders Tod lagen drei der vier geplanten Teile, wenn auch noch nicht vollständig, vor. Das Werk wurde von Wilhelm von Melitona weiter-, aber nicht zu Ende geführt. Der Aufbau orientiert sich weitgehend an den »Sentenzen« (→ *Libri quattuor sententiarum*) des Petrus Lombardus, wird aber nach Bedarf variiert. Buch I beginnt mit einem Vorspann über den wissenschaftstheoret. Status der Theologie und die Erkennbarkeit Gottes als ihres Hauptgegenstandes. Der 1. Hauptteil beschäftigt sich entgegen der Reihenfolge der »Sentenzen« mit der Einheit der göttlichen Wesenheit. Eingebaut in diese Untersuchung »De Deo uno« ist ein metaphys. Traktat über die transzendentalen Bestimmungen des Seienden, (Einheit, Wahrheit, Gutheit). Darauf folgt die Entfaltung der Trinitätslehre. Der 2. Teil des I. Buches behandelt die Lehre von den göttlichen Namen und erklärt die termini technici der Trinitätslehre. Buch II ist der Schöpfung gewidmet: Engel, Sechs-Tage-Werk, Mensch und Sündenfall sind die Themen. Buch III enthält die Christologie und die Ethik (Traktate über Gesetz und Gnade). Buch IV hätte die Sakramentenlehre und die Beschreibung der zukünftigen Vollendung enthalten. Die Erkenntnis Gottes und die Erlösung durch Christus sind nach Alexander die zentralen Themen der Theologie, bei deren Behandlung er sich als Anhänger der augustin. Tradition erweist. Dennoch zeigt er bedeutend mehr philosoph. Interesse als etwa Petrus Lombardus. Er ist einer der ersten, der den ganzen Aristoteles für seine Arbeit einsetzen kann. Sein Werk besticht durch seine exakte und nahezu vollständige Untergliederung der Probleme, wirkt dadurch aber auch sehr weitschweifig. Der spöttischen Bemerkung von R. Bacon, diese Summe wiege mehr als ein Pferd, kann man nur zustimmen; dennoch war sie ein Vorbild für die Summenliteratur des 13. Jh.s nicht nur im Franziskanerorden.

Ausg.: Lat., hg. vom Collegium S. BONAVENTURAE, 1924ff.

Lit.: E. GÖSSMANN, Metaphysik und Heilsgeschichte, 1964.

B. KIBLE

Summa theologica (lat.; *Summe der Theologie*), THOMAS VON AQUIN, entst. 1266–1273 (in Rom, Viterbo, Paris, Neapel); ED Straßburg o. J. (nicht nach 1463; Teil 2.2), Mainz 1471 (Teil 2.1), Venedig/Padua 1473 (Teil 1), Treviso 1476 (Teil 3); Basel 1485 (vollständig); dt. 1886–1892 Die Katholische Wahrheit oder die theolog. Summe (12 Bde.).

Das Hauptwerk des Aquinaten wird von vielen als das überragendste philosoph.-theolog. Werk überhaupt angesehen. – Es umfaßt drei Teile: 1. Über Gott in sich selbst und als Ursprung und

Ziel der Geschöpfe. In diesem Teil werden die Schöpfung und der Mensch, seinem Wesen nach, behandelt. 2. Das Streben der vernunftbegabten Geschöpfe zu Gott. Als Abbild Gottes besitzt der Mensch die Herrschaft über seine Handlungen. Dieser Teil der *Summa* befaßt sich daher mit dem Endziel des Menschen und den Handlungen, durch die er es erreicht, zuerst im allgemeinen, dann im besonderen, und stellt so eine tiefgreifende Abhandlung über das Sittliche dar. Die Morallehre des Thomas geht von der Hinordnung des Menschen zum ewigen Glück aus und räumt der Selbstbegründung der sittlichen Normen entsprechend der Natur und der Ordnung der Tugenden eine zentrale Stellung ein. Der 3. unvollendete Teil handelt über Christus, den Weg zu Gott und die Sakramente. Das Werk ging aus dem Unterricht an der ordenseigenen Hochschule der Dominikaner der römischen Provinz hervor. Thomas war dort von der Verpflichtung befreit, der Anordnung der Themen in den vorgegebenen Texten der ›auctoritates‹ zu folgen oder sich den weit ausholenden Diskussionen der *Quaestiones disputatae* zu fügen, die durch die Vielfalt der vorgelegten Meinungen den Anfängern das Verständnis erschwerten und in denen man die von der Sache her erforderliche themat. Reihenfolge nicht einhalten konnte. In der *Summa* ist der Stoff so angeordnet, wie es nach Thomas der sacra doctrina entspricht. Die Themen werden über Fragen verteilt (119 im 1. Teil), die jeweils zwischen zwei und zehn Artikel enthalten. Der Artikel selbst wird durch einige Einwände eingeleitet, die die Hauptargumente gegen die richtige Lösung oder die kirchliche Lehre vorbringen. Es folgt ein ›Sed contra‹ (Andererseits . .), das häufig eine Autorität zitiert, die die in Frage stehende Glaubenslehre oder die philosoph.-theolog. Ansicht bestätigt; diese wird dann in der Antwort (corpus articuli) durch eine Analyse geklärt und durch Argumente begründet. Die Darstellungsform ermöglichte die Wahrung einer geschichtlichen Perspektive und die Beleuchtung einer Frage von mehreren Seiten, so daß der dialog. Charakter der Wissenschaft gewährleistet ist. Historische Studien haben gezeigt, daß Thomas eine erstaunliche Fülle von Material verarbeitet hat. An erster Stelle steht die Hl. Schrift, es folgen die Kirchenväter, spätere Theologen, die als ›auctoritates‹ galten, Konzilien und kirchliche Anordnungen, die Liturgie, das Kirchenrecht, die großen Philosophen (Aristoteles mit etwa 3000 Zitaten) und schließlich die vielen ›quidam‹, mit denen die Autoren gemeint sind, deren Lehrmeinungen zu Lebzeiten des Thomas verbreitet waren. Thomas war bemüht, neueste, noch während der Zeit der Niederschrift gewonnene Forschungsergebnisse zu berücksichtigen (z. B. wird ab II–II 1,8 Buch Lambda der Aristotelischen *Metaphysik* als Buch XII zitiert, entsprechend der neuen Übersetzung von Wilhelm von Moerbeke). Die *Summa theologica* ist ein theolog. Werk und beruht in Struktur und Inhalt auf der Offenbarung Gottes, die analysiert, dargelegt und auf ihre Konsequenzen hin untersucht wird. Jedoch werden zur Erklärung und Verteidigung theolog. Lehren sehr häufig philosoph. Einsichten herangezogen. Wenn man diese Abschnitte aus ihrem theolog. Kontext herauslöst, hat man komplette philosoph. Kurzabhandlungen, vor allem im Bereich der Metaphysik, der Anthropologie und der Moralphilosphie. Insofern kommt dem Werk auch eine große philosoph. Bedeutung zu. Das Supplement (99 Fragen), das die Sakramente der Buße, Krankensalbung, Weihe, Ehe und die Eschatologie behandelt, ergänzt den 3. Teil und besteht aus Texten, die dem Sentenzenkommentar (→ *Scriptum super libros Sententiarum*) entnommen sind, aber der Darstellungsform der *Summa theologica* angepaßt wurden. Das Werk wurde wahrscheinlich kurz nach dem Tod des Thomas unter Reginaldus von Piperno zusammengestellt.

Ausg.: Lat., Opera omnia, Bd. IV–XII, 1888–1906. Dt., Die deutsche Thomas-Ausgabe, 1933ff. – Dt., hg. von J. Bernhart, 1954 (3 Bde.; Repr. 1985).

Lit.: M. Grabmann, Einführung in die ›Summa theologiae‹ des hl. Thomas von Aquin, 1928.

L. J. Elders

Summa totius logicae (lat.; *Zusammenfassung der gesamten Logik*), Wilhelm von Ockham, entst. 1324; ED Venedig 1508.

Das ausführliche Compendium scholast. Logik zerfällt schulmäßig in Abhandlungen über Terme, Urteile und Schlüsse, wobei letztere entweder Syllogismen oder ›Konsequenzen‹ (d. h. Implikationen) sind. Im ersten, wohl dem originellsten Teil, führt Ockham im Gegensatz zu Aristoteles singuläre Terme in die Logik ein. Universale Begriffe versteht er nicht als durch Abstraktion von den Dingen selbst gewonnene Formen, sondern als natürliche Zeichen oder ›Intentionen‹ des vorsprachlichen Denkens. Ein Begriff ist für ihn eine an sich singuläre Wirklichkeit, deren Universalität darin besteht, daß sie zu einer Vielheit von Einzeldingen in Bedeutungsrelation steht. Ist der Begriff aber Subjekt oder Prädikat eines Urteils, so tritt er zu jenen zusätzlich noch in die Relation des ›Supponierens‹, aufgrund deren das Urteil als wahr bzw. als falsch zu bezeichnen ist. Die Wahrheit eines bejahenden Urteils bestehe nämlich keineswegs darin, daß das Prädikat dem Subjekt realiter innewohnt, sondern vielmehr darin, daß das Prädikat für all das stehe (supponiere), wofür das Subjekt steht. Im Falle eines wahren verneinenden Urteils stehe das Subjekt entweder für anderes als das Prädikat oder für nichts. So setzten unter den allgemeinen Urteilen nur die bejahenden die Existenz voraus. Ockham lehnt den kategorialen Pluralismus des Aristoteles ab. Er löst sämtliche Kategorien auf – inklusive die der Relation – und reduziert sie auf eine einzige, die er ›Qualität‹ nennt. Logisch gesprochen sei eine Qualität schlicht ein Begriff oder ein Prädikat. Urteilen heißt einem Subjekt ein Prädikat beilegen. In der assertor. Syllogistik lehnt Ockham wie Aristoteles eine vierte Figur ab, findet daher zwei der gültigen Modi nicht (Fesapo, Fresison). Im Unterschied zu Aristoteles formuliert er seine Syllogismen ohne Variablen und nicht als Bedingungssätze. Durch den Gebrauch flektierter Nomina gelingt es ihm jedoch, die klassische Assertorik um eine verhältnismäßig gut entwickelte Relationenlogik in kategor. Gestalt zu erweitern. Es handelt sich jedoch nicht um eine eigenständige Relationenlogik, da Ockham Relationen als

Qualitäten, d. h. als einstellige Prädikate deutet. Seine Modallogik ist u. a. wegen der systemat. Unterscheidung von Modalitäten de dicto und de re wesentlich differenzierter als die des Aristoteles. Der schon mit Theophrast verlorengegangene, 1931 von A. Bekker wiederentdeckte aristotel. Begriff der ›beiderseitigen‹ Möglichkeit – welche die Notwendigkeit ausschließt – war Ockham geläufig. Seine Konsequenzenlehre stellt eine hochentwickelte Vorstufe der Aussagenlogik dar. Ob er den Begriff der materiellen Implikation in voller Deutlichkeit besaß, ist jedoch nicht klar. Jedenfalls sah er die Konsequenzenlehre nicht als Grundlage der Prädikatenlogik an; sie erscheint bei ihm als Anhang.

Ausg.: Lat., 1974.
Lit.: E. A. MOODY, The Logic of William of Ockham, 1935. – Ph. BOEHNER, Ockham's Theory of Truth, in: Franciscan studies 5 (1945). – Ders., Ockham's Theory of Signification, ebd. 6 (1946). – Ders., Ockham's Theory of Supposition and the Notion of Truth, ebd. – Ders., Does Ockham Know of Material Implications? ebd. 11 (1951). – J. SALAMUCHA, Die Aussagenlogik bei W. von Ockham, in: Franziskan. Studien 32 (1950).

D. J. MARSHALL JR.

Summulae ad modum Oxoniae/Logica ›Cum sit nostra‹ (lat.; *Kompendium nach Oxforder Weise/Logik ›Cum sit nostra‹)*, ANONYM; entst. Oxford ca. 1200; ED Assen 1966.

Die in mehreren mittelalterlichen Manuskripten vorliegende Schrift war über ein Jahrhundert lang (ca. 1200–ca. 1320) das an der Universität Oxford bevorzugte Lehrbuch, anhand dessen die Grundkenntnisse der Logik vermittelt wurden. Die einfache, präzise und leicht verständliche Darstellung läßt die Beliebtheit dieses Logik-Kompendiums leicht einsehen. Im Traktat I (»De introductionibus«) werden eine Reihe von logischen Grundbegriffen geklärt, im Traktat II (»De universalibus«) werden die Prädikabilien (Gattung, Art usw.) behandelt. Danach folgen Traktat III über die Lehre vom Schluß (»De syllogismis«) und Traktat IV über die logischen Örter (»De locis«). Gegenstand des Traktats V (»De terminis«) sind die Lehren von Supposition, Appellation und Kopulation. Der letzte Traktat handelt über Fehlschlüsse (»De fallaciis«). – Berühmte Logiker wie W. v. Shyreswood, R. Bacon, W. Burleigh, haben ganz sicher die *Summulae* studiert.

Ausg.: Traktat I–V: Logica ›Cum sit nostra‹, hg. von L. M. DE RIJK, in: Logica modernorum, Bd. II/2, 1966. – Traktat VI: ›Fallaciae ad modum Oxoniae‹, hg. von C. KOPP, 1985.
Lit.: L. M. DE RIHK, Logica modernorum II, 1966 f.

C. KOPP

Summulae logicales (Petrus Hispanus) → Tractatus

Sygdommen til Doeden. En christelig psychologisk Udvikling til Opbyggelse og Opvaekkelse (dän.; *Die Krankheit zum Tode*. Eine christlich psychologische Entwicklung zur Erbauung und Erweckung), Sören KIERKEGAARD; EA Kopenhagen 1849 (unter dem Pseudonym Anti-Climacus. Hg. von S. Kierkegaard); dt. 1881.

In dieser philosoph.-theolog. Schrift analysiert Kierkegaard das Phänomen der Verzweiflung als existentielle Grundverfassung des Menschen und im Zusammenhang mit der Gottesvorstellung als Sünde. – Kierkegaards anthropolog. Bestimmung des Menschen lautet: »Das Selbst des Menschen ist ein Verhältnis, das sich zu sich selbst verhält und, indem es sich zu sich selbst verhält, sich zu einem anderen verhält« (durch das es gesetzt ist). Der Mensch ist eine Synthese von Unendlichem und Endlichem, von Ewigem und Zeitlichem, von Möglichkeit und Notwendigkeit. Das Selbst (oder der Geist) ist das Verhältnis zu diesem Verhältnis und darin das Verhalten zu Gott, der den Menschen als ein solches gesetzt hat. Verzweiflung nun ist das Mißverhältnis in dem Verhältnis einer Synthese. Sie ist eine Krankheit des Geistes, die jedem Menschen innewohnt und die mit dem Grad ihres Bewußtwerdens an Intensität zunimmt. Kierkegaard zeigt verschiedene Gestalten verzweifelter Existenz auf, die sich daraus ergeben, daß eine Seite der Verhältnismomente überspannt wird und die andere dabei verlorengeht (so entsteht z. B. der Phantast aus der grenzenlosen Verunendlichung seines Daseins, während die bornierte, beschränkte Existenz die Endlichkeit des Alltags absolut setzt.) Die Stufen der Verzweiflung ergeben sich aus dem Grad des Bewußtseins: uneigentlich ist sie, wenn der Mensch sich seiner Verzweiflung oder seines Selbst nicht bewußt ist. In der bewußten Verzweiflung will der Mensch entweder nicht er selbst sein (Schwachheit) oder verzweifelt er selbst sein (Trotz). Nun tritt aber hinzu, daß die Synthese von Gott gesetzt ist und also Verzweiflung (das Mißverhältnis in der Synthese) Verzweiflung vor Gott ist. Hieraus ergibt sich die Definition der Sünde: »Vor Gott verzweifelt nicht man selbst sein wollen oder vor Gott verzweifelt man selbst sein wollen.« – Neben der Bedeutung für die Existenzphilosophie ist Kierkegaards Wirkung auf die ›dialekt. Theologie‹ hervorzuheben (wobei besonders E. Brunner die Notwendigkeit einer theolog. Anthropologie betonte). Auch der Dialogismus F. Ebners zeigt Einflüsse von Kierkegaard.

Ausg.: Dt. von E. Hirsch, 1982. – Dt., von L. Richter, 1984.

Lit.: B. Meerpohl, Die Verzweiflung als metaphys. Phänomen in der Philosophie S. Kierkegaards, 1934. – B. Heimbüchel, Verzweiflung als Grundphänomen der menschlichen Existenz, 1983.

F.-P. Burkard

Symbolik des Geistes. Studien über psychische Phänomenologie, Carl Gustav Jung; EA Zürich 1948.

In dem religionsphilosoph. bedeutsamen psycholog. Werk wird das Gottesbild als ein Schlüsselsymbol menschlicher Selbstwerdung betrachtet. – Die Selbstwerdung (›Individuation‹) des Menschen vollzieht sich nicht nur als eine einzigartige und individuelle, sondern auch als eine ewige und allgemeine, welche die gesamte Menschheit umfaßt. Die Selbstwerdung der Menschheit ist seit ihrem Anbeginn von einer ständigen Wandlung des Gottesbildes begleitet worden, welches das eigentliche Symbol für das fortschreitende Sich-seiner-selbst-bewußt-werden des Menschen darstellt: ›Gott‹ und das ›Selbst‹ bilden Synonyme für das Ziel der kollektiven und der individuellen Individuation, das in der Erlangung einer ihrer selbst bewußten Ganzheit des Selbstseins besteht. In diesem Zusammenhang ist das Dogma von der göttlichen Dreieinigkeit als psychisches Symbol erstens für einen dreiphasigen Reifungsprozeß des Individuums, zweitens für einen säkularen Bewußtwerdungsprozeß der

Menschheit und drittens für die Überwindung aller Gegensätze in Gott als der reinen und ganzen Wirklichkeit anzusehen. Das Trinitätsdogma entspricht somit symbol. dem in der Seele des modernen Menschen angelegten und sich verwirklichenden Selbst, das alle seine inneren Gegensätze durch einen fortschreitenden Bewußtwerdungsprozeß integrieren und so zur Einheit mit sich selbst gelangen kann. – Die Schrift zählt zu den grundlegenden Werken der analyt. Psychologie und hat die psycholog. Deutung religiöser Phänomene beeinflußt.

Ausg.: Gesammelte Werke, Bd. IX, XI u. XIII (aufgeteilt nach den einzelnen Studien), 1978, 1983, 1985.

Lit.: CH. BAUDOUIN, L'œuvre de Jung et la psychologie complexe, 1963.

J. MONAR

Symposion (gr.; lat.: *Convivium; Das Gelage*), PLATON, entst. 347 v. Chr.; ED Florenz o. J. (ca. 1482–1484; lat., übers. von M. Ficino); Venedig 1513 (gr., hg. von E. Musuros); 1782 Gastmahl oder Gespräch von der Liebe.

Das Werk bildet mit → *Phaidōn* und → *Phaidros* die Trias der sogenannten Meisterdialoge; die Szenerie des *Symposion* (wie der *Phaidōn* ein indirekter Bericht) ist die eines Gastmahls, das der athenische Tragödiendichter Agathon aus Anlaß seines Sieges bei den Lenäen (416 v. Chr.) gibt. Die Unterhaltung soll durch Reden geschehen, als deren Thema der Gott Eros bestimmt wird (»der so gänzlich vernachlässigt ist«). Jede der Reden, die in ihrer Abfolge eine kunstvolle dramat. Steigerung darstellen, bringt einen Aspekt zur Geltung: Eros als ältester Gott und derjenige, der im Menschen das Beste hervorbringt (Phaidros); göttlicher und gemeiner Eros (Pausanias); Eros als universales Prinzip der Natur, das Gegensätzliches vereinigt (Eryximachos); Eros als die tiefste Sehnsucht des Menschen nach seiner verlorenen anderen ›Hälfte‹ und als Aufgabe wiederzufindender Einheit (Aristophanes); Eros als jüngster, in der Seele entspringender Gott, aus dessen Schönheit und Güte erst alles Gute bei Göttern und Menschen entsteht (Agathon). – Sokrates führt die eigene und letzte Rede kritisch ein: Die Lobrede (wie sie Agathon gehalten hat) ist zu unterscheiden von der auf Wahrheit gerichteten Rede. Was ist Eros? Offenbar eine Relation, ein Verhältnis (vgl. → *Lysis*); Eros begehrt das Schöne und Gute, aber er ist es selbst nicht. Sokrates' Rede ist der Bericht seiner Einweihung durch die Seherin Diotima von Mantineia. Eros ist kein Gott, sondern daimon. Wesen zwischen Göttern und Menschen, der Erzählung zufolge an Aphrodites Geburtstag (und darum von Natur das Schöne liebend) gezeugt von Poros (= findig, wagemutig, sinnreich) und Penia (= dürftig, ortlos). Seiner Natur nach ist Eros ›immer in der Mitte‹ – zwischen Weisheit und Unverstand, Erfüllung und Bedürftigkeit. Eros ist nicht das Schöne, sondern (als Streben zur Eudaimonie) Liebe zum Schönen und d. h. zum Guten: »So geht denn ... die Liebe darauf, daß man selbst das Gute immer haben will.« Der Vollzug der Liebe ist zweifach Zeugung – dem Leibe und der Seele nach, aber geschieht »im Schönen« und ist darum göttlich: Das Schöne ist das Unsterbliche so, wie es im Sterblichen sein kann. Die Vollendung der Liebe (und gleichsam die zweite Stufe der Einweihungsrede Diotimas) ist die Schau des Schönen selbst, die am Ende eines Stufenwegs steht, der damit beginnt, daß etwas Schönes gesehen wird; aber weil das Schöne selbst dadurch ausgezeichnet ist, sinnlich zur Erscheinung zu kommen, ist mit seiner Wahrnehmung auch schon die Ahnung des überirdisch Schönen gegeben. Das *Symposion* endet mit dem plötzlichen Erscheinen des Alkibiades, der berauscht eine große Preisrede auf Sokrates hält, in der er ihn der äußeren Häßlichkeit und der inneren, verzaubernden Schönheit wegen mit dem Satyrn Marsyas vergleicht – einer Schönheit, die ihre Götterbildlichkeit gegenüber dem Liebeswerben des Alkibiades zu bewahren weiß, wie dieser berichtet. – Wie kein anderer antiker Text hat das *Symposion* (bis in die Literatur und die bildende Kunst) den abendländ. Eros-Begriff bestimmt.

Ausg.: Platonis Opera, hg. von H. STEPHANUS, Bd. III, 1578, 173–223. – Platonis Opera, hg. von J. BURNET, Bd. II, 1901 (Repr. 1967). – Gr./Dt., Studienausgabe, Bd. III, 1975. – Gr./Dt. ^{3}1981 (PhB 81).
Lit.: G. KRÜGER, Einsicht und Leidenschaft, 1948. – H. BUCHNER, Eros und Sein, 1965. – W. K. C. GUTHRIE, A History of Greek Philosophy, Bd. IV, 1975 (Bibl.).

J. JANTZEN

Synagōgē tōn Pythagoreiōn dogmatōn (griech.; *Sammlung der pythagoreischen Lehren*), IAMBLICHOS, entst. um 300/330 n. Chr.; ED Franeker 1598 (I. u. II. Buch), Venedig 1781 (III. Buch), Deventer 1668 (IV. Buch), Paris 1543 (VII. Buch); dt. 1963 (I. Buch) Pythagoras. Legende, Lehre, Lebensgestaltung; 1984 (II. Buch) Aufruf zur Philosophie.

Die erhaltenen Schriften des Iamblichos sind (mit Ausnahme der Schriften → *Peri mysteriōn logos*) Teile eines großen, umfassenden Werkes in zehn Bänden, der *Synagōgē*, in der Iamblichos einen neuen Abschnitt des Neuplatonismus beginnt im Bestreben, die übersinnlichen Hypostasen zu vermehren und den Übergang vom Absoluten zur Erscheinungswelt durch Zwischenstufen zu mildern sowie die pythagoreische Tradition in die Philosophie von neuem einzuführen. Iamblichos gibt dazu eine umfassende Darstellung pythagoreischen Gedankengutes, zugleich eine philosoph. vertiefte Art von Enzyklopädie oder Bildungsbuch, eine pythagoreische Dogmatik und ein Textbuch für die innere Umkehr und die Lebensführung danach. Das I. Buch handelt »Vom pythagoreischen Leben« und stellt Pythagoras als großes Lebensvorbild dar. Nach dieser Propädeutik folgt der → *Protreptikos*, die Mahnung zum Studium der Philosophie. Buch III bietet die »Grundlagen der allgemeinen Mathematik«, in denen die übernatürliche Bedeutung der Zahlen behandelt ist. Mathematik führt von der Materie zum Wesenhaften und zu den wahren Strukturen; die Zahl wird der Weltseele gleichgesetzt. Das IV. Buch ist eine Erläuterung der mathemat. Lehre des Neupythagoreers Nikomachos von Gerasa. Buch V (Physik) und Buch VI (Ethik) sind verloren, Buch VII über arithmet. Theologie (Zahlenmystik) ist in Auszügen erhalten. Die Bücher VIII bis X über Musik, Geometrie und Astronomie sind verloren. – Iamblichos stellte die heidnische Weltsicht betont dem Christentum gegenüber und war in der Spätantike von großem Einfluß.

Ausg.: Buch I (De vita Pythagorica), griech.-dt., hg. von M. v. ALBRECHT, 1963. – Buch II (Protrepticus), hg. von H. PISTELLI, 1967. –

Buch III (De communi mathematica scientia), hg. von N. FESTA u. U. KLEIN, 1975. – Buch IV (In Nicomachi arithmeticam introductionem), hg. von H. PISTELLI u. U. KLEIN, 1975. – Buch VII (Theologumena arithmeticae), hg. von V. DE FALCO, 1975.
Lit.: W. BURKERT, Weisheit und Wissenschaft, 1962. – H. J. KRAEMER, Der Ursprung der Geistmetaphysik, 1967.

O. SCHÖNBERGER

Syncategoremata (lat.; *Die mitbedeutenden Wörter*), WILHELM VON SHYRESWOOD, entst. zwischen 1230 und 1240; ED 1941 (in: Medieval Studies, Bd. III).

Während die → *Introductiones* für Anfänger verfaßt waren, enthalten die anspruchsvolleren *Syncategoremata* Lehrstoff für fortgeschrittene Studenten der Logik. In dieser Schrift werden solche Wörter auf ihre logische und semant. Bedeutung untersucht, die nicht wie Nomen und Verb allein etwas bezeichnen, sondern nur mit diesen zusammen. ›Syncategoremata‹ liefern keine inhaltlichen Bestimmungen, sondern sind logische Funktoren, die konpraedikativ zu den Termini treten und somit die Aussage als ganze bestimmen. Die Analyse beginnt häufig mit einer Unterscheidung zwischen kategoremat. und synkategoremat. Gebrauch des betreffenden Wortes (z. B. omnis, totum, praeter, solus, tantum usw.). Vielfach ist die Untersuchung auch mit der Diskussion von Sophismata (logischen Spitzfindigkeiten) verbunden. Wie die Lehre von den Eigentümlichkeiten der Termini (proprietates terminorum) sind Syncategoremata-Traktate eigene Entwicklungen mittelalterlicher Logiker und gehören ebenfalls zur logica modernorum.

Ausg.: Lat., hg. von R. O'DONNELL 1941. – Engl., hg. und übers. von N. KRETZMANN, 1968.
Lit.: H. A. G. BRAAKHUIS, De 13 eeuwse tractaten over synkategorematische termen, 1979. – K. JACOBI, Die Modalbegriffe in den logischen Schriften des Wilhelm von Shyreswood, 1980.

C. KOPP

Syntagma philosophiae Epicuri, cum refutatione dogmatum quae contra fidem Christianorum ab eo asserta sunt (lat.; *Systematisches Kompendium der Philosophie Epikurs* mit Widerlegung der Lehrmeinungen, die von ihm gegen den Glauben der Christen behauptet wurden), Pierre GASSENDI; EA Den Haag 1649.

Das Werk enthält eine Darstellung der Philosophie Epikurs, die von der Grundabsicht geleitet ist, die epikureischen Grundlehren zu verteidigen und ihre Vereinbarkeit mit den Prinzipien der christlichen Lehre aufzuzeigen. Die Hauptquelle, auf die Gassendi vorwiegend zurückgreift, ist Lukrez' Lehrgedicht → *De rerum natura.* Seine Darstellung ist allerdings systemat. und folgt der epikureischen Einteilung der philosoph. Disziplinen in Logik, Physik und Ethik. In die Rekonstruktion der Lehre Epikurs schiebt Gassendi eigene Variationen hinein und arbeitet dabei die Hauptlehren heraus, die er im → *Syntagma philosophicum* in einem eigenständigen, Epikureismus und Christentum synkretisierenden System ausbauen sollte. – Zusammen mit der früheren Darstellung *De vita, moribus et placitis Epicuri libri octo seu Animadversiones in decimum librum Diogenis Laertii* (Lyon 1647), die von W. Charleton unter dem Titel *Physiologia epicuro-gassendo-charltoniana* (London 1654) in englischer Sprache bearbeitet wurde, bildet das Werk die Grundlage zur Wiederaufnahme des antiken Sensualismus und Atomismus gegen die neuzeitliche rationalist. Metaphysik cartesian. Prägung.

Ausg.: Opera omnia, Bd. III, 1658 (Repr., hg. von T. GREGORY, 1964).
Lit.: B. ROCHOT, Les travaux de Gassendi sur Epicure et sur l'atomisme (1619–1658), 1945.

F. VOLPI

Syntagma philosophicum, in quo capita praecipua totius philosophiae edisseruntur (lat.; *Philosophischer Traktat,* in dem die Hauptgrundsätze der ganzen Philosophie dargelegt werden), Pierre GASSENDI; EA Lyon 1658 (postum in: Opera omnia, Bd. I–II). Gassendis philosoph. Summa leistet eine der eigenartigsten Synthesen in der Philosophiegeschichte: Epikureismus und christliche Lehre werden zu einem System verwoben, das in sich wiederum Grundgedanken des Humanismus, Errungenschaften der neuen Wissenschaft und den Geist des Libertinismus eklekt. unterzubringen vermag. – Die Architektonik des Werkes entspricht der epikureischen Klassifikation des Wissens. Nach dem »Liber proœmialis«, das von der Philosophie überhaupt handelt, gliedert sich die Darstellung in drei Teile: Teil 1 enthält die Logik, welche die Denkgesetze und -operationen zum Gegenstand hat und das allgemeine Organon zum richtigen Denken bereitstellt; Teil 2 die Physik, die von Naturdingen überhaupt, von Naturdingen am Himmel und von irdischen, unbelebten und lebenden Naturdingen handelt; Teil 3 enthält die Ethik, die hauptsächlich als Lehre von der Glückseligkeit verstanden wird. Gassendi greift auf Epikurs Sensualismus und Atomismus zurück und vertritt einen moderierten Empirismus und Skeptizismus: als primäre Erkenntnisquelle wird die Sinneswahrnehmung angenommen, wobei an der Realität der in ihr gegebenen Inhalte nicht wie im radikalen Skeptizismus gezweifelt wird; als legitim wird aber trotz eines gewissen Nominalismus auch die Verstandeserkenntnis zugelassen, die erkenntnistheoret. den Weg zum naturphilosoph. Atomismus als verläßlicher Erklärung der inneren nichtwahrnehmbaren Verfassung der Materie offenhält. Gassendis Naturphilosophie gründet auf der Annahme des leeren Raumes und der qualitätslosen Materie: diese läßt sich zwar mathemat. ins Unendliche teilen, physikal. gesehen besteht sie aber aus unteilbaren, undurchdringlichen, unendlich zahlreichen Atomen, die sich allein durch Größe, Gestalt und Gewicht unterscheiden: auf ihre Bewegung, ihre Verbindung und Trennung lassen sich Entstehen und Vergehen, Vielfalt und Ordnung der Welt zurückführen. Diese Ordnung, die zugleich Schönheit und Harmonie ist, läßt sich Gassendi zufolge nicht allein durch Zufall erklären, sondern sie verlangt einen intelligenten Urheber, der sie geschaffen hat und durch seine Vorsehung regiert. Damit bettet Gassendi seine kausalmechan. Erklärung der Natur in die Vorstellung einer teleolog. Gesamtordung der Welt ein und macht sie zugleich mit der christlichen Lehre kompatibel. In der Kosmologie schließt sich Gassendi T. Brahe an, dessen System sich mit der Lehre der Kirche eher vereinbaren ließ als das System Copernicus' und Galileis. Die Ethik als die Lehre von der Glückseligkeit des Menschen nimmt wie in der epikureischen Einteilung der philosoph. Disziplinen einen besonders wichtigen Platz ein, und

Logik und Physik sind im Hinblick auf sie gedacht. Die Glückseligkeit besteht nach Gassendis christianisiertem Epikureismus in der (vergeistigten) Lust, in der inneren Selbständigkeit und Unabhängigkeit des Menschen, welcher in ausgewogener Selbstliebe für die Freundschaft offen ist. – Gassendis System wirkte besonders in der zweiten Hälfte des 17. Jh.s, sein Eklektizismus setzte es allerdings bei der Rezeption dem Schicksal der Zergliederung und des Zerfalls aus: es wurde zur Weltanschauung der französ. Libertins, die aber die teleolog.-theolog. Hülle des Lehrgebäudes als überflüssig empfanden und sie ablegten; es wurde auch als Sensualismus und Empirismus gedeutet, dabei ließ man aber seine ganze Metaphysik als überflüssig fallen: in diesem Sinne wurden Gassendis Gedanken vor allem von Locke weitergeführt.

Ausg.: Opera omnia, Bd. III, 1658 (Repr., hg. von T. Gregory, 1964).

Lit.: P. F. Thomas, La philosophie de Gassendi, 1889. – T. Gregory, Scetticismo ed empirismo. Studio su Gassendi, 1961. – O. R. Bloch, La philosophie de Gassendi. Nomalisme, matérialisme et métaphysique, 1971. – W. Detel, Scientia rerum natura occultarum. Methodolog. Studien zur Physik P. Gassendis, 1978.

F. Volpi

System der Ästhetik als Wissenschaft von der Idee der Schönheit, Christian Hermann Weisse; EA Leipzig 1830 (2 Bde.).

In drei Büchern, die von der ›Begriffslehre der Schönheit‹ oder der ›Phantasie‹ (I) und von den Erscheinungsformen des Schönen als Kunst (Musik, bildende Kunst, Dichtung; II) und als ›Genius‹ der subjektiven (Gemüt, Talent, Genie) und objektiven Natur (Landschaft, Physiognomik, Sitte) sowie der Liebe (III) handeln, entwickelt Weisse seine Lehre von der Ästhetik als einer ›selbständigen‹ philosoph. Disziplin, durch welche die Schönheit ›als Idee‹ (d. i. »die unter der Gestalt der Ewigkeit und Notwendigkeit erkannte Form alles wahrhaft Seienden«) begriffen wird. Weisses frühes Hauptwerk stellt eine Ästhetik im Anschluß an Hegel dar, aus dessen → *Wissenschaft der Logik* es den Begriff der Idee und die dialekt. Methode bezieht, und ist zugleich eine Kritik an Hegel, indem es die Logik der Ästhetik unterordnet: als Vorstufe der ›spekulativen Theologie‹, in der die philosoph. Wissenschaften gipfeln, steht die Idee des Schönen »in der Mitte zwischen der Idee der Wahrheit und der Idee der Gottheit«. Als ›aufgehobene Wahrheit‹ bringt die Schönheit das unendliche Wahre am endlichen Gegenstand zur Erscheinung. Aus dem Widerspruch von Begrenztheit des schönen Objekts und Unendlichkeit der Idee des Schönen erwachsen nach Weisse die Grenzphänomene des Ästhetischen: das Erhabene, das Häßliche und Unheimliche sowie das Komische. Dieser Gedanke weist Weisses Theorie als ein wichtiges Glied der Ästhetikgeschichte zwischen Jean Paul und Vischer aus. In seiner Theorie des antiken, romant.-mittelalterlichen und modernen ›Ideals‹, in dem die Idee der Schönheit ›weltgeschichtlich‹ zu sich selbst kommt, führt Weisse im Anschluß an Schiller und F. Schlegel die geschichtsphilosophische Modernitätsdiskussion fort.

Ausg.: System der Ästhetik nach den Kollegienheften letzter Hand, 1872. – Repr. (1830) 1966.

Lit.: F. L. GREB, Die philosophischen Anfänge Ch. H. Weisses, 1943. – G. MÜLLER, Zur Bedeutung Jean Pauls für die Ästhetik zwischen 1830 und 1848 (Weisse, Ruge, Vischer), in: Jahrbuch der Jean-Paul-Gesellschaft, 1977.

W. RIEDEL

Das System der erworbenen Rechte. Eine Versöhnung des positiven Rechts und der Rechtsphilosophie, Ferdinand LASSALLE; EA Leipzig 1861 (2 Bde.).

In seinem rechtsphilosoph. Hauptwerk hält Lassalle einerseits am objektiven Idealismus und an der Dialektik Hegels fest, andererseits setzt er dessen → *Grundlinien der Philosophie des Rechts* zum Moment der eigenen Theorie herab, indem er sie durch die Entwicklung des positiven Rechts zum ›Ansich‹ vermittelt. Sein Grundanliegen ist die Historisierung aller Kategorien (Familie, Vertrag, Eigentum usw.). Alles Recht, auch das Naturrecht (als Rechtsbewußtsein des Volks, aus dem das positive Recht entsteht) entwickelt sich geschichtlich. Als römisches, german., französ. usw. Recht drückt es den ›geistigen Inhalt der verschiedenen histor. Volksgeister und Zeitepochen‹ aus. In der Revolution als Willenshandlung des ganzen Volks bzw. als Übergang zu einer neuen Rechtsordnung verschränken sich die polit. und die Rechts-Geschichte. Die Rückwirkung neuer Rechtsordnungen auf ihr vorausliegende Handlungen wird prinzipiell abgelehnt. Breit dargestellt ist insbes. die Entwicklung des römischen und german. Erbrechts. In ihrem Endstadium führt die Geschichte zu einer Auflösung allen Rechts.

Ausg.: Gesammelte Reden und Schriften, hg. von E. BERNSTEIN, Bd. IX–XII, 1919/20.
Lit.: Th. RAMM, F. Lassalle als Rechts- und Sozialphilosoph, 1953.

K. LOTTER

System der Logik. Ein Handbuch für Lehrer und zum Selbstgebrauch, Jakob Friedrich FRIES; EA Heidelberg 1811.

Das Werk wurde als »formal-logisch unterbaute nicht-formale Logik« (H. Scholz) gewürdigt. Fries beginnt mit einer Unterscheidung von ›demonstrativer‹ (formaler, philosoph.) und ›anthropolog.‹ Logik und bestimmt die letztere als Grundlage für die erstere mit ihren psycholog. Konstanten Anschauung, Gedächtnis, Assoziation, Vergessen, Aufmerksamkeit. Über die Lehre vom Begriff (nach Inhalt und Umfang) kommt er zur Lehre vom Urteil (nach Quantität, Qualität, Relation und Modalität). Der ›Zweck der Urteile‹ sei die durch sie mögliche Erkenntnis der notwendigen Gesetze ›im Wesen der Dinge‹. In der ›philosoph.‹ (formalen) Logik gibt Fries nach der Unterscheidung von analyt. und synthet. Urteilen einen Aufriß über die Schlußformen und gelangt von hier aus zum Begriff von Wissenschaft als der systemat. Einheit von Erkenntnis aus Prinzipien. In einem 2. Teil untersucht er in der ›angewandten Logik‹ das Verhältnis des Denkens zum Erkennen in Hinsicht auf Umfang und Grenzen der menschlichen Erkenntnis, unterscheidet Stufen der Deutlichkeit und thematisiert die Begriffe Wahrheit und Gewißheit. Die Übereinstimmung der Erkenntnis mit ihrem Gegenstand evoziert einen ›transzendentalen‹ Wahrheitsbegriff (›Vernunftwahrheit‹); die empir. oder ›Verstandeswahrheit‹ bezieht sich auf das Wahrheitsbewußtsein im Urteilen und Schließen und ist allein für die Logik von Bedeutung. Den Band beschließen Untersuchungen über die Methodenlehre mit der Darstellung empir., spekulativer und induktiver Verfahren. – Die Friessche Logik, die immer im Schatten der Hegelschen gestanden hat, ist vor allem in ihrer Methodenlehre für die moderne Wissenschaftstheorie relevant geblieben.

Lit.: W. DUBISLAV, Die Friessche Lehre von der Begründung. Darstellung und Kritik, 1926. – K. HEINRICH. Über die realist. Tendenz in der Erkenntnislehre J. F. Fries', 1931. – K.-H. BLOCHING, J. F. Fries' Philosophie als Theorie der Subjektivität, (Diss.) 1971.

TH. NEUMANN

System der Logik als Kunstlehre des Denkens, Friedrich Eduard BENEKE; EA Berlin 1842 (2 Bde.).

Das Werk, das die Gedanken des für den Vorlesungsgebrauch konzipierten *Lehrbuchs der Logik als Kunstlehre des Denkens* (Berlin 1832) wiederaufnimmt und systemat. ausführt, enthält eine ›genet.-lebendige‹ Darstellung der Logik auf der Grundlage der Psychologie. – In Auseinandersetzung sowohl mit der traditionellen, aristotel.-scholast. Fassung der Logik, die der Unfruchtbarkeit bezichtigt wird, als auch mit den Logik-Auffassungen des deutschen Idealismus, insbes. mit der Hegels, der subjektive Abstraktheit bescheinigt wird, entwickelt Beneke im Anschluß an Kant und Locke eine psychologist. Interpretation der Logik und ihrer Grundgesetze. Logik, als praktische Kunstlehre des Denkens, könne nämlich nur auf der Grundlage einer als ›Naturlehre des Geistigen‹ verstandenen Psychologie erworben und begründet werden; diese, die sich bei Beneke von dem damaligen Verständnis von Psychologie durch ein beginnendes naturwissenschaftliches Methodenbewußtsein abhebt und als philosoph. Fundamentalwissenschaft verstanden wird, soll Formen und Verhältnisse des Denkens nicht abstrakt und subjektiv darstellen, sondern im lebendigen Prozeß ihrer psycholog. Genese erfassen. Hierfür ist Beneke zufolge vor allem eine klare Unterscheidung zwischen Logik und Metaphysik vonnöten (auf deren Verhältnis war er im *System der Metaphysik und Religionsphilosophie,* Berlin 1840, ausführlich eingegangen) und damit eine Aufdeckung der falschen spekulativen Voraussetzungen, unter denen die idealist. Behandlung der Logik leidet. – Benekes psycholog. Grundlegung der Logik wurde in der Debatte über den Psychologismus in der 2. Hälfte des 19. Jh.s und zu Beginn des 20. Jh.s (u. a. auch von Husserl in seinen → *Logischen Untersuchungen*) kritisch diskutiert.

Lit.: J. G. DRESSLER, Praktische Denklehre, nach Benekes Vorgange auf die Thatsachen der inneren Erfahrung gebaut, 1852. – DERS., Die Grundlehren der Psychologie und Logik, 1867, ^{2}1870. – R. EISLER, Die Weiterbildung der Kantschen Aprioritätslehre, 1895. – H. BENNER, Benekes Erkenntnistheorie, 1902.

F. VOLPI

System der Philosophie (Bd. I: Erster Teil: Drei Bücher der Logik; Bd. II: Zweiter Teil: Drei Bücher der Metaphysik), (Rudolf) Hermann LOTZE; EA Leipzig 1874 und 1879.

Das Spätwerk stellt die Summe einer 40jährigen philosoph. Entwicklung dar. – Das *System der Philosophie* war dreiteilig entworfen, davon sind nur die ersten beiden Teile, die Logik und die Metaphysik, publiziert worden; der 3. Teil (Ethik, Ästhetik, Religionsphilosophie) kam nicht zur Ausführung. Das Werk will anders verstanden sein als die vorhergehenden traditionellen Systeme der Philosophie (einschließlich Lotzes früheren Ansatzes). Die Logik geht bei ihm jetzt voran, d. h. der Standpunkt kritisch-method. Reflexion wird nicht innerhalb des Hauptteils eingenommen, sondern im Prozeß schrittweisen Suchens und Abwägens, geleitet von naturwissenschaftlich-empir. Methodik, entwikkelt. Die anfangs geplante teleolog. Struktur, dreigliedrig architekton. aufgebaut, wird jedoch nicht durchgehalten, und so besteht das *System* mehr der Intention als der Durchführung nach. Die Logik wird als Lehre vom Denken (reine Logik), vom Untersuchen (angewandte Logik) und vom Erkennen (Methodologie) eingeführt. Die Metaphysik ist nach klassischen Vorbildern als Ontologie (Qualität, Realität und Zusammenhang der Dinge), Kosmologie (der ›Lauf der Natur‹ und seine Momente) und Psychologie (›das geistige Dasein‹, Scheidung von Seele und Leib sowie deren Interrelation, Empfindungen und Vorstellungen bis zur ›leiblichen Begründung geistiger Tätigkeiten‹) entworfen. – Obwohl Lotze eine Reihe namhafter Schüler hatte (Stumpf, Husserl, Twardowski u. a.) hat seine Philosophie nicht eigentlich Schule gemacht, und die große Leistung seiner begriffsanalyt. Arbeit ist bis heute noch nicht zureichend adaptiert worden.

Ausg.: Hg. u. eingel. von G. Misch, ^{3}1912 (PhB 141/142).

Lit.: R. Falckenberg, H. Lotze, 1. Teil: Das Leben und die Entstehung der Schriften nach den Briefen, 1901. – G. Santayana, Lotze's System of Philosophy, hg. von P. G. Kuntz, 1971.

W. Baumgartner

System der Philosophie, Wilhelm Wundt; EA Leipzig 1889.

Das philosoph. Hauptwerk Wundts versucht auf der Basis der wissenschaftlichen Teildisziplinen eine systemat. Darstellung und Begründung ›wissenschaftlicher Philosophie‹ als Synthese von Erkenntnistheorie und Metaphysik (Prinzipienlehre) zu erstellen und bildet somit auch eine Synthese der Werke Wundts. – In der ›Hauptabsicht‹, die ›Grundlagen der Philosophie‹ zu eruieren, sind zwei Implikationen ausgesprochen: 1. Philosophie als Wissenschaft ist nicht selbst Grundlage der Einzelwissenschaften, sondern beruht inhaltlich und method. auf diesen. 2. Zweck der Philosophie ist es, die Forschungsergebnisse und Lösungsversuche aus den Einzelwissenschaften aufzunehmen, sie weiterzuführen, kritisch zu prüfen und ›womöglich zu einem widerspruchslosen System zu verbinden‹, um sodann ›regulierend und richtunggebend‹ auf sie einzuwirken. Philosophie steht somit in unmittelbarer Verbindung mit der Gesamtheit der Wissenschaften. Diese Definition von wissenschaftlicher Philosophie spiegelt zum einen den wissenschaftlichen Werdegang Wundts von der (als selbständiger Einzelwissenschaft aufgefaßten) Psychologie zur Philosophie wider und schlägt sich zum andern in der Gliederung des Werkes nieder. Die ersten beiden Abschnitte behandeln Fragen der Erkenntnistheorie: Formen und Grundgesetze des Denkens (formale Logik/Erkenntnislehre) sowie Objekte und Arten der Erkenntnis (reale Erkenntnislehre). Die Abschnitte 3 und 4 untersuchen die Inhalte der Erkenntnistheorie in metaphys. Hinsicht: Formen und logische Entwicklung der Verstandes- und Wirklichkeitsbegriffe (Prinzipien realer Erkenntnis, d. h. der Einzelwissenschaften) sowie kosmolog., psycholog. und ontolog. Ideen (Prinzipien transzendenter Erkenntnis), welche die empir. Hypothesen und Tatbestände durch transzendente Voraussetzungen ergänzen, ordnen und verknüpfen und somit das *System* zu einem ›relativen Abschlusse‹ bringen. In den Abschnitten 5 und 6 (Hauptpunkte der Natur- und Geistesphilosophie) werden die entwikkelten Prinzipien exemplar. angewendet. – Das *System* stellt, wie zuvor schon Lotzes → *System der Philosophie*, einen Meilenstein in derjenigen philosoph. Tradition dar, welche die Metaphysik durch sachliche und analyt. Begründung des idealist. Anspruchs der Selbstbegründung (in der Folge von Kants Ansatz und im Deutschen Idealismus) entkleidete und von ›geistreicher, aber verfehlter‹ Begriffsspekulation abbrachte.

Ausg.: ^{4}1919.
Lit.: P. Petersen, W. Wundt und seine Zeit, 1925. – A. Arnold, W. Wundt – Sein philosoph. System, 1980.

W. Baumgartner

Das System der Sittenlehre nach den Principien der Wissenschaftslehre, Johann Gottlieb Fichte; EA Jena/Leipzig 1798.

Im direkten Anschluß an den praktischen Teil der Wissenschaftslehre von 1794 leitet Fichte den Grundbegriff des Sittlichen aus der Form der ›Ichheit‹ ab, gibt ihm, zum Teil in enger Anlehnung an Kants Grundsätze, eine inhaltliche Füllung und wendet ihn auf die einzelnen Gebiete des sittlichen Handelns an. – Ohne das Bewußtsein des eigenen Wirkens in der äußeren Welt gibt es kein Selbstbewußtsein; die praktische Philosophie erklärt, wie dieses Wirken möglich ist. Vorausgesetzt ist dabei, daß es eine Verbindung, eine letzte Einheit von Handelndem und Behandeltem gibt. Diese letzte Einheit im Ich ist unerfaßbar, aber das Ich, das im Wesen Trennung ist, weist auf sie hin. Die Trennung geschieht, indem das Ich sich selbst als tätig, als in absoluter Selbständigkeit wirkend setzt. Es wirkt allein durch sich, durch den Begriff vom Gewollten, auf die Welt und verändert sie. Es findet sich selbst rein nur als in dieser Weise wollend, es ist Freiheit. Diese kann sich immer nur in einer je bestimmten Tätigkeit vollziehen, durch welche die konkrete Gestalt der Außenwelt gesetzt wird. Indem die Selbsttätigkeit, in der allein das Ich sich als sich selbst denken kann, zum Prinzip allen bestimmten Handelns gemacht wird, werden Freiheit und Notwendigkeit im Sittengesetz eins; in diesem Grundprinzip der absoluten Selbsttätigkeit erreicht Fichte Kants kategor. Imperativ. Aus der Tendenz des Ich zur absoluten Selbsttätigkeit geht das ganze objektive Sein hervor. Fichte leitet es als ein System von Trieben ab, das auf den sittlichen Trieb als unseren innersten und damit letztlich auf das Gewissen bezogen ist. Im Grunde ist der sittliche Trieb der einzig wirkliche, und die Entfaltung des Systems der angewandten Sittenlehre in den Normen für den Umgang mit unserem Leib, mit den anderen Menschen, mit der Natur und schließlich den nach Beruf und Familienstand sich richtenden Pflichten dient der Erkenntnis dieser Konstitution des Ich.

Ausg.: Gesamtausgabe der Bayer. Ak. d. Wiss., Bd. I, 5, hg. von R. Lauth/H. Jacob, 1977.

Lit.: E. CASSIRER, Freiheit und Form. Studien zur deutschen Geistesgeschichte, 1922 (Repr. 1975).

W. SCHWEIDLER

System der Sittlichkeit, Georg Wilhelm Friedrich HEGEL, entst. 1802/03; EA Osterwieck/Harz 1893.

Die postum erschienene Schrift ist Hegels erster Versuch, das vielfältige Verhältnis von Individuum, Gesellschaft und Staat in systemat. Form darzustellen. Der an der antiken bzw. Aristotel. Politik und an Spinozas Substanzbegriff orientierte Begriff der Sittlichkeit meint die organ. Einheit einer Volksgemeinschaft, in der allein die Individuen sich verwirklichen. Ergänzt und z. T. modifiziert wird dieses klassisch-polit. Schema durch die Rezeption der englischen Nationalökonomie, was in der zeitgenöss. idealist. Philosophie keine Parallele hat. – Das auf der wechselseitigen Subsumtion des Einzelnen und des Allgemeinen untereinander aufgebaute System gliedert sich in drei Teile. Der 1. Teil (»Die absolute Sittlichkeit nach dem Verhältnis oder natürliche Sittlichkeit«) umfaßt den Bereich der naturhaften, aus Bedürfnis und Trieb entspringenden Tätigkeiten und Gemeinschaften des Menschen: Arbeit, Werkzeuggebrauch, Besitz; Intelligenz, Sprache; Verhältnis Mann-Frau, Eltern-Kind, Herr-Knecht. Auf die Familie folgt das soziale Leben in Form ökonom.-rechtlicher Verkehrsbeziehungen (Eigentum, Tausch, Vertrag), in denen die Individuen als Rechtspersonen nur eine formelle, d. h. abstrakt-quantitative Einheit bilden. Der 2. Teil (»Das Negative oder die Freiheit oder das Verbrechen«) behandelt Phänomene wie physische Vernichtung, Raub, Unterjochung, Rache und Krieg, deren Funktion Hegel darin sieht, die Selbstgenügsamkeit und einseitige Verabsolutierung der ›Totalität des Einzelnen‹ als Person zu negieren. Die Gefahr, alles, selbst das Leben zu verlieren, macht nämlich die notwendige Bedingung für die Entstehung der ›absoluten Sittlichkeit‹ aus, in der natürliche Sittlichkeit und individuelle Freiheit versöhnt werden. Im 3. Teil analysiert Hegel die Institutionen des als Monarchie bestimmten Staates, die Ständegliederung (Adel, Bürger- und Bauerntum) und die Regierungssysteme, nämlich das ›System der Bedürfnisse‹, das die gegenseitige ökonom. Abhängigkeit der Individuen voneinander ausdrückt, das ›System der Gerechtigkeit‹ und das ›System der Zucht‹, das sowohl polizeiliche als auch erziehende Funktion hat. – Die Schrift gilt als wichtiges Kapitel in der Entwicklungsgeschichte von Hegels Theorie des objektiven Geistes.

Ausg.: Hg. von G. LASSON, 1967. – Werke, 20 Bde., Bd. II, 1986 (stw 602).
Lit.: H. KIMMERLE, Das Problem der Abgeschlossenheit des Denkens. Hegels ›System der Philosophie‹ in den Jahren 1801–1804, ^{2}1982.

F. LONGATO

System des transzendentalen Idealismus, Friedrich Wilhelm Joseph SCHELLING; EA Tübingen 1800.

Mit der Schrift kommt die erste Periode von Schellings Philosophie zum Abschluß; sie stellt der Naturphilosophie, die das Werden des Geistes objektiv einholt, die Transzendentalphilosophie komplementär zur Seite und will so den programmat. Ansatz des ›Ideal-Realismus‹ vollenden. Obschon Schelling Fichte verpflichtet ist, bezieht er mit dem Ansatz zweier ›Grundwissenschaften‹ sogleich eine eigene Position, die systemat. Kants → *Kritik der Urteilskraft* einbezieht (Naturteleologie, Philosophie der Kunst) und die Geschichte als Aufgabe idealist. Philosophie begreift (›das höchste Problem der Vereinigung von Freiheit und Notwendigkeit‹). – Die theoret. Philosophie begründet die Möglichkeit von Erfahrung im Selbstbewußtsein als dem höchsten Prinzip des Wissens; Schelling bestimmt es als unmittelbare Einheit von Subjekt und Objekt, die er weiter als Duplizität in der Identität und als Akt intellektueller Anschauung auslegt. In ihm weiß und ›produziert‹ sich das Ich vor aller Bestimmtheit. Das Werk entfaltet dies Produzieren als ›Geschichte des Selbstbewußtseins‹, in der das Ich zu sich kommt und sich schließlich als Subjekt und Objekt bewußt ist. Die Geschichte hat drei Epochen, von denen die erste (»Von der ursprünglichen Empfindung bis zur produktiven Anschauung«) die ursprüngliche Realität (= Empfundenes) von ihrer Empfindung und mithin ›Innen‹ und ›Außen‹ unterscheidet. Die zweite Epoche (»Von der produktiven Anschauung bis zur Reflexion«) entwickelt die Handlungsformen innerer und äußerer Anschauung (Intensität: Zeit, Extensität: Raum) und aus ihrer Relationalität die Anschauung der Kategorien. Die erste Epoche kommt zur Differenz von Subjekt und Objekt und hat die Konstruktion der Materie als Pendant; die zweite Epoche schaut die Differenz kategorial als Wechselwirkung an und hat darum die Deduktion des Organischen als Pendant. Die dritte Epoche (»Von der Reflexion bis zum absoluten Willensakt«) klärt, warum dem Ich die Welt nicht überhaupt als Organismus erscheint, warum es also etwas ›außer‹ sich setzen kann. Die Bedingung dafür ist das abstrahierende Urteil, das Anschauung und Begriff trennt (und schemat. bezieht); selbst ist es begründet in absoluter Abstraktion, durch die das Ich sich als Intelligenz tatsächlich einsetzt: »Die absolute Abstraction ist der Anfang des Bewußtseins.« Damit endet die theoret. Philosophie; ›diesseits des Bewußtseins‹ beginnt die praktische Philosophie: Weil der Anfang des Bewußtseins nur aus Selbstbestimmung erklärbar ist, konstruiert sie das Ich als Handeln auf sich selbst. Es äußert sich zunächst als Trieb. Das Ich ist darin, obgleich frei, doch bloß natural. Das Wollen muß, um sich ›objektiv‹ zu werden, darauf reflektieren, daß es seinen Grund nicht in der Anschauung und nicht in einem Wollen des Wollens hat, sondern im Handeln anderer Intelligenzen. Das Ich ist Teil einer ›prästabilierten Harmonie‹, die nicht natural als Organismus, sondern als Verhältnis zwischen Subjekten gleicher Realität zu denken ist: »Nur dadurch, daß Intelligenzen außer mir sind, wird die Welt überhaupt objektiv.« Hierin gründet die Möglichkeit ›objektiven‹ Wollens, und insofern ist es zugleich in ein unbedingtes Sollen transformiert: Es stellt sich dar als die Forderung des Sittengesetzes, nur das zu wollen, was alle Intelligenzen auch wollen können. Nun kommt diese Forderung nur angesichts des Triebes ins Bewußtsein; dies ist die Situation der Wahlfreiheit, aus der folgt, daß der reine, ›objektive‹ Wille immer auch als Willkür erscheint, aber zugleich auf ein Absolutes verweist. In den Zusätzen zur praktischen Philosophie skizziert Schelling die Deduktion von Rechts- und Staatsordnung, um endlich die Vereinigung von Freiheit und Notwendigkeit als ›höchstes Problem‹ zu thematisieren. Philosophie erweitert sich zur Konstruktion der Geschichte als Geschichte des Absoluten. In der Philosophie der Kunst nimmt das ›System‹ das Thema wieder auf, nachdem es zuvor in den ›Hauptsätzen der Teleologie‹ jene Vereinigung als Organismus der Natur dargestellt hat. In der »Philosophie der Kunst«, die das Werk vollendet, wird die Freiheit von bewußter und bewußtloser Tätigkeit nicht als Natur, sondern im Ich (dem Prinzip der Philosophie) als die künstlerische Tätigkeit nachgewiesen.

Ausg.: Sämmtliche Werke, 1. Abt., Bd. III, 1858 (Repr. 1965, 1982).
Lit.: K. Fischer, Schellings Leben, Werke und Lehre (= Geschichte der neuern Philosophie, Bd. VII), [3]1902. – A. Schurr, Philosophie als System bei Fichte, Schelling und Hegel, 1974.

J. Jantzen

Système de la nature, ou, des lois du monde physique et du monde moral (frz.; *System der Natur oder von den Gesetzen der physischen und moralischen Welt*), Paul Henri Thiry Baron d'Holbach; EA London (eigentl. Amsterdam) 1770; dt. 1783.

Im Zentrum des natur- und sozialphilosoph. Hauptwerkes d'Holbachs steht eine konsequent materialist. Deutung des Menschen, die einer Neubegründung der Moral dient. – Die Natur bildet eine selbstgeschaffene, konstante und ewige Summe von Materie und Bewegung bzw. Energie. Da sich alle Dinge aus Materie und Bewegung zusammensetzen, befinden sie sich ständig im Wandel. Auch der Mensch stellt nur ein Ding der Natur dar und ist vollkommen deren physikal.-mechan. Gesetzmäßigkeiten unterworfen. Den Prinzipien der Trägheit, der Anziehung und der Abstoßung entsprechen in seinem Gefühlsleben diejenigen der Selbstliebe, der Liebe und des Hasses. Letztendlich ist der Mensch als ein seelenloses Maschinenwesen zu begreifen, dessen geistige Fähigkeiten sich allesamt auf Sinnesempfindungen zurückführen lassen und dessen Tod lediglich den Beginn einer neuen Umverteilung der beteiligten Materieteilchen darstellt. Das oberste Ziel des Menschen ist das Glück der Bedürfnisbefriedigung, das nur gemeinschaftlich zu erlangen ist. Die Regeln der Moral sollen in diesem Sinne und auf der Basis der aufgeklärten Selbstliebe das Wohl des einzelnen im Rahmen des Wohles der Gesellschaft fördern, wobei der Staat mit Hilfe empir. Kenntnis der sozialen Bedürfnisse das Zusammenleben optimal zu steuern hat. Als Hauptquellen des Leidens der Menschheit sind die Religionen zu betrachten, die den Menschen aufgrund der Idee der Existenz einer Gottheit immerfort falsche Ziel- und Glücksvorstellungen vorspiegeln, so daß der Atheismus die Vorbedingung aller wirklichen Moral darstellt. – Das Werk gilt als die Hauptschrift der französ. atheist. Moralphilosophie im Zeitalter der Aufklärung.

Ausg.: Dt., von F.-G. Voigt, 1978.
Lit.: G. V. Plechanow, Beiträge zur Geschichte des Materialismus, 1896.

J. Monar

Système de politique positive, ou traité de sociologie instituant la réligion de l'humanité (frz.; *System der positiven Politik, oder Abhandlung über die Soziologie zur Errichtung der Religion der Humanität*), Isidore-Auguste-Marie-Xavier COMTE; EA Paris 1851–1854 (4 Bde.).

Im Zentrum des sozialphilosoph. Werkes, das eine Weiterentwicklung der Theorien des → *Cours de philosophie positive* darstellt, steht eine positivist. Gesellschaftstheorie, die als Grundlage für eine atheist. Religion der Humanität dient. – Indem sich der Positivismus ausschließlich auf die Erforschung empir. Tatsachen konzentriert, ermöglicht er eine genaue und praktisch anwendbare Bestimmung der Gesetze und Bedingungen des sozialen und polit. Fortschritts. Sind die gesetzmäßigen Beziehungen zwischen den koexistierenden sozialen Phänomenen einmal erkannt – Comte faßt diese unter dem Begriff ›Theorie der sozialen Statik‹ zusammen –, so kann die ›soziale Dynamik‹, d. h. der Prozeß der gesellschaftlichen und polit. Entwicklung gezielt im Hinblick auf die Errichtung einer vereinigten Menschheit mit demokrat.-industrieller Ordnungsstruktur gesteuert werden. Die aus dem Positivismus hervorgehende Soziologie steht damit im Dienste der ›Religion der Humanität‹, deren Prinzip es ist, aus Liebe zur Menschheit alle Anstrengungen auf die Vollendung der menschlichen Entwicklung auszurichten, die in der polit., sozialen und emotionalen Vereinigung der Menschheit besteht. Theorie und Praxis des Positivismus gipfeln in diesem Sinne in einer religiösen Hingabe an den Kult des ›großen Wesens‹ (›grand être‹) der Menschheit, in dessen Rahmen Wissenschaft und Logik nur noch als Werkzeuge der Religion der Humanität erscheinen. – Das Werk förderte die Instaurierung der Soziologie als einer selbständigen Wissenschaft, konnte aber aufgrund seines mystischen Humanismus zu keiner dauerhaften philosoph. Wirkung gelangen.

Ausg.: Repr. (Oeuvres, Bd. VII–X, 1851–1854) 1970.

Lit.: J. LACROIX, La sociologie d'Auguste Comte, [4]1973.

J. MONAR

Système des contradictions économiques, ou philosophie de la misère (frz.; *Die Widersprüche der Nationalökonomie oder Philosophie des Elends*) Pierre-Joseph PROUDHON; EA Paris 1846 (2 Bde.); dt. 1847 Philosophie der Staatsökonomie oder Nothwendigkeit des Elends.

Das philosoph.-ökonom. Hauptwerk Proudhons stellt unter dem Einfluß Hegels die Kategorien der Nationalökonomie im Schema von These und Antithese dar. In Ablehnung des utop. Sozialismus mit seiner Negation der individuellen Freiheit wie auch des Eigentums und mit der entsprechenden Negation der sozialen Gleichheit entwirft Proudhon ein System der auf gegenseitiger Hilfe beruhenden Anarchie. Unter Ausschaltung von Geld, Leihkapital (Zins) und Handelsprofit tauschen die selbständigen Kleinproduzenten ihre Waren in eigener Regie. Privateigentum an den Produktionsmitteln wird an die eigene Arbeit gebunden, die in ihrem gesellschaftlichen Durchschnitt zugleich das Maß für den gerechten Tausch darstellt. In der Behandlung des Werts, der Arbeitsteilung, der Konkurrenz, des Monopols und anderer ökonom. Kategorien nimmt die Synthese die Form des Kompromisses an, in dem die Vor- und Nachteile gegeneinander abgewogen, die Vorteile bewahrt, die Auswüchse (Zentralisation, Pauperismus usw.) eliminiert werden. Vehikel dieser Elimination ist nicht revolutionäre Aufhebung des Eigentums, sondern die Vernunft, die Aufklärung über das Wesen der Gerechtigkeit und die soziale Reform. In der Schrift → *Misère de la philosophie* bescheinigt Marx Proudhon mangelnde Kenntnisse der Nationalökonomie und Mißverständnis der Dialektik, im → *Manifest der kommunistischen Partei* stuft er ihn als Bourgeoisiesozialisten ein. In Auseinandersetzung mit dem *Système des contradictions* formuliert Marx Grundgedanken der polit. Ökonomie, die er später in → *Das Kapital* ausgearbeitet und umfassend dargestellt hat.

Ausg.: Œuvres complètes, Bd. IV, V, 1850.
Lit.: K. Diehl, P.-J. Proudhon, seine Lehre und sein Leben, 3 Bde, 1888–1896 (Repr. 1968).

K. Lotter

Le système du monde. Histoire des doctrines cosmologiques de Platon à Copernic (frz.; *Das Weltsystem.* Geschichte der kosmologischen Lehren von Platon bis Copernicus), Pierre-Maurice-Marie Duhem; EA Paris 1913–1917 (Bd. I–V), 1954–1959 (Bd. VI–X, hg. von Hélène Pierre-Duhem).

In seinem umfangreichsten histor. Werk untermauert Duhem seine These, daß im latein. Westen (in Wiederaufnahme antiker Ansätze) von etwa 1200 bis in die Renaissance und bis zu den Begründern der neuzeitlichen Physik und Astronomie eine ungebrochene schöpferische Tradition der kontinuierlich und kumulativ wachsenden Erkenntnis in der Physik, Kosmologie und Naturphilosophie bestand. Die Teile des Werks, die zum Teil schon früher erschienen, umfassen: »La cosmologie hellénique« (Bd. I–II), »L'astronomie latine du moyen-âge« (Bd. III–IV), »La crise de l'aristotélisme« (Bd. V), »Le reflux de l'aristotélisme« (Bd. VI), »La physique parisienne au XIVe siècle« (Bd. VII–IX) und »Écoles et universités au XVe siècle« (Bd. X). – Mit diesem Werk wurde Duhem der eigentliche Entdecker der scholast.-mittelalterlichen Physik und Astronomie und ihres Anteils an dem Entstehen neuzeitlicher Naturwissenschaft, wenn auch die Modernität der scholast. Autoren von ihm überbetont wurde, wie insbes. die Arbeiten von Annelise Maier zeigten.

Lit.: M. Lacoin, De la scolastique à la science moderne: Pierre Duhem et Annelise Maier, in: Rev. quest. sci. 17 (1956).

F. Krafft

Système nouveau de la nature et de la communication des substances, aussi bien que de l'union qu'il y a entre l'âme et le corps (frz.; *Neues System der Natur und der Verbindung der Substanzen sowie der Vereinigung zwischen Seele und Körper*), Gottfried Wilhelm Leibniz; ED 1695 (in: Journal des Savants), dt. 1778.

In diesem Aufsatz metaphys. Inhalts schildert Leibniz seinen Erkenntnisweg anhand des Substanzproblems und verteidigt seine Hypothese der prästabilierten Harmonie (→ *Discours de métaphysique*) gegen den Cartesian. Mechanismus wie gegen den Okkasionalismus. Zugleich wird der Monadenbegriff (den er ein Jahr später einführt) und die Theodizeeproblematik vorbereitet. Aus der naturwissenschaftlichen Disziplin der Dynamik folgt bei Leibniz kein mechanist. Atomismus (gegen Descartes wendet er ein, daß Ausdehnung kein ursprüngliches Attribut des Körpers sei), sondern eine Konzeption des Kontinuums und des ›point reel et animé‹ (eines beseelten, wirklichen Punktes). Letzteres scheint die scholast. Lehre der ›formae substantiales‹ wiederzubeleben. Ihr Wesen liege in der Kraft, einer Art ›appetit‹, den Aristoteles Entelechie nannte. Nach Leibniz können Atome nicht einfache Substanzen sein. Vielmehr müssen letztere das ganze Universum ausdrükken. Davon zu unterscheiden sind die Geister mit ihrem je eigentümlichen Wesensgesetz, das sie über die Materie erhebt. Die Form der Seele sieht er in der Ich-Identität, die er als ›Points metaphysiques‹ (›metaphys. Punkte‹; der Monadenbegriff kündigt sich an) bezeichnet. Um das Problem der Einheit und der Wechselwirkung zwischen Leib und Seele zu lösen, entwickelt er gegen Cartesianismus und Okkasionalismus seine Hypothese: Gott hat jeweils individuelle und spontane Seelen geschaffen, die das Universum repräsentieren, und zwar in vollständiger Konformität mit den Dingen außerhalb. Für Leibniz erklärt diese Hypothese der prästabilierten Harmonie sowohl Freiheit wie Vernunft des Menschen, die Unsterblichkeit der Seele wie ihre Individualität; sie enthält darüber hinaus einen Gottesbeweis. Sie erlaubt es Leibniz, gegen den Cartes. Dualismus daran festzuhalten, daß der Mensch als Leib, Seele und Geist zu bestimmen ist. Einwände gegen diesen Aufsatz, erhoben vor allem von den französ. Skeptikern Foucher und Bayle, motivierten die Konzeption der ›Theodizee‹.

Ausg.: Fünf Schriften zur Logik und Metaphysik, hg. von H. HEZZING, 1982 (RUB 1898).
Lit.: P. KOEHLER, Der Begriff der Repräsentation bei Leibniz. Ein Beitrag zur Entstehungsgeschichte des Systems, 1913. – J. SEIFERT, Leib und Seele, 1973.

B. IRRGANG

A System of Logic, Ratiocinative and Inductive. Being a Connected View of the Principles of Evidence, and the Methods of Scientific Investigation (engl.; *System der deduktiven und induktiven Logik.* Eine Darlegung der Grundsätze der Beweislehre und der Methoden wissenschaftlicher Forschung), John Stuart MILL; EA London 1843; dt. 1849.

Mills Hauptwerk steht in der Tradition des klassischen englischen Empirismus und repräsentiert zusammen mit den Werken Comtes die positivist. Schule wissenschaftstheoret. Denkens des 19. Jh.s. – Neben der Einführung einiger sprachanalyt. grundlegender terminolog. Unterscheidungen (Buch I) und den vier Methoden für die experimentelle Suche nach den Ursachen eines Geschehens (Buch III, Kap. 8) sind vor allem die folgenden drei Grundpositionen des Werkes methodolog. und philosophiegeschichtlich bedeutsam: (1) Mills Argumente zugunsten der These, daß alle sog. strengen oder deduktiven Wissenschaften (Geometrie, Arithmetik, formale Logik) ohne Ausnahme induktive Wissenschaften sind, deren Axiome Verallgemeinerungen aus der Erfahrung darstellen (Buch II, Kap. 4–7); (2) seine Ausführungen zur naturwissenschaftlichen Forschung, denen zufolge naturwissenschaftliche Theorien nicht nur durch induktive Verallgemeinerungen gewonnen werden, sondern als Erkenntnisse auch induktionslog. begründet sind (Buch III); (3) Mills Plädoyer für die Einheit der wissenschaftlichen Methode im Sinne einer Logik der Geistes- und Sozialwissenschaften, welche die Methode der Naturwissenschaft als idealen Standard übernimmt (methodolog. Monismus) und außer der kausalen Erklärung (Subsumption eines Einzelfalles unter ein allgemeines Gesetz, hier der Ethologie und Psychologie) keine andere Form der Erklärung (des Verstehens, der Hermeneutik) anerkennt (Buch VI). – Die in diesem Werk formulierten Thesen zur wissenschaftlichen Methodik sind bis heute Gegenstand kontroverser Diskussionen in der Wissenschaftstheorie.

Ausg.: Dt., Gesammelte Werke, übers. von Th. Gomperz, Bd. II–IV, 1884–86 (Repr. 1968).

Lit.: A. Ryan, J. S. Mill, London 1974. – K. R. Popper, Das Elend des Historizismus, [4]1974 (Kap. 4). – P. Winch, Die Idee der Sozialwissenschaft und ihr Verhältnis zur Philosophie, 1974 (Kap. 3).

L. Waas

A System of Synthetic Philosophy (engl.; *System der synthetischen Philosophie*), Herbert Spencer; EA London 1862–1892, I: First Principles, II–III: Principles of Biology, IV–V: Principles of Psychology, VI–VIII: Principles of Sociology, IX: Data of Ethics, X: Principles of Ethics; dt. 1875–1879, I: Grundlagen der Philosophie, II–III: Prinzipien der Biologie, IV–V: Prinzipien der Psychologie, VI–VIII: Prinzipien der Soziologie, IX: Tatsachen der Ethik, X: Prinzipien der Ethik.

In seinem zehnbändigen Lebenswerk versucht Spencer, angeregt durch Darwins → *On the Origin of Species*, eine systemat. Anwendung der Evolutionstheorie auf alle Wissensgebiete mit dem Ziel, eine method. einheitliche, empir. fundierte philosoph. Theorie (eine synthet. Philosophie) zu begründen. – Band I »First Principles« entwickelt die Grundgedanken des Systems. Einen grundsätzlichen Dualismus von unerkennbarer (›höherer‹) Realität und ihren erkennbaren äußeren Manifestationen voraussetzend, strebt Spencer in Teil 1 eine Versöhnung des auf diesem Dualismus beruhenden Gegensatzes von Religion und Wissenschaft an, indem er in den abstrakten letzten Ideen beider Weltanschauungen den ›Glauben an ein Absolutes‹ nachzuweisen versucht. Diese erkenntnistheoret. Voraussetzungen für ein System ›integrierten Wissens‹ fließen in Teil 2 in eine Definition der Philosophie als der Erkenntnisform mit dem höchsten Generalisierungsgrad ein. Die nachfolgende Formulierung der Evolutionsgesetze, die sich auf die Formel des ›Wandels von relativ unstrukturierter Homogenität zu relativ strukturierter Heterogenität‹ und den Energieerhaltungssatz reduzieren lassen, erweist die Evolution der Materie als parallel zu der der Erkenntnisformen. Die Nachfolgebände über Prinzipien der Biologie, Psychologie, Soziologie und Ethik zeigen deshalb die Phänomene der einzelnen Gebiete als Stufen eines Evolutionsprozesses auf, aber bestimmen auch die Gebiete selbst als typisch für verschiedene Evolutionsstufen: der Herausbildung komplexer organ. Strukturen durch Anpassung an Umwelt-

und Funktionsbedingungen und Vererbung günstiger Modifikationen folgen nach Spencer die Bewußtseinsstrukturen als Resultat weiterer organ. Akkumulationen, deren höhere Formen Geselligkeit und Sympathie komplexere Gesellschaftsstrukturen ermöglichen. Spencer kennzeichnet die soziale Evolution durch ihren Fortschritt von der reinen Schutz- zur reinen Nutzgesellschaft (military bzw. industrial society). Angepaßt an die soziale Umwelt folgt ein ethisches Normengefüge, dessen Optimum im Ausgleich von Egoismus und Altruismus (›rationaler Utilitarismus‹) besteht. Die Unterscheidung des relativ ethisch Guten vom absolut Guten führt zum Dualismus Realität-Erkenntnis der »First Principles« zurück. Parallel zu dieser Kausalkette der Phänomene reflektiert der Werkaufbau die evolutionäre Natur der Erkenntnis: Dem objektiven Wissen der Biologie folgt das subjektive der Psychologie; Soziologie und Ethik befassen sich mit Beziehungen zwischen Subjekt- und Objektbereich, die in ihren komplexeren Fällen im Bereich der unerkennbaren Realität verborgen bleiben.

Ausg.: Principles of Sociology, hg. von S. Andreski, 1969. – First Principles, 1976. – The Principles, 1976. – The Principles of Ethics, 1977.

Lit.: A. W. Tillett, Spencer's Synthetic Philosophy, 1914. – I. D. Y. Peel, H. Spencer. The Evolution of a Sociologist, 1971. – R. S. Peters (Hg.), Essays on Education, 1981.

P. Nagelschmidt

Tafsīr mā baᶜd at-tabīᶜah (arab.; *Großer Kommentar zur Metaphysik*), Averroes (eigtl. Abu'l-Walīd Muḥammed ibn Aḥmad ibn Muḥamad ibn Rušd, al-Hafīd), vollendet vor 1198; ED Venedig 1562 (lat.), Beirut 1938–48 (arab.); dt. 1912 Die Metaphysik des Averroes.

Der *Metaphysik* des Aristoteles (→ *Ta meta ta physika*) gewidmet, ist der Kommentar Ausweis einer jahrzehntelangen Beschäftigung mit dem Werk des Stagiriten. Vertraut mit Inhalt und Form aristotel. Denkens, erläutert Averroes die einzelnen Bücher der *Metaphysik*, hört allerdings mit Buch XII auf. Er ist dabei kritisch und hält mit seiner eigenen Meinung nicht zurück. Die Schwierigkeiten der arabischen Übersetzungen des Aristoteles nötigen ihn häufig zum Kollationieren. Er vergleicht auch die antiken Schriftsteller wie Alexander von Aphrodisias, Themistios, Nikolaos von Damaskus, Johannes Philoponos. Seine kongeniale Art hilft ihm häufig über bizarre Sprachschranken hinweg. Averroes wurde vom 13. Jh. an in Europa ins Hebräische und Latein. übersetzt. Dies gilt für die arabische Kommentierung des Aristoteles überhaupt. Für die latein. Version des *Metaphysik*-Kommentars fand sich in Michael Scottus ein äußerst sachkundiger Übersetzer, der am Hofe Friedrichs II. in Palermo wirkte. In der islam. Welt war der Einfluß begrenzt. Dies lag weniger an Ġazzālīs Kritik der Philosophie als an der Reconquista (Córdova wurde ca. 30 Jahre nach dem Tode des Averroes christlich) und an der Monopolstellung Avicennas im östlichen Islam. Allerdings weiß man heute, daß Averroes dort bekannter war, als man früher annahm. Im christlichen und jüdischen Europa läßt sich die Wirkung des Averroes an so glanzvollen Namen belegen wie Moses Maimonides, Siger von Brabant, Moses ben Tibbon, Levi ben Gerson, Albertus Magnus, Thomas von Aquin.

Lit.: M. Bouyges, Annotations à l'Aristoteles latinus relativement au Grand Commentaire d'Averroes Sur la Métaphysique, in: Revue du moyen-âge latin 5 (1949). – R. Arnaldez, Ibn Rushd, in: The Encyclopaedia of Islam. New Edition, Bd. III, 1971. – Ch. E. Butterworth, La valeur philosophique des commentaires d'Averroès, in: J. Jolivet (Hg.), Multiple Averroès, 1978. – Ph. W. Rosemann, Noesis noeseōs und ta'aqqul at-ta'aqqul. Das Aristotel. Problem der Selbstbezüglichkeit des Unbewegten Bewegers in der Kommentierung Ibn Rušds, Z. philos. Forsch. 40 (1986).

E. Meyer

Tagebücher (Kierkegaard) → Papirer

Tahāfut al-falāsifah (arab.; lat.: *Destructio philosophorum; Die Widersprüche der Philosophen*), al-Ġazzālī (eigentl. Abu Ḥamid Muḥammad ibn Muḥammad al-Tūsī), entst. 1095; ED Beirut 1927 (arab.), Lahore 1958 (engl.).

›Der Zusammenbruch der Philosophen‹ (so die wörtliche Übersetzung des Titels) ist eine Polemik des bedeutendsten sunnit. Theologen gegen 20 Thesen der neuplaton. orientierten islam. Philosophen, wobei 17 als häret. Neuerungen (bid^{c}ah), drei gar als erwiesener Unglaube (kufr) bekämpft werden. Letzteres betrifft 1. die These von der Welt als einer anfangslos ewigen, 2. die These, daß das Wissen Gottes nur die universalen Dinge umfaßt, 3. die Leugnung der Auferstehung des Leibes. Al-Ġazzālī wehrt also aus religiöser Besorgnis die antike Philosophie in arabisch-islam. Gewande ab, instrumentalisiert gleichwohl deren Logik zum Nutzen der sunnit. Theologie. So schlägt er die Philosophen mit ihren eigenen Waffen, indem er nachweist, daß ihr Anspruch, ihre Thesen rational zu beweisen, nicht eingelöst wird. Eine geläufige Auffassung sieht die Hauptwirkung dieser Schrift im Erlöschen der islam. Philosophie. Zwar ist die Gegenschrift des Averroes im Orient ohne große Resonanz geblieben, aber im islam. Osten blieb die Schule Avicennas unangefochten.

Lit.: M. A. M. Rīdah, al-Ġazzālī und seine Widerlegung der griechischen Philosophen, 1952. – W. M. Watt, Muslim Intellectual – a Study of al-Ghazali, 1963.

E. Meyer

Tahāfut-at-tahāfut (arab.; lat.: *Destructio destructionis; Die Widersprüche der Widersprüche*), Averroes (eigtl. Abū'l-Walīd Muḥammad ibn Aḥmad ibn Muḥammad ibn Rušd, al-Ḥafīd), entst. um 1180; ED Venedig 1497 (lat. u. d. T.: Destructiones destructiorum philosophiae Algazeli); dt. 1913 Die Hauptlehren des Averroes nach seiner Schrift: Die Widerlegung des Gazali.

Die Schrift zählt zu den bedeutendsten philosoph.-theolog. Werken des Averroes und der arabisch.-islam. Literatur überhaupt. Sie widerlegt in systemat. Weise die Kritik al-Ġazzālīs an der griechisch-arabischen Philosophie in ihrer dem islam. Mittelalter adaptierten Gestalt. Ġazzālī hatte im wesentlichen seine Kritik gegen al-Fārābī und Ibn Sīnā gerichtet. Averroes weist in seiner Widerlegung Unschlüssigkeiten in der Argumentation Ġazzālīs nach und macht auch Mängel im Aristoteles-Verständnis von al-Fārābī und Ibn Sīnā geltend. Ein Hauptvorwurf ist, Ġazzālī habe die Prädikation mißverstanden, die die Philosophen für Gott und die Geschöpfe gelten ließen. Sie leugneten eben nicht, wie Ġazzālī behauptet, die Attribute der Vollkommenheit (aus dem Koran entwickelt: Wissen, Wille, Leben, Macht, Sprechen, Hören, Sehen), sondern nur deren univoke Verwendung bezüglich Gottes und der Geschöpfe. Das Plädoyer des Averroes für die Kausalität rettet gerade den problemat. Rückbezug der Welt des Entstehens und Vergehens auf das göttliche Wirken. Die Attacke gegen eine Auferstehung des Menschen ohne Berücksichtigung seiner Leiblichkeit wird durch den Hinweis auf die Unsterblichkeit des (überindividuellen) menschlichen Intellekts erwidert.

Ausg.: Arab., 1930. – Dt., 1913. – Engl., 1954. – Lat., 1961.
Lit.: T. J. DE BOER, Die Widersprüche der Philosophie und ihr Ausgleich durch Ibn Roschd, 1894. – M. FAKHRY, A History of Islamic Philosophy, 1970. – J. JOLIVET (Hg.), Multiple Averroès, 1978. – Ch. GENEQUAND, Ibn Rušd's Metaphysics, 1984. – B. S. COGAN, Averroès and the Metaphysics of Causation, 1985.

E. MEYER

Ta meta ... →Meta ... (›Ta‹, griech. Artikel)

Technē iatrikē (gr.; lat.: *Ars parva; Die Heilkunst*), GALENOS, entst. nach 193 n. Chr.; ED Padua um 1476 (lat.), Venedig 1525 (gr.).

Diese wohl am meisten studierte Schrift Galens gibt einen gedrängten Überblick über seine gesamte Medizin. Grundlage ist die Humoralpathologie (Vier-Säfte-Lehre) der hippokrat. Schrift *Die Natur des Menschen* und die von der Funktion ausgehende Organpathologie des Aristoteles. Nach den Grundbegriffen ›Gesund‹ und ›Krank‹ (Kap. 1–2) behandelt ein zweiter, diagnost. Teil die Zeichen für Dyskrasien und Organdefekte (Kap. 3–22) und ein dritter die verschiedenen Therapieformen (Kap. 23–27).

Ausg.: Opera omnia, 20 Bde., Bd. I, hg. von C. G. KÜHN, 1822–1833 (Repr. 1964/65). – Dt., von R. PETERS, (Diss.) 1978.
Lit.: G. SARTON, Galen of Pergamon, 1954. – R. E. SIEGEL, Galen's System of Physiology and Medicine, 1968. – V. NUTTON (Hg.), Galen, 1981. – P. MORAUX, Der Aristotelismus bei den Griechen, Bd. II, 1984.

F. RICKEN

Technē rhētorikē (gr.; lat.: *De arte rhetorica; Redekunst*), ARISTOTELES, entst. 4. Jh. v. Chr.; ED Paris 1475 (lat., von Georgius Trapezuntius), Venedig 1481 (lat., von W. v. Moerbeke); Venedig 1508 (gr.); dt. 1803 (Buch I)/ 1838.

Das Werk umfaßt drei Bücher. Buch I und II erläutern die Technik, die ein Redner zum Erfolg braucht. Aristoteles behandelt zuerst die Topoi, allgemeine Sätze, die auf eine bestimmte Situation angewandt werden können, und untersucht dann das Enthymem, eine in der Rhetorik angewandte Schlußfolgerung, die zwar mangelhaft ist, jedoch Überredungskraft besitzt, weil die Zuhörer mit den Prämissen einverstanden sind. Die Redekunst setzt beim Redner eine psycholog. Einfühlung voraus, durch die er sich in die Lage der Hörer einlebt und die Bedeutung des Themas für sie erkennt. Das Werk enthält eine Fülle wertvoller Bemerkungen über das menschliche Leben. Das III. Buch wird von einigen Interpreten als eine getrennte Abhandlung betrachtet, während andere, wie W. M. A. Grimaldi und E. E. Ryan, die Einheit des Werkes verteidigen. Buch III befaßt sich mit dem Prosastil: natürlich, nicht gekünstelt soll die Sprache sein. Daher ist die Klarheit die wichtigste Eigenschaft der Prosa. In ihr nimmt die Metapher, die eine bisher nicht erkannte Ähnlichkeit von zwei Sachen veranschaulicht, einen wichtigen Platz ein. Die Sätze sollen nicht, wie bei Herodot, einfach aneinandergereiht sein, sondern Perioden bilden. Die Rede- und Schreibkunst setzt sowohl eine psycholog. Einsicht wie auch die Fähigkeit zu argumentieren voraus; ihre Absicht ist es, den Hörer oder Leser zu einer bestimmten Handlung zu bewegen oder von ihr abzulassen. Daher ist es notwendig, daß das Publikum von der Ehrlichkeit des Sprechers überzeugt ist, der die allgemein anerkannten Werte akzeptieren und das Ziel seiner Rede nicht verheimlichen soll.

Ausg.: Gr., Aristotelis Opera, Bd. II, hg. von I. BEKKER, ²1960, 1354–1420. – E. M. COPE, The Rhetoric of Aristotle with a Commentary, 1877 (4 Bde.). – Dt. von F. G. SIEVEKE, 1980.

Lit.: R. STARK/P. STEINMETZ (Hg.), Rhetorika. Schriften zur aristotel. und hellenist. Rhetorik, 1968. – W. A. GRIMALDI, Studies in the Philosophy of Aristotle's Rhetoric, 1972.

L. J. ELDERS

Die Technik und die Kehre, Martin HEIDEGGER; EA Pfullingen 1962.

Die Schrift enthält zwei Vorträge mit den Titeln: »Die Frage nach der Technik« und »Die Kehre«, die 1949/50 in Bremen sowie auf Bühlerhöhe gehalten wurden. Der erste Vortrag wurde in der hier vorliegenden erweiterten Fassung 1955 in München gehalten. Zusammen mit den im Band → *Vorträge und Aufsätze* veröffentlichten Schriften geben sie einige Kernaussagen Heideggers zum Phänomen der Technik wieder. Der erste Vortrag gilt der fragenden Erörterung des ›Wesens der Technik‹. Diese Frage läßt sich gewöhnlich im Sinne eines ›Was ist ...‹ stellen. Demnach ist die Technik ein Tun des Menschen mit Hilfe von Maschinen und dergleichen. Diese ›instrumentale‹ Bestimmung der Technik beruht nach Heidegger auf der im griechischen Denken (Aristoteles) entwickelten Vorstellung der Kausalität. Diese wird als ›Verschulden‹, d. h. als das in das ›Anwesen‹ Vorkommen-lassen (›Veranlassung‹) gedeutet. Die griechische technē, das ›Her-vor-bringen‹, gehört zur ›poiesis‹, d. h. sie ist eine Weise des ›Entbergens‹. In ihr geschieht Wahrheit (alētheia). Das charakterist. der modernen Technik ist für Heidegger das ›Herausfordern‹. In dieser Weise des ›Entbergens‹ wird das Gestellte zum ›Bestand‹. Heidegger nennt das in der Weise der technischen Herausforderung Versammelnde das ›Gestell‹ (bzw. ›Ge-Stell‹). Das ›Gestell‹ ist also die Weise, wie die Technik ›west‹; es ist das ›Wesen‹ der Technik. Heidegger unterscheidet somit die ›instrumentale‹ Bestimmung der Technik (als Antwort auf eine ›Was-Frage‹) von dieser geschichtlichen bzw. ›geschicklichen‹ Deutung. Auch in der modernen Technik als einem Geschehnis des Entbergens waltet das ›Rettende‹ (Hölderlin), d. h. das sich der Entbergung Entziehende. Die Technik ist kein ›Teufelswerk‹, sondern ihr ›Wesen‹ unterliegt dem befreienden Anspruch der Entbergung, sofern der Mensch der Gefahr begegnet, in ihr die einzige Weise des ›Entbergens‹ zu erblicken. In dieser möglichen Besinnung erscheint die Technik in erneuter Nachbarschaft zur poiēsis, d. h. zu den schönen Künsten, wenngleich diese Verwandtschaft ihre Grundverschiedenheit nicht verschleiern soll. Im Vortrag »Die Kehre« bezeichnet Heidegger mit diesem Titel die Möglichkeit einer Änderung der menschlichen Einstellung gegenüber der Technik im vorher angedeuteten Sinne. – Heideggers Erörterung der Technik gehört zu den tiefsten und wirkungsvollsten philosoph. Einsichten zur Diagnose unserer Zeit. Sie prägen weitgehend noch heute die philosoph. Diskussion dieses Phänomens.

Lit.: J. LOSCERBO, Being and Technology, 1981. – W. SCHIRMACHER, Technik und Gelassenheit, 1983. – R. CAPURRO, Hermeneutik der Fachinformation, 1986. – G. SEUBOLD, Heideggers Analyse der neuzeitlichen Technik, 1986.

R. CAPURRO

La tentation d'exister (frz.; *Die Versuchung des Daseins*), Emil M. CIORAN; EA Paris 1956.

Nach der *Lehre vom Zerfall* (1949), dem ersten, mehrfach neugeschriebenen Buch Ciorans in französ. Sprache, ist dieses Werk ruhiger, gelassener, sachlicher verfaßt. Die Fragmente, die es enthält, geben sich konsistenter, folgen einem Thema ausführlicher, machen den Zusammenhang der Bruchstücke seines durch und durch paradoxalen Denkens deutlicher. Dennoch bleibt es bei der radikalen Absage an die liebsten Gewohnheiten der abendländ. Philosophie. Cioran ist Häretiker, Nihilist, Skeptiker von Geburt und hört denkend nie auf, ohne den Punkt erreicht zu haben, an dem – auch für ihn – die höchsten Werte festgemacht sind, um sie dann nach und nach als unhaltbar zu erweisen. Thema sind die Unmöglichkeiten, die das menschliche Dasein wie feindliche Heere umstellt haben, wobei die Bereitschaft, ja zu sagen, diesmal zum Programm gehört. Aber in dem, was der Autor liebt, entdeckt er bald unweigerlich das Nein, erst recht in seiner eigenen Liebe. Zerstören heißt für ihn sich selbst zerstören. Das Buch handelt dementsprechend vom ›Denken wider sich selbst‹, vom ›Schicksal‹, von den ›Vorteilen des Exils‹, von ›Sackgassen‹, vom ›Umgang mit Mystikern‹ und vom ›Dasein als Versuchung‹. Der Stil ist luzide, leuchtend und durchsichtig bis auf die Schlinge der zugrundeliegenden Paradoxie. Die Schönheit der Sprache ist einem Schrecken abgewonnen, der nicht enden will. Seitdem hat Cioran in jedem weiteren Buch dasselbe wiederholt: eine mühselige Abschreibung aller gedanklichen Unzulänglichkeiten, die als Bollwerk gegen die Sinnlosigkeit der Welt und des Lebens errichtet worden sind.

D. KAMPER

Teoria e storia della storiografica (Croce) → Zur Theorie und Geschichte der Historiographie

Teoria generale dello spirito come atto puro (ital.; *Allgemeine Theorie vom Geiste als reinem Akt*), Giovanni GENTILE; EA Pisa 1916.

Das Hauptwerk Gentiles entwikkelt eine Philosophie des Bewußtseins, die den Geist als reinen, sich selbst in Freiheit konstituierenden Akt begreift. – Im denkenden Denken (›pensiero pensante‹) gelangen Subjekt und Objekt, die für sich alleine über keine Realität verfügen, zu einer aktualen Synthese, die die einzig positive Wirklichkeit darstellt. Mit jeder solchen Synthese vollzieht der Geist einen autonomen Akt der Selbstkonstituierung (›autoctisi‹) und ist daher als ein reines, substanzloses Werden zu begreifen, das sich einer endgültigen begrifflichen Fixierung entzieht und nur in Gestalt des jeweils von ihm hervorgebrachten gedachten Gedankens (›pensiero pensato‹) faßbar ist. Die Sprache bildet gleichermaßen das Instrument und die Form, durch die der Geist im Akt der Selbstkonstituierung seine eigene Vergangenheit erkennend bzw. handelnd zu seiner jeweiligen Situation in Bezug setzt. Da der Sprache eine intersubjektive Gültigkeit zukommt, konstituiert sich das sich sprachlich formulierende individuelle Denken als universal. In diesem Sinne wird das individuelle Subjekt durch den Akt der sprachvermittelten Selbstkonstituierung zu einem absoluten transzendentalen Ich, das ›reiner Akt‹ (›atto puro‹) ist. Das Erkennen stellt ein Identifizieren des nicht zu diesem absoluten Subjekt Gehörenden dar, wobei dessen ›Andersheit‹ vor allem durch die verräumlichende und verzeitlichende Aktivität des Geistes (›attività spazializzante‹ und ›attività temporalizzante‹) überwunden wird. Das Handeln ist als die Selbstkonstituierung des Subjekts innerhalb der materialen Welt zu verstehen. – Der aktualist. Idealismus der Schrift übte beträchtlichen Einfluß auf die Entwicklung der italien. Philosophie im 20. Jh. aus.

Ausg.: Engl., The Theory of Mind as Pure Act, 1922.

Lit.: V. La Via, L'idealismo attuale di G. Gentile, 1925.

J. Monar

[Testimonien] (gr.), Xenokrates aus Chalkedon am Bosporus, entst. 4. Jh. v. Chr.; ED Paris 1881 (gr., lat.; in: F. W. A. Mullach, Fragmenta philosophorum Graecorum, Bd. III).

Xenokrates war nach Speusipps Tod (339/338) dessen Nachfolger in der Leitung der Akademie; erhalten sind nur doxographische Berichte, keine Fragmente. Xenokrates hat als erster die für die spätere Philosophiegeschichte so wichtige Dreiteilung der Philosophie in Physik, Logik (d. h. hier ontolog. intendierte Ideendialektik) und Ethik vorgenommen. Im Gegensatz zu Platon unterschied Xenokrates zwar ein theoret. (Logik und Physik) und ein praktisches (Ethik) Erkenntnisvermögen, scheint aber die aristotel. Trennung der Philosophie als solcher in diese beiden Bereiche noch nicht vollzogen zu haben. In der Universalienfrage nahm Xenokrates eine vermittelnde Position zwischen Platons Universalismus und Speusipps Extremismus (Primat des Einzelwesens) ein: Für ihn galt die Analogie ›Art verhält sich zur Gattung wie Teil zum Ganzen‹, wobei der Gattung ontolog. Priorität zugestanden wurde. Die Einteilung der Seinsbereiche in Prinzipien, Ideen-Zahlen, Mathematisches, Himmelsbereich (mit Seele) und sublunar. Wahrnehmbares übernahm Xenokrates in modifizierter Form von Platons ›agrapha dogmata‹ (Ungeschriebene Lehren), generierte aber anders als dort die Elemente (Minima) der drei Dimensionen aus ›Spezialmaterien‹, die er als je verschiedene Ausprägungen der ›Unbegrenzten Zweiheit‹ ansah (Lang-Kurzes: Länge; Breit-Schmales: Breite; Hoch-Tiefes: Tiefe). Xenokrates zeigt sich in allem als der große Systematiker und Bewahrer der Tradition, der Platons geschriebene und ungeschriebene Lehren schematisiert und zusammengefaßt weitergeben wollte. Aufgrund dieser Bemühungen hat man ihn nicht zu Unrecht als »Begründer des Platonismus« (H. J. Krämer) bezeichnet.

Ausg.: Gr./Ital., hg. von M. Isnardi Parente (La scuola di Platone 3), 1982.

Lit.: H. J. KRÄMER, Die Ältere Akademie. § 3: Xenokrates, in: Ueberwegs Grundriß der Geschichte der Philosophie: Die Philosophie der Antike 3 (hg. von H. FLASHAR), 1983.

L. DEITZ

Die Thatsachen in der Wahrnehmung. Zählen und Messen erkenntnistheoretisch betrachtet, Hermann von HELMHOLTZ; EA Berlin 1879.

In der Rede, zur Stiftungsfeier der Friedrich-Wilhelm-Universität (heute Humboldt-Universität) am 3. August 1877 in Berlin gehalten, behandelt Helmholtz die Grundlage des Erkennens und die Methoden des Erforschens der Natur. Der Vortrag ist zugleich eine Art ›philosoph. Glaubensbekenntnis‹. Helmholtz lehnt den ›Ikarusflug‹ der spekulativen und idealist. Philosophie eines Schelling und Hegel ab und kann der Verehrung seines Vaters für Fichte nur zu einem Teil folgen. Weitgehend Kantianer, beschreitet er eigene, unabhängige Wege. Ausgehend von sinnesphysiolog. Untersuchungen, wird eine Antwort auf die Frage gesucht: Was ist wirklich? Nicht Abbilder, sondern nur Zeichen von den Objekten und Vorgängen werden dem wahrnehmenden Subjekt vermittelt. Aber dieses Zeichensystem der menschlichen Sinne gibt Gesetzmäßigkeiten des Wirklichen wieder. Helmholtz wendet sich gegen einen überzogenen Nativismus und betont die Bedeutung der eigenen Erfahrung. Die Raumanschauung wird als ein zentrales Problem erfaßt, wobei für Helmholtz anders als für Kant und im Einklang mit G. F. B. Riemann auch ein nichteuklid. Raum vorstellbar ist. Für die Naturwissenschaft hält Helmholtz am Ideal eines mechanist. Weltbildes fest.

Ausg.: Repr. (1879) 1959.

Lit.: B. ERDMANN, Die philosoph. Grundlagen von Helmholtz' Wahrnehmungstheorie, Abh. d. preuß. Ak. d. Wiss., Jg. 1921. – K. WAGNER, Zur richtigen Deutung der Helmholtzschen Zeichentheorie, Dt. Z. Philos. 13 (1965).

K. H. WIEDERKEHR

Theaitetos (gr.), PLATON, entst. vor 347 v. Chr.; ED Florenz o. J. (ca. 1482–1484; lat., übers. von M. Ficino); Venedig 1513 (gr., hg. von E. Musuros); dt. 1778 Theätet, oder von den Wissenschaften.

Der *Theaitetos*, einer der ›späteren‹ Dialoge, gehört in den Zusammenhang des → *Sophistēs* und → *Politikos*. Neben Sokrates nehmen am Gespräch die Mathematiker Theodoros und dessen Schüler Theaitetos teil. Thema ist die Frage: Was ist wissenschaftliche Erkenntnis (epistēmē)? Theaitetos antwortet zunächst mit der Aufzählung von Einzelerkenntnissen, um sogleich (im Blick auf die kurz vorgeführte mathematische Methode) das Frageziel zu bestimmen: Es geht um einen einheitlichen Begriff von wissenschaftlicher Erkenntnis, der ihr Wesen und ihre Struktur enthält. Die zweite Antwort definiert wissenschaftliche Erkenntnis als Wahrnehmung und bezieht sich dabei auf den Phänomenalismus des protagoreischen Homo-mensura-Satzes (→ *Alētheia*). Die umfangreiche Darstellung und Kritik der Wahrnehmungsthese (die Platon systemat. auf die Antithetik zwischen Parmenides und Heraklit bezieht) ist Platons eigentliche Auseinandersetzung mit (physikalist.) sensualist. und phänomenalist. Erkenntnistheorien. Ihre Zurückweisung durch den Nachweis kategorialer Verstandesleistung führt zur dritten Antwort:

Erkenntnis ist richtige Vorstellung (bzw. alēthēs doxa). Dies wirft die Frage nach der Möglichkeit der falschen Vorstellung auf, auf die u. a. mit den berühmten Bildern vom Wachsblock und Taubenschlag geantwortet wird (Erkenntnisse als Eindrücke bzw. als das Haben von Bildern). Ihr (auf der Vernachlässigung von Reflexion beruhendes) Ungenügen will die vierte Antwort überwinden: Erkenntnis ist die mit Erklärung (logos) verbundene richtige Vorstellung. Auch diese These, welche die moderne Definition diskursiver und empirischer Erkenntnis vorwegnimmt (justified true belief; begründete wahre Annahme bzw. Urteil), wird zurückgewiesen, weil eine befriedigende Theorie von ›Erklärung‹ (logos: zugleich ›Aussage‹) nicht gelingt: Der ›logische Atomismus‹ des einen Lösungsvorschlags scheitert an der Unbegreiflichkeit der vorausgesetzten ›Urbestandteile‹ und an dem Problem ihrer Verknüpfung; die andere Lösung, die gleichsam aristotel. logos als Definition durch Gattung, Spezies und Differenz auffaßt, ist zirkelhaft, weil sie das Wissen von der Verschiedenheit der Erkenntnisgegenstände immer schon voraussetzt. – Die Interpretation zumal des Schlußteils (der auf inner-akadem. Diskussionen anspielt und der im → *Sophistēs* als Frage nach der Möglichkeit des falschen logos fortgeführt wird) ist umstritten: Der *Theaitetos* gilt bisweilen als das platon. Eingeständnis, eine über die Diskursivität der 4. Antwort hinausgehende Erkenntnis nicht wirklich begründen zu können. Umgekehrt wird das ›Scheitern‹ des *Theaitetos* als die platon. Forderung nach einer Fundierung der Erkenntnis in der Vernunft interpretiert (vgl. → *Politeia*). – Der *Theaitetos* ist ein klassischer Text der Erkenntnistheorie.

Ausg.: Platonis Opera, hg. von H. STEPHANUS, Bd. I, 1578, 142–210. – Platonis Opera, hg. von J. BURNET, Bd. I, 1900 (Repr. 1967). – Gr./Dt., Studienausgabe, Bd. 6, 1970. – Gr./Dt., von E. MARTENS, 1981 (RUB 6338).
Lit.: Kommentare von L. CAMPBELL (1883), F. M. CORNFORD (1935), J. MCDOWELL, (1974). – W. G. RUNCIMAN, Plato's Later Epistemology, 1962. – G. PRAUSS, Platon und der logische Eleatismus, 1966. – W. DETEL, Platons Beschreibung des falschen Satzes im Theätet und Sophistes, 1972.

J. JANTZEN

Theologia naturalis seu Liber creaturarum (lat.; *Natürliche Theologie oder Buch der Geschöpfe*), Raimundus SABUNDUS, entst. 1436; ED Lyon o. J. (um 1484; u. d. T. *Liber creaturarum sive de homine*).

Das Werk, eine Verschmelzung von Naturphilosophie und Theologie, versucht die wunderbare Entsprechung von ›lebendigem Buch der Natur‹ und ›geschriebenem Buch der Offenbarung‹ zu erweisen. Diese Entsprechung ereignet sich auf den vier ontolog. Stufen des esse, vivere, sentire, intellegere (Sein, pflanzliches, tierisches, geistiges Sein) und mit Hilfe der Wissenschaften der Ontologie, teleolog. Physik, Ethik und Mystik. – Die Wirkung des Buches auf Cusanus, Bovillus, Montaigne (der es übersetzte), schließlich auf Comenius (der es neu herausgab) sowie auf das Barock ist nachgewiesen; sie beruht auf dem Erweis der Harmonie von natürlicher und übernatürlicher Welt und der theolog. Anleitung und Garantie der Erkenntnisrichtigkeit.

Ausg.: Lat., hg. von F. STEGMÜLLER, 1852 (Repr. 1966).
Lit.: W. PHILIPP, Das Werden der Aufklärung in theologiegeschichtlicher Sicht, 1957.

H.-B. GERL

Theologia platonica de immortalitate animorum XVIII libris comprehensa (lat.; *Die platonische Theologie über die Unsterblichkeit der Seelen, zusammengefaßt in 18 Büchern*), Marsilio FICINO, entst. 1474; EA Florenz 1482.

Diese Renaissance-Rekonstruktion platon. und plotin. Philosophie enthält eine Ontologie auf der Basis neuplaton. Stufenlehre, eine Anthropologie sowie eine (mystische) Theologie. Gedankliche Voraussetzung ist die Harmonie von Offenbarung und Philosophie in der Gestalt einer ›philosoph. Religion‹, welche alle Gegensätze der erfahrbaren und geoffenbarten Wirklichkeit auf ihre zugrundeliegende Einheit hin erhellt. Gott und seine Schöpfung, ja deren so unterschiedliche Abstufungen sind insgesamt ein Kontinuum, entgegen allem Augenschein. Dem Denken erschließt sich das Ganze als Gliederung in fünf (statt sechs plotin.) Stufen, deren Mitte die Seele bildet. Nach oben steigt sie zu den reinen Intelligenzen (Engelwelt) oder transzendentalen Ideen, noch weiter zum göttlichen Sein auf, nach unten trifft sie über die Sinneswahrnehmung auf die körperlichen Qualitäten (Wärme, Farbe, Geruch, Licht usw.), noch weiter unten gerät sie in die scheinbar zerfallende Vielheit des Körperlichen. Neben der Weltseele und den sphärischen Seelen ist es vornehmlich die menschliche Seele, welche Mitte und Band der Welt wird, nach ›unten‹ unabhängig, schöpfer. und ordnend, nach ›oben‹ abhängig, aber frei, denn sie erkennt die Intelligenzen und Gott als ihrem Selbst zugehörig. So ist die Seele dynam. Prinzip überhaupt, Verbindung der Extreme, worin Gott, Geist, Materie in seelischer Wiedergabe erscheinen. Sie erkennt Ähnliches durch Ähnliches: die Analogie von Erkennendem und Erkanntem ist Grund aller Erkenntnislehre. Seele ist Spiegelung der Proportionen des Seienden und selbst Ganzheit aus allem, janusköpfig, weil sie gleichermaßen in Ewigkeit und Zeitlichkeit schaut. Mit dieser Vermittlungsfunktion rückt der Mensch und nicht mehr Gott in die Mitte des Universums.

Ausg.: Lat./Frz., von R. MARCEL, 1964–70 (3 Bde.).

Lit.: A. B. COLLINS, Love and Natural Desire in Ficino's ›Platonic Theology‹, in: J. Hist. Philos. 9 (1971). – P. O. KRISTELLER, Die Philosophie M. Ficinos, 1972. – A. B. COLLINS, The Secular is Sacred. Platonism and Thomism in M. Ficino's Platonic Theology, 1974.

H.-B. GERL

Theologicae regulae (lat.; *Theologische Regeln*), ALANUS VON LILLE, entst. um 1170; ED Straßburg 1479, Basel 1492.

Im Rückgriff auf Boethius werden, ähnlich wie in den Kommentaren des Gilbert von Poitiers, die logischen Verfahrensweisen der artes liberales, besonders der Geometrie, auf das christliche Glaubensgut angewendet, um in deduktiver Stringenz ein System theolog. Sätze zu konstruieren. Die ›allgemeinste Maxime‹ stützt sich auf die erste Regel des Boethius: communis animi conceptio est enuntiatio quam quisque probat auditum (*De hebdomadibus*). Aus den ersten Maximen, von den Philosophen ›hebdomades‹ genannt, werden dann weitere, axiomat. sichere Regeln abgeleitet, denen entsprechend die einzelnen Glaubensinhalte formuliert und definiert werden. Es handelt sich um eine strikt axiomat. Theologie. Für die philosoph. Begriffsgeschichte ist es nicht uninteressant, daß Alanus aus der pseudo-hermet. Literatur den Begriff der ›monas‹ übernimmt, ihn aber im theolog. Kontext trinitar. definiert. – Die Nachwirkung, auch auf Dante, geht über die philosoph.-theolog. Disziplinen weit hinaus und ist im Rahmen der Chartreser Schule zu untersuchen.

Ausg.: MIGNE (Hg.), Patrologia Latina, Bd. 210, 1855.
Lit.: M.-TH. D'ALVERNY, Alain de Lille, 1965.

K. HEDWIG

Theologische Jugendschriften, Georg Wilhelm Friedrich HEGEL, entst. zwischen 1793 u. 1800; EA Tübingen 1907.

Thema der u. d. T. *Hegels theologische Jugendschriften* von H. Nohl herausgegebenen Schriften des jungen Hegel ist das Verhältnis von Religion, Geschichte, Politik und Philosophie, das unter dem Eindruck der Französ. Revolution und in Auseinandersetzung mit Rousseaus Kulturkritik und Kants Ethik untersucht wird. Weitere Anstöße verdanken diese ersten Texte der Zusammenarbeit Hegels mit seinen Stiftgenossen Hölderlin und Schelling aus der Tübinger Zeit sowie der Lektüre Lessings, Montesquieus, Herders, Schillers, F. H. Jacobis und J. G. Fichtes, mit denen Hegel das Studium des klassischen Altertums verbindet. – In den Fragmenten über *Volksreligion und Christentum* (Tübingen 1793 und Bern 1794/95) und in dem im Sinne der kantischen Religionsphilosophie dargelegten *Leben Jesu* (Bern 1795) befaßt sich Hegel mit der Frage nach der Beschaffenheit einer Vernunftreligion, die nicht Privatreligion bleiben, sondern lebensbestimmend für den einzelnen und das Volk werden soll. Die Volksreligion hat die Grundsätze der praktischen Vernunft mit Gefühl und mytholog. Phantasie in Einklang zu bringen und insofern ›schöne Religion‹ zu sein. Sie wird zugleich zur polit. Religion, die das sittliche Leben der Individuen in einer staatlichen Gemeinschaft bildet. Als Muster dienen Hegel hierbei die Kunstreligion der Griechen und die von ihm idealisierte Polis, die dem verstaatlichten Christentum als erstarrter und entfremdeter Religion entgegengestellt werden. In den Fragmenten zur *Positivität der christlichen Religion* (Bern 1795/96) untersucht Hegel die Entstehung und die Entwicklung des Christentums aus dem Verfall der freien Polis und bezeichnet die praktischen Gesetze und die religiösen Vorschriften als positiv, wenn sie vom Subjekt als fremde Gebote verstanden werden. In Frankfurt gelangt Hegel zu einer grundsätzlichen Kritik an Kants Ethik und z. T. an Fichte, die zu erheblichen Veränderungen in seiner eigenen Konzeption führt. In der Schrift *Der Geist des Christentums und sein Schicksal* (1798/99) richtet sich die Kritik gegen den im kategor. Imperativ ausgedrückten Gegensatz von Gesetzesbewußtsein und Neigung, den Hegel als die Verlagerung des Modells von Herr und Knecht in das Innere des Subjekts deutet, was für ihn auch Kennzeichen der jüdischen Religiosität ist. Unter Berufung auf den ursprünglichen Sinn des Christentums bezeichnet Hegel dagegen die Liebe als das Prinzip der Ethik. Als Gefühl der Einigkeit unter Subjekten stiftet die Liebe echte Vereinigung erst, wenn sie das gesamte Leben einer Gemeinschaft zu durchdringen vermag. Das geschieht für den jungen Hegel aber nicht in der weiteren Entwicklung des Christentums, dessen Schicksal er in der Distanzierung von der Welt erblickt. Diese Zurückgezogenheit aus dem Leben sieht Hegel in der Existenzweise Jesu, der hier als schöne Seele im Sinne Schillers interpretiert wird. Die idealist. Frage nach dem Grundprinzip des Wirklichen sucht Hegel, durch die Begründung des Liebesbegriffs in der Einheit von Sein und Leben zu lösen, die in Orientierung an Spinoza gedacht wird. Im Fragment *Glauben und Sein* (1797/98) und vor allem im *Systemfragment* (1800) bezeichnet Hegel die Struktur des ›unendlichen Lebens‹ als Einheit entgegengesetzter Reflexionsbestimmungen. Reflexion meint das Aufstellen von endlich-beschränkten Bestimmungen, deren gegensätzliche Beziehungen von Kant her als Antinomien gedeutet werden. Sofern das unendliche Leben die endlichen Sachverhalte enthalten muß – denn sonst wäre es selbst etwas anderem Entgegengesetztes –, ist es also »Verbindung der Verbindung und der Nichtverbindung«. Anders als in seiner späteren Systemkonzeption vermag hier für Hegel die philosoph. Reflexion dieses Absolut-Unendliche nicht zu denken, weil sie somit in für den Verstand unerträgliche Widersprüche geriete. Es kann nur in der Religion durch Gefühl und Anschauung vollständig erfaßt werden. – Mit der von Dilthey und seiner Schule geförderten Publikation der Jugendschriften setzte zu Beginn des 20. Jh.s die Hegelrenaissance in Deutschland ein.

Ausg.: Repr. 1966. – Werke, 20 Bde., Bd. I, 1986 (stw 601).
Lit.: G. Lukács, Der junge Hegel. Über die Beziehungen von Dialektik und Ökonomie, 1948, [3]1973. – A. Peperzak, Hegel et la vision morale du monde, [2]1969.

F. Longato

Theorie der Gesellschaft oder Sozialtechnologie – Was leistet die Systemforschung?, Jürgen Habermas/Niklas Luhmann; EA Frankfurt a. M. 1971.

Der Diskussionsband dokumentiert die Auseinandersetzung um die beiden einflußreichsten Ansätze der zeitgenöss. Sozialtheorie: Luhmanns Konzept einer funktionalen Systemtheorie der Gesellschaft und Habermas' Entwürfe zu einer Theorie des kommunikativen Handelns. Beiden geht es um eine Antwort auf die Frage, wie Gesellschaft als ein geordneter Zusammenhang von Handlungen begriffen werden muß, wie Interaktionspartner ihre Handlungspläne und Interessen so aufeinander abstimmen können, daß das Risiko eines Mißverständnisses oder Kommunikationsabbruchs ausgeschlossen wird. – Ausgangspunkt des Systemtheoretikers ist die Beobachtung, daß soziales Handeln nicht aus sich selbst heraus Stabilität und Orientierung erhält, sondern erst innerhalb eines übergeordneten Beziehungsgefüges. Eine Sozialtheorie muß daher an der Relation ›Handlung-System‹ ansetzen, d. h. bei der Betrachtung von sozialen Gebilden als Beziehungsnetzen, die gleichsam über die handelnden Subjekte ausgeworfen werden und ihre Verhaltensweisen zueinander und zu ihrer Umwelt regeln. Dagegen ist für den Handlungstheoretiker die Beziehung ›Handlung-Subjekt‹ vorrangig zu betrachten, da sich allein über soziales Handeln eine Gesellschaft konstituiert und reproduziert.

Dabei ist dem einzelnen Subjekt die Rolle eines selbständigen Sinnträgers der Interaktion zuzuweisen; das Handeln sozialer Institutionen ist an die Vollzüge, Willensbildungs- und Entscheidungsprozesse der beteiligten und betroffenen Subjekte rückzubinden. Für Habermas stellt die Systemforschung dagegen »sozusagen die Hochform eines technokratischen Bewußtseins dar, das heute praktische Fragen als technische von vornherein zu definieren und damit öffentlicher und ungezwungener Diskussion zu entziehen gestattet«. – Die Habermas/Luhmann-Kontroverse eröffnete eine anhaltende Auseinandersetzung sowohl um den ›konservativen‹ Charakter und die sozialkybernet. Verwendungsmöglichkeiten der Systemtheorie als auch um den emanzipator.-kritischen Anspruch einer sozialtheoret. gewendeten Kommunikationstheorie. Nur indirekt fortgesetzt wurde dieser Paradigmenstreit in den späteren Gesamtentwürfen → *Theorie des kommunikativen Handelns* von Habermas und → *Soziale Systeme* von Luhmann.

Lit.: F. MACIEJEWSKI (Hg.), Theorie der Gesellschaft oder Sozialtechnologie – Beiträge zur Habermas/Luhmann-Diskussion, 2 Bde., 1973/74.

H.-J. HÖHN

Theorie des kommunikativen Handelns (Bd. I: Handlungsrationalität und gesellschaftliche Rationalisierung; Bd. II: Zur Kritik der funktionalistischen Vernunft), Jürgen HABERMAS, Frankfurt a. M. 1981.

Das Gesellschaftstheorie und Philosophie zusammenführende Werk dient der Klärung der normativen Grundlagen einer kritischen Gesellschaftstheorie durch Rekonstruktion jenes unzerstörbaren Moments kommunikativer Rationalität, das in der gesellschaftlichen Lebensform der Menschen verankert ist. – Der Autor selbst nennt als die vier zentralen Themen seines Hauptwerks: 1. eine Theorie der Rationalität; 2. eine Theorie des kommunikativen Handelns; 3. einen Gesellschaftsbegriff, der Handlungs- und Systemtheorie verknüpft; 4. eine Theorie der Moderne. Zu 1.: Habermas' Konzept einer kommunikativen Rationalität wendet sich gegen die Verengung von Rationalität auf Zweckrationalität ebenso wie gegen modische antirationalist. Polemik. Rationale Verständigung ist nach Habermas prinzipiell in allen drei Dimensionen möglich, in die Vernunft im Laufe der Geschichte auseinandergetreten ist: in Wahrheitsfragen an die objektive Welt der Sachverhalte, in Gerechtigkeitsfragen an die soziale Welt intersubjektiver Beziehungen, in Wahrhaftigkeitsfragen an die ›Expression‹ einer nur dem einzelnen selbst zugänglichen subjektiven Welt. Zu 2.: Kommunikatives Handeln weist Habermas als den grundlegenden Reproduktionsmechanismus aller Gesellschaften aus. Anders als im instrumentellen und strateg. (rein erfolgsorientierten) Handeln koordinieren die Beteiligten hier ihre Handlungspläne über Akte der Verständigung auf der Grundlage gemeinsamer Situationsdefinitionen. Sprechakttheoret. versucht Habermas zu zeigen, wie verständigungsorientierter Sprachgebrauch Voraussetzung für erfolgsorientierten ist. Zu 3.: Habermas konzipiert Gesellschaft zweistufig als System und als Lebenswelt, als »systemisch stabilisierte Handlungszusammenhänge sozial integrierter Gruppen«. Koordinieren sich in der Lebenswelt Handlungen über das Medium Sprache, so in den formal organisierten Handlungssystemen Ökonomie und Administration über die Medien Geld (in Tauschsituationen) und Macht (als Weisungsrecht). Diese Handlungssysteme haben sich aus einer sich kommunikativ rationalisierenden Lebenswelt ausdifferenziert, die Steuerungskapazität der Gesellschaft gesteigert und die materielle Reproduktion auf ein höheres Niveau gehoben. Zu 4.: In seiner daran anknüpfenden Theorie der Moderne faßt Habermas die marxist. Kritik der Verdinglichung neu als »systemische Kolonialisierung der Lebenswelt«, als Monetarisierung, Bürokratisierung und Verrechtlichung von Bereichen, die sich nur kommunikativ reproduzieren können – mit sozialpatholog. Folgen, die uns zu einem Mehr an kommunikativer Rationalität herausfordern. Diesen »Anfang einer Gesellschaftstheorie« entwickelt der Autor auf über 1100 Seiten teils theoriegeschichtlich im Durchgang durch einschlägige Theorien von M. Weber, G. H. Mead, E. Durkheim, T. Parsons u. a., teils in »Zwischenbetrachtungen« systemat. – Angesichts der Komplexität des Textes ist das Werk überraschend schnell in den Brennpunkt einer internationalen Debatte gerückt und zu einem »Koloß in der Diskussionslandschaft« (Honneth/Joas) geworden.

Ausg.: [3]1985.
Lit.: A. Honneth/H. Joas (Hg.), Kommunikatives Handeln. Beiträge zu J. Habermas' ›Theorie des kommunikativen Handelns‹, 1986.

L. Brux

Théorie des quatre mouvements et des destinées générales (frz.; *Theorie der vier Bewegungen und der allgemeinen Bestimmungen*), Charles Fourier; EA Leipzig (eigentl. Lyon) 1808 (anonym); dt. 1966.

In der zum Teil phantasievoll skurrilen, sozialtheoret. Schrift verbindet Fourier seine Kritik an den bestehenden gesellschaftlichen Verhältnissen mit einer detaillierten Skizze einer alternativen Ordnung. In dieser ersten umfassenden Darlegung seiner Gesamtkonzeption ordnet Fourier seine gesellschaftstheoret. Vorstellungen mittels des Verfahrens der Analogiebildung in eine Kosmogonie ein. Danach setzt sich ›Natur‹ als der Inbegriff dessen, was überhaupt existiert, aus drei Prinzipien zusammen, nämlich einem ›aktiven‹ (göttlichen bzw. geistigen), einem ›passiven‹ (materiellen) und einem ›mathemat.‹ Prinzip, das die Regeln bestimmt, nach denen sich die beiden vorher genannten verändern bzw. kombinieren. Dieser Weltzusammenhang stellt eine universale Bewegung dar, die sich in die ›soziale‹, die ›animal.‹, die ›organ.‹ und die ›materielle‹ untergliedert und deren gemeinsame Kraft die Anziehung ist. Analog zu Newton, der die ›materielle‹ Bewegung entschlüsselt hat, will Fourier die, nach ihm die anderen dominierende, ›soziale‹ auseinanderlegen: Was dort die Gravitation bewirkt, geschieht hier durch die Attraktion verschiedener unveränderlicher ›Leidenschaften‹. Nur wenn die Gesellschaft so eingerichtet ist, daß keine dieser Leidenschaften unterdrückt wird, kann sie als harmon. bezeichnet werden. Da dies in der gegenwärtigen Gesellschaft, der ›Zivilisation‹ (die wiederum die fünfte Phase der Evolution der Menschheit bildet) offenkundig nicht der Fall ist, muß sie baldigst in jene ›Harmonie‹ transformiert werden (die freilich wieder zerfallen wird, womit Geschichte als Kreisprozeß wieder beginnen kann). Diese besteht aus miteinander verbundenen ›Phalangen‹, d. h. Mann und Frau völlig gleichstellenden Arbeits- und Lebensgemeinschaften von – entsprechend den 810 durch Leidenschaftsvariationen möglichen menschlichen Hauptcharakteren – 1620 Personen, die alle, obwohl die Reichtumsunterschiede, freilich auf einem insgesamt angehobenen Niveau, fortbestehen, ihre Aktivitäten im produktiven Bereich frei wählen können, ebenso wie die Formen ihrer partnerschaftlichen Beziehungen. – Das Werk begründete Fouriers Ruf als Vorkämpfer und -denker der Frauenemanzipation, der später vom Anarchismus vertretenen Selbstbestimmung der Produzenten und nicht zuletzt der sog. ›sexuellen Revolution‹.

Ausg.: Hg. von S. Debout, 1967.
Lit.: M. C. Spencer, Ch. Fourier, 1981. – R. Bambach, Der französ. Frühsozialismus, 1984.

R. Bambach

Die Theorie des Romans. Ein geschichtsphilosophischer Versuch über die Formen der großen Epik, Georg Lukács; ED 1916 (in: Zeitschrift für Ästhetik und allgemeine Kunstwissenschaft, Bd. II); EA Berlin 1920.

In seiner die Ergebnisse der Hegelschen Philosophie auf ästhet. Probleme anwendenden und durch Diltheys geisteswissenschaftliche Methode beeinflußten Schrift entwirft Lukács eine im Wesen der ästhet. Kategorien und der literar. Formen begründete, histor. fundierte allgemeine Dialektik literar. Gattungen. – Unter den Formen in ihrer Beziehung zur Gesamtkultur charakterisiert Lukács in erster Linie die der großen Epik, und zwar vor allem die Epopöe und den Roman. Das Zeitalter des Epos stellt eine homogene, in sich geschlossene Welt dar, die noch keine Innerlichkeit und kein Außen kennt; die Seele steht inmitten der Welt und der Sinn ist greifbar und übersichtlich. Der Roman ist dagegen die Epopöe eines Zeitalters, für das die extensive Totalität des Lebens nicht mehr sinnfällig gegeben ist, für das die Lebensimmanenz des Sinnes zum Problem geworden ist. Während das eigentliche Thema der Epopöe das Schicksal einer Gemeinschaft ist, gelangt in das Zentrum des Romans das durch seine Fremdheit zur Außenwelt charakterisierte epische Individuum. – Lukács' Werk nimmt die utopischen und kulturhistor. Strömungen der 20er und 30er Jahre des 20. Jh.s begründend vorweg.

Ausg.: 1971.

I. Fehér

Théorie du pouvoir politique et religieux dans la société civile, démontré par le raisonnement et par l'histoire (frz.; *Theorie der politischen und religiösen Macht in der bürgerlichen Gesellschaft, dargelegt durch Vernunft und Geschichte*), Louis-Gabriel-Ambroise Vicomte de Bonald; EA Konstanz 1796.

Den Kern der staatstheoret. Abhandlung bilden ›Macht‹ und ›öffentliche Gewalt‹ als Staat und Gesellschaft fundierende Kräfte. Die dem Gesellschaftszustand vorausgehende volonté générale eines

Volkes faßt Bonald als einen naturhaft notwendig wirksamen Willen, der auf Selbsterhaltung zielt. Wirksamkeit erhält er durch die Vermittlerinstanz der polit. Macht (pouvoir). Aber nur wenn diese einzig ist und ihr unbedingte Kontinuität eignet, kann sie den gesellschaftlichen Zusammenhalt fundieren. Wechselnde, auf Mehrheiten beruhende Machtverhältnisse (Demokratie) unterlaufen demnach ein der Gesellschaftsbildung notwendig vorausgehendes Prinzip. Die Monarchie erweist sich als einzig legitime Regierungsform. Sie entspricht dem Wesen der Gesellschaft schlechthin und ist so Vollzug göttlichen Willens. Aus der Perspektive dieses metaphys. begründeten Konservatismus stellen Reformation, Aufklärung und aufklärer. Staatstheorien Verirrungen durch Relativismus dar. Der legitimist. Charakter macht die Schrift zu einem Fundament der Gegenaufklärung.

Ausg.: Oeuvres, hg. von J.-P. MIGNE, 1859.
Lit.: R. SPAEMANN, Der Ursprung der Soziologie aus dem Geist der Restauration. Studien über L. G. A. de Bonald, 1969.

R. BEHRENS

La théorie physique – Son objet et sa structure (frz.; *Die physikalische Theorie. Ihr Gegenstand und ihre Struktur*), Pierre-Maurice-Marie DUHEM; ED 1904/05 (in: Revue philosophique); EA Paris 1906; dt. 1908 Ziel und Struktur der physikalischen Theorien.
In seiner der physikal. Praxis entwachsenen histor.-kritischen Epistemologie aus der Anfangszeit wissenschaftstheoret. Bemühungen verallgemeinert Duhem die zeitgenöss. (positivist.) Skepsis bezüglich einer Wahrheitsfindung durch physikal. Theorien aus tiefer kathol. Glaubenshaltung heraus: Eine physikal. Theorie sei ein zum Zweck der Denk- und Erinnerungsökonomie (aber auch der Ästhetik) aufgebautes System von mathemat. und/oder syllogist., aus einer möglichst geringen Anzahl von Prinzipien (Axiomen) abgeleiteten Sätzen, das eine Gruppe von experimentellen Gesetzen möglichst einfach, vollständig und genau wiedergibt und klassifikator. ordnet, ohne damit die prinzipiell unzugängliche Realität zu erfassen. Ein (jeweils aus einer bestimmten komplexen theoret. Situation heraus angestelltes) Experiment sei nämlich nicht reine Beobachtung einer Erscheinung, sondern schließe deren theoret. Interpretation im Rahmen dieses komplexen Systems (als Vorurteile) ein, so daß es auch prinzipiell keine zwischen nur vermeintlich isolierten Hypothesen (Theorien) ›entscheidenden‹ Experimente (experimenta crucis) geben könne. Jede theoret. (und experimentelle) Erkenntnis sei vielmehr histor. bedingt (deshalb auch nicht falsch oder richtig); der Erkenntnis- bzw. Theoriezuwachs erfolge jedoch kontinuierlich und kumulativ (sic!), geleitet von dem physikal. ›bon sens‹, der nach größtmöglicher Einheit(lichkeit) und Allgemeinheit strebe. Folglich liege die Rechtfertigung eines physikal. Systems allein in seiner Geschichte – und insofern stellten Physik, Epistemologie (Wissenschaftstheorie) und Wissenschaftsgeschichte eine unauflösliche Erkenntniseinheit dar.

Lit.: P. Duhem, To Save the Phenomena (1908) Introductory Essay by S. JAKI, 1969. – H. W. PAUL, The Edge of Contingency: French Catholic Reactions to Scientific Change from Darwin to Duhem, 1979.

F. KRAFFT

Theory of Games and Economic Behavior (engl.; *Spieltheorie und wirtschaftliches Verhalten*), John von NEUMANN/Oskar MORGENSTERN; EA Princeton, N. J., 1944; dt. 1961.

Das umfangreiche und anspruchsvolle Werk ist die Gründungsakte einer neuen wissenschaftlichen Disziplin; in ihm haben von Neumann und Morgenstern die sog. Spieltheorie erfunden und als eine mathemat. voll entwickelte und in zahllose Details verzweigte Theorie vorgelegt. – Die Spieltheorie ist eine allgemeine Theorie kollektiver Rationalität interdependenter Handlungen, die erklärt, wie mehrere Akteure sich rationalerweise in Situationen verhalten, in denen die für sie relevanten Folgen von den Handlungen aller abhängen, z. B. also in Konflikten oder Kooperationen. Ihr irreführender Name rührt daher, daß Spiele besonders gut analysierbare Anwendungsfälle dieser Theorie sind. Man kann sie präskriptiv oder deskriptiv interpretieren, je nachdem, ob man sagt, daß wir Menschen uns rational verhalten sollen, oder sagt, daß wir uns tatsächlich annähernd rational verhalten. Die Spieltheorie setzt voraus, daß die Wünsche und Ziele der Akteure ihrer subjektiven Stärke nach quantitativ gegeben sind. Daher entwickelten von Neumann und Morgenstern im vorbereitenden Abschn. I.3 die sog. Nutzentheorie, in der sie zeigten, wie sich diese quantitativen Größen aus qualitativen Daten, nämlich aus den Präferenzen der Akteure, eindeutig bestimmen lassen. Das war insofern histor. bedeutsam, als damit, zumindest in der Ökonomie, das einflußreiche Vorurteil gebrochen wurde, subjektive psychische Sachverhalte seien quantitativ nicht erfaßbar. – Nutzen- und Spieltheorie wurden mittlerweile wesentlich weiterentwickelt. Auch ist der anfängliche Enthusiasmus über die Spieltheorie einer realistischeren Einschätzung ihrer Leistungen und Probleme gewichen. Die Spieltheorie ist für Ökonomie, Soziologie, Politologie usw. sehr bedeutsam geworden; z. B. liefert sie eine präzise Basis für eine Fundierung der Makro- in der Mikroökonomie und auch theoret. Modelle für internationale Konflikte und ihre Lösungen. Sie spielt aber auch für die zeitgenöss. praktische Philosophie eine wichtige Rolle.

Lit.: R. D. LUCE/H. RAIFFA, Games and Decisions, 1957. – M. D. DAVIS, Spieltheorie für Nichtmathematiker, 1972. – M. SHUBIK, Game Theory in the Social Sciences, 1982. – J. NIDA-RÜMELIN, Entscheidungstheorie und Ethik, 1987.

W. SPOHN

A Theory of Justice (engl.; *Eine Theorie der Gerechtigkeit*), John RAWLS; EA New Haven/Massachusetts 1971; dt. 1975.

Die umfangreiche Abhandlung entwickelt in sorgfältiger und detailgenauer Argumentation eine Theorie polit. und sozialer Gerechtigkeit. Gerechtigkeit ist dabei in erster Linie als moral. Beurteilungskriterium grundlegender sozialer Institutionen zu verstehen, erst in zweiter Linie richtet sich die Untersuchung auch auf Personen und Handlungen. Rawls orientiert sich an dem method. Ziel des Überlegungsgleichgewichts: Eine Theorie wissenschaftlicher Ethik ist desto ausgereifter, je eher es ihr gelingt, zwischen wohlüberlegten moral. Urteilen und allgemeinen rational begründbaren Prinzipien Übereinstimmung zu erzielen. Das

Werk steht in der Tradition normativer Vertragstheorien, wobei eine besondere Nähe zu Kants fiktivem Vertragsmodell besteht. Der Vertragsgedanke nimmt bei Rawls die Form eines operationalen Prüfungsverfahrens an, das zwischen konkurrierenden Gerechtigkeitsprinzipien unter dem Aspekt der Fairneß entscheidet. In einem fiktiven ›Urzustand‹ wählen rationale Personen unter einem ›Schleier des Nichtwissens‹, der nur allgemeines Wissen (etwa psycholog. und ökonom. Zusammenhänge), jedoch kein spezielles Wissen (etwa wie alt, wie intelligent, von welcher Rasse oder welchem Geschlecht der Entscheidende ist) zuläßt. Die zentrale These des Werks lautet, daß sich diese (fiktiven) Personen im Urzustand für zwei Prinzipien entscheiden würden, nämlich für das der maximalen gleichen individuellen Freiheit und für das Differenzprinzip, das Ungleichheiten der Verteilung nur dann zuläßt, wenn jedermann, und besonders die am schlechtesten gestellte Gruppe der Gesellschaft, davon einen Vorteil hat. Diese beiden Prinzipien sind nicht nur das Ergebnis einer aufgrund der speziellen Situation des Urzustandes fairen Entscheidung, sondern stimmen, wie Rawls aufzuzeigen versucht, auch mit unseren wohlüberlegten sozialeth. Urteilen überein – sie garantieren ›Gerechtigkeit als Fairneß‹. Das Werk hat wesentlich zu einer Renaissance der praktischen Philosophie, nicht nur unter philosophiehistor., sondern auch unter systemat. Aspekt, seit Anfang der 70er Jahre beigetragen.

Lit.: O. Höffe (Hg.), Über J. Rawls' Theorie der Gerechtigkeit, 1977.

J. Nida-Rümelin

The Theory of Moral Sentiments (engl.; *Theorie der ethischen Gefühle*), Adam Smith; EA London 1759; dt. 1770 Theorie der moralischen Empfindungen.

In der method. Tradition von Shaftesbury, Mandeville, Hutcheson und Hume entwickelt der Glasgower Professor für Moralphilosophie eine Ethik als empir. Theorie der ›moral sentiments‹. Ausgehend von einer Analyse der Sympathie, sucht er zu erklären, warum wir bestimmte Charaktere und Handlungsweisen billigen, andere mißbilligen. Um andere Menschen zu verstehen, versetzen wir uns im Geiste in ihre Situation und empfinden dabei ihre Gefühle und Handlungsweisen als dieser Situation angemessen oder unangemessen. Die Sympathie führt somit zu Werturteilen über die Angemessenheit (propriety) von Gefühlen und Handlungen (Teil 1). Sofern wir die Motive der Handelnden und die Gefühle (z. B. der Dankbarkeit) der Betroffenen nachempfinden können, beurteilen wir Handlungen als verdienstvoll und tugendhaft (Teil 2). Aber nicht nur Werturteile über fremde Handlungen, auch die Beurteilung eigener Handlungen kann nach Smith mit Hilfe der Sympathie erklärt werden. Wir fragen uns, ob ein unparteiischer Zuschauer (impartial spectator) mit den Motiven unserer Handlungen sympathisieren könnte und beurteilen dementsprechend unsere eigenen moral. Qualitäten (Teil 3). Die Frage des Nutzens einer Handlung für den Handelnden selbst bzw. für die davon Betroffenen, ist nach Smith für die moral. Beurteilung zwar relevant, aber sekundär (Teil 4). – Smiths Diskussion ›einiger Systeme der Moralphilosophie‹ (Teil 7) zeigt, daß er auch innerhalb der empirist. Tradition eine eigene Position vertritt. Sein zentraler Begriff der Sympathie, der an die Stelle des ›moral sense‹ tritt, hat zu Kontroversen mit Zeitgenossen (z. B. Hume) und später wiederholt zu Mißdeutungen geführt (vgl. Onckens ›Adam-Smith-Problem‹).

Ausg.: Engl., von D. D. RAPHAEL und A. L. MACFIE, 1976. – Dt., von W. ECKSTEIN, 1977.

Lit.: A. L. MACFIE, The Individual in Society, 1967. – T. D. CAMPBELL, A. Smith's Science of Morals, 1971.

K. GRAF BALLESTREM

Therapeutikē methodos (gr.; lat.: *Ars magna; Große Therapeutik*), GALENOS, entst. um 190 n. Chr.; ED Venedig 1490 (lat.), Venedig 1500 (gr.).

Die für die arabische und abendländ. Medizin bis ins 18. Jh. einflußreiche ›Kunst des Heilens‹ des nach Hippokrates bedeutendsten Arztes der Antike befaßt sich in 14 Büchern mit der Behandlung von Wunden, Geschwüren, Tumoren und Fiebern. Gesundheit und Krankheit beruhen wie bei Hippokrates auf dem Mischungsverhältnis der Säfte. Galenos polemisiert vor allem gegen die Methodiker, die vom Atomismus ausgehen, und die Empir. Schule. Er will die Therapie auf die wissenschaftliche Grundlage von Empirie und Vernunft stellen. Dazu gebraucht er die Kategorien-, Ursachen- und Wissenschaftslehre des Aristoteles. Sein Begriff der Krankheit unterscheidet zwischen Disposition, Ursache, (gestörter) Funktion und Symptom.

Ausg.: Opera omnia, 20 Bde., Bd. X, hg. von C. G. KÜHN, 1821–1833 (Repr. 1964/65).

Lit.: G. SARTON, Galen of Pergamon, 1954. – R. E. SIEGEL, Galen's System of Physiology and Medicine, 1968. – V. NUTTON (Hg.), Galen, 1981. – P. MORAUX, Der Aristotelismus bei den Griechen, Bd. II, 1984.

F. RICKEN

Thesen über Feuerbach, Karl MARX; entst. 1845 (enthalten in Notizbuch 1844–1847 u. d. T. *1. ad Feuerbach*); EA Stuttgart 1888.

In elf Thesen werden die Grundgedanken einer dialekt.-prakt. Auffassung von Mensch und Gesellschaft umrissen. – Diese erst von Engels veröffentlichten kritischen Anmerkungen zu Feuerbachs Materialismus dienten Marx (wie die etwas später verfaßte → *Deutsche Ideologie*) zur ›Selbstverständigung‹ über die eigene Position. Feuerbach stellt (nach Marx) zwar den Menschen ins Zentrum der Philosophie, aber trotz der Betonung des materiellen Moments der sinnlichen Anschauung handelt es sich dabei nicht um den wirklichen Menschen, sondern nur um das vereinzelte und geschichtslose Individuum der bürgerlichen Gesellschaft (These 9), weshalb auch Feuerbachs Position noch zum ›alten Materialismus‹ gehört (These 10). Er betrachtet nämlich den Menschen bloß als passiv anschauendes und damit theoret., nicht aber als praktisch-kritisches, ja ›revolutionäres‹ Wesen (Thesen 1,5). Denn auch die Frage nach der Wahrheit des Denkens ist nicht eine Frage der Theorie, sondern eine praktische Frage (These 2). Individuum und Gesellschaft bilden, aufeinander verwiesen, nicht nur eine dialekt. Einheit, das Wesen des Menschen ist nichts anderes als das ›ensemble der gesellschaftlichen Verhältnisse‹ (These 6). Das Individuum muß deshalb aus der gesellschaftlichen Praxis heraus erklärt werden (These 7), denn die Praxis ist nicht nur das eigentliche Wesen des einzelnen Menschen, sondern auch des gesellschaftlichen Lebens (These 8). Auch die Religion ist kein selbständiges Reich, sondern muß aus den Selbstwidersprüchen der Gesellschaft erklärt werden (Thesen 4, 7). Die wohl bekannteste elfte These – »Die Philosophen haben die Welt nur verschieden interpretiert, es kömmt drauf an, sie zu verändern« – darf aber nicht als Absage an jede Theorie und Aufruf zur theorielosen Tat gedeutet werden.

Aus.: K. MARX/F. ENGELS, Werke, Bd. III, 1969.

Lit.: A. CORNU, Marx' Thesen über Feuerbach, 1963. – A. SCHAFF/L. SÈVE, Marxismo e umanesimo. Per un'analisi semantica delle tesi su Feuerbach di K. Marx, 1975.

H. SCHEIT

Three Dialogues between Hylas and Philonous. The design of which is plainly to demonstrate the reality and perfection of humane knowlege, the incorporeal nature of the soul, and the immediate providence of a deity: in opposition to sceptics and atheists. Also, to open a method for rendering the sciences more easy, useful and compendious. (engl.; *Drei Dialoge zwischen Hylas und Philonous.* Deren Absicht es ist, die Wirklichkeit und Vollkommenheit der menschlichen Erkenntnis, die unkörperliche Natur der Seele und die unmittelbare Vorsehung einer Gottheit klar darzutun: zur Bekämpfung von Skeptikern und Atheisten, zugleich, um ein Verfahren einzuführen, die Wissenschaften leichter, nützlicher und knapper zu gestalten). George BERKELEY; EA London 1713; dt. 1756 Sammlung der vornehmsten Schriftsteller die die Würklichkeit ihres eigenen Körpers und der ganzen Körperwelt läugnen. Enthaltend des Berkeleys Gespräche zwischen Hylas und Philonous und des Colliers Allgemeinen Schlüssel.

Die Schrift kann als eine Popularisierung, Rechtfertigung und Erläuterung der immaterialist. Grundposition von Berkeleys erkenntnistheoret. Hauptwerk (→ *Treatise concerning the Principles ...*) gelten. – Mit der Veröffentlichung des fiktiven Gesprächs zwischen Hylas (Vertreter der Materie) und Philonous (Freund des Geistes) nimmt Berkeley ausdrücklich eine antimetaphys. Common-sense-Position für sich in Anspruch. Im Kern versteht er darunter eine Synthese von Ansichten des Volkes – für das unmittelbar wahrgenommene Dinge wirklich sind – und der Philosophen, für die unmittelbar wahrgenommene Dinge Vorstellungen sind, die nur im Geiste existieren. Während der 1. Dialog sinnliche Dinge als vom Geist abhängige Vorstellungskomplexe erweist und die Trennung von Gegenstand und Vorstellung als Weg in den Skeptizismus brandmarkt, führt der 2. Dialog die Herkunft unserer Vorstellungen direkt auf Gott zurück und bezeichnet die Annahme von Materie nicht nur als unnötig, sondern auch als unmöglich. Der 3. Dialog widerlegt über zwanzig Einwände, die Berkeley am Ende mit häufigem Mißverstehen der eigentlichen Streitfrage erklärt, was er auf Projektionen und das Argumentieren mit zu beweisenden Prämissen (petitio principii) zurückführt. Bei einem argumentator. Patt empfiehlt er, unter den Prämissen des Gegners das Scheitern der Problemlösung vorzuführen. – Hume bedient sich später dieses Argumentationsstils sowie der Dialogform, um seine unkonventionellen religionsphilosoph. Thesen zu veröffentlichen.

Ausg.: Dt., übers. von R. RICHTER/E. PRACHT, hg. von W. BREIDERT, 1980 (PhB 102).

Lit.: G. JAFFÉ, Über die räumliche Anschauungsform. Vierter Dialog zu Berkeleys drei Dialogen zwischen Hylas und Philonous, in: Vierteljahrsschrift für wiss. Philos. und Soziol. 33 (1909). – H. A. WIMMER, Neue Dialoge zwischen Hylas und Philonous. Gespräche über den Kausalzusammenhang des Bewußtseins und die Grundlagen der transscendentalen Philosophie, 1938. – M. BUNGE, New Dialogues Between Hylas and Philonous, in: Philos. Phenom. Res. 15 (1954/55). – B. SILVER, The Conflicting Microscopic Worlds of Berkeley's Three Dialogues, in: J. Hist. Ideas 37 (1976).

CH. WANNENMACHER

Timaios (gr.), PLATON, entst. vor 347 v. Chr.; ED Florenz o. J. (ca. 1482–1484; lat., übers. von M. Ficino); Venedig 1513 (gr., hg. von E. Musuros); dt. 1795 Timäus.

Der späte *Timaios* (benannt nach dem Hauptsprecher) knüpft an die → *Politeia* an: Das Bestehen des paradigmat. Staats soll in der Vorgeschichte aufgewiesen werden; der *Timaios* spielt auf sie allerdings nur an (Atlantis-Mythos, → *Kritias*), weil zuvor die eigentliche Vorgeschichte darzulegen ist: die Konstitution und Schaffung des Kosmos. Weil sie nur vorgestellt werden kann und nicht wie der Vorgang des Erkennens ein Geschehen der Vernunft ist, ist der *Timaios* Mythos (›wahrscheinliche Rede‹). Er beruht auf der prinzipiellen Unterscheidung und zugleich Verhältnissetzung von Ideen- und Erscheinungswelt; er begreift darum den Kosmos als Abbild und nicht als bloß materielles Kausalitätsgefüge; der Kosmos hat mit anderen Worten einen Grund, der über ihn selbst hinausverweist. Platon unterscheidet zwei Anfänge des Kosmos. Anfang im engeren Sinn ist die Ordnung des Regellosen zum Kosmos durch den mythischen Demiurgen: Im Blick auf das Sein der Ideen fügt er den Kosmos zusammen als ein einziges in sich durchgängig mit sich verbundenes Ganzes. Dieses ›Band‹, das den Kosmos als Übereinstimmung von Sein und Werden, von Identität und Verschiedenheit konstituiert, bedeutet platon. ›Weltseele‹: die Anwesenheit des ›Unsichtbaren‹, des Seins, im ›Sichtbaren‹, im Seienden. Platon entfaltet die ›Weltseele‹ als die (Zeit darstellende) Regelmäßigkeit der göttlichen Gestirne und endlich als die Lebendigkeit und Vernünftigkeit des Menschen. – Das Verhältnis von Leib und Seele thematisiert den ›zweiten Anfang‹: Der Kosmos bedeutet auch Notwendigkeit, d. h. blinde Kausalität und ›Materie‹ (›Raum‹). Sie ist vorzustellen als das, was Ordnung und Gestalt ›aufnimmt‹. Gestalt ist allerdings prinzipiell zweideutig: Sie ist Erscheinung von Idee und von dem, das zuvor gestaltlos war; das Amorphe und an sich Gestaltlose von ›Materie‹ und ›Raum‹ beansprucht insofern eine ursprünglich bloß materielle Wirklichkeit (die durch die Theorie der Elemente bzw. Atome beglaubigt zu sein scheint). Platon konstruiert sie immateriell in einem mathemat. Ordnungsmodell; das amorphe ›Aufnehmende‹ (die ›Amme des Werdens‹) ist schon ›vorkosmisch‹, d. h. vor der Erscheinung der sichtbaren Elemente, elementar in mathemat.-geometr. Figuren geordnet (was wiederum ihnen vorgängig ist, bleibt dem Denken unerreichbar). Platons Konstruktion entwickelt die Figuren zu bestimmten Materien, deren Verhältnissen und Aggregatzuständen, bis zur Darstellung der Empfindungsqualitäten. Der zweite Anfang des *Timaios* kommt damit wieder zur menschlichen Natur zurück, deren (biolog.) Konstitution das letzte Drittel gewidmet ist. Es endet mit der Besonderheit der menschlichen Seele, d. h. ihrer Vernünftigkeit. Durch sie kommt endlich als ›Pflege der Seele‹ die Philosophie in den Blick, deren Aufgabe es ist, die Gleichmäßigkeit der beiden Ursachen (›das Notwendige und das Göttliche‹), durch die der Kosmos besteht, im Menschen herzustellen. – Neben der *Politeia* ist der *Timaios* wohl der wirkungsreichste platon. Dialog. – Bis ins 12. Jh. war der *Timaios* der einzige bekannte Platon. Text (in der Übersetzung des Calcidius).

Ausg.: Platonis Opera, hg. von H. Stephanus, Bd. III, 1578, 17–105. – Platonis Opera, hg. von J. Burnet, Bd. IV, (Repr. 1962). – Gr./Dt., Studienausgabe, Bd. VII, 1972.

Lit.: A. Taylor, A Commentary on Plato's Timaeus, 1928. – F. M. Cornford, Plato's Cosmology, [4]1956. – Ch. Mugler, La physique de Platon, 1960. – H.-G. Gadamer, Idee und Wirklichkeit in Platos Timaios, 1974. – G. Vlastos, Plato's Universe, 1975. – R. D. Mohr, The Platonic Cosmology, 1985.

J. Jantzen

To Have or to Be? (engl.; *Haben oder Sein*. Die seelischen Grundlagen einer neuen Gesellschaft), Erich Fromm; EA New York 1976; dt. 1976.

In der sozialpsycholog.-philosoph. Abhandlung erweitert Fromm seine grundsätzliche Unterscheidung zwischen einem lebensorientierten, produktiven (biophilen) und einem hortenden, nicht-produktiven (nekrophilen) menschlichen Charakter zu zwei dichotom. Existenz- und Erfahrungsweisen, die sich auch im Charakter der Gesellschaft widerspiegeln. – In der Haben-Orientierung wird die Umwelt verobjektiviert und in Besitz genommen, in der Lebensweise des Seins verwirklicht der Mensch sich dagegen gemäß seinen eigenen Möglichkeiten. Für den gegenwärtig vorherrschenden Gesellschafts-Charakter des Habens macht Fromm in Anlehnung an Marx vor allem die sozio-ökonom. Strukturen verantwortlich. Da diese aber mit den charakterlichen und weltanschaulichen untrennbar verbunden sind und jeweils zueinander in Wechselwirkung stehen, muß die Errichtung einer seinsorientierten, humanist. Gesellschaft sowohl am Bewußtsein als auch an den äußeren Gegebenheiten ansetzen. – Fromm gehört damit zu den Gesellschaftskritikern, die in Ablehnung der bestehenden materialist. Gesellschaftsordnungen einen ›dritten Weg‹ suchen.

Lit.: R. Funk, Mut zum Menschen, 1978.

D. v. d. Pfordten

Topika (gr.; lat.: *Topica; Topik*), Aristoteles, entst. 4. Jh. v. Chr.; ED Venedig 1481 (lat., hg. von Ph. Petri); Venedig 1495 (gr., Bd. I der Gesamtausgabe von Aldus Manutius); dt. 1841.

Das umfangreiche Werk in acht Büchern (→ *Peri tōn sophistikōn elenchōn* wird als Anhang oder Buch IX betrachtet) ist wohl eine Frühschrift (mit Ausnahme des VIII. Buches) und beabsichtigt eine Darstellung der Methode, mit der eine gegebene Aussage über allgemein anerkannte Ansichten anzugreifen oder vom Opponenten zu verteidigen ist. Es handelt sich um die Dialektik, wie sie in der Akademie geläufig war: die Argumente erreichen nicht die Genauigkeit des syllogist. Verfahrens, weil Prämissen benutzt werden, die auf Meinungen beruhen; sie werden jedoch von den meisten Menschen (wenigstens den vernünftigen) akzeptiert. Zweck der Dialektik ist (a) die Übung des Verstandes; (b) eine verbesserte Gesprächsführung; (c) die vielseitige Behandlung der Probleme in den Wissenschaften. Im I. Buch legt Aristoteles die berühmte Lehre der Prädikabilia dar (genus, proprium, accidens, species, differentia). Auch die Ausführungen zur Induktion, dem Aufstieg vom Besonderen zum Allgemeinen, sind zu erwähnen. Die Bücher II bis VII enthalten eine Sammlung von Topoi, nämlich über Akzidentelles (II–III), das Genus und seine Eigenschaften (IV–V) und über Definitionen (VI–VII/3). Es folgen einige allgemeine Bemerkungen und praktische Ratschläge (VII/4–8). Wichtig ist nach Aristoteles, vieles auswendig zu lernen, damit man einen Vorrat an Argumenten hat. Er fordert als Voraussetzung für die Dialektik eine sittliche Einstellung. Die Ausführungen sind sehr lebendig geschrieben und enthalten zahlreiche Beispiele. Vieles im Text ruft Platonisches in Erinnerung, auch wenn die Ideenlehre wohl abgelehnt wird. – Verbreitung und Rezeption des Werkes durchziehen die abendländ. Philosophiegeschichte und sind kaum zu überblicken. Seit Aristoteles gehören Topik und Dialektik zu den Grunddisziplinen der philosoph. Logik und sind besonders im Mittelalter und in der beginnenden Neuzeit Thema zahlreicher Diskussionen und Auseinandersetzungen gewesen. Einen Wendepunkt in der Rezeption stellte in der Neuzeit die Opposition der sich durchsetzenden Idee der scientia und ihrer einheitlichen (mathemat.) Methode zur Tradition der aristotel. Topik dar. Dies führte u. a. zu einer Mißdeutung der topisch-dialekt. Denkungsart aristotel. Provenienz als bloßer ›Logik des Scheins‹. Erst bei Denkern wie Vico, Kant und Hegel wurde die philosoph. Bedeutung von Topik und Dialektik – wenn auch nicht mehr im aristotel. Sinne – wieder erkannt.

Ausg.: Gr., Aristotelis Opera, Bd. I, hg. von I. BEKKER, ²1960, 100–164. – W. D. ROSS, Aristotelis Topica et sophistici elenchi, 1958. – Dt., von E. ROLFES, 1919 (Repr. 1968; PhB 12).

Lit.: E. HAMBRUCH, Logische Regeln der platon. Schule in der aristotel. Topik, 1904. – F. SOLMSEN, Die Entwicklung der aristotel. Logik und Rhetorik, 1929.

L. J. ELDERS

Totalité et infini. Essai sur l'extériorité (frz.; *Totalität und Unendlichkeit.* Versuch über die Exteriorität), Emmanuel LEVINAS; EA Den Haag 1961; dt. 1987.

Phänomenolog. ansetzend sieht Levinas das abendländ. Denken theoret. und praktisch überwiegend vom Begriff der alles in die eigene Identität bindenden Totalität beherrscht; demgegenüber bemüht er sich – die Phänomenologie bewußt überschreitend und Anregungen aus der kritisierten Denkgeschichte (Plato, Descartes, Pascal, Malebranche, Kant, Husserl, Heidegger) sowie aus jüdischen Traditionssträngen (Rosenzweig) aufnehmend – um eine ethisch basierte Metaphysik des Unendlichen. – Der sich von bloß anonymer Sinnlichkeit stufenweise (Genuß, Arbeit und Besitz, Vorstellung und Theorie) abhebenden Interiorität (selbst-)bewußter Subjektivität entspricht als höchste Reflexionsgestalt aufgrund der ›natürlichen‹ Egozentrik praktizierter Immanenz (Primat des Seins vor dem Seienden) die ›Ontologie des Krieges‹, d. h. die Andersheit des Anderen (l'autre) wird letztlich im Selben (le même) aufgehoben und ausgeschaltet. Diese rigoros-universale Logik der Totalität findet ihre ethische Grenze in der Begegnung mit dem Antlitz (visage) des Anderen, dessen Not (›Nacktheit‹) mich unbedingt und ohne jegliche Gegenseitigkeit in Anspruch nimmt. Die absolute ethische Kompetenz des Anderen fließt aus der Einheit von Transzendenz, Zeit und Andersheit, d. h. sie verweist als ›Spur‹ auf das nie thematisierbare Unendliche ›jenseits des Antlitzes‹ und bedeutet zugleich die ethische Rehabilitierung des Ichs als Subjekt einzigartiger unendlicher Verantwortung.

Lit.: E. Wyschogrod, Emmanuel Levinas. The Problem of Ethical Metaphysics, 1974. – J. Derrida, Die Schrift und die Differenz, 1976. – S. Strasser, Jenseits von Sein und Zeit. Eine Einführung in Emmanuel Levinas' Philosophie, 1978.

J. Reiter

Totem und Tabu. Einige Übereinstimmungen im Seelenleben der Wilden und Neurotiker, Sigmund Freud; ED 1912/13 (in: Imago 1/2).

Das ursprünglich aus vier Aufsätzen bestehende Werk beinhaltet den Versuch, »Ergebnisse der Psychoanalyse auf ungeklärte Probleme der Völkerpsychologie anzuwenden«. – Gestützt auf ethnolog. Theorien seiner Zeit interpretiert Freud zwei auffallende Merkmale archaischer Einrichtungen: Totemismus und Exogamie. Die Tabuierung des Totemtiers und die Inzestscheu (mit dem Gesetz der Exogamie) zeigen als gemeinsame Wurzel die Ambivalenz von Wunsch und Angst auf. »Das Tabu ist ein uraltes Verbot, von außen (von einer Autorität) aufgedrängt und gegen die stärksten Gelüste der Menschen gerichtet.« Im kollektiven Tabuverhalten primitiver Völker sieht Freud eine strukturelle Verwandtschaft zum magischen Zwangsverhalten des Neurotikers, denn die Fixierung auf die Hauptverbote des Ödipuskomplexes (Todeswunsch und Inzest) zeigen bei beiden eine ›auffällige Übereinstimmung‹. Um die in Traum und Neurose entdeckte Bedeutung individuell ödipaler Konflikte durch ›prähistor. Material‹ abzusichern und ihnen anthropolog. Gültigkeit zu verleihen, projiziert Freud den Ödipuskomplex in den Anfang der Menschheitsgeschichte. Der spekulativ-hypothet. Erklärungsversuch enthält die These der Tötung des allmächtigen Urvaters durch die ihn hassende Brüderhorde. Die Reue über die Tat führte zu einem ›nachträglichen Gehorsam‹ dem Vater gegenüber, aus dem heraus die erste soziale Ordnung und das Gewissen entstand. Die symbol. Wiederholung der zu sühnenden Tat vollzog sich in der ›Totemmahlzeit‹ des Brüderclans, bei der das Totemtier getötet und gemeinsam verzehrt wurde. Eine ›Wiederkehr des Verdrängten‹ sieht Freud in der Opferfeier christlicher Eucharistie. Freud schließt daraus auf eine ›archaische Erbschaft‹, deren Universalität sich im unbewußten Seelenleben jedes einzelnen Menschen niederschlägt. Die ›Wiederbelebung‹ der ödipalen Problematik in der Kindheit ermöglicht den Verzicht auf Inzest- und Todeswunsch in symbol. Anerkennung des ›väterlichen‹ Gesetzes. – Das Werk wurde bereits zu Freuds Lebzeiten in verschiedene Sprachen übersetzt. Während der in ihm vertretene phylogenet. Realismus auf harte Kritik stieß, wurde die strukturelle Bedeutung des Ödipuskomplexes vor allem in der psychoanalyt. orientierten Kulturanthropologie anerkannt und weiter vertieft.

Ausg.: Studienausgabe, hg. von A. MITSCHERLICH u. a., 10 Bde., Bd. IX, 1982.

Lit.: R. BENEDICT, Pattern of Culture, 1934. – B. MALINOWSKI, Eine wissenschaftliche Theorie der Kultur, 1941. – P. PARIN/F. MORGENTHALER/G. PARIN-MATTHÈY, Die Weißen denken zuviel, 1963. – C. LÉVI-STRAUSS, Das Ende des Totemismus, 1965. – P. RICOEUR, Die Interpretation, 1969. – G. RÓHEIM, Psychoanalyse und Anthropologie, 1977. – A. SCHÖPF, S. Freud, 1982.

G. PAGEL

Tractatus später: **Summulae logicales** (lat.; *Abhandlungen/Kompendien der Logik*), PETRUS HISPANUS PORTUGALENSIS (= Papst Johannes XXI.), entst. vermutlich zwischen 1230 und 1240; ED o. O. u. J. (1474).

In den *Tractatus*, dem wohl bekanntesten Logik-Lehrbuch des Mittelalters, das in mehr als 300 Handschriften und in ca. 200 gedruckten Ausgaben vorliegt, wird in 12 Abhandlungen die traditionelle, weitgehend auf Aristoteles und dessen Kommentatoren (bes. Boethius) zurückgehende logica antiquorum mit der Lehre von den Eigentümlichkeiten der Termini (proprietates terminorum), die zu dem auch logica modernorum genannten mittelalterlichen Eigenbeitrag zur Entwicklung der Logik gehört, verbunden. In Tractatus I, »De introductionibus«, wird die Logik als allen wissenschaftlichen Methoden zugrunde liegende Kunst, die man vor den anderen Wissenschaften erlernen soll, beschrieben. Ferner werden einige wichtige logische Grundbegriffe erläutert. An die Lehre von den Prädikabilien (Gattung, Art, etc.) in Tractatus II schließt sich eine Abhandlung über die zehn Kategorien in Tractatus III, »De praedicamentis«, an. Eine solche Abhandlung fehlt in zeitgenöss. Logik-Kompendien und ist somit eine Neuerung. Ebenfalls neu ist die Einführung eines Merkverses für die Modi der verschiedenen Schlußfiguren in Tractatus IV, »De syllogismis«. Hauptsächlich auf den Lehren des Boethius fußt Tractatus V, »De locis«. Der folgende Traktat über die Suppositionslehre, »De suppositionibus« gehört zur logica modernorum. Die Fehlschlußtheorie wird anschließend in Tractatus VII, »De fallaciis«, dargestellt. Tractatus VIII, »De relativis«, enthält eine präzise Beschreibung und Klassifizierung der Relativpronomina. Wie die Traktate VI und VIII, so gehören auch die folgenden zur logica modernorum (IX: »De ampliationibus«; X: »De appellationibus«; XI: »De restrictionibus«; XII: »De distributionibus«). – Das Werk war bis ins 17. Jh. hinein das wohl anerkannteste Logik-Lehrbuch.

Ausg.: Lat., hg. von L. M. DE RIJK, 1972. – Lat./Dt., hg. von W. DEGEN/B. PABST, 1987.

C. KOPP

Tractatus de anima (lat.; *Abhandlung über die Seele*) PETER VON AILLY, entst. ca. 1377–1381; ED o. O. o. J. (Brüssel ca. 1484).

Die zu den philosoph. Hauptwerken Peters von Ailly zählende Abhandlung bietet eine systemat. Darstellung des Gesamtgebiets der spätmittelalterlichen Psychologie. Sie zerfällt in die beiden Teile »Von der Seele und ihren Vermögen« und »Von den Akzidentien der Seele«. Der 1. Teil behandelt Definition und Einteilung der Seele und deren Vermögen (potentiae); der 2. Teil befaßt sich mit Abbildern (species), Akten (actus) und dauerhaften Zuständen (habitus). Peter von Ailly setzt sich kritisch mit Theorien von Autoren vornehmlich der ›via moderna‹ auseinander (Wilhelm von Ockham, J. Buridan, Gregor von Rimini), benutzt als Quellen aber auch Schriften der ›via antiqua‹ (Albert der Große). – Die Abhandlung gehörte im späten Mittelalter zu den meistgelesenen und einflußreichsten ihrer Art, deren Wirkung sich bis in die Zeit des Humanismus erstreckt; G. Biel hat sie kommentiert und preist programmat. ihren äußerst gewinnbringenden Nutzen (›clare et breviter tractatulum compendiosum et utilissimum‹).

Ausg.: In: O. PLUTA, Die philosoph. Psychologie des Peter von Ailly, 1987.

Lit.: O. PLUTA, Albert von Köln und Peter von Ailly, in: Freibg. Z. Philos. Theol. 32 (1985). – M. CHAPPUIS/L. KACZMAREK/O. PLUTA, Die philosoph. Schriften des Peter von Ailly. Authentizität und Chronologie, in: Freibg. Z. Philos. Theol. 33 (1986).

O. PLUTA

Tractatus de immortalitate animae (lat.; *Abhandlung über die Unsterblichkeit der Seele*), Pietro POMPONAZZI; EA Bologna 1516.

In seinem metaphys.-moralphilosoph. Hauptwerk weist Pomponazzi den Gedanken der Unsterblichkeit der Seele als innerhalb der Grenzen der natürlichen Vernunft unhaltbar zurück. – Die Seele ist als eine Form des lebenden Körpers in ihrem Denken und Wollen auf dessen Organe angewiesen, da alles Denken sinnlicher Vorstellungen und alles Wollen materialer Gegenstände bedarf. Die unmittelbare Gewißheit der Einheit der Seele im Selbstbewußtsein zeigt zudem, daß diese nicht in einen materiellen und einen immateriellen Teil geschieden werden kann, so daß die Seele als eine einheitlich dem Körper verbundene Form notwendig sterblich sein muß. Der Mensch steht aber dennoch eindeutig über dem Tier, da er im Unterschied zu diesem aufgrund seiner geistigen Fähigkeiten Anteil an ewigen Wahrheiten zu gewinnen vermag, die sich sowohl im Bereich der Wissenschaften als auch in der Selbsterkenntnis finden lassen. Aus der Sterblichkeit der Seele ergibt sich dessen ungeachtet die ethische Konsequenz, daß der Mensch seine sittliche Vervollkommnung unabhängig von der Aussicht auf Lohn oder Strafe im Jenseits verwirklichen muß. Es ist daher gerade die Einsicht in die eigene Endlichkeit, die dem Menschen die Erkenntnis ermöglicht, daß die eigentliche Belohnung der Tugend in der Tugend selbst und die eigentliche Strafe des Lasters im Laster selbst liegt. In diesem Sinne wird der Mensch durch die eigene Sterblichkeit zu einer autonomen, tugendhaften Daseinsgestaltung aufgerufen, wobei die Tugendhaftigkeit im praktischen Lebensvollzug zu größerer Befriedigung verhelfen kann, als das Streben nach rein intellektueller Erkenntnis. Abschließend betont Pomponazzi gemäß der Lehre der doppelten Wahrheit, daß die Annahme der Unsterblichkeit der Seele zwar aus Gründen der natürlichen Vernunft abzulehnen sei, als theolog. Glaubensgrundsatz jedoch durchaus Anspruch auf Wahrhaftigkeit erheben könne. – Das Werk wurde in Venedig öffentlich verbrannt und in Rom denunziert; Pomponazzi mußte sich der Retraktion unterwerfen, schrieb aber dann eine *Apologia* (1517). Mit der für seine Entstehungszeit außerordentlich kühnen und konsequenten Begrenzung des Menschen auf seine irdische Existenz hat das Werk über die Aufklärung bis zum französ. Freidenkertum im 19. Jh. nachgewirkt.

Lit.: E. WEIL, Des P. Pomponazzi Lehre von den Menschen und der Welt, 1928. – G. BIANCA, Pomponazzi e il problema della personalità umana, 1941.

J. MONAR

Tractatus de intellectus emendatione et de via, qua optime in verum rerum cognitionem dirigitur (lat.; *Abhandlung über die Verbesserung des Verstandes und über den Weg, auf dem er am besten zur wahren Erkenntnis der Dinge geleitet wird*), Baruch de SPINOZA; EA Amsterdam 1677 (anonym); dt. 1785 Zwei Abhandlungen über die Kultur des menschlichen Verstandes und über die Aristokratie und Demokratie.

Die unvollendet gebliebene methodolog.-erkenntnistheoretische Schrift, die Spinoza (nach O. Baensch/G. Gebhardt) etwa 1662 begann, ist als eine Propädeutik zur → *Ethica* aufzufassen. Die Abhandlung setzt ein mit der Frage nach dem ›höchsten Glück‹, d. h. dem ›wahren Gut‹, das der Seele Frieden verschafft, ›beständige und vollkommene Freude‹. Bestimmt Spinoza dieses Glück im Gegensatz zu ›Reichtum, Ehre und Sinnenlust‹, die den Geist nur verwirren, vorgreifend als ›Erkenntnis der Einheit, die den Geist mit der gesamten Natur verbindet‹, so verknüpft er sein Ziel einer Verbesserung des Verstandes mit der Darstellung der verschiedenen Erkenntnisarten, die als Stufen einer nicht nur individualgeschichtlichen, sondern auch arttyp. Entwicklung des Verstandesgebrauches zu denken sind. Spinoza unterscheidet 1. Wissen durch Hörensagen (ex auditu), 2. Wissen durch unbestimmte Erfahrung (experientia vaga), 3. Wissen, bei dem das Wesen einer Sache aus einer anderen Sache erschlossen wird (für diese Erkenntnisart ist das Bilden von Gemeinbegriffen, notiones communes, charakterist.), und 4. Wissen, das die Sache bloß aus ihrem Wesen begreift (es entspricht der scientia intuitiva aus der *Ethik*). In der *Ethik* wird prinzipiell diese Stufenfolge beibehalten, die ersten beiden Erkenntnisarten werden zu einer zusammengefaßt. Das Besondere von Spinozas Darlegung der unterschiedlichen Erkenntnisarten ist, daß seine genet. Argumentation jeder Stufe ihre Notwendigkeit und regionale Gewißheit zugesteht, wobei jede Stufe prinzipiell den Übergang zur nächsten ermöglicht. Spinozas in der Schrift entwickelte Methode geht davon aus, daß wir immer schon eine ›wahre Idee‹ haben, die klar und deutlich ist und keines weiteren Wahrheitskriteriums bedarf, zugleich damit die Abgrenzung von Fiktionen erlaubt. Die Methode ist die reflektierte Erkenntnis oder die ›Idee von der Idee‹. Spinozas Lehre von der genet. Definition, die im Mittelpunkt der Abhandlung steht, unterscheidet zwischen einer Definition für erschaffene und unerschaffene Dinge. Eine vollkommene Definition drückt das innerste Wesen einer Sache aus und sichert vor der Verwechslung einer Eigenschaft mit der Sache selbst. Der richtige Weg zum Forschen ist nach Spinoza der, »daß wir aus einer gegebenen Definition Gedanken bilden«, die letztlich auf die notwendige Verkettung der Ideen und ihre Rückführung auf eine Idee zielt. Die Definition eines erschaffenen Dinges gibt ihre nächste Ursache an, die eines unerschaffenen Dinges wird in intuitionist. Wesensschau begriffen. Die Schrift, die, beeinflußt von Descartes und Hobbes, eine eigenständige Methodologie entfaltet, enthält, vor allem was das Verhältnis der ersten drei zur vierten Erkenntnisart anbelangt, gewisse Lücken, die erst die *Ethik* schließt. Die Abhandlung, die eine durchaus positive Einschätzung des Erfahrungswissens vornimmt, durch die die Menschen zu Gemeinbegriffen gelangen können, wird daher gewöhnlich in engem Zusammenhang mit Spinozas spätem → *Tractatus theologico-politicus* gesehen. Von den Herausgebern der letzten niederländ. Ausgabe der Werke (1977 ff.) wird allerdings die Vermutung nahegelegt, daß die Abhandlung eine Jugendschrift (um 1658/59) Spinozas sei.

Ausg.: Sämtliche Werke in sieben Bänden, hg. und mit Einleitungen, Anmerkungen und Registern versehen von C. GEBHARDT, Bd. V; Übersetzung, Anmerkungen und Register von C. GEBHARDT, Einleitung von K. HAMMACHER, [5]1977 (PhB 95).

Lit.: G. GEBHARDT, Spinozas Abhandlung über die Verbesserung des Verstandes, 1905. – H. H. JOACHIM, Spinozas ›Tractatus de Intellectus Emendatione‹. A Commentary, 1940 (Repr. 1964). – H. G. HUBBELING, Spinoza's Methodology, 1964.

M. HIELSCHER

Tractatus de legibus ac Deo legislatore in decem libros distributus (lat.; *Abhandlung über die Gesetze und Gott als Gesetzgeber* gegliedert in zehn Bücher), Francisco SUÁREZ; EA Coimbra 1612.

Suárez' jurist. Hauptwerk, ein 1200 doppelspaltige Seiten starker Folioband, entstand aus Vorlesungen, die 1601/02 und im darauffolgenden Jahr an der Universität Coimbra für Hörer aus der jurist., kanon. und theolog. Fakultät gehalten wurden, und enthält eine systemat. Enzyklopädie der Grundbegriffe des Rechts. – Suárez geht nicht von einem rein jurist. oder rechtsphilosoph. Standpunkt aus, sondern von einem explizit theolog.; dabei sucht er das Fundament jedes Gesetzes und Rechtes in Gott zu orten, und zwar nicht im Willen, sondern im Wesen Gottes. Im Lichte dieser Grundüberzeugung geht er im besonderen auf folgende Themen ein: das Wesen des Gesetzes (Buch I), das ewige Gesetz, das natürliche Gesetz und das ius gentium (Buch II), das positive menschliche oder bürgerliche Gesetz (Buch III), das positive kanon. Gesetz (Buch IV), die positiven menschlichen Gesetze und besonders das Strafgesetz (Buch V), die Auslegung und Abänderung des Gesetzes (Buch VI), die Gewohnheit (Buch VII), das Privileg (Buch VIII), das positive alttestamentliche Gesetz (Buch IX) und das positive neutestamentliche Gesetz (Buch X). Suárez zufolge ist der Mensch von Natur aus frei, aber seine volle Verwirklichung ist nur in der Gesellschaft, ja in der polit. Gemeinschaft und folglich nur in der Unterordnung unter die Autorität möglich. Das Volk ist Träger der Staatsgewalt, die sich aber nicht vom Volk, sondern nur von Gott herleiten kann. Das positive Recht muß sich nach dem Naturrecht richten, das mit dem Wesen des Menschen gegeben ist. Rechts- und staatsphilosoph. relevant ist vor allem Suárez' Versuch einer Neubestimmung des Völkerrechts (ius gentium): Während nach der traditionellen Auffassung des römischen Rechtes das ius gentium als Mitte zwischen ius naturae und ius civile (positivum) konzipiert wird, unterscheidet Suárez vom ius intra gentes, d. h.

vom Ganzen der Gesetze innerhalb eines jeden Volkes, die vom Naturrecht hergeleitet und so allen Völkern gemeinsam sind, das ius inter gentes im Sinne des Rechtes zwischen den Staaten, das für ihn ausdrücklich nicht natürlich, sondern positiv und deshalb auch abänderbar ist. Damit leitet Suárez die neuzeitliche und moderne Auffassung des Völkerrechts ein und wird neben F. De Vitoria und H. Grotius als dessen Vater angesehen. Aber auch generell gilt Suárez aufgrund dieses und weiterer Werke – wie der Traktat *De bello* (entst. 1583/84, EA 1621) oder die gegen den englischen König Jakob I. geschriebene Verteidigungsschrift *Defensio fidei catholicae et apostolicae* (1613) – als ein Klassiker der Rechts- und Staatsphilosophie.

Ausg.: Lat./Span., Repr. der EA mit span. Übers., 6 Bde., 1967–1968. – Lat./Span., mit kritischem Text von L. Pereña/E. Elorduy/V. Abril/C. Vilanueva/P. Suñer, 6 Bde., 1971–1977. – Lat./Dt., Ausgewählte Texte zum Völkerrecht, hg. von J. de Vries und eingel. von J. Soder, 1965.

Lit.: J. B. Guarini, Juris naturae et gentium principia et officia, 1758 (auch in: Migne (Hg.), Cursus completus Theologiae, Bd. XV, 1841). – H. Rommen, Die Staatslehre des F. Suárez, 1926. – R. Wilenius, The social and political theory of F. Suárez, 1963. – B. Hamilton, Political thought in 16th-century Spain, 1963. – J. Soder, F. Suárez und das Völkerrecht, 1973.

F. Volpi

Tractatus de modis significandi sive grammatica speculativa (lat.; *Traktat von den Bedeutungsweisen oder spekulative Grammatik*), Thomas von Erfurt; ED Venedig 1491.

Dieses lange Zeit Duns Scotus zugeschriebene und unter seinem Namen überlieferte Werk stammt, wie M. Grabmann Anfang der 20er Jahre nachweisen konnte, von Thomas von Erfurt. Zu Beginn des 14. Jh.s entstanden, enthält es eine neue, nunmehr philosoph. Grundlegung der Grammatik in Form einer eigenen Wissenschaft. In dieser geht es im Unterschied zur traditionellen ›positiven‹ Grammatik einzelner Sprachen um die einheitliche Theorie einer Fundamental- oder Universalgrammatik (daher ›spekulative‹ Grammatik). Das Bedürfnis hierfür ergibt sich zum einen aus dem Umstand, daß die Grammatik neben Rhetorik und Dialektik die Grundlage des Studiums der Artistenfakultät bildet, und zum zweiten daraus, daß seit der Aristotelesrezeption im 13. Jh. an alle Disziplinen und damit auch an die Grammatik strengere wissenschaftliche Forderungen gestellt werden. Im Rahmen des Beziehungsgefüges zwischen Wirklichkeit, Denken und Sprache (modus essendi, modus intelligendi, modus significandi) thematisiert die spekulative Grammatik Struktur und Funktion der bedeutungstragenden Zeichen und der verschiedenen Formen ihrer Verwendung in der Rede bzw. im Satz. Die Wörter sind nicht als solche, sondern in ihrer Verwendungsmöglichkeit als ›Zeichen‹ Gegenstand der Grammatik. Im Mittelpunkt der spekulativen Grammatik stehen daher die ›modi significandi‹, d. h. die Lehre von den verschiedenen Bedeutungsweisen sprachlicher Zeichen. Dabei läßt das Werk eine dreiteilige Gliederung erkennen: Nach einem Einleitungsteil, in dem von der Herkunft, der Einteilung und der Bestimmung der Bedeutungsweisen die Rede ist (Kap. 1–6), werden im 2. Teil die bedeutungstragenden Redeteile (Nomina, Pronomina, Verben, Adverbien, Partizipien, Konjunktionen und Präpositionen) hinsichtlich ihrer signifikativen Funktion untersucht (Kap. 7–44); in einem 3. Teil werden die syntakt. Zusammenhänge im einzelnen dargestellt (Kap. 45–54). Dabei versteht Thomas von Erfurt unter einem ›modus significandi‹ sowohl die vom Verstande vorgenommene Bedeutungszuweisung (modus significandi activus) als auch dessen Ergebnis (modus significandi passivus). Die einzelnen Modi werden von ihm nach Maßgabe der Kategorien der Dinge klassifiziert, so daß jeder Bedeutungsform eine eigene Seinsform (modus essendi) entspricht, auf die erstere zurückgeht. Die Kategorien sprachlicher Zeichen besitzen somit eine deutliche ontolog. Fundierung in der Wirklichkeit der Dinge, ein Ansatz, dessen Berechtigung von nominalist. Seite bestritten wird. Dessen ungeachtet ist der Ansatz der spekulativen Grammatik als frühe Form einer semant. Theorie für die moderne Diskussion von nicht geringem Interesse.

Ausg.: Grammaticae speculativae nova editio cura et studio P. Fr. M. Fernañdez Garcia, 1902. – Dass. in: Joannis Duns Scoti Opera ommia, hg. von L. Wadding, Bd. I, 1639 (Repr. 1891).

Lit.: M. Grabmann, De Thoma Erfordiensi auctore Grammaticae quae Joanni Duns Scoto adscribitur Speculativae, in: Archivum fancisc. historicum 15 (1922): Ders., Thomas von Erfurt und die Sprachlogik des mittelalterlichen Aristotelismus, 1943. – Ders., Die Entwicklung der mittelalterlichen Sprachlogik, in: Philos. Jb. 35 (1922). – M. Heidegger, Die Kategorien und Bedeutungslehre des Duns Scotus, (Habil. Schrift) 1916 (Wiederabdruck in: Frühe Schriften, 1972, und in: Gesamtausgabe, Bd. I, 1978). – S. Buchanan, An Introduction to the ›De modis significandi‹ of Th. of Erfurt, in: Philosophical Essays for A. N. Whitehead, 1936.

J. P. Beckmann

Tractatus de primo principio (lat.; *Abhandlung über das erste Prinzip*), Johannes Duns Scotus, entst. um 1305; ED Venedig 1497, dt. 1974.

Die Abhandlung – nicht zu verwechseln mit der Scotus zugeschriebenen Schrift *De rerum principio* – stellt den Entwurf einer metaphys. Gotteslehre dar. Etwa die Hälfte des Textes ist aus dem I. Buch der → *Ordinatio* übernommen. Das dort verstreut vorgefundene Material kommt hier im Zusammenhang zur Darstellung. Der Traktat nimmt seinen Ausgang beim geoffenbarten Gottesnamen, ›Ich bin der ich bin‹. Auf der Grundlage des Begriffs ›Seiend‹ soll ein der natürlichen Vernunft möglicher Gottesbeweis entwickelt werden. Entscheidend ist hierbei die Erkenntnis der Geordnetheit alles Seienden. Das 1. Kap. legt die verschiedenen Formen einer wesentlichen Ordnung dar; das 2. Kap. beweist die Notwendigkeit dieser Einteilung aus evidenten Sätzen. Nach dieser Einführung wendet sich Scotus durch besondere Behandlung der Ordnungen der Wirkursächlichkeit, der Zielursächlichkeit und des Vorranges im 3. Kap. dem eigentlichen Thema zu. Es ist der Nachweis zu erbringen, daß es ein schlechthin Erstes in diesen Ordnungen gibt, und zwar eine erste Natur. Das Ziel des Beweisganges ist erreicht, wenn (in Satz 15) gezeigt wird, daß einer *einzigen* aktuell existierenden Natur die dreifache Erstheit der genannten Ordnungen innewohnt. Im folgenden 4. Kap. wird die Gotteslehre durch Aufweis der Vollkommenheiten des ersten Prinzips, nämlich der Einfachheit, Geistigkeit und Unendlichkeit, inhaltlich ausgearbeitet. Die Behandlung der ›zahlenmäßigen Einheit‹ Gottes deutet zugleich seine Personalität an. Nach Darstellung der Vollkommenheiten des Erkennens und Wollens bestimmt Scotus die erste Natur als ›unendlich Seiendes‹. Hierfür werden sieben Wege angeführt, die u. a. die Argumente Anselms v. Canterbury und Aristoteles' aufnehmen, sie jedoch weiterführen. Damit ist die Hauptaussage des Kapitels erreicht, das durch ein hymnisches Gebet abgeschlossen wird. Durch die einleitenden und die Intention des jeweiligen Kapitels angebenden Gebete ist der philosoph. Gottesbeweis in einen theolog. Rahmen hineingenommen. – Die Abhandlung ist nicht abschließend überarbeitet; es finden sich Zusätze wie auch Hinweise auf die Arbeit eines Helfers. Dennoch ist der klare Gedankenaufbau deutlich. In seiner Geschlossenheit und Ausführlichkeit kommt dem scotischen Gottesbeweis eine einzigartige Stellung innerhalb der mittelalterlichen Literatur zu. Wohl aufgrund des hohen Schwierigkeitsgrades des Traktates blieb seine Wirkung gering.

Ausg.: Dt./Lat., hg. von W. KLUXEN, 1974.

M. BURGER

Tractatus de sex dierum operibus (lat.; *Traktat über die Werke der sechs Schöpfungstage*), THIERRY VON CHARTRES, entst. um 1130–1140; ED Paris 1890.

In einem gegenüber der traditionellen Exegese ›kühneren‹ Ansatz wird bei Thierry das »natürliche Denken der menschlichen Vernunft als Ausgangspunkt« (N. Häring) genommen, um den Genesisbericht im Rahmen der Kausalanalyse auszulegen: während die kosmischen Elemente als Materialursache angesehen werden, ist der Schöpfer die Wirkursache, die göttliche Weisheit die Formursache und der Hl. Geist die Finalursache des Kosmos. Thierry, der teilweise auf Chalcidius zurückgreift, versteht die Entstehung der Welt als eine Entwicklung, die über die Physik der Rotationen von Urmaterie und Lichtfeuer bis zum wohlgeordneten Weltall führt, wobei allerdings die Frage nach dem Ursprung der Geistseele ausgeklammert wird. – Die Nachwirkung, die sich besonders auf Clarenbaldus erstreckt, aber in den größeren Zusammenhang der Chartreser Schule gehört, scheint auch in gewissen Motiven der Glasfenster von Chartres nachweisbar zu sein.

Ausg.: N. Häring, Commentaries on Boethius by Thierry of Chartres and His School, 1971.

Lit.: N. HÄRING, Die Erschaffung der Welt und ihr Schöpfer nach Thierry v. Chartres und Clarenbaldus von Arras, 1979.

K. HEDWIG

Tractatus de suppositionibus (lat.; *Abhandlung über die Suppositionen*), Vicente FERRER; EA Paris 1909.

Ferrer ist ein innovativer Thomist, der die Supposition als die semant. Funktion des Subjekts in bezug auf das Prädikat im Satz bestimmt. Sie ergibt sich also nicht aus der Bedeutung (acceptio), sondern aus dem Gebrauch (usus) der Namen. Sie wird je nach dem Typus der Prädikation oder des Prädikats eingeteilt; zunächst in natürliche oder aber zufällige Supposition, je nachdem, ob das Prädikat wesentlich oder zufällig ist: z. B. ›Mensch‹ in der Aussage ›Der Mensch ist rational‹ oder aber in der Aussage ›Der Mensch ist weiß‹. Ferner wird die Supposition in einfache oder aber personale gegliedert, je nachdem, ob das Prädikat im Intellekt oder in den konkreten Individuen enthalten ist: z. B. ›Mensch‹ in der Aussage ›Mensch ist eine Gattung‹ oder in der Aussage ›Der Mensch läuft‹. Die personale Supposition kann bestimmt (determinata) oder unbestimmt (confusa) sein, je nachdem, ob sie ein oder mehrere Individuen bezeichnet: bestimmt ist z. B. die Supposition von ›Mensch‹ in der Aussage ›Dieser Mensch läuft‹, unbestimmt in der Aussage ›jeder Mensch läuft‹. Die unbestimmte kann wiederum distributiv oder aber kollektiv sein, je nachdem, ob sie auf jedes von ihr bezeichnete Subjekt übertragen werden kann oder nicht: z. B. ist ›Mensch‹ im Satz ›jeder Mensch fühlt‹ distributiv, denn ›dieser Mensch fühlt, jener Mensch fühlt‹ usw.; im Satz ›die Apostel sind insgesamt zwölf‹ ist ›Apostel‹ hingegen kollektiv. Schließlich besteht eine materielle Supposition dann, wenn der Term für sich selbst metalinguist. eine Bedeutung hat, etwa im Satz: »›Mensch‹ ist einsilbig«.

Ausg.: Hg. von J. A. Trentman, 1977.

M. Beuchot

Tractatus logico-philosophicus. Logisch-philosophische Abhandlung, Ludwig Wittgenstein; ED 1921 (in: Annalen der Naturphilosophie, hg. von W. Ostwald, 14 (1921), H. 3/4); EA London 1922 (engl./dt.).

In seinem ersten Buch versucht Wittgenstein durch eine Untersuchung der logischen Struktur der Sprache zu bestimmen, was sich überhaupt sinnvoll sagen läßt, um so das Sagbare und Denkbare gegen das Unsagbare abzugrenzen. – Das Werk ist in sieben Hauptthesen gegliedert, die (bis auf These 7 »Worüber man nicht sprechen kann, darüber muß man schweigen«) durch je nach ihrem ›logischen Gewicht‹ mit Dezimalzahlen numerierte Unterthesen erläutert werden. These 1 und 2 mit ihren Unterthesen bestimmen die ›Welt‹ als die ›Gesamtheit der Tatsachen‹ bzw. der ›bestehenden Sachverhalte‹ und die Sachverhalte als ›Konfiguration von Gegenständen‹, die ihrerseits ›einfach‹ sind und die ›Substanz der Welt‹ bilden. Thesen 3 und 4 befassen sich mit dem ›Gedanken‹ – dem ›logischen Bild der Tatsachen‹, das als solches die ›logische Form‹ mit dem dargestellten Sachverhalt gemeinsam hat, mit diesem isomorph ist und wahr bzw. falsch ist, je nachdem, ob der dargestellte Sachverhalt besteht oder nicht besteht – und dem Satz (»Im Satz drückt sich der Gedanke sinnlich wahrnehmbar aus«). Thesen 5 und 6 handeln von den Wahrheitsfunktionen: Jeder sinnvolle Satz ist eine Wahrheitsfunktion von Elementarsätzen, die ihrerseits Wahrheitsfunktionen ihrer selbst und logisch unabhängig voneinander sind; sie bestehen aus Namen, die die Gegenstände bezeichnen, und enthalten keine ›logischen Konstanten‹. – Während uns die Bedeutungen der Wörter erklärt werden müssen, ermöglicht es der Bildcharakter der Sätze, daß wir neue Sätze verstehen, ohne daß uns ihr Sinn erklärt wurde. Mit der allgemeinen Satzform, dem Wesen des Satzes, gibt man das Wesen der Welt an. Alles Sagbare muß der Bildtheorie des Satzes zufolge die logische Struktur erfüllen, die Sprache und Wirklichkeit gemeinsam haben. Dazu muß es in der Welt (immanent) sein. Über die Welt als ganze, über Werte und den Sinn der Welt und des Lebens, über den Tod, der kein Ereignis des Lebens ist, und über Gott, der sich nicht in der Welt offenbart, läßt sich buchstäblich nichts sagen. Die Sätze der Logik sind keine Bilder; sie sind Tautologien, somit sinnlos, wenngleich nicht unsinnig, da sie durch ihren tautolog. Charakter die formalen Eigenschaften von Sprache und Welt zeigen. Die Sätze der Mathematik sind Gleichungen, welche die Identität der Bedeutung der gleichgesetzten Ausdrücke zeigen – mathemat. Sätze sind daher Scheinsätze. Tritt Philosophie als Lehre auf, versucht sie etwas zu sagen, das sich nicht sagen läßt, sondern sich allenfalls zeigt. Philosophie ist eine Tätigkeit, deren Zweck die logische Klärung der Gedanken ist. – Das Werk beeinflußte vor allem Russell und die Philosophen des Wiener Kreises, die Wittgensteins Schrift jedoch zum Teil einseitig und falsch auslegten; er selbst äußerte sich in späteren Schriften kritisch zu einigen Thesen des Traktats.

Ausg.: Werkausgabe, Bd. I, 1984.
Lit.: E. STENIUS, Wittgenstein's Tractatus, 1960. – I. M. COPI/R. W. BEARD (Hg.), Essays on Wittgenstein's Tractatus, 1966. – W. CARL, Sinn und Bedeutung. Studie zu Frege und Wittgenstein, 1982.

O. R. SCHOLZ

Tractatus proportionum seu de proprietatibus velocitatum in motibus (lat.; *Traktat der Proportionen oder über die Eigenschaften der Geschwindigkeiten von Bewegungen*), Thomas BRADWARDINE, entst. 1328; ED Paris 1495.

Mit dieser Schrift, die neben seinem monumentalen und einflußreichen Opus → *De causa Dei* zu seinen Hauptwerken gehört, kommt Bradwardine eine Schlüsselstellung in der Entwicklung der neuzeitlichen Physik zu, indem er in der Naturphilosophie mathemat. Methoden anwendet. – Ausgangsproblem ist die Bewegung als intensive Größe und ihre Veränderung. Aristoteles hatte Bewegung als Proportion von bewegender Kraft und Widerstand gefaßt. Bradwardine diskutiert daher zunächst die Eigenschaften von Proportionen sowie diverse Theorien der Bewegung und legt dann seine eigene vor; in einem letzten Kapitel bespricht er den Sonderfall der Kreisbewegung. Um für die Bewegung eine allgemeine Formel (!) angeben zu können, die auch dann gilt, wenn die Kraft des Widerstandes der des Bewegenden gleichkommt, muß die Veränderung des Quotienten nicht als Multiplikation mit zwei usw., sondern als Multiplikation mit sich gefaßt werden (was später als Exponentialfunktion formulierbar wurde): Die Bradwardine'sche Formel wurde in allen spätscholast. Schulen der Naturphilosophie akzeptiert und war noch im 15. Jh. in ganz Europa bekannt.

Ausg.: Lat., hg. von H. L. CROSBY, 1961.
Lit.: A. MAIER, Die Vorläufer Galileis im 14. Jh., [2]1966.

R. SCHÖNBERGER

Tractatus theologico-politicus continens dissertationes aliquot, quibus ostenditur libertatem philosophandi non tantum salva pietate, & reipublicae pace posse concedi: sed eandem nisi cum pace reipublicae, ipsaque pietate tolli non posse (lat.; *Theologisch-politischer Traktat* enthaltend einige Abhandlungen, in denen gezeigt wird, daß die Freiheit zu philosophieren nicht nur unbeschadet der Frömmigkeit und des Friedens im Staat zugestanden werden kann, sondern daß sie nur zugleich mit dem Frieden im Staat und mit der

Frömmigkeit selbst aufgehoben werden kann), Baruch de SPINOZA; EA Hamburg (eigentl. Amsterdam) 1670 (anonym); dt. 1787 Über Heilige Schrift, Judentum, Recht der höchsten Gewalt in geistlichen Dingen, und Freiheit zu philosophieren.

Die religionskrit.-polit. und theoret.-hermeneut. Abhandlung, für deren Abfassung Spinoza die Arbeit an der → *Ethica* unterbrach, ist eine Kampfschrift für die Trennung von Theologie und Philosophie. Sie tritt ein für die Freiheit des Philosophierens und gegen die Vorurteile der Theologen, d. h. für die Freiheit des Vernunftgebrauchs, der auch die polit. Stabilität erst garantiert. Sie enthält eine auf Spinozas Lehre von den drei Erkenntnisarten basierende Lehre von der Auslegung der Hl. Schrift, die als Begründung einer histor.-kritischen Bibelexegese zugleich der Bibel als ganzer den Anspruch auf Wahrheitserkenntnis entzieht. Wahrheit, d. h. Einsicht in das Wesen Gottes und in die wahre Glückseligkeit der Menschen ist dem ›natürlichen Licht‹, der Vernunft, zugänglich, und nur das mit dieser zu Vereinbarende ist auch wahr in der Hl. Schrift. Die 20 Kapitel sind zunächst einer Kritik der Propheten und anderer Themen aus dem Bereich des Alten Testaments gewidmet. Spinozas Argumentation läuft darauf hinaus, zu zeigen, daß die metaphor. Redeweise der Bibel der Fassungskraft des einfachen Volkes angepaßt ist. Den Wunderglauben lehnt Spinoza mit dem Hinweis auf die rationale Erklärung von Naturerscheinungen ab, die mit dem Fortschritt der Wissenschaften zunehmend möglich wird. Spinozas Hermeneutik lehrt im Sinne des Selbstbewußtseins der Vernunft, daß die Göttlichkeit der Sittenlehren, die die Schrift gibt, nur aus ihr selbst bewiesen werden könne, also keiner Offenbarung bedarf – gemäß der rationalen Überzeugung, daß das Wahrheitskriterium selbst in der Göttlichkeit des ›natürlichen Lichts‹, der Selbständigkeit der Vernunft, bereits besteht. Im einzelnen legt Spinoza dar, daß die Texte der Hl. Schrift hinsichtlich ihrer Entstehung und Überlieferungsgeschichte befragt werden müssen, die biblischen Lehren in ihrem histor. Kontext verständlich gemacht werden sollen. Zusammenfassend bemerkt Spinoza, daß die Bibel Gottes- und Nächstenliebe lehre und daß die Erkenntnis dieser Lehren, die allen möglich ist, auch Gehorsam nach sich ziehe. Die Trennung von Vernunft und Glauben – die Vernunft ist das »Reich der Wahrheit und der Weisheit, die Theologie aber das Reich der Frömmigkeit und des Gehorsam« – läuft, da beide auf verschiedene Weise das Gleiche lehren, auf eine Verteidigung und Stärkung der Freiheit des Denkens, seiner Befreiung von der Bevormundung durch die Theologie und ihre Vertreter hinaus. Ein Staat ist umso freier, je mehr er seinen Bürgern Gedankenfreiheit zugesteht, Herrschaft muß sich umgekehrt vor den Bürgern rational legitimieren. – Trotz Repressionen und Verbot wurde die Abhandlung schnell weit verbreitet und heftig diskutiert; als erster bezog Thomasius in Leipzig kritisch Stellung. Die bibelkrit. und hermeneut.-methodolog. Überlegungen Spinozas sind bis heute aktuell geblieben.

Ausg.: Sämtliche Werke in sieben Bänden, Bd. III, auf der Grundlage der Übersetzung von C. Gebhardt neu bearbeitet, eingeleitet und hg. von G. GAWLICK, [2]1984 (PhB 93).

Lit.: L. STRAUSS, Die Religionskritik Spinozas als Grundlage seiner Bibelwissenschaft. Untersuchungen zu Spinozas Theolog.-Polit. Traktat, mit einem Vorwort zur Neuausgabe von N. ALTWICKER, 1981.

M. HIELSCHER

Träume eines Geistersehers, erläutert durch Träume der Metaphysik, Immanuel KANT; EA Königsberg 1766.

Kant setzt sich in dieser Schrift kritisch sowohl mit der Geisterseherei Swedenborgs als auch den Träumen der Metaphysiker auseinander. Dabei parallelisiert er die Visionen der Philosophie, die ihre Gedankenwelten aus »erschlichenen Begriffen« zimmern oder »durch die magische Kraft einiger Sprüche vom Denklichen und Undenklichen aus dem Nichts« hervorbringen (AA II 342), mit den Visionen der Geisterseher, die behaupten, mit Seelen von Verstorbenen in Verbindung treten zu können. Während Kant bei den Geistersehern die Möglichkeit einer auf Krankheit zurückgehenden Täuschung der Sinne einräumt, die sie zu Scheinerfahrungen führt (– er verdenkt es dem Leser nicht, wenn dieser sie als »Candidaten des Hospitals abfertigt« (AA II 348) –), so sieht er in den Märchen »aus dem Schlaraffenlande der Metaphysik« nichts anderes als »durch das blinde Vertrauen in die Scheingründe der Vernunft« erzeugte Illusionen (AA II 356). Die Leistung seiner Studie sieht Kant darin, die Grenzen der menschlichen Vernunft zwar noch nicht genau bestimmt, aber doch insofern angezeigt zu haben, »daß der Leser bei weiterem Nachdenken finden wird, er könne sich aller vergeblichen Nachforschung überheben in Ansehung einer Frage, wozu die data in einer andern Welt, als in welcher er empfindet, anzutreffen sind« (AA II 368). Sofern die Metaphysik als Wissenschaft von den Grenzen der menschlichen Vernunft bestimmt wird, und sofern sie bereit ist, sich »auf dem niedrigen Boden der Erfahrung und des gemeinen Verstandes« (AA II 368) anzusiedeln, kann sie Begleiterin der Weisheit sein, die aller Scheineinsichten entsagt und ihre Nachforschung »aus ihrem eigenthümlichen Bezirke niemals ausschweifen« läßt (AA II 369f). Mit der wahren Weisheit, die einer derartig eingeschränkten Metaphysik entspricht, ist auch der »moralische Glaube« verbunden, der »die Erwartung der künftigen Welt auf die Empfindungen einer wohlgearteten Seele«, nicht aber »umgekehrt ihr Wohlverhalten auf die Hoffnung einer anderen Welt« gründet (AA II 373). In dieser Schrift kündigen sich bereits einige der wichtigsten Einsichten der kritischen Periode Kants an.

Ausg.: Gesammelte Schriften (Akademie-Ausgabe), Bd. II, 1905 (Repr. 1968).

Lit.: J. EBBINGHAUS, Kant und Swedenborg, in: Jahrbuch des Auslandsamtes der deutschen Dozentenschaft, 1943. – E. BENZ, Swedenborg in Deutschland. F. C. Oetingers und Immanuel Kants Auseinandersetzung mit der Person und Lehre Emanuel Swedenborgs, 1947.

G. MALUSCHKE

Traité de dynamique. Dans lequel les loix de l'équilibre et du mouvement des corps sont réduites au plus petit nombre possible (frz.; *Abhandlung über Dynamik*. In der die Gesetze des Gleichgewichts und der Bewegung der Körper auf die kleinstmögliche Anzahl verringert werden), Jean le Rond D'ALEMBERT; EA Paris 1743; dt. 1889.

Im Zentrum des philosoph.-naturwissenschaftlichen Werks steht ein Modell der theoret. Mechanik, das Newtons Gesetze in eigenständiger Weise verallgemeinert. – Allgemeine Bewegungsvorgänge von Körpern werden als ein Phänomen dynam. Gleichgewichte von Massepunkten analysiert. Durch die Einführung fiktiver Trägheitskräfte (später d'Alembert-Kräfte genannt) können dabei dynam. Vorgänge als ein formal statisches System beschrieben werden. – Die Abhandlung war ein Markstein auf dem Weg zur Formalisierung der Physik und trug dazu bei, naturwissenschaftliche Erkenntnis von metaphys. Prämissen unabhängig zu machen.

Ausg.: Repr. (1743) 1967.
Lit.: J. M. BRIGGS, D'Alembert. Mechanics, Matter, and Morals, 1962.

J. MONAR

Traité de l'argumentation. La nouvelle rhétorique (frz.; *Abhandlung über die Argumentation.* Die neue Rhetorik), Chaim PERELMAN/L. OLBRECHTS-TYTECA; EA Brüssel 1958.

In seinem Hauptwerk entwickelt der Brüsseler Philosoph zusammen mit seiner Mitarbeiterin eine neue Rhetorik, die er gegenüber einem überkommenen Verständnis von Rhetorik als bloßer Kunst des wirkungsvollen Vortrags abgrenzt. Dabei knüpfen die Verfasser allerdings an alte Traditionen an: an die aristotel. Topik, Dialektik und auch Rhetorik. Kritisiert wird, daß zu Unrecht der Beweis, die ›démonstration‹, als einzige Form wissenschaftlicher Wahrheitsfindung anerkannt wird. In der Alltagspraxis geht es meistens mehr um Wahrscheinlichkeiten als um Wahrheiten. Deshalb ist die Argumentation eine notwendige Ergänzung zum wissenschaftlichen Beweis. Die Argumentation geht wie die aristotel. Dialektik von allgemein anerkannten Voraussetzungen aus. Argumentation geschieht im Dialog. Die Autoren behandeln zunächst die Ausgangspunkte und Grundlagen der Argumentation, um sich dann sehr detailliert mit verschiedenen Argumentationstechniken zu beschäftigen, mittels denen der Diskussionspartner überredet oder überzeugt werden kann. Von besonderer Bedeutung ist die Regel der Gerechtigkeit, die besagt, daß in ähnlichen Fällen ähnlich entschieden werden muß. Aufgabe des Philosophen ist es, ähnlich wie ein Richter, unparteilich die Argumente der Dialogpartner anzuhören und dann eine Entscheidung zu fällen. – Die Schrift hat eine intensive Diskussion hervorgerufen, die nicht zuletzt Perelman dazu angeregt hat, weitere Schriften über Argumentation und ›Neue Rhetorik‹ zu verfassen.

Ausg.: Frz., 1976. – Engl., 1971.
Lit.: La nouvelle Rhétorique. The New Rhetoric, Essais en hommage à C. Perelman, in: Revue Int. de la Phil. 127/28 (1979).

C. KOPP

Traité de mécanique céleste (frz.; *Abhandlung über die Mechanik des Himmels*), Pierre Simon LAPLACE; EA Paris 1799–1825 (5 Bde.), mit Supplement von 1827; dt. 1800–1802 Mechanik des Himmels (nur 2 Bde. erschienen).

In seiner ganzen Anlage ähnelt das Werk, das eine Epoche abschließt, Newtons *Principia* (→ *Philosophiae naturalis . . .*), nur mit dem Unterschied, daß Laplace hier die weiterentwickelte Infinitesimalrechnung konsequent und virtuos anwendet, während Newton letztlich doch in dem gedanklichen

Rahmen euklid. Geometrie geblieben war. Die Laplacesche Himmelsmechanik umfaßte alles, was bis dahin von anderen und auch von ihm selbst geleistet worden war. Laplace löst in diesem Werk näherungsweise das Dreikörperproblem. Eine praktische Frucht seiner subtilen Berechnungen waren die für die Navigation wichtigen Mondtafeln. Auch die ›Störungen‹ der Planeten auf ihren idealen Ellipsenbahnen, die durch die Gravitationswechselwirkung mit anderen Planeten entstehen, konnte Laplace mathematisch erfassen. Laplace zeigte, daß die Bahnhalbmesser unveränderlich sind und somit die Stabilität unseres Sonnensystems für immer gesichert ist. Newton, der schon Unregelmäßigkeiten der Planetenbewegungen festgestellt hatte, hielt noch das gelegentlich ordnende Eingreifen der göttlichen Intelligenz für notwendig. Die Genauigkeit der Laplaceschen Berechnungen war damals für die Astronomie nur von theoret. Wert; heute im Zeitalter der Weltraumfahrt ist sie für die Praxis unentbehrlich geworden.

Lit.: P. S. LAPLACE, in: Ch. C. GILLISPIE (Hg.), Dictionary of Scientific Biography 15 (1978).

K. H. WIEDERKEHR

Traité de métaphysique (frz.; *Abhandlung zur Metaphysik*), VOLTAIRE (eigentl. François-Marie Arouet), entst. 1734; EA Kehl 1784 (postum).

Der in neun Kapitel gefaßte Traktat zu fundamentalen metaphys., aber auch erkenntnistheoret. und moralphilosoph. Fragestellungen spiegelt deutlich die im englischen Exil empfangenen Einflüsse wider. – Im Eingangskapitel »De l'homme« geht Voltaire von der Existenz verschiedener Rassen aus und stellt das Dogma der Abstammung vom gemeinsamen Urvater in Frage. Im wichtigen Kap. 2 »S'il y a un Dieu« begründet Voltaire seine deist. Überzeugung mit dem kosmolog., teleolog. und moral. Gottesbeweis. Die Existenz angeborener Ideen wird dagegen verneint. Sich an Locke orientierend, geht Voltaire davon aus, daß die menschliche Ideenwelt sich aus der Erfahrung physischer Empfindungen entwickelt und zu einem komplexen Weltbild organisiert wird. Einen extremen subjektiven Idealismus Berkeley'scher Prägung lehnt Voltaire freilich ab. Die Frage der Unsterblichkeit der Seele bleibt bei aller erkennbaren Skepsis in der Schwebe. Einen strikten Determinismus weist Voltaire zurück und plädiert für die bestmögliche Nutzung der freilich beschränkten menschlichen Freiheit mit dem Ziel eines humanen Zusammenlebens, das die stete Verbesserung der menschlichen Lebensverhältnisse anstrebt. Das Sittengesetz ist dem gesellschaftlichen Nutzen untergeordnet, so daß verschiedenen gesellschaftlichen Zuständen verschiedene moral. Ordnungen zukommen. Einem völligen moral. Relativismus baut Voltaire jedoch dadurch vor, daß er den ›honnête homme‹, dessen Ehrgefühl die Erniedrigung eines Mitmenschen nicht duldet, zum letztgültigen Ideal des gesellschaftlichen Verhaltens erhebt. – Die Schrift unterstreicht die rationale, allen Extremen abgeneigte und pragmat. orientierte Grundhaltung Voltaires, die vor allem die intellektuell und gesellschaftlich führenden Schichten Frankreichs im 18. Jh. entscheidend prägte.

Ausg.: Dt., von G. MENSCHING (in: VOLTAIRE, Recht und Politik), 1986.
Lit.: R. POMEAU, La religion de Voltaire, 1956. – I. O. WADE, Studies on Voltaire, ²1967.

R. SCHWADERER

Traité des sensations (frz.; *Abhandlung über die Empfindungen*), Étienne Bonnot de CONDILLAC; EA Paris 1754; dt. 1868–70.
Die zentrale erkenntnistheoret. Schrift des auf Locke basierenden Sensualismus handelt von der Bedeutung der Sinneswahrnehmungen als einziger Quelle menschlicher Verstandestätigkeit. – Am Beispiel einer vorstellungs- und empfindungslosen menschlichen Statue, die nur mit dem Geruchssinn ausgestattet ist, erörtert Condillac, wie sich vermöge dieses einen Sinns sämtliche geistig-seelischen Fähigkeiten entwickeln. Analoges gilt für die übrigen Sinne, die der Statue nach und nach verliehen werden, wobei dem Tastsinn besondere Bedeutung zukommt, denn erst durch ihn erfolgt die Wahrnehmung des eigenen Körpers und die Vermittlung der Außenwelt. Der Tastsinn lehrt die übrigen Sinne, daß ihre Wahrnehmungen keine ›Modifikationen der Seele‹, sondern Eigenheiten einer von ihr unabhängigen Außenwelt sind, die freilich nicht in ihrem Wesen, sondern nur so, wie sie sich den Sinnen darbietet, erfaßt werden kann. Allein die Wahrnehmungstätigkeit befähigt die Statue zur Reflexion, denn ihre Ideen sind nichts anderes als erinnerte Wahrnehmungen, die im Gedächtnis gespeichert und durch Vergleich und Klassifikation zu abstrakten Begriffen zusammengefaßt werden. Mit dem Postulat, daß alle allgemeinen Vorstellungen auf konkrete Wahrnehmungen zurückzuführen seien und der Mensch ein fühlendes Wesen sei, bevor er zu einem denkenden werde, wendet sich Condillac gegen die rationalist. Annahme angeborener Ideen. – Seine empir.-sensualist. Theorie wurde vor allem von der Gruppe der Ideologen um Cabanis aufgegriffen.
Ausg.: Dt., von L. KREIMENDAHL, 1983 (PhB 25).
Lit.: H. AARSLEFF, Condillac's Speechless Statue, in: Akten des II. International Leibniz-Congress, IV (1975).

S. SCHAUF

Traité sur la tolérance à l'occasion de la mort de Jean Calas (frz.; *Abhandlung über die Toleranz* anläßlich des Todes von Jean Calas), VOLTAIRE (eigentl. François-Marie Arouet); EA (anonym) o. O. (eigentl. Genf) 1763; dt. 1775 Abhandlung über die Religionsduldung.
Unmittelbarer Anlaß dieser leidenschaftlichen Polemik gegen die von Voltaire vor allem im jesuit. geprägten Katholizismus angesiedelten Kräfte der Intoleranz und des Obskurantismus war der an dem Calvinisten Calas verübte Justizmord des Gerichts von Toulouse, das den falschen Anschuldigungen von kathol. Fanatikern mehr Glauben schenkte als dem gefolterten Angeklagten und seiner Familie. Die Schrift trug wesentlich zur postumen Rehabilitierung von Calas 1765 bei. – Nach einer konzisen und eindringlichen Beschreibung der Ereignisse von Toulouse (1761/62) stellt Voltaire deren Hintergründe in den Glaubenskriegen gegen Albigenser und später Protestanten dar und prangert die Greueltaten des religiösen Fanatismus in der französ. Geschichte an, die vor allem der kathol. Kirche zu Last gelegt werden. Demgegenüber

betrachtet Voltaire die Toleranz als ein Grundprinzip des Naturrechts und als Errungenschaft der vorchristlichen Kulturen, die ebenso in Griechenland und Rom wie im Judentum des alten und neuen Testaments festzustellen sei. Somit kann sich Intoleranz auch nicht auf die Hl. Schrift berufen. Der Vorwurf des Fanatismus trifft eher die frühen Christen, deren Märtyrerlegenden Voltaire einer rationalist. Kritik unterwirft. Staatliche ›Intoleranz‹ ist nur gegen verbrecher. Fanatiker sowie gegen den volkstümlichen Aberglauben, der dem Fortschritt der Vernunft entgegensteht, erlaubt. – Voltaire fordert in der z. T. auch auf C. Beccarias Abhandlung → *Dei delitti e delle pene* aufbauenden Schrift Meinungs- und Gewissensfreiheit für alle sowie eine Religion der Tugend und schließt mit einem Gebet um Brüderlichkeit und Menschenliebe in einer düsteren Welt.

Ausg.: Dt., von G. Mensching (in: Voltaire, Recht und Politik), ²1986.

Lit.: P. Gay, Voltaire's Politics. The Poet as Realist, 1959. – D. Bien, The Calas Affair, 1960. – E. Nixon, Voltaire and the Calas Case, 1961. – G. Gargett, Voltaire and Protestantism, 1980.

R. Schwaderer

Traktat über kritische Vernunft, Hans Albert; EA Tübingen 1968.

In der wissenschaftstheoret., teilweise auf frühere Arbeiten zurückgreifenden Schrift entwickelt Albert in Auseinandersetzung mit den drei philosoph. Hauptströmungen der Nachkriegszeit – analyt. Philosophie (Positivismus), Hermeneutik (Existentialismus) und Dialektik (orthodoxer Neo-Marxismus) – die erkenntnistheoret. Grundlagen des kritischen Rationalismus (oder rationalen Kritizismus) und leitet daraus die Möglichkeit und Notwendigkeit einer wissenschaftlichen Ideologie-, Moral-, Religions-, Sozial- und Politikkritik ab. Ausgehend von dem zentralen Problem der traditionellen Erkenntnislehre, der zureichenden Begründung, formuliert Albert ein ›Münchhausen-Trilemma‹, das schließlich zu einem ›Offenbarungsmodell der Erkenntnis‹ führt. Da das Erkennen immer an letzte Gegebenheiten geknüpft ist, die entweder zu einem infinitiven Regreß, einem logischen Zirkel in der Deduktion oder einem Abbruch des Verfahrens führen, wird das Prinzip des zureichenden Grundes letztendlich doch aufgegeben und ein entweder intellektualist. (Intuition) oder empirist. (positivist.) Offenbarungsmodell eingeführt (›Wahrheit ist offenbar‹). Das Begründungsverfahren erhält so einen dogmat. Abschluß. An die Stelle der Begründungsidee setzt Albert die ›Idee der kritischen Prüfung‹. Durch Versuch und Irrtum, durch versuchsweise Konstruktion prüfbarer Theorien soll der ›Wahrheit näher gekommen werden‹, ohne allerdings jemals Gewißheit (zureichender Grund) zu erreichen. Alles Wissen hat stets einen provisor. hypothet. Charakter. An die Stelle der Rechtfertigung tritt die permanente Kritik, die nicht nur an theoret. Modellen, sondern ebenso an ethischen, religiösen, sozialen und polit. Werturteilen ansetzt. Durch die Anwendung kritischer ›Brückenprinzipien‹ kann die ›Neutralität des analyt. Denkens‹ einerseits, das totale Engagement theolog. und quasitheolog. Denkweisen andererseits überwunden werden. Rationalität (Erkenntnis) und Engagement (existentielle Entscheidungen) in Religion wie Politik werden so wissenschaftlich erfaßbar und überprüfbar. – Alberts Plädoyer für den kritischen Rationalismus, der auch in der Politik – anstatt der Konstruktion von ›Utopien‹ – praktische Problemlösungen (Sozialtechnologie) ermöglichen soll, stieß besonders bei der ›Frankfurter Schule‹ auf scharfe Kritik.

Lit.: Th. W. ADORNO/H. ALBERT u. a.; Der Positivismusstreit in der deutschen Soziologie, 1969.

U. NIMSDORF

La transcendance de l'ego (frz.; *Die Transzendenz des Ego*), Jean-Paul SARTRE; EA Paris 1936; dt. 1964.

Dieser frühe Essay Sartres stellt in Auseinandersetzung mit dem phänomenolog. Ansatz Husserls (→ *Méditations Cartésiennes*) Sartres Theorie vom Ich dar. Die Konzeption des unpersönlichen präreflexiven Cogito wird Husserls Auffassung vom Ich entgegengestellt. Sartre zeigt, daß das Ego weder formal noch material im Bewußtsein angesiedelt sein kann, sondern daß es ein Sein-in-der-Welt darstellt. Durch die Unterscheidung einer der Psychologie zugänglichen und einer nur phänomenolog. erschließbaren Sphäre wird das transzendentale Bewußtsein als eine unpersönliche Spontaneität gedeutet, welche die einzige Möglichkeit zu sein scheint, dem Solipsismus, den Sartre Husserl vorwirft, zu entrinnen. Sartre versteht dies als eine durchaus realist., das Ich in seinem In-der-Welt-sein restituierende Auffassung, durch die zugleich auch der schöpfer.-spontane Charakter unserer Existenz erwiesen wird. Hierdurch wird eine wesentliche Grundlage der Freiheitstheorie gegeben. Die Struktur des präreflexiven Cogito wird in → *L'être et le néant* zur Grundlage der ontolog. Strukturen der menschlichen Existenz.

Ausg.: Die Transzendenz des Ego. Philosoph. Essays 1931–1939, 1982.

Lit.: R. BUBNER, Phänomenologie, Reflexion und Cartesian. Existenz, 1964.

P. KAMPITS

Transformation der Philosophie, Karl-Otto APEL; EA Frankfurt a. M. 1973 (2 Bde.).

Die mit einer umfangreichen Einleitung versehene Sammlung von 19 Aufsätzen aus den Jahren 1955 bis 1972 stellt in gewissem Sinne den Denkweg Apels dar, nämlich die Entwicklung von einer hermeneut., Heidegger verpflichteten Position über eine Konfrontation hermeneut. und analyt. Philosophie hin zu dem originellen eigenen transzendentalpragmat. Ansatz, der eine Rückkehr zur transzendentalen Fragestellung auf der Basis der im 19. und 20. Jh. erfolgten Transformation der Subjekt- und Bewußtseinsphilosophie in eine Philosophie der Intersubjektivität und der Sprache fordert. – Die größtenteils sprachphilosoph. Aufsätze des I. Bandes verweisen mit Nachdruck darauf, daß es keinen unmittelbaren Weltbezug gibt, sondern daß dieser immer schon sprachlich vermittelt ist. Die Reflexion auf die Sprache erkennt Apel als das geheime Leitmotiv der modernen Philosophie, ja in ihr sieht er das zwischen analyt. und hermeneut. Philosophie Vermittelnde. Beide Richtungen sind aber nicht dazu gekommen, dem unvermeidlichen eigenen Geltungsanspruch in ihren expliziten Aussagen nicht zu widersprechen, geschweige denn ihn zu begründen. Dem method. unkontrollierten ›Denken‹ des späten Heidegger wirft Apel ›Logosvergessenheit‹ vor; und auch im Übergang vom frühen zum späten Wittgenstein, dessen ›pragmatic turn‹ er positiv einschätzt, sieht Apel das Grundproblem des → *Tractatus logico-philosophicus* fortbestehen: die Unmöglichkeit, die eigene philosoph. Reflexion zu legitimieren. Im II., konstruktiven Band des Werkes behandelt Apel zwei Hauptprobleme: Zunächst führt er das Konzept einer differenzierenden Wissenschaftstheorie aus, für die – in Opposition zum Szientismus – das den hermeneut. Wissenschaften eigentümliche Verstehen nicht auf das naturwissenschaftliche Erklären zu reduzieren ist. Zwischen Natur- und Geisteswissenschaften setzt Apel die Ideologiekritik als quasi-kausale Erklärung eines falschen Selbstverständnisses an. Sodann verfolgt Apel in Anschluß an Peirce das Projekt einer semiot. Transformation von Kants transzendentaler Logik, die eine einheitliche Begründung von theoret. und praktischer Philosophie ermöglichen soll. Was speziell die Ethik angeht, so vertritt Apel die These, sie sei ohne naturalist. Fehlschluß rational zu begründen, und zwar durch reflexive Besinnung auf das in jeder Argumentation immer schon Präsupponierte, nur bei Strafe eines pragmat. Widerspruchs zu Bestreitende – eine Methode, die scharf von derjenigen formaler Deduktion abzugrenzen ist. Aufgrund der Unhintergehbarkeit von Intersubjektivität sind als transzendentale Voraussetzungen jeder rationalen Argumentation die Idee einer realen und die einer idealen (universalen) Kommunikationsgemeinschaft anzuerkennen, aus denen sich die Grundsätze für eine Ethik ergeben. – Vor allem Apels Letztbegründungsprogramm ist auf internationaler Ebene beachtet worden und hat die Transzendentalpragmatik zu einem der originellsten und begründungstheoret. stärksten Ansätze der Gegenwartsphilosophie werden lassen.

Lit.: W. Kuhlmann, Reflexive Letztbegründung. Untersuchungen zur Transzendentalpragmatik, 1985.

V. Hösle

Trattato della pittura (ital.; *Traktat von der Malerei*), Leonardo da Vinci; EO Paris 1651; dt. 1882 Das Buch von der Malerei. Die Schrift gilt als das bedeutendste Werk zur Theorie und Praxis der Malerei. Die heutigen Ausgaben basieren auf dem um 1550 wohl unter Aufsicht von Francesco Melzi, einem Vertrauten Leonardos, aus Originaltexten des Meisters kompilierten Codex Vaticanus Urbinas 1270, der 1817 von G. Manzi entdeckt und ediert wurde. Der Codex behandelt in VIII Büchern und 936 Kapiteln eine Vielzahl von Fragen, die vom Wesen der Malerei und ihrem Verhältnis zu anderen Künsten über Anregungen zu Ausbildung und Lebensführung des Malers bis zu einer Fülle von Darstellungsproblemen reichen (Figur, Anatomie, Proportion, Bewegung, Gewandung, Farbe, Licht und Schatten, Perspektive, Bäume, Wolken, Horizont usw.). Leonardo vertritt den künstler. Primat und wissenschaftlichen Charakter der Malerei. Als Darstellung der Naturerscheinungen in ihrer originären visuellen Wahrheit hat die Malerei philosoph. Rang und sogar untrüglichere Wahrheit als die über das Sichtbare hinausstrebende Philosophie.

Ausg.: Dt., von M. Herzfeld, 1909.

Lit.: J. P. Richter (Hg.), The Literary Works of Leonardo da Vinci, 2 Bde., [3]1970.

W. Welsch

Trattato di sociologia generale (it.; *Abhandlung über allgemeine Soziologie*), Vilfredo Pareto; EA Florenz 1916 (3 Bde.), Paris/Lausanne 1917–19 (u. d. T. *Traité de sociologie générale*); dt. 1955 Allgemeine Soziologie (Auswahl).
In seinem soziolog. Hauptwerk stellt der mathemat.-naturwissenschaftlich geprägte Mitbegründer der Lausanner Schule der Volkswirtschaft und Vertreter eines Gleichgewichtssystems der Gesellschaft sein Programm für eine empir.-rationale Erforschung der menschlichen Gesellschaft vor. – Die empir. Methode der Naturwissenschaften läßt sich nur bedingt auf die Soziologie übertragen, da die menschliche Interaktion als deren Gegenstand unterschiedliche Theorieebenen erfordert, die neben den Naturtatsachen auch die Beobachtungen, das Denken, richtige und falsche Annahmen der Handelnden umfassen. Die soziolog. Theorie ergibt sich aus deren Beobachtungen und Annahmen; die Umgangssprache mit ihrem ›großen Vorrat an Regeln‹ konditioniert Fakten und damit auch die soziolog. Theoreme. Pareto unterteilt das induktiv Ermittelte in a) durch Gefühle, Geschmack, Interesse, Instinkt etc. geleitete Handlungen, wie sie insbes. durch Worte zum Ausdruck kommen, und b) deren Folgen. Diese Unterscheidung übergreift ebenso ›logische‹ wie ›nicht-logische‹ Handlungen. Um die Dominanz ›nichtlogischer‹, d. h. irrationaler Handlungen erklären zu können, unterscheidet Pareto zwei Faktoren der Motivation: 1) ›Residuen‹, die sich in Gefühlen und Instinkten manifestieren und kaum variieren; mit ihnen hat jede Rationalisierung zu rechnen, und sie bestimmen das soziale Gleichgewicht; 2) ›Derivationen‹, d. h. Meinungen, Behauptungen, Autorität und Konsens, die starken Schwankungen unterworfen sind; sie beruhen einerseits auf Gefühlen, also auf Residuen, andererseits auf logisch-empir. Erwägungen. Rationale Faktoren werden bedeutsam, sofern sie gefühlsmäßig übernommen und wirksam werden. Die menschliche Gesellschaft wird als ein System von Interaktionen gesehen, dessen Gesetzmäßigkeiten die Soziologie als erfahrungsmäßige Gleichförmigkeiten aufspürt, ohne sie zu verabsolutieren.

Ausg.: Dt. (Auswahl), Paretos System der allgemeinen Soziologie, hg. von G. Eisermann, 1962.
Lit.: G. Eisermann, V. Pareto als Nationalökonom und Soziologe, 1961.

K.-P. Markl

Die Traumdeutung, Sigmund Freud; EA Leipzig/Wien 1900.
In dem grundlegenden Werk der Psychoanalyse erarbeitet Freud eine wissenschaftliche Traumtheorie, die im Gegensatz zu den vor ihm erstellten Traumforschungen die Beziehung zwischen Traum und persönlicher Lebensgeschichte berücksichtigt. Der Traum als ›via regia‹ zum unbewußten Seelenleben »ist die (verkleidete) Erfüllung eines (unterdrückten) verdrängten Wunsches«. Im scheinbaren Unsinn des Traumtextes (manifester Trauminhalt) gelingt es Freud, einen anderen, dem Träumer verborgenen Sinn aufzudecken. Diesen Sinn zu deuten, heißt den komplizierten Weg der nächtlichen ›Traumarbeit‹ zurückzuverfolgen und die ›latenten

Traumgedanken‹, die von der ›Zensur‹ unterdrückt wurden, freizulegen. Traumanlaß sind neben somat. Reizen häufig Tagesreste, die sich an verdrängte Kindheitsszenen heften und einen unbewußten Wunsch (Traumquelle) hervorrufen, der nach Erfüllung drängt. Da die Erregung durch ihn den Schlaf gefährdet, wird er nach den Gesetzen der ›Verdichtung‹ und ›Verschiebung‹ von der Traumarbeit verschlüsselt und entstellt. Die ›sekundäre Bearbeitung‹ der Traumbildung besteht darin, die Traumelemente zu einem zusammenhängenden Gebilde zu gestalten. Die Deutung des Traums im analyt. Gespräch mit dem Therapeuten ermöglicht dem Analysanden eine Auseinandersetzung mit den ihm nicht verfügbaren unbewußten Konflikten seiner Lebensgeschichte. Im Schlußkapitel des Werks erarbeitet Freud die Theorie von der Funktionsweise des Seelischen. Anhand eines räumlich orientierten ›Modells‹ der Psyche erklärt Freud den halluzinator. Charakter des Traums als ein Zurückschreiten (Regression) der Erregung vom System ›Vorbewußt‹ zum System unbewußter ›Erinnerungsspuren‹. Die zeitliche Dimension beleuchtet die Genese des menschlichen Wunsches und macht die Regression von gegenwärtigem Erleben zu den verdrängten Szenen der Kindheit verständlich. Vom Standpunkt der dynam. Betrachtung aus entwickelt Freud schließlich die Unterscheidung zwischen den beiden Regulationsprinzipien des Seelenlebens (Lust- und Realitätsprinzip), die den Primär- bzw. Sekundärvorgang regieren. Der Vorgang der ›Verdrängung‹ als Abwehr unlustbetonter Affekte findet hier seine Erklärung. Das entworfene Modell psychischer Funktionen (vgl. auch »Entwurf« von 1895) gilt als Vorläufer der ersten Topik, die Freud in den metapsycholog. Schriften von 1915 erarbeitet. Obgleich das Werk erst mit großer Verzögerung öffentliche Anerkennung fand, wurde es zum Axiom psychoanalyt. Theorie und Praxis und zählt heute zu den großen Klassikern wissenschaftlicher Literatur.

Ausg.: Studienausgabe, hg. von A. Mitscherlich u. a., 10 Bde., Bd. II, 1972.

Lit.: E. Jones, Das Leben und Werk von S. Freud 1960. – M. Boss, Der Traum und seine Auslegung, 1953. – P. Ricoeur, Die Interpretation 1969. – H. Lang, Die Sprache und das Unbewußte, 1973. – J. Sandler, Träume, unbewußte Phantasien und ›Wahrnehmungsidentität‹, in: Psyche 30 (1976). – J. Lacan, Seminar, Buch II, 1980. – A. Schoepf, S. Freud, 1982.

G. Pagel

A Treatise concerning the Principles of Human Knowledge. Wherein the chief Causes of Error and Difficulty in the Sciences, with the Grounds of Scepticism, Atheism and Irreligion are inquir'd into. (engl.; *Eine Abhandlung über die Prinzipien der menschlichen Erkenntnis.* Worin die Hauptgründe von Irrtum und Schwierigkeiten in den Wissenschaften mit den Gründen für Skeptizismus, Atheismus und falsche Religion untersucht werden), George Berkeley; EA Dublin 1710; dt. 1869 Berkeleys Abhandlung über die Prinzipien der menschlichen Erkenntnis.

In seinem erkenntnistheoret.-metaphys. Hauptwerk entwickelt Berkeley seine Lehre vom Immaterialismus, die aus der Kritik an Locke und dem Cartesianer Malebranche hervorging und allein den Geist als Substanz anerkennt, eine bewußtseinsunabhängige Materie dagegen leugnet. – In seiner Einführung weist Berkeley auf den falschen Gebrauch der Sprache als Quelle der meisten philosoph. Schwierigkeiten hin. Inbes. Lockes Annahme von ›abstrakten Ideen‹ gilt ihm als das Produkt von Sprachverwirrung, die von einer vermeintlich strikten Identifikation von Wort und Idee ausgeht. Auf allgemeine Begriffe (Glück, Zeit, Ausdehnung, Bewegung) angewandt, führt Lockes Konzeptualismus zu Widersprüchen, was Berkeley an dessen Begriff vom Dreieck erläutert. Trotz seiner sprachkrit. Sicht sieht er die Lösung nicht in der Analyse der Sprache, sondern will die vorsprachlichen Bedingungen der Erkenntnis ›gleichsam bloß und nackt‹ anschauen. Das scheint nur eine immaterialist. Metaphysik leisten zu können. Ihr zufolge besteht die Realität und Existenz eines Dings im Wahrnehmen und Wahrgenommenwerden (Esse est percipere aut percipi). Die Grundunterscheidung ist die zwischen Geist und Ideen. Letztere sind passiv, können nur untereinander verglichen werden und existieren unmöglich außerhalb des Geistes, von dem sie wahrgenommen werden oder werden könnten. Die naturgesetzliche Regelmäßigkeit der sinnlichen Wahrnehmung garantiert, daß wir ihre Ideen von denen der Einbildungskraft (die lediglich Bilder davon sind) unterscheiden können. Der Geist hingegen ist ein einfaches, unteilbares, unkörperliches, perzipierend tätiges Wesen und bei Berkeley synonym mit Gemüt, Seele oder Selbst. Während wir unsere eigene Existenz durch ein inneres Gefühl bzw. Reflexion erkennen, ist uns die Existenz anderer Geister nur durch Analogieschluß zugänglich. Die Wahrnehmung des Fremdseel. geht deshalb über die Wirkungen, die es hervorbringt, und ist unmittelbar nicht möglich. Obwohl also keine Idee des Geistes gebildet werden kann, haben wir einen gewissen Begriff davon, insofern wir damit psychische Tätigkeit wie Wollen, Denken und Lieben verbinden. Da die sinnliche Wahrnehmung nicht von einem menschlichen Willensakt abhängt und Gegenstände nicht deshalb verschwinden, weil sie vom Menschen nicht perzipiert werden, schließt Berkeley auf einen anderen Geist, der sie durch Perzeption verursacht. Panentheist. deutet er Gott als ›allweisen Geist im Innersten der Dinge‹, dessen Allgegenwart das System alles Seienden aufrecht erhält und uns die absolute und unmittelbare Abhängigkeit bewußt macht, indem er sich in jeder sinnlichen Wahrnehmung bekundet. Apologet. Absicht verband Berkeley auch mit der Bekämpfung des von ihm sog. ›Materialismus‹, dessen schwächere Variante lediglich ein bewußtseinsunabhängiges Existieren materieller Dinge annahm und nicht etwa eine gesonderte geistige Wirklichkeit leugnete. Er wollte damit keineswegs die Existenz einer realen Außenwelt bestreiten (die er durch unsere Sinne bestätigt sieht), sondern sich vielmehr gegen eine erkenntnisrealist. Position wenden, die zwischen Ding und Erscheinung trennt. Ausgehend von Lockes Unterscheidung primärer und sekundärer Qualitäten erkennt Berkeley auch den ersteren den objektiven Charakter ab, weil jene untrennbar mit den anderen verbunden sind und genauso wie diese relative Ideen sind. Als Komplex von Ideen geben die Dinge dem Betrachter eine Materie als zugrundeliegenden Träger (träge, empfindungslose Substanz) nicht zu erkennen. Weder die Sinne – sie können etwas Unperzipiertes nicht mit etwas Perzipiertem vergleichen – noch das Denken – es ist unmöglich, ein denkunabhängiges Ding zu denken – liefern uns eine positive Idee der Materie. Als ›Ding ohne Bestimmung‹ ähnelt sie dem Nichts und als bloße Entität behauptet ist sie die allgemeinste der abstrakten Ideen. Nach Zurückweisung von dreizehn Einwänden gegen seine Lehre, formuliert Berkeley ihre Konsequenzen: Sie entzieht dem Skeptizismus und Atheismus die Grundlage und vereinfacht Philosophie, Mathematik und Naturwissenschaft. Außerdem befördert die Lehre Religion und Moral, da sie die Notwendigkeit Gottes und die Unsterblichkeit der Seele erweist, deren Betrachtung Berkeley als Hauptabsicht und Ziel seiner Arbeit bezeichnet. – Neben Descartes' Dualismus stellt Berkeleys metaphys. Monismus einen klassischen Leitfaden der modernen Erkenntnistheorie dar. Oft mißverstanden, reicht seine implizite Wirkung bis in die Gegenwart (Hume, Kant, Schopenhauer, Mach, Husserl, Wittgenstein).

Ausg.: Dt., übers. von F. Ueberweg, neu hg. von A. Klemmt, [2]1979 (PhB 20).

Lit.: A. A. Luce, The Life of G. Berkeley, Bishop of Cloyne, 1949 (Repr. 1968). – C. B. Martin/D. M. Armstrong (Hg.), Locke und Berkeley, 1968. – H. M. Bracken, Berkeley, 1974. – W. Röd (Hg.), G. Berkeley, in: Geschichte der Philosophie Bd. VIII, 1984.

Ch. Wannenmacher

A Treatise of Human Nature: Being an Attempt to Introduce the Experimental Method of Reasoning into Moral Subjects (engl.; *Ein Traktat über die menschliche Natur.* Ein Versuch, die experimentelle Begründungsmethode auf moralische Gegenstände anzuwenden), David Hume; EA London 1739–40 (anonym); dt. 1790/91 Über die menschliche Natur.

Wie Galileo und Newton will Hume in seinem frühen Hauptwerk die Phänomene in ihre einfachsten Elemente zergliedern und die empir. Gesetze finden, die diese Elemente verbinden. Die Phänomene freilich, um die es der ›moral philosophy‹ geht, sind nicht die Körper, ihre Eigenschaften und Relationen, sondern Bewußtseinsinhalte. Im I. Buch (»Of the Understanding«) nennt Hume als einfachste Elemente des Bewußtseins Eindrücke (impressions) und Vorstellungen (ideas), unterscheidet drei Gesetze der Assoziation von Vorstellungen (Ähnlichkeit, Kontiguität, Kausalität), untersucht den Ursprung dieser Gesetze und die Frage der Geltung von Schlußfolgerungen, die wir mit ihrer Hilfe ziehen. Berühmt ist vor allem die Analyse der Kausalität, die den Ursprung unserer Assoziationen von Ursache und Wirkung in der Gewohnheit sieht und die bloße Wahrscheinlichkeit unserer kausalen Schlußfolgerungen betont (I, 3). Das II. Buch (»Of the Passions«) untersucht die Gesetzmäßigkeiten, nach denen Affekte oder Leidenschaften (wie Liebe, Haß, Stolz, Scham) im Bewußtsein auftreten, wobei der Analyse der Sympathie als eines Mechanismus der Verstärkung von Affekten durch gegenseitiges Mitgefühl besondere Bedeutung zukommt (II, 1, 11). Das III. Buch (»Of Morals«) baut auf dem II. auf, denn moral. Werturteile gehören nach Hume nicht zum rationalen, sondern zum affektiven

Bereich des Bewußtseins. In ihnen kommt ein moral. Gefühl (moral sense), d. h. ein Gefühl der Zuneigung oder des Abscheus zum Ausdruck, das in enger Beziehung zu den Affekten der Liebe und des Hasses, des Stolzes und der Scham steht und dessen Funktionsweise Hume wiederum mit Hilfe der Sympathie erklärt (III, 1, 1 und 2). Aufgrund des Mitgefühls schätzen wir als Tugenden die Eigenschaften, die Glück bewirken, wobei wir die ›sozialen Tugenden‹ (wie Wohlwollen und Gerechtigkeit) höher bewerten als die ›persönlichen Tugenden‹ (wie Klugheit und Mut). Hume unterscheidet weiterhin zwischen ›natürlichen‹ und ›künstlichen‹ Tugenden. ›Natural virtues‹, wie Dankbarkeit gegenüber Eltern oder Hilfsbereitschaft gegenüber Freunden, sind Ausdruck natürlicher Neigungen. ›Artificial virtues‹ dagegen sind das Resultat sozialer Lernprozesse, verdanken ihre Entstehung also nicht einem natürlichen Affekt, sondern der Erfahrung von Not und Nutzen entsprechender Einstellungen, Regeln und Institutionen. Gerechtigkeit, d. h. die praktische Anerkennung einer Rechts- und Eigentumsordnung, ist für Hume die wichtigste ›künstliche Tugend‹, fast ebenso bedeutsam ist die Loyalität gegenüber der eigenen Regierung. Den ›künstlichen Tugenden‹ widmet Hume den zweiten und weitaus größten Teil des III. Buches, während die ›natürlichen Tugenden‹ im 3. Teil relativ kurz abgehandelt werden. Obwohl Hume sich im Traktat zu einer Form des Skeptizismus bekennt (I, 4) und über weite Strekken Kritik an den Ansprüchen einer rationalist. Erkenntnistheorie und Moralphilosophie übt (wichtig die Kritik an Naturrechts- und Vertragstheorien in III, 2), ist die primäre Intention des Werkes nicht destruktiv, sondern konstruktiv, nämlich eine empir. fundierte Moralphilosophie zu entwickeln. – Humes Enttäuschung über die mangelnde Resonanz beim gebildeten Publikum (*Autobiography*, 1776) führte dazu, daß er die wichtigsten Gedanken seines philosoph. Hauptwerks in kurzer und gefälliger Form neu veröffentlichte und damit seinen Ruhm begründete.

Ausg.: Engl., von E. C. Mossner, 1969. – Dt., von R. Brandt, 1973.
Lit.: N. K. Smith, The Philosophy of D. Hume, 1941. – B. Stroud, Hume, 1977. – A. J. Ayer, Hume, 1980.

K. Graf Ballestrem

Tristes tropiques (frz.; *Traurige Tropen*), Claude Lévi-Strauss, EA Paris 1955; dt. 1970.

Unter den Schriften von Lévi-Strauss nimmt dieses Werk eine Sonderstellung ein: es ist das einzige, in dem der Autor die Grenzen der wissenschaftlichen Darstellung überschritten hat, um in Form eines Reiseberichtes zugleich wissenschaftliche und philosoph. Probleme seiner eigenen Forschung zu erörtern. – Das Ziel der Reise, über die Lévi-Strauss in Anlehnung an die Reiseliteratur des 18. Jh.s berichtet, stellen die überlebenden Kulturen der Indianer des Mato Grosso dar. Jede Station seiner Reise nimmt Lévi-Strauss zum Anlaß, um die zentralen Elemente einer strukturalist. verfahrenden Ethnologie vorzustellen; so treten Schritt für Schritt die Grundzüge seiner Theorie der archaischen Verwandtschaftssysteme wie auch seiner Analyse der indian. Mythenwelt hervor. Dieser eher wissenschaftliche Teil seines Berichts ist freilich auf faszinierende Weise eingebettet in eine philosoph. Reflexion der Situation, in der die Ethnologie sich angesichts des Untergangs jener archaischen Kulturen befindet; überzeugt von der ästhet. und intellektuellen Kreativität der Eingeborenen, entwirft Lévi-Strauss hier das Projekt einer Ethnologie, die als ein Medium der Erinnerung an die Leistungen vorhochkultureller Gesellschaften wirken kann. – Schon jetzt kann dieses Buch von Lévi-Strauss, das auch stilist. durch seine geradezu poetische Kraft beeindruckend ist, als einer der zentralen Texte der Ethnologie dieses Jahrhunderts gelten.

Lit.: M. Oppitz, Notwendige Beziehungen. Abriß der strukturalen Anthropologie, 1975.

A. Honneth

Les trois livres de la sagesse (frz.; *Die drei Bücher über die Weisheit*), Pierre Charron; EA Bordeaux 1601; dt. 1779 Die wahre Weisheit. Oder, Sittenlehre des Weltlichen.

In seinem moralphilosoph. Hauptwerk führt Charron den Skeptizismus seines Freundes Montaigne mit dem Ziel weiter, eine Lebensweisheit zu begründen, die auf wissenschaftliche und religiöse Dogmen zugunsten einer natürlichen Moralität verzichtet. – Im Zuge seines Strebens nach Selbsterkenntnis, dem Ausgangspunkt aller wahren Erkenntnis, erfährt der Mensch notwendig die Grenzen seines Wissens. Die Überprüfung von Sinneswahrnehmung und Vernunfterkenntnis ergibt, daß alle ›Wahrheiten‹ jenseits der unmittelbaren göttlichen Offenbarung nur das Ergebnis diffuser sinnlicher Eindrücke, Leidenschaften und sozialer Einflüsse sind. Wenn der Mensch somit auch nicht über intellektuelle Wahrheiten verfügen kann, so ist er dennoch Herr seines Willens und vermag daher alle zweifelhaften Meinungen standhaft zurückzuweisen, um sich für die Wahrheit der Offenbarung offen zu halten. Solange er aber noch nicht in deren Genuß gelangt ist, soll der Mensch einer ›provisor. Moral‹ folgen, die jenseits allen Dogmenglaubens auf die Beherrschung der Begierden und die Einsicht in die Bedingtheit von Glück und Unglück ausgerichtet ist und schließlich in eine stoische Gemütsruhe mündet, die selbst der Tod nicht zu erschüttern vermag. – Mit seiner grundsätzlichen Infragestellung der menschlichen Erkenntniskraft gehört das Werk zu den Vorläufern des method. Zweifels Descartes'.

Ausg.: Repr. (1601–1604) 1986.
Lit.: Jean D. Charron, The ›Wisdom‹ of P. Charron, 1960.

J. Monar

The True Intellectual System of the Universe (engl.; *Das wahre vernünftige System des Universums*), Ralph Cudworth; EA London 1678, [2]1773; Jena 1733 (lat.).

Die theolog.-philosoph. Abhandlung versucht, im Kampf gegen die atheist.-materialist. Idee des Fatalismus die vernünftige Struktur des Seins und des Kosmos nachzuweisen. Cudworth entwirft ein System, basierend auf drei Grundsätzen: 1. Es gibt einen allmächtigen Lenker der Welt. 2. Gott ist moral. gut und gerecht. 3. Die Menschen haben die Freiheit zur Selbstbestimmung. Ausgehend von der Kontroverse über das wahrhafte System der Welt gibt der Cambridger Platoniker ein philosophiegeschichtliches Tableau von Argumenten geordnet nach dem Prinzip der Atheismuswiderlegung. Gegen Hobbes und Gassendi erneuert er die platon. und aristotel. Philosophie im Sinne einer theosoph.-pansoph. Enzyklopädie des Universums. Dabei konnte durch die neuplaton. Parallelsetzung von Sach- und Erkenntnisordnung (Universalharmonie) der method. Begriff des Systems auf das Universum übertragen werden. – Das Werk wurde zum Ausgangspunkt des Streites zwischen Leclerc, Bayle und Leibniz um den Substanzbegriff und die Monadenkonzeption.

Ausg.: Repr. (1678) 1964. – Collected Works, Bd. I, 1977.

B. Irrgang

Tusculanae disputationes (lat.; *Tuskulanische Gespräche*), Marcus Tullius Cicero, entst. 45 v. Chr.; ED Rom 1469 (u. d. T. Tusculanae quaestionis); dt. 1799 Tusculanische Unterredungen.

Die Gespräche in Tusculum, in Ciceros Landhaus nahe Frascati, schließen sich direkt an die Abhandlungen → *De finibus bonorum et malorum* an. Buch I handelt von der Verachtung des Todes, Buch II vom Ertragen des Schmerzes, Buch III von der Linderung des Leides, Buch IV von den übrigen Verwirrungen der Seele und Buch V legt dar, daß ›zum glücklichen Leben die Tugend sich selbst genügt‹. Cicero will den Römern zeigen, wie der Weise (sapiens) aus stoischer Grundhaltung Todesfurcht, Schmerzen, Leidenschaften und die gesamten Übel überwinden kann. Das Wissen um die – mögliche – Unsterblichkeit der Seele nimmt den einzelnen in die Pflicht, sein Handeln auf die Sorge um die Seele auszurichten. Das glückliche Leben (vita beata) ist persönliche Leistung (virtus). Dieses Verständnis von Glück als individuelle Lebensaufgabe hat das gesamte Mittelalter geprägt.

Ausg.: Dt., Gespräche in Tusculum, von O. Gigon, 1985.

Lit.: K. Bringmann, Untersuchungen zum späten Cicero, 1971. – M. I.-Cl. Margolin, Les ›Tusculanes‹, guide spirituel de la Renaissance, in: Présence de Ciceron, 1984.

M. Rupp

Two Treatises of Government: In the former, the false principles and foundation of Sir Robert Filmer, and his followers, are detected and overthrown. The latter is an essay concerning the true original, extent, and end of civil-government (engl.; *Zwei Abhandlungen über die Regierung:* I. Aufdeckung der falschen Prinzipien und Widerlegung der Begründung der Lehre Sir Robert Filmers und seiner Nachfolger. II. über den wahren Ursprung, Reichweite und den Zweck der staatlichen Regierung), John Lokke; EA London 1690 (anonym); dt. 1718 (verschollen); 1906 Zwei Abhandlungen über Regierung nebst »Patriarcha« von Sir Robert Filmer.

Im Mittelpunkt des staatstheoret. Werks steht die Frage nach dem Ursprung polit. Herrschaft, ihrer Organisation und Legitimität. – Der gesamte *First Treatise* ist eine Polemik gegen die paternalistische Lehre Filmers, der das ›göttliche Recht der Könige‹ auf die absolute Souveränität und Autorität des von Gott zur Herrschaft eingesetzten Urvaters Adam zurückführt. Um Filmers Prämisse, alle Menschen sind unfrei geboren, sowie die von ihr abgeleitete Behauptung, jede Herrschaft sei absolute Monarchie, ad absurdum zu führen, zieht Locke im *Second*

Treatise einen Zustand ›vollkommener Freiheit‹ und ›Gleichheit‹ in Betracht, in welchem sich alle Menschen von Natur aus befinden. Da es aber Menschen gibt, die sich nicht an das Gesetz der Natur halten und der Vernunft zuwiderhandeln, verwandelt sich dieser ursprünglich friedliche Naturzustand in einen Kriegszustand. Darüber hinaus kennt Locke zwei weitere deutlich voneinander unterschiedene Phasen des Naturzustands, die er aus seiner Theorie des Eigentums entwickelt: zum einen die Phase vor der Erfindung des Geldes, die dadurch gekennzeichnet ist, daß ›das Maß des Eigentums‹ durch ›die Ausdehnung der menschlichen Arbeit‹ bestimmt wird, und zum anderen die Phase nach der Einführung des Geldes, in welcher Locke die ›stillschweigende und freiwillige Zustimmung‹ der Individuen sieht, daß der Mensch ›mehr besitzen darf als er selbst nutzen kann‹. Während also in dieser zweiten Phase die Menschen den naturrechtlichen Rahmen des Eigentumserwerbs verlassen, wächst gleichzeitig die Notwendigkeit, dem im Naturzustand ungenügend geschützten Eigentum neue Sicherheit zu verleihen. In der ›Erhaltung ihres Eigentums‹ ist demnach das ›hauptsächliche Ziel‹ zu sehen, weshalb Menschen eine Gesellschaft bilden und sich einer Regierung unterstellen. Dabei muß der einzelne notwendig die beiden wichtigsten Gewalten, die er im Naturzustand besitzt, aufgeben, nämlich erstens das Recht, »alles zu tun, was er für die Erhaltung seiner selbst und der übrigen Menschheit als richtig ansieht«, und zweitens seine individuelle Strafgewalt. Beide Rechte gehen mit der Gründung der Gesellschaft auf diese über und bilden die ›politische Gewalt‹, der nun die Aufgabe zufällt, für den Schutz des Eigentums zu sorgen. Im Vordergrund steht dabei die Legislative im Sinne einer ›höchsten Gewalt‹, während der Exekutive, die in besonderen Fällen über ein Notstandsrecht verfügt (Prärogative), die Aufgabe zukommt, die von der Legislative erlassenen Gesetze durchzuführen und über die Außenbeziehungen der Gesellschaft zu befinden (föderative Gewalt). Verstößt eine Gewalt, gleichgültig ob es sich dabei um die Exekutive oder die Legislative handelt, gegen das bei der Gründung der Gesellschaft in sie gesetzte Vertrauen, ›Leben, Freiheit und Eigentum‹ zu schützen, so handelt es sich um eine Rebellion, welche den Naturzustand wiederherstellt und das Volk – die Eigentümer – ermächtigt, Widerstand zu leisten. – Indem Locke den Eigentumsbegriff ins Zentrum seiner Naturrechtsauffassung und polit. Theorie stellte, wurde er zum Theoretiker einer bürgerlichen Sozial- und Geschichtsphilosophie, die auch heute noch einen maßgeblichen Einfluß auf westliche Gesellschaften ausübt.

Ausg.: 1964, hg. von P. LASLETT. – Dt., von W. EUCHNER, 1977.
Lit.: J. DUNN, The Political Thought of J. Locke. An Historical Account of the Argument of the ›Two Treatises of Government‹, 1969. – J. SCHOCHET (Hg.), Life, Liberty and Property. Essays on Locke's Political Ideas, 1971. – C. B. MACPHERSON, Die polit. Theorie des Besitzindividualismus. Von Hobbes bis Locke, 1973. – J. TULLY, A Discourse on Property: John Locke and His Adversaries, 1980. – R. COX, Locke on War and Peace, 1982. – W. RÖHRICH, Sozialvertrag und bürgerliche Emanzipation. Von Hobbes bis Locke, 1983. – J. HAHN, Der Begriff des ›property‹ bei J. Locke, 1984. – P. COBY, The Law of Nature in Locke's Second Treatise: Is Locke a Hobbesian?, in: Rev. of Politics, Bd. XLIX (1987).

W. BRECHT

Die Typen der Weltanschauung und ihre Ausbildung in den metaphysischen Systemen, Wilhelm DILTHEY; ED Berlin 1911 (in: Weltanschauung, Philosophie u. Religion .., hg. von M. Frischeisen-Köhler).
Die Abhandlung stellt einen im Geist der Lebensphilosophie unternommenen Versuch dar, den Widerspruch zwischen dem »harten Anspruch auf Allgemeingültigkeit in jedem philosoph. System und der historischen Anarchie dieser Systeme aufzuheben". – Diltheys Erklärungsversuch besteht in einer Typenlehre derjenigen Weltanschauungen, auf die die Systeme der Metaphysik zurückzuführen sind. Alle Weltanschauung gründet zuletzt im Leben selbst und in Lebensstimmungen und entwickelt sich unter jeweils sehr verschiedenen objektiven und subjektiven Bedingungen. Dies bewirkt die Mannigfaltigkeit der Weltanschauungen. Jede Weltanschauung drückt einen Einzelaspekt des Universums aus; eine jede ist wahr, aber partikular und relativ. Alle Weltanschauungen weisen dieselbe Struktur auf, d. h. einen Zusammenhang, in dem auf der Basis eines bestimmten Weltbildes Bedeutungs- und Sinnfragen abgeleitet werden. Die religiösen, künstler. und metaphys. Weltanschauungen sind nach Struktur, Typen und Bildungsgesetz unterschieden. Als Haupttypen der metaphys. Weltanschauungen nennt Dilthey den Naturalismus, bei dem der Wille dem animal. Triebleben untergeordnet ist (Sensualismus als Erkenntnistheorie, Materialismus als Metaphysik), den Idealismus der Freiheit (Unabhängigkeit des Geistes von jeder physischen Kausalität; erkenntnistheoret. auf die Tatsachen des Bewußtseins gegründete metaphys. Formen: Konzeption der bildenden Vernunft, Schöpfungslehre, Transzendentalphilosophie) und den objektiven Idealismus (kontemplatives Verhalten, Zusammenschauen der Teile zu einem Ganzen, Erhebung des Lebenszusammenhangs in den Weltzusammenhang). – Diltheys Typenlehre der Weltanschauungen hat u. a. auch die → *Psychologie der Weltanschauungen* von Jaspers beeinflußt.

Ausg.: Gesammelte Schriften, Bd. VIII, 1960.

E. JAIN

Über Anmut und Würde, Friedrich SCHILLER; EA Leipzig 1793.
Seine Theorie des Schönen hat Schiller in Auseinandersetzung mit der Kantschen Philosophie zu Beginn der 90er Jahre des 18. Jh.s entwickelt und im Anschluß an die Briefe *Kallias oder über die Schönheit* (entst. 1793) in dieser Abhandlung dargelegt. In Anlehnung an Shaftesburys Begriff der ›moral grace‹ entwirft er seine Theorie der ›schönen Seele‹ und versteht unter Anmut, die er streng von der statischen Schönheit des Körperbaus unterscheidet, eine in Mimik und Gestik als Schönheit in Erscheinung tretende moral. Qualität. Dabei handelt es sich um eine Sittlichkeit, die nicht – und hiermit distanziert sich Schiller vom ethischen Rigorismus Kants – auf dem Prinzip der Vernunftherrschaft basiert, sondern vielmehr auf einem freien und harmon. Zusammenspiel von Vernunft und Sinnlichkeit, auf einer Übereinstimmung von

Pflicht und Neigung. Unter Würde hingegen ist der als Erhabenheit in Erscheinung tretende Sieg der Vernunft über die Sinnlichkeit zu verstehen, der sich nach Schiller dann ereignen soll, wenn die harmon. Synthese von Vernunft und Sinnlichkeit durch die Macht der Affekte in Auflösung gerät. Beide Phänomene, die Anmut der inneren Harmonie und die Würde der Vernunftherrschaft, kennzeichnen freilich nicht unterschiedliche Menschentypen, sie sind vielmehr nur verschiedene Spiegelungen ein und desselben ästhet.-ethischen Humanitätsideals.

Ausg.: Sämtliche Werke, Bd. V, [7]1984.
Lit.: K. Hamburger, Schillers Fragment ›Der Menschenfeind‹ und die Idee der Kalokagathie, in: DVjs 30 (1956). – K. P. Wilcox, Anmut und Würde. Die Dialektik der menschlichen Vollendung bei Schiller, 1981.

J. Linder

Über das Erhabene, Friedrich Schiller; ED Leipzig 1801 (in: Kleinere prosaische Schriften, Bd. III).

Abschließender Essay zur Theorie des Erhabenen, die Schiller im Anschluß an Kants → *Kritik der Urteilskraft* als Grundlage seiner Tragödienlehre entwickelt (*Über die tragische Kunst,* 1792; *Vom Erhabenen, Über das Pathetische*, 1793). Die ästhet. Erfahrung des Tragischen auf der Bühne, verstanden als probeweise Konfrontation mit dem Unglück, als ›Inokulation des unvermeidlichen Schicksals‹, soll, indem sie die ›Sinnlichkeit‹ des Zuschauers ängstigt, diesen zugleich nötigen, sich über seine physische Natur zu ›erheben‹, in der reinen, freien und autonomen Vernunft sein wahres und eigenstes, auch in Leid und Gefahr unverlierbares Wesen zu erkennen und sich so für den Ernstfall zu wappnen. Dem geschichtsphilosoph. Optimismus der Briefe → *Über die ästhetische Erziehung des Menschen* und ihrem Ideal zwangloser Versöhnung von Vernunft und Sinnlichkeit stellen die Schriften über das Erhabene einen heroischen Idealismus zur Seite, der, so Schiller hier, in einem von Tod und ›Verhängnis‹ überschatteten Leben und angesichts einer chaot. Weltgeschichte, die in Wahrheit keinen Fortschritt zum Besseren kennt, zuletzt allein die Würde des Menschen bewahren muß.

Ausg.: Sämtliche Werke, Bd. V, [7]1984.
Lit.: W. Düsing, Schillers Idee des Erhabenen, 1967. – K. L. Berghahn, ›Das Pathetischerhabene‹, in: ders., Schiller, 1986. – H. Wagner, Aesthetik der Tragödie von Aristoteles bis Schiller, 1987.

W. Riedel

Über den Begriff der Geschichte, Walter Benjamin; ED Los Angeles 1942 (postum; in: Sonderausgabe der Zeitschrift für Sozialforschung »Walter Benjamin zum Gedächtnis«); EA Frankfurt a. M. 1955 (in: Schriften, hg. von Th. W. Adorno/ G. Adorno).

Die letzte Schrift Benjamins, geschichtsphilosoph. Thesen, ist eine grundsätzliche Zusammenfassung seiner methodolog. und geschichtsphilos. Reflexionen, speziell zur Aufgabe des materialist. Historikers, die Benjamin im Zusammenhang mit der Arbeit am → *Passagen-Werk* und den verwandten Schriften angestellt hat. Mit der Verbindung von histor. Materialismus mit jüdischem Messianismus negieren die Thesen sowohl die sich immer in die ›Sieger‹ einfühlende historist. Methode als auch das lineare, geschichtsoptimist. Fortschrittsmodell und setzen dagegen einen Begriff der Erlösung, der als Stillegung des katastroph., homogenen Geschichtsverlaufs aufgefaßt wird. Das geschieht in einer dialekt. Operation, die erkenntnistheoret. und revolutionär-praktisch eine mit ›Jetztzeit geladene Vergangenheit‹ aus dem ›Kontinuum der Geschichte heraussprengt‹. Jeder Gegenwart korrespondiert eine bestimmte Vergangenheit, die als ›Bild‹ zu erkennen zugleich bedeutet, ihren Anspruch auf Erlösung festzuhalten. Die Thesen haben vor allem in der neomarxist. Diskussion gewirkt.

Ausg.: Gesammelte Schriften, hg. von R. TIEDEMANN/H. SCHWEPPENHÄUSER, Bd. I, 2, 1974.

Lit.: P. BULTHAUP (Hg.), Materialien zu Benjamins Thesen ›Über den Begriff der Geschichte‹. Beiträge und Interpretationen, 1975.

M. HIELSCHER

Über den Gemeinspruch: Das mag in der Theorie richtig sein, taugt aber nicht für die Praxis, Immanuel KANT; EA 1793 (in: Berlinische Monatsschrift 22).

Kant setzt sich in dieser Schrift mit den möglichen Einwürfen von Praktikern gegen die Theorie auseinander, und zwar auf den Gebieten: 1. der Moral, 2. des Staatsrechts und 3. des Völkerrechts. Daß zur Theorie, so vollständig sie auch sein mag, für den Übergang zur Praxis »ein Actus der Urtheilskraft hinzukommen« muß, »wodurch der Praktiker unterscheidet, ob etwas der Fall der Regel sei oder nicht« (AA VIII 275), ist für Kant selbstverständlich. Ruinös wäre es allerdings für eine Theorie, die für die Erfahrung Geltung beansprucht, wenn sie zur Praxis in Widerspruch stünde. – Im 1. Teil verteidigt Kant gegen Ch. Garve, der das Glücksstreben wieder als Motiv moral. Handelns geltend gemacht hatte, die strenge Scheidung von Pflicht und Glück. Was die Moral angeht, so gibt hier die aprior. Theorie der Praxis nicht nur bedingungslos das Gesetz, sondern diese Theorie bietet auch einen sicheren Leitfaden für die »Urtheile selbst der gemeinsten Menschenvernunft« (AA VIII 286), und zwar im Unterschied zu jenen Theorien, die das Glücksstreben zum Handlungsmotiv machen; denn aus der Ungewißheit über die Glücksfolgen einer Handlung muß Ratlosigkeit über das, was man tun soll, resultieren. – Der 2. Teil ist gegen Hobbes gerichtet. Den Hobbesschen Satz, das durch den Staatsvertrag legitimierte Staatsoberhaupt könne den Bürgern nicht unrecht tun, schränkt Kant dahingehend ein, daß es kein Zwangsrecht gegen das Staatsoberhaupt geben kann. In seiner Allgemeinheit findet er diesen Satz allerdings »erschrecklich« (AA VIII 304). Kant plädiert für einen bürgerlichen Zustand, der begründet ist auf der Freiheit jedes Mitglieds als Menschen, der Gleichheit als Untertan und der Selbständigkeit als Bürger (AA VIII 290). – Im 3. Teil setzt sich Kant mit der geschichtsphilosoph. Frage auseinander, ob ein Fortschritt der Menschheit im ganzen stattfindet. Gegen Mendelssohn, der diese Frage verneint hatte, macht er geltend, gerade die Not, die aus den ständigen Kriegen erwächst, werde die Staaten dazu bringen, »selbst wider ihren Willen entweder in eine weltbürgerliche Verfassung zu treten« oder in einen rechtlichen »Zustand der Föderation nach einem gemeinschaftlich verabredeten Völkerrecht« (AA VIII 310f).

Ausg.: Gesammelte Schriften (Akademie-Ausgabe), Bd. VIII, 1912 (Repr. 1968).

G. MALUSCHKE

Über den Willen in der Natur. Eine Erörterung der Bestätigungen, welche die Philosophie des Verfassers seit ihrem Auftreten durch die empirischen Wissenschaften erhalten hat, Arthur SCHOPENHAUER; EA Frankfurt a. M. 1836 ([2]1854).

Schopenhauer versteht diese naturphilosoph., seine Metaphysik in nuce enthaltende Schrift als deutlichste Darstellung der Grundwahrheit seiner Lehre. – Die Schrift wechselt den Standpunkt: Sie geht nicht bloß wie Kant vom vorausgesetzten Intellekt zur Erkenntnis der Welt, sondern von der als vorhanden angenommenen Welt zum erkennenden Intellekt. Die objektiv-physiolog. (genet.) Betrachtungsweise ergänzt die subjektiv-transzendentale unter Berücksichtigung der logischen Voraussetzung des Intellekts. Nicht ein Intellekt hat die Natur hervorgebracht, sondern die Natur den Intellekt. Kern der Lehre ist: 1. Kants Ding an sich, das Substrat der ganzen Natur, ist das, was wir in uns als Wille finden. 2. Wille und Leib sind identisch; der Leib ist bloße Sichtbarkeit, gegenständliche Erscheinung des Willens. 3. Erkenntnis ist lediglich eine Funktion eines Teils des Leibes (Gehirn); dieser Teil selbst ist das objektivierte (Vorstellung gewordene) Erkennenwollen und bedingt die ganze Welt als Vorstellung, den eigenen angeschauten Leib ebenso wie die materielle Natur, die nur in der Vorstellung vorhanden ist. Ohne Gehirnfunktionen, ohne die Erkenntnisweisen des Subjekts (Raum, Zeit, Kausalität) wäre keine gegenständliche Natur da, aber vielleicht etwas ganz anderes, das jetzt als Natur erscheint. Der Wille selbst kann auch ohne Erkenntnis bestehen. Der so lange vergeblich gesuchte Berührungspunkt zwischen Physik (Naturwissenschaft) und Metaphysik ist im Willen als Ding an sich gefunden und die Versöhnung beider Wissenschaften damit eingeleitet. Daß der Wille sich in jeder Erscheinung der Natur nachweisen läßt, wird vielfach bestätigt durch die empir. Naturwissenschaft, die Linguistik, den animal. Magnetismus und die fernöstlichen Religionen. Als Grundzug seiner Lehre stellt Schopenhauer die gänzliche Sonderung des nichtrationalen Willens von der Erkenntnis heraus, damit die Überwindung der traditionellen Unterscheidung von Leib und Seele. Der Wille in der Natur ist auch die Lösung des Rätsels von der Zweckmäßigkeit der Naturerscheinungen, also von der Harmonie von Instinktausstattung, Organbau und Umwelt, ohne Zuhilfenahme eines deus ex machina. Weil die Welt sich ohne Hilfe der Erkenntnis gemacht hat, geht ihr ganzes Wesen nicht in die Erkenntnis ein, sondern die Erkenntnis setzt das Dasein der Welt schon voraus. Schopenhauers eigene Metaphysik will nur ein limitiertes, relatives Verständnis der Welt und des Wesens der Dinge, eine parabol. Übersetzung in die Formen der Erkenntnis sein, keinesfalls ein absolutes Denken. – Die Schrift nahm Einfluß auf die empir.-philosoph. Anthropologie des 20. Jh.s, z. B. auf Gehlen.

Ausg.: Sämtliche Werke, hg. von W. v. LOEHNEYSEN, Bd. III, 1962. – Sämtliche Werke, hg. von A. HÜBSCHER, Bd. IV, [3]1972.

Lit.: V. SPIERLING, Die Drehwende der Moderne. Schopenhauer zwischen Skeptizismus und Dogmatismus, in: ders., Materialien zu Schopenhauers ›Die Welt als Wille und Vorstellung‹, 1984. – V. SPIERLING: Erkenntnis und Natur, in: A. SCHOPENHAUER, Philosoph. Vorlesungen. Aus dem handschriftlichen Nachlaß, Teil II, 1984.

V. SPIERLING

Über die ästhetische Erziehung des Menschen, in einer Reihe von Briefen, Friedrich SCHILLER; EA Tübingen 1795.

Mit dieser Abhandlung legt Schiller eine – auf den Briefen *Kallias oder über die Schönheit* (entst. 1793) und der Abhandlung → *Über Anmut und Würde* aufbauende – umfassende Darstellung seiner in Auseinandersetzung mit Kant entwickelten ›Analytik des Schönen‹ vor. Im Unterschied zu den beiden vorangegangenen Schriften entwirft er hier seine ästhet. Theorie vor dem Hintergrund staats- und geschichtsphilosoph. Spekulationen und weist dabei der Kunst eine wesentliche Rolle beim Aufbau des von ihm postulierten ethischen Vernunftstaates zu. Der Übergang von Naturstaat zu Vernunftstaat muß nach Schiller kontinuierlich verlaufen, der Einzelne sich allmählich von einem physischen in ein moral. Wesen verwandeln und dabei ein Durchgangsstadium durchlaufen, in dem Geist und Natur in ein freies und harmon. Zusammenspiel, Pflicht und Neigung in Einklang gebracht werden. Gerade die ästhet. Erziehung vermag dies zu leisten, insofern das Kunstwerk selbst in der Verschmelzung von Stoff und Form eine Verbindung von Materie und Geist repräsentiert, dem Betrachter als Symbol seiner eigenen anzustrebenden Synthese von Vernunft und Sinnlichkeit erscheint und ihm dergestalt eine Vorstellung seiner möglichen Totalität vermittelt. Zur Hervorhebung der Entsprechung von Schönheitsidee und Humanitätsidee ersetzt Schiller in den Briefen die Begriffe Vernunft und Sinnlichkeit durch die Bezeichnungen Formtrieb und Stofftrieb und versteht unter dem – in dieser Abhandlung zentralen – Begriff Spieltrieb eben jene Kraft, die im ästhet. Zustand wirksam wird und den Widerstreit zwischen Vernunft und Sinnlichkeit bzw. Formtrieb und Stofftrieb aufhebt. Gegen Ende der Abhandlung erscheint die im Kunsterlebnis mögliche Totalitätserfahrung des Einzelnen freilich nicht mehr wie zu Beginn als notwendige Voraussetzung für die Errichtung eines sittlichen Vernunftstaates, sondern verselbständigt sich zum Humanitätsideal eines als gesellschaftliche Utopie entworfenen ›ästhet. Staates‹.

Ausg.: Sämtliche Werke, Bd. V, [7]1984.
Lit.: Schillers Briefe über die ästhetische Erziehung, hg. von J. BOLTEN, 1984.

J. LINDER

Über die Aufgabe des Geschichtsschreibers, Wilhelm von HUMBOLDT, Vortrag vom 12. 4. 1821 in der Preußischen Akademie der Wissenschaften; EA Berlin 1822.

Humboldts geschichtsphilosoph. Hauptschrift, entstanden unter Schellings Einfluß und angesichts der Ereignisse der Napoleonischen Zeit, entwirft das Idealbild der histor. wissenschaftlichen Methode. – Zunächst wird der Begriff des Wirklichen in der Geschichte erörtert. Das wirklich Geschehene ist Stoff für die Geschichte, nicht die Geschichte selbst. Danach wird eine Analogie hergestellt mit der Tätigkeit des Künstlers: »Die histor. Darstellung ist, wie die künstler., Nachahmung der Natur.« Neben der

Ergründung der ›Wahrheit der Begebenheit‹ ergänzt und verbindet der Historiker (wie der Dichter) das Erforschte durch Phantasie, verarbeitet er das zerstreut Gesammelte in sich zu einem Ganzen. So strebt Geschichte als Kunst nach dem ›Bilde des Menschenschicksals‹. Schließlich wird die Notwendigkeit der histor. Ideen gezeigt und ihr Wesen entwickelt: Angesichts des Geschichtsziels, der »Verwirklichung der durch die Menschheit darzustellenden Idee«, beschreibt der Historiker nicht einfach Details, sondern betrachtet denkend die Entwicklung der Menschheit, indem er die Totalität, den inneren Zusammenhang der Erscheinungen, verständlich macht. Da »in allem, was geschieht, eine nicht unmittelbar wahrnehmbare Idee waltet, ... diese Idee nur an den Begebenheiten selbst erkannt werden kann«, muß sich der Geschichtsschreiber an Ideen orientieren, die ihrerseits an den Schöpfungen der Individuen und der Nationen zu erkennen sind. Geschichte ist damit die von einem höheren Prinzip organisierte Bewegung zur Entfaltung der Individualität und Humanität. – Humboldts Verbindung von Philosophie und Geschichte hatte in der Folgezeit eine große Wirkung, u. a. auf L. v. Ranke.

Ausg.: Werke, Bd. I, ^{3}1980.

K. Bossong

Über die Lehre des Spinoza in Briefen an den Herrn Moses Mendelssohn, Friedrich Heinrich Jacobi; EA Breslau 1785, ^{2}1789 (neue verm. Ausg.).

Die Schrift dokumentiert – in der 1. Auflage ausschließlich unter Verwendung von Jacobis eigenen Briefen – den Briefwechsel zwischen Jacobi und M. Mendelssohn, der Lessings spätes Bekenntnis zum Spinozismus aus den Gesprächen mit Jacobi vom Juli 1780 und Jacobis daran anschließende Darstellung des Systems Spinozas enthält. Sie führte zu dem sog. ›Spinoza-‹ oder ›Pantheismusstreit‹, an dem alle bedeutenden Geister der Zeit Anteil nahmen (Goethe, Herder, Kant, Schleiermacher, Schelling) und wurde damit die Grundlage für die ›Spinoza-Reaissance‹. – Jacobi stellt Spinozas Denken als exemplar. Philosophieren dar, das nach seiner Auffassung allein zur Erkenntnis vollständiger Determiniertheit aller Vorgänge führt. Die seit dem Ende des 17. Jh.s immer wieder gegen Spinozas Philosophie vorgebrachte These ›Spinozismus ist Atheismus‹ bezieht sich nach Jacobi jedoch nur auf das philosoph. System, dem Jacobi seinen berühmten ›salto mortale‹ entgegensetzt, mit dem er im Bewußtsein des freien Handelns und im ›Glauben‹ Fuß fassen will. Gegenüber der von Mendelssohn vertretenen Auffassung vom Glauben als bloßem ›Für-Wahr-Halten‹ von unsicherem Wissen wird argumentiert: Glaube ist nicht nur religiöser Glaube, sondern »Element aller menschlichen Erkenntnis und Wirksamkeit« und hat als solcher alle menschlichen Denkhaltungen geschichtlich geprägt. Die um den doppelten Umfang erweiterte 2. Auflage enthält in der einleitenden Abhandlung die dialekt. Gegenüberstellung der möglichen Standpunkte von Freiheit und Notwendigkeit und in der VII. Beilage Jacobis bedeutendste philosoph. Einsicht: die kritische Unterscheidung von Ursache und Grund.

Ausg.: Repr. 1986 (in: Aetas Kantiana). – Werke, Bd. IV, 1. u. 2. T. ³1819 (Repr. 1968). *Lit.:* K. HAMMACHER, Die Philosophie F. H. Jacobis, 1969. – H. TIMM, Gott und die Freiheit. Die Spinozarenaissance, 1974.

K. HAMMACHER

Über die Psychologie des Unbewußten, Carl Gustav JUNG; EA Zürich 1942 (veränd. Fassung von: *Die Psychologie der unbewußten Prozesse*, EA Zürich 1917).

In der erkenntnistheoret. bedeutsamen psycholog. Schrift entwikkelt Jung die Grundzüge seiner Tiefenpsychologie unter besonderer Berücksichtigung des Einflusses des kollektiven Unbewußten auf die menschliche Vorstellungswelt. – Die Inhalte des Unbewußten stehen weder im Sinne Freuds ausschließlich mit dem Sexual- noch im Sinne Adlers allesamt mit dem Machttrieb im Zusammenhang. Sie sind vielmehr allgemein mit Erfahrungen gleichzusetzen, die einstmals bewußt waren, aber, weil sie dem Bewußtsein der eigenen Identität und Kontinuität entgegenstanden, verdrängt bzw. wegen eines zu schwachen Eindrucks vergessen wurden. Neben den aus dem Bewußtsein verbannten Teilen der persönlichen Erfahrung, die Jung das ›persönliche Unbewußte‹ nennt, beherbergt das Unbewußte auch ererbte Erinnerungsspuren aus der Entwicklungsgeschichte der Vorfahren, d. h. das ›kollektive Unbewußte‹. Letzteres stellt die artspezif. Grundlage des individuellen Bewußtseins dar und übt von Geburt an einen steuernden Einfluß auf Erkennen und Handeln des einzelnen aus. Seine strukturellen Komponenten bilden universale Gedankenformen (›Archetypen‹), die mit einem großen Gefühlspotential verknüpft sind und im Wachleben Bildvorstellungen erzeugen können, die die Bewältigung konkreter Problemlagen ermöglichen. Als Beispiel hierfür führt Jung die Entdeckung des Gesetzes von der Erhaltung der Energie im 19. Jh. an, das als urtümliche Vorstellung bereits in der Kraft- und Lichtmystik der primitiven Religionen vorgebildet war. Persönliches und kollektives Unbewußtes können dem Individuum einerseits zwar außerordentlich nützlich sein, da sie einen ungeheuren Schatz ungenutzter Erfahrungen bergen, andererseits können sie aber auch, wenn sie durch das Ichbewußtsein ignoriert werden, von den rationalen Prozessen Besitz ergreifen und sie beeinträchtigen. Die irrationalen Phänomene des Seelenlebens sind in diesem Sinne stets auf vernachlässigte Inhalte des Unbewußten zurückzuführen. – Das zu den grundlegenden Schriften der analyt. Psychologie zählende Werk war von Einfluß auf die Denker des ›Eranos‹-Kreises, der seit 1933 Wissenschaftler und Philosophen verschiedenster Orientierungen zusammenführte.

Ausg.: Gesammelte Werke, Bd. VII, 1981. *Lit.:* W. HOCHHEIMER, Die Psychologie von C. G. Jung, 1966. – L. FREY-ROHN, Von Freud zu Jung. Eine vergleichende Studie zur Psychologie des Unbewußten, 1969.

J. MONAR

Über die Religion. Reden an die Gebildeten unter ihren Verächtern, Friedrich Daniel Ernst SCHLEIERMACHER; EA Berlin 1799 (anonym), ²1806 (veränd. mit einer vom Verf. unterzeichneten Widmung), ³1821 (mit Erläuterungen).

Schleiermachers erstes Buch, das aus fünf, in einer poetisierenden Prosa geschriebenen Reden besteht (1. »Apologie«; 2. »Über das Wesen der Religion«; 3. »Über die Bildung zur Religion«; 4. »Über das Gesellige in der Religion«; 5. »Über die Religionen«), enthält im Kern den Ansatz seiner später, vor allem in *Der christliche Glaube* (1821/22) begrifflich und systemat. weiterentwickelten Religionsphilosophie und philosoph. Theologie. – Gegen die Gebildeten seines Zeitalters, die vom Standpunkt einer abstrakten, rationalist. Aufklärung die Religion als antiquierte Angelegenheit ablehnen, versucht Schleiermacher, ein radikaleres, ursprünglicheres Verständnis des religiösen Phänomens zu gewinnen und die Religion gerade als Erfordernis einer wirklich aufgeklärten und fortgeschrittenen Bildung anzusetzen. Schleiermachers Bestimmung der Religion als ›Herzreligion‹ löst sie sowohl von der Verstrickung mit Wissen und Metaphysik – was ihn allerdings nicht an der positiven Aufnahme und Aneignung Spinozas, Leibniz' und Schellings hindert – als auch von der Verschränkung mit dem Bereich von Handeln und Moral; er reserviert ihr ›eine eigene Provinz im Gemüte‹, indem er sie als Anschauung und Gefühl, und zwar ›Anschauen des Universums‹ bzw. ›staunendes Anschauen des Unendlichen‹ versteht. Religion wird damit in ihrer Selbstevidenz und Eigenständigkeit gegenüber Kunst, Wissenschaft und Moral anerkannt: »Praxis ist Kunst, Spekulation ist Wissenschaft, Religion ist Sinn und Geschmack fürs Unendliche.« Die so verstandene Religion erscheint Schleiermacher als der mögliche Weg zur Vermittlung der von ihm diagnostizierten Zerrissenheit des Zeitalters: indem sie zwischen Bildung und Christentum, zwischen abstrakt aufklärer. Fortschrittsoptimismus und immobilem, dogmat. Traditionalismus, aber auch zwischen Vernunft und Sinnlichkeit, zwischen Innerem und Äußerem, zwischen wirklichkeitsfernem, spekulativem Idealismus und vernunftlosem Empirismus vermittelt, kann sie die Totalität des Menschen wiederherstellen. – Das Werk des ›christlichen Plato‹ (W. M. L. de Wette) fand schon bei Zeitgenossen zum Teil begeisterte Aufnahme, etwa bei Novalis, zum Teil rief es eine kritische Auseinandersetzung hervor, wie bei Hegel und Schelling, teilweise stieß es auf schroffe Ablehnung, wie bei F. Chr. Baur und vor allem bei D. F. Strauß, der meinte (1839), Schleiermacher habe die Theologie an die Philosophie und diese an jene verraten. Die umstrittene, oft gegensätzliche Einschätzung des Werkes kennzeichnete weiterhin die Wirkungs- und Interpretationsgeschichte des Werkes, in der u. a. die Namen Dilthey (der dieses »mystische Religionswerk« als Spinozismus auslegte) und R. Otto (der 1899 die vergessene Erstauflage wieder ans Licht brachte) hervorstechen.

Ausg.: Hg. von G. Chr. B. Pünjer, 1879 (kritische Ausg.). – Hg. von H.-J. Rothert, 1958 (PhB 255).
Lit.: W. Dilthey, Leben Schleiermachers (Bd. I), 1870, 31970 (hg. von M. Redeker). – K. Barth, Die protestant. Theologie im 19. Jh. Ihre Vorgeschichte und ihre Geschichte, 21952. – P. Seifert, Die Theologie des jungen Schleiermacher, 1960. – F. Hertel, Das theolog. Denken Schleiermachers, untersucht an der ersten Auflage seiner Reden ›Über die Religion‹, 1965. – E. Hirsch, Schleiermachers Christusglaube, 1968. – W. Schultz, Das griechische Ethos in Schleiermachers Reden und Monologen, in: Neue Zeitschrift für systemat. Theologie und Religionsphilosophie 10 (1968). – H. Timm, Die heilige Revolution. Das religiöse Totalitätskonzept der Frühromantik. Schleiermacher – Novalis – F. Schlegel, 1978.

R. Otte

Über die Verschiedenheit des menschlichen Sprachbaues und ihren Einfluss auf die geistige Entwickelung des Menschengeschlechts, Wilhelm von HUMBOLDT; EA Berlin 1836.

Bevor Humboldts Hauptwerk, eine Arbeit philosoph.-geschichtlicher Sprachforschung, auf die Verschiedenheiten der Form zweier großer Sprachstämme und mehrerer einzelner Sprachen eingeht, betrachten die einleitenden Erörterungen zu »Über die Kawi-Sprache auf der Insel Java« den Zusammenhang der »Sprachverschiedenheit und Völkervertheilung mit der Erzeugung der menschlichen Geisteskraft«. Das »höchste Ziel aller geistigen Bewegung« ist die »verschiedenartige Offenbarwerdung der menschlichen Geisteskraft«. Humboldt betreibt, ohne das Ideal einer vollkommenen Sprache zu suchen, vergleichendes Sprachstudium, und zwar der ganzen Sprache als Weltansicht, als »genaue Ergründung der Mannigfaltigkeit, in welcher zahllose Völker dieselbe in sie, als Menschen, gelegte Aufgabe der Sprachbildung lösen«. Der Sprachforscher muß die Sprache als Äußerung und Werkzeug der »Geisteseigentümlichkeit der Nationen« zur Gewährleistung der Sprachgemeinschaft begreifen. Die Sprache ist eine geistige Auffassungsweise, also kein Werk, sondern Tätigkeit des Subjekts. Die Hervorbringung der Sprache, des Organs »des inneren Seins«, ist »ein in ihrer Natur selbst liegendes, zur Entwickelung ihrer geistigen Kräfte und zur Gewinnung einer Weltanschauung« unentbehrliches »inneres Bedürfniss der Menschheit«. Ohne Leugnung der Einheit des Menschengeschlechts wird der Zusammenhang zwischen Sprache und Nationalcharakter anerkannt. Behandelt werden u. a. auch das Verhältnis von Schrift und Sprache, Sprache und Denken sowie die Entstehungsweise von Sprachen. – Humboldts Einsicht in die Sprachlichkeit des Menschen auf allen Gebieten seines Weltumgangs wurde besonders von der Sprachwissenschaft aufgegriffen, neuerdings vermehrt auch von der Philosophie.

Ausg.: In: Documenta Semiotica, Serie 1: Linguistik, 1974 (Repr. von [2]1880).

Lit.: B. LIEBRUCKS, Zur Methode der Geisteswissenschaft, dargestellt an W. v. Humboldts Einsicht in die Sprachlichkeit des Menschen, in: Der Evangel. Erzieher 20 (1968). – T. BORSCHE, Sprachansichten. Der Begriff der menschlichen Rede in der Sprachphilosophie W. v. Humboldts, 1981. – U. BUCHHOLZ, Das Kawi-Werk W. v. Humboldts. Untersuchungen zur empir. Sprachbeschreibung und vergleichenden Grammatikographie, 1986. – P. SCHMITTER, Das sprachliche Zeichen, 1987. – J. TRABANT, Apeliotes oder der Sinn der Sprache, 1987.

K. BOSSONG

Über die vierfache Wurzel des Satzes vom zureichenden Grunde. Eine philosophische Abhandlung, Arthur SCHOPENHAUER; EA Rudolfstadt 1813 (2., sehr veränderte und vermehrte Auflage Frankfurt a. M. 1847).

Schopenhauers Dissertation, die in der Tradition von Kants Transzendentalphilosophie steht, bildet den erkenntnistheoret. Unterbau seines Systems. – Die Gesetzmäßigkeiten der Welt als Vorstellung sind nichts anderes als die projizierten Erkenntnisformen des Subjekts, die der Satz vom zureichenden Grunde benennt und die im nachhinein die normativen Prinzipien aller wissenschaftlichen Erklärung abgeben. Der durchgängige kausale Zusammenhang aller Erfahrungen ist also keine Widerspiegelung realer, subjektunabhängiger Objektrelationen, sondern Konstitution des erkennenden Subjekts. Der Satz vom Grunde, selbst ohne Grund, kann nur innerhalb der Vorstellungswelt gelten, weil sie durch ihn allererst zustande kommt. Nach einer außerweltlichen subjektunabhängigen Ursache kann sinnvoll nicht mehr gefragt werden. Die Elementarform des Satzes vom Grunde heißt: Alles, was ist, hat einen Grund, warum es ist. Derselbe eine Grund, wurzelnd in der Urbeschaffenheit des Erkenntnisvermögens, stellt sich auf eine vierfache Weise dar: 1. Grund des Werdens (ratio fiendi): Als Gesetz der Kausalität, als Begründungsprinzip der Naturwissenschaft, bildet er das Kernstück des transzendentalidealist. Ansatzes, indem er die Intellektualität der Anschauung sowie den Vorrang der Anschauung gegenüber jedem Begriff herausstellt. Die intuitive, bewußtlose Erkenntnisweise des Verstandes konstituiert die kausal strukturierte, anschaubare empir. Realität durch Verwandlung der ungegenständlichen Empfindung in gegenständliche Anschauung. 2. Grund des Erkennens (ratio cognoscendi): Gegenstand sind die von Anschauungen abstrahierten und abhängigen Begriffe, von denen die abstraktesten (z. B. das Absolute, Substanz, das Gute) nur noch wertlose Hülsen sind. Der formal logische, material empir., transzendentale oder metalog. Grund des Erkennens verleiht dem Urteil, das die Vernunft in bewußter begrifflicher Reflexion fällt, Wahrheit und allen wissenschaftlichen Aussagen Begründung. 3. Grund des Seins (ratio essendi): Die Gesetzmäßigkeit von Raum und Zeit der formalen anschaulichen Erfahrung, die identisch ist mit der Erkenntnisweise der reinen Sinnlichkeit, begründet die Mathematik. 4. Grund des Handelns (ratio agendi): Seine Objekte sind die (Selbst-)Erkenntnisse des eigenen Selbstbewußtseins, der Wille mit seinen Affektionen. Eine durch die Erkenntnis hindurchgegangene äußere Einwirkung heißt Motiv und stellt als notwendiger Grund jeder Handlung eine Art Kausalität von innen gesehen dar (Unfreiheit aller empir. Willenshandlungen), die für die Begründung der Ethik maßgebend ist.

Ausg.: Hg. von M. LANDMANN/E. TIELSCH, ^{2}1970 (PhB 249). – Sämtliche Werke, hg. von W. v. LÖHNEYSEN, Bd. III, 1962. – Sämtliche Werke, hg. von A. HÜBSCHER, Bd. I (Text von 1813 in Bd. VII), ^{3}1972.

Lit.: V. SPIERLING, Schopenhauers transzendentalidealist. Selbstmißverständnis, (Diss.) 1977.

V. SPIERLING

Über die Wissenschaften (Al-Fārābī) → Ihsā al-'ulum

Über formal unentscheidbare Sätze der Principia Mathematica und verwandter Systeme I, Kurt GÖDEL; ED 1931 (in: Monatshefte für Mathematik und Physik, 38).

Seit Euklid gilt das axiomat. Ideal, wonach sich alle Lehrsätze einer Theorie aus einigen Axiomen mittels logischer Schlußregeln deduzieren lassen sollten. Die Axiome wurden dabei in der Regel als evident wahr und damit a fortiori als widerspruchsfrei angesehen. Doch erwies sich der Evidenzbegriff zunehmend als problemat., und so bemühte man sich darum, die Widerspruchsfreiheit von Axiomensystemen nachzuweisen. Hier setzt Gödels Arbeit an. Er betrachtet die gängige Axiomatisierung der Arithmetik, d. h. der Theorie der natürlichen Zahlen. Er zeigt erstens, daß es einen arithmet. Satz gibt, der sich in dieser Axiomatisierung – ihre Widerspruchsfreiheit vorausgesetzt – nicht beweisen, jedoch aufgrund metatheoret. Überlegungen als wahr einsehen läßt; und er zeigt zweitens, daß sich die Widerspruchsfreiheit dieser Axiomatisierung nur im Rahmen einer stärkeren und somit bezüglich ihrer Widerspruchsfreiheit problematischeren Theorie beweisen läßt. Entscheidend ist, daß beide Resultate wesentlich gelten, d. h. für alle Axiomatisierungen aller Theorien, die die Arithmetik umfassen. Das zweite Resultat setzt also der mit dem axiomat. Ideal erreichbaren Sicherheit prinzipielle Grenzen; und das erste Resultat zeigt die prinzipielle Unvollständigkeit jeglicher Kodifikation unseres Wissens. Daß Gödels Resultate für die Philosophie der Mathematik und ganz allgemein für die Erkenntnistheorie bedeutsame Konsequenzen haben, liegt auf der Hand. Auch sind sie nicht bloß negativ; die von ihnen aufgewiesenen Lücken und Grenzen haben gleichzeitig ungeheure Entwicklungen in der mathemat. Grundlagenforschung initiiert.

Lit.: E. Nagel/J. R. Newman, Gödel's Proof, 1958 (dt. 1984). – W. S. Hatcher, The Logical Foundations of Mathematics, 1982. – W. Stegmüller/M. Varga von Kibéd, Probleme und Resultate der Wissenschaftstheorie und Analytischen Philosophie, Bd. III, Strukturtypen der Logik, 1984.

W. Spohn

Über Gegenstandstheorie, Alexius Meinong; ED Leipzig 1904 (in: Untersuchungen zur Gegenstandstheorie und Psychologie, hg. von A. Meinong).

In seiner ontolog.-erkenntnistheoret. Programmschrift entwickelt Meinong seine Konzeption der ›Gegenstandstheorie‹ als philosoph. Teildisziplin, die – im Unterschied zu der als ›Allgemeinwissenschaft vom Wirklichen‹ definierten Metaphysik – als aprior. Wissenschaft vom ›Gegenstand als solchem‹ bzw. vom ›reinen Gegenstand‹ vorgestellt wird. – Ausgehend von der Feststellung, daß nahezu alle psychischen Akte auf ›etwas‹ gerichtet sind, und in kritischer Wendung gegen das ›Vorurteil zugunsten des Wirklichen‹ ist die Grundthese Meinongs, daß jeder Vorstellung ein vom psychischen Erleben unabhängiger Gegenstand korrespondiert. Gegenstände des Vorstellens können demnach sowohl raum-zeitlich existierende (konkrete) als auch ›bestehende‹ (abstrakte) Objekte (wie Eigenschaften, Relationen, mathemat. Gegenstände) sein. Zur letztgenannten Klasse gehören nach Meinong auch die sog. Objektive (Sachverhalte/Propositionen) als Gegenstände des Denkens (Urteilens, Annehmens). Darüber hinaus werden jedoch auch ›nichtseiende‹ (weder existierende noch bestehende) Gegenstände postuliert, wobei neben fiktiven, aber logisch möglichen Objekten (wie ›der goldene Berg‹) auch in sich widersprüchliche (logisch unmögliche) Gegenstände (wie ›das runde Quadrat‹) zugelassen werden. Meinong begründet seine Auffassung mit Hilfe von zwei einander ergänzenden Prinzipien: (1) dem (schon von E. Mally formulierten) Grundsatz von der ›Unabhängigkeit des Soseins vom Sein‹ (ein Gegenstand hat bestimmte Eigenschaften unabhängig davon, ob er existiert/besteht oder nicht) und (2) der These vom ›Außersein des reinen Gegenstands‹, wonach ein Urteil über das ›Nichtsein‹ eines Gegenstands nur unter Voraussetzung seines vorgängigen Gegebenseins »jenseits von Sein und Nichtsein« möglich ist. – Werden diese Voraussetzungen nicht akzeptiert, führt die Konzeption logisch unmöglicher Gegenstände zu Widersprüchen. B. Russell hat daher in seiner Kennzeichnungstheorie ein Alternativmodell vorgeschlagen und damit die Meinong-Rezeption über Jahrzehnte maßgeblich beeinflußt. Seit Ende der 60er Jahre sind jedoch eine Reihe von Versuchen einer logisch-präzisierenden Rekonstruktion der Theorie Meinongs zu verzeichnen, und einige seiner Thesen haben in die aktuelle Diskussion in der philosoph. Logik und analyt. Philosophie Eingang gefunden.

Ausg.: Gesamtausgabe, hg. von R. HALLER/R. KINDINGER/R. M. CHISHOLM, Bd. II, 1971.

Lit.: J. N. FINDLAY, Meinong's Theory of Objects and Values, 1963. – K. LAMBERT, Meinong and the Principle of Independence, 1983.

J. S. KOCH

Über Gewißheit, Ludwig WITTGENSTEIN, entst. zwischen 1949 u. 1951; EA Oxford 1969 (dt./engl.) *On Certainty*.

In zum Teil kritischer Auseinandersetzung mit G. E. Moores Versuchen, den Common sense durch das Anführen von ›Gewißheiten‹ gegen die Herausforderungen des Skeptikers zu verteidigen, untersucht Wittgenstein den Gebrauch erkenntnistheoret. Begriffe, vor allem ›wissen‹, ›glauben‹, ›zweifeln‹, ›gewiß‹. – Es zeigt sich, daß Äußerungen wie ›ich weiß . .‹ nur unter sehr speziellen Umständen verwendet werden und nur in bestimmten Situationen einen klaren Sinn haben. Insbes. berichtet man mit ›ich weiß‹ nicht über einen Bewußtseinszustand oder ein Erlebnis. Daher ist der Unterschied zwischen Glauben und Wissen nicht als Unterschied zwischen Typen von inneren Zuständen oder Vorgängen zu kennzeichnen. Die von Moore als Gewißheiten aufgezählten Sätze (z. B. ›Die Erde hat lange Zeit vor meiner Geburt existiert‹) sind nicht deshalb von Interesse, weil man mit ihnen den Skeptiker widerlegen könnte, sondern weil sie alle innerhalb des (veränderlichen) Systems unserer empir. Urteile eine ähnliche Rolle spielen: Sie bilden (in Verbindung mit der unbegründeten gemeinsamen menschlichen Handlungsweise) den Bezugsrahmen, in dem Wissen, Zweifel, Irrtum usw. überhaupt erst möglich werden. Umfassender Zweifel ist schon deshalb unmöglich, weil Zweifeln voraussetzt, daß gewisse Sprachspiele gelernt wurden; Lernen kann sich aber nur vollziehen, wenn einiges vom Zweifel ausgenommen ist. Wittgenstein macht noch mit weiteren Argumenten deutlich, daß jeder Zweifel nur vor dem Hintergrund von Nichtangezweifeltem möglich ist.

Ausg.: 1982.

Lit.: A. KENNY, Wittgenstein, 1973.

O. R. SCHOLZ

Überlieferung, Leopold ZIEGLER; EA Leipzig 1936.

Das umfangreiche Werk hat zwischen der frühen Schrift *Gestaltwandel der Götter* (1920), der in einem ›Mythos atheos‹ der Wissenschaften ausläuft, und dem späten Werk *Menschwerdung* (1948), das eine Auslegung der sieben Bitten des ›Vaterunser‹ darstellt, insofern eine Sonderstellung, als es die Absicht Zieglers, eine ›integrale Tradition‹ zu bezeugen, in umgreifendster Darstellung zum Ausdruck bringt. Sowohl die heidnische als auch die jüdische und die christliche Tradition werden als Exempel einer einzigen Menschheitsüberlieferung gefaßt, wobei gerade die Diskontinuitäten, die Widersprüche und Konkurrenzen, die Ausgangspunkte der Bemühung sind. Wie in einem Fokus ist das Lebenswerk Zieglers in diesem Werk präsent: von der ›Vergessenheit‹ zu einer ›Erinnerung‹ zurückzusteigen, die als der größte Horizont einer Uroffenbarung gelten darf. Das Werk hat drei Teile: Buch des Ritus, Buch des Mythos, Buch der Doxa. Im I. Buch wird anhand des Terminus ›Ahmung‹ die Funktion der ›heiligen Handlung‹ untersucht; im II. Buch geht es um die Struktur der frühen Erzählungen, auch um ihre ›verstellenden‹ Wirkungen (exzellent darauf bezogen ist die Differenzierung von Mythos und Märchen!); das III. Buch ist der ›rechten Lehre‹ gewidmet, der Lehre vom Allgemeinen und Ewigen Menschen, der in Christus seine letzte, keineswegs aber einzige Gestalt gefunden hat. – Ziegler, nach frühem Ruhm schließlich fast völlig vergessen, wäre trotz seiner unzeitgemäßen Sprache einer Wiederentdeckung wert. Das Werk ist einer der frühesten Versuche, den ›Zeitstau vor dem Dritten Jahrtausend‹ durch Eröffnung früher Räume und Zeiten zu überwinden.

D. Kamper

Über naive und sentimentalische Dichtung, Friedrich Schiller; ED 1795/96 (in: Die Horen, hg. v. Schiller, Bd. IV/11 u. 12, Bd. V/1).

Hervorgegangen aus einem ursprünglich geplanten »Aufsatz über Natur und Naivheit«, entwirft die letzte der großen ästhet. Abhandlungen Schillers zunächst eine geschichtsphilosoph. Theorie des im 18. Jh. verbreiteten zivilisationskrit. und im weitesten Sinn rousseauist. ›Interesses an der Natur‹ und an ›einfachen‹ Lebensformen. Im ›Naiven‹ gewärtige der moderne Mensch die für ihn zwar unwiederbringlich verlorene Daseinsform unschuldigglücklicher ›Einheit mit sich selbst‹, die ihn als normative ›Idee‹ von Identität gleichwohl aus seiner ›entzweiten‹ Existenz herausführen soll – jedoch nicht zurück zur Natur, sondern ›vorwärts‹ zum ›Ideal‹ einer Versöhnung von Kultur und Simplizität, Natur und Reflexion. Von hier aus gelangt Schiller (im Anschluß an die ›Querelle des Anciens et des Modernes‹) zu seiner wirkungsmächtigen Unterscheidung der vor allem durch die Antike repräsentierten ›naiven‹ und der im Begriff des ›Sentimentalischen‹ gefaßten modernen Dichtung. In beiden Fällen, doch auf je eigene Weise, ist der Dichter der ›Bewahrer der Natur‹: der naive, der sie noch als unmittelbare Wirklichkeit besitzt, durch ihre einfache ›Nachahmung‹; der ihr entfremdete sentimental., indem er sie als ›Ideal‹ darstellt, und zwar entweder ›satirisch‹, wenn er die Realität als mangelhaft mit dem Ideal konfrontiert, ›elegisch‹, wenn er dieses als verloren beklagt, oder ›idyllisch‹, wenn er es in einer ›erhebenden Fiktion‹ als utopisch eingelöstes vor Augen führt.

Ausg.: Sämtliche Werke, Bd. V, [7]1984.
Lit.: P. Szondi, Das Naive ist das Sentimentalische, in: ders., Schriften, Bd. II, 1978. – H. R. Jauss, Schlegels und Schillers Replik auf die ›Querelle des Anciens et des Moder-

nes‹, in: ders., Literaturgeschichte als Provokation, 71983.

W. Riedel

Über Sinn und Bedeutung, Gottlob Frege; ED 1892 (in: Z. Philos. phil. Kritik 100).
Der »Urtext der modernen Semantik« (J. M. Bartlett) etabliert die nicht neue, aber in ihrer sachlichen u. terminolog. Ausprägung mit Freges Name bleibend verbundene Unterscheidung zwischen ›Sinn‹ und ›Bedeutung‹, von Zeichen. – Der differierende Erkenntniswert der Gleichungen »Abendstern = Abendstern« und »Morgenstern = Abendstern« läßt sich nur einsichtig machen, wenn man unterscheidet zwischen dem von »Morgenstern« und »Abendstern« bezeichneten Gegenstand, dem Planeten Venus, und den beiden in den Eigennamen ausgedrückten Arten des Gegebenseins des Bezeichneten: »Abendstern« und »Morgenstern« bezeichnen denselben Gegenstand, haben dieselbe ›Bedeutung‹, drücken aber einen verschiedenen ›Sinn‹ aus. Abzuheben von Sinn und Bedeutung sind die mit einem Zeichen verknüpfbaren subjekt- und zeitvarianten Vorstellungen. Ersetzt man im Satz ein Wort durch ein bedeutungsgleiches, aber sinnverschiedenes, so ändert sich bei Bedeutungswahrung der Satzsinn. Da sich zugleich der im Satz ausgedrückte ›Gedanke‹ ändert, ist dieser mit dem Satzsinn zu identifizieren. Enthält ein Satz einen bedeutungslosen Teilausdruck, z. B. »Odysseus«, so hat er insgesamt keine Bedeutung. Da es gerade dann auf die Bedeutung eines Satzes ankommt, wenn es um seine Wahrheit geht, »werden wir dahin gedrängt, den *Wahrheitswert* eines Satzes als seine Bedeutung anzuerkennen. Ich verstehe unter dem Wahrheitswerte eines Satzes den Umstand, daß er wahr oder falsch ist.« Alle wahren Sätze bedeuten das Wahre, alle falschen das Falsche. Die Gleichsetzung von Satzbedeutung und Wahrheitswert erfährt durch die Ersetzbarkeit bedeutungsgleicher Ausdrücke bei Wahrheitswertwahrung Bestätigung. Dieses Prinzip gilt auch dann, wenn die ersetzenden/ersetzten Ausdrücke ganze Teilsätze sind. Es ist zu beachten, daß nicht jeder Teilsatz im grammat. Sinn einen Gedanken ausdrückt und einen Wahrheitswert bezeichnet. Das Ersetzbarkeitsprinzip ist ferner außer Kraft für Teilsätze, die in der indirekten Rede auf Wörter wie »meinen«, »sagen«, »hören« folgen, und für Teilsätze nach Ausdrücken wie »erkennen«, »wissen«, »wähnen«. – Vor allem die Analyse der zuletzt genannten Sonderfälle machen die Studie zu einer erstrangigen Quelle der intensionalen Semantik.

Ausg.: Funktion, Begriff, Bedeutung, hg. von G. Patzig, 51980.

Lit.: M. Dummett, Frege. Philosophy of Language, 19812.

G. Siegwart

Das Unbehagen in der Kultur, Sigmund Freud; EA Leipzig/Wien/Zürich 1930.
Zentrales Thema der gesellschaftstheoret. Schrift ist der unversöhnliche Antagonismus zwischen dem Glücksanspruch des Individuums und den von der Zivilisation auferlegten Einschränkungen. Freuds anthropolog. Ansatz geht davon aus, daß das menschliche Wunschstreben (Lustprinzip) im ›Hader mit der ganzen Welt‹ liegt. Bedroht durch drei Leidquellen: die Übermacht

der äußeren Natur, die Ohnmacht der inneren Natur (Krankheit und Tod) und die von Haß und Feindschaft durchwobenen intersubjektiven Beziehungen, stellt sich der Mensch unter den Schutz der Kultur. »Der Kulturmensch hat für ein Stück Glücksmöglichkeit ein Stück Sicherheit ausgetauscht.« Die Kultur erweist sich jedoch als Antinomie; sie verteidigt den Menschen gegen die Natur und regelt das Zusammenleben, fordert aber gleichzeitig Arbeitszwang und Triebverzicht. Im Rahmen seiner dritten Triebtheorie (→*Jenseits des Lustprinzips*) sieht Freud den Eros als gemeinschaftsstiftendes Prinzip, dem die Aggressionsneigung des Menschen gegenübersteht. Als Abkömmling des Todestriebs wird der Aggressionstrieb zum unlösbaren Hauptproblem jeder Vergesellschaftlichung. Seine Wirkungsweise erstreckt sich sowohl nach außen (auf die Mitmenschen), als auch nach innen, indem er den im Über-Ich (Gewissen) verinnerlichten gesellschaftlichen Sanktionen ihre Macht verleiht. Unter dem Blickwinkel der Neurosenlehre zeigt Freud auf, daß durch Übernahme autoritärer Forderungen unbewußte Schuldgefühle entstehen, welche die Selbstverwirklichung des Menschen hemmen. Aus dieser Sicht kritisiert Freud die Kultur aufs schärfste und fordert eine Moral, die nicht auf Autorität beruht, sondern sowohl dem Glücksanspruch des Menschen als auch den Anforderungen gesellschaftlicher Wirklichkeit genügt. – Freuds sozialpsycholog. Theorien fanden vor allem im Marxismus, in der kritischen Gesellschaftstheorie und im französ. Strukturalismus eine positive Auseinandersetzung.

Ausg.: Studienausgabe, hg. von A. MITSCHERLICH u. a., 10 Bde., Bd. IX, 1982.
Lit.: H. MARCUSE, Triebstruktur und Gesellschaft, 1965. – A. MITSCHERLICH, Die Idee des Friedens und die menschliche Aggressivität, 1969. – H. DAHMER, Libido und Gesellschaft, 1973. – J. LACAN, Schriften I, 1975; Schriften II, 1975. – H. J. SANDKÜHLER, Psychoanalyse und Marxismus 1979. – A. SCHÖPF, S. Freud, 1982.

G. PAGEL

Universalis philosophiae seu metaphysicarum rerum iuxta propria dogmata. Partes tres, libri 18 (lat.; *Die wesentlichen Lehren der Universalphilosophie bzw. der Metaphysik* in drei Teilen, 18 Bücher), Tommaso CAMPANELLA, abgeschlossen 1923; EA Paris 1638.

Campanellas Hauptwerk stellt den Versuch dar, eine ›Universalphilosophie‹ zu begründen, die sich kritisch gegenüber der scholast. Philosophie verhält, sich aber als christliche Philosophie begreift. – Das Werk gliedert sich in drei Teile: in die Lehre von der menschlichen Erkenntnis, in die Lehre vom Sein und in die Lehre vom Handeln. Der 1. Teil behandelt die Prinzipien des Wissens (Weisheit), der zweite die Prinzipien des Seins (Macht) und der dritte die Prinzipien des Handelns (Liebe). – Ein typisch neuzeitliches Moment ist in dem Versuch zu sehen, Wissenschaft und Philosophie aus erkenntnistheoret. Überlegungen heraus zu begründen. Campanella geht von einer Widerlegung des skeptischen Zweifels aus und fragt nach den Möglichkeiten wissenschaftlicher Erkenntnis per se. Seine Philosophie möchte neben die Hl. Schriften das ›Buch der Natur‹ als eigenständige Erkenntnisquelle stellen. Nach seiner Auffassung kann man nur durch das Studium der Bibel und der Natur zu einer endgültigen Erkenntnis vorstoßen. Campanella geht hierbei vom Standpunkt des Sensualismus aus, demzufolge alle Momente des empir. Erkenntnisprozesses auf bloßen Transformationen der sinnlichen Empfindung in der empfindenden Seele beruhen. Er verknüpft diesen aber mit einer zweiten Form der Erkenntnis, die auf das Übersinnliche zielt und ihren Platz in der vernünftigen Seele, im Geist hat. Campanella nennt seine Philosophie ›metaphys.‹ (daher der oft gebrauchte Titel *Metafisica* für dieses Werk), weil er mit seiner Philosophie über die reine Physik hinausgehen möchte und sich mit den ersten Prinzipien und den letzten Zwekken auseinandersetzt; er nennt sie ›universal‹, weil mit ihr die letzten und höchsten Zwecke aller Dinge erkannt werden sollen. – Die Wirkung des Werkes blieb auf den italien. Sprachraum beschränkt, und Campanellas Grundgedanken blieben sonst in der Geschichte der Philosophie ohne großen Nachhall. Dies mag auch damit zusammenhängen, daß sich in seiner Philosophie immer wieder Ausflüge in die Magie und die Astrologie finden.

Ausg.: Lat., 1961.
Lit.: A. Stöckl, Geschichte der Philosophie des Mittelalters, 1866 (Repr. 1968). – B. M. Bonansea, T. Campanella, Renaissance Pioneer of Modern Thought, 1969. – E. Bloch, Zwischenwelten in der Philosophiegeschichte, 1977.

G. Fuchs

Der Untergang des Abendlandes. Umrisse einer Morphologie der Weltgeschichte, Oswald Spengler; EA Wien 1918 (Bd. I), München 1922 (Bd. II), München 1923 (I u. II).

Das geschichtsphilosoph. Hauptwerk Spenglers versucht eine vergleichende Analyse der großen Menschheitskulturen, in deren Lebensläufen sich ›Weltgeschichte‹ allein zu vollziehen vermag. – Jede Hochkultur bildet einen in sich geschlossenen Organismus, dessen Entwicklung analog zum menschlichen Leben die vier Altersstufen von Kindheit, Jugend, Manneszeit und Greisentum durchläuft. Von den insgesamt acht histor. bedeutsamen Hochkulturen behandelt Spengler die antike und die abendländ. mit besonderer Ausführlichkeit. Während das ›ahistor.‹ Weltgefühl der ›apollin.‹ (antiken) Kultur eine eher passive Lebensführung aus der reinen Gegenwart ohne Bezug zu Vergangenheit und Zukunft nahelegt, erschöpft sich das um die Macht raum-zeitlicher Zusammenhänge wissende Wesen des ›faust.‹ (abendländ.) Menschen im rastlos tätigen Streben nach aktiver Weltveränderung durch zielgerichtete Ausweitung vorgegebener Grenzen. Wie jede große Kultur, so lebt aber auch die abendländ. unwiderruflich ihrem Untergang entgegen und verfällt im 19. Jh., kurz vor dem endgültigen Erlöschen, einem Zustand zivilisator. Dekadenz, der ihr nur noch die künstliche Aufrechterhaltung innerlich längst abgestorbener Formen ermöglicht. Durch einen parallelisierenden Blick auf entwicklungsgeschichtlich gesehen ›gleichzeitige‹ Spätzustände anderer Kulturen läßt sich auch die der europäischen Zivilisation noch verbleibende Zukunft unschwer vorausbestimmen. Spengler zeichnet sie im pessimist. Bild einer von der Diktatur des Geldes und der Presse geprägten, polit. instabilen und intellektuell verödeten Verfallszeit, die sich durch unfruchtbaren Eklektizismus und müdes Kopistentum gerade noch am Leben hält und keinerlei Hoffnung auf eine positive Wendung zuläßt. – Das epochemachende Werk beeindruckt durch die Fülle des verarbeiteten Materials. Um die ›Seele‹ einer Kultur repräsentativ zu erfassen, zieht Spengler die Gesamtheit ihrer ihm zugänglichen Lebensäußerungen in Betracht: Künste und Wissenschaften, religiöse, philosoph. und polit. Gestaltungsformen, Sprache und Schrift, Sitte und Recht, Wirtschafts- und Finanzverfassung. Sie alle dienen der Rekonstruktion epochaler ›Haltungen‹ und kulturtyp. ›Stillagen‹. Dieser auf Interdisziplinarität ausgerichtete Denkansatz beeinflußte vor allem die neuere deutsche Kulturanthropologie (E. Rothacker), Ernst Cassirers → *Philosophie der symbolischen Formen*, aber auch zahlreiche moderne Ansätze geistes- und kulturgeschichtlicher Einzelforschung (H.-J. Schoeps, H. Lützeler) – wie er sich seinerseits vom ›Universalismus‹ Goethes, Hegels, Burckhardts, Worringers und von Nietzsche geprägt zeigt. Im Bemühen um eine Überschreitung der oft allzu eng gezogenen Fachgrenzen offenbart das Werk – trotz sachlicher Schwächen und inhaltlicher Untiefen – auch heute noch eine ungebrochene Aktualität.

Ausg.: Mit Nachwort von A. M. KOKTANEK, 1972.

Lit.: E. MEYER, Spenglers Untergang des Abendlandes, 1925. – M. SCHRÖTER, Metaphysik des Untergangs. Eine kulturkritische Studie über O. Spengler, 1949. – A. M. KOKTANEK, O. Spengler in seiner Zeit, 1968.

F.-L. KROLL

Untersuchung(en) über die Deutlichkeit der Grundsätze der natürlichen Theologie und der Moral, Immanuel KANT; EA Berlin 1764.

Diese Schrift reichte Kant auf eine Preisfrage der Berliner Akademie der Wissenschaften ein und errang damit hinter Moses Mendelssohn (→ *Abhandlung über die Evidenz in metaphysischen Wissenschaften*) den zweiten Preis. – Für Kant geht es um die Frage, ob die Mathematik oder die Physik der Philosophie als Modell dienen könne. Entschieden wendet er sich gegen die zu seiner Zeit weitverbreitete These, die Mathematik könne für die philosoph. Erkenntnis verbindlich sein. Kant macht geltend, daß die Methode der Mathematik und der Metaphysik grundverschieden sind. Während die Mathematik von synthet. Definitionen ausgeht und vom Einfachen zum Komplexen fortschreitet (AA II 276, 279 ff), gelangt die Metaphysik analyt. zu ihren Definitionen; denn es ist ihr Geschäft, »Begriffe, die als verworren gegeben sind, zu zergliedern, ausführlich und bestimmt zu machen« (AA II 278). Die Mathematik kann ihre Sachverhalte unmittelbar versinnbildlichen, d. h. in concreto betrachten; während die philosoph. Zeichen bloße Worte sind, die es nur ermöglichen, »sich das Allgemeine in abstracto vorzustellen« (AA II 279). Die Alternative synthet.-analyt. macht Kant wieder rückgängig durch den Hinweis auf die Physik als mögliche Modellwissenschaft für die Metaphysik: »Die ächte Methode der Metaphysik ist mit denjenigen im Grunde einerlei, die Newton in die Naturwissenschaft einführte« (AA II 286). Durch diese Vorstellung, die Metaphysik gelange zu der ihr gemäßen Gewißheit, wenn sie die Newtonsche Physik als das ihr angemessene Modell anerkenne, macht er die Metaphysik im Grunde abhängig von synthet. Urteilen a posteriori. Kant ist noch weit entfernt von seinen kritischen Entdeckungen. Die Erkenntnis des eigentlichen Wesens des synthet. Urteils a priori steht ihm noch nicht zur Verfügung (→ *Kritik der reinen Vernunft* und → *Prolegomena* ...). Bezüglich der Möglichkeit metaphys. Erkenntnis Gottes rekurriert er – wie schon im Jahr zuvor in der Schrift → *Der einzig mögliche Beweisgrund* ... – auf »den Begriff von dem Dasein desjenigen, was aller Möglichkeit zum Grunde liegen muß« (AA II 297). Was Gottes Attribute der »Gerechtigkeit« und »Güte« angeht, so können sie allerdings »in dieser Wissenschaft nur eine Gewißheit durch Annäherung haben, oder eine, die moralisch ist« (AA II 297). Hinsichtlich der ersten Gründe der Moral ist Kant unentschieden, ob sie im Gefühl oder im Erkenntnisvermögen begründet sind.

Ausg.: Gesammelte Schriften (Akademie-Ausgabe), Bd. II, 1905 (Repr. 1968).

G. MALUSCHKE

Untersuchungen zu einer hermeneutischen Logik, Hans LIPPS; EA Frankfurt a. M. 1938.

Dem sprachphilosoph.-anthropolog. Werk dient der aristotel. Logos-Begriff und die Existenzial-Analytik Heideggers als Leitfaden zur Untersuchung der Sinnhaftigkeit des Erkennens durch Sprache. Die hermeneut. Logik übernimmt die zentrale Aufgabe, das wirklich gesprochene Wort im situativen Vollzug für das Redeverstehen mitzubedenken. Demgemäß wird die Einheit von Sprecher, Gesprochenem und Gedachtem, Sinn (Intention) der Rede, Sprechsituation und Dialogpartner als Grundlage jeder kommunikativen Begegnung aufgezeigt; Urteil, Begriff, Wort und Bedeutung stellen fundamentale Bestandteile des Redeganzen dar, das Ausdruck der Lebensverhältnisse und des Lebensvollzugs jedes Subjekts ist. Kennzeichnend für diese ›lebensweltliche‹ Orientierung ist die Auslegung des Schlusses als eine Entscheidung, die Situationen verändert und klärt. – Lipps beeinflußte Bemühungen, die auf dem Gebiet der Sprachpragmatik weiterverfolgt werden.

Lit.: O. F. BOLLNOW, Zum Begriff der hermeneutischen Logik, in: Argumentationen, hg. von H. DELIUS/G. PATZIG (Festschrift für J. König), 1964. – J. HENNINGFELD, Die Sprachphilosophie des 20. Jh.s. Grundpositionen u. -probleme, 1982. – W. v. D. WEPPEN, Die existentielle Situation und die Rede. Untersuchungen zu Logik und Sprache in der existentiellen Hermeneutik von Hans Lipps, 1984.

J. KLAWITTER

Unterwegs zur Sprache, Martin HEIDEGGER; EA Pfullingen 1959.

In diesem Sammelband, der Überlegungen des ›späten‹ Heidegger zur Sprache umfaßt, sind folgende Vorträge und Aufsätze enthalten: »Die Sprache« (1950), »Die Sprache im Gedicht« (1953), »Aus einem Gespräch von der Sprache« (1953/54), »Das Wesen der Sprache« (1957), »Das Wort« (1958), »Der Weg zur Sprache« (1959). Im Vortrag »Die Sprache« erläutert Heidegger anhand eines Gedichtes von Georg Trakl (»Ein Winterabend«) das ›Wesen‹ der Sprache, d. h. die Art und Weise, wie sie ›west‹. Sprache ›west‹ im Gesprochenen, wobei das Gedicht als ›rein Gesprochenes‹ gilt. Im Gedicht spricht die Sprache und nicht etwa der Mensch. Mit dieser paradoxen Formulierung will Heidegger das durch das Sprechen des Gedichts erst Angesprochene, d. h. die durch das Gedicht ›anwesenden‹ Verhältnisse, hervorheben. Das so verstandene Sprechen ›braucht‹ wiederum den Menschen als Hörer, der dem im Gedicht ausgesprochenen ›Geheiß‹ der Welt und Dinge entsprechen kann. Im Aufsatz »Die Sprache im Gedicht«, der ebenfalls der Erörterung der Dichtung Trakls gewidmet ist, betont Heidegger die Mehrdeutigkeit (gegenüber dem bloß Eindeutigen bzw. dem Vieldeutigen) der dichter. Sprache, wodurch das Angesprochene in ›einzigartiger Strenge‹ zu Wort kommen kann. Die Sprache ›west‹ als Sprechen im Gespräch. Der Text »Aus einem Gespräch von der Sprache. Zwischen einem Japaner und einem Fragenden« behandelt u. a. die Nachbarschaft des Heideggerschen Sprachverständnisses zur fernöstlichen Erfahrung der Sprache. Um die Sprache als Sprache ›wesen‹ zu lassen, bedarf es eines Gesprächs ›von‹ der Sprache und nicht ›über‹ diese, d. h. es bedarf eines Miteinandersprechens, in dem die Sprache als das sich uns Zusprechende im ›Schweigen‹ des Gesprächs sich ankündigen kann. Im Vortrag »Das Wesen der Sprache« legt Heidegger die wesentlichen Momente der Erfahrung mit der dichter. Sprache (im Unterschied zur wissenschaftlichen Erforschung der Sprache, etwa als ›Informationsinstrument‹) vor. Wie die Erörterung von Stefan Georges Gedicht »Das Wort« zeigt, erfahren wir die Sprache bzw. das Wort als das, was den Dingen ihr Sein verschafft. »Das Sein von jeglichem, was ist, wohnt im Wort. Daher gilt der Satz: Die Sprache ist das Haus des Seins.« Die Sprache läßt also ›anwesen‹. Der Titel »Das Wesen der Sprache« verweist somit auf das Sprechen dieses ›Wesens‹ selbst, d. h. auf eine ›Wendung‹, wodurch das, was sich in der dichter. Erfahrung der Sprache zuspricht, sich niemals wie ein Ding festhalten läßt. ›Die Sprache des Wesens‹ wäre wie ein alles ›be-wegender‹ Weg, meint Heidegger in Anspielung an das chinesische ›Tao‹. Eine solche Bewegung der Sprache als die Sage über die ›Weltgegend‹ (Erde und Himmel, Gott und Mensch) vollzieht sich im ›Zeit-Spiel-Raum‹. Diese Einsichten über das ›Geheimnis des Wortes‹, die im ›Nachdenken des Dichtens‹ zum Vorschein kommen, werden in den Vorträgen »Das Wort« und »Der Weg zur Sprache« dem ›gestellten Sprechen‹ bzw. der ›Information‹ gegenübergestellt. »Auch die Sprache als Information ist nicht die Sprache an sich, sondern geschichtlich nach dem Sinn und den Grenzen des jetzigen Zeitalters, das nichts Neues beginnt, sondern nur das Alte, schon Vorgezeichnete der Neuzeit in sein Äußerstes vollendet.« – Heideggers Sprachphilosophie gehört, neben der analyt. Beschäftigung mit der Sprache, zum Angelpunkt der Philosophie des 20. Jh.s und beeinflußte vor allem die philosoph. Hermeneutik.

Lit.: H.-G. GADAMER; Wahrheit und Methode. Grundzüge einer philosoph. Hermeneutik, 1975. – O. PÖGGELER, Heidegger und die hermeneut. Philosophie, 1983.

R. CAPURRO

Unzeitgemäße Betrachtungen, Friedrich NIETZSCHE; Erstes Stück: David Strauss der Bekenner und der Schriftsteller, EA Leipzig 1873; Zweites Stück: Vom Nutzen und Nachteil der

Historie für das Leben, EA Leipzig 1874; Drittes Stück: Schopenhauer als Erzieher, EA Leipzig 1874; Viertes Stück: Richard Wagner in Bayreuth, EA Schloss-Chemnitz 1876.

Der frühe Nietzsche plante 13 ›unzeitgemäße‹, d. h. kultur- und zeitkrit. Schriften, von denen er nur vier ausführte. Sie richten sich gegen den zeitgenöss. Wissenschafts- und Bildungsbetrieb des Wilhelmin. Reiches und hoffen auf eine ›wahrhaft deutsche Kultur‹ der Zukunft. Kultur wird verstanden als ›Einheit des künstler. Stils in allen Lebensäußerungen eines Volkes‹. Sie habe »die Erzeugung des Philosophen, des Künstlers und des Heiligen ... zu fördern und dadurch an der Vollendung der Natur zu arbeiten«. Das Ziel der Menschheit liege ›in ihren höchsten Exemplaren‹. – In der 1. Schrift polemisiert Nietzsche gegen D. F. Strauss als den Modellfall eines ›Bildungsphilisters‹, in der 3. und 4. Schrift rühmt er hingegen ›unzeitgemäße‹ Zeitgenossen, die durch ihr persönliches Beispiel der ›dekorativen‹ Jetztkultur entgegentreten und ›nach eigenem Maß und Gesetz zu leben‹ wagen: Schopenhauer und R. Wagner. Die philosoph. wertvollste und in ihrer Nachwirkung bedeutsamste Schrift ist aber die 2., die den Historismus des 19. Jh.s kritisiert. Geschichte habe ›nicht im Dienste der reinen Erkenntnis, sondern des Lebens‹ zu stehen. Da ›ein Übermaß der Historie dem Lebendigen schade‹, indem es den handelnden Willen und die eigene Entfaltung lähmt, sei eine ›Vernichtung der modernen Gebildetheit zu Gunsten einer wahren Bildung‹ anzustreben. Obwohl Nietzsche von ›der histor. Krankheit‹ spricht und sich gegen das positivist. Objektivitätsideal ebenso wendet wie gegen Hegels und E. v. Hartmanns teleolog. Geschichtskonstruktionen, intendiert er nicht (wie ihn die lebensphilosoph. Rezeption vielfach mißverstanden hat) eine gänzliche Abschaffung der Historie, sondern wünscht ein Gleichgewicht histor. und unhistor. Empfindens, da beides »gleichermaßen für die Gesundheit eines Einzelnen, eines Volkes und einer Cultur nötig« sei. Unterschieden werden eine monumental., antiquar. und kritische Art der Historie. Sie entsprechen drei konträren, aber jeweils situationell berechtigten Bedürfnissen des Lebens.

Ausg.: Sämtliche Werke (Kritische Studienausgabe), Bd. II, 1980.

Lit.: W. Müller-Lauter/J. Salaquarda (Hg.), Aneignung und Umwandlung. F. Nietzsche und das 19. Jh., 1978. – H. Schröter, Histor. Theorie und geschichtliches Handeln. Zur Wissenschaftskritik Nietzsches, 1982. – G. Colli, Distanz und Pathos. Einleitungen zu Nietzsches Werken, 1982.

R. Margreiter

Der Ursprung des Kunstwerks (Heidegger) → Holzwege

Urmensch und Spätkultur, Arnold Gehlen; EA Bonn 1956.

Gehlen stellt mit diesem Werk seiner Anthropologie, die er in der Studie → *Der Mensch* entwickelt hat, ein kulturtheoret. Gegenstück zur Seite. Die anthropolog. Bestimmung des Menschen als Mängel- und Handlungswesen wird durch eine Theorie der Institutionen und ihrer Kategorien (Innenstabilisierung, Gegenseitigkeit, Hintergrundserfüllung, Außenweltstabilisierung usw.) wie durch eine Theorie der archaischen Kultur ergänzt. Grundgedanke ist, daß die Institutionen für das nicht ›festgestellte Tier‹

Mensch Feststellung bedeuten. Sie erlauben dem nicht mehr instinktgeleiteten, weltoffenen, verhaltensunsicheren Wesen Mensch wieder ein quasi-automat. Fühlen und Handeln. Sie entlasten von der Reizfülle, von allzuvielen Entscheidungen, von immer neuen Grundsatz- und Statusfragen. Sie verschaffen eine ›bienfaisante certitude‹, und sie sind das entscheidende Mittel für die Steigerung des Menschen zur Kultur. Nach Gehlen lassen sich Institutionen nicht pragmatist., utilitarist. oder funktionalist. begreifen. Wie die Theorie der Entstehung der Institutionen aus dem Ritus nachweist, ist für sie die Selbstzweckhaftigkeit eines nicht weltverändernden, sondern rituell-darstellenden Handelns kennzeichnend, das, gerade weil es nicht primär zweckmäßig ist, sekundär zweckmäßig wird. Institutionen sind den Menschen durch die Erfahrung ihrer Eigenwertigkeit kulturell steigernde Gebilde. Ihre Geschichte ist nach Gehlen allerdings eine des Verfalls. Während sich der Urmensch von den Institutionen ›mit Haut und Haaren‹ konsumieren ließ, treten die als ›Transzendenzen‹ erfahrenen Institutionen mit dem Aufkommen des Monotheismus in den Zustand der ›Halbtranszendenz‹. Prekär wird die Lage der Institutionen schließlich in der Moderne, wenn sie direkt nützlich sein sollen und ihre Eigenwertigkeit dem Ansturm masseneudaimonist. Ansprüche zum Opfer fällt. Dann gerät mit den Institutionen die durch sie ermöglichte Kultur in Gefahr.

Ausg.: ³1975.
Lit.: F. Jonas, Die Institutionenlehre A. Gehlens, 1966. – J. Weiss, Weltverlust und Subjektivität, 1971.

H. Ottmann

The Uses of Arguments (engl.; *Der Gebrauch von Argumenten*), Stephen E. Toulmin; EA Cambridge 1958; dt. 1975.

Die argumentationstheoret. Untersuchung greift Status und Wert der deduktiven Logik als paradigmat. Form gültiger Beweisführung an und postuliert eine radikale Neuorientierung an der Praxis der Argumentation. – Ausgangspunkt für die Kritik des ›deduktiven Schließens‹ ist die Feststellung der Diskrepanz zwischen verselbständigter Theorie der Logik und praktischen Standards der Anwendung und Kritik von Argumentationen. Weil sich Logik mit der Gültigkeit von Geltungsansprüchen zu befassen hat, bietet sich statt der Geometrie als Konkurrenzmodell für Rationalität die jurist. Analogie des Gerichtsverfahrens an. Das analyt. Ideal der deduktiven Logik erweist sich als irrelevant, weil es auf mangelnder Einsicht in die Komplexität der Argumentationsstruktur beruht. Notwendige zentrale Unterscheidungen betreffen u. a. 1. die Rolle von modalen Termen (wie ›wahrscheinlich‹) und den ihren Gebrauch begründenden Kriterien, und 2. die Schlußregel und deren begründende Stützung. Rolle und Schlußregel sind unabhängig vom jeweiligen Bereich einer Argumentation, Kriterien und Stützung aber zwangsläufig bereichsspezif. Die Aufgabe der Logik als kritischer Wissenschaft ist es nicht, angebliche Schwächen bereichsspezif. Argumentationen zu überwinden, sondern herauszufinden, welche Qualität, d. h. welche Art der Triftigkeit sie jeweils erreichen können. Da rationales Begründen kein geeigneter Gegenstand für eine zeitlose axiomat. Wissenschaft ist, bedarf es einer neuen Form angewandter Logik, die nicht epistemolog. Theorie, sondern Analyse betreibt. – Toulmins bahnbrechende Studie stimulierte Ansätze zur informellen Logik und zur Theorie nicht-deduktiver Argumentation.

Lit.: T. NILSTUN, Moral Reasoning. A Study in the Moral Philosophy of S. E. Toulmin, 1979. – J. HABERMAS, Theorie des kommunikativen Handelns, Bd. 1, 1981. – S. BOLOGNINI, Storia e politica in S. E. Toulmin, 1983.

R. WESEL

Utilitarianism (engl.; *Utilitarismus*), John Stuart MILL; ED 1861 (in: Fraser's Magazine for Town and Country); EA London 1863; dt. 1869 Das Nützlichkeitsprinzip (in: Gesammelte Werke, übers. von Th. Gomperz, Bd. I).

Mills Essay, als eine Verteidigungsschrift konzipiert, gilt neben J. Benthams → *An Introduction to the Principles of Morals and Legislation* als das Grund- und Hauptwerk der klassischen utilitarist. Ethik. Anders als Bentham geht es Mill jedoch weniger darum, in sozialreformer. Absicht den ideologiekrit. Ansatz dieser Ethik herauszustellen, als vielmehr die Einwände ihrer Gegner als Mißverständnisse zu entkräften und zu zeigen, daß die praktischen Konsequenzen des Utilitarismus mit denjenigen traditioneller ethischer Prinzipien durchaus im Einklang stehen (2. Kap.). Außer dem Versuch, ›einen Beitrag zum besseren Verständnis und zur gerechteren Würdigung‹ der utilitarist. Ethik zu leisten, ist es deshalb vor allem Mills Anliegen, in der Streitfrage nach dem Kriterium von Recht und Unrecht das Prinzip der Nützlichkeit bzw. des größten Glücks der größten Zahl als ›das Grundprinzip der Moral und die Quelle aller sittlichen Verpflichtungen‹ (1. Kap.) zu erweisen. Wo dies, wie im Fall der (gerechten) Verteilung von Glücksgütern, prima facie nicht zuzutreffen scheint, verweist Mill auf die Unbestimmtheit des Gerechtigkeitsbegriffs und bietet das utilitarist. Prinzip als eine Entscheidungsregel zugunsten der Behandlung der Menschen nach ihren Verdiensten an (5. Kap.). Den letzten ›Beweis‹ dafür, daß Handlungen entsprechend ihrem Nutzen für das allgemeine Glück moral. zu beurteilen sind, sieht Mill wie Bentham in der Tatsache, »daß das Glück jedes einzelnen für diesen ein Gut ist und daß daher das allgemeine Glück ein Gut für die Gesamtheit der Menschen ist« ist (4. Kap.). Für die Anwendung des Glücksmaximierungsgebotes will Mill allerdings den Benthamschen hedonist. Kalkül um einen qualitativen Glücksbegriff erweitert und die ›äußeren‹ Sanktionen durch ›innere‹ Motivationen (Gewissen) (3. Kap.) ergänzt sehen.

Ausg.: Dt., von D. BIRNBACHER, 1976 (RUB 9821).

Lit.: Einführung in die utilitarist. Ethik, hg. von O. HÖFFE, 1975. – W. E. COOPER/K. NIELSEN/S. C. PATTEN (hg.), New Essays on J. S. Mill and Utilitarianism, 1979.

L. WAAS

Utopia (Morus) → De optimo reip(ublicae) statu . . .

La valeur de la science (frz.; *Der Wert der Wissenschaft*), Henri POINCARÉ; EA Paris 1905; dt. 1906.

Die Aufsatzsammlung bietet weitere Anwendungen und eine kritische Entwicklung der früher in → *La science et l'hypothèse* vorgelegten konventionalist. Wissenschaftstheorie Poincarés. – Eine wichtige neue Anwendung betrifft die Zeitmessung. Nach Poincaré sind unsere Festsetzungen über Gleichzeitigkeit, Kausalordnung und die Gleichheit zweier Zeitstrecken nicht wegen ihrer Wahrheit, sondern wegen ihrer Bequemlichkeit gewählt worden, d. h. sie gestatten möglichst einfache Formulierungen der Naturgesetze. Zur weiteren Entwicklung und Pointierung seines Standpunktes unterscheidet Poincaré seine Ansichten von dem radikalen, anti-empir. Konventionalismus E. LeRoys. Poincaré weist LeRoys nominalist. Behauptung, daß der Wissenschaftler die ›wissenschaftliche Tatsache‹ erschaffe, zurück und behauptet dagegen, daß er durch Konvention die Sprache der Wissenschaft erschaffe, nicht aber die Tatsachen, die diese Sprache ausdrückt. Er bestreitet auch die Behauptung LeRoys, wonach zwei wissenschaftliche Sprachen so verschieden sein können, daß eine Übersetzung zwischen ihnen unmöglich ist. Nach Poincaré ist Übersetzung zwischen Sprachen, deren Sprecher die gleiche Logik und gleichartige Sinneswahrnehmungen haben, stets möglich.

Lit.: J. GIEDYMIN, Science and Convention: Essays on H. Poincaré's Philosophy of Science and the Conventionalist Traditon, 1982.

D. A. HOWARD

The Varieties of Religious Experience: A Study in Human Nature (engl.; *Die Vielfalt religiöser Erfahrung*. Eine Studie über die menschliche Natur), William JAMES; EA New York 1902; dt. 1907 Die religiöse Erfahrung in ihrer Mannigfaltigkeit. Materialien und Studien zu einer Psychologie und Pathologie des religiösen Lebens.

In seinem religionsphilosoph. Hauptwerk ordnet James die Phänomene religiöser Erfahrungen als psycholog. zu verstehende Bewußtseinszustände in den Gesamtkontext menschlicher Erfahrung ein. Über den Wert religiöser Vorstellungen entscheidet jedoch nicht ihr psychischer Ursprung, sondern die Nützlichkeit ihrer spezif. Inhalte im Rahmen der Erfahrungen des konkreten Lebensvollzuges. Bewähren sie sich in diesem Sinne für ein Individuum sowohl in gefühlsmäßiger als auch in geistiger Hinsicht, so können sie als persönliche Wahrheiten gelten, die nur in solchen Fällen bezweifelt werden können, in denen sie Voraussagen über die künftige Entwicklung der Welt beinhalten. – Die Schrift hat im Rahmen der deutschen Rezeption des Pragmatismus u. a. die anthropolog. Deutung des Religiösen bei A. Gehlen beeinflußt.

Ausg.: Dt., von E. HERMS, 1979.

Lit.: T. R. MARTLAND, The Metaphysics of W. James and J. Dewey. Process and Structure in Philosophy and Religion, 1963.

J. MONAR

La vérité des sciences. Contre les sceptiques ou Pyrrhoniens (frz.; *Die Wahrheit der Wissenschaften*. Gegen die Skeptiker und Pyrrhonisten), Marin MERSENNE; EA Paris 1625.

Dieser Begründungsversuch von Methode und Theorie der entstehenden neuzeitlichen Naturwissenschaft richtet sich polem. gegen zeitgenöss. Modelle, vorrangig gegen den erneuerten Erkenntnisskeptizismus (M. Montaigne, P. Charron, Fr. Sanchez), aber auch gegen die Naturphilosophie der Renaissance (B. Telesio, F. Patrizi, R. Fludd, G. Bruno) und den neuplaton. Hermetismus. Stattdessen gründet sich die Erkennbarkeit der Natur auf ihre mechan. Struktur und kausale Gesetzlichkeit, wie in der Mechanik Galileis entwickelt, nicht mehr auf eine Weltseele noch auf unerforschbare magisch-esoter. Potenzen. Die Kausalität der Mechanik entspricht vielmehr dem Prozeß der Rationalität und läßt sich dadurch vorbehaltlos erhellen. Die naturwissenschaftlich gefundene Wahrheit widerspricht nicht der theolog., sondern erweist umgekehrt die auf der gemeinsamen Wahrheit gründende Einheit aller Wissenschaften und die universale Harmonie der Weltordnung, vom Sinnlich-Materiellen bis zum Göttlichen. – Mersennes Wirkung auf die zeitgenöss. Naturwissenschaft war bedeutend (Einfluß auf Descartes, Gassendi, Helmont, Hobbes, Pascal). Nicht zuletzt durch diese Schrift war dem Skeptizismus und der Esoterik in den aufblühenden Naturwissenschaften method. der Boden entzogen.

Ausg.: Repr. (1625) 1969.

Lit.: H. Hermelink, M. Mersenne und seine Naturphilosophie, in: Philos. Nat. 1 (1950). – R. Lenoble, Mersenne ou la naissance du mécanisme, 1943. – A. C. Crombie, M. Mersenne and the 17th Ct. Problem of Scientific Acceptability, in: Physis 17 (1975). – R. H. Popkin, Father Mersenne's War against Pyrrhonism, in: Modern Schoolman 34 (1956/7).

H.-B. Gerl

Vernünftige Gedanken von dem Gesellschaftlichen Leben der Menschen und Insonderheit dem gemeinen Wesen *(Deutsche Politik),* Christian Wolff; EA Halle 1721 (u. d. T. *Politik, oder Vernünftige Gedanken . . .*).

In dieser gesellschaftstheoret. und staatsphilosoph. Abhandlung zeigt Wolff im Anschluß an die *Deutsche Ethik* (→ *Vernünftige Gedanken von der Menschen Tun und Lassen*) die Bedeutung der Ethik für das gesellschaftliche Leben auf. Mit Grotius, Pufendorf und Leibniz sieht er den gesellschaftsstiftenden Akt im Vertrag von Personen. Oberstes Ziel der Politik ist, die Wohlfahrt der Gesellschaft zu befördern. Die Herkunft von Wolffs Staatsbegriff aus einer individuellen Pflichtenlehre wird hier offenkundig. Der 2. Teil des Werkes über das Gemeinwesen stellt die Beförderung der Wohlfahrt und die Erhaltung der Sicherheit als oberste Regel eines vollkommenen Gemeinwesens in den Mittelpunkt. So wird die Staatslehre auf das Individuum zurückbezogen. Zwischen Obrigkeit und Untertanen bestehen berechtigte wechselseitige Ansprüche. Allerdings bleibt Wolffs Analyse der Staatswesen der aristotel. Einteilung in Monarchie, Aristokratie und Politie treu. Zum Anlaß der Kritik aus pietist. Kreisen wurde die scharfe Trennung zwischen Naturrechtserkenntnis und Offenbarungswissen. Trotz der Bevorzugung der Monarchie wird im Gedanken des vernünftigen Naturrechtes ein Korrektiv zur Willkürherrschaft geschaffen. So enthält Wolffs *Deutsche Politik* die Summe der Gesellschaftstheorie des aufgeklärten Absolutismus, während die »Lateinischen Schriften« eher untergründig gewirkt haben, und zwar auf Juristen wie J. U. Cramer (Marburg) und J. A. Ickstatt (Würzburg) und die Naturrechtstheorien des spätaufklärer. Katholizismus. Hier handelt es sich um das *Jus Naturae* (Naturrecht; Latein. Schriften Bd. XVII-XXIV; EA Halle/Frankfurt 1740–48), um das *Jus Gentium* (Völkerrecht; Latein. Schriften Bd. XXV/XXVI; EA Halle 1749/50) und um die *Oeconomia* (Hauswirtschaftslehre ed. Hanov; Latein. Schriften Bd. XXVII/XXVIII; EA Halle 1754/55).

Ausg.: Deutsche Schriften, Bd V, hg. von H. W. ARNDT, 1975. – Latein. Schriften, Bd. XVII–XXVIII, hg. von M. THOMAN, 1968–1972.
Lit.: E. STIPPERGER, Freiheit und Institution bei Ch. Wolff, 1984. – H. BOECKERSTETTE, Aporien der Freiheit und ihre Auflösung durch Kant, 1982. – S. E. WUNNER, Ch. Wolff und die Epoche des Naturrechts, 1968.

B. IRRGANG

Vernünftige Gedanken von den Kräften des menschlichen Verstandes und ihrem richtigen Gebrauche in Erkenntnis der Wahrheit *(Deutsche Logik),* Christian WOLFF; EA Halle 1712 (u. d. T. *Logica, oder Vernünftige Gedanken* ...).
Diese logisch-erkenntnistheoret. Abhandlung ist der I. Band von Wolffs deutschen philosoph. Schriften (1713–1726). Ihm entspricht der II. Band der latein. philosoph. Werke (1728–1754). Abgesehen von terminolog. Unsicherheiten und Änderungen lag Wolffs Denksystem im Umriß vor, als seine latein. Schriften erschienen. Erstere entstammen seiner Vorlesungstätigkeit und verstehen sich als Einführungen, letztere sind an die internationale Gelehrtenwelt adressiert. – Wolff setzt ein mit seiner berühmten Bestimmung der Philosophie: die Weltweisheit ist eine Wissenschaft aller möglichen Dinge, wie und warum sie möglich sind. Alles muß einen zureichenden Grund haben. Und der Weltweise kennt die Ursachen, begnügt sich nicht mit der bloßen Erklärung des ›daß‹. Wolff begründet die Logik erkenntnistheoret.; er unterscheidet Empfindung (Bewußtsein), Denken (Selbstbewußtsein) und Begriff (Vorstellung einer Sache in unseren Gedanken). Im Zentrum seiner Überlegungen steht der Begriff, genauer seine Bestimmung und Zergliederung. Hinsichtlich der Möglichkeit von Begriffen läßt Wolff die Prüfung durch die Sinne und die Widerspruchsfreiheit zu. Dabei unterscheidet er die Wort-Erklärung (Nominalerklärung) und die Erklärung einer Sache (Realdefinition). Nach seinen sprachphilosoph. Überlegungen zur Bedeutungstheorie handelt er das Urteil ab und begreift dieses als Verbindung oder Trennung zweier oder mehrerer damit verknüpfter Begriffe. Als Grund für die Richtigkeit und Deutlichkeit der Schlüsse (des Syllogismus) identifiziert er den Widerspruchssatz. Gegenstände logischer Betrachtungen sind für Wolff auch Erfahrungssätze über kausale Verknüpfungen und das Experiment. Mit dem Vorbild Mathematik vor Augen bestimmt er Wissenschaft als Fertigkeit des Verstandes, alle Behauptungen aus unwidersprechlichen Gründen unumstößlich darzutun, d. h. zu demonstrieren. Leitend bleibt das an Descartes orientierte Demonstrationsverfahren, obwohl er in seiner Logik die Regeln der Disputationskunst abhandelt. So lassen sich Einflüsse des Cartesianismus, der kathol. Scholastik und der protestant.-aristotel. Schulphilosophie nachweisen. Darüber hinaus lehnt Wolff – Tschirnhaus' → *Medicina mentis* folgend – das syllogist. Schlußverfahren ab und bevorzugt die mathemat. Darstellungsart im Rahmen einer ars inveniendi, einer Forschungslogik mit dem Ziel des Erwerbs neuer Einsichten. Vor allem jedoch rezipiert er Leibniz und tritt mit ihm

insbes. über mathemat. Probleme (Integralrechnung) für mehr als ein Jahrzehnt in brieflichen Kontakt. Der Philosophie von Leibniz verdankt er die Grundüberzeugung, daß reale Möglichkeit und logische Widerspruchslosigkeit sich gegenseitig implizieren. So gewinnen Widerspruchsprinzip und Satz vom zureichenden Grund – als fundierende Prinzipien von Leibniz übernommen – Grundlegungscharakter für sein System der Begriffe als Ausdruck der Struktur von Welt in einem gesetzmäßigen Zusammenhang. Während aber Leibniz eher prinzipielle Fragen klärt und bisweilen scheinbar eklekt. vorgeht, richtet sich Wolffs Interesse auf das Systematische, auf die Totalität einer durchgängig logisch bestimmten und zusammenhängenden Darstellung einer Disziplin, hier der Logik selbst. – Die latein. Übersetzung der *Deutschen Logik* findet sich unter dem Titel *Cogitationes rationales de viribus intellectus humani* (EA 1730; eingeordnet in die Gesammelten Werke, 2. Abt., Bd. II). Ihnen vorangestellt ist die *Philosophia rationalis sive logica* (EA Frankfurt/Leipzig 1728) in drei Bänden, deren erster den wichtigen »Discursus praeliminaris de philosophia in genere« enthält. Hier unterscheidet Wolff drei Arten von Erkenntnissen und bringt diese zugleich in einen systemat.-hierarch. Zusammenhang, nämlich 1) histor., 2) philosoph. und 3) mathemat. Erkenntnisse. Beschränkt sich die erste Ebene auf die Sinnlichkeit, die komplexe, irreduzible Vielfalt der Lebenswelt, geht es in der zweiten um die Vernunft der Tatsachen, so setzt sich schließlich die letzte die Meßbarkeit, Quantifizierung und Berechenbarkeit zum Ziel. Philosophie ist auch im latein. Werk die Wissenschaft des Möglichen, insofern es aktualisiert werden kann, außerdem die Fähigkeit oder Fertigkeit (der aristotel. scholast. Terminus des ›habitus‹) zu demonstrieren. Die für die ars inveniendi charakterist. Verknüpfung von formaler Schluß- und Begriffslehre mit Elementen der Psychologia rationalis liegt auch bei Wolff vor. Insgesamt enthält insbesondere die *Deutsche Logik* die Methodologie Wolffs, die den Unterricht an deutschsprachigen Universitäten bis in die 70er Jahre des 18. Jh.s maßgeblich beeinflußt hat und die – oft nicht klar genug herausgearbeitet – Einflüsse bis in das Denken Kants aufweisen.

Ausg.: Deutsche Logik, in: Gesammelte Werke, 1. Abt., Bd. I, hg. von H. W. Arndt, 1978. – Latein. Logik, in: Gesammelte Werke, 2. Abt., Bd. I.1–I.3 u. Bd. II, hg. von J. Ecole, 1983.

Lit.: H. W. Arndt, Der Möglichkeitsbegriff bei Chr. Wolff und J. H. Lambert, (Diss.) 1959. – I. Pape, Tradition und Transformation der Modalität, Bd. I, 1966.

B. Irrgang

Vernünftige Gedanken von der Menschen Tun und Lassen, zur Beförderung ihrer Glückseligkeit *(Deutsche Ethik)*, Christian Wolff; EA Halle 1720 (u. d. T. *Moral, oder Vernünftige Gedanken ...*).

Wolffs ethische Untersuchung gehört zu den ersten Versuchen einer systemat. Darstellung neuzeitlicher praktischer Philosophie. Die *Deutsche Ethik* besteht aus vier Teilen, wobei der erste Grundlegungsfunktion besitzt, während die übrigen drei eine Pflichtenlehre des Menschen gegen sich selbst, Gott und den Nächsten entwerfen. Diese Zweiteilung ergibt sich aus den unterschiedlichen Bedürfnissen der systemat. Exposition einerseits, den Gesichtspunkten der Lehre andererseits. Die *Deutsche Ethik* ist eingebunden in das Gesamtsystem, besonders verweist sie auf Ontologie, empir. Psychologie und natürliche Theologie. Ausgangspunkt von Wolffs praktischer Philosophie ist die Betrachtung der Seele und der Willensfreiheit. Zentralbegriff ist auch hier die Vollkommenheit, gedacht als Übereinstimmung der Zustände eines Menschen mit seiner Natur. Die Grundregel: ›Tue, was deinen oder anderer Zustand vollkommener macht, unterlasse, was ihn unvollkommener macht‹, ist ein Gesetz der Natur. Tugend macht den Menschen glückselig. Vernunft ist der Ursprung des Gewissens, Gewissen das Urteil von unseren Handlungen, mithin demonstrierbar. Ausschlaggebend für die Beurteilung einer Handlung ist der gute oder böse Erfolg. Für die Bewertung der Beschaffenheit einer Handlung ist jedoch deutliche Erkenntnis seiner selbst und anderer erforderlich, die aber häufig durch Verstellung verhindert wird. Erkenntnis ist das Wesen des Menschen, Erkenntnis des Guten Beweggrund des Willens. Daher steht im 2. Teil (Thema: Verstand, Wille, Leib) die Selbsterkenntnis im Vordergrund, während der 3. Teil das Vertrauen auf Gott, Gebet und Gottesdienst behandelt. Der letzte Teil verdient besondere Beachtung. Denn hier folgert Wolff aus der geforderten Liebe zu den Menschen, daß einem anderen geholfen werden muß, wenn dieser für seine Bedürfnisse nicht selbst aufkommen kann. Das Eigentum erklärt er aus der Lasterhaftigkeit des Menschen, der mehr haben will, als zur Bedürfnisbefriedigung erforderlich wäre. Gütergemeinschaft ist nur bei Verwirklichung des Liebesgebotes möglich. Das Werk endet mit einer Betrachtung der Idee der Gerechtigkeit. Die Gegenstände des 1. Teils der *Deutschen Ethik* werden im wesentlich umfangreicheren latein. Werk, das jedoch sachlich und inhaltlich kaum differiert, in der *Philosophia Practica Universalis (methodo scientifica pertracta)* (Allgemeine praktische Philosophie auf wissenschaftliche Art behandelt (2 Bde.); EA Frankfurt/Leipzig 1738/39; Latein. Schriften Bd. X und XI) abgehandelt. Der I. Band thematisiert die Handlungen des Menschen, das Gesetz der Natur, Tugend und Laster sowie das Gewissen, der II. Band die Ausrichtung der menschlichen Handlungen auf das höchste Gut und das irdische Glück am Leitfaden des Gewissens und der Gesetze. Wolff entwirft hier eine allgemeine Grundlegung der praktischen Philosophie als eigenständiger Disziplin. Bezeichnend ist die strenge Systematik der Darstellung. Den restlichen drei Teilen der *Deutschen Ethik* entspricht die *Philosophia Moralis sive Ethica* (Moralphilosophie oder Ethik (5 Bde.); EA Halle 1750–53; Latein. Schriften Bd. XII–XVI). Ihre Gegenstände sind: 1) die Fähigkeit zur Erkenntnis, die intellektuellen Tugenden, 2) Wille und Affekte, 3) die Pflichten gegenüber Gott, 4) Selbstbewußtsein und -liebe, die Sorge um Seele, Körper und den rechten Gebrauch der Dinge und schließlich 5) Pflichten anderen gegenüber, nämlich Liebe, Freundschaft, Gewohnheit, Mitleid, Bekanntschaft, Gesellschaft, Wahrheit und Gerechtigkeit. – Wolffs eigentümliche philosoph. Leistung liegt im Bereich der Ethik. Bereits mit seiner Dissertation von 1703, die eine Mathematisierung der praktischen Philosophie gemäß dem Programm der → *Medicina mentis* (Tschirnhaus) vorschlug, war das Grundthema gestellt: die sichere Begründung der Moralphilosophie. Method. auch von Descartes und Leibniz beeinflußt, entwarf er eine aprior. und demonstrative Methode als strenge Methode der Forschung (ars inveniendi, Demonstration) und der Darstellung (Lehre, Gesichtspunkt der Brauchbarkeit, pragmat. Ansatz und Verwendung der deutschen Sprache). In der umstrittenen *Rede über die Moral der Chinesen* (PhB 374), die zur Amtsenthebung 1724 führte, verkündet er die Autonomie der Moral und schöpft hier stärker aus antiken Quellen. Das Streben nach Vollkommenheit ist dem Menschen Gesetz der Natur, unabhängig vom Willen Gottes. Inhaltlich lehnt er sich an die protestant. Moraltheologie (Melanchthon) und die protestant. Rechtsphilosophie (Grotius, Pufendorf; Thomasius) an. Rezipiert allerdings wurden die methodischen Gesichtspunkte, die Lehrart, wie Ludovicis Artikel »Wolff« in Zedlers *Universallexikon* beweist. Die *Lateinische Ethik* zeigte kaum Wirkung, die deutsche fand Schüler in I. G. Canz, A. G. Baumgarten und G. F. Meier. Die Entwicklung der aufklärer. Ethik lief an Wolff vorbei, die Popularphilosophen wandten sich den Engländern zu (Shaftesbury, Hutcheson, Ferguson). In der → *Metaphysik der Sitten* konstatiert Kant bei Wolffs Ableitung der Pflichten aus der rationalen Seinsverfassung des Menschen einen Zirkel: unser Handeln gelte uns dann als gut, wenn es mit der Natur des Menschen übereinstimmt, während bei der Bestimmung seiner Sittlichkeit die Vollkommenheit bereits vorausgesetzt wird. Dennoch bleibt die Kantische praktische Philosophie in ihrer intellektualist. Ausrichtung von der Problemstellung der Leibniz-Wolffschen Schulphilosophie abhängig, insbes. in der Frage nach Willensfreiheit und Determination.

Ausg.: Deutsche Werke, Bd. IV, hg. von H. W. Arndt, 1976. – Latein. Schriften, Bd. X–XVI, hg. von W. Lenders, 1970–79. *Lit.:* H. Poser, Die Bedeutung der Ethik Wolffs für die deutsche Aufklärung, in: Stud. Leibn. Suppl. XIX (1980). – W. Schneiders, Naturrecht und Liebesethik, 1971. – J. Schmucker, Die Ursprünge der Ethik Kants in seinen vorkrit. Schriften, 1961.

B. Irrgang

Vernünftige Gedanken von Gott, der Welt und der Seele des Menschen, auch allen Dingen überhaupt *(Deutsche Metaphysik),* Christian Wolff; EA Halle 1720 (u. d. T. *Metaphysik, oder Vernünftige Gedanken ...*).

In dieser metaphys. Schrift, die bis 1752 zwölfmal neu aufgelegt wurde, entwirft Wolff die Grundzüge seiner theoret. Philosophie. Die sechs Kapitel handeln Erkenntnistheorie, Ontologie, empir. Psychologie, allgemeine Kosmologie, rationale Psychologie und natürliche Theologie ab. Vom Gegenstands- und Selbstbewußtsein ausgehend ist sein Ziel unbezweifelbare Erkenntnis. Aus der Selbsterfahrung und Descartes' ›cogito ergo sum‹ bildet Wolff im 1. Kap. einen Syllogismus. Alles, was richtig demonstriert wird, ist ebenso gewiß, als wir sind. In Kap. 2 werden als die beiden Grundprinzipien der Satz vom auszuschließenden Widerspruch und vom Grunde (als Grund des Verstehens und Kausalität) angeführt. Ebenfalls in diesem Kapitel handelt Wolff im Anschluß an Leibniz' → *Essais de theodicée* das Wesen, d. h. die Möglichkeit, als Grundbestimmung eines Dinges ab. Die zentrale Stellung des Begriffs der Ordnung (als Ähnlichkeit des Mannigfaltigen) im System folgt aus den beiden Grundprinzipien. Wahrheit ist die Ordnung in der Veränderung. Wolffs Denkgebäude gipfelt in der Bestimmung der Vollkommenheit als Zusammenstimmung des Mannigfaltigen. Die empir. Psychologie erzählt dann, was wir in täglicher Erfahrung von der Seele wahrnehmen. Wolff definiert sie durch das Bewußtsein. In diesem Kapitel geht es um Erkenntnis (klares und deutliches Bewußtsein verbunden mit dem Satz vom Widerspruch), Empfindung, Einbildungskraft, Gedächtnis, Verstand (Fähigkeit, das Mögliche deutlich vorzustellen), Erfahrung, Experiment, um die Bestimmung der Wissenschaft und der Ars inveniendi (vgl. Tschirnhaus' → *Medicina mentis*), Vernunft (Einsicht in den Zusammenhang der Wahrheiten), Erwartung, Lust (Anschauen der Vollkommenheit), Affekte, Wille und Wahlfreiheit. Gegen den Begriff der Willkür wendet Wolff ein, daß die Ursache jeder Handlung in der Seele zu finden sei. Der eigentliche Grund der Freiheit liegt jedoch in der Vernunft beschlossen. In der Kosmologie betrachtet er die Welt als aus Teilen zusammengesetztes Ganzes nach dem Maschinenmodell. Natur ist die bewegende, bewirkende Kraft, die das Wesen eines Dinges in ihrer Art determiniert. So entsteht aus der Ordnung die Vollkommenheit der Welt: die Natur macht keine Sprünge. Die rationale Psychologie bestimmt dann die Natur der Seele durch den Begriff der Substanz, der Kraft und des Selbstbewußtseins. Dabei fließen die scholast.-aristotel. Bestimmung der Substanz und Leibniz' Monadenkonzeption ineinander. In der Frage nach dem Leib-Seele-Zusammenhang kritisiert er Descartes und schließt sich Leibniz' Hypothese einer vorherbestimmten Harmonie an. Auch in diesem Kapitel konzentriert sich sein Denkgebäude im Begriff der Vollkommenheit, und zwar des Verstandes (Deutlichkeit der Begriffe und Schlüsse), der Vernunft (Einsicht in alle Wahrheiten) und des Willens (vollständige Vorstellung des Besten). Die natürliche Theologie geht vom Beweis Gottes aus der Kontingenz der Welt aus und handelt dann die Eigenschaften Gottes ab. Aus dem Satz des Grundes folgt Gottes Vorherwissen. Jedoch ändert dieses nichts, insbes. nichts an unserer Freiheit. Der Verstand Gottes ist die Quelle des Wesens aller Dinge, sein Wille Ursache ihrer Wirklichkeit. Die größte Vollkommenheit der Welt ist der Beweggrund seines Willens. Daher hat er die beste Welt erschaffen, wenn sich die Allmacht auch nicht auf unmögliche Dinge erstreckt. So zeigt Wolffs Version der Theodizee den Anspruch der Vernunft, selbst das Böse, d. h. Vernunftwidrige weitestmöglich aus der Vernunft zu erklären. Allerdings erkennt er der Vernunft keine Vollkommenheit zu. – Die *Anmerkungen zur Deutschen Metaphysik (Der Vernünftigen Gedanken von Gott ... Anderer Teil, bestehend in ausführlichen Anmerkungen;* EA Frankfurt 1724) sind ein Ergebnis des Streites mit J. Lange und der theolog. Fakultät Halle, der zu Wolffs Amtsenthebung und Übersiedelung nach Marburg im

Jahr 1723 führte. Inhaltlich ist dieser ebenfalls recht umfangreiche Band eine Auseinandersetzung insbes. mit den Lehren von Descartes, Spinoza, Locke, Tschirnhaus und Leibniz und enthält eine Klärung seiner grundlegenden Begriffe. Die *Philosophia Prima sive Ontologia (methodo scientifica pertracta)* (Die Erste Philosophie oder Ontologie (mit wissenschaftlicher Methode abgehandelt); Latein. Werke Bd. III, EA 1728) expliziert als Prinzipien der Ersten Philosophie den Widerspruchssatz und den Satz vom zureichenden Grund und legt insbes. Wert auf die Modalbegriffe. Die meisten der später bei Kant aufgestellten Kategorien werden in dieser Disziplin abgehandelt. In der *Cosmologia Generalis* (Allgemeine Kosmologie; Latein. Schriften Bd. IV, EA 1731) begreift Wolff die Welt, insofern sie ein zusammengesetztes und veränderbares Ding ist, als ›nexus rerum‹ gemäß der ›ratio sufficiens‹. Ihr 2. Teil beschäftigt sich mit der Natur der Körper sowie den Gesetzen der Bewegung. Letztlich jedoch geht es um den Aufweis der perfectio (Vollkommenheit) der Welt. Die *Psychologia Empirica* (Empirische Psychologie; Latein. Schriften Bd. V, EA 1732) untersucht die Fähigkeit des Erkennens, des Begehrens, schließlich den Willen, die Freiheit und das ›commercium mentis et corporis‹. Die *Psychologia Rationalis* (Vernünftige Psychologie; Latein. Schriften Bd. VI, EA 1734) entwirft daran anschließend eine Demonstration a priori des Bewußtseinslebens. Hier findet sich eine ausführliche Diskussion des Leib-Seele-Verhältnisses und seiner drei Erklärungshypothesen: des ›influxus physicus‹, des Okkasionalismus und der prästabilierten Harmonie. Die Metaphysik findet ihren Abschluß in der *Theologia Naturalis* (Natürliche Theologie; Latein. Schriften Bd. VII 1 u. 2 u. Bd. VIII). Sie behandelt die Eigenschaften Gottes und die Probleme der Schöpfung und der Providenz. Die Überlegungen schließen mit den Gottesbeweisen und der Widerlegung des Atheismus, Deismus, Fatalismus und Spinozismus. – Wolffs *Deutsche Metaphysik* stellt die Summe der deutschen aufklärer. Schulphilosophie dar und hat die Diskussion des 18. Jh.s geprägt.

Ausg.: Gesammelte Werke, I. Abt. Deutsche Schriften, Bd. II u. III, hg. von CH. A. CORR, 1983. – Gesammelte Werke, II. Abt. Latein. Schriften, Bd. III–VIII, hg. von J. ECOLE, 1964–1983.

Lit.: A. BISSINGER, Die Struktur der Gotteserkenntnis. Zur Philosophie Chr. Wolffs, 1970. – W. SCHNEIDERS (Hg.), Chr. Wolff 1679–1754, ²1986.

B. IRRGANG

Vernunftlehre, als eine Anweisung zum richtigen Gebrauche der Vernunft in dem Erkenntnisse der Wahrheit aus zwei ganz natürlichen Regeln der Einstimmung und des Widerspruchs hergeleitet, Hermann Samuel REIMARUS; EA Hamburg 1756.

Das Werk, als Handbuch der Logik für Vorlesungszwecke gedacht, ist vor dem Hintergrund der Philosophie des Luthertums seiner Zeit (Buddeus, Tschirnhaus), der Leibniz-Wolffschen Metaphysik und der Hamburger Logik des J. Jungius zu verstehen. Nach einer einleitenden Klärung des Vernunftbegriffes gliedert Reimarus die Logik in einen theoret. (Lehre von Begriff, Urteil, Schluß) und einen praktischen Teil (Methodenlehre in den drei Feldern der Erkenntnisquellen von Erfahrung, Vernunfteinsicht,

Glaube, der Erkenntnismittel wie Erfindung, Prüfung, Beweis und Verteidigung der Wahrheit sowie der Erkenntnisgewinnung in der Vermeidung von Irrtümern, den Kennzeichen der Gewißheit, der Wahrscheinlichkeit und der Berechtigung des Zweifels). Reimarus definiert die Vernunft als »eine Kraft ... nach den Regeln der Einstimmung und des Widerspruchs über die Dinge zu reflectieren« und sie auf Ähnlichkeit und Unterschied hin zu vergleichen. Die Reichweite der Vernunft ist gebunden an die zureichende Klarheit und Deutlichkeit der Vorstellung.

Ausg.: F. Lötzsch, 1979.

Lit.: W. Risse, Logik der Neuzeit II 1640–1780, 1970. – H. Scholz, Geschichte der Logik, 1931. – W. Walter/L. Borinski (Hg.), Logik im Zeitalter der Aufklärung. Studien zur ›Vernunftlehre‹ von H. S. Reimarus, 1980.

F. J. Fuchs

Versuch die Metamorphose der Pflanzen zu erklären, Johann Wolfgang von Goethe; EA Gotha 1790.

Goethes Aufsatz – als Grundschrift seiner morpholog. Studien in das erste seiner Hefte *Zur Naturwissenschaft überhaupt, insbesondere zur Morphologie* (1817–24) aufgenommen – beschreibt die idealtyp. Bildung der Pflanze als eine mehrstufige Umformung der Keimblätter (Kotyledonen), die im Wechsel von Ausdehnung und Kontraktion (Goethes Polaritätsprinzip) erfolgt: Keimblatt, Stengelblatt, Kelch, Krone, Sexualorgane, Frucht. Gegen die statisch-klassifikator. Methode der Linnéschen Botanik bringt Goethe das dynam. Wesen natürlicher Gestalten zur Geltung: Morphologie als ›Verwandlungslehre‹. Zugleich ermöglicht das Paradigma ›Metamorphose‹, im ontogenet. Wandel die Einheit festzuhalten, ist es nach Goethe doch stets »ein und dasselbe Organ«, hier das Blatt, das »in so verschiedene Gestalten metamorphosiert«.

Ausg.: Die Schriften zur Naturwissenschaft, 1. Abt., Bd. IX, 1954. – Werke (Hamburger Ausgabe), Bd. XIII, [9]1982 (mit Nachwort von C. F. v. Weizsäcker).

Lit.: A. B. Wachsmuth, Goethes naturwissenschaftliche Lehre von der Gestalt, in: ders., Geeinte Zwienatur, 1966. – A. Portmann, Goethe und der Begriff der Metamorphose, in: Goethe-Jahrbuch 90 (1973).

W. Riedel

Versuch einer Kritik aller Offenbarung, Johann Gottlieb Fichte; EA Königsberg 1792 (anonym).

Die Schrift, die Fichte mit einem Schlag bekannt machte, weil man sie für ein anonym erschienenes Werk Kants gehalten und dieser den Irrtum unter Hinweis auf den tatsächlichen Verfasser berichtigt hatte, dokumentiert das erste, noch relativ wenig selbständige Herangehen Fichtes an das Problem der Religion. – Die aprior. Ableitung des Begriffs der Offenbarung erfolgt im Spannungsfeld zwischen dem sittlich aufgegebenen Zweck moral. Vollkommenheit unseres Handelns und dem Streben noch höchster Glückseligkeit. Nur Gott vermag die Spannung aufzulösen und die Überwindung des Widerspruchs zu gewährleisten, indem er Wirkungen in der Sinnenwelt hervorbringt, mittels welcher er sich als moral. Gesetzgeber ankündigt. Offenbarung erweitert also nicht unser theoret. Wissen, sondern dient dem moral. Bedürfnis, die Schwierigkeiten beim Erreichen vollkommener Sittlichkeit zu überwinden. – Die Schrift steht noch ganz im Zeichen der Gedanken und Begriffe Kants, weist aber inhaltlich im einzelnen sowohl auf Anselm von Canterbury zurück als auch auf bestimmte Positionen Feuerbachs und der Junghegelianer voraus.

Ausg.: Gesamtausgabe der Bay. Ak. d. Wiss., Bd. I, 1, hg. von R. Lauth/H. Jacob, 1964.

Lit.: W. Ritzel, Fichtes Religionsphilosophie, 1956. – H. M. Baumgartner, Über das Gottesverständnis der Transzendentalphilosophie. Bemerkungen zum Atheismusstreit von 1798/99, in: Philos. Jb. 73/2 (1966). – F. Böckelmann (Hg.), Die Schriften zu J. G. Fichtes Atheismus-Streit, 1969.

W. Schweidler

Versuch einer neuen Theorie des menschlichen Vorstellungsvermögens, Karl Leonhard Reinhold; EA Prag/Jena 1789.

In seinem Hauptwerk stellt sich Reinhold die Aufgabe, eine einheitliche Grundlage für die gesamte Vernunfttätigkeit aufzustellen und dadurch die Philosophie Kants in systemat. Form neu zu begründen. Die in sich evidente gemeinschaftliche Wurzel von Sinnlichkeit und Verstand sieht Reinhold in der Vorstellungstätigkeit, die ein Vermögen des Bewußtseins ist. In der Vorstellung unterscheidet das Bewußtsein das vorstellende Subjekt vom vorgestellten Objekt und bezieht sie aufeinander. Aus diesem von Reinhold in seiner Elementarphilosophie genannten ›Satz des Bewußtseins‹ werden die Elemente des Bewußtseins hergeleitet, die die notwendigen Bedingungen des Vorstellens überhaupt ausmachen. Das dem Objekt ›entsprechende‹ Stoffelement wird vom Bewußtsein rezeptiv hingenommen, das Formelement von der subjektiven Spontaneität hervorgebracht. Die Vorstellung ist jedoch nicht Abbild des außerhalb des Bewußtseins existierenden Dinges an sich. Letzteres affiziert zwar das Subjekt und ist ihm daher unentbehrlich, aber, sofern es unerkennbar ist, wird es zum Begriff eines unbestimmten Etwas. Der Formungsprozeß vollzieht sich in drei Stadien (Anschauung, Verstand und Vernunft), wobei die Spontaneität des Subjekts in immer höherem Grade beteiligt ist. Das in der Anschauung vorgestellte Mannigfaltige wird durch den Verstand im Begriff, d. h. in der Form der objektiven Einheit verbunden. Wie das Verhältnis von Form und Stoff die Vorstellung ergibt, so resultiert die Erkenntnis aus dem Zusammenhang von Anschauung und Begriff. Die Verstandesbegriffe (Kategorien) werden wie bei Kant aus den Urteilsarten hergeleitet. An die Stelle von Kants transzendentaler Dialektik tritt dann die ›Theorie der Vernunft‹ mit der Ableitung der Ideen, in denen die Begriffe die Rolle des Stoffes übernehmen. Die von den Ideen ausgedrückte unbedingte Vernunfteinheit erzeugt keine Erkenntnis, sondern läßt sich nur denken, wie Reinhold an der Idee des absoluten Subjekts, der absoluten Ursache und der Gemeinschaft aller vorstellenden Subjekte verdeutlicht. Die Theorie schließt mit einem Überblick über die Problematik der Ethik, in der das Subjekt nicht nur komparativ, wie auf der Ebene der denkenden Vernunft, sondern absolut frei handelt. – Reinhold förderte die Verbreitung der Kantischen Philosophie in Deutschland und wirkte u. a. auf Trendelenburg und Schopenhauer.

Ausg.: Repr. 1963.

Lit.: R. Lauth (Hg.), Philosophie aus einem Prinzip. K. L. Reinhold, 1974.

F. Longato

Versuche über verschiedene Gegenstände aus der Moral, der Literatur und dem geselligen Leben, Christian GARVE; EA Breslau 1792–1802 (5 Teile).

Das Werk, ein ansehnliches Ergebnis von Garves schriftsteller. Tätigkeit, behandelt soziolog. und sozialgeschichtliche Problemstellungen. Themen wie die Geduld, die Mode, das Verhältnis zwischen Bürgerlichem und Adeligem oder zwischen Gesellschaft und Einsamkeit, aber auch Reflexionen über Herodot, mehr noch über die Rolle des Wahnwitzigen in Shakespeares Schauspielen und über den Charakter Hamlets umschreiben Garves Interessenkreis, der sowohl der Ethik (und ihren antiken Vertretern: Aristoteles, Cicero) als auch der englischen Literatur gilt, deren großer Verfechter er im Deutschland der zweiten Hälfte des 18. Jh.s war. Der englischen Aufklärung auch schon im Formalen verpflichtet, lehnt Garve jede philosoph.-systemat. Behandlung seiner Ideen zugunsten eines lockeren, gefälligen Rhythmus ab, den man ihm sehr oft verübelt und mit der abwertenden Zuweisung zur Popularphilosophie abgetan hat. Diesem schon von den Romantikern scharf geäußerten, lange nachwirkenden Tadel kann entgegengehalten werden, daß sich Garve sowohl in der Beobachtung mehrerer Stände als auch in der Schule der Menschenkenntnis, also in Problemen der Kommunikation, hohe Verdienste erworben hat. Der Versuch »Über die Maxime Rochefoucaults: das bürgerliche Air verliert sich zuweilen bey der Armee, niemals am Hofe« (Teil 1) stellt soziale Brüche dar, die man in Goethes *Wilhelm Meister* wiederfindet. Garves Vorliebe für den menschlichen Umgang, die er auch mit dem französ. Ideal des honnête und galant homme verbindet, kommt im ausführlichsten dieser Versuche (»Über Gesellschaft und Einsamkeit«; Teile 3 und 4) zum Ausdruck; dabei räumt er der Einsamkeit einen nicht unbedeutenden Platz auf dem Weg zur Glückseligkeit ein. Einen philosoph. radikaleren Ton nimmt der Versuch »Über das Dasein Gottes« (Teil 5) an, in dem Garve von der kritischen Philosophie Kants, aber auch von Jacobi Abstand nimmt, um sich in die Bahn des englischen Empirismus zu begeben. Garves Auseinandersetzung mit Kant ist symptomat. für die Kluft, die sich zwischen Popularphilosophie und kritischer Philosophie öffnete. Seine von der philosoph. Systematik fernen Versuche bieten trotzdem nach wie vor unentbehrliches Material zum Verständnis der deutschen Klassik.

Ausg.: Popularphilosoph. Schriften über literar., ästhet. und gesellschaftliche Gegenstände. In Faksimiledruck, hg. von K. WÖLFEL, 2 Bde., 1974.

Lit.: K. WÖLFEL, C. Garve, in: Schlesien, IV (1959). – G. KIEP, Literatur und Öffentlichkeit bei C. Garve, in: Aufklärung und literar. Öffentlichkeit, hg. von C. BÜRGER u. a., 1980. – G. SCHULZ, Bürger und Bürgerlichkeit in der Darstellung C. Garves, in: Bürger und Bürgerlichkeit im Zeitalter der Aufklärung, hg. von R. VIERHAUS, 1981.

E. BONFATTI

Versuch über die Transcendentalphilosophie mit einem Anhang über die symbolische Erkenntniß und Anmerkungen, Salomon MAIMON; EA Berlin 1790.

Diese Erstlingsschrift Maimons markiert in der Frühgeschichte des Kantianismus einen bemerkenswerten Schnittpunkt zwischen Kant-Kritik und Kant-

Nachfolge; sie zeugt von dem enormen Innovationsschub, den das transzendentalphilosoph. Denken in der deutschen Philosophie um 1800 überhaupt ausgelöst hat. – Maimon, dessen Scharfsinn von Kant in einem Brief an M. Herz vom 26. 5. 1789 gerühmt wurde, war mit den Intentionen des Kritizismus bezüglich einer notwendigen grundlegenden Reform der Prinzipien der Metaphysik durchaus einig, ebenso mit der Perspektive dieser Vernunftkritik, so wie sie von Kant avisiert wurde. Darin unterschied er sich von vielen Kritikern Kants wie Aenesidemus-Schulze, F. H. Jacobi oder auch Herder. Allerdings war er kein buchstabentreuer Befürworter des Kantianismus, wie etwa L. H. Jacob oder auch Kiesewetter. Maimon versuchte das Problem der Objektivität der Erkenntnis, das er durch die transzendentalphilosoph. Theorie noch nicht schlüssig erklärt sah, durch die Synthese von (einem spinozist. verstandenen) Leibniz und Kant zu lösen; mit diesem Versuch einer eigenständigen Weiterentwicklung des Kritizismus, die sich aber durchaus in der Nachfolge Kants versteht, ist Maimons Werk dem von Reinhold (dessen weitwirkende *Briefe über die Kantsche Philosophie* auch im Jahr 1790 in Buchform erschienen) und Fichte vergleichbar. Maimon ist mit diesem Werk einer der produktivsten aller Kant-Kritiker und Kantianer, weil er, alle verbreiteten solipsist. Lesarten des Transzendentalismus vermeidend, im Sinne der → *Kritik der reinen Vernunft* über das Problem des Gegebenen als Basis jeder Wahrheitstheorie, die auf Objektivität abzielt, nachsinnt. Dabei gelingt es ihm mit seiner Lehre vom ›Differential der Sinnlichkeit‹ die auf Realien insistierende Erkenntnis-Konzeption Kants durchaus originell abzustützen und zu erweitern. Freilich macht die Unterschätzung der für dieses Theorieelement wichtigen originären Vermittlungstheorie Kants, insbes. des Schematismus der reinen Verstandesbegriffe, und der übergroße Einfluß von Leibnizschen Ideen Maimons Werk zu einem der Gründungsdokumente der nachkantischen klassisch-idealist. Systeme; namentlich auf die Idee der → *Wissenschaftslehre* von Fichte hat Maimons Werk großen Einfluß ausgeübt.

Ausg.: Gesammelte Werke, hg. von V. Verra, Bd. II, 1965.

ST. DIETZSCH

La vie de Jésus (frz.; *Das Leben Jesu*), Ernest RENAN; EA Paris 1863; dt. 1863.

Renans Jesus-Biographie, die seine siebenbändige *Histoire des origines du christianisme* einleitet, läßt in der optimist. Beurteilung geistesgeschichtlicher Entwicklung den Einfluß des deutschen Idealismus erkennen. – Im Vordergrund steht das ästhet. Interesse an der Person Jesu, den Renan mit psycholog. Einfühlungsvermögen als Verwirklicher eines humanitären Ideals schildert und vom Standpunkt des positivist. Historikers aus betrachtet. – Das Buch zählt zu den meistgelesenen und umstrittensten Werken des 19. Jh.s, rief den Protest der kathol. Kirche sowie Gegenschriften hervor und wurde auf den Index gesetzt.

Ausg.: Dt. von F. CAVIGELLI, 1981.

Lit.: A. CRESSON, Renan, sa vie, son œuvre, 1947. – H. W. WARDMAN, E. Renan, 1964.

S. SCHAUF

Le visible et l'invisible (frz.; *Das Sichtbare und das Unsichtbare*),

Maurice MERLEAU-PONTY; EA Paris 1964; dt. 1986.
Das postum veröffentlichte, fragmentar. Werk enthält einige Kapitel und eine Fülle von Arbeitsnotizen, die den Versuch der Entfaltung einer ›neuen indirekten Ontologie‹ darstellen. – Die von Merleau-Ponty anvisierte ›dritte Dimension‹ zwischen Subjekt und Objekt wird nun stärker als in früheren Werken im Zwischenbereich der Strukturen des Seins selbst gesucht statt in einem Bereich, der dem Bewußtsein nur vorgelagert ist, worin sich insbes. der Einfluß Saussures bemerkbar macht. Die Sinnbildung wird nicht mehr ausgehend von Bewußtseinsintentionen gedacht, sondern als strukturaler Differenzierungsprozeß. Der Leib (chair) erweitert sich über die leibliche Existenz hinaus zu einer ›Zwischenleiblichkeit‹ und einem ›Leib der Welt‹, der die Sichtbarkeit und das Sichtbarwerden der Dinge zum Ausdruck bringt. Das Sichtbare ist aber mit dem Unsichtbaren verflochten, das kein einfaches Nicht-Sichtbares ist, sondern ein unaufhebbares Unsichtbares, das zur Welt selbst gehört. Das Sein ist insofern nicht in totaler Fülle und Transparenz vor uns, sondern hinter uns und um uns – ›Element‹ im Sinne der Vorsokratiker, in dem wir uns bewegen. Merleau-Ponty spricht von einem être brut, être sauvage und être vertical als Quelle der Sinnbildung, die jeder Domestizierung widersteht.

Lit.: B. WALDENFELS, Phänomenologie in Frankreich, 1983. – A. MÉTRAUX/B. WALDENFELS (Hg.), Leibhaftige Vernunft, 1986.

P. KIWITZ

Vita activa oder vom tätigen Leben, Hannah ARENDT; EA Chicago 1958 (engl. u. d. T. *The Human Condition*); dt. 1960.
Im Zentrum des politikphilosoph. Werkes steht die Analyse der menschlichen Grundtätigkeiten, deren Struktur Arendt in der natürlichen Bedingtheit menschlicher Existenz begründet sieht. – Eine Rückbesinnung auf die Grundbedingtheiten menschlicher Existenz wird in einer technisierten Welt nötig, die diese vergeblich zu überwinden sucht und dabei die durch sie natürlich vorgegebene Hierarchie der Tätigkeiten umstülpt. Die primitivste ist die Arbeit, unter die Arendt alle Tätigkeiten subsumiert, die durch die Notwendigkeit bedingt sind, Bedürfnisse des Organismus zu befriedigen, und die in einem ständigen Kreislauf von Produktion und Konsumption keine dauerhafte Dingwelt hervorbringen, wie die nächst höhere Tätigkeit, das Herstellen. Letztere stabilisiert die menschliche Existenz, indem sie es ihr ermöglicht, sich durch dauerhafte Werke von der vergänglichen Natur abzugrenzen. Die höchste Tätigkeit sieht Arendt schließlich im Handeln, das alle interpersonellen Aktivitäten umfaßt, die auf eine Änderung der bestehenden Welt zielen. Handeln macht das Menschliche, d. h. das Politische, schlechthin aus. Es ist freiwillig, unterliegt aber der conditio humana des Aufeinander-angewiesen-seins, weil niemand die Konsequenzen seines Handelns ganz unter Kontrolle hat. Die Neuzeit, der Arbeit statt Handeln als Konstituens menschlicher Existenz gilt, übersieht nach Arendt, daß Arbeit auch nach ihrer humanisierenden Automation wesentlich unfrei ist, solange die Notwendigkeit zu konsumieren zur menschlichen Be-

dingtheit gehört, und daß ein auf ihr gegründetes Gemeinwesen nicht mehr als ein Nebeneinander sich gleich verhaltender, selbstzentrierter Akteure ist, dem das spezif. Politische fehlt.

Lit.: J. UDOVICKI, The Uses of Freedom and The Human Condition, in: Praxis International 3 (1983). – A. REIF (Hg.), H. Arendt: Materialien zu ihrem Werk, 1979.

P. NAGELSCHMIDT

Vita di Giambattista Vico scritta da se medesimo (ital.; *Das Leben Giambattista Vicos, von ihm selbst geschrieben*), Giambattista VICO; EA Venedig 1728 (eigentl. 1729); dt. 1822 Autobiographie.

Mit vielen anderen italien. Gelehrten erhielt Vico 1725 von einem Adligen den Auftrag, zum Nutzen der Studierenden einen Bericht über seinen Werdegang zu schreiben. Philosoph. bedeutsam ist an dieser Autobiographie, die 1731 einen Zusatz erhielt, vor allem Vicos Absicht, den Gang seines Lebens rückblickend von der Abfassung seines Hauptwerkes (→ *Principj di una scienza nuova*) her zu verstehen. Vico überträgt so die Prinzipien, nach denen er die Geschichte der Menschheit interpretiert hatte, auf die Rekonstruktion seiner individuellen Lebensgeschichte, mit dem Ziel, anstatt sowohl einer bloßen Faktenbeschreibung als auch einer verfälschenden Stilisierung, in seiner konkreten Entwicklung eine ihm zunächst unbewußte innere, zielgerichtete Notwendigkeit aufzuzeigen.

Ausg.: Dt., von V. RÜFENER, 1948.
Lit.: H.-J. DAUS, Selbstverständnis und Menschenbild in den Selbstdarstellungen G. Vicos und P. Giannones, 1962.

CHR. JERMANN

Vlast' Kljutej (russ.; lat.: *Potestas clavium*; *Die Schlüsselgewalt*), Leo Isakowitsch SCHESTOW; EA Berlin 1923; dt. 1926 Potestas clavium oder die Schlüsselgewalt.

In seinem religionsphilosoph. Hauptwerk weist Schestow den universalen Gültigkeitsanspruch der Vernunftwahrheiten zugunsten des existentiell befreienden Vertrauens auf das aller Notwendigkeit enthobene Wirken Gottes zurück. – Die rationalen Wahrheiten der klassischen Philosophie sollten dem menschlichen Denken und Handeln einen festen Boden und verbindliche Leitpunkte sichern, stellen jedoch nach Schestow nur die willkürlich gesetzten Stützpfeiler von Systemen eherner Notwendigkeiten dar, die Gott selbst rationalen Gesetzmäßigkeiten unterwerfen und damit ›töten‹. Aus dem Zwang dieser unwandelbaren Notwendigkeiten, die sich vor allem in der Herrschaft naturwissenschaftlicher Kausalitätsvorstellungen und starren ethischen Doktrinen manifestieren, kann sich der Mensch nur befreien, wenn er sich auf die tatsächliche Bodenlosigkeit und Zufälligkeit der Welt einläßt und aus dieser tiefsten Verunsicherung heraus zu der Einsicht gelangt, daß Gott sowohl über der Wahrheit als auch über dem Guten steht und ihn aus den Bedingungen der Welt erretten kann (›gläubige Freiheit‹). – Das Werk markierte den Höhepunkt der antirationalist. russischen Religionsphilosophie im 20. Jh.

Lit.: R. UMBACH, Die Grundprobleme L. Schestows, 1952. – F. DECHET, L'itinerario filosofico di Leone Šestov, 1964. – Y. BONNEFOY, L'obstination de Chestov, 1967.

J. MONAR

Völkerpsychologie. Eine Untersuchung der Entwicklungsgesetze von Sprache, Mythus und

Sitte, Wilhelm WUNDT; EA Leipzig 1900–20 (10 Bde.).
Das Werk enthält die »Untersuchung derjenigen psychischen Vorgänge, die der allgemeinen Entwicklung menschlicher Gemeinschaften und der Entstehung gemeinsamer geistiger Erzeugnisse von allgemeingültigem Werte zugrunde liegen«, also eine psycholog. Untersuchung der sozialen Gemeinschaft. – Wundt stellt die ›Völkerpsychologie‹ der ›Individualpsychologie‹ gegenüber. Während diese das individuelle Bewußtsein in seiner Entstehung experimentell untersuchen kann, bildet die Völkerpsychologie die notwendige Ergänzung. Kein Individuum ist nämlich gänzlich aus sich selbst zu erklären, vielmehr gilt es, die seelischen Kräfte mit einzubeziehen, die aus der menschlichen Gemeinschaft stammen, der es angehört. Dazu zählen Sprache, Kunst, Mythus, Sitte, Staat und allgemeine Willensformen. Den ›individualpsycholog.‹ Bewußtseinsakten Vorstellen, Fühlen und Wollen entsprechen in der Völkerpsychologie Sprache, Mythus und Sitte. In der Sprache spiegelt sich die Vorstellungswelt des Menschen; der Mythus gibt den in der Sprache niedergelegten Vorstellungen ihren Inhalt (aus Wahrnehmungen und Phantasieschöpfungen, die von Gefühlsrichtungen bestimmt sind); die »Sitte umfaßt alle die gemeinsamen Willensrichtungen, die über die Abweichungen individueller Gewohnheiten die Herrschaft erringen und sich zu Normen verdichtet haben, denen von der Gemeinschaft Allgemeingültigkeit beigelegt wird.« – Das voluminöse Werk hat wenig Wirkung erzielt. Obwohl von Wundt als notwendige Ergänzung seines Gesamtsystems der Psychologie herausgestellt, hat eigentlich nur der andere, experimentelle Ansatz Beachtung gefunden und Wundts Ruf als bedeutendem Vertreter der ›modernen‹ Psychologie begründet.

Lit.: H. VOLKELT, Die Völkerpsychologie in Wundts Entwicklungsgang, 1922. – W. HELLPACH, Einführung in die Völkerpsychologie, ^{3}1954.

E. BAUMGARTNER

Le volontaire et l'involontaire (frz.; *Das Willentliche und das Unwillentliche*), Paul RICOEUR; EA Paris 1950.
Die phänomenolog. Untersuchung ist der 1. Teil von Ricoeurs unvollendeter, dreibändig konzipierter *Philosophie de la volonté*. – Die eidet. Methode impliziert eine Ausklammerung der Phänomene der konkreten Verfehlung, der Unschuld sowie der Transzendenz. In seiner Beschreibung der drei Zyklen des Willens (Entscheiden, Handeln, Einwilligen) arbeitet Ricoeur lediglich die wesenhaften Strukturen des Willens heraus. Der Analyse des Willentlichen wird jeweils eine Diagnostik des Unwillentlichen gegenübergestellt. Anschließend werden beide Momente in einer Synthese, in der die Freiheit des Willens erhalten bleibt, aufgehoben. – Die Arbeit, deren Leistung in der Anwendung der Phänomenologie auf Bereiche jenseits des Bewußtseins liegt, wurde bislang überwiegend im französ. und englischem Sprachraum rezipiert.

Lit.: B. WALDENFELS, Phänomenologie in Frankreich, 1983. – P. WELSEN, Philosophie und Psychoanalyse, 1986.

P. WELSEN

Vom Berufe unserer Zeit für Gesetzgebung und Rechtswissenschaft, Friedrich Carl von SAVIGNY; EA Heidelberg 1814.

Die schon 1810 konzipierte rechtsphilosoph.-programmat. Streitschrift wendet sich gegen die nach den Befreiungskriegen im Angesicht dynast. Restauration in Deutschland entstandene und den naturrechtlichen Rationalismus des 18. Jh.s perpetuierende Forderung nach einer neuen gesamtdeutschen Zivilrechtskodifikation. – In seiner Reaktion auf A. F. J. Thibauts Schrift *Über die Notwendigkeit eines allgemeinen bürgerlichen Rechts für Deutschland* (EA 1814) proklamiert Savigny die wesentlichen Gedanken der 1815 gegründeten Histor. Schule und löst den sog. Kodifikationsstreit aus. Er stützt sich dabei auf den Historismus und konservative polit. Tendenzen. Recht entsteht für ihn als Gewohnheitsrecht in einem organ. verlaufenden, histor. Prozeß aus den Institutionen und Anschauungen des Volkes. Die Rechtswissenschaft bzw. ein entsprechend gebildeter Juristenstand haben die Aufgabe, diese Entwicklung histor.-hermeneut. zu erfassen und Ergebnisse methodenbewußt zu systematisieren bzw. im Detail auszugestalten. Recht soll demnach Teil der Gesamtkultur, die Rechtswissenschaft eine Kulturwissenschaft sein. Savigny war jedoch der Auffassung, daß ein seinen method. Vorstellungen entsprechendes allgemeines Gesetzbuch aus wissenschaftlich-inhaltlichen, aber auch aus sprachlichen Gründen von den Juristen seiner Zeit nicht geschaffen werden könne und lehnte dieses Projekt deshalb ab. – Die vielbeachtete Schrift gilt als bekanntestes Zeugnis der rechtsphilosoph. Ideen der Histor. Schule.

Ausg.: Thibaut und Savigny. Ihre Programmat. Schriften, hg. u. eingel. von H. Hattenhauer, 1973.

Lit.: S. Gagnér, Studien zur Ideengeschichte der Gesetzgebung, 1960. – E. Wolf, Große Rechtsdenker, [4]1963. – F. Wieacker, Privatrechtsgeschichte der Neuzeit, [2]1967.

D. v. d. Pfordten

Vom Ewigen im Menschen. Zur religiösen Erneuerung, Max Scheler; EA Leipzig 1921.

Die Abhandlungen dieses Bandes kreisen um die phänomenolog. Wesensbestimmung der Religion, ihre Bedeutung für das persönliche und soziale Leben und ihr Verhältnis zur Philosophie. Im ersten Beitrag »Reue und Wiedergeburt« wird die personale Eigenart der Reue herausgearbeitet und gegen entstellende Auffassungen abgehoben; eindringlich wird auf ihre Bedeutung im Leben des einzelnen wie in dem der Völker hingewiesen. Dieser Gedanke wird in den Untersuchungen zur deutschen und europäischen Situation um den Ersten Weltkrieg »Die christliche Liebesidee und die gegenwärtige Welt« und »Vom kulturellen Aufbau Europas« wieder aufgenommen (beide 1917 verfaßt), ebenso in der Einleitung zum Hauptbeitrag. Auf der Grundlage eines Personalismus und Solidarismus entfaltet Scheler eine Analyse der europäischen Kultur und Politik. Die Untersuchungen zur Philosophie und Religion setzen ebenfalls beim personalen Vollzug an. In der Abhandlung »Vom Wesen der Philosophie und der moralischen Bedingung des philosophischen Erkennens« wird die Autonomie der Philosophie gegen Traditionalismus, Scientifismus und Fideismus vertreten. Philosophie ist Teilnahme am Sein des Urwesens und ist wesenhaft Erkenntnis. Wenn die Teilnahme des Menschen am Sein des Urwesens nur im Mitvollzug an dessen unendlichem

Aktus schöpfer. und barmherziger Liebe möglich ist, hat Philosophie dies zur Voraussetzung. Nur so kann sie auch jener Verkehrung der Verhältnisse entgehen, welche sie zur ancilla scientiae macht. Das Gefüge der Grundakte des Philosophierens, der Gegenstand der Philosophie und die philosoph. Erkenntnishaltung werden analysiert. Das Verhältnis von Philosophie und Religion wird im Hauptbeitrag »Probleme der Religion« als ein Konformitätsverhältnis aufgewiesen. Der Gott der Religion und der Weltgrund der Metaphysik sind, wenn auch realident., doch intentional verschieden. Die Wesensphänomenologie der Religion wird mit drei Zielen entwickelt; einer Wesensontik des Göttlichen, einer Lehre von den Offenbarungsformen, in denen das Göttliche sich dem Menschen aufweist, und einer Lehre vom religiösen Akt, durch den der Mensch sich für die Aufnahme des Offenbarungsinhalts vorbereitet und durch den er ihn im Glauben ergreift. Die Offenbarungsformen werden nur kurz gestreift. Die formale Analyse des Göttlichen behandelt dessen Grundbestimmungen, seine Attribute in der natürlichen Religion, Wachstum und Abnahme der natürlichen Gotteserkenntnis (hier skizziert Scheler seine Lehre von der Funktionalisierung der Wesenserkenntnis), und die Attribute des göttlichen Geistes. Der Hauptakzent liegt auf der Lehre vom religiösen Akt, seiner inneren und äußeren, individuellen und sozialen Seite sowie der Notwendigkeit seines Vollzugs durch jeden Menschen: es besteht keine Wahl, ein Gut in der Absolutsphäre zu haben oder nicht zu haben; die Alternative besteht nur zwischen Gott oder einem Götzen. Dem Gedanken einer ›neuen Religion‹ wird die Feststellung der irrelativen Ursprünglichkeit der Offenbarung Gottes bei Relativität der histor. und kulturellen Erfahrungsmöglichkeiten entgegengestellt, die eine Kooperation der Menschheit in ursprünglicher Erfahrung und Tradierung auf religiösem Gebiet erfordert.

Ausg.: Gesammelte Werke, Bd. V, [5]1968.
Lit.: E. Blessing, Das Ewige im Menschen. Die Grundkonzeption der Religionsphilosophie M. Schelers, 1954.

E. Avé-Lallemant

Vom Kriege, Carl von Clausewitz, entst. 1809–1830; EA Berlin 1832–1834.

Mit seinem Hauptwerk hat Clausewitz eine bis heute beispielhafte philosoph. Abhandlung über das Wesen des Großen Krieges mit all seinen möglichen Erscheinungsformen geschaffen. – Um eine von den Realitäten der Kriegsführung geprägte Theorie des Krieges zu entwickeln, bringt General Clausewitz, Schüler sowohl des preußischen Heerführers G. J. D. von Scharnhorst als auch des Kantianers J. G. C. Kiesewetter, in sein Werk histor. Erfahrungen der Kriegsführung mit ein; er studiert u. a. die Feldzüge Friedrichs des Großen und Napoleons I. sowie insbes. die Kampfesweise des infolge der Französ. Revolution entstandenen Volksheeres. Das Werk ist in acht Bücher gegliedert, die sich nacheinander mit der Natur des Krieges, der Theorie des Krieges, der Strategie, dem Gefecht, den Streitkräften, der Verteidigung, dem Angriff und dem Kriegsplan beschäftigen. Größte Beachtung haben Clausewitz' Gedanken über die Natur des Krieges und das damit in Zusammenhang stehende Verhältnis von Politik und Krieg gefunden. Clausewitz sieht den Krieg als Teil des gesellschaftlichen Lebens, als solcher ist er nichts Eigenständiges, sondern stets in Verbindung mit der Politik zu betrachten. Der polit. Zweck – »den Gegner zur Erfüllung unseres Willens zu zwingen« – ist für Clausewitz das ursprüngliche Motiv des Krieges. Hieraus leitet er den Primat der polit. gegenüber der militär. Führung ab, was er in dem berühmten Satz »Der Krieg ist eine anbloße Fortsetzung der Politik mit anderen Mitteln« zum Ausdruck bringt. Clausewitz vermeidet jegliche moral. oder ethische Wertung des Krieges, ihn interessiert nur dessen instrumentaler Charakter. – Clausewitz ist es in seinem Hauptwerk gelungen, über die Begrenztheit seiner eigenen Epoche hinaus das Wesen des Krieges in seinen gleichbleibenden Elementen zu erfassen, weshalb das Buch auch noch im 20. Jh. großen Einfluß auf Persönlichkeiten wie Lenin oder Mao Tse-tung ausüben konnte.

Lit.: G. DILL, Clausewitz in Perspektive. Materialien zu C. von Clausewitz: Vom Kriege, 1980.

P. LEMPERT

Vom Nutzen und Nachteil der Historie für das Leben (Nietzsche) →Unzeitgemäße Betrachtungen

Vom Ursprung und Ziel der Geschichte, Karl JASPERS, EA München/Zürich 1949.

In seinem geschichtsphilosoph. Werk entwickelt Jaspers den Gedanken einer gemeinsamen ›Achsenzeit‹ der Menschheitsgeschichte. – Den entscheidenden Umbruch in der bisherigen Geschichte sieht Jaspers in dem zwischen 800 und 200 v. Chr. gleichzeitig und unabhängig in China, Indien, Iran, Palästina und Griechenland stattfindenden geistigen Prozeß, der die frühen Hochkulturen ablöst und von dem her sich die künftige Geschichte strukturiert. Das Neue in dieser Achsenzeit ist, »daß der Mensch sich des Seins im Ganzen, seiner selbst und seiner Grenze bewußt wird. In diesem Zeitalter wurden die Grundkategorien hervorgebracht, in denen wir bis heute denken und die Ansätze der Weltreligionen geschaffen.« Mit ihr ist etwas gegeben, das der gesamten Menschheit gemeinsam ist und von dem her (und in Rückbezug darauf) sich die Einheit der Menschheitsgeschichte gestalten läßt. Die gegenwärtige Situation, in der Geschichte beginnt, Weltgeschichte zu werden, ist gekennzeichnet von einer erneuten entscheidenden Umwälzung der Lebensweise durch Technik und Wissenschaft. Anders als in der Achsenzeit aber, die geistige Fülle erzeugte, verspürt der Mensch heute eine Leere, die auf eine Zeit der Vorbereitung schließen läßt. Wird die durch die technischen Möglichkeiten gegebene Gefahr der Selbstzerstörung überwunden, so eröffnet sich eine ungeheure Möglichkeit: zum erstenmal ist die Einheit der Menschheitsgeschichte faktisch möglich. Unser Zeitalter des Umbruchs wird zeigen, ob der Mensch den Weg nimmt zu einer »zweiten Achsenzeit der eigentlichen Menschwerdung«, wo in grenzenloser, offener Kommunikation das allen gemeinsame Menschsein in Freiheit verwirklicht wird.

Lit.: G. SIMON, Die Achse der Weltgeschichte nach K. Jaspers, Rom 1965. – N. RIGALI, Die

Selbstkonstitution der Geschichte im Denken von K. Jaspers, 1968.

F.-P. Burkard

Von den Göttlichen Dingen und ihrer Offenbarung, Friedrich Heinrich Jacobi; EA Leipzig 1811, [2]1816.

Die Schrift besteht – ihrer langen Genese (von 1798–1811) entsprechend auf verschiedene Anlässe bezogen – aus divergierenden Teilen, die aber durch die gemeinsame Frage nach Gott zusammengehalten werden. Die einleitend wiederabgedruckte Abhandlung »Über eine Weissagung Lichtenbergs« (von 1801) formuliert die Antwort zunächst metaphor. sprachphilosoph. im Bild von der Rede des Menschen, die schon als sinnvolle Verständigung zum ›Selbstlaut‹ der ›Mitlaute Natur und Gott‹ bedarf. In dem darauf folgenden, aus einer Rezension von M. Claudius' *Gesammelten Schriften* hervorgegangenen 1. Hauptteil der Schrift wird der in der natürlichen Vernunft als innerer Offenbarung gegebene Gottesbegriff von der theolog.-christlichen Lehre von der historischen Offenbarung im Gott-Menschen Christus abgegrenzt. Im 2. Hauptteil wird er dann der Annahme einer Offenbarung Gottes in der Natur entgegengestellt. Die Natur kündigt zugleich Gott an und verbirgt ihn. Wenn man, wie Schelling ›das Vollkommenere aus dem Unvollkommeneren hervorgehen‹ läßt, gilt das von Goethe verpönte Wort: ›Die Natur verbirgt Gott.‹ Dies gilt auch für den wissenschaftlichen Naturforscher, da es »das Interesse der Wissenschaft (ist), daß kein Gott sei«; die Natur kündigt hingegen Gott an im ›Übernatürlichen‹ im Menschen, das heißt im Geist des Menschen. – Die Schrift war sogleich nach ihrem Erscheinen heftig umstritten (Schelling, F. Schlegel, F. von Baader, Tübinger Schule).

Ausg.: Werke, Bd. III, 1816 Repr. 1968. – In: Streit um die göttlichen Dinge (mit Schellings Antwortschrift), hg. v. W. Weischedel, 1967.

Lit.: K. Hammacher, F. H. Jacobi: Philosoph und Literat der Goethezeit, 1971. – F. Wolfinger, Denken und Transzendenz, 1981.

K. Hammacher

Von der Artzeney Wider die unvernünfftige Liebe und der zuvorher nöthigen Erkäntnüß Sein Selbst. Oder: Ausübung der Sitten Lehre, Christian Thomasius; EA Halle 1696, Halle 1706 (lat.; u. d. T.: *Liber de remedio amoris irrationalis, et praevia necessaria notitia sui, sive praxis philosophiae moralis*).

In der »Einleitung in die Sittenlehre« (→ *Von der Kunst Vernünfftig und Tugendhafft zu lieben* ...) hatte Thomasius seine Ethik auf dem Prinzip der vernünftigen Liebe aufgebaut. Die als praktische Fortsetzung gemeinte »Ausübung der Sittenlehre« geht dagegen vom Prinzip der unvernünftigen Liebe als dem Ursprung des Bösen aus. Daran knüpft der Versuch an, die aus der Antike stammende Theorie der Leidenschaften (passiones, Affekte) so neu zu überdenken und zu gestalten, daß drei Hauptleidenschaften – Ehrgeiz, Wollust, Geldgeiz – erhalten bleiben und erforscht werden. Das hängt mit der Auffassung zusammen, die Liebe und deren Gegenkraft, der Haß, seien die Urtriebe des menschlichen Handelns und eine Gemütsneigung sei gut oder böse, je nachdem ob sie den Menschen in sich selbst führe und mit anderen Menschen vereine oder umgekehrt ihn von sich selbst abwende. Eine eingehende Analyse von Ehrgeiz, Wollust und Geldgeiz setzt Thomasius in die Lage, die Hauptkennzeichen einer jeden Leidenschaft zu definieren und weitere Gemütsneigungen aus den drei ursprünglichen Quellen der unvernünftigen Liebe und aus ihrer Vermischung abzuleiten. Dazu wird, immer noch als praktische Anleitung, eine Semiotik des Verhaltens entwickelt, die ermöglichen soll, aus äußeren Merkmalen auf das Innere des Menschen und dessen Triebe zu schließen. Damit will Thomasius die schon damals weitverbreitete Physiognomik ethisch neu begründen. In einem um so auffallenderen Gegensatz dazu wird im letzten Teil des Werks die Hoffnung aufgegeben, menschliche Leidenschaften beherrschen zu können: der Ethik bleibt so nur übrig, »das Elend und das Unvermögen des Menschen zu erkennen zu geben«. Die ins Religiöse mündende Sittenlehre zeugt von der großen Krise, durch die Thomasius 1693 bis 1696 hindurchgegangen ist, als Pietismus und Mystik den sich andernorts freier gestaltenden Optimismus der Zeit stark eingeschränkt haben.

Ausg.: Repr. mit einem Vorwort von W. Schneiders (1696) 1968.

Lit.: W. Schneiders, Naturrecht und Liebesethik. Zur Geschichte der praktischen Philosophie im Hinblick auf Ch. Thomasius, 1971.

E. Bonfatti

Von der Bestimmung des Menschen (Berdiajew) → O naznačenij čeloveka

Von der Freyheyt eynisz Christen menschen, Martin Luther; EA Wittenberg 1520.

Die Schrift ist die letzte der reformator. Hauptschriften Luthers, deren deutsche Fassung kurz vor der ausführlicheren latein. *(Tractatus de libertate Christiana)* erschienen ist. – Luther geht von der vielzitierten, auf Paulus zurückgehenden dialekt. Aussage aus: »Ein Christenmensch ist ein freier Herr über alle Dinge und niemand untertan. Ein Christenmensch ist ein dienstbarer Knecht aller Dinge und jedermann untertan.« Diese Aussage gründet in der Unterscheidung zwischen einer inneren geistlichen und einer äußeren leiblichen Natur des Menschen. Im Glauben an Gottes Verheißung ist der innere Mensch frei von allen Äußerlichkeiten; er bedarf ihrer nicht zu seiner Rechtfertigung. Dennoch ist der äußere Mensch gehalten, in guten Werken seinen Glauben zu bewähren. Der Glaube allein macht den Menschen fromm und befreit ihn zum Dienst am Nächsten. – Wenn auch die deutsche Fassung in mancher Hinsicht gegenüber der latein. abfällt, so hatte sie doch die größere Breitenwirkung und war Luthers meistgelesene Schrift.

Ausg.: Nhd., in: Luther Deutsch, hg. von K. Aland, Bd. II, ^{2}1981.

Lit.: W. Maurer, Von der Freiheit eines Christenmenschen 1520/21, 1949. – B. Stolt, Studien zu Luthers Freiheitstraktat mit besonderer Rücksicht auf das Verhältnis der latein. und der deutschen Fassung zueinander und die Stilmittel der Rhetorik, 1969.

P. Walter

Von der Kunst Vernünfftig und Tugendhafft zu lieben. Als dem eintzigen Mittel zu einen glückseligen/ galanten und vergnügten Leben zu gelangen/ Oder Einleitung zur SittenLehre, Christian Thomasius; EA Halle 1692, Halle/Magdeburg 1706 (lat.; u. d. T. *Introductio in philosophiam moralem, sive de arte rationaliter et virtuose, amandi*).

In der bahnbrechenden Ethik des Spätbarock wird die Sittenlehre als eine Lehre verstanden, wodurch der Mensch ›seine wahre und höchste Glückseligkeit‹ erreichen soll. Sie soll deshalb auch praktisch helfen, die im Wege stehenden Hindernisse zu überwinden. Glückseligkeit hängt aber nicht von Gütern wie Reichtum, Ehre, Freiheit, Gesundheit usw. ab, sondern allein von dem Gut, das durch die Vernunft bestimmt wird. Erst die richtungweisende Vernunft setzt der Sinnlichkeit Schranken, ohne daß diese jedoch wie von den Stoikern völlig verneint wird. Damit beruht menschliche Glückseligkeit auf dem Ineinanderfließen von Vernunft und Willen. Die dadurch entstehende Belustigung des Gemüts wird auch als Gemütsruhe verstanden, die gut und glückselig ist und den Umgang mit Menschen braucht, um sich voll zu entfalten, und schließlich auch Nächstenliebe genannt werden darf. Die Tradition der christlichen Liebe offenbart sich denn auch in der feierlichen Behauptung, daß Gott, auf dessen Erkenntnis Ethik nicht verzichten darf, Stifter der höchsten menschlichen Glückseligkeit ist. Menschenliebe, nicht Selbstliebe oder erotische Liebe, steht im Mittelpunkt von Thomasius' Interesse. Im 2. Teil seiner Abhandlung geht Thomasius auf die einzelnen Tugenden (Leutseligkeit, Bescheidenheit, Wohltätigkeit, Geduld, etc.) ein, durch die sowohl die allgemeine als auch die besondere Menschenliebe getragen werden soll. Die ins Utopische gehende Liebesauffassung, die die Liebe höher setzt als die Gerechtigkeit, scheut auch nicht vor der Frage nach der Gemeinsamkeit der Güter zurück, verlangt aber zu deren Verwirklichung eine gleiche, höchst seltene Tugendvollkommenheit bei den Liebenden. – Thomasius' Sittenlehre spiegelt die galante Ethik des Spätbarock wider und nimmt zugleich die Aufklärung vorweg, in deren früher Phase sie auch sehr intensiv gelesen wurde.

Ausg.: Repr. mit einem Vorwort von W. SCHNEIDERS (1692) 1968.

Lit.: W. SCHNEIDERS, Naturrecht und Liebesethik. Zur Geschichte der praktischen Philosophie im Hinblick auf Ch. Thomasius, 1971.

E. BONFATTI

Von der mannigfachen Bedeutung des Seienden nach Aristoteles, Franz BRENTANO; EA Freiburg/Br. 1862.

Die reife Erstlingsschrift, zugleich ein ontolog. Schlüsselwerk der Philosophie Brentanos, stellt eine Klärung und Vereinheitlichung der Seinslehre des Aristoteles dar. – Die verschiedenen homonymen Bedeutungen des Seins können einer vierfachen Bedeutung des Namens Sein untergeordnet werden: 1. Das zufällig Seiende (›kata symbebēkos‹), das nur mit oder in Beziehung zu einem selbständigen, substantiellen Ding erscheinen kann; 2. das Seiende im Sinne des Wahren, das nur als ›Gedankending‹ in einem wahren Urteil, z. B. daß etwas ›ist‹, existiert; 3. das Seiende, insofern von ihm als dem Verhältnis von möglichem, werdenden und wirklichem Sein in einem die Rede ist; 4. das Seiende im Sinne der Kategorien. Die innere Stringenz der Kategorien des Aristoteles wird werkintern herausgearbeitet. Den Kategorien selbst als den höchsten Gattungen und Prädikaten des einen Seienden wird nur begriffliche, uneigentliche Seinsweise in Analogie und im Hinblick auf das eigentlich Seiende, die Substanz, zugesprochen. – Diese Analyse der ›Schwelle der Aristotelischen Metaphysik‹ hat insbesondere das ontolog. Denken des jungen Heidegger beeinflußt.

Ausg.: Repr. (1814) ²1983.

Lit.: F. VOLPI, Heidegger e Brentano. L'aristotelismo e il problema dell'univocità dell' essere nella formazione filosofica del giovane M. Heidegger, 1976.

W. BAUMGARTNER

Von der Wahrheit. Philosophische Logik Bd. I, Karl JASPERS, EA München 1947.

Das umfangreiche Werk stellt den einzigen vollendeten Band von Jaspers »Philosophischer Logik« dar, zu deren Weiterführung sich im Nachlaß Material befindet. Die darin entwickelte Lehre vom Umgreifenden kann als Grundgerüst seiner Philosophie und als Schlüssel zu seinem Gesamtwerk betrachtet werden. – Die Frage nach dem Ursprung von Wahrheit führt auf die Frage nach dem Sein zurück. Das eine ursprüngliche Sein bezeichnet Jaspers als das Umgreifende. Dieses ist Ursprung und Bedingung allen Seins für uns, ohne daß es selber ein Vorkommendes als Objekt wird. Versucht das Denken, sich des Seins zu vergewissern, so zerfällt es ihm daher in die verschiedenen Weisen des Umgreifenden. Diese sind: Dasein, Bewußtsein überhaupt, Geist, Welt, Existenz, Transzendenz, Vernunft. Dasein bin ich als lebendes Wesen und als solches ist es der Erfahrungsraum, in den alles, was für mich wirklich sein soll, eintreten muß. Das Korrelat bildet die Welt als der Raum, in dem alles, was überhaupt ist, in Erscheinung treten muß. Bewußtsein überhaupt ist das Medium allgemeingültigen Denkens. Geist bin ich in der Teilhabe an sinn- und ganzheitstiftenden Ideen. Diese immanenten Weisen werden von der Existenz als dem eigentlichen Wesen des Menschseins übergriffen, das der Mensch im Verhalten zu seiner Möglichkeit als Selbstseinkönnen erwirbt. Existentiell bleibt er dabei auf Transzendenz bezogen, die als übergreifende Wirklichkeit seine Freiheit ermöglicht. Vernunft schließlich ist die einheitsuchende und Wahrheit entbergende Kraft. Jeder dieser Weisen des Umgreifenden entspricht ein eigener Wahrheitssinn, dessen Ursprung sie sind. So entspringt die Wahrheit der Existenz geschichtlich aus der Unbedingtheit des Selbstseins im Blick auf die Transzendenz, die des Bewußtseins überhaupt ist dagegen zwingende Folgerichtigkeit begründenden Denkens. Da Bewußtsein überhaupt universales Medium ist, wird der Erörterung von Denken und Erkennen (Begriff und Urteil, Sprache, Praxis) breiter Raum gewidmet. Wahrheit im Ganzen kann nur verwirklicht werden, wenn sowohl jede Weise ihren Wahrheitsgehalt erfüllen kann als auch im gegenseitigen Aufeinanderangewiesensein sich alle Weisen des Umgreifenden ergänzen und durchdringen. Quelle von Unwahrheit ist die Isolierung einer der Weisen, die sich absolut setzt und die Wahrheit der anderen unterdrückt. Der Wunsch des Menschen, Wahrheit als die Eine in gegenwärtiger Erscheinung zu ergreifen, führt zu konträren geschichtlichen Gestalten, die beanspruchen, Durchbruch von Wahrheit zu sein: die Ausnahme, die, absolut individuell, die Tiefe einer nur in dieser Existenz erblickten Wahrheit zu verkörpern glaubt, und demgegenüber die Autorität, die den Besitz der einen allgemeinen, für alle gültigen Wahrheit vorgibt. Beide scheitern jedoch in der Zeit, weil Wahrheit nur im offenbleibenden Vollzug, nicht in verfestigter Gestalt zugänglich ist. Die Vollendung der Wahrheit kann enthalten sein in ursprünglichen Anschauungen (Religion, Kunst, Dichtung) oder sie vollzieht sich im Philosophieren. Hier sind es die entbergende Kraft der Vernunft, die Seinsoffenheit der Liebe und das Lesen der Chiffren (dies sind Symbole als Sprache der Transzendenz), denen sich Wahrheit eröffnet. – Trotz seiner Bedeutung blieb dem Werk bislang eine angemessene Rezeption versagt.

Lit.: J. THYSSEN, Jaspers' Buch ›Von der Wahrheit‹, in: Arch. Gesch. Philos. 5 (1954). – F.-P. BURKARD, K. Jaspers. Einführung in sein Denken, 1985.

F.-P. BURKARD

Von der Weltseele. Eine Hypothese der höheren Physik, Friedrich Wilhelm Joseph SCHELLING; EA Hamburg 1798.

Die Schrift soll nach Schelling nicht die angekündigte Fortsetzung der → *Ideen* ... sein, nimmt aber den dort bereits gebrauchten Begriff der Weltseele programmat. auf: »Es ist ein alter Wahn, daß Organisation und Leben aus Naturprinzipien unerklärbar seien.« Daraus folgt umgekehrt die These, »daß ein und dasselbe Prinzip die anorganische und die organische Natur verbindet«. – Der 1. Teil der Schrift handelt von der organ. Natur und stellt anhand umfangreichen empir. Materials den ›Allgemeinen Dualismus‹ dar. Die Natur ist schon immer in ursprüngliche Kräfte entzweit, deren Entgegensetzung ›reell‹ ist und insofern dynamische Identität bedeutet. Das Zugleich von Differenz und Identität erscheint als Wechselwirkung bzw. als Gleichgewicht (Produkt) und Störung des Gleichgewichts (Produktivität); im Blick auf den Begriff der Weltseele spricht Schelling auch von einer immer in sich zurückkehrenden, unendlichen und endlichen Bewegung. – Der 2. Teil handelt über die organ., vor allem animal. Natur und versucht den Begriff von Leben zu konstruieren und ihn empir. als Gesetzlichkeit der Lebenserscheinungen aufzuweisen. Schelling sieht Leben weder als Eigenschaft der (tierischen) Materie (›Lebenskraft‹) noch als eine von ›Außen‹ induzierte Bewegung. Der Grund des Lebens liegt vielmehr im Zusammenspiel von ›Innen‹ und ›Außen‹. Leben ist nie nur passive Rezeptivität und nie nur eigene Aktivität, sondern ist beides zugleich. Schelling mißt dem Phänomen der Irritabilität zentrale Bedeutung zu; in ihr erscheint das geforderte Verhältnis von Aktivität und Rezeptivität. Es erstreckt sich auf alle Lebensfunktionen, angefangen bei Nutrition und Reproduktion bis hin zur spontanen Bewegung (in der sich Sensibilität als der ›verborgene‹ aktive Grund von Irritabilität zeigt). Der in der Schrift → *Erster Entwurf* ausgeführte Gedanke begründet ein einheitliches Lebensprinzip, das in allen Lebensfunktionen abgestuft wirksam ist und das die Gattungsdifferenzen von tierischen Organismen selbst wieder als Stufung von Grundfunktionen von Nutrition und Reproduktion, Irritabilität, Sensibilität begreifen läßt (je höher der Organismus, desto größer ist gleichsam der Anteil der Sensibilität an den prinzipiell irritablen Lebensvorgängen; die Dreistufung geht auf Herder und Kielmeyer zurück). – Das Werk endet ähnlich wie die *Ideen*: Der Gedanke der Einheit der Natur und ihrer durchgängigen Kontinuität im ›Allgemeinen Dualismus‹ wird zwar auf das Licht als das Medium der Kontinuität projiziert, aber nicht weiter ausgeführt. – Das Werk fand großen Anklang bei Schellings Zeitgenossen (insbes. Goethe), blieb aber aufgrund der Entwicklung der Naturwissenschaften im 19. Jh. letztlich wirkungslos.

Ausg.: Sämmtliche Werke, 1. Abt., Bd. II, 1857 (Repr. 1965, 1980).
Lit.: K. FISCHER, Schellings Leben, Werke und Lehre (= Geschichte der neuern Philosophie, Bd. VII), ³1902. – M. FRANK/G. KURZ (Hg.), Materialien zu Schellings philosoph. Anfängen, 1975.

J. JANTZEN

Vorlesungen über das System der Philosophie, Karl Christian Friedrich KRAUSE; EA Göttingen 1828.

Das Werk zählt zu den originellsten und auch abwegigsten Systementwürfen, die aus dem Umkreis der klassischen deutschen Philosophie zwischen 1781 (dem Erscheinungsjahr von Kants →*Kritik der reinen Vernunft*) und 1831 (Hegels Tod) entstanden sind. In seinem philosoph.-systemat. Hauptwerk expliziert Krause 1.) seine Idee von den Grundlagen aller Wissenschaft als einer ›Gesamtheit der Erkenntnis‹ und 2.) einen aprior. spekulativen Theismus; dabei resümiert Krause »unverändert dasselbe, wie ich es im Jahre 1803/04 in Jena gelehrt habe« und wovon ein 1804 gedruckter »Entwurf des Systems der Philosophie« bereits ein erstes Zeugnis abgegeben hat (die Vorlesungen selbst wurden 1824 in Göttingen gehalten). Krause hat sein System der Philosophie gänzlich von der traditionellen griechischen bzw. latein. Terminologie ›gereinigt‹ und eine ausschließlich an der deutschen Umgangssprache orientierte ›deutschförmige‹ philosoph. Sondersprache konstruiert (z. B. statt Identität: Gleichwesenheit; statt Individualität: Eigenlebigkeit; statt Kategorie: Grundwesenheit; statt Intuition: Selbeigenschauung). Durch diesen terminolog. Purismus hat Krause, dem die ›lebendige Anschauung‹ als das wichtigste in der Philosophie galt, seine Wirkung selbst unterbunden; in Deutschland blieb er so gut wie wirkungslos. Sein überraschender Einfluß außerhalb Deutschlands – als ›Krausismo‹ in Spanien und Lateinamerika – beruht nicht auf seinen systemat.-philosoph. Schriften, sondern vor allem auf seiner pädagog., religionskrit. bzw. freimaurer. Wirksamkeit und Agitation; mit dem Krausismo profilierten sich hier vor allem antiklerikale Kräfte, die geistig und praktisch die Autonomie der modernen Wissenschaften verteidigten.

Lit.: K.-M. KODALLE (Hg.), K. Chr. Fr. Krause (1781–1832). Studien zu seiner Philosophie und zum Krausismo, 1985.

ST. DIETZSCH

Vorlesungen über die Ästhetik, Georg Wilhelm Friedrich HEGEL, gehalten Heidelberg 1817/18 u. Berlin 1820/21, 1823, 1826 u. 1828/29; EA Berlin 1835–1838 (3 Teilbde.).

In seinen kunstphilosoph. Vorlesungen behandelt Hegel die Ästhetik als ›Philosophie der schönen Kunst‹ und analysiert eingehend die geschichtliche Entwicklung der vielfältigen Kunsterscheinungen auf der Basis seines philosoph. Systems. – Weder ist Naturschönheit Gegenstand der Kunst, insofern sie bloß einen Reflex des dem Geist angehörigen Schönen darstellt, noch Nachahmung ihre Tätigkeit, da sie kein Kunstwerk, sondern nur technische Kunststücke zutage fördert. Ebensowenig besteht der Zweck der Kunst in der Reinigung der Leidenschaften oder in der Befestigung der Moralität durch Belehrung und Besserung, wie Hegel in der einleitenden Auseinandersetzung mit den bisherigen Kunsttheorien (u. a. Kant, Schiller, Winckelmann, Schelling und die Gebrüder Schlegel) erklärt. Im 1. Teil wird die Kunst als Weise der geschichtlichen Manifestation des absoluten Geistes definiert. Als Geist versteht Hegel sowohl den endlich-menschlichen Geist in der Selbstvergewisserung seiner Freiheit als auch den göttlichen Geist, der sich im freien Produzieren des Menschen offenbart. Höchste Aufgabe der Kunst ist darum, gemeinsam mit Religion und Philosophie das Absolute auszusprechen, dessen Darstellung sie im Medium der Sinnlichkeit und in der Form der Anschauung leistet. So erzeugt der Geist ein versöhnendes Mittelglied zwischen dem Sinnlich-Endlichen und dem nur dem Denken begreiflichen Unendlichen, nämlich das Kunstwerk, in dem die Menschen bzw. die Völker ihre gehaltreichsten inneren Anschauungen niedergelegt und somit der Wahrheitserfahrung erschlossen haben. Dieses Produkt des Geistes, das (Kunst-)Schöne, bezeichnet Hegel daher auch als ›das sinnliche Scheinen der Idee‹, d. h. als diejenige Gestaltung der Wirklichkeit, in der die Idee (das Absolute) zur Erscheinung kommt. Die vollkommene Entsprechung von Idee und Gestalt macht das Ideal aus. Dessen Verwirklichungsgrad bildet für Hegel das Entwicklungs- bzw. Einteilungskriterium der drei möglichen Kunstformen – symbol., klassische und romant. Kunstform –, die im 2. Teil des Werkes abgehandelt werden. Ihr jeweiliger Grundzug besteht im Erstreben, Erreichen und Überschreiten des Ideals. Auf der Ebene der oriental. Kunstform stimmen Idee und natürlicher Stoff nur partiell überein, weshalb Hegel sie als Vorkunst bezeichnet. Insofern bleibt jedes Symbol zweideutig und die Versöhnung von Bedeutung und Ausdruck ein bloßes Trachten, wie Hegel gegen die romant. Hochschätzung des Orients an der persischen, indischen und ägypt. Mythologie verdeutlicht. Die Symbolik entwikkelt sich von der unbewußten über die der Erhabenheit bis zur eigentlichen Symbolik Ägyptens. Die Enträtselung der Sphinx leitet die klassische Kunstform ein, in der sich geistiger Inhalt und sinnliche Form vollständig decken, wie es von den Griechen in der menschlichen Gestalt repräsentiert wird. Obwohl für Hegel damit die höchste Ausdrucksmöglichkeit der Kunst erreicht ist, führt die unmittelbare leibliche Gestaltung des Göttlichen gleichzeitig zur Auflösung des klassischen Ideals, die schon Komödie und Satire vorbereiten. Die romant., d. h. vom Christentum geprägte Kunstform akzentuiert die Disproportion zwischen Idee und Realität, weil der sich als unendlich enthüllende Geist nicht in sinnlicher Gestalt, sondern nur in der selbstbewußten Innerlichkeit sein entsprechendes Dasein finden kann. Die Momente der romant. Kunst sind der religiöse Kreis, der die Glaubensgehalte darstellt, das Rittertum, das die Ideale des christlichen Lebens ausdrückt und schließlich der Kreis der individuellen Charaktere, deren Handlung zum Abenteuer wird. Gerade das Überwiegen der Innerlichkeit gegenüber dem zufällig gewordenen Stoff trägt aber zum Zerfallen der romant. Kunst bei, weil in ihr alle Lebenserscheinungen, die alltäglichsten wie die höchsten, gleichermaßen Platz finden (Shakespeare und niederländ. Malerei) und die Subjektivität des Künstlers sich in Ironie bzw. Humor verwandelt. Mit der Unmöglichkeit, den christlichen Gott durch Sinnlichkeit und Anschauung in den Kunstprodukten des menschlichen Geistes adäquat darzustellen – und nicht etwa aus einer angeblich unkrit. Vorliebe für die Klassik – begründet Hegel die später vieldiskutierte These vom Vergangenheitscharakter der Kunst in ihrer höchsten Bestimmung, die darum in angemessenere Auffassungsweisen des Geistes (Religion und Philosophie) übergehen muß. Zudem läßt sich diese These für Hegel auf der weltgeschichtlichen bzw. polit. Ebene rechtfertigen. Indem durch das Christentum die Freiheit als Freiheit aller in ihrer Subjektivität mit der Neuzeit in die Welt hineingebildet und zum Wesen von Gesellschaft, Staat, Rechten usw. geworden ist, bedeutet der Versuch ästhet. Versöhnung – soweit er auf eine bloße Wiederherstellung von nicht mehr vorhandenen religiösen und geschichtlichen Zusammenhängen zielt – das Ausweichen aus der Notwendigkeit, die gegenwärtige Wirklichkeit der Freiheit und die versöhnte Einheit des Allgemeinen und Individuellen positiv anzuerkennen. Im 3. Teil gliedert Hegel nach dem Prinzip der zunehmenden Vergeistigung des Natürlichen das System der einzelnen Künste, in denen sich die drei Kunstformen verkörpern. Die Sphären der schönen Architektur, der Skulptur und der Malerei, Musik und Poesie dominieren jeweils in der symbol., der klassischen und der romant. Kunstform, obwohl sie sich innerhalb jeder Kunstform wiederholen. Auf der Stufe der Dichtkunst steigt aber die Kunst über sich selbst hinaus, indem sie »aus der Poesie der Vorstellung in die Prosa des Denkens hinübertritt«. – Expliziten Bezug auf Hegels Ästhetik nahmen im 19. Jh. Vischer, W. Weisse, M. Schasler, K. Fischer, K. Rosenkranz u. a. Das Werk wirkte weiterhin auf die Kunsttheorien u. a. von Lukács, Adorno, M. Bense, auf Kultur- und Kunstgeschichte (H. Wölfflin, K. Lamprecht, A. Riegl, E. Panofsky) und erfährt neuerdings eine Reaktualisierung in den jüngsten hermeneut.-ästhet. Strömungen.

Ausg.: Werke, 20 Bde., Bd. XIII–XV, 1986 (stw 613–615).

Lit.: A. GETHMANN-SIEFERT, Die Funktion der Kunst in der Geschichte. Untersuchungen zu Hegels Ästhetik, 1984.

F. LONGATO

Vorlesungen über die Geschichte der Philosophie, Georg Wilhelm Friedrich HEGEL, gehalten Heidelberg 1816/17 u. 1817/18 u. Berlin 1819, 1820/21, 1823/24, 1825/26, 1827/28 u. 1829/30; EA Berlin 1833–1836 (3 Bde.).

In diesen Vorlesungen legt Hegel seine Theorie der Philosophiegeschichte dar und betrachtet die bisherigen philosoph. Positionen auf der Basis seines Systems. – Die Philosophie ist die höchste Form der Selbsterfassung des Geistes. Geist meint sowohl den sich über die äußere Natur erhebenden und in einer staatlich organisierten Volksgemeinschaft realisierenden endlich-menschlichen Geist als auch den absolut-göttlichen Geist, der sich im Medium der Anschauung (Kunst), der Vorstellung (Religion) und des Denkens (Philosophie) geschichtlich manifestiert bzw. vom endlichen Geist erfaßt wird. Die Philosophie hat in ihren verschiedenen histor. Gestalten stets dieselbe Aufgabe: das Begreifen des Absoluten, das zugleich Sichbegreifen desselben ist. Dies impliziert ein komplexes Verhältnis von Zeit und Ewigkeit, das im Abschnitt über die »Metaphysik der Zeit« erörtert wird. Zeitgebunden ist die Philosophie, indem sie das Selbstverständnis einer bestimmten Epoche und eines Volkes ausspricht. Das bedeutet aber für Hegel keine unkrit. Rechtfertigung des Bestehenden, da die Philosophie immer erst am Ende eines schon in der Krise befindlichen Zeitalters auftritt und als Denkform die Entstehung eines neuen Prinzips in einer neuen Epoche befördert. Insofern überwindet sie zugleich das Zeitliche ihrer jeweiligen histor. Welt in zweifacher Weise, nämlich in Richtung auf die Zukunft – allerdings ohne Utopien zu erzeugen – und in Richtung auf die Ewigkeit. Denn die philosoph. Theorien in ihrer geschichtlichen Abfolge stellen für Hegel die konstitutiven Momente der Einen Wahrheit, des Zusichselbstkommens des absoluten Geistes dar, so daß sich Philosophiegeschichte und Philosophie vollkommen decken. Beide sind ›System in der Entwicklung‹. Der Fortgang sowohl von einer Philosophie bzw. Epoche zur anderen als auch innerhalb derselben folgt der in der → *Wissenschaft der Logik* dargelegten dialekt. Methode, die mit Rekurs auf die aristotel. Begriffe von potentia (Ansichsein) und actus (Fürsichsein) und am Beispiel der organ. Entwicklung erläutert wird. Wie der Baum Widerlegung des Keims, die Blüte Widerlegung der Blätter usw. ist, so wird eine frühere Philosophie durch eine spätere widerlegt bzw. aufgehoben. Die Widerlegung versteht Hegel als die bestimmte Negation, die zugleich das Negierte in einem neuen Zusammenhang bewahrt, so daß sich die Philosophie als eine notwendige Stufenentwicklung vom abstrakten zum konkreten Allgemeinen erweist. Darum bildet sie für Hegel keinen bloßen Vorrat von Meinungen, noch sollten in ihr frühere Stadien einfach wiederholt werden. Nach einer kurzen Behandlung der oriental. Weltanschauung wird die Philosophie in griechisch-römische und in christliche, d. h. neuzeitliche, Philosophie eingeteilt. Das Mittelalter gilt als Periode der Gärung und Vorbereitung auf die Neuzeit. Besondere Beachtung mißt Hegel der griechischen Philosophie bei, der er übrigens grundlegende Einsichten für die Entwicklung seines eigenen Denkens verdankt. Bei den Vorsokratikern findet Hegel die abstraktesten Denkbestimmungen artikuliert (Sein, Nichts, Werden), die er mit den anfänglichen Kategorien seiner Logik identifiziert, sowie zwei Ursprünge der Dialektik bei Zeno und Heraklit. Die idealist. Grundthese, daß das Absolute reiner Gedanke sei, sieht Hegel in Platons Ideenlehre ausgesprochen. Dessen Dialog → *Parmenides*, den Hegel z. T. neuplaton. interpretiert, wird als das Meisterstück der alten Dialektik gepriesen, aber dennoch kritisiert, sofern er zu keiner positiven Erkenntnis des Absoluten gelange. Keinem anderen Denker der Tradition zollt Hegel größere Hochachtung als Aristoteles, dessen Philosophie er als die spekulative Versöhnung von Idealität und Empirie versteht. Von entscheidender Bedeutung sind für ihn Aristoteles' Seelenlehre und Metaphysik, insbes. die Lehre von der noēsis noēseōs, die Hegel im Sinne seiner eigenen Theorie der absoluten Subjektivität umdeutet. Deren ontotheolog. Vorzeichnung sieht Hegel ferner in Plotins Denken und in Proklos' Dialektik. Was der antiken Philosophie fehlt, das Prinzip der spontanen Subjektivität als denkender Selbstbeziehung, tritt erst durch das Christentum in der Welt auf, das die Innerlichkeit und Freiheit der Person und Gott selbst als Geist ausspricht. Philosoph. wird das neue Prinzip zuerst von Descartes aufgestellt. Spinozas Substanzlehre, die in Hegels philosoph. Bildung eine entscheidende Rolle gespielt hat, wird hier eher kritisch gewürdigt. Einen Vergleich zwischen Spinozas Substanz und Parmenides' Sein anstellend, behauptet Hegel zwar, der Philosophierende müsse am Anfang Spinozist sein, d. h. alle besonderen Bestimmungen auf die Eine Substanz ausrichten, sie dann aber in der absolut-unendlichen Subjektivität des Geistes aufheben. In der weiteren Entwicklung der Philosophiegeschichte von Leibniz bis zur Aufklärung hin bliebe der Spinozismus unübertroffen. Erst mit Kants Prinzip der Selbstbestimmung des Subjekts vollzieht sich nach Hegel eine Revolution im Denken, was der polit. Revolution in Frankreich entspricht. Trotz einer Erneuerung der Vernunftdialektik, deren Antinomienlehre Hegel besonders hervorhebt, überwinde Kant aber nicht die Grenzen endlichen Erkennens. Die Vorlesungen schließen mit einer Würdigung der Philosophie Fichtes und Schellings, die eigentlich als Konfrontation mit Zeitgenossen gilt. – Hegels nicht-doxograph. Philosophiegeschichte übte entscheidenden Einfluß auf die Philosophiegeschichtsschreibung des 19. Jh.s (J. E. Erdmann, K. Fischer, E. Zeller, C. Prantl) und auf die verschiedenen Varianten des idealist. Historismus aus. In jüngerer Zeit findet die Frage der ›Geschichtlichkeit‹ der Philosophie und die der von Hegel intendierten Vollendung der nachchristlichen Metaphysik erneutes Interesse (K. Löwith).

Ausg.: Werke, 20 Bde., Bd. XVIII–XX, 1986 (stw 618–620).
Lit.: K. Düsing, Hegel und die Geschichte der Philosophie. Ontologie und Dialektik in Antike und Neuzeit, 1983.

F. Longato

Vorlesungen über die Grundlagen der Ethik, Leonard Nelson; EA Göttingen 1917–1932 (Bd. I: Kritik der praktischen Vernunft, 1917; Bd. II: System der philosophischen Ethik und Pädagogik, 1932; Bd. III: System der philosophischen Rechtslehre und Politik, 1924).
Die Vorlesungen gehen von der Frage aus, wie Ethik als Wissenschaft aus den Bedingungen ihrer Möglichkeit zu bestimmen ist, und stellen sich auf den Standpunkt einer prinzipiellen wissenschaftlichen ›Lösbarkeit der ethischen Probleme‹. Zu ethischen

Prinzipien gelangen wir nach Nelson durch Abstraktion, gesichert durch Deduktion als ›psycholog. Beweis der Existenz‹ einer den ethischen Urteilen ›zugrunde liegenden nichtanschaulichen unmittelbaren Erkenntnis‹. Der I. Band behandelt die Propädeutik mit der Unterteilung in ethische Methodenlehre, Exposition der ethischen Prinzipien, Theorie der praktischen Vernunft und Axiomatik der möglichen ethischen Theorien. Nach der Untersuchung des formalen und materialen Pflichtbegriffs versucht Nelson eine Deduktion von Inhalten des Sittengesetzes, um unter Ausschließung des ›Ethischen Empirismus‹, des ›Ethischen Mystizismus‹ und ›Ethischen Logizismus‹ zu seinem System der Ethik im ›Ethischen Kritizismus‹ zu gelangen. Der II. Band gibt eine jeweils formale und materiale Pflichten- und Ideallehre mit den Hauptbegriffen ›Würde der Person‹, ›Grundsatz der persönlichen Gleichheit‹ und ›Gerechtigkeit‹. Der die Pädagogik betreffende Teil behandelt die ›Verwirklichung‹ der gewonnenen ethischen Prinzipien. Der III. Band, systemat. unabhängig (und vor dem II. Band erschienen), bietet eine Übersicht über die möglichen Rechtstheorien von Empirismus bis Kritizismus, verortet die Rechtswissenschaft im System der Philosophie und bildet in der formalen Rechtslehre den ›synthet. Grundsatz‹: »Es gibt ein Rechtsgesetz.« Im Abschnitt über die materiale Rechtslehre entwikkelt Nelson die ›Postulate‹ Vertragsrecht, ›Positives Gesetz‹, Eigentumsverteilung und Strafrecht und vertritt die These von der ›Unmöglichkeit des sog. Naturrechts‹. Systemat. unabhängig sieht er den Abschnitt über Politik, der vom Grundbegriff ›Staat‹ aus eine Kritik des ›polit. Utopismus‹ und ›Doktrinarismus‹ (die meist aus verdeckten Empirismen erwachsen) bietet und in seinem letzten Teil über ›Parteipolitik‹ den Schritt von der polit. Theorie zu deren Anwendung in der philosoph. Staatslehre macht. – Nelsons ›praktische Philosophie‹ ist in der rechtsphilosoph. Grundlagendiskussion von aktueller Bedeutung geblieben.

Ausg.: Gesammelte Schriften, Bd. IV–VI, 1970–1976.

Lit.: Chr. Westermann, Recht und Pflicht bei L. Nelson, 1969. – Ders., Argumentationen und Begründungen in der Ethik und Rechtslehre, 1977. – P. Schröder (Hg.), Vernunft, Erkenntnis, Sittlichkeit. Internationales philosoph. Symposion aus Anlaß des 50. Todestages von Leonard Nelson, 1979.

Th. Neumann

Vorlesungen über die Philosophie der Geschichte, Georg Wilhelm Friedrich Hegel, gehalten in Berlin 1822/23, 1824/25, 1826/27 u. 1830/31; EA Berlin 1837.

Thema der Vorlesungen ist die Weltgeschichte, die schon in der → *Enzyklopädie der philosophischen Wissenschaften* und in den → *Grundlinien der Philosophie des Rechts* die ›Lehre des objektiven Geistes‹ abschließt. Im Unterschied zu den gegensätzlichen Konzeptionen der Geschichte als Inbegriff von unverbundenen Begebenheiten oder als eschatolog. Prozeß mit unerforschlichem Endzweck, bildet die Weltgeschichte für Hegel einen vernunftbeherrschten und daher vernünftig begreifbaren Prozeß. Nach einer Typik der Geschichtsschreibung expliziert Hegel in der Einleitung ihre Definition als ›Fortschritt im Bewußtsein der Freiheit‹. Da Freiheit der Wesenszug des Geistes und dieser als Weltgeist Resultat des sich in der Zeit objektivierenden Tuns des Menschengeschlechts nach seinem Wissen von sich ist, stellt die Weltgeschichte einen aufsteigenden Verlauf der Freiheitsverwirklichung dar. Seine Glieder sind die staatlich organisierten Völker bzw. Volksgeister, deren besonderes Prinzip darin besteht, wie sie in Kunst, Religion und Philosophie ihre eigenen sittlichen und polit. Institutionen als Werk verwirklichter Freiheit erkennen. Das den höchsten Begriff des Geistes auffassende Volk ist das jeweils regierende, während die anderen, auch wenn sie weiter existieren, keine Bedeutung für die Weltgeschichte haben. Diesem Schicksal unterliegt aber auch das führende Volk, wenn es seinen Beitrag zur Freiheitsverwirklichung der Menschheit vollbracht hat. Der Weltgeist als Volksgeist bildet sich durch die Individuen und vor allem mittels der ›welthistor. Individuen‹ (wie Alexander, Cäsar, Napoleon), aber so, daß sie, im Verfolgen ihrer partikulären Zwecke, unbewußte Werkzeuge einer ›List der Vernunft‹ sind, welche die Leidenschaften für sich wirken läßt. Wenn Hegel den Fortschritt in den Weltereignissen nach der Vernunft des Erfolgs bemißt, heißt das jedoch nicht, daß die Geschichte geradlinig, in der bruchlosen Weise eines Naturprozesses verläuft. Der Fortschritt vollzieht sich vornehmlich in den Knotenpunkten des geschichtlichen Werdens, in denen der Geist eines Volkes nicht mit seiner Verfassung und diese nicht mit der Freiheitsidee übereinstimmt. Gegen den Fortschrittsoptimismus der Frühaufklärung faßt Hegel den Fortschritt als dialekt. Einheit von Fort- und Untergang auf. Er ist Resultat eines harten Kampfes des Geistes gegen das ihm zunächst Entgegenstehende, die Natur, und gegen sich selbst, sofern ihm die Produkte seiner Tätigkeit in den ersten Entwicklungsphasen als fremde Macht erscheinen. In diesem Sinne ist der Zweck der Geschichte das Beisichbleiben des Geistes in seinem anderen, letztlich seine Rückkehr zu sich. Nach einer Darlegung der geograph. Grundlagen der Weltgeschichte behandelt Hegel mit überreichem Material deren Hauptepochen, die sich aus dem Freiheitsbewußtsein ergeben, nämlich die oriental. Welt, die griechisch-römische Antike und die christlich-german. Welt. Während im alten Orient nur einer, der despot. Willkürherrscher, frei ist und die Individuen von den Gesetzen wie von einer fremden Macht regiert werden – was ihre unmittelbare Unterwerfung unter die Natur widerspiegelt –, geht das Bewußtsein der subjektiven Freiheit erst in der griechischen Welt auf, in der die einzelnen in unbefangener Einheit mit dem Sittlichen als Staat leben. Mit dem Aufkommen des Individualitätsprinzips wird die harmon. Sittlichkeit im römischen Reich in die Extreme der Person und ihres Privatrechts einerseits, der Macht des Staates andererseits gespalten. In der Antike tritt jedoch das Menschsein als Rechtsprinzip nur in der Beschränkung auf den Bürger und in der Ausschaltung der Sklaven auf. Erst die german. Nationen sind für Hegel zum Bewußtsein gekommen, daß der Mensch als Mensch frei ist. Dieses unbeschränkte Freiheitsprinzip wird der Welt vom Christentum verkündet, das die Geschichte der verschiedenen Völker damit zur Geschichte der Menschheit als solcher macht. Mit der Befreiung des Menschen zu sich selbst entsteht zugleich das Zutrauen zur durch die christliche Schöpfungslehre entgötterten Natur, was zur Entwicklung der modernen Erfahrungswissenschaften führt. Seine religiöse Vollendung erreicht das Freiheitsprinzip durch die Reformation, die dem Menschen die Gesinnung seiner innerlichen Freiheit von aller äußeren Autorität verleiht. Auf der polit. Ebene wird es durch die Französ. Revolution zum Rechtsprinzip erhoben, was Hegel – bei aller Verurteilung des späten Terrors und trotz seiner Kritik an der Unfähigkeit des Liberalismus, zu einer dauerhaften polit. Organisation zu kommen – als die notwendige Voraussetzung aller künftigen staatlichen Ordnungen betrachtet. Wahrhafte Freiheit ergibt sich jedoch für Hegel nur dort, wo, wie im Protestantismus, die Versöhnung der Religion mit dem Recht zustande kommt, deren weltliche Verwirklichung der Staat ist. Im Unterschied zu Kant und Fichte, die nach Hegel Vernunft und Freiheit ins Unendliche verlegen, versteht sich die weltgeschichtliche Realisation der Vernunft im Freiheitsbewußtsein – sofern diesem Ziel das Glück der Völker und der Individuen zum Opfer gebracht werden – als die eigentliche Theodizee. – Hegels Geschichtsphilosophie beeinflußte u. a. den histor. und dialekt. Materialismus, den Historismus von B. Croce, G. Gentile und R. G. Collingwood und das Geschichtsverständnis der Frankfurter Schule. Sie wirkte indirekt auf die Historische Schule und – trotz der Ablehnung der Einheit von Historischem und Systematischem – auf die verschiedenen Theorien des ›objektiven Geistes‹ (Dilthey, H. Freyer, N. Hartmann, Th. Litt u. a.).

Ausg.: Hg. von J. Hoffmeister (Bd. I) u. G. Lasson (Bd. II–IV), 1970–1976. – Werke, 20 Bde., Bd. XII, 1986 (stw 612).
Lit.: J. Ritter, Metaphysik und Politik. Studien zu Aristoteles und Hegel, 1969. – O. D. Brauer, Dialektik der Zeit. Untersuchungen zu Hegels Metaphysik der Weltgeschichte, 1982.

F. Longato

Vorlesungen über die Philosophie der Religion, Georg Wilhelm Friedrich Hegel, gehalten Berlin 1821, 1824, 1827 u. 1830; EA Berlin 1832 (2 Bde.).
Die Religionsphilosophie wird in den Vorlesungen als die vernünftige Erkenntnis Gottes bestimmt. Hegel weist der Religion innerhalb der ›Lehre des absoluten Geistes‹ die mittlere Stelle zwischen Kunst und Philosophie zu, wobei Geist sowohl die höchste Definition des Absoluten als auch den endlich-menschlichen Geist meint. Wesenszüge des Geistes sind die Freiheit, d. h. das Nichtabhängigsein vom anderen, also das Sichaufsichbeziehen, und das Sichmanifestieren als ›Werden für ein Anderes‹. Die Religion stellt daher die Beziehung des subjektiven Bewußtseins auf Gott, seine Erhebung zum Unendlichen, und zugleich das Sichrealisieren Gottes im Bewußtsein dar. Dieses grundlegende Verhältnis von Geist zu Geist erscheint auf der religiösen Ebene im Medium der Vorstellung, die zwischen der ästhet. Anschauung und dem spekulativen Denken vermittelt. Der Unterschied in der Erkenntnisweise widerspricht für Hegel aber nicht der Identität des Inhalts von Religion und Philosophie. Denn

der Gegenstand beider ist »nichts als Gott und seine Explikation«, so daß die Philosophie nur durch die Explikation der religiösen Gehalte zu ihrer vollen Darlegung kommt. Diese formalen und inhaltlichen Hauptmerkmale der Religion werden im 1. Teil (»Begriff der Religion«) erörtert, in dem sich Hegel u. a. mit der Jacobischen und Schleiermacherschen Lehre des unmittelbaren Wissens und des Gefühls sowie mit der Schulmetaphysik auseinandersetzt. Beide erweisen sich für ihn als gegensätzliche Mängelformen der Religion, weil die erste die Religion auf den endlichen Geist reduziert, während die zweite als rationale Theologie Gott bloß in seiner Aseität auffaßt. In diesem Zusammenhang verteidigt Hegel gegen die Bildungsvorurteile der Zeit die Berechtigung der Beweise der Existenz Gottes. Sofern diese aber mit einer Betrachtung der endlichen Welt als etwas in sich Bestehendem beginnen und erst von hier aus zu Gott gelangen, wird der Unterschied zwischen Endlichem und Unendlichem nicht völlig aufgehoben. Die traditionellen Gottesbeweise gelten daher nur als theoret. Explikationen des religiösen Sicherhebens zu Gott. Für angemessener hält er das ontolog. Argument, aber wiederum nur unter der Bedingung, daß es beim Begriff Gottes ansetze. Die praktische Erfüllung des Verhältnisses zu Gott vollzieht sich im Kultus, der die Innerlichkeit wie die äußerliche Erscheinung umspannt. Das andächtige Handeln führt zur Teilnahme am Absoluten und bringt die Einheit mit ihm hervor. Es bildet somit eine innere Umkehrung des Gemüts. Sein Begriff ist der Glaube als die Gewißheit von der wahrhaften Präsenz des absoluten Geistes in der Gemeinde, in der sich die Erhebung zu Gott und das Tun Gottes im Menschen durchdringen. Gemäß der in der → *Wissenschaft der Logik* dargestellten Dialektik des Begriffs wird die Religion weiter (Teil 2–4) in ›bestimmte‹ und ›absolute‹ Religion aufgeteilt. Der Entwicklung ihrer histor. Gestaltungen liegt die jeweils verschiedene Vorstellung des Absoluten und des Verhältnisses von Endlichem und Unendlichem zugrunde. Die ›Naturreligion‹, in der das Göttliche und der Mensch selbst noch in ungetrübter Einheit mit dem Natürlichen stehen, schreitet fort von der Zauberei über die Religion des Maßes (chines.), der Phantasie (indische) und des Insichseins (Buddhismus) zur Religion des Lichts (persische), des Schmerzes (syrische) und schließlich des Rätsels (ägypt.). Die höhere ›Religion der geistigen Individualität‹, in der die Momente des sich zum freieren Bewußtsein über die Natur erhebenden Geistes entfaltet werden, durchläuft drei Stadien: die jüdische Religion der Erhabenheit mit der unüberholbaren Trennung von Gott und Menschen, die griechische Religion der Schönheit und der freien Harmonie innerhalb der Polis und die durch die Zweckmäßigkeit der Staatsräson bestimmte römische Religion. Im Unterschied zur ›bestimmten Religion‹, die Gott nur unter einer seiner Bestimmungen faßt, erkennt ihn die ›absolute Religion‹ des Christentums als unendlichen Geist an, was heißt, daß der endliche Geist nicht mehr aus eigener Kraft sich die Wahrheit vorstellt, sondern diese ihm von Gott dargeboten wird. Mittels seiner Offenbarung durch den Menschen gewinnt Gott sein eigenes Selbstbewußtsein und zugleich gelangt der Mensch zum wirklichen Freisein. Inhalt des Christentums ist nämlich die Einheit der göttlichen und menschlichen Natur. In spekulativer Umdeutung der Dogmen erklärt Hegel die Selbstbestimmung und Selbstmanifestation Gottes als dreistufigen Prozeß: 1. Gott in seiner Ewigkeit vor der Erschaffung der Welt (Reich des Vaters); 2. die Erschaffung der Welt als Sichentäußern Gottes in das andere seiner selbst (in die Natur und den endlichen Geist) und, zur Versöhnung des durch seine endliche Selbstbehauptung sündig gewordenen Menschen, die Menschwerdung Gottes (Reich des Sohnes); 3. das Leben des heiligen Geistes in der durch den Tod und die Auferstehung Christi versöhnten weltweiten Gemeinde der Kirche (Reich des Geistes). Den Tod und die Auferstehung Jesu deutet Hegel zudem als die exemplar. Darstellung eines notwendigen Geistmoments, das das Individuum zu vollziehen hat. Seine partikuläre Individualität muß sich nämlich in der sittlichen Dimension der Intersubjektivität aufheben und zur Allgemeinheit der staatlichen Institutionen als verwirklichten Geistes verklären. – An Hegels Deutung der christlichen Dogmatik spaltet sich die Hegelschule um 1835 in die ›orthodoxen‹ Positionen der Althegelianer (G. A. Gabler, K. Daub, K. F. Göschel, Ph. K. Marheineke) und in die die Religion historisierenden Interpretationen der Junghegelianer (Strauß, Feuerbach, B. Bauer), was auch die divergierenden Beurteilungen im 20. Jh. erklärt. An Hegels Religionsphilosophie knüpfen u. a. die ›Gott-ist-tot‹-Theologie (Th. J. J. Altizer) und die Theologien von K. Rahner, W. D. Marsch und W. Pannenberg an.

Ausg.: Hg. von G. Lasson, 2 Bde., 1974. – Werke, 20 Bde., Bd. XVI u. XVII, 1986 (stw 616, 617).
Lit.: M. Theunissen, Hegels Lehre vom absoluten Geist als theolog.-polit. Traktat, 1970. – F. W. Graf/F. Wagner (Hg.), Die Flucht in den Begriff. Materialien zu Hegels Religionsphilosophie, 1982.

F. Longato

Vorlesungen zur Phänomenologie des inneren Zeitbewußtseins, Edmund Husserl; EA Halle a. d. Saale 1928.

Dieser erstmals durch Heidegger edierte Text entstammt in Wirklichkeit weniger den ›Vorlesungen‹ von 1905 als Forschungsmanuskripten der Jahre 1909–1911. Husserls Analyse des Zeitbewußtseins eröffnet zugleich wichtige Perspektiven auf seine Lehre von der Wahrnehmung, vom Selbstbewußtsein und von dem in der phänomenolog. Reduktion erschlossenen absoluten Fundament der philosoph. Wissenschaft. – Die phänomenolog. Untersuchung der Weise, wie zeitliche Gegenstände dem intentionalen Bewußtsein erscheinen, erfordert eine ›Ausschaltung der objektiven Zeit‹, d. h. der im natürlichen Leben stets vorausgesetzten und mit Uhren gemessenen physikal. Zeit. Die gegenwärtige Wahrnehmung und die Erinnerung an vergangene Wahrnehmungen gelten Husserl als die wichtigsten Erfahrungen von zeitlich bestimmten intentionalen Gegenständen. Die Wahrnehmung eines transzendenten Zeitgegenstandes stützt sich auf die Gegebenheit von immanenten Empfindungsdaten, d. h. auf ein ›inneres‹ Bewußtsein von einfachsten, ›immanenten Zeitgegenständen‹. Husserl beschäftigt sich ausführlich mit dem ›absoluten Bewußtsein‹ von diesen Empfindungen und insbes. mit der ›Retention‹, die vergangene Empfindungsdaten in der Bewußtseinsgegenwart behält. Auf dieser Grundlage ergibt sich auch ein neues, phänomenolog.-konstitutives Verständnis von Sinn und Geltung der anfangs ausgeschalteten objektiven Zeit. – Husserl bleibt weitgehend geprägt durch das insbes. von Locke und W. James übernommene Interesse an einer psycholog.-reflexiven Erforschung der Zeiterfahrung; die eigentliche Wirkung seiner Analysen muß jedoch in den viel umfassenderen Fragen nach dem Zusammenhang von Zeit und Ontologie (Heidegger) sowie Zeit und Ethik (Lévinas) und damit letztlich in einer Problematisierung der Grundlagen von Husserls Phänomenologie des transzendentalen Bewußtseinssubjektes gesucht werden.

Ausg.: Gesammelte Werke, Husserliana Bd. X, 1966.

Lit.: R. BERNET, ›Einleitung‹, in: E. Husserl, Texte zur Phänomenologie des inneren Zeitbewußtseins (1893–1917), 1985 (PhB 362).

R. BERNET

Die vornehmsten Wahrheiten der natürlichen Religion, Hermann Samuel REIMARUS; EA Hamburg 1754.

Von der ›gesunden Vernunft‹ ausgehend, versucht Reimarus auf dieser die Religion zu begründen und stellt die Grundthese auf, daß der Mensch ohne Vernunft nicht als Mensch leben, seiner Vernunft aber nur Genüge tun könne, wenn er ›in Erforschung der Ursachen bis zu dem ersten vollkommensten Wesen‹ steigen würde. Die Vernunft sei die Grundlage der Religion und diese die Erfüllung der Vernunft in der Ruhe des Gemütes. Auch wenn damit de facto der Geltungsanspruch der Offenbarungsreligion relativiert wird (ganz explizit führte Reimarus die Offenbarungskritik in seiner nachgelassenen, von Lessing als *Fragmente eines Ungenannten* herausgegebenen, zum Fragmentenstreit führenden ›Apologie‹ aus), argumentiert Reimarus hier doch eher vorsichtig, so daß der kritische Impuls hinter den apologet. in der Rezeptionsgeschichte zurücktritt. – Das Werk thematisiert in zehn Abhandlungen: den außerweltlichen Ursprung des Menschen (1,2), die Kontingenz der Welt (3), die Teleologie (4,5), die Stellung des Menschen in der Welt, seine Seele im Vergleich mit dem Tier (6,7), die göttliche Vorsehung (8,9) mit dem Theodizeekapitel als Auseinandersetzung mit Leibniz (9), die Unsterblichkeit der Seele und die Vorteile der Religion (10). In den Ausführungen kehrt ständig das Kontingenzargument wieder, daß ohne die Annahme eines ewigen, notwendigen, selbständigen Seins die Welt wegen ihrer innerlichen Unvollkommenheit und Unselbständigkeit, Zufälligkeit und Grundlosigkeit nur als widersprüchlich verstanden werden könne. Nach Reimarus muß daher die Welt von einem anderen (Gott) um eines anderen willen (Lebewesen, Mensch) gemacht sein, und nur wenn wir sie teleolog. verstehen, begreifen wir, »warum eine körperliche Welt da ist, die sonst für sich selbst ihres Daseyns nicht genießt«: »Was hätte man denn an einer Mühle oder Maschine für Gefallen, die sich für sich ewig rund drehete«. So gibt es für Reimarus ein Stufenreich von der leblosen Welt über das Lebendige bis hin zum letzten Zweck der inneren Vollkommenheit des Menschen. Der Organismusgedanke zwingt Reimarus allerdings dazu, dem Menschen die Mittelpunktstellung zu nehmen (»die Welt ist nicht für uns alleine«), das Weltall als eine Dimension mit vielen Inseln des Lebendigen zu verstehen (»Woher wären wir denn allein der Wirklichkeit werth?«) und die wahre Bestimmung des Menschen in seiner Seele anzusetzen. Da in uns das natürliche Verlangen der Vernunft nach einem geistigeren Leben ist, das Streben nach Perfektionierung des Menschen, und da nichts in der Natur umsonst sein kann, spricht die natürliche Religion mit ihren Wahrheiten (Gott und Unsterblichkeit) den Sinn der Welt aus.

Ausg.: Repr. (hg. von G. GAWLICK, B. I–II, [3]1766) 1985.

Lit.: H. SIEVEKING, H. S. Reimarus, in: Zschr. d. Vereins f. Hamburg. Gesch. 38 (1939). – W. WALTER (Hg.), H. S. Reimarus. Ein »bekannter Unbekannter« der Aufklärung in Hamburg, 1973.

F. J. FUCHS

Vorschule der Aesthetik, Gustav Theodor FECHNER; EA Leipzig 1876 (2 Bde.).

Ausgehend von den ästhet. Einzelerfahrungen entwickelt Fechner in einer Reihe von Aufsätzen ohne systemat. Folge die Ästhetik als Erfahrungswissenschaft. Er grenzt seine Ästhetik von jener der spekulativen Philosophie ab, die in ihrer Beweisführung ›von oben‹ herkommt, indem sie ihre Begriffe aus der obersten Definition des Schönen ableitet. Im ausdrücklichen Gegensatz zur spekulativen Ästhetik deutet er das Erlebnis des Schönen eudaimonist. Schön heißt alles, »woran sich die Eigenschaft findet, Gefallen zu erwecken«. Dem Geschmacksrelativismus versucht er dadurch zu entgehen, daß er die allgemeinen Gesetze des Gefallens den Gesetzen des Sollens unterordnet. Ein oberstes ästhet. Kriterium sieht er in den Folgen des Geschmacks für das allgemeine Wohl der Menschheit. Fechner formuliert eine Reihe von Prinzipien des Gefallens, die wegen ihres empir. Ursprungs nur von begrenzter Gültigkeit sind. Besonders ausdrücklich behandelt er das ästhet. Assoziationsprinzip, da von ihm die ›halbe Ästhetik‹ abhänge. Er versteht darunter jene ästhet. Eindrücke, die aufgrund früherer Erfahrungen beim Anblick des ästhet. Objekts ausgelöst werden. Die Fülle der Einzelprobleme, wie sie Fechner in dieser Schrift zusammenfaßte, fanden bei seinen Zeitgenossen mehr Beachtung als seine metaphys. Werke.

Ausg.: Repr. 1978.

K. LEIDLMAIR

Vorschule der Aesthetik, JEAN PAUL (eigtl. Johann Paul Friedrich Richter); EA Hamburg 1804 (3 Bde.).

In Abgrenzung vom Mimesisprinzip (›poet. Materialisten‹) wie vom romant. Subjektivismus (›poet. Nihilisten‹) entwirft Jean Paul eine Theorie der modernen Dichtung, die – weit mehr als nur eine Poetik zum eigenen Romanwerk – als anthropolog. begründete Ästhetik seine philosoph. Antwort auf die Krise der Metaphysik in der deutschen Spätaufklärung darstellt. Entgegen dem mechanist. Naturbild des 18. Jh.s, der Negation der Unsterblichkeit und der Reduktion des Menschen auf sein irdisch-physisches Dasein im französ. Materialismus (La Mettrie, Helvétius, d'Holbach) begreift Jean Paul im Anschluß an Hamann, Herder, F. H. Jacobi

u. a. den Menschen als ein Wesen, zu dessen natürlicher Triebausstattung das Bedürfnis nach metaphys. Sinnprojektion und die Phantasie als Organ seiner Befriedigung konstitutiv gehören. Gleichsam instinktiv strebe er danach, fremde Körper und mechan. Objekte zu beseelen, Natur insgesamt anthropomorph auszulegen, an Wunderbares zu glauben und in Göttern und Geistern sein Dasein zu poetisieren: »Natur ist für den Menschen in ewiger Menschwerdung begriffen.« Die »natürliche Magie der Einbildungskraft« versöhnt die auf Ideen des Übersinnlichen und ›Unendlichen‹ gerichtete Subjektivität des Menschen mit der als leidvoll erfahrenen Beschränktheit und ›Endlichkeit‹ seiner Lebenswelt, indem sie diese unter dem Postulat, daß sie »einen göttlichen Sinn haben muß«, ›entziffert‹. In diesem anthropolog. Grundbedürfnis wurzeln die Religionen, aber auch Kunst und Poesie, die als »schöne Nachahmung der Natur« diese nicht nur mimet. nachschaffen, sondern als eine »Brotverwandlung ins Göttliche« sinnstiftend ›verklären‹ sollen: »Der rechte Dichter . . . wird begrenzte Natur mit der Unendlichkeit der Idee umgeben und jene wie auf einer Himmelsfahrt in diese verschwinden lassen.« Jean Paul verknüpft diesen Gedanken mit dem geschichtsphilosoph. Gegensatz von Antike und Moderne, der seit Schiller die deutsche Ästhetik beherrscht: Während in der Antike, als »in jedem Haine ein Gott oder sein Tempel war«, das ›Überirdische‹ ins ›Irdische‹ entäußert und so Natur und Lebenswelt selbst schon poet. waren, hat sich, vermittelt durch die Weltverneinung des christlichen Mittelalters, in der Moderne der Geist ins Subjekt zurückgezogen und vermag nurmehr hier, in der unendlichen Innerlichkeit seiner Phantasie, das Schöne aufzufinden. Als Ausdruck dieser Entzweiung von Subjekt und Objekt bringt die moderne oder ›romant.‹ Poesie ästhet. Phänomene hervor, die nach klassischer Norm ›nicht mehr schön‹ sind: das Lächerliche und das Erhabene (letzteres faßt Jean Paul im Anschluß an Kant und Schiller) sowie vor allem – Herz- und Glanzstück der *Vorschule* – den Humor, der als das ›romant. Komische‹ die ›ganze Endlichkeit‹ als ›tolle Welt‹ und Narrenhaus vorführt und zugleich als das ›umgekehrte Erhabene‹ mit dem Maßstab dieser endlichen Welt »die unendliche ausmisset«, so daß »jenes Lachen« entsteht, »worin noch ein Schmerz und eine Größe ist«. Im Humor ›vernichtet‹ das moderne Ich die Endlichkeit und versteht zugleich ihre Mängel; in ihm ›erhebt‹ es sich ins Reich der unendlichen Ideen und ist sich zugleich – im Unterschied zur platon., stoischen oder christlich-theolog. Weltverachtung – der Subjektivität seiner metaphys. Postulate bewußt. Diesen Paradoxien entspringt jener reflektierte oder ›künstliche‹ Wahnsinn des humorist. ›als ob‹, dem Jean Pauls literar. Helden ihre Faszination verdanken. Bevorzugte Gattungen der humorist. Poesie sind nach Jean Paul Roman und Idylle, ihre stilist. Mittel Witz und Metapher, d. h. eine geist-, anspielungs- und bilderreiche Sprache. – Das Werk, 1813 in 2., stark erw. Aufl. erschienen, übte großen Einfluß aus auf die philsoph. Ästhetik des 19. Jh.s und ihre Entdeckung des Nicht-Schönen: des Komischen,

Häßlichen und Unheimlichen (Ch. H. Weisse, F. Th. Vischer).

Ausg.: Sämtliche Werke, Bd. V, [4]1980.

Lit.: E. Berend, Jean Pauls Ästhetik, 1909. – W. Rasch, Die Poetik Jean Pauls, in: H. Steffen (Hg.), Die deutsche Romantik, [2]1978. – W. Wiethölter, Witzige Illumination, 1979. – G. Müller, Jean Pauls Ästhetik und Naturphilosophie, 1983.

W. Riedel

Vorträge und Aufsätze, Martin Heidegger; EA Pfullingen 1954. Diese Sammlung kleiner Beträge des ›späten‹ Heidegger umfaßt: Teil I: »Die Frage nach der Technik«, »Wissenschaft und Besinnung«, »Überwindung der Metaphysik«, »Wer ist Nietzsches Zarathustra?«; Teil II: »Was heißt Denken?«, »Bauen Wohnen Denken«, »Das Ding«, »›... dichterisch wohnet der Mensch ...‹«; Teil III: »Logos (Heraklit, Fragment 50)«, »Moira (Parmenides, Fragment VIII, 34–41)«, »Aletheia (Heraklit, Fragment 16)«. Diese Beiträge zeugen von der Vielfalt und Einheit des Denkweges Heideggers. – Die Beiträge im Teil I kreisen um die Frage nach Wissenschaft und Technik in ihrer Zugehörigkeit zur ›Metaphysik‹ und nach der Erfahrung der Vollendung der Metaphysik im Denken Nietzsches. Die beiden ersten Beiträge gehören zu den in der Schrift → *Die Technik und die Kehre* erörterten Gedanken über die Technik als eine Weise des ›Entbergens‹ sowie über die ›Gefahr‹ des ›Ge-stells‹. Die Wissenschaft ihrerseits als die entscheidende Weise, ›in der sich uns alles, was ist, darstellt‹, vermag nur die Natur in ihrer ›Gegenständigkeit‹, niemals aber in ihrer ›Wesensfülle‹ zu erfassen. Sie bleibt auf die von sich her anwesende Natur als die unerschöpfliche Quelle des Fragwürdigen angewiesen. Die Beiträge um die Vollendung der Metaphysik im Denken Nietzsches knüpfen an die Vorlesungen über → *Nietzsche* sowie an die Schrift → *Was heißt Denken?* an. Der ›Wille zum Willen‹, der die Herrschaft über die Erde angetreten hat, vermag ›die Erde nur zu nutzen‹, niemals aber ›den Segen der Erde zu empfangen‹. »Ob das Übermaß an Leid hier noch einen Wandel bringen kann?«, fragt Heidegger in diesen zwischen 1936 und 1946 geschriebenen Aufzeichnungen. In Nietzsches Zarathustra erblickt Heidegger den Januskopf: die Vollendung des Willens und die Frage nach der Zusammengehörigkeit von ›Sein‹ und ›Menschenwesen‹. Die Beiträge im Teil II sind der Frage nach Denken, Wohnen und Dichten sowie ihrer Zusammengehörigkeit gewidmet. Der Vortrag »Was heißt Denken?« knüpft an die gleichnamige Schrift (→ *Was heißt Denken?*) an. Die Vorträge »Bauen Wohnen Denken« und »... dichterisch wohnet der Mensch ...« behandeln die Frage nach dem menschlichen Wesen. Das Wohnen wird als das ›Schonen‹ der Erde verstanden. Der Mensch wohnt ›auf der Erde‹, was zugleich heißt ›unter dem Himmel‹, ›vor den Göttlichen‹, in Gemeinschaft mit anderen (›das Miteinander‹). Die Zusammengehörigkeit der ›Vier‹ (Erde und Himmel, die Göttlichen und die Sterblichen) nennt Heidegger ›das Geviert‹. »Demgemäß ist das wohnende Schonen vierfältig.« Zum Wohnen gehört das ›bauende Hervorbringen‹, das, über die griechische ›techne‹ hinaus, das ›Geviert‹ ›einfältig‹ in die Dinge einzulassen hat. Im Anschluß an Hölderlin (»... dichterisch ...«) verweist Heidegger darauf, daß das ›Maß‹ des Wohnens ›das Dichterische‹ (im Sinne des ›Maß-Empfangens‹ einer unbekannten bzw. ›göttlichen‹ Dimension) ist. Im Vortrag »Das Ding« erläutert Heidegger die ›Versammlung‹ des ›Gevierts‹ in der Erfahrung der Dinge: »Wir sind – im strengen Sinne des Wortes – die Be-Dingten. Wir haben die Anmaßung alles Unbedingten hinter uns gelassen.« Im Teil III sind drei Beiträge mit Erörterungen zu Heraklit und Parmenides enthalten. Heidegger deutet die Grundworte ›Logos‹, ›Moira‹ und ›Aletheia‹. Im ›Logos‹ sieht er den Namen für ›das Sein des Seienden‹, ohne daß aber die Griechen ›das Wesen der Sprache unmittelbar aus dem Wesen des Seins dachten‹. In der ›Moira‹ kündigt sich die ›Entbergung der Zwiefalt‹ (Anwesen/Anwesende) an, die aber zugleich verschwiegen bleibt. ›Aletheia‹ schließlich verweist, so wie ›physis‹, auf die ›schwebende Innigkeit von Entbergen und Verbergen‹ und somit auf die ›Lichtung‹ selbst. – Heideggers Erörterungen haben in ihrer Vielfalt der Philosophie des 20. Jhs. ungeahnte Perspektiven eröffnet; nachhaltig ist besonders sein Einfluß auf die Theologie.

Lit.: A. Jäger, Gott. Nochmals M. Heidegger, 1978. – R. Schaeffler, Frömmigkeit des Denkens?, 1978. – H. G. Gadamer, Heideggers Wege, 1981. – W. Marx, Gibt es auf Erden ein Maß?, 1983.

R. Capurro

Voyage et aventures de Lord W. Carisdall en Icarie (frz.; *Lord W. Carisdalls Reise und Abenteuer in Ikarien*), Étienne Cabet; EA Paris 1840 (unter dem Pseudonym Th. Dufruit); dt. 1847 Die Reise nach Ikarien.

Cabet will mit seinem gesellschaftstheoret. fiktiven Reisebericht, der in der Form an T. Morus' Utopie (→ *De optimo reip.[uplicae] statu* ...) anknüpft, einem breiten Publikum auf unterhaltende Weise am Beispiel des erfundenen Ikarien (dessen Name wohl auf französ. ›ça ira‹, es wird gelingen, anspielt) einsichtig machen, daß eine kommunist. organisierte Gesellschaft nicht nur lebensfähig ist, sondern ihren Mitgliedern ein weitaus besseres Leben ermöglicht als die bestehende, und wie eine solche Gesellschaft errichtet werden kann. Das Werk besteht aus drei nicht nur vom Umfang her ungleichen Teilen. Im ersten und zugleich längsten werden sehr detailliert der Alltag einer industrialisierten kommunist. Gesellschaft, ihre Wirtschafts- und Lebensweise sowie ihr Institutionengefüge beschrieben. Im 2. Teil wird dargelegt, daß diese Gesellschaft nur auf friedliche Weise errichtet werden kann. Der dritte, knapp 20 Seiten umfassende Teil (erstmals in der 3. Aufl. 1845 veröffentlicht) resümiert die Grundprinzipien der Gütergemeinschaft, die auf zwei, dem Menschen von Natur aus zukommenden Grundrechten basiert, nämlich dem Recht auf Leben und dem Recht auf Entfaltung der eigenen geistigen Fähigkeiten. – Mit dieser Schrift gelang es Cabet, die weitaus größte Anhängerschaft aller französ. Frühsozialisten zu gewinnen.

Lit.: C. H. Johnson, Utopian Communism in France. Cabet and the Icarians, 1839–1851, 1974. – R. Bambach, Der französ. Frühsozialismus, 1984.

R. Bambach

Der wahre Staat. Vorlesungen über Abbruch und Neubau der Gesellschaft, Othmar Spann; EA Leipzig 1921.

Die mit starkem polit. Engagement vorgetragene, sozial- und staatsphilosoph. argumentierende Schrift begründete Spanns Ruf als Hauptvertreter korporativen Denkens im 20. Jh. – In strikter Abgrenzung zu allen ›individualist.‹ Gesellschaftslehren (Liberalismus, Kapitalismus, Parlamentarismus) vertritt Spann eine ›universalist.‹ Auffassung, welche – ausgehend von der Tatsache, daß sich das geistige Sein des Menschen erst durch Teilhabe am geistigen Sein der Gemeinschaft entfalten kann (›Gezweiung‹) – ihren vollkommensten Ausdruck in der ständischen Gliederung von Staat, Wirtschaft und Gesellschaft findet. Durch einen hierarch. organisierten Stufenbau, der die Vielgestalt und Einzigartigkeit der verschiedenen Teile (›Organe‹) des polit., wirtschaftlichen und sozialen Ganzen betont, soll jede Form von Atomisierung und Kollektivierung gleichermaßen vermieden und eine lebendig bewegte Gemeinschaftsordnung konstituiert werden. – Das in hohem Grade eklektizist., durch romant. (Baader, Müller) und idealist. Staatsdenker (Fichte) angeregte Werk übte – trotz Betonung der Gegnerschaft zu totalitären Ideologien – starken Einfluß sowohl auf faschist. wie auf nationalsozialist. Strömungen aus (›Autoritärer Staat‹; ›Führerprinzip‹). Einzelne Gedanken fanden später Einlaß in die österreich. Verfassung von 1934.

Ausg.: Gesamtausgabe, Bd. V, 1972.

Lit.: M. Schneller, Zwischen Romantik und Faschismus. Der Beitrag O. Spanns zum Konservativismus in der Weimarer Republik, 1970. – A. Rieber, Vom Positivismus zum Universalismus. Untersuchungen zur Entwicklung und Kritik des Ganzheitsbegriffs von O. Spann, 1971.

F.-L. Kroll

Der Wahrheitsbegriff in den formalisierten Sprachen (Tarski) → Projecie prawdy

Wahrheit und Methode. Grundzüge einer philosophischen Hermeneutik, Hans-Georg Gadamer; EA Tübingen 1960.

Das Werk aktualisiert die philosoph. Bedeutsamkeit der Hermeneutik und stellt die universale Leistungsfähigkeit reiner Rationalität als Erkenntnisinstanz in Frage. – Ausgehend von der Freilegung der Wahrheitsfrage an der Erfahrung der Kunst, behandelt Gadamer das Verstehen in den Geisteswissenschaften und vollzieht eine ontolog. Wendung der Hermeneutik am Leitfaden der Sprache. Es soll keine neue Methode entwickelt, sondern es sollen die Bedingungen geisteswissenschaftlichen Verstehens untersucht und das allen Wissenschaften eigene Vorverständnis freigelegt werden. Die naturwissenschaftliche Methode der Regelbildung kann nicht auf Phänomene der Geisteswissenschaften angewendet werden, weil sie die histor. Erkenntnis außer acht läßt. Wahrheit, nicht nur Gewißheit der Erkenntnis gilt als Maßgabe geisteswissenschaftlicher Begründungen. Der geisteswissenschaftliche Verstehensprozeß vollzieht sich im Erkennen des Seienden und beruht auf einem Vorwissen, das aus der Weltorientierung resultiert, jedes Verstehen begründet und sich im Medium der Sprache bildet. Der Vorentwurf eines Sinnganzen, der jeder Deutung vorausgeht, unterliegt einer ständigen Revision. Dabei bewegt sich der Verstehensakt zirkelhaft: vom Sinnganzen aus zum Teil und zurück, so daß die Struktur des Ganzen immer klarer erfaßt wird. ›Objektivität‹ der Erkenntnis wird durch die Bewährung und Bestätigung der jeweils erlangten Erkenntnis an der Sache selbst gewährleistet. Voraussetzung ist die Fähigkeit des Interpreten zur Distanz. Die spezif. Position des Erkennenden relativiert nicht die Wissenschaftlichkeit der geisteswissenschaftlichen Forschung. Die hermeneut. Auslegung hat zwar an der Diskursivität des Geistes teil, besitzt aber die Struktur des endlich-geschichtlichen Seins. Die Wirkungsgeschichte gilt als Prinzip des Verstehens, und die geschichtliche Selbstdurchdringung des Geistes bewältigt die hermeneut. Aufgabe des Verstehens, indem Vergangenes und Gegenwärtiges denkend miteinander vermittelt werden. Das wirkungsgeschichtliche Bewußtsein entsteht durch Einsicht in die hermeneut. Situation; sie ist ein Moment des Verstehensvollzugs selbst. Sprache und Denken hängen genuin zusammen, die Sprachlichkeit der Welterfahrung geht allem als seiend Erkannten voraus. Die Hermeneutik wird als universaler Zugang des Verstehensaktes verstanden, weil das menschliche Weltverhältnis sprachlich und auf Verstehen ausgerichtet ist. Gadamers theoret. Reflexion steht in der wissenschaftlichen Tradition der Rhetorik, die er als einzigen Anwalt eines Wahrheitsanspruchs sieht. Durch die ontolog. Hermeneutik stellt er den Bezug zu den Geisteswissenschaften im Sinne einer Grundlegung der geisteswissenschaftlichen Hermeneutik wieder her. – Das Werk hat nicht nur auf philosoph. Gebiet gewirkt, sondern auch die theolog., die literatur- und kunstwissenschaftliche Methodendiskussion stark beeinflußt.

Ausg.: Gesammelte Werke, Bd. I, Hermeneutik I (Wahrheit und Methode), 1986.
Lit.: H.-G. Gadamer/G. Boehm (Hg.), Seminar: Philosophische Hermeneutik, 1976. – H.-G. Gadamer/G. Boehm (Hg.), Seminar: Die Hermeneutik und die Wissenschaften, 1978.

E. Jain

Wahrheit, Wert und Wirklichkeit, Bruno Bauch; EA Leipzig 1923.

Das systemat. Hauptwerk Bauchs, seinem Lehrer H. Rickert gewidmet, bietet eine eigenständige, Theoreme verschiedener neukantian. Richtungen selbständig verarbeitende Grundlegung der theoret. Philosophie im Zeichen des Geltungsproblems. – Im 1. Teil des Buchs wird das Verhältnis von Wahrheit und Wirklichkeit analysiert. Wie die Diskussion des Erkenntnisproblems zeigt, fallen Wahrheit einerseits und der Gegenstand anderseits weder einfach zusammen noch gänzlich auseinander. Sie haben vielmehr gemeinsame Bedingungen, die als ›Strukturformen der Wahrheit‹ themat. werden: als Urteil, Begriff und Methode. Charakterist. ist Bauchs funktionalist. Auffassung dieser Strukturformen. Das logische Urteil ist Funktion der Gegenstandsbestimmung und so vom tatsächlichen Urteil (Urteilen) unterschieden. Im Urteil liegt die kategoriale Funktion, die eigentliche Gegenstandsbeziehung. Die Begriffslehre fokussiert das Verhältnis von Allgemeinem und Besonderem im Begriff als ein Kategoriengefüge, in dem die Empfindungsinhalte ›zu Gegenständen aufgebaut werden‹. Mit der Methode ist die wissenschaftliche Begründung selbst angesprochen, die das Wirkliche aus den allgemeinen

Strukturen der Wahrheit erwachsen läßt. Der letzte Teil des Werks geht der Frage nach, welche Stellung die als Geltung ausgewiesene Wahrheit unter den Werten hat. Im Resultat zeigt sie sich einerseits als bestimmter Wert, der anderseits das Wertgebiet im ganzen in der Dimension der Geltung umspannt.

H. HOLZHEY

Was heißt Denken?, Martin HEIDEGGER, entst. 1951/52; EA Tübingen 1954.

Die Schrift enthält die Vorlesungen vom Winter 1951/52 und vom Sommer 1952. Sie gehört zum Kreis der Schriften des ›späten‹ Heidegger, in denen die Seinsfrage in Zusammenhang mit der Willensmetaphysik Nietzsches aus ihrem Ursprung im vorsokrat. Denken ›wieder-holt‹ wird. Im 1. Teil geht es Heidegger zunächst um eine Art Diagnose unserer Zeit: »Das Bedenklichste in unserer bedenklichen Zeit ist, daß wir noch nicht denken.« Grund dafür ist nicht nur, daß wir uns nicht dem ›Zu-Denkenden‹ zuwenden, sondern daß dieses sich ›entzieht‹. Der Mensch, so Heidegger in Anschluß an Hölderlin, ist ein Zeichen auf das Sichtentziehende, deshalb ›deutungslos‹. Die Diagnose läßt erkennen, daß wir ›auf dem Weg des Denkens‹ (›noch nicht‹) sind. Ferner ist die Beziehung des Menschen zur Geschichte angesprochen, die, besonders seit Schopenhauer, im Sinne einer ›Weltvorstellung‹ aufgefaßt wird. Heute bestimmt aber die Wissenschaft, welche (Zeit- und Welt-)Vorstellungen ›in unserem Kopf‹ sind. In Anschluß an Nietzsche wird der Gedankengang fortgeführt: Für Nietzsche gilt es vor allem, die Überwindung des bisherigen Menschen zu denken. Die Art des ›letzten Menschen‹ ist die des Vorstellens im Sinne des ›oberflächlichen Abschätzens‹. Er ist durch den ›Geist der Rache‹ (Nietzsche) gekennzeichnet, wovon er, nach Nietzsche, gelöst werden soll. Diese ›moral.‹ Frage gründet aber, Heidegger zufolge, im Metaphysischen. Nietzsches Metaphysik ist durch den ›Widerwillen gegen die Zeit‹ gekennzeichnet: »Der Wille will die Ewigkeit seiner selbst.« Dies kündigt sich zuletzt im ›Wesen‹ der modernen Technik an. Im 2. Teil stellt Heidegger die Frage: Was heißt Denken? im Sinne von: Was heißt uns denken? Was zu denken gibt, ist ein ›Bedenkliches‹. Bei Dichten und Denken geht es jeweils um Sprache, sofern sich uns in dieser etwas ›zuspricht‹. Denken wird dann zu ›Dank‹ und ›Andenken‹ vor allem an das ›Wesen‹ (verbal verstanden!) des Menschen. Was zu denken gibt, worauf der Mensch zeigt und es so erscheinen läßt, ist das ›Sein‹. Die Erörterung des Verhältnisses von Denken und Sein ist Sache der ›Logik‹. Diese steht aber im Geheiß des lógos, d. h. dessen, was Parmenides ›zu Denken‹ gab. Dies ist vor allem jene Erfahrung vom ›Anwesen des Anwesenden‹, vom ›Zwiespalt von Seiendem und Sein‹. Auch gegenüber der Technik als dem Ins-Anwesen-bringen vermögen wir vielleicht dem, was uns denken heißt, zu entsprechen. – Die Aus-ein-ander-Setzung von Wissenschaft, Technik, Metaphysik und Denken gehört zum großen Wirkungsbereich des ›späten Heidegger‹.

Lit.: D. SINN, Heideggers Spätphilosophie, in: Philos. Rdsch., 14 (1967). – H.-G. GADAMER, Heideggers Wege, 1983.

R. CAPURRO

The Ways of Things. A Philosophy of Knowledge, Nature and Value (engl.; *Die Wege der Dinge.* Eine Erkenntnis-, Natur- und Wertphilosophie), William Pepperell MONTAGUE; EA New York 1940.

Das Werk bietet in Auseinandersetzung mit den Hauptströmungen der Philosophie einen Gesamtüberblick über Montagues Denken, in dessen Zentrum die Frage nach der Substanz der Seele und ihrem Verhältnis zum Körper steht. – Teil 1 entwirft eine allgemeine Systematik der Philosophie nach Grundsätzen des amerikan. Neurealismus: Die Erkenntnistheorie geht von einer Logik der äußeren Beziehung aus, in der das Erkenntnisobjekt direkt im Bewußtsein präsent, aber davon unabhängig ist. Der Idee-Abbild-Dualismus reduziert sich auf inverse Relationen aus den beiden Komponenten Zeit und Raum. Die Metaphysik erweist den materialist. Monismus wie den Dualismus als ungeeignet zur Lösung des Psyche-Physis-Problems, die nur in der Verbindung beider liegen kann. Die Wertelehre ist vom Ziel geprägt, subjektive Wahrheiten der Religion, Ästhetik und Ethik in das Ideal zu integrieren und auf keinen Fall Ideale realer Autorität unterzuordnen. Darauf aufbauend bringt Montague in Teil 2, einer Zusammenstellung früherer Essays, seine metaphys. These des ›animist. Materialismus‹ vor: Bewußtsein ist von Materie weder absolut getrennt noch ein bloßer Aspekt davon, sondern eine Form potentieller Energie, in die sich die den äußeren Reiz bildende kinet. Form bei ihrem Eintritt in das Nervensystem umwandelt. Montagues Hypothese weist einen materiellen Weg, die Grenze zu den platon. Ideen zu überschreiten ohne deren zeitlich-räumliche Abgehobenheit anzutasten. Das Motiv der sich aus sich selbst entwickelnden Welt zeigt den Einfluß der Evolutionstheorie H. Bergsons.

Lit.: W. H. SHELDON, Professor Montagues' ›The Ways of Things‹, in: J. Philos. 19 (1940). – P. ROMANELL, The Leading Idea in Montague's Philosophy, in: J. Philos. 51 (1954).

P. NAGELSCHMIDT

Wegmarken, Martin HEIDEGGER; EA Frankfurt a. M. 1967.

Die Schrift enthält zwölf Aufsätze Heideggers aus den Jahren 1929–1964. Darunter sind besonders hervorzuheben: »Was ist Metaphysik?« (WM), »Vom Wesen des Grundes« (WG), »Vom Wesen der Wahrheit« (WW), »Platons Lehre von der Wahrheit« (PLW), Brief über den »Humanismus« (HB) sowie »Zur Seinsfrage« (SF). Bei WM handelt es sich um Heideggers Antrittsvorlesung in Freiburg (1929) mit den später hinzugefügten Texten »Einleitung« (1949) und »Nachwort« (1943). In Anschluß an die in → *Sein und Zeit* aufgeworfene Frage nach dem ›Sinn von Sein‹ zeigt Heidegger, daß der Bezug des Menschen zum Seienden, insbes. in den Wissenschaften, die ›Frage nach dem Nichts‹ als ein sinnloses Unternehmen erscheinen läßt. Dabei beruft er sich auf die Bedingung der Möglichkeit der Erfahrung vom ›Seienden im Ganzen‹. Diese Grunderfahrung, die sich uns in gewissen Stimmungen, ›wenngleich selten genug‹, kundtut (wie etwa in der ›Angst‹ oder in der ›tiefen Langeweile‹), zeigt, daß die ›Offenbarkeit des Seienden‹ (also daß es Seiendes ist und nicht Nichts) zugleich die ursprüngliche Transzendenzerfahrung des Daseins (und mit ihr sein

Selbstsein und seine Freiheit) ermöglicht. Als ›Platzhalter des Nichts‹ erfährt das Dasein erst seine Endlichkeit, die es vor die Aufgabe stellt, Natur und Geschichte immer neu zu erschließen. Ein solches Fragen ist nicht ›Nihilismus‹, sondern, wie es im »Nachwort« heißt, der Beginn einer Verantwortung. Es bringt den Menschen in die Nähe des Rätsels, das sich nicht nur mit dem Seienden, sondern, wie es in der »Einleitung« heißt, ›mit dem Sein des Seienden ereignet hat‹. Die Abhandlung WG (1928) bedenkt die ›ontolog. Differenz‹ als ›das Nicht zwischen Seiendem und Sein‹. Wenn das ›Wesen des Grundes‹ aus der ›Differenz‹ erfahren wird, dann weil dieses Wesen in der Endlichkeit der Freiheit des Daseins selbst gründet. Es ist die menschliche Transzendenz, die das Begründen ermöglicht, und diese ist wiederum als ›Freiheit zum Grunde‹ zu verstehen. Heidegger deutet diese Erfahrung als ein ›Hörenkönnen‹, also als eine wesentlich dialog. Erfahrung. Auch in WW (1930) betont Heidegger seine Auffassung von Freiheit als Freiheit ›zum Offenbaren eines Offenen‹ bzw. als ›das Seinlassen von Seienden‹. Wahrheit wird von ›Richtigkeit‹ (im Sinne von ›Übereinstimmung‹ einer Aussage mit einer Sache) unterschieden: Das Wesen der Wahrheit als das Verhalten des Menschen zum Offenen ist die Freiheit. Zur Wahrheit gehört wesensmäßig die ›Unwahrheit‹ als die ›Verbergung‹, d. h. das ›Seiende im Ganzen‹ entzieht sich in seinem Eigensten der ›Entbergung‹. In PLW deutet Heidegger die Platonische Auffassung von Wahrheit, so wie sie im ›Höhlengleichnis‹ (→ *Politeia*) zum Ausdruck kommt, als ›Unverborgenheit‹ eines Unverborgenen (der idea). Damit steht Platon für Heidegger am Beginn der metaphys. Wahrheitsauffassung, die in Nietzsche ihren Kulminationspunkt erreicht. In *Zur Sache des Denkens* hat Heidegger später diese Platon-Deutung revidiert. In HB (Brief an J. Beaufret, Paris) stellt Heidegger die ›humanist.‹ Auslegungen des Menschen in Frage, sofern diese das Humane nicht vom Sein her denken. »Der Mensch ist der Hirt des Seins«, betont Heidegger im Anschluß an → *Sein und Zeit*. Er nimmt dabei zu einigen Vorwürfen (Nihilismus, Atheismus) Stellung. Das ›Denken des Seins‹ sucht dabei das Eigene. Dieses kommt in SF (1955) besonders zum Vorschein, wo Heidegger die metaphys. Antwort auf die Seinsfrage, die in der modernen Technik gipfelt, von der Fragwürdigkeit des Seins her deutet. Er betont aber dabei zugleich die Dürftigkeit und Vorläufigkeit der Sprache des ›andenkenden Denkens‹. In *Wegmarken* sind ferner folgende Schriften enthalten: »Hegel und die Griechen«, »Kants These über das Sein«, »Vom Wesen und Begriff der Physis. Aristoteles' Physik B, 1«, »Aus der letzten Marburger Vorlesung«. Bei der Aufnahme in die Gesamtausgabe wurden hinzugefügt: »Anmerkungen zu K. Jaspers' Psychologie der Weltanschauungen« und »Phänomenologie und Theologie«. – Heideggers Deutung der Metaphysik beeinflußte nachhaltig die Philosophie des 20. Jh.s.

Ausg.: Gesamtausgabe, Bd. IX, 1976.

Lit.: W. Marx, Heidegger und die Tradition, 1961. – H.-G. Gadamer, Heideggers Wege, 1983. – M. Müller, Existenzphilosophie, 1986.

R. Capurro

Weg zur Gewißheit und Zuverlässigkeit der menschlichen Erkenntnis, Christian August CRUSIUS; EA Leipzig 1747.
Der logische Traktat, der Verbesserung der Vernunftlehre gewidmet, gliedert sich in einen theoret. und praktischen Teil. Im ersten wendet Crusius sich gegen Descartes und Wolff und ihre Anwendung des mathemat. Methodenideals auf die Philosophie. Die theoret. Philosophie oder Metaphysik beschäftigt sich nach Crusius mit notwendigen Wahrheiten. Diese werden jedoch nicht deduktiv gewonnen, vielmehr entwickelt er eine analyt. Methode, die Deutlichkeitsstufen unterscheidet (Zergliederung von Begriffen, das Verfahren ihres Erwerbs). Er kritisiert die Kompossibilität als Wahrheitskriterium bei Leibniz und Wolff, setzt daher beim Wirklichen, nicht beim Möglichen an. Existenz läßt sich jedoch nur empir. feststellen. So besteht bei Crusius die Gefahr einer Psychologisierung von Logik und Erkenntnistheorie. In der Anthropologie gehört er zu den fortschrittlichen Vertretern des ›influxus physicus‹. Der 2. Teil des Werkes behandelt den Gebrauch der Verstandeskräfte (Definition, Beweis und Lehrart). – Crusius hat insbes. auf Lambert, Mendelssohn und den frühen Kant gewirkt.

Ausg.: Die philosoph. Hauptwerke, Bd. III, hg. von G. TONELLI, 1965.
Lit.: E. CASSIRER, Das Erkenntnisproblem in der Philosophie und Wissenschaft der neueren Zeit, Bd. II, [3]1922.

B. IRRGANG

Die Welt als Wille und Vorstellung (I. Bd.: Vier Bücher, nebst einem Anhange, der die Kritik der Kantischen Philosophie enthält; II. Bd.: Welcher die Ergänzungen zu den vier Büchern des ersten Bandes enthält), Arthur SCHOPENHAUER; EA Leipzig 1819 (Bd. I), 1844 (Bd. II, zusammen mit überarbeitetem Bd. I).
Schopenhauer begründet in seinem Hauptwerk, gestützt u. a. auf die *Upanischaden*, Platon, Hume, Kant, Goethe und Cabanis, eine an die Empirie gebundene, pessimist., voluntarist. Metaphysik des Lebens. Die Thematik des Werkes wird in einer vierteiligen Vorlesung von 1820 noch umfassender reformuliert: *Vorlesung über Die gesammte Philosophie d. i. Die Lehre vom Wesen der Welt und von dem menschlichen Geiste* (EA München 1913). – Gegenstand des Werkes ist die unausweichlich an ein Bewußtsein geknüpfte menschliche Erfahrung, die method. von wechselnden, sich gegenseitig kompensierenden Standpunkten analysiert und gedeutet wird. Die Geltung eines einzigen Gedankens soll erwiesen werden: Diese Welt, in der wir leben, ist ihrem ganzen Wesen nach durch und durch Wille und zugleich durch und durch Vorstellung. Lediglich aus Gründen der Darstellbarkeit wird dieser unteilbare Gedanke, der ein organ. Ganzes ist, in vier Hauptgesichtspunkte (Bücher) geteilt, so daß jedes Buch für sich einseitig ist, wenn es nicht zuvor schon von den übrigen ergänzt worden ist, weshalb der Leser das Werk zweimal lesen soll, um den Gedankenorganismus verstehen zu können. Ausgangspunkt (Buch I) ist das Medium, in dem Erfahrung sich darstellt, also die Untersuchung des Erkenntnisvermögens, seiner Formen und Gesetze sowie deren Gültigkeit und Schranken. Dieser vorangestellten Erkenntnislehre folgt der Aufbau der Metaphysik:

Metaphysik der Natur (Buch II), Metaphysik des Schönen (Buch III) und Metaphysik der Sitten (Buch IV). Die Bücher I und III untersuchen die Welt als Vorstellung, die Bücher II und IV die Welt als Wille. Die Bücher I und II entfalten den Gesichtspunkt der Bejahung, die Bücher III und IV den der Verneinung des Willens. Wegen des intendierten Gedankenorganismus baut Buch III nur vordergründig linear auf Buch I bzw. Buch IV auf Buch II auf. Schopenhauer begreift seine Erkenntnislehre als Transzendentalphilosophie (Buch I), für die zwei Merkmale charakterist. sind: 1. Die ganze gegenständliche Welt ist prinzipiell vom erkennenden Subjekt abhängig, weil sie nur in Relation zu einem Subjekt erscheinen kann. Was die Erscheinung der Welt unabhängig von ihrer Beziehung zum Subjekt ist, ist für das Subjekt unerkennbar. 2. Die Abhängigkeit der ganzen Welt vom Subjekt ist eine gesetzmäßige. Die ursprünglich formlosen subjektiven Empfindungen werden erst durch den Akt des Erkennens zu einem objektiven, gesetzmäßig geformten Objekt, zur Welt als Vorstellung, konstituiert. Der Satz vom Grunde formuliert die aprior. Gesetzmäßigkeiten (Raum, Zeit, Kausalität), denen unsere gegenständlichen Erfahrungen der Welt als Vorstellung, also die individuierten Erscheinungen des Dings an sich, unterworfen sind. Das erkennende Subjekt begegnet somit im Rahmen seiner Vorstellungswelt lediglich dem objektiven Schein seiner eigenen als Gegenständlichkeit projizierten Gesetzmäßigkeiten des Erkennens. Erst die Selbsterfahrung am eigenen Leib eröffnet den Zugang zur Metaphysik (Buch II). Der eigene Leib ist nicht nur Vorstellung, Objekt unter Objekten, er ist noch auf eine ganz andere Weise erfahrbar: als ›Wille‹. Schopenhauers metaphys. Grundgedanke besagt, daß das Ding an sich das ist, was sich uns als Wille darstellt und was unter den Bedingungen unserer Erkenntnis gegenständlich als vorgestellter Leib bzw. darüber hinaus als Welt, als Vorstellung erscheint. Die eigene Leiberfahrung gewährt ein relatives Verständnis für die letztlich unvorstellbare ›Rückseite‹ oder ›Innenseite‹ der Vorstellungswelt. Der nicht transzendent mißzuverstehende, innerweltliche Wille ist ›für uns‹ das Ding an sich in seiner deutlichstmöglichen Erscheinung. Der Intellekt des Menschen, alles andere als autonom, ist eine Funktion des Willens, ein vom Willen für das Streben nach Dasein hervorgebrachtes, von der Notdurft versklavtes Werkzeug. Das Rationale ist von Grund auf von etwas Nicht-Rationalem bedingt und abhängig. Die Genitalien, der eigentliche Brennpunkt des Willens, sind der entgegengesetzte Pol des Gehirns, des Repräsentanten der Erkenntnis. Der rastlose Wille ist nicht zu befriedigen, das Streben hat kein letztes Ziel, das Leiden kein Maß. Zeitweilige Erlösung von der Welt als Schauplatz des Jammers gewährt die kontemplative Erfahrung der Kunst, endgültige nur die völlige Verneinung des Willens zum Leben (jedoch kein Selbstmord). Gegenstand der Metaphysik des Schönen (Buch III) sind die Platon. Ideen, die zu erkennen und exemplar. darzustellen Aufgabe der Kunst ist. Die nicht dem Satz vom Grunde unterworfenen Ideen sind ewige, unwandelbare Objektivationen des Willens und stehen zwischen den Einzeldingen und dem Ding an sich. In der anschauenden Kontemplation, im interesselosen Wohlgefallen, befreit sich für beglückende Augenblicke der Intellekt vom Willen. Die Musik ist unmittelbares Abbild des Willens, das keiner Anschauung bedarf. Die Metaphysik der Sitten (Buch IV) behandelt die metaphys. Schuld der Individuation und die Perspektive der Versöhnung. Der veränderten, überindividuell entgrenzten Erkenntnisweise nach dem Prinzip des ›tat twam asi‹ (›Dieses Lebendige bist Du‹), die den individuierten Egoismus als schuldhafte Täuschung durchschaut und in allem Lebendigen, das leidet, sich selbst mitleidend wiedererkennt (d. i. die Selbsterkenntnis des Willens), folgt die Möglichkeit der gänzlichen Aufhebung des Willens, das selige Nirwana, das relative Nichts. – Das Werk hatte mit seiner pessimist. Vernunftkritik weit über die Philosophie (Nietzsche, Bergson) hinaus gewirkt und Einfluß ausgeübt u. a. auf Literatur und Kunst (R. Wagner, L. Tolstoj, T. Mann), Psychologie (Freud), Anthropologie (Gehlen) und Kritische Sozialforschung (Horkheimer).

Ausg.: Sämtliche Werke, hg. von W. v. Löhneysen, Bd. I u. II, 1961. – Sämtliche Werke, hg. von A. Hübscher, Bd. II u. III, [3]1972. – A. Schopenhauer, Philosoph. Vorlesungen. Aus dem handschriftlichen Nachlaß, 4 Bde., hg. von V. Spierling, 1984–86.
Lit.: V. Spierling (Hg.), Materialien zu Schopenhauers ›Die Welt als Wille und Vorstellung‹, 1984.

V. Spierling

Das Weltbild der neuen Physik, Max Planck; EA Leipzig 1929.

In dem Vortrag vertritt Planck eine dem kritischen Realismus ähnliche Wissenschaftstheorie. Nach Planck ist die Wissenschaft auf Messungen und damit auf Sinneswahrnehmungen gegründet. Dennoch gerate die Behauptung einiger Denker, daß die Wissenschaft sich nur mit der Sinnenwelt beschäftige, in Konflikt mit der ›gesunden Vernunft‹, was zur Annahme einer mittelbar durch Sinneswahrnehmungen bekannten, jedoch von uns unabhängigen realen Außenwelt führe. Neben der Sinnenwelt und der realen Außenwelt gibt es nach Planck eine dritte Welt, das physikal. Weltbild, eine zweckmäßige, menschliche Erfindung, die zwei Forderungen entspricht, nämlich der möglichst vollständigen Erkenntnis der realen Außenwelt und der möglichst einfachen Beschreibung der Sinnenwelt. Der Fortschritt der Wissenschaften bringe eine immer weitgehendere Erfassung der Sinnenwelt mit sich, samt einer zunehmend tiefgreifenden Deanthropomorphisierung des physikal. Weltbildes. Diese anscheinend widerstrebenden Tendenzen entsprechen einer stets zunehmenden Annäherung des physikal. Weltbildes an die reale Außenwelt. Der Realismus Plancks kommt der Wissenschaftstheorie Einsteins nahe, aber noch mehr dem Realismus von Denkern wie H. Putnam, M. Dummett und R. Boyd.

Ausg.: Vorträge und Erinnerungen, [6]1983.
Lit.: H. Vogel, Zum philosoph. Wirken M. Plancks, 1961. – H. Kretzschmar, M. Planck als Philosoph, 1967.

D. A. Howard

Weltgeschichtliche Betrachtungen. Über geschichtliches Studium, Jacob Burckhardt, entst. 1868; EA Berlin/Stuttgart 1905 (postum).

In strikter Abwehrhaltung gegen jede geschichtsphilosoph. Systematik, vor allem gegen den Fortschrittsoptimismus Hegelscher Provenienz, bietet das aus Basler Kollegstunden hervorgegangene Werk Ansätze zu einer geistes- und kulturgeschichtlichen Methodenlehre, die anhand zahlreicher Einzelbeispiele aus verschiedenen Zeiträumen der Menschheitsentwicklung anschaulich abgesichert werden soll. Das Erkenntnisinteresse richtet sich dabei keineswegs auf eine Präsentation kontingenter Taten und Ereignisse, sondern auf die Rekonstruktion vergangener Denk- und Lebensformen mittels ›Querschnitten‹ durch die Summe der überlieferten Kulturleistungen einer Epoche. Dabei soll jede kulturelle Einzeläußerung nicht um ihrer selbst willen, sondern als zeittyp. Symptom und Symbol geistiger ›Haltungen‹ zu Wort kommen, d. h. Zeugnis vom jeweiligen Entwicklungsstand des Menschengeistes ablegen. Die mächtigsten Potenzen, in denen sich eine solch epochale ›Gesamthaltung‹ manifestiert, sind für Burckhardt Staat, Religion und Kultur als einander wechselseitig bedingende Ausdrucksformen des polit., metaphys. und geistig-sittlichen Bedürfnisses der histor. Menschennatur. Zu diesen relativ stabilen ›geschichtlichen Potenzen‹ kommen als bewegende, Änderung bringende Faktoren des Weltprozesses die ›histor. Krisen‹ einerseits (Kriege, Revolutionen, Völkerwanderungen) sowie anderseits die durch einen ›allgemeinen Willen‹ gelenkten und daher vom gewöhnlichen Sittengesetz dispensierten ›großen Individuen‹ hinzu. – Nicht nur Burckhardts Einschätzung der welthistor. Persönlichkeiten als ausführende Organe einer ›höheren Notwendigkeit‹, sondern vor allem auch seine Konzeption von ›Geistesgeschichte‹ als nachvollziehender Entwicklungsgeschichte des Kontinuität verbürgenden Menschengeistes rückt das Werk ungewollt in die Nähe Hegels. Andererseits verweist es durch einen äußerst un-hegelian. Kulturpessimismus sowie durch gegenwartskrit. Zeitdiagnostik bereits auf die dem Historismus entgegentretende Geschichtskonzeption Nietzsches.

Ausg.: Gesamtausgabe, Bd. VII, 1929. – Über das Studium der Geschichte. Der Text der ›Weltgeschichtlichen Betrachtungen‹ auf Grund der Vorarbeiten von E. ZIEGLER nach den Handschriften, hg. von P. GANZ, 1982.

Lit.: K. LÖWITH, J. Burckhardt. Der Mensch inmitten der Geschichte, 1936. – J. WENZEL, J. Burckhardt in der Krise seiner Zeit, 1967. – W. HARDTWIG, Geschichtsschreibung zwischen Alteuropa und moderner Welt. J. Burckhardt in seiner Zeit, 1974.

F.-L. KROLL

Die Welträthsel. Gemeinverständliche Studien über monistische Philosophie, Ernst Heinrich Philipp August HAECKEL; EA Bonn 1899.

In dieser aus einem Vortrag von 1892 entwickelten, seither in zahlreichen Ausgaben verbreiteten Schrift weitet Haeckel in 20 Kap. die Darwinsche Evolutionstheorie zu seiner materialist., monist. Weltanschauung aus. Er behauptet, mit ihr die durch E. du Bois-Reymond 1880 für nicht bzw. schwierig wissenschaftlich lösbar erklärten sieben Welträtsel lösen zu können. Als obersten Grundsatz nimmt er an, daß der Welt eine einheitliche Substanz zugrunde liege, die nach dem ›allgemeinen Kausalgesetz‹ geordnet sei. Aufgrund der Naturgeschichte des Menschen, einschließlich Keimes- und Stammesentwicklung, werden Empfindungen (›Seelenleben‹), Bewußtsein und Denken naturalist. als Leistungen von Gehirn und Nervensystem gedeutet. Die Entwicklungsgeschichte des Menschen wird als ein Teil der Entwicklung des gesamten Universums betrachtet. Unter Ablehnung jeglicher Annahme einer Transzendenz und besonders des Christentums wird die ›monist. Religion‹, die auf drei ›Kultusidealen‹, dem ›Wahren, Guten und Schönen‹ beruhen soll, mit ihrer eigenen Sittenlehre begründet, die in Anlehnung an H. Spencer als höchste Norm einen ›Ausgleich zwischen Egoismus und Altruismus‹ anerkennt. Wie die monist. Naturphilosophie die wissenschaftlichen Welträtsel beantworten kann, soll sie in sämtlichen sozialen und kulturellen Bereichen zur Veredelung des Menschengeschlechts beitragen.

Ausg.: Mit Vorwort von I. Fetscher, 1984.

B. Hoppe

Das Wesen der Philosophie, Wilhelm Dilthey; ED Berlin 1907 (in: Systematische Philosophie).

Die Schrift besteht aus zwei Teilen, deren erster im histor. Verfahren das Wesen der Philosophie bestimmt, während der zweite die Philosophie aus ihrer Stellung in der geistigen Welt heraus versteht. – Dilthey will das Einheitliche und Wesentliche der Philosophie herausarbeiten und zeigt, daß jede philosoph. Position einen Wesenszug zum Ausdruck bringt und sich als Teil eines Ganzen erweist, in dem die Wahrheit liegt. Alles philosoph. Denken ist durch das Grundproblem bestimmt, das Welt- und Lebensrätsel zu lösen. Das Gemeinsame liegt in der Tendenz zur Universalität und dem Bestreben einer philosoph. Begründung. Jedes philosoph. Denken steht zwischen den Polen der metaphys. Welterkenntnis und der positiven Forderung naturwissenschaftlicher Allgemeingültigkeit des Wissens. Philosophie hat ihre Funktion im Zweckzusammenhang der Gesellschaft und kann sich nicht in starrer Abgrenzung durch einen bestimmten Gegenstand oder eine spezielle Methode beschränken. Der griechische Begriff der Philosophie als Universalwissenschaft, der die Einzelwissenschaften untergeordnet waren, verlor durch deren zunehmende Selbständigkeit an Gewicht. Sowohl die metaphys. als auch die antimetaphys. Begründungen konnten dem Anspruch der Philosophie nicht gerecht werden. Dilthey sieht den Wesensbegriff der Philosophie in der deskriptiven Psychologie vollendet, in der histor. Gegebenes aus der Innerlichkeit des Seelenlebens begriffen wird. Weltanschauungen entstehen als Interpretation der Wirklichkeit. Der Philosophie gehen Religion und Mystik voraus; deren Weltanschauung setzt sich allmählich in die Form des begrifflichen Denkens um, wobei die anschauliche Form philosoph. wird. Dilthey bestreitet die Wissenschaftlichkeit der Metaphysik und fordert eine Theorie des Wissens, die die Verfahrensweisen der Einzelwissenschaften mittels logischer Operationen klärt, die Voraussetzungen, Ziele und Grenzen wisschenschaftlicher Erkenntnis prüft und den Zusammenhang der einzelnen Methoden zeigt. Zusammen mit den Wissenschaften und den geschichtlichen Lebensordnungen bilden die Lebenserfahrungen die reale Grundlage der Philosophie. Im kulturgeschichtlichen Zusammenhang erhält sie so ein Verhältnis zur Welt der Praxis.

Ausg.: Gesammelte Schriften, Bd. V, hg. von G. MISCH, [7]1982.

E. JAIN

Das Wesen der Religion, Ludwig FEUERBACH; EA Leipzig 1846.

Im Anschluß an seine Schrift →*Das Wesen des Christentums,* in der Feuerbach Gott auf den Menschen zurückführte, thematisiert er das vom menschlichen Wesen unabhängige Wesen der Natur, von dem sich der Mensch abhängig fühlt. In Anlehnung an Schleiermacher versteht Feuerbach dieses Abhängigkeitsgefühl des Menschen als Grund der Religion, für die sich in der Natur ein anderes Wesen als die Natur selbst ausspricht: Gott. Die als Folge des Abhängigkeitsgefühls verselbständigte Gottheit der Natur ist die Grundlage aller Religion, ihr Endzweck aber die Gottheit des Menschen, denn die Natur ist bereits ursprünglich dem Menschen »Gegenstand als das, was er selbst ist«: Das Naturwesen wird zum Gemütswesen und Religion ist die Aufhebung des Widerspruchs von Wünschen und Erreichen. Das göttliche Wesen ist deshalb das von den Schranken der Natur befreit gedachte Wesen sowohl im Polytheismus (Glaube an die Natur als menschliches Wesen) wie im Monotheismus (Glaube an das menschliche Wesen als Wesen der Natur). Feuerbachs spätere *Vorlesungen über das Wesen der Religion* (1851) kommentieren die Abhandlung, konkretisieren sie im Blick auf die Naturreligion und enthalten vor allem seine Auseinandersetzung mit den christlichen Gottesbeweisen.

Ausg.: Sämtliche Werke, hg. von W. BOLIN/ F. JODL, Bd. VII, [2]1960.

F. J. FUCHS

Das Wesen des Christentums, Ludwig FEUERBACH; EA Leipzig 1841.

Mit seinem Hauptwerk versucht Feuerbach, die Elemente zu einer ›Philosophie der positiven Religion der Offenbarung‹ im Sinne eines Aufweises der natürlichen Wahrheiten der übernatürlichen Mysterien darzulegen. Die Theologie behandelt er dabei als ›psychische Pathologie‹ und beweist, daß das ›Geheimnis der Theologie die Anthropologie‹ ist. Er läßt daher ›die Religion sich selbst aussprechen‹, denn sie bete letztlich nur den Menschen an, die Gottheit des menschlichen Wesens. Diese menschliche Wahrheit der Religion zeigt Feuerbach im 1. Teil seiner Untersuchung, im 2. Teil ihre Unwahrheit, sofern sie ihre anthropolog. Aussagen theolog. mißversteht, das heißt übernatürlich interpretiert. »Die Religion ist der Traum des menschlichen Geistes. Aber auch im Traume befinden wir uns nicht im Nichts oder im Himmel, sondern auf der Erde.« Feuerbach setzt für seine ›histor.-philosoph. Analyse‹ die ›histor. Auflösung des Christentums‹ voraus und versucht, in zwei einleitenden Kapiteln über das Wesen des Menschen und das Wesen der Religion die Individualitätsperspektive zugunsten der Gattungsperspektive zu überwinden und seine Projektionsthese zu untermauern. Das Wesen des Menschen, die Gattung (Denken, Sprechen, Lieben sind Gattungsfunktionen), sieht er nicht als Mangel und Schranke, sondern als Fülle eines Vermögens: Kein Wesen ist sich selbst ein beschränktes, denn ist es wirklich beschränkt, so ist ihm ›sein beschränkter Verstand keine Schranke‹ oder »Die Schranke des Wesens ist auch die Schranke des Bewußtseins«. Tritt also ein Unendlichkeitsbewußtsein auf (Religion), so ist die Gattung unendlicher Natur: »Das Bewußtsein des Unendlichen ist nichts andres als das Bewußtsein von der Unendlichkeit des Bewußtseins. Oder: Im Bewußtsein des Unendlichen ist dem Bewußten die Unendlichkeit des eigenen Wesens Gegenstand.« Der Mensch vermag somit nicht über den Horizont seines Wesens (Gattung) hinauszusehen, sondern trifft überall nur auf sich. Das Bewußtsein des religiösen Gegenstandes fällt mit dem menschlichen Selbstbewußtsein zusammen: »Gott ist das offenbare Innere, das ausgesprochene Selbst des Menschen«, wobei sich allerdings der religiöse Mensch nicht bewußt ist, daß sein Bewußtsein von Gott Selbstbewußtsein des eigenen Wesens ist. Gerade in diesem Mangel gründet die Religion und der Gegensatz von Göttlichem und Menschlichem ist »nichts andres . . . als der Gegensatz zwischen dem menschlichen Wesen und dem menschlichen Individuum«. Unter der Voraussetzung, daß der Mensch nie an die Grenze seiner Gattung stößt, weil er sie nicht verlassen, von außen sehen kann, so daß er zwar das Maximum der Gattung, aber kein ›übermenschliches‹ Absolutes zu denken vermag, gilt, daß im Bewußtsein der Religion nichts anderes ist, als was überhaupt im Bewußtsein des Menschen von sich und der Welt liegt. Deshalb sind die religiösen Vorstellungen nur Anthropomorphismen. Das Maß der Gattung ist das ›absolute Maß‹. Auch die Religion legt dieses Maß implizit zugrunde (das ist ihre Wahrheit), sofern der Mensch in ihr sein Gattungswesen vergegenständlicht (der Mensch bezweckt Gott, aber dieser bezweckt das Heil des Menschen, also bezweckt der Mensch nur sich selbst) und es in eine göttliche Person verwandelt, in ein anderes Wesen, zu dessen Gegenstand die Religion nun wiederum den Menschen macht. In strenger Konsequenz reduziert Feuerbach alle anthropomorphen Aussagen der christlichen Religion: den trinitar. Gott der Liebe als Einheit von Ich und Du bzw. in der dritten Person des Geistes als Ausdruck der ›seufzenden Kreatur‹; den Weltschöpfer als anthropomorphen Ausdruck dafür, inwiefern im Bewußtsein die Andersheit der Welt allein vermittels des anderen Menschen auftritt, denn daß er ist, verdankt der Mensch der Natur, daß er Mensch ist, dem Menschen. In der Religion befreit sich der Mensch von den Schranken der Natur, die im Christussymbol und im Auferstehungsglauben überwunden ist. Christus verkörpert als Individuum die Gattung, ist somit das verabsolutierte Individuum bzw. die Anthropomorphisierung der Gattung als Gott. Dieser menschliche Gehalt spricht nach Feuerbach einerseits für die Absolutheit des Christentums, ist aber andererseits Ausdruck seines ›supranaturalist. Egoismus‹, den Feuerbach durch ein neues Selbstbewußtsein des Menschen (der Mensch vermag kein anderes Wesen als absolutes Wesen zu denken als nur das menschliche Wesen selber) zu überwinden versucht, dessen Grundformel lautet: »Homo homini Deus est«. Die Wirkungsgeschichte der Feuerbachschen Philosophie zeigt eine große Bandbreite und reicht vom Linkshegelianismus, dem Marxismus, der Religionskritik des 19. Jh.s, dem Realisten G. Keller, über den Dialogiker M. Buber bis in die Anthropologie des 20. Jh.s (u. a. K. Löwith).

Ausg.: Sämtliche Werke, hg. von W. BOLIN/ F. JODL, Bd. VI, ²1960.

Lit.: J. C. JANOWSKI, Der Mensch als Maß. Untersuchungen zum Grundgedanken und zur Struktur von L. Feuerbachs Werk, 1980. – K. LÖWITH, Von Hegel zu Nietzsche, 1941. – H.-M. SASS, L. Feuerbach, 1978. – E. THIES (Hg.), L. Feuerbach, 1976.

F. J. FUCHS

Wesen und Formen der Sympathie, Max SCHELER; EA Halle 1913, ²1923 (erw.).

Das Werk untersucht die Zentralstämme unseres emotionalen Lebens. Es zerfällt in drei Teile. 1. Das Mitgefühl: Das Mitgefühl wird differenziert in: a) das Miteinanderfühlen, z. B. die geteilte Trauer von Eltern am Grab ihres Kindes, b) das Mitgefühl, d. h. das Gefühl dessen, der die Trauernden sieht und mitfühlt, c) die Gefühlsansteckung, z. B. in Herden oder Massen, d) die Einsfühlung, z. B. die beim liebeerfüllten Geschlechtsakt oder die mit der ganzen Natur. Es gibt genet. und metaphys. Theorien des Mitgefühls, denen nur bestimmte Reichweiten zukommen. Die Eruierung der Einsfühlung erstreckt sich auf das indische Ethos, die Antike, das Christentum, wo sie in beispielloser Weise bei Franziskus kulminierte. Alle sympathet. Gefühle haben Fundierungsordnungen, Modi und Arten. Der 2. Teil behandelt die Phänomenologie von Liebe und Haß, der Liebe zum Guten sowie der Personliebe. Es gibt drei Formen der Liebe: die geistige der Person, die seelische des Ichs und die vitale Leidenschaft. Die Person hat dementsprechend ›drei Stufen ihrer Existenz‹. Die Arten der Liebe bestehen unabhängig von ihren wechselnden Objekten, z. B. die Mutterliebe, Heimatliebe, Geschlechtsliebe. Sie sind bereits in der Gemütsbewegung selbst unterschieden. Die Modi der Liebe bestehen zumeist in Verbindungen von sozialen Liebesakten, wie in der Güte, dem Wohlwollen, der Gunst, Freundlichkeit, Dankbarkeit, u. a. Die naturalist. Theorie von Liebe und Trieb wird verworfen. Denn der Liebesakt ist nur von einer Triebregung begleitet, die lediglich auf Auswahl, nicht wie die Liebe auf einen Wertinhalt bezogen ist; Freud wird einer Kritik unterzogen. Im 3. Teil behandelt Scheler das ›fremde Ich‹, d. h. die Primordialität des Du und Wir vor dem Ich. Dieser Teil ist eine erste phänomenolog. Erhellung der Rolle, die das Du in der Genesis des Ichs spielt. Das Ich ist zunächst ganz in einem Ich-Du indifferenten Strom ausgebreitet, um bis zum zweiten Lebensjahr ›Wirbel‹ zu bilden, der weitere Kreise des Stromes mit sich zieht. Dabei ist das Du immer schon vorgegeben. Um das zweite Lebensjahr distanziert sich das Ich von es umgebenden ›Dus‹. In dieser Distanz liegt der Anfang der Person- und Willensbildung. Auch in der sozialen Sphäre bleibt das Ich der Wir-Erfahrung nachgeordnet, wie überhaupt die Du- bzw. Wir-Sphäre, neben anderen Bewußtseinssphären wie die von lebendiger und toter Materie, der Absolutsphäre, eine Kernrolle im Werden des Bewußtseins und des menschlichen

Lebens spielt. Damit wies Scheler späteren Forschungen bezüglich des Ich und Du, Ego und Alter-Ego entscheidende Wege.

Ausg.: Gesammelte Werke, Bd. VII, [6]1973.

M. S. FRINGS

Die Wiederholung (Kierkegaard) → Gjentagelsen

Der Wille zur Macht. Studien und Fragmente, Friedrich NIETZSCHE; EA Leipzig 1901 (hg. von P. Gast/E. und A. Horneffer).

Mit dieser Kompilation aus Nietzsches Nachlaß behaupteten die Herausgeber, das unausgeführt gebliebene ›Hauptwerk‹ im wesentlichen Umriß ediert zu haben. Man legte der Textanordnung einen von mehreren Titel- und Einteilungsentwürfen Nietzsches zugrunde: I. Buch: Der europäische Nihilismus, II. Buch: Kritik der bisherigen höchsten Werte, III. Buch: Prinzip einer neuen Wertsetzung, IV. Buch: Zucht und Züchtung. In der 2. Auflage (1906 hg. von P. Gast / E. Förster-Nietzsche) wurde das Material von 483 auf 1067 Aphorismen erweitert und in der 3. Auflage (1911 hg. von O. Weiss) mit dem von Nietzsche im Manuskript wieder gestrichenen Untertitel »Versuch einer Umwertung aller Werte« versehen. Der Kompilation wurden willkürliche Auswahl, Textverstümmelung und -fälschung sowie Mißinterpretation der Absichten Nietzsches vorgeworfen. Obwohl diese Kritik sachlich nur marginal zutrifft, ist die Ausgabe heute editor. überholt, zumal der Nachlaß der 80er Jahre, aus dem sie schöpft, in der »Kritischen Gesamtausgabe« (1967ff.) nunmehr authent. und vollständig vorliegt. Er enthält gegenüber Nietzsches veröffentlichten Schriften nichts wesentlich Neues. Nietzsche hat auch größere Partien dieses Notizenmaterials in die Spätschriften seit 1886 übernommen. *Der Wille zur Macht* kann daher nur als von fremder Hand verfügte Zitaten-Collage gelesen werden, die den Gesamtentwurf von Nietzsches spätem Denken zu rekonstruieren sucht. – Das I. Buch erläutert Herkunft und Formen des Nihilismus, der darin besteht, daß die bisherigen ›obersten Werte sich entwerten‹. Indem das Christentum und die christlich geformte Moral und Philosophie ihre eigene Unhaltbarkeit erkennen, wird der in ihnen bislang verborgene ›Wille zum Nichts‹ offenkundig und treibt die ›Schwachen‹ zur Verzweiflung und die ›Starken‹ zur Selbstbesinnung und -entfaltung. Die Lehre von der ewigen Wiederkehr des Gleichen (die Nietzsche wenig überzeugend auch durch logische und naturwissenschaftliche Überlegungen zu stützen sucht) soll das nihilist. Zeitalter auf die Entscheidungsspitze treiben. Im II. Buch wiederholt Nietzsche die aus den Spätschriften geläufige Kritik an Religion, Moral und Philosophie, die Kritik an Idealismus und Christentum, die Entlarvung der ›Wertschätzungen hinter den Idealen‹, welche Ausdruck absteigenden oder aufsteigenden Lebens sind. Das III. Buch erläutert das Prinzip des Willens zur Macht und seine Wirksamkeit in allen Bereichen der Realität: in Erkennen, Natur, Wissenschaft, Logik und Bewußtsein, schließlich in Gesellschaft, Staat und Individuum. Das IV. Buch resümiert Nietzsches Typenlehre der Moral mit ihren Dichotomien stark und schwach, vornehm und niedrig, woraus

Nietzsche normative Konsequenzen zieht, indem er nachdrücklich Partei für die ›Starken‹ ergreift. Dabei entwirft er auch ein Bild künftiger Philosophen, die als ›Gesetzgeber der Zukunft‹ einem neuen tragisch-dionys. Zeitalter zum Durchbruch verhelfen sollen.

Ausg.: [12]1980 (Kröner TB 78).
Lit.: K. SCHLECHTA, Der Fall Nietzsche, [2]1959. – W. MÜLLER-LAUTER, Nietzsche. Seine Philosophie der Gegensätze und die Gegensätze seiner Philosophie, 1971. – M. MONTINARI, Nietzsche lesen, 1982.

R. MARGREITER

The Will to Believe and Other Essays in Popular Philosophy (engl.; *Der Wille zum Glauben und andere popularphilosophische Essays)*, William JAMES; EA New York/London/Bombay 1876; dt. 1899.

In der erkenntnistheoret. Essaysammlung entwickelt James die Auffassung, daß Wissenschaft und Religion gleichermaßen auf letztlich unbeweisbaren Überzeugungen beruhen. – Jedes Individuum muß sich seinem persönlichen Glauben auf sein persönliches Risiko hin anvertrauen, eine Maxime, die nicht nur für die Religion, sondern auch für die Wissenschaft Gültigkeit besitzt, da hier wie dort dem Handeln Überzeugungen zugrundegelegt werden, für die sich das jeweilige Individuum aufgrund seiner spezif. Interessen entscheidet. Um als Grundlage des Handelns akzeptiert werden zu können, müssen diese Überzeugungen (›Hypothesen‹) dem Kriterium der ›Echtheit‹ genügen, d. h. sie müssen für den Handelnden existentiell ›lebendig‹, ›unumgänglich‹ und ›bedeutungsvoll‹ sein. Da es sich aber hierbei durchweg um Glaubenstatsachen handelt, wobei es gleichgültig ist, ob sich diese als wissenschaftliche Hypothesen oder religiöse bzw. polit. Dogmen präsentieren, können diese individuellen Voraussetzungen des Handelns gegenüber radikalen Skeptikern niemals zureichend begründet werden. Weil es unfehlbare Evidenz im strengen Sinne nicht gibt, beruht letztendlich alles Handeln und Erkennen auf dem ›Willen zum Glauben‹ an bestimmte Hypothesen. – Das unter dem Einfluß von C. S. Peirce entstandene Werk hat wesentlich zur Entwicklung des amerikan. Pragmatismus beigetragen (→ *Pragmatism.)*.

Ausg.: Engl., von F. H. BURKHARDT u. a., eingel. von E. H. MADDEN, 1979.
Lit.: H. SCHMIDT, Der Begriff der Erfahrungskontinuität bei W. James und seine Bedeutung für den amerikan. Pragmatismus, 1959.

J. MONAR

Wirkungsquantum und Naturbeschreibung. Komplementarität im Mikrokosmos, Niels BOHR, ED 1929 (in: Die Naturwissenschaften, 17).

In dieser Schrift wird der ältere strenge Kausalitätsbegriff der Naturwissenschaft zugunsten statist. Deutungen aufgegeben. Diskontinuität, Individualität und das Wirkungsquantum $\hbar$ sind für die Analyse des atomaren Bereichs grundlegend. Bohr betrachtet den Dualismus Welle-Korpuskel als von prinzipieller Natur und sieht in diesem unaufhebbaren Doppelaspekt der physikal. Natur der Welt einen erkenntnistheoret. Fortschritt. Welle und Korpuskel sind komplementäre Seiten ein und desselben Objekts (Komplementaritätsprinzip). Diese Sicht läßt sich mit dem Raum-Zeit-Bild der klassischen Physik nicht in Einklang bringen. Man spricht von der Kopenhagener Deutung der Quantenphysik. Obwohl von Anfang an umstritten – zu ihren Gegnern gehörten u. a. L. de Broglie, A. Einstein, E. Schrödinger und K. Popper – hat sie sich unter Naturwissenschaftlern und Naturphilosophen weitgehend durchgesetzt.

Ausg.: Collected Works, Bd. VI, 1985.

Lit.: K. Stolzenburg, Die Entwicklung des Bohrschen Komplementaritätsgedankens in den Jahren 1924 bis 1929, Diss. 1977.

K. H. Wiederkehr

Wirtschaft und Gesellschaft. Grundriß der verstehenden Soziologie, Max Weber, EA Tübingen 1922 (= 3. Abteilung von Grundriß der Sozialökonomie).

Das soziolog. Hauptwerk Max Webers zählt, obwohl es unvollendet blieb, zu den bedeutendsten modernen sozialwissenschaftlichen Abhandlungen. Weber liefert die methodolog. Grundlagen der ›verstehenden‹ Soziologie und entwickelt auf der Basis einer enormen histor. Materialfülle Kategorien für die Analyse von Struktur und Dynamik des okzidentalen Rationalisierungsprozesses in Wirtschaft und Gesellschaft. – Im 1. Hauptteil, der ›soziologischen Kategorienlehre‹, definiert Weber Aufgabe und Gegenstand der soziolog. Forschung. »Soziologie soll heißen: eine Wissenschaft, welche soziales Handeln deutend verstehen und dadurch in seinem Ablauf und seinen Wirkungen ursächlich erklären will.« Gegenstand der Soziologie ist also nicht die Erforschung eines ›objektiven‹ oder ›richtigen‹ Sinns, sondern der subjektiv gemeinte Sinn des Handelnden (›deutend verstehen‹). Die Methode der verstehenden Soziologie ist nur insofern ›rationalist.‹, als sie rationales Handeln als methodolog. Hilfsmittel (Idealtypus) versteht. Erst so wird kausale Zurechnung (ursächlich erklären) möglich. Auf dieser Grundlage werden im 1. Kap. soziolog. Grundbegriffe (Idealtypen) entwickelt: die vier Typen der legitimen Ordnung, Macht und Herrschaft, Vergemeinschaftung und Vergesellschaftung usw. Im 2. Kap. folgen »soziologische Grundkategorien des Wirtschaftens«, im 3. Kap. die »drei reinen Typen legitimer Herrschaft« (rational, traditional, charismat.). Im 2. Hauptteil des Werkes werden die Beziehungen der Wirtschaft zu den gesellschaftlichen Bereichen (Religion, Recht, Herrschaft, Staat) methodolog. und jeweils nach ihren inneren Gesetzmäßigkeiten analysiert, wobei der grundlegende Prozeß der Rationalisierung im Zentrum steht. – Insbes. mit der systemat.-typolog. Herausarbeitung der Beziehungen zwischen Wirtschaft und Gesellschaft im Sinne eines histor. einmaligen Rationalisierungsprozesses hat Weber die Diskussion und Forschung maßgeblich beeinflußt.

Ausg.: Hg. u. bearb. von J. Winckelmann, ^{5}1980.

Lit.: T. Parsons, The Structure of Social Action, 1937. – J. Winckelmann, M. Webers opus posthumum, in: Z. gesamte Staatswiss. 105 (1949). – W. Mommsen, M. Weber, Gesellschaft, Politik und Geschichte, 1973.

U. Nimsdorf

Wiskunde, Waarheid, Werkelijkheid (ndl.; *Mathematik, Wahrheit, Wirklichkeit*), Luitzen Egbertus Jan Brouwer; EA Groningen 1919.

Der Band enthält drei Arbeiten, in denen Brouwer seine intuitionist. Theorie der Mathematik entwikkelt. – Die Mathematik ist im Gegensatz zu anderen Wissenschaften nicht die Untersuchung eines unabhängig von ihr bestehenden Gegenstandbereiches, sondern eine autonome Konstruktion des menschlichen Intellekts; ihren Ursprung sieht Brouwer in einer aprior. Zeitintuition. Daraus ergeben sich nach Brouwer zwei wichtige Konsequenzen für den Aufbau mathemat. Theorien. Erstens existieren mathemat. Gegenstände wie Zahlen oder Mengen nur soweit sie vom Intellekt konstruiert werden können; sie lassen sich daher in mathemat. Theorien nur durch eindeutige Konstruktionsvorschriften einführen. Zweitens können mathemat. Sätze nur dann wahr oder falsch genannt werden, wenn sie (intuitiv, durch eine Konstruktion) beweisbar bzw. widerlegbar sind. Da wir nicht davon ausgehen können, daß jeder mathemat. Satz beweisbar oder widerlegbar ist, darf das logische Prinzip des ausgeschlossenen Dritten in der Mathematik nicht verwendet werden. Die in der klassischen Mathematik übliche Technik des indirekten Beweisens – man beweist einen Satz A, indem man aus nicht-A einen Widerspruch ableitet – ist daher nach intuitionist. Auffassung nicht erlaubt. Hält man sich an diese beiden Einschränkungen, so treten die Ende des 19. Jh.s in der Mengenlehre entdeckten Antinomien nicht mehr auf. Allerdings muß auch ein großer Teil des Lehrbestands der klassischen Mathematik aufgegeben werden. In späteren Schriften versuchte Brouwer daher einen Neuaufbau der Mathematik nach intuitionist. Prinzipien. – Der Brouwersche Intuitionismus entwickelte sich zu einer der einflußreichsten Theorien in der mathemat. Grundlagenforschung.

Ausg.: Collected Works, Bd. I, hg. von A. Heyting, 1975.

F. Wilckens

Wissen, Glaube und Ahndung, Jakob Friedrich Fries; EA Jena 1805.

Das Buch ist als »großer Prolog zur Fries'schen Vernunftkritik« angesehen worden (P. Bernays). – Die Untersuchung beginnt mit der Aufnahme der Kantischen Unterscheidung von Erscheinung und Ding an sich, für Fries von Endlichem und Unendlichem (Ewigem). Nach einer Kritik an Schellings Voraussetzung des ›Endlichen im Ewigen‹ wird der Begriff der Wahrheit mit dem des Urteils in Verbindung gebracht und gezeigt, daß die »Wahrheit der Urteile ... zuletzt immer auf einer unmittelbaren Erkenntnis der Vernunft« beruht; hiermit ist Fries' Grundposition in der Erkenntnistheorie ausgesprochen. Es folgt eine Klärung der drei Begriffe Wissen, Glauben und Ahndung im Gegenzug zur geläufigen Definition des Wissens als allein hinreichender ›vollständiger Überzeugung‹. Wissen ist für Fries die Überzeugung einer Erkenntnis, deren Gegenstände in der Anschauung gegeben sind; Glaube eine notwendige Überzeugung aus ›bloßer Vernunft‹, Ahndung eine notwendige Überzeugung aus ›bloßem Gefühl‹. Wissen hat die Gesetze des in der Anschauung Gegebenen (z. B. Kausalität) zum Gegenstand, der Glaube die nicht anschaulichen Ideen (z. B. Freiheit, Seele, Gottheit); die Ahndung »bezieht die Gegenstände der Anschauung auf Ideen«. Somit korrespondiert dem Wissen der Begriff, dem

Glauben die Idee, der Ahndung das ›reine Gefühl‹. Auf diese allgemeinen Bestimmungen folgt eine Erörterung der zur Klärung stehenden Begriffe in drei Hauptkapiteln. Wissen steht im begrifflichen Umfeld von Natur, Materie und menschlichem Geist als Verstand und Vernunft. Im Kapitel über den Glauben geht es Fries darum, »die Rechte des Glaubens zu vertheidigen«, indem gezeigt wird, daß auch das Wissen »nur subjektiv in der Vernunft entsteht«. Der Glaube entdeckt uns eine intelligible Welt und findet durch die Verbindung des Gedankens der Willensfreiheit mit dem der Tugend die Idee von der ›Ewigkeit meines Daseins‹. In der Ahndung geht der endliche Geist einen Schritt weiter: sie wird bestimmt als »Gefühl der Anerkennung des Ewigen im Endlichen«. Wissen und Glauben thematisieren jeweils isoliert Endliches oder Unendliches, die Ahndung sieht die Beziehung zwiscben beiden und vollzieht im reinen Gefühl deren Vereinigung. Auf diese Weise gelangt sie zur Anerkennung einer Teleologie der Natur als einer Ganzheit ›unter Gesetzen der Schönheit und Erhabenheit‹. Dasjenige, was durch Gefühl (ohne Anschauung und Begriff) erfaßt wird, trägt stets den Charakter eines ›notwendigen Geheimnisses‹; von hier aus wird die Verbindungslinie gezogen zu den ›religiösen Mysterien‹ und der Idee der Gottheit als unaussprechlichem Begriff von der Beziehung des ›höchsten Gutes‹ auf die endliche Natur. ›Andacht‹ ist die der Ahndung des Ewigen im Endlichen entsprechende Verhaltensweise. – Das Buch hat später auf den sog. ›Neufriesianismus‹ bestimmend gewirkt.

Ausg.: Repr. 1968.
Lit.: E. L. Th. Henke, Fries' Leben aus seinem handschriftlichen Nachlaß dargestellt, 1867. – J. Hasenfuss, Die Religionsphilosophie bei J. F. Fries, 1935. – K.-H. Bloching, J. F. Fries' Philosophie als Theorie der Subjektivität, (Diss.) 1971.

Th. Neumann

Wissenschaft als Beruf, Max Weber; EA München/Leipzig 1919 (in: Geistige Arbeit als Beruf, Vorträge vor dem Freistudentischen Bund, 1. Vortrag).
Wissenschaft ist traditionell als Theorie und Empirie von Einzelforschern begriffen worden. Mit dem Aufkommen der Instituts- und Teamforschung in Natur- wie Geisteswissenschaften wechselt M. Weber die Perspektive: Sie zeigt sich nun in ihren ›äußeren Verhältnissen‹ als arbeitsteiliger Betrieb, in ihrem ›inneren Beruf‹ als intellektuelles Mittel zur Rationalisierung der Welt. Zwar ist die wissenschaftliche Schulung an deutschen Universitäten traditionell auf geistesaristokrat. Persönlichkeitsbildung angelegt; aber die Auslese für die Karriere als akadem. Forscher und Lehrer ist hochgradig zufallsbestimmt. Den Beruf der Wissenschaft machen weniger Eingebungen und Einfälle, gar Erlebnissensationen als vielmehr method. Forschung und spezialist. Leistung im disziplinierten Alltag aus. Der Wissenschaftler ist Fachmann im Dienst an der ›Sache‹ und eingespannt in den Ablauf des Fortschritts. ›Beherrschung der Welt‹ durch Berechnung und Deutung ist Ziel der ›intellektualist. Rationalisierung durch Wissenschaft und wissenschaftlich orientierte Technik‹, ihre Folge ist eine ›Entzauberung der Welt‹. Die Wissenschaft als ›spezif. gottfremde Macht‹ vermittelt keinen Erlösungssinn oder

letzte Werte, duldet keine ›Kathederprophetie‹, fördert keine polit. Interessen; sie wertet nicht, sondern erklärt und versteht mit den Voraussetzungen der Logik und ihrer Methoden. Zu ihrem Beruf gehört – im Sinne Nietzsches – nichts als ›schlichte intellektuelle Rechtschaffenheit‹. Webers Prognose der Professionalisierung und Institutionalisierung der Wissenschaft als spezialisierte Forschung ist in der Philosophie – z. B. bei M. Heidegger oder Th. W. Adorno – aufgegriffen und in der Wissenschaftssoziologie empirisch bestätigt worden.

Ausg.: Gesammelte Aufsätze zur Wissenschaftslehre, [6]1985.

Lit.: Marianne WEBER, M. Weber. Ein Lebensbild, [2]1984. – W. WEGENER, Die Quellen der Wissenschaftsauffassung M. Webers, 1962. – W. HENNIS, M. Webers Fragestellung, 1987.

H. BAIER

Wissenschaft der Logik, Georg Wilhelm Friedrich HEGEL; EA Nürnberg 1812–1816 (2 Bde.).

Hauptthema des Werkes ist die Aufstellung einer Theorie des ›objektiven Denkens‹, d. h. des begreifenden Denkens, das seine reinen Bestimmungen zum Inhalt hat und zugleich die vom Sinnlich-Zufälligen losgelöste Natur alles Seienden ausmacht. Voraussetzung und Ausgangspunkt des Werkes ist die in der → *Phänomenologie des Geistes* erreichte Stufe des absoluten Wissens, worunter Hegel die Überwindung des Gegensatzes von Bewußtsein und Objekt versteht. In dieser Hinsicht will die *Wissenschaft der Logik* keine formale, sondern ontolog.-metaphys. Logik im Sinne der antiken Logosphilosophie sein. Hegel konzipiert sie zugleich als Ontotheologie, deren Inhalt die ›Darstellung Gottes in seinem ewigen Wesen‹ ist. Das bedeutet aber keine einfache Wiederherstellung der klassischen bzw. spinozist. Substanzmetaphysik, sondern erfordert die kritische Umgestaltung ihrer Motive auf der Grundlage des von Kant aufgestellten, aber für Hegel nicht konsequent zu Ende geführten Prinzips der Subjektivität. Dabei ist das Verhältnis von ursprünglich-synthet. Einheit der Apperzeption und reiner bzw. transzendentaler Logik gemeint. Insofern als Hegel die ›Vollendung‹ der Einen Substanz als Subjekt ›Begriff‹ nennt, entwickelt das Werk eine Theorie der Subjektivität, die durch die Übertragung der formalisierten Strukturmomente des individuellen Ich, nämlich Selbstbestimmung und tätige Selbstverwirklichung, auf den Begriff als das Sich-Denken des Begriffs verstanden wird. Hegels nicht-mentalist. Begriffsauffassung unterscheidet sich also grundsätzlich von den herkömmlichen Theorien der Diskursivität des Begriffs und der Reziprozität seines Umfangs und Inhalts. Den verschiedenen Phasen der Begriffsexplikation entspricht die Einteilung des Werkes in die ›objektive Logik‹ des Begriffs als Sein und Wesen und in die ›subjektive Logik‹ des Begriffs als Begriff. Die Lehre vom Sein, die 1831 überarbeitet wurde, behandelt die Kategorien der Qualität (darunter die später vieldiskutierte Anfangskonstellation: Sein-Nichts-Werden), der Quantität (wobei Hegel u. a. den aus der Infinitesimalrechnung gewonnenen Unendlichkeitsbegriff dem ›schlechten‹, weil zum infiniten Progreß führenden, Unendlichen der neuzeitlichen Metaphysik und der Fichteschen Philosophie gegenüberstellt) und die Maßlogik. Die

Wesenslehre thematisiert die Vermittlungssphäre der Reflexion. Letztere versteht Hegel nicht als ein äußerliches Nachdenken über die Sache, sondern als Zurückbiegen der Sache in sich selbst, als deren innere Gegenläufigkeit, wobei sich das unmittelbare Sein als abhängig vom Wesen und daher als ›Schein‹ erweist. Während der Fortgang der Seinskategorien im Übergehen in jeweils anderes besteht, entfaltet das ›System der Reflexionsbestimmungen‹ (von Identität-Unterschied bis hin zum Widerspruch und Grund) in spekulativer Umdeutung der traditionellen Axiomatik die internen Verhältnisse von Selbst- und Andersheitsbeziehung. Sie liegen nicht nur den weiteren Wesensbestimmungen (Erscheinung – Ding an sich, Ganzes – Teile, Substantialität – Kausalität – Wechselwirkung) sowie den Modalkategorien, sondern der gesamten Logik zugrunde. Die ›immanente‹ Widerlegung des Spinozismus lokalisiert Hegel am Übergang vom Substanzbegriff zum Begriff als solchem, der im II. Band abgehandelt wird. Der Begriff als Einheit von Sein und Wesen umfaßt die Grundstruktur der Substanz – die Gleichheit mit sich in ihren verschiedenen Bestimmungen – und die des Subjekts – den wissenden Selbstbezug – und zeigt sich somit als das Wirkliche, das sich durch seine denkende Selbstbeziehung konstituiert. Auf dem Wege zu seiner vollständigen Selbstbestimmung durchläuft der Begriff die Momente der Allgemeinheit, Besonderheit und Einzelheit sowie die Figuren des Urteils (als ›Ur-teilung‹ des Begriffs im Subjekt-Prädikat-Verhältnis) und des Schlusses, den Hegel als vermittelndes Zusammenschließen der drei Momente deutet. Im ersten Abschnitt (›die Subjektivität‹) wird die Schlußstruktur als das adäquate Explikationsmittel des Begriffs und ebenso als die Grundverfassung der objektiven Welt bezeichnet. Deren mechan. und chemische Prozesse wertet Hegel im zweiten Abschnitt (›die Objektivität‹) auf die Teleologie hin aus. Die Einheit von Subjektivität und Objektivität bildet die vollendete Form des Begriffs, die Hegel in uminterpretierender Anlehnung an Kant und Platon Idee nennt. Im Bereich des Daseins nimmt sie die Gestalt des Lebens als eines organ. Ganzen an und entwickelt sich ferner im Theoretischen und Praktischen bis hin zur absoluten Idee als Identität des Wahren und des Guten. Auf diesem Niveau fallen das fortschreitende Bestimmen des Anfangs und die rückläufige Begründung desselben ineinander. In der abschließenden Erörterung der Methode erklärt Hegel, daß sie nicht im Sinne eines instrumentellen, vom Inhalt getrennten Verfahrens, sondern als die immanente Bewegung des Begriffs, also der ›Sache selbst‹, zu betrachten sei. Sie vollzieht sich in drei Momenten, die sich allerdings nicht auf das Schema von These-Antithese-Synthese reduzieren lassen. 1. Jede anfängliche Denkbestimmung ist zunächst eindeutig festgesetzt und gegen andere unterschieden. 2. Dabei verweist sie aber auf ihr Entgegengesetztes, wodurch beide ihre Eigenständigkeit verlieren, weil sie sich gegenseitig aufeinander beziehen. Die entgegengesetzten Bestimmungen verhalten sich wie ›das Positive‹ und ›das Negative‹ zueinander, die für Hegel jeweils ihr Gegenteil in ihrer eigenen Bedeutung enthalten, so daß sie ihren Inhalt ineinander verkehren. 3. Das Resultat ist eine inhaltsreichere und höhere Bestimmung, die die beiden vorhergehenden enthält. Das zweite Moment dieser vielschichtigen Bewegungsstruktur nennt Hegel das ›dialekt.‹ Moment. Hierbei beruft er sich auf die eleatische und platon. Dialektik einerseits, auf Kants transzendentale Dialektik und Antinomienlehre andererseits, verleiht ihnen aber eine weit über deren Intention hinausgehende Bedeutung. Den Kern von Hegels Dialektik bildet eine Theorie der Negation, die nicht als Absprechung im Sinne der Aussagenlogik, sondern – im Rückgriff auf Spinozas Satz, daß jede Determination Negation ist – als ontolog. Prinzip konzipiert wird. Die Negation gilt daher für Hegel stets als ›bestimmte Negation‹, d. h. als Negation eines bestimmten Inhalts. Indem die Gegensatzglieder sich negativ aufeinander beziehen, enthalten und schließen sie sich gleichzeitig aus. Das heißt ferner, daß jede Bestimmung insofern Bestand hat und zwar ›Beziehung auf sich‹ ist, als sie ›Beziehung auf anderes‹ ist. Dieser Sachverhalt impliziert nach Hegel notwendigerweise einen Verstoß gegen das Identitäts- bzw. Widerspruchsprinzip, der jedoch nicht als Index von Inkonsistenz angesehen wird. Die permanente Aufstellung und Auflösung des Widerspruchs innerhalb der Gegensatzbeziehung bildet vielmehr »den innersten Quell lebendiger und geistiger Selbstbewegung«, letztlich der Subjektivität des Begriffs. Somit erweist sich jede Denkbestimmung und folglich jedes Ding zugleich als Moment der selbstreferentiellen Prozessualität des Begriffs, die Hegel als ›absolute Negativität‹ oder ›Negation der Negation‹ definiert. Im Unterschied zur herkömmlichen Auffassung der doppelten Negation wird hier also deren Resultat nicht als einfache Restitution des Anfangspunkts, sondern jeweils als eine neue, durch gegensätzliche Determinationen bestimmte Affirmation bzw. Einheit gedeutet. In makrolog. Sicht ist so das Wesen die Negation des Seins, der Begriff die Negation dieser Negation, wodurch das Sein im Horizont der Idee wiederhergestellt wird. Die so verstandene Methode, die Idee, bildet sich dann zum System als einem sich entwickelnden Ganzen aus, in dem alle Denkbestimmungen miteinander vermittelt sind. Das System drückt zugleich die logische Struktur von Freiheit als der sich durch Selbsteinholung jeglicher Fremdbestimmtheit artikulierenden Selbstbestimmung aus, die, wie übrigens alle Kategorien der Logik, die Grundlage zur Erschließung der realwissenschaftlichen Bereiche ausmacht. – Das Werk steht im Mittelpunkt der Diskussion um Hegels Dialektik. Ihre Rezeptionsgeschichte reicht von der ablehnenden Kritik (durch den späten Schelling, F. A. Trendelenburg, Schopenhauer, Kierkegaard, Feuerbach und in jüngster Zeit K. Popper), über die ›Reformen‹ der Dialektik (durch K. Fischer, B. Spaventa, B. Croce, G. Gentile) bzw. deren ›Umstülpung‹ und Umdeutung im dialekt. Materialismus, bis zur Aneignung dialekt. Motive im Neomarxismus, in der Kulturkritik der Frankfurter Schule, in der philosoph. Hermeneutik und im Rahmen gegenwärtiger Theorien der Subjektivität (D. Henrich). Eine Formalisierung der dialekt.

Methode unternehmen u. a. G. Günther, L. Apostel, D. Dubarle, M. Kosk und – mit Hilfe semant. Kategorien – H.-F. Fulda.

Ausg.: Gesammelte Werke, Bd. 11, 12 und 21, 1978–1985. – Werke, 20 Bde., Bd. V u. VI, 1986 (stw 605/606).
Lit.: Seminar: Dialektik in der Philosophie Hegels, hg. u. eingeleitet von R.-P. HORSTMANN, 1978. – R. BUBNER, Zur Sache der Dialektik, 1980.

F. LONGATO

Wissenschaftslehre. Versuch einer ausführlichen und grösstenteils neuen Darstellung der Logik mit steter Rücksicht auf deren bisherige Bearbeiter, Bernard BOLZANO; EA Sulzbach 1837.
Das philosoph. Hauptwerk Bolzanos enthält umfangreiche logische und erkenntnistheoret. Untersuchungen, anhand deren Ergebnissen vornehmlich die Philosophie Kants und die des deutschen Idealismus kritisch beurteilt werden. – Von den Sätzen der Sprache und den gedachten Sätzen in unserer Seele sind die Sätze an sich als deren Stoff oder Bedeutung zu unterscheiden. Die Sätze an sich sind zeitlos wahr oder falsch; sie bestehen aus Vorstellungen an sich, die wiederum von den subjektiven Vorstellungen, aus denen sich unsere Gedanken zusammensetzen, und den Wörtern oder Wortfolgen, mit denen wir sie bezeichnen, zu unterscheiden sind. Die Sätze und Vorstellungen an sich existieren im Gegensatz zu ihren subjektiven und sprachlichen Gegenstücken nicht wirklich. In der Fundamentallehre (Teil 1) versucht Bolzano zu zeigen, daß es Wahrheiten (d. h. wahre Sätze) an sich gibt und daß wir einige von ihnen erkennen können. Selbst einen radikalen Skeptiker könne man davon überzeugen, daß die Aussage »Ich habe Vorstellungen« eine erkennbare Wahrheit sei. Die Elementarlehre (Teil 2) untersucht das Gebiet der Vorstellungen und Sätze an sich im einzelnen. Vorstellungen sind entweder einfach oder komplex und entweder gegenständlich oder gegenstandslos. Einfache Vorstellungen sind z. B.: Sein, Sollen, Etwas und Nichts. Anschauungen sind einfache Vorstellungen, die genau einen Gegenstand haben. Zwischen Mengen von Sätzen an sich können die objektiven Verhältnisse der Ableitung und der Abfolge bestehen, die uns zu Folgerungen berechtigen. Die subjektiven Vorgänge des Vorstellens und Urteilens in der menschlichen Seele werden in der Erkenntnislehre (Teil 3) untersucht. Gegen Kant argumentiert Bolzano, daß eine Grenzbestimmung unserer Erkenntnis kaum möglich sei; namentlich die Kantischen Argumente gegen eine Erkenntnis metaphys. Wahrheiten seien nicht stichhaltig. Aus den gewonnenen Ergebnissen über die Natur des menschlichen Erkenntnisvermögens werden in der Heuristik (Teil 4) Regeln für das zweckmäßige Verhalten bei der Suche nach Wahrheiten abgeleitet. Die eigentliche Wissenschaftslehre (Teil 5) gibt schließlich eine Anweisung, wie das gesamte Gebiet der Wahrheiten an sich in einzelne Wissenschaften zu unterteilen ist und wie man beim Abfassen von Lehrbüchern vorgehen sollte. – Das Werk blieb im 19. Jh. weitgehend unbeachtet, bis E. Husserl um die Jahrhundertwende auf die Bedeutung besonders der Elementarlehre hinwies.

Ausg.: Hg. von W. SCHULTZ, 1970.
Lit.: J. BERG, Bolzano's Logic, 1962.

F. WILCKENS

Die Wissenschaftslehre. Vorgetragen im Jahre 1804, Johann Gottlieb FICHTE; EA Bonn 1834.

Die Durchführung der Wissenschaftslehre und damit der eigentlichen Philosophie Fichtes vollzieht sich im Aufstieg zum absoluten Prinzip unseres Wissens und darauffolgenden Rückgang zur Ableitung der Erscheinung des Absoluten aus der Erkenntnis des absoluten Prinzips heraus. – Als Aufgabe der Wissenschaftslehre definiert Fichte die Rückführung der Mannigfaltigkeit der Tatsachen auf eine letzte, alles begründende und einzig wirkliche Einheit. Grundbedingung für die Durchführung dieser Aufgabe ist die Einsicht, daß alles Sein gewußtes Sein ist und wir aus dem Vollzug unseres Bewußtseins nicht heraussteigen können. Was immer wir daher als Einheit des Wissens ansetzen werden, es kann doch wieder als von uns angesetzt reflektiert und damit in eine Disjunktion zerteilt werden. Die absolute Einheit wird immer nur im Vollzug unseres Begreifens liegen, nie aber als Begriffenes vor uns stehen können. Den Ausweg aus diesem der Aufgabe der Wissenschaftslehre inhärenten Widerspruch findet Fichte in der wesenhaft negativen Bestimmung der Aufgabe: Die Konstruktion der letzten Einheit des Wissens geschieht nicht im ›Begriffenwerden‹, sondern in der Vernichtung des Begriffs, in der nichts anderes repräsentiert wird als die Vernichtung des Ich am reinen Licht oder an Gott. Die einzige Realität, die all unserem Wissen zugrunde liegt, erfahren wir, sobald wir unser Wissen aufheben. Das an sich Seiende ist das sein Denken Vernichtende. Erst wenn wir jedoch auch noch diese rein negative Kennzeichnung weggedacht haben und das an sich Seiende auch nicht mehr als das jenseits der Vernichtung unserer Einsicht Liegende benennen, kann uns die Intuition gelingen, durch die wir es verstehen. Ob dies möglich ist, hängt jeweils von der positiven Durchführung der Wissenschaftslehre ab, die nach Fichte ein immer von neuem zu beginnendes, reales und konkretes Geschehen darstellt. Er selbst beschreibt in der vorliegenden Durchführung den Punkt, zu dem der Aufstieg führt, das Sein, das uns nach Abschütteln allen Bezugs auf sein Gedachtwerden durch uns noch übrigbleibt, als ein in sich geschlossenes Singulum unmittelbaren lebendigen Seins, das nie aus sich heraus kann. Ist man einmal bis zu der damit bezeichneten Einsicht gelangt, so kann man von ihr aus alles, was im Bewußtsein konstituiert ist, als durch sie bedingt ableiten. Alles was wir wissen und wissen können läßt sich beziehen auf jene Konstruktion des absoluten Prinzips, die wir durchgeführt haben. Um ihretwillen ist alles andere da. Die Erscheinung des Absoluten ist als solche bloß möglich; soll sie wirklich werden, so muß unser Bewußtsein und damit unsere Welt so sein, wie sie ist. Daß sie aber wirklich werden soll, kann sie nur in ihrer faktischen Durchführung, eben im Vollzug der Wissenschaftslehre begründen. In ihr werden Beschreibung und Beschriebenes eins. – Die Schrift stellt einen der schwierigsten und kühnsten Texte der Philosophie überhaupt dar, dessen Tiefen bis heute kaum ausgeschritten sind, ebensowenig wie die der von Fichte im Jahr 1812 erweiterten und überarbeiteten Wissenschaftslehre.

Ausg.: Gesamtausgabe der Bay. Ak. d. Wiss., Bd. II,8, hg. von R. LAUTH/H. JACOB, 1985. – 1975 (PhB 284).

Lit.: J. WIDMANN, Die Grundstruktur des Transzendentalen Wissens. Nach J. G. Fichtes Wissenschaftslehre: Das System in den seit 1801/02 entstandenen Fassungen, 1979.

W. SCHWEIDLER

Die Wissensformen und die Gesellschaft, Max SCHELER; EA Leipzig 1926.

Im Rahmen einer Kultursoziologie, deren Elemente anfangs skizziert werden, und einer systemat. Erkenntnislehre werden drei oberste Wissensformen und ihr Verhältnis zueinander untersucht: religiöses Wissen, philosoph. Wissen und das Wissen der positiven Wissenschaften. Im 1. Teil »Probleme einer Soziologie des Wissens« geschieht dies unter wissenssoziolog. Aspekt, im 2. Teil »Erkenntnis und Arbeit« unter erkenntnistheoret. und ontolog. Aspekt, im 3. Teil »Universität und Volkshochschule« werden Folgerungen für die Gestaltung des deutschen Bildungswesens abgeleitet. – Zentrales Thema der Untersuchungen ist eine Kritik der herrschenden Erkenntnistheorie und ihrer soziolog. Fundierung im Rückgriff auf den allgemeinsten Begriff des Wissens, als des Zieles allen Erkennens. Die abendländ.-neuzeitliche Erkenntnistheorie und -praxis wird als einseitig an jener der positiven Wissenschaften orientiert aufgewiesen. Die dementsprechende Theorie des Pragmatismus wird als method. nur eingeschränkt zutreffend gekennzeichnet. Der allgemeinste Begriff des Wissens muß rein ontolog. bestimmt werden als ein Seinsverhältnis: Teilhaben eines Seienden am Sosein eines anderen, dessen Sein dadurch selbst keine Veränderung erfährt. Dem Wissenden ist solche selbsttranszendierende Teilnahme aufgrund des Geistes (mens) als Inbegriffs der Akte möglich, durch die das Sosein des Gewußten für ihn zum ens intentionale wird, während das Sein des Gewußten als ens reale transzendent bleibt. Im Wissen ist ein Sosein identisch extra mentem (in re) und in mente (als ens intentionale oder Gegenstand). Bewußtsein als Wissen des Wissens setzt ekstat. (vorgegenständliches) Wissen voraus, das seinerseits in reflexivem Aktvollzug zur Gegebenheit kommt. Erkennen heißt ein Sosein anschauend und denkend ergreifen; wo beides zur Deckung kommt, herrscht Evidenz. Dies geschieht in verschiedenen Seinssphären und auf verschiedenen Stufen der Daseinsrelativität. Wissen dient drei obersten Werdenszielen: als Bildungswissen der Entfaltung der Person als Mikrokosmos, als Erlösungswissen dem Werden der Welt und dem zeitfreien Werden ihres obersten Seins- und Daseinsgrundes, und als Herrschafts- oder Leistungswissen der praktischen Beherrschung und Umbildung der Welt zu menschlichen Zielen und Zwecken. Oberstes Werdensziel ist das Erlösungs- oder Heilswissen, dem die Wissensformen des religiösen und des metaphys. Wissens dienen; das Bildungswissen vertritt die Philosophie als Wesenswissenschaft, wodurch erst die Einheit der positiven Wissenschaften und ihrer Herrschaftspraxis hergestellt wird. – Wissen konstituiert sich geschichtlich im Zusammenwirken sozialer Real- und Idealfaktoren. Im neuzeitlich europäischen Kulturbereich wurde einseitig das Herrschafts- oder Arbeitswissen hinsichtlich der äußeren Natur ausgebildet, während in Indien das Herrschaftswissen hinsichtlich der inneren Natur und das Erlösungswissen, in China das Bildungswissen vorherrschend wurde. Ein Ausgleich dieser Einseitigkeiten ist zu fordern. Keine Wissensart kann die anderen ersetzen, sie müssen alle zusammenwirken. Im europäischen Kulturkreis ist vor allem das philosoph. gegenüber dem einzelwissenschaftlichen und dem religiös praktischen Wissen wieder zu gewinnen.

Ausg.: Gesammelte Werke, Bd. VIII, ²1960.
Lit.: M. BRACHT, Voraussetzungen einer Soziologie des Wissens, 1974.

E. AVÉ-LALLEMANT

Word and Object (engl.; *Wort und Gegenstand*), Willard van Orman QUINE; EA Cambridge/Massachusetts 1960; dt. 1980.
In sprachphilosoph. Orientierung behandelt der Autor ontolog., erkenntnistheoret., sprachlog. und wissenschaftsphilosoph. Themen, um in kritischer Auseinandersetzung mit dem logischen Positivismus ein konsistentes Bild von Reichweite und Grenzen empirist. Denkens zu zeichnen. – Wissen von der Welt entsteht auf der Grundlage ihrer Einwirkung auf die Oberfläche unserer Sinnesorgane, durch den Mechanismus von Reiz und äußerer Regulation zugänglicher Reaktion. Die Sprache als wesentlich soziale Kunstfertigkeit gestattet es, subjektrelative Sinnesreizungen zu objektiv verfügbarem Wissen zu formieren; mit ihr verwoben sind Bezeichnungs- und Identifikations-Mechanismen als strukturgebender Rahmen der Ontologie. Eingebettet in diese Sprache ist die eine umfassende Theorie der Realität, in der alle Wissenschaften gleichrangig neben der Philosophie stehen. Die Sätze als Elemente jener globalen Theorie bilden ein Netzwerk gegenseitiger Abhängigkeit mit zunehmender Beobachtungsnähe zu seiner Peripherie und höherer Allgemeinheit zum Zentrum hin. Zwei gegenläufige Kräfte suchen im unaufhörlichen Erkenntnisprozeß ein dynam. Gleichgewicht: der Druck der ›empir. Kraft‹ zwingt einwärts gerichtet zu internen Anpassungen und als ›logisch-formale Kraft‹ geht vom Mittelpunkt eine theoret. Vereinfachungstendenz aus (holist. Theorienkonzept). Die Suche nach einer sicheren Erkenntnisbasis, nach aprior., analyt., notwendigen ›ewigen Wahrheiten‹ oder philosoph. ›Letztbegründung‹ entfällt; Wahrheit und Erkenntnis sind wesentlich wissenschaftlicher Natur und nur immanent verstehbar. Das streng empirist. Konzept impliziert die Unbestimmtheit von Bedeutungszuschreibungen (Übersetzungsunbestimmtheit), mithin die Hinfälligkeit semant. Entitäten, und die Unterbestimmtheit von Theorien durch die Erfahrung. In Gestalt der modernen Logik entsteht jedoch ein universelles formales Instrument, durch das die Gesamttheorie der Natur wie auch ein allgemeines Kriterium der Existenz formulierbar sind. – Für die Entwicklung der analyt. Philosophie markiert das Werk eine Zäsur. Seine allgemeinen Thesen (Theorienunterbestimmtheit, ontolog. Relativität, Bedeutungs-Skepsis) wie auch konkrete Detailvorschläge (z. B. zum Aufbau der Logik-Sprache) gaben Anstoß zu anhaltenden Diskussionen.

Lit.: D. Davidson/J. Hintikka (Hg.), Words and Objections, [2]1975.

C. Ortner

The World and the Individual. Gifford Lectures Delivered before the University of Aberdeen, I: The Four Historical Conceptions of Being, II: Nature, Man and the Moral Order (engl.; *Die Welt und das Individuum.* Gifford-Vorlesungen, gehalten an der Universität Aberdeen. Bd. I: Die vier historischen Konzeptionen des Seins; Bd. II: Natur, Mensch und Moralordnung), Josiah Royce; EA New York 1899/1901.

Ziel des Werkes ist die Begründung und Entfaltung einer idealist. Metaphysik als Basis einer religiösen Weltdeutung; sie sucht Grundgedanken des deutschen Idealismus mit Motiven des amerikan. Pragmatismus zu vermitteln und betont die Bedeutung von Willen und personaler Individualität. – Grundlage der Theorie ist ein eigener Begriff des Seins, den Royce aus einer immanenten Kritik dreier möglicher Alternativpositionen (Realismus, Mystizismus, kritischer Rationalismus) entwickelt. ›Sein‹ bedeutet danach, die gewußte, vollständige und individuell-bestimmte Erfüllung bzw. Verkörperung einer Absicht zu sein. Das endliche Bewußtsein hat in jeder seiner ›Ideen‹ nur einen partiellen Ausdruck seiner Absicht und ist immerfort auf der Suche nach dem Sein und – ohne es je ganz zu erreichen – über sich hinaus in äußere Erfahrung getrieben und daher zeitlich; das erstrebte wahrhaft Reale ist dann ein allumgreifendes absolutes Bewußtsein, das die ganze Folge endlicher Akte in Einheit als vollständige Verkörperung seines Willens überschaut. Gegen den Anschein einer Diskontinuität zwischen natürlicher und geistiger Welt, dessen Ursprung in den Eigenarten und Grenzen der menschlichen Erfahrungserkenntnis aufgesucht wird, sieht Royce auch in der Natur Formen von Bewußtsein und faßt so die Welt insgesamt als soziales Gefüge – als unendliche Reihe konstitutiv aufeinander bezogener endlicher, selbstbewußter Wesen, in die das eine Absolute in rekursiver ›Selbstrepräsentation‹ entfaltet ist. Jedem kommt darin individuelle Einzigartigkeit und insofern Freiheit, schließlich Unsterblichkeit zu. – Gegen die vorherrschenden philosoph. Strömungen in den USA blieb das Werk von beschränkter Wirkung.

Lit.: K. Th. Humbach, Das Verhältnis von Einzelperson und Gemeinschaft nach J. Royce, 1962.

U. Unnerstall

Die Zeit, Hedwig Conrad-Martius; EA München 1954.

Zeit und Zeitlichkeit werden auf dreifacher Ebene untersucht: phänomenolog., realontolog. und metaphys. Phänomenolog. ist nach Conrad-Martius die unmittelbar erlebte Zeit eine transzendental-imaginativ gesetzte. Das Zeitphänomen in seiner Komplexität klärt sich nur durch Rückbeziehung auf die Ebene realen Seins. Die existenziale Verklammerung mit der Zeitlichkeit, welche Heidegger für das ichhafte Dasein aufwies, besteht auch für das Dasein der Welt. Die ›empir. Zeitlichkeit‹ des ganzen Kosmos enthüllt sich als diskontinuierliche Jetztfolge, was zur metaphys. Frage nach der zeitbegründenden

Seinsbewegung führt. Conrad-Martius weist, antik-mittelalterliche und neueste naturwissenschaftliche Konzeptionen heranziehend, einen transphys. Naturprozeß auf, in dem die kosmische Gesamtwirklichkeit je und je aus transphys. Potenzgrundlagen zum aktuellen Sein kommt. Hieraus könnte auch ein Kosmos mit ›äonischer Zeitlichkeit‹ (Platon, Aristoteles) erwachsen. Solcherart würde erst der Kosmos zu seiner wesensentsprechenden existenziellen Vollwirklichkeit gelangen. Die empir. (zeitliche) Zeit erklärt sich als Derivat einer ursprünglichen äonischen; für ihr Bestehen müssen metahistor. Ursachen gesucht werden, wozu Conrad-Martius auf Genesis 3 und Johannes-Offenbarung 21 verweist. Erst der letzte metaphys. Grund der Welt als ganzer ist im absoluten Sein Gottes zu suchen, welchem Ewigkeit im Gegensatz zu Zeitlichkeit überhaupt zukommt.

Lit.: H. Krings, Zeit und Sein, in: Hochland XLVII/2 (1954).

E. Avé-Lallemant

Die Zerstörung der Vernunft, Georg Lukács; EA Berlin 1954.

In seinem die Philosophie wesentlich als Reflex der Entwicklung der Produktivkräfte und Klassenkämpfe auffassenden Werk versucht Lukács, den Weg Deutschlands von der Revolution 1848 zu Hitler ›auf dem Gebiet der Philosophie‹ darzustellen. – Als Hauptströmung der nachhegelschen, ›reaktionär-bürgerlichen‹ Philosophie wird der Irrationalismus bezeichnet. Dessen Entwicklungslinie führt ausgehend vom späten Schelling über Schopenhauer, Kierkegaard, Nietzsche, die Lebensphilosophie und den Neuhegelianismus bis zur deutschen Soziologie der imperialist. Epoche, zum Sozialdarwinismus und zur Rassentheorie. Die verschiedenen Etappen des Irrationalismus deutet Lukács als reaktionäre Antworten auf Probleme des Klassenkampfes. Philosoph. charakterisiert er den Irrationalismus dadurch, daß dieser den Verstand und die Erkenntnis der Schranken des Verstandes mit Schranken der Erkenntnis überhaupt gleichsetzt und, statt zu einer – im Hegelschen Sinne verstandenen – dialekt.-vernünftigen Erkenntnis weiterzuschreiten, auf eine Art von ›Übervernünftigkeit‹ rekurriert.

Ausg. Werke, Bd. IX, 1962.

I. Fehér

Zettel, Ludwig Wittgenstein, entst. überwiegend 1945–1948; EA Oxford 1967 (dt./engl.).

Unter den Bemerkungen, die sich vor allem mit philosoph. Psychologie beschäftigen, gehen besonders ein Plan zur Behandlung der psycholog. Begriffe sowie Überlegungen zum Verhältnis von Psychologie und Physiologie über das aus früheren Schriften Bekannte hinaus. – An dem genannten Plan verdient vorzüglich das Analyse-Instrumentarium Beachtung, das auf die Sinnesempfindungen, Gemütsbewegungen, Vorstellungen, das Wollen und Sich-Erinnern angewandt wird: Haben die Phänomene echte Dauer, einen Verlauf, Anfang und Ende? Sind sie lokalisierbar? Haben sie Grade und qualitative Mischungen? Gibt es gerichtete und ungerichtete Fälle? Tragen sie Information über die Außenwelt? Sind sie dem Willen unterworfen? Gibt es ein charakterist. Ausdrucksverhalten? Wittgenstein hält es ohne weiteres für möglich, daß gewisse psychische Phänomene auf physiolog. Wege nicht untersucht werden können, da nicht jedem seelischen Sachverhalt ein Gehirnprozeß entsprechen muß.

Ausg.: Werkausgabe, Bd. VIII, 1984.

O. R. Scholz

Zum ewigen Frieden. Ein philosophischer Entwurf, Immanuel Kant; EA Königsberg 1795.

In dieser, in Form eines Friedensvertrages abgefaßten Altersschrift, entwickelt Kant auf der Grundlage seiner Moralphilosophie das Konzept eines dauerhaften Friedens. Die sechs Präliminarartikel zielen darauf, die Hindernisse einer künftigen Friedensordnung zu beseitigen: z. B. Friedensschlüsse mit ›geheimem Vorbehalt‹ und mit der Intention zu einem künftigen Krieg, Landerwerb durch Erbung, Tausch, Kauf oder Schenkung, Truppenvermietung, stehende Heere, Feindseligkeiten, »welche das wechselseitige Zutrauen im künftigen Frieden unmöglich machen müssen« (AA VIII 343 ff). – In drei Definitivartikeln entwirft Kant die institutionellen Bedingungen der Friedensordnung: 1. die Verfassung jedes Staates muß ›republikan.‹ sein (unter republikan. Verfassung versteht Kant ein gewaltenteiliges Repräsentativsystem) und zu dem Beschluß über Krieg und Frieden muß »die Beistimmung der Staatsbürger« erforderlich sein (AA VIII 351); 2. es muß ein Friedensbund freier Staaten gegründet und 3. ein Weltbürgerrecht festgelegt werden, das, um Kolonialismus auszuschließen, »auf Bedingungen der allgemeinen Hospitalität eingeschränkt sein« soll (AA VIII 354; 357). In einem Anhang erörtert Kant das Verhältnis von Politik und Moral. Der Grundgedanke lautet: »Die wahre Politik kann ... keinen Schritt tun, ohne vorher der Moral gehuldigt zu haben« (AA VIII 380). Die »Form der Publizität« (AA VII 381 ff) dient Kant als Kriterium einer der Gerechtigkeit verpflichteten Politik; sie ist allerdings nur ein Ausschließungskriterium, nicht ein positives, da die öffentliche Meinung sehr wohl eine parteiliche, unkritische interessebestimmte und falsche Meinung der Bürger sein kann.

Ausg.: Gesammelte Schriften (Akademie-Ausgabe), Bd. VIII, 1912 (Repr. 1968).

Lit.: J. Ebbinghaus, Kants Lehre vom ewigen Frieden und die Kriegsschuldfrage, 1929. – K. Jaspers, Kants ›Zum ewigen Frieden‹, in: Festschrift für H. Pleßner, 1957. – C. J. Friedrich, L'Essai sur la paix. Sa position centrale dans la philosophie morale de Kant, in: La philosophie politique de Kant (Annales de philosophie politique, 4 (1962)). – J. v. Braun, Grundlagen einer rechtsstaatlichen Außenpolitik. Nach Kants philosoph. Entwurf ›Zum ewigen Frieden‹, 1965.

G. Maluschke

Zur Farbenlehre, Johann Wolfgang von Goethe; EA Tübingen 1810 (2 Bde.).

Das Werk, von Goethe als Höhepunkt seiner Naturstudien erachtet, gründet in einer scharfen (und von der Fachphysik ebenso entschieden zurückgewiesenen) Kritik an Newtons *Opticks* (1704). Gegen dessen experimentell, durch prismat. Zerlegung des weißen Lichts, gewonnene Entdeckung der Spektralfarben stellt Goethe seine Theorie der Unteilbarkeit des Lichts, der Polarität von Licht und Finsternis und der Entstehung der Farben aus der Interaktion dieser beiden Prinzipien im ›Trüben‹, dem Bereich zwischen schwarz und weiß. – Die Naturwissenschaft hat von der

Abhandlung nur die Beschreibung der physiolog. und der Komplementärfarben sowie der psycholog. Farbwirkungen anerkannt. Doch bleibt Goethes Ansatz, der die natürliche Perspektive, die Bindung ans menschliche Auge bewußt festhält, um die Phänomene in ihrer lebensweltlich erscheinenden Totalität zu bewahren, als Kritik einer auf technischen Zugriff angelegten Wissenschaftsauffassung bedeutsam.

Ausg.: Die Schriften zur Naturwissenschaft, 1. Abt., Bd. IV–VII, 1955–58. – Werke (Hamburger Ausgabe), Bd. XIII, [9]1982, Bd. XIV, [7]1982.

Lit.: A. B. WACHSMUTH, Goethes Farbenlehre, in: ders., Geeinte Zwienatur, 1966. – G. BENN, Goethe und die Naturwissenschaften, in: ders., Gesammelte Werke, Bd. I, [4]1977. – H. GLOCKNER, Das philosophische Problem in Goethes Farbenlehre, [2]1979.

W. RIEDEL

Zur Genealogie der Moral. Eine Streitschrift, Friedrich NIETZSCHE; EA Leipzig 1887.

In dieser moralkrit. Spätschrift kehrt Nietzsche noch einmal zur geschlossenen systemat. Darstellungsweise des Frühwerks zurück und erörtert in drei Abschnitten drei Themen aus der Entstehungs- und Verwandlungsgeschichte der Moral. Er geht vom Schema zweier Grundtypen der Moral aus: einer ›vornehmen‹ oder Herrenmoral, die die egoist. und lebensfrohen Instinkte des starken Individuums bejaht, und einer Herden- oder Sklavenmoral, die ›lebensverneinende‹ Werte wie Gleichheit und Mitleid, Askese und Frieden propagiert, aus der décadence kommt und vom Ressentiment gegen das gesunde Leben geleitet wird. Die Organisatoren dieser zweiten, geschichtlich fast zur ausschließlichen Herrschaft gelangten Moral sind die Priester. Nietzsche erhebt die »neue Forderung: wir haben eine Kritik der moral. Werte nötig, der Wert dieser Werte ist selbst erst einmal in Frage zu stellen«. Dazu tue »eine Kenntnis der Bedingungen und Umstände« not, »aus denen sie gewachsen, unter denen sie sich entwickelt und verschoben haben«. Neben etymolog. und sprachwissenschaftlichen Erörterungen entwirft Nietzsche eine Theorie über die Vorgeschichte des Menschen, in der sich die Kulturalisation in allen wichtigen Belangen vollzogen haben soll. Im 1. Abschnitt geht es um die ›Psychologie des Christentums‹, das den jüdischen ›Aufstand gegen die Herrschaft vornehmer Werte‹ fortgesetzt und ausgeweitet habe. Gegen P. Rée und die englischen Moraltheoretiker des 19. Jh.s behauptet Nietzsche den Ursprung der Begriffe ›Gut‹ und ›Schlecht‹ aus der Wertungsweise einer durch das ›Pathos der Distanz‹ vom gemeinen Volk getrennten Herrenschicht. Indem aber ›das Ressentiment selbst schöpfer. wird und Werte gebiert‹, entstehe die neue Dichotomie Gut und Böse, wobei die vormals Schlechten nun als die Guten und die vormals Guten als die Bösen erscheinen. Im 2. Abschnitt behandelt Nietzsche die ›Psychologie des Gewissens‹, das er als »Instinkt der Grausamkeit, der sich rückwärts wendet, nachdem er nicht mehr nach außen hin sich entladen kann«, deutet. Das ›schlechte Gewissen‹ stamme aus dem Ressentiment. Bei seinen Überlegungen zu Ursprung und Zweck von Strafe und Gerechtigkeit kommt Nietzsche zu einer doppelten Ursprungserzählung über die Begriffe Schuld, Gewissen und Pflicht. Zum einen sieht er sie im ›Vertragsverhältnis zwischen Gläubiger und Schuldner‹ begründet, zum anderen in der Festschreibung von Herrschaftsverhältnissen durch barbar. Eroberer. Im 3. Abschnitt verfolgt Nietzsche »die Frage, woher die ungeheure Macht des asket. Ideals« komme, »obwohl dasselbe ... ein décadence-Ideal ist«, und glaubt, bisher habe eben ein Gegenideal gefehlt. Daher sei »eine an sich mögliche höchste Mächtigkeit und Pracht des Typus Mensch nicht erreicht« worden.

Ausg.: Sämtliche Werke (Kritische Studienausgabe), Bd. V, 1980.
Lit.: M. SCHELER, Das Ressentiment im Aufbau der Moralen, 1955. – H. HEIMSOETH, Metaphys. Voraussetzungen und Antriebe in Nietzsches ›Immoralismus‹, 1955. – G. KIMMERLE, Die Aporie der Wahrheit. Anmerkungen zu Nietzsches ›Genealogie der Moral‹, 1983.

R. MARGREITER

Zur Grundlegung der Ontologie, Nicolai HARTMANN; EA Berlin 1935.

Die Studie repräsentiert den 1. Teil oder, wie Hartmann selbst sagt, den »Auftakt« zu einer Reihe von ontolog. Abhandlungen, die bei der Veröffentlichung der → *Grundzüge der Metaphysik der Erkenntnis* als Desiderat philosoph. Forschung angekündigt wurden. – Da die philosoph. Forschung nach fast zweihundertjähriger Verdrängung der Seinsproblematik dem leeren Relationalismus neukantian. Denkungsart verfallen ist, wird, um sie davon zu befreien, ein weites Ausholen als nötig angesehen. Es sollen zunächst die unumgänglichen Vorfragen für die weitere Herausarbeitung des ontolog. Aspektes abgeklärt werden. Dies geschieht in vier Untersuchungen (über das Seiende als Seiendes, über das Verhältnis von Dasein und Sosein, über die Realitätsgegebenheit und über die Stellung des idealen Seins). Hartmann greift auf Aristoteles' *Metaphysik* (→ *Ta meta ta physika*), die er als ›Grundwerk‹ der Ontologie bezeichnet, zurück und geht in der kritischen Rezeption ontolog. Traditionen davon aus, daß die seit Ch. Wolff eingebürgerte Themendreiheit von ›Gott, Seele und Ganzheit der Welt‹ in der Kantischen Erkenntniskritik überwunden wurde. Seine Ontologie versucht er ›von unten‹ her, d. h. in phänomenorientierten Einzelanalysen zu begründen. Der dabei vollzogene Übergang vom ›für uns‹ Früheren zum ›an sich‹ Früheren gibt zu erkennen, daß die angestrebte ›philosophia prima‹, stets nur als Letztes, als ›philosophia ultima‹, dargeboten werden kann.

Ausg.: [4]1965.
Lit.: A. WILMSEN, Ende der alten Ontologie?, in: Scholastik 28 (1953). – J. B. LOTZ, Zwei Wege der Ontologie. N. Hartmann und M. Heidegger, in: A. J. BUCH (Hg.), N. Hartmann, 1982. – G. WOLANDT, N. Hartmann: Ontologie als Grundlehre, in: J. SPECK (Hg.), Philosophie der Gegenwart VI, 1984.

E. SCHADEL

Zur Kritik der Hegelschen Rechtsphilosophie. Einleitung, Karl MARX; ED Paris 1844 (in: Deutsch-Französische Jahrbücher).

Der Aufsatz radikalisiert den junghegelian. Begriff der theoret. Kritik zur revolutionären Praxis des Proletariats. – Feuerbachs Religionskritik hat die Religion als die bloß illusionäre Vollendung des sich selbst entfremdeten Menschen entlarvt. Für Marx ist dies erst der Anfang der Emanzipation, da die Kritik an der religiösen Entfremdung zur Kritik an den Zuständen übergehen muß, die der religiösen Illusionen bedürfen. Die Kritik der Religion muß zur Kritik der Politik werden. Im Dienst der Geschichte stehend, kann sie freilich nicht bei den deutschen Zuständen von 1843 ansetzen, weil deren Negation immer noch weit hinter den französ. Errungenschaften von 1789 zurückbliebe. Das einzige an der deutschen Wirklichkeit, das sich auf der Höhe der Zeit findet, ist Hegels Staatsphilosophie. Ihre Kritik macht deutlich, daß der bürgerliche Staat vom wirklichen Menschen abstrahiert. Die Kritik der Religion hat aber den Menschen zum höchsten Wesen für den Menschen erklärt, und deshalb muß man alle Verhältnisse umstürzen, in denen der Mensch ein geknechtetes Wesen ist. Mit dieser radikalen, weil zum Menschen als der Wurzel der Wirklichkeit vorstoßenden Kritik wird eine Revolution möglich, welche die Deutschen zur Vorhut der Geschichte macht. Allerdings benötigt diese revolutionäre Theorie die entsprechende materielle Grundlage. Hierfür kann nur das Proletariat in Frage kommen, da es als die vollständige Negation der bürgerlichen Klassengesellschaft für keine besonderen Privilegien, sondern nur für die Rechte des Menschen als solchen kämpft. Der ›Kopf‹ der Emanzipation des Menschen ist daher die Philosophie, ›ihr Herz das Proletariat‹. – Dieser brillant geschriebene Aufsatz markiert den Übergang vom theoret. Kritiker Marx zum revolutionären Geschichtsdialektiker.

Ausg.: K. Marx/F. Engels, Werke, Bd. I, 1962.
Lit.: M. A. Boutilier, Critique of Hegel's ›Philosophy of Right‹ by K. Marx, 1974.

H. Scheit

Zur Kritik der instrumentellen Vernunft (Max Horkheimer) → Eclipse of Reason

Zur Ontologie des gesellschaftlichen Seins, Georg Lukács; EA Darmstadt/Neuwied 1984/1986 (in: Werke, Bd. XIII u. XIV).

In seinem unvollendet gebliebenen, als Grundlegung zu seiner Ethik konzipierten Spätwerk sucht Lukács, die objektive Dialektik der Seinsform Gesellschaft klarzulegen. – Im histor. Teil setzt sich Lukács mit der Geschichte der ontolog. Fragestellung, besonders mit Hegel, Marx, N. Hartmann, dem Neopositivismus und dem Existenzialismus, auseinander. Der systemat. Teil geht davon aus, daß sich die Wirklichkeit in verschiedenen Seinsschichten aufbaut (anorgan., organ., gesellschaftliche), von denen jede höhere Schicht zwar in der unteren wurzelt, zugleich aber davon relativ unabhängig ist. Das Spezifische der gesellschaftlichen Seinsschicht wird von der Arbeit ausgehend charakterisiert, deren Wesen Lukács in der teleolog. Setzung des Bewußtseins erblickt. Daran anknüpfend folgen ausführliche Analysen über Reproduktion, Ideologie und Entfremdung.

Ausg.: Werke, Bd. XIII–XIV, 1984/1986.

I. Fehér

Zur Theorie und Geschichte der Historiographie, Benedetto Croce; EA Tübingen 1915 (it. u. d. T. *Teoria e storia della storiografia,* Bari 1917).

Die Historiographie, die in diesem Buch systemat. und histor. behandelt wird, stellt keinen neuen Systemschwerpunkt in Croces »Philosophie des Geistes« dar, sondern nur die Vertiefung von Teilaspekten seiner Logik (→ *Logica come scienza del concetto puro*). – Es gibt keinen wesentlichen Unterschied zwischen Zeitgeschichte und älterer Geschichte, sondern nur zwischen Geschichte und Chronik (als nicht mehr lebendiger Geschichte). Für die Geschichtsschreibung sind drei Kriterien entscheidend: lebendiges Interesse, hinreichende Dokumentation und Erfassen des Universellen. Infolgedessen werden die desinteressierte philolog. Forschung und die romanhafte Ausschmückung, die Universalgeschichte und der Determinismus ebenso abgelehnt wie die Annahme eines transzendenten Geschichtsziels. Der Historiker soll das geschichtliche Faktum in seiner Eigenheit erfassen und auf gefühlsmäßige Wertungen verzichten. In Anlehnung an Vico und Hegel wird die Geschichte verstanden als Werk des sich in den Individuen verkörpernden Geistes und als Entwicklung, bei der jedes Ende einen neuen Anfang bedeutet. Dem 1. systemat. Teil des Buches folgen drei Anhänge, in denen u. a. die Philosophie als Methodologie der Geschichte bestimmt wird; der 2., letzte Teil des Buches gibt einen Überblick über die wichtigsten Perioden in der Geschichte der Historiographie.

Ausg.: Gesammelte philosoph. Schriften in deutscher Übertragung, hg. v. H. Feist, 1. Reihe, Bd. IV, 1930.

Lit.: R. Franchini, La teoria della storia di B. Croce, 1966.

W. Büttemeyer

Zweckbegriff und Systemrationalität. Über die Funktion von Zwecken in sozialen Systemen, Niklas Luhmann; EA Tübingen 1968.

Die aus der Kritik an der klassischen Organisationssoziologie entstandene sozialtheoret. Grundlagenreflexion untersucht die Funktion der Zwecksetzung in gesellschaftlichen Handlungseinheiten. – Kennzeichnend für Luhmanns Neuansatz einer Systemtheorie als Form gesamtgesellschaftlicher Analyse ist die Frage nach dem Umweltbezug sozialer Gebilde, die verknüpft wird mit der Frage nach der Funktion von sozialen Systemen überhaupt. Diese haben angesichts einer überaus ereignisreichen und im ganzen unbeherrschbaren Umwelt ein weniger komplexes Ordnungs- und Beziehungsgefüge aufrechtzuerhalten, innerhalb dessen erst sinnvolle Interaktion und Kommunikation möglich wird. Die hierbei eingesetzten Strukturen, Prozesse und Zweckorientierungen sind nichts anderes als Regeln der Erlebnisverarbeitung bzw. Strategien der bewußten Erfassung und erfolgreichen ›Vereinfachung‹ komplexer Weltzustände. Die Rationalität der Organisation eines Systems bemißt sich nach seiner Fähigkeit zur effizienten Komplexitätsreduktion, zur schnellen Anpassung an Veränderungen in der Außenwelt und zur Vernetzung der in seinen Teilsystemen erbrachten Leistungen. – Das Werk gilt als eine bedeutsame kritische Weiterführung von Parsons' Ansatz einer funktional-strukturellen Gesellschaftstheorie und leitete eine breite Rezeption systemtheoret. Entwürfe in der Soziologie, Politikwissenschaft und Philosophie ein.

Lit.: F. Scholz, Freiheit als Indifferenz, 1982.

H.-J. Höhn

REGISTER